U0137764

国家社科基金
后期资助项目
GUOJIA SHEKE JIJIN HOUQI ZIZHU XIANGMU

曹禺年谱长编 （上卷）

Cao Yu Nianpu Changbian

田本相 阿 鹰 编著

上海交通大学出版社
SHANGHAI JIAO TONG UNIVERSITY PRESS

内容提要

  本年谱对曹禺一生的生活、创作和工作经历做出全面而详细的记录,几乎将一切蛛丝马迹的资料都尽收其中,并重视对曹禺生活转折点的展示,以此探寻曹禺重点剧作的创作动因、题材来源、写作过程等,揭示他苦闷心灵的原因和内涵,并从侧面展示了一代知识分子思想的历程和悲剧命运。在资料收集方面,曹禺著作、有关诗文、杂史方志、年谱传记、日记笔录、遗址旧居、文物档案、期刊杂志等,均在搜索范围,同时注重口述历史的调查,对曹禺及他的亲朋好友进行了多次访谈,从中获得了极为珍贵的史料。

图书在版编目(CIP)数据

曹禺年谱长编:全2卷 / 田本相,阿鹰编著.—上海:上海交通大学出版社,2017
ISBN 978-7-313-16052-2

Ⅰ.①曹… Ⅱ.①田…②阿… Ⅲ.①曹禺(1910-1996)—年谱 Ⅳ.①K825.6

中国版本图书馆 CIP 数据核字(2016)第 257663 号

曹禺年谱长编

(上卷)

编　著:	田本相　阿　鹰			
出版发行:	上海交通大学出版社	地　　址:	上海市番禺路 951 号
邮政编码:	200030	电　　话:	021-64071208
出 版 人:	郑益慧		
印　制:	虎彩印艺股份有限公司	经　　销:	全国新华书店
开　本:	710 mm×1000 mm　1/16	总 印 张:	79.75
总 字 数:	1417 千字		
版　次:	2017 年 1 月第 1 版	印　　次:	2017 年 1 月第 1 次印刷
书　号:	ISBN 978-7-313-16052-2/K		
定　价:	(全 2 卷): 350.00 元		

序　一

杨景辉

在这春光明媚的日子里,我读了这部巨著——《曹禺年谱长编》,很兴奋而又感慨良多。

一

田本相先生是曹禺研究的领军人物,被称为"曹禺研究第一人"。

在他近四十年的曹禺研究中,形成了一个曹禺研究的系列,出版了十几部著作:《曹禺剧作论》、《曹禺年谱》(合作)、《曹禺年谱长编》(合作)、《中外学者论曹禺》(主编,合作)、《曹禺传》、《曹禺代表作》(主编)、《曹禺读本》(主编)、《曹禺研究资料》(编著,合作)、《曹禺研究论集》(主编)、《曹禺文集》(主编)、《曹禺全集》(主编,合作)、《曹禺评传》(合作)、《曹禺》(合作)、《简明曹禺词典》(主编,合作)、《苦闷的灵魂——曹禺访谈录》(合作)、《曹禺探知录》、《曹禺画传》以及《弥留之际》(剧本)等。其学术成果,在中国话剧史上是空前的。

在上述著作中,其代表作《曹禺剧作论》、《曹禺传》、《苦闷的灵魂——曹禺访谈录》和《曹禺年谱长编》可以说是本相曹禺研究的四座里程碑。

这四部著作,自成系统,都有"血缘"关系,存在着内在发展规律。

《曹禺剧作论》是曹禺研究的基础工程,它为曹禺研究打下了坚实的基础;《曹禺传》是《曹禺剧作论》的发展和深化;《苦闷的灵魂——曹禺访谈录》是在前两部著作研究过程中所产生的瑰宝;而这部《长编》,则吸收了本相近四十年曹禺研究所积累的成果,是集曹禺研究大成的著作,是他和阿鹰悉心广泛搜集、认真梳理而编辑出来的。

在此前,本相曾出版过两本《曹禺年谱》:一本是 1985 年 9 月由南开大学出版社出版的(与张靖合作),编至曹禺生前的 1984 年(七十五岁),共 116 千字;另一本是 2010 年 9 月由北京出版社出版的(与阿鹰一起编著),编至曹禺卒年——1996 年(八十六岁),共 301 千字。这两本年谱,都比较简约,已难以满足继续深化曹禺研究的要求。为此,本相不顾年迈,花费几年心血,与阿鹰编就了这部内容十分丰富的长编巨著。这的确是戏剧界乃至文学界的一件幸事。

《长编》给我总的印象是:它将传记性、资料性、学术性融为一体,全面、客观、真实、完整、准确而翔实地记述了曹禺绚丽多彩的、成就斐然的伟大人生;同时,也真实地再现了曹禺从辉煌走向低谷的曲折、复杂的历程和他那苦闷的灵魂,将这位世纪巨人活生生地呈现在读者面前。

它不是孤立地记述曹禺的人生,而是将它置于复杂多变的种种关系的交汇中,用"立体化"的手法来表现他成长、发展的道路。我们在《长编》中看到:

他与其家族的关系:从表面看,似乎远离他的人生,但其悠久的家族传统,与他的思想、品格,以及经典剧作的创造,有着千丝万缕的联系;

他的家庭,他的婚姻,直接影响他的人生和他的创作,甚至有些家庭成员,成了他的经典剧作中重要人物的原型;

除写作外,社交活动也很频繁,十分活跃。他与朋友、同行的交往非常密切,与政界及国内外各方人士也有广泛的联系;

他以伟大的剧作家著称,但他又是杰出的表演艺术家、导演艺术家、舞台美术家,这四者相辅相成,使他在剧坛独树一帜,这是其他剧作家所望尘莫及的;他不局限于戏剧,还涉足其他艺术,譬如他自编自导的电影,在影界引起轰动,成为名副其实的"多面手";

对他每部作品的酝酿、构思,写作、发表、出版、演出、电影改编制作的经过,媒体、专家的介绍、评论,国内外读者、观众的反应,自己创作思想的披露,等等,书中应有尽有。

这是一部十分难得的巨著,读者可以多侧面地来认识曹禺、研究曹禺。

我觉得,它不但是戏剧研究者,尤其是曹禺研究者不可不读的著作;而且,由于曹禺的人生与整个文艺领域的关系十分密切,因此,它对现当代文学史的研究也有很重要的价值。

二

在"文革"后，由于编辑工作的需要，我开始接触曹禺剧作，并和曹禺有了一些交往。因为他是中国话剧的泰斗，对他非常崇拜。但在编辑有关曹禺研究的一些著作和资料后，曹禺人生和创作道路中的问题，也引起我深深的思考。其中，一直萦绕在我心中一个十分复杂又很重要的问题是：曹禺为什么会从辉煌走向低谷？到底经历了一个什么样的复杂过程？读完这部《长编》后，我深受感悟，深受启发。

问题虽然很复杂，但归纳起来，无非是两个方面：一是外在的；一是内在的。这两个方面不是孤立的，而是错综复杂地交织在一起，形成许多有形、无形的"绳索"，将他的灵魂"捆绑"起来了，使他失去了自由。

首先是，在解放后没完没了的政治运动、阶级斗争中，他与千千万万知识分子一样，积极投入，与"敌人"斗，与自己斗（思想改造），将他搞得晕头转向，他那创造中国现代戏剧经典的灵魂也就慢慢地消失了。1986年10月18日，他对田本相这样说过："解放后，总是搞运动，从批判《武训传》起，运动没有中断过。虽然，我没有当上右派，但也是把我的心弄得都不敢跳动了。"心都不敢跳动了，哪里还有灵魂？

曹禺在1987年12月"首都话剧信息交流会"上，对解放后产生公式化、概念化作品的根源，作了十分形象而深刻的分析："有的领导在领导剧作时像菩萨老爷对待孙悟空一样，给孙悟空脑袋戴上箍。戴上之后，就取不下来。一旦孙悟空不听话，就给你念咒。这一念不打紧，大家就完全一致了。由于所有的领导都会念同一个紧箍咒，因而写出来的东西就都是一个路子。"

曹禺也不例外，同样被戴上了"箍"。在二十世纪三四十年代，他自由自在，想怎么写就怎么写。因此，《雷雨》、《日出》、《北京人》……这些世纪经典，频频从他脑海里流出来了。解放后的那几部剧作怎么样？不少戏剧史家早有评论，这里就不必赘述了。

其次是，由于他在中国现代文学史、戏剧史上的独特的建树和地位，加上他听党的话，忠于党的领导，颇得上面信任，因此，各种领导职务接踵而来，步步升高：

全国人大常委会委员、北京人民艺术剧院院长、中国文联主席、中国剧协主席、北京市文联主席，以及各种各样的社会团体的会长，等等。从常人看来，显得非常荣耀，但对曹禺来说，实际上又给他脑袋带上了另一个"箍"："各种会议真叫铺天盖地而来，又不能不参加"；频繁的迎来送往、陪领导和外宾看戏、接待来访人员，使他日夜不得宁静；应接不暇的表态文章……

为此，他深深地陷入了内心的矛盾之中：既要对所担任的职务尽职尽责，又念念不忘他的戏剧创作。这一矛盾几乎时时刻刻在折磨着他的心灵。苦闷啊！焦灼啊！1979年6月22日他在给李玉茹的信中说："我现在又天天开人代会，又想写东西。字一个写不出，形象一点也没有，头脑是空空的、木木的。……定的计划完全落空。"26日的信中又说："有时，我对自己失望极了。如果今后一个字也写不出，一点想法也没有，那不成今天世界上一个'老废物'（贾母的话）了么？我想到这点，真是又害怕，又着急。其实，也忙，就是忙得毫无道理。一用脑，想问题，想写点什么，就烦躁不堪，就想逃出去，做那些不用脑筋的事。我真像一生就完了，白白地过去了。你想想，可怕不？活着。就得动，要加足了马力，干。而我现在做不到，这真是苦，苦闷极了！怪不得，我现在爱发脾气，我常做些使我因发了脾气而后悔的事。"

朋友们为他着急。他们经常同情他，关心他，爱护他，规劝他。

他的老友巴金语重心长地对他说："希望你丢开那些杂事，多写几个戏，甚至写一两本小说（因为你说你想写一本小说）。……我要劝你多写，多写你自己多年来想写的东西。你比我有才华，你是一个好的艺术家，我却不是。你得少开会，少写表态文章，多给后人留一点东西，把你心灵中的宝贝全交出来，贡献给我们社会主义祖国。"（《"毒草病"》，1979年2月12日香港《大公报》）

巴金还说："你有很高很高的才，但有一个毛病，怕这怕那，不敢放胆地写，顾虑太多。你要记住，你心灵中有多少宝贝啊。"（1979年12月25日致曹禺信）

1983年3月2日黄永玉给曹禺的信中，一针见血地说："你是我极尊敬的前辈，所以我对你要严！我不喜欢你解放后的戏。一个也不喜欢。你心不在戏里，你失去伟大的灵通宝玉，你为势位所误！从一个海洋萎缩为一条小溪流，你泥淖在不情愿的艺术创作中,像晚上喝了浓茶清醒于混沌之中。命题不巩固,不缜密,演绎、分析得也不透彻。过去数不尽的精妙的休止符、节拍、冷热、快慢的安排,那一箩一筐的隽语都消失了。"

朋友们的关怀和鼓励,使他的内心矛盾的斗争更加激烈。不知道有多少次下决心要改变自己的状况。1981年2月22日记述:"我立志要从七十一岁起写作二十年,到九十一岁搁笔。要练身体,集材料,有秩序,有写作时间。放弃社会活动,多看书。记录有用的语言。改变生活习惯。"

他多么渴望自由啊!

但他总是不能如愿!二十世纪四十年代未写完的多幕剧(只发表了两幕)——《桥》,几乎写了整个后半生,也没有完成!无奈,最后也只好将那两幕编入《曹禺全集》。更谈不上有新的经典问世了!

三

曹禺终于醒来了,明白了!

1994年6月18日,吴祖光去北京医院看望了曹禺。他回忆和曹禺的谈话说:"(我们)忽然满面愁容说起在一生写作上的失落,我脱口而出地说了一句憋了多年从来没有说出口的话:'你太听话了!'曹禺的反应出乎我意料!几乎是在叫喊:'你说的太对了!你说到我心里去了!我太听话了!我听领导的,领导一说什么,我马上去干,有时候还得摸领导的意图……可是,写作怎么能听领导的?……'显然,他明白过来了。但是岁月不居。余年衰朽,锦绣年华已经过去了。"(吴祖光:《掌握自己的命运——与曹禺病榻谈心》,《吴祖光随笔》四川文艺出版社1996年1月版)

1986年10月18日曹禺在与田本相谈话中说:"让人明白是很难很难的啊!明白了,你却残废了,这也是悲剧,很不是滋味的悲剧。我们付出的代价是太多太大了。"

曹禺留下的悲剧,是多么惨重的历史教训!值得我们深思,值得我们永远记取。

田本相为纪念曹禺百年诞辰而写的《一个渴望自由的灵魂》的论文指出:

有一个不断让我思索的问题。他曾经对我说:你要写我的传,就要把我的苦闷写出来。我的确在寻找他苦闷灵魂的种种表现和发展的印迹；而他为什么这样的苦闷？苦闷是现象还是本质？究竟这个苦闷灵魂的底里又是什么；苦闷的实质又是什么？几十年来，这个问题都让我惴惴不安。

如果，我试着给出一个答案，或者说答案之一，那就是渴望自由，在曹禺苦闷灵魂的深处，是一个渴望自由的灵魂。一颗伟大的渴望自由的灵魂。

本相在曹禺研究中，对这一"新大陆"的发现，与编纂这部《曹禺年谱长编》有直接的关系，在编撰过程中，他对曹禺的认识进一步深化，从而使其学术思想得以升华，登上巅峰。

《曹禺年谱长编》是本相和阿鹰一起编著的。阿鹰是本相的公子，多年从事曹禺及话剧史资料的搜集、整理、研究、编著工作，取得了丰硕的成果。父子俩为这部巨著，付出了多年艰辛的劳动，令人钦佩！

今年是曹禺大师仙逝二十周年，出版这部《曹禺年谱长编》，是对他最有意义的纪念。

2016 年 4 月 16 日
于北京北三环中路 10 号院

序　二

张福海

《曹禺年谱长编》是田本相先生倾力构筑之作,堪称是曹禺研究的新成就。在这部著作出版之际,为之作序,深以为幸。

一

《曹禺年谱长编》是曹禺个人命运的写照,同时也是中国话剧行程的映像。曹禺在1930年代就以自己的戏剧创造而赢得盛誉,而后在历史的变迁中,他的剧作成为各个不同时期的聚焦点。

在戏剧领域,曹禺是一个不可多得的天才,23岁(1933年)就创作出中国话剧史上的典范之作——《雷雨》。在《雷雨》的演出史上,几乎所有有才能的演员都因出演它而一展英才,成名天下;而所有的有才能的导演,也无不因为执导《雷雨》一剧而声名鹊起。继《雷雨》之后,曹禺又以澎湃的激情先后创作出《日出》、《原野》、《北京人》等剧作。这些剧作,以成熟自如的形式运用、深邃精微的人物塑造,把中国话剧由新剧或文明戏推向了一个新的历史阶段,并且成为中国话剧走向成熟的标志。

《年谱》记录了曹禺剧作演出的详细记录,可以说是一部曹禺剧作的演出史。给我印象最深的是曹禺剧作在抗战时期的演出景观。当时的中国环境特殊,分为三个地区,即以重庆为大后方的地区,以延安为中心的抗日根据地的地区和以上海、北京、天津等地为代表的沦陷区地区,其戏剧的演出也分为这样的三个地区。即便是在战火纷飞的年代里,曹禺的剧作亦受到热烈的欢迎,人们对审美的需要并不因为战争而消减。《年谱》中记述《北京人》在大后方的重庆排演情形:1941年暑期,重庆天天有敌机轰炸,中央青年剧社的《北京人》剧组只好住到郊区,在一家的坟头上进行排练。10 月 24 日，全剧在重庆抗建堂正式首演。大厅里观众已爆满，剧场外的场地上还拥挤着不少买不到票的观众。演出时，全场静极了，连些微的叹息声都听得见。抗日战争时期以重庆为代表的大后方，是话剧演出空前繁荣的地方，尤其是著名的"雾季公演"，从 1941 年到 1945 年，在重庆共举办过四次，曹禺的剧作在雾季公演中总是占据了重要的地位，而且还出现"五中"（中国艺术剧社、中华剧艺社、中央青年剧社、中国万岁剧团、中电剧团）轮演曹禺剧作的盛况；不仅如此，演剧组织也把能够演出曹禺的剧作作为衡量自己能力和水准的尺度。在北京、天津和上海三个具有代表性的沦陷区的戏剧演出中，曹禺剧作演出是其中重要部分，如北平剧社、四一剧社、南北剧社、天津职业话剧团、露克剧团、上海沙龙剧团等都是以演出曹禺剧作而获得不同声誉的演出团体，而名声卓著者当首推 30 年代崛起的职业剧团即唐槐秋创办的"中国旅行剧团"。《年谱》中记载了"中旅"在日寇的压迫下，以不屈的精神和最高的质量，辗转于京、津、沪等地演出的史料。在《年谱》中，还介绍了 1940 年元旦延安抗日根据地依照毛泽东主席的提议，在十分艰苦的条件下上演《日出》的情况，而后，在晋察冀边区、晋冀鲁豫地区的抗敌剧社、战士剧社，以及八路军、新四军的宣传队、文工团等演出组织也分别演出了《雷雨》、《日出》、《原野》、《北京人》等几部大戏，由此，在延安及各敌后根据地出现了一股"曹禺热"。

二

《年谱》真实地记录了曹禺的生命历程。

曹禺作为一个剧作家，他的生命历程是有其独特性的。他在 16 岁之前几乎就为他的戏剧人生定下了基调。在这样一段时间里，他的生命感受、印象、记忆、情感、意志、知识等，成为他后来进行创作的源泉，并且建构、影响、规范着剧作家后来的发展方向。在曹禺剧作中，我们能够感受到一种独特的、忧郁的、感伤的气质，这构成了曹禺剧作的底蕴，最后升华为曹禺式的抑郁、感伤之美。《年谱》中提供了曹禺 16 岁之前生命初始阶段的生活情景，从而给予我们追踪、探索、解读曹禺剧作以及曹禺个性秘密的依据。

《年谱》对曹禺童年、少年时代的经历,包括他的家世,尤其是父亲万德尊的人生经历,给予详细的记录。在作者看来,这些对曹禺的创作有着至深的影响。

前几年,我曾有机会在天津参观过曹禺的故居,那是坐落在河北区意大利风情区的一幢别致的二层小洋楼。走进楼内,让人联想到很多与《雷雨》场景相似的地方:通向二楼的楼梯,似乎就是繁漪一步步走下来的那座;底楼的会客厅,是他父亲迎来送往,也是他常常独自焦虑的地方;在他哥哥的房间里,你会想到《年谱》中记述的那个毕业于天津政法学院、曾经远行到哈尔滨却不肯做事,被父亲打断过腿的万家修。靠近进门处是曹禺的房间,在书桌前,你会感受到一个少年不可捕捉的孤寂之思,一个苦闷的灵魂在游荡……

这座空窴的小楼,犹如坟墓一般,是一个承载着曹禺苦闷心灵的所在。

曹禺的少年时代,过着普通少年不曾有过的优越生活,受到良好的教育,深得父亲的厚爱。他的父亲万德尊青年时代曾留学日本,回国后做过黎元洪总统的秘书,官至陆军中将。曹禺小时候去过黎元洪的家,还受到黎元洪的夸赞,说他"聪明",奖励给他一块手表。13岁时,他在南开中学办的暑期学习班里,聆听了大学者梁启超的《情圣杜甫》的演讲。诸如此类的经历,都给早年曹禺的见识和阅历以深刻的影响。

每个生命个体都有其独特性,曹禺出生的第三天就失去了母亲,这对他心灵的打击是格外沉重的,由此而产生至深的恋母情结,正如曹禺所说:"我从小失去自己的母亲,心灵上是十分孤单而寂寞的。"这大约是所有早年失母的孩子共有的内心感受(比如日本的小说家川端康成),那种特有的孤独感会伴随他们的一生,并作用于他们的全部生活,以及思维方式和感觉方式。曹禺的温馨时光很少,对他很好的同父异母的姐姐很早出嫁,没活多久就悲惨地死去;父亲因为黎元洪的失势而官场失意,从此一蹶不振,每天都在鸦片中麻醉自己,不时地发脾气,打骂仆人。曹禺说:"我不喜欢我的家。这个家庭的气氛是十分沉闷的,很别扭……""从早到晚,父亲和母亲在一起抽鸦片烟。到我上了中学,每天早晨去学校,下午四点回家时,父亲和母亲还在睡觉,傍晚才起床。每次我回到家里,整个楼房没有一点动静。……整个家沉静得像坟墓,十分可怕。"

三

《年谱》以大量的篇幅记录了曹禺1949年到1976年之间的经历。

1949年，曹禺作为政协代表参加了开国大典，无比兴奋地登上天安门，自此全身心地投入了沸腾的新生活。他最初从事文化外交工作，几乎每天都处于送往迎来的生活之中。他感谢党的知遇之恩；但是，新生活也让他走上了一条从没有走过的道路，做了"官"。在随之展开的知识分子思想改造运动中，曹禺对自己的《雷雨》《日出》等剧作撰文予以全盘否定。1950年10月，曹禺在《文艺报》上发表《我对今后创作的初步认识》一文，对自己以往的创作开始进行自我检讨。他在文章中说："在写作中，我把一些离奇的亲子关系纠缠一道，串上我从书本上得来的命运观念，于是悲天悯人的思想歪曲了真实，使一个可能有些社会意义的戏变了质，成为一个有落后倾向的剧本。这里没有阶级观点，看不见当时新兴的革命力量，一个很差的道理支持全剧的思想。"

《年谱》记录了从1957年7月到10月，曹禺在反右斗争中先后写出了《你为什么这样？》《我们愤怒》《灵魂的蛀虫》《巴豆、砒霜、鹤顶红》《从一件小事谈起》等文章，从批自己到批丁玲、批吴祖光、批萧乾、批孙家琇、批戴涯……

在那个形势下，曹禺对《雷雨》《日出》重写式的修改是心甘情愿的，但实际上对他而言是一次文艺思想的危机、创作的危机。1956年下半年反右斗争开始，凡演出《雷雨》的团体在二度创作时，无不是以阶级斗争的观念来进行排演的。最为突出的就是1959年上海人民艺术剧院的导演吴仞之按照曹禺的意愿排演的《雷雨》。这是一个"阶级斗争版"的《雷雨》，其改动之大，令舆论界吃惊。曾有个记者描述了当时的演出："上海'人艺'最近上演的《雷雨》，导演好像一位严峻的法官，对造成《雷雨》悲剧的罪魁周朴园及其从犯周萍，提起了公诉。"上海人民艺术剧院版的《雷雨》影响很大，不仅影响了北京人民艺术剧院的《雷雨》排演，也波及曹禺其他剧作的演出路线和方向。1960年，曹禺剧作在政治化、概念化的指导下陆续被修改后上演。在这期间曹禺根据周恩来和罗瑞卿两位领导人的意见，先后创作了《明朗的天》和《胆剑篇》两部话剧。1963年，党的八届十中全会提出"千万不要忘记阶级斗争"的口号,文艺界则有"大写十三年"的号召,在这个背景下,曹禺剧作退出了当代中国戏剧舞台,《年谱》中记述 1967 年的 1 月:曹禺成为"资产阶级反动'权威'",被造反派揪出并被斥为"黑线人物",关进"牛棚",接受审查。在无休止的批斗、检查交代中,曹禺完成了对自己的彻底否定。对此,曹禺后来回忆说:

> 有一段,我住在家里,不敢出房门。大院里也是两派在骂,夜晚也在斗走资派,一天到晚,心惊肉跳,随时准备着挨斗。我觉得我全错了,我痛苦极了。我的房间挂着毛主席像,贴着毛主席语录:"革命不是请客吃饭……"我跪在地上,求着方瑞:"你帮助我死了吧!用电电死我吧!"真不想再活下去了,好几次都想死去。我想从四楼跳下去,我哀求着方瑞,让她帮着我死。

> 晚间,是写不完的外调材料,我懂得这不能马虎,不能写错啊!这是人命关天的事。但是,你写出来,如实地写出来,就骂你不老实,逼着你,打你!

曹禺后来曾这样评价那时的自己:"我真是太脆弱了,还有老人,还有妻子,还有孩子,又怎么能把她们抛下。每每看到妻子的病弱的身体,看到孩子……还得痛苦地活下去。"这样忍辱负重的、也是屈辱的生活,造成一代知识分子的悲剧。

四

可以说,《曹禺年谱长编》饱含对曹禺的敬重之情,是曹禺创作历程的真实记录,也是对曹禺的悲悼之作。于生活、工作的点滴细节,再现这位戏剧大师的生命历程,也写出了一代知识分子的命运悲剧。

2016 年 10 月于上海延安西路寓所

编 著 凡 例

一、本谱所用资料,包括谱主所有著作及译文(包括小说、诗歌、戏剧、论文、杂文、散文、序跋、前记、后记、启事、广告等等)和作品演出活动一律入谱;书信、日记有选择入谱,媒体报道有选择入谱。均按发生时间先后依次排列。

二、日期一律以公元纪年表述。谱主年龄以传统虚岁计算方式记述。

三、为了说明谱主是在什么情况下或何种历史环境中从事创作和工作的,以及他的思想发展变化与客观环境的联系,每年初简要列出跟谱主直接或间接有关的背景信息。

四、时间难考的史料收录原则:年、月可考而日期不可考者,系于该月之末,标"是月";年份可考而月、日不可考者,系于该年之末,标"是年";若日期能确定其发生于某年或某月中某一时段,则系于相应位置以"本时期"、"月初"、"上(中、下)旬"或"年初"等标注;无月可据者,则考订到季(春、夏、秋、冬);少数年份难定而史料重要者,加"约"字表述。凡是笔者的行文,阳历年月日一概写阿拉伯字,阴历概用汉字。原始资料中的数字用汉字的不改动,一仍其旧。

五、引文尽量使用谱主著述原稿、原件或第一发表处,其他史料亦尽可能引用原始第一手材料。原文有无法辨识之字,以□表示;明显错、衍、脱字,用〔〕或()将正确之字置其后。凡发表及收入刊物时间,本年内的以"×日×刊"、"×月×日×刊"表述,过年的以"×年×月×日"表述。凡收入"全集"(花山版)的著述,略之。

六、本谱出现的人名,编著者叙述称"先生"而不加姓名者,俱指谱主。引文按原文记述,编著者叙述一般以名表述,名不可考者用字号。少数与谱主交往密切而当时已以字号行者,也采用字号表述。

七、为便于读者查考,每一条目后均标明资料来源,若为书籍并标明相应页码。

八、一些需要说明的人物、事件背景或补充材料,以脚注形式处置。若同一事件不同资料来源记述有差异者,亦于脚注中加以说明。

九、书末"引用资料"编辑原则:按资料发表时间依序编排。

十、书末"人名索引"编辑原则:(一)以谱主同时代人物为索引标准。部分虽与谱主同时代但无直接或间接交往的人物,从略。著述被引用的现当代著述人也不列入。(二)以姓氏汉语拼音次序排列。字号、别名、别称系于名后括号内,不另设条。欧美人以通用汉译名(尽量附原文)、日本人以汉名第一字汉语拼音次序与中国人合排。

目　　录

引子

　　1907 年,在日本东京春柳社演出《茶花女》、《黑奴吁天录》,它标志着中国话剧的诞生,开启了中国话剧的历史。

1910年(清宣统二年)　一岁

2月12日,黄兴发动广州新军起义,因准备不周、孤立无援而失败。

3月31日,汪精卫、黄树中在北京谋炸清摄政王载沣失败,被捕入狱。

7月,上海,陆镜若、王钟声、徐半梅等以"文艺新剧场"名义,在张园演出《爱海波》、《猛回头》、《黑籍冤魂》、《孽海花》、《徐锡麟》、《爱国血》等。

7月25日,《小说月报》在上海创刊①。

11月,任天知在上海成立了中国第一个职业话剧团体——进化团。

9月24日(阴历八月二十一日)　天津小白楼的一个胡同里,一座普通的院落,曹禺降生。据曹禺回忆:"我生在天津小白楼,是平房,哪个胡同记不清了,只记得是住在一个胡同口上。"(《苦闷的灵魂——曹禺访谈录》第64页)

据陈寿记述:"宣统元年(一九○九)(万德尊)又在武昌娶商人薛氏长女,貌美而慧。是年举家移居天津。次年薛夫人生男家宝,就是现在鼎鼎大名的曹禺。"(《曹禺的家世》)

祖母为孙子取名家宝。父亲为其取字小石。家宝,家宝,万家之宝。这个名字象征着大吉大利、大富大贵。小名,是请一个阴阳先生给起的,看了八字,就起名添甲。添甲这个小名也是有讲究的。甲者,天干之第一位也。添甲,显然有取其独占鳌头、前程似锦之意。早年曾用笔名万家宝、小石,1926年,首用笔名曹禺。据曹禺回忆:"'小石'无大讲究,这是根据我父亲的字排下来的。我父亲叫万德尊,字宗石。所以我就叫小石。"(《苦闷的灵魂——曹禺访谈录》第5页)"我的小名叫'添甲',是我的祖母起的,大概是命中添甲的意思,所以叫'添甲'吧。……是祝愿我吉利吧。"(同前第57、58页)

曹禺祖先万氏。据陈寿记述:"时在明末万历年间,一位江西南昌府九龙街石门限万庄人氏的武官,因天下扰攘,游宦到湖广安陆府潜江县(今湖北省潜江市),住了下去。他姓万,名邦,就是万氏支脉在潜的始祖。他娶妻杨氏,一代代子孙繁

---

① 月刊。王蕴章主编,商务印书馆出版、发行。1921年1月,自第12卷第1期起由沈雁冰主编。1923年第13卷起由郑振铎主编。1927年5月由叶圣陶代主编。

衍。"（《曹禺的家世》）

据《潜江县志稿·氏族》记载："万姓受氏自春秋毕万始。明季始祖邦自江西南昌县迁潜，至今十有三传。七世恩赐副贡锟，精敏好学，为一时儒宗。以故，世传儒业，掇科名登仕版者，不一而足。先世居北城亚侯街，其居北门外者骏之孙德尊等，履洋饷学，具有壮志。宦羁京邸者际轩暨其子侄辈，或供职末秩，或肄业学堂。际辎以微员候补江西。余皆聚首旧宅，以教授生徒为业。"（转自《曹禺家世》第 110 页）

曹禺七世祖万锟，字剑光，别号月峰，上舍生，清嘉庆建元（1796 年），举孝廉方正，1807 年恩赐副榜贡生。终年 82 岁。育子有二，万廷瑶、万廷琇。

据《潜江县志稿·耆旧录》记载："万锟，字剑光，月峰其别号也。家世业儒，补上舍生。嘉庆建元，乡举孝廉方正。丁卯科恩赐副榜。性友爱，家买房一所，屡易主，多不祥，恐祸及兄弟，自请居之。未久墙圮，得术人所为厌胜土偶去之，遂安。葬母于天门龙尾山，柩止中道，忽见二白兔突出柩前，入之窆所而没，咸惊为孝所感。授徒里中，曲成寒俊，富贵子弟，亦必使知难苦。谓子弟成败，关乎蒙养，不徒课文艺猎科名也。邑宰陈公唐园，公余辄步至塾中，谈德行道艺外，无一语旁及。久之叹曰：'此今之澹台子羽也！'寡交游，终日端坐如塑，里中少年必正衣冠后而过其门。晚年督修文庙，自备糇粮，乡人感其诚，费大集，工遂竣。年八十二，端坐而逝。"（转自《曹禺家世》第 112、113 页）

据《潜江县志续·荐辟题名》记载："嘉庆　万锟：廪生、乡举孝廉方正、恩赐副榜、赠奉政大夫。"（转自《曹禺家世》第 121 页）

曹禺八世祖万廷琇，号云槎，生于清乾隆四十三年（1778），卒于道光二十九年（1849 年），终年 71 岁。

据陈寿记述："传到第八世兄弟二人，兄名廷瑶，生子三；弟名廷琇，生子七。廷琇公生于前清乾隆四十三年，（公历一七七八年），以嘉庆二十三年（一八一八）戊寅恩贡，候选州判。子七人中六兄弟均入学，四人得功名。计为二廪生，二岁贡，一解元，一孝廉。"（《曹禺的家世》）

据《潜江县志稿·耆旧录》记载："万廷琇，号云槎，由恩贡就直隶州州判。以次子时喆官知县敕封文林郎。家贫，授读世其家。以忠信笃敬为教，训童蒙首惩伪妄。晚年食指日繁，贫益甚，子孙受经，不营他业。道光时岁大饥，率家人分所食以待饿者。适游客款门，与论文有合，解衣衣之。学师傅星帆卒，厚其赙，学中人继之，得归葬。素善布衣，袁菊圃星夜过访，悉其未举火，馈以粮，袁不谢，由是愈重袁。年逾六十，祭祀躬亲，墓省步行必遍。每元旦，率家人讲孝经暨格言毕，述先世德,历举其立心制行,为里党敬式之由。年七十,张南山太守夙仕楚,耳其行,赠以联云:'居乡称善人,惟德致福;教子作循吏,以政承欢。'卒年七十一。子七,时叙、时喆、时绳最著。"(转自《曹禺家世》第113、114页)

曹禺高祖父万时叙,廷琇的长子,出生于嘉庆五年(1800)闰四月。时叙字惇五,号珏田,为郡廪生。卒于道光十二年(1832)十一月,终年33岁。

据陈寿记述:"长子时叙字惇五,号珏田,大排行居四。谱上载称:'时叙:郡廪生,屡荐不售。……幼年聪慧,有神童誉。工诗,古文,辞。……博读秦汉以上之书,旁及天文,地理,律历,书画。……尤著岐黄。'他生于嘉庆五年闰四月(一八○○),不幸早死于道光十二年(一八三二)十一月,享年三十有三。妻杨氏生子二,长际云,(次)际韶。……大约珏田四爷卅三岁那年,在荆门州属石灰堰某家教馆。宾主原为至交,东家又特别尊师,每天早起,必先到书房问安谈话,陪用早点。准以为例,向不间断。先生起床很早,从不在东家到来以后。一天,东家到时,书房门还未开,叫先生不应。东家高声说:'先生,你今天起迟,输了我了。'书童却说先生早起,上了厕所回来,关门又睡。再叫仍不答应,从窗缝望去,先生坐在床上。连忙破门抢进,先生已用裤带坐缢而死,尸身不倒。东家大惊,急向先生家报信,先生的一位弟弟六爷谨堂连夜赶往,次晚方到。先生仍坐床上,身还温软,面貌如生。用轿抬回家中,安放才僵。"(《曹禺的家世》)

据《潜江县志稿·耆旧录》记载:"时叙,号珏田,郡廪生。生而颖悟,甫能言,即识字。十岁熟十三经,通晓大义。弱冠有声庠序,科岁试四冠其曹,困于棘闱,三荐不售。尤以诗古知名。嗜琴兼通释典。于天文、地理、卜筮、书算,皆能悉其蕴奥。尤精于医,壬辰端午自馆中归,值大疫,诊视无间昼夜,全活甚众。平居恋恋庭帏,每归者,不忍一息离开诸弟,靡力诱掖。万氏子弟无常师,兄弟叔侄相授受,叙始也。与人交,和气蔼然。尤能急日之急,喜扬人善,然有过必规。征逐嬉游之场,独持正论。所作稿多散佚,近存《芸香阁制艺》二卷。"(转自《曹禺家世》第114页)

曹禺曾祖父万际云,万时叙的长子。据陈寿记述:"曹禺的曾祖际云,珏田公的长子,在大排行中也行大。榜名骏,字乔卿,号祥五。生于道光三年(一八二三)十月初八日子时。咸丰九年(一八五九)恩科中式本省乡试举人。同治元年(一八六二)会试考取觉罗官学汉教习,敕授文林郎,拣发甘肃知县。道中因同伴害眼,误被传染,以致双目失明。回家口授教书二十多年,所传生徒不少。死于光绪十三年(一八八七)丁亥二月初一日。妻魏氏,在过去万门中享寿最长,活到一百零几岁,

直到民国七八年才告寿终。"（《曹禺的家世》）

曹禺祖父万启文。据陈寿记述："百龄人瑞的长子名綮，又名启文，字紫邮。幼时，尝为失明教读的父亲笔录讲义。初娶杨氏，生一女和曹禺的父亲宗石将军。杨氏自幼聋哑，不为丈夫所喜，又娶徐氏，凶悍异常，杨氏和子女都受虐待。"（同前）

曹禺父亲，名德尊，字宗石，万启文与杨氏之子。据陈寿记述："宗石将军名德尊，生于同治十二年（一八七三），十五岁中秀才，和他曾祖珏田同样有神童之誉。初娶燕氏，同邑人女。家道仍极穷困，无法向上。燕氏贤淑，将所有嫁妆金饰都拿出变卖，作她丈夫争取功名的费用。他和母舅杨君偕同晋省，都考取官费留东。他先后毕业于陆军振武学校①和日本仕（士）官②。"与云南李根源、唐继尧，山西阎锡山、黄国梁等同为第 6 期士官生③。"学成返国，为直督端方所器重。朝考陆军步兵科举人④。任直督卫队标统⑤，编练新军。民国曾任陕西镇守使⑥，察哈尔

---

①　东京振武学校是一所专为中国陆军留学生开办的预科军事学校，为日本陆军参谋本部所属。创办于 1900 年，原名成城学校，1903 年改名振武学校，开办到 1914 年。初期修业 1 年 3 个月，后延长至 3 年，课程大部分与普通中学相同，对体操技击比较注重，毕业后分发日本国内各日军联队实习 18 个月，然后再进士官学校。该校毕业生人才济济，对中国近代军事历史产生重要影响。

②　陆军士官学校，据介绍：其前身，原名"兵学寮"。明治元年（同治七年），创设于京都。明治四年，迁到东京。明治七年，改名"陆军士官学校"。

③　据《清国留学生会馆第五次报告·同学姓名调查录》：万德尊，字忠实（宗石），湖北人，二十岁，光绪三十年（1904 年）六月抵东京，入振武学校，官费生。另据《各省官费、自费毕业学生姓名表·自光绪三十四年九月起至宣统元年七月止》显示："姓名：万德尊；籍贯费别：湖北官费；到东年月：全（光绪）三十年三月；毕业学校：士官学校；入学年月：全（光绪）三十年三月；年月号数（毕业登记证号）：全（光绪三十四年十一月），东字第五六号。"另据《中华民国国父实录》载："第六期（毕业有）——胡谦、孙传芳、李根源、阎锡山、唐继尧、李烈钧、程潜等一九九人。"

④　有资料显示，1901 年清廷停止了武科举，1905 年秋，清政府下诏废除科举，文中"考步科举人"似有误。据《四川官报》：宣统元年十月十四日　监国摄政王钤章丰　上谕此次验放陆军部游学毕业生考列优等之王风清长青丁慕韩孙国英……冯衡均着赏给陆军步兵科举人并授副军校……考列上等之万德尊王肇基……黄国樑……阎锡山……孙传芳……李瑞常均着赏给陆军步兵科举人并授协军校……军机大臣署名（《谕旨恭录》，《四川官报》1909 年第 31 期）

据刘存善撰文："1909 年 4 月，清廷派赴日本东京陆军士官学校留学的第六期学生陆续回国，分别在各省的督练公所、陆军小学堂等处任职。11 月，陆军部为了对这批学生的学习成绩进行考核，以便适当任用，遂召集在各地服务的士官生到北京参加会试。11 月 22 日（农历十月十一日），由摄政王钤章，公布了会试学生的成绩等次和授予军衔等的上谕。根据 1909 年 12 月 3 日（宣统元年十月二十一日）《并州官报》第 109 号的报导，参加这次会试的学生及他们所取得的成绩等次和军衔如下：二、考列上等的：万德尊……李瑞常，均着赏给陆军步兵科举人并授协军校；……（刘存善：《1909 年清廷陆军部对留日士官生的会试》，《文史研究》1990 年第 4 期）因此，万德尊"考举人"，应是"赏给"。

⑤　官名。清末统辖一标军队的长官。清末改革兵制，每镇（师）辖二协（旅），每协辖二标（团），标的长官称统带，亦称标统。（今日团级干部）《清文献通考·兵一》："各镇标统辖各协及各营。"

⑥　官名。北洋军阀统治时期设置，为地方军事长官，所辖军队有一混成旅或一师。据《宣化县志》，民国元年（1912 年），国民政府废宣化府，在直隶省南口以北，设口北道，辖 10 县。宣化属口北道。《宣化县志》第 17 页，河北人民出版社，1993 年 3 月）又据《中华民国史事日志》，1917 年 8 月 28 日，添设直隶口北镇守使（驻宣化）。（自中国国学网）此疑似万德尊所任为口北镇守使。

都统①,授职陆军中将,将军府将军②。而那位母舅归国,发神经病死,可谓有幸有不幸。将军的燕氏夫人生一女名珍珠③,颇为他所钟爱。生男家修,却最所痛恨。……宗石将军风流儒雅,生得魁梧奇伟,声若洪钟。惜乎困于烟霞,中年更得腿病,不良于行。他对故乡无多好感,亲族颇少往来。相传潜人某君到津有所干求,他命仆人出来说此处不姓万,乃是东洋人曼德郎的公馆。清末民初间,万氏中一文一武,蜚声于时。武即将军,文乃他的四叔祖云孙进士。云孙公官居东师,不过一闲郎曹。但宾至如归,族中子弟,无不视同亲生,多赖教养。宗石将军也受过叔祖的提携,独和叔祖后裔时通音问,敬礼有加。他死于民国十七年,享年四十五岁。④"(《曹禺的家世》)

据曹禺回忆:

> 我这个人,对家里的事,也不是很清楚的,有些,我记忆很深很深,有些,老人跟我讲过,我也记不起来了。我家的祖籍是在江西省南昌府。我们的祖先中有个叫万邦的,他是个武官。因当时社会扰攘不安,他便宦游到了今天的湖北省潜江县定居下来。这样,万邦就成为万氏的支脉在潜江的鼻祖了,万家的子孙便在这块土地上一代一代地繁衍生长。比较久远的详细的情况,尚需查考,留在我记忆中的一些人和事,是曾祖父这一辈了。我的曾祖父名际云,榜名骏,字乔卿,号祥五。曾祖母姓魏。咸丰九年(1859年——田注)考中乡试举人,同治元年(1862年——田注),会试考取觉罗学,毕业后,敕授文林郎,拣发到甘肃任知县。在赴任途中,因受同行的眼病的传染,突然双目失明。真是"天有不测风云,人有祸福旦夕"啊!只得弃官半道回家,于是,在家乡当起了穷私塾先生。我的祖父名启文,字紫邮。他起先是为双目失明的父亲笔录讲义,后来就自挂牌子,成为乡间的私塾先生。我的祖母姓杨,又聋又哑,是个很不幸的女人,她生一子,这便是我的父亲。那年是同治十二年(1873年——田注)。(《苦闷的灵魂——曹禺访谈录》第5、6页)

---

① 据《张家口文史资料(察哈尔纪事特辑)》,察哈尔地处内蒙中部,乾隆二十六年(1761年)始设察哈尔都统,都统府借住张家口。民国三年(1914年),北洋政府设立察哈尔特别行政区,置都统借住张家口。1928年改区为察哈尔省,改都统制为省府委员会制,省府在张家口,原属直隶的口北道、万全县等10余地划归察哈尔省。1952年11月,新中国中央政府撤销察哈尔省建制。又据《民国职官年表》,自民国元年至1928年,察哈尔都统分别是何宗莲、张怀芝、田中玉、王廷桢、张景惠、张锡元、张之江、高维狱、赵戴文等;陕西省,1914年始设陕南、陕北镇守使,1920年始设潼关镇守使。(现无资料显示万德尊曾任陕西镇守使、察哈尔都统——编者注)

② 将军府始建于民国元年(1912年7月),于1925年1月7日废止,至临时执政府瓦解,又无形恢复,一直到北洋政府崩溃,随之消失。将军府将军,一经任命,即隶属该府。

③ 即万家瑛。

④ 此处年龄计算有误,应为五十五岁。

　　万家是个大家族，人口很多。的确，我们这一房是最穷了。我的祖父一心教育子弟苦读诗书，进入仕途，改换门庭。因此在我父亲幼小的心灵中便埋下了一颗光宗耀祖、振兴家业的种子。他从小就下定决心，苦读诗书，梦想飞黄腾达。他天资聪颖，又很用功，15 岁便考中秀才，在潜江老家曾有"神童之誉"。随后又考进两湖书院，是张之洞办的。每月还有 4 两（也可能是 8 两）银子，有一半就足够他自己生活费用了，他很孝顺，就把另一半寄回家中。那时，我的曾祖母还在。（同前第 6 页）

　　清朝末年，清政府开始派学生到日本留学，在当时也是一个浪潮，鲁迅也是那个时候去日本留学的。我父亲是以官费留学生的身份去日本东京的。这大概是 1904 年的事。那时，一般人是不愿意出国的。当时，知识分子的道路，一是读书中举而进入仕途，一是去做商人。只要还有更好的出路，是不愿出国的。鲁迅就说过，他当时去日本留学，也是一种无奈的选择。我父亲去日本，当然是为了光宗耀祖、振兴万家基业。他是同我的小舅舅一起去留学的。到了日本的东京，先入日本振武学校，毕业后被分配到日本陆军士官学校。这所学校在日本很有名气，而且是比较老的军官学校，他是这个学校的第四届毕业生（是第六届——编者注）。在日本说来，也是相当早的毕业生了，是明治还是大正年间，记不清楚了。他和军阀阎锡山是同学。我父亲是 1909 年初学成回国的。回国后，当了个小军阀。先是任直隶卫队的标统。标统，按现在的军职来说，相当一个团长。虽不是高官，但毕竟跻身于官僚行列之中了。袁世凯窃得大总统职位后，他没有随之丢官，反而，还发迹起来。黎元洪作大总统，他成为黎元洪的秘书，成了一名中华民国的武将，曾经被授予陆军中将的军衔，派到宣化任镇守使，相当一个师长。（同前第 6、7 页）

　　……万枚子，按照辈分大概他比我长一辈，他在国务院参事室工作。他可能有万家的家谱，他说我父亲万德尊是陕西镇守使，这可能就不对了。我的曾祖父是个瞎子，曾祖母活了 109 岁，父亲是在端方（直隶总督）下边做事。（同前第 142 页）

9 月 27 日　薛夫人产后三天，因患产褥热不幸病逝。《出世丧母的曹禺》 奶妈是万德尊的马弁刘门君的妻子。

　　是年　《北洋兵事杂志》7 月在天津创刊①，万德尊与舒清阿、田文烈、孙传芳等为编辑员。

---

　　①　北洋军方刊物。月刊。总编辑章亮元。由北洋陆军兵事杂志社发行，停刊时间未详。

　　万德尊在创刊号"杂俎"栏目发表《犬虎站》、《龟蛇站》、《自行攻敌之鱼雷》、《总统旗之革新》、《新式军车》、《军械奇特》、《家丁民壮士兵之由来》、《古时代之武器》，在"文苑"栏目发表诗作《从军行》、《参谋旅行途次感怀》、《幼年校歌》。在第 2 期（1910 年 9 月）"文苑"栏目发表诗作《拟王摩诘老将行》。在第 3 期（1910 年 10 月）"论说"栏目发表论文《中国今日舍军事外即不能生存论》。

　　万德尊在留学期间就曾在《南洋兵事杂志》①发表文章，在该刊第 11 期（1907年 7 月 10 日）"学术"栏目发表《火器及筑城进步之攻击法》，署名为留德学生万德尊来稿（此处恐杂志社之误，应是留日——编者注）；同期"调查录"栏目发表《日本陆军之缺点（日本某将军之谈话）》、《俄国之战略的经营（日本某参谋将校谈）》，署名万德尊来稿；

　　在第 12 期（1907 年 8 月 9 日）"诗歌"栏目，发表《壮士行》、《从军》，署名留学日本湖北潜江万德尊来稿；

　　在第 13 期（1907 年 9 月 22 日）"通论"栏目，发表《论军队军歌之必要》，署名留学日本万德尊来稿；

　　在第 14 期（1907 年 10 月 21 日）"学术"栏目，发表论文《包围攻击之利害及方法》、《小部队行军之原则（未完）》，"调查录"栏目发表《南北大演习之批评》，"诗歌"栏目发表诗作《军国民（七律四首）》，署名万德尊来稿；

　　在第 15 期（1907 年 11 月 20 日）"学术"栏目发表《小部队行军之原则（续）》，署名万德尊来稿；

　　在第 16 期（1907 年 12 月）"战史"栏目发表《古今战法史（未完）》，署名万德尊来稿；

　　在第 17 期（1908 年 1 月）"诗歌"栏目发表《中国之武士道（四首）》，署名万德尊；

　　在第 18 期（1908 年 2 月 19 日）"通论"栏目发表《军队与国家》，"学术"栏目发表《巴尔克氏之兵种源流考》、《兵棋要览（附队标图）（未完）》、《要塞管见》四文，"诗歌"栏目发表《军人之气概（四首）》，署名万德尊来稿；

　　在第 19 期（1908 年 3 月 17 日）"杂俎"栏目发表《日本某参谋将校军事谈丛》，"诗歌"栏目发表《军歌（一首）》，署名万德尊；

----

　　①　光绪三十二年八月（1906 年 9 月）在南京创刊。月刊。由两江督练所教练处总发行，兵事杂志社编辑。停刊时间不详。该刊设公牍、通论、学术、经历、答解、见闻、诗歌等栏目。按：据创刊号载，章亮元为该刊干事员之一。后章为《北洋兵事杂志》总编。

在第 20 期(1908 年 4 月 15 日)"学术"栏目发表《军制学(未完)》署名(日)陆军步兵大佐木村宣明讲授、万德尊译,"杂俎"栏目发表《波兰武士宝罗传(译德国兵事周报)》、《吴彭年传》二文,署名万德尊,"诗歌"栏目发表诗作《拟老杜诸将(五首)》,署名潜江万德尊;

在第 21 期(1908 年 5 月 19 日)"通论"栏目发表论文《读驻和使臣钱洵会议保和会情形折书后》(折载本杂志第 19 期)(未完)、"学术"栏目发表论文《支那马关于军用之价值及军马之要素军马厩之本旨》(日本某炮兵大尉谈,万德尊译)、《论军队之指挥与统率》,"诗歌"栏目发表诗作《前诸将五首》,署名万德尊;

在第 22 期(1908 年 6 月 18 日)"学术"栏目发表《德国陆军技术大学校之概论》(日某工兵少佐谈,万德尊译);

在第 23 期(1908 年 7 月 18 日)"诗歌"栏目发表诗作《后诸将五首》,署名万德尊;

在第 24 期(1908 年 10 月 24 日)"调查录"栏目发表《千九百七年驻德金谷步兵少佐参观德国第六军团秋季演习之报告》署名万德尊译,"诗歌"栏目发表诗作《历代诸将(未完)》,署名万德尊来稿;

在第 25 期(1908 年 11 月 8 日)"诗歌"栏目发表诗作《历代诸将(续)》,署名万德尊来稿;

在第 26 期(1908 年 12 月 8 日)"诗歌"栏目发表诗作《历代诸将(十四首)》,署名万德尊来稿;

在第 30 期(1909 年 3 月)"通论"栏目发表《十年后中国之感言(未完)》,署名钟食(因万德尊字宗石,且第 31 期署名是宗石,此文疑似其作——编者注);

在第 31 期(1909 年 3 月)"通论"栏目发表《十年后中国之感言(续)》,署名宗石;

在第 32 期(1909 年 4 月)"诗歌"栏目发表诗作《汉寿亭侯马槽歌》,署名万德尊;

在第 37 期(1909 年 9 月)"通论"栏目发表《军队与交通》,署名万德尊。

万德尊还在《云南杂志》①第九号(1907 年 9 月 28 日)发表诗作《壮士行》、《从军》、《从军(满江红)》,署名湖北潜江万德尊;在第十号(1907 年 11 月 18 日)发表诗作《中秋月》。

---

① 系清末革命党人所创办期刊之一。1906 年 10 月 15 日在日本东京创刊,张镕西为总编辑。该刊至 1911 年武昌起义后停刊,共发行 23 期。

是年　万德尊 37 岁,为照顾曹禺,续弦。据陈寿记述:"大约曹禺十龄左右,即遭母丧(此处有误,见本年 9 月 27 日条)。不久父亲续弦。继母竟是借居他家的小姨——母亲的妹妹。两位薛夫人的陪嫁丫头王姑娘,后来又成了家修的妻子——曹禺的长嫂。"(《曹禺的家世》)

曹禺生母,薛氏。曹禺继母,薛咏南,薛氏之双胞妹。哥哥万家修、姐姐万家瑛。

关于自己的家庭成员。据曹禺回忆:"我的家庭人口不多。我父亲先后有过三个妻子。我的姐姐和哥哥是第一个母亲生的,这个母亲很早就去世了;我的母亲生我之后第三天便故去了,得的是产褥热,那时是不治之症;我的第三个母亲和我的生母是双生的姐妹。我从小失去自己的母亲,心灵上是十分孤单而寂寞的。"(《我的生活和创作道路》)"我的第一个妈妈,姐姐和哥哥的亲生母亲,和我们一直没有来往,父亲做了官也不来往,记得好像是个瞎子,在湖北老家乡下,是死了还是怎样,一点信息都没有,从来也没有听家人提及过。哥哥、姐姐到了天津,就同湖北潜江老家断了关系。"(《苦闷的灵魂——曹禺访谈录》第 118 页)"大概是为了我,怕别人照顾不好,怕我受虐待,我的亲姨才做了我的继母。我没吃过母亲一口奶,当然也没有吃过继母的一口奶,是奶妈把我喂养大的。""继母这个人还是很能干的,也经常教育我。"(同前)

据邹淑英[①]回忆:

> 我是无锡人……我是在 20 岁左右认识曹禺母亲的。约 3 年后,认她作干妈。我曾听她老人家说,万德尊去世的时候,张伯苓曾来吊唁。

> 干妈十分聪慧,绝非常人所能比。我认识她时,她 3 年孝期还未满,我曾在她清理万德尊遗物时,看到一把宣化府万民伞。她这时住大马路 36 号,这房子是她租的,而在二马路的房子则赁给了别人。

> 干妈朋友较少,周九爷与她交往时间最长。周家是无锡人,他本人则是天津启新洋灰公司的董事,万家有他们的股票。

> 干妈是信佛的,常念经,但不烧香。(《苦闷的灵魂——曹禺访谈录》第 271、272 页)

对于同父异母的哥哥,据曹禺回忆:

> 我哥哥叫万家修,字少石,我叫小石。哥哥是天津政法学院毕业的,35 岁便死去了,没有干过什么事。我父亲很恨他,他也恨父亲。他曾经跑到哈尔滨

---

① 曹禺继母薛咏南的干女儿。

去。不知道是什么原因,父亲把他的腿打断了,后来接上了,养了半年才养好了。他在背后骂父亲,什么都骂,骂得不堪入耳。他的字写得很好,但是人没有志气,不好好念书。(同前第 58 页)

另据王振英回忆:

家修比老太太小一圈(12 岁),他也不干什么事,整天就在家呆着。我听说准备让他当武清县长,关系、门路都找好了,他就是不去。我去他家前,他有个丫环,是买来的,叫福子,老太太有些疑心,便找人许配走了。他的儿子就剩世雄了,现在还健在;世雄的哥哥是 17 岁的时候得伤寒死的。(同前第 268、269 页)

关于姐姐,据曹禺回忆:

我的大姐叫万家瑛,她同家修是一母所生,她是我的启蒙老师,我认方块字就是她教的。我对她感情很深,她嫁给一个姓柴的,很不得意。我爱她,也爱我的外甥。他们后来到了哈尔滨,外甥夭折了,她也死去了。是很悲惨的。(同前第 82 页)

1911 年(清宣统三年)　二岁

4月9日,(清)外务部会同学部奏请批准将游美肄业馆改名为清华学堂及订立章程,先行开学。是月,张伯苓任教务长。29日,在清华园正式开学,以后定每年4月最后一个星期日为校庆日。

4月27日,同盟会会员黄兴等领导广州起义。失败,72人死难,葬于广州市郊黄花岗,史称"黄花岗七十二烈士"。

5月,清政府设立"皇族内阁",并宣布将川汉、粤汉铁路"收归国有";旋向英、法、德、美四国银行订立川粤汉铁路借款合同,将筑路权出卖给帝国主义,激起全国保路风潮。是月,清王朝任命端方为督办粤汉、川汉铁路大臣。

9月,四川保路风潮爆发。端方受命由湖北抽调新军一协前往镇压。

10月10日,武昌起义爆发,11日,黎元洪被义军推举为鄂军都督,并以"中华民国军政府鄂军都督黎"名义发布安民告示,成立湖北军政府。17日,黎元洪宣誓就职,掌实权。紧接着,黎元洪设"招贤馆",网罗文武人才,孙发绪、饶汉祥等进入黎元洪视野,后成为黎的干将。

11月,端方带领湖北新军抵达四川资州,后因兵变,端方和他那曾经留学日本研究铁路的弟弟端锦均被杀害。

12月25日,孙中山回国抵沪,29日,孙中山被17省代表会议选举为临时大总统,准备赴南京就职。

是年,清华大学开始有新剧演出活动,并成为传统。

6月28日　时任"直隶督院卫队管带官副军校①"的万德尊被"军谘府②""派充秋操警务处办事官"。(《督宪陈准军谘府咨调万德尊王景福等充秋操办事官札饬兵备处查

照文》,《北洋官报》①第 2865 期,1911 年)

秋　万德尊"秋操事竣"后"仍回原差"(即回到直隶督院)。(同前)

是年　"湖北帮"步入中国权力阶层。屈映光、饶汉祥都是湖北帮成员,都是黎元洪的秀才。饶汉祥是曹禺父亲万德尊的引路人之一。

---

①　1902 年 12 月 25 日在天津创刊。两日刊。署理直隶总督兼北洋大臣袁世凯主办。1904 年 2 月 16 日起改为日刊。宣统二年(1910 年 11 月 2 日),移至保定出版。

1912 年(民国元年) 三岁

1月1日,孙中山在南京就任中华民国临时大总统,宣告中华民国成立,定都南京。3日,各省代表会议选举黎元洪为副总统。

2月12日,清帝退位。13日,孙中山辞临时大总统。15日,临时参议院选举袁世凯为临时大总统。黎元洪辞副总统。20日,又选黎元洪任临时副总统。

3月10日,袁世凯在北京就任临时大总统职。11日,南京公布《中华民国临时约法》。是月,黎元洪独揽湖北军政府大权。

4月1日,孙中山正式解除临时大总统职。2日,参议院议决临时政府迁往北京。

4月,陆镜若、欧阳予倩、吴我尊、马绛士等春柳人士在上海成立新剧同志会。是月,演出《家庭恩怨记》。

6月8日,袁世凯公布参议院决议,以五色旗为国旗。

9月12日,经临时大总统"命令","删定""陆军官佐补官暂行章程"。

9月28日,临时参议院议决十月十日为中华民国国庆纪念日。

10月17日,清华学堂改称清华学校,唐国安任校长,周诒春任副校长。

11月1日,《军事月报》在北京创刊①。

是年,国民政府废宣化府。在直隶省南口以北,设口北道,辖10县,宣化县隶属口北道。时,通称直隶省口北道宣化县。

9月24日 2周岁生日,继母给他买了瓷马、瓷观音等护神和玩物。据曹禺回忆:"我捺不住了,在情绪的爆发当中,我曾经摔碎了许多可纪念的东西,内中有我最心爱的磁(瓷)马磁(瓷)人,是我在两岁时母亲给我买来的玩物。"(《我怎样写〈日出〉》)

---

① 月报。陆军学会主办。陆军学会于9月22日在北京骡马市大街湖广会馆召开成立大会,黎元洪、黄兴、段祺瑞被选为该会名誉会长。

12 月 30 日　万德尊被任命为"陆军步兵上校加少将衔"。(《命令》,《军事月报》第 3 期,1913 年 1 月)

是年　黎元洪被选为临时副总统兼领鄂督。万德尊作为"湖北帮",日后成为黎元洪的幕僚亲信。万德尊作为清朝官吏,民国成立,不但没有遭难,反而在仕途上得以升迁。

1913 年(民国二年) 四岁

3 月 20 日,宋教仁在上海被刺,不救身亡,年 33 岁。

5 月 29 日,袁世凯收买议员,组进步党对抗国民党,举黎元洪为理事长,梁启超、张謇等 9 人为理事。

7 月 12 日,国民党人江西都督李烈钧宣布独立,发檄讨袁,发动"二次革命"。

8 月,郑正秋创立新民社,主要成员有汪优游、徐半梅、朱双云等。是月,演出《恶家庭》,创文明戏演出票房纪录。

10 月 6 日,国会正式选举袁世凯为总统,7 日,黎元洪被选为副总统,10 日,袁世凯在北京故宫太和殿就任大总统。

11 月,民鸣新剧社在沪成立。文化商人和演艺界人士经营三、杜复初、张石川等创办。

12 月,黎元洪携饶汉祥等应袁世凯"邀请"上京"赴任"副总统。

是年,直隶省会迁津,直隶总督署也迁津。

是年 万德尊仍在"直隶督院卫队"公干。据曹禺回忆,那时"父亲做官,可能是个标统之类的官,每月 200 两银子薪俸,还有 20 两的车马费"。(《苦闷的灵魂——曹禺访谈录》第 118 页)

是年 继母带曹禺听故事、看戏。继母酷爱听戏,京剧,还有地方戏,如河北梆子、山西梆子、唐山落子等,每次去戏院总是带着他。据曹禺回忆:"我从小就很喜欢戏剧,很爱看戏。记得在我三岁时,母亲就抱着我看京戏。"(《探索人生,追求真理》)"小时候看了不少戏,文明戏看得最多",也"看了不少京剧,大学时看得更多。……谭鑫培是小时候母亲抱着我看的"。(《苦闷的灵魂——曹禺访谈录》第 10、11 页)

据颜振奋文述:"在幼小的时候他母亲带他去看大戏(京戏)、小戏(地方戏)和文明戏(即通俗话剧),看了戏后就和书房的小朋友们咿咿唔唔地扮演起来,有时按着故事演,有时就索性自己天南地北地编排,总要闹到塾师出来干涉才罢。他看过很多有名的演员的戏,他说他居然听了一次谭鑫培的戏,他坐在别人的怀里,才三岁。以后在他开始懂得看戏的时候,便看了龚云甫、陈德霖、杨小楼、余叔岩、王长林、裘桂仙、刘鸿声……等,这些艺术家们使他懂得'戏原来是这样一个美妙迷人的东西!'"（《曹禺创作生活片断》）

1914 年(民国三年) 五岁

3 月 24 日,《清华周报》创刊①。

4 月,"春柳剧场"在上海谋得利剧场演出,热演 9 个月。

5 月,上海六大新剧团体(新民社、民鸣社、启明社、开明社、文明社、新剧同志会)组成新剧公会,举行联合会演,演出了《遗嘱》、《情天恨》和《女律师》(即莎士比亚的《威尼斯商人》),规模空前。

7 月 8 日,中华革命党在日本东京成立,孙中山任总理。

7 月 18 日,北洋政府公布《将军府编制令》与《将军行署编制令》。

是月,北洋政府将军府成立。

8 月 1 日,第一次世界大战爆发。6 日,袁世凯政府发表中立宣言,12 日各国承认中国中立。

12 月 29 日,袁世凯公布《修正大总统选举法》。据此,大总统成为终身职务。

是年 居天津。

是年 3 月,南开学校成立敬业乐群会,下设演剧团和音乐团。(《南开大学校史(1919—1949)》第 57 页) 10 月 17 日,南开学校十周年纪念日,演出新剧《恩怨缘》。周恩来饰女角烧香妇。11 月 17 日,演剧团正式命名为南开学校新剧团,周恩来被选为布景部副部长。(《南开星期报》第 25 期,1914 年 11 月 23 日)

---

① 周刊。清华学子主办。9 月 22 日第 13 期改为《清华周刊》。闻一多、顾毓琇、梁实秋、周培源等主编。抗战全面爆发后,停刊。1947 年 2 月复刊。出版 17 期再次停刊。

1915 年(民国四年)　六岁

1月18日,日本政府向北洋政府提出灭亡中国的"二十一条"。之后,北京、上海、汉口、广州、奉天、吉林、哈尔滨等地,先后掀起抵制日货运动。

5月7日,日本政府向北洋政府提出最后通牒,限于5月9日午后6时前答复(二十一条),不顾群众反对"二十一条"的呼声,北洋政府于5月25日与日签订亡国条约。后"5月9日"被定为国耻纪念日。

9月15日,《青年杂志》在上海创刊①。

10月17日,天津南开学校11周年校庆日,演出新剧《一元钱》。

12月12日,袁世凯称帝。

12月25日,蔡锷等在云南起义讨袁。护国战争爆发。

12月31日,袁世凯下令翌年改民国为中华帝国"洪宪"元年。

2月1日　万德尊以少将"加陆军中将衔"。②(《命令》,《兵事杂志》③第13期,1915年3月)

是年　居天津。发生了一件影响曹禺一生的事,奶妈告诉他一个天大的秘密,"这个妈不是你的亲妈,你的亲妈生你三天便得病死去了。"据曹禺回忆:"我的奶妈姓刘,她的丈夫叫刘门君,原来是我父亲的马弁。我本来就隐隐约约感觉到我不是继母生的,但是并没有觉得怎样,而且继母对我又很好,也不大在意。有一次继母同刘奶奶吵架了,刘奶奶就告诉我,她不是你的亲生母亲。""一旦证实了这点,不知为什么,我心中涌起无限的悲哀。自此,我常常陷于一种失去生母的孤独、寂寞和悲哀之中。"(《苦闷的灵魂——曹禺访谈录》第84页)

---

①　综合性文化月刊。陈独秀任主编。1916年9月1日第2卷第1号起改名为《新青年》。1917年初,《新青年》编辑部迁到北京。1920年移至上海编印,自第8卷第1号起成为中国上海共产主义小组的机关刊物。

②　目前,虽未发现万德尊授予少将的文件,但根据对应加衔层级,万德尊是依少将加衔的。据1911年通过之《陆军任职期内暂行加衔办法》(《北洋官报》第2809期,1911年6月13日),北洋时期沿用了这一加衔制度。此时期的"加衔",系"当一名军官晋升到高一级指挥岗位,但其资历和停年(某一军衔需服役的最低年限)尚未达到晋升高一级军衔的条件,或是为了控制某一军衔的数量时而被授予的临时军衔"。(《清末民初军衔制度述略》,《军事史林》第2期,2003年)

③　1914年2月在杭州创刊。月刊。浙江军事编辑处编辑、发行。

1916 年(民国五年) 七岁

1 月 1 日,云南成立军政府。全国掀起"讨袁"的浪潮。21 日,袁世凯迫于压力,遂下令延期登基。

2 月 26 日,清华学生戏剧团在北京米市大街基督教青年会演出《卖梨人》、《贫民惨剧》,为创设贫民小学筹款,先后演出两场。

3 月 22 日,袁世凯撤帝制,仍自称大总统。又任徐世昌为国务卿。次日,废"洪宪"年号。并以段祺瑞、徐世昌、黎元洪的名义致电护国军,请停战议和。

春,朱双云、汪优游、徐半梅、欧阳予倩和查天影等建立大成社,以笑舞台为阵地,演出改良京剧和文明新戏,大受欢迎,盛况空前。

4 月 12 日,屈映光公举为浙江省将军(7 月将军改督军)。5 月 5 日,辞职。

5 月 1 日,西南护国军发表宣言:否认袁世凯为总统,拥护黎元洪继任。

6 月 6 日,袁世凯毙。7 日,黎元洪以副总统继任大总统职。30 日,张国淦出任总统府秘书长,不久饶汉祥任副秘书长。

7 月 6 日,北京政府发布命令,各省将军、巡按使改名为督军、省长,并发表任命名单,其中直隶省长朱家宝兼署直隶督军。9 月 16 日,曹锟被任命为直隶督军。

9 月,周恩来发表《吾校新剧观》。

10 月 17 日,天津南开学校 12 周年校庆,新剧团演出新剧《一念差》。

10 月 30 日,北京国会选举冯国璋为副总统。11 月 8 日,冯在江苏督军府就任。

12 月 26 日,黎元洪任命蔡元培为北京大学校长。蔡元培邀请陈独秀到北大任教。

夏 张彭春由美国回到南开,执教南开中学,8 月 28 日,被选为南开新剧团副团长。(《张彭春年表》,《张彭春——话剧在北方奠基人之一》第 381 页)

10 月 10 日 "重建共和"后的第一个"双十节"。黎元洪在北京南苑举行盛大的阅兵式。并宣布开放中南海,邀文武官员以及各界人士前来游览。万德尊带曹禺前往。(《曹禺传》第 28 页)

是年　经几年积累,万德尊购置房产,位于"意租界二马路 28 号"(今河东区民主道 23 号)。据曹禺回忆:"记得我们家有两座楼,一座临街,房子多些;一座在后面,是两层楼,地点就在原来的天津意大利租界,距离天津的东车站很近。"(《苦闷的灵魂——曹禺访谈录》第 9 页)"我家的房子很大,是座两层楼房,父母住在楼上,我住楼下。"(同前第 84 页)继母对曹禺说,"我们盖的房子,所有的积蓄,都是他①的薪水一点一点地攒下来的。"(同前第 118 页)

是年　姐姐万家瑛、哥哥万家修从湖北潜江老家来津。姐姐很是喜爱这个弟弟。据曹禺回忆:"姐姐万家瑛比我大七八岁,哥哥万家修比我大五六岁,他们是从湖北潜江乡下来的。姐姐特别喜欢我,人家说,总是看到她抱着我这个小弟弟,亲得不得了。她上过几年中学,是她教我认字块,写字。我对我这个姐姐是很有感情的。姐姐嫁给一个姓柴的,生了一个孩子。……姓柴的嫂子叫何凤英。她和我姐姐认识,大概在我七八岁时,何凤英常来我家里,我姐姐和她睡在一张床上,可见她们是很要好的朋友,何凤英也很喜欢我。是由于这样的关系才认识的柴家,才订亲结婚的。""那时,我家先是住在二马路,后来才搬到大马路,搬到大马路之后就落败了。姐姐非常爱吃水果。继母很大方,生怕没有亲妈的孩子受委屈,事事想着她;姐姐买了水果或其他好吃的东西,总是留给我一份。她处处都照顾我,真是我的好姐姐,很可爱的一位姐姐!"(同前第 117、118 页)

是年　开始私塾读书。万德尊不愿曹禺到学堂念书,特地把他的外甥、熟谙旧学的刘其珂请来,做曹禺的启蒙老师。从此读经背诗,写的是"上大人,孔乙己",背的是"赵钱孙李、周吴郑王"以及"诗云子曰"一类。

据陈寿记述:"宗石将军重视曹禺的学业,发蒙即为聘请素所看重的外甥,国学渊博的刘其珂君常川教读。"(《曹禺的家世》)

据曹禺回忆:"小时候,父亲给我请了先生,教的是孔孟之道、五经四书之类。"(《曹禺创作生活片断》)"我还有一个表哥,姓刘,也是从湖北潜江来到天津的,他教我读书。"(《苦闷的灵魂——曹禺访谈录》第 118 页)

读书时,曹禺还有一个小朋友。据曹禺回忆:"在我家的隔壁,有一个姓王的,知道我家请了私塾先生,就把他家的小孩送到我家来读书。这样,我就和姓王的小孩成为好朋友。我们在一个书房念书,看电影片。那时还有连续片,叫人看得入迷,到光明电影院去看,在法租界。"(同前第 80 页)

---

①　此指万德尊。

1917 年(民国六年)　八岁

1月1日,胡适在《新青年》第2卷第5号发表《文学改良刍议》。

1月4日,蔡元培就任北京大学校长。

是月,北洋政府任命陈独秀为北京大学文科学长。

2月1日,陈独秀在《新青年》第2卷第6号发表《文学革命论》。首次提出"文学革命"口号。

5月23日,黎元洪罢免段祺瑞,府院之争越演越烈。

6月7日,张勋率兵由徐州开拔进击天津,8日抵天津,并要求黎元洪解散国会,9日,张勋先头部队开进北京,分驻天坛、先农坛两处。7月1日,张勋北京兵变,复辟。12日,复辟破产,张勋逃。30日,黎元洪下台,冯国璋以副总统继大总统。

7月8日,曹锟兼署直隶省长。

8月1日,代大总统冯国璋抵京。6日,通电宣布就任代理大总统。

是月,广州召开非常国会,成立护法军政府,孙中山当选军政府大元帅。28日,黎元洪被迫离京赴津,回到英租界私宅。饶汉祥也随黎寓居天津。

8月28日,北京政府添设直隶口北镇守使(驻宣化)。

9月29日,陆军部呈准添设口北镇守使缺……直隶宣化地方。为口北要隘。直隶督军特咨请陆军部添设口北镇守使一缺。由部呈奉大总统照准。

10月15日,北京政府任命汪学谦为口北镇守使。

7月20—28日　海河流域发生20世纪的第一场特大洪水。特别是天津市遭受了十分严重的水灾。(《外国人对1917年天津水灾的救援》)据曹禺回忆说:"我记得有一年,天津发大水,到处都是穷人的窝棚,半夜里就听到穷孩子的凄厉的叫声,目睹那种惨景,至今都不能忘记。我还到天津周围的郊区去过,那也是十分荒凉破败的惨状,这都是《原野》的印象。"(《苦闷的灵魂——曹禺访谈录》第57页)

水灾给曹禺带来一位影响至深的人——保姆段妈。据曹禺回忆:

在我少年时代,最使我难忘的有一个人,这是个很难碰到的人啊! 她就是我的保姆——段妈。她是个受苦很大，受难最深的乡村妇女。她一家人的遭遇实在太悲惨了。她的父亲、母亲是活活饿死的。她的公公是被活活逼死的。她的婆婆是被迫上吊自尽的。她的丈夫是被财主活活打死的。剩下唯一的跟在她身边的孩子，只是因为顶撞了一下财主，就遭到了毒打，遍体都是伤痕，没钱医治，孩子的身上长满了烂疮，疮上爬满了蛆虫，最后是活活地疼死了……

自从段妈进入我家后，经常地陪我在一起，是她给我讲了她自己和家庭的身世，还给我谈了她家乡很多悲惨的故事。就这样她断断续续地给我讲了三年。……

在我和段妈共处的岁月里，她总是默默无声地做着事，心地又是那样的善良。她的个子不高，嘴有点龅，在她那额纹深陷的脸上，没有一丝的笑容，她遭受的打击确是太大了。她还不满四十岁，头发有些脱落了，她的形象至今还深深地铭刻在我的心上。她是我最感谢的第一位启蒙老师！

因而在我幼小的心灵里，开始知道了世界上还分"穷人"和"富人"，"恶人"怎样任意宰割"好人"。（《海滨月夜　曹禺闲谈——关于创作、艺术修养及其他》）

8 月　张彭春任南开中学代理校长。（《张彭春年表》，《张彭春——话剧在北方奠基人之一》第 381 页）

10 月—1918 年初　万德尊出任宣化镇守使①。曹禺随母亲前往居住。据曹禺回忆："大概是 1919 年以前，我父亲把我带到宣化去的。"（《苦闷的灵魂——曹禺访谈录》第 56 页）"在宣化，河北省的宣化府了，那时我才八九岁，也许是六七岁吧，我不记得大哥是否去了，还有继母，这段生活给我印象很深。"（同前第 55 页）

据张连仲撰述："万德尊由天津来宣化当镇守使时，大约在 1917 年前后，任职约两年即调任外地都统，后又回天津。"②（《曹禺与宣化》）

据万世雄③回忆："我记得家里有过一张照片，还是祖父在任宣化镇守使的时

---

①　因其任期短暂，故疑为代理直隶口北镇守使。按：10 月 15 日，汪学谦被任命为"口北镇守使"，其时还在"湘南镇守使"任上。（《职员表》，《东方杂志》第 15 卷第 1 号，1918 年 1 月 15 日）另有记载，汪是 1918 年 1 月到任，直到 1920 年 9 月卸任。（《民国职官年表》第 192 页，似有误）。1918 年 2 月 6 日，"大总统"发布命令："任命陈介藩署理口北镇守使署参谋长。"（《江苏省公报》第 1494 期，1918 年）显然，这里有个空白期。
关于宣化镇守使的设立，另有说法，"中华民国元年（公元 1912 年）至九年宣化县一带分别为直系皖系的北京政府统治。由于派系军阀混战，民国七年（1918 年）奉系军阀助皖，曾入关占据宣化一带。民国九年（1920 年）直皖军阀战争，奉系军阀助直，又进占了宣化。民国十一年（1922 年）直奉战争。宣化为直系军阀收复，设宣化镇守使。"（《宣化县历史沿革》，《宣化县地名资料汇编》第 12 页，河北省宣化县地名办公室编，1983 年 9 月印制）从万世雄的回忆，知其祖父万德尊是"陆军中将"时任"宣化镇守使"，且万德尊系 1923 年获授"中将"衔（见本谱 1923 年）。由此，万德尊出任"宣化镇守使"的时间尚待查证。
②　文中所述万德尊任职"二年"是值得商榷的。
③　曹禺哥哥万家修的二儿子。

候拍的。当中站着几个穿军服、佩着军刀的人，其中就有黎元洪和祖父。上面其他的人，就是我们一家人。""我家曾有一面银盾，上面有字，好像是：赠宣化镇守使、陆军中将万德尊。镌有年代。可惜在'文革'时期上交了。"（《苦闷的灵魂——曹禺访谈录》第267页）

11月 俄国十月革命爆发。万德尊虽是个"保守的、沉湎过去的贪官污吏，不过他钦佩列宁，因为列宁使俄国变得强大起来。"（《戏剧家曹禺》）他并不守旧，还订阅了带有民主倾向的《东方杂志》①、《少年》②杂志。当发现曹禺偷看"闲书"时，他并未阻止，甚至还让曹禺去读。"他的父母并不顽固，有时也介绍一些他们认为可以看的小说给他看。什么《红楼梦》、《水浒传》、《西游记》、《封神榜》、《三国演义》、《聊斋志异》、《镜花缘》、《老残游记》、《二十年目睹之怪现状》、《官场现形记》、《九尾龟》，等等。"（《曹禺创作生活片断》）

据曹禺回忆："在未上中学之前，还读过《东方杂志》，我父亲订的，是他惟一的消遣。大概是胡愈之先生编的，其中有介绍十月革命的东西。我父亲对列宁十分佩服，现在我还不懂得，不知为什么，我父亲早就说列宁这个人是伟大的人物。他对孙中山并不佩服，他说列宁是巨人、伟大，可见事情是很复杂的。1917年，我才7岁，那时列宁解放了俄国。还有叶圣陶主编的《少年》，也介绍这方面的东西。"（《苦闷的灵魂——曹禺访谈录》第18页）"当时家里有《戏考》，我对《戏考》很熟，一折一折的京戏，我很喜欢背上面的戏词。"（同前第17页）

另据曹禺回忆："我父亲这个人是自命清高的，'望子成龙'的思想很重"，但是"我父亲却常常对我说：你是'窭人之子'啊！'窭人'，是文言，也是湖北家乡话，就是说，'你是个穷人的儿子啊！'这句话给我印象很深。我父亲总是教训我要如何自立，如何自强，他教我千万不要去做官。他说他做了一辈子官是做错了。因此，他总是劝我去做医生。"（《我的生活和创作道路》）

---

① 1904年3月在上海创刊，为我国期刊史上首屈一指的大型综合性杂志。商务印书馆编印。初为月刊，后改半月刊，至1948年12月停刊，共出44卷。它忠实地记录了历史风云变迁，是名人发表作品的园地。梁启超、蔡元培、严复、鲁迅、陈独秀等著名思想家、作家都在该刊发表过文章，杜亚泉、胡愈之等出任过其主编。于1999年复刊，复刊后的《东方杂志》改名为《今日东方》。
② 1911年3月创刊，英文为 *The Youth's Magazine*，月刊。孙毓修、朱天民先后主编。商务印书馆印行。自第2卷起改名《少年杂志》。

1918 年(民国七年) 九岁

1 月 15 日,《新青年》改版,由主要传播西方自然科学和资产阶级政治学说,逐步成为宣传马列主义的主要阵地。

是月,李大钊任北京大学图书馆主任。

3 月 23 日,段祺瑞重任国务总理。29 日,段内阁成立。

5 月 15 日,鲁迅的第一篇白话小说《狂人日记》在《新青年》第 4 卷第 5 号上发表,这是中国现代文学的开山名作。

6 月,《新青年》第 4 卷第 6 号隆重推出"易卜生专号",是中国杂志首次推出国外作家的专号。

8 月 12 日,冯国璋通电辞大总统职。

10 月 5 日,《新青年》出版"戏剧改良专号",载有胡适的《文学进化观念与戏剧改良》、傅斯年的《戏剧改良各面观》、欧阳予倩的《予之戏剧改良观》、宋春舫的《近世名剧百种》以及张厚载的《我的中国旧剧观》等。由此展开了关于戏剧改良的论争。

11 月 11 日,第一次世界大战结束。

12 月,李大钊、陈独秀等创办《每周评论》。《晨钟报》改名《晨报》,李大钊任副主编。

年初 万德尊离职,返回天津。

宣化给曹禺留下深刻印象。据曹禺回忆:

> 那宣化府的大堂格外森严,我经常看到拷打土匪,实际上是农民。……我记得有一次把一个犯人打了,那些打人的士兵便自己花钱买了鸡蛋,用蛋清把伤口敷盖了,据说是怕毒火攻心。我想那些行刑的人,恐怕也是出于一种恻隐之心吧! 现在看用蛋清敷上,就是免得细菌传染。我恨透了那个军法官。等这个犯人的伤好了,又要拉出去枪毙了,我心里难过极了。就是这个被打的囚犯,使我萌生了仇虎的形象。还有段妈妈给我讲的那许多许多的农村故事,后来成为创作《原野》的素材。

　　你大概记得《北京人》里写的城墙上军号呜咽的声音,这种印象并不是在北京得到的,也是在宣化。我那时总是坐到城墙上,听到那种单调的却是非常凄凉的号声;我是非常敏感的,偌大一个宣化府,我一个小孩子,又没有自己亲生的母亲,是十分孤独而凄凉的。

　　宣化府的后园是十分荒凉的,长着一棵"神树",十分高大,盘根错节,十分吓人的。枝桠伸张开去,占据着,显得整个后山阴森森的。我还记得有一道溪水,我捕捉小溪中的小鱼,一个人玩,傍晚时一个人难过极了,孤单寂寞。《原野》中的莽苍苍的森林形象,同对"神树"的形象记忆有关。

　　我还记得宣化常有山西梆子的演出,戏班的人总是先到家里,朝拜我的父亲和母亲,大概是求得保护吧! 母亲领着我去看戏,她一到场,无论正演什么都立即停了下来,跳起"加官"、"天官赐福",来迎接中将夫人,一边还喊着:"镇守使夫人到!""少爷到!"这时,我的继母就把铜子撒到戏台上去。

　　……宣化镇守使衙门旁边是一个很大的练兵的操场,我常去玩耍。那些大兵,哪怕是正在操练,一看我到了,便马上停下来,领队跑过来,向我敬礼,喊着:"请少爷指示!"我一个小孩子能指示什么呢,吓得我赶快逃跑,心里十分别扭。(同前第55、56页)

又据曹禺再回忆:

　　在宣化时,我虽然年纪很小,但也懂事了。我这个人十分敏感,在那个森严的衙门里,听到凄凉的乌鸦叫声,竟然使我感到孑然一身、举目无亲,产生一种孤独之感,想起我的生身母亲,有时不免潸然泪下。山上的积水流下来,流入后山,流入大堂的后院。院子后面,紧挨着后山,有一棵大树,称为"神树"(榆树? 但不是松树,记不清了),说它有求必应。我没有感觉它有什么灵验,但确有一股神秘气氛。……

　　宣化府衙门是很森严的,整天有卫兵把守。我和卫队的战士混得很熟,他们很喜欢我,叫我"小少爷"。有一次,我正在玩耍,看见父亲也正在院子里,我就叫"阿爹,你来",边喊边拉着他的手,朝卫队的宿舍里走去。这时卫队的人正在推牌九,父亲看到这场面,当时就发起脾气来,立即命令他们停止,并叫军法官拿棍子来,每人打了十军棍。事后父亲埋怨我不该拉他到卫队宿舍里来。后来我才明白,他是不愿意管这些事的,但是看见了就不得不管,也怕得罪兵,睁只眼闭只眼就算了。这时,我懂得了,原来有些事还要隐瞒。以后卫队的人见我就不叫我"小少爷",而叫我"狗少爷"了。其实他们挨军棍也是我始料不及的。(同前第78、79页)

据张连仲撰述："曹禺随父母在宣化的二年中,经常跟母亲去南大街的'兴华园'(旧址在今宣化电影院处)看戏。对于这段经历,曹禺曾跟走访过他的宣化文化馆干部温夫回忆说:'戏班一听说"大官"来了,就给演"跳官戏",还请我母亲点戏。我母亲是安徽人①,不懂山西梆子,就随便点个戏,还给戏班赏银。我父亲驻镇守使署衙(俗称镇台衙门,或总兵府。在牌楼东街今消防队东侧的位置),戏班经常去拜访。我当时只有七八岁,什么也不懂,只记得在宣化看的戏是山西梆子,有个坤角很逗。'"(《曹禺与宣化》)

10 月 10 日　徐世昌就任北京政府总统。(《民国职官年表》第 10 页)

11 月　曹禺的曾祖母魏氏百岁寿辰。万德尊曾在天津大摆宴席庆贺。据陈寿记述:魏氏"在过去万门中享寿最长,活到一百零几岁,直到民国七八年才告寿终。百龄上寿之庆,她的独孙宗石将军在津大张寿筵。北洋三任总统徐世昌曾题'蔚为人瑞'的百龄匾额,颇称一时盛事"。(《曹禺的家世》)据曹禺回忆:"我的曾祖父是个瞎子,曾祖母活了 109 岁。"②(《苦闷的灵魂——曹禺访谈录》第 142 页)

但据《曹禺家事》:"万际云……妻魏氏,卒于民国七年(1918 年),享年 101 岁。子三。"据此,不难发现魏氏卒于寿辰之后不久。

---

① 　此处原文如此,温夫回忆有误,曹禺母亲是湖北人。
② 　曹禺回忆的年龄可能有误。

1919 年(民国八年)　十岁

1 月 1 日,《新潮》在北京大学创刊①。

1 月 18 日,巴黎和会开幕。中国提出取消列强在华特权、取消日本 21 条不平等条约,归还日本占山东权益,未果。遂成为"五四"运动爆发导火索。

3 月,胡适剧作《终身大事》问世。

5 月 4 日,"五四"运动爆发。

7 月,李大钊、王光祈等在北京成立少年中国学会,并创办《少年中国》②。

8 月,孙中山辞军政府总裁职。

10 月,孙中山在上海将中华革命党改组为中国国民党。

是月,李大钊在《新青年》第 6 卷第 5 号发表《我的马克思主义观》;《新潮》杂志发表萧伯纳的名作《华伦夫人之职业》译本,由潘家洵翻译。

12 月,北京,清华学校游艺社改组为新剧社。

2 月 10 日　南开学校举行开学典礼,校长张伯苓报告筹办大学事宜,拟分文、理科、职业科。职业科暂设商科,以后再增加新闻纸科③、教育学科、土科等。毕业年限分四年、六年,均以学力为准。(《南开大学校史(1919—1949)》第 378 页)

是月　张彭春改任大学筹备课主任。(同前)

5 月　大学筹备课成立,张彭春为主任,负责规划校舍,拟订校章。(南开大学校史编写组:《南开大学校史(1919—1949)》第 379 页)

6 月 19 日　据《鲁迅年谱》记载:"至第一舞台观看北大学生演出的话剧。计《终身大事》一幕,胡适编剧;《新村正》四幕,南开学校新剧团编剧(周恩来在天津曾演出过此剧)。这次演出的目的,是为北京中等以上学校学生联合会筹募经费。"(《鲁迅年谱》第 2 卷第 4 页)

9 月 7、8 日　南开大学招生考试。25 日,南开大学举行开学典礼,黎元洪、严

---

① 月刊。北京大学新潮社编辑出版。傅斯年、罗家伦、周作人先后主编。
② 7 月 15 日在北京创刊。月刊。少年中国学会编辑、发行。
③ "新闻纸科"系原文,大概是今天的"新闻科(系)"。

修、范源濂、卢木斋等莅会。录取新生周恩来、马骏等96人。全校共有教员7人，职员7人。(《南开大学校史(1919—1949)》第379页)

10月17日　原定南开学校15周年纪念日召开南开大学成立大会，因故延至11月25日补开，张伯苓发表演说。演新剧《新村正》两天。(《南开大学校史(1919—1949)》第380页)

是年　在天津。小曹禺除了读书，还"写诗"。据曹禺回忆："从前，我家里有许多仆人，有车夫，两个丫头，一个管家，一个厨子，一个下手，三四个料理家务的，还有一个小男孩，专门伺候我。"(《戏剧家曹禺》)"还记得在我八、九岁的时候，我父亲非逼我做诗。我哪里会写诗呢？想了好久，憋出两句诗来：'大雪纷纷下，穷人无所归。'这叫什么诗呢？可是我父亲却夸奖说：'不错，很有些见解。'"(《我的生活和创作道路》)

1920 年(民国九年)　十一岁

1月,李大钊在成都《星期日》周刊发表《什么是新文学》,提出"我们所要求的新文学,是为社会写实的文学"。

7月,直皖战争爆发。段祺瑞下台。

8月9日,徐世昌任命靳云鹏为国务总理,北京政权为直奉两系支配。

8月,中国的第一个共产主义小组在上海成立。

10月,上海新舞台演出萧伯纳名剧《华伦夫人之职业》。

1月15日　据《清华大学九十年》记载:"校长张煜全向外交部呈报筹设大学。'计划停办中等科,而以办中等科之力量与经费',改办大学,并附《大学筹备委员会预定报告大旨》。"(《清华大学九十年》第23页)

3月　鲁迅和周作人的《域外小说集》①由上海群益书社出版增订版。据曹禺曾回忆:"鲁迅和周作人的《域外小说集》一出来,我便买来看了。"(《苦闷的灵魂——曹禺访谈录》第84页)

是年　结束私塾学习,万德尊送曹禺到天津官银号汉英译学馆②学习英语,读的是《泰西三十轶事》之类的课本。据曹禺回忆:"在进入南开中学的前夕,大约1922年左右,十一二岁的时候,我还到天津汉英译学馆(在官银号)学过英文。"(同前)

---

①　1909年3月2日,《域外小说集》第1集出版。由东京神田印刷所印刷,封面由鲁迅设计,图案是希腊的艺术,书名由陈师曾用篆字书写,印有"会稽周氏兄弟纂译"字样。该集共收小说七篇,其中周作人翻译的五篇。7月27日,《域外小说集》第二集出版。仍由东京神田印刷所印刷。该集共收小说9篇。全书两集,共收外国小说十六篇:英、美、法三人三篇,俄四人七篇,波兰一人三篇,捷克一人二篇,芬兰一人一篇。1920年,由上海群益书社将两集合为一集重印出版,署名周作人。鲁迅为重印写了新序《〈域外小说集〉序》,书中增补了新篇幅,对原译本中较生僻的文字加以修改,并附有作家略传和说明。(显然,曹禺所购系1920年版。——编者注)

②　系一所英语专门培训学校。名称、创办人无从查考。

1921 年(民国十年)　十二岁

　　1 月 4 日,文学研究会在北京中山公园来今雨轩宣告成立,这是我国最早的新文学团体之一。

　　4 月,陈大悲与汪优游相呼应,推崇西方的"非职业"戏剧,并按英文音译为"爱美的"。他根据西方戏剧资料,编写出《爱美的戏剧》一书,从 4 月起在北京《晨报》连载。

　　5 月,孙中山在广州就任非常大总统。

　　5 月 10 日,《文学旬刊》在上海创刊①。

　　5 月 31 日,《戏剧》在上海创刊②。

　　7 月 1 日,中国共产党成立。

　　是月,创造社在日本成立。主要成员有郭沫若、郁达夫、张资平、成仿吾、田汉、郑伯奇等。

　　8 月 5 日,郭沫若的新诗集《女神》出版。

　　10 月 12 日,《晨报》第 7 版独立印行,改为 4 开单张,由鲁迅取名《晨报副刊》。

　　11 月,陈大悲在北京与李健吾等人组织北京实验剧社。

　　12 月,上海戏剧协社成立。

　　5 月 9 日　"国耻日",参加要求取消二十一条不平等条约的游行。据曹禺回忆:"……那时大家反对军阀,要求取消二十一条不平等条约,上街游行,我年龄小,不大懂事,但热情高,也跟着去游行。'国耻日',那时好像每个月都有'国耻日',而且大家都很重视,每到那一天不准吃荤菜,表示大家没有忘记这种耻辱。"(《苦闷的灵魂——曹禺访谈录》第 84 页)

---

　　①　周刊。作为《时事新报》副刊出版。文学研究会主办。1923 年 7 月 30 日第 81 期起改名《文学》(周刊),仍附作《时事新报》发行,1925 年 5 月 10 日第 172 期改名《文学周报》,脱离《时事新报》,独立发行。先后由郑振铎、谢六逸、叶绍钧、赵景深等负责编辑。

　　②　月刊。民众戏剧社编辑,上海中华书局发行。1922 年 1 月第 2 卷起改为新中华戏剧社编辑,北京《晨报》社发行,至第 2 卷第 4 期停刊。陈大悲、徐半梅、汪仲贤、蒲伯英、欧阳予倩等撰稿。

　　是年　开始接触外国文学。据曹禺撰述:"我没有上过小学⋯⋯最早读林琴南用文言翻译的西方小说,后来读各种半白半文或白话的翻译与译著。给我印象较深的如德国作家霍普特曼的《织工》,果戈里的《巡按》,还有莎士比亚的作品,如《威尼斯商人》,当时译为《一磅肉》或《女律师》,是个很流行的剧本。⋯⋯外国小说在童年时也读过,印象最深的是都德的《最后的一课》,这篇小说写得很短,但是它那种爱国主义精神却很强烈感人,我心灵受到强烈的震动,这才感到文学的力量是很大的。我是非常喜欢《鲁滨孙漂流记》的,它激起我的想象,幻想到海上去冒险。我曾经想做发明家,发明一艘飞快的船,装上机器,跑得很快很快,我为此还画了一张图,装在一个瓷娃娃肚里。⋯⋯我还记得读过一本《林肯传》,我对林肯这个人也有一种佩服的心情,他解放黑奴,那是了不起的。"(《我的生活和创作道路》)

1922 年(民国十一年) 十三岁

2 月 6 日,华盛顿九国会议签订公约即以所谓的"门户开放""机会均等"为宗旨的《九国公约》。从此,中国又回到几个帝国主义国家共同支配的局面。

4 月 29 日,第一次直奉战争爆发,直奉两系于京畿长辛店、固安、马厂等地交战。5 月初,奉系战败,奉军撤出关外。6 月初,张作霖通电"东北自治"。北京政权为直系军阀独自窃据。

5 月 1 日,《创造》在上海创刊①。本期刊郭沫若的《棠棣之花第二幕》。

6 月 2 日,北洋军阀政府总统徐世昌辞职。

11 月,北京人艺戏剧专门学校在北京成立,这是我国最早试用西方戏剧理论培养话剧专门人才的学校。

5 月　　直奉之战,身在天津的黎元洪为预测战局,身边策士给黎元洪出了个"点子",以童男童女"圆光"预测战局,这就有曹禺"圆光"故事。据曹禺回忆:"记得是黎元洪正同其他的军阀打仗,情况十分危急,大人们就把我叫去'圆光'。所谓'圆光',是一种迷信之类的东西。'圆光'时房子里不准开电灯,点上蜡烛,用一张雪白的纸挂在墙上,这样墙上就有了影子。一定叫童男和童女来看这些影子是些什么东西,再加以解释,这就是所谓'圆光'了。'圆者,解释也。'那时家里有许多人,正赶上黎元洪同别的军阀打仗,胜负难分,此事和黎元洪是否下台有关系。他们就叫我和一个小女孩来'圆光'。他们先问我看见了什么,我煞有介事地说我看见了千军万马在奔腾,我看见黎元洪的军队打了胜仗,我说那些士兵的军帽上写着'黎元洪'三个字。又问那个童女,她说什么都没看见。我说得满屋的人又相信又不敢相信,讲得那些大人们都奇怪极了。我父亲第二天便问我:'添甲,你昨天是怎么回事?'我笑了,便哧溜跑掉了。我当时是顺嘴溜出来的,讲得那么神气。从来我还没有占据像昨天那样的主要地位,使我成为一个中心人物。其实,也不奇怪,家

---

① 季刊。创造社主办。创造社编辑,泰东书局出版。创造社主要成员有郭沫若、成仿吾、郁达夫、张资平等。

里有客人来,他们谈这谈那,有时也说点有关时局的东西,我虽然不能全懂,但也多少知道一点点。当他们问我时,我便顺着说了几句。也许这就是我生平第一次演戏吧!"(《苦闷的灵魂——曹禺访谈录》第81、82页)

6月11日 黎元洪经身边策士哈汉章、饶汉祥、金永炎等策划,在军阀吴佩孚、曹锟等的"拥护"下,由天津"入都,暂行大总统职权,维持秩序。"(《武夫当国——北洋军阀统治时期史话》第4册第142—145页)

是日 饶汉祥出任总统府秘书长。(《民国职官年表》第12页)

8月29日 万德尊被任命"为将军府将军"①,系不冠字将军。(《命令》,《北洋政府公报》第191册第2332号,1922年8月30日)时,万德尊月薪六百至八百元。②

9月 万德尊为儿子未来着想,送曹禺报考中学。曹禺凭借私塾底子加之汉英译学馆的英文实力,考入南开中学③学习,学名万家宝,从初中二年级插班读起。据曹禺回忆:"南开中学是六年制,我应当在1927年毕业,因为出疹子,耽误了一年。我记得很清楚,出疹子后,我身体十分虚弱,继母和父亲都不同意去上学,一定要我在家里休养。我于1928年毕业于南开中学。我是插班生,一入学上二年级。这样推算应当是1922年入南中读书。"(《苦闷的灵魂——曹禺访谈录》第5页)

结识新同学,其中有日后成为他好朋友的章方叙(即靳以)。据《靳以年谱》载:1923年,靳以"十四岁。进入天津南开中学就读"。"此年,他与插班生万家宝(曹禺)成了同班学友,建立了深厚的友情,随后还换帖成了把兄弟。"④(《靳以年谱》)

① 北洋政府将军府,北洋政府所属机构。系袁世凯于1914年6月30日下令裁撤各省都督,在京师特设将军府,遣派将军管理各省军务,并于7月18日公布《将军府编制令》建立各种将军名号。从此,一个庞杂的军事顾问机关登上了近代政治舞台。将军直属大总统,是军事上的最高顾问机关。将军府设上将军和将军(均不定额),由大总统于陆、海军的上将或中将中特任。上将军和将军承大总统之命,会议军务,校阅陆、海军;或派驻各省,组织将军行署,管理军务。1927年6月18日撤销。将军府将军,一经任命,即隶属该府。

② 1919年11月7日,核准将军府将军分三等增设不冠字将军月薪自六百元至八百元。(《管理将军府事务段祺瑞呈 大总统为本府将军拟分三等增设不冠字将军月薪自六百元至八百元当否请核文》,《政府公报》第1352号,1919年11月12日)

③ 南开学校是由我国著名爱国教育家严修和张伯苓创办。1904年成立天津"私立中学堂",年终改名"敬业中学堂",翌年又改"私立第一中学堂",1909年改为"南开中学堂",1911年改"南开学校"。

关于曹禺入学时间,尚有不同说法,一是,据胡叔和《曹禺评传》载,"1923年春,曹禺以插班生的身份,进了'旨在革除旧习,培植青年,拯救祖国'的南开学校。""1923年春——以插班生的身份进入南开初中部戊辰班。该班自1922年秋开始。从此,南开高、初中实行三三制。戊辰班乃实行三三制的第一班。该班分文、理、商三科,曹禺读的是文科。1928年秋——毕业于南开高中部。此届毕业生,系南开中学创办以来的28届毕业生,又是南开中学实行三三制的第一届毕业生。毕业后,随即考入南开大学政治经济系预科.此时南开大学学制分为正、预两科。预科两年,正科四年,学生修业期限为六年。"(胡叔和:《曹禺评传》第7、18页)二是,据曹禺同学孙浩然回忆说:"我是高中一年级考入南开的,我和家宝都是1924年入学。"(《苦闷的灵魂——曹禺访谈录》第218页)

④ 文中所述靳以入学时间似有误。

关于曹禺与靳以之关系，另据章洁思记述："无论课余假日，曹禺总喜欢呆在我的父亲家中。他好似天津昆纬路我们老章家的一员。在这个充满明朗气氛、有六个兄弟加上表兄弟簇拥的大家庭里，曹禺找到了自己少年时代的快乐。他与父亲换帖成了把兄弟，父亲与他情同手足，五个弟弟与他不分你我，慈爱的祖母总是不会吝啬自己给与后辈的爱；至于威严的祖父，却格外喜欢曹禺，因为他从小就极懂礼貌。父亲家里个个都知道，这个孩子在祖父面前永远只坐半个屁股，以示恭敬。祖父对他称赞有加，教育子女以他为表率，甚至愿意为他经管零花钱。这对威严的祖父来说，实非寻常，可见曹禺如何深得祖父的欢心。"（《曲终人未散·靳以》第 91、92 页）

是年　万德尊因与饶汉祥、屈映光等人之关系，出任黎元洪的秘书，前往北京。其间，曹禺曾随父母赴京。据曹禺回忆：

我记得在北京是住在屈映光家里，请了一位先生，教学很好，是为屈映光的儿子请的老师，就教我和他儿子两个人，这位先生是一个拔贡。……这位拔贡很夸奖我，说我爱读书。我确实是爱看书，爱看小说，还爱看其他一些闲书。

我还记得屈映光的家在太平湖饭店，盔甲厂附近，他家有个卫兵，个子很大，是个大个头，吃得很多，一顿几大碗，很憨厚。这是我接近的第一个劳动人民。他家有五六个卫兵。（《苦闷的灵魂——曹禺访谈录》第 142 页）

曾随父到黎元洪家玩。据曹禺回忆：

大约十一二岁，那时，父亲正给黎元洪当秘书，常带我到他家里玩。有一次，大概是一次聚会，黎元洪的部下都来了。当黎元洪看到我时，叫我对对子，黎元洪的花园里养着一只海豹，他先出了上联"海豹"，我很快就对了个"水獭"。黎元洪很满意，称赞我聪明伶俐，还奖给我一块手表。（同前第 79 页）

万德尊还曾带曹禺去陈涟漪家，并让曹禺认涟漪的母亲为干妈。陈家的人都很喜欢曹禺，干妈用十元钱买了一支派克笔送给曹禺。据曹禺回忆：

那时我住在北京，我父亲正给黎元洪当秘书。记得还结识了一个姓陈的，走得很近乎，他的大女儿叫陈涟漪，我称呼她大姐，我还拜陈涟漪的母亲为干妈，记得她送我一支派克笔，在那时是相当贵重的礼物了。隐隐绰绰地记得，她们是住在铁匠胡同，也许这个胡同名字不对。关于《北京人》中的环境描写，都是这段时间在北京的印象，还有北京的一套风俗，也都是十几岁时留下的记忆。我们家住在西城太平胡同，胡同的名字不是很准确，也许现在没有这个胡同名了。也就是在这段时间，我还看到曹锟竞选丑剧，议员们为了拉选票，整天坐着车子满街飞跑，觉得挺好玩的。（同前第 77 页）

是年　直奉战争后，北洋政府农商总长兼教育总长齐耀珊去职。迁居天津，任

农商银行总经理。(《北洋军政人物志》)

关于齐耀珊与万家,还有一个故事。据曹禺回忆:

> 有一件事也是很有意思的。有一个叫李仲可的,曾经在我很小时候为我提亲。李仲可是大军阀大官僚齐耀山(珊)的帮手,可能是秘书吧!齐耀山(珊)长得高高的个子,白白的脸发出光来,他有不少姨太,也不知是哪个姨太太生的女儿,李就来说媒。我父亲不干,就对李仲可说:"齐大非偶(藕)。"[①]这是个成语,这门亲事是门当户对的,双方势位悬殊,不敢高攀的意思。这个典故在这用得很巧,他又姓齐,就更巧妙了。李仲可这个人很好,很耿直,是齐所重视的一个帮手。我的《雷雨》发表后,他还给我写过信,但我没有回信。如果这个人还活着,会知道我许多事情。他的女儿在外交部,可能还是个高级干部。我父亲死的时候,就请齐耀山(珊)来点祖。点祖是旧社会的迷信,有福的人才能点祖。齐耀山(珊)这个人使我看到了周朴园的脸,脸上泛出银白色的光。你看看我在《雷雨》中对周朴园的描绘,就知道齐耀山(珊)的脸是什么样的了。(《苦闷的灵魂——曹禺访谈录》第120页)

---

① "齐大非偶"意为:指辞婚者表示自己门第或势位卑微,不敢高攀。曹禺接后所说"门当户对"疑为录音记录有误,应指"门不当户不对"。

1923 年(民国十二年)　十四岁

2 月,京汉铁路总工会成立,受到军阀吴佩孚的镇压,爆发了二七大罢工。

3 月,日本拒绝取消"二十一条",各界掀起反日运动。

5 月 5 日,北平高等女子师范学校演出《娜拉》,此剧第一次在中国舞台上演。

5 月 13 日,《创造周报》在上海创刊①。

6 月,《新青年》成为中国共产党的机关刊物,改为季刊,由广州平民书社出版。

9 月 8 日,在皖系军阀"支持"下,黎元洪以为复职有望,遂由天津南下上海。复职失败,11 月往日本"就医",次年 5 月回天津,再无机会"复职"。

10 月 5 日,直系军阀曹锟通过贿选取得总统职位。

12 月,鲁迅的《中国小说史略》上卷出版。

4 月 12 日　万德尊授陆军中将②。(《北洋政府将军府授予全部将军名录(3)》) 这是万德尊最后的"军衔"。

6 月　北京军警代表直接向黎元洪索薪,又所谓万人"国民大会""直呼"黎元洪下台,再加上驻京军官"全体辞职",演出"逼宫"闹剧,13 日,致使黎元洪匆匆离京"逃往"天津,宣布政府迁往天津办公。直系军阀驱逐黎元洪,黎元洪再次下台。(《武夫当国——北洋军阀统治时期史话》第 4 册第 223—226 页)

是月　清华学校聘请张彭春任教务长。(《清华大学九十年》第 29 页)

暑假　参加学校活动,听梁启超演讲。据曹禺回忆:"13 岁时,在南开中学办的暑期补习班里,听过梁启超的讲演,题目是《情圣杜甫》③。梁启超个子不高,皮肤较黑,头光光的,宽大的前额,一双大眼,一看就知道是个绝顶聪明的人,是个大学问家,往讲台上一站,就把大家震住了。他讲得颇有兴味,我就是由他启发而读

---

①　月刊。创造社主办。成仿吾、郭沫若、郁达夫轮流编辑。上海泰东书局出版、发行。1924 年 5 月 19 日终刊。计出版 52 期。

②　上年万德尊已被任命为"将军府将军",当时其军衔应是"中将",才会得以"特任"。(见上年)此处时间可能有误。

③　系梁启超于 5 月 21 日"为诗学研究会讲演"稿,在 5 月 28、29 日《晨报副镌》发表。后编入《饮冰室合集》之"文集"第 24 册,由中华书局于 1936 年 1 月出版。按:梁启超是 7 月中旬到访南开大学,并演讲。

杜诗的。记得是在一个大教室里讲的,听的人很多。"(《苦闷的灵魂——曹禺访谈录》第87页)

8月 鲁迅第一本小说集《呐喊》由北京大学新潮社出版发行。曹禺随即购得一册。据曹禺回忆:"我第一次读到鲁迅的作品是《呐喊》。记得那是一九二三年,我在北京买到那本第一版的《呐喊》,是北京大学新潮社出版的。红色的封面,质地柔软,中间长方形黑块印着'呐喊'两个黑字,是鲁迅所喜欢的那种毛边装订,读时需要自己裁开。印刷、装帧都十分考究。当时我才十三岁,读鲁迅这样深刻的作品,还不太懂,后来,对他的作品读得多了,才逐渐有所理解,开始懂得一点鲁迅所指的'国民性'、中国的封建社会和中国人民的伟大精神。"(《学习鲁迅》)

鲁迅先生的作品给曹禺影响很深。据曹禺回忆:"我接受了新文学多方面的影响,影响最深的,恐怕要数鲁迅的作品了。鲁迅的作品我接触的最早,印象也最深刻。我在十一二岁就读了《呐喊》,这部小说是我的文学启蒙老师。还有叶圣陶的《稻草人》、《隔膜》等。"(《苦闷的灵魂——曹禺访谈录》第77页)

曹禺不仅读鲁迅的小说,也喜爱读郭沫若的《女神》。对他们参与创办的《语丝》、《创造》、《小说月报》等杂志"也很感兴趣"。据曹禺说:"我相信这个社会制度必须粉碎……郭沫若的长诗《凤凰涅槃》写的就是捣毁旧社会、建立新制度。改革不会是平平静静的,而是爆炸性的。凤凰死去的时候迸发出火来,它自己被烧成灰烬,然后,一只新的凤凰冉冉升起。虽说那时候我对这首诗的理解并不透彻,但我知道应该捣毁什么。"(《戏剧家曹禺》)

曹禺从书中懂得"贫和富的区别,穷人和富人的区别,富人享受穷人受罪"。(《苦闷的灵魂——曹禺访谈录》第16页)

9月 升入初中三年级。结识同学陆以洪、陆以循兄弟和孙毓棠等人,与他们成为好朋友。后来陆以循成为清华音乐室的指导老师。据陆以循回忆:"我在中学时同他住同屋,他比我高一年级,""孙毓棠有钱,他上学时总是有汽车来接送,曹禺是人力车接送的。孙毓棠家后来就破产了。我去过曹禺家里,家里比较乱。住的是小洋房,房子很讲究;但是,家里很乱,不大收拾,抽大烟的人家都这样。""他在中学时,功课就很好,他那时就演《娜拉》了,他受张彭春的影响比较大。张彭春很能干,办事比较泼辣。"(《苦闷的灵魂——曹禺访谈录》第243、244页)

曹禺与陆以洪无话不谈,陆以洪同他嫂子的暧昧关系,就是他亲自告诉曹禺的,这位"嫂子"就是《雷雨》中繁漪的原型。据陆以循回忆:

> 谈起我的嫂子,他是我的堂哥(同祖父)的爱人。他在黄河水利委员会工作过,比我那位嫂子大十几岁。堂哥这个人不开朗,很老实,长相也很死板。

我这个嫂子 25 岁还没有结婚,那时 20 岁就该结婚了,总是找不上合适的,因为年岁太大了,就找了我这位堂兄,很是委屈。我这位嫂子会唱昆曲,她家是世代的业余昆曲爱好者。人长得漂亮,人又比较聪明,丈夫那么呆板,不顺心。那时,我们家是个大家庭,都住在一起,陆以京哥三个,我们是哥俩,我亲哥哥是陆以洪,他同曹禺很要好。堂哥的父亲去世较早,他们哥仨都是我父亲把他们培养成人的。大排行堂哥是老三,我是老五,以洪是老四。我嫂子比较苦闷,堂哥多方面都不能满足她,思想感情不满足,生理上也不能满足她。在老式家庭中,我这位嫂子是比较活泼的,她不算是新式妇女,不是那么稳重的。

(同前第 245 页)

冬　"出疹子",遂休学。据曹禺回忆:"南开中学是六年制,我应当在 1927 年毕业,因为出疹子,耽误了一年。我记得很清楚,出疹子后,我身体十分虚弱,继母和父亲都不同意去上学,一定要我在家里休养。"(《苦闷的灵魂——曹禺访谈录》第 5 页)

是年　万德尊仍任"将军府将军"。(《民国职官年表》第 68 页)

1924 年(民国十三年)　十五岁

1 月 21 日,列宁逝世。

2 月,郭沫若的两幕剧《王昭君》发表于《创造季刊》第 2 卷第 2 期。

4 月 17 日,《南大周刊》在天津创刊①。

4 月,上海戏剧协社公演《少奶奶的扇子》,由洪深编导。

10 月,冯玉祥发动"北京政变"。囚曹锟,召开和平会议,电请孙中山北上。

9 月　复学,读初中三年级。据姜治方回忆:

我升入初三时,被编在第四班。同班三、四十位同学中,有个湖北籍的万家宝,即是现在著名的戏剧家曹禺。万家宝当时个子不高,坐在第一排,我坐第二排。

万家宝虽然个子小,但作文优秀的名气在班上却很大。南开初中的语文教师,用一种名之为作文"发看"的办法来表扬写作优秀的学生。……班上被语文教师选中"发看"的人不多,而万家宝则是这少数人中的佼佼者。

我集邮,万家宝喜欢文艺,爱看电影。课后,他时常大谈电影故事,听者如云……

离开南开后,我没有见过万家宝,也未与之通信。知道万家宝即曹禺,是三十年代我在比(利时)国使馆的时候了。南开校长张伯苓的弟弟张彭春教授,从美国到欧洲作抗日宣传来到比(利时)京(城)。张教授用英语演讲时,韩素音同学用流利的法语给大家翻译。……张彭春在与我们聚谈时,对韩素音大为赞赏……还拿出一张刊有留美同学欢迎张伯苓校长报导的纽约中文报纸。报导中有一段说曹禺朗读了一首他欢迎张校长的新作。张教授说,曹禺即是当年南开初三四班的万家宝。(《集邮和我的生活道路》第 11、12 页)

---

① 　周刊(每星期六出版)。又名,南开大学周刊。编辑者天津南开大学出版部。发行者天津南开大学庶务部。

11 月 17 日 《语丝》在北京创刊①。据曹禺回忆："我对创造社感兴趣，《语丝》一到南开，很快抢购一空，我总是每期必买的。"（《苦闷的灵魂——曹禺访谈录》第 84 页）

12 月 鲁迅翻译的厨川白村②的《苦闷的象征》③一书出版。该书封面由陶元庆设计。据曹禺回忆："鲁迅翻译的厨川白村的《苦闷的象征》一出版，我也找来读了，那是我读的第一本文艺理论书，我记得初版似乎是陶元庆设计的封面，很别致，给人印象很深，上面画着一个很大的球。"（同前）

是年 万介甫④曾往曹禺家小住。据其文述："我十三年参加直奉战役，回平过津，因交通未复，曾在渠家小住。见其童年天真，聪明活泼。"（《出世丧母的曹禺》）

是年 万德尊仍任将军府将军。（《北洋政府将军府将军表》，《北洋军阀（五）》第 795 页）

是年 黎元洪下台后，父亲万德尊也失去了东山再起的机会，遂回天津做寓公。万家开始落败，一蹶不振。据曹禺回忆：那时，"从早到晚，父亲和母亲在一起抽鸦片烟。到我上了中学，每天早晨去学校，下午四点回家时，父亲和母亲还在睡觉，傍晚才起床。每次我回到家里，整个楼房没有一点动静。其实家里人并不少，一个厨师，一个帮厨，一个拉洋车的，还有佣人和保姆。但是，整个家沉静得像坟墓，十分可怕。我还记得，我的父亲常常在吃饭时骂厨师。有时，他一看菜不满意就把厨师喊来骂一通。有时，也不晓得为什么要骂人。我母亲说他，他就更抑制不住，大发脾气。真是个沉闷的家庭啊！"（《我的生活和创作道路》）"我父亲赋闲在家的时候，常给人家作寿文，写那种骈体文，写一篇寿文，人家给 200 块钱，卖文他也是很高兴的。他倒不在乎这些钱。"（《苦闷的灵魂——曹禺访谈录》第 120 页）"父亲不做事了，就靠利息、房租收入来维持一家人的生活。我们有两所房子，有一所出租，房租收入是主要的。"（同前第 119 页）

万德尊还不时与一群好友饮酒、写诗。据曹禺回忆："如大方先生，他是袁克定的老师，是个才子，满头白发，喜爱收集古钱，并视如生命。他怕古钱丢了，就缠在腰里。他还教过我几天书。这个人是个名士派，身体很坚实，天津冬天很冷，但他

---

① 周刊。孙伏园、周作人先后主编。1927 年 10 月被奉系军阀张作霖查封。同年 12 月在上海复刊。至 1930 年 3 月 10 日第 5 卷第 52 期停刊。

② 厨川白村，日本文艺理论家。曾留学美国，曾任东京帝国大学教授。1923 年日本大地震时遇难。著作有《近代文学十讲》、《苦闷的象征》、《出了象牙之塔》、《文艺思潮论》等。

③ 关于该书版本：一说，（1924 年）12 月，"所译《苦闷的象征》出版，为'未明丛刊'之一。"（《鲁迅年谱》第 2 卷第 167 页，人民文学出版社，1983 年 4 月北京第 1 版）二说，1925 年 3 月 7 日，"所译文艺论文集《苦闷的象征》（日本厨川白村作）由新潮社出版。"（《鲁迅年谱》上册第 244 页，安徽人民出版社，1979 年 3 月）

④ 万介甫系万廷琇之孙。

家里不生火。他教我的书，是他自己写的《项羽论》。还有那首诗——'少年才气不可当'，也是他教我的。这个人有点意思，我对这个人印象很好；他和我父亲以及家人关系曾经很好，常在我家吃饭，还有周七爷。他们吃饭，饮酒，赋诗。"（同前第119页）周七爷，"又称周七猴，和我父亲常来往。他骑着驴子赋诗，还骑着驴子上北京看枫叶，这个人很有意思，""周七猴和我父亲诗文唱和，喝酒，这个人非常之可爱……""也是一个闲人。"还有，"周九爷，他对我们家是有功劳的。我父亲死了，是他帮助我们家能够过下去，这个人的心地挺好的。"（同前第112页）

另据曹禺撰述："我的父亲是一个军阀官僚，但他退休很早。他虽是一个军官，但胆小，没打过一次仗，倒经常聚集一些不得志的清客幕僚在家里吟诗赋词。他自己也会写诗，写对联，甚至会写文言小说。他把自己的文字集在一块儿，取名为《杂货铺》。"（《简谈〈雷雨〉》）

赋闲的父亲就像《北京人》中的曾皓。据曹禺回忆："我父亲做官不得意，他坚决反对我去做官，总说，我再为你们出去跑一趟。"（《苦闷的灵魂——曹禺访谈录》第59页）"《北京人》中写曾皓对家里人说：'明年春天我再外出奔走一下，再闯一次。'这话就是我父亲当年常对我说的一句话。他40多岁就赋闲了，觉得老境已到，但不愿眼看着家里坐吃山空，一天一天败下去，就常这样说说，也不过是说说而已，再也无力去奋斗去挣扎了，就像文清一样。在曾皓、文清身上都有我父亲的影子。"（同前第58页）

是年　姐姐去世。据曹禺回忆："我的姐姐是在我十四五岁时死的。那时候他们的家搬到德租界了，离我们家远些了。我记得姐姐死是在欧洲大战之后，我继母照顾她生孩子，她死后还照顾着她的孩子，可是继母自己是没有生过孩子的。"（同前第118页）

1925年(民国十四年) 十六岁

1月10日,北洋政府将军府废止。

3月12日,孙中山在北京逝世。

5月15日,上海日本纱厂资本家开枪射杀工人、共产党员顾正红。30日,上海二千余名学生为顾正红死难举行示威游行,在南京路上受到英租界巡捕开枪射击,死伤多人,是为"五卅惨案"。

是月,丁西林的独幕喜剧《一只马蜂》由现代评论社出版。

6月,闻一多、赵太侔、余上沅等在北京创办国立北京艺术专门学校。从此话剧艺术进入了我国官办高等学府。

7月,上海美专学生会在上海新舞台首演郭沫若的《聂嫈》。

8月,田汉创办《南国特刊》。

3月 加入南开中学文学会①,并被选为该会"图书股"职员。(《焕然一新之文学会》,《校闻》,《南开周刊》第115期,1925年3月9日)

5月2、3日 南开学校"大学部一九二五级同学,以毕业在即,特演剧筹款,以备购置纪念品等毕业用费。演剧日期为五月二、三两夜,假座本校中学部大礼堂,剧本为《少奶奶的扇子》②。该剧原为英国文学家王尔德所编,经我国戏剧专家洪深君翻译,将剧中地点、人员等,俱改为中国者,曾经各大埠爱美戏剧者表演多次,成绩尚不恶。此次大学同学表演该剧,在津为第一次"。(《校闻·演剧筹款》,《南开周刊》第121期,1925年5月1日)据曹禺回忆:"我入南开新剧团,正赶上排这部戏,我天天看天天背,把剧本都翻烂了。"(《苦闷的灵魂——曹禺访谈录》第13页)

6月 "五卅"惨案之后,南开中学师生组织了"南开中学五卅后援会",并演出戏剧宣传反帝爱国思想,曹禺热情地参加了这些宣传活动。据颜振奋撰述:"曹禺同志说,当时学生的戏剧活动大半是和政治结合的,在五卅运动时,为了抵制日货,

---

① 南开中学文学会,是以1923年秋成立的南开中学国文学会为基础改组而成,于1924年5月9日成立的。

② 也译为《温德米尔夫人的扇子》。

他们就演了自己编的或者改编的许多戏"。(《曹禺创作生活片段》)

9月 升入高中一年级。据杨壁回忆:"两年以后笔者升入高级一年的甲一组,'甲'是代表文科的意思,一组是一年级文科的一部分,""这一组的份子除了笔者本人以外,还有前几年享名的小提琴家陆以循的哥哥陆以洪,艺专演剧名手三颖之一的林颖卿,那时他已经改名为林受祐,名法学家江庸的四公子江樵(已故去多年)……再有便是现在中国的写剧家万家宝了,他本来比笔者高一年级,不幸因为功课的关系,也许是家庭发生了事故耽误了学业,才留在高级一年,笔者很幸运,便和这位未来的戏剧作家,开始同班听讲的生活。"在班里,曹禺深受"国文班的教员"张弓先生"赏识",另一位"国学常识教员钟伯良""对全班学生的笔记,大多数都不满意,惟有万家宝整理后的笔记,特别在班上宣扬,同时教全班同学来传观",此举"震动了全班同学",之后无人小看这个"留级"生了。(《曹禺的中学时代》)

10月27日 参加南开中学文学会首次大会,并被选为总务股委员。据载:"重阳佳节的后二日——10月27日,本校文学会假南楼204讲室开首次大会,到会者有新旧会员12人,教员4人:费荩九、张篆铭、胡候楚、陈醴泉诸先生,首由主席万家宝君致开会辞,次由旧会员姜希节君报告去年文学会概况,并费荩九先生及张篆铭先生演说。……演说毕讨论会务,改选。职员如左:

申立志君万家宝君为总务股委员,

姜希节君许邦宪君为编辑股委员,

李琼君唐国盛君为图书股委员,

末茶点助兴,至五时半始散会云。"(《文学会首次大会纪事》,《南开周刊》第1卷第8期,1925年11月2日)

是年 加入南开新剧团,从此开始演剧活动。在南开新剧团期间,曹禺参加演出过很多剧目,这些活动不仅培养了他对话剧的兴趣和舞台感觉,也改变了曹禺一生。正如曹禺回忆:"从1925年,我15岁开始演戏,是我从事话剧的开端。感谢南开新剧团,它使我最终决定搞一生的戏剧,南开新剧团培养起我对话剧的兴趣。"
(《我的生活和创作道路》)

曹禺还回忆:"我开始接近戏剧是在十五六岁的时候。那时刚上中学,我参加了'南开新剧团',距现在半个多世纪了。那时我们演了德国作家霍普曼(Hautman)的一个戏,叫《织工》,是写工人罢工的,最后失败的。这个戏给了我很大影响。这之后还演过易卜生、莫里哀等人的戏,也常常演'南开新剧团'自己编的戏。一直到我二十几岁以前,每年都参加演戏,从未间断。这些演出活动对我很有好处。使我晓得了观众喜欢看什么,不喜欢看什么,需要看什么,不需要看什么。

《曹禺谈〈雷雨〉》)

　　是年　可以借助字典读英文小说。据曹禺回忆:"南开的英文很好,我能直接读英文。高中一年级的时候能拿字典读一点外国小说。狄更斯(Charles Dickens)的 *David Copperfield*(编按:港译《块肉余生》)^①,一边读还一边直流着眼泪。"

(《曹禺从〈雷雨〉谈到〈王昭君〉》)

---

　　①　David Copperfield 今译《大卫·科波菲尔》。

1926 年（民国十五年） 十七岁

3 月 16 日，《创造月刊》在上海创刊①。

3 月 18 日，发生"三·一八惨案"。

3 月 27 日，上海艺术协会成立。

4 月 3 日，鲁迅翻译《苦闷的象征》一书，由北新书局再版。

4 月，郭沫若戏剧集《三个叛逆的女性》由光华书局出版，收入《卓文君》、《王昭君》、《聂嫈》三个剧本。

是月，段祺瑞下台。

6 月 6 日，广州国民政府任命蒋介石为北伐军总司令，准备北伐。

6 月 17 日，徐志摩在北京《晨报》主编《剧刊》，发表有关戏剧理论的文章数十篇，余上沅、闻一多等以此为阵地倡导"国剧"运动。

2 月 张彭春辞去清华大学职务②，返回南开中学出任主任、兼任女中代理主任，并在南开大学兼课，翻译外国剧本。（《张彭春年表》，《话剧在北方奠基人之一——张彭春》第 341 页）同时回归新剧团，日后为新剧团排演了一系列剧目。张彭春这次回来，是南开新剧运动的再次振兴，也在很大程度上决定着曹禺未来的命运。之后，曹禺随张彭春学戏演戏，并得到张彭春的赏识。

据曹禺回忆："张先生对我的影响是带有决定性的，也可以说影响了我一生的命运。我不是注定非搞戏剧不可的。……到入了南开新剧团，特别是在张先生指导下演剧，那么器重我、培养我，把我的兴趣调动起来，把我的内在的潜力发挥出来，让我对戏剧产生一种由衷的喜爱，成为我的生命中的一个组成部分，直到我愿意，应当说情不自禁地投入戏剧中去，这就是张先生的培育的结果。他确实是我的恩师。"（《苦闷的灵魂——曹禺访谈录》第 12、13 页）

---

① 月刊。编辑者创造社。出版、发行创造社出版部。至 1929 年 1 月 4 日停刊。

② 关于张彭春去职，另有说法，据《清华大学校史稿》第 21 页记载："1924 年 2 月……曹云祥（校长）任用了清华第二批直接留美生、中华教育改进社研究员张彭春为教务长。……1926 年 6 月，教务长张彭春因受到保守势力的攻击而辞职，从而爆发了所谓'挽张去恶'的风潮。"

曹禺对这位老师是铭记在心的。当他的第一部剧作《雷雨》问世时，他在《雷雨·序》末尾写道："末了，我将这本戏献给我的导师张彭春先生，他是第一个启发我接近戏剧的人。"这是曹禺发自肺腑的声音，的确是张彭春先生把他引向话剧创作的道路的。

4 月 与从南开中学毕业出校的文学会会员王希仁、姜希节①，南开大学的王树勋②等共同发起组织一个新的文学团体"玄背社"，并创办文学刊物《玄背》。（《校闻》，《南开周刊》第 3 期，1926 年 4 月 19 日）《玄背》是一个"'思想、文艺、趣味'三者并重的刊物"。开始时是作为《庸报》③的一个副刊出版，第一、二期是不定期刊，以后便改为周刊，每星期日随《庸报》出版，中间曾一度停刊。到了 1927 年 10 月又改为半月刊独立出来出版。据曹禺回忆："《庸报》创办于 1926 年或 1927 年，那么《玄背》作为它的副刊，也是在这个时候办的，具体时间记不起来了，记得我已经上高中了。姜公伟是《庸报》的主要负责人，可能是总编辑吧。我们办《玄背》的具体事情，是跟一个姓王（希仁）的联系接头，一共有六七个人办《玄背》。我们自己都在《玄背》上发表过文章或诗。"（《苦闷的灵魂——曹禺访谈录》第 143 页）"……办《玄背》这个刊物时，年仅 16 岁。那时胆子很大，几个学生办个刊物，也没有看成是什么了不起的事。《庸报》编辑王希仁，不太问事，一切都由我们自己去搞。"（同前第 144 页）"《玄背》，是临时随便翻字典起的。先是随便地翻到一个'玄'字，就要了它，'玄而又玄'。然后，又翻到一个'背'字，这就叫'背道而驰'，'反其道而行之'。就是这样把名字起出来的，由此也可见那时的思想情绪，是很苦闷的。"（同前第 155 页）

关于《玄背》，郁达夫曾介绍：

《玄背》，本来是京津间几个纯正的青年，以自费出版的刊物，现在附在天津庸报社印行。每星期发行一次，也可以单定。

承玄背社诸君寄赠我许多份数，嘱我与他们交换广告，然而我以为广告可以不必，现在还是让我来说一说它的内容。

执笔者都还是没有在社会上作事的青年，所以说话很痛快，做文章亦没有

---

① 王希仁，曹禺同级同学。姜希节，时任《庸报》编辑。

② 时南开大学的学生。

③ 《庸报》是 1925 年 3 月 1 日在天津创办（也有说是 1926 年 6 月创办的），创办人董显光。经理王镂冰是董原在顺直水利委员会的同事，后来，又聘请邵光典为总编辑，增聘姜希节、王芸生、秦丰川为编辑。报纸的名字取自儒学的"中庸之道"，是当时天津仅次于《大公报》、《益世报》的第三大报。关于人事变动，有说，《庸报》出版一年余，蒋光堂接任经理，聘张琴南为总编辑，许君远编发副刊及体育版，1928 年又增聘南开中学语文教师姜公伟、北平艺专的张鸣琦及该报桂步光主持刊刊工作。1935 年，被日本特务机关收买，天津沦陷后，成为直属日本驻屯军的机关报。（《天津文史资料选辑》第 18 辑）

想利用什么,或取得什么的野心。我劝大家可以拿来一读,看看这一种青年纯挚的态度。(《关于编辑、介绍以及私事等到》)

9月   升入高中二年级。

9月12日   在《庸报·玄背》第6期发表小说《今宵酒醒何处》,署名曹禺,至第10期载毕。该小说目前仅发现第9、10期所载部分。据第9期版头显示:玄背,庸报副刊之一,每星期日出版(中华民国十五年十月三日);第九期目录:超生的自杀(三、四)蓬西、今宵酒醒何处?(四续)曹禺、橄榄(通信)白鸥;通讯处:天津法界廿一号路庸报社编辑部,姜希节君转。

这篇小说讲述一对年轻人——夏震与梅璇的爱情故事。后收入《曹禺全集》第6卷。这是他第一次用笔名"曹禺"。名字由来是将"万"的繁体字"萬"拆成"艹禺",又因"曹"与"艹"(草字头的"草")谐音,故名"曹禺"。

关于创作这篇小说。据曹禺回忆:"我在《玄背》上发表的那篇小说,就是《今宵酒醒何处》这篇,是受郁达夫《沉沦》的影响,有一段写的很感伤,就是学《沉沦》,是那么一种感伤的调子。在我所接触的新文学中,我觉得郁达夫的情调同我的忧郁的性情特别的接近,他的小说格外能引起我的共鸣。那时我对郁达夫的崇拜超过鲁迅,超过郭沫若。"(《苦闷的灵魂——曹禺访谈录》第113页)

先生还回忆:这篇小说"写一个人爱上一个护士。大概是在1927年到1928年写的,我高中时代"。时间太久了,"我已经忘了写的内容,但还记得是受一漂亮女护士的触动而作。大约是一次坐船时,见到一个女孩子,很漂亮。"(同前第59、144页)

10月31日   在《庸报·玄背》第13期发表《小诗两首》(《林中》和《"菊""酒""西风"》),后收入《曹禺全集》第6卷。据曹禺回忆:"我上中学时,最喜欢的是新诗,也热衷写新诗。东写西写的。这两首,显然是受旧体诗词的影响。"(同前第144页)

冬   父亲万德尊患遗传性中风病,大哥万家修赶赴北平叔祖家,经叔祖介绍,名医徐绍武赴津诊治。病愈后尚能行动。(《出世丧母的曹禺》)据曹禺回忆:"当我父亲中风之后,他就念起金刚经来了。他老了,无所寄托,再无前进之心。"(同前第83页)

11月17日   据郁达夫记述:"昨天发了三封信,一封给武昌张资平,一封给天津玄背社,一封给上海徐葆炎。"(《郁达夫日记》第8页)

11月28日   《庸报·玄背》第17期刊郁达夫《来信》,该信系郁达夫复"玄背社"同学函。据曹禺回忆:"我们还给郁达夫写信,他回信了,回信中给我们多所鼓励。"《苦闷的灵魂——曹禺访谈录》第76页）郁达夫复函原文如下：

玄背社诸君：

记得在今年的四五月里，你们忽而寄来了几张刊物，题名《玄背》，我当时读了，就感到了一种清新的感觉。以实例来说，就譬如当首夏困人的午后，想睡又睡不得，想不睡又支不住的时候，忽而吃一个未熟的青梅样子。这时候我的身体不好，虽则说是在广州广东大学教书，然而实际上一礼拜只上三点钟堂，其余的工夫，都消磨在床上横躺着养病。因此，从前接手做的事情，都交出去托别人办了，第一，那个《创造》月刊，就在那时交给了仿吾。

一两个月之后，接到了北京的信，说我的龙儿病了。匆匆赶到北京，他的小生命，早已成了泥土。暑假三个月，伏处北京，只和我的女人，在悲哀里度日，旁的事情，一点也没有干。

这一回重到广州，是在阳历的十月底边，未到之前，先有一大堆书件报纸，在广大教员宿舍里候我了。打开来看时，中间也有你们的《玄背》（系和《庸报》一道寄给我的），接着又见了你们的信。

读了你们的信，才想起当时想和你们交换广告的事情来。这事情实在是我的疏忽，当时交原稿（《创造》三期）给仿吾时，没有提出来说个明白，所以变成了欺骗你们的样子。现在《创造》月刊，又归我编了。在第六期的后面，当然可以把《玄背》介绍给大家，虽然介绍的方式，还不能预先告诉你们。但是在过去三四个月里，却使你们太失望了，这一点是我的疏漏，请你们恕我。

现在上海北京，有许多同《玄背》一样的小刊物出世，它们的同人，都是新进的很有勇气的作者，可是有一点，却是容易使人家感到不快的，就是这一种刊物的通病，和狂犬似的没有理由的乱骂。骂人，本来不是容易的事情，尤其是在现在的中国，在该骂的人很多的现在的中国。

我们的朋友成仿吾也喜欢骂人，可是他骂的时候，态度却很是光明磊落，而对于所骂的事实、言语也有分寸。第一他骂的时候，动机是在望被骂者的改善，并非是在尖酸刻薄的挖苦，或故意在破坏这被骂者的名誉。第二，他骂的，都是关于艺术或思想的根本大问题，决不是在报睚眦之仇，或寻一时之快。

你们的小刊物上，也有几处骂人的地方，我觉得态度却和仿吾的骂人一样，是光明磊落，不失分寸的，这一点就是在头上说过，《玄背》使我感到清新的一个最大原因。以后我还希望你们能够持续这一种正大的态度，对倒车对恶势力，应该加以十足的攻击，而对于不甚重要的个人私事，或与己辈虽有歧异而志趣相同的同志，断不可痛诋恶骂，致染中国"文人相轻"的恶习。现在交通不便,政局混沌,这一封信,不知道要什么时候能够寄到天津,并且此信到日,更不知你们的《玄背》,是否在依旧出版。总之我希望你们同志诸君,此后也能够不屈不挠的奋斗,能够继续作一步打倒恶势力,阻止开倒车的工夫。

达夫寄自广州

一九二六年十一月十五日夜

是年 与进步同学、共产党人有所接触。据曹禺回忆:"共产党人是接触过的,在南开中学读书时,同年级的一个同学叫管亚强的,我们两人是同屋,他现在叫张致祥,是部长,在中央调查部吧,当时他就是 CY①。每天看他很忙,他整天闹罢课,但是我们两个人很少谈思想问题,他也很少向我宣传。他不常在学校,是个'职业学生',做地下工作。他是对我说过:'你整天读书有什么用?'即使是这样的话,他也不是常对我说。他是隐藏身份。我后来见到他问过,你们当时搞些什么,他说那时是什么都搞。大概那是 1927 年,我记得学校开大会,他就敢于当面骂校长张伯苓,质问校长为什么不允许学生罢课。"(《苦闷的灵魂——曹禺访谈录》第 17 页)

据陆以循回忆:"我在中学时同他(此指曹禺——编者注)住同屋,他比我高一年级,同屋 4 个人,有一个人是政界人物的子弟,很激进,学校开会时,他敢和张伯苓顶撞,质问校长。他叫管亚强,就是张致祥。他遭到学校的打击,家庭对他也施加压力。后来这个人很沉默。曹禺很同情他。我当时就站在张伯苓方面,我觉得校长对,学生怎么能顶校长呢?当时可能我是初三,他是高中一年级的。但曹禺却不是这样,他的思想比较前进些。后来管亚强一直没露面了。他说应该同情管亚强,虽然立场不鲜明,但思想同我不一样,他觉得管亚强是有道理的。"(同前第 243 页)

是年 演京剧,扮演过《走雪山》中的义仆曹福,常家骥扮演小姑娘,是演给初中毕业班看的,曹禺演得颇为出色。(《南开中学时代回忆点滴》,《南开校友通讯》复刊第 2 期)据陆以循曾回忆:"他在中学时还组织过演京剧,他演《打渔杀家》中的萧恩。我演过《玉堂春》,我演苏三。他演萧恩还演得不错,我记得是给初中毕业班演的,他那时是高中一年级。"(《苦闷的灵魂——曹禺访谈录》第 244 页)

据曹禺回忆:"我的嗓子不错,会唱京剧,唱的还有点味道。《走雪山》(《南天门》中的一段),主要情节是,主人被害,义仆护着主人的女儿去找婆婆家,曹福带着曹玉莲。我扮演曹福,唱老生。他们都说我唱得很像余叔岩。我的继母对我唱京

---

① 即共产主义青年团(Communist Youth League),系中国共产党领导下的青年群众组织,简称"共青团"。缩写为"CY"。

剧也很欣赏，认为我是一个唱京戏的好苗子，还想叫我到北京学京剧。"（同前第80页）

是年　初中三年级时的同学郭中鉴被捕。这件事对曹禺日后创作产生一定的影响。据曹禺回忆："他的名字叫郭中鉴，平常不苟言笑，但他使人感到亲切、诚恳。他当过我们的班长，说起话来便滔滔不绝。那时我很小，不太懂得他讲的道理。但他给我的印象，是一个成熟了的'大人'，不平凡的。有时，我从他身旁偷偷望一下他记的老师讲课的笔记，那字迹写得十分挺秀，整齐得惊人。他是我们班上功课最好的学生。到高一下学期，春天的时候，他就不见了；我读高二时，他被捕了。听说北洋军阀严刑拷问他时，他表现得很坚强，一直不屈。这个人没有对我说过几句话，但他影响了我。那时已经听说这种人叫作共产党，我才知道，在世界上还有一种不怕强权，不顾生死，决心要改变社会的人。"（《曹禺同志谈剧作》）

1927 年(民国十六年)　十八岁

1 月 1 日,国民政府以武汉为首都。

6 月 18 日,北洋政府将军府衙门撤消。

春　某日,遇儿时老师,畅谈。据曹禺撰述:"春假中,在路上遇见昔日教我读'尧眉八彩,舜目重瞳'的老师,八九年没见面,先生居然留起松松白须,招呼之后,只好必恭必敬地陪他到茶楼闲坐。"(《偶像孔子》)

4 月 18 日　在《南中周刊》①第 20 期发表散文《杂感》,署名万家宝。后收入《曹禺全集》第 6 卷。文前部分讽刺了"礼仪之邦"的现实,将南开当局因为校刊的"杂感"而建议校刊停刊的做法加以抨击。继以"Gentlemen 的态度"、"文凭同教育救国"以及"Supply and demand"为题写出了 3 篇"杂感",对大学教授的 Gentlemen 的态度、父亲、校长希望孩子"顶立门户"以及现在做太太进行了尖锐的讽刺。

本期刊有南开中学出版委员会职员,万家宝(曹禺)为"杂俎"栏目编辑。

4 月 28 日　中国共产主义运动的先驱者之一李大钊同志,被奉系军阀张作霖杀害。据曹禺回忆:"……李大钊同志的死。我记得清清楚楚,我是在《晨报》②上看到这个消息的。第一页上印着特大的黑字标题,下面详细地描写李大钊和他的同伴们从容就义的情景。那段新闻文章充满了崇高、哀痛的感情,使人感到一种不可抑止的悲愤。这件事给我的印象深刻极了。"(《曹禺同志谈剧作》)

5 月　在《南中周刊》第 25 期发表杂文《偶像孔子》,署名万家宝。后收入《曹禺全集》第 6 卷。文说:"孔家的《孟子》,《论语》,是科举时代的寒士们的饭碗。""自科举废除,老师荣为半通的秀才,当然是痛心疾首!然而社会因袭为偶像,权威,依然存在。"因此,"在偶像之下,常潜隐着深邃的恶势,他是不许看见事物真相的。"所

---

① 南开中学学生会主办。周刊。刊登时事评论、学术论文、小说、杂谈、通讯、校闻、漫画、该校学生的文学创作以及该校风潮纪实、专载等。

② 前身为《晨钟报》,1918 年 12 月改组为《晨报》。翌年 2 月 7 日,改革第 7 版,增添"自由论坛"和"译丛"两栏,使副刊明显地倾向新文化运动。1920 年 7 月,第 7 版由孙伏园主编,报眉印有鲁迅拟就的"晨报附刊"字样,报头定名为《晨报副镌》。《晨报》曾一度由李大钊主办副刊。

以"我们应当打破偶像的崇拜，和一切类似偶像的因袭无理由不合人道的旧思想的权威！"

6 月 12 日　在《国闻周报》[①]第 4 卷第 22 期发表译作，翻译法国作家莫泊桑的小说《房东太太》，署名曹禺。后收入《曹禺全集》第 7 卷。这篇小说是曹禺翻译外国文学作品的最初试笔，可见他在高中阶段就对外国文学产生了浓厚的兴趣。

6 月 20—7 月 2 日　参加由张伯苓主持的南开中学"学校工作改革讨论会"。据《张彭春年谱》："暑假中，参加南开中学'学校工作改革讨论会'，由张伯苓主持。参加的还有喻传鉴、华午晴、陆善枕、黄子坚等教师，中学生有乐永庆、万家宝和杨肖彭共 40 人，讨论实验理想中的南开新教育，即'现代化的教育'。主要讨论：① 学校工作改革的各问题；② 建议改革的具体方案。"（转自《张彭春论教育与戏剧艺术》第 662 页）另据《大公报》[②]载："本埠南开中学为谋学校内部改善起见举行'学校工作改革讨论会'曾志本报，近该会以告结束，继起之'南开新教育实验实施筹备会'亦于本星期内开始进行……又闻此筹备会亦系师生合组，业于十一日下午五时开成立大会，昨早八时开第一次常会云。"[③]（《南开中学之新教育筹备会》，《大公报》，1927年 7 月 18 日）

8 月 19 日　参加排演《压迫》[④]。据陆善忱文述：南开学校"爱好新剧之师生增加，爱公请张仲述[⑤]先生为指导，成立暑假新剧团。旋即召集人员，排演《压迫》、《获虎之夜》及《可怜的斐迦》等独幕剧，与易卜生之《国民公敌》"，这次排演"前三剧即于该年暑假期间作第一次公演，秋季开学后作第二次公演，两次观众，均形拥挤，并表示非常满意。南开剧团此时已臻成熟，可任意采用剧情较复杂之剧本"。（《南开新剧团略史》）

9 月　升入高中三年级。

9 月 2 日　参加《爱国贼》一剧的演出。（《曹禺早期改译剧本及创作》第 236 页）据

----

①　1924 年 8 月在上海创刊，胡政之主办。内容有简评、时事论文、外论介绍、国内外大事述要、一周大事记、文艺、书评、新闻图片等。1926 年 9 月，移到天津出版，1936 年又迁回上海。1937 年 12 月停刊。共计出版 14 卷，每卷 50 期。

②　1902 年 6 月 17 日在天津法租界出版创刊号。日报。创办人英敛之。1916 年 10 月王郅隆接手，并聘胡政之为主笔兼经理。1925 年 11 月 27 日停刊。1926 年由"新记"公司接手，张季鸾、胡政之主管。1936 年 4 月 1 日出版上海版，津沪同时发行。抗战全面爆发后，天津、上海先后停刊。继由张季鸾、曹谷冰、王芸生等创办汉口版、重庆版，胡政之、金诚夫、徐铸成等先后创办香港版、桂林版。1945 年 11 月 1 日、12 月 1 日，上海版、天津版相继复刊。1948 年 3 月 15 日，香港版复刊。1949 年之后，津沪渝版先后改版（改名）。

③　文中并未提及参加人员名字。

④　此处虽未见记载，但曹禺 9 月、12 月均参加演出，应是参加了排演。

⑤　即张彭春。

《南中周刊》:"高三同学以临别在迩,为与在校同学联络感情起见,于上星期六日下午七时,在礼堂举行临别大会。内容除演说外,并有新剧二幕——一为《爱国贼》,一为《获虎之夜》。至夜11时许,始尽欢而散。是日在校同学出席者,约近千人,诚盛会也。"(《校闻·临别大会》,《南中周刊》第26期,1927年9月12日)据曹禺回忆:"我也演过陈大悲的戏,如《爱国贼》。"(《回忆在天津开始的戏剧生活》)

9月6日 《南中周刊·临时增刊》第1号刊《"教""学"间的空气与"教""学"的组织》一文,署名张仲述先生讲,万家宝记。

9月9日 晚间,南开暑假新剧团演出《压迫》、《获虎之夜》及《可怜的斐迦》。(《校闻》,《南开周刊》第28期,1927年9月26日)曹禺参加了《压迫》的演出。在剧中曹禺饰女房客,陆以洪饰男房客。(《校闻·新剧表演》,《南中周刊》第38期,1927年12月28日)《压迫》的演出展示了曹禺演剧的才华。所饰角色极为酷似。演出轰动了南开,在社会上也引起强烈的反响。据于飞文述:"论到这三个剧,我全以为好满意。不过中间最有意义,演得恰到好处的是第一个剧《压迫》,里面尽是些有趣而不狂放的演作,内中又含不少深的意思。我尤其是赞成那位做女客的先生。……我细细地看,我不会说什么极文雅的词句去描写一个'受过教育'的新女子的性格,但是我就觉得演的是我心中所想那类新女子。……统观这一剧全好,有味;尤其是女客进门后,空气就紧张起来了。……若以个人讲,在《压迫》中我以为做女客的先生是'了不得'……"(《南开演的三个剧》,《大公报·戏剧(副刊)》第1号,1927年9月13日)

据曹禺回忆:"我排的第一个戏……可能是丁西林的独幕剧……《压迫》。那时候很封建,女的跟男的不能一起演戏,我就扮一个女的。那出戏的主角是女的。这戏写得不错,当时看是很有意义的。"(《曹禺从〈雷雨〉谈到〈王昭君〉》)

9月12日—12月12日 《南中周刊·临时增刊》第31—37期版权页"出版职员"一栏显示,万家宝(曹禺)为"论述"栏目编辑。

9月17日 《南中周刊·临时增刊》载《学科与训练两方面的新实施》,其中《乙 训练方面》部分,署名雷法章先生讲,万家宝记。

是月 张彭春重整"呈停顿之象"的南开新剧团,并已开始"导排易卜生之《国民公敌》一出。拟于学校纪念日扮演。计划老手若张平群、亢鼎如、吕仲平诸先生均将粉墨登场"。(《校闻·新剧团复活》,《南中周刊》第29期,1927年10月5日)

曹禺参与排演,这是曹禺参加南开新剧团以来第一次排演大型剧目。据曹禺回忆:"我演的头一个女主角戏是易卜生写的《国民公敌》。我们排演认真,费时三个月之久。这个戏写的是正直的医生斯多克芒发现疗养区矿泉中含有传染病菌,他不顾浴场主的威迫利诱,坚持要改建泉水浴场,因而触犯了浴场主和政府官

吏的利益。他们便和舆论界勾结起来，宣布斯多克芒为'国民公敌'。"（《回忆在天津开始的戏剧生活》）

10 月 4 日　当选为反日运动委员会委员。据《南中周刊》载："1927 年学生会举行第五届代表大会，第一次执监联席会议议决关于'反日运动问题——① 劝止合作社卖日货，② 借双十节作反日运动的先声，③ 组织反日运动委员会，委员十人，全校同学均有被选举权，选举结果：管亚强、万家宝、张廷勋、郭中鉴、邢桐华、杨琏玉、安立元、许邦和、蔡天戈、史凤林十人。'"（《校闻》，《南中周刊》第 30 期，1927 年 10 月 10 日）

10 月 5 日　"星期三下午下班后"，重整的南开新剧团召开"成立大会"。（《校闻·新剧团复活》，《南中周刊》第 29 期，1927 年 10 月 5 日）曹禺作为剧团成员参会。

10 月 10 日　在《南中周刊》第 30 期（1927 年双十专号）发表杂文《中国人，你听着！》，署名小石。该文又名《中国人，细听着！》。后收入《曹禺全集》第 6 卷。文前以"中国人，我真不佩服你！"作为引子，表达了曹禺对中国人的哀怒。继从中国的"衣，食，住"解剖中国人的劣根性。他不无痛心地说："一般希有的'白痴'朝朝阴谋，挑拨，成群结党地满足少数人的欲壑，以至破坏了真的'有'。"他还呼吁："中国人，倘若你还是个人，你应当晓得这个。"

本期《南中周刊》刊消息《〈玄背〉的〈玄背半月刊〉快要出版了》，发行部设在了曹禺的家"天津义（意）租界二马路 28 号"。原文如下：

诸君还记得以前有《玄背》不定期刊物吗？诸君还记得以前《庸报》有个《玄背》副刊吗？啊！多日不见了！

现在给爱护《玄背》的朋友们一个好消息：

自本月 16 号《玄背》又要出现了！

《玄背》是一个"思想、文艺、趣味"三者并重的刊物。

《玄背》欢迎订阅、欢迎投稿。

《玄背》通讯处：发行部：天津义租界二马路 28 号万家宝君；编辑部：天津《庸报》社姜希节君，天津南开大学王树勋君。

10 月 17 日　南开成立 23 周年纪念日。南开新剧团原定演出《国民公敌》一剧，但遭禁演。据《南大周刊》载："我校成立念有三载，本月十七日适届其辰，乃有庆祝会之举行……岂意最足助兴之游戏会竟以所谓戒严时期……不准举行，致社会与同学期待甚久之名剧《国民公敌》亦不克表演。诚自我校有史以来，最不幸之遭遇也。"（《本校念三周年纪念纪实》，《南大周刊》第 41 期，1927 年 10 月 26 日）此乃当时天津军阀"褚玉璞以为有一个姓易的青年写了《国民公敌》骂他是'革命'的敌人，派了

督办公署的爪牙勒令师生们停演"的故事。(《曹禺创作生活片断》)

据曹禺回忆:"那时正是褚玉璞当直隶督办,正当我们准备上演时,一天晚上张伯苓得到通知说:'此戏禁演'。原来这位直隶督办自认是'国民公敌',认为我们在攻击他,下令禁演。等他倒台后,此戏才得以演出,很受欢迎。"(《回忆在天津开始的戏剧生活》)这件事给曹禺留下很深的印象。曹禺回忆当时的情景说:"仿佛人要自由地呼吸一次,都需用尽一生的气力!"(《曹禺创作生活片断》)

关于南开这次纪念会,当时津媒多有报道。据《大公报》载:"该校此次纪念会,原定十六、十七晚表演新剧《国民公敌》,十八日采唱旧剧,用此庆祝,乃十五日夜,忽接教育厅转来,天津镇守使署公函,以戒严期内,禁止集会结社,命令停止表演,致筹备月余之新剧团及旧剧社,均不得一现舞台,该校师生莫不失望。"(《南开纪念会第二日》,《大公报》,1927年10月18日)

据《北洋画报》①载:"十月十七日为南开学校念三周年纪念。……原定是晚表演易卜生最精美之基本《国民公敌》以申庆祝,不幸十五晚正在排演之际,忽接教育厅转来天津镇守使署公函,以戒严期内禁止集会结社,令停止表演。至费洋数百,筹备月余之新剧团,不得一现,该校师生莫不大失所望云。"(《南开学校纪念琐闻》,《北洋画报》第131期,1927年10月22日)

10月26日 出任《南中周刊》出版委员会编辑,负责"论述"栏目。(《南中周刊》第32期版权页,1927年10月26日)

12月8日 据郁达夫记述:"接到了天津玄背社的一封信。说我写给他们的信,已经登载在《玄背》上,来求我的应许的。"(《郁达夫日记》第21页)

12月28日 演出《压迫》一剧。据是日《南开周刊》第38期载:"本校高三年级全体同学以寒假将届,为振起已疲乏之精神,于28日下午举行1928班师生联欢会,会上演《压迫》,陆以洪君饰男房客,万家宝君饰女房客,二君艺术天才加以张仲述先生的导演,一举一动惟妙惟肖,滑稽拆白,尽现台上,可称得全场中之明星。"

是年 由同学介绍参加一个短期讲习班。据曹禺回忆:"北伐战争时,我高兴极了,我的一个同学叫沈敏基,这个人可能是CY,在我17岁时,他劝我参加国民党,参加一个讲习班。我记得这个讲习班就在耀华里,我参加了。它实际上是共产党办的,打着国民党的旗号。王芸生在讲习班讲课,大骂蒋介石叛变革命。这个班的其他人都比我大,只参加了几天,觉得没大意思,就退出来了。我第一次听到马

---

① 1926年7月7日在天津创刊。初为周刊,至1928年10月25日第225期起改为三日刊。创办人冯武越、谭北林、王小隐、刘云若、吴秋尘等主编。出至1937年7月29日停刊。

克思主义就在这个地方,还听了《中国工人运动史》。王芸生当时的公开身份是《大公报》的记者或编辑,又是国民党天津市宣传部长。"(《苦闷的灵魂——曹禺访谈录》第76、77 页)

1981 年 6 月,曹禺在《人民戏剧》举行的一个座谈会上回顾说:"后来,我参加一个短期训练班,听了后来成为著名报人的王芸生先生和其他老师讲工人斗争发展史,讲马克思主义学说。这是我第一次接触革命理论。当时不甚了了,但思想上是受了影响的。虽然王先生并不是共产党员。"(《我的一生始终接受着党的教育》)

1928 年(民国十七年)　十九岁

3 月,洪深建议"新剧"改用"话剧"名称。他认为:戏剧最大的类别是歌唱与说话两种,我们用的是说话,可以称为话剧。以后"话剧"①这个名字就通行起来。

6 月 3 日,黎元洪在天津逝世。

6 月,国民党军队进占北京,奉系北洋军阀政府覆灭。张作霖退回东北,在回程途中被日本人阴谋炸死。国民政府宣布改直隶省为河北省,北京市为北平市。

6 月 20 日,《奔流》在上海创刊②。本期开始连载白薇的三幕话剧《打出幽灵塔》,至第 1 卷第 4 期载完。

8 月 17 日,南京政府议决清华学校改为国立清华大学,罗家伦任校长。

8 月 20 日,《奔流》第 1 卷第 3 期特发《H. 伊孛生(易卜生)诞生一百年纪念增刊》,刊发梅川译《伊孛生的事迹》、郁达夫译《伊孛生论》、鲁迅译《伊孛生的工作态度》等文章。

10 月 28 日,《国立清华大学校刊》在北京创刊。

是年,《晨报》副刊连载发表了焦菊隐的论文《论易卜生》。《一般》杂志发表了高德曼的论文《易卜生的四大社会剧》。商务印书馆出版了刘大杰的专著《易卜生研究》。

2 月 9 日　阴历除夕,父亲万德尊忽发病,未能救治,亡故,时年 55 岁。据万戒甫文述:

> 至十七年除夕,携家宝在浴堂理发时,忽呼头痛,返寓举烟枪将吸之际,气绝不及延医。子由大伯(对编者言)亦系二次中风而亡。当宗石哥病前,阎百川曾派兵站总监黄国梁至津请宗石哥赴晋任参谋长。阎黄皆留日同学,宗石哥任宣化镇守使时与阎情感甚洽,黄初到津时,曾婉辞。经三次敦请,方允过

---

① "话剧"这一名称最早是由蒲伯英、陈大悲办人艺戏剧专门学校时提出来的,见于当时的招生简章。1922 年 10 月 9 日、10 日、13 日《晨报》有登。洪深使这一名称最终定下来。

② 文艺月刊。鲁迅、郁达夫编辑,奔流月刊社出版,上海北新书局发行。1929 年 12 月 20 日至第 2 卷第 5 期终刊。

年后赴太原一行。不幸除夕病故。家宝于丧后曾往太原访黄，走谒三次始见面，对之冷淡，言不及义。家宝受此刺激，到平乘人力车到二郎庙（编者按：当时四叔及八叔之平寓），将所备川资五十元遗失车上，颇以此行为耻"。（《出世丧母的曹禺》）

据曹禺同学撰文：

记得那年万家宝的父亲故去了，本班同学因为对他感情好，便每人都接到他家的讣闻，看讣文，知道他父亲的官衔是陆军中将，哀子闻下有两个人，一个是他的哥哥，一个便是曹禺，开吊的那天，笔者同全体同学到他家里去，曹禺的家住在天津特别二区，是一所入时的洋房，厅堂布置得非常肃穆，笔者同几个同学公送了一幅祭幛，为了寻觅自己送的礼物，便顺便浏览了一次全部祭幛，大名衔的人士很多，最引人注目的便是黎元洪大总统的礼物，上款题的是某某乡兄千古字样，由此可以知道万氏家庭的过去情况，在拜灵的时节，是看不到孝子的，只在灵幕里听到隐隐的呜咽声音，更能使灵堂的空气变得十二分凄凉，和尚念经的时节，一个孝子捧着灵位出来，注目看去，不是万家宝，是一个面白似玉的文弱青年，看年龄约在二十左右，这才知道是万的长兄无疑，据几个知道万家宝身世的同学说，万的哥哥大老实，和他弟弟的性格完全不同，一个是活泼泼的，一个是死板板的。（《曹禺的中学时代》）

据曹禺回忆：

我父亲死的时候，我 17 岁，就是 1927 年，是在除夕晚上[1]。父亲因为债务的事，着急生气了，导致第二次中风，半夜里就死去了。是我去报丧的，那时哥哥还在，但他比较软弱，都是我跑的，所有的人对我报丧都不怎么待见，很冷淡，我第一次尝到了人世间的冷漠。只有李仲可来帮助料理丧事，别的人都不来过问了。家庭破败是可怕的啊，人们的脸，一张张熟悉的脸，立即就变了，变得陌生起来了。家一败就完了，找谁谁都不管。我第一次尝到了世态炎凉的滋味，真是可怕啊！我记得鲁迅说过，有谁见过从小康堕入困顿的吗？由此，可看到世人的真面目。鲁迅先生的这种人生体验，我是深深地感受到了。父亲的死，的确给我带来深刻的心灵烙印！（《苦闷的灵魂——曹禺访谈录》第 120 页）

我父亲是腊月三十死的，在鞭炮声中，第二次中风，西洋大夫也来了，但没有救了。一句遗言也没有。晚上继母直哭，这时我姐姐已经死了，剩下我和哥哥，我母亲能干。初一，我把李仲可请来，他来也是勉强来的，但只有我们也无

---

[1]　万德尊去世时间，曹禺记忆或计算有误。

法料理丧事。(同前第 142、143 页)

2 月 26 日 在《国闻周报》第 5 卷第 7 期发表根据莫泊桑原著翻译的小说《一个独身者的零零碎碎》,署名曹禺。后收入《曹禺全集》第 7 卷。据曹禺回忆:"我上学时翻译过莫泊桑的小说,记得还读过都德的《最后一课》,一篇短文章,爱国主义精神很强,很感染人,对我这个中国人来说,影响是太大了,觉得文学的力量太大了。"(同前第 18 页)

3 月 19 日 《南中半月刊》创刊①。自本期起,曹禺与张联沛和张彭春任"剧(组)"编辑。本期发表曹禺的新诗《四月梢,我送别一个美丽的行人》,署名万家宝。后收入《曹禺全集》第 6 卷。本期还发表由曹禺编辑的独幕剧《压迫》,署名碧郎。

3 月 20 日 易卜生诞辰百周年日,南开新剧团将《国民公敌》易名为《刚愎的医生》在学校礼堂首次服装排演,以示纪念。22 日,第二次排演。(《校闻》,《南开双周》第 1 卷第 2 期,1928 年 3 月 28 日)

3 月 23、24 日 南开中学大礼堂,正式公演《刚愎的医生》(*An Enemy of the People*)(同前)"连演二天,每次皆系满座;实地排演时,会场秩序甚佳,演员表演至绝妙处,博得全场掌声不少。"(南开学校:《天津南开学校中学部一览》) 曹禺出演斐特拉一角,因在剧中的出色表演,毕业时与陆以洪荣膺"新剧家"美名。(《戊辰班毕业同学录》)

出演易卜生的剧本,为曹禺打开一个充满生机的世界,他第一次接触这样深刻而发人深思的社会问题剧,就被它吸引了。之后,又多次出演易卜生的戏,有"南开五虎"之誉。据孙浩然回忆:"演易卜生的戏,有'五虎将'之称,李国琛、吴京、万家宝、张平群,还有一个记不得名字了。"(《苦闷的灵魂——曹禺访谈录》第 219 页) 另据马明文述,被天津观众以及华北文艺界誉为"南开五虎"②的是伉乃如、张平群、万家宝、吴京、李国琛。(《张彭春与中国现代戏剧》)

3 月 28 日 在《南开双周》第 1 卷第 2 期发表诗作《不久长,不久长》,署名曹禺。后收入《曹禺全集》第 6 卷。

4 月 19 日 《南开周刊》③刊《〈玄背〉(不定期刊)消息》:"该刊为京津玄背社所编

---

① 半月刊。南开中学出版委员会编辑。自第 2 期起,刊名改为《南开双周》。

② 据马明先生介绍:"南开五虎"——这个称呼出现于南开男篮执全国男篮牛耳之后。由于南开男篮连获华北冠军、上海冠军,击败当时远东劲旅菲律宾队,体育界和篮球爱好者因之把它的五名主力誉为"五虎将"。与此同时,天津观众也把南开新剧团几位主要演员称为"五虎"。话剧"五虎"之一的李国琛,同时也是男篮"五虎"之一。

③ 1921 年 4 月 1 日在天津创刊。周刊。南开学校主办。

辑。已出版两期，校内东南角门出售，每份铜元六枚。兹将其两期要目列左：（略）。"

4 月 27 日　参演未来派戏剧《换个丈夫吧》。据《南开双周》载："高三文科政治学班为黄肇年先生指导，素来颇注重实习工作，四月二十七日（星期五）下午一时半，特假女中礼堂举行第三次模仿议会……

"闭会后，旁听退席，改为茶话会。由陆以洪主席致开会辞毕，即开始各项游艺，有江樵、钱鸿仪二君之抖嗡，极翻腾变幻之妙；陆以洪、陶谷似二者之跳舞，尽步履蹁跹之时，鬓香衣光，歌声笑语，盈于一堂。最后万家宝、江樵、陆以洪三君表演未来派戏剧《换个丈夫吧》，诙谐绝伦。迨大家兴尽散时，已数家灯火矣！"（《校闻·高三文科政治学班开模仿议会纪事》，《南开双周》第 1 卷第 4 期，1928 年 5 月 4 日）

5 月 4 日　在《南开双周》第 1 卷第 4 期发表长诗《南风曲》，署名万家宝。后收入《曹禺全集》第 6 卷。本期还刊载了署名死钟的独幕剧本《疯人的世界》。该剧本是经万家宝（曹禺）编辑发表的。

6 月　于南开中学高中毕业。为实现父亲生前的愿望，报考协和医学院，未能考中。据曹禺回忆："我父亲做官不得意，他坚决反对我去做官，总说，我再为你们出去跑一趟。他让我报考医学院，去做医生。我考了两次协和医学院都没考上。"（《苦闷的灵魂——曹禺访谈录》第 59 页）

9 月　因学习成绩优良，免试升入（保送）南开大学学习。据曹禺回忆："我在南开大学读的是政治系，学的课程有比较政治，比较政府，比较议会制度，把各种议会制度都摆出来介绍比较。"（同前第 121 页）

10 月 16 日　天津《大公报》载署名"一个南开学生"的《关于〈娜拉〉》一文。文中写道：

　　暑假前，南开新剧团曾演过易卜生的《国民公敌》，得到了意外的成功。现在，该团又定在本月 17 日 20 时，在南开纪念日的时候，表演这出名剧——《娜拉》。

　　角色均是一时之选，如万家宝君的娜拉，陆以洪君的郝尔茂，均可称该团的杰出人才，相信他们一定可以给观众以满意。凡看他们二位合演的《压迫》的，必信"余言之不谬也"。如优乃如君的克罗司大，更是一时无两，允推独步的。至陆善忱君的林丁夫人，张平群先生的兰克，也都可以把剧中人的性格曲曲表出。其余诸角分配的得当，更不待言了。何况更是张仲述先生精心导演的呢。

10 月 17 日　南开 24 周年校庆日。参演易卜生的《傀儡家庭》（即《娜拉》），饰娜拉一角。该剧在学校礼堂连演两天，每天都是满座，表演很出色。天津妇女会认为此剧对于提倡女权有所帮助，特邀作第三次公演。（《南开新剧团略史》）

据曹禺回忆:"1928年10月公演了易卜生名剧《娜拉》,由我扮演娜拉,张平群演娜拉的丈夫海拉茂律师。我们一面上学,一面排演,每次演出都很用心,很努力。当时《娜拉》的演出在天津是件很大的事,尤其在教育界引起很大的注意,演出后报纸上纷纷刊载评论,受到观众的热烈欢迎。"(《回忆在天津开始的戏剧生活》)

曾亲眼目睹演出的鲁韧回忆:

我是上初中时看到曹禺演《压迫》的,演得不错,但多少还有些业余的味道。后来看到曹禺演的《娜拉》,男人演女角,演得那么好,确实让我惊呆了。我对戏剧也很喜欢,哪有戏,我都去看,但没有像曹禺的演出,这样给我以震撼的。张平群演海拉(尔)茂,他演娜拉,在我脑子里是不可磨灭的,这个戏对我影响很大。那时,我在新剧团跑龙套,从旁边看得更清楚。我敢这样说,现在也演不出他们那么高的水平。(《苦闷的灵魂——曹禺访谈录》第226页)

我总觉得曹禺的天才在于是个演员,其次才是剧作家。我这个结论,你们是下不出来的,别人没看过他演戏,也下不出来,只有像我这样看过的,才能得出这种毫不夸张的结论。到现在,这样好的艺术效果,这样的艺术境界是很难找到的。曹禺把夫妻间的感情,甚至那种微妙的感情的分寸,都很细腻地、精湛地表演出来,就不能不令人倾倒。像优乃如、张平群都是大学教授,那么高度文化修养的演员,现在哪里去找。张平群是德国留学生,娶了德国老婆,但这个德国老婆走了,正是在那个时候,他是有那种感情经验的,也有那种生活的。曹禺也是有着很好的文化修养的。

曹禺表演实在是好,他演韩伯康真好。他做导演不行,他缺乏总体设计,但对角色却分析体验得细致入微。他在文华导演《艳阳天》没有成功,他拿不稳四柱,只考虑细节不行。万家宝演戏是用全部身心来演的,他不是职业化演员,他不会那套形式,但凭全身心来演。现在,也很难找到这样一种全身心投入的表演了。(同前)

10月31日 晚九时,南开"新剧团假秀山堂一○八室请张仲述(彭春)先生演讲《莎士比亚及其名作"Tempest"》"。(《校闻·上星期内之集体日志》,《南开大学周刊》第64期,1928年11月9日)

11月25日 《南开大学周刊》第66期刊《南大学生出版部特别启事》:"本校学生会既已成立。出版部自应归入学生会办理。兹经本部十一月廿一日晚七时全体部员会议决议。本校周刊自六十七期起即由学生会出版部接手办理。本部自此却责。特此通告。"

11月27日 参加全校活动。据《南开大学周刊》载:"上月廿七日,本校全体师生于新图书馆前拍一全体像,以作校长出国纪念。"该照刊于《南开大学周刊》第67 期。

12 月 4 日 南开大学学生会出版部成立,并于是日晚举行首次部员会。(《校闻·新出版部成立》,《南开大学周刊》第 67 期,1928 年 12 月 14 日)

12 月 7 日 南开大学"学生会复活,举行庆祝大会","晚七时许开会于大礼堂。"(《校闻·学生会欢送会》,《南开大学周刊》第 67 期,1928 年 12 月 14 日)

12 月 8 日 晚,参演《亲爱的丈夫》一剧。据《南开大学周刊》载:"本月八日晚,本校大学、中学、女中、小学四部全体师生,举行四部联合游艺会于中学部大礼堂,欢送校长出国。……是晚节目虽简,内容甚丰;重要者计有小学部之《月明之夜》、中学部之《一只马蜂》、女中部之《午饭之前》、大学部之《亲爱的丈夫》及中学教职员之《回家以后》。""《亲爱的丈夫》又一幕爱情的喜剧。万家宝君饰'男性的太太',对其'黑漆板凳'谗言不绝,怪态百出;厨房一餐之米汤未如是多也。王维华君饰诗人——'男性的太太'的'黑漆板凳'。"(《校闻·大中女小四部联合欢送会》,《南开大学周刊》第 67 期,1928 年 12 月 14 日)

12 月 21 日 被南开大学出版部聘为《南开大学周刊》文艺组的特约撰稿员。(《南开大学周刊》第 68 期,1928 年 12 月 21 日)

1929 年(民国十八年) 二十岁

1 月 10 日,国民党中央常务会议通过《宣传品审查条例》十五条。其中规定凡"宣传共产主义及阶级斗争者",以及其他"反对或违背本党主义政纲政策及决议案者",均为"反动宣传品",予以"查禁查封或究办之"。

是月,南国社应邀赴南京演出,于 1 月 8 日至 22 日在通俗教育馆公演五天。演出剧目有《苏州夜话》、《湖上的悲剧》、《生之意志》、《父归》、《名优之死》、《古潭的声音》,又增加了田汉新编独幕剧《颤栗》和《秦淮河之夜》。演出轰动,造成了满城争看南国戏剧的盛况。

2 月,广东省政府主管的广东戏剧研究所成立。

3 月 14 日,南开学校创办人之一严范孙先生逝世。

5 月 1 日,《南国》在上海创刊①。

7 月 18 日,清华大学校评议会决议,修正通过《国立清华大学研究院规程》,规定从今年起开办研究院,按系设研究所,所主任由系主任兼任。先行成立外国语文、物理两研究所。9 月 1 日在本校招生,本校毕业生成绩优良及审查合格者准予免试。

9 月,王文显受聘清华大学外国文学系主任,瑞恰慈受聘该系教授。

11 月,夏衍、郑伯奇等组成上海艺术剧社,首次提出"普罗列塔利亚戏剧"的口号,创办《艺术月刊》,出版《戏剧论文集》。1930 年 4 月,该社被国民党当局查封。

春 一度迷恋马拉松。据曹禺回忆:"在南开时,我有几个月,大概是春天,坚持长跑,从南开出发,经过法国桥,向塘沽方向跑,到一个俄国公园折回来,大概有几十里路。开始跑不到三分之一的路程,就坚持不下去了,就没有力量了,这就是所谓极限吧,但是,咬咬牙,坚持过去,就跑得很轻松了。这是一种体会,一种人生的体会,坚持这么一下,就渡过了难关了。"(《苦闷的灵魂——曹禺访谈录》第 161 页)

6 月 14 日 参加毕业同学大会,并出演丁西林名剧《压迫》。据《大公报》载:

---

① 月刊。田汉主编,上海现代书局发行。共出两卷,第 1 卷 6 期,第 2 卷 4 期,1930 年 7 月 20 日终刊。

"前日晚，举行欢送本届毕业同学大会(有九人)唐际清、鲁光桓、蒋逵。最后在大礼堂，由该校新剧名手陆以洪、万家宝、江櫵、左与湜、王维华五名表演西林名剧《压迫》，剧情既好，五名又复工力悉敌，表情之细，无以复加，观众无不叹为观止。"（《南大文科欢送毕业同学》，天津《大公报》，1929 年 6 月 16 日）

暑假 南开新剧团筹备上演《争强》一剧。曹禺参加排练。据《念五周年纪念庆祝纪实》介绍："新剧团为庆祝本校二十五周年纪念起见，自暑假中即开始筹备，经一番审慎研究后，始选定英国文学家高尔斯华绥(Galsworthy)所著之'Strife'为稿本，乃按中国情形加以改译，译名《争强》，译妥后即印剧稿本，派定角色，着手排练。秋季开学前各幕均已排过一二次矣。"（《念五周年纪念庆祝纪实》，《南开双周》第 4 卷第 2/3 期，1929 年 10 月 17 日）

10 月 17—19 日 南开学校举行 25 周年纪念活动。曹禺参加纪念活动，并于17、19 日晚出演《争强》一剧，在剧中饰大成铁矿董事长安敦一。获好评。据《南开双周》载：

> 是剧为表现劳资冲突与融合之情形。述某矿罢工已三月，双方损失甚大，所以可得复工者，只以工人及董事双方各有一强硬之领袖，毫不让步，各走极端；后双方皆不能忍受，各自推翻自己领袖，于是一场风波始告终止。全剧穿插极密，意义颇深刻，而诸演员无不尽责。尤以二幕二场——工人开会一幕，最为精彩。盖共五十六人，排演非易也。至于布景及光线，亦打破以往记录。总之，此次公演，不但打破本校新剧以往记录，恐在今日之全国中，无能伯仲者，诚导演张仲述先生之成功也。

> 十七夜，观者千人。至十九夜，观者极踊跃。未至中午，票已售尽；晚间来而未得入场者，凡数百人。故该团又于二十六日夜特加演一次。盖张仲述先生赴美在即，吾人若再望南中台上有新剧出演，恐将在十二月或一年之后矣。

（《刻世纪四部联合庆祝纪念志盛·新剧〈争强〉表演》，《南开双周》第 4 卷第 4 期，1929 年11 月 3 日）

据《北洋画报》载："南开大学这一次总算是破天荒的盛举，才有这男女合演话剧的一回事。……万家宝饰安敦一，极像老人的声态，在全剧最为出色。其次张平群饰罗大为那种激烈的样子，也很相宜。……此次南开公演此剧，上台的有五六十人，在学校演剧中总算很少见，配搭也还整齐。星期六夕再作最后公演云。"（《记南开之〈争强〉》，《北洋画报》，1929 年 10 月 26 日）

曹禺还回忆："那时我才十九岁。张伯苓先生看了我演的戏，很赞赏。并且跟我说在英国罢工是很凄惨的，工人苦极了。他夸我演戏非常好。当时很多老师岁数都很大。伉乃如跟我用天津话说："家宝,你是一朵红花,我们都是绿叶。"(《访曹禺先生记》,《曹禺早期改译剧本及创作》第 2 页)

10 月 25、26、27 日 天津《大公报》连载黄作霖(佐临)《南开公演〈争强〉与原著之比较》一文。文系黄佐临留学回到天津观看《争强》后所作。自此曹禺和黄佐临结下深厚友谊。据黄佐临回忆:"我们是在 1929 年 11 月,在天津见面的。他正在演《争强》,扮演董事长。我看了,就给《大公报》写了一篇观后感。我那时刚大学毕业,从英国伯明翰大学毕业回来。我根本不是学戏的,但对戏剧很感兴趣。万家宝看到我写的观后感,就来找我,并把我引到南开教授张彭春先生那里,这样就认识了。""他演的《娜拉》我没有看到,《财狂》也没有看到。他演《争强》给我的印象是很有精气神,眼睛发亮,在场上很活跃。"(《苦闷的灵魂——曹禺访谈录》第 232 页)

10 月 26 日 《北洋画报》第 389 期特发《南开学校二十五周年纪念专号》。第 3 版以整版篇幅报道南开大学演出之《争强》。全版面配图 7 幅,一为《严范孙宅办学时之礼堂之外观》、《南开大学思源堂之远眺》、《南开大学木斋图书馆及李纯铜像之远眺》3 幅;二为《争强》剧照 4 幅。有《记南开之〈争强〉》一文,署名立广。

11 月 1 日 《戏剧与文艺》①第 1 卷第 7 期《戏剧消息》刊《南开公演〈争强〉》:南开新剧团于该校"刻世纪"纪念日曾公演高尔斯华绥之"Strife"剧本系由该团改译,剧名亦改译为《争强》。闻先后共演三晚,票价分五角三角两种,每场均满座,北洋画报于十月廿六日曾为其出专号一次云。

是月 《南开大学周刊》重组。曹禺出任文艺组编辑。据载:"本校周刊停版已年余,本学期开始,同学等鉴于南开空气之沉闷及交换意见机关之缺乏。遂由四十三人提议组织出版社,重新出版周刊,常经多数之同学赞同。遂由各科选出代表七人,联合组织出版社,于本月十三日举行首次委员会……又于十五日举行第二次委员会,讨论一切组织及周刊出版方法,十九日又假秀山堂一〇八开联欢会……"(《出版社组织成功》,《南开大学周刊》第 72 期,1929 年 11 月 26 日。**按:本期"本社职员"显示:"编辑部文艺组"成员有孙毓棠(组长),贾闻津、梁家椿,万家宝、颜毓蘅、张羽)

12 月 10 日 在《南开大学周刊》第 74 期发表改译剧本《太太!》(独幕剧),署名小石译。剧前题"译赠南开新剧团",剧尾注"原名 Whose Money? (A farce)为 Lee Dickson 及 Leslic M,Hiekson 合著"。后收入《曹禺全集》第 7 卷。

剧本发表后不久,南开大学的两批青年学生便将它搬上了舞台,演出获得了很

---

① 1929 年 5 月 1 日在北平创刊。月刊。熊佛西主编,北平文化学社发行。1930 年 12 月 1 日出版第 2 卷第 1、2 期合刊后终刊,共出版 14 期。

好的效果，剧场里笑声迭起。

12 月 12 日　张彭春赴美"募捐"。（《校闻》，《南开大学周刊》第 75 期，1929 年 12 月 17 日）行前曾与曹禺等人嘱咐事项。据曹禺文述："客冬，导师张仲述先生因事出国，我们相约在张先生走后暂不排戏。恰巧今年南开礼堂预备拆旧重修，约在 10 月下旬可以完工，大家要安心等候导师归来，准备来年新生命的开始。在这冬蛰期内，我们已着手几件工作，第一是搜集 20 年来话剧运动的史料，其次是筹划下次试验的剧目，末了，印出去年公演《争强》的舞台脚本。"（《争强·序》）

后曹禺回忆："1929 年张彭春先生再次去美国，临行前，他要我将《争强》的演出本整理出来，以南开新剧团的名义，出版单行本。"（《苦闷的灵魂——曹禺访谈录》第 15 页）

张彭春先生行前还将一部英文版《易卜生全集》送给曹禺。据曹禺回忆："张彭春去美国时，给我留下一套英文的易卜生全集，对我影响很大，大部分我都读了，有的太深，不大懂，没读。那时我太年轻，还在中学①，英文也不好。"（《回忆在天津开始的戏剧生活》）"我是依靠一本英文字典大致把它读完了，使我从中懂得些戏剧的技巧，话剧原来还有这么一些新鲜的东西。"（《我的生活和创作道路》）

曹禺"从易卜生的剧作中了解到话剧艺术原来还有这许多的表现方法，人物可以那样真实，又那样复杂"。但尽管如此，"这位大师的作品却无论如何不能使我像读'五四'时期的作品一样的喜欢"。其原因"大约是因为国情不同，时代也不一样吧"。（《曹禺创作生活片断》）

曹禺不止一次地说："外国剧作家对我的创作影响较多的，头一个是易卜生。"（《和剧作家们谈读书和写作》）"我从事戏剧工作已数十年，我开始时对戏剧及戏剧创作产生的兴趣、感情，应该说，是受了易卜生不小的影响。"（《纪念易卜生诞辰一百五十周年》）

12 月 31 日　在《南开大学周刊》第 77 期发表改译剧本《冬夜》，署名小石改译，剧尾注明"原名 Winter's Night，著者 Neith Boyc"。后收入《曹禺全集》第 7 卷。

通过《太太！》《冬夜》等剧的改译，曹禺学到了许多观察人生、刻画人物、结构情节、运用语言的本领和技巧，清楚地体会到改译比阅读、演出剧本，更能深入地学习戏剧艺术规律和戏剧名著的妙处。

《太太！》和《冬夜》这两个剧本，不仅为新剧团演所用，也曾为平津各剧团及各个学校剧团所普遍采用。（《南开新剧团略史》）翻译使曹禺"很获教益，因为翻译比读

---

①　此处"在中学"这个时间，曹禺先生回忆应是有误。

和演更能深入地学得它的妙处。"(《简谈〈雷雨〉》)

是年 参加张彭春先生开办的戏剧班学习。据张英元回忆:"1929 年,我曾旁听九先生讲授戏剧课,采用英文课本,其中有不少课文我领会不了,经过九先生深入浅出的讲解,我才明白。万家宝同学也在这个班上,他经常提出问题同九先生讨论,我在旁听到,也有收获。"(《缅怀彭春老师》,《话剧在北方奠基人之一——张彭春》第 224 页)

据杨善荃回忆:"是张彭春把曹禺培养出来的,张彭春对戏剧很有研究,在南开大学开过戏剧班,这个班上有曹禺。曹禺比我晚两三年级,我比他大,在南开大学同学一年。"(《苦闷的灵魂——曹禺访谈录》第 247 页)

1930年(民国十九年) 二十一岁

1月,上海艺术剧社在上海西藏路宁波同乡会公演德国米尔顿的《炭坑夫》(夏衍导演),法国罗曼·罗兰的《爱与死的角逐》(沈西苓导演),美国辛克莱的《梁上君子》(鲁史导演)。参加演出的主要演员有石凌鹤、王莹、唐晴初、李声韵、陈波儿、刘保罗等人。

2月15日,中国自由运动大同盟在中国共产党领导下,在上海秘密举行成立大会,并发表《宣言》。该盟宗旨是争取言论、出版、集会、结社的自由,反对国民党的反动统治。

3月2日,中国左翼作家联盟(简称"左联")成立。

是月,上海戏剧运动联合会成立。该会由艺术剧社、南国社发起,是上海各戏剧团体的联合组织,参加者有艺术、摩登、辛酉、南国、剧艺、复旦、大夏、交大、青鸟、新艺、紫歌、光华和戏剧协社等13个团体。

6月,南国社于11日、13日在上海中央大戏院公演六幕话剧《卡门》,剧本由田汉根据法国19世纪作家美里梅的同名小说改编,俞珊和金焰主演。

是月,广东戏剧研究所公演《怒吼吧,中国!》。

9月,中国左翼文化总同盟(简称"文总")在上海成立。

10月,南开学校二十六周年纪念会,演出《虚伪》、《好事多磨》二剧。

2月11日 南开大学在校大礼堂举行"开学式"。(《校闻·开学式》,《南开大学周刊》第79期,1930年2月25日)

2月中 南开大学学生会出版社委员会委员任期届满(半年一届),各科分别选出新一届委员,并办理交接程序。(《校闻·出版社新委选出》,《南开大学周刊》第79期,1930年2月25日)

2月28、29日 南开大学新一届出版委员与第一届出版社职员开会,选举出新一届出版社社长及编辑部、经理部主任。(同前)

3月1日 《戏剧与文艺》第1卷第10、11期合刊"戏剧消息"刊《南开新剧团之工作》:"该剧团因导师张仲述去国,礼堂剧场正在重修,故暂不举行公演。最近之工作为搜集二十年来话剧运动史料,并印行去年公演《争强》之舞台脚本云。"《天津中西女学两次演剧》:"该校于四月二十六日曾假青年会公演三幕剧《杨小姐的秘密》。现又定于五月十日假英国学校公演莎士比亚之《如愿》(As You Like It)云。"

3月7日 被聘为南开大学出版社新一届职员,出任文艺组组长。任期至本学期止。据《南开大学周刊》载:本月七日晚,前社长范士奎君为办理交代事,特柬约新选社长,各部主任及秘书等举行茶话于出版社办公室……同晚新出版社委员集会于秀山堂一〇八讲室,讨论添聘同学共襄出版事结果通过张英元女士、万家宝君等十五人,当由秘书分函聘请。(《校闻·由末次会到首次会——本社改组之经过》,《南开大学周刊》第80期,1930年3月25日)

3月14日 新一届出版社职员在"秀山堂讲室"召开首次例会,"到会社员三十余人"。(同前)曹禺作为新一届职员与会。

4月1日 《南开大学周刊》第81期刊消息《校闻·艺术家秀山堂见鬼》:"未抵秀山堂即遥望万家宝君偕王世英君秉烛自秀山堂出,某君一声令下,诸人又作散兵式。匍匐前行,伺之于文科学会窗下。二君秉烛抵此,正谈笑间,黑暗中忽伏兵四出,灯光齐射。王君回首欲逃,已不可得;万君惊若木鸡,呆立道上。良久始长叹曰:'黑洞洞的一大堆,我以为垃圾,见鬼了!'"

4月22日 《南开大学周刊》第83期刊消息《校闻·出版先声——〈争强〉及〈向导〉》:"本校新剧团近以其去年二十五周纪念表演之《争强》剧本,刊印单行本,作为'南开新剧团丛书'之一。书名仍称《争强》,全书九十余页,附铜版插图多幅,及行将起建之南开新礼堂计书图。此书现已出版,本校售品处代售,定价二角。按此剧为英国著名戏剧家 John Galsworthy 名著之一,经改译后极合舞台试验。更附以该团表演时之排法及详明之布景图解,故即因人数不敷分配而不克排演,亦可用作文艺读品,藉知该团向来之排剧大概。"

剧本《争强》后收入《曹禺全集》第7卷。这是曹禺从事编剧活动的第一次试笔。书前有曹禺以万家宝署名的序,新建的南开新礼堂建筑图三幅,"民国十八年十月十七日南开学校二十五周年纪念日初次公演于南中大礼堂"(初演演员名单——编者注),并附首演剧照六幅。每幕前附舞台平面设计图,计三幅。书末附曹禺执笔的南开新剧团致国内各剧社《通信》一则。印数1000册。序文收入《曹禺全集》第5卷。

关于《争强》一书,据《南开双周》介绍:"现代英国文坛中坚、戏剧作家高尔斯华绥 John Galsworthy 的名著《Strife》一剧,去年经我校新剧团改译《争强》公演后,吾人对于高氏的作风与天才,可以说有了相当的认识;最近新剧团为提倡新剧运动起见,又将该剧本加以整理。如剧情、动作,一一分别说明,并附南开礼堂新建筑图、舞台布景图及《争强》各幕摄影多幅,付印刊行,以供同好。既可供文艺欣赏,又便于舞台排演;而于导演上为助尤多,故乐为介绍之。现该剧本已经出版,仅取价贰角,南开消费合作社代售,书印数无多,幸速购取!"(《介绍〈争强〉剧本》,《南开双周》第5卷第4期,1930 年4 月28 日)

关于剧本"张彭春、万家宝改译"说法,以及剧名的由来,据曹禺回忆:"我执笔也可以吧!当时郭沫若有一个译本名字叫《斗争》,张先生说这个名不合原著这个意思。而是两个人争着看谁强。当时有个京戏叫《辕门射戟》讲的是袁术与刘备斗,都找吕布支持他们,吕布想出一个主意,就说我来射戟,射中了戟上的孔,你们就别打了,何必争强呢!吕布一射结果真地射中了,果然他们二人都不打了。我们就取这个'争强'两个字。"(《访曹禺先生记》,《曹禺早期改译剧本及创作》第2 页)

5 月10 日　晚,天津中西女校毕业班学生在英租界英侨学校用英文演出莎士比亚名剧《如愿》。"剧中由金润芝饰玫瑰莲(剧中被逐之女郎)"。(《中西女校毕业班表演英文剧》,《北洋画报》第469 期第2 版,1930 年5 月8 日) 曹禺往观看,据曹禺回忆:"黄佐临在天津曾经排过莎士比亚的《如愿》,那时丹尼①在天津中西女子中学,我去看过。"(《苦闷的灵魂——曹禺访谈录》第110 页)

暑假　赴北平,与好友孙浩然、孙毓棠等8 位同学报考清华大学,住孙毓棠外祖父家。据孙浩然回忆:"家宝,我们是8 个同学一块从南开转到清华大学来的,还有孙毓棠。当时南开大学讲好条件,考不上就不能再回南开了,立了军令状,结果都考上了。曹禺和孙毓棠是很要好的同学,他在中学时代,差不多一直在孙毓棠家里玩,《雷雨》中的许多人事和孙毓棠家颇有关系。②"(同前第218 页)

据曹禺回忆:

> 我们是中学同学,我考清华,就住在他的(孙毓棠)外祖父徐家。这一家和我写《北京人》有点关系,《北京人》的环境、家庭氛围,甚至有的人事,也有徐家的影子。徐家坐落在东四头条,恐怕现在房子也没有了,就像我在《北京人》里所描写的一个行将破落的大家庭。考清华之前,我在徐家住了很久,毓棠的外祖父对我很器重,是个清朝的遗老。(同前第67 页)

> 我在南开大学读的是政治系……我学了两年,非常没意思。我要走,学校不让走,因为我一走,搞戏的就没有人了。搞戏,非得有几个有兴趣的,否则,

---

① 即金润芝。
② 查1929 年8 月30 日《国立清华大学校刊》之《本校录取新生揭晓》,孙浩然列该年"一年级新生",孙先生回忆的考取时间可能有误。

就搞不出戏来,或者搞不出好戏来……离开南开,原因之一,就是不愿意读这个政治系了。(同前第85页)

　　还有一个原因,也是不愿意坦白的。你也是南开的,我对你要说说心里话。我很感谢母校,但是我不喜欢南开,我喜欢清华。我也不懂这是为什么。我也不喜欢天津,我喜欢北京。我一到清华,那时,就感受着一种清新自由的空气。是不是只有我一个人是这样的一种感受……我甚至想过,我如果还呆在南开,我是否能够写出《雷雨》?! 能否走上戏剧创作的道路?!(同前第121页)

　　秋　李霁野先生受聘至天津河北女子师范学院任英语系教授兼主任。(上海鲁迅博物馆:《李霁野纪念集》第361页)

　　9月　清华大学招收新生192人,转学生52人。(清华大学校史研究室:《清华大学九十年》第51页) 曹禺与孙毓棠等8位南开同学转入清华大学读书。曹禺插入文学院西洋文学系(外国语文学系)①二年级,与钱钟书、孙增爵同学。据钱钟书先生致黄克信:"颜(毓蘅)先生的英语很好,他是南开转学插班的,和他同时插班的还有两位,其一就是曹禺同志,那时候曹禺的才华还'深藏若虚',单凭英语排列,班上数不着他。"(黄克先生藏)

　　据陆以循回忆:"清华外文系的课程是这样的:吴宓讲诗;王文显讲戏,讲文学史;杰姆杰·文特②是美国人,现在北大,他教法国文学;还有一个英国老太太,讲英国语言文学;葛瑞瓦什是法国女教师,教法语的。"(《苦闷的灵魂——曹禺访谈录》第245页)"王文显教莎士比亚,还有希腊悲剧,希腊悲剧是外文系的必修课。"(同前第244页)"我和曹禺最早住在二院平房宿舍里,3个人一间房子,后来搬到明斋,这是新建的三层楼。吴宓住在一楼,两人一间房子。"(同前第245页)

　　据曹禺回忆:

　　吴宓是我的老师,很古怪的,专门写文言文,也教19世纪浪漫诗人的诗,他是个怪人。王文显教莎士比亚,但他总是讲那些考证之类的东西,听起来很死板枯燥,我不大喜欢这样的课。他是西洋文学系的主任,他十分喜爱戏剧,研究戏剧,创作剧本,但是讲起课来就不灵了。应当感谢他的是,他为西洋文学系为清华图书馆买了不少外国戏剧的书,当然是外文的。我就是看他买的

---

　　①　外国语文学系成立于1926年,当时称西洋文学系,1928年改名为外国语文学系。1929年设立研究所。系主任由王文显担任。王文显,1915年来清华,任英文教员,西文部主任。吴宓,清华学校1916年毕业生,留学美国,后任东南大学、东北大学等校教授,主编《学衡》杂志,1925年任清华研究院主任,1926年起任西洋文学系主任。(《清华大学校史稿》第163页,中华书局,1981年2月)
　　②　系指 Robert Winter(1886—1987),今译罗伯特·温德。

戏剧书,钻研戏剧的。在大学读书,光是靠教课的先生是不行的,必须自己去找先生,图书馆里就有大先生,老先生。一进了图书馆的海洋,就觉得个人是渺小的,知道世界是如此之灿烂多姿。我记得《雷雨》问世后,王文显在上海,还特意给我写了一封信来,从上海寄到南京,大概那时他已经到圣约翰大学教书去了。(同前第 107、108 页)

清华期间,曹禺开始接触西方古典戏剧。希腊三大悲剧家埃斯库罗斯、索福克勒斯、欧里庇得斯的作品给他以教益,据曹禺说:"我喜欢艾斯吉勒斯(即埃斯库罗斯),他那雄伟、浑厚的感情,从优立辟谛斯(即欧里庇得斯),我企图学习他那观察现实的本领以及他的写实主义的表现方法,我很喜欢他的《美狄亚》。""希腊悲剧给我的印象很深,我最喜欢索福克勒斯和欧里庇得斯。"(《曹禺同志谈剧作》) 他还阅读了不少高尔基、萧伯纳、奥尼尔和契诃夫的作品,涉猎了许多十九世纪英国、法国和帝俄时代的剧作与小说。他平时非常用功,有一段时期他整天在图书馆里看书,而大部分是读剧本。(同前) 那时,他首先碰到的是莎士比亚,"然后碰到的就是欧尼尔(通译奥尼尔)。他的剧本戏剧性很强,我很喜欢他的前期作品,那些作品是很现实的。我喜欢反复读剧本,遇到好的就反复想几遍,读到一个好剧本,我走到哪里,就带到哪里。……再后,就接触了契诃夫,契诃夫给我打开了一扇大门。我发现,原来在戏剧的世界中,还有另外一个天地。"(《曹禺创作生活片断》) 他还"得到校图书馆的特别许可,可以进入书库并在那里看书。从老子到佛教,到基督教、一直到马克思","什么都看","读过几章《资本论》,可是没看懂"。(《戏剧家曹禺》)

清华期间,曹禺与钱钟书、颜毓蘅曾获"龙、虎、狗"雅号。据《钱钟书传》:自从吴宓教授称钱钟书为"人中之龙"后,钱钟书就得到了"清华之龙"的雅号,同学中万家宝(曹禺)被喻为"虎",颜毓蘅被喻为"狗"(颜后为南开大学外文系教授,"文革"中被迫害致死),并称为清华外文系"三杰",钱居"三杰"之首。(《钱钟书传》第 42 页)

据曹禺回忆:"在清华,我们那个班三四十人,的确出了不少人才。钱钟书是有家学的,过目成诵,自不必说了。还有懂梵文的,是季羡林吧。还有一个在四川大学当教授,她写的欧美文学史很有自己的见解,不抄别人的东西,如写莎士比亚那一段,她的看法和我就不谋而合。"(《苦闷的灵魂——曹禺访谈录》第 107 页)

9 月 26 日 清华大学校评议会议决:"1. 通过 1930—1931 年度校历。2. 通过西乐部规则。设置西乐部,直辖于教务处,下分铜乐队、弦乐队及各种乐组。"(清华大学校史研究室:《清华大学九十年》第 54 页)

是月 毕业于彼得堡音乐学院的俄籍小提琴家托诺夫(Tonoff)来清华任教,除教授小提琴、钢琴外,还担任军乐队指挥,并为清华写了一首管乐合奏曲《前进,清华》(*Forward Tsinghua*),在校内音乐会上演奏,受到同学们欢迎。(《1949 年以前的清华大学的音乐教育》)这之后,曹禺一度"对音乐很感兴趣,在乐队吹巴松管",王龙升老师教他巴松管。(《苦闷的灵魂——曹禺访谈录》第 244 页)

10 月 16 日　清华大学学生代表大会在一院 100 号教室召开第二次常会讨论罗家伦问题及欢迎新代表。(《新闻·最后消息》,《清华周刊》第 34 卷第 1 期,1930 年 10 月 20 日)

10 月 20 日　《清华周刊》第 34 卷第 1 期刊消息《戏剧社近讯》:

> 戏剧社为清华一爱好艺术,善于表演之组织。以往成绩卓著,名声菲(斐)然。奈自童君家骅主政以来,一蹶不振,盖拉人不动也。今年从新整顿,选举新职员,万君家宝李君景清当选为正副干事。二君均干事有能,且办事热心,当不愧为清华戏剧一振。万君来自南开,对于戏剧精熟,迎新晚之演《自然》,即万君任指导也。万君更以为不甚满意,(大家同学都满意),更愿加倍努力,于新年公演一次,闻万君正收集剧本,物色角色,当能以最好的贡献给我们。

10 月 23 日　晚八时,清华大学西洋文学系同学"假同方部开迎新大会",会上"系主任王文显先生报告本系状况","吴可读教授演讲",外教葛其婉女士①、温德先生表演节目。(《西洋文学系迎新会》,《清华周刊》第 34 卷第 3 期,1930 年 11 月 15 日)曹禺作为新生参加。

11 月 4 日　清华大学学生自治委员会执行委员会召开第四次会议,通过"出版科职员同意案"。(《新闻·执行委员会第四次会议记录》,《清华周刊》第 34 卷第 4 期第 54、55 页,1930 年 11 月 22 日)在通过的名单中,万家宝与孙毓棠、钱钟书、孙增爵等人为《清华周刊》编辑。(《出版科职员》,《清华周刊》第 34 卷第 5 期版权页,1930 年 11 月 29 日)

11 月 14 日　晚,清华大学科学馆,戏剧社邀请西洋文学系主任王文显先生演讲,演讲内容为美国大学剧社及职业团体社之舞台布置情形等。(《剧社消息》,《清华周刊》第 34 卷第 4 期第 59 页,1930 年 11 月 22 日)

11 月 24 日　《国立清华大学校刊》载:"戏剧社自社长万家宝就职以来,工作进行甚力。"(《清华人文学科年谱》第 99、100 页)

---

①　葛其婉系是年新聘外教。

1931 年(民国二十年) 二十二岁

2 月 1 日,国民党政府公布的出版法由内政部交警政司主管执行。

3 月,清华大学学生代表赴南京请愿教育部任命新校长。22 日,国民政府任吴南轩为国立清华大学校长。

4 月 3 日,南京政府委任吴南轩为清华大学校长。16 日抵达清华。20 日就职。

6 月,张骏祥由清华大学外国语文系毕业。

9 月 18 日,日本帝国主义在沈阳发动"九一八"事变,蒋介石集团实行不抵抗主义,沈阳沦陷后日军继而占领了东北全境。

9 月 24 日,全国人民掀起抗日高潮。上海,学生罢课,工人举行反日罢工,十余万群众进行反日示威游行;南京,学生请愿活动。

11 月,平津两地学生要求抗日,宣布总罢课,派代表南下请愿。各地学生相继响应。25、26 日,各地学生赴赴南京,要求蒋介石签署出兵日期。

12 月 3 日,清华大学新任校长梅贻琦到任。

12 月 17 日,南京,各地请愿学生三万余人,举行联合大示威,要求国民党出兵抗日,并抗议逮捕、杀害爱国学生。

12 月,上海剧团联合会举行抗日公演。

1 月 14 日 德国游行戏剧团"下午九时在北京饭店公演哥德名著《浮士德》第一部"。(《德文教授会启示》,《北大日刊》,1931 年 1 月 13 日)曹禺曾往观看。据曹禺回忆:"在清华大学时,德国的古洛夫的歌剧《浮士德》在旧北京饭店演出,那是最有名的歌剧了。我也去欣赏过。"(《苦闷的灵魂——曹禺访谈录》第 92 页)

1 月 22、25 日 与《清华周刊》同人欢宴。据《清华周刊》:"本刊本卷出版至本期(第十期)止。现正结束一切,预备下期移交。并定于本星期四日全体摄影,星期日聚餐,欢宴各编辑经理。"(《新闻·本刊消息》,《清华周刊》第 34 卷第 10 期,1931 年 1 月 22 日)

3 月 26 日 为在京南开校友演戏捧场。据载:"3 月 26 日晚,燕京大学新剧股公演张平群君改译之《求婚》及莫里哀着(著)之《伪君子》二剧。主要演员均为南开校友,如杨仲刚、陈玉贵、魏文元、步春生、杨鸿淙诸君,莫不大展其表演天才,观众大为欢迎。而远在清华之万家宝君赶去帮助化妆,工大之吴京君赶去帮忙布景,南开校友之新剧合作,可见一斑。"(《南开校友新剧合作》,《南开双周》第7卷第2期,1931年3月31日)

是月　与本届清华周刊社同人合影。(《清华周刊》第35卷第8、9期合刊,1931年5月2日)

5月2、3日　参加清华大学庆祝"二十周年纪念"活动,演出《娜拉》一剧,饰娜拉。演出颇获好评。据Ｓ·Ｔ·Ｃ撰述:该剧"剧情之奇妙,可称绝唱。而扮演复佳,允称成功之作。""剧中人物之分配,颇称得体。""全剧中人物,自以娜拉为最难能而最佳妙,扮演者万君,颇具演剧之天才,一切表情动作言辞,均无生涩之弊。"第一幕中"神情逼真,女儿之态,曲曲画出无遗",第二幕中"悲哀怨愤之情,溢于辞表,闻之直欲使人泪下",第三幕"表演,尤属不易","但当时万君之表演,实达成功之境,表情与语气,均逼真酷肖。"(《观〈娜拉〉以后》,《清华周刊副刊(廿年纪念写真号)》第10、11期合刊,1931年5月12日)

关于这次演出,据载,"在这出戏上演的十天以前,几位无事忙的先生们还像寻常一样",当得知"在这十天之内要赶出一个戏来。于是赶快地找妥了剧本,横七竖八地拉了几个角色,便背起词来。"可布景、服装、用品等还无着落,"蓝大夫""一天到晚直眉瞪眼结结巴巴地催着看木匠赶做布景","小娜拉是忙着'想新衣服喽',为自己,为丈夫,为下人,以至为林太太和柯乐克"。白天有课有事,只有"晚饭后到夜里两点这一段时间"排戏。"演的前三四天"才一切"有了头绪"。"接着两次化妆排演,都干到夜里四点才完"。"二号的早晨,几位老兄都起不来了:这个头痛,那个腰酸,有的犯了胃病,有的害了咳嗽,每个人眼睛都红得像樱桃似的。"晚上"七点钟,化好了妆,等着,音乐会完了已经是九点了"。再上场时,"大概是诸位吃饭没有吃饱,礼堂也太大,用力地喊,也只能听到半场子人",就这样《娜拉》便散场了"。(《关于〈娜拉〉》,《清华周刊副刊(廿年纪念写真号)》第10、11期合刊,1931年5月12日)

5—7月　参加清华学生驱逐吴南轩运动[①]。据曹禺回忆:"驱逐吴南轩,我是

---

①　吴南轩到校后,拒不承认本校"院长由教授会选举二人,由校长择聘一人"的惯例,自行指令三教授为院长,三教授以手续不合法未便允准。教育部指令修改清华大学规程,删去院长"由校长就教授中聘任"规定中的"就教授中"四字。5月28日,教授会通过决议,并致电教育部兼部长蒋介石,要求撤换吴南轩,"另荐贤能"。29日,学生会发表驱逐吴南轩宣言。6月,学生会召开全校学生紧急大会,议决:"吴南轩以国府之命官,移居东交民巷托庇外人势力以图苟安,有辱教育界清白及国家尊严,本会通电全国揭发其罪状。"并决定成立护校委员会,表示"倘吴借武力到校,决武力护校,准备流血"。7月3日,南京教育部不得不以吴南轩"暑病时侵","亟宜调养"为由,批准他离校"调摄病体",结束。(清华大学校史研究室:《清华大学九十年》第56、57页)此乃清华学生"驱吴运动"。

赶上了,我还是代表呢! 我记得我作为学生代表还接待过《世界报》记者,回答他们提出的问题,认为吴南轩愚而且顽。"(《苦闷的灵魂——曹禺访谈录》第 151 页)"学生们举行罢课以示抗议,我也毫不犹豫地加入了他们的行列。"(《戏剧家曹禺》)

6 月 6 日 《清华周刊副刊》第 35 卷第 12 期"暑假中教授职员同学通讯处"显示,万家宝(曹禺)的地址是:本校(四院二层)。

8 月 10 日 《国闻周报》第 8 卷第 31 期刊《拉斯基论英美大学教育》一文,署名 Harold J. Laski 著,万小石译①。全文分上、下两部分,在"下 译者个人的意见"部分,作者提出几点感触:"教授与学生间应当以友谊的态度,很亲近密切的研究学问,作高深的探讨。""教授的地位应自己来提高。""博士头衔不是有教学能力的徽章。""国人要信仰国内大学。"最后作者说:"译者在译完拉斯基的文章之后,觉得英美大学各有英美的特色,返看我国大学教育,固然也有许多特色,如教授的兼课,学生的混文凭,崇拜留洋学生,不信任自己的大学,处处表现着浅薄,样样都染有流弊,所以画蛇添足提出上述四点,希望我国知识阶级深切注意及之。"

9 月初 升入清华大学三年级。

9 月 21 日 清华大学成立"反日运动委员会"。(《本校抗日运动之前前后后》,《清华周刊副刊》第 36 卷第 1 期,1931 年 11 月 7 日)"曹禺为委员兼抗日宣传队队长。每星期六都要到郊区和邻近城镇进行抗日宣传。"(《曹禺评传》。按:曹禺被选为委员是下年的事了。见 1932 年 2 月 9 日条。)

9 月 28 日 学生会全体大会,通过"停课三星期专实行军事训练所缺功课以寒假与春假中补习之",并决议"反日运动委员会改名为抗日救国委员会"。(《本校抗日运动之前前后后》,《清华周刊副刊》第 36 卷第 1 期,1931 年 11 月 7 日)

9 月 30 日—10 月 20 日 清华学生按军队编制"实施军营生活"。(《本校抗日运动之前前后后》,《清华周刊副刊》第 36 卷第 1 期,1931 年 11 月 7 日)这一时期,曹禺"投入了抗日宣传活动,参加短期学生军。"(《我的一生始终接受着党的教育》)

9—10 月 清华抗日会宣传股"校内宣传组特出《军号》三日刊,专载军营生活之种种。国内宣传组出版《自强周刊》……并出《爱国日报》,开导民众,前后共出十三期,终因耗费过巨,中途一度停刊,最近改出三日刊。"(《本校抗日运动之前前后后》,《清华周刊副刊》第 36 卷第 1 期,1931 年 11 月 7 日)据孙浩然回忆:"我和曹禺、孙毓棠、蒋恩钿(钿),于'九一八'后,办了个《救亡日报》②,像《参考消息》那么大篇幅,有社

---

① 曹禺字小石,也曾以小石署名发表文章。该文可能为曹禺所作。
② 根据记载,孙浩然、曹禺回忆之《救亡日报》,可能是《爱国日报》。因时间过长,回忆难免有误。

论、消息、杂文……我们又编又写,曹禺也写了不少东西。"(《苦闷的灵魂——曹禺访谈录》第224页)

据曹禺回忆:"在清华的《救亡日报》上,我记得我写了第一篇社论,但我一写这些东西就文学味很浓。第二篇社论就由吴晗的爱人写了,她写得很好,文章漂亮,那时她可能已经是地下党员了。……可惜这个报出了没有几期就停办了。"(同前第111页)

10月12日　随清华大学演讲团赴保定。演讲团在保定育德中学、保定二师演讲,呼吁中国人民起来抗战。据《清华周刊副刊》载:"第三次宣传,于十月十一及十三日,分赴卢沟桥,琉璃河,良乡,长辛店,涿州,高碑店,定兴,固城,徐水,及保定十处。每处队员约十人,成绩亦佳。"(《本校抗日运动之前前后后》,《清华周刊副刊》第36卷第1期,1931年11月7日)

据曹禺回忆:

> 后来还有一件事……"九一八"时,我正在清华大学读书,参加了救亡运动。有一回,和同学们组织一个宣传队到保定去。在火车上,我们看见一个工人,年纪约三十岁左右,神色非常沉着亲切。他问我们是做什么的,到哪里去?他对我们侃侃而谈,说得又痛快又中肯。他的知识丰富得惊人,简直像个大教授一样。但他谈得平易浅显,像说家常话一样对我们讲了很多时事、道理。最后说:好好干吧!你们学生做的对!他的一席话给我们很大的鼓舞,……我们断定他大概是长辛店铁路工厂的工人。这个陌生的朋友,激起我一些思想和情感,使我开始知道,在受苦、受压迫的劳苦大众里,有一种有头脑的了不起的人,这种人叫做"产业工人"。这些模糊却又深深印入脑内的认识和印象,在后来写《雷雨》的时候,给了我很大的帮助。(《曹禺同志谈剧作》)

> 当时,我们抗日热情很高,到保定去宣传,我是小队长。去保定时,还闹了一出笑话。我们本来是后天走,我记成是第二天走了。清晨,大家都来了,我把队伍整理好。在队前讲话:"同学们,我们就要出发了……"但是,等汽车,等了好久没有来,一去问,才知我日子记错了,热情得昏了头。那时没有检讨这一说,说一句"请原谅"就解散了。先去琢县,最后到了定县。那时很怪,兴演讲,人家那里有人讲演,我们也去讲演,讲起来很带劲的。(《苦闷的灵魂——曹禺访谈录》第158页)

10月21日　清华"抗日救国委员会改组","另举出十一人委员会"。"目前该会之具体工作为继续出版爱国日报三日刊,组织日本研究会,筹备组织义勇军。"(《本校抗日运动之前前后后》,《清华周刊副刊》第36卷第1期,1931年11月7日)

冬　清华大学，出演抗日救亡剧《马百计》，这是一部从外国作品改编的剧目。（《曹禺》画册）据孙浩然回忆："'九一八'事变之后，又排演了《马百计》。是根据外国戏翻译改编的，写马百计把日本侵略军搞了个人仰马翻……在《马百计》中，曹禺也演了一个角色，孙毓棠、马奉琛都演了。"（《苦闷的灵魂——曹禺访谈录》第 219、220 页）

11 月 6 日　晚，清华后工字厅，"西洋文学系三年级全体男女同学举行交际大会"，曹禺表演"莎翁名剧哈姆德的独说（即《哈姆雷特》的独白——编者注）"。（《西洋文学系三年级同学交际会拾零》，《清华周刊副刊》第 36 卷第 2 期，1931 年 11 月 17 日）

11 月 7 日　《清华周刊副刊》第 36 卷第 1 期《校闻·民国二十年第一学期代表会代表一览》显示，曹禺与钱钟书、孙增爵等为"第五级"学生代表。

11 月 9 日　清华大学代表会在大礼堂召开"紧急全体大会"，曹禺作为代表参加。（《紧急全体大会》，《清华周刊副刊》第 36 卷第 2 期，1931 年 11 月 17 日）

11 月 24—29 日　清华大学学生携"请愿宣言"赴（南）京"国府"请愿，要求政府抗日。（《新闻·本校请愿团赴京请愿之前前后后》，《清华周刊副刊》第 36 卷第 4、5 期合刊，1931 年 12 月 5 日）据孙浩然回忆：

> 1931 年"九一八"之后，我记得我们去南京请愿，我记得曹禺也去了。我是负责交通联络的。到了南京，被安排在中央军校，上海也有学校来，安排别处住。国民党采取各个击破的办法。当时我们绝食，蒋介石在中央党部接见我们，还拿饼干给我们吃，我们不吃。蒋介石讲了一大通，什么先安内后攘外，攘外必先安内。在我们请愿团中，有个叫尚传道的①，是个国民党，他坐在第一排，蒋介石讲完了，他就站起来说："蒋委员长的意见我们接受，完全接受。"这把大家气坏了，他同谁也没有商量，就这样做了。这个家伙是政治系的，毕业后进了政界……（《苦闷的灵魂——曹禺访谈录》第 224 页）

但据曹禺回忆："我没有到南京请愿，我到过保定，到过定兴。定兴有个'贫民艳阳春'中学，是外国人办的。"（同前第 111 页）"我当时对刘心显②、尚传道这些人很反感，他们，显然都是国民党豢养的一些职业学生，或者是听命于国民党的，而那时我就认为国民党不是个东西。"（同前）

12 月 5 日　《清华周刊副刊》第 36 卷第 4、5 期合刊刊消息《西洋文学系三年级组织级友会》。文称，"西洋文学系三年级为本校据（具）有特别光彩之一系级"，因"该系向无学会之组织"，经"积极筹备，该系级友会组织就绪，工作人员分配

---

①　尚传道时为请愿团"交际"负责人，"发言代表"。

②　当时请愿团代表中无"刘心显"这个人名，曹禺回忆可能有误。

如下:"

总务(兼主席)—钱钟书,会计—蒋恩钿,文书—颜毓蘅,干事—甘毓津,体育—许振德,学术—盛企康,游艺—万家宝。

是年　进清华大学乐队,学习乐器,迷上音乐。据曹禺回忆:"清华大学有个非常好的传统,它注意培养学生的艺术爱好,这是很有远见的。清华有许多交响乐的唱片,定时在礼堂播放,我正式接触交响乐,就是在清华礼堂里听到的,说不清它对我是怎样一种影响。总之,西洋音乐给了我很好的影响。"(《苦闷的灵魂——曹禺访谈录》第92页)当时,"清华大学有个军乐团,我还学过吹巴松管,这是我生平中惟一的一次热衷于器乐。在清华,我对交响乐也十分迷恋。"(同前第68页)"我练习吹巴松管,那很难吹,吹了没多久,我就不想学了。"(同前第91页)"我有一个印象,中学时有一个姓刘的老师,他教数学,但经常拉小提琴,这给我的印象很深。爱因斯坦是个小提琴手,据说,他拉得非常之好,科学家也喜欢音乐。我一直有一个向往,也想自己掌握一种乐器,但是我没有毅力,巴松管半途而废,现在想起来都很遗憾。人到老年回过头来再看自己,才深切感到人生遗憾的真滋味。"(同前第92页)

是年　清华大学大礼堂,听演讲。据曹禺回忆:

> 就在这个礼堂……"九一八"之后,有一个美国牧师从东北来,他在这里讲演,他说,我从东北来,中国的军队是不行的,日本军队很厉害,中国人不能抵抗,他们一来,嘟嘟嘟,就把你们扫射了,消灭了。他鼓吹投降日本。这时一个中文系的学生,他叫王香毓,一个山东人,大个头,突然站起来质问他:"是谁叫你来讲的,你来这里放屁,你他妈的和日本人穿连裆裤,你给我滚下去!"这时同学们都站了起来,硬是把他轰跑了。当然,我也是其中一个。(同前第158页)

1932 年(民国二十一年) 二十三岁

1月28日,日军侵犯上海,十九路军奋起抵抗,淞沪抗战爆发。

3月9日,日本帝国主义策划的"满洲国"在长春成立,1934年改称"满洲帝国",扶溥仪为傀儡皇帝。

4月6日,罗隆基到清华大学演讲。

4月26日,中国共产党领导的临时中央政府发出对日宣战通电。

5月,清华大学外国语文系新聘教授郭斌龢、葛其婉(Dr. Margot Gryzwacz)、华兰德(Miss L. Holland)、钱稻孙(已于上年升任教授)。

9月,"九一八"事变周年,上海、北平、天津、青岛、南通、广州等地均举行盛大的纪念演剧活动。

2月9日 清华学生会代表大会"在大楼一百号开会,抗日会委员万鸿开、孙增爵、林文奎、覃修典、姜书麟提出辞职。议决照准。遗缺由蒋思钿、万家宝、裴笑衡、黄中孚、王炳文继任"。(《校闻·又讯》,《清华周刊》第37卷第1期,1932年2月27日)

2月18日 清华大学校评议会议决(之一):照教育部训令普及学生军事训练,如能实行时三四年级学生应一律参加。(《清华大学九十年》第59页)

4月16日 《清华周刊》第37卷第7期刊消息《校闻》:"学生会代表会对罢免尚传道君议案,十六对一否决。嗣有孙德和尚传道等君辞职,经代表会决议改组抗日会,另选委员七人。推选结果,孙德和,徐雄飞,向景云,万鸿开,尚传道,卫宝怡,万家宝七君当选,杨大士君候补。第一次会分配职务,总务向君,文述徐君,交际尚万(鸿开)二君,宣传卫万(家宝)孙三君。主席名义及调查股均取消。第二次会议决议:1. 筹集救国飞机基金,会同教职员抗日会办理。2. 爱国日报继续出版。3. 十日开会第三次会……"

4月29日 《清华周刊》第37卷第9期刊《清华人名小辞典》,曹禺"名号"为:"小宝贝儿是'家宝',当然也是大家的'小宝贝儿'。"

5月9日 国耻纪念日。上午十时,清华大学全校召开纪念会。有"蒋廷黻先生演讲","王化成先生演讲",最后是"学生抗日会向景云君报告纪念之意义,筹备纪念会之经过,与下午出发宣传之计划"。"下午一时半,临时组织之宣传队出发,因警察跟同'保护'者甚多,未多宣讲云。"曹禺作为抗日会委员并负责宣传,参加此次纪念会活动。(《五九国耻纪念日》,《清华周刊》第 37 卷第 11 期,1932 年 5 月 14 日)

5 月上旬　为了反对翻译界的商业投机现象,与李长之、孙毓棠、张大伦、王炳文等 15 人发起提议编译《清华大学翻译丛书》。他们提议"举办此丛书的原意",一是"一方面为中国文化事业,一方面为一般民众的知识,我们觉得这种翻译工作有从事的必要。"二是"一方面为清华的荣誉,一方面为集合一般翻译人才,最好是由学校方面与同学合作,将译品汇集一处出版。"(《举办"清华大学翻译丛书"! ——诸位同学师长请注意》,《清华周刊》第 37 卷第 11 期,1932 年 5 月 14 日)

暑假　未回家,与清华教师旅行。由北京出发到太原、五台山旅行。返京后,再去张家口、包头、百灵庙。在太原,他亲眼目睹了妓女的悲惨生活,那种被关在牢笼里、被迫接客的惨相,使他心中充满幽愤。在内蒙古的广袤草原上,他除了领略草原奇丽的风光外,更于接触贫民生活中,感受到了下层人民的善良和生活的苦痛。这次旅行为日后曹禺创作《日出》、《原野》、《王昭君》积累了素材。据曹禺回忆:

> 我在清华大学有一次冒险的旅行,大概是 1931 年或者是 1932 年,到山西的五台山、到内蒙百灵庙。同行的一个是德国教师,还有一个美国女教师。这个德国人,实际上是波兰人,叫葛瑞什(或称葛瑞瓦),她说她们喜欢约朋友一起旅行,就来约我,她说我们不要你的钱。但我那时觉得一个中国人要有自己的尊严,道德是不能丢的。我说我可以去,但不要你们出钱。记得还有另外一位同学,他是湖北人,名字忘记了。他们是要我当翻译,我们一行 4 人就出发了。是先到五台山,经太原到五台县,徒步上五台山,我带他们参观了喇嘛庙。五台山上的喇嘛庙给我印象深极了,喇嘛们抱着"法轮"聚精会神地在那里念经。游完五台山,返回北京再去百灵庙。我记得到了张家口,那里有白俄,葛瑞瓦跟他们搞熟了,就搭乘白俄的空货车去百灵庙,那里是蒙古族人,我们住在蒙古人家里。有一次,我们渡过一条小溪,溪水潺潺地流着;等回来时,突然山洪暴发,溪水变成巨流,小溪突然成了一条河。过不去,也没住处,而且山上虎狼很多,很危险。这两个外国女人都很胖,水很大,水齐腰深,这真是意想不到的难题摆在我面前。我也有初生牛犊不怕虎之势,当时很勇敢,带着他们涉水过河,水很急,越来越大,都齐胸深了,危险得很,我也不知哪里来的这股劲,硬是安全地引着她们过了河,当时她们把我看成是英雄。
>
> 我记得那里的东西很贵,两三个鸡蛋就要一块钱。为什么我能写《王昭

君》《原野》? 是那内蒙的草原,那时就把我迷住了,确实看到了"天苍苍,野茫茫"的景象,美极了。可惜的是却没有看到"风吹草低见牛羊"的情景……我们大多数时间都住在老百姓家里,有时也住骡马店,住在土炕上。有一次,一气走了一百多里。去五台山也有一次行军,虽然很累很累,但给我的感觉很好……五台山上有和尚庙,有喇嘛庙,到了五台山顶,我记得爬到山顶真是一点力气都没有了,饿得心里发慌,和尚拿出一些点心来,我吃得最美了,以为这些点心是世界上最好吃的了。那时年轻,可惜我一生这样的旅行太少了。

百灵庙之行,颇有"大漠孤烟直,长河落日圆"之感。大草原上,盛开着各种花儿,一直铺到天边外。我觉得蒙古人是十分可爱的,有时我们住在他们的蒙古包里。我记得住在一家人家里,大女儿挤牛奶做饭招待我们。我得了一场急性肠胃病。他们烧牛粪,又用手去和面做饭,这样就很不干净,吃了不习惯便病倒了。我一个人躺在蒙古包里,四周什么人都没有,便感到分外的寂寞,当时连听到个马蹄声都感到兴趣,我这时感到的是"天苍苍,野茫茫。天似穹庐,笼盖四野"的孤独、寂寞。盼着汽车来接我,盼着汽车的喇叭声。我想到了苏武,一个人,在异族他乡牧羊,整整度过 19 年啦,多么漫长的岁月! 那种孤寂之苦,是可以想得到的。没有这样的经历,就不会感受到苏武那种超人的坚强意志。(《苦闷的灵魂——曹禺访谈录》第 99、100 页)

就是这次五台山之行,让我在太原看到了妓院。那些妓女是被圈起来的,她们的脸从洞口露出,招徕嫖客,北京西直门也有。我写的《日出》第三幕还不是最低级的,最低级的就是整天接客,那样不到几个月就会死的。看到这种惨像(相)真是叫人难过极了。这是我最早见到妓女的惨状。在天津的三不管、南市都有这样的妓院。我写《日出》,主要是调查天津的妓院。(同前第 101 页)

据孙浩然回忆:

曹禺在西洋文学系……葛兹瓦什[①],曹禺和她很好,据说她是个特务,他们到百灵庙,本来是一个车队要到新疆去的,他们是搭这个车子,因为有一两个司机抽鸦片,半路上便不干了,到了百灵庙就回来了。(同前第 221 页)

暑假　清华"消夏团第七次会议决,定于下月二十日举行游艺会",曹禺被"请为干事",参与筹划游艺会。(《消夏团游艺会——下月二十日举行》,《清华暑期周刊》第 4 期,1932 年 7 月 28 日)

_____

① 葛兹瓦什即葛瑞什、葛瑞瓦,亦即葛其婉。

9月 升入清华大学四年级。同期,后来成为曹禺之妻的郑秀由北京贝满女子中学毕业,考入清华大学法律系学习。据郑秀[①]回忆:"我毕业后,被保送进燕京大学,保送也考,是提前考,考两科,我被录取了。考上了就回南京。但是父亲认为燕京是教会学校,非叫我考清华。我也没带书回去,就仓促上阵,又去上海,在上海大夏大学参加了清华招生考试,考文科,数学考了49分。我考的是法律系,乔冠华也是这个系的。这是1932年。这样,就按照父亲的意思进入清华读书。"(《苦闷的灵魂——曹禺访谈录》第211页)

9月18日 清华"全校在大礼堂举行国难纪念会,梅贻琦致词","东北民众代表王化一介绍东北义勇军活动情况"。(清华大学校史研究室:《清华大学九十年》第61页)曹禺参加。

是年 在清华读书。

---

① 郑秀出身福建省一个名门望族家庭,其父郑烈为南京最高法院检察署检察长,其舅父林文为黄花岗七十二烈士之一。姨父沈璇卿曾在海军部任职。从小跟随姨父在北京读书,先入东观音寺小学,继读培元小学,中学在贝满女中。进入清华,很快成为校花。她身材苗条,面目清秀,爱活动,也爱打扮,说得一口流利的英语。聪颖过人,颇有风度。

1933年(民国二十二年)　二十四岁

2月,英国著名剧作家萧伯纳来华访问,会见了宋庆龄、鲁迅、蔡元培、杨杏佛、林语堂、洪深等文化界名人。

4月1日,清华大学学生抗日会组织100多人的修路队赴遵化前线修路。

5月3日,清华校评会议议决教授王文显休假一年赴欧美研究。

6月,上海复旦剧社在复旦大学体育馆上演洪深的"农村三部曲"之一《五奎桥》。该剧由朱端钧导演,周乡绅一角特邀有"千面人"之称的袁牧之扮演,演技颇为出色。《五奎桥》剧本后由现代出版社出版。

9月,为纪念"九一八"事变两周年,"剧联"组织上海戏剧协社演出大型话剧《怒吼吧,中国!》,由应云卫、夏衍、沈西苓、孙师毅、郑伯奇、顾仲彝、严工上组成导演团,应云卫执导。演员有袁牧之、魏鹤龄、朱铭仙、沈童、冷波、赵曼娜等,演职员一百多人,阵容整齐。这是上海戏剧协社成立以来第16次公演,也是最后一次演出。以后成员星散,戏剧协社也就从此结束。

1月8日　日军侵占山海关后,清华学生会抗日救国会开紧急会议,重点议决组织"战时工作准备队";11日,抗日会开会,并着手组织义勇军、看护队、救护队、慰劳队、捐集棉衣、棉被等900余件;12日,学生慰劳队23人赴石河、秦皇岛前线慰劳抗日将士。(《二十二年大事记》,《清华副刊》第40卷第11期,1934年1月1日)

1月　赵家璧①编辑的《良友文学丛书》第1种《竖琴》(鲁迅编译)由上海良友图书印刷公司出版发行。至1937年6月,该丛书出版第39种《在城市里》(张天翼著)。该丛书40种,实际出版39种。曾预告有曹禺戏剧集②,但未能出版。后抗战爆发,良友公司破产。

---

① 赵家璧(1908—1997),现代作家、翻译家、编辑和出版家。1932年8月加入良友图书公司从事出版工作,任编辑、主任。后任良友复兴图书公司和晨光出版公司经理兼总编辑。先后编辑、主编《良友文学丛书》、《中国新文学大系》、《良友文库》、《晨光文学丛书》等。新中国成立后,曾任上海人民美术出版社、上海文艺出版社及人民文学出版社上海分社副总编辑等职。著有《编辑旧忆》、《文坛故旧录》等。

② 有说法是:《戏》(独幕剧集),曹禺编译。

关于丛书中曹禺的这一本,据赵家璧回忆:"记得剧作家曹禺也曾答应写一剧本列入,结果也落了空。所以布面精装的《良友文学丛书》在沪出到第三十九种张天翼的《在城市里》为止,这是篇幅最长的一种,厚达五百页,售价也是九角大洋。"(《文坛故旧录》第45页)

关于这套丛书。据魏绍昌记述:"丛书曾预告过的五部长篇小说以后都未出书……还有预告过的曹禺戏剧集也流产了,曹禺的独幕剧仅见《正在想》一种,想来是为了等不到够出一集而拖掉的。后来文化生活社在四十年代初刊印全套的'曹禺戏剧集',其第六种预定《曹禺独幕剧集》,可是终于也没有出版。"(《东方夜谈》第7、8页)

春 翻译英国作家高尔斯华绥的三场话剧《最前的与最后的》(又名《最先与最后》、《罪》)。据郑秀回忆:"1933年春天,曹禺翻译了一个多幕剧《罪》。我那时是一年级,曹禺是四年级。"(《苦闷的灵魂——曹禺访谈录》第211页)

3月4日 清华大学校长办公处公布《毕业考察支给津贴办法》,规定"本校四年级学生有于春假参加毕业考察之志愿者,得按学科性质组织团体、拟具考察计划,交由(毕业考察)辅导委员会审查核夺转呈校长批准"。(清华大学校史研究室:《清华大学九十年》第63页)

3月—5月 长城抗战。6日,日军进攻古北口,中国守军在古北口一带奋起抵抗,恶战二个月,毙敌5 000余人。(《北京史志文化备要》第147页)3月9日—4月13日,喜峰口战役。宋哲元所部国民革命军第29军长城喜峰口、古北口一带,抗击日本侵略军。(《简评喜峰口战役》,《历史档案》第4期,1985年11月)其间,曹禺与同学们一起,奔赴古北口前线,慰问抗日将士,并参加救护工作。据曹禺回忆:"几年前,古北口的抗战开始。那时我正在北平,知道了,很兴奋地随着朋友们一同去慰劳前线的士兵。一路上已经看见了许多令人感动的事实。"(《编剧术》)

3月17日 第五级开全体大会,讨论毕业考察旅行事宜。(《二十二年度清华大事记》,《清华副刊》第40卷第11期,1934年1月1日)

3月22日 《清华副刊》第39卷第2期刊《毕业考察问题》:"毕业考察制起自第二级毕业同学时,该级同学向学校力争,煞费周章,方蒙学校允纳,实行迄今,亦以三载。""本届考察,学校特聘教授数人,设有辅导委员会。据其公布之办法,出发之前必须有具体之计划,而返校之后且须呈送报告,自表面观之,当局似有实事求是之心。但另据其津贴费用之办法,则谓每人最高额为八十元,扣除所负欠债,第五级级会曾要求复议,每人实发八十元,其同学所欠学校之债,同学个人负责偿还,但以校务会议否决。"

3月29日　《清华副刊》第 39 卷第 3 期刊《毕业考察计划——算学等八系路线》，"毕业班之考察计划，已有八系拟妥"，外国语文系路线"北平至天津——天津至曲阜——曲阜至泰山——游泰山至济南——然后返校"。

4月3—9日　放春假一星期。（《二十二年度清华大事记》，《清华副刊》第 40 卷第 11 期，1934 年 1 月 1 日）其间，参加清华大学赴日本（考察）旅行团。该团由钱稻孙带队，游览了东京、神户、横滨、大阪、京都、奈良、札幌等七个城市①。据曹禺文述：

一九三三年我在东京时，曾看过当时歌舞伎的名优尾上菊五郎的演出，剧名叫《义圣（经）千本樱》。故事描写樱花盛开、蒙蒙细雨中，一个美少年遇见一位窈窕的少女，二人目成（光）相悦，但是都没有说话。瞬息间，少女离去了，大约从此没有见面。尾上菊五郎演那个青年，当时他已经四十九岁了。他演那个青年手持纸伞，在雨中彷徨眷念，惆怅不已。他的精湛的艺术，使我立刻想起我国卓越的京剧大师杨小楼，使我想起日本隽永的俳句，使我想起我国唐诗名句："去年今日此门中，人面桃花相映红。人面不知何处去，桃花依旧笑春风！"

看这样的演出是极美的享受，使你充满了诗意的感情。我常象（像）眼见尾上菊五郎先生从花道中走出来，近在咫尺。他的一举手、一投足，都是那样精确，那样优美，那样高贵，使我至今不能忘怀。（《今日送来长相欢》）

我曾到过日本三次。一九三三年，我在大学就要毕业，放春假时，来到这里。那时我才二十三岁，一句日语也不会讲，但是像我一样年轻的日本大学生们，跟我用笔，用半通不通的文字，开怀畅谈，交谈得十分热烈。（《三访日本》）

---

①　据清华大学《园内》载，历史系四年级陕豫考察团一行 18 人"由钱稻孙教授率领，于四月二日离平赴长安洛阳一带考察"。（《历史系旅行团访问记》，《园内》第 1 号第 4 版，1933 年 5 月 6 日）另据《清华副刊》载："本年毕业同学春假考察因有一部未领到考察费不能参加，另一部因参加救护修路工作，临时改变方针，亦有因其他缘故不能实行原定计划者，结果出外考察者极少。"（《春假旅行》，《清华副刊》第 39 卷第 4 期，1939 年 4 月 5 日）另据巴金回忆，曹禺去日本旅行的时间是"1934 年"的"春假"。（详见本谱"1934 年""上半年"条）由以上判断，曹禺赴日本旅行极可能是 1934 年，曹禺回忆有误。

另据日本学者铃木直子考证，曹禺首次访日"不是 1933 年春天"，而是"1934 年 4 月 8 日至 20 日"。其依据：一是《好望号》（日译《天佑丸》）在筑地小剧场演出日期是"1934 年 4 月 10 日至 4 月 22 日"；二是当时媒体报道，"1934 年 4 月清华大学学生来访的消息登载于《读卖新闻》《东京朝日新闻》《帝国大学新闻》上。《读卖新闻》晨报上刊登'支那大学生参观团来朝'：'北平清华大学学生访日参观团一行卅二名，日语讲师钱稻孙率领，坐八日进港的大阪商船长城丸登陆神户。至四月廿日大约两周，预定考察京阪、东京方面。《东京朝日新闻》晨报上刊登'日本再认识支那学生来朝'：'北平清华大学男女学生三十二名钱稻孙讲师率领，利用三个星期的春假来到日本考察。八日到了神户，九日上午十点十五分到达东京站，抵达神田三崎町日华学会。……为了排日色彩浓厚的关系，清华大学此次首次的参观旅行，这三个星期之间体验日本，大大地提高了对日本的了解。第一天的九日从下午两点参拜明治神宫，出发街道漫步。《帝国大学新闻》第 524 号（1934 年 4 月 16 日）刊登'清华大学生来学，惊叹图书馆'：'近来北支那的知识分子之间亲日气氛非常浓，参观日本的来访团体一到春天就多了。九日北京清华大学生一行参观本校，今年三月去北方面考察的石井学生主事陪同参观大讲堂图书馆等，看完整的设备、规模很大，实在佩服地回去了。'"（转自《曹禺与日本》，《曹禺研究》第 9 辑）

一九三三年我在大学读书,放春假时来到日本。我第一次在一艘不到一千吨的小海轮上喝了日本的酱汤,吃了黄萝卜,玉一样白的米饭和一点点鱼、海带。那新鲜的感觉与青春一道,给我留下无穷的回味。

……

我第一次看歌舞伎也是在那时。菊五郎扮着一个怀春的少年,在春雨如丝的日子里,在樱花树下,碰到一位少女,于是被深深地打动,再也无法忘怀。菊五郎从花道上举着纸伞,低回地舞着走过来,缓缓的舞姿使我神往。那是多么凝练的美啊。当时,我不禁想起《诗经》中的句子:"有美一人,清扬婉兮,邂逅相遇,适我愿兮。"正是男女青年相悦情景。

记得到东京后的第二天,傍晚下开了小雨。忽然听说筑地小剧场有戏,我和同学孙浩然不顾绵绵的细雨,就摸着去了。现在已经想不起当初是怎样在沉沉的夜幕里找到筑地小剧场的。总之,我们到了那里,买了票走进去。舞台似乎一个大讲台一般,简朴得令人感动。剧场里大约只有五六十个观众。我记得那天演出一个北欧的讲航海的戏。我们听不懂日语,却被演员们真实、诚挚、干净的表演紧紧抓住。戏演完后,我们和日本观众一起为他们鼓掌。当时我似乎有一个印象,台上的人比台下的人还要多;这是一场多么庄严动人的演出。回旅馆的路上,我和孙浩然十分兴奋。春寒阵阵袭来,我们却一点也不觉得。日本话剧的深刻的现实主义传统,从那时起一直萦怀不止。(《美好的感情》)

另据曹禺回忆:

日本之行,我记得正是春假。京都,真是阳光明媚,感觉是:他们是沿袭着唐朝的风俗。朋友在樱花树下,席地而坐,唱起了樱花节的歌,使我想起了王羲之的《兰亭集序》的"群贤毕至"的情景……

奈良给我很深的记忆,正是春雨绵绵,日本人是两层楼,颇有古风。不时从扩音器里(那时就有了扩音器)传来一种叫"三味弦"的歌曲,这是一种很凄凉悲怆的调子,那种歌曲,缠缠绵绵的,凄凄切切的,令人引发起种种想象……

在日本还有一件事,给我记忆很深。歌舞伎,那时一个大名角,名字我忘记了,可以查到的,可以说是当代歌舞伎的老祖宗,他演出一个故事的片断:春天正落着雨,一个青年在樱花树下,遇到一青年女子,非常之美,叫人思恋。青年非常思念。这样的神往,这种抒情的调子,未免惘然若有所失的劲儿。女角是由男的扮演的,这出歌舞伎的名字叫什么 X 二郎①……

---

① 即《义圣经千本樱》。

舞台也和中国不一样，有一个花道通向舞台，它的形状，像中国人往高处晾晒衣服时使用的长柄叉子，演员是从观众中间通过花道走向舞台的，主角这样上场，我感到歌舞伎表演得很好。这是一个戏的片断，我似乎觉得是在看杨小楼的戏，演的准确，分寸感把握得很好，我感到歌舞伎是好的。看歌舞伎中间还吃一顿饭，吃完了再接着看。

我还看了一出戏，很像《白蛇传》。我的一个感觉是在中国失传的东西，在日本却保留下来。大概是北齐就有的戏了，叫什么兰陵王破阵（《兰陵王入阵曲》——田注），兰陵王非常漂亮勇敢，戴上面具去打仗，怕把脸伤损了。这个舞蹈是中国戏曲的先声……这个舞蹈在中国失传了，但日本却看见了。（《苦闷的灵魂——曹禺访谈录》第 105、106 页）

据孙浩然回忆：

日本之行，我和曹禺两个人，在东京，夜间，下着雨，硬是摸到筑地小剧场去，看的是《好望号》，是一个挪威人写的戏。为什么会去日本？清华大学有个制度，因为是庚子赔款，有钱，为了扩大学生眼界，毕业班可以外出旅行一次，给一个半月或两个月的时间，钱由学校来付，每人 70 块大洋，去了 30 个人。钱稻孙带队……我们去时带了 30 件行李，回来带了 90 件，每个人回来还剩下五六块钱，这是因为日本钱不值钱了，八角中国钱换一日元。再是节约，来回都坐三等舱，住在日华学会，免费住宿，从东京到大阪，到京都，都是坐夜车，这样便可省下住宿费。再有就是日本物价便宜，上好的瓷器，一个茶壶，6 个盘子，6 个碗，十二三件，才一块钱。吃饭也节省。跑了 7 个地方，东京、神户、大阪、京都、札幌、奈良、横滨。东京住的时间最长，其他地方三四天……这次去日本是 1933 年春天，正是放春假的时候。这是清华最后一次组织出国游学，以后就没再举行这种旅游了。（同前第 220、221 页）

4 月 25 日　清华同方部演出曹禺翻译的英国作家高尔斯华绥的三幕剧《罪》（即《最前的与最后的》）。据《清华副刊》载："（清风社廿六日讯）课外作业科干事熊大缜，特请清华剧社于本月二十五日晚八时，假九一八纪念堂，公演《隧道》、《骨皮》、《罪》三剧，是晚观众，颇形拥挤，售得票资，共八十余元，除开支外，余款尽数捐与（于）本校抗日会云。"（《校闻·课外作业科演剧》，《清华副刊》第 39 卷第 7 期，1933 年 4 月 29 日）

据孙浩然回忆："那时清华有个不成文的传统：一、二、三年级都要演戏，四年级来当裁判，每年都搞。1932 年就排《最先与最后》，或称《罪》，曹禺演剧中的弟弟，孙毓棠扮演哥哥，郑秀演个女孩子；哥哥当法官，大概弟弟犯罪。这时，我就为他们搞舞台美术了。"①(《苦闷的灵魂——曹禺访谈录》第219页)"还演了一个戏,是日本狂言十番中的一个小品叫《骨皮》,骨皮就是伞。一个庙里,有一个老和尚和一个小和尚,老和尚很庄重、和善,小和尚口吃。一天正在下雨,一个过路人进来借伞。是借给他还是不借给他?老和尚和小和尚争论起来。戏就是这样围绕这个中心展开的。我这个人口吃得厉害,让我演老和尚,马奉琛演小和尚。我本来口吃,演不口吃的人,演起来很逗乐,那时把曹禺笑得就地打滚。"(同前第220页)

由于该剧的排演,曹禺结识了郑秀,不久便开始了恋爱。据郑秀回忆:

1933年春天,曹禺翻译了一个多幕剧《罪》。我那时是一年级,曹禺是四年级。不知他怎么知道我,就通过孙浩然来找我,请我参加《罪》的演出……

我不知为什么曹禺找我,我在中学是演过戏。贝满(女中)在通县办过一所平民学校,就是靠演戏捐款来资助办的。我说我不能演,但曹禺仍通过孙浩然来说服。南开那些女同学也都说万家宝如何好,威望很高,老说服我。这样,我和孙毓棠、曹禺三个人演了《罪》,就是在同方部演的。可能现在还有,就是清华学堂和大礼堂之间的那所房子,实际上可以说是个小礼堂。演了七八场,反映很好,不但清华人来看,燕京的人也来看……

从演戏之后,他就抓住我不放。我们住在校外新南园18号,是教授的楼,给女生住,我住得远些,就是避免人纠缠我。后来又住古月堂,现在还有,是女生宿舍,就是躲开他。可是他一宿一宿地守在女生宿舍外边不走。同学都说,你去看看,要不他会出毛病的。我就去见了。第一次见面,他就把他的情况都讲了。他爱他的母亲。那时追我,他一夜一夜地失眠,同学都帮他说好话。他在学校威望比较高……(同前第211、212页)

5月26日　清华学生会举行欢送本届毕业同学大会。(《欢送毕业同学大会》,《国内》第3号,1933年5月20日)

5月27日　毕业同学聚餐。(《二十二年度清华大事记》,《清华副刊》第40卷第11期,1934年1月1日)

夏　靳以来到北平。据章洁思撰述,他先租下了三座门大街14号前院的一套房屋,作为自己的住处,也作为正在筹办的《文学季刊》的编辑部。(《曲终人未散·靳以》第4页)

6月5日　清华"图书馆通告自本日起停止借书,并停止开放书库"。(《二十二年度清华大事记》,《清华副刊》第40卷第11期,1934年1月1日)

---

①　文中的排演时间,孙先生可能记错了。

6 月 23 日　经清华大学校方审查,"第五级毕业生之无问题者"名单发表。(《二十二年度清华大事记》,《清华副刊》第 40 卷第 11 期,1934 年 1 月 1 日)本届清华"大学毕业生 172 人"。(清华大学校史研究室:《清华大学九十年》第 64 页)据《清华同学录》:(姓名)万家宝,(年龄)二十三,(籍贯)湖北潜江,(系)外国语文——B. A.(清华)'33,(通讯地址)天津意界二马路二八号。(《新制大学部第五级毕业同学录》,《清华同学录》,1933 年 7 月编印。国家图书馆藏)

是日　暑假起始。(《二十二年度清华大事记》,《清华副刊》第 40 卷第 11 期,1934 年 1 月 1 日)

6 月 30 日　清华"考选留美公费生考选委员会成立"。委员会成员有清华的梅贻琦、叶企孙、顾毓琇、张子高,以及中央研究院的周子竞,教育部的陈可忠,武汉大学的周鲠生,北大的曾昭抢等。(同前)

暑假　未回家,写构思几年的剧本《雷雨》。闲时,和郑秀每周六到北海三座门找靳以玩。关于《雷雨》的创作。据郑秀回忆:

> 1933 年夏天,放暑假我没回家,在学校里温习功课,他在图书馆里写《雷雨》,他材料早就准备好了……每星期六,我和曹禺到三座门去,在那里,我(们)认识了巴金、冰心、姚蓬子。他们办《文学季刊》……(《苦闷的灵魂——曹禺访谈录》第 213 页)

据曹禺回忆:

> 我执笔写《雷雨》只用了半年时间,但写作之前,已经构思了五年。有写这个剧本的想法,是早在 18 岁的时候。我用了整整五年时间构思剧本和琢磨人物。因为我想酝酿得尽量成熟些,写得集中些,而不愿意零敲碎打,写写改改。这费了我很大劲儿。(王育生记录整理:《曹禺谈〈雷雨〉》)

> 《雷雨》构思很早了,十八九岁,我也不知道准备写个什么样子的戏,记得我跟杨善荃谈过,谈得乱七八糟。当时,我自己都不知怎么写,理不出个头绪来。杨善荃很支持我,给我打气,说一个大作品不能马上搞好,总得搞很多次,他很鼓励我。杨善荃作为一个比我年长的高年级同学,对我十分关心,真像个大哥哥一样。他家的书,任我借阅,他还特意买过英文的讲编剧法的书送给我。同时,他还帮助我学英文。我在南大的时候,想的很乱,左一着,右一着。人家看我的稿子,很乱,没有形成一个完整的东西,看不清它的全貌。我是一段一段地写,后来就从头到尾写,有个提纲。(《苦闷的灵魂——曹禺访谈录》第 121、122 页)

> 不知道废了多少稿子,都塞在床铺下边,我写了不少的人物传记。写累

了,我就跑到图书馆外边,躺在草地上,仰望着湛蓝的天空,看着悠悠的白云。

当年图书馆的一个工作人员,原谅我一时想不起他的名字,待我太好了。他提供给我各种书籍资料,还允许我闭馆之后在这里写作。那些日子,真叫人难忘啊!当时,我就是想写出来,我从未想到要发表,也没有想到过演出。(同前第157页)

据曹禺文述:

我写《雷雨》有一段酝酿过程。我刚读完南开中学,便立志想要写《雷雨》这一类的剧本……其实动笔写的时间倒并不多,连反复修改,不过七八个月。

我记得写的时候,就在清华大学旧图书馆的杂志室里,白天晚上就在一个座位上,完全忘记了学校上课的钟声。我当时感到创作是非常快乐的,而不是皱着眉头硬挤的苦事,因为找材料,搞结构,组织大纲这些苦事已经过去了,而且那些人物已经活生生地在我的脑中转。(《简谈〈雷雨〉》)

另据曹禺晚年撰文:

写《雷雨》,大约从我19岁在天津南开大学时动了这个心思。我已经演了几年话剧,同时改编戏,导演戏。接触不少中国和外国的好戏,虽然开拓了我的眼界,丰富了一些舞台实践和作剧经验,但我的心像在一片渺无人烟的沙漠里,豪雨狂落几阵,都立刻渗透干尽,又干亢燠闷起来,我不知怎样往前迈出艰难的步子。

我开始日夜摸索,醒着和梦着,像是眺望时有时无的幻影。好长的时光啊!猛孤丁地眼前居然从石岩缝里生出一棵葱绿的嫩芽——我要写戏。

我觉得这是我一生的道路。在我个人光怪陆离的境遇中,我看见过、听到过多少使我思考的人物和世态。无法无天的魔鬼使我愤怒,满腹冤仇的不幸者使我同情,使我流下痛心的眼泪。我有无数的人像要刻画,不少罪状要诉说。我才明白我正浮沉在无边惨痛的人海里,我要攀上高山之巅,仔仔细细地望穿、判断这些叫作"人"的东西是美是丑,究竟有怎样复杂的个性和灵魂。

从下种结成果实,大约有五年,这段写作的时光是在我的母校——永远使我怀念的清华大学度过的。我写了许多种人物的小传,其数量远不止《雷雨》中的八个人。记不清修改了多少遍,这些残篇断简堆满了床下。到了1932年,我在清华大学三年级的时候,这部戏才成了一个比较成形的样子。

我怀念清华大学的图书馆,时常在我怎么想都是一片糊涂账的时候,感谢一位姓金的管理员,允许我进书库随意浏览看不尽的书籍和画册。我逐渐把人物的性格和语言的特有风味揣摩清楚。我感谢"水木清华"这美妙无比的大花园里的花花草草。在想到头痛欲裂的时刻，我走出图书馆才觉出春风、杨柳、浅溪、白石、水波上浮荡的黄嘴雏鸭，感到韶华青春，自由的气息迎面而来。奇怪，有时写得太舒畅了，又要跑出图书馆，爬上不远的土坡，在清凉的绿草上躺着，呆望着蓝天白云，一回头又张望着暮霭中忽紫忽青忽而粉红的远山石塔，在迷雾中消失。我像个在比赛前的运动员，那样的兴奋，从清晨钻进图书馆，坐在杂志室一个固定的位置上，一直写到夜晚 10 时闭馆的时刻，才快快走出。夏风吹拂柳条刷刷地抚摸着我的脸，酷暑的蝉声聒噪个不停，我一点觉不出，人像是沉浸在《雷雨》里。我奔到体育馆草地上的喷泉，喝足了玉泉山引来的泉水，才觉察这一天没有喝水。

终于在暑期毕业前写成了。我心中充满了劳作的幸福。我并不想发表。完成了五年的计划便是最大的奖励。我没有料到后来居然巴金同志读了，发表在 1934 年的《文学季刊》上。

写《雷雨》的这段历程是艰苦的，可也充分享受了创作的愉快。（《水木清华》，《曹禺传》第 142、143 页）

据郑秀晚年文述：

1933 年初夏……我们约定，暑假他不回津，留校着手写剧本；我征得家长同意，不回南京，留校复习功课，准备秋季开学后考试。

6 月初暑假开始了，在图书馆阅览室大厅的东北边，靠近借书台的长桌的一端对面两个座位是我们固定的座椅。上午 8—12 时，下午 2—6 时，晚上 7：30—10 时开馆时间，我们从不缺席……

……

从此，在暑假前一阶段，无论我们在走向图书馆的小路上或去园外河畔散步，他总是抱着厚厚的一大摞《雷雨》的提纲、草稿，还有分幕表、舞台设计草图以及剧中人物性格描绘分类卡片等等。在散步途中他不时从他所积累的素材中，有声有色地给我讲述全剧的内容和剧中各个人物的性格、特点；更重要的是谈论他编写此剧的目的……

……

每晨，当我们在阅览室坐下，他打开稿件纸袋，取出《雷雨》的手稿和素材，只见张张稿纸上划满了红、蓝色的杠杠和修改的字句时，就知道头天夜晚他又开夜车了，有时是整宿整夜修改叙文和对话……就这样，他写了又改，改了又写，从 6 月初到 7 月底，近两个月的暑假前段时间内，他整理并撰写出《雷雨》的草稿……8 月底完成初稿。1933 年深秋，第一部具有中国特色的话剧剧本

《雷雨》在清华园诞生了。当时他是清华大学研究院(即现在的研究生院)的研究生。(《〈雷雨〉是怎样诞生的》)

关于《雷雨》的创作背景。据曹禺回忆:

> 体验生活是近来才有的词,我写《日出》、《雷雨》当然也得体验生活。这两个戏的故事情节都是我天天听得见、看得到的亲戚、朋友、社会上的事。有人说《雷雨》的故事是影射周学熙家,那是无稽之谈。周家是个大家庭,和我家有来往,但事件毫无关系,只不过是借用了一下他们住在英租界一幢很大的、古老的房子的形象。写鲁贵的家,取材于老龙头车站(东车站),一道铁道栅栏门以外的地方,过去那个地方很脏。《雷雨》的剧本最后是在清华写完的。(《回忆在天津开始的戏剧生活》)

上半年 撰写毕业论文,题目是《论易卜生》,是用英文写的。曹禺曾说写这篇论文时,参考了萧伯纳的《易卜生主义的精华》(原名《易卜生主义的真髓》)。(《苦闷的灵魂——曹禺访谈录》第 85 页)

8 月初 一个周末"回津探母"。(《〈雷雨〉是怎样诞生的》)

8 月 11 日 清华"留美公费生开始报名"。(《二十二年度清华大事记》,《清华副刊》第 40 卷第 11 期,1934 年 1 月 1 日)

8 月 16 日 清华"留美考试报名截止,应考者共三百二十八人,本校保送同学十四人"。(同前)

8 月 21 日 清华"留美公费生开始考试,平京两地同时举行"。(同前)

8 月 31 日 经清华大学"招考委员会审查决定",曹禺与孙增爵等 26 名同学可"入研究院"学习。(《教务处通告·第一号》,《国立清华大学校刊》第 514 号,1933 年 8 月 31 日)

秋 毕业后留清华大学当助教[①],后去保定育德中学做英语教员。在育德中学呆了一段时间,因患痢疾,遂回清华,入研究院当研究生。据曹禺回忆:

> 我在清华大学毕业后,留清华当助教,但是,当时保定的育德中学请我去,每月大洋 180 元,比助教高,助教才几十元,育德看中了我。这时《雷雨》已经写出来了。在育德呆了 3 个月便得了痢疾,这是 1933 年,我又回到清华大学研究院当研究生。不用考,因为我功课好……(《苦闷的灵魂——曹禺访谈录》第 61 页)

---

① 同期,张骏祥在外国语文系任助教。(《师生课外团体生活》,《清华副刊》第 40 卷第 2 期,1933 年 10 月 28 日)

我在保定的育德中学教书,这一段时间虽然很短,但是很特殊的。也许是我人生的一个交叉点。如果我在保定留下来,我的人生将会是另外的一种命运⋯⋯我在育德中学教书只有两个月,因为拉痢疾便回到北京治病,再就没有回去。(同前第64页)

据孙浩然回忆:

曹禺毕业后到保定育德中学去教法文,教了半年,他就受不了,一是觉得那里太荒凉,二是离不开郑秀。他在保定几次跟我写信,说那里呆不下去,太荒凉,要回北京来。回来就住在清华。我不记得他作清华研究生⋯⋯(同前第221页)

据郑秀回忆:

曹禺从保定回来,又读清华研究生,是有道理的,因为我当时还没有毕业,他是在等我。这是别人不知道的。(同前第201页)

曹禺1933年毕业考入研究生院,人们都说是养老院,每月给30元生活费。他父亲给了他1万元,钱交给章靳以的父亲的交通银行存起来;利息从优,每月有30至40元的利息。我父亲每月给我30元。他去保定育德中学教了几个月的书,拉痢疾回到北京,等于不辞而别了。人家给他每月240元的工资,相当高了。我记得生病回来就住在法国医院,我去看他时,杨善荃也去看望他了⋯⋯(同前第213页)

9月　巴金在北平北海三座门大街14号结识万家宝(曹禺)。10月,巴金与靳以等筹办《文学季刊》。[①]　(《俩老头儿》第60页)据曹禺回忆:

1933年,我23岁,巴金也是一位只比我大6岁的朝气蓬勃的年轻人,但我当时只是个清华大学西洋文学系的学生,而巴金却已是一位很有名气的大人物了。巴金当时正在和郑振铎等人主编《文学季刊》。经朋友章靳以介绍,我认识了巴金。一见面就象老朋友,他一点架子没有。巴金年轻时就平易、谦和。这使我觉得名人并不是那样高不可攀的。(《访曹禺》)

10月3日　清华"留美考试录取名单揭晓,共录取二十五名,本校投考同学录取九名。"(《二十二年度清华大事记》,《清华副刊》第40卷第11期,1934年1月1日)曹禺未能录取。据孙浩然回忆:

他这个人肯钻⋯⋯笔记本上横七竖八,记别人的佳话。他是博闻强记。两次考留美没考上,与这种读书奇怪有关系。他课内功课不是很好的⋯⋯考

---

①　文中记述巴老结识曹禺的时间似有误。

留美主要是考课内的功课,第一次是考舞台美术,张骏祥考取了;第二次是考戏剧,一个姓孙的,外号"鬼才"的考取了。张骏祥是高班学生。第二次考留美时,他正写《日出》,也正在谈恋爱。(《苦闷的灵魂——曹禺访谈录》第222页)

据金川撰述:

> (曹禺)脱离学校后,一度曾参加清华留美庚款考试,但不幸落第,他并不曾灰心,他并不以自己不能镀金感到失望。在国内,相反地由于此次刺激,他更埋头努力。他精细体察自己生活周围的一切,凭着他的超越的智慧聪颖与对社会情形的深邃观察,他的剧作开始获得了高超的评价。他的第一部作品《雷雨》开始风行起来,全国各地到处演着他的戏,人们提着他的名字像读着一种传奇似地感着神秘味道。(《中国话剧坛的星座——曹禺》)

是月 为筹备编辑《文学季刊》,靳以往燕京大学拜访郑振铎,请郑担任"挂名主编"。二人谈到很晚,"靳以甚至忘了陪他一起来的朋友万家宝(曹禺)和陆申还在外边"等他呢。"当时,巴金刚到北平,也帮靳以筹备刊物。"(《郑振铎传》第267页)

据曹禺回忆:"我那时还是大学生,我记得靳以为编务事去找郑振铎(主编),我和陆孝曾跟去了,到了郑振铎那里,他不让我们进去,在外边等。靳以不在乎这些事。"(《苦闷的灵魂——曹禺访谈录》第71页)

11月 中国第一个职业话剧团——中国旅行剧团在上海诞生,团长唐槐秋,副团长戴涯,成员只有"唐怀(槐)秋,吴静①,唐若青,戴涯,冷波,赵曼娜六个人,其后又参加了张慧灵,舒绣文,谭汶三人,在南京作首次公演。"(《中国旅行剧团到上海》,《绸缪月刊》1936年第2卷第9期)之后,中旅与曹禺结下深厚情谊。

---

① 系唐槐秋夫人。

1934 年(民国二十三年) 二十五岁

1月1日,《清华同学会总会校友通讯》创刊①。

2月,中国旅行剧团在南京陶陶大戏院公演《梅萝香》。

6月,反映码头工人反帝斗争的新歌剧《扬子江暴风雨》在上海演出,该剧由田汉编剧、聂耳作曲并导演、主演,其他演员还有王为一、露露、徐韬、郑君里等30余人。

1月1日 《文学季刊》在北平创刊②,主编郑振铎、章靳以,巴金任编委。

2月12日 著名电影演员艾霞自杀身亡。艾霞之死对曹禺产生极大的震动。

6月 中国旅行剧团北上"陆续公演于北平、天津,又到过开封、郑州、石家庄。"(《关于中国旅行剧团》)"团长唐槐秋,副团长戴涯,宣传股主任赵慧琛,服装股主任谭玉文。庶务股主任姜明。道具股主任某,最能干。""演员有:唐槐秋,戴涯,唐若青,凌萝,谭文,章曼苹,陈越(樾)山,曹藻,姜明,吴桢,李卫,蓝马,赵恕,赵惠深,谭玉文等"。(《关于中国旅行剧团》)

上半年 经常去靳以和巴金住所——《文学季刊》编辑部——北海三座门大街14号。据曹禺文述:"我在学校没事时也常去坐坐,我记得在座的还有沈从文、卞之琳等。"(《简谈〈雷雨〉》)

---

① 清华同学会总会主办。时该刊除8月和9月外,月出一次,专赠清华校友。后名为《清华校友通讯》。

② 该刊由北平立达书店出版。创刊号厚达三百六十多页(后来还有四百五十多页的),为当时国内最厚的文学刊物。出版后很受读者欢迎,创刊号初版一万份,又再版多次。第二期卷首印有书店的启事,提到"本刊自发行以来,销数至广,虽经再版,供不应求"。

关于《文学季刊》有这样一段有趣的文字:赵家璧曾有《北上组稿日记》(1935.5.29—6.19)其中6月6日记:"在泰安天津独游数天后,今晨搭七时开津浦车去北平,路程仅三小时余,十时半车到终点站北平。郑振铎和章靳以联袂来接。同去振铎家午饭,朱自清在座。饭后同游古物陈列所和中山公园。夜宿章靳以所租北海前门东侧三座门大街14号一座北房小院子的北屋。"

赵家璧在旧日记下加了新注解:"三座门大街14号这个小院子是一九三三年暑假,由靳以租下的,南北屋各三间,另附门房,厕所,厨房门向东的一套房。巴金从上海北来,也住在此屋。南屋中间一间是作《文学季刊》办公室用。郑振铎、沈从文、卞之琳、肖干、何其芳、李广田、李健吾、曹葆华、曹禺等,经常来此。《水星》编辑部也设在这里。"查《文学季刊》版权页,社址为:北平北海三座门大街21号,与赵家璧所说"14号"差了几个门牌。(谢其章:《创刊号——风景》第117页,北京图书馆出版社2003年6月)

据巴金文述:"一九三四年我在北平住了好几个月,先是在沈从文家里作客,后来章靳以租了房子办《文学季刊》,邀我同住,我就搬到三座门大街十四号去了。我认识曹禺,就是靳以介绍的。曹禺在清华大学作研究生,春假期间他和同学们到日本旅行。他回来在三座门大街谈起日本的一些情况,引起我到日本看看的兴趣。"(《关于〈神·鬼·人〉——创作回忆录》)

据孙浩然回忆:"三座门是个半四合院,有三四间房子。巴金、靳以都没有结婚就在外边挂了一个牌子:张公馆。那时没有结婚不准租房子,便说是太太还没有迁来。他们俩一个人一间,中间屋子是客厅。他们那时写作很怪,巴金一写作,就把自己锁在屋里,吃喝拉撒睡都在里边,一个星期不出来,一本书就出来了。我记得他的《雪》就是这样写出来的。他们俩雇了一个厨师,厨师把饭从窗口送进去。每到星期六,我、郑秀、曹禺便到三座门去玩。"(《苦闷的灵魂——曹禺访谈录》第221页)

7月1日 《文学季刊》第1卷第3期全文刊载《雷雨》,署名曹禺。这期《文学季刊》373页,比创刊号还厚几页,折叠成四折的目录页现在的刊物比不了,上面尽是文学史的杰出者:冰心、鲁彦、张天翼、欧阳山、陈白尘、林庚、何其芳、卞之琳、朱光潜、洪深、鲁迅。《雷雨》被安排在剧本栏目的第二篇,第一篇是李健吾《这不过是春天》,《雷雨》的页码自161页至244页,长达八十几页,即巴金所说"破例一期全文刊载",看了《文学季刊》原物才体会得到。(《〈雷雨〉与〈日出〉的初刊本》)

关于《雷雨》的问世。据曹禺文述:

> 写完之后,我喘了一口长气,仿佛四五年朝思暮想的心事终于完了。但我并不怎么想发表,就把稿子交给了我童年的朋友章靳以,那时他正在编《文学季刊》。靳以是我在南开初中时的同学,我们的友谊多年没有断过。我在清华大学读书时,他把巴金介绍给我,那时他们两人已经在文坛上赫赫有名了,尤其是巴金,其实他们那时和我一样,还都是不到三十岁的青年。巴金很快就成了我的好朋友……
>
> 那时靳以和郑振铎在编辑《文学季刊》,他们担任主编,巴金是个编委,还有冰心和别人。靳以也许觉得我和他太近了。为了避嫌,把我的这剧本暂时放在抽屉里。过了一段时间,他偶尔对巴金谈起,巴金从抽屉中翻出这个剧本,看完之后,主张马上发表。靳以当然欣然同意,这个剧本就在《文学季刊》第三期上刊载了。"(《简谈〈雷雨〉》)

又据曹禺回忆:

> 我的《雷雨》写出来给了靳以,当时靳以编《文学季刊》。靳以把《雷雨》放在抽屉里压了一年之久。巴金也是编委,他从上海来了,他看到了《雷雨》。靳

以倒不是对我有什么意见,主要是因为我们太熟悉了……巴金看了《雷雨》才发表了。他死命推荐,"后来我就同巴金熟了。我们 3 个人经常到广和楼去听戏,从清华出来骑驴,或者坐车,从下午 1 点一直听到下午 6 点。广和楼前边都是摆摊的,卖羊杂碎、烧饼,看完戏,就一人买一碗羊杂碎,用羊肉汤泡烧饼,那真好吃啊!《苦闷的灵魂——曹禺访谈录》第 71 页)

当时,巴金正在病中,但他仍细心地对《雷雨》进行了"校对和改正"。(《〈雷雨〉序》)巴金后来在回忆当时发现《雷雨》时说:"我感动地一口气读完它,而且为它掉了泪。不错,我落了泪,但是流泪以后我却感到一阵舒畅,同时我还觉得有一种渴望,一种力量在我身内产生了。我想做一件事情,一件帮助别人的事情,我想找个机会不自私地献出我的微少的精力。《雷雨》是这样地感动过我。"(《〈蜕变〉后记》)

关于《雷雨》的上演。据许牙文述:

> 据说,曹禺不用真姓名万家宝从事小说写作之后,开始铸造他的第一个剧本《雷雨》,不知费了多大力气,写完成了,却没有一个教他怎样写作的人看中它,并且甚至是以为《雷雨》是个坏到无可再坏的剧本。这几乎使得曹禺灰心懒意了;然而,一个由于巴金的关系,偶然读到这个剧本的日本人却看中它,介绍到日本去了,于是这个剧本第一次在日上演,获得了巨大的成功,这才返回祖国。声誉,竟然是从日本送过来的,中国的某些俨然以文艺青年导师自任的"作家"们从而就给了曹禺以如上的故事的材料。

> 这个刻苦努力的成功的曹禺,是非常感激巴金的,这就因为有如上的因缘,但曹禺和巴金的交谊是愈深了,曹禺的剧作因此几乎全是交给巴金主持的文化生活出版社出版的。巴金的《家》,也由曹禺远非依照原作地改编了。(《曹禺的故事》)

7 月 13 日 与马彦祥、余上沅、李健吾、焦菊隐、陈豫源等戏剧人士聚会,商议组织"北平戏剧协会",及演出《怒吼吧!中国》一剧。据天津《庸报》载:

> 为了这公演底实现,七月十三日下午,依王泊生,马彦祥的招待,中山公园水榭底茶座上,聚集了不少的戏剧研究者,戏剧爱好者和戏剧从事者。

> 到的人,除王马二人外,有周彦,刘念渠,杨士焯(某报记者),林松年,吴瑞燕,田自昭,李健吾,张鸣琦,陈豫源,杜颖陶,周信芳(即麒麟童),余上沅,朱肇洛,焦菊隐,万家宝,赵越;被约请,而临时因事未到的,有熊佛西,李一非,罗慕华,程砚秋,林素珊。

又据刘念渠文述:

> 彼时,剧本是确定《怒吼吧!中国》了;讨论过组织之后,用"北平戏剧协

会"的名义演出,也被通过了。剧本由余上沅及马彦祥两氏负责修正印出之后,分配了角色以便开始排演的工作,而种种人事的困难也就跟着来了。假南海福禄居为排演的场所,每周集会两次,继续了一个月的样子,并没有何等成绩。到九月一日的全体大会,因事实上进行困难,且暑假已经终了,大部分人又忙起来,终于经多数决议,北平戏剧协会就什么也没有留下的解体了。(《一九三四年中国戏剧运动之回顾》)

8月1日 中国旅行剧团抵北平。(《三年来的中国旅行剧团》)

是月 日本中国现代文学学者武田泰淳和竹内好带着刊载《雷雨》的《文学季刊》去茅崎海滨,将之推荐给正在度夏的中国留日学生、戏剧工作者杜宣,他们展开了热烈的讨论。(《忆〈雷雨〉在东京的首次上演》、《左联领导下的东京留日学生的文艺活动片断》)

9月 应老同学、天津河北女子师范学院外文系杨善荃教授①的邀请,回津到该校任教。据曹禺回忆:"1934年便到天津河北女子师范学院当教授。在这里教了两年书。"(《苦闷的灵魂——曹禺访谈录》第61页)是"杨善荃介绍我到天津河北女子师院任教,当时,李霁野是系主任,人很好,很正派,后来他到英国去了。从英国回来,他到了复旦,这时复旦已迁到重庆,我到复旦也是李霁野叫去的"。(同前第109页)"我记得我住的房子很小,在楼上,一间一间的,住的都是教师。房间的陈设简单极了,一个平板床,一个书桌,一把椅子。李霁野先生同我住在一起。""虽然,在这里教书,但是要写东西,有时还去北京。只记得有很多系,还有家政系,那时是孙家琇的姐姐担任系主任。我有时回家看望母亲,多数时间都住在学校里。我教英文,教点《圣经》文学,讲英国文学史,也教莎士比亚,教西洋小说史。还教点法文,从字母教起。什么都敢教。那时年轻胆大,什么课都敢接。"(同前第162页)

据杨善荃回忆:"我在天津女子师范学院当教授,当时我对学校当局有意见,就把自己的职位让给了曹禺,那时他正没有职业。"(同前第247页)

据张仲淑撰述:

> 关于曹禺先生的生活,就我所知道的,是了无纪律……他对于衣履,是不很讲求的,尤其是不论整洁……却也有时是西装革履,满有绅士风度,那就是万先生要赶火车到北京去的时候了。他普通到北京去的时候,不外有三件事:看爱人,借书和听戏(据说他最喜欢听杨小楼的戏)。

---

① 杨善荃先生是曹禺在南开大学的学长,高两级,曹禺曾说,他"是老大哥,在南开大学读书时,他给我不少帮助,"后在北京辅仁大学、北京的中央公安大学任教。

万先生在天津教书时,是绝对不修(边幅),也许他为避免天津小姐们的追逐……他总是喜欢穿着一件破旧的袍子,目不斜视地时常发现在偌大的一个校园里。

就我所知道的……他有着一些极其复杂的感情——他对于人生的看法,是概括着爱与恨,喜与憎的错综的情感……他能够将他自己环境里所熟悉的人,每个个人加上一点渲染,然后用一支锐利的笔,从容的写出来……他更把这些人物,搬到舞台上去……(《我对于曹禺印象》)

10 月初　参与南开新剧团排演《新村正》。据羊諿文述:"本年暑假后因为学校三十周年纪念在即,新剧团又曾屡次开会筹备演剧,只以时间仓卒,而剧团已有五年未演剧,人才、布景等全不凑手,所以有不演剧的拟议。不过后来总觉得学校三十周年纪念不应无戏,直到临近两星期才决定改编《新村正》出演。遂由张彭春、万家宝二先生进行改编工作;严仁颖先生任干事办理召集演员,印刷剧词,编拟广告,预备入场券,秩序单,借服装等各项杂事,仓卒中排演起来。"(《〈新村正〉的今昔》)

10 月 17 日　南开学校三十周年纪念日。下午,南开学校瑞庭礼堂①举行落成典礼。是日晚,在瑞廷礼堂,南开新剧团演出曹禺和张彭春合作改编的《新村正》。曹禺饰吴仲寅。

是日　《南开高中学生·三十周年纪念特刊号》"校闻"栏刊《新剧团旧剧新排》:"俟以本校三十周年纪念大典在即,不得不有所庆祝,乃临时定议,将民国七年所排之《新村正》略加改纂,除张彭春先生担任导演外,邀原有团员优乃如、陆善忱、吕仰平;万家宝及本校演剧能手张景泰、周英、侯广弼、徐兴让、关健南等诸先生扮演,并约舞台置景名家梁思成、林徽音(因)二先生帮忙计划,将于十七日及二十日两晚公演云。"

本期"校闻"还刊《三十周年诞辰纪念之形形色色》:"门票分五角、三角,以座位定价额,楼上楼下都坐满了来宾和男女同学……"

本期"校闻"还刊《周年纪念会日》:"晚八时新剧团表演《新村正》:吴瑞瑛(周英)、周万年(优乃如)、周味农(吕仰平)、李壮图(张景泰)、冯大爷(徐兴让)、王二爷(关健南)、赵八爷(陆善忱)、吴仲寅(万家宝)、魏经理(侯广弼)、周仆(张国才)、吴仆(吴金年)、县委(郑怀芝)、村民(申宪文、周珏良、李璞、傅正、王志英)。"

11 月 23 日　《南开高中学生》第 2 期刊署名羊諿为纪念南开新剧演出所作

---

①　南开学校瑞庭礼堂由刘瑞庭捐资修建,位于南开中学东楼后,为双层斜倾式看台,内设座位 1 700张。舞台一侧设有化妆室。《大公报》报导认为是当时"中国话剧第一舞台"。(《1934 年南开校友录》)

《〈新村正〉的今昔》一文。后收入《曹禺全集》第3卷。

羊詈曾参加过早年《新村正》的演出,对原剧本十分熟悉,因此他把原本和改编本进行了比较分析。他说:

> 这改编本减去了许多角色,改为三幕,可是增加了不少的曲折,添了许多意思。……

> 总观这次改编本《新村正》的公演,和十六年前的老本比起来,无论从哪一方面说都有相当的进步。最显著的,就是结构的紧严,使观众的心情总在紧张,一幕演完想看下幕。譬如:第一幕终了,观众必欲知李壮图请愿有何结果? 外国人为什么要允许李壮图缓期还债,一面又教魏经理逼众绅立新合同? 第二幕终了,观众就极想看看新村正究竟是谁? 关帝庙一带房地问题怎么解决? 到了第三幕,观众虽然知道:李壮图的请愿结果,关帝庙问题只换了一个假面具,吴仲寅谋得新村正,外国人当初是弄手段让中国人内哄,吴二爷利用人终于被人利用。但最后吴绅对民众说出他的苦衷,抓住了外国人的要求合作,领民众到城里去。究竟关帝庙的事怎样结束,吴二爷个人前途是怎样,还是一个谜。这比旧本的铺叙事实好得多了。何况新村正的中心问题是关帝庙贫民窟,改编本处处不离开关帝庙,好像有一根线把全剧串起来。这种有条不紊曲折层层的戏,当然容易引人入胜。至于第三幕落幕后吴绅的一段话,针砭国人的缺乏团体意识,更给这出戏加了一个很深切的意义。

冬 与郑秀参加清华大学33级同学何汝辑、吴季班(女)的婚礼,并作男女傧相,结婚仪式后合影。(《曹禺》画册第22页)

12月2日 《雷雨》在浙江上虞县春晖中学大礼堂演出。演员章志铣(原名志先)饰鲁妈,陈耀臣(原名维辉)饰鲁贵,景金城饰周萍,邱静山(原名午庭)饰鲁大海,胡玉堂饰周冲,顾璞饰周朴园,经菊英饰繁漪,卢凤英饰四凤。(《〈雷雨〉国内首演钩沉》)

据徐如愿回忆:"大家都以为《雷雨》的处女演是日本留学生,其实当他们出演四五个月前,在幽静的白马湖畔曾出演过一次,春晖的校友,也许还记得吧! 那时虽然设备简陋,表演技巧自然说不上完善,但因剧本本身的脍炙人口及同学们认真的演出,也曾使观众流了不少的眼泪呢!"(《湖风剧团公演特刊》,《上虞报》,1948年3月31日。按:该报影印件由刘克蔚先生提供)

据饰演鲁贵的陈耀臣回忆:"关于曹禺写的话剧《雷雨》。我回忆是当时学生会几个同学倡议演出的,我记忆中没有导演。是从当时三月出一期的《文学季刊》中看到这一剧本的。由学生会决定在校庆(1934.12.2)演出。地点是本校大礼堂。"

"当时布景是同学自己用竹子、纸做成的，服装是同学现成的衣服，其他，由于年代久远已记不太清楚了。"（陈耀臣致刘克蔚函影印件。由刘克蔚提供）

据饰演鲁妈的章志铣回忆："《雷雨》排演将近一个月"，"在校庆纪念第一天晚上，试演 1—2 幕"，"第二幕将结束时，导演征求演员们的意见，一致赞成演完全剧"。（章志铣回忆文字影印件。由刘克蔚提供）

1935年(民国二十四年)　二十六岁

1月18日,中国旅行剧团应新新影戏院邀请,抵天津,全团住在惠中饭店。这是中旅"旅津首次公演"。

4月,上海业余剧人协会成立。

6月,上海业余剧人协会在金城大戏院公演《娜拉》。本月,洪深编选的《中国新文学大系》第九集《戏剧集》出版。

7月9日,中国旅行剧团赴开封演出。

10月15日,《南开校友》在天津创刊①。

10月18日,国立戏剧学校在南京鼓楼南薛家巷举行开学典礼。余上沅出任校长。教务主任应云卫,专任导师陈治策、马彦祥、王家齐。

12月9日,在北平爆发了"一二·九"运动,爱国学生举行抗日救国的游行,掀起了全国抗日的热潮。

12月16日,《文学季刊》在出到第2卷第4期(总第8期)后停刊,历时整两年。

是月,定县成立农民实验剧团,建露天剧场,演出《过渡》。

是月,南京中国舞台协会举行18天公演。1日至8日在福利大戏院演出《回春之曲》及《械斗》。21日至30日在世界大戏院举行第二次公演。演出剧目《洪水》、《黎明之前》均为田汉编剧。这两次公演,宣传抗日,激励人心,又加上集中了众多优秀演员演出,影响很大。

1月19—27日　中国旅行剧团在津连演9天18场,演出了《女店主》、《梅萝香》等剧,大获成功。(《一九三五年国内剧坛》)其间,唐槐秋与曹禺取得联系,征得曹禺同意,获得《雷雨》演出版权。(《唐槐秋与中国旅行剧团》第485页)据文述:"自其(曹禺)处女作《雷雨》问世后,唐槐秋领导之中国旅行剧团(其时朝气蓬勃非今日惨象)首先获得上演权,先后在京沪平津以及国内各大都市作旅行公演,轰动一时,曹禺

---

①　源自《校友季刊》、《南开校友月刊》。开设有文艺、学术、会务消息、校友消息、母校消息、职业介绍等栏目。1937年6月15日第2卷第10期后,至重庆出版第3—6卷。1946年12月15日在天津复刊,至1948年出版第2卷第2期停刊。

之大名,亦焉遂著。"（《闲话曹禺》）

1 月 19、20 日　济南,山东省立剧院剧场,济南女子师范学校"六一剧社"学生演出曹禺的《雷雨》。据刘念渠文述:"现在平津流行的《雷雨》一剧,国内外最初上演的,是济南的六一剧社。六一剧社是济南女子师范学校学生组织的。她们先于去年排了这个戏,一度在校内公演,当局认为还不坏。就于一月十九日,二十日两晚假用省立剧院的剧场公开演出了。因为六一剧社没有男人参加,不得不用女扮男,而且演员的方言多半是山东的土语,以致演出的效果,虽未曾糟蹋了剧本,也不免有较多的缺陷。"（《一九三五年国内剧坛》）另据梁斌回忆:"（1934 年）冬季……山东女师的业余剧团,借我院（山东省立剧院）的剧场演出《雷雨》,演得也不错。"（《青春似火——回忆录之四》）

1 月 28 日　中国旅行剧团结束天津的演出返回北平。

是月　到天津的贫民区收集写作资料。之后,利用假期又多次去调查采访。据曹禺文述:

> 情感上讲,第三幕确已最贴近我的心的。为着写这一段戏,我遭受了多少磨折,伤害,以至于侮辱,（我不是炫耀,我只是申述请不要删除第三幕的私衷。）我记得严冬的三九天（冬至次日起计算,每 9 天为"一九"——编者注）,半夜里我在那一片荒凉的贫民区候着两个嗜吸毒品的醒龊乞丐,来教我唱数来宝。约好了,应许了给他们赏钱,大概赏钱许得过多了,他们猜疑我是侦缉队之流,他们没有来。我忍着刺骨的寒冷,瑟缩地踟蹰到一种"鸡毛店"的地方找他们,似乎因为我访问得太殷勤,被一个有八分酒意罪犯模样的落魄英雄误会了,他蓦地动开手,那一次,我险些瞎了一只眼睛。我得了个好教训,我明白以后若再钻进这种地方,必须有人引路,不必冒这类无意义的险,于是我托人介绍,自己改头换面跑到"土药店"和黑三一类的人物"讲交情",为一个"朋友"瞥见了,给我散布许多不利于我的无稽的谣言,弄得多少天我无法解释自己。为着这短短三十五页戏,我幸运地见到许多奇形怪状的人物,他们有的投我以惊异的眼色,有的报我以嘲笑,有的就率性辱骂我,把我推出门去。（我穿的是多么寒伧一件破旧的衣服!）这些回忆有的痛苦,有的可笑,我口袋里藏着铅笔和白纸,厚着脸皮,狠着性。一次一次地经验许多愉快的和不愉快的事实,一字一字地记下来,于是才躲到我那小屋子里,埋下头写那么一点点东西……（《日出·跋》）

据唐槐秋记述:

> 大约是我们第三次再到天津演出的时候,他告诉我《日出》中有描写妓女

生活的一幕,但因为自己对于此道太少经历,不敢动笔,于是乎我就大告奋勇,邀同乐于此道的陈绵博士大逛其肉市,从极高层以至最下层,足足费去十多天的功夫,幸而《日出》第三幕的成绩果然不错,我们总算没有白费,聊慰聊慰。

(《由回忆中谈谈〈雷雨〉》)

据曹禺晚年回忆:

> 那时年轻,也不知道哪里来的那么大的胆子,非要到妓院、土药店——就是抽大烟的地方去看看。……见过许多三等妓女,我是很认真地采访这些人,翠喜的话都是记录的。人家也奇怪,干嘛记这些话?我说我是报馆记者。这样搞熟了,才肯对我说些心窝子里的话……搞了一个暑假,开学了,我还要教课,就没有时间了。靳以同我一起去……(《苦闷的灵魂——曹禺访谈录》第 138、139 页)

2 月 13、14 日　北平"青年(会)剧团"在协和大礼堂首演曹禺老师王文显的三幕喜剧《委曲求全》。"第二次公演是在四月十三日。依然在协和医校大礼堂。""公演以后接连辅仁大学,北平社交堂,妇女救国十人团都邀请出演。因为清华已有先约故此均行谢绝。休息一个礼拜始于四月十九和二十两天在清华大学九一八纪念堂演出。"(《〈委曲求全〉公演的前后》,《剧学月刊》1935 年第 4 卷第 2 期)24 日,曹禺应邀参加在平剧人聚会。

据魏照风回忆:

> (《委曲求全》)演出期间,我们还举行了座谈会,出席的除北平知名的戏剧界人士外,正在北平演出的中国旅行剧团除全体出席观摩外,也有不少人出席了会议。会上唐槐秋、戴涯、赵慧深、曹禺、焦菊隐、程砚秋、马彦祥、徐霞村等都先后讲了话,大家一致认为剧本构思巧妙,语言犀利,讽刺力强,是掷向国民党反动派教育界阴暗面的一支投枪,淋漓尽致地揭露了反动派的丑恶面目。

(《〈委曲求全〉的演出》)

据李健吾回忆:

> 王先生用英文写过两出发生在中国的大戏,一出即《委曲求全》,这是我出国前就译好了的一出三幕喜剧……一九三三年我回国后……热爱戏剧的东城青年会的赵希孟和舒又谦来看我,要我导演《委曲求全》,我接受了他们的要求,自己串演了其中董事长一角……演出地点即现在的红星电影院,当时是青年会的小礼堂。这时唐槐秋恰好在北京,我们开了个欢迎会。现在我手边还保留一张他、马彦祥、曹禺和我的合影。这张合影可能是在一九三五年春末照的,因为唐槐秋和我都穿着长棉袍,只有马彦祥着西装,不过这是一九三四年

（温源宁先生的文章这样写），还是一九三五年（魏照风同志根据《剧界（学）月刊》查出的），我就不清楚了……（《〈王文显剧作选〉后记》）

2 月 20 日　与巴金、靳以等二百人发起"推行手头字"活动。签署的《推行手头字缘起》发起文，在《太白》（半月刊）第 1 卷第 11 期发表。后该文在《生活教育》半月刊（第 2 卷第 1 期，1935 年 3 月 1 日）、《芒种》半月刊（创刊号，1935 年 3 月 5 日）、《新小说》月刊（1935 年 3 月第 1 卷第 2 期）、《新生周刊》（1935 年第 2 卷第 6 期）等刊物转载。原文如下：

推行手头字缘起

我们日常有许多便当的字，手头上大家都这么写，可是书本上并不这么印。识一个字须得认两种以上的形体，何等不便。现在我们主张把"手头字"用到印刷上去，省掉读书人记忆几种字体的麻烦，使得文字比较容易识，容易写，更能够普及到大众。这种主张从前也有人提出过，可是他们没有实在做，所以没有什么影响。现在我们决定把"手头字"铸成铜模浇出铅字来，拿来排印书本。先选出手头常用的三百个字来作为第一期推行的字汇，以后再逐渐加添，直到"手头字"跟印刷体一样为止。希望关心文化的先生们，赞同我们的主张，并且尽量采用这个字汇。

2 月 22 日　中国旅行剧团在协和礼堂上演《少奶奶的扇子》（洪深译本）。"衔接着这次公演的兴奋，中国旅行剧团又准备将正在积极排演中的五个剧本于下月上演"第一为《茶花女》，"其次的四个剧本为《雷雨》、《悭吝人》、《毋宁死》、《巡按》"。（《北平剧坛早春纪事》）

是月　中国旅行剧团开始排演《雷雨》。后因北平当局以"乱伦"禁演，失去"首演"机会。据唐槐秋回忆："当我开始排演的时候，管（经）朋友介绍认识了曹禺，这才知道他原来还是一位不到三十岁的青年作家，不禁益加使我敬佩。那时候他好像在天津'女师'教书，从此以后，我们时常见面。"（《由回忆中谈谈〈雷雨〉》）

据赵慧深文述："《雷雨》在首次旅津公演回来便排过一幕，因当局不准通过而止"。（《三年来的中国旅行剧团》）

据乌韦·克劳特文述：

1935 年，《雷雨》在北京第一次公演……陶金回忆说："国民党说我们这出戏有伤风化，儿子跟后娘偷情不会有好影响，少爷和丫头恋爱同样很糟。于是这出戏被认为是有害的。一星期以后，警察抓走了八个演员，我是其中一个。我们被戴上手铐脚镣，并遭到拷打，他们逼着我们跪下，打我们，要我们承认是共产党。"（《戏剧家曹禺》。按：《雷雨》在北京上演已是 1936 年的事，被抓之后的事情。）

3月8日　才华横溢的电影演员阮玲玉,在恶毒的谣言和卑鄙的诽谤中,含恨服毒自杀,引起电影、戏剧界和全国的震动。(《阮玲玉含冤以死》,上海《申报》,1935年3月10日)曹禺了解了这一事件后,甚为愤慨。此事也是他后来创作《日出》的一个诱因。据曹禺回忆:"触发写陈白露的还有当时的艾霞、阮玲玉的自杀事件,她们都是电影演员,最后自杀了,这些事是颇令人思索的。就是这一切都汇聚起来了,才有了陈白露的形象。"(《苦闷的灵魂——曹禺访谈录》第114页)

是月　《雷雨》在东京开始排演。据邢振铎文:"我读到《雷雨》的时候是在一九三四年的十二月。""第二年三月初,我们着手准备上演这部剧作。"(《译者后记》,《日本学者中国文学研究译丛》第2辑第225、226页,崔任夫译)

据杜宣回忆:

> 1934年8月间,我们正在茅崎海滨,渡(度)完暑假最后一两个礼拜的时候;有天武田泰淳和竹内好①两同志,由镰仓来看我们,武田和竹内他们两位都是研究中国现代文学的。武田他带了一本当时我国北方出版的文学季刊(巴金、靳以主编)第三期,上面发表了曹禺的《雷雨》。武田说这个剧本写得很好,知道我是专门研究戏剧的,特意带来给我看。很久没有看到祖国的刊物,十分高兴,首先我就看《雷雨》,一开头我就被吸引住了。记得当时和武田曾有过一些讨论,认为《雷雨》虽然受到欧洲古代命运悲剧和近代易卜生的影响很大,但它是中国的,是我们戏剧创作上的重大收获。
>
> 这以后我就常常和一些研究文学戏剧的朋友,谈到《雷雨》,但是没有想到在东京上演的事情。大约是1935年二三月间,东京商科大学的邢振铎忽然找到我的住所来,谈起中华留日学生基督教青年会,打算用公演话剧筹募点活动经费,想上演《雷雨》,特来邀请我去担任导演。听到这个消息,我当然很高兴,不过要我来导演这个戏,感到能力不够,恰巧那时吴天、刘汝醴两同志刚来东京,我就去邀请他们两人一道来处理这个戏。(《忆〈雷雨〉首次上演》)

据巴金文述:"(1934年)我十一月二十四日(大概没有记错吧)到了横滨。""我在那里住了三个月光景",转往东京。"在东京我住在中华青年会的宿舍里面……我初来的时期杜宣、吴天他们正在大礼堂内排曹禺的《雷雨》,他们通常在晚上排练,我在房里听得见响动。"(《关于〈神·鬼·人〉——创作回忆录》)

---

①　武田泰淳,日本著名小说家,新中国成立后,曾任日本作家访华代表团团长或团员多次访问我国。竹内好,日本著名的鲁迅研究家,原东京都立大学教授。

据王慰曾撰《采访在日本首演〈雷雨〉者》①：

《雷雨》一剧的首演,实是被逼出来的。原因是 1935 年元旦,东京留日学生有个新年游艺会,"中华话剧同好会"以田汉的《湖上的悲剧》的剧目报排演出。但临时又以节目过多"被挤掉了"。这实是当时中国驻日大使馆和主办者的一种手法,不让田汉的剧目演出……邢振铎等对此不服,就邀请杜宣等为他们排演曹禺的《雷雨》,准备另行演出。事前,邢用日文写了《雷雨》的剧情梗概,向东京警视厅申报,办妥了准演手续。排练过程中,正在日本东京旅行的巴金也给了他们以鼓励,因巴金是《文学季刊》的编委之一,同靳以等编委共同决定刊出《雷雨》剧本,故乐于看到此剧的尽快首演。(《采访在日本首演〈雷雨〉者》,《曹禺与天津》第 58 页)

4 月 27—29 日 《雷雨》由中华话剧同好会(留日学生戏剧团体)在东京神田一桥讲堂首演。据载:"在人们的不注意中《雷雨》被一群流浪在东京的爱好戏剧的青年们突然上演了。时间是四月廿七廿八廿九三日,地点在神田,一ッ桥,一桥讲堂。是由吴天,刘汝礼(醴),杜宣,导演。据云演员均系初次上演,而仅有三星期之排演。但演出之成绩均属不恶,诚为难能可贵也。但布景嫌通俗,灯光亦迟钝,至于舞台效果:闪电,风,雨,均佳,惟雷声则像破锣云云。"(《〈雷雨〉在东京公演》,《杂文》第 1 号,1935 年 5 月 15 日)演员为:贾秉文饰周朴园,陈倩君饰繁漪,邢振铎饰周萍,邢振乾饰周冲,王威治饰鲁贵,乔俊英饰鲁侍萍,吴玉良饰鲁大海,龙瑞茜饰四凤,佟功熙饰老仆,石子琪、徐仁熙、王毅之分饰仆人甲、乙、丙,张春媛、张二媛分饰尼甲、乙,张贤媛饰姐姐、张光弟饰弟弟,舞台摄影王任之。(《雷雨》日译本(演员表),东京汽笛社 1936 年 2 月)此次演出赢得了不少观众。郭沫若先生看了演出后,大为赞赏,作《关于曹禺的〈雷雨〉》文章一篇,秋田雨雀先生看了演出后也撰文,加以介绍和推荐。时在日本的巴金也观看了演出。

据邢振铎记述:"4 月末,中华留日学生在日本举行了第一次公演,这就是《雷雨》的初演。然而,由于对演出手续的不习惯,加上只在留学生中和极少数日本人中作了宣传,因而,幕启之后,又马上落下来了。尽管如此,这也在留学生中引起了很大的反响,成为中国话剧运动在日本兴起的导火线。"(《译者后记》,《日本学者中国文学研究译丛》第 2 辑第 225、226 页,崔任夫译)

据陈北鸥回忆:

---

① 该文系王慰曾采访"参加过这次首演的天津印染厂工程师王毅之和天津大学化学系教授王任之昆仲(他们分饰一仆人和负责照相)"所作。

曹禺同志在一九三五年发表了《雷雨》以后,初次上演并不是在中国,而是在东京的神田一桥讲堂,演出单位是中华同学新戏公演会。第一次公演是同年四月二十七至二十九日,第二次公演是五月十一、十二两日。导演吴天、刘汝醴、杜宣。原戏共四幕,外有序幕及尾声。导演把首尾删除了。当时曾给曹禺同志写信说:"……为着太长的缘故,把序幕及尾声不得已删去了,真是不得已的事情……"

当时郭沫若同志正在日本,我们约请了郭老观剧,我陪同沫若同志坐在台前,他问我:《雷雨》在哪里发表过?我介绍说:"是在《文学季刊》第三期上,全文近二十万字,是一个大悲剧。"在观剧中,郭老很称赏,向我打听作者是谁。当时曹禺同志还是青年新进,而郭沫若同志是流亡异国,所以不了解。看完戏以后,郭老非常称赞,认为表现了资产阶级家庭中错综复杂的恋爱关系,用深夜猛烈的雷雨,象征着这个阶级的崩溃。我说:"大概日本朋友也看出了这点,影山三郎已经翻译了《雷雨》,会有一定销路。"郭沫若同志在一九三六年专门为《雷雨》写了一篇评论(载《东流》二卷四期)……

《雷雨》在东京首次上演后,受到观众热烈欢迎,但日本警察却来罗唣,他们在台下指指点点,胡乱挑剔说:"最后触电的情节不好",我们根本不予理睬。《雷雨》被影山三郎译成日文后成了畅销书,影山三郎也以翻译《雷雨》出了名。

(《〈雷雨〉在东京的首次上演》)

据《采访在日本首演〈雷雨〉者》:"话剧《雷雨》首演三场后,还是被禁演了。原因是中国驻日大使蒋作宾在观后说剧中有'乱伦'情节,云云。这实际是对邢振铎等留日同学演出活动的又一次压制。(按:据王氏昆仲讲,说他们记得《雷雨》一剧只演了一场即被禁演,并不是演了三场。蒋作宾是看了首场的。)"(《采访在日本首演〈雷雨〉者》,《曹禺与天津》第58页)

是月 陈绵在北平给中旅排演《茶花女》。"唐槐秋先生忽然病倒,一病三月。"(《三年来的中国旅行剧团》)其间,曹禺曾往看望,并告知他的一个写作计划。据陈绵先生撰文:

记得这一年,唐槐秋先生患重病在我家调养,有一天万小石来看望,为要使病人高兴,他把新计划着的一个新剧本讲给我们听,这个剧本就是《日出》。他还说:"这剧中的几个主要角色,中国旅行剧团正好都有,我在写剧时常想到他们。"唐槐秋的潘经理,戴涯的李石清,姜明的福升,谭汶的黄省三,唐若青的陈白露,白杨的小东西,"妈妈"吴静的顾八奶奶,章曼苹的翠喜,赵慧深的李太太。

《日出》相当地难产。万先生那时在天津女师教书,他在他宿舍的墙上,一条一条地用按钉钉着剧中的人物,有时加上一个新角色,有时撕去了一条儿。角色的个性也都在条上注明。他整日整夜地同这些人物守着,有时他使他们说话,有时他同他们说话,有时他听他们说话,有时他等他们说话,有时他为他们流泪,有时他被他们气得狂呼。我陪着他在天津一个饭店租了一间房子,认识了许多特别的朋友,亲眼见着了许多社会上的奇形怪状,我们悲哀,我们愤慨,万先生究竟比我有勇气,写成了《日出》这个杰作。不过那时中旅已经南下了,原定的演出始终未能实现。(《公演〈日出〉》。按:后该文题为《曹禺先生写〈日出〉》,载《戏剧电影报》1994 年第 3 期)

5 月 11、12 日 《雷雨》在日本演出后,也引起了日本人士的注目。"东京《帝大新闻》曾著专论加以评述,对于中国戏剧由'梅兰芳'阶段飞跃至今之阶段,表示嗟羡;末复发言促日本剧界注意,谓今日之中国有上好之宝藏,应加以翻译云。"鉴于此,《雷雨》剧组"决定于五月十一,十二日两日作第二次公演,并闻今后将成立一戏剧研究会"。(《临时消息·〈雷雨〉再作二次公演》,《杂文》月刊第 1 号,1935 年 5 月 15 日)

当时还有留学生给剧团写了这样一封信:

《雷雨》剧团诸君:闻尔等又决于本月中旬再次公演《雷雨》,尔曹诚畜牲不如矣。夫此等蒸母奸妹之剧,斤斤以为艺术。公演于岛夷之邦,其意何居,殊难索解。尔等以为日人欢迎此剧,故不惮人言,一再重演。倘日人喜阅尔自身蒸尔母奸尔妹时,则尔曹亦可在此公演以博日人之欢呼,呜呼。休矣。吾初尚以贵会为有人性。征此以观,则诚禽兽之不若也,盖此剧一演,在尔等故有钱可得。而在我国家体面上,则已扫地无余。尔等非禽兽而何哉。愿尔曹三思之。有顾勿惮改勿贪日人区区数十钱。勿脱裤子给臭屁股以供日人之一粲也。

(信中有几个字甚费解,但原文如此,恕不妄改,以存其珍也)"(罗亭:《雷雨》的批评》)

5 月 15 日 《杂文》月刊在日本东京创刊①。本期刊文《〈雷雨〉在东京公演》:

在《文学季刊》第三期上,登载了近十二万字的四幕大悲剧。作者曹禹(禺),是个陌生的名字。在这寂寞中的剧坛上,这剧本曾激起了一阵猛烈的浪花,当时在国内就有很多人想把它上演,或许是因为了环境上的种种困难

---

① 月刊。中国左翼作家联盟东京分盟所创办的刊物之一。编辑者杜宣,后由邢桐华(勃生)接任。发行者卓戈白,发行所杂文杂志社,总经理上海群众杂志公司,印刷所堀川印刷所。该刊原定在 5 月 1 日创刊,因故延期。出至第 1 卷第 3 号被禁,第 4 号开始改名为《质文》继续出版。第 1 卷由东京杂文杂志社出版发行,上海群众杂志公司经营,第 2 卷第 1 期起改由东京质文社出版,上海中国图书杂志公司经营。第 1 卷前 4 期在日本东京印行,第 5 期开始移至国内印刷。1936 年 11 月 10 日出版第 2 卷第 2 期后终刊,共出 8 期。

吧(?)终于没有现实。

作者运用他灵活的手腕,内容穿插得非常的生动,他是描写一个资产阶级的家庭中错综复杂的恋爱关系,及残酷的暴露着他们淫恶的丑态。用夏夜猛烈的"雷雨"来象征着这阶级的崩溃。

5月20日　上海《漫画生活》①第9期刊载《〈雷雨〉在东京》一文,署名余一②。巴金详细记录了他在东京观看《雷雨》的情况;6月20日《漫画生活》第10期又发表巴金的《再说〈雷雨〉》一文,讲述了《雷雨》在东京禁演情况。

6月1日　上海《文学》③第4卷第6号刊消息"曹禺(禺)的《雷雨》在东京上演":"文学季刊一卷三期,有一名《雷雨》的四幕剧,系描写大家庭中种种形态的大悲剧。该剧曾于本年四月下旬由一些中国学生上演于东京;闻出演成绩尚佳,颇为日本演剧家所注意。"

6月5日　上海《芒种》④半月刊第7期特载《我们对于文艺运动的意见》。该文是为反对复古运动,维护新文学的顺利发展而作,由曹禺与周建人、郑振铎、郁达夫、巴金、老舍、吴组缃、王鲁彦、汪静之、柳亚子、徐懋庸、郑伯奇等148位文艺家,文学社、文学季刊社、文艺书报社、中学生杂志社等17个文学社团为"发表意见人"共同发表。原文如下:

我们对于文艺运动的意见

在帝国主义间利害冲突日益加甚的今日,处在被侵略的地位的我们自不能不打算自救。而自救运动发生的当儿,议论纷纭是必然的。不过,不问病人的症候如何,只是胡乱用药,其结果不但不能把病减轻,甚且会招来更大的危险。近来弥漫各地的复古呼声,我们以为是并不对症的一味药。

我们相信复古运动是不会有前途的。假如读经可以救国,那末,"戊戌维新""辛亥革命"全是多事了;假如"中学为体西学为用"的主张可以救国,那末,李鸿章和张之洞早成了大功了。时势已推演到这个地步,而突然有这种反动现象发生,我们虽然明白其原因并不简单,但不能不对这种庸妄的呼号,指

①　1934年9月15日在上海创刊。月刊。创办人金有成、俞象贤,编辑吴郎西、黄士英、黄鼎、钟山隐,上海美术生活杂志社出版、发行。出至1935年9月第13期被迫停刊。

②　系巴金笔名。

③　1933年7月1日在上海创刊。第1卷编者署"上海文学社",由鲁迅、茅盾、郑振铎、叶圣陶、郁达夫、陈望道、胡愈之、洪深、傅东华、徐调孚十人组成的杂志编委会集体负责,第2卷起改署傅东华、郑振铎,具体编务由黄源负责,第七卷起由王统照接编。上海生活书店出版发行。

④　1935年3月5日在上海创刊。半月刊。主编徐懋庸、曹聚仁。编辑者上海芒种社。发行人方东亮。发行所上海群众杂志公司。

出问题的症结所在而促其反省。不错,中国民族必须有自信心,信赖我们的自立的能力;我们不愿作帝国主义的奴隶,我们要从现在的次殖民地的政治局面挣扎出来,我们要完成民族解放的功业。但这一切,并不是憧憬于过去的光荣就可以成功的。一个破落户捧着废址上的残砖碎瓦,以为这就可以重建楼台,谁都知道只是一个愚妄的梦想!

我们以为民族的自救,除了向"维新"的路上走去,再没有别的办法!

一切建设事业,军事设备,都需要最进步的物质文明的帮助,惟有文化工作,却固步自封,不愿受外来的影响,这岂是可能之事?

凡伟大的民族差不多都吸收外来的文化。罗马帝国是全盘的承受了希腊文明的。中国的文化到底有几分之几是纯粹的"国粹",也大是疑问。国乐器的胡"琴"便是疆"胡"物;所谓长袍马褂的礼服也是"胡"服;最初的床,被称为"胡"床;民间最流行的"烧饼"就是"胡"饼。如果除去外来的成分,样样都要国粹,就非恢复"席地""鼎食""车战""汉衣冠"不可。这是谁都知道的。那末,为什么对于"文化"生活,却非要求读经作"古文"不可呢?

我们相信救国不必读经,读经和救国没有关系。这并不是说"经"书绝对的不可读;如果在大学里,研究古代史而读书经春秋,研究诗歌而读诗经,那是没有人反对的。可是,把读经作为"救国"的一种方术,那就浅妄得可哭。"经"是什么呢? 我们只要分析一下,便知道所谓十三经只是古代一部分著作的结集。抱着二千多年前古人的著作,以为熟读了便可以救国,若不是相信那经书有通天的魔术的作用,便无法解释这可笑的举动了。

假如以为从群"经"里可以取得许多道德的教训,作为立身处世界的标准,那也只是妄想。二千多年前的道德教训能够范围现代的人么? 而且,道德教训之类果能改造一个人的人生观么?

近世的伦理学进步得很快。奉二千多年前的伦理观念为金科玉律,恐怕只有退化的人群才会这样办。我们相信民族的自救,贵乎知新而不贵乎温故;我们知道我们的传统的弱点,我们必须勇敢的去补救。

同时,我们相信民族自救的责任不是少数人所能担负的,必须大众来通力合作。怎样普及知识于大众,是今日最重要的问题,所以我对于改革汉字的运动觉得是必要的。

我们相信文字和文化运动有极密切的关系,文言文或古文早已走上了末路,那些僵硬了的文章组织,实在不足以表现现代的生活;依照口头语写成的"国语文",在修辞学上看来,其精密详审的程度,比较文言文进步得多,决不是浅陋苟简的东西。

要提高一般学生的国文程度,只有提高"国语文",如果专教"古文",便是阻止了他们的进步;在课堂上作诗词歌赋,更是反时代的愚蠢的举动。

通一经一史,能作诗词的人物,不是现代中国所需要的;我们需要现代的人,我们也需要能够表白现代人的情思的现代文。所谓经史以及诸子百家都只该让专门家去研究,而不是一般学生所必读的。

我们相信,从提倡读经到鼓吹以经史百家为"挽救"学生国文程度的主张,全都是不明白文化运动是什么的,全都是不明白危机的中国需要什么的;他们虽然未必是"王道"政治论者的同群,而其结果却是一致的。

所以复古运动发展的结果,将是一服毒药,对于民族前途,绝对没有起死回生的功效!

我们不忍坐视这愚妄运动日渐发展,故敢竭其微忱,宣言如右;希望国人注意!本年《读书与出版》第2号、《文学》第5卷第1号、《读书生活》第2卷第4期、《青年界》第8卷第2期予以刊载。

7月5日　天津春草剧社在东马路市立第一讲演所召开全市业余话剧团座谈会,展开关于"话剧职业化"的讨论,邀请在津剧人与会。唐槐秋在会上指出:"要剧运成功,必须要职业化,所以中国旅行剧团本此方向去做,成了一个职业剧团。"《关于职业剧团》)据洪忠煌撰书,曹禺也在"被邀之列"。(《话剧殉道者——中国旅行剧团史话》第103页)据刘念渠文述,天津"座谈会亦曾举行过三次:两次是青玲艺话团主雇的……一次是春草剧社主雇的,七月五日在东宣讲所举行,到有百余人。唐槐秋,陈绵,马彦祥诸氏均行出席,可以说是一个盛会"。(《一九三五年国内剧坛》)

7月9日　中国旅行剧团"由天津赴开封。"在开封"公演二十七场"。在开封期间,演出由曹禺翻译的独幕剧《隧道》,导演马彦祥。(《话剧廿五年之回顾与廿六年之展望》)

7月11日　天津《北洋画报》"曲线新闻"栏刊消息:"本市市立师范学校校友会孤松剧团团员",利用暑假排演《毋宁死》,"继此剧后,即排演《雷雨》"。

7月15日　《杂文》月刊第2号编发一组有关《雷雨》的文字,有曹禺的《〈雷雨〉的写作》、吴天的《〈雷雨〉的演出》及罗亭的《雷雨的批评》。曹禺文,后收入《曹禺全集》第5卷。

是月　《清华校友通讯》第2卷第7期刊《失去联络的校友》名单。"万家宝"、"颜玉衡(颜毓蘅)"名列之中。

8月初　天津,与邢振铎一起同孤松剧团的演员会面,谈他的剧本。据邢振铎文述:

八月初我在天津见到了曹禺先生，我们和扮演周朴园、鲁贵、鲁大海、周冲的演员围坐在桌子旁，一面谈论着，一面我也就翻译问题征求了曹禺的意见。起初，曹先生沉默了片刻，接着他说："我感谢你的厚意，可是这是一部很幼稚，并且不够洗练的作品，您还是放弃您的想法吧！"当时我并没有意识到他是出于谦虚才那么说的。"反正译着试试吧！"我答复了一句就道别了。听说他两年前到日本来过，是为了探求话剧才来的。（《译者后记》，《日本学者中国文学研究译丛》第 2 辑第 225、226 页，崔任夫译）

据曹禺回忆：

我还记得邢振铎为了把《雷雨》翻译为日译本出版，特地到天津找我，征求我的意见。这时，我才更详细地了解了东京演出（《雷雨》）的情况，对于日本的戏剧家秋田雨雀那样热情地支持演出，支持日译本的出版，我是十分感动的。

（《苦闷的灵魂——曹禺访谈录》第 74 页）

本时期　天津市立师范学校孤松剧团排演《雷雨》，邀请曹禺前往指导。据石羽[①]回忆：

我是在天津市立师范读书，组织戏剧研究会，我们学校也有南开中学的同学，成立了孤松剧团搞业余演出。请南开中学的吕仰平老师来辅导。

1935 年，我们看了《雷雨》的剧本，剧团就准备组织演出《雷雨》，这可能是国内最早的《雷雨》演出了。万先生来看过，并且作了指导。（同前第 196 页）

曹禺也回忆："我也记得是南开中学的教师吕仰平先生去指导排演的，还请我去同演员们说过戏。"（《苦闷的灵魂——曹禺访谈录》第 124 页）

8 月 11 日　天津《大公报》刊报道《教育名剧——〈雷雨〉·孤松剧团近将公演》：

本市的孤松剧团……最近他们以假期之余，因为他们都是从事教育的人，比较着有时间亦是在假期里。他们又整饬阵容，把他们最新的姿态，实现出来。就是在近期要出演《雷雨》。《雷雨》这个剧本子，在这一年来，是非常之惹人注意。这个剧本，他的价值，全是着重在教育的意义上的。同时他们又都是从事教育的人，所以他们乐于牺牲他们的精力，兜成这个非常长而又非常难演的剧本。《雷雨》的内容，完全是发挥感化教育的意义，是指出一个人无论是怎

① 石羽，1914 年生于天津，原名孙坚白。新中国成立后，曾任中国青年艺术剧院艺委主任、副院长等职。他自幼即对表演艺术发生了浓厚的兴趣。在师范读书时，便开始了最初的话剧生涯。毕业后，投考剧校。此后在南京、重庆、成都、昆明、上海等地，在众多话剧前辈的指导下，参加了许多具有进步意义的剧目的演出。

么样在一生里不准有一步的错,如果要是走错了,就是千万个忏悔,也到转不过来的,立意非常伟大。

这次他们完全新制布景,道具等……一切一切都是经过试验,而未试用的。比较往次更较名贵。他们每个团员,又都是舞台上很有经验的,对于演技早有定评,笔者不必赘述。最近他们要公演了,这是非常值得注意的事情。想将来对于剧坛又是一个非常的贡献,希望他们成功,笔者在切望着,剧坛的同志听了亦是非常可庆幸的事。

8月15日 孤松剧团是晚预演《雷雨》。据冯俶撰述:

昨天承孤松剧团的允许,在夜间我去看他们正式的预演,因为所需的时间很多,(一共是四幕,每幕要用一个钟头以上)只排了前两幕。这剧给了记者以非凡的感动,虽然我只看了一半,(这剧本我却读过一回)我已深深的体验到各位演员努力的精神,导演者灵活的手腕,和将这剧本内在的意义表现到如此完美的地步,它好像有一种排山倒海的伟大的力同时还若有一缕流泉微细的力一齐灌注到记者的心里。

《雷雨》是曹禺在文学季刊上发表的一个四幕剧,它前边还有一个序幕和末了的一个尾声,孤松本次的演出,将剧本又整理了一下,删去了序幕和尾声,保留了最完美的部分。这剧本虽然只以家庭的形式表演出许多平庸和错综的事实,它主要的企图是在人类"内心的发掘",和一种永不磨灭的"人性的冲突"的描写……一切的布景,道具,灯光都是演员自己来动手,导演的认真,甚至一个极小的动作都用号码来作正确的规定,这种精神真值得我们的钦佩!(《〈雷雨〉的预演(上)》)

《雷雨》在日本东京的上演,轰动了日本的剧坛,在国内还没见人来演,这回孤松自今日起的出演,无疑的给正在前进的话剧加了一份力量,以他们以前的成绩,和努力从事的精神,长期的准备,我敢断定他们的力量是不会浪费的!(《〈雷雨〉的预演(下)》)

8月17、18日 天津市立师范学校孤松剧团在该校礼堂首演《雷雨》。(详见下条)

8月17日 天津两大报媒开"专号"报道孤松剧团公演《雷雨》,二者编排基本相同,文字略有不同。《天津益世报》①第四张"别墅"版开辟"孤松剧团公演《雷雨》

① 1915年10月10日在天津创刊,日报。创办人雷鸣远。综合性报纸,全国发行。抗战全面爆发后,曾出版昆明版、重庆版。出至1949年1月停刊。

专号"。载有导演吕仰平《导演的话》、邢雪（即邢振铎先生）的《〈雷雨〉在东京——中国剧本译成日文第一部，留日同学话剧的公演成功作》、栏天（即郭兰田，吴天）的《雷雨》，化妆师苏吉亨的《关于化妆的几句话》，一行（文后署名）的《编者小言》以及演出广告《孤松剧团公演〈雷雨〉》、《职员表》、《演员表》。本版配有导演吕仰平头像1幅，"孤松四职员"陈兰、伊凡、石灵、邹式模合影1幅，《雷雨》原作者万家宝君（即曹禺）头像1幅，"第一幕中的鲁贵和四凤"剧照1幅，"第二幕"剧照1幅，"第三幕中的四凤和她的母亲"剧照1幅。

《孤松剧团公演〈雷雨〉》："票价——甲种五角，乙种——三角。地点——河东金汤三马路西口市立师范礼堂。时间——今日（十七十八日）准下午二时启幕。限制——对排入座，童仆不招待。"

天津《庸报》第3张"号外页"特开辟"天津孤松剧团今日公演《雷雨》专号"。刊姜公伟的《为了天津剧运说几句话——本页发刊孤松公演专号的致辞》、董心铭的《孤松三次公演前言》、李琳（即华静珊）的《〈雷雨〉本事》、吕仰平的《导演的话》、栏（吴）天的《〈雷雨〉从选本到上演》以及《孤松剧团三次公演》广告、《〈雷雨〉职演员表》、《孤松剧团启事》，全版配图"《雷雨》作者曹禺"1幅、"导演吕仰平"1幅、"化妆苏吉亨"1幅、"《雷雨》第三幕特写"1幅、"《雷雨》共四幕·第一幕""第二幕""第三幕""第四幕"剧照4幅、"四凤……佗菩女士"1幅。

姜公伟说：

> 本页，今日应孤松剧团之请，发刊孤松剧团公演《雷雨》专号：我们也原藉此机会来推荐这个有力的剧本，及孤松剧团一向沈继地努力。
>
> ……
>
> 作者（曹禺）虽是一个陌生的名字。但实是我们所熟悉的万家宝君——一位具有充分天才的演员，专心致力于戏剧研究的人。大约我们都还没有忘记，他所饰演的《傀儡家庭》中的娜拉，及《新村正》中的吴二爷，都活显显地成功了。当他听到《雷雨》第二次在东京上演，亦因"维持风化"而被中国使馆禁止，感到了非常的失望。所以，这次《雷雨》在国内第一次公演，我们希望能由此更鼓起万君的勇气，继续地揭开了社会的各面像及所谓"维持风化"的里层，都是些什么把戏！
>
> ……
>
> 《雷雨》，是他们早已想上演的剧本，拖延到了今日，才得如愿以偿。我们认为此种尝试是极值得推荐的……

董心铭说：

　　这次上演的是《雷雨》,它是一个有着社会教育的功能的剧本,它阐发着感化教育的意义,所以我们乐于牺牲我们的精力,来完成这个含有伟大价值的稿本。

导演吕仰平说:

　　《雷雨》是演了,不过这是一个太大胆的冒险。本来,这个意思的决定,是在暑假的起始,决定以后就工作起来,为了上演方便起见,又不得不费去许多的时间删改剧本,一切的景,灯,效果,又得慢慢的想,慢慢的作,因之真正排戏,没有几天。

《〈雷雨〉职演员表》:

　　职员表:导演吕仰平,化妆苏吉亨,事务邹宗范,总务徐继培,前台张用缘、孙士英,后台董心铭、杨诒涛,场外管理蒋孟朴,提示董心铭、华静珊、杨诒涛,布景孙坚白、郭兰田、杨诒涛,道具孙坚白、徐继培,效果董心铭、孙坚白、何福堃、高尚信,灯光徐继培、张用缘、孙士英,司幕齐世元,售票陈兰,宣传董心铭、高尚信,摄影伊凡。

　　演员表:周朴园由陶一(杨诒涛)扮演,周繁漪由严如(王炳圭)扮演,周萍由栏天(郭兰田,吴天)扮演,周冲由高朋(高尚信)扮演,鲁贵由陈迹(孙坚白)扮演,鲁侍萍由李琳(华静珊)扮演,鲁大海由何之(何福堃)扮演,鲁四凤由佗菩(杨乃庚)扮演,周宅仆人由余卜扮演。

《孤松剧团启事》:

　　本团公演《雷雨》角色略有变更,兹志如下:原本四凤一角为樱子女士担任,近因樱子女士病体未愈,在平休养三星期,致碍本团工作进行,故改由佗菩女士担任。

　　是日　《北洋画报》第1284期刊《〈雷雨〉的介绍》,该文对《雷雨》剧本故事做了介绍,并示意"《雷雨》这剧本的故事,就是告诉人们:'一失足成千古恨,再回头一百年身。'"文旁配"孤松剧团今日在河东市立师范公演《雷雨》之第二幕"剧照一幅。

　　8月19—29日　天津各报对孤松剧团演出的《雷雨》纷纷发表评论。《天津益世报》于19日发表署名伯克的《〈雷雨〉——孤松演出批评》,22日发表了署名霞漪的《〈雷雨〉的演出》,22—25日又发表刘雯的《关于孤松演出〈雷雨〉》;天津《大公报》于20—23日发表署名白梅的《〈雷雨〉批判》、24—29日发表了不凡的《〈雷雨〉的演出》等文。对曹禺的创作给与热情的肯定。

　　8月19日　《天津益世报》第四张(第14版)刊伯克的《〈雷雨〉——孤松演出批评·母亲少妇老仆表演最好,布景甚努力效果上成功》一文。该版配"东京中国留学生公演《雷雨》之一场面"图片一幅。作者"总结：《雷雨》给了我们一个满意，它没有成功，也没有失败"。

8 月 20—23 日　天津《大公报》第四张"本市附刊"连载白梅的《〈雷雨〉批判——演员多半不合身分(份)，剧本冗长尚待改编》一文，并配"孤松剧团上演《雷雨》之第一幕"剧照 1 幅(20 日)，但 21 日又"更正：昨日本刊所登《雷雨》照片，系在日本东京上演时所拍，并非本市孤松所演，特此更正"。作者认为《雷雨》"在写作上成功，而在剪裁上失败"。从主题看，"《雷雨》是暴露了中国资本主义家庭的横断面，将其'金钱'做的烟雾弹所掩饰下的罪恶加以剖析，同时对于社会，婚姻和伦理制度，都表示着不满，而实行反抗……作者在抓住现实予以扼要的暴露之成就上是值得惊服的。"同时对剧中每个角色给与了评述。最后总结，"总之孤松剧团以全副的力量，来尝试这繁杂的剧本，此种无畏的精神，是值得特别推崇的，但因为人才的缺乏，不能给选择演员上一种便利，以致影响了演出的效果，这原是很可惜的事……希望在下次公演的时候，都要加以修正和克服。"

8 月 22 日　《天津益世报》第三张(第 12 版)刊署名霞漪《〈雷雨〉的演出——效果成熟惊人，各点皆较母归进步》一文。作者连看了两天，从"布景，化妆，效果，表演技术"加以评述，称："总的来说，在表演技术上，据说确是比东京那次演时好多了。"

8 月 22—25 日　天津《庸报》"号外页"连载刘雯的《关于孤松演出雷雨——剧本严重有力而深刻，演员以陈迹伦菩最佳，幕及灯光运用灵活，演出总成绩相当成功》。文说：《雷雨》是一出四幕的长剧，前面有段(序幕)，后面有段(尾声)：算起来，大小共六幕。这次孤松剧团演出的《雷雨》，删去了前后两幕，只着重在正式的那四幕。""《雷雨》的故事最严重的；是可纪念可回味的！"

8 月 31 日　天津《大公报》发表刘西渭①的《〈雷雨〉》，他说："《雷雨》是一个内行人的制作，虽说是处女作，立即抓住了一般人的注意。《雷雨》现在可以说是甚嚣尘上。"称誉它是"一出动人的戏，一部具有伟大性的长剧"。他认为《雷雨》里"最有力量的一个隐而不见的力量"，是"命运观念"。他说这命运就"藏在人物错综的社会关系和错综的心理作用里"。他指出最成功的人物是女性，"注重妇女的心理分析"。他说繁漪是一个"反叛者"、"被牺牲者"，富于"内在的生命"。他还指出《雷雨》受了希腊悲剧作家欧里庇得斯的《希波里托斯》和法国作家拉辛的《费德尔》的影响。并且说《雷雨》"很像电影"。但也中肯地批评《雷雨》在情节上"过了分"，还

---

①　即李健吾。

须"删削"那"无用的枝叶"。他赞扬"作者卖了很大的气力,这种肯卖气力的精神,值得我们推崇,这里所卖的气力也值得我们敬重"。

是月　余上沅接受南京教育部聘请,筹办国立戏剧学校。(《悼念余上沅》,《剧专十四年》第25页)不久学校刊登招生广告,开始招生。

秋　据杨之华撰述:"一九三五年秋……巴金与靳以脱离《文学季刊》后,当即偕同南来上海,另设'文季社',并托良友公司发行《文季月刊》,率领北方作家曹禺,齐同,何其芳,萧乾,丽尼等,以示对抗。西谛①既因李长之的退出,后以巴金,靳以的南下,集稿大感困难,遂迫得停刊。②"(《文学季刊社》,《文坛史料》第403页)

9月初　中国旅行剧团经由开封、郑州、石家庄旅行演出返回北平。(《北洋画报》,1935年9月10日)随后,唐槐秋再次排演《雷雨》。《雷雨》将要公演的消息传出,北平市府仍以"宣扬乱伦"不准公演。遂转往天津。

据陶金说:"一九三五年秋天……再回到北平,三十来号人挤在宣武门外魏染胡同租的四合院里。十二间房子塞得满满的。为了吃饭,大家马不停蹄地找戏园子。""戏院经理一见面就是一大车苦经。""回到了剧团,大家仍是一筹莫展。后来决定快把《雷雨》重新排出来,由陈绵博士导演,戴涯的周朴园,赵慧深的繁漪,唐若青的鲁妈,章曼苹的四凤,姜明的鲁贵,我的周萍,谭汶的周冲,曹藻的鲁大海,李曼林的老仆,任苏、李敦的佣人。"后"接到北平市社会局的命令:第一,《雷雨》宣传乱伦,有伤风化,不准上演。第二,中国旅行剧团必须于十四日内离开北平"。(《演戏坐牢记》,《唐槐秋与中国旅行剧团》第471—480页)

据赵慧深文述:"由郑州到石家庄……回平,作一个月的休息。其间也因生活问题出演过几次,十分之九的时间是用在排戏上。这一月排出三个长剧:《雷雨》,《油漆未干》,《情书》……我们在这时再作去津的准备。""一月后作三次的去津公演,情形同前两次。"(《三年来的中国旅行剧团》)

9月17日　南开新剧团开始排演《财狂》。曹禺与张彭春先生合作,将莫里哀的《悭吝人》改编为《财狂》,并出演该剧主角韩伯康(阿巴贡)。(《南开新剧团将公演〈财狂〉》,《大公报》,1935年11月17—19日)据曹禺回忆:"无论是参加演出,还是改编剧本,这对我搞剧本创作都是一种锻炼,都是有益处的。"(《我的生活和创作道路》)

据鹿笃桐回忆:

《财狂》是根据莫里哀的《悭吝人》改编的,当时是为了救济水灾的灾民。

---

① 即郑振铎。
② 此指《文学季刊》。

曹禺和张彭春先生把这个戏中国化了，从人名到戏名、到剧情都变成中国味的。导演是张彭春，主角是曹禺。剧本中国化，很多是曹禺的东西，随编随排随改，稿本并不是一下子弄出来的。

张先生非常欣赏曹禺，曹有独到之处，是他很认真；我们都乱起哄，他真上劲儿。他装疯卖傻的。这个戏有一个特点，一个景，张彭春导演，林徽因设计……这个戏男女同台，过去南开都是男人演。演出时已经很冷了，穿的是纱衣，演得很成功，开幕拉幕都是以灯光的明灭为信号。曹禺的戏很重，从始至终演得认真，很不简单，是下了功夫的。眼睛什么样，动作什么样，张彭春导演比较细致，台词怎么说，音乐怎么展开，对曹禺的动作导得更细。(《苦闷的灵魂——曹禺访谈录》第 252、253 页)

9 月 22 日　据《洪深年谱长编》："洪深由青岛抵沪，复旦剧社同学去拜访他。剧社想排演俄国作家奥斯洛夫斯基的《大雷雨》，洪深热情地推荐说：有一个中国的《雷雨》很好，你们可以演。经剧社研究决定排演，邀请欧阳予倩导演，凤子、李丽莲、吴铁翼等主演。12 月，在宁波同乡会和新光大戏院演出，轰动一时。此时洪深正在沪小住，观看了此剧。"(《洪深年谱长编》第 177 页)

10 月 11 日　据洪忠煌撰文："公演前夕(10 月 11 日)，在中旅下榻的惠中饭店顶层饭厅里举行连排，唐槐秋特意给曹禺开了一个房间，请他指导排演。剧作家亲临现场(按李健吾的说法当时《雷雨》的轰动效应"可以说是甚嚣尘上")，给中旅演员们以极大鼓舞，他们虽未化妆，却演得非常投入；随后经曹禺接洽，又在南开中学瑞庭礼堂(时有"中国话剧第一舞台"之称)进行彩排，邀请了报界记者。看排演时……曹禺中肯地提出了意见：'大家哭成一团，以表示演得好，这我不大赞成。演员要懂得节制，既要进入到角色中去，又要有理智，光靠感情冲动不行。演戏要是一个劲地激动，就不可能感染观众。'中旅演员们认真听取了曹禺的意见，公演取得极大成功。"(《话剧殉道者》第 104 页)

10 月 12 日　中国旅行剧团在天津新新戏院公演《雷雨》。(《大公报》，1935 年 10 月 12 日)导演唐槐秋。演员阵容：赵慧深饰繁漪，戴涯饰周朴园，章曼苹饰四凤，唐若青饰侍萍，姜明饰鲁贵，谭汶饰周冲，陶金饰周萍。(《中旅的〈雷雨〉》)曹禺亲临现场，在后台"亲自为演员提词"，演出大获成功。

据姜明回忆：

当时，刚好在天津河北女子师范学院任教的原作者曹禺先生也热情地来到了我们的住处，跟大家认识，和我们提意见，后来，甚至幕后提词也干了，干得多么亲切、真挚，他与剧团的交谊也越来越深，此是后话。(《雷雨三十年》，《中

国话剧史（上册）》第247页）

移师天津演出《雷雨》后，我和原作者曹禺先生也交上了朋友，我们常常见面，我们同玩乐、同研究，也听到他对戏剧的精辟的意见，包括编导演各方面的。（同前第250页）

据曹禺回忆：

中国旅行剧团演《雷雨》时，我在天津河北女子师院当教授，马彦祥住在惠中饭店，当时他是《益世报》的编辑。唐槐秋是这个团的团长，他这个人是很随便的，讲究吃，有时连妓院也去……我不住惠中饭店，但常去，请他们吃饭，惠中饭店我是很熟很熟的。（《苦闷的灵魂——曹禺访谈录》第60页）

从此，《雷雨》成为中旅长演不衰的剧目。中旅在天津演出后，继在北京、上海、南京等地演出。他们在上海卡尔登戏院演出后，才把《雷雨》一剧与"各阶层小市民发生关连（联），从老妪到少女，都在替这群不幸的孩子们流泪。而且，每一种戏曲，无论申曲、越剧、文明戏，都有了他们所扮演的《雷雨》"。所以，曹聚仁说，1935年"从戏剧史上看，应该说是进入《雷雨》的时代"。（《文坛五十年续编·戏剧的新阶段》）

是日 天津《大公报》刊载署名雷欧《〈雷雨〉——著名伦理悲剧中旅今明公演》一文，文中记述："中国旅行剧团计划公演万家宝氏（即曹禺），所著之剧本《雷雨》酝酿已有一年之久。其排演经过已有三次之多，今日始得正式呈现于渴望已久之观众眼底。"

10月19日 天津《北洋画报》第1311期刊伊凡《中旅的〈雷雨〉》一文。文说：

《雷雨》，在天津上演已有两次。第一次是孤松剧团在市师，第二次，便是最近中旅在新新影院的上演。

这两次演出的成绩，就大体上说，我是要推举中旅为比较成功的。这在演员的分配，和导演的技巧上，都是有着很大的关系的。虽然中旅的上演《雷雨》，依然不如茶花女那样使人满足。

10月28日 《复旦大学校刊》第2版刊载署名文干的《〈雷雨〉的检视》。作者读过《雷雨》原著后，"觉得著者对于题材的处理，很能把握着现实，不致流入感伤主义之途径上"。"至于手法的处理，则全剧空气未免流于阴郁"。虽"遗憾"，但"有一点喜悦，为什么呢？因为这剧能将现实社会的丑恶暴露"。

本期还刊《雷雨》演出预告："《雷雨》：请注意：公演日期及地点。"

10月29日 天津《大公报》刊文尾署名润堂的《一个〈雷雨〉批评者将访问〈雷雨〉作者》："自万家宝之《雷雨》产生，沉寂之中国剧坛，顿呈活气，作者魄力之雄厚与其笔锋之勇敢，实足令人折服。前中国旅行剧团在津演出斯剧，观客多为泣下，其场面之紧张,其剧力之动人可见。英国旅津戏剧名宿柏瑞蒂氏亦曾往观,极口称善,更足证其成功。又中旅上演该剧时,本市戏剧批评家姜贤弼氏曾发表一长篇,载庸报另外一页。文中对该剧原著演出各方面剖论颇详,但近据姜君语笔者,后经潜心研究,又发现该剧结构方面之缺陷多处,特别关于〈序幕〉〈尾声〉之存废问题,□将有新的提供,姜君并称为彻底研讨该剧本起见,最近决往访原著者曹禺一谈,以冀交换意见,并对作者作一忠诚之贡献云。"

是月 曹禺家人曾往观看《雷雨》。据王振英回忆:"《雷雨》,老太太和我们都看了,老太太不喜欢,我也不喜欢……"(《苦闷的灵魂——曹禺访谈录》第271页)

据邹淑英回忆:"《雷雨》是中国旅行剧团在天津公演的……干妈一家,我们一家也都被请去看了,还是分两拨去的呢。看得出,老人家是真正理解这个剧的,她说人的感情被挤到那份儿上了,就要发生这样的事。"(同前第272页)

11月4日 《复旦大学校刊》刊白榴《读〈雷雨的检视〉后》一文。作者对文干一文,从全剧"故事的发展"、"空气过于阴郁"以及"《雷雨》罗曼蒂克气息过于浓厚"而"忽视了它的社会价值"三点提出异议。

11月11日 《复旦大学校刊》刊文干《戏剧与社会现实——〈雷雨〉再检视并答白榴先生》一文。文干就《雷雨》一些问题与白榴讨论,系对白榴文的回应。

11月17—19日 天津《大公报》"本市附刊"连载署名镜潭的《南开新剧团将公演〈财狂〉》,文前告之:"排演业经两月,一切均由专家设计,两星期后露演,将为剧坛放一异彩。"

11月18日 《复旦大学校刊》刊白榴《浪费的论争——答文干先生》及文干《并非〈浪费的论争〉》二文。白榴、文干之间关于《雷雨》的论争在复旦剧社公演前结束。

冬 曹禺带靳以到中国旅行剧团,并观看了《雷雨》一剧。据时在中旅的赵慧深说:"章靳以听说不久要到上海,文学季刊又停版,他在北方大约也无事可作了。他母亲一月前死了。[1] 他现在在天津,我们这儿来过两次。他以前和万家宝来,并不是来看我,而是来看全团体的。万和我们这儿一个戴涅很谈得来。""万与章靳以甚好,也带他来过两次,并且章也看过我们的《雷雨》。"(《在中国旅行剧团》)

冬 与好友靳以、萧乾、何其芳、李尧林(巴金的三哥)、毕奂午聚会,并在天津法国公园留影。据章洁思文述:"当时,父亲的事业在北平,他在北平编辑《文学季刊》《水星》月刊,他在潜心投入他的写作。但为了祖母的病,他回到天津,陪侍病榻,整整半年,直到祖母离世。祖母离世在11月,或许正是那以后父亲才能离身,

---

① 据《靳以年谱》:靳以母亲是"冬季去世,享年五十四岁"。

才能与朋友留下这张在公园聚会的照片。"(《曲终人未散·靳以》第 83、84 页)

12 月 7 日 《天津益世报》第四张"别墅"版为南开新剧团演出《财狂》开设《南开新剧团公演莫里哀〈财狂〉专号》,刊万家宝(曹禺)的《在韩伯康家里》(后收入《曹禺全集》第 3 卷)、冯周的《〈财狂〉的演员介绍》、《莫里哀小史》、严仁颖的《我们所要说的几句话》、《演职员表》和《编者的话》。全版配《财狂》剧照 3 幅,广告一则。

是日 天津《大公报》副刊《艺术周刊》第 61 期编发"《财狂》公演特刊",刊宋山的《关于莫里哀》、李健吾的《L'Avare 的第四幕第七场》、常风的《莫里哀全集》等文章。

12 月 7、8 日 南开新剧团在南开中学瑞廷礼堂公演《财狂》。导演张彭春,后台主任华午晴,化妆吕仰平,布景监制严伯符,灯光张彭春、郑怀之,提示戴启动、张镜潭、巩思文、黄燕生,照料孟琴襄、关健南、韩叔信、王九苓、朱星樵、卢雄武,干事严仁颖、张祖培、李丹忱、韩质夫,布景由林徽音(因)女士设计。剧中人物(依登场先后次序):林笃簌由徐兴让扮演,韩绮丽由鹿笃桐扮演,韩可扬(绮丽之兄)由房德奎扮演,费升(韩宅之仆)由侯广弼扮演,韩伯康(绮丽之父)由万家宝扮演,施墨庵由沈长庚扮演,傅三奶奶由王守媛扮演,李贵(韩宅之仆)由张国才扮演,贾奎(韩宅之仆)由严仁颖扮演,木兰由李若兰扮演,陈南生由董振寰扮演,警长由高小文扮演。(《会务消息·冬赈筹款〈财狂〉公演》,《南开校友》第 1 卷第 3 期,1935 年 12 月 15 日) 时在北平的姜明听说"曹禺将于日间在天津的南开中学礼堂上,粉墨登场,扮演《悭吝人》(即《财狂》)剧中一个老头子",遂往观看,"曹禺的演出是成功的,我为这位能编能演的朋友鼓掌,手心也痛了"。(《〈雷雨〉三十年》,《中国话剧史(上册)》第 247、250 页) 萧乾看过后撰文:"《财狂》是本剧导演张彭春先生和扮演韩伯康的万家宝先生由莫里哀《悭吝人》L'Avare 改编的。这番努力的结果,若干穿插枝节被剪掉,全剧缩惜成三幕,但原剧的精彩场面,俏皮对话却保存无遗。这工作无疑地加强了本剧的效果。"(《〈财狂〉之演出》)

12 月 9 日 天津《大公报》第 3 版"本市副刊"报道《财狂》于 12 月 7 日下午首场公演的盛况,标题大字突出"演出大成功",小标题"万家宝、陆(鹿)笃桐最受观众欢迎"。

12 月 11 日 《天津益世报》再次刊消息《〈财狂〉再度公演》:"本市南开校友会,为天津市冬赈及贫儿救济筹款,特请前次公演大获成功之南开新剧团,于十二月十五日(星期日)下午二时,再度公演《财狂》一天。"

12 月 12 日 天津《北洋画报》第 2 版刊署名维什《〈财狂〉的观感》一文。文说:"这一个剧的中心,完全以悭吝人的韩伯康支撑着,而在这一次的演出,也就只有这一个人物最为成功。万家宝君的对白,动作,一怒一笑,都能充分的刻画出一个悭吝人的可怜相,而就在这深刻的表演中,对于这一类的人物给了一个冷嘲。"文配图3 幅,一为《本月七八两日本市南开新剧团公演〈财狂〉之一幕》(右至左:徐兴骧(让),王守媛,鹿笃桐,李若兰,房德奎);二为《万家宝饰〈财狂〉中男主角韩伯康之表情》;三为《〈财狂〉中之女演员,鹿笃桐(右),李若兰(左)两女士》。图片均为"南开新闻社摄"。

是日 复旦大学复旦剧社在上海《申报》①刊启事:"敬启者:敝社第十九次公演早经选定曹禺先生之《雷雨》特请欧阳予倩先生导演排练,历四阅月,兹定于本月十三、十四、十五等日假西藏路宁波同乡会公演。特此奉闻。敬希光临指导。"

12 月 13—15 日 复旦大学复旦剧社假座宁波同乡会公演曹禺的《雷雨》。导演欧阳予倩。演员阵容:胡会忠饰周朴园,凤子饰四凤,程传洁饰鲁侍萍,李丽莲饰周繁漪、顾得刚饰周萍,丁伯骝饰周萍,余一萍饰鲁贵,张庆弟饰鲁大海。(《复旦大学校刊》,1935 年 12 月 15—25 日;《雷雨》广告,1935 年 12 月 13—15 日) 上海《申报》连日刊这样一则广告:"预告本年度惊人的话剧节目,复旦剧社第十九次公演,导演者:欧阳予倩先生,剧作者:曹禺先生。《雷雨》四幕悲剧,复旦剧社全体合力演出,统率者:顾仲彝先生,复旦玄乐队全体参加演奏,指导者:勒加斯皮先生。剧本:轰动文坛的成功结构,导演:全国知名的戏剧专家,演员:富有经验的学校剧人,乐队:久经锻炼的音乐团体。有象征美化新颖动人的装置,有狂风急雨雷鸣闪电的效果,是暴露现代社会黑暗的剧情,是全体努力认真合作的演出。剧场:宁波同乡会(西藏路),日期:十二月十三、十四、十五日,时间:日场二时半,夜场九时,票价:大洋六角,一元。"

演出前,赵景深先生请曹禺题字。据赵景深回忆:"秋天又在宁波同乡会演《雷雨》。我请作者曹禺题字,曹禺因为自己的字写得不好,便请复旦的老同学靳以(章方叙)来冒名顶替,我被曹禺瞒过,回信给他说:'你和靳以真是好朋友,连字也像他!'"凤子在演出时,被感动得在台上真的哭了,全忘了自我。(《记曹禺》)

这次演出,欧阳予倩先生将"原作稍稍有些增删",删去了"序幕"和"尾声"。赵景深观后说:"此次上演,把首尾去掉,老仆也去掉,的确,真的成了自然主义的戏剧了。"(《〈雷雨〉的尾声》,《复旦大学校刊》,1935 年 12 月 25 日)

---

① 1872 年 4 月 30 日在上海创刊。初为双日刊,至第 5 号起改为日刊。创办人安纳斯·美查(英,Ernest Major)等。1912 年,史量才收购接办。抗战全面爆发后,曾数度停刊,先后出版汉口版、香港版。至1945 年 5 月在上海停刊。

关于这次演出。据凤子回忆:"《雷雨》可排了整整一学期。到年底十二月,天气十分严寒时才演出,每个人都冻得发抖,可是手里还拿着扇子,嚷热,穿着绸衣服,不时地去揩汗。"(《台上·台下》第10—12页)

12月14日 上海《申报·本埠增刊》刊《读曹禺的〈雷雨〉》①一文。作者认为《雷雨》是"一部难得的戏剧","足以被认为自然主义的杰作"。还刊封禾子②《〈雷雨〉演出赘语》一文。

12月15日 《南开校友》第1卷第3期"文艺"栏刊张彭春的《关于演剧应注意的几点——原则和精神》,曹禺的《在韩伯康家里》(《天津益世报》已刊),巩思文的《〈财狂〉改编本的新贡献》,萧乾的《〈财狂〉之演出》(《大公报》已刊),以及陆善枕《南开新剧与南开校友》、《南开新剧团略史》二文。配《财狂》照片三幅:一幅是"《财狂》布景:第三幕";一幅是"《财狂》全体演员";一幅是"导演张彭春指导万家宝情形"。

巩思文认为,张彭春教授、万家宝先生将《财狂》(L'Avare)改编出来,并且举行公演,这在中国新剧坛上确是一个大贡献"。《财狂》改编本的新贡献是:(一)剧中人的创新,翻译的人名不仅切合原著,而且顾及到他们的性格或成分。(二)技巧的现代化,改变了原著情节松散的毛病,力求紧严,改五幕为三幕。因此"舞台的空气骤然变得紧张些"。(三)剧旨十分深厚,莫里哀原本结尾是东拉西凑的大团圆,改编本却不同,既娱乐了观众,又指引着观众,没有把老财迷轻轻放过。作者还对《财狂》的演出废去了幕,而完全采用灯光表示开场和收场,认为是"在人意中,出人意外"。这次演出最可庆幸的是"担任主角的乃是编者万先生。其余角色,又富于表演天才的,老有舞台训练的男女演员们分别充任。那么,《财狂》演出的成功确非偶然了"。

12月16日 《复旦大学校刊》刊张严《观〈雷雨〉后》一文。作者认为:"这次《雷雨》的上演,如果不十分吹毛求疵的话,可以说有相当成功。""最引为憾事的,就是剧场太不适宜,否则《雷雨》的演出上一定更加有很好的效果。"

12月17日 上海《申报·本埠增刊》刊署名李一的《〈雷雨〉——复旦剧社第十九次公演》。作者从"曹禺先生的写作态度"说起,他认为:"作者把每个人的意识形态由他们的生活形态来决定,那是非常的对的。""作者不仅使每个角色有他的典型,并且是使每个角色都有了个性。"说结构,他认为欧阳予倩删去"序幕"和"尾

---

① 原报署名字迹不清,待查。
② 即凤子。

声"，"这样的删法，在演出上是反而会增加些力量"。说演员、布景，最后说到这次演出的"客观效果"和"社会价值"。

12 月 18 日　赵景深致信凤子。信说："我看《文学季刊》将复活，你请万家宝写一篇《我怎样写雷雨》刊在《文学季刊》或《文学》上，同时附入照片，如何？我觉得剧作者自己的话说比别人说得要亲切一些。例如，我胡乱地说《雷雨》是自然主义的戏剧。而他自己却说是诗。现在想想，他的话也对。"（《〈雷雨〉的尾声》）20 日，凤子回信说："听说文化生活示要出《雷雨》单行本，假使作者要写《我怎样写雷雨》这类文章刊在单行本上最好了。"（同前）

12 月 19 日　上海《申报》刊消息《复旦剧社将晋京公演〈雷雨〉》："复旦大学复旦剧社……举行第十九次公演，剧名《雷雨》纯为现实命运悲剧，作者清华大学教授曹禺，用严肃之态度，以生动之笔，暴露现社会之黑幕，诚系自然主义派之杰作，闻此剧曾于东京、北平、芜湖等处先后公演，现由该社认真排练，名导演欧阳予倩导演，历特四五月，始于沪上公演，故此次上演结果，颇得各界极好赞评。……兹据该社负责人语复新通讯社记者云：'本社不日将往京市公演……'"

12 月 25 日　东京《学术界》①复刊号（第 1 卷第 1、2 期合刊）"批评"栏载《雷雨》一文，署名方海春②。文说：

《雷雨》在艺术上的表现，在它本身的对话上看不出有特别高明的地方，这话我希望不是冤枉的。在《雷雨》的结构与布局上，是一个颓废的浪漫主义的骨子，是一个有计划的整严的悲剧……《雷雨》里的对话，混有对《雷雨》本身十分不名誉的写实主义的血液……这是说《雷雨》不美的地方了。

不过，十分惊奇，而且真正抓住读者的是《雷雨》中对人物的插描……我应该说，《雷雨》中对人物的插描，在现下中国小说中也不会得到很多的。

作者在舞台效果上的苦心，一点也没有遮掩地表明是企图把《雷雨》写成舞台剧的……如果要上舞台演，纵使《雷雨》中的对话大大加以修改，无论如何，演出来的完美是及不上它原文所能表现的那些完美的。这里，我应该表示，这次《雷雨》在东京的公演我不曾去看是遗憾的。

是日　《复旦大学校刊》题《〈雷雨〉的尾声》刊赵景深、凤子信函两通，二者就复旦剧社演出之《雷雨》交换了意见。

12 月 26 日　张彭春由津赴沪，于 31 日自沪搭轮赴英。此行系"应英国牛津剑

---

①　1930 年在东京创刊。不定期。中华留日明治大学校友会出版、发行。
②　即欧阳凡海。

桥等大学之聘,赴英讲学。"(《母校消息·赴英讲学》,《南开校友》第1卷第3期,1935年12月15日)

12月28日 《新人周刊》①第2卷第18期"新人画报"栏刊《雷雨》剧照8幅,配有场景文字。

是月 《财狂》公演,天津《大公报》、《天津益世报》等媒体陆续发表评论文章。他们认为南开剧团此次《财狂》的演出,大获成功,不仅是天津剧坛上一个伟大的贡献,也是中国剧坛上一大贡献。并一致对曹禺的表演给与赞扬。

《天津益世报》(7日)刊冯周《〈财狂〉的演员介绍》。文说:

> 一年来津市的剧坛得到了一个新的启示,那就是《雷雨》剧本的降生和公演。爱好话剧的朋友们,想早对该剧有了相当的认识,该剧的作者——一个富有戏剧修养的青年,万家宝先生,将在这里,给观众以极深刻的印象。他是南开的校友,女师学院西洋文学系的教授。记得十年前,男女合演的风气,还没有普遍于全国,我们的万教授,便以饰演《玩偶家庭》中之娜拉,而受到人们热烈的赞许;六年前又以演《争强》中的董事长安敦一而获得意外的成功;一九三四年,就是去年,复以饰演《新村正》中的吴二爷而为多数人叹服;这一次他饰《财狂》中的主角——韩伯康。他已不是娜拉那样的活泼,也不是安敦一那样的果敢、沉着,更不是吴二爷那样的深邃、奸谲;而是一个没有自信心的、神经质的、期待着人怜悯的、金钱的奴隶——一个可怜的老头子。

天津《大公报·文艺》(9日)刊载萧乾的《〈财狂〉之演出》,文章给予曹禺极高的评价。萧乾说:

> 所幸这是一出性格戏。莫里哀是藉韩伯康写出一个悭吝人典型的情态。全剧成败大半由这主角支撑着。这里,我们不能遏止对万家宝先生表演才能的称许。许多人把演戏本事置诸口才,动作,神情上,但万君所显示的却不是任何局部的努力。他运用的是想象。他简直把整个自我投入了韩伯康的灵魂中。灯光一明,我们看到的是一个为悭吝附了体的人,他那缩肩抱肘的窘状,那抚腮抓手的彷徨,一声低浊的嘘喘,一个尖锐的哼,一阵咯咯骷髅的笑,这一切都来得那么和谐,谁还能剖析地观察局部呵。他的声音不再为Pitch所管辖。当他睁大眼睛说"拉咱们的马车"时,落在我们心中的却只是一种骄矜,一种鄙陋的情绪。在他初见木兰小姐,搜索枯肠地想说句情话,而为女人冷落时,他那种传达狼狈心情的繁杂表演,在喜剧角色中,远了使我们想到贾泼林,

---

① 1934年9月17日在上海创刊。周刊。社长童行白,编辑赵允安,发行童慕葛。

近了应是花果山上的郝振基,那么慷慨地把每条神经纤维都交托给所饰的角色。失财以后那段著名的"有贼呀"的独白,已为万君血肉活灵的表演,将那种悲喜交集的情绪都传染给我们整个感官了。

《天津益世报》(9 日)载水皮的《财狂的演出》,他在演员的得失中提到:

万家宝饰韩伯康:他是剧中唯一的主角,别人都是为烘托他的性格而生的,他从始至终维系着全剧的生命;万君更以全副的力量来完成这个伟大的职务,他的化装,服饰和体态,无一处不是对悭吝人的身分摹拟得维(惟)妙维(惟)肖,尤其是抑扬顿挫的语调和喜怒惊愕的表情,都运用的非常贴切得体;当他发觉他的美国股票被人偷去时的疯狂的嘶喊,暴跳与仆倒,其卖力处已达顶点,他是丝毫不苟的表演着真实,所以动人极深!把一个守财奴被钱支使得作出各色各样的姿态,真是可笑亦复可怜。总之他是具有天才和修养,并且知道如何的表现。这就是"舞台的技巧"。把两者合拢起来,便形成戏剧家的典型。所以他编的《雷雨》之能够成为伟作,在这里找到了注脚了。

《大公报》(9、10 日)连载徐凌影的《〈财狂〉在张彭春导演下演出获大成功》,大字刊出"舞台设计非常完美·演员表情均极认真·万家宝鹿笃桐最受观众欢迎"。文说:"剧中演员,自以饰韩伯康之万家宝君为最好。此君斩轮老手,一举一动,俱能抓住观众之注意,其声调尤为千变万化;惟剧中人皆夏衣,而万君独穿棉鞋,则似乎不大可解。"

《天津益世报》(11、12 日)载伯克的《〈财狂〉评》,评说:

最成功的是万家宝先生。这个久任剧团的主角万家宝,以其丰富的素养,独特的天才,饰剧中主角韩伯康,把一个悭吝人的"心理",无论悲哀与快乐,无论疯狂与安逸,都写在自己的眼睛上、字音上、肌肉上、动作上,深深镌刻观众的心板上;无论一谈一笑一走路一咳嗽都成就了一种独特的风格,财狂的典型。几处狂痴的地方更把握到剧中人的灵魂。

《北洋画报》(12 日)刊署名维什的《〈财狂〉的观感》。

《大公报》(13 日)载玉西的《〈财狂〉评述》,评说:

这次所有演员的表演技术,都可以说是成功的,这不能不归功于导演张彭春先生。尤其是万家宝饰演韩伯康,表演异常深刻,发音高低掷扬,能时时刻刻提起观众的注意,至于韩伯康悭吝神态,更维(惟)妙维(惟)肖,守财奴见之,岂不惭死。有时因太求深刻,不免也略有过火处,然而万君表演的天才,委实非常难得,足令观者佩服了。

《天津益世报》(15 日)载岚岚的《看了〈财狂〉之后》,评说:

本剧主人公韩伯康,万家宝饰。他是支配全剧成败的一个最重要最费力的角色,那种吝啬寒伧守财哲种种丑态,抱肩缩背的窘状,抓耳抚腮的彷徨,患得患失的心理,令人发噱的语言,万君饰来可谓刻画入微,入木三分,一丝不苟;他能运用丰富灵敏的想象,将韩伯康的人格整个灵魂附入自己的躯壳内,显现在我们面前的不复是万家宝先生其人,而是活生生的韩伯康吝啬的老财迷。至化妆服饰也都恰合身分。但在前半场表情上因太认真了,未免有稍嫌过火之憾;至后半场的发觉丢失股票后疯狂的独白,号呼,茫然暴跳,仆(扑)倒的动作,则较前半成功,为万君表演天才流露的最高峰。

《大公报》(16—18日)连载谭宗燕《〈财狂〉评述》。文说:

演员中最可注意的,要算万家宝君所饰的韩伯康,走道的姿势和说话的神气,处处深刻的表现出一个悭吝人为金钱所支配的丑态,造成了种种形形色色的笑料,发现了他美国股票被人窃去时的疯狂乱嚷,更觉得可怜可笑,服装及化妆,也很合一个悭吝人的个性,形容的入骨逼真。万君在剧坛上是很知名的,演出自然容易成功,他所编的《雷雨》,早已获得一般的赞美。

《天津益世报》(20日)载王良的《三演〈财狂〉的速写》。文系作者对7、8、11日三场演出的全景描述。

曹禺此次返回母校,与张彭春先生合作,他的表演生涯获得空前成功。后有"中国只有两个成功的演员'南袁(牧之)北万(家宝)'"之说。(《曹禺的三部曲及其演出》)

是年 在天津。曾观看鹦鹉剧团演出《雷雨》。据赵慧深说:"天津有个鹦鹉剧社演《雷雨》,成绩很糟,万家宝去看时偷偷坐在后排,不到一会,他又偷偷的走了。他认为一些人随便将他剧本上演,是没有办法的事。"(《在中国旅行剧团》)

据谢添回忆:"1934年,我同鲁韧、张客在天津组织过《鹦鹉剧社》和《喇叭剧社》。靠着几位有钱朋友的资助,租过春和戏院和新新影院演了几个戏。""在《雷雨》中演周萍。"(《通向银幕的路》)

是年 曾带着靳以去看过生活中的翠喜。(《曹禺创作生活片断》)

是年 在天津女子师范学院教书,曾教授《圣经》,还自学俄文。据曹禺回忆:"有过这么一段,我教过《圣经》文学,那是在天津河北女子师范学院。《圣经》文学我懂得太少,它的确写得好,有些非常漂亮的文章和故事,我很喜欢。但当时仅仅是喜欢它的文章和故事而已。我读《圣经》是比较早的,具体想不起是什么时候了。"(《苦闷的灵魂——曹禺访谈录》第20页)那时"我想把俄文学好,找了一个白俄当教师,大概是个哥萨克人,但他语言无味,没法学,就放弃了"。(同前第106页)

　　暇时,曹禺常和几个文艺人士聚会,"佐临这些人都去参加。我记得李霁野也常来参加"。(同前第 109 页) 黄佐临先生曾回忆,"当时在天津是有这么七八个人对文艺感兴趣,一个月聚餐一次。""有《大公报》、《庸报》的编辑,解放后当过天津市文化局长的李霁野,也有曹禺,常常聚在一起,谈文艺方面的问题。那时天津搞文艺的很少,不像北京上海那样活跃。我当时做商人,爱好文艺,他到我家里,看到我有很多书,便借去看,借戏剧的书、剧本之类的书去看。"(同前第 232、233 页)

　　是年　曾和李大千聊天交流。李大千时在天津一家外文书店作"实习生",有次到河北省立女子师范学院给曹禺送书,和曹禺聊起自己对《雷雨》的看法和想当演员的想法。曹禺鼓励他:"想当演员,首先要多读书,多观察,多思考。最重要的,多注意品德的培养。"(《幸福的回忆》,《秋实春华集——北京人民艺术剧院建院三十五周年纪念文集》第 315、316 页)

1936年(民国二十五年)　二十七岁

2月,南京国立戏剧专科学校于27日至31日举行首次公演,剧目为《视察专员》,该剧系由果戈理的《巡按》改编,改编者陈治策,导演余上沅。

3月21日,中旅在新新影院作离津最后演出,结果收获圆满。26日离津南下上海。

4月1日,《大公报》在上海天津同时出刊。即上海版刊行。

4月14日,"中旅"由天津抵上海。

10月,在中共地下党组织的领导下,四十年代剧社在上海成立。排演夏衍新作《赛金花》。

12月,因遭禁,《文季月刊》仅出7期,出完第2卷第1期(即总第7期)停刊。

12月14日,方地山(大方先生)因病在天津逝世。

1月1日　《留东学报》[①]第1卷第4期刊《〈雷雨〉日语译本不日出版》。文说:

曹禺作四幕悲剧《雷雨》,自今春留日中华话剧同好会首次上演于东京以来,国内中国旅行剧团排为该团基本剧。且天津,北平,上海,济南,开封,各地有名剧团,无不争先上演。某剧评家誉《雷雨》为我国剧坛上之一爆弹。而教育界文艺界及演剧界呼为感化教育一代名剧。今由我留东同学邢振铎君及东京帝大戏剧研究会会员影山三郎氏,费时三月,译成日文。长十一万余言。闻不日即由日本名小说家三上于菟吉氏主办之サイレンSiren社书店,刊为单行本问世。预料一旦出书,定可博得日本文艺界演剧界一大好评也。

又《雷雨》原作已编入付东华主编之创作文库。今此译本出版后,对照读之,堪为学习日语者之良好参考书也。

1月8、9日　上海《申报》刊登新光戏院上演《雷雨》广告:"复旦大学复旦剧社不日在新光大戏院作第十九次公演","《雷雨》剧作者曹禺先生,导演者欧阳予倩先生,统帅者顾仲彝先生"。9日告之:"明日在新光"上演。

---

①　1935年7月1日在日本东京创刊。月刊。学术刊物。留日学生陈固亭等创办。留东学会主办。至1937年5月停刊。

1 月 10—12 日　复旦剧社在上海新光大戏院再演《雷雨》。这是上海知名戏院首次演出该剧。演员阵容除原班人马外,还有影星李丽莲"客串"。连日上海《申报》刊登了大幅上演广告,广告词称:《雷雨》树立话剧在中国的地位!《雷雨》争取话剧在艺坛的价值!这是文坛罕有的杰构,不是浅薄的呼喊,这是舞台空前的收获,不是无聊的低趣。《雷雨》剧本是曾获得一九三五年至高的评价,导演是中国舞台技巧最精细的专家,演员是久经锻炼的学校剧人,集成功的著作,成功的导演,成功的演员,完成这一时无两的演出。

1 月 11 日　据《秋田雨雀日记》:"受影山君委托,为汽笛社出版的中国话剧《雷雨》写介绍及序文。"(《摘自〈秋田雨雀日记〉第三卷》,《日本学者中国文学研究译丛》第 2 辑第 234 页,崔任夫译)

1 月 12 日　据《秋田雨雀日记》:"九时左右归来给汽笛社出版的《雷雨》写了介绍。"(《摘自〈秋田雨雀日记〉第三卷》,《日本学者中国文学研究译丛》第 2 辑第 235 页,崔任夫译)

1 月 15 日　致信影山三郎、邢振铎。该信系曹禺对"影山三郎、邢振铎二人最近给我的信"的复函,信中曹禺谈及自己写作《雷雨》的意图及对他们翻译《雷雨》的感谢之情。该信题为《原作者序》,收入 2 月出版发行的《雷雨》日译本。后收入《曹禺全集》第 5 卷。

1 月 19 日　在天津《大公报》副刊《文艺》第 80 期(星期特刊)发表《我如何写〈雷雨〉》,这是曹禺对剧本公演以来来自媒体的评论的回应。此文即后来收入中文版《雷雨》单行本中的《序》,其大意与 15 日致影山三郎、邢振铎信相同。后收入《曹禺全集》第 5 卷。

是日　秋田雨雀先生在日本的《汽笛新刊月报》第 7 号上发表文章《关于中国现代悲剧〈雷雨〉的出版》,同期还刊有影山三郎的文章《〈雷雨〉的反响及其他》。

1 月 21 日　据《秋田雨雀日记》:"今天晚上留在家里写了两张关于中国话剧《雷雨》序文的明信片,估计有原稿纸三张左右。"(《摘自〈秋田雨雀日记〉第三卷》,《日本学者中国文学研究译丛》第 2 辑第 235 页,崔任夫译)

1 月 30 日、2 月 1 日　《天津益世报》"社会服务版"头条,连载署名"汇文中学学生安正元①稿"的《戏剧家〈雷雨〉作者——万家宝先生访问记》,并配有曹禺头像

---

①　即安岗,时为汇文中学学生。曾用笔名郑远。1936 年参加中华民族解放先锋队。1937 年加入中国共产党。曾任晋东南战地动员委员会宣传部部长,《胜利报》《晋冀豫日报》总编辑,《新华日报》太行版副总编辑,新华通讯社晋冀鲁豫前线总分社社长兼新华总社特派记者,晋冀鲁豫《人民日报》副总编辑。新中国成立后,历任《人民日报》副总编辑,中国人民大学新闻系主任、教授,中国社会科学院新闻研究所所长,《经济日报》总编辑,中华全国新闻工作者协会书记处书记、主席团委员,首都新闻学会副会长。先后负责创办《市场报》和在美国出版的《中国市场》、在日本出版的《中国经济动向》等。著有《安岗新闻通讯集》、《新闻论集》等。

照片一张。该文系安正元以记者身份访问曹禺后写就,这是媒体专访曹禺最早的一篇记录。文中,曹禺谈及自己的生活经历,对中国女子教育的看法,对如何布景、如何抓住观众、如何写剧本及一些戏剧问题的看法,最后还就"中国近年文艺界"谈了他的看法。

是月 《雷雨》由上海文化生活出版社初版,为巴金主编之《文学丛刊》第1集,《曹禺戏剧集》第一种。收入曹禺所作《序》(即《我如何写〈雷雨〉》)。后剧本收入《曹禺全集》第1卷。《序》收入《曹禺全集》第5卷。

是月 俄罗斯歌唱家夏里亚宾[①]来到中国之行的最后一个城市是天津。演唱会会场设在天津英租界设备十分考究的耀华学校礼堂,演出盛况不亚于北京,票价也与北京相当,从5元直到10元。众多文艺界人士和音乐爱好者纷纷前往观赏。日后分别成为艺术大家的沈湘和曹禺都曾去聆听独唱会。(《夏里亚宾的中国之行》)

据曹禺回忆:

> 其实,我很早就对音乐有兴趣,喜欢去听音乐会,看歌剧……夏里亚宾曾经到中国来,他是白俄了,我听过他的演唱,他是世界上最有名的大歌唱家。是在天津英租界的一个礼堂里,相当讲究的音乐厅,很有气派,大概我正在上高中吧![②] 那时最高票价是10元。我穷,但仍然花了5元钱买一张票去听,他的《船夫曲》,唱得深沉淳厚有力,令人神往。(《苦闷的灵魂——曹禺访谈录》第91页)

2月6日 《雷雨》日译本由日本汽笛社出版,并开始发行。其中收入秋田雨雀先生、郭沫若、曹禺三人的序各一篇,并附有首演者名单。该书是这样编排的:作者照片、序(秋田雨雀)、序(郭沫若)、原作者序(曹禺)、《雷雨》剧本、译后记(邢振择)、译后记(影山三郎),并附有首演时的演员名单。

秋田雨雀《序》说:"在我国的中国的演剧运动中,最初上演的剧目是《雷雨》。这个剧本的作者曹禺,是中国唯一的古希腊悲剧的研究者,现在正在大学教授戏剧。近代中国的社会与家庭悲剧,由这位作者赋予以意义深刻的戏剧形象,这是最使人感兴趣的。话剧《雷雨》所具有的悲剧性,我认为主要是由封建社会的家族制度带来的,主人公周朴园是象征着近代中国的人物。""作为话剧的形式,我们观赏《雷雨》时,与其说这是易卜生的三一律(时间、地点、人物)法则中不可分割的,不如

---

① 今译菲奥多尔·夏里亚平(Feodor Chaliapin, 1873—1938),俄罗斯著名男低音歌唱家,世界最伟大的男低音,人称"歌神"。关于夏里亚平来华时间,当时有报道:"世界低音歌王夏里亚平于三月下旬来华,先在天津举行演唱会,后又往沪各地游历及演唱,最闻名者为《浮士德》《二骑士》等十六支名歌,歌声超群,颇得观众之赞佩。"(《世界低音歌王夏里亚平来华演唱》,《图书展望》第1卷第7期,1936年)

② 曹禺回忆"高中"时观看有误。

说这是通过一种近代的电影手法来表现的。除了序幕和尾声，其他情节全是过去的事件，这就使得这部剧本中具有了历史的流动性。"（《序》，《日本学者中国文学研究译丛》第 2 辑第 224、225 页，崔任夫译）

郭沫若《序》即本年 4 月 1 日发表于东京《东流》第 2 卷第 4 期之《关于〈雷雨〉》一文。

在《译后记》中，两位译者对《雷雨》在日本的首演和日译本的翻译情况，作了较为详细的介绍，并对支持和帮助他们翻译工作的友人表示了感谢。

另据影山三郎《翻译〈雷雨〉的时候》一文介绍："邢振铎和我决定马上着手翻译《雷雨》(四幕)时是一九三五年(昭和十年)五月五日前后。""邢君从东京商大的老师那儿借来了英语词典。遇到用日语译不通的时候就查英语"，"致力于《雷雨》翻译已经一个半月了，到了六月下旬，已经译完了九百八十页二百字一页的稿纸，小山一样的译稿堆在我房间的壁橱里。这仅仅是试着把《雷雨》译成日语的过程"。十月，"我三次拜访了秋田先生的家"，"第三次，是在四五天之后，我接到了他的一张写着'读完了'字样的明信片后，又去的。当我到了他家，他对我说：'非常好，印成书吧！'并在一张大名片上给我写下了三上于菟吉的地址"。"十一月六日"终于"把秋田的名片转交了三上先生。第二天我把翻译稿带到了神乐坂。一周以后，邮递员来了。《雷雨》决定由三上于菟吉、长谷川时雨夫妇今年五月创立的汽笛社出版。""一九三六年(昭和十一年)二月六日，《雷雨》的日译本，由坐落在东京神田一桥教育会馆的塞玲社发行了。发行者盐谷晴如，装帧河合谷。布面装帧，共计二百八十八页，定价两元，卷首附曹禺的近照。""原作者序共五页(曹禺一九三六年一月十五日作于天津)，并附有最初上演的舞台照片四张。"（《翻译〈雷雨〉的时候》，《日本学者中国文学研究译丛》第 2 辑第 232 页，崔任夫译）

2 月 7 日　天津《大公报》副刊"文艺"第 89 期刊王其居《雷雨》及其作者》。文说："一月十九日，《大公报》副刊《文艺》底星期特刊载出了一篇大约七千字的文章。《雷雨》底作者曹禺先生在《我如何写〈雷雨〉》底标题下，对于那作品及其人物存在的社会意义，衷心地，严肃地，抒发了自己底意见。""《雷雨》一剧，以沉重底步伐，迈入中国剧坛，其精炼过的创作技巧，及浓重的悲剧成分，无疑地已收到了艺术的效果。在这种情形下，《我如何写〈雷雨〉》这篇文字，也就乖觉地，只将那创作的'骨'，依了作者的认识，提出在读者面前。""《我如何写〈雷雨〉》这篇作者的自白，使我们珍视的进行更为应手；作者的感觉，是充分坚实而锐利的！""《雷雨》，反封建地，强调着'自我'。然而也就在自我发展这一点上，遇着了封建的幽灵。结果竟一一为其窒死！""在宇宙观上无出路，充塞满了世纪末的悲哀，《雷雨》代表着中间阶层的哀嚎,这里,有着它的社会意义。"

2月15日 据鲁迅记述:"午后,买日译本《雷雨》一本,二元二角。"(*人民文学出版社:《鲁迅日记》下卷第1000页*)

是日 《南开校友》第1卷第4、5期合刊刊载《〈财狂〉1935年公演演职员表》。该表后收入《曹禺全集》第3卷。

3月5日 南昌《每月文艺》①第1卷第4期刊署名海流《曹禺的〈雷雨〉》一文。文说:"我们以为《雷雨》的产生,确实为目前中国艺坛一个极大的收获。剧作者曹禺先生,用着精密老练的手法,写出宇宙里的'残忍'与'冷酷',在这一点上,作者是极端成功的。"

3月10日 日本《都新闻》刊日译本《雷雨》的书评,作者署名"坊"是同社文化部的土方正已。文说:"中国的近代文化,尤其是新剧形式尚没有介绍到我国,这无论怎么说都是不可思议的。对于这项工作的先驱者,必须肯定他的意义。日本的话剧团要是接受了这一作品,在文化上是有意义的,同时也能为话剧添加新的色彩。"(*《翻译〈雷雨〉的时候》,《日本学者中国文学研究译丛》第2辑第233页,崔任夫译*)

3月14、15日 中旅应邀在南开大学演出。据载:"本校将近毕业之老大哥们,为了筹款,乃请中国旅行剧团帮忙在瑞廷礼堂公演名剧。十四日演《复活》,十五日《雷雨》,成绩均极佳,收入颇可观,闻老大哥们均喜形于色云。"(*《南开大学副刊·中旅剧讯》第66期,1936年3月20日*)

4月1日 东京《东流》②第2卷第4期发表郭沫若的《关于〈雷雨〉》(后题为《关于曹禺的〈雷雨〉》,收入《沫若文集》第11卷,个别文字用语有改动)。文说:

> 《雷雨》的确是一篇难得的优秀的力作。作者于全剧的构造,剧情的进行,宾白的运用,映画(电影)手法之向舞台艺术的输入,的确是费了莫大的苦心,而都很自然紧凑,没现出十分苦心的痕迹。作者于精神病理学,精神分析术等,似乎也很有相当的造诣,以我们学过医学的人看来,就使用心地要去吹毛求疵,也找不出什么破绽。在这些地方,作者在中国作家中应该是杰出的一个,他的这篇作品相当地受入(到)同时人的欢迎,是十二分地可以令人首肯的。
>
> 作者所强调的悲剧,是希腊式的运命悲剧,但正因此和他的形式之新鲜相对照着,他的悲剧情调却不免有点古风。

---

① 1935年12月1日在南昌创刊。月刊。编辑、发行者每月文艺社。

② 1934年8月1日在日本创刊。文艺月刊。编辑者:东流文艺社,出版者:东流文艺社,发行者:东流社经营部,国内总代售处:上海杂志公司。

　　然而《雷雨》依然是值得介绍的,这和梅兰芳式的旧剧不用说有云泥之差,就在中国的新剧界中也依然是难得的优秀的作品。

　　4 月 5 日　　日本《朝日新闻》刊杉木良吉对日译本《雷雨》的书评。他说:"我读着这部作品,联想起了奥斯特洛夫斯基的同名戏剧来。犯了通奸罪就要被神发怒的雷火烧死这一十九世纪后半统治俄国民众的迷信,如今竟罩在中国民众的头上,六十几年前奥斯特洛夫斯基描写的《黑暗的王国》的悲剧再一次通过中国作家的故事表现出来,不也是具有深刻意义吗? 而且曹禺的剧本把冲破《黑暗的王国》的道路,从煤矿斗争的领导者鲁大海的行动中暗示出来。"（《翻译〈雷雨〉的时候》,《日本学者中国文学研究译丛》第 2 辑第 233、234 页,崔任夫译）

　　4 月 14 日　　中国旅行剧团由天津抵沪。

　　4 月 22 日　　据鲁迅先生日记:"得日译本《雷雨》一本,作者寄赠。"（人民文学出版社:《鲁迅日记》下卷第 1008 页）　曹禺在该书自己的照片背面写有"鲁迅先生校正。曹禺　一九三六年"字样（《鲁迅收藏的曹禺剧作〈雷雨〉》,《鲁迅藏书研究》第 326、327 页）

　　鲁迅还有《雷雨》中文版本。据介绍:"《雷雨》的中文版本,是文化生活出版社一九三六年一月的初版本。书是完好地保存着,但在鲁迅日记和书账中却都无记载。有关这本中文版《雷雨》的来源,据许广平在《鲁迅先生的日常生活》一文中回忆,是别人赠送（其回忆中之《日出》当为《雷雨》之误）。据我们推测,可能是文化生活出版社赠送的。文化生活出版社自成立起,就与鲁迅先生保持了十分密切的关系。主要负责人吴朗西、巴金与先生的往还亦十分频繁。在先生一九三五年至一九三六年日记中,吴朗西、巴金向先生赠书的记录就有多次。同样,曹禺与文化生活出版社关系也十分密切,他的作品大多为文化生活社出版,曹禺与巴金的关系尤为密切,所以说,出版社赠送给鲁迅的可能性是很大的。"（同前）

　　4 月 26 日　　中国旅行剧团在上海卡尔登大戏院为"上海的新闻界,戏剧界,电影界""预演,《雷雨》一场"。"由上午九时半演至下午二时,足足地演了四个半钟头。《雷雨》是演得好极了! 它是在一九三六年的剧坛上上了一颗炸弹!""导演是由唐槐秋自己担任的",演出阵容,赵慧深饰周繁漪,戴涯饰周朴园,姜明饰鲁贵,唐若青饰鲁妈（侍萍）,章曼苹饰四凤,陶金饰周萍,曹藻饰鲁大海,谭汶饰周冲。"舞台装置很好,使人满意,灯光的控制及音响效果都很支配得过真,亦加强了不少戏的空气。"这场演出是"成功"的。（《中国旅行剧团〈雷雨〉的演出》）

　　4 月 26—30 日　　中国旅行剧团在上海《申报》连续刊登广告。告之:轰动京、汴、平、津……之中国旅行剧团将以下列脍炙人口的著名杰作第一次献给上海女士。日期及剧名:四月廿九日《茶花女》,陈绵博士导演;四月三十日《雷雨》,唐槐秋先生导演;五月一日《梅萝香》,应云卫导演。地点卡尔登大戏院。

4月29日—5月17日 自29日起,中国旅行剧团在上海卡尔登大戏院作"第一次公演",演出剧目为《茶花女》、《雷雨》、《梅萝香》……《英雄与美人》等8部话剧。(《中国旅行剧团》广告,上海《申报》,1936年4月29日—5月17日) 这次演出"破沪上话剧公演之记录"。(《中国旅行剧团在上海》,《时代电影》5月号(第8期),1936年6月)

4月30日 中国旅行剧团在上海卡尔登大戏院正式首演《雷雨》。导演唐槐秋。演员阵容:赵慧深饰繁漪,章曼苹饰四凤,唐若青饰鲁侍萍,戴涯饰周朴园,陶金饰周萍,谭汶饰周冲,姜明饰鲁贵,曹藻饰鲁大海。继于5月3、8、9、13、17日演出。计演出7天。(《雷雨》等广告,上海《申报》,1936年4月30日—5月17日;凤仪:《〈雷雨〉上演观后感》)演出大获成功。开启"中旅"鼎盛之路。据凌鹤撰文:"中国旅行剧团这次公演的结果,最值得从事戏剧的人们之注意的一点,是他们夺取了众多的电影观众到舞台前面来。""公演的剧目""除了《雷雨》之外全是外国翻译或者是改译的作品。"曹禺的《雷雨》"是使用了精密的布局,细腻的笔触与阴暗的色调构成一幅平面的而缺乏现实感的图画。细针密缝的结构,离奇曲折的剧情,激动了一般的观众之情感,这也便是《雷雨》能够得着多次上演的原因"。批评剧作者"不过是旧观念的良心主义的,使劲的,以情节离奇的家庭悲剧来对观众卖弄所谓戏剧的技巧而已"。(《中国旅行剧团上海公演印象谭》)

是日 上海《申报》刊署名李一《〈雷雨〉观后》一文。作者比较上年"复旦剧社"与这次"中旅"的演出,认为:"'中旅'……以忠于原作来说,那大概可说是'忠实'的;(例如第四幕的结尾,便和原作同样。)不过,以我个人的愚见,与上次复旦演的对照着来看,我却觉得是复旦那次改动过的来得紧凑,尤其是第四幕的结束,和鲁大海的出走,都比这次要有劲得多!""以演出的技巧上说","中旅"比"复旦"更好。

是月 "一九三六年四月,鲁迅在与斯诺的谈话中,直接表明了自己对曹禺的看法。"(《鲁迅收藏的曹禺剧作〈雷雨〉》,《鲁迅藏书研究》第322、323页)"他对斯诺说:'最好的戏剧家有郭沫若、田汉、洪深和一个新出现的左翼戏剧家曹禺。'"(《现代中国文学运动》。按:作者署名系斯诺前妻海伦·福斯特的笔名。)

是月 靳以来到上海。开始筹备《文季月刊》。(《靳以年谱》)

5月1日 上海《影舞新闻》[①]第2卷第16期"剧运线"栏刊林蜚《中国旅行剧团〈雷雨〉的演出》、凤仪《〈雷雨〉上演观后感》两文。前文介绍了中旅上演情况。后文从演出、剧本到演员,谈了作者的看法。

———————————

① 1935年7月7日在上海创刊。周刊。编辑者叶逸芳、周铭赞。代发行彭在懋。

5 月 15 日　上海《绸缪月刊》①第 2 卷第 9 期刊钱台生《〈雷雨〉的演出》一文，并配演出剧照一幅。文系对中旅演出《雷雨》的评述。文说："《雷雨》想起来是大家比较熟悉的剧本，单单'复旦剧社'，便曾经公演两次。""这次'中旅'公演的四五支(只)剧本中，也要算《雷雨》最成功；当然，《雷雨》本身便是一出很优秀的剧本——那循环的悲剧的构成，那戏剧气氛的浓厚都足使《雷雨》划破这沉寂的剧坛。"

5 月 16 日　上海《申报》刊消息《曹禺写作〈日出〉》："《雷雨》二次在上海公演，都获得广大观众的爱护，特别是这次中旅的搬演，几乎都是客满的。这样，作者曹禺先生俾被人家注意起来。据说，曹禺本来是叫万家宝，他自从《雷雨》受到欢迎，他便兴奋起来，他打算用一年功夫，来完成一个剧本，那剧本的名字叫《日出》。《日出》在他的努力之下，相信它一定会使我们满足的。"

5 月 19—22 日　上海华兴电台广播"中国无线电剧社"播发的话剧《雷雨》第一幕。(《播音》，上海《申报》，1936 年 5 月 19 日)

5 月 25 日　上海《申报》"电影"栏刊《中旅和〈日出〉》：

曹禺的《雷雨》在上海演出是很能轰动一时的，复旦的那次不谈，中国旅行剧团这次演出的几个戏中，《雷雨》便是最能叫座的一个。

但是曹禺先生继《雷雨》之后可再没有什么剧作发表，直到最近《文季月刊》上，方刊了的又一四幕剧《日出》的第一幕。当然，它引起各方面的注意是一定的，尤其是"中旅"，对《日出》更是非常的注意。

因为《雷雨》能叫座，中旅是很想排演一下《日出》的，但目下发表的还只第一幕，等四幕完全发表，那大概还得三个月，在时间上似乎颇不经济，所以据接近"中旅"者说，中旅预备直接写信给原作者，要求在发表之前先将剧本交一份给他的，好让他们现在就排练起来。好在中旅跟曹禺原是熟识的，《雷雨》在天津演的时候便得到作者的帮助过，所以大概不见得会不答应的。

5 月 27 日　《清华周刊》第 44 卷第 7 期刊署名罗山《〈雷雨〉的故事思想人物》一文。文前编者述："前些日子铁大剧团曾在清华公演《雷雨》一次。作者在文内提到的便是指那一次。不过以全篇说来是对《雷雨》剧本的批评，不是批评那一次公演。"罗山说："我们认为，郭沫若氏的批评，大致还算正确：'作者所强调的悲剧，是希腊式的运命悲剧……'此外，可以补充的一点，就是作者的人生观和世界观，若仍然拘囿于'定命的观念论里面'，就是想更积极起来，把所强调的力点转移一个方

---

①　1934 年 9 月 15 日在上海创刊。月刊。发行人骆清华，主编严谔声，编辑陆凤石。上海绸业银行通问课发行。

向,恐怕也是很难的吧!"

是月 应《大公报·文艺》副刊编辑之邀,答应为之写一本短剧,但终因赶《日出》而未成。(天津《大公报》,1936年8月16日)

是月 《清华校友通讯》第3卷第1—5期合刊刊《校友通讯录》,曹禺位列其中:

> 万家宝　　　职:天津女子师范学校

是月 在巴金等人的鼓励、催促下,开始创作《日出》。白天为女师学生上课,晚上埋头写作。据曹禺文述:

> 多少年来,《日出》这个剧本,我总以为是1935年写的。最近问了巴金同志,才知是1936年写的。那年6月在巴金、靳以主编的《文季月刊》上,刊登第一幕。每月一幕,连续刊载了四个月。每到月半,靳以便来信催稿,像写连续小说一样,接到信便日夜赶写。写一幕登一幕,后来居然成为一本整戏。(电影剧本《日出·后记》)

据郑秀回忆:"1935年他去了女子师范学院,在天津写《日出》。他写《日出》,应提到张彭春,他每写一幕都同张彭春商量,而且就是张彭春陪着他到三等窝子去调查。"(《苦闷的灵魂——曹禺访谈录》第213页)

为何写《日出》这个剧本?据曹禺撰述:

> 我应该告罪的是我还年轻……这些年在这光怪陆离的社会流荡着,我看见过多少梦魇一般可怕的人事,这些印象我至死也不会忘却,它们化成多少严重的问题,死命地突击着我,这些问题灼热我的情绪,增强我的不平之感……而自己又不甘于模棱地活下去,于是便如痴如醉地陷在煎灼的火坑里……
>
> ……
>
> 这样我挨过许多煎熬的夜晚,于是我读老子,读佛,读圣经,我读多少那被认为洪水猛兽的书籍。我流着眼泪,赞美着这些伟大的孤独的心灵……但我更恨人群中一些冥顽不灵的自命为"人"的这一类的动物……我要喊"你们的末日到了!"对这帮荒淫无耻,丢弃了太阳的人们。
>
> "然而就这样慌慌张张地开始你的工作么?"我的心在逼问着我……我求的是一点希望,一线光明。人毕竟是要活着的,并且应该幸福地活着。腐肉挖去,新的细胞会生起来。我们要有新的血,新的生命。刚刚冬天过去,金光射着田野里每一棵临风抖擞的小草,死了的人们为什么不再生起来!我们要的是太阳,是春日,是充满了欢笑的好生活,虽然目前是一片混乱。于是我决定写《日出》。(《〈日出〉·跋》)

关于《日出》背景。据曹禺文述:

> 《日出》一剧,事情完全在天津,当然和上海也有关系,如写交际花一类的事。地点也可以说基本上是在天津惠中饭店,另外是南市三不管一带的地方,那里有很多妓院。翠喜、小东西是确有其人的。妓女们的心肠都很好,都有一肚子苦水。我不敢独自到那些地方去。当时的天津是暗无天日的地方,动刀杀人,无奇不有。我是由朋友带去的,读书人跑到那里去,很不容易。我接触了许多黑暗社会的人物,慢慢搞熟了,才摸清里边的事。不过很难。《日出》中砸夯,是天津地道的东西。工人是很苦的,那时盖房子、打地基,没有机器,一块大铁饼,分四个方向系绳,由四个人用力举起,然后砸下,一面劳动,一面唱,节奏感很强,唱起来也满有劲。他们唱的都是一段段故事,也有即兴打趣的内容,有领唱。我一看就是两三个小时,写在《日出》里的夯歌,是我自己编的词。

(《回忆在天津开始的戏剧生活》)

关于《日出》中的夯歌,据曹禺回忆:

> 《日出》最后,工人唱的夯歌,是我把工人请来,就在师范学院里,我把陆以循也请来作记录。工人唱着,他记录下来,稍加整理,就谱写出来了。(《苦闷的灵魂——曹禺访谈录》第 162 页)

据陆以循回忆:

> 我是 1934 年毕业的……《日出》中工人打夯的号子,就是曹禺请来外边的工人哼着号子,由我记录出来的,没有加工。我记得是在一间教员休息室里,歌词是曹禺写的。(同前第 246 页)

创作《日出》时,还有一段插曲。据曹禺回忆:

> 有一件事……我正准备写《日出》,忽然接到一封信,这封信很长,有十几页,署名"筠",是个女孩子写的。这封信表示她看到《雷雨》之后,对一个作家的敬爱和感情。讲了《雷雨》观后感,讲了她的感情,但是她说不要回信,也不要找我,我以后也不准备再写信给你。后来,我就把"筠"这个名字用到陈白露身上——竹筠。人生有许多事是很奇妙的。这个女孩子如果还活着可能也有七十多岁了。(同前第 162 页)

夏 与张骏祥同考第一届留美戏剧公费生[①]。据梁采撰文:"张骏祥是中国庚款留美学戏剧的第一人,当庚款宣布招考第一届留美戏剧公费生,在清华大学毕业

---

① 据吴宓(1936 年 7 月 26 日)日记记载:上午,K 竟未来。而 10—11(时)张骏祥来。为作函介见洪深。骏素与 K 厚。宓思,以骏之年少,且今出洋,又其人慎敏,深明世故,必可有事实上之成功。(《吴宓日记 1936—1938》,生活·读书·新知三联书店,1998 年版)按:由此断,曹禺与张骏祥留学考试已毕。

生中有二个人在准备着参加考试,一个是张骏祥,另外一个是鼎鼎大名的剧作家曹禺(万家宝)。考试的结果是张骏祥入选而曹禺落第,于是张骏祥坐着美国总统号到美国去了。"(《记袁俊》)

据张骏祥回忆:"1936年夏天,我考取庚款公费到美国去学'戏剧演出',行前到南京参观新办起来的戏剧学校,校长余上沅托我邀请曹禺到该校任教务长,我就写了信给他,后来他果然去了。"(《美好的回忆》)

6月1日 《文学季刊》的后继者《文季月刊》在上海创刊。创刊号计364页。刊物由上海良友图书公司发行,编辑部设在四川北路良友图书公司楼上。这是靳以和巴金第一次正式合作主编刊物,封面署"巴金靳以合编",也是良友编辑赵家璧大力支持促成的结果。

曹禺的第2个剧本四幕剧《日出》从本期开始连载,至第4期(同年9月1日)载毕。11月由文化生活出版社出版。该版本《日出》第一幕的末尾特注明——"本剧排演权及摄制电影权完全保留请与《文季月刊》社接洽"。第3期,第3幕末尾附作者《附记》:

写完第三幕便察觉小东西的死太惨了,太刺目了……我曾经把结尾改成小东西没有死成,过度的恐惧使她鼓不起勇气把头颈伸进那绳套里,终于扑在地上又哀泣起来。这样也许叫"太太小姐们"看着舒服些。但过后我又念起那些被这一帮野兽们生生逼死的多少"小东西"们……我还是不加变动,留在这里。

这一幕我自认为写得异乎寻常拙陋的,而写前材料的收集,也确实感到莫大的困难,幸亏我遇见一位爽快的朋友(在此地我感谢他善意的帮助和同情。),他大量地供给我许多珍贵的资料。这一切描写都根据他所述说的北方的情形。第一幕在方达生口里有"上海"字样,那是一时的笔误,忘记改掉,因为整个这一本戏并没有限定发生在中国某一处商埠里。

第4期,在全剧末尾附《后记》,文说:

异常仓促地把《日出》写完了,这只是一个极粗糙的未定稿,我想在最近仔细地修改删节一下,希望着能比现在订成一个差强人意的戏本。目前这部稿子里错误漏失啰嗦之处,举不胜举,其中有现在即需改正的是:

(1)第三四幕发生的时间是在第一二幕一星期后。

(2)露露的原名不是文姗而是竹筠。

(3)第三幕五七八页上面第七行的"教唆杀人罪"是"谋杀直系亲属罪"。

(4)第三幕第五八四页下面第十六行的"为生活"原是"为什么"。还有其他一些排印的小错误,暂时只好不管了。

(5) 还有,有人写信来问商量这剧本的上演和摄制电影的事。关于这事情请向文月刊季社(原文如此,应是文季月刊社,属于排版错误——编者注)接洽,他们为我负一切的责任。

6 月 4 日　中国旅行剧团在南京世界大戏院演出《雷雨》。演出"很受欢迎,唐槐秋喜形于色"。(《娱乐周报》第 2 卷第 25 期,1936 年 6 月 27 日)田汉、阳翰笙曾往观看。另据载,七日到九日,中国旅行剧团演出《雷雨》。(《去年在南京演出的话剧》,《文艺月刊》第 10 卷第 4、5 两期合刊,1937 年 5 月 1 日)

6 月 6 日　上海《娱乐周报》①第 2 卷第 22 期"各地剧讯"栏刊消息:"南京剧人鉴于《雷雨》一剧,在各地公演成功,所以也打算排演,将由马彦祥担任。"

6 月 9、10、12、14、29 日　南京《新民报》②连载田汉《暴风雨中的南京艺坛一瞥》一文。文中对"中旅"在南京演出《雷雨》评说到:

> ……拿中旅最近最卖钱的《雷雨》说吧。这是一个所谓 Bien faite 的剧本,情节紧张,组织巧妙,舞台上效果不坏。假使经过相当斟酌,去掉其中所含有决定意义的缺点,自是一个可以演的剧本。但我们能给以过当的估价么? 不能。这剧的情节虽使欧阳予倩先生联想到雪勒的《美西拉的新娘》等,但我却联想到另外一些。实在的,这戏的情节是由几个名剧杂糅而成。看看这个戏的演出,使我次第地想起苏护克列斯的《爱第布斯王》,想起易卜生的《群鬼》,乃至高尔斯华胥(绥)的《斗争》之类。自然,在这一剧中作者也接触了好一些现实问题,如大家庭的罪恶问题,青年男女的性道德问题,劳资问题之类,也正因为接触了这许多问题才使观众感浓厚的兴味。但作者怎样看这些问题的呢? 显然的,这许多悲惨的事实的构成,在作者看来既非由于性格,也非由于境遇,而只是一再由男女主人公口里说的"不可抗的运命"。"老太太,你别发呆,这不成,你得哭,您得好好哭一场,这是天意,没有法子……"甚至跪在母亲前发誓的四凤最后也触雷而死,这是多么摩登的《天雷报》啊! 受过五四洗礼的青年,假使不幸或是简直这样"巧合"的遭遇着这样的境遇,他们是不会象此剧中的男女主人公一样自处的。他们会冷静地考察这些悲惨事实的真正原

---

① 1935 年 7 月 7 日在上海创刊。周刊(每逢星期六出版)。上海娱乐周报社出版。其分"电影·播音·歌舞·戏剧·体育·音乐"六大版块。

② 1929 年 9 月 9 日在南京创刊。创办人陈德铭、刘正华、吴竹似等。1937 年 7 月成立《新民报》股份有限公司。陈德铭董事兼总经理,总编辑赵纯继,总主笔罗承烈,经理邓季惺。抗战爆发后,创办重庆、成都版。1943 年成都版出日、晚刊。抗战胜利后,以南京为总部,先后创办北京、上海版。1946 年 5 月 1 日上海《新民报晚报》创刊。新中国成立后,上海《新民报晚刊》续刊。1958 年 4 月改名《新民晚报》。1967 年 2 月 6 日终刊。1982 年 1 月在上海复刊,至今。

因,会针对着那些罪恶的制造者做英勇的奋斗,不会这样屈服于残酷的"运命"之前,颤栗于自己所不能负责的罪恶,一个个死去疯去,或"从小门口逃去",反而让罪恶的制造者在"天罚"到来以前逍遥法外的。

"年轻的反尔走在我们前头了,现在就剩下我们这些老……"(第四幕末周朴园语)是吗?可是我们知道,觉醒了的现代中国青年决不肯那样苟且无聊地走到老人们的前头的……剧中却也有一个革命工人,但你以为这会是一线光明的希望么?不,作者原意压根儿就不在来描写一个革命工人,他的目的只是用他来凑成这运命悲剧,使这劳资斗争歪成父子斗争,同时也学着高尔斯华胥(绥)的在《斗争》中所写的一样,在工人代表激烈地和公司总理争持着的时候,别的工人代表已和厂方签好复工的合同了。他自己也被开除了。作者这样成就了一个孤城落日的新式英雄,留给我们的是对于整个工人阶级的辱骂和诬蔑:一则曰:"这群没有骨头只怕饿的东西",一则曰:"这些地上没有勇气的工人们就卖了我了"。对于人生,对于发展中的时代,这样灰暗的、神秘的看法,对于青年的力量这样的估计,可以回答中国观众当前的要求么?

因此在最初,我觉得中旅不象(像)从华北来的一样,《雷雨》的作者无论技巧和思想也都不象(像)一个二十七岁的年轻人,甚至不象(像)一个现代人。因此假如对观众负责的话,我赞成予倩先生把这一有点"时代错误"的"运命悲剧"修正为一近于"社会悲剧"的东西,而不赞成无批判的演出,不管演出者和演员是怎样的努力,成绩怎样的好……

6月10日 《光明》在上海创刊①。本期"书评"栏刊张庚《悲剧的发展——评〈雷雨〉》一文。张庚说:"对于《雷雨》这剧作,我前后读了两遍,连看戏的演出一道算上,已有三遍了。这中间我也读到了许多批评演出和剧作的文字……只留下一个模糊的'隔世之感'。"他认为曹禺"对于现代人类社会所苦恼的中心是不接近的,同时也没意识着去接近"。"依据我的大胆的想象,他也许是一位地主家庭中成长起来的。所以在他不能先有一个正确的对社会事件的看法之前,他只有对于'愚蠢'的人类抱一种悲悯的心情。"有着"上代遗留下来的宿命论,作者对于这种哲学比之于新的世界,在生活上是更其接近的,即使是不意识的,可也是由传统中残留下来的"。"然而这剧作还是有它的深刻的,有他的令人可亲的一面","大体上说,作者在《雷雨》中最成功的一方面是人物。"

6月12日 《影舞新闻》第2卷第22期"剧运线"版刊消息:"中国旅行剧团至

---

① 半月刊。编辑人洪深、沈起予,发行人洪深,发行者光明半月刊社。

南京世界大戏院公演，因《雷雨》一剧送审查时，审检会认为剧本中有涉及乱伦之行为，未能通过，后经话团要求，重行检查，特演《雷雨》一场，专供审查委员详细研究，观后才获通过。"

6 月 13 日　《娱乐周报》2 卷 23 期刊消息《涉及乱伦问题〈雷雨〉不许开演》：

中国旅行剧团，最近作首都之行，三号起在首都世界大戏院开始公演。据闻关于剧本方面，曾发生一小小问题。缘中国旅行剧团之诸剧中，以《雷雨》一剧，最富号召能力，乃在审查剧本之时，京市剧本审查委员会独对《雷雨》一剧，不许公演。其禁止公演之理由，认《雷雨》之情节中，有兄妹母子，发生关系之处，指为乱伦。南京首善之区，于风化宜加注意，执此之故，乃有禁演之议。该团主持者唐槐秋，对此乃大起恐慌，因列车理由向审查会方面，提起要求，可否准予公演。闻检查方面，对此已为一度讨论，爰定期使该社重演《雷雨》一过，由各委员再为详细甄别，以定取舍云。

6 月 15 日　为了表明对两个口号（当时，文艺界有主张"国防文学"和"民族革命战争的大众文学"的争论）论争的态度，曹禺与鲁迅、巴金、靳以等 72 人联名签署了《中国文艺工作者宣言》，呼吁在这"民族危机达到最后关头"的时候，"在同一战线的一切争取民族自由的斗士"们担负起民族解放的历史重任。《宣言》于 7 月 1 日同时在《现实文学》第 1 期、《文季月刊》第 2 期和《译文》、《作家》7 月号上发表，8 月《青年习作》创刊特大号亦转载。

6 月 27 日　《清华周刊·向导专号》刊署名贝珍《戏剧在清华》一文。文说：

戏剧在清华，不但有悠长的历史，还开过黄金灿烂的花。从《五奎桥》的序文里，你可以看到洪深先生在清华做学生时代演剧的情形。李健吾先生在清华时，便开始组织剧社，出演《少奶奶的扇子》。万家宝先生来校时，排演易卜生的《娜拉》：使清华戏剧的空气突形浓厚起来。自然在清华努力过戏剧的不只这几知名的人，但就这几位知名的人吧，他们到现在还是继续的努力着……

6 月 28、29 日　中国旅行剧团在南京公演《雷雨》。(《去年在南京演出的话剧》，《文艺月刊》第 10 卷第 4、5 两期合刊，1937 年 5 月 1 日)

6 月 30 日　《中学生文艺季刊》第 2 卷第 2 号（夏季号）刊载胡钟达《谈〈雷雨〉》一文。作者评说："《雷雨》的诞生，的确是中国剧坛上的一个'奇迹'。这并不是夸张，实在是因为中国新剧运动，虽有将近二十年的历史，但像这样深刻的作品，却还少有。"

是月　本年清华大学毕业生 257 人。(清华大学校史研究室《清华大学九十年》第 89 页) 郑秀从清华大学法律系毕业。据郑秀回忆："毕业后，父亲叫我回南京，就在南京政府的审计部给我找了工作,当科员,审核大学经费,我正好管北大、清华的经费审核。曹禺每月薪金是 260 元。"(《苦闷的灵魂——曹禺访谈录》第 213 页)

8 月　应国立戏剧学校余上沅校长邀请,到南京国立戏剧学校任教。据余上沅文述:

二十五年夏天编印第一次《一览》时,正是招考第二届学生的期间……

教职员方面,这一年略有更动……新聘教员有万家宝,谷剑尘,吴怀孟,饶孟侃,陶雄,金律声,及美籍女士海伊迪等……(《我们一年半以来的工作》,《国立戏剧学校一览》第 6 页)

据曹禺回忆:

我去剧专之前,余上沅和我不认识。是他直接写信给我,不止一次用信用电报催促我去。这个人是爱才的,是有事业心。我当时不过就是个刚刚毕业的大学生吗,可是他那种求才若渴的精神,也让我感动。我并不是开始就想去的。一、毕竟我在天津这么多年,环境是熟悉的;二、我在女子师范学院的工作也不错;三、也是很重要的,继母把我带大不容易,我总要照顾一下家庭。所以最后决定要去南京,还是余先生求才若渴的行为,他不断地打电报给我,终于打动了我。加之,郑秀就要毕业了,她的家在南京,她也想回南京工作。再有平津的形势越来越紧张,看来是不行了。我在天津不愿意再呆下去了。我是在 1936 年离开天津去的剧专……(《苦闷的灵魂——曹禺访谈录》第 131 页)

据郑秀回忆:"1935 年,我们商量出国,准备到西欧去。他先去德国,到美国钱不够。第二年,我毕业后也去。我父亲每月给我的钱都存起来,我们已经作好了出国留学的准备。这时,余上沅在南京办剧校,听说曹禺要出国,就又是打电报,又是用信约他到剧校教学,说:与其你自费留学,还不如将来由剧校保送你外出留学,还省了自己的钱。就这样到了南京剧校。"(同前第 213 页)　到南京后,居四牌楼。据郑秀回忆:"在南京,他的房子是马彦祥和白杨同居的房子,在四牌楼,对面就是国民党的第一模范监狱。我那时的办公地点离他的住处很近,中午便在他那里吃饭。监狱里经常发出铁镣的响声,还看到陈独秀关在那里。他写《原野》与此有关。"(同前第 214 页)

本时期　与马彦祥(时在国立戏剧学校)、戴涯(已脱离中旅)、洪正伦等一起,为"适应新兴演剧艺术职业化的要求",在南京组织中国戏剧学会。并通过演剧来研究话剧艺术。他们首先组织了《雷雨》的公演,在南京世界大戏院演出。曹禺饰周朴园,马祥彦饰鲁贵,戴涯饰周萍,郑逸梅饰繁漪,于真茹饰侍萍,李萱饰四凤,裘凉水(仇良燧)饰鲁大海。这是一次"学术型"的演出,曹禺的演技被人称道。据陈永倞回忆：

1936年，戴涯从中国旅行剧团出来，想搞一个班子，就同马彦祥等人组织了中国舞台学会(有人说，是中国戏剧学会，是不对的)[1]。戴涯第一次组织演出的《雷雨》，曹禺自己演周朴园，在世界大戏院演的，戴涯演周萍。(《苦闷的灵魂——曹禺访谈录》第195页)

据马彦祥回忆：

我是1936年从苏联回来的……曹禺已经到了剧校。那时戴涯从中国旅行剧团出来，到了南京，他是中旅的一个挑班人物，演、导都行，他想搞一个职业剧团，同中旅分庭抗礼，就约我和曹禺支持他，我和曹禺都参加了。那时叫中国戏剧协会。中国舞台协会是田汉搞起来的，我参加了，但曹禺没有参加，他参加的是中国戏剧协会。

戴涯先组织了第一个演出，就是演《雷雨》，曹禺扮演周朴园。我看过不下十几个周朴园，但曹禺演得最好。这可能因为他懂得自己的人物的缘故。他是个好演员，他懂得生活，不是那种空中楼阁，我觉得演周朴园，没有比过他的。我演鲁贵。这出戏一演就打响了，很上座，经济收入可观。第二个戏就排《日出》。(同前第204、205页)

据戴淑君撰述：

1936年夏，父亲离开"中旅"回到南京，与曹禺、马彦祥等组建了"中国戏剧学会"(简称"中剧")。为什么不叫"剧团"而叫"学会"？他曾对人说，他们是想建一个包括剧团、剧场、出版社和学校的联合体，以便更有力地推进话剧运动。第一步是把剧团搞起来。"中剧"演出的第一个剧是《雷雨》。这次演出是《雷雨》惟一的一次带序幕和尾声的演出。曹禺扮演周朴园，马彦祥扮演鲁贵，我父亲扮演周萍。以后又演出了《日出》等名剧，并在杭州、镇江等地旅行公演。(《我的父亲戴涯》,《唐槐秋与中国旅行剧团》第210页)

据单于唯尊记述：

远在民国廿五年夏天，曹禺，马彦祥，戴涯，几个人，为了一个理想，也为了接受整个戏剧运动的新课题——新兴演剧艺术职业化的要求，发起组织了中国戏剧学会，从这个组织的命名上，我们可以看出，这不单仅是一个剧团，他们是想在学术上建树新兴演剧艺术的大路，他们一方面想以演出来实践他们的理想，一方面从研讨，学习来追求他们的真理与希望，所以他们在剧团的业务

[1] 有资料显示，曹禺等组织的是中国戏剧学会。陈永倞的回忆有误。

外,是想从事于出版,学校,和实验剧院的建立。

但是一个戏剧团体首先接触的是观众,所以他们在成立不久便首先上演了曹禺自己写的《雷雨》,算是这个团体的揭幕,中剧也因这个戏的严肃上演,奠定了这十数年的基础,那次的演出是由马彦祥导演,演员分配是这样……

跟着又上演了《日出》(威莉,马彦祥,戴涯等合演),以后旅行镇江,杭州等地公演了《雷雨》《日出》《群莺乱飞》《未婚母亲》《汉奸子孙》《我们的故乡》。在这一年中,他们用纯朴,严肃的态度与演技,为中国戏剧运动打开了一个新局面,也让这团体循规蹈矩的走上了朝气蓬勃的路。(《一个在艰苦中成长的剧团》)

8 月 28 日   是日起,上海中国剧团在大华屋顶剧场公演曹禺的《雷雨》。导演黄韵。"宋痴僧领导全体演员登台"。应"各界来函热切要求",演至 9 月 2 日。(《雷雨》广告,上海《申报》,1936 年 8 月 28 日—9 月 2 日)

9 月 1 日   国立戏剧学校开学。曹禺正式开始在剧校 6 年的教学生涯。其间,教授"编剧"、"戏剧概论"等课程。据汪德、蔡极回忆:

建校的第二年,学校请来了万家宝(曹禺)老师……在来校之前,同学早已盼望已久了……他一来就担任理论编剧组的主任,他既聪慧又勤学,在教课时对世界名剧如数家珍,很多莎士比亚、易卜生的名作中的名句能非常流畅地以英语背诵下来。(《薛家巷杂忆》,《剧专十四年》第 70 页)

到南京后,教学之余,赶写《日出》剧本。据曹禺学生屠光启回忆①:"那时他正在写《日出》剧本,本来在这时候,他是停止一切交游和接见访客的。""他要我们知道:在编写一个剧本之前,如何搜集材料。""我看到他的书桌上的稿纸,以及书桌上,整齐排列的数十册怀中笔记本","书桌中六个抽屉"里"满满地放着和书桌上同样的怀中日记本"。其中一本"记的是一个下等妓女与妓院的一切口语、对白、习惯,密密麻麻地写满了这个笔记本"。第二本记的"那是一批唱'莲花落'乞丐的唱词和卖'硬面饽饽'等小贩的叫唤词句,写得很详细,又是密密麻麻的一本"。"看了几十本,全是剧本中角色的个性和那个角色所说的话"。(《中国话剧史》(上册)第156—159 页)

是日   天津《大公报》为纪念复刊 10 周年,创设"文艺"和"科学"两种奖金。设奖的宗旨是:"为表示服务社会之微忱计,创设'文艺'及'科学'两种奖金……共扶翼中国文运之进步。如是中国始易于养成多数伟大的作家,以负指导国民精神之

---

① 屠光启所言,曹禺那时"正在写《日出》"有误。其时,9 月 1 日《日出》已在《文季月刊》载完。他所看到的可能是曹禺修改《日出》之情形。

责任。"是日刊出评奖启事,公布评奖委员会名单,有杨振声、朱自清、朱光潜、叶圣陶、巴金、靳以、李健吾、林徽因、凌叔华、沈从文。第 1 届(1936 年度)文艺奖金为 1 000 元,设文艺奖金委员会,由审查委员叶圣陶、巴金、靳以、沈从文、李健吾等 10 人组成。另据报道:

> 天津《大公报》……今夏复在上海设立报馆,同时发行此报。本年九月一日,为该报复刊十周年之期。该报当局,为作一种复刊十周年纪念起见,特举办科学及文艺两种奖学金,定名为"《大公报》科学奖金"及"《大公报》文艺奖金"。由该报每年提存国币三千元,以二千元充科学奖金,一千元充文艺奖金。每年得奖人数,科学拟以一人至四人为限,文艺以一人至三人为限。即自本学年开始,致学年终了,为一年。每年评选一次。定期三年。如有变更,至期满另行通告。现已由该馆聘定孙鏜、严济慈、曾昭抡、杨种健、秉志、胡先骕、胡焕庸、刘咸等,担任科学奖金审查委员;杨今甫、朱佩弦、朱孟实、叶圣陶、巴金、靳以、李健吾、林徽因、凌叔华、沈从文等,担任文艺奖金审查委员。(《大公报举办科学及文艺奖金》,《时事月报》第 15 卷第 4 期"科学丛谈"栏,1936 年 10 月)

是日 《嘤鸣杂志》在上海创刊[①]。本期刊霍威《评〈雷雨〉》一文。文说:"作者的意识很明显是小资产阶级的,但是他也有某种进步的倾向……他的写作的手法就全般说是浪漫主义的,但在个别方面也有很好的写实主义的表现。……我们的作者很有洞察社会的深处的能力。"

9 月 3 日 是日起,中国旅行剧团在上海作第二次大公演。3—5 日,在卡尔登影戏院演出《雷雨》。演员阵容较前有变动,唐槐秋(替换戴涯)饰周朴园,因章曼苹离团,四凤一角改由童毅饰演,郑重(替换陶金)饰周萍,玲子(替换唐若青)饰鲁侍萍。继应"各界来函热烈要求续演三天",至 8 日。继演《祖国》、《茶花女》、《复活》等剧,13—17、22、23 日夹演《雷雨》,至 23 日结束本次公演。(《雷雨》广告,上海《申报》,1936 年 9 月 3—23 日;《〈雷雨〉的新四凤》、《〈雷雨〉演员更动》,同前 9 月 3、4 日)

10 月 15 日 《雷雨》(Thunder and Rain)由姚莘农(姚克)译成英文,开始在英文《天下》月刊[②](T'IEN HSIA MONTHLY)第 3 卷第 3 期(10 月号)连载,至 1937 年第 4 卷第 2 期(2 月号)载完。后由商务印书馆出版单行本。

---

① 月刊。编辑兼发行人汪耕明,出版者嘤鸣社。总经售上海亚东图书馆。

② 英文《天下》(T'IEN HSIA MONTHLY)于 1935 年 8 月在上海创刊,月刊,1941 年 8,9 月由于太平洋战争而停刊,总共出版 56 期。它由南京中山文化教育馆资助创办,吴经熊任总编,温源宁为主编,前期林语堂、全增嘏任编辑,而后姚莘农(即姚克)、叶秋原也参与过编辑工作。《天下》月刊由上海南京路别发洋行在国内及美、英国等西方国家发行销售。作为一份全英文期刊,《天下》月刊倡导中西文化交流的理念,着力将中国文化译介传播到国外,在现代中西文化交流史上发挥了重要作用。

10月19日 晨5时25分,鲁迅先生"逝世于上海北四川路底施高塔路大陆新村九号寓所。6时许生前友好冯雪峰、黄源、萧军、内山完造、鹿地亘夫妇闻讯赶到寓所。宋庆龄得讯后也立即赶到寓所。在宋庆龄参加下商定了治丧委员会名单,最初的名单是:蔡元培、马相伯、宋庆龄、毛泽东、内山完造、A·史沫特莱、沈钧儒、茅盾和萧叁九人,后增加:曹靖华、许季茀、胡愈之、胡风、周作人和周建人,共十三人"。当天,鲁迅先生遗体移至万国殡仪馆。(鲁迅博物馆、鲁迅研究室:《鲁迅年谱》第4卷第392页)上午8时,巴金偕同曹禺到施高塔路(今山阴路)大陆新村9号去拜访鲁迅,方知鲁迅先生已于当天凌晨5时25分逝世。

据曹禺文述:

一九三六年十月十八日,巴金告诉我,鲁迅先生约我第二天早上八点钟去他家见面,由巴金、靳以带我去。能够与先生相见,倾听先生讲话,当时我是多么欣喜啊!那些日子,我听说他病重。在他身体不好的情况下,还愿接见我,我感到很不安,担心会影响他的健康。我又觉得温暖,鼓舞。我那时才二十六岁,我深深感激鲁迅先生对一个幼稚的文学青年的厚爱和关怀。

我等待着第二天的会见,心情激动。一夜没有睡。可是,万万没有想到,第二天早上,靳以跑来告诉我,鲁迅先生不幸于清晨五点二十五分与世长辞了……上午八点,巴金、靳以和我到了鲁迅先生的卧室。他的遗体安详地躺卧在床上,衣着朴素,面容宁静。我昨天还怀着要与先生相会的一腔热望,今天竟成了死别!凝望着先生的遗容,我泪水不住地住外流。许广平先生肃然立在鲁迅先生的床边,我们本想说几句安慰她的话,可是什么也说不出来。此时此刻,任何语言都失去了分量。我们三人向鲁迅先生的遗体深深地鞠了躬,就退出来了。当时海婴才五六岁,还以为自己的爸爸睡着了,在房子里走来走去,看着他,我们愈加的难过。(《学习鲁迅》)

据黄源回忆:

1936年10月19日鲁迅逝世的那天,我赶到先生住宅时,宋庆龄同志已经在三楼,和冯雪峰、许广平、周建人商量治丧大事。雪峰凌晨五点钟就打电话通知她的。鲁迅先生的遗体在二楼,我们揩干眼泪在二楼照管着,接着大批的新闻记者来采访,亲友也陆续前来吊念,巴金、曹禺等都是第一次来他家里,我忙着接待。下午遗体移至万国殡仪馆,我们日夜在那里守灵……(《宋庆龄与鲁迅》)

10月22日 到万国殡仪馆参加鲁迅先生的追悼大会。据《鲁迅年谱》:"二十二日上午继续瞻仰遗容。下午一时五十分举行启灵祭,两点三十分启灵……四点三十分左右抵达墓地,举行葬仪。"中国伟大的文学家,伟大的思想家和伟大的革命家鲁迅安息在万国公墓。（鲁迅博物馆、鲁迅研究室:《鲁迅年谱》第 4 卷第 393 页）

据曹禺回忆:"鲁迅逝世时,我参加了在万国殡仪馆举行的追悼大会,看见了海婴。我没有抬棺材,但我是在送葬的队伍里……"（《苦闷的灵魂——曹禺访谈录》第 132、133 页）

10 月 26 日 和郑秀在南京举行订婚仪式。据郑秀回忆:

> 我们是 1936 年 10 月 26 日在南京德奥瑞同学会（一个类似国际俱乐部的组织）举行的订婚仪式。有他的母亲,剧校同事,巴金和章靳以是专程坐飞机从上海赶来。那时上海至南京间的飞机航线才开,票价 25 元。他们带来一个十分漂亮的美国进口的洋娃娃,这个娃娃会叫人。田汉正在南京,我们不晓得。一共发出了二三百份请柬,收了十几份贺电。快结束时,田汉拿了一个中堂送来了。晚上家里有个家宴,他母亲是特地从天津赶来的。（同前第 214 页）

关于二人订婚日期,说法不一。据吕恩文述:"曹禺和郑秀经过三年的恋爱过程,1936 年 11 月 26 日,在南京平仓巷德奥瑞同学会,举行了隆重的订婚典礼。"（《〈雷雨〉诞生在清华热恋中》）据《清华校友通讯》载:"一九三三级校友万家宝与一九三六级校友郑秀女士于廿五年十二月□日在北平□□订婚。"（《囍》,《清华校友通讯》第 4 卷第 1—3 期合刊,1937 年 3 月）

关于订婚仪式情况。据《电声周刊》报道:

> 《雷雨》作者曹禺（万家宝）与郑秀女士,十二月十六日在首都德奥瑞同学会举行订婚礼,坤宅证约人方鼎英,乾宅证约人是余上沅,司仪王家齐,男女来宾约五十余人,大礼堂中,喜气洋洋的热闹极了。
>
> 行礼时余上沅有几句精彩的话:"今天是孔夫子后人孔德成结婚的喜期,日子的干支一定不错,万先生与郑女士,乘此良辰,最好合拢……"自然博得个哄堂大笑。
>
> 来宾献花篮者甚多,惟田汉老大却送了一张条幅,上面亲笔题着这样的诗句:女以男为家,男以女为室。室家至足乐,国亡乃无日。万兄殆国宝,英年擅写实。揭出黑漆团,病者可讳疾。从来舞台上,非无救亡术,时局虽万变,出路只有一;不与强敌战,无由脱桎梏!携手火线下,羡兄得良匹,从容画蛾眉,且待战争毕;譬如《雷雨》后,登山看《日出》!
>
> 在剧人群中,他的同事最多,如马彦祥,陈治策,石蕴华,戴涯,洪正伦等,都在场帮忙。其余还有两位由上海来的朋友,就是章靳以与老鼠作家巴金,（老鼠者,川人之外江谐称也）。据说他们怕见生客,尤其是新闻记者,便与张

天翼们在另外一室中谈天。

巴金因为要赶来参加,所以特坐了飞机来,结果害了伤风,所以那天露出很不舒服的样子。(《曹禺在京举行订婚礼》,《电声周刊》第6年第1期,1937年2月11日)

另据鸿左记述:

万家宝先生与我的认识,是在他的"好日"的第一个"好日"——订婚日,地点在德奥瑞同学会。因为巴金由上海乘飞机到南京来参加典礼,报社主人要我找他写长篇小说。我不认识他,华汉①愿意介绍,于是就做曹禺先生与郑小姐喜期的不速之客。

华汉给我们介绍时说:"本来老石不是贺客,但为了要找巴金谈谈,所以来做贺客。"

曹禺握手笑道:"平时彼此事忙,无机会见面,今天光临,欢迎之至!"同时他就把他的爱人郑小姐介绍我与华汉认识了。

那天到的有一位显官——方轩英②先生(黄埔军校教育长),就是他们的证婚人。据他的演词中说,乃是郑小姐的父亲。在仪式告成之后,我与华汉便在另室与巴金谈话,乃至曹禺未婚夫妇们都走了,我们还在那儿瞎谈。(《剧作家横颜》)

10月29日 南京香铺营中正堂,国立戏剧学校举行第七届公演。其中剧目《戏》(独幕),原著米尔恩,改译、翻译万家宝,导演马彦祥。是日起共演二场。(《历届公演剧目表》,《国立戏剧学校一览》第83页)次月,赴镇江公演,11月6日起在镇江大舞台举行旅镇公演,共演两场。(同前)自本届始,曹禺出任剧校"演出委员会委员"。(《本校第七届公演秩序单》,国立剧专史料江安陈列馆藏)

11月21日 《娱乐周报》第2卷第37期刊消息《国立戏剧学校在镇公演话剧》:"国立戏剧学校,目前组织旅行剧团赴镇江公演,颇受欢迎,每晚演出,故有圆满结果。""该校今年内陆续开映之剧本有《青龙潭》,《国民公敌》,《争强》等。"

11月23日 《国闻周报》第13卷第46期载张振亚《评〈日出〉》一文。文说:

如其在《雷雨》中,曹禺尚将人生视为一团不可理解,思议的神秘,在《日出》中,他至少已将这神秘观念打破,不,他甚而将人生看了个透亮了……

……我愿说:写完这剧本,作者就算是过力累死,亦非常值得的,我称作者为"文艺烈士"。

---

① 华汉,即欧阳继修,即阳翰笙。
② 系曾任黄埔军校教育长的方鼎英。从《电声周刊》报道看,也是方鼎英。

……

作者刻塑出许多有血有肉的典型人物，如露露，顾八奶奶，李石清，胡四。剧中场面丰富，人物深刻，动作多多，表情复杂，皆是功力到家的处所。

作者有的是聪明：事像底原因他不细表，他把一肚子路儿遁遮于工人的歌声中，《日出》中，露露的朋友方达生中；显示不充分（显示不充分不必硬派为毛病的）却留下一股酥香。

在中国剧本创作中，许有更平易，虚玄的，许有更率直，天真的，许有更俏皮，逗趣的，但没有更严肃，庄重的，曹禺是他自己。

从宗教性转入非宗教性，从观念转入现实，从天堂转入人间是作者创作过程中的一大契机。

是月　《日出》由上海文化生活出版社初版，列为巴金主编之《文学丛刊》第 3 集，《曹禺戏剧集》第 2 种。该版本，剧本前附上演版权说明："文丛"版是"本剧排演或改编须得文季社同意"，"剧集"版是"排演本剧须得作者（通讯处由文化生活出版社转）同意"；附老子《道德经》、《圣经》引语 8 则。剧本一至四幕，第三幕末尾附《附记》（并非《文季月刊》1936 年第 3 期之第三幕之作者《附记》）。1936 年 12 月即再版。1937 年再版重印时，书末附曹禺在大公报发表的《我怎样写〈日出〉》一文，作为《跋》。后剧本收入《曹禺全集》第 1 卷，《跋》收入《曹禺全集》第 5 卷。

《雷雨》、《日出》出版后，曹禺曾送夫人郑秀签名本。据郑秀回忆："1936 年春承巴金先生着由出版社精装《雷雨》、《日出》两剧本的首版各一册见赠，每册封面镌有小石亲笔签署'给颖如　家宝'字样上下款的烫金手迹……"（《〈雷雨〉是怎样诞生的》。按：郑秀回忆时间有误，1936 年春时，《日出》尚未发表，可能是 1937 年春。）

曹禺也曾将《日出》初版本签赠郑振铎。据范用记述：

曹禺赠郑振铎的《日出》，为 1936 年 11 月的初版精装本，黑布面，烫银，纸质较厚（老出版家当认得出这种纸的名称），给人的感觉是素雅、厚实。巴金主编的《文学丛刊》在平装本之外，还印过若干种精装本。我收集到手的只有这本《日出》，但却是本作者的签赠本，当年从旧书堆里发现它，着实高兴了一阵子。

在我收藏的这本《日出》里，还夹着一份民国 26 年（1937）2 月 28 日天津《大公报》副刊《文艺》第三百零四号。这张旧报是我自己的，已经保存了四十六年。这一期的《文艺》只登了一篇文章，曹禺的《我怎样写〈日出〉》，一篇一万几千字的长文。这是一篇足资提供研究曹禺创作思想的重要文字。后来未见再发表过。最近翻阅中国戏剧出版社出版的《日出》（1980 年 6 月出版），才知道此文已作为附录印在书里了。

　　曹禺在《我怎样写〈日出〉》一文中说到《日出》前面的八段引文,"那引文编排的次序都很费些思虑,不容颠倒,偏爱的读者如肯多读两遍,略略体会里面的含义,也许可以发现多少欲说不能的话藏在那几段引文里。"查解放后所出版的《日出》,不仅这几段引文被删去了,而且剧本本身也作了修改。上面所说的中国戏剧出版社出版的《日出》,完全照初版本排印,这几段引文也都照印……(《作者签赠本·文艺副刊》,《书的记忆》第234、235页)

　　12月1日—1937年2月22日　据《清华校友通讯》载"最近校友职业及通讯处变动一览表(二十五年十二月一日起至二十六年二月二十二日止)"显示:

　　万家宝　职业改南京国立戏剧学院(校)

　　郑　秀　职业南京审计部科员　通讯处南京天竺路十七号(《校友消息汇志》,《清华校友通讯》第4卷第1—3期合刊,1937年3月)

　　12月4日　《中央日报》①头版刊演出广告:国立戏剧学校援绥公演,剧目:《母亲》《东北之家》《镀金》《红灯笼》,全体师生合演,票价:一元六角四角,日期:本月五六两日,时间:日场两点半夜场八点,地点:香铺营公余联欢社中正堂内,售票处:薛家巷八号本校中正堂门首。第3张第3版"戏剧"(第48期)(每逢星期五出版通讯处南京国立戏剧学校出版委员会)刊余师龙《谈〈东北之家〉》、蔡极《漫谈〈镀金〉》、黄海《〈母亲〉与高尔基》和骆文宏《关于〈镀金〉》等文,介绍这次援绥公演剧目。蔡文认为,"万家宝先生把《迷眼的沙子》前半部改编为《镀金》",理由是"暴露人性的弱点"。

　　12月5、6日　南京香铺营中正堂,国立戏剧学校举行援绥公演。其中有剧目《镀金》(独幕),原著腊皮虚,改译、翻译万家宝,导演万家宝,共演四场。(《历届公演剧目表》,《国立戏剧学校一览》第83页)

　　关于排演《镀金》。据张逸生、金淑之回忆:

　　在第一学期里,我们第一次上表演实习课,是万家宝先生给排演他改编的一个外国剧本《镀金》又叫《迷眼的沙子》,戏里有名姓的人物不多,由王象坤②演马大夫,石莲馨③演马太太,凌琯如演马小姐,金淑之演张妈,其他(他)同学都演来找马大夫看病的病人。戏的故事情节并不复杂,剧词也不是太多,不难

---

　　①　1927年3月27日在汉口创刊,国民党中央机关报。7月停刊。1928年2月1日在上海复刊。1929年2月1日迁南京出版。1938年9月迁重庆出版。1946年6月迁回南京,1949年1月迁往台湾。

　　②　即项堃。

　　③　即石联星。

记熟,可是花去的排演时间,却是几十个课时之久。(《在国立剧校两年》,《剧专十四年》第 97 页)

据石羽回忆:"万老师(曹禺)在排腊皮虚的《迷眼的沙子》时,将译文一句一句念给学生听,征求意见,共同探讨;在不知不觉中进入作者的意境,了解人物的心态。这样,排起戏来,对剧本了如指掌。"(《记忆犹新》,《剧专十四年》第 88 页)

据曹禺文述:

一九三六年,我在南京国立剧校教课,除了《西洋戏剧史》、《剧本选读》等课之外,还担任导演。当时的学生都没有多少舞台经验。第二班的大半数没有上过舞台。我想找一本容易演的戏。挑来挑去,想到法国十九世纪的喜剧家腊比希(Eugene Labiche)的《迷眼的沙子》(La Poudre Aux Yeux),法语是蒙混骗人的意思。为了这班刚进剧校的学生,我把这本戏改编成一本适合中国风土人情的讽刺剧《镀金》。……

……我尽量使《镀金》成为当时(即一九三六年)如小仲马说的"有用的剧本"。因为我认为《镀金》容易有舞台效果,可以使初学表演的人尝尝初次面对观众是什么滋味。在这个戏演出时,舞台效果很好,证明了这个戏可以训练学生有舞台感,但应注意学生片面追求舞台效果。其次,我认为这个戏的演出风格的高低,会因演员的修养水平的高低而大不一样。一个成熟的好演员,可以把它演成有风度,有幽默,有趣味的好戏,决不会轻薄鄙俗。但遇到格调低的演员,完全可能把这个戏降低为"文明戏"。这个独幕剧很能考验演员与导演的修养水平。(《〈镀金〉后记》)

据项堃回忆:

我演的第一部戏是曹禺先生编剧并执导的《镀金》,又名《迷眼的砂(沙)子》。当年学校排戏是一部戏里分 A、B、C、D、E 五组,即五个人同演一个角色……经挑选我在戏里担任的是男主角马大夫,石联星任该戏的女主角,饰演马太太,牧虹饰马大夫女婿,骆文宏与曹禺先生演收帐的,石羽饰马大夫的亲家,王大化饰送牛奶的……当时戏是在南京新街口"世界剧场"上演的。因为没有合适的服装,曹禺先生帮我找来了西装,衣服里边还帮我塞了个枕头,显得大腹便便,以符合角色的外形,并陪伴我在幕侧候场。(《步履维艰的从艺之路》,《撞击艺术之门》第 349、350 页)

12 月 9 日　《群鸥》[①]在北平复刊。本期"批评"栏刊《日出——曹禺作,载文季

---

① 　月刊。编辑者:群鸥月刊社。代表人:沈藕舍、李静,发行人:王雨萍。

月刊一至四期》(署名梁雷)。文说:"没读《日出》前曾与朋友们这样谈过:《日出》决不会比《雷雨》好,只在情节方面说,《雷雨》已达相当圆熟的地步,一个人那能编多少好的长故事。是的,读《日出》后,这话证实了。""说《雷雨》是一首美妙的抒情诗,就该说《日出》是一篇电报稿吧!""《日出》是值得看一看的。单行本出来,一定要更好些。"

12月23日 是日起,中国旅行剧团在上海卡尔登大戏院"作第三次公演",演出《祖国》、《雷雨》、《复活》、《梅萝香》等剧。(《中国旅行剧团》广告,上海《申报》,1936年12月20—23日)

12月25日 《光明》第2卷第2号刊张庚《一九三六年的戏剧——活时代的活纪录》一文,对曹禺的《日出》提出了批评。文说:

> 曹先生是一个文字技巧极好而舞台经验丰富的剧作家。曾经以深入生活里层的《雷雨》获得了多数的观众。但这《日出》凡是了解上海都市生活的人都认为它不真实,许多地方近于幻想。潘月亭这种人物并不是实际存在的上海都市流氓资本家,只是由道听垄(途)说加上想像(象)而构成的人物。李石清这样的银行秘书和他的太太那样的人物,在人格上不是没有,但在遭遇的事件上恐怕决不会如此的。对于银行这类地方的办事员,生活到底如何,观念如何,所接触的社会圈是怎样的,恐怕曹先生不是深深地了解的,像了解鲁贵或周萍一样罢。这不过是一个证明表示技巧的问题克服不了创作问题上根本的矛盾。

12月27日 由萧乾主持,天津《大公报》副刊"文艺"第273期全版刊载一组《日出》的"集体批评"。文章有燕京大学西洋文学系主任(美)谢迪克(Shadick)《一个异邦人的意见》、李广田《我更爱〈雷雨〉》、杨刚《现实的侦探》、陈蓝《戏剧的进展》、李影心《多方侧面的穿插》、王朔《活现的廿世纪图》等。

12月30日 《通俗文化》①第4卷第12号"文化情报"栏刊消息《曹禺新作〈日出〉近将在京沪两地公演》:"曹禺继《雷雨》之后的第二力作《日出》,顷闻京沪两地均拟公演,上海方面由应云卫导演,南京方面由马彦祥导演,明年元旦大致即可演出。"

是年 在天津时,常去看戏。据曹禺回忆:"1936年在天津,几乎每星期六都到劝业场看昆曲。《林冲夜奔》,是侯永奎演的,我太爱看了,看得如醉如痴。侯永奎与梅兰芳是同时出名的。还有京韵大鼓,刘宝全的京韵大鼓,很吸引我,也是这

---

① 1935年1月在上海创刊。半月刊。出版者上海通俗文化社。

个时期看的。"（《苦闷的灵魂——曹禺访谈录》第 138 页）

是年　结识在剧校任职的中共地下党员、张道藩的秘书杨帆同志。据曹禺撰文："一九三六年，我到南京国立剧专工作，认识了张道藩的一位秘书。他常跟我说，现在常谈社会主义，可是你要分清不同的社会主义，德国的纳粹党也讲'社会主义'，你要分清楚。还说'你现在写东西不讲明阶级，至少也要讲明阶层啊'。我还记得，他在操场上为我一个人低低唱首歌，问我：'这首歌好听不好听'？我说：'好听'，他告诉我，'这就是《国际歌》。'那时，在南京白色恐怖比较厉害，他常到我家来，骂张道藩，据说他是个地下党员。"（《我的生活和创作道路》）

是年　结识田汉。据曹禺文述："我记得我初认识田汉同志约在一九三六年，在南京。那时他已很出名了，许多进步的青年都愿意去拜访他，连日本、美国的朋友也知道他。一位美国耶鲁大学的戏剧学教授就曾经慕名来访，那次我担任田汉同志的英语翻译。畅谈了一阵，离开他家之后，这位教授对我说：'田汉是一个共产党。'从这句指责可以看出，田汉同志是毫不隐讳他的观点的。而那时他以爱国文化人的身份刚从国民党的监狱里被保释出来，当时，正是白色恐怖非常猖獗的时候。""在南京初识他时，我就感觉他家的大门总是敞开的，'座上客常满，杯中酒不空'。"（《戏剧工作者的良师益友——怀念田汉同志》）另据曹禺回忆[①]：

> 1931 年，张骏祥的老师，美国的一位戏剧评论家，叫亚里山大·迪安（Alexander Dean），他要见见田汉，由我当的翻译。我把姚克翻译的《雷雨》英文本送给他，他很认真地看了，而且还帮我把剧本压缩了，交给我。1979 年我到美国去访问时，看到了他的大女儿。（《苦闷的灵魂——曹禺访谈录》第 87 页）

是年　广州蓝白剧社在金声戏院演出曹禺的《日出》，"为了演出的方便，删去原著的第 3 幕，并采用写实的硬布景、角色方面也尽可能找一些熟练的演员，由邝湛铭饰潘经理、区爱饰陈白露、黄凝霖饰张乔治、卢滨饰方达生、卓文彬饰李石清、林檎饰黄省三、关雅兰饰小东西……""《日出》的演出是全力以赴的，"但"入不敷出"，剧社最终解体。（《广州抗战戏剧三大支柱之一"蓝白"的战斗历程》，《广东话剧运动史料集》第 3 集，1990 年）

是年　至年底，《雷雨》已上演了五六百场，是创作剧本中演出最多的。（《〈日出〉——暴露社会罪恶淋漓尽致，预料本年将在各地上演》，《大公报》，1937 年 1 月 24 日）

---

①　曹禺回忆的时间似有误或印刷排版之误，应是 1936。姚克译《雷雨》单行本 1937 年才出版，在英文《天下》月刊的译文从 10 月起连载，也不是全本。曹禺所说"《雷雨》英文本"可能不是全本的。

1937 年(民国二十六年)　二十八岁

1 月,在中共地下党的发动领导下,组织了上海妇女儿童慰问团赴绥远前线慰问抗日将士,慰问团先后在归绥、百灵庙和抗日前线演出《放下你的鞭子》、《张家店》等剧,受到抗日将士和群众的欢迎。

4 月 10 日,鲁迅艺术学院在延安正式成立。

7 月 7 日,日本帝国主义挑起"七七事变"。8 日,中国共产党通电全国号召全民族抗战。17 日,蒋介石在庐山宣布对日抗战。29 日,北平沦陷。

7 月 29 日,天津沦陷。至 30 日,日军炸毁南开大学。

8 月,国立剧专由南京出发内迁。

8 月 7 日,三幕话剧《保卫卢沟桥》在上海蓬莱大戏院公演。9 日,田汉应"南京报界慰劳抗敌将士公演会"的要求,突击创作出五幕话剧《卢沟桥》,演出于南京大华、国民、新都、首都四大剧院,反响热烈。

8 月 12 日,十八集团军西北战地服务团在延安正式成立。简称"西战团"。丁玲为主任,吴奚如为副主任。

8 月 13 日,日军进攻上海,"八·一三事变"爆发。20 日,中国剧作者协会和上海戏剧界联谊会发起组织上海戏剧界救亡协会。为进行抗战救亡宣传活动,立即组成 13 个救亡演剧队。

10 月 1 日,怒吼剧社在重庆国泰大戏院公演三幕话剧《保卫卢沟桥》。

11 月,上海沦陷,全国进入抗日战争。

11 月 16 日,《抗战戏剧》在武汉汉口创刊①。

12 月 13 日,日军侵占南京,发生"南京大屠杀"暴行。25 日,为声援华北义勇军并筹款,武汉戏剧界举行联合公演,救亡演剧一队、二队、上海业余剧人协会、中国旅行剧团、平教会抗战剧团等十多个团体参加演出活动。这次大规模的宣传演出,轰动武汉三镇,也促进了戏剧界抗日统一战线的组成。

---

① 半月刊。编辑者田汉、马彦祥,发行者唐性天,汉口华中图书公司发行。至 1938 年 7 月 25 日第 2 卷第 4、5 期合刊后停刊。计出版 13 期。

1月1日 天津《大公报》元旦增刊"文艺"副刊第 276 期继续整版刊登对《日出》的"集体批评"。文章有茅盾《渴望早早排演》、孟实《舍不得分手》、叶圣陶《成功的群像》、沈从文《伟大收获》、巴金《雄壮的景象》、靳以《更亲切一些》、黎烈文《大胆的手法》、荒煤《还有些茫然》、李蕤《从〈雷雨〉到〈日出〉》等。各篇原有的题目多是《读〈日出〉》,为醒目起见,这里的标题是编者另由原文中抽出的语句。

是日 是日起,中国戏剧学会在南京首演《雷雨》,系该会成立后第一次公演。其时,南京各报刊登中国戏剧学会《雷雨》演出广告。演出地点:世界大戏院,导演马彦祥,演员:马彦祥饰鲁贵、郑挹(逸)梅饰蘩漪、李萱(李红)饰四凤、戴涯饰周萍、裘水(仇良鋆)饰鲁大海、万家宝(曹禺)饰周朴园、王英豪饰周冲、于真如(茹)饰鲁侍萍。时在南京的田汉前往观剧。

据贾亦棣回忆:那天"最最引人注目的是曹禺师扮演的周朴园,他一出场,整个戏院里鸦雀无声,都被他精湛的表演震慑住了。他将一个大户人家的主人,老德国留学生、矿场董事长的身份,演得入木三分,他的架势和一言一行,吸引了全场观众,叹为观止"。(《五十六年前一出精彩的话剧——曹禺亲演〈雷雨〉记》)

1月7—9日 国立戏剧学校于南京"新街口世界大戏院"举行第九届公演。演出五幕剧《国民公敌》,原著易卜生,翻译张彭春、万家宝。演出者余上沅,导演王家齐。(《国民公敌》秩序单,藏于国立剧专史料江安陈列馆)

1月14—16日 国立戏剧学校于南京"新街口世界大戏院"举行第十届公演。演出四幕剧《争强》,原著高斯倭绥(即高尔斯华绥),改译张彭春、万家宝,导演万家宝。(《争强》秩序单,藏于国立剧专史料江安陈列馆)国立戏剧学校印制了演出手册,包括剧情分幕说明、公演秩序单、职员表,并收《这一剂药——争强》(陈治策),《高斯倭绥写作的态度》(万家宝),《走极端者的教训》(王勉之)等 4 篇文章。(《争强》演出手册) 在曹禺文中,他认为"一般的社会问题剧有三条大路可以引到成功",即:

第一,用普通人的眼光来应付戏里的局面。一切纠纷的安排都依照观众所爱好的做去,这样最稳当,观众仿佛吃了一颗顺气丸,看完了戏,如易卜生的《少年党》、《社会栋梁》的戏里,剧里面的人物该罚的罚,该赏的赏,于是皆大欢喜,满意而归。其次,便是作家独出心裁,发挥自己的意见;如所执见解恰与出钱买票的先生小姐们的相反,那更是奇效。你这样我偏偏要那样。作者天生一对透视的眼,道出人所不能道的;对话写得巧,铺排来得怪,正如肖老头写《人与超人》一般,把一篇戏弄成个糖衣炮弹,吃下去舒服,多了便有点消化不开,再多些热说不定就会爆炸,全军覆没。这样写法乃出奇制胜,也有成功的可能。

然而这两条路都有些取巧,因为力图迎合和故作警语都有些骗取观众喝彩之嫌的。

其实最难的,并且最见功夫的是老老实实地描摹出一幅人生的图画,这种方法以我们的作者高斯倭绥最为擅长。他的戏里充满了有血肉的人物,真切的事实;材料的选择既严谨,而态度又不偏颇。一切不以作者的私见为取舍的标准,清清楚楚提开一段一段的真实,任看戏的人们自己寻出结论,却不屑故意歪曲。冷静的头脑,温暖的同情,和刻骨的描摹是高氏的特长。……在这短短的三小时演出里,我们觉出每一句话都燃烧着高氏对于人类的同情,每一个转折都显示出他成熟的技巧。(转自《曹禺评传》第108、109页)

1月15日 是日起,中国旅行剧团"经各界热烈要求"续在上海"卡尔登影戏院""作第四次公演",演出《雷雨》《梅萝香》《牛皮大王》《茶花女》《春风秋雨》等剧。(《中国旅行剧团》广告,上海《申报》,1937年1月13—23日)

1月16日 《时代文艺》①在上海创刊。载署名盛开《〈日出〉的评价》一文。文后总结说:

从这些看来,《日出》里面并没有日出,它只有一些阴暗的没落的影子。根本上作者的创作观点还拘泥在那种暗涩的人生观与世界观上,纵然怎样企图反映现实,可是结果还是距离很远的。不过,我们应该相信《日出》是《雷雨》的发展,也正是曹禺先生的在进步着的成绩,在这民族革命的波潮正在澎湃全国的今日,每一个读者,都信赖着曹禺先生要运用他圆熟的技巧,创造一部更现实的斗争记录出来!

1月20日 上海独立剧团在中央大戏院公演《雷雨》。(《雷雨》广告,上海《申报》,1937年1月20日)不日便"被工部局命令禁演,谓该团事前未将剧本送呈审查会批准故限独立团尽先须补送剧本,至工部局剧本审查会批准后,始准公演"。(《工部局注意话剧团之公演》,《影与戏》第1年第8期,1937年1月28日)

1月22日 南京《新民报》开始连载田汉《关于写作态度——〈国民公敌〉与〈争强〉》一文,于2月5日至8日、11日,计分6次载完。文说:

剧校在最近一月间一连介绍了近代剧的两个伟大的名字:易卜生与高斯倭绥。这使我们研究剧艺的学徒们得以窥见前人的典型,是非常值得感谢的事。张彭春、万家宝两先生圆熟的翻译与改译固极可佩,剧校同学们诚恳的表演,也使人高兴。当然,也有可议的地方,如《争强》中的有些演员的台词因过

---

① 月刊(每月16日发行)。编辑人邵英、黄旭,发行人张丹秋、谢旭辉,出版者上海时代文艺社。

于刻划反而显得不很自然，甚至接近旧戏。此殆非导演者始料所及。

……

首先，我不十分赞成把 Strife 译成《争强》。……

……

关于《争斗》即《争强》的批判在这儿带住吧。我们所以不惮其烦地对这英国现世纪伟大的剧作家的作品作这样的冒渎，只因《争斗》这个剧以其严谨的机构、圆熟的描写，曾得作剧技术上颇高的评价，但人们因其技术的比较高妙，容易忘记其内容上重大的缺点，甚至由技术上的学习，把他的很成问题的社会观也承袭过去了。拿《争强》的翻译者与导演者万家宝先生说，他在《雷雨》中所写的人物和事件，不难从《争强》中找出他们的原型，如安敦一父子到《雷雨》中成了周朴园和其第二个儿子。罗大为成了鲁大海。这当然没有什么不可。但颇为遗憾的是《雷雨》中的社会观许多也是《争强》中高斯倭绥的观念论的重复。最显著的如《争斗》中最革命的是一个贵族工人，《雷雨》中最革命的便是一个工头，其余似乎全是"没有骨头的狗东西"之类。这实在不能不是一种比较非科学的看法。而这一种看法也绝难洞察到客观的历史的"真实"。

1 月 24 日　天津《大公报》第 13 版刊署名曼《〈日出〉——暴露社会罪恶淋漓尽致，预料本年将在各地上演》一文。文说：

万家宝氏以曹禺的笔名写的《雷雨》，因为剧情的曲折动人，一再的搬上舞台，获得广大群众的欢迎。据调查，前年和去年国内创作剧本演出最多次数的就是《雷雨》，共有五六百次之多！

继《雷雨》之后，万家宝氏写出第二部曲《日出》，全剧之繁重与内容的复杂，被誉为一九三六年剧坛的一个伟大收获。因为这个戏演出的困难，全国剧坛不敢轻于尝试，直到今年才在南京作首次公演。预料今年这个剧本将为各地剧团所采用。最近据说明星公司编剧科预备把《雷雨》和《日出》等本子搬上电影。这个剧本，如果摄为电影，也许比舞台上更能收到效果。不但场面复杂，而出场角色多，穿插也都宜于电影。

《日出》上演的条件要比《雷雨》难得多，它也是一个长篇剧，但是因为太冗长，排练和记词都感到相当麻烦，非经两三个月的排演，休想搬上舞台。……到现在全国剧团仅有南京的中国戏剧协（学）会新年时在首都世界戏院演出。当时的参加者都是当代戏剧闻（名）人，如马彦祥，戴涯，白杨等。原作者曹禺因任南京国立戏剧学校教授，当时也参加演出，另外，上海戏剧工作社，因过去曾在复旦大学演出《雷雨》获得很好的成绩，于是在应云卫导演下，要在月底演出这个巨作。听说中国旅行剧团也要在继新戏《春风秋雨》之后排演这个戏。此外在华北方面,北平有几个剧团也想排演。

按《日出》一剧是暴露都市醉生梦死的罪恶,《雷雨》只描写封建家庭的罪恶,但《日出》却描写整个社会问题……如果《雷雨》的主题是宿命悲观的话,在《日出》里却是对现实的抨击!这个剧对人物性格描写非常细腻,可以说是一个大悲剧。它把都市的糜烂生活和黑暗写得复杂而又淋漓尽致。这个戏很严肃,作者还在另一方面衬托时代的光明希望,令观众非常的感动!

1月25日 《中外评论》①第5卷第1期"文艺"栏刊段念兹《看了〈雷雨〉之后》一文,文系作者观看中国戏剧学会演出后所作。文说:

这剧的演出,是有着教益的,对于中国今日的观众,虽然作者曾自己谦抑,不欲说出该剧写作的动机,但是,很显然的,这剧演出后,曾给观众一很大的昭告,那就是暴露了中国最近三十年中,各阶层意识斗争的分歧与惨(残)酷,固然不是一般庸俗的批评家,指该剧的主题在暴露大家庭罪恶这一低级意义上,这种浅劣的评语,自然引起作者的不乐于接受,而在剧本的序上抗议着……

……

总之,这剧的观众,虽不能由这剧情中,得到改救现实的正轨,然能借此认到一部份(分)现实,这里不是暴露了大家庭的罪恶,而是缩映了三十年代各阶层意识斗争史,这要由一个聪明的观众,才能透视到这一切机构的,而不能鲜明的靠诉之于剧本的本身。

故我想说曹禺《雷雨》的演出,也许是中国剧坛的一个新的转机吧。

是日 上海《关声》②第5卷第6、7期合刊"书报介绍"栏载署名亚峰的《介绍〈日出〉》。文说:《日出》"在人物个性的刻画上,仍保持着原有的特色和成功……剧情的现实性,主题的意义上,《日出》是比《雷雨》更好,更伟大,更有价值的。"较之写《雷雨》时期,"作者的世界观,却是有了惊人的飞跃的进步。看了《日出》篇前所引的新约诗句,就可看出作者写《日出》的态度,已是与前完全不同了,现在他是有意识地来描写社会的丑恶了。"

1月30日 《通俗文化》第5卷第2号"文化情报"栏刊消息《曹禺新作〈夜雾〉

---

① 1934年7月在南京创刊,原名《西北评论》半月刊,编辑西北评论社。自1936年1月25日第3卷第4期起改为《中外评论》,并改为月刊,编辑、发行中外评论社。1937年8月停刊,同年10月复刊,改出战时特刊。

② 1927年5月26日在上海创刊。最初为海关外班华员俱乐部期刊,主编张韵。1934年4月,成为海关俱乐部的期刊。1937年抗战爆发后,一度改称《抗战关声》。1941年底,海关总税务司迁往重庆,1942年秋,《关声》在重庆出版。1947年9月10日在上海复刊。1949年10月15日最后一期,以后改名《新海关》。

将出版》、《〈文丛〉将出版》。消息说："曹禺继《雷雨》与《日出》后之新作《夜雾》闻已付印，系由文化生活出版社出版。内容据云是《雷雨》与《日出》之扩张。""良友图书公司近将出一文学杂志，定名《文丛》，由靳以主编。"

1 月 30、31 日　上海《申报·本埠增刊》连刊《日出》广告，告之：好消息！全沪仕女望眼欲穿之名剧《日出》不日公演了！《雷雨》作者曹禺先生最新杰作，欧阳予倩先生导演，戏剧工作社公演。31 日告之：二月二日起在卡尔登公演。

是月　《书人月刊》在上海创刊①。本期"评华"（书评的精华）栏刊《曹禺：〈日出〉》，系摘录《大公报》文艺副刊第 273 号、第 276 号《日出》集体批评之 15 篇文章。

2 月 1 日　《读书》在上海创刊②。本期"介绍与批评"栏刊周木斋《〈日出〉与"集体批评"》一文。周认为，大公报的"集体批评"源自"大概多半因为作者曹禺的前一个剧本《雷雨》引起了注意和兴奋，小半因为中国的创作剧本的缺乏，所以有这'集体批评'，所以这'集体批评'又几乎全是鼓励作者。自然，有分析和批评，结果也就关到读者，可以从比较中认识原作。"周的结论是，这个剧本"不单黑暗的'现实''有些茫然'，就是光明的'日出'也是象征"。

是日　上海《申报》刊登戏剧工作社公演《日出》广告，告之：卡尔登影戏院，明天日夜起演，全沪仕女望眼欲穿的伟大名剧《日出》。广告词：黑暗世界的燃犀录！现代社会的照妖镜！剧情比《雷雨》更曲折，事实比《雷雨》更复杂，情绪比《雷雨》更紧张，描写比《雷雨》更深刻。

2 月 2 日　东方剧团在天津中国大戏院首演曹禺的《日出》。陆文霞饰陈白露，毕铭饰方达生，张扫氛饰张乔治，张狂饰阿根，舒适饰黑三，震华饰胡四，白芬饰翠喜，安琪饰小东西。（《〈日出〉的检讨——原著和东方剧团的演出》）

是日　上海《申报·本埠增刊》"电影"栏刊消息《〈日出〉今日公演》：

全沪观众望眼欲穿之曹禺先生名作《日出》，自经"戏剧工作社"日夜排练已来，已臻纯熟，兹定于今日（二月二日）起，在本埠卡尔登大戏院作首次之公演。该剧较《雷雨》更见深刻动人，加以"戏剧工作社"演员之努力，布景之新奇，演出成绩，定可轰动一时，在沪公演，为时仅三天，机会难得，万勿错过。

更以四分之一版面刊登广告：《日出》，戏剧工作社首次公演，谨以剧坛不朽杰作贡献全沪爱好话剧的仕女们，肉的享乐、性的诱惑、灵的呐喊、心的悲哀。广告中

---

① 月刊。上海书人社出版。
② 半月刊（每月 1 日、16 日出版）。主编兼发行人陈子展，出版者读书半月刊社，总经销读书生活出版社。

并配"中外名作家"茅盾、孟实、巴金、靳以、谢迪克的"一致推荐"语。

2月2—5日　上海戏剧工作社在上海卡尔登大戏院首演《日出》①。导演欧阳予倩。演员凤子饰陈白露,丁伯骝饰方达生、吴铁翼饰张乔治、高步霄饰福升、苏菱饰小东西、崔古吉饰潘月亭、宗由饰男甲、李实饰男乙、孙敬饰男丙、潘路和饰男丁、公孙旻饰黄省三、黛丽莎饰顾八奶奶、莫言饰李石清、李显京饰胡四、寒雁饰李太太。(《日出》广告,上海《申报》,1937年2月1日;《〈日出〉首次演出特刊》,转自《曹禺研究资料(下)》第704、705页) 这次演出删去了第三幕,是不太完整的演出。但演出团队对这次演出非常重视,特编辑出版《〈日出〉首次演出特刊》以示观众,内有图片一组、《〈日出〉的本事》、《导演者的意见》、《演员们的感想》、《文艺界的推荐》几部分。

据刘乃崇撰文介绍:

> 这本"演出特刊",三十二开本,除封皮外共有二十页,内容是很丰富的,是一个很有意义的历史资料。从"演出特刊"上知道,这个戏的导演是欧阳予倩,演出时间是一九三七年二月二日至五日,演出地点是上海卡尔登大戏院。在"演出特刊"上刊登着这个戏的剧照及导演与演职员合影共十幅。除《日出》的本事和演职员表以外,还有导演欧阳予倩的文章、演员们(演陈白露的凤子、演方达生的丁伯骝、演黄省三的公孙旻和演小东西的苏菱)的文章和文艺界对《日出》剧本的评介文章的摘录(其中有茅盾、叶圣陶、沈从文、巴金、章靳以、黎烈文、陈荒煤、李蕤、王朔和北平燕京大学西洋文学系主任英国人谢迪克的文章)。(《记〈日出〉首次演出特刊》)

导演欧阳予倩先生说:

> 我重回到上海来,一共导演了四个戏,其中有两个是曹禺先生的。曹禺先生的确是剧坛忽然跳出来的天才者,人家欢喜演他写的戏,我也欢喜导演他的戏,可是他写的两个戏都是篇幅特别长,我在导演的时候,总是就可能的范围加以剪裁,在读的时候,我以为一个字不减才好,在舞台上为着看起来格外精练格外能集中观众的精神起见,稍为节减一下颇为必要。
>
> 《雷雨》除删去序幕和尾声外,还节减了一些对话,收场的地方,也有点更动,四幕戏还演到四小时以上呢。

---

① 关于这次演出,有这样说法,"1936年冬,曾经演过《雷雨》的复旦毕业生吴铁翼、凤子等人因前次演出《雷雨》的热情未减,自行组织了一个业余剧团'戏剧工作社',作为复旦剧社的校友剧社。参加者多为已毕业的复旦剧社活跃分子。经过两个月的筹备、排演,于1937年2月23日至25日,在上海卡尔登剧院(今长江剧场)举行首次公演。这是《日出》在上海的第一次公演,也是《日出》问世后的首演。"其中演出时间有误,问世后首演说法,也值得商榷。

《日出》比《雷雨》更长,四幕戏占十二万字,按规矩演总要五小时以上的时间才能完,好戏固然不怕长,可是太长不但观众容易疲劳,戏馆也不许可,倘若一天演日夜两场,那就会感到困难。

《日出》的主角是不明显的,可是它有一条很明显的主线……加上一幕第三幕……可是这幕戏奇峰突起,演起来却不容易与其他的三幕相调和,而为这一幕戏所费的气力恐怕比其他的三幕还要多。还有一层,南边人装北边窑子不容易像……因为以上几个理由不得不将第三幕割爱。(《〈日出〉首次演出特刊》,转自《曹禺研究资料(下)》第 705、706 页)

演员风子说:

要求一个演员,去扮饰一个在她生活体验以外的角色,是很困难的事,但是,一个优秀的舞台演员,她应该在舞台上去学习着体验多方面的人生。自己正是努力地向这方面去学习的人。希望将来演出《日出》里的风子,不是我自己,而是一个堕落到糜烂的生活圈子里去,而无力鼓勇自己走上理想的人生路上去以至自杀的陈白露,那末,至少不辜负热心地来看戏的观众。(同前第707 页)

《文艺界的推荐》,系摘录茅盾、圣陶(叶圣陶)、沈从文、巴金、靳以、黎烈文、荒煤(陈荒煤)、李蕤、王朔等人在《大公报》的"集体评论"文章。

关于剧本删改及排演,据李一撰文:

戏剧工作社演出的《日出》,是经导演者欧阳予倩先生删改而经过原著者的同意而演出的,最显著的,是第三幕删了,其他几幕……大概也不在少数吧?(《〈日出〉观后感》)

据风子回忆:"一九三六年冬在上海,复旦毕业同学组织了一个业余剧团'戏剧工作社',演出了《日出》。"(《重访"一桥讲堂"》)《日出》"从筹备、排演到演出,不过两个月。"(《台上·台下》第 22 页)那时剧社,"因为女演员本来不多,要排第三幕妓院一场有困难。记得章靳以陪《日出》作者曹禺来卡尔登看戏,传说作者说删去第三幕是'剜了他的心'!导演欧阳予倩先生叹说:'我欣赏第三幕,剧社没有女演员,导演怎么办?!'"(《重访"一桥讲堂"》)"当时各方面来参加我们的演出的,有戴女士、洪谟先生,和已经故去的公孙君。此外还有几位戏剧界里面的朋友。即便有这么多的朋友合作,而在角色分配上仍感不够,导演又非常认真,希望戏好。特别对于第三幕,认为非有一个老练的,或有天才的演员来担任翠喜一角不可。这是难题。为了这,导演只好'宁缺毋滥',抽掉第三幕。这自然影响了戏的完整。我们虽不愿意这样做,可又不得不这样做。剧作者由南京赶来上海看戏,后来在《大公报》发表了一篇千余字的文章,控诉自己的作品被人随便'剜心'。欧阳先生读了文章,叹息说:'虽然不能承受这罪名,但是对作者真是有说不出的歉意,怎样让作者明白我的用心呢?'"(《台上·台下》第 21 页)

据曹禺回忆:

> 这里······1937 年的 2 月,上海戏剧工作社在卡尔登大戏院首次公演,欧阳予倩导演,凤子演陈白露,丁伯骝演方达生。这次演出,欧阳予倩从上海到南京找到我。我对他把第三幕拿掉是有意见的。但是,这不意味着我对这次演出全盘否定。相反,我对他们的勇气,对他们的演出是充满感谢之情的。那时,能够演出我的戏是很不简单的。对于剧作家来说,再没有把自己的作品搬上舞台更令人兴奋更高兴的了。意见归意见,感激归感激。我不会忘记这些戏剧界的朋友们。(《苦闷的灵魂——曹禺访谈录》第 74 页)

> 那时,我年轻气盛,是不满意欧阳予倩导演的《日出》。记得欧阳予倩在排《日出》时,跑到南京来找我。他很有礼貌,还在我家里吃了饭。我住的是一楼一底的小房子。老前辈,还亲自造访,这是看得起我,我有些过意不去。他们的《日出》,我看了,凤子的演出是很好的,但是对于没有第三幕,我是不满意的。我说,这是把这部戏的心脏挖去了。老先生一定不满意我,我是当面说了这句话。朱光潜也说过这样的话,说它是个独幕剧。我自己排,是想按照我原来写的去排。(同前第 133 页)

2 月 3 日　上海《申报》刊消息《国际戏剧会"在日"将公演》:

> 我国留日艺人所组之中华国际戏剧协进会,去年四月,曾举行第二回公演,所演之《月亮上升》、《婴儿杀戮》、《夜明》三剧,极为东京人士所推重。该会主持人吴剑声、曹禺等,自得此荣誉后,更为努力研究,对于会务积极进行。现筹备第三四公演,定于三月初举行,公推曹禺为编剧,经编:《日出》一剧,其中情节,极为新奇,表露人生环境深切之哲理,可改善与指导社会之能力,并由吴剑声为导演与舞台装置布景,其中配角,日内可支配完备。

2 月 4 日　天津《大公报》刊消息《鹦鹉剧团——今日续演一天》:

> 本市鹦鹉剧团,连日在河北影院公演《雷雨》、《赛金花》及《钦差大臣》三名剧,上座甚盛,颇受观众欢迎。前两剧该团曾上演多次,故异常熟练,演出极为动人······该团原定表演三日,因多数观众致函要求,决于今日续演一天;早场演《雷雨》,晚场为《赛金花》,票价仍为一二三角云。

是日　上海《申报》刊李一《〈日出〉观后感》一文。文章认为,"《日出》和《雷雨》比较起来,除了结构之外,《日出》在各方面是都超过了《雷雨》","这是一个可喜的进步"。

2月4—9日　天津《大公报》第13版"本市附刊"连载署名天平《〈日出〉的检讨——原著和东方剧团的演出》评论，作者从曹禺的原著谈到东方剧团的演出，分别加以评述。关于原著，作者认为："从《雷雨》产生以后，郁闷而消沉的中国剧坛，像是受到一点轻度的刺激而稍稍地抬起头来。《日出》的产生，它所给与的刺激，比《雷雨》要更大了一些。""论到它的应比《雷雨》还要多，质的方面，它并不是一篇平淡无聊的东西。由各方面看起来《日出》在没落的中国剧坛上可以说是一个伟大的巨构了。"这个剧本"在结构上是一种新的造型，这种形式在电影中已经有了前例，最显明的像前曾轰动一时的《大饭店》，就是用了这种形式……手法敢说相当巧妙，可是因为作者技巧的不十分成熟，没能驾驭到好处"。继对剧中"人物的雕塑"、"第三幕分论"、"全剧的结构"加以评述；演出部分评述，分"舞台的装置"、"演员的分配"和"导演及其他"等方面加以评述；其结论是："剧本的产生是负着很大的责任，它努力地暴露出社会的黑暗层，给观众们一个重大的刺激，初意是很值得钦佩的；可是写作得并不十分技巧，尤其在舞台上演有不适宜处，且给与观众的刺激未能十分显著，是一大缺憾。"

2月6日　是日起，中国旅行剧团在卡尔登影戏院"作第五次公演"，演出《春风秋雨》、《雷雨》等剧。

是日　天津《大公报》第13版刊广告："二次公演：津市新组成之东方旅行剧团，本月二日在中国大戏院第一次公演《日出》后，成绩甚佳。该团已定八九两日仍在中国大戏院出演。"

2月8日　天津《大公报》第13版"本市附刊"刊消息《〈日出〉将在日公演》："我国留学日本研习戏剧艺术学生，向有'中华国际戏剧协会之组织'内部会员，颇多对戏剧艺术有相当研究与著作者，该会主持人为戏剧学家吴剑声君及曹禺君（即万家宝）。去年四月间曾于东京举行第二届公演，所演剧目有《月亮上升》、《婴儿杀戮》，及《夜明》三剧，深受该国人士所欢迎，因之掀动日人对中国话剧研究之兴趣。兹闻该会一年一度之公演期，业已规定于三月初在东京择地公演，剧目已选定为曹禺第二部伟作《日出》并由该会主持人吴剑声君亲任导演。现吴君正督促会员加紧排练。（本公）"

2月9日　天津《大公报》第13版"上海剧坛消息"载："上海，新成立之剧社颇多，计有'戏剧工作社'，'光明'，'新南'，'火炬'，'二十世纪'，'一九三七年'等"，"戏剧工作社于本星期公演《日出》，光明则拟上演《阿Q正传》，新南拟上演《史可法》"。"运到新书多种"刊："《日出》（剧本）曹禺著，四角半。"

2月10日 上海《图书展望》①第2卷第4期刊署名露雁《推荐〈日出〉》一文。文说:"《日出》诚然可以和《阿Q正传》、《子夜》并驾,在中国新文学史上占一席崇高的位置。"

是日 《光明》第2卷第5号刊黄芝冈(岗)《从〈雷雨〉到〈日出〉》一文。黄文对曹禺这两部作品提出了批评。说《雷雨》"象(像)一篇写得很花巧的文章使比较清楚的读者也给它的论据迷惑住了","作者既固执着西欧的一夫一妻制来写一个中国的家庭,却又将阔人的家写得象(像)墙穿壁洞的破屋似的","《雷雨》对青年人的指导上走了歪路"。而"《日出》却写的是大都会","剧中人虽都象活生生的,但就他们的真实性加以剖析,他们的影子便不免渐渐淡了"。

文前有一段开场白:

> 最受观众欢迎的戏不一定是最好的戏剧;作者除技巧成熟而外还得对社会有正确认识和剖析;剧作者对剧情无正确的估量,不但是幻术般的欺骗了观众,而且也因为观众们的盲目拥护认不清他自己的前途。

文尾留下一段结束语:

> 对戏剧的忠实是每一个戏剧运动者的责任,不愿自欺也不愿欺朋友,要不愿欺观众和戏剧运动本身;写批评,并不是对作者个人,而是对当前的戏剧运动来一种刺激,来一种推进,或许有对作者不起的地方,这是先当由本人向作者深深道歉的了。

2月11日 据胡适之《病榻日记》:"旧历元旦,在协和医院。""来客甚多。与朱孟实夫妇谈曹禺的两本戏。"(《胡适之先生年谱长编初稿》第1559页)

2月18日 为回应《大公报》对《日出》的集体评论,在该报《文艺》副刊上发表《我怎样写〈日出〉》一文。后作为《跋》收入《日出》再版重印本。后收入《曹禺全集》第5卷。

对萧乾先生组织对《日出》的集体评论,曹禺是很感激的。他曾回忆:

> 我记得,我在天津演出《财狂》时,他就编辑了《财狂》的特刊,请了不少名家撰文批评,他自己也写了评论。我很佩服他,他对我的表演所作的评论,写得好极了,那是连专业评论者都望尘莫及的。后来,就是他主持的对《日出》跨年度的两大版的评论,那个阵势,真叫我感动。再加上我的关于《日出》的一篇长文,就是《日出·跋》;他那种魄力,那么办文艺副刊的,恐怕现在都难找到了。(《苦闷的灵魂——曹禺访谈录》第69页)

---

① 1935年10月在上海创刊。月刊。编辑发行者浙江省立图书馆。

关于这次对《日出》的《集体批评》。据萧乾撰文：

在作品介绍方面组织得比较成功的，还是关于《日出》的讨论。这个剧本问世后，我想通过它把评论搞得"立体化"一些。我长时期感到一部作品——尤其一部重要作品，由专业书评家来评论是必要的，由作者自剖一下也有助于深入了解；但应不应该也让读者发表一下意见？要不要请文艺界同行来议论它一下？我用三个整版做了一次试验。头两次是"集体批评"，也即是请文艺界新老作家对它各抒己见，最后一期是作者的自我剖析。当时除了为加深读者对剧本的理解之外，我还有一个意图：想用这种方式提倡一下"超捧场，超攻讦"，"不阿谀，不中伤"，心平气和，与人为善的批评。讨论是热烈的，评者与作者的态度是诚恳的。应该说曾起到了文艺界相互切磋琢磨的作用。

"集体批评"的来稿几乎都是以《〈日出〉读后》或《读〈日出〉》为题。为了醒目，就由编者抽出文中关键性词句作为标题，如："渴望早日排演"（茅盾），"舍不得分手"（孟实），"其实也是诗"（圣陶），"伟大的收获"（从文），"雄伟的景象"（巴金），"更亲切些"（靳以），"大胆的手法"（黎烈文）等。我还约了教过我英国戏剧的洋老师谢迪克写了一篇《一个异邦人的意见》。已故侯金镜在五七年春一次谈话中曾对我提起谢文，说给他的印象较深。

是不是所有的评论都是全面肯定呢？也不尽然。李广田那篇的标题是《〈日出〉不如〈雷雨〉》。荒煤也有同感。

曹禺的长文《我怎样写〈日出〉》也是肝胆相照的。他剖析了自己写此剧的动机、构思经过和艺术企图，同时对评者作了虚心中肯、实事求是的答复。（《鱼饵·论坛·阵地——记〈大公报·文艺〉1935—1939》）

是日　据《月报》载："中国旅行剧团自十八日起在无锡公演《雷雨》……该团在无锡演毕后，既往苏州，于廿八日起在真光大戏院公演《雷雨》、《祖国》及《天罗地网》。"（《文艺情报（二月）》，《月报》第 1 卷第 3 期，1937 年 3 月 15 日）

是月　杭州《东风》[①]第 2 期载李朴园《关于〈日出〉——算是批评吗？》一文。对于演出第三幕，李朴园认为：《日出》"大不如《雷雨》写得完善，尤其是第三幕对于三等妓寮的描写。""全本看过以后，因为觉得第三幕不好，就接着把第四幕同前第一二两幕接起来看了一遍，反而觉得好了些。"但"我仍然觉得还是不用第三幕的好。第一，这一幕热闹自然热闹，那种黑三逼打小翠的情形也是很残酷的，说不定这种残酷的效果会把爱热闹的快意压跑了去的；第二，这是几个热闹的场面，却也

---

① 　1937 年 1 月在杭州创刊。月刊。编辑、发行杭州东风社。

是几个低级趣味特别浓厚的场面,用低级趣味刺激观众使他们爱看,生意眼自然是生意眼,却也是很不足取的生意眼。"

春 据服部隆造回忆:

我最初知道曹禺的名字,确切地说,是在昭和十二年(1937 年)的春天。那时我还没有读过他的剧本,而是在哈尔滨的中华街附近的一家电影院里,看了影片《雷雨》之后才知道的。

······

我看的影片是无声电影,而且在来哈尔滨放映之前,就已经用得很旧了,拷贝的很多地方已经损坏。因为经常断片,很影响效果,但我看了后还是深受感动的。(《曹禺随想》)

3 月 7 日 南开校友会南京分会成立,曹禺被选为南京分会会址建筑委员会委员,并与张伯苓、张彭春合影留念。(《南开校友》第 2 卷第 8 期;《曹禺全集》第 4 卷附图)

3 月 9 日 南京《新民报》刊消息《中国戏剧学会〈日出〉排演纯熟——十三日在"世界"公演》:"中国戏剧学会,自公演《雷雨》后,颇受社会好评,该会二次公演之剧目,已定为《日出》,此剧乃系《雷雨》作者曹禺创作,剧情曲折深刻,并极饶兴趣,已经该会排演纯熟,定十三日起至十六日止,在世界大戏院公演,演员均为京市话剧界一时之选,演出之精彩,当可预卜也。"

3 月 10 日 《舞台银幕》在上海创刊①。本期刊署名陈毅《〈日出〉公演观感记》一文。文说:

由于《雷雨》的演出,使我们认识了不可多得的剧作者曹禺。现在他继《雷雨》而作的《日出》又由戏剧工作社演出了。

《日出》······原作本是四幕,现由演出者删去第三幕,据说这是剧作者同意了的。

以前,以暴露上海金融资本家的荒淫与投机榨取为题材的有过茅盾的小说《子夜》,而戏剧好像是从《日出》才开始的(还有凌鹤的《高贵的人们》也似乎在这方面取材)。

······

从《日出》里看见作者曹禺是更加接近现实,更加对于那些糜烂生活中的一群的讽刺与厌弃,最后还假方达生之口中说出要与金八爷那些魔鬼一拼。显然的《日出》不光只是在暴露,而且进一步要人们去认识这不合理,更进一步

---

① 月刊。编辑人凌鹤,发行人辛汉文。发行所舞台银幕社。

去为那给逼死的书记们作一番事业。

　　但是剧中还不免有概念化的地方。如方达生就是作者不熟悉的,概念的,也是不健全的人物。……

　　3 月 12 日　南京《新民报》刊消息《〈日出〉明日公演》:"中国戏剧学会第二届公演《日出》,现已筹备就绪,定明(十三)日假座世界大戏院出演,预定时间为三天,现十三十四两天之预约券往购者踊跃。"

　　3 月 12、13 日　南京《新民报》第 5 版连载殷扬《〈日出〉中的"太阳"》一文。文说:"在《日出》里,作者的笔较广泛地触及市民社会的各面,暴露了更多的丑恶,观众看了,简直会痛恨那个黑夜,渴盼着'日出'的奇迹。"对于陈白露之死,作者认为:"曹禺先生叫她死,并不是曹禺先生残忍,曹禺先生笔下的陈白露,是非自杀不可的。"对于《日出》中的"太阳",作者认为:那"'太阳'就是属于那在'黑暗'中同'黑暗'坚决地斗争的一群的!""作者对于'黑暗'之深切的厌恶和对于'太阳'之热烈的憧憬,是最值得推荐的,而且也就是这一点,正可以向我们保证,作者第三个剧本出世的时候,中国剧坛上一定会有更惊人的收获。"

　　3 月 13—16 日　中国戏剧学会在世界大戏院举行第二次公演,演出曹禺四幕剧《日出》。导演马彦祥,演员阵容葳莉饰陈白露,杨思齐饰潘月亭,戴涯饰李石清,徐天任饰李太太,马彦祥饰胡四,方华饰顾八奶奶,仇良燧饰方达生,郑抱梅、林婧饰翠喜,于真茹饰小东西,蓝度饰张乔治。这次演出颇获成功。(南京《新民报》,1937 年 3 月 13—16 日) 13 日,常任侠曾"邀往观,并为文以张之"。(《常任侠文集》第 5 卷第 31 页)

据马彦祥回忆:

　　为什么曹禺把《日出》搬上舞台,这是全国第二次演《日出》。第一次是复旦剧社,由欧阳(予倩)老导演的,他们把第三幕去掉了。他听到后,那时很年轻,他又刚从北方来,不知南方戏剧界的情形,便很气愤,说,把第三幕挖去,便是挖去了我的心脏,"这是挖了我的心啊! 这一幕是我下了最大的功夫写的!"这次排,把四幕一起演了,这样完整的《日出》演出还是第一次。我演胡四,曹禺演黄省三。有些演员都是曹禺的同学,那时他们在南京做公务员,曹禺把他们拉来,虽然是业余演员,但演得都相当好。(《苦闷的灵魂——曹禺访谈录》第 205 页)

　　3 月 14 日　南京《新民报》第 5 版刊《世界戏院看〈日出〉葳(葳)莉是"南京胡萍"》一文,文后署名石江。文说:"中国戏剧学会在世界大戏院上演《日出》了","就意识来说,全剧是描写出卖灵魂和肉体的两个世界……若是删去第三幕,那就减色多了。"全剧"虽然没有打倒'帝国主义'的时髦口号在内,但是他所指示的还是在帝国主义压迫下的国度中的一群非醉即梦的人们,应有的一条出路,就是要'在太阳中生活'。"

是日 上海《申报》刊消息《留日剧会定期公演》：

> 我国留日青年,去年组织之中华国际戏剧协进会,自成立后,曾公演两次,博得世界人士之好评。现积极筹备第三次公演,定于本月十九二十两天,在东京筑地小剧场举行,排演曹禺所编《日出》四幕。主持人吴剑声君,对于导演及舞台装置与配景服装之设计,已经次第完成。至剧中要角之"翠喜"与"陈露露",已得陈逸夫女士及近由沪到日之封禾子负责饰演,其余要配两角,均已支配妥善,连日在积极排练中,并刊行《国际戏剧》第四期特刊,在演剧时出版,由林一屏、陈方二君负责编辑,闻沪中戏剧工作社对于刊中稿件,亦乐为帮助云。

是日 晚间,中国旅行剧团老板娘吴静女士"赴世界大戏院看戏剧学会的《日出》演出"。(《一个旧闻来新写,王艺为什么误为王莹——中国旅行剧团老板娘吴静女士来京,这是她的一篇谈话》,南京《新民报》第5版,1937年3月15日)

3月15日 南京《新民报》第4版刊蓟鲛《看了〈雷雨〉又看〈日出〉》一文。文说:"中国戏剧学会在几个月当中,连续地演出了《雷雨》和《日出》,这和曹禺先生在几年(?)中连续地创作这两个剧本一样,同是中国戏剧界值得骄傲的事。即以话剧的观众而论,当南京的许多新官僚们,尚在鞠躬尽瘁死而后已地醉心梅兰芳的时候,能够眼看着不断地有很好的话剧的演出,也是值得骄傲的事。"作者认为:《日出》"只有一点是与《雷雨》不同的,就是《日出》里所展开的范围更广,而所刻画的痕迹也更深"。

第5版刊消息《〈日出〉重要演员临场突然罹病》:"中国戏剧学会,连日在世界大戏院出演曹禺新作《日出》,成绩极佳,每场未届开演时,即告客满,该剧情节曲折,较《雷雨》之舞台场面,尤为紧凑,其他演员及服装及灯光装置等,均为一般观众所称许,不幸昨日晚场第二幕完结时,饰妓女之郑挹梅小姐,突罹心脏病,经医生诊治,不能出场,该会即请张道藩氏向观众请求停演第三幕,并由该会演员用口头解释第三幕剧情,大部观众,均表示接受此项意见,惟有少数观众,以此佳剧未能全看,即向该会要求重看,该会当亦允许,故秩序亦极良好,事后据该会负责人声称,今(十五)日下午二时及晚上八时,仍照常出演。"

3月16日 南京《新民报》第5版题《〈日出〉种种》刊发10则关于中国戏剧学会出演《日出》演员的短文。文及,"郑挹梅小姐……突以心脏病爆发,致第三幕不得不临时宣告辍演";"郑挹梅小姐送往病院后……'中剧'①……议决请国立剧校

————————————

① 时为中国戏剧学会简称。

林婧小姐串演翠喜"；"林婧小姐串演翠喜，经马彦祥戴涯暨剧作者曹禺，数小时的'集体导演'，登台后深为观众所欢迎。林婧小姐和郑抱梅小姐均出自剧校，演技各有千秋"；"秃兄洪正伦，埋头在前台"；"乔治张蓝度，天赋的一张喜剧的脸，会说一口流利的英语，他和《日出》作者曹禺在从前演过了许多戏，听说一向以演喜剧为多"。

3 月 19、20、21 日　中华国际戏剧协进会在日本东京神田区"一桥讲堂"演出曹禺的《日出》。凤子应邀前去扮演陈白露。第三幕被驻日大使馆及留学生监督处迫令删除。表演方面均获好评，尤以从上海约来的凤子扮演陈白露，成绩突出，得到日本戏剧家秋田雨雀的称赞。关于这次演出，有详细记载。据《复旦同学会会刊》①记载：

> （东京通讯）复旦校友凤子小姐，应东京中国国际戏剧协会的邀请来此主演《日出》……
>
> 这几天的观众中，除我国留学生占大部分外，日本观众约占三分之一，其中以文化界为多。我国代理大使杨云竹，留学生监督陈次溥均亲临参观。郭沫若虽在警视厅严密监视之下，亦从千叶赶到东京看戏，那天他穿着和服并拖着木屐，故意埋没他的庐山真面目。当第一幕演完时，他特地到后台，对凤子的演技备极赞美，并约她到他家里玩。日本戏剧界的权威秋田雨雀在第三天开演时，独个儿跑到一桥礼堂，他不懂中国话，才由一位中国同学替他翻译，在郭沫若离开后台不久，这位老人亦跑到后台，对凤子表示热烈的钦佩，他说，我曾看过几次中国的话剧，然而都不及这回《日出》的成绩，现在我才认识真正的中国话剧和中国优秀的剧人……
>
> 在三天的演出中，到后台看凤子的人可真不少，日本国际电影协会理事近藤春作，日本女歌王小林千代子及其他戏剧界文艺界等，都订下日期欢迎她。留东妇女会等亦有欢迎会，曹禺的老友孙毓棠亦代表作者欢宴她以表谢意。
>
> 《凤子在东京》

据凤子文述："《日出》原定演三天，每场可容七百人，三天公演后，向隅者尚不计其数，后来又续演两天，意外的第三幕被禁（监督处原已通过的），第四天只能演第一、二、四三幕，因此第五天索性辍演，这是一件很不幸的事！""我国剧本的写作技术，也是日本剧作界所望尘莫及的。曹禺的《雷雨》和《日出》，使异邦人不得不对我国剧本重下新的评价，尤其是《日出》，秋田赞叹地说是日本剧作者绝对不可能有

① 1929 年 7 月 1 日在上海创刊。月刊。复旦大学同学会主办。

的写实剧本。"①(《〈日出〉及其他》)

3月21日 上海《申报·本埠增刊》"电影"栏刊消息《一九三九剧社将排演〈日出〉》:《日出》剧本已蒙社会局通过,夏霞、梅熹、孙敬、曼娜等参演。

3月25日 《光明》第2卷第8号刊周扬《论〈雷雨〉和〈日出〉——并对黄芝冈(岗)先生的批评的批评》一文。文说:"我读过《雷雨》和《日出》,也看过《雷雨》的上演,对这两个剧本,在我的心中一直保持着相当高的评价。所以当读到了黄芝冈先生的《从〈雷雨〉到〈日出〉》的时候,我感到了不平,觉得这批评实在太不公允。""批评的目的与其说是揭露作品中的缺点,更毋宁说是阐发作品之积极的意义。""《雷雨》和《日出》无论是在形式技巧上,在主体内容上,都是优秀的作品,它们具有反封建反资本主义的意义。用一脚踢开的态度对待这样的作品,无疑地是一个错误。""对于《雷雨》和《日出》的成功,我们应当庆幸,我们应当指出作者现实主义的长处和弱点,以及横在他面前的困难。""我同意张庚先生的说法:《雷雨》的最成功的一面是人物。""如果说在《雷雨》中作者对于现实还抱着宿命论的观点,那末到写《日出》时,作者对于客观社会已有了进一步的认识。他认清了'损不足以奉有余'的社会形态——人剥削人的制度。"

是日 上海《国光》②第6期刊华苑贞《读〈日出〉》一文。作者认为:"曹禺先生的《雷雨》不论在书本上与舞台上,都已成了脍炙人口的伟大著作,这一本《日出》我认为是更进一步的收获,希望未看过的同学们抽出些时光来一读。"

3月25日—4月7日 上海"火炬与二十世纪两剧团""在宁波公演《风流寡妇》及《雷雨》二剧。"(《文艺情报(四月)》,《月报》第1卷第5期,1937年5月15日)

3月26日 上海《申报》刊消息《中旅回沪以后》:"中国旅行剧团自无锡、苏州演出回沪,预备四月中作第六次公演,正积极准备新戏,有曹禺之《日出》,阿英新作《群莺乱飞》,田汉的《阿Q正传》,阳翰笙之《前夜》等剧,《日出》的导演仍是欧阳予倩。"

3月28、29日 中旅参加"上海话剧集团春季联合公演",于卡尔登上演《雷雨》及《春风秋雨》。(《上海话剧集团春季联合公演》广告,上海《申报》,1937年3月23、24、25日)但从28、29、30日《申报》广告看,只演了《春风秋雨》,因受欢迎,30日又加演一天。

---

① 文后落款时间是,一九三六年五月十七日,有误。后在《台上·台下》一书中改为,一九三七年五月十七日,东京。

② 1936年10月在上海创刊。半月刊(每逢10日、25日出版)。上海圣玛利亚女校国光会发行。

是月　参加清华同学聚会。据苏茹撰述：

我回到上海的第三天，清华同学，在万国体育会举行联欢聚餐会。恰逢旧历年初，又是新会长热心会务，到会的格外见得起劲些。除了那遗传下来，应有的素姆安小姐舞蹈外，他们还请了那中国易卜生，《雷雨》与《日出》的作者，登台演说。自洪深以降，清华对于中国话剧的贡献，也不算没有交代了吧！这二十多岁，充满了前途希望的青年作家，毕竟是不平凡。他一方面抓握住那宇宙间神秘的命运，如李笠翁所说："人生百计何奈天，奈何天不得"。另一方面，他把马克斯的演论法，去解释"人之道，损不足以奉有余"。我们亦很佩服他：他真像是用科学的方法，去产生艺术。为了要描写那渣滓的人生，那剩余的女人，他不惜亲身去经历，去入地狱。（《海上见闻录（一）》）[①]

是月　应靳以稿约，开始酝酿写作《原野》。时居南京，住四牌楼附近，对面即是国民党"第一模范监狱"，监狱里经常发出铁镣的响声，还看到犯人做苦工时被折磨的惨状，这种充满恐怖的气氛；又使他联想起在宣化目睹鞭挞"犯人"的惨状。据曹禺回忆："我住在南京时，对过就是监狱，押着陈独秀。这是《原野》的社会背景的一部分。《原野》写作时，整夜整夜地写，从天黑写到天蒙蒙亮。南京很热，夜里就到街上买葡萄汁喝。七八天晚上就写出一幕，写得很顺利。那时是《文季月刊》催我写，和《日出》一样，像写章回小说，先有个大致的意思脉络，然后就陆陆续续地写，边写边交稿。"（《苦闷的灵魂——曹禺访谈录》第70页）

关于《原野》的最初构思，据曹禺说：

《原野》的写作是又一种路子。当时是有这样一个想法，写这么一个艺术形象，一个脸黑的人不一定心黑。我曾经见过一个人，脸黑得象（像）煤球一样，但是心地非常之好，他一生辛苦，可死得凄惨。我的思想境界又有了变化，不能允许这样的人如此死去。一旦写成仇虎，和原来的想法又完全不一样了。那时，听到乡下恶霸地主杀人的事情很多，这对我有些影响，我没有真正到过农村，偶然去看看，没什么生活。《原野》不是一部以复仇为主题的作品，它是要表现受尽封建压迫的农民的一生和逐渐觉醒。……（《我的生活和创作道路》）

关于《原野》的时代背景，据张葆莘撰述：

他说，这本戏写的是民国初年，北洋军阀混战初期，在农村里发生的一件事情。当时，"五四"运动和新的思潮还没有开始，共产党还未建立。在农村里，谁有枪，谁就是霸王，农民处在一种万分黑暗、痛苦、想反抗，但又找不到出

---

① 本文系苏茹于上海 3 月 13 日所作。

路的状况中。……(《曹禺同志谈剧作》)

至于为什么取名为《原野》,据高瑜撰文:

> 曹禺深谙中西方戏剧……他告诉笔者说,起名《原野》,也是受了波斯诗人欧涅尔一首小诗的启迪。……曹禺深情地念起:"要你一杯酒,一块面包,一卷诗,只要你在我的身旁,那原野也是天堂。"(《沉睡中的唤醒——曹禺谈〈原野〉》)

4月1日 上海业余剧人协会改为职业剧团,更名为业余实验剧团,是"日起正式成立,赁屋于福熙路六四一号"。"他们的组织——最高机关是理事会,社主席、秘书。理事会是应云卫、陈鲤庭、徐韬、章泯、赵丹,以下是总务部、剧务部、编导部,各设部长一人,以下有分股负责者。史东山、沈西苓、袁牧之、欧阳予倩、洪深、马彦祥、曹禺、阳翰笙、夏衍、阿英、陈白尘等都是他们的特约编导。职演员的报酬是二十五元起至二百元为止,特约编导者以部头戏计算报酬,创作剧本每戏除剧本费一百元外,另抽上演税百分之三。""阵容——演员有四十余人,职员除专任外,余都由演员兼任。""即将上演的有悲壮的民族革命史剧《太平天国》和曹禺新作《原野》"。(《业余实验剧团》,《读书》月报第1卷第3期,1937年7月) 演员及特约演员有赵丹、魏鹤龄、吕班(复)、钱千里、伊明、章曼苹、英茵、赵慧深、叶露茜、王苹、汪洋、赵明、陶金、王为一、沙蒙、徐滔、张客、范莱、施超、顾而已、郑君里、白璐、蓝苹等。(《业余实验剧团》,《时代电影》第2卷6月号,1937年5月25日)

是日 到田汉南京家中作客。据田汉记述:"设家宴招待前来祝贺四十(虚岁)寿辰的宗白华、阳翰笙、万家宝(曹禺)、常任侠、马彦祥等。餐后合影留念。"(《田汉年谱》第230页)

4月4日 晚,"中国教育电影会第六届年会""举行同乐会",国立剧校为之"表演《日出》"。(《文艺情报(五月)》,《月报》第1卷第6期,1937年6月16日)

4月5日 《中流》半月刊①第2卷第2期载姚克《我为什么译〈雷雨〉》一文,交待了翻译《雷雨》的起因。文说:

> 其实我最初并没有翻译《雷雨》的起意。事情的经过是这样的:我从去年七月担任英文《天下月刊》的编辑之后,每月照例得写些文章。有一天早晨我和《天下月刊》的主编温源宁先生谈起了沟通中西文化的问题,我主张在《天下月刊》的翻译栏中多介绍一些中国当代的文艺作品。这个意见他很赞成,并且说小说方面已有人在着手翻译,但戏剧方面却还没有人注意到。接着他问我:

---

① 1936年9月15日在上海创刊。半月刊。黎烈文主编,中流社出版,上海杂志公司发行。至1938年8月5日第2卷第10期终刊。计出22期。

"你为什么不找一个好剧本译成英文呢？"

"好，那么让我来翻译《雷雨》吧！"我脱口而出地说。

翻译《雷雨》就是这样决定了。当时我虽在那里谈沟通中西文化的问题，但这其实并不是翻译《雷雨》的动机，虽然这倒是个极冠冕堂皇的理由。我现在追忆当时的情形，那不过是闲谈时偶然发生的事；世界上有许多事是在闲谈时受胎的，到成功之后继被人加上了一大堆想入非非而理由十足得要命的解释，好像人们没有动机就不会做事似的。

可是翻译《雷雨》却也真有一个动机。不过这并不是一个直接的有意的动机，至少只能算是一个远因……若要我说得比较具体一些，那么《雷雨》中的周繁漪曾给我一个异常深刻的印象——这对于我翻译《雷雨》的动机多少有一些关系。

……

我一向憧憬着一个"敢冲破一切的桎梏，做一次困兽的斗"的女性；我读了《雷雨》也看了多次《雷雨》的演出；我爱繁漪这样的性格。我是不喜欢阴郁的，可是她有了最后的热烈的爆发，她的以前的阴郁非但不觉得讨厌，甚至于变得可爱了。

因此我对于《雷雨》就有一种偏心的爱好和不能磨灭的好印象。温源宁先生建议要我翻译一个当代的中国剧本的时候，我不觉就脱口而出的提起了《雷雨》，而且真的把牠（它）译成了英文。平心而论，在提出《雷雨》的一刹那，我并没有丝毫的考虑和选择，更无所谓理由和动机，只是因为这出悲剧深深地潜伏在我心中，偶然碰到了这样的机缘就作成了翻译牠（它）的事实。

4 月 10、11 日　国立戏剧学校参加"教育部第二次全国美术展览会主办"演出，在南京国民大会堂公演曹禺改编的独幕剧《镀金》和张道藩的四幕喜剧《自救》。《镀金》由曹禺出任导演，《自救》由王家齐与万家宝合导。《镀金》演员阵容：金淑之(芝)饰张妈、石莲馨(联星)饰马太太、王象坤(项堃)饰马大夫、赵鸿模饰赵文明、凌琯如饰美丽、曹逸忱饰李妈、张国萃饰赵太太、孙坚白饰赵先生、李庆华饰送牛奶的、张逸生饰收账的。(《国立戏剧学校公演说明书》，国立剧专史料江安陈列馆藏)　据载："国民大会堂……昨夜国立剧校应美术展览会之请在该场出演张道藩编的《自救》，与腊皮虚著的《镀金》，两幕话剧。""此剧(《镀金》)由曹禺改编兼导演，又是第二次演出，演员一个都未调换，他们都不但驾轻就熟，并且更见情形……剧情的诚世讥人处，导演的手法甚为高明，在那诙谐的对白中、透露无余了。"(《剧校应美展会邀演两出拿手戏》)

4 月 15 日　上海《文丛》①第 1 卷第 2 期(5 月号)开始连载曹禺三幕剧《原野》，至第 1 卷第 5 期(8 月号,7 月 15 日出版)载完。该版本第三幕后附曹禺《附记》。全文如下：

又是非常仓促地把这个戏写完,内中错误失漏随意就可便发现不少。希望日后能随时更正过来。好在这只是个未定的草稿,还容我有一点一点修改的可能。写第三幕比较麻烦,其中有两个手法,一个是鼓声,一个是有两景用放枪的尾,我采用了欧尼尔氏在琼斯皇帝所用的,原来我不觉得,写完了,读两遍,我忽然发现无意中受了他的影响,这两个手法确实是欧尼尔的,我应该在此地声明,如若用得适当,这是欧尼尔的天才,不是我的创造。至于那些人形,我再三申诉,并不是鬼。为着表明这是仇虎的幻想,我利用了第二个人。花氏在他的身旁。除了她在森林里的恐惧她是一点也未觉出那些幻想的存在的。这个戏的演出比较难,第一,角色便难找,仇虎,焦氏,金子,大星都极重,尤以焦氏不易,怎样把演员分配得均匀,各人能在每个角色的心里上展每人的长处,是很费思索的,第二,布景,灯光都相当地繁重,外景太多,而且又需要换得快,如第三幕那连续的五景,每景变换应以二十秒钟为准,不应再多,不然会丢了连续失去情调,并且每个外景的范围也是极难处理,所以如果这幼稚的剧本能荣幸地为一些演出的朋友们喜欢,想把它搬到舞台,我很希望能多加考虑,无妨再三斟酌这剧本本身所有的舞台上的"失败性",而后再决定演出与否,这样便可免去演后的懊悔和痛苦。

排演本剧必须得文季社同意

（文化生活出版社转）

至此,人们把《雷雨》、《日出》、《原野》称为"三部曲"。曹禺谈到这三个剧本时说:"对一个普通的专业剧团来说,演《雷雨》会获得成功,演《日出》会轰动,演《原野》会失败,因为太难演了。"(《戏剧家曹禺》)

是日　上海《月报》②第 1 卷第 4 期题《怎样写〈日出〉》转载《大公报》曹禺《我怎样写〈日出〉》一文。本期"文艺栏"之《文艺情报(三月)》刊消息:"以《雷雨》即《日出》两书闻名的曹禺,近又有一个剧本将脱稿,剧名为《云雾》"。

---

① 1937 年 3 月 20 日在上海创刊,纯创作月刊。靳以、巴金主编。每卷六期,文季社发行。上海文化生活出版社总经售。该年《文丛》在上海只出了五期,由于沪战发生,第六期在上海排印后无法继续出版,翌年初,靳以和巴金带着纸型辗转香港到广州,第六期的《文丛》是 1937 年在广州与读者见面的。

② 1937 年 1 月在上海创刊。月刊。胡愈之等编辑。开明书店出版。

4 月 16 日　上海《妇女生活》①第 4 卷第 7 期刊封禾子(凤子)《生命的残余者——为〈日出〉中陈白露一角而作》一文,文系凤子 3 月 11 日于东京作。凤子从自己"很微倖(侥幸)有了同一的机会参加上海与东京两个剧团的演出,而且是扮饰同一的角色——陈白露",体会到:《日出》是现实的暴露。没有一个人物的描写不是活跃在眼前,当略为闭目想想之下,睁开眼来现实就会给你很好的证明的。"而陈白露这个人物,"我肯定的说一句评语,作者写陈白露这人物是失败的"。

4 月 21 日　中国旅行剧团在上海《申报》刊登广告,告之:曹禺编剧,欧阳予倩导演,最新排练伟大名剧《日出》,即将上演注意日期。

4 月 23—25 日　国立剧校在南京香铺营中正堂举行第十一届公演。演出曹禺的《日出》,演出者余上沅,曹禺自任导演,演员:叶仲寅(叶子)饰陈白露、陈健饰方达生、郭寿定饰张乔治、冼群饰王福生、戴卿饰小东西(小翠)、张树藩饰潘月亭、凌颂强饰黑三……辛子萍饰黄省三、贾淑慧饰顾八奶奶、余师龙饰李石清、屠广圻饰胡四……(《本校第十一届公演》说明书影印件)　共演出六场。(《历届公演剧目表》,《国立戏剧学校一览》第 84 页)

在排练过程中,导师张彭春曾作了一些指导,并排了第三幕的一部分。关于排演。据曹禺回忆:

> 我排《日出》时,张彭春先生来了,他是因为什么到南京的,我记不起来了,但我请他排第三幕,这点我记得很清楚。其实他对第三幕的生活也不熟悉,但是,他是很会抓戏的,他懂得怎么排就能把戏排出来,把它排得更有戏。张先生排戏有个特点,就是台步该走几步,走到哪里,都是有讲究的,一点不准有差错的,哪句台词该怎么读,哪个字该如何动作,有板有眼,一点不能含糊,那可真是"一丝不苟"。(《苦闷的灵魂——曹禺访谈录》第 113 页)

据叶子回忆:

> 1935 年末,复旦先演出《日出》,凤子演陈白露,曹禺看了,觉得他们把第三幕删去,不痛快。不要这一幕,他很心疼。他说,这样就把这个戏的心脏挖去了。他自己非要排这个戏不可。当时南京有个戏剧学会,先是马彦祥、戴涯排演了《雷雨》,曹禺演周朴园。马彦祥又要排《日出》,曹禺说:"你干吗不让我排呢?"记得马彦祥先排了,《日出》公演后,好像也没有第三幕。这样,曹禺才下决心自己来排。记得我曾经对曹禺说:"谁敢演这个下三烂(指翠喜)?"曹禺

①　1935 年 7 月 1 日在上海创刊。月刊(每月一日出版)。编辑人沈兹九,发行人张静庐,出版者妇女生活社。

说:"翠喜可令人尊敬,她有颗金子般的心。"他确实希望我来演,可是,我还没有那个胆量。在戏剧界,我历经了梨园沧桑,直到全国解放后,我才演了翠喜。那时,我的思想有点左,有概念化毛病。我曾问曹禺:"你的《原野》写仇虎复仇,是不是影射日本帝国主义?"曹禺愣了,说:"你怎么想到这里去了!"

曹禺排《日出》排得很细致,我收获很大。每句台词为什么这样写,台词的意义是什么,该怎么念,他都讲给你,示范地演给你,等于他演了所有的角色。他是编剧,又当过演员、导演,他是三位一体。他排得很细致,什么动作都有了,像工笔画一样,他的戏是很难打破那个铁壳的,对初学演戏的人,他抓得这么细腻,是帮助很大的。我当时演陈白露。他用心把第三幕排出来了,这一幕前后台都有戏,排起来很麻烦。(同前第189、190页)

据张逸生回忆:

我们排《日出》时,张彭春曾经来过。我们排戏时,曹禺就把他的座位让给张彭春。他对他老师很尊敬。……(同前第193页)

据陈永倞回忆:

剧校演《日出》是在南京的文化会堂,在香铺营,这是个小剧场。

我们演《日出》,是戴青(卿)演小东西,叶子演陈白露,张树藩演潘经理。曹禺亲自导演,张彭春来了,也帮助看,指点。(同前第195页)

据彭行才撰文:

他排戏的认真,不亚于写作……记得民国廿五年南京第一次演出《日出》的时候[1],他亲自指挥排演,日夜工作,忙得不亦乐乎? 甚至连饭都不吃,他只叫工友买几块烧饼当饭,一面吃饼,一面排演,向演员分析性格,或是指挥地位。过后,将那吃了一半的烧饼,有意无意的放进口袋里,排演一会儿,他又重新拿一块,边吃边讲,于是这些烧饼被咬了一口或二口之后,放进几个口袋中,等到排演完毕,满口袋都是吃了两三口的烧饼。(《记曹禺》)

4月28日 是日起,中国旅行剧团作"第六次公演","在沪卡尔登影戏院公演《日出》"。此系中旅首次演出《日出》。导演欧阳予倩。演员阵容:唐若青饰陈白露,王竹友饰方达生,郑童饰张乔治,姜明饰王福升,童毅饰小东西,李景波饰潘月亭,萧子英饰黑三,张立德饰男甲,金鸳饰男乙,邱星海饰黄省三,吴铃子饰顾八奶奶,曹藻饰李石清,胡景平饰胡四,张瑢饰李太太,王荔饰翠喜,蒋百骅饰小顺子,安平饰宝兰,王礁饰翠玉,黎明饰黛玉,凌莉饰小小。原定演至5月4日为止,又应观

---

① 彭行才所记演出时间有误。

众"要求续演"，"继续公演"数天。演至 5 月 19 日。（《〈日出〉今晚献演》，上海《申报》，1937 年 4 月 28 日；《日出》广告，上海《申报》，1937 年 4 月 28—5 月 19 日）自此，《日出》也成为中旅保留剧目。

演出期间，曹禺曾往观看。据项堃回忆：

我到上海时，是一个周末。当时曹禺先生写的《日出》由中国旅行剧团（以下简称"中旅"）第一次演出，在上海一炮打响，演得正红火。每个周末，曹禺先生都应邀到上海，由唐槐秋先生在南京路上的东方饭店为他开了房间，星期天看完两场《日出》并留下改进意见之后，于星期一一大早再匆匆赶回学校任课。我就是借着这个方便条件，按曹先生安排，周六一下火车便赶到剧场找到了他，并通过曹先生引荐结识了唐槐秋先生……成了"中旅"的正式成员。（《步履维艰的从艺之路》）

4 月 30 日　上海《申报》刊消息《曹禺的第三部曲〈原野〉上演权已给业余实验剧团》："自从《雷雨》在文学季刊上发表后……被热烈地欢迎是必然的。"《日出》是他的第二部作品……如今他的第三部曲《原野》，本月份起又在《文丛》上发表了……据说这剧的初演权已由应云卫和曹禺说妥，由业余实验剧团保留了。"

是月　武汉民族剧社"举行第三次公演，演出《春风秋雨》、《寄生草》及《日出》三剧"。（《文艺情报（四月）》，《月报》第 1 卷第 5 期，1937 年 5 月 15 日）

是月　上海文化生活出版社"文学丛刊"第三集《日出》（六版）刊行。曹禺赠巴金一册，并题：

给金

家宝　一九三七（《一个小老头，名字叫巴金》第 265 页）

5 月 1 日　南京《文艺月刊》①第 10 卷第 4、5 期合刊（戏剧专号）刊徐运元《从〈雷雨〉说到〈日出〉》、石江《评曹禺的〈日出〉》二文。徐运元评说：

《雷雨》终于只是一个兴味剧（Melodrama），而不是悲剧（Tragedy）。……

《日出》就比《雷雨》成功多了。故事不离奇，人物也不那么特出，只是方达生的个性，比较难得……《日出》中的人物，差不多都是环境的产物；不像《雷雨》，一多半是想克服环境的天人。

《雷雨》和《日出》的作者曹禺先生，惯用对比法，加强剧的戏剧性。在《日出》里……所以剧情的紧张，并不亚于情节离奇的《雷雨》。

---

①　1930 年 8 月 15 日在南京创刊。编辑、出版者中国文艺社。发行者正中书局。至 1937 年 8 月 1 日第 11 卷第 2 期停刊。后在改出《文艺月刊·战时特刊》，至 1938 年 6 月 1 日新 1 卷 12 期由武汉迁往重庆，1941 年 11 月终刊。

......

《日出》自然比《雷雨》更接近现实。可是角色分量的分配,却不如《雷雨》分配得恰到好处。实在作者在《日出》里要表现的太多了些。

......

《日出》比《雷雨》更成功。《雷雨》都轰动一时,《日出》自不必说了。说句俏皮话,《雷雨》《日出》的作者,他编剧的程序,正是从骇人的《雷雨》,走到《日出》。......

石江从"关于意识的"、"关于技巧的"、"关于第三幕的存在"和"结论"四个方面对《日出》加以评述。"关于第三幕",他说:

欧阳予倩先生导演《日出》,删去了第三幕。记得有一次我们在上海良如粤菜酒楼上吃饭,他说明了删去的理由。他在排演这个戏时,不把它看作悲剧,因为整个的形态,不够明显。

马彦祥先生导演《日出》,保留了第三幕。他的理由是:"觉得第三幕上在全剧组织机构上,尽了转变空气的任务,假如第二幕终了,没有第三幕的转变空气,第四幕开始时,一定过于严肃,而且悲剧的空气会减弱,基于这一点保留了第三幕。"

曹禺先生在《我怎样写〈日出〉》的文中,却大声疾呼《日出》被人剜心的冤枉。他说这一幕才是比较可看的戏,也是费了若干心血,时间,金钱,才搜集来的材料。他认为这一幕比较其他三幕都精彩,都动人,都有力量,不演《日出》则已,若演,唯有第三幕才是主题,才能称为《日出》。(大意如此)

看了三位先生的主张,都各有特殊的见解。我也是主张必演第三幕的。而且还希望加强第三幕的内容,多少人喜欢看第三幕。多少人(自然是上流人)还未见过第三幕的故事;但,欧阳先生主张删除的理由,还希望他再说几句话。......

最后,石江"结论"说:

《日出》是较《雷雨》更成功的戏,它说明了以"有余补不足"的社会病态,它也告诉我们"太阳不是我们的"的危险,它向着黑暗的社会咒骂,它更是凭吊那些牺牲在黑暗中的灵魂。

是日 南京《是非公论》①第 39 期刊陈数句《〈日出〉观后感》。文系作者观国立剧专演出《日出》而作。作者认为:"值得我称赞的,倒是剧作者从我们平时习见的

---

① 1936 年 4 月 1 日在南京创刊,十日刊。编辑发行者:是非公论旬刊社。

而又不留意的人物中,攫取了几个典型,把他们(或她们)剥得赤裸裸的摆在我们的眼前,让我们重新的过细的来认识他们的面相,了解他们的生活,理解他们在社会舞台上是个什么角色,尽了什么任务。《日出》的好处,也许就在这里了(最少我个人是这样地认识)。"剧中第三幕"在全剧中要算最精彩的,场面最复杂,空气最紧张。……已经达到艺术的境地了"。

是日 中国戏剧学会"正式改为职业剧团"。① (《剧坛动态》,《戏剧时代》第1卷第1期,1937 年 5 月 16 日)

5 月 6 日 上海《影与戏》②第 1 年第 22 期刊消息《新剧本〈原野〉上演权实验剧团捷足先得——曹禺成名后的第三部作品》,该文与 4 月 30 日《申报》载基本相同。

5 月 12—21 日 中国戏剧学会应杭州东南日报之邀,在该报大礼堂上演《日出》一剧。(《剧坛动态》,《戏剧时代》第 1 卷第 2 期,1937 年 6 月 16 日) 导演:马彦祥,演员:戴涯饰李石清,范大块饰小顺子,井心饰张乔治。据载:"中国戏剧学会是前月十二日来杭的,从十五日起,假座东南日报的大会堂,公演曹禺编剧的《日出》,由马彦祥导演,演员阵容也还相当优秀,在各报好评之下票价虽然卖到五角一元,可是营业仍然不错,本来预备十八日打住的,结果是延长了三天,盛况虽然不能轰动全城,但是此行结果,给杭州人的印象却很深……"(《中国戏剧学会在杭公演花絮》,《现象》月刊第 21 期,1937 年 6 月 20 日)

这次演出得到"各方评论"。蒙生(署名)评说:"如果说《雷雨》是一个家庭悲剧,《日出》便是接近于社会的悲剧,展开了黑暗社会的大半面,我们看《日出》不像是在看戏,而是一幅都市社会的剪影,《日出》故事的发展,像是拉开了几条线,所展开的是广阔的社会层,所以比起《雷雨》是进一步的作品。"沈从文认为:《日出》"至少剧本上却可说是一篇有声有色的散文"。导演马彦祥说:"全剧中的几个人物,大多数是在我们周围常见的熟悉的,唯有方达生是有些陌生,作者把他当为代表'光明'的说教者,从他的嘴里说出许多连他自己也不能十分了解的话。""所以第四幕的闭幕时,方达生不再上场。"(同前)

5 月 15 日 天津《大公报》第 1 张第 2 版用半个版面报道《本报文艺奖金揭晓》,刊长篇社评《本报文艺奖金发表》:"本报第一届文艺奖金,现承特约组织之文

---

① 《戏剧时代》第 1 卷第 2 期《剧坛动态》又报道:"南京中国戏剧学会已于上月中旬应杭州《东南日报》之邀,在该报大礼堂上演《日出》一剧,一时轰动了杭垣,他们因为会务日渐发达,阵容急需扩大,于六月一日正式改组为职业剧团……"

② 1936 年 12 月 10 日在上海创刊。周报(每逢星期四出版)。编辑者:朱善行、沈觐貌,发行者:胡以康,出版者:影与戏周报社。

艺奖金委员会,决定推荐曹禺君(戏剧《日出》)芦焚君(短篇小说《谷》)何其芳君(散文《画梦录》)当选。本报同人,深谢委员会诸专家之同情尽力,俾本报得到介绍上列三君文艺作品之光荣,并愿乘此略贡献同人之感想。……"第1张第3版刊《本报文艺奖金的获得人——曹禺·芦焚·何其芳》,介绍三位获奖作者及其作品。

据萧乾回忆:

《大公报》原是天津天主教人英敛之于一九〇二年(光绪二十八年)创办的。一九二六年吴鼎昌把它盘过来,成立了一个"新记公司"。一九三六年九月是这家公司接办的十周年。

七月间,老板一天把我找去,说想搞一次全国征文作为纪念……最后,我谈起美国哥伦比亚大学一年一度的普立兹奖金,办法是奖给已有定评的作品,比较容易掌握。老板听了颇以为然,要我立即着手拟定办法并开列评选人名单——后来他又请动物学家秉志先生同时搞起一种"科学奖金"。

这种奖金原拟每年评选一次,由报馆每年拿出三千元来,以一千元充文艺奖金(奖给一至三人),以两千元充科学奖金(奖给一至四人)。《大公报》当时每年年终给职工也发奖金,高层骨干另外再发给报馆股票。记得三六年发年终奖金时,馆内传说该年的利润是十六万元。那样,三千元也只不过是拔了一根毫毛,而文艺则只占这根毫毛的一小截儿而已!

"文艺奖金"的裁判委员请的主要是平沪两地与《文艺》关系较密切的几位先辈作家:杨振声、朱自清、朱光潜、叶圣陶、巴金、靳以、李健吾、林徽因、沈从文和武汉的凌叔华。由于成员分散,这个裁判委员会并没开过会,意见是由我来沟通协调的。最初,小说方面提的是田军的《八月的乡村》。经过反复酝酿协商,"投票推荐",到三七年五月公布出的结果是:

小说:《谷》(芦焚)

戏剧:《日出》(曹禺)

散文:《画梦录》(何其芳)

各种文艺体裁之间本无高低之分,所以不搞第一二奖,一千元由三位平分。

在协商过程中,争论并不大。如果说出现过风波,那并不在裁判员之间。评选结果公布的当天,报馆经理部一位私人开着一家书店的主任同我大闹了一场,因为没选上他出版的一本书。(《鱼饵·论坛·阵地——记〈大公报·文艺〉,1935—1939》)

是日 上海《月报》第1卷第5期《文艺情报(四月)》刊消息:"沪一九三七剧社聘夏霞加入,事已谈妥,近在排练《日出》。""福建建瓯闽北日报社社长泮元领导之大风社,成立不上三月,已举行公演二次,最近正在筹备上演《雷雨》。"

5 月 16 日　《戏剧时代》在上海创刊[①]。刊张庚《读〈日出〉》一文。该文系张庚"应了马彦祥先生为他作《日出》的批评"。他认为,《雷雨》"作者是有着那么多愤懑,抑制不住地举起他的投枪来,向自己的假想敌冲刺过去了"。"作者对于都市文明的憎恨不是批判的,而是整个否定的。""作者的生活和观念的深处,对于现代生活是一个客人,一个观光者。他不是不努力于向现代生活的核心钻进去,对于他写这剧本第三幕的精神,我们不能不感动,感激,然而在写《日出》这个阶段中间,他始终是一个观光者,他越'看'得多,加重了他原始的愤懑和同情,似乎是越加证明了现代文明无一是处的感觉。""但是我们切不可忘记作者是一个写实主义者。他对于人物形象的兴趣和处理的自如,是他自己,也是我国现阶段剧作者最可宝贵收获。"关于剧本,张庚说:"我们觉得这剧本当作读物比当作台本是更成功的。"

本期《剧坛动态》刊消息:"业余剧人协会……更名为业余实验剧团……上演剧本已决定者有莎士比亚之《罗密欧与朱丽叶》……曹禺之《原野》等剧";"曹禺之《日出》于东京上演后,由中华国际戏剧协进会请江右书译为日文,闻月内即可完成";"汉口民族剧社在最近明星戏剧院举行第三届公演,剧目有阿英之《春风秋雨》,朱端钧改译之《寄生草》,曹禺之《日出》。该社于广告上声明'原作者按日抽百分之二·五版税',(编者按:应称上演税)此为汉口话剧界创举。""又该地怒潮剧社最近亦拟上演《日出》一剧,由王瑞麟袁业美导演,唯因第三幕中翠喜一角,无人担任,工作未得顺利进行,闻该社曾托人向南京国立剧校及中国戏剧学会借角,均未成事实";"福建闽北日报社长潘元所领导之大风剧社最近筹备公演《雷雨》。"

5 月 20 日　是日起,怒潮剧社在汉口光明戏院演出《日出》,"连演三日,座无虚位,可谓成功。"(《评"汉口怒潮剧社"的〈日出〉》,《关声》第 5 卷第 12 期,1937 年 6 月 25 日)

5 月 23 日　新组建的上海"业余实验剧团"在《申报》刊登整版广告,号称"中国第一大规模职业话剧集团","启幕第一声卡尔登戏院即将献演"……其中显示:曹禺为该团"特约编导"之一,新作《原野》为即将公演剧目之一。

5 月 25 日　上海《关声》第 5 卷第 11 期"书评"栏刊胡可《〈日出〉读后感》。胡可认为:"在这样一个紧张悲壮雄伟的题材之前,作者没有赋予更强烈醒目的生命,使读者全面地接触到光明之所在而启发他的自觉与向上,""在描写的对象上,《日出》比《雷雨》都进步。这进步给我们读者,一种希望,希望作者第三本剧作里会给

---

①　月刊。编辑人欧阳予倩、马彦祥,发行人卢芳,出版者戏剧时代出版社,总经销上海杂志公司。1937年 8 月 1 日终刊。计出版 3 期。

我们满足,使我们看到'《日出》中英雄'!'能够担当日出以后重大责任的英雄'!"

5月31日 中国戏剧学会"于五月三十一日下午六时在洪武路旧会址召开首次理事会,出席者计为马彦祥、戴涯、洪正伦、马宗沅等,讨论会务进行之方针及追认事项多件、下届公演剧目、决定为欧阳予倩所编之五幕剧《潘金莲》","又该会以洪武路旧会址不敷分配,觅得邀贵井新屋一处,是日迁至新址办公,该会从此步入一新阶段矣。"①(《南京中国戏剧学会·定下届公演潘金莲》,《影与戏》第1卷第27期,1937年6月10日)

是月 曹禺"在中央大学的旁边,也是陆军监狱的旁边,一幢三间的二层洋房里",接受《读书青年》记者萨宴及该刊"摄影记者"的采访,历时"足有三小时"。访谈题《戏剧家曹禺访问记》载7月10日《读书青年》第2卷第11期。访谈间,曹禺回答了一些个人问题,他说:"近来,却倒了霉,昨天北方有信打来,告诉我哥哥过世了。"但"这几天为了《原野》就要赶排,所以不完的部分就不能不写,而且他们催得要命。素来不生病疮的我忽然生了一个疮,(说时他手指着嘴唇)请医生看了,他说不是口疮","不两天会好的。"现在《原野》大概就可以脱稿了吧?"不,还有一幕。""我本打算出国,到人家那里看看究竟。可是,恐怕这事一时不能实现了。哥哥一死,家里只有一个寡母,寡嫂和两个侄儿,都非常之小,男人只我一个,所以实在给缠住走不开了。我打算写完《原野》到北方去,把母亲他们接来,大概下学期还在南京。"除此外,曹禺还就中国话剧的前途、主张和意向谈了他的一些看法,如戏剧通俗化、中国本土化、现代化等。

是月 据《月报》载:"曹禺所编之《雷雨》,日前在江西南昌戏团公演时,教育当局以母子通奸乱伦之事实,认为有违我国旧道德,当即禁止演出。"(《文艺情报(五月)》,《月报》第1卷第6期,1937年6月16日)

5—6月 北平戏剧爱好者组织"沙龙剧团",演出曹禺的《日出》,陈绵导演,张瑞芳饰演陈白露,石挥饰演潘经理,白光饰演小东西。(《岁月有情——张瑞芳回忆录》第47—50页)

6月1日 上海《文摘》②第1卷第6期刊中旅演出《日出》之《演员表》、剧照11幅及配文11条。

6月2日 国立剧校本年第一届毕业生以"联合剧社"名义赴无锡公演曹禺的《日出》,共演4日,业绩亏蚀。(《剧坛动态》,《戏剧时代》第1卷第3期,1937年8月1日)

---

① 这是该会改组后第一次会议,曹禺是否参加,或已实际脱离该会,有待查证。
② 1937年1月1日在上海创刊。复旦大学文摘社编,上海黎明书局刊行。

6 月 4 日　上海《国民》①第 1 卷第 5 期刊封禾子《〈日出〉及其他(东京通讯)》一文。文中讲述她了解的留日学生演剧团体之演剧情况,自己参演《日出》情况,以及其与日本戏剧界接触所了解的情况。她说:"我国剧本的写作技术,也是日本剧作界所望尘莫及的。曹禺的《雷雨》和《日出》,使异邦人不能不对我国剧本重下新的评价,尤其是《日出》,秋田赞叹地说是日本剧作者绝对不可能有的写实剧本。"并认为:"想在日本学得一点戏剧上的什么,是一个可笑的打算。"

本期封 3 题《〈日出〉在东京》刊图 4 幅。题文:"我国剧作家曹禺君近作《日出》,描写社会之黑暗面,故事写实,情节极为动人。近由我国留日学生,演出于东京筑地小剧场,颇得日本文化界的好评。下图为上演场(面)及演员与日本文人的合影。"图片包括:凤子在剧中 1 幅、第一幕、第四幕剧照 2 幅和凤子与日本文化界人士合影 1 幅。

6 月 5 日　《学校新闻》②第 63 号第 5 版刊曹禺《中国话剧应走的路线——在中央大学文艺研究会讲》一文③。曹禺从中国话剧的由来说起,谈演出、编剧及导演,讲到中国话剧的发展,他认为:

> 现在中国的话剧显然的进步得多了,有一位美国的戏剧家看过剧联演出的《大雷雨》以后,非常惊异,出乎意外的中国话剧有如此的成绩……在美国也很少见,这可以证明我国的话剧的确有很大的进步了。
>
> ……
>
> 从各方面看,我国话剧的确有很使人满意的进步,然而这还不能算是十全十美,目前的成绩离理想的目标还远得很,我们玩味到它底进步,另一面我们也应检查其弊端:
>
> 第一:我国话剧虽说渐渐接近现实,但不深刻,仅是表面的接近,而不是真正的打动;仅能把部分的社会问题搬上舞台,却没有把整个的现实社会生活联系起来。
>
> 第二:我国话剧不能普遍,话剧不是娱乐品,试问在此念头,能出一元六毛钱到世界大戏院看戏的能有多少呢? 照人口比例起来,仅有百分之〇.〇二还不够,可是一般真正的看戏的人都没有办法走进戏院,这样下去,中国的话

---

①　1937 年 5 月 7 日在上海创刊。周刊(每逢星期五出版)。编辑人谢六逸,发行人孙骥,发行所国民周刊社,总经售生活书店。

②　1936 年在杭州创刊。周刊。编行者:学校新闻周刊社。

③　这篇文字是别人"代我(曹禺)投稿",其中有不实之处。详见 6 月 12 日《学校新闻》第 64 号曹禺致该刊信。

剧运动是很危险的。不能普遍化,就是不能大众化。

第三:中国话剧还不够成为真正中国的,用花来作譬,一切文学艺术都与花一样,花离了土不能生长,中国花应有中国的土气,但中国话剧大都没有中国底土气。具体说,中国话剧还太抽象化,观念化,不能和中国现在的真正环境,与现实生活联系起来。

第四:是技巧上的问题,现在中国的话剧还没有完全把西洋技巧学习过来,加以运用是事实,但学了不像样,如吃东西一样,没有将它消化。

6月11日　上海《电声》①第6年第23期刊消息《曹禺已着手工作,茅盾的〈子夜〉将上舞台》:

茅盾先生的长篇小说《子夜》,是近几年来文坛上唯一的煌煌巨制……

最近确息,以著《雷雨》《日出》闻名于时的曹禺先生,决心将《子夜》搬上舞台,由中国戏剧协会全体会员,通力合作。把原剧稍事删改,但不失其精彩,曹禺先生即担任导演,自然,这是一个不小的尝试。

这事马彦祥也非常起劲。李萱当然是女主角了,而白杨也将被邀为一要角,人才济济相得益彰。

将来这舞台上的《子夜》,大约先在南京公演。

6月12日　《学校新闻》第64号第3版刊《曹禺先生来信关于他在中大的讲演》。原文如下:

编辑先生:

承惠寄《学校新闻》第六十三号一册,十分谢谢!不过,贵刊所载鄙人在中大演讲,与当时实情大有出入:

第一、当时只是闲谈,并无这样吓人的题目,如《中国话剧应走的路线》。

第二、我并没有提起任何剧团来批评,所谓"南国剧社"的记载,不确;提到"四十年代"说他们演出的戏"是给有闲有钱的人看了消遣的"更不确。(相反地,我以为"四十年代"在南京的几次完美的演出,有些戏决不为"有闲有钱,只图消遣"的观众所喜的。)

至于说到"第一次在中国上演话剧的是'南国剧社'",这位代我投稿的先生确实杜撰得太离奇了。其他,或删或改,或添或误,尤其是语气上的恣肆,都

①　电影刊物,前身为《电声日报》,于1932年5月1日在上海创刊,日刊。至1934年1月12日第3卷1期起,改为周刊,后改为半周刊、月刊,至1941年12月终刊。创办者林泽苍,编辑者梁心玺,后增加编辑人范寄病,图画编辑许秉铎,出版者电声周刊社。

令人莫名其妙。诚恳地希望,(编辑)先生把这封信刊登出来,免滋误会。再三拜托。匆匆,敬颂

　　撰安!

曹禺谨启六月七日

6 月 16 日　《戏剧时代》第 1 卷第 2 期广告页刊《剧作五种》:文化生活出版社,其中有,《雷雨》,曹禺著(平装四角五分,精装六角)。《日出》,曹禺著(平装四角五分,精装六角)。

是日　上海《申报》(申报第二张)刊《华安影业公司征求新片〈日出〉女主角启示》:

谨启者:

　　本公司兹因摄制曹禺先生原作,沈西苓先生改编导演之新片《日出》,其中女主人公"陈白露"一角,缺乏适当演员充任。用特郑重公告,广事征求,期得完美之人选,查《日出》话剧,全国各地,叠经上演,知者必多。凡容貌昳丽,有志银幕事业,自信与剧中人个性恰切,而能胜任愉快,完成其表演之效果者,请即于登报日起一星期内,附寄六吋半身及全身照片各一张,并开简略学历,需酬条件等,寄本埠徐家汇三角街联华总制片厂导演部收。信面注明"应征《日出》演员"字样。合则奉邀面谈,不合恕不作覆。

6 月 17、25、27 日　"佛音"电台播送话剧《日出》,中国电送剧剧社演员播送。(《播音·话剧》,上海《申报》,1937 年 6 月 17、25、27 日)

6 月 25 日　上海《关声》第 5 卷第 12 期刊赵性源《评"汉口怒潮社"的〈日出〉》。作者认为:"这次'汉口怒潮社的《日出》'的成功,当然是曹禺先生的成功。由是,吾于《日出》,当推为近时的佳作!"

6 月 29 日　上海《申报》刊消息《"业实"新戏潮涌》:"曹禺的《原野》由业余实验剧团首次公演,这不仅曹禺个人已经答应,就是文季社也正式认可了。现在该剧正着手排,一待《太平天国》演毕,将立刻接着上演的。"

6 月 30 日　国立戏剧学校在南京中正堂举行第一届学生之毕业典礼。全校"教职员、学生"参加。曹禺作为该校主要成员参加典礼。(《我们一年半以来的工作》,《国立戏剧学校一览 1937》)

是月　广州,铁流剧社在"长堤青年会"公演曹禺的《日出》,"成绩平平"。(《剧坛动态》,《戏剧时代》第 1 卷第 3 期,1937 年 7 月 16 日)

7 月 1 日　《文学》第 9 卷第 1 期载欧阳凡海《论〈日出〉》一文。该文认为:"《日出》比起《雷雨》来,在全体上说,是一个不容否认的进步。""所以我实是赞成《日出》写成四幕剧。以为把第三幕割去,可以写成为一个独幕剧,实在是因为对《日出》的

结构无理解的缘故。"

是日 《清华校友通讯》第6、7期合刊"荣誉之页"栏载《荣誉之页——大公报第一届文艺奖金获得人,第一名,校友万家宝君。(笔署曹禺)》。内文"见五月十五日《大公报》"评奖报道。

是日 北平《文艺战线》①第5卷第15期"文艺列车"栏刊《首都剧讯》:"中国戏剧学会先后公演曹禺《雷雨》和《日出》,曹禺自己在《雷雨》里,曾以精熟老练的演技,演出了周朴园一角。现在曹禺第三部作品《原野》正陆续在《文丛》上发表,该会已取得首都优先上演权。"

7月初 "七七事变"前夕。在完成《原野》写作后,曹禺启程返津。此次回津,先生一是料理哥哥后事,二是接母亲南下。据郑秀回忆:

"七七事变"前夕,万家修,他的哥哥死了……他特别惦念的是他的母亲,他怕她经不起打击,很担心,就急忙赶回天津。可是一回到天津"七七事变"爆发了,出不来了。他是化妆成商人,由海路,坐英国航船经香港去武汉的。(《苦闷的灵魂——曹禺访谈录》第214页)

据曹禺回忆:

那时,我在天津,住在租界里,租界紧挨着东火车站,从楼上都能看见日本人和中国军队在打仗,多少中国士兵被日军杀害了。日本人在河北,还野蛮地用飞机进行狂轰滥炸。就在这样的时刻,租界里的中国人,也有像《四世同堂》里冠晓荷这类败类人物。我到现在还记得,有个二十几岁的青年,姓刘,太可耻了,早不学日文,晚不学日文,偏偏那会儿在楼里抱本日文书,伊哩哇啦的一天到晚瞎念叨。我恨这种人。他是想投降日本侵略者,是想为当亡国奴做准备呢,我再也忍受不了这种气氛。我想离开天津。要上船的路上,有一个日本兵的关卡,过去的人必得叫"太君"。我无论如何也叫不出"太君"这两个字眼。所以宁肯绕了很远的路去上船,心里也痛快……。(《"侵略者必死于侵略"——曹禺在老舍家谈〈四世同堂〉》)

据蔡荆风回忆:

"七七事变"那年,我记得曹禺在天津。我家住在河北车站附近,房子都被日本人炸了,就逃难逃到陆以洪家。那时炸得很惨,路上有尸首,十分惨。曹禺说:"血债是要用血来还的!"他是很爱国的。我记得他回天津,我和陆孝曾到车站去接他。他看到日本侵略者很气闷,就要去找罗隆基去抒愤……。(《苦

---

① 1931年9月15日在北平创刊。半月刊,编辑者张少峰,出版者北平文艺战线周刊社。

闷的灵魂——曹禺访谈录》第 248 页）

据万世雄回忆：

　　我是万家修的第二个儿子，在我出生前 4 年，我的祖父去世了。父亲死的时候，叔叔曾回来过。他走的时候，记得是我母亲送他的。母亲对我说，叔叔曾问过她："你这么年轻，就打算这么过下去吗？"我母亲回答他说："我的两个孩子怎么办，难道把他们交给老妈子吗？"我妈的这句坚强而肯定的回答，使我的叔叔放心地离开了家。叔叔对我的母亲十分尊敬。我们家自祖父和父亲死后，实际上是我母亲一人支撑着，她从 27 岁守寡直到两年前过世。（同前第 266 页）

据王振英①回忆：

　　等到世雄一岁时，他妈张氏就死了。留下世雄和他哥哥（比世雄大四五岁），隔了 2 年，家修与一个姓刘的结婚了，那时他才 20 多岁，为人好极了。过了两年，大概到了 1937 年了，家修因得肺炎死了，剩下刘氏拉扯着两个孩子。大约就在这一年，刘氏搬回去和老太太合住，而老太太和她在法租界劝业场附近的文兴里，找了一层楼房住下了，对面就是春和戏院（即现在的工人剧场）。那时候，常到老太太这儿玩的有周九爷、邹家太太、大小姐、二小姐、三小姐等。大小姐淑英还是老太太的干女儿呢，我们下人都管她叫邹大姑。那时候，老太太还跟人合股办了个屠宰场，投了 5 000 块钱。后来老太太又觉得杀牲害命不好，把股又给抽了。老太太不大出去走动。我还在她家的时候，她娘病了，回湖北老家去了一次。她的名字叫薛子修，我是从她的存款单上看到的，她的存款、股票，后来都改在她的儿媳妇刘志贞名下了。（同前第 268 页）

7 月 10—15 日　中国旅行剧团"道经沪上"，应卡尔登大戏院"挽留"，再演《日出》。导演欧阳予倩。演员阵容唐若青饰陈白露，王竹友饰方达生，郑重饰张乔治，姜明饰福升，张立德、童毅饰小东西，李景波饰潘月亭，萧子英饰黑三，王象坤（项堃）饰男甲，葛鑫饰男乙，邱星海饰黄省三，吴铃子饰顾八奶奶，曹藻饰李石清，吴景平饰胡四，张璐饰李太太，王荔饰翠喜，蒋百骅饰小顺子，海洛饰宝兰，王曼娜饰翠玉，黎明饰黛玉，李白英饰小小。（《日出》广告，上海《申报》，1937 年 7 月 8—15 日）

7 月 10 日　上海《读书青年》②第 2 卷第 11 期刊署名萨宴的《戏剧家曹禺访问记》，并配有一幅采访时的照片。曹禺在访问中谈及对中国话剧前途、主张和意向

---

①　万世雄的奶妈。她所述老太太名字"叫薛子修"，应有误。
②　1936 年 7 月 1 日在上海创刊。半月刊。读书青年社印行。至 1937 年出版第 2 卷第 12 期后，停刊。

的一些看法,如通俗化、中国化、现实化等问题。

是日 上海《申报·本埠增刊》刊萨宴《曹禺印象记》一文。文说:

> 推测终是推测,想象终不能武断,其实曹禺先生完全是您推测不及的人物。他平凡,他给平凡的大家站在一堆;他年青,他给年青的一辈几乎打成一片;他热情,他把热情普及到接受日光的一切人类上。他曾说:"摈弃人类的人,终会被人类所摈弃。"因而,他又说:"一些人,真是太良善了,良善几至愚蠢,人类的热情,常在愚蠢中变成冷酷,这是令人可悲,同时,假若您不自感到愚蠢,甚而'精神上'并有财产,您应该多少去为那不幸而致愚蠢的人们去做一些您能力所能及的事。不问成败,不计功过,只要您耕耘,耕耘,有目的地做,这实在是再迫切需要也没有的了。大家虽愚,他们也不会辜负您的,甚而常常会数百千倍的偿还,当您接到这种礼物,惶愧之外,您又如何快慰欲狂啊!"
>
> ......
>
> 最近他向笔者说,打算在《原野》第三幕完成之后,从事一个学生运动,"□□相"的编著,或者是下层社会生活的再显示的写作,可是在南方这种环境,他没办法,他觉得南方环境不宜,而语言与生活均不是正常的国人的"典型象",所以他以为还是北方,北平的天桥,天津的落马湖之类的地方,真是你取之不尽的仓藏。
>
> 他现在总算生活的很安静,在每周教完几百分钟的编剧之后,每年导演一两剧本之外,可自由的写作,所以,在南京北极阁下的一幢二层的洋房中,你常可以找到一个终日埋头读写工作中的剧作家。

7月15日 《是非公论》第45、46期合刊苏茹《海上闻见录(四)》。文说:"《日出》第二次在卡尔登上演,一连二十多天,受尽了上海观众的欢迎。时髦的有闲阶级,看腻了好莱坞的杰作,也开始以曹禺与陈白露,作为聊天的资料了。亦许是加入第三幕的关系吧。原始的刺激,无疑地,是强有力的磁石。然而仔细的看去:像张乔治、小东西、福升、潘月亭、翠喜、这一些有第三边度的影子,都是我们日常所见的亲戚、本家、朋友;面熟得很。作者非但暗示那十字街头的潜意识,而且也抓住了一九三七,黄浦江边的现实。在另一个机会,我们曾经贡献一点小意见:同《雷雨》比较起来,《日出》似乎是更进步了。""《日出》促成了话剧的高潮。"

7月23日 上海《电声》第6年第29期刊《陈绵将访曹禺,商讨〈日出〉公演问题》:"曹禺著之《日出》,自各地剧团争先公演后,北平前曾有五大剧团亦各公演议,但不久即归沉寂,迄今只有蓓蕾,沙龙两剧团与吾人相见于舞台上。昨据剧作家陈绵教授声称彼将去京往访该剧作者曹禺,因该剧自各地剧团公演后,已不下数百次之多，但彼从未一次满意故往访畅谈，藉得知应如何导演，方显真确，因该剧为彼所作，故认识亦必比别人较深故。俟由京归来后，即以学生剧团为基础而联合其他剧团主要之演员，大规模排演《日出》，其主角陈白露已决定由俞珊女士扮演，因彼亦同意，而由俞扮演此角，亦甚相宜，该剧演出时，约俟暑假后。"

7 月 30 日 上海《关声》第 6 卷第 1 期"书报评介"栏刊署名赵性源的《曹禺说："我心里有苦，口里不能喊冤"》。

8 月 1 日 《戏剧时代》第 1 卷第 3 期"剧坛动态"刊消息："北平各剧团最近争排《日出》"；"香港现代剧团现正筹备与广州话剧团体联合公演"，剧目已定《大雷雨》与曹禺之《日出》二剧"。

8 月 5、6 日 上海《申报》刊业余实验剧团在卡尔登演出《武则天》《原野》广告。5 日《原野》广告称：《原野》"曹禺继《雷雨》《日出》第三部精心伟构"、"揭露出人类天真的原始的情感，编织成紧张刺激的诡奇的故事，在二者不可兼全的情况下，男人应该爱他的母亲呢，还是爱他的妻子？"、"业余实验剧团又一惊人贡献"、"密切注意公演日期"。6 日告之："明晚八时半起献演"、"即日起开始售票"。

8 月 7 日 上海《申报·本埠增刊》第 2 版"电影"栏刊报道《原野》今晚献演》：

继……之后，今日起，实验剧团的《原野》也在卡尔登献演了。实验剧团在置景，灯光，服装上的成功早已有口皆碑，可以不必再多介绍。至于演员，那么实验剧团素以人才集中闻名的，而尤以《原野》为更坚实……

论故事，那么《原野》比《雷雨》更曲折动人，比《日出》更为紧张，而且曹禺自写了上列二个戏本后，在本戏里，技巧上的成功和进步，更是显而易见的。

实验剧团特挽应云卫导演这戏，也可见他们对《原野》的重视。这次无论在布景，服装，灯光，音乐各方面，他们都是尽了最大底力量的。据说，他们这次在各方面都有新发现。

8 月 7—14 日 上海业余实验剧团于上海卡尔登大戏院首演《原野》。导演应云卫，舞台监督应云卫。演员分 A、B 组阵容：赵曙、魏鹤龄饰仇虎，范莱、吕复饰焦大星，舒绣文、英茵饰花金子，王苹、章曼苹饰焦母，钱千里、王为一饰白傻子，黄田，顾而已饰常五。演出期间，《申报》自 7 日至 14 日连续刊登《原野》演出广告，其广告语说：有极度刺激性的社会悲剧。刻划原始爱与恨的交流。这里的爱恋不是水样柔情。这里的仇恨不是忍辱退让。趋向时势，救亡名剧。极度紧张刺激，非凡恐怖诡奇。悲壮热烈象征事时社会大悲剧，全剧四幕完全演出。以眼还眼，以牙还牙，有仇不报枉为人。血账，从个人的到民族的都应当彻底清算！自由，从个人的到民族的都是由拼死争来！……广告内附"演员表"和"工作人员表"。《原野》广告，上海《申报》,1937 年 8 月 7、13 日) 该团于排演中曾请曹禺去上海,曹禺就《原野》的创作谈了他的想法和意见。8 月 13 日,日寇大肆轰炸上海南京,《原野》于 8 月 15 日停演。据曹禺回忆:"《原野》首演是 1937 年上半年,大约五六月间,是由上海业余影人剧团演出的。我去上海给他们讲过一次剧本,魏鹤龄演仇虎,舒绣文演金子。《原野》演了几场就不演了。"(《苦闷的灵魂——曹禺访谈录》第 152 页)

8 月 12 日　上海《申报》刊署名"之尔"《〈原野〉观感》一文。文系作者观看业余实验剧团演出所作。作者认为《原野》的主题"是想说明个人英雄主义的报仇是必然失败的"。"作者既明白了这点,既明白个人英雄主义的必然失败,那又何以不用这把力气来写更积极一点的东西呢。再说得不好听一些,作者写《原野》的这把力气,是白费了的。即有很好的打算,而所收的效果却是相反的。"基于此,他对曹禺提出希望:"听说作者的第四个剧本是打算写北方的学生运动了,这使人很高兴,以作者的修养和过去的成就,我相信,这一次一定能给我们一个满意的作品。这里,我愿意至诚地向作者提一个备忘录:在创作剧本时,请多多留意现在中国舞台上演出的条件,人物最好不要多,景更希望能节省,像那些抢景,更好是不要用,要知道,一个剧本的上演,兴其让一个设备充足的剧团有可以夸耀的成绩,还不如让各小剧团都能演来得效果宏大,而在目前的中国,小剧团也比一般所谓大剧团要多得不知多少倍。"

8 月 13 日　上海《申报·本埠增刊》第 5 版"电影"栏刊消息《业实情报·〈原野〉B 组不日上演,〈上海屋檐下〉已开排》:"业余实验剧团的《原野》上演以来,已将一星期,可是营业却是始终不衰。这一星期来全都是由他们 A 组演员演的。现在为了想给大家调剂一下,B 组不日即将在卡尔登替代演出了。B 组中由英茵演现在舒绣文饰演的焦花氏,由吕复演焦大星,张客演白傻子,常五由顾而已演,仇虎由魏鹤龄演,焦母将由叶露茜和王苹轮着演。"

8 月 15 日　中国剧作者协会在上海卡尔登剧场召开紧急会议,组织抗日救亡宣传队。计 13 个救亡演剧队,全称"上海文化界救亡协会救亡演剧队"。(《延安文艺运动纪盛》第 30 页)

是月　《原野》由上海文化生活出版社出版。为巴金主编《文学丛刊》第 5 集,《曹禺戏剧集》第 3 种。该版本书后附曹禺《〈原野〉附记》。后收入《曹禺全集》第 1 卷。

是月　在天津遭受日本特务追踪,遂化妆为商人,乘英国泰古公司轮船,绕道香港经武汉再转长沙。回到剧校继续任教。

9 月 1 日　国立戏剧学校"非常时期巡回公演剧团""长沙办事处成立"。是日

为原定"开学之期",因战事推迟至 10 月。(《我们一年半以来的工作》,《国立戏剧学校一览 1937》)

9 月—10 月　其间,郑秀接曹禺电报,约到武昌会合。9 月间抵武昌。据郑秀回忆:"中日一开战……就把我送到芜湖,住到九、十月间,才收到曹禺的电报,叫我到武昌会面。""曹禺的外婆家在武昌,当时他的外婆、舅舅、舅母还在。"两人"在武汉住了两个礼拜,就去长沙"。(《苦闷的灵魂——曹禺访谈录》第 214 页)

本时期　曾与顾毓琇会晤。据顾毓琇记述:"中秋在长沙。长沙被日机轰炸。国立戏剧学院(校)余上沅、曹禺均滞留长沙。我与曹禺畅谈。当时曾告曹禺云:'如知识分子认为抗战有望,也未必得胜;但如知识分子认为抗战无胜利希望,则抗战必败。'冬,我写《古城烽火》。曹禺写《蜕变》。后二剧皆在重庆公演。"(《百龄自述》第 42 页)

10 月 8—10 日　国立剧校巡回公演剧团在"又一村民众大礼堂"作抵长沙后的第二次公演,演出《毁家纾难》、《炸药》,《反正》"三个抗敌独幕剧"。(《国立戏剧学校巡回公演剧团公演》广告,长沙《全民日报》第 6 版,1937 年 10 月 8 日)据当时报道:"国立戏剧学校巡回公演剧团。自来长沙后,即开始进行排剧工作。上月下旬《最后关头》在民众俱乐部大礼堂演出……兹该校为努力救亡宣传工作起见。排有《炸药》、《反正》、《毁家纾难》三个独幕剧。从本(八)日起至十日止,在民众大礼堂演。共计日夜六场。券价分为三角、五角两种。该剧系由《雷雨》、《日出》作者曹禺(即万家宝)先生等担任导演。灯光及布景均系从新设计制就。预料上演成绩必大有可观。并闻该校剧团于此次公演结束以后即出发鄂赣各大埠公演云。"(《国立剧校二次公演》,长沙《全民日报》第 6 版,1937 年 10 月 8 日)从《三个抗敌独幕剧》秩序单及海报显示:国立戏剧学校第十五届公演,国立戏剧学校巡回公演剧团第二次在长沙公演。具体地址在又一村民众俱乐部大礼堂。《炸药》由万家宝与余师龙合导,《反正》导演者有谷剑尘、冼群、万家宝、余师龙、陈治策和方守谦(陈治策、方守谦导演)。连演 3 日,日夜两场,共演六场。(《三个抗敌独幕剧》秩序单及海报,现藏于国立剧专史料江安陈列馆)

10 月 18 日　国立戏剧学校二周年校庆日。该校"正式在长沙稻谷仓三号临时校址开学上课"。"研究实验部也于此时正式成立"。自本年度开始,学制"由二年改为三年"。(《我们一年半以来的工作》,《国立戏剧学校一览 1937》)

是月起　国立剧专湘鄂川旅行公演,骆文宏的街头剧《疯了的母亲》"共演四十场";12 月起演出李庆华作《觉悟》,二剧均由万家宝导演。(《历届公演剧目表》,《国立戏剧学校一览 1937》第 85 页)

10月—12月 在长沙与郑秀举行结婚仪式。据郑秀回忆：

（那时）我父亲不同意我们结婚，但我们还是在长沙结婚了。当时只租了两间民房，我记得院里还停着一口棺材。"新房"里就有两把藤椅，两张帆布床，一个书桌，再简单不过了。在长沙的稻谷仓，学校又给了楼上的一间房子，就又搬到这里住。这个房子好些，长沙大火之前，日机还是常来轰炸的。

结婚时，请了二十几个人，是在长沙女青年会，吃的西餐，吴祖光是介绍人，余上沅是证婚人。我希望把婚礼搞得热闹些，但是，正是战争年月，是办不到的；我想将来回南京再补行一次婚礼。（《苦闷的灵魂——曹禺访谈录》第214页）

据吴祖光先生回忆："（曹禺）与郑秀结婚我在场，我印象是在长沙结婚的，在一个小酒楼上。""他为什么要同郑秀结婚，我都很奇怪，他们生活习惯、个人思想境界毫无共同之处……我记得是在长沙，他只请了一桌，有我，余上沅夫妇，陈治策夫妇，教务处的两位女同事；由余上沅证婚，是个很正式的仪式，合乎规格的仪式。"（同前第206页）

12月初 国立戏剧学校在长沙举行第三次公演，演出《疯了的母亲》、《香姐》、《警号》、《东北之家》四个独幕剧，"公演三日"。（《我们一年半以来的工作》，《国立戏剧学校一览1937》）

12月11日 徐特立在长沙"银宫电影院讲演抗日救国十大纲领，闻息而至者达三、四千人之多，把整个电影院挤得水泄不通"。（《怀念徐特立同志》第180页）曹禺也闻讯赶去听徐老演讲。他对徐老讲的"抗战必胜、日本必败"的道理，甚为感动。据他回忆：

一九三七年在长沙，几千人听他讲话，他讲的是抗日的大道理。我从来不愿去找什么人，我却在一大清早特意跑到徐特立的住处去访问，不巧，他早已外出了，看见他的一个小卫兵，小家伙只有十四五岁，我们谈起来，他说他为徐老打水洗脸，搞点杂务，他说徐老对他很好，还教他识字，他们俩睡在一张床上，他非常爱徐老。这给我印象深刻极了……在《蜕变》里，我写梁专员的那个卫兵就是纪念他的，我还给他起了名字叫朱强林。我记得我曾找剧专校长余上沅说，能不能把徐特立先生请到学校来讲一讲。他说，好啊，好啊！后来，经过了多方面的努力，总算把徐特立同志请去作了演讲。这时，我还接触了许多朋友，象张天翼同志等。（《我的生活和创作道路》）

据楼适夷回忆：1937年，"十二月到了长沙，遇到张天翼。那天碰到张天翼、曹禺，正好徐特立举行招待会，招待文化界、新闻界（他当时是八路军驻长沙办事处主任），我同他们一起去了……曹禺还到儿童书局来看我。"（《我谈我自己》）

12 月 31 日　中华全国戏剧界抗敌协会(简称"全国剧协")在汉口光明大戏院举行成立大会。大会通过了协会宣言和章程,选出张道藩、方治、洪深、朱双云、田汉、熊佛西、余上沅、宋之的、曹禺、阿英、李健吾、陈白尘、郑君里、陈波儿、陈治策、向培良、顾仲彝、王平陵、赵丹、章泯、凌鹤、王莹、唐槐秋、应云卫等 97 人的理事会,并决定每年 10 月 10 日为戏剧节。由田汉起草的《中华全国戏剧界抗敌协会宣言》发出了战斗的号召:"对于全国广大民众做抗敌宣传,其最有效的武器无疑是戏剧。因此动员全国戏剧界人士发其热诚与天才为伟大壮烈的民族战争服务,实为当务之急。""我们相信中国戏剧艺术必因和抗敌任务结合能摒弃过去的积弊,开拓新的境地。"(《中华全国戏剧界抗敌协会宣言》、《中华全国戏剧界抗敌协会成立经过》,《抗战戏剧》半月刊第 1 卷第 4 期,1938 年 1 月 1 日)

是月　沈从文由武汉赴长沙,与曹禺同去八路军驻湘办事处,拜访徐特立同志,商谈有关去延安事宜。据沈从文撰文:

> 不久就有熟人相告,延安方面欢迎十个作家去延安,可以得到写作上一切便利,我是其中之一,此外有巴金、茅盾、曹禺、老舍等等。所以十二月过长沙时,一个大雪天,就和曹禺等特意过当时八路军特派员办事处,拜访徐特立老先生,问问情形。徐老先生明白告诉我们,"能去的当然欢迎,若有固定工作或别的原因去不了的,就留下做点后方团结工作,也很重要。因为战事不像是三几年能结束,后方团结合作,还值得大大努力,才能得到安定,才能持久作战。"

(《〈散文选译〉序》,《读书》1982 年第 2 期)

是月　国立戏剧学校奉令西迁。

是年　在长沙接到茅盾先生信,约他为刊物写文章。因忙于抗日宣传,还要教书,匆匆之中竟没顾上及时复信。(《"我的心向着你们"——悼念茅盾同志》)

是年　剧本《雷雨》、《日出》和《原野》的相继发表、搬上舞台,奠定了曹禺在中国话剧史上的地位。

1938 年(民国二十七年) 二十九岁

1月11日,《新华日报》在汉口创刊①。

2月,武汉,国民政府军事委员会政治部成立,周恩来代表中共担任副部长。4月1日,政治部第3厅建立,郭沫若任厅长,阳翰笙任主任秘书。田汉任6处(艺术宣传处)处长。

2月18日,由武汉来重庆的上海业余剧人协会在国泰大戏院公演十二场话剧《民族万岁》,陈白尘根据席勒剧作《威廉退尔》改编,沈西苓、贺孟斧导演,主要演员有魏鹤龄、赵丹、陶金、顾而已、叶露茜、王苹等。

4月10日,下午,延安,中央大礼堂,举行鲁迅艺术学院正式成立典礼。毛泽东等参加。

5月4日,《抗战文艺》在汉口创刊②。

5月15日,《戏剧新闻》在汉口创刊③。

6月15日,《鲁迅全集》由"鲁迅纪念委员会"(主席蔡元培,副主席宋庆龄)编纂,鲁迅全集出版社出版。全集共20卷,1—10卷系鲁迅著作,11—20卷系鲁迅译著。

9月13日,重庆市图书杂志审查委员会成立。

9月17日,《抗战文艺》武汉特刊第1号出版,中华全国文艺界抗敌协会会刊。

10月1日,国民党中央宣传部、国民政府军事委员会政治部、内政部、教育部会同拟定"中央图书杂志审查委员会组织大纲"。据此,中央图书杂志审查委员会成立,于10月1日办公。从此,戏剧演出与出版亦归这项机构审查。

---

① 中国共产党的大型机关报,是由周恩来等老一辈无产阶级革命家亲自创办的,中国共产党第一张在全国公开发行的报纸。潘梓年任社长,华岗任总编辑,熊瑾玎任总经理。至历任总编辑有华岗(华西园)、吴克坚、章汉夫等。1938年10月25日,武汉沦陷,《新华日报》在武汉出版最后一期。同日,同一期号、不同内容的《新华日报》在重庆出版。并一直持续至1947年2月28日被迫停刊。

② 系中华全国文艺界抗敌协会会刊,抗战文艺编辑委员会编辑,编委会由各方面代表作家33人组成,以"抗战文艺出版部"的名义发行。3日刊,自第1卷第5期起改为周刊。刊物出版过程中,具体执编人、实际发行所,以及刊期、出版地点屡有变动。1946年5月4日出至第10卷第6期停刊。

③ 中华全国戏剧界抗敌协会会报。周刊,戏剧新闻编辑部编辑,本刊发行部发行。该刊1938年9月移至重庆出版第6期,1939年1月10日出版第8、9期合刊后中断,共出版9期。

10 月 10 日，重庆举行第一届戏剧节。由戏剧节演出委员会主持，上午九时在又新舞台举行大会。戏剧界 500 余人出席。

10 月 21 日、25 日，广州、武汉相继沦陷，全国抗日战争进入战略相持阶段。

12 月，重庆私立南渝中学，更名为重庆南开中学。

1 月 1 日　随剧校战时巡回剧团乘船西行，途中积极从事抗战宣传工作。据余上沅撰述："二十七年到了，寒假开始，同时抗战情势益趋严重，本校乃决定利用假期，仍组织巡回剧团，出发工作。我们包雇了五只帆船，于一月初离开长沙，沿江西上……从事我们的宣传工作：演讲，街头剧，舞台剧，都举行过……走了二十三天。"（《我们一年半以来的工作》，《国立戏剧学校一览 1937》第 17 页）

据陈永倞回忆：

　　1938 年元旦离开长沙，雇了 5 只木船，碰到码头就住下来，上岸去演出、宣传，演街头剧，哪怕是停几个小时也上去演。这时曹禺是教务主任，我记得他还穿着棉袍子，打着锣，到街上去召集观众，每次都是他敲锣，一面打锣，一面吆呼："看戏了！"他没有一点教授的架子。由洞庭湖到了宜昌，再转乘轮船，在宜昌我们演出时，来了 6 架飞机，开始还以为是自己的，不料却轰炸起来，炸了飞机场。曹禺这些事都参加了。1938 年元旦离开长沙，我记得很清楚，万先生穿棉袍。1939 年 2 月到了重庆。（《苦闷的灵魂——曹禺访谈录》第 198 页）

据赵韫如回忆：

　　船队走湘江，穿洞庭，到宜昌，再转乘川江小火轮过三峡，经万县，最后到重庆。学校有些东西是直接从南京运到重庆的，这五条船便把剩下的东西都带上了。学校所藏图书大多都在船上，因此万先生（曹禺）在船上也能看书，还能给我们读剧本。木船载的学生都是二、三届的。一路上，也没有什么条件训练，学生们就坚持在船头读书、跑步、练嗓子。

　　从长沙到宜昌，在船上 23 天，生活是很艰苦的，但每当万先生给我们上剧本选读课的时候，大家就也不累了，也不饿了，也不苦了，听得那个入神呐！他讲剧本时是带着感情去讲的，告诉我们每个人物的性格、情感和人物关系。那时，一看见万先生拿着个大本子出来，大家就高兴得不得了，常常是听着听着就哭，听着听着就笑。后来到江安，不管是在他家里还是课堂上，只要是他讲剧本选读就里里外外满是人，连扫地的工友都来听……

　　我们一路行来……每到一处，身着旧棉袍的曹禺都手持大锣，走在队伍的最前

列鸣锣开道,吸引观众。这样一路演来,一直到了重庆。(《梦飞江海》第22、23页)

是日起 青鸟剧社①在上海新光大戏院举行公演,相继演出曹禺的《雷雨》、《日出》,于伶的《女子公寓》、《大雷雨》,阿英的《不夜城》、《衣锦荣归》等剧。(《抗战后的上海戏剧动态》,《青年生活》1939年第1卷第2期)《雷雨》由许幸之导演,演员陆露明饰繁漪,王竹友饰鲁大海,吴湄饰鲁妈。《日出》由欧阳予倩导演。

1月8日 《上海人》新闻周报(第1卷第2期)载:"青鸟社继轰动国人大悲全剧《雷雨》后,将在新光大戏院次第上演的新戏阵容,有下列五种:(一)曹禺的《日出》,(二)于伶的《女子公寓》,(三)欧阳予倩改编的《欲魔》,(四)袁牧之改编的《钟楼怪人》,(五)夏衍的《乱世春秋》。"

1月9日 随剧校巡回剧团抵"湖南安乡县"。演出街头剧《疯了的母亲》、《香姐》等。(《我们一年半以来的工作》,《国立戏剧学校一览1937》第17页)

1月15日 《新民报》在重庆复刊。不久,曹禺受邀为该报撰稿人。据书载:"《新民报》的作者群中,除战前就有联系的郭沫若、田汉、阳翰笙、徐悲鸿、王昆仑、洪深、马彦祥等人外,增加了叶圣陶、茅盾……曹禺、余上沅……以及日本友人池田幸子等一百多人。"(《陪都人物纪事》第272页)

1月23日 随剧校巡回剧团抵"宜昌"。(《我们一年半以来的工作》,《国立戏剧学校一览1937》第18页)

2月10日 欢宴邹韬奋。据文述:"1938年2月9日,他第一次到重庆,重庆报界在第一模范市场永年春餐馆欢宴邹韬奋。10日中午12时,应剧作家曹禺、宋之的、陈白尘之邀,邹韬奋与叶圣陶来到鸡街口生生食堂举行欢宴座谈会。下午4时,邹韬奋又应中央大学校长罗家伦之请,在沙坪坝中央大学发表演讲,听众达2000多人,盛况空前。"(《"吾党的光荣"邹韬奋》,《中国经济周刊》2011年第23期)

2月中旬 随剧校巡回剧团抵万县。剧团"在短短的十几天内,举行了两次公演","并帮助当地剧社演出抗敌剧本"。(《我们一年半以来的工作》,《国立戏剧学校一览1937》第18页)据后人编述:"国立戏剧学校巡回剧团到万县,在介寿戏院公演抗日话剧和歌剧。曹禺、陈白尘等随行,并参与培训当地戏剧人才。"(《万县地区文化艺术志》)

---

① 青鸟剧社成立于1937年12月中。该社是在中共地下党领导下以职业剧团面貌出现的话剧团体。是以抗日救亡演剧十队和十二队的留沪人员为基础组织起来的。主要成员有于伶、欧阳予倩、阿英、许幸之、李伯龙、洪谟、章杰、徐渠、夏霞、吴湄、蓝兰等。1938年演过《不夜城》后解散了。

2 月 28 日　国立戏剧学校在重庆"曾家岩知还山庄"新校址①正式开学，后搬到上清寺。自此曹禺除担任"专任导师"教授专业课程，还出任"教务主任"。据余上沅撰述：

> 二月下旬我们到达了重庆。因为二十六年度第二学期已逾开学之期，即应早日上课，以便学生补齐课业。乃呈准主管机关，觅定上清寺街民房为校舍，于二月二十八日开学上课。事先进行校内人员之调整补充，计教务主任陈治策因病辞职，改聘专任导师万家宝兼任，事务主任徐孟仁辞职，改聘杨子戒继任，研究实验部主任向培良辞职，改聘贺孟斧继任，专任导师谷剑尘辞职，改聘阎哲吾继任；此外，兼任教员向系就地聘请，本学期聘请之兼任教员计有张平群（担任西洋戏剧史及近代西洋戏剧），陈子展（担任中国戏剧史），陈白尘（担任剧本选读及文艺概论），金毅（担任化妆术），方令孺、叶圣陶（担任国文），孙本文（担任社会问题）。又校务委员雷震先生于三月辞职，由教育部改聘章益先生继任……。（《我们一年半以来的工作》，《国立戏剧学校一览 1937》第 18、19 页）

据报道："国立戏剧学校，去年下学期曾经一度自南京出发，举行巡回公演，行至长沙，即在该地开学。寒假中该校师生复续作巡回公演。经宜昌、万县，卒抵重庆，为时已届第二学期开始之期。该校为使学生安心课业起见，爰即择定校址，于二月二十八日继续上课。"（《教育消息·国立剧校迁渝上课》，《教育通讯》（周刊）第 2 期，1938 年 4 月 2 日）

春　国立戏剧学校编印的《国立戏剧学校一览 1937》印行。其中《职员录》显示：

职别	姓名	别号	性别	年龄	籍贯	履历
教务主任	万家宝	小石	男	二九	湖北潜江	国立清华大学毕业 清华大学研究院研究戏剧 河北女子师范西洋文学系教授 复旦大学兼任教授

---

①　关于校址，据载："国立戏剧学校移渝，校址已觅定为曾家岩知山还庄，第一批学生已到渝。"（《剧事春秋》，《战时戏剧》创刊号，1938 年 3 月 5 日）另据："国立戏剧学校去年二月迁渝，租定上清寺八十三号房屋为校址。"（《国立戏剧学校近况》，《教育通讯》1939 年第 2 卷第 7 期）据陈永倞回忆："2 月中旬全校师生先后到达此行的终点——重庆上清寺 140 号。"（《剧专十四年》59 页）据张逸生、金淑之回忆："学校的新校舍在上清寺，当大队到达重庆的时候，这个新校舍还没有修缮完工，所以临时借住在曾家岩一个叫'知还山馆'的庭院里。""在曾家岩没有住多久，就搬进上清寺去了"。（《剧专十四年》第 104 页）

其中《教员录》显示：

职　别	姓　名	别号	性别	籍　贯	履　历	附　　注
专任导师	万家宝	小石	男	湖北潜江	见　前	二十五年八月到校担任"编剧""戏剧概编"

3月3日　上海影人剧团退出的一批"老牌明星"组团在成都东胜街沙利文剧场(现市政协礼堂)公演《雷雨》。导演曹藻，演员角色：曹藻饰鲁贵，周曼华饰四凤，王征信饰鲁大海，孙敏饰周冲，袁竹如饰蘩漪，龚稼农饰周朴园，王献斋饰周萍，吴玲子饰鲁妈。(《蓉城剧坛一盛事·三个剧团演〈雷雨〉》)

3月9日　四川旅外剧人抗敌演剧队在成都春熙大舞台(现人民银行成都分行)公演《雷雨》。导演徐莘园、田禽，演员角色：王庭树(A)万声(B)饰鲁贵，陈璐(A)项爱如(B)饰四凤，韩涛(A)沈文光(B)饰鲁大海，王肇烟(A)王庭树(B)饰周冲，李恩琪饰蘩漪，王仲康(A)吴雪(B)饰周萍，徐莘园(A)韩涛(B)饰周朴园，张茜莲(A)李健(B)饰鲁妈。(同前)

3月10日　成都剧社(由上海影人剧团更名)继上演《日出》之后，在成都智育电影院(现红旗剧场)公演《雷雨》。导演施超、谢天(添)联合执导，演员角色：高步霄饰鲁贵，白杨饰四凤，梁笃生饰鲁大海，熊淳饰周冲，燕群饰蘩漪，谢天饰周朴园，施超饰周萍，杨露茜(路曦)饰鲁妈。"成都剧社成绩最佳"，"公演了10多天，20多场，受到程度文化、新闻界和观众的好评。"(同前)

3月12日　成都《战时戏剧》[①]第1卷第2期"剧事春秋"刊消息："返蓉之四川旅外剧人抗敌演剧队自受聘于春熙大舞台后日前第一次公演《雷雨》，已将'抗敌'字样取消。""成都本月来有三个剧团同时公演《雷雨》。上座均较以前各剧为佳。"

3月17日　中华全国文艺界抗敌协会在中国文艺社召开第二次正式筹备会。会上，曹禺被委托负责对重庆的作家进行调查登记工作，并传达会议精神。据载："3月17日，仍在中国文艺社，续开第二次正式筹备会议，通过上述各项文稿。分发各地作家文件，重庆推曹禺，沈起予负责，调查该地作家，成都推周文，陈白尘负责，昆明推李长之，朱自清负责……那一天筹备会，并议决了一件大事，就是，决定三月二十七日为大会的成立日期。并将在大会成立日的工作人员，正式推定。"(《中华全国文艺界抗敌协会筹备经过》，《文艺月刊》第11卷第9期，1938年4月1日)

---

①　1938年3月5日在成都创刊。半月刊。编辑者中华平民教育促进会抗战戏剧团编辑部，出版者中华平民教育促进会抗战戏剧团。

3 月 18 日　上海《电声》第 7 年第 4 期刊消息《〈雷雨〉搬上银幕,预定一个月内摄成》:"曹禺的《雷雨》自经上海各剧团入演以后,已经成为大红特红的舞台名剧。""现在新华公司为了生意的关系,决计把它搬上银幕去了。""导演定了方沛霖,主演是陈燕燕、梅熹、谈瑛、王引等,并且决定开快车,打算在一个月内赶成功来应市。"

3 月 19 日　重庆《新民报》第 2 版"血潮"栏特辟"三八剧社首次公演特刊",刊余上沅《致三八剧社》、曹禺《〈前夜〉与当前的汉奸活动》、余克稷《对"三八"剧社更大的希望》,以及《三八剧社公演宣言》等文。曹禺文系为"三八剧社"公演而作。文说:

"拍案疾声呼贼桧,分明非与岳家仇,东窗计定金牌去,断送南朝二百秋。"——熊廷弼

"满地腥膻岁月过,百年胡运竟如何? 我今欲展回天策,只奈汉儿不肖多。"——宋教仁

读完了上面两首诗,我们且去翻一翻我们的历史就知道几千年来历代的兴衰,不尽是凭藉(借)武力的强弱,内奸的作祟,实在是民族安全的一重暗礁。汉奸误国,千古同慨,过去的不说,我们只看眼前国内汉奸的活动,层出不穷地给我们多少痛心的证明?

欣幸地看到了三八剧社公演《前夜》,这剧本告诉我们:丧心病狂的汉奸们在如何地以种种无耻的手段出卖国家民族,爱国的青年们在如何地为争取祖国生存作着反汉奸的艰苦工作。

……

这真是利用我们天赋智能的时候了,每一个中国人都是民族的斗士,我们要宁神致志地随时随地注意于任何事,任何人,汉奸是最好猾最阴险的东西,民族抗战里决不容许他们存在,为了肃清这些"害群之马",为了重振我们中华民族的国魂,希望我们亲爱的观众中有无数的白青虹出现,这就是《前夜》作者所给与我们的,我想也就是三八剧社公演这本剧的原意。

3 月 27 日　汉口市总商会大礼堂,中华全国文艺界抗敌协会隆重举行成立大会(简称"文协")。会上,选举产生协会理事 45 人,候补理事 15 人,曹禺为理事之一。据报道:"全中国的文艺作家,于昨天上午九时半,群聚在汉口总商会大礼堂,举行中华全国文艺界抗敌协会的成立大会。""大会推蔡元培,周恩来,罗曼·罗兰,史沫特莱等十三人为名誉主席团,主席团为邵部长,冯副委员长,郭沫若,陈铭枢,田汉,张道藩,老舍,胡风等十余人,并由王平陵,冯乃超等八人组织大会秘书处。"邵力子担任大会总主席。中午"餐后通过简章,并推举老舍,郭沫若,茅盾,丁玲,邵

力子,冯玉祥,田汉,陈铭枢,老向,郁达夫,成仿吾,巴金,张天翼,王平陵,胡风,马彦祥,穆木天,盛成,冯乃超,张道藩,楼适夷,胡秋原,姚蓬子,吴组缃,陈西滢,陈纪滢,华林,沙雁,胡绍轩,徐蔚南,沈从文,曹禺,郑振铎,朱自清,朱光潜,曹聚仁,黎烈文,许地山,夏衍,曹靖华,张恨水,沈起予,施蛰存,谢六逸等四十五人为理事;周扬,吴奚如,孔罗荪,罗烽,舒群,曾虚白,吴漱予,立波,丘东平,艾芜,欧阳山,黄源,宗白华,梁宗岱等十五人为候补理事"。(《全国文艺界空前大团结》,《新华日报》第3版,1938年3月28日)

是日 叶圣陶致信"丐、伯、孚三公"。言及:"上星期弟曾往听大鼓书,唱书家系自南京避来。以山药旦为压台,可见其平庸。话剧团体则唐槐秋一班将行,继之者为洪深一班。戏剧学校也演戏卖钱,并且演街头剧。该校以曹禺为灵魂,此君能干,诚恳,是一位好青年。这个星期四,将往北碚复旦上课,曹禺也有课,约定同去,而洗翁久慕北碚之名,亦将同往。预定在那里上课之后,玩各处风景,在温泉洗浴,松散一天,到星期六回来。"(《渝沪通信》)

是月 结识叶圣陶。据《叶圣陶年谱》:"三月,叶圣陶应重庆中央国立戏剧学校校长余上沅的邀请,到戏校教写作课,始识在该校任教务长的曹禺。"(《叶圣陶年谱(上辑初稿4)》)

4月1日 据《新化县志》记载:"剧作家曹禺率上海抗敌流动剧团20余人至锡矿山进行抗敌宣传演出,团员有舒绣文、黎莉莉、胡萍等。"[①](新化县志编纂委员会:《新化县志》第33、34页)

4月5日 《战时戏剧》第1卷第3期"剧事春秋"栏刊消息:"中国旅行剧团业已抵渝,即将在国泰出演《日出》《雷雨》二剧。"本期《剧运在重庆》刊:"近一个月来,重庆戏剧界显得非常热闹。除上海业余剧人协会,带来了一大批剧人外,先后来到重庆的剧人,有余上沅,阳翰笙,曹禺,潘子浓等……南京国立戏剧学校,也在半月前由长沙搬到重庆来,他们的演剧队已开始在重庆镇头工作了。"

4月15日 根据曹禺同名话剧改编的《雷雨》由新华影业公司拍成电影,在金城大戏院上映,(《上海话剧志》第34页)编导方沛霖,摄影余省三,主要演员有谈瑛、陈燕燕、梅熹、王引、洪警铃、周文珠、傅威廉等。(《中国电影发展史》第2卷第429页)也有说,4月14日,新华影片公司出品的影片《雷雨》在上海新光大戏院首映。(《老影坛》第186页)

4月16—18日 国立戏剧学校在国泰大戏院举行第十六届公演,演出《飞将

---

① 此时曹禺已随剧专入川,开学,可能不是曹禺率队。

军》(洪深)、《爱与仇》(丁玲)二剧。曹禺与廖季登担任演出监察。(演出秩序单。现藏于国立剧专史料江安陈列馆)

4 月 30 日　重庆市文化界抗敌支会儿童演剧队,在社交会堂演出《铁蹄下的孩子》、《小英雄》、《中国进行曲》。叶绍钧、贺孟斧、阎哲吾、曹禺、陈白尘等担任该队顾问。(《重庆抗战剧坛纪事》第 19 页)

5 月 18—21 日　国立戏剧学校"参加重庆市江巴各界五月抗敌宣传大会"举行第十七届公演,在国泰大戏院首演吴祖光的四幕剧《凤凰城》。(《凤凰城》演出秩序单。现藏于国立剧专史料江安陈列馆)该剧系吴祖光处女作,描写东北抗日英雄苗可秀事迹。导演汪德、余师龙。蔡松龄饰苗可秀。余师龙饰张生,郭寿定饰赵侗,杨育英(沈扬)饰小老会,林婧饰女间谍。角色共五六十人之多,四幕戏布景各不相同。演出时,满院观众大都感动下泪。共演出六场。是日《新蜀报》第 3 页出版《五月抗敌宣传大会话剧公演特刊——国立戏剧学校演出〈凤凰城〉专号》。演出得票款六千余元。全部捐献。(《重庆抗战剧坛纪事》第 19、20 页)

《凤凰城》得以演出,得到了曹禺先生的大力协助。据吴祖光回忆:"这个剧本是我在长沙任剧校教员时利用晚上休息时间写成的。"稿子交给"我的表姑丈、校长余上沅","转眼一个星期过去了,他一眼也没有看过"。之后,"我把稿子取出来了。晚上我找到了同住在校园里(长沙稻谷仓王氏宅院)的教务长、编剧课专任导师曹禺先生,简单说明了情况,把稿子交给了他。显然曹禺感觉很大的惊喜,对我说,他立刻就会细看这个本子。""我将信将疑,因为校长也作过同样的许诺。可是第二天一早,曹禺先生就找到了我,他十分高兴地肯定我写出了一个好戏,并且认为这正是目前抗战的形势之下最需要而还没有产生的剧本。他说,剧校第一届毕业生组织的校友剧团集中了一批优秀学生正苦于找不到合适演出的剧本⋯⋯他当时就把校友剧团的负责人毕业生余师龙找了来,叫他和剧团的同学们赶快阅读和研究这个剧本。""校友剧团迅速作了决定,大家都忙了起来,分头刻写蜡版、印剧本,开始作演出的准备工作。"因战事"剧校奉命随政府的动向迁移入四川",演出搁浅。《凤凰城》在重庆初次上演是剧校首届毕业的两位同学余师龙和汪德导演的。此后⋯⋯则是重新排练的。导演由余上沅、曹禺、阎哲吾、黄佐临、金韵之(丹妮)分别担任,这是最强大的导演阵容了。"(《"投机取巧"的〈凤凰城〉——我从事剧本写作的开始》)吴祖光还回忆:"曹禺是阅读并肯定这个剧本并促使它广泛演出的第一人,也使我从此进入职业编剧的行列,而在这个队伍之中我是最年轻的。"(《掌握自己的命运——与曹禺病榻谈心》)

5 月 20 日　上海《电声》第 7 年第 13 期刊消息《华安不肯出让〈日出〉权利》:

曹禺的《雷雨》一片,前经新华公司摄成影片后,最近复拟续摄《日出》,以前华安公司曾由沈西苓编就此剧,准备开工。那时一场布景方经搭好,忽值战事爆发,就此拍演不成,华安员工因亦全部解散,至今尚难恢复;新华为它们久不复业,已是无形放弃,近始着手准备工作,但在华安方面,适为鉴于徐家汇摄影场在教堂区内,目前情形转佳,已可开工;准备即就前搭一场布景,先拍这部《日出》。新华前本拟向华安相商,将此片之摄制权让渡,现华安既坚持自制,新华也只好把此意打消了。

5 月 22 日　成都《国民公报》①增刊 1 版辟话剧《血海怒潮》演出特刊,刊余上沅《怒吼出的中国的新生——希望于〈血海怒潮〉上演的》、陈白尘《从怒吼剧社公演谈到宣传力量》、阎哲吾《所谓佳构剧与〈血海怒潮〉》、陈治策《我不会导演》以及曹禺《关于〈血海怒潮〉原作者及原剧本》等文。曹禺说:"《血海怒潮》是一部感人极深的抗战剧。""我们感谢导演陈治策先生,他的完美的技巧与经验,促成这本剧本的演出,而怒吼剧社的友人们在上演时的努力和诚挚,更会使我们感动的。"

5 月 25—28 日　国立戏剧学校"参加重庆市江巴各界五月抗敌宣传大会"(暨第十七届公演),在国泰大戏院演出"抗战三部曲"——《可怜虫》、《灯塔》和《炸药》三个独幕剧。曹禺与廖季登担任演出监察。(演出秩序单。现藏于国立剧专史料江安陈列馆)

5 月 29 日　《戏剧新闻》第 3 期刊"本会(系中华全国戏剧界抗敌协会——编者注)理事名单",曹禺与田汉、阳翰笙、洪深等 97 人列入。

是月　重庆抗敌宣传公演骆文宏的《疯了的母亲》,万家宝导演,在江北巴县演出两场。(《国立戏剧学校一览·历届公演剧目表》)

6 月 16 日　广州《文艺阵地》②第 1 卷第 5 期刊署名南卓《评曹禺的〈原野〉》一文。文说:"总起来看,《原野》是太接近欧美的作品了。"

6 月 25 日　上海《文艺旬刊》③第 1 卷第 2 期"作家近讯"栏载:"余上沅,曹禺等在重庆主持国立戏剧学校。"

是月　指导学生排演《雷雨》,陈永倞饰周朴园。演出时,为当局所阻。他们即

---

①　1912 年 4 月 22 日在成都创刊。创办人李澄波、康心如等 6 人。1935 年 5 月停刊。1936 年 8 月在重庆复刊,至 1950 年 2 月 26 日停刊。

②　1938 年 4 月 16 日在广州创刊。半月刊(每逢 1 日 16 日出版),茅盾主编,文艺阵地社出版。至 1939 年 1 月 16 日第 2 卷第 7 期改由楼适夷代编辑。1940 年 8 月遭禁停刊。1941 年 1 月 10 日在重庆复刊,续出第 6 卷第 1 期,至 1942 年 11 月 20 日第 7 卷第 4 期被迫停刊。1943 年 11 月改为《文阵新辑》,至 1944 年 3 月终刊。

③　1938 年 6 月 15 日在上海创刊。旬刊。编辑兼发行:文艺社。

以文化生活出版社出版并盖有"准"字出版证明的《雷雨》,向当局交涉。据陈永倞回忆:

> 1938 年到了重庆,万先生给我们排戏,蔡松龄、沈蔚德和我都是实验部的,排《雷雨》,在重庆上清寺(校址),在楼下一个大竹棚子里排,这里既是饭厅,又是排演厅。我演周朴园,他排得仔细⋯⋯他讲究台词的抑扬顿挫,这些他都要亲自示范,对于具体情景下的人物的心理活动、动作,他都要求得很仔细。
>
> ⋯⋯
>
> 1938 年 6 月,我们演《雷雨》,当局不批准,主要是害怕工人罢工。那时我们想起了,在一本文化生活出版社出的《雷雨》上,曾经盖有当局"准"的字样,我们就拿了这本书去说:"这不是准了吗?"就这样上演了。这个带着"准"字的本子,我带到北京来了,不知谁拿走了,太可惜了。①(《苦闷的灵魂——曹禺访谈录》第 197 页)

上半年　西安实验剧团的成员寇嘉弼、陶居让、张克刚、赵文杰等组织明天剧团,在易俗社公演曹禺的《正在想》。(《中国话剧运动五十年史料集》第 2 辑第 89 页)

暑假　赴成都招生。(《曹禺抗战期间在重庆的三次讲演》)

7 月 1 日　云南昆华艺术师范学校戏剧电影科公演曹禺的《雷雨》。7 月 3 日《云南日报》第 1 版消息说:"艺师在雅集社公演《雷雨》,数日以来,场场满座,秩序绝佳。陈豫源君之导演,王秉心、杨其栋、韦述陶(谢熙湘)之舞台装饰,皆系精心呕血之作。郎蕙仙女士之周繁漪,李文伟之周萍,欧维乾之鲁贵,表演深刻,感人至深。其他风雨电雷之效果,观众赞不绝口。昨晚至场参观者有蒋校长梦麟、杨副司令竹庵、鲁师长子泉、梁旅长星树、周主任幼熙等,对公演成绩极加称许。"据吴敏回忆,"《雷雨》除由陈豫源先生导演外,还聘请了西南联大的包乾元先生担任顾问",除《云南日报》所提及的演员外,其他几个是:潘藩、顾希儒饰周朴园 A、B 角,吴敏、阳增祥饰周冲 A、B 角,杨其珍饰鲁妈,马金良、刘振寰饰鲁大海 A、B 角,卢瑛饰四凤。"在长春路'公×雅集社'剧场演出,社会效果良好,深受群众欢迎。卖座经月不衰的盛况,轰动云南剧坛。"(《云南现代话剧运动史论稿》第 74 页)

7 月 1—4 日　国立戏剧学校在国泰大戏院举行第二十届公演(第二届毕业劳军公演),演出《黑将军》(即莎士比亚《奥赛罗》)。曹禺与闫哲吾、廖季登担任演出监察。(第二十届演出秩序单。现藏于国立剧专史料江安陈列馆)

---

① 实际演出在 7 月,陈先生回忆有误。

7月15日　国立戏剧学校校友会"在重庆上清寺街母校正式成立并定于十月十八日举行第一届年会暨庆祝母校三周年纪念会"。(《会务报告》,《国立戏剧学校校友会会刊》(油印版)第1卷第2期,1939年10月)

7月15—19日　国立剧校毕业同学会在国泰大戏院举行第二届毕业劳军公演《雷雨》。演出者汪德,导演汪德。演员阵容郭寿定饰鲁贵,贾淑慧饰四凤,蔡松龄饰鲁大海,林婧饰繁漪,朱平康饰周冲,陈健饰周萍,陈永倧饰周朴园,沈蔚德饰鲁妈,汪德饰仆甲,李铮普饰仆乙,任德耀饰仆丙。至19日,每天日夜两场,星期六加演日场。(《雷雨》秩序单。现藏于国立剧专史料江安陈列馆)

7月20—24日　国立剧校毕业同学会在国泰大戏院举行第二届毕业劳军公演《日出》。导演郭蓝田、何英。演员阵容金淑芝饰陈白露,陈鹤南饰方达生,张逸生饰张乔治,谢重开饰王福升,孙坚白饰潘月亭,张国萃饰顾八奶奶,万长达饰李石清,陈梅俊饰李太太,李庆华饰黄省三,骆文宏饰黑三,郭蓝田饰胡四,凌琯如饰小东西,陈梅俊饰翠喜,殷振家饰小顺子,杨育英饰哑巴,林颂文饰流氓甲,杨栋饰流氓乙。至24日,连演5天,每天日夜两场。票价日场二角、五角、七角、一元,晚场五角、七角、一元、一元五。(《日出》秩序单。现藏于国立剧专史料江安陈列馆)

7月23日　曹禺将《雷雨》"在渝上演税九十余元,悉献国府"。(《剧坛近报·曹禺献上演税》,上海《电声》第7年第25期,1938年8月12日)

7月25日—8月11日　国立戏剧学校"利用暑假举办暑期战时戏剧讲座,免费招收听讲员一百名,地址为木牌坊英年会礼堂,自七月二十五日至八月十一日止每日晚七时半至九时半开讲,讲师皆由该校教职员及少数校外专家学者义务担任。"(《国立戏剧学校近况》,《教育通讯》1939年第2卷第7期)

其间,曹禺讲"编剧术",余上沅讲"导演术",其余讲师在校内外聘请。校外人士担任讲师者有姜公伟、宋之的、章泯、潘子农等。诸位老师讲稿总题《战时戏剧讲座》列为该校《战时戏剧丛书》一种,1940年1月由重庆正中书局出版。据华忱之撰文回忆:

> 曹禺在剧校任教期间,还曾参加一九三八年夏剧校举办的"战时戏剧讲座",比较系统地作了一次《编剧术》的讲演。后印入剧校编刊的《战时戏剧丛书》第二种《战时戏剧讲座》中。一九四〇年一月重庆正中书局出版。书前有当时任剧技校长余上沅一九三八年十一月写的《发刊旨趣》,其中云:"……现在更就本校员生近年来之研究实验,及其参加各种演剧工作所得,出版《战时戏剧丛书》一种,内容包含抗敌剧本、战时戏剧理论及各种实际问题与解决方法……"书后有阎哲吾写的《后记》,说明了举办"战时戏剧讲座"的经过。他

说:"本校为适应战时需要……特利用民国二十七年(1938)的暑假举办了'战时戏剧讲座'。时期自七月二十五日起至八月七日止共计十四天。每晚七时半至九时半讲演,地点是借用重庆小梁子英年会。讲演者除本校教员之外,还请了戏剧界的轮流担任。记录则由本校学生张世骝、叶燕苏两君负责……"当时参加讲座的有余上沅讲《导演术》,杨村彬讲《新演出法》、宋之的讲《创作前的准备》、贺孟斧讲《舞台装置》、吴祖光讲《演员的语音训练与困难补救》等,共十二讲。第一讲由当时任剧校教务主任曹禺主讲《编剧术》。(《关于〈黑字二十八〉和〈编剧术〉——记曹禺抗战初期的一些创作活动》)

据洪深介绍说:

> 1938 年的暑假期中,国立戏剧学校(是时尚未升改专科)西迁在渝,曾经邀请"本地戏剧经验丰富"的人士与校内同事,举办一个戏剧讲座,"使得各位爱好戏剧的朋友,各个戏剧团体的工作者,对战时戏剧各方面,得一比较有系统的认识"——"一条从理论到实践的路程,好给诸位将来实地工作时做个参考。"(括弧中录自余上沅校长的"开讲词")这些讲演的记录,于 1940 年 1 月结集成册,由正中书局在重庆出版,即名《战时戏剧讲座》。书内共有文字十四篇……(《洪深文集》第 4 卷第 214 页)

8 月 8 日　重庆《国民公报》记者就抗战期间演出剧目问题访问了教育部次长张道藩,并以《抗战期中的戏剧应负起宣传使命》为题,发表了这篇访问记。张道藩表示:"今后剧运,应努力从事于国防戏剧之发展。国立戏剧学校最近排演《奥塞罗》和《雷雨》,我是始终不赞成的。"

8 月 11 日　重庆《国民公报》出版星期增刊《史坦尼斯拉夫斯基追悼专页》。(《国立剧校三进山城》,《〈南雁〉丛集②——情系剧专》第 198 页)

8 月 23 日　国立剧校举行斯坦尼斯拉夫斯基追悼纪念大会,张道藩主持会议,金韵芝、曹禺、余上沅、梁实秋都发表了演说,万家宝作"史氏逝世感想"发言。会后合影留念。(《曹禺全集》第 4 卷彩页插图)

8 月 25 日　根据曹禺同名话剧改编的电影《日出》完成,在上海新光大戏院首映。(《老影坛》第 186 页)改编沈西苓,华新影片公司出品,导演岳枫,摄影董克毅,主要演员有陆露明、袁美云、梅熹、章志直、夏霞、顾梦鹤、洪警铃、尚冠武、白虹、韩兰根等。(《上海话剧志》第 34 页;程季华:《中国电影发展史》第 2 卷第 429 页)

是月　黄佐临、金韵芝(丹尼)夫妇应曹禺之邀到国立戏剧学校任教。(《黄佐临艺术年表》,《我与写意戏剧观》第 560 页)据黄佐临回忆:"1937 年我从英国回到天津,剧专已迁至重庆。我也不愿呆在敌占区,我就给曹禺写信,问能不能到剧专教书。

曹禺来信欢迎我们去,他说已经为我们办好了手续。在那个时代,曹禺是很够朋友的。我们在剧专共了一年的事,时间不长。我们常在一起谈戏,谈教学,谈建立剧院,有很多畅想,谈得格外投机。不过,我的志愿还是导戏,所以就回到上海"孤岛",创办苦干剧团去了。我走后,他才写《北京人》。《原野》已经写了。他到昆明跟凤子排《原野》,闻一多做舞台服装设计,凤子和闻一多是很好的。"(《苦闷的灵魂——曹禺访谈录》第234页)

9月1日 据载,国立戏剧学校:"下学期定九月一日开学,三日上课,教员之主要者有余上沅、万家宝、阎哲吾、金韵之、黄作霖(佐临)、张骏祥诸先生,其余亦均为专门学者。"(《国立戏剧学校概况》,汉口《教育通讯》第20期,1938年8月6日)

9月9—12日 国立戏剧学校在国泰大戏院举行第二十一届公演,演出顾一樵①新作三幕剧《古城烽火》,并"加演曹禺编烟幕弹"。导演陈永倞。曹禺、黄作霖(佐临)、阎哲吾、金韵之担任演出监察。(《古城烽火》秩序单、公演海报。现藏于国立剧专史料江安陈列馆)独幕剧《烟幕弹》(即《镀金》),腊皮虚原著,万家宝翻译,郭蓝田导演。(《历届演出剧目统计》,《剧专十四年》第433页) 演出"四天八场,观众踊跃,共约八千余人"。(《国立戏剧学校近况》,《教育通讯》1939年第2卷第7期)

9月16日 在《文艺月刊》第2卷第3期(9.18专号)"九一八特辑"栏发表笔谈《省察自己》。文说:"让我们老老实实地省察自己,从九·一八以来,除了一同热烈喊口号之外,我们对于抗战建国的工作,究竟做了多少。"

9月24日 在重庆永年春饭店参加中华全国戏剧界抗敌协会第一届戏剧节筹备委员会。会后成立演出委员会,曹禺任话剧部部员。据记载:"重庆方面,在工作(戏剧节)开始之前,由协会召集在渝理事及重庆分会理事举行一次临时谈话会:临时谈话会的决议,是组织中华全国戏剧界抗敌协会第一届戏剧节演出委员会,并推张道藩,余上沅,郑用之……吴漱予等十九人为委员……演出委员会成立后,为推进工作,分设总务、歌剧、话剧三部,推余克稷,方师岳,姜公伟……赵铭彝等参加总务部工作……推徐之弼,杨富荣……冯什竹参加歌剧部工作……推张道藩、余上沅、阎哲吾、应云卫、宋之的、曹禺、沈西苓、姜公伟、章泯、郑用之、王平陵、赵丹、陈永倞等参加话剧部工作,并以余上沅为主任,阎哲吾为副主任。"(《中华民国第一届戏剧节》,《戏剧新闻》第8、9期,1939年1月10日)

是月 为迎接第一届戏剧节,与宋之的合作改编《全民总动员》,底本为宋之的、陈荒煤、罗烽、舒群等集体创作的四幕剧《总动员》。据报道:"剧本原定为宋

---

① 即顾毓琇。

之的等四人集体创作的《总动员》，嗣以剧情稍有不适目前环境，即推曹禺宋之的负责改编。改编结果，除了保存人名及极少部分原意外，剧情更改极大，而且增添了人物，成了另一部作品。以一月功夫改编完成，定名为《全民总动员》。"（《中华民国第一届戏剧节》，《戏剧新闻》第 8、9 期，1939 年 1 月 10 日）"全剧共计四幕，除掉第三幕是曹禺先生执笔之外，其余都是宋之的先生写的。"（《〈全民总动员〉的一般批评》）

关于创作，据曹禺回忆：

这个剧催得很紧，一个星期就写成了一个剧。昼夜不睡地写。演出效果不错，很轰动。宋之的可能是地下党，很激进，一、二、四幕是他写的，他在剧中确确实实骂了一批人，骂投机商、骂交际花……他的这套路子我同意。正面人物是一将领，表面看来好像赞美国民党。但不能不写。不写，国民党通不过。这就叫挂羊头，卖狗肉吧！张道藩扮演剧中的中将，被蒋介石骂了一顿："你是宣传部副部长，岂能与戏子混成一团！"张道藩写了不少剧，他在法国留过学，很喜欢戏剧。当时四大名旦①都上了，张瑞芳、赵丹、秦怡都上场，我也串了一个角色。票卖得很贵，但场场满座。（《苦闷的灵魂——曹禺访谈录》第 146 页）

10 月 1 日　《怒潮季刊》在重庆沙坪坝南渝中学创刊②。本期"论著"栏刊曹禺先生讲、杜干民记《关于话剧的写作问题》一文。后收入《曹禺全集》第 5 卷。据解仲文撰述：

大约在一九三八年，曹禺可能是给重庆南渝中学业余戏剧爱好者所组织的"怒潮剧社"作了一次专题讲演，题目是《关于话剧的写作问题》。《怒潮》编后载："万家宝先生的《关于话剧的写作问题》，原为讲演稿，本社向他约稿时适值先生赴蓉主持剧校招生，无暇执笔。特由本刊将此稿整理出来，送呈先生校阅一遍，载入本刊。按先生所谈诸问题确为精警之论"。

编者所说的话是不错的。曹禺这次讲演中确有"精警之论"。如：针对当时话剧创作中的问题，他说："现在一般的话剧创作者，都有一种变通的缺憾，便是创作态度不严肃，认识力不够，故其作品不深刻，不使人感觉亲切有味，与现实生活的真相距离太远。""由于态度欠严肃，中国话剧作者，对于材料的收集也不够。""创作材料不但收集上要多下功夫，所得材料更应经过孵化作用，使材料充备时下手才谓静心结构。"他还说，从事创作，尤其是话剧创作，"材料

---

① 重庆四大名旦系指张瑞芳、秦怡、白杨、舒绣文。
② 季刊。怒潮季刊社编辑。

收集的习惯必须养成。我日常生活中,随手常有一小册,对各阶层的人物的说话,及其行动特点,每每记下,以备写作时应用"。在这次演讲中,他一再强调在选材上"应该力求平凡,再在平凡里找出新意义","不要走别人已走过的路,避免因袭造作",要"各人去找出一条路"。这些"精警之论"既是有感而发,又是曹禺的经验之谈,直到今天还有着深刻的现实意义。(《曹禺抗战期间在重庆的三次讲演》)

是日　上海"亚蒙"影戏院上映电影《雷雨》。(《雷雨》广告,上海《申报》,1938 年 10 月 1 日)

10 月 8 日　中华全国戏剧界抗敌协会发出通告:"兹定于十月十日上午九时在又新大戏院(现在的重庆剧场)举行'中民全国第一届戏剧节'纪念大会,凡我戏剧界同仁务希准时到会,共襄盛典,切祈勿误。"(重庆市文化广播电视局:《中国话剧的重庆岁月》第 408 页)

10 月 10 日　《教育杂志》①第 28 卷第 10 号刊《国立戏剧学校概况》。介绍说:"该校由中央党部及教育部共同主管,设校务委员会……指定张道藩为主任委员,并委派余上沅为校长。行政组织,设校务、训导、事务三处,聘万家宝、廖季登、杨子戒分任主任。"

是日　上海《戏剧杂志》②第 1 卷第 2 期"消息动态"栏刊消息:"丁丑剧社,已征得许幸之先生之同意,为该社导演曹禺名著《原野》一剧,由舒适,夏霞,周先金等分任要角云。""银联业剧社,排演《日出》已久,闻最近排练已非常成熟,将于十月十五号左右,假浦石路兰心大戏院演出云。""天津职业话剧团最近于天津宣告成立……现在赶排《财狂》,《干吗?》,《雷雨》等剧。""香港南洋影片公司也拍了一部《雷雨》的粤语片,主角四凤由胡蝶影的妹妹胡蝶丽扮饰。"

10 月 10 日—11 月 1 日　中华民国"第一届戏剧节"在重庆举行。武汉、成都、广州等地"亦皆同时举行"。10 日上午,"中华全国戏剧界抗敌协会假座又新大舞台举行'中华民国第一届戏剧节纪念大会',到协会及重庆分会理事及戏剧团体工作人员共约千余人"。余上沅在报告中述及,本届"演出方面分"歌剧、街头剧、五分公演、"话剧,动员全市话剧剧人合演曹禺、宋之的改编《全民总动员》,从二十八日起在国泰公演四日。"纪念大会收会以后,25 支街头演剧队,就"出发到指定场所出演街头剧"。(《中华民国第一届戏剧节》,《戏剧新闻》第 8、9 期,1939 年 1 月 10 日)其间,曹

---

①　1909 年在上海创刊。半月刊,后改为月刊。商务印书馆发行。

②　1938 年 9 月 10 日在上海创刊。月刊。屈元、柳木森、戈戈等编辑,上海杂志公司设出版,远东杂志公司总经售。

禺工作甚为努力。据记载:"第一届戏剧节自双十节举行以来至十一月一日止,计二十余日,这工作之所以圆满地完成,则全恃各位工作同志的热忱与努力","此外……不妨单把编剧家曹禺先生表说一番。""谈到曹禺先生,据他自己说:他的生活起居,太太支配得很有条理,可是,为了一个戏剧节要编剧和演戏,就把太太手订的条理暂时搁起,其难能可贵的精神,也是不在余上沅先生之下的,所以在这里也就不得不特别提起了。"(同前)

10 月中旬　完成剧本《全民总动员》创作,并开排。据报道:

剧本完成后,距上演日期只有十几天功夫……话剧界的同人们显出了空前未有的团结精神,准时到场,准时排演……排演地点定在全市中心的黄家垭员新金山饭店。因为时间的短促,所以每次排演都是日夜不休,其辛劳可见一斑。在未上演之前的一个月中,便轰动了社会人士,都引领而望,企盼着本剧上演。(同前)

10 月 18 日　国立戏剧学校"三周年纪念会暨(校友会)第一届年会"在该校召开,"当场赠送到会校友第一期会刊(《国立戏剧学校校友会会刊》)每人一册"。曹禺参加活动,并为"校友会"捐赠"十元"经费。(《会务报告》,《国立戏剧学校校友会会刊》(油印版)第 1 卷第 2 期,1939 年 10 月)

10 月 19、20 日　上海"绿宝"剧场上演曹禺的《雷雨》。(《雷雨》广告,上海《申报》,1938 年 10 月 29、30 日)

10 月 29 日　下午七时,第一届戏剧节压台戏《全民总动员》在重庆国泰戏院正式公演。曹禺不仅担任编剧,还是导演团成员,还在剧中饰侯凤元一角。据报道,演出团队来自"中国制片厂,中央摄影场,业余剧人协会,国立戏剧学校,及怒吼剧社"。(《〈全民总动员〉中之总动员》)并设有庞大的"演出委员会",其中"导演团张道藩、余上沅、曹禺、宋之的、沈西苓、应云卫,执行导演应云卫,装置设计陈永倞,剧务主任孟君谋,剧务金毅、易烈,提示陈健、万长达,事务李农、施文琪,后台主任陈永倞、郭兰田,布景任德耀,灯光朱今明,服装程梦莲,道具黄耀东,化妆金毅,效果蔡松龄,事务耿震。"(《中华民国第一届戏剧节》,《戏剧新闻》第 8、9 期,1939 年 1 月 10 日)演出阵容一流:白杨饰侯莉莉,王为一饰陈云甫,赵丹饰邓疯子,沈蔚德饰吴妈,江村饰谢柏青、曹禺饰侯凤元,施超饰张希成,洪虹饰侯文杰,魏鹤龄饰冯震,余师龙饰刘瞪眼,舒绣文饰彭朗,英菌饰张太太,高占非饰马公超,张瑞芳饰芳姑,凌琯如饰陈虹,章曼苹饰丁明,戴浩饰时昌洪,潘子农饰导演,余上沅饰胡长有,顾而已饰王喜贵,张道藩饰孙将军,宋之的饰新闻记者……(同前)此次公演售票情况是,"除普通券分一元五角,一元,六角,三角四种之外,并发售五十元荣誉券一种……话剧原定六场,每场二十座,共计一百二十张","荣誉票(五十元)同预售票在头一天就卖完了,整个戏院座无隙地……在国泰共演七场,至十一月一日为止,观众在一万人以上,场场满座,场场有关在门外看不到戏的观客。七场票款收入共计一万零九百六十四元,卖座之盛,可谓空前。"(同前)

演出期间,曹禺总是"很早来到后台化妆,按胡须,穿上长袍马褂,坐在一旁静静默戏"。(《回首——我的艺术人生》第20页)他饰演的侯凤元一角,评价不一。"锦江先生"认为:"这一次限于所演的角色,没有能够发挥他的演剧天才。""江兼霞与杨华"认为:"以(他)多年的舞台经验来充任这些不很重要的角色,当然是'游刃有余'的了。"(《〈全民总动员〉的一般批判》)而应云卫认为:"毕竟是万家宝,老经验,连一点子戏总被挤足了出来,抓得住观众。"(《抗战期间剧界的盛举》,《和平日报》,1946年9月4日)

对于第一届戏剧节,曹禺深有感触。他说:"让我们鼓起兴会来演戏,笑着演戏,更愉快地演戏,因为在不断的艰苦的抗战中,我们相信我们的民族是有前途的。"(《中华民国第一届戏剧节》,《戏剧新闻》第8、9期,1939年1月10日)

10月30日　重庆《新华日报》刊《〈全民总动员〉昨在国泰戏院正式上演》一文。文说:"《全民总动员》剧本的完成,综合了昔日的技巧,加重地说明了一年来的经验,曹禺及宋之的两先生的新作是达到了相当高级的水准,代表着抗战后剧作之新趋向。"

11月1、2日　上海"新光"戏院二次上映电影《日出》。(《日出》广告,上海《申报》,1938年11月1、2日)

11月2日　重庆《新华日报》刊消息《〈全民总动员〉将继续公演》:"《全民总动员》,自在国泰出演以来,昨为最后一日,每场观众均极拥挤,后至者颇多向隅。戏剧界抗敌协会为求普遍宣传起见,拟俟全体演员稍作休息后,即于极短时间内继续公演。"

11月5日　重庆《新华日报》刊署名惠元的《评〈全民总动员〉》。作者充分肯定该剧公演在"政治上的成功",认为这次改编"是紧紧把握住了目前抗战阶段的重要契机——'总动员'","化装、布景、灯光和效果都很成功,演员的演技是最使人满意的",体现了"剧人大团结"。同时也指出"剧情有些地方缺乏真实性","还带有神秘主义残余","群众与领袖的关系,缺乏明确的指示"等,这些缺陷"使剧的意义和价值贬低了"。

11月6日　重庆《时事新报》"戏剧与电影"栏刊江兼霞、杨华《评〈全民总动员〉》一文。文说:"此番我们见到的《我们总动员》,实在是曹禺宋之的两人的作品。""依我个人的见解,集体创作的剧本在人物个性与结构手法上,总有避免不掉的弊病。""在相当熟悉剧作家的观众,很容易从第一幕的情调联想到《日出》,从第三幕的布局中发现《雷雨》结尾时的阴影……可是必须特别指出和赞颂的,是《全民总动员》的两位剧作者,无形中给今后的抗战戏剧开发了一条新路,那就是'侦探剧'的尝试。"

11 月 18 日　为妇女兵灾会筹赈,香港"时代剧团"在九龙普庆戏院上演曹禺《雷雨》。欧阳予倩导演。(《时代剧团今明公演名剧》,香港《申报》第 4 版,1938 年 11 月 17 日)

11 月 20 日　上海《银钱界》①第 2 卷第 11 期辟"公演《日出》专辑"专版,对"上海市银钱业业余联谊会话剧组"②将公演《日出》给予报道。刊《关于〈日出〉》(署名夏风)、《写在〈日出〉之前》(署名石羊)、《〈日出〉演出以前》(署名言午)三文。前文系导演的话。文说,"银钱剧团这次演出亦是删去第三幕","在我个人的意思,第三幕不愧为苦心孤诣精致动人的作品",由于"本幕技巧的成分居多","所以虽然删去了上演,对于全剧仍不生多大影响"。删去第三幕,"一方面固因为第三幕可删,同时也因为演员不够的关系——而且是一个重要的原因——因此第三幕才加以割爱,这并不是不尊重作者原著"。后二文系讲述排演《日出》前前后后之事情。

11 月 21 日　《闲书》③周刊在上海创刊。本期刊消息《"银联"将演〈日出〉》:"银联剧团(上海市银钱业业余联谊会话剧组)在本月廿三廿四两晚,要在北京路贵州路口的丽都大戏院公演曹禺的《日出》了。

"《日出》是个旧戏,但以银联来演一个写银行家的故事的戏,则'自有其价值'。该剧的导演者是夏风。演员大都是新人,是各银行对话剧有兴趣的职员。……"

11 月 23、24 日　上海银钱业业余联谊会(简称"银联")话剧组,以银钱剧团名义("上海银钱剧社"),在丽都大戏院公演曹禺名剧《日出》。(《日出》广告,《戏剧杂志》第 1 卷第 3 期第 46、47 页,1938 年 11 月 16 日) 12 月 1 日,《银钱界》第 2 卷第 12 期拿出近 12 个版面,开设《日出公演·批判特辑》对此次演出给与报道。刊《继续发扬这一精神——写在〈日出〉公演之后》(署名钱堃)、《为银钱庆贺》(署名仞之)、《一缕阳光——〈日出〉公演》(署名华沙)、《〈日出〉后》(署名夏风)、《〈日出〉在丽都演出后的一点概念》(署名忆文)、《五十二号之夜》(署名杨扬)等人一组文章。

11 月 26 日　上海《闲书》周刊第 1 卷第 2 期刊消息《〈原野〉也要搬上银幕》:

---

① 1937 年 6 月在上海创刊。半月刊。上海银钱业业余联谊会出版委员会主编。
② 话剧组即银钱剧团,也有称:上海银钱剧社。
③ 周刊。编辑者:《闲书》编辑部,发行者:闲书出版社,总经售:五洲书报社。

曹禺在话剧界是个红人，他的《雷雨》《日出》《原野》三个戏都挺吃香。在电影方向，《雷雨》和《日出》都已有了，独缺《原野》。

现在听说正有人在准备拍《原野》，导演及主演人选都已大体决定。事情还未全部定局之前，参与其事者嘱代为保守秘密，所以只得谓读者原谅我卖个关子。

导演这部戏的，原是一个"剧人"，也是个美术家，主演者，则是刚进电影界不久，说不定现在还尚未正式上过镜头的×××。

11 月 26、27 日　国立戏剧学校在重庆南开(学校)礼堂举行"征募寒衣公演"(暨第二十二届公演)，演出田汉的《阿 Q 正传》，曹禺与杨子戒、吴祖光担任演出监察。导演黄作霖。(《阿 Q 正传》秩序单，现藏于国立剧专史料江安陈列馆)

12 月 13、14、17—19 日　施春轩领衔的施家班(剧团)在上海"大中华"戏院演出申曲(沪剧)《雷雨》。(《雷雨》广告，上海《申报》，1938 年 12 月 11—19 日)演员阵容：施春轩饰周萍、杨美娟饰四凤、邵鹤峰饰周冲、金耕泉饰周朴园、俞麟童饰鲁贵、施文韵饰繁漪、施春娥饰鲁妈。一开演就连日满座。首演那天，从晚上 7 点一直演到半夜 12 点半。由于敌伪统治，夜间 12 点起通宵戒严，没有特别通行证，路上不准行人走动。最后由剧团出钱，叫出租车送观众回家。(《简明曹禺词典》第 339 页)

12 月 16 日　《戏剧杂志》第 1 卷第 3 期刊贾诚《〈雷雨〉在绿宝剧场——文明戏改良的实践者》一文。文说："将一个话剧剧本，经过改编后，在文明戏场子里演出，这已是屡见不鲜的事，不久以前顾梦鹤先生曾经将曹禺先生的《原野》，改编成《虎子复仇记》在皇后剧院演出，他把曹禺先生隐藏在里面的，焦阎王怎样害死仇荣……的事情，都很明白搬上舞台告诉观众，这一点我很同意，因为在文明戏的观众前演出一个较高深的剧本时，是须要有这一番手脚，来帮助观众了解这个戏的内容。"由此作者认为，"我们希望是改良文明戏而并不希望把文明戏改成话剧"。而"《雷雨》在目前孤岛上演出，可说是再适合也没有了，尤其是在绿宝剧场里，在绿宝剧场的观众面前演出更可以说是对症下药，这一点不能不说是绿宝同人对于改良文明戏的苦心。""绿宝这次《雷雨》的演出，是努力的，认真的。"

12 月 17—24 日　上海"中央"大戏院重映沈西苓改编，岳枫导演的《日出》。(《日出》广告，上海《申报》，1938 年 12 月 16—24 日)

12 月 25 日　为支援抗战，重庆《新民报》举行义卖活动。曹禺与余上沅、顾毓琇、王芸生等参加活动。(《陪都人物纪事》第 273 页)

12 月 26、27 日　北京剧社在北平新新大戏院上演曹禺名剧《雷雨》。(《话剧团动态，〈雷雨〉在北京，陈绵指导下，北京剧社上演》，《立言画刊》1938 年第 14 期)陈绵导演，魏石凡饰周朴园,丁萱饰繁漪,余非饰鲁妈,冷枫饰四凤,侯景夫饰周萍,陆熙饰周冲,石挥饰鲁贵,杨豹饰鲁大海。演出阵容整齐,上座甚佳。陈绵的导演艺术和石挥的演技,为报界赞扬。(《〈雷雨〉观后感》,《立言画刊》1939 年第 15 期)

是年　在剧校教书。据吕恩回忆:

> 曹禺在剧校担任教导主任。当时学校除了设有教导主任外,还设有训育主任。许多学生都是慕曹禺之名而报考剧专的。他教我们《西洋戏剧史》、《剧本选读》;后来分科后,教《编剧技巧》……他讲课讲得很精彩,上午四堂课,中间只休息一次,往往是一气呵成,大家都很有兴趣听他讲课,讲得有声有色,边讲边表演;有些外国剧本,没有翻译成中文,他就朗诵原文,他英文很好。曹禺也好读书,戏剧方面的东西,不论是现代的、古代的,还是外国的,他都精通。在江安时,他给人印象是一个手不释卷的学者。(《苦闷的灵魂——曹禺访谈录》第178 页)

是年　准备翻译奥尼尔根据古希腊悲剧家埃斯库罗斯的三部曲《奥瑞斯忒亚》写的另一部三部曲《哀悼》。该剧共十三幕。据叶子回忆:

> 奥尼尔有个戏叫《黎明前的悲剧》,共十三幕,曹禺准备演这个戏,就找我来合作。他一边翻译成中文,一边叫我抄写下来。但是演这个戏,人凑不齐,排不出来,后来我也没有兴趣了。怒潮剧团,由王瑞林(麟)带到成都去了,他来信叫我回去,搞一个表正(演)剧团,又把我们请了去。他们排《秦良玉》,非叫我去不可,我就去了。曹禺梦想演出奥尼尔的大戏终于没有排成,但是他对奥尼尔戏剧的钟爱,我是感受到了。(同前第 191 页)

是年　顾毓琇以清华校友身份拜访曹禺。据曹禺回忆:

> 一九三八年,到重庆,顾毓琇就跑到我家里来,他当时是教育部次长,他是以清华同学,也是以剧作家的身份和我交往的。他进门后,闲谈半天,临行,走到门口,他忽然掏出一份国民党表格,我说:“你拿这个干什么?”我是没有料想到的,太突然了,我变得严肃起来。他只好笑着说:“留给你看看嘛!”(《我的生活和创作道路》)

是年　香港“时代剧团”将曹禺《原野》“改编为电影,剧名为《世代冤仇》,导演李芬清、李晨风。(《时代剧团七次公演,昨晚起在普庆戏院举行》,香港《申报》,1939 年 2 月11 日)

1939 年(民国二十八年) 三十岁

1月1日,为纪念中华全国戏剧界抗敌协会成立一周年并庆祝元旦,重庆戏剧工作者近3000人举行盛大火炬游行,并别开生面地组织游行表演《抗战进行曲》。

1月8日,中华全国文艺界抗敌协会云南分会改选第二届理事会,穆木天、朱自清、施蛰存、沈从文、楚图南、顾颉刚、吴晗等31人当选理事。13日,文协云南分会改名为文协昆明分会。

3月26日,上海剧艺社举办星期日早场实验公演,首次演出李健吾的代表作《这不过是春天》。

7月7日,中共中央发表《为抗战两周年纪念对时局宣言》,提出"坚持抗战,反对投降;坚持团结;反对分裂;坚持进步,反对倒退"的政治口号,为争取时局好转而斗争。

是月,陶行知创办育才学校,校址设在北碚草街子镇后的古圣寺。

9月18日,为纪念"九·一八"事变八周年,成都举行盛大游行,血花剧团、神鹰剧团、教导剧团、朝阳剧社等先后演出《血祭九·一八》、《民族公敌》、《我们的国旗》、《炸药》、《包得行》等剧目。

10月10日,中华全国戏剧界抗敌协会在重庆一园召开庆祝第二届戏剧节大会,并连续举行6天的演出活动。

10月21日,延安工余剧人协会成立。隶属于中华全国戏剧界抗敌协会陕甘宁边区分会。

1月1日 《戏剧杂志》第2卷第1期"戏剧圈"刊消息:"中国第一届戏剧节……演出中最伟大者,为宋之的、曹禺二人改编之《全民总动员》。""持志剧社,拟于最近排演曹禺之《原野》,由梅熹饰仇虎,路明饰焦花氏,懦征饰常五,彭幼卿饰焦大娘,宗祺饰大星,张中权饰白傻子,其他尚未决定。"

1月10日 《戏剧新闻》第1卷第8、9期合刊"戏剧节纪念专辑"载张道藩《中华民国第一届戏剧节的意义》、陈立夫《戏剧亦为教育源出于'礼'》、余上沅《第一届戏剧节》、老舍《照样儿办吧》、姜公伟《第一届戏剧节与今后中国剧运》、李一非《旧剧的整理与运用》、余克稷《抗战时期戏剧节的双重意义》、老向《戏剧下乡外行谈》、萧崇素《抗战中的'儿童剧'》、赵铭彝《纪念第一届戏剧节》、宋之的《关于〈全民总动员〉》、施焰《〈全民总动员〉中之总动员》、辛予《〈全民总动员〉的一般批判》等文，以及综合报道《中华民国第一届戏剧节》。辛予先生一文系将同期"已经见到的批判文字，择要节录"，全文分"剧作方面"、"导演方面"、"演员方面"三个部分。就"剧作方面"而言，文说：

> 总结起来，《全民总动员》不失为抗战以来的优秀作品，假使曹禺和宋之的两位还能下一番修改的功夫，这个剧本将与戏剧节本身一样，自有其历史上存在的价值的。

> 关于《全民总动员》这个剧名，所有的批评者都认为"名不符实"，因而有人建议，索性改名为《黑字二十八》。

1 月 15 日 国立戏剧学校中国话剧运动史编纂委员会成立，委员为张道藩、顾一樵、梁实秋、赵太侔、舒蔚青、万家宝、黄作霖、阎哲吾、余上沅。余上沅为主任委员，舒蔚青兼总编纂。并向全国与话剧有关的团体与个人，发出征集三十年来话剧史料、书刊、文献启事。（《重庆抗战剧坛纪事》第 31 页）

是日 重庆《国民公报·星期增刊》以两个整版版面刊《第二期抗战文化工作的瞻望专页》，应征发表作品的文化界人士有白杨、余上沅、宋之的、余克稷、吴祖光、陈白尘、陈纪莹、靳以、张道藩、曹禺、黄作霖、潘子农等 53 人，文章标题及署名为各名家之手书。曹禺题为《眼前的工作》，后收入《曹禺全集》第 6 卷。

1 月 16 日 在《新经济半月刊》[①]第 1 卷第 5 期"书评"栏发表《莫斯科天空下》(Under Moscow Skies, By Maurice Hindus, Victor Gallancz Press, London, 1936)[②]。曹禺评说："这本小说明显地指出当人民的忍着巨痛来抽换与新社会不适的血液时，大家应该鼓起勇气来正视许多不可避免的惨痛的事实。""在《莫斯科天空下》我们看见的社会是'年轻'，'彻底'，有时'彻底'得叫人觉得有些蛮野。然而整个的印象确实活泼可喜，充满了新生命的希望。这是一九三九[③]到一九三〇年的苏联社会史，许多事实固然已是明日黄花，但内中所述以苦闷换来的成功是极值得我们现在咀嚼的。"

---

① 1938 年 11 月 16 日在重庆创刊。半月刊。新经济半月刊社编辑、出版。至 1945 年 10 月 1 日第 12 卷第 6 期停刊，计出版 138 期。

② 小说，美国新闻记者莫利斯·亨杜司作，讲述莫斯科发生的故事，描述了苏联人民由 1929 年到 1930 年缔造国家的艰苦与新旧社会交替间的种种问题。

③ 此处可能印刷错误，应是一九二九。

1月18日 上海《申报》刊广告《薛笃弼律师代表文季社为曹禺君所著〈雷雨〉〈日出〉〈原野〉各剧本著作权紧要启事》："兹据文季社上海法定代理人索非君来所声称,查《雷雨》《日出》《原野》各剧本之上演等同意权业经其著者曹禺君委由敝社负责代理,因恐外界或未周知,特请代表登报郑重声明,战后各剧团影业公司或其他团体,如欲将上开各剧本排演改编或摄制影片时均应先来敝社(社址:福州路二七二弄三号转)接洽征求同意,以重权利等□合亟代为启事如右。"

1月19日 重庆市戏剧界与在重庆国泰饭店举行座谈会,曹禺与应云卫、史东山、沈西苓、宋之的、葛一虹、赵铭彝、陈白尘、赵丹等20余人出席,并借此机会欢迎新近到渝的阳翰笙、郑伯奇、万籁天、郑君里等。(《重庆戏剧界昨举行座谈会》,重庆《新华日报》,1939年1月20日)

是日 红星剧社在上海皇后剧院公演曹禺《雷雨》,胡导导演,演期一周。26日续演《日出》。(《上海话剧志》第35页)

1月20日 国立戏剧学校在学校排演场"试演"《凤凰城》,"甚得好评,并得与此剧事实演变有密切关系之王卓然、赵侗二先生亲临指导,剧情为逼真。王先生并更为剧情所动,泣不能言。"《凤凰城》这次演出由曹禺、阎哲吾、黄作霖、吴祖光导演,吴祖光、陈永倞担任设计。(《〈凤凰城〉明日起公演》,重庆《新华日报》,1939年1月21日)

1月21日 重庆《新华日报》刊四幕剧《凤凰城》公演广告:国立戏剧学校第二十三届大公演,国立戏剧学校师生合演剧中人赵侗将军王卓然先生莅场演讲,吴祖光编剧,曹禺、黄作霖、阎哲吾、吴祖光导演,陈永倞设计,地点国泰大戏院,演期22—24日。

1月22—24日 国立戏剧学校在重庆国泰大戏院举行第二十三届大公演,正式演出四幕剧《凤凰城》。曹禺、黄作霖、阎哲吾、吴祖光担任导演兼监察。(《凤凰城》秩序单)共演出六场。5月20日起,在江安戏校剧场演出四场。(《国立戏剧学校一览·历届公演剧目表》)据余上沅撰文:"本年一月间,因剧中人华北游击队司令赵侗先生来渝谒见当局,本校又重演《凤凰城》于国泰戏院,并请赵侗王卓然诸君到场演讲,观众情绪之热烈,上座之拥挤,打破以往纪录。"(《本校最近一年之工作》,《国立戏剧学校校友会会刊》第2期,1939年)

是月—6月 国立戏剧学校举办"第一期战时戏剧人员短期训练班",曹禺与沈蔚德讲《编剧术》,各讲5小时。(《国立戏剧学校(廿八年一月至六月及廿八年七月至廿九年六月)工作报告》影印件)

是月—1940年6月 在国立戏剧学校任教务主任。并担任多门课程教学工作。据《国立戏剧学校工作报告》显示:职别教务主任,姓名万家宝,别号小石,性别男,年龄三十,籍贯湖北潜江,履历:国立清华大学毕业,清华大学研究院研究戏剧,河北女子师范西洋文学系教授,复旦大学兼任教授。1 月到 7 月,所授课程是"编剧"、"近代西洋戏剧"、"戏剧概论"三门课程,每周六节;9 月到 1940 年 6 月,所授课程是"剧本编制"、"编剧"、"近代西洋戏剧"三门课程,每周八节课。(《国立戏剧学校(廿八年一月至六月及廿八年七月至廿九年六月)工作报告》影印件)

年初 致信在美国的张骏祥。信中,曹禺邀请张先生回国到江安剧专教书。后张先生辗转抵重庆。据张骏祥回忆:

> 我和家宝……在清华时还不是很熟识的……1939 年我又在美国接到他的信,邀我到抗战时已迁往四川的江安县小城的剧专去教书。1939 年初,我绕道海防转昆明飞到重庆,按他在重庆的地址写了封信给他,第二天中午他就和凤子到旅馆来,拉我和他们一起到黄家娅口的一心饭店,说是有重庆的戏剧界朋友请客。到了才知道是中国电影制片厂的厂长郑用之为了开拍《白云故乡》设宴,在座的除了《白云故乡》的导演司徒慧敏和女主角凤子之外,还有郭沫若、阳翰笙、马彦祥等多位……直到三四日后,曹禺和我一同乘船到江安,才给我这个洋学生进行了启蒙教育,使我从国内政治局势直到文艺界戏剧界的情况有所了解。
>
> 那时川江轮船挤得吓人,票子很难买。我们只弄到两张统舱票,就是那种只要自己找得到地方就可以摊开铺盖睡的票。大概还是花了些钱,我们取得了在只摆得下两张桌子的餐厅里的一张八仙桌子下面睡觉的权利。当然,一天三顿饭我们只能站在餐厅外面等一批批人吃完饭才能摊开铺盖,两人共一条被子(我那时还没有铺盖)睡下。我和曹禺的友谊,可以说就是从那张八仙桌子下面开始的。
>
> 当然,这友谊是在江安那整整一年里逐步建立起来的……在我到江安之前,黄佐临同志夫妇本来也在学校教书,后来因为丹尼要生孩子,绕道回上海,和我走的路线不同,两错过了。当时曹禺有个计划,想在抗战胜利后由他、佐临和我带上一批学生,在上海办个莫斯科小剧院式的剧院……此时听了曹禺这个美好的愿望,当然兴奋异常。我也就和佐临通信,认真计划起来。也有一大批和我同样兴奋的同学,聚集在我们周围,他们把这个想象的剧院叫做"黄万张剧院"……。(《美好的回忆》)

据余上沅撰文:"本年主要专任教员方面,除万家宝,黄作霖,金韵之,阎哲吾,吴祖光……仍在本校执教外,新聘者有,杨村彬先生(前四川省立剧校教务主任),

张骏祥先生(耶鲁大学硕士)……"(《本校最近一年之工作》)

自张骏祥到来,国立剧专开启"黄金时代"。据叶子回忆:"是啊!那一段被称为剧校的'黄金时代'。这里,还有讲究。黄,就是黄佐临,金就是金韵芝(丹尼)。当时他们从英国留学回来,曹禺先生就把他们请来,还请来一大批人,张骏祥、梁实秋等等。那时,教师都很年轻,都想演戏,第一班留校的沈蔚德、陈永倞、蔡松龄,都成为助教。也要把我请去当助教,准备凑成一台戏,还打算成立校友剧团。黄佐临和曹禺各住一处,他们谈戏谈入了迷,两人互相送,送了回来,回来又送,谈得忘乎所以了,谈个没完,可见他们对戏剧事业的热忱。"(《苦闷的灵魂——曹禺访谈录》第191页)

2月4日 中国女中剧团假座上海浦东大楼举行救济难民话剧公演,剧目为《雷雨》,演员全为该校女生,顾问为吴湄、章杰。(《孤岛戏剧浪花报道》,《剧场艺术》第4、5期合刊,1939年3月20日)

2月5日 大女儿万黛①于重庆出生。据郑秀回忆:"剧校要迁到重庆,我是从长沙走的,1937年底1938年初到重庆。他们是坐民船,走了几个月,我到重庆码头去接他们。剧校在上清寺,我家在枣子南垭,是王光美的一个弟弟的夫人娘家的房子。我那时没工作,从南京走后,是停薪留职。1938年我有了孩子,就是万黛……②"(《苦闷的灵魂——曹禺访谈录》第215页)

2月10—13日 "时代剧团"在香港九龙普庆戏院"以广州话(粤语)"作"第二期第七次大公演"。"演出的剧目是全国第一流剧作家曹禺先生的著名三部曲,和名剧作家陈白尘先生近作的国防讽刺喜剧《新官上任》。计今日是《原野》;第二天日戏是《原野》,夜戏是《日出》;第三天日夜是《新官上任》。第四晚是《雷雨》,这几个剧本都是杰出的作品,配合他们练熟着的技巧,又有欧阳先生的领导,成功是可以预期的。"(《粤语话剧集团·时代剧团七次公演·今天起一连四日在普庆戏院》,香港《申报》第5版,1939年2月10日)

2月10日 晚,"时代剧团"在香港九龙普庆戏院演出《原野》。导演李芬清、

①　1945年随母郑秀到南京、福州等地,就读小学。1950年到父亲住地北京,入女十二中(原贝满女中)读书,至1956年毕业。1956年至1957年在北京俄语学院留苏预备部学习俄语,后因中苏关系破裂,留学未能成行。1957年至1962年在北京医学院医疗系读书。曹禺对长女从事医学事业十分高兴、满意。万黛毕业后在北医大第一医院内科呼吸内科从事医疗、教学、科研工作,任住院医师、主治医师、讲师。1980年至1984年在美国密执安医学院医院内科、肺科学习和研究,获 visiting assistant professor 职称,参加美国胸科医师协会(FCCP)。1984年至1987年回国返北医大第一医院内科呼吸内科工作,任副教授、副主任医师、呼吸研究室副主任,在国内及美国医学杂志及学术会议上发表有关小气道疾病早期诊断、呼吸肌研究及一些呼吸疾病的论文和专著24篇(部)。1987年后在美国纽约圣路克斯医院肺科实验室工作。(万昭提供)

②　文中郑秀回忆万黛的出生时间有误。

李晨风。据载:"(当晚)观众极为拥挤,未满八时,即告满座,演出剧本《原野》为曹禺之杰作,在本港系第一次演出……其技术之表现,极为精彩……在香港以粤语演出,亦系首创纪录。"(《时代剧团七次公演·昨晚起在普庆戏院举行·〈原野〉演出精彩观众拥挤》,香港《申报》,1939 年 2 月 11 日)

2 月 11 日　益友剧团假座上海黄金大戏院(后为大众剧场)举行首次公演两天,剧目为《雷雨》,由吴彻之导演,陈钟、吴静、章杰、也鲁、以礼、曼燕、庄华、振伟、志先等主演。(《孤岛戏剧浪花报道》,《剧场艺术》第 4、5 期合刊,1939 年 3 月 20 日)

中旬　国立戏剧学校举办"战时戏剧讲座","由本校教员或敦请校外专家主讲……于二月底开讲"。(《本校最近一年之工作》,《国立戏剧学校校友会会刊》第 2 期,1939 年)

2 月 12 日　"时代剧团"在香港九龙普庆戏院演出《日出》,导演欧阳予倩。(《日出》广告,香港《申报》,1939 年 2 月 12 日)

2 月 13 日　晚,"时代剧团"在香港九龙普庆戏院演出《雷雨》,导演欧阳予倩。(《时代剧团今晚最后公演》,香港《申报》,1939 年 2 月 13 日)

是日　香港《申报》刊"时代剧团"《雷雨》公演广告:《雷雨》,曹禺先生第一部创作。这是中国戏剧史上天字第一号伦理空前大悲剧,内容曲折、错综、离奇、惨酷,历在舞台上演七百余次,拥有观众千百万人,百看不厌,诸君幸勿失之交臂。

2 月 15 日　《南开校友》第 4 卷第 4 期《校友简讯》刊:"万家宝:剧作家曹禺也,万夫人于二月五日有弄瓦①之喜。"

2 月 17 日　《上海生活》第 3 年第 2 期刊《曹禺专利三剧本——〈雷雨〉〈日出〉〈原野〉不得翻印》。文说:

> 三剧本,国内各剧团戏院,纷纷采用,未免违反政府所订出版法,且剥夺私人应享之权利,盖据出版法上规定,凡私人著作及剧本,皆有保留专利之权,任何人不得翻印或取为电影戏剧材料,必得著作人之同意准许,方为合法,曹因此曾向政府请得版权,以防私演,前此新华公司摄制《日出》影片,固曾于事先请得曹禺同意,并酬以巨金,始获公开摄映,惟自去年以来,各地救亡话剧团体风起云涌,颇有私演《日出》剧本者,即上海方面,最近亦有各剧团相继排演,事闻于曹,乃致函文季社诸友,嘱代请律师,登报郑重声明,凡排演曹所编剧本者,必先征得本人同意,方司上演,否则即依法起诉,追偿一切,闻曹本人现在

---

① 弄瓦,出自《诗·小雅·斯干》:"乃生女子,载寝之地,载衣之裼,载弄之瓦。"按:此指应是曹禺大女儿万黛,但据郑秀回忆,万昭提供之资料显示:出生日系 1938 年。年代之差,疑似户口本登记是 1938 年,实为 1939 年。

长沙,致力于战时剧运,甚得当局倚重也。

2月19日　雪影剧团假座上海浦东大楼璇宫剧场首次公演《雷雨》,导演鲁思,该剧内容修改甚多,其中有鲁大海枪毙周朴园、周冲与鲁大海握手等新添内容,并增多一幕,成为五幕。(《孤岛戏剧浪花报道》,《剧场艺术》第4、5期合刊,1939年3月20日)

3月1日　上海《时代》①第5期刊欧阳予倩《〈雷雨〉与运命悲剧》。文评说,"运命悲剧""这种形式的剧本除掉曹禺氏的《雷雨》在中国还没有第二个"。认为《雷雨》与"席勒的《美那西的新娘子》和威勒的《二月二十四日》等剧"有着相同地方——"是十九世纪初期运命悲剧的形式"。

3月8日　国立戏剧学校在"重庆川师礼堂"公演《干不了也得干》,导演万家宝。(《国立戏剧学校(廿八年一月至六月及廿八年七月至廿九年六月)工作报告》影印件)

3月22日　中华全国戏剧界抗敌协会在(重庆)新环球戏院举行第一届年会,会上修改了会章,改选了理事、监事。曹禺被选为第二届理事会理事。(《中华全国戏剧界抗敌协会第二届理事名单》,《中华民国史档案资料汇编(第5辑第2编)》第242页)

3月24日　武汉合唱团在新加坡大世界太平洋戏院试演曹禺《雷雨》。(《千秋饮恨——郁达夫年谱长编》第1634页)演员阵容:陈仁炳饰周朴园,查光富饰繁漪,陈文仙饰四凤,黄昆玉饰鲁侍萍,项堃饰周萍,谢锦标饰鲁贵,李书翰饰鲁大海,徐仁宪饰周冲。(《〈雷雨〉的演出》,新加坡《星洲日报》,1939年3月25日)

3月25日　武汉合唱团在新加坡大世界太平洋戏院正式公演《雷雨》。连演3日,观众踊跃。

是日　新加坡《星洲日报》刊郁达夫《〈雷雨〉的演出》一文。文说:

　　曹禺先生的剧本,只在武汉曾经看过一次中旅剧团演出的《日出》,当时就觉得曹先生的剧本,当上演时,舞台效果是一定会好的,妙处就在他的技巧的高明。这一次,又看了《雷雨》的演出,却是我与曹先生的剧本发生关系的第二次。

　　《雷雨》这一剧本,当然是写得很好,但是武汉合唱团诸君的演出的成功,即在舞台上的剧艺表现的成功,却远在剧本本身之上。所以,《雷雨》这剧本若只是好作品的话,则武汉合唱团诸君的演出,却是她(他)们的杰作。

---

①　1939年1月1日在上海创刊。半月刊(每月1日、15日出版)。发行:胡以康,编辑:余以文,出版:时代半月刊社。

3月28日　新加坡《星洲日报·晨星》刊郁达夫《看了〈雷雨〉的上演后》一文。文说:"《雷雨》这一剧本本身的批评,以及合唱团诸君演出的成功,在看完的那一晚上,就写了些杂感,对剧本和演员诸君的成功,我就是到了现在,还仍是抱有那一种见解,在这里记下来的,只是些关于戏剧一般的事情。"

是月　中国回教救国协会在马宗融等倡议下于重庆成立"回教文化研究会"。曹禺与郭沫若、舒舍予、宋之的、阳翰笙、陶行知等非穆斯林数十人被吸收加入该会。(《回教文化研究会成立宣言》,重庆《新蜀报》,1940 年 4 月 7 日;《发扬回教文化》,重庆《新蜀报》,1940 年 4 月 9 日)

是月　国立戏剧学校奉令"疏散","乃于川南江安县城内觅得文庙暨毗连房屋若干",暂为校舍。(《本校最近一年之工作》)

4月9日　中华全国文艺界抗敌协会举行第一届年会,会上,曹禺当选为第二届理事会理事。据载,"四月九日下午二时,(中华全国文艺界抗敌协会)在重庆陕西街留春幄举行年会"。会议"末了发票选举,改选第二届文协理事,选举结果,计本埠三十名:'老舍,郭沫若,胡风……曹禺,潘梓年,冯乃超……罗荪。'外埠十五名:'茅盾、郁达夫、丁玲、巴金……朱自清。'"(《文协会二届理事选出》,重庆《新华日报》,1939 年 4 月 9 日;罗衣寒:《记文协第一届年会》,《抗战文艺》第 4 卷第 2 期,1939 年 4 月 25 日)

4月10日　国立戏剧学校全体抵江安。12 日起即行上课。(《本校最近一年之工作》)为欢迎剧专,当地业余戏剧爱好者演出《原野》。据张安国回忆:

> 1939 年……江安党组织曾以江安戏剧协社的名义欢迎他们。协社是党的外围组织,演出了《原野》,仇虎是由县委负责同志之一的席明真扮演,雷兰扮演花金子,雷也是党员。演出以后,曹禺看到汽油灯,布景用一些树枝拉到舞台上当道具,他很感兴趣,他以为这样做很适合小城市的演出。(《苦闷的灵魂——曹禺访谈录》第 249 页)

到江安后,曹禺的寓所安排在城东垣的"乃庐"[①]。据张安国回忆:

> 剧校由重庆搬到江安是 1939 年,剧校在文庙里边。为曹禺先生找房子就找到我们家里,江安东街。从 1939 年起,到 1944 年剧专又迁回重庆,他住在我们家 5 年左右的时间。
>
> ……
>
> 曹禺在这里写过《蜕变》、《北京人》、《家》等作品,他写作的地点,是特意给

---

①　位于江安县城十字大街的东街。江安名士张乃赓的住宅。这是一座带有二楼的四合院,院落中有一天井。曹禺 1939 年 4 月到江安就被乃庐主人安排在庭院大门楼上的一间阳光明丽而清幽的房舍作卧室兼书房,隔壁还有一间客厅,郑秀来江安时,便安排在楼下,环境十分幽雅。

他安排的,在我家靠近大门楼一间清静、阳光也好的房间,大门前,还有月亮台,楼上右侧的一个房间,郑秀住在楼下,楼上有一间大厅,他写作的地方是一间小房子。(同前)

4 月 15 日 《文苑》在北平创刊①。本辑刊剧评《论〈雷雨〉里的八个人物》(署名试工)。文说:"《雷雨》完全是个命运的悲剧。我们看这几个人,都是充满了生命力的。"

4 月 16 日 香港《申报》刊《国立戏剧学校征集话剧史料启示》。

4 月 22 日 《教育通讯》周刊第 2 卷第 16 期刊消息《国立戏剧学校迁往江安》:"国立戏剧学校,为避免空袭,保障安全计,奉令由重庆迁江安,现已觅定文庙为校址,修造完竣,所有学校一切设备,业已运到,员生二百余人,均先后到达,不日即可进行授课云。"

4 月 29 日 国立戏剧学校为"代募体育场建筑费"在江安"本校自建舞台"演出吴祖光的《凤凰城》,由曹禺、阎哲吾、黄佐临、金韵之等导演。(《本校最近一年之工作》)

是月 参加江安县戏剧协社欢迎国立戏剧学校全体举办之茶会,会后合影留念。(《曹禺全集》第 4 卷附图)

5 月上旬—7 月中旬 剧专为江安地方举办戏剧培训班,曹禺亲自任教。据余上沅记述:"五月上旬又举办第二期短期训练班……至七月中旬结束,计结业者二十八名。"(《本校最近一年之工作》)据张安国回忆:

> 在这期间还办过戏剧短训班,曹禺亲自任课。举行了开学和结业典礼,我去参加过,还讲过话。学员有些是地下党员……都是江安人。县委派一些同志去,受过训练就下乡巡回演出……。(《苦闷的灵魂——曹禺访谈录》第 249 页)

5 月 20、21 日 国立戏剧学校在"南溪(县)永宜大戏院"演出《凤凰城》。曹禺除担任导演,并与童世荃、黄作霖、金韵之担任演出监察。(《凤凰城》秩序单,现藏于国立剧专江安陈列馆)

5 月 24 日 国立戏剧学校为"募款救济重庆被灾同胞"在"江安文庙本校"举行"第二十四届公演",演出"四川方言剧《李仙娘》"。曹禺导演,并与金韵之担任演出监察。(《李仙娘》秩序单,现藏于国立剧专江安陈列馆)

5 月 27 日 为江安体育经费募集资金,在江安本校剧场演出锤锄云编的独幕剧《李仙娘》,(《历届演出剧目统计》,《剧专十四年》第 435 页) 由万家宝导演,共演出三

---

① 称纯文艺季刊,编辑、出版辅仁大学文苑社。自第 2 辑起更名为《辅仁文苑》。

场。(《国立戏剧学校一览 1938》)

7 月初　接获昆明函电,受邀前去排演《原野》和《黑字二十八》。据李济五[1]
回忆:

> 有一天,凤子和孙毓棠到民国日报社来找我说:"你主持的国防剧社底子
> 厚,有经费,有人力,为了很好地开展话剧运动,为抗日多做一些宣传工作,我
> 们可以请万家宝(曹禺)来昆明导演几场话剧。"我很惊讶地问凤子:"当真吗?
> 你们确有把握能把万先生请来吗?"凤子说:"怎么没有把握,我们和他是很好
> 的朋友,如果你同意,只要以我和闻一多、吴铁翼(国立艺专校长)三人的名义
> 写信给他,他就会来的。"我听后大为高兴……于是我立刻向龙秉灵作了汇
> 报……听了我的汇报便马上答应,至于经费问题,以后再说。我把这个意见告
> 诉了凤子,先由她和闻一多、吴铁翼联名打电报给曹禺,同时由国防剧社正式
> 发出邀请电报,并汇去了从重庆到昆明的飞机票款。这是 1939 年 7 月初的
> 事。(《记国防剧社》[2])

据高瑜采写:

> 1940 年,曹禺在四川江安接到在昆明的闻一多先生的一封信。信中说:
> "现在是应该演《原野》的时候了……"曹禺说:当时闻一多老师感到闷气极
> 了,他主张演《原野》就是要斗争,因为《原野》鼓吹的就是反抗和斗争。闻一多
> 要曹禺亲自导演西南联大剧社的《原野》并自任美术设计……西南联大的演出
> 非常成功,受到报界的盛赞。[3](《沉睡中的唤醒——曹禺谈〈原野〉》)

7 月 10 日　据李济五回忆:"国防剧社接到曹禺的回电,接受邀请,订于 7 月
13 日来昆。"(《记国防剧社》)据曹禺回忆:

> 我有一段值得纪念的历史,在抗日战争初期,突然接到闻一多先生来信,
> 他提议让我到昆明去导演《原野》。为什么在那个时候他要我排《原野》,可能
> 他有他的道理。那时,我都觉得在那种氛围中来排《原野》,似乎同环境并不协
> 调。但是,这是我和闻老师唯一的一次合作,也是最好的一次合作……(《苦闷
> 的灵魂——曹禺访谈录》第 62 页)

> 孙毓棠和闻一多很熟,我在昆明导演《原野》,是闻一多给我写的信,这是
> 我和闻一多先生第一次亲切的交往,他为什么邀我排这个戏? 很值得研究。

---

[1]　时任滇黔绥靖公署政治训练处(简称政训处)第二科科长,负责宣传工作。国防剧社实际负责人。

[2]　田本相在写《曹禺传》时,曾就有关问题采访李济五先生,李先生将《记国防剧社》初稿寄予田先生。
这篇文章在《春城戏剧》1986 年第 1 期发表时略有改动。

[3]　文中时间、演出单位有误。

孙毓棠的妻子是著名的演员凤子,就是由她来扮演女主角金子,闻先生是舞台设计,在昆明演出……(同前第67页)

7月13日 由重庆飞抵昆明。据李济五回忆:"这一天,我亲自到巫家坝机场迎接……欧亚航空公司的飞机一降落,从舷梯走下一位30岁左右的青年,身穿一件灰色长袍,手提一只藤箱。我迎上前去问:你是不是万家宝先生?他答我就是。我也作了自我介绍,我想不到这么有名的剧作家竟是这样朴实谦逊,于是便陪同他下榻于西南大旅社。"《记国防剧社》

7月14日 出席中华戏剧界抗敌协会云南分会在昆明举行的欢迎会。会上,曹禺即席发表讲话。据龙显球回忆:

曹禺是中华全国戏剧界抗敌协会理事,到昆明后在昆明分会欢迎会上,即席呼吁全市剧人团结起来,一致为抗战服务;昆明艺师戏剧科毕业同学也在云南服务社(华山南路)举行座谈会欢迎,记得我们每个同学都拿着他的剧作请求题词,他统统都签了本人名字(我一直珍藏,惜一九五七年不慎遗失)。《一九三九年曹禺在昆明》

7月16日 国防剧社召开茶话会,欢迎曹禺先生莅临昆明。据李济五回忆:

第二天由龙秉灵设宴为曹禺洗尘,凤子、孙毓棠、闻一多和我作陪。初步商定了演出的剧目为《原野》和老舍、宋之的等集体创作的多幕抗日话剧《黑字廿八》(又名《全民总动员》),所有有关演员的挑选、排练及布景、道具等的准备,委托他们几位负责,随时同我联系。经费由政训处暂垫开支。《记国防剧社》

7月中旬 开始排演《原野》、《黑字二十八》,用时月余。据凤子撰文:

以一个月时间赶排两个大戏——《原野》及《黑字廿八》——不仅导演万家宝本人瘦损了廿磅,舞台工作人员没有一个不改样……在可欣慰的是这次更得到一些文化界的朋友的帮忙,例如《原野》的舞台装置并没有请到一位舞台专门人才来设计,却请出了一位久不出书房的诗人闻一多……颇令人感动。"
(《中华全国第二届戏剧节在昆明》)

据龙显球回忆:

排练工作很快就开始了(排练场在长春路雅集社)……排练工作紧张、严肃……曹禺在设计形体动作表演时,除启发、诱导演员进入角色外,不断示范表演,一丝不苟,决不马虎,即使名演员凤子也不例外……又如《黑字二十八》中沈树仁打杨兴福嘴巴的动作,演员马金良总是有顾虑打得不真实,杨兴福是曹禺饰,他总是不满意的,很烦躁地一再要求演员进入角色,要体现真实情感……"《一九三九年曹禺在昆明》

据李济五回忆：

> 曹禺和闻一多先生真是一见如故，我曾亲自看见他们在孙毓棠、凤子家里讨论舞台设计的情景。在设计焦母家里摆什么桌椅时，先是曹禺说明他的创作意图之后，闻一多先生思索了许多，叼着烟斗，还用手比划着说，焦家堂屋的桌椅必须给人以 massiveness（就是沉甸甸的意思）的感觉。曹禺当时就表示完全赞成闻先生的看法。《原野》每一幕的舞台设置，闻先生都同曹禺共同研究，画出平面图后，还制成模型征求大家意见，经过修改，最后才正式投入制作。闻先生一丝不苟，曹禺也是一丝不苟，因此，在共同的艺术追求之中，他们合作得很好。可以看出，曹禺对闻先生是十分敬重的，而闻先生对曹禺也是很尊重的。（《曹禺传》第 256 页）

7 月 22 日　上海大中华剧场演新戏《雷雨》。（《越国剧坛大事记》，《越讴》1939 年第 1 卷第 3 期）这是越剧演出团体"第一舞台"在上海大中华剧场首演越剧《雷雨》。从施春轩领衔的施家剧团沪剧改编本移植。主要演员：施银花饰繁漪、屠杏花饰周萍、支兰芳饰侍萍、钱秀灵饰周朴园、余彩琴饰四凤。剧中增加了周朴园之母这一角色，由周宝奎扮演。这是越剧舞台第一次演出中国现代文学名著，也是越剧演出的第一出西装旗袍戏。表演突破传统程序，用了灯光、布景、音响，最后一场雷雨交加的场面，用了幻景的处理手法，配上音响效果，使人耳目一新。施银花穿旗袍上台，没有水袖仍挥洒自如。在女子改良戏时期，这是较有影响的时装戏剧目。《越讴》杂志第 1 卷第 2 期发表《创见与奇迹》一文，称："银杏并蒂双花主演之《雷雨》均系时装打扮，屠杏花且着西装，开越剧之记录，创未有之奇迹，观过者咸云创见，而剧本系由申曲翻版者，雷雨幻景尚可一观。"

7 月 24 日　昆明大鹏剧社召开茶话会，曹禺即席讲话，对当时文艺界争论的"与抗战有关论"的热点问题谈了自己的看法。他的中心观点是："在抗战时期中对主题的描写，当然得加强抗战的意识，以后抗战得到了最后的胜利，我们还是写最真实的人生，才是最永久最有价值的。"（《云南现代话剧运动史论稿》第 175 页）

7 月 25 日　"文协"昆明分会主办的暑期文艺讲习班开学。楚图南讲现代文艺思潮，冯素陶讲文艺基本理论，彭慧、施蛰存讲写作方法，朱自清讲作品讲读，徐炳昶讲抗战文艺工作，顾颉刚讲通俗化运动，张天虚讲文艺通讯，徐嘉瑞讲民间文艺、杨东明讲文艺批评，穆木天讲诗歌，马子华讲小说，曹禺讲戏剧。听众四五十人。（《中华全国文艺界抗敌协会资料汇编》第 416 页）

7 月 31 日　中法剧社在上海辣斐剧场上演曹禺编剧之《原野》。舒适导演，并在剧中饰仇虎一角。演员阵容乔奇饰焦大星，周起饰常五。（《孤岛戏剧浪花报道》，

《剧场艺术》第 10 期,1939 年 8 月 20 日;《影人集团演出〈原野〉》,《青青电影》第 4 年第 19 期, 1939 年 8 月 8 日)"舞台效果颇得好评,但营业情形惨落"。(《这一月》,同前)

是月 日本东京天松堂出版《大陆的雷雨》,多摩松也翻译。"全书 282 页,没有剧照、序文、后记等。这本书很明显是汽笛社版《雷雨》的盗版"。(《曹禺作品在日本》,《曹禺研究》第 9 辑)

8 月 1 日 上海《青青电影》周刊第 4 年第 18 期刊消息《袁美云·梅熹将登台演〈雷雨〉》:"最近新华公司同人在酝酿着'话剧慈善公演'的一类演出,不过此事还未请示过公司当局,在现在只能算一个非正式消息。据他们的'计划'上,将演《雷雨》,演员人选打算是袁美云的四凤,袁竹如之蘩漪,陆露明之鲁妈,王献斋之鲁贵,王引之鲁大海,梅熹之周萍,沈骏之周冲,傅威廉之周朴园"。

8 月 8 日 上海《青青电影》第 4 年第 19 期刊《影人集团演出〈原野〉评》一文。该文系对中法剧社在拉斐花园剧场演出的评论。文说:"《原野》是曹禺第三部的剧作,然而又不同于《雷雨》,更迥异于《日出》,这是更深入更广泛的指出了人性的斗争,指出了仇和爱的分野,指出了正义与友谊的冲突,而且,它还引向着集体斗争的暗示,这一个配合着当前时代要求的暗示,就是《原野》剧作背后跳动着的影子,这影子代表着,复仇,斗争,新生,而鲜明地显出了《原野》的灵魂。"关于演出,文说:"在上海演出《原野》,这次辣斐剧场中法的演出,恐怕是第一次了,在剧情上说……记得在原剧本里是三幕剧,而末一幕却有五景,这次中法的演出,改成了五幕,而在第三幕里还来一次暗摸,本来第三幕的五景……这次演出并没有照原剧本做"。导演在"末二幕的处理也显得凌乱松散","将原作的第二幕分为二幕,根本破坏了肃杀的氛围,很不足取"。

8 月 16—24 日 国防剧社在昆明新滇大戏院举行第三届公演,演出《原野》。导演曹禺,舞台监督孙毓棠,舞台布景兼服装设计闻一多、雷圭元,灯光徐德先。演员阵容汪雨饰仇虎、凤子(封季)饰花金子,李文伟饰焦大星、黄实饰白傻子、樊筠饰焦母、孙毓棠饰常五。(《编剧家曹禺在昆明——亲自导演外并亲自登台》,《青青电影》周刊第 4 年第 29 期,1939 年 10 月 17 日) 为此次公演,成立了强大的演出委员会,"由龙云,裴存藩,龙秉灵,华封豫,丁毅夫,曹禺,闻一多,孙毓棠,凤子,李德组成,社员大都为西南联合大学学生。"(《昆明剧讯》,《戏剧杂志》第 3 卷第 3 期,1939 年) 演出"票价分两元,一元,五角,三角四种","一共连演八场,场场客满,单是《原野》一剧的票价收入,已达一万余元,创昆明戏院卖座空前纪录。"(《编剧家曹禺在昆明——亲自导演外并亲自登台》,《青青电影》周刊第 4 年第 29 期,1939 年 10 月 17 日)

据金川文述:

三年前,昆明筹备一次盛大的公演,为着要获取预期的成就,所以特地请曹禺来昆主持一切,那次戏目是《原野》,演员有凤子,孙毓棠等,均是文化界的闻人。他们虽是非常熟悉的朋友,然而本着干戏的伟大精神,他并没丝毫的松他的职责,为此凤子小姐是累得差一点病倒。为着排戏,他们每晚总要弄到深夜。曹禺的衣衫敞开着,头上披着蓬乱的发丝,像乱草似地覆着。他的嘴角衔着一根香烟,他不停息地在舞台上演着,他用心地为演员讲解剧中人物的个性与应有的气氛,我那时亦系工作人员之一,他对我们也是絮絮不休。他对布景,灯光,效果,一切都有超越的研究。我们连续总忙了近一个月,以后剧总算公演了。不消说,这次演出是轰动整个山城的。(《中国话剧坛的星座——曹禺》)

据龙显球回忆:《原野》一剧演出者主要是联大剧团、艺师戏剧科人员","大概排练了三个星期左右,从八月十四日起,在新滇剧院(艺术剧院地址)演出了《原野》","这剧自 8 月 14 日演至 24 日即换演《黑》剧……演出轰动了全市各阶层,座券抢购一空,不少观众望门而叹。后来李乔在《昆明日报》发表文章说,《原野》的演出被誉为在云南话剧运动史上三大里程碑之一(其他两剧是《孔雀胆》和《清宫外史》)。"(《一九三九年曹禺在昆明》)

8 月 25 日　昆明的戏剧俱乐部在高少文主持下,举办茶话会欢迎曹禺先生莅昆。(《云南现代话剧运动史论稿》第 175 页)

8 月 26 日—9 月 3 日　《黑字二十八》在昆明新滇大戏院上演。曹禺导演并出演杨兴福一角。导演团成员有陈豫源、凤子、孙毓棠、王旦东等。主要演员有凤子饰玛莉、曹禺、关媚如饰杨兴福、孙毓棠饰邓疯子、陈豫源饰夏晓仓、马金良饰沈树仁、王旦东饰孙将军等,演员多系联大剧团、艺师和金马剧社的人员。因受观众欢迎,"九月四日起又复演了三天"。(《一九三九年曹禺在昆明》)曹禺所饰角色,得到了朱自清的认可:"杨兴福内心的冲突,曹禺先生真刻画入微。"(《〈原野〉与〈黑字二十八〉的演出》)

据张定华回忆:

《黑字二十八》……由曹禺、孙毓棠和金马剧社、艺专的王旦东、陈豫园(源)先生等组成导演组集体导演。各团体来参加演出的同志不分角色大小都很认真。凤子同志在剧中扮演富商的女儿,云南艺专校长陈豫园(源)扮演富商,孙毓棠扮演被人叫作"陈(邓)疯子"的爱国人士,金马剧社的马金良扮演潜藏的大汉奸,曹禺同志扮演一个受威胁欺骗当了汉奸的小职员,郝诏纯同学扮演进行抗日救国活动的女学生,陈福英同学扮演被汉奸利用的"社会名媛",我在剧中扮演小职员的女儿。(《南开话剧运动史料(1923—1949)》第 131 页)

《原野》和《黑字二十八》的演出盛况空前,昆明戏剧界的大联合把云南抗日救国的进步戏剧运动推向高潮,产生了巨大的影响。

是月 离开昆明返重庆剧校。据龙显球回忆:

《黑》剧演出未完,他就走了,临行前"国防剧社"邀约有关剧人在金碧餐厅举行送别宴会。(《一九三九年曹禺在昆明》)

9月1日 上海影联剧团在拉斐剧场上演《雷雨》。"《雷雨》后接演《日出》,《日出》后接演《原野》。"(《二大职业剧团近况》,《戏剧杂志》第3卷第3期,1939年9月16日)

9月9日 上海影联剧团继《雷雨》接演曹禺第二部曲《日出》,仍由郑重导演。(《孤岛戏剧浪花报道》,《剧场艺术》第11期,1939年9月20日)

9月10日 昆明《今日评论》①第2卷第12期刊署名佩弦(即朱自清)《〈原野〉与〈黑字二十八〉的演出》一文。

9月17日 昆明《今日评论》第2卷第13期刊署名冠英(时任教于西南联大中国文学系)《谈〈原野〉》一文,文系作者观看国防剧社演出所作。文说:"在昆明看到《原野》作者亲自导演的《原野》上了舞台,真是可喜的事。我对《原野》一向有偏爱……我以为曹禺君的三部名著中《雷雨》最是雅俗共赏的戏,《日出》稍不同,唯《原野》最为不俗。"作者认为:"《原野》最值得称赏处是人物的创造。本戏重要人物的性格都很强,以焦大妈为最,其次金子,其次仇虎。这三个人物在中国文学里都是崭新的。""《原野》并未提倡复仇精神。《原野》里的复仇者目的虽远而结果并不好。作者是否赞成复仇从剧本是看不出来的。"

9月27日 武汉合唱团在吉隆坡中华大会堂试演《原野》,"招待雪华筹赈会、吉隆坡欢迎会职员及新闻记者"。(《赤子丹心——武汉合唱团南洋筹赈巡回演出纪实》第564页)

9月28日 武汉合唱团在吉隆坡中华大会堂正式公演《原野》,郁达夫主持并致词。演员阵容郑秋子饰仇虎,陈文仙饰金子,项堃饰焦大星,黄昆玉饰焦母,谢锦标饰常五,王南溪饰白傻子。(《〈原野〉的演出》,《星洲日报星期刊·文艺》,1939年10月8日)

9月29日 新加坡《星洲日报·马来亚新闻(一)》刊郁达夫《在〈原野〉公演揭幕式上的致词》。该文系郁达夫在吉隆坡中华大会堂武汉合唱团公演《原野》揭幕

① 1939年1月1日在昆明创刊。周刊(每星期日出版)。编辑兼发行者:今日评论社,地址:昆明青云街169号。代售者:全国各书局。

式上的讲话。郁达夫说:"今晚武汉合唱团初次公演我国剧作家曹禺先生的新剧《原野》,来实践他们筹赈兼宣扬祖国文化的双重义务,特地命鄙人自星加坡来此地,替他们揭幕,代他们向各位致一辞,鄙人亦为中华民国的国民一分子,对于筹赈,对于宣扬祖国文化,自然义不容辞。"

10 月 1 日　北京《中国文艺》①第 1 卷第 2 号刊署名司徒珂《曹禺的三部曲及其演出》一文。文说:"万先生……是近年来中国剧作界唯一功勋者,他的三部曲《雷雨》《日出》《原野》问世之后……使社会藉此三部曲而对话剧萌生良好的印象"。"《雷雨》是曹禺步进文坛的第一声响雷,正如剧本的名家一样,它是中国戏剧界久旱后的一场雷雨,《雷雨》的成功,一方面(是)技巧上的成熟,一方面是意义的深远。""《日出》在这三部曲中,意义是最伟大的一部。曹禺先生把资本主义及封建势力支配下的都市社会的丑恶完全揭穿。""《原野》是曹禺先生突变作风的第一个尝试,《雷雨》以家庭为中心,《日出》是以社会为中心,而《原野》则是扩张到原野去了。"

10 月 8 日　新加坡《星洲日报星期刊·文艺》刊郁达夫《〈原野〉的演出》一文。郁达夫说:"曹禺的剧作,从《雷雨》到《日出》,从《日出》到《原野》,显然地划出了三个时代,呈现了三个进步的阶段。《雷雨》还是不脱浪漫剧末期的喜弄小技巧的作风,《日出》则完全是自然主义的作品,而《原野》又是带有象征意义的问题剧了"。"其价值自然远在《雷雨》《日出》的两剧之上"。"这一次《原野》的演出,我以为是对于推动马华剧运的一个最有效率的引擎"。

10 月 10 日　是日起,中华民国第二届戏剧节在各地举行。国立戏剧学校在江安本校举行公演。时间"自十月十日起十九日止,连续在本校剧场、街头及公园等处上演舞台剧及各种街村剧。演出项目有川剧,平剧,话剧,歌咏,杂技等;话剧节目有《一年间》,《魔窟》,《重整战袍》,万家宝先生新著《正在想》,及新作剧本大小十余出,几全属本校担任,届时盛况,定可想见"。(《本校最近一年之工作》)

10 月 16 日　《文艺新潮》在上海创刊,月刊。曹禺与巴金、李健吾、沈从文、阿英、茅盾、柯灵、孙毓棠、张天翼、靳以、郑振铎等 50 人为该刊"特约撰稿者"。

10 月 17 日　南开中学校庆日。重庆南开学校在本校演出《日出》。据王铨撰文:"1939 年校庆,《日出》真的上演了。是以'南友剧社'的名义演出的。参加演出的有教师严仁颖、华静珊,杨聚涌、黄寿同先生,校友魏经淑、杜博民、张国才、戚鹤年,还有在校的学生田鹏,马骊平。职员则以学生占绝大多数,用'怒潮剧社'的班

---

①　1939 年 9 月 1 日在北京创刊。月刊。每月 1 日出版。编辑兼发行人张深切,发行所中国文艺社,总代售处人人书店。

底……周恩来校友和邓颖超同志来了,特意到后台来,和每一位演职员握手,然后陪同张校长坐在台下看戏。他对校长说:'我对校长有个意见……(校长一愣),当年您不该让我演女角。'(校长恍然大悟,笑,二人握手。)杜博民说:'请周校友指导我们。'周校友说:'我祝贺你们演出成功。'""这出戏的导演是严仁颖、华静珊二位老师。他们删去了第三幕妓院的一幕。为此,严先生在《日出》专刊上发表了给曹禺的信,对不能付给上演税的困难以及在中学舞台上不便演出这幕戏(给《日出》"挖心")的苦衷,表示歉意,请他谅解。估计曹禺会谅解他,但不会回信的。"(《抗战时期的南开话剧——纪念南开话剧诞生 80 周年》,《南开话剧运动史料(1923—1949)》第 115、116 页)

是日 上海《青青电影》第 29 期刊《编剧家曹禺在昆明——亲自导演外并亲自登台》。文中介绍了曹禺在昆明情况。本期"艺人动态"栏刊消息:"前各报传英茵来沪之消息,不确,昨由昆明来信,说被曹禺所邀,将暂时留滇工作,并谓红帽姑娘凤子小姐尚在该处。"

10 月 19 日 国立戏剧学校学生在江安本校剧场演出曹禺的独幕剧《正在想》(该校本年戏剧节演出剧目之一),曹禺自任导演。(《国立戏剧学校(廿八年一月至六月及廿八年七月至廿九年六月)工作报告》影印件)

10 月 21 日 据资料:"陕甘宁边区剧协组织的'工余剧人协会'成立……定于 1940 年元旦演出奥斯特洛夫斯基的《大雷雨》。导演团为张庚、钟敬之、姚时晓、王滨,执行导演张庚。这次公演,本想演出中国的现实剧作,但经多次商讨,总不能选出适合目前需要的,所以选了这出以反封建为主题的《大雷雨》。"(《延安文艺运动纪盛》第 155 页)"后来在排练中途,因故改演曹禺的《日出》,计划将《大雷雨》的演出推迟到第二年的'三八'节。"(《延安文艺丛书·第 16 卷·文艺史料卷》第 530 页)

11 月 1 日 北京《中国文艺》月刊第 1 卷第 3 号刊司徒珂《评〈原野〉》一文。作者认为《原野》"和《日出》比较,无论是在技巧方面,内容方面,还是思想方面,《原野》都值得被誉为更伟大更有价值的作品"。

11 月 16 日 《戏剧杂志》第 3 卷第 5 期封面刊《原野》剧照两幅。图片说明:《原野》在昆明(曹禺导演)。

冬 开始写作构思已久的《蜕变》。据曹禺回忆:

> 在剧校向后方撤退中,曾在长沙住过一个很短的时间,写《蜕变》的材料主要是在长沙调查伤兵医院取得的。我看了一两个伤兵医院,其中一些内幕是听人讲的,报纸上也暴露过一些内幕。丁大夫的材料,大体取自白求恩……我当时想,我要写一位女性的大夫,这样可能更能够打动人,更有戏可写。腐败,

我在江安看得太多了，剧校里就有《蜕变》中写的那些乌七八糟的事情。囤米，楼上打牌，楼下办公，我都见过……原来是想写一个官僚机构，后来考虑还是写一个医院算了，后来国民党干涉非要改成私立医院，正式演出作了妥协，是公家帮助的私立医院。（《苦闷的灵魂——曹禺访谈录》第 125、126 页）

季紫钊①，在江安写《蜕变》时，他和我住在一起，睡在一张床上。戏架子有了，一个月就写完了。冬天我不出门，从早到晚接着干，写一幕排一幕。我写一遍，念一遍，他记下来，刻蜡板；我有时写到深夜，他也跟着刻写到深夜。那时，他还是个学生，很有精气神。李恩杰特地给我做了一个椅子，坐着很合适，可以一边按着胃部一边写作。那时，我的胃病很厉害，是胃溃疡，靠打葡萄糖过日子。年轻，不在乎，打完葡萄糖接着干。写得也很艰苦。丁大夫演讲，就是对伤兵的讲话那一段，写了七八遍，反复琢磨，反复修改，才写好了这段演讲。（同前第 132 页）

据陈永倞回忆：

他有严重的胃病，他写《蜕变》，就是躺在藤椅上写。李恩杰专门为他做了一个特别的可倚在躺椅上写字的写字台，他一边赶写，一边排戏。1939 年《蜕变》首演是在江安，是冀淑平演丁大夫，后到重庆公演，就是沈蔚德演丁大夫（A 角），冀淑平是 B 角，张骏祥导演，陈永倞设计，在国泰大戏院演的，在重庆我们住在澡堂子里边。（同前第 196 页）

关于《蜕变》的创作，另有一种说法是（顾毓琇讲话）："此剧系于抗战初期，渠本人请曹禺先生编写，当时渠曾谓此次抗战，如果知识分子抱悲观则必失败，如抱乐观，则是否战胜，须再视吾人努力如何。编剧人即依此一语而编。此剧原拟名新生，后乃改为今名，亦即为新生之意。迨此剧编成，送图书杂志审查委员会审查时，渠本人曾竭力协助，并负责修改。"（《迎送新旧同学大会，公演名剧〈蜕变〉，顾校长介述本剧写作经过》，《国立政治大学校刊》1948 年 269 期）

还有一种说法是："当他在汉口时代，曾开始写过一部与《日出》同样作风的《北京人》剧本，当时他将这剧本赶写了三幕，完成了十分之六七，但为了时代环境的关系，他决计应潮流之所趋，改写激发民气的硬性剧本，所以这时他特地把完成过半的《北京人》剧本搁起来，另外写了个剧本，关于这新剧本的名称……现在才知道剧名叫《蜕变》。"（《曹禺新作〈蜕变〉亲自导演，将在渝作处女献映》，《青青电影》第 5 年第 15 期，1940 年 4 月 16 日）

---

① 即季紫剑，国立剧专第 5 届学生。

冬　接到周恩来同志的信,信及"周先生请你去作客"。自此结识周恩来。据张颖①回忆:"1939 年周恩来同志到重庆不久,就让我去约曹禺同志来见面。他们本来互相不认识,但都是南开的先后同学。他们一见如故。恩来同志向曹禺了解许多情况,还互相谈心。从那以后,曹禺就和恩来同志交上了朋友。"(《关于抗战时期国民党统治区党领导下的文艺运动(在重庆雾季艺术节的发言)》,《重庆党史研究资料》1986 年第 1 期)

据曹禺回忆:

我认识敬爱的周总理,是在一九四〇年白色恐怖下的重庆。那一天,浓雾经常笼罩着山城,忽然晴朗起来。"周先生请你来作客。"想一想吧,听到这个消息,真是喜从天降。那是在重庆的一个地方,在一间简朴的房子里,我见到了他。他那炯炯的目光,仿佛使整个屋宇洋溢着无限的生气;他的亲切的态度,使我像见到自己的父兄一般。

话刚谈了几句,刺耳的呜呜的警报声响了起来,山上已经高高挂起两个黑色竹编球笼。周总理从容不迫地领我和他到一个山脊上。这时,日本鬼子的飞机已经向山城飞来,投下黑色的炸弹。一声巨响,一股股浓烟腾空而起。面对眼前的屠杀,我胸中郁闷悲愤得说不出话来。我望着总理,总理的脸色是严峻的、无畏的。他指着狂轰滥炸的地方,怒斥日本帝国主义的凶狂,说,我们一定要团结起来,一致抗日,不能像国民党蒋介石反动集团真反共,假抗日,当时我很有感触,尽管国民党统治的重庆,没有一声高射炮的回击,听任敌机肆意轰炸,可是总理的话象万炮齐鸣,向日本帝国主义猛轰。

从那天起,总理的光辉形象,在我的心里生了根。(《我们心中的周总理》)

12 月 2—4 日　国立戏剧学校在本校剧场举行第二十八届公演,演出《视察专员》。曹禺与张秉钧担任演出监察。(第二十八届公演秩序单,现藏于国立剧专史料江安陈列馆)

12 月 6 日　延安"工余剧人协会"已开始排演曹禺的《日出》。据资料:"据 12 月 6 日报载:经毛泽东同志的倡议和支持,延安剧协'工余剧人协会'加紧排练曹禺名剧《日出》。据当时负责这一工作的张庚回忆:毛主席亲自把他们找去,说延安也应当上演一点国统区名作家的作品,《日出》就可以演。还说这个戏应当集中一些延安的好演员来演,为了把戏演好,应该组织一个临时党支部,参加的党员都在这个支部过组织生活,以保证把戏演好。"(《延安文艺运动纪盛》第 155 页)

12 月 8 日　下午七时,燕京大学大礼堂,"燕大汇文慕贞校友会"为燕大附近

---

①　时任周恩来的助手,《新华日报》记者,戏剧评论员。

贫民冬赈筹款公演《日出》。导演田兴智，演员"各会员担任"。（《公演〈日出〉》，《燕京新闻》第 6 卷第 12 期，1939 年 11 月 18 日）有人说这次演出"相当失败"，"演员妄自增改剧词"，"这种不忠实于剧本的举动"，结果是"抹煞了剧本的蕴意"，"同时也破坏其他演剧者的剧中人情感"，（《观燕大公演〈日出〉后》，《369 画报》第 1 卷第 13 期，1939 年 12 月 19 日）从而"把《日出》弄成一个可笑的闹剧，而不曾了解作者的原意——《日出》是一出喜剧"。（《评〈日出〉公演》，《燕京新闻》第 6 卷第 16 期，1939 年 12 月 16 日）

12 月 15 日　北平《艺术与生活》①第 1 卷第 5 期"戏剧"栏刊信息《〈日出〉第三幕亦将有演出！》："北京剧社从《雷雨》《茶花女》演出后，不久将演全部《日出》。""《日出》剧本，在京本已演过多次，而第三幕因人才关系，从无演出者，今该剧社正在努力排演中。"

12 月 16 日　延安《新中华报》②刊于敏《介绍"工余"的〈日出〉公演》一文。全文，"分三部分：一、《日出》的故事和人物；二、《日出》的中心意思；三、为什么演《日出》"。文说："为什么演《日出》呢？……他们要选演一个'大'戏，一个'写得好'的戏，一个'难演'的戏，来锻炼自己。这个选择便落在《日出》身上。理由很简单，因为曹禺是一位写得比较好的作家，而《日出》则是他的创作中比较好的一部戏。"

"《日出》的上演，将给延安的观众——特别是生长在内地的同志们，揭开更宽广的视觉境界……""从演戏活动的立场看，《日出》公演也有它一定意义……《日出》的公演至少说明一部分人的意见：我们要使延安演剧活动接触多方面的题材，要把这个活动建立在广大的基础上，而不要把它局限在狭小的天地。"（《延安文艺运动纪盛》第 156 页、《延安文艺丛书·第 16 卷·文艺史料卷》第 531、532 页）

是日　北京《369 画报》③第 1 卷第 12 期"话剧之页"刊署名汝《北京剧社〈日出〉排演目录》、娜萍《慕贞公演〈雷雨〉小记》二文。前文说："《日出》已经是人人承认的一部伟大中国名剧，是曹禺先生继《雷雨》后的一部杰作，要不是杰作，要不是伟大如何能得到中国之奖金？北京剧社这次采用了这个剧本，正不知有多少人都期待着它的演出呢"。后文说："慕贞女子学校……这次为了给天津冰灾后的难民

———————————

①　1939 年 10 月 15 日在北京创刊。半月刊。总编辑：袁笑星，发行人：石纪徹，出版发行：艺术与生活画报社。1941 年第 2 卷第 14 期（1 月号）起改为月刊。

②　1931 年 12 月创刊。3 日刊。原名《红色中华》，中华苏维埃中央政府机关报。1937 年 1 月 29 日在延安出版，改名《新中华报》，5 日刊。为陕甘边区政府机关报。1939 年 2 月 7 日改组为中共中央委员会机关报，3 日刊。至 1941 年 5 月 15 日停刊，改组为《解放日报》。

③　1939 年 11 月 9 日在北京创刊。每月发行九期（逢月之三、六、九、十三、十六、十九、二十三、二十六、二十九日出版）。创办者朱书绅，主辑者王泰来，编辑者吴宗祐、王柱宇、丁弦、黄勤。发行、印刷者北京进化社。

筹款,特举行话剧公演,剧本是曹禺处女作《雷雨》,导演是知名于本市的北京剧社剧务部长石挥先生,就在那天假亚斯立堂公演了。"本页"天津话剧消息"称,现在"天津方面剧人们又联合在一起组织了一个天津剧团,剧本听说决定的很多,有《雷雨》,《日出》,《钦差大臣》等"。

12月16、17日　国立戏剧学校在江安本校剧场举行第二十九届公演,演出四幕剧《从军乐》。曹禺与张秉钧担任演出监察。(第二十九届公演秩序单,现藏于国立剧专史料江安陈列馆)

12月26日　北京《369画报》第1卷第15期"学生生活"栏刊署名默然《观燕大公演〈日出〉后感》并配演出照3幅。本页还刊标题新闻《北京剧社:即将出演〈日出〉·地点长安戏院》。

12月28日　《日出》在延安北门外中组部礼堂预演审查。据颜一烟回忆:

> 一九三九年冬,毛主席特邀鲁艺的领导同志叙谈。说起延安也应当上演一些国统区作家的作品,比如《日出》就可以演;并说这个戏应当集中一些延安的好演员来演。于是,立刻成立了《日出》演出筹备组,决定了这个戏由"鲁艺"和"抗大"等单位联合演出。这是"五四"以来优秀剧目在延安的第一次演出,党中央和各级领导都很重视。(《在延安排演〈日出〉的日子里》)

12月31日—1940年1月1日　国立戏剧学校在江安本校剧场举行第三十届公演,演出《学生时代》。曹禺与张秉钧担任演出监察。(第三十届公演秩序单,现藏于国立剧专史料江安陈列馆)

是年　介绍黄佐临与丹尼去"孤岛"上海,参加上海剧艺社活动。据陈达明文述:"一九三九年,黄佐临夫妇来到了'孤岛剧运'蓬勃开展的上海,他们经曹禺和李健吾的介绍,参加了'孤岛剧运'的中心组织——上海剧艺社。"(《黄佐临艺术生活片断(三)》)后黄佐临组织"苦干剧团",演出许多话剧。

是年　在江安,有一"钓鱼"故事。据蔡骧撰文:

> 学校迁到江安,校址文庙……一次,我们请万先生来钓鱼,他果然应邀而至。持竿坐在池边。边钓鱼、边看书。鱼一次次咬钩,他浑然不觉。必待鱼吃完了鱼饵,经我们提醒,他才把竿举起来,少不得由我们为他装上蚯蚓。如此这般坐了一个小时,终于一条鱼也钓不上来。临别,他留下的评语是:这地方钓鱼真好!(《记万先生的教学》,《剧专十四年》第152、153页)

1940 年(民国二十九年) 三十一岁

3月,广西省立艺术馆成立。馆长欧阳予倩。包括美术部、戏剧部和音乐部。

4月1日,中国万岁剧团正式成立,该团由军委会政治部中国电影制片厂怒潮剧社扩大改组而成,郭沫若兼任团长,郑用之任副团长。4月5日,建团首演四幕话剧《国家至上》(又名《回教三杰》)。

4月15日,《大众文艺》在延安创刊①。

5月15日,张自忠将军在豫鄂会战中光荣殉国。

7月1日,国立戏剧学校即日起奉教育部令,改为五年制国立戏剧专科学校。内分话剧、乐剧两科,并附设三年毕业的高级职业科话剧组。暑假时各科将招生40名,重庆、北碚均为招生处。

9月6日,国民政府发布命令,定重庆为陪都。

12月7日,"文协"假中法比瑞同学会举行茶话会,欢迎来渝的茅盾、冰心、巴金等人。

1月1日 "工余剧人协会"在延安正式公演曹禺的四幕话剧《日出》。导演王滨,舞台设计钟敬之,主要演员有李丽莲饰陈白露、张成中饰方达生、王一达饰潘月亭、干学伟饰张乔治、韩冰、林白饰小东西、颜一烟饰顾八奶奶、范景宇饰胡四、田方饰黑三,方琛、石天、刘镇等。(《延安十年戏剧图集(1937—1947)》第 23 页) 另据颜一烟回忆,演出人员是:陈白露(李丽莲)、方达生(张成中)、张乔治(干学伟)、王福生(刘笑生)、潘月亭(王昪)、顾八奶奶(颜一烟)、李石清(方深)、李太太(李郁)、黄省三(刘镇)、黑三(田方)、胡四(范景宇)、小东西(林白)、翠喜(韩冰)、小顺子(石畅)、哑巴(林农)。(《在延安排演〈日出〉的日子里》)

《日出》的上演,在延安产生很大社会反响。据报道:"《日出》自元旦演出以来,八天内观众近万人。演出效果甚佳,获一致好评。中央领导毛泽东、洛浦等对于原作者曹禺先生备予赞扬。工余剧协将致电曹禺先生,表示敬意。"(《〈日出〉

---

① 月刊。中华文艺界抗敌协会延安分会主办。

公演八天,观众将近万人》,《新中华报》,1940 年 1 月 17 日。转自艾克恩:《延安文艺运动纪盛》第 163 页)

据于敏撰文:"说《日出》公演测验了戏剧工作者的能力,测验了延安观众的欣赏水平。最重要的是毛泽东、洛甫同志对于这一部戏的一致赏识和对于曹禺先生的备加赞许,使我们更加深刻地认识到《日出》的反资本主义的倾向和曹禺先生的艺术的远大前途。导演演员二十多天的排练,取得很好效果。饰黑三的田方,有舞台经验,很成功。饰陈白露的李丽莲,演得也很成功。"(《评〈日出〉公演》,《新中华报》,1940 年 1 月 24 日。同前)

是日　北京《艺术与生活》第 2 卷第 1 期"戏剧"栏用两个页码开设"《日出》公演专页"。刊署名甘耶的《写在北剧完整的〈日出〉演出之前》,文说:"曹禺先生底三部名剧,各反映着我们中国现社会的一角,而《日出》在其中,又是最富社会性的一个剧。"继刊《〈日出〉本事》、演员表《剧中人》、曹禺词、石挥谱的《日出主题歌》和文字广告《最近将由北京剧社演出陈绵博士导演》。

1 月 3 日　北京《369 画报》第 2 卷第 1 期刊陈绵《公演〈日出〉》一文。文中,陈绵谈了与曹禺的关系,以及曹禺写《日出》的情况。本期"话剧之页"刊《编者言》、《〈日出〉本事》、《职员表》、《剧中人物》、《〈日出〉主题歌》(曹禺作词,石挥制谱)、《打吭歌》(曹禺作词,石挥制谱)及曹禺照片 1 幅。

1 月 3、4 日　北京剧社在京公演曹禺名剧《日出》,"长安戏院连演三场,吉祥戏院一场,开明戏院一场"。导演陈绵,演员阵容白雪饰陈白露,贾克饰方达生,宁文饰张乔治,苏蔓饰王福升,陈默饰小东西,石凡饰潘月亭,郭秉饰黑三,章蒂饰黄省三,李蕾饰顾八奶奶,石挥饰李石清,陆熙饰胡四,邵君饰李太太,谭菁饰刘小姐、余非饰翠喜,张禾饰小顺子,金伟饰卖报哑巴,王华饰宝兰,闵芬饰金桂,尚青饰翠玉、李红饰海棠,黄娜饰黛玉,李代饰漂泊汉,贾军饰卖报者,李贵饰数来宝,石留、张甲、黄立、董强饰小贩、陈丽饰唱小曲姑娘。(《编者言》、《剧中人物》,《369 画报》第 2 卷第 1 期,1940 年 1 月 3 日;《〈日出〉上演成功》,《369 画报》第 2 卷第 4 期,1940 年 1 月 13 日)演员角色,《艺术与生活》杂志所载与前稍有不同,他们是白雪饰陈白露,石挥饰李石清,贾克方达生,五虹饰胡四,陆熙饰张乔治,谭菁饰刘小姐,苏蔓饰王福升,邵君饰李太太,陈默饰小东西,余非饰翠喜,石凡饰潘月亭,张禾饰小顺子,郭秉饰黑三,金伟饰卖报者,章蒂饰黄省三,李贵饰数来宝的,李蕾饰顾八奶奶。(《剧中人》,《艺术与生活》第 2 卷第 1 期,1940 年 1 月 1 日)

1 月 13 日　北京《369 画报》第 2 卷第 4 期刊《〈日出〉上演成功——演来一幕比一幕紧张,第三幕表演最神妙》,李济时《关于〈日出〉的二个"死"》二文。前文说:

《日出》是一部为全国人士所疯狂爱好的戏剧,在中国剧坛上立下千古不朽的功绩"。"三四日上演在长安,那两天的成绩是那样地惊人！观众又是水一般地挤拥,门口车水马龙为历来话剧公演所未有之空前盛况！""尤其是第三幕最成功,效果极佳,把三等妓院的实生活,表现得遗尽,观众感动非常"。后文说:"我来看的目的,因为电影中陆露明主演的《日出》,我已看过,所以注意到白露的死,不过还有注意的是'小东西'的死！我想《日出》全剧精华全在这两个人的死！《日出》的主旨也完全要建立在这两个死上！"作者认为"这次《日出》成绩不佳的原因,在这两点上关系很大"。

1 月 18 日　《国立戏剧学校校友会会刊》改名为《国立戏剧学校校友通讯月刊》出版第 1 卷第 3 期。该期"校友消息"栏刊:"万家宝先生于新年假期赴渝公干,并偕同张骏祥先生为本校采购图书一千余元。""母校消息"栏刊:"本校将改称国立戏剧专科学校"。本期"会务报告"显示,自"廿八年校庆后迄今三个月来",曹禺为校友会捐款"三十元"。

1 月 23 日　上海卡尔登大戏院组织戏曲界举行慈善义演,除戏曲剧目外,还有移风社演出的话剧《雷雨》,由京剧、话剧界知名人士联合演出,朱端钧导演,周信芳、高百岁、金素雯、胡梯维、桑弧等主演,演出颇引人注目。(《中国话剧史大事记》第204 页)

1 月 29 日　北京《369 画报》第 2 卷第 9 期刊《北京剧社的新阵容！——一九四零年古城剧运愈趋活跃》一文。文说,北京剧社"日前在绒线胡同该社开全体社员大会",会上决议改组内务,改选了组织机构人员,演出方面"最近拟定排演曹禺第三部作品《原野》,一切正在筹备中,不日即可开始工作而完成曹禺三部曲:《雷雨》《日出》《原野》"。

是月　国立剧校将 1938 年暑期戏剧讲座记录稿,整理汇集为《战时戏剧讲座》,作为"国立戏剧学校战时戏剧丛书之二",由重庆正中书局初版、发行,发行人吴秉常。全书 131 页,收入余上沅、姜公伟、杨村彬、万家宝、宋之的、贺孟斧、陈治策、吴祖光、陈永倞、阎哲吾等人讲座报告 13 篇。曹禺讲稿题为《编剧术》。后收入《论创作》《曹禺论创作》及《曹禺全集》第 5 卷。

2 月 1 日　北京《艺术与生活》第 2 卷第 3 期编发《〈日出〉批评特辑》。刊署名王石子的《北剧公演〈日出〉观感》、署名言炎的《看北剧〈日出〉后》、署名阿茨的《〈日出〉在古城舞台》、署名心慵的《看〈日出〉后的自我意见》、署名果然的《关于〈日出〉》以及《再来凑个热闹》等文。

2 月 14 日　延安"工余剧协"致电曹禺先生:

四川江安国立剧校转

曹禺先生：

敝会已选定先生之《日出》为第一次公演剧本，业于本年元旦起上演。地僻道远，未克先期奉闻，万望原谅。所有敝会此次演出之纪念册、总结文字等件，一俟印就，当即奉寄，望能赐予教言。先生如有新作，祈早赐寄，以慰渴望。此候

撰祺！

全国剧协陕甘宁边区分会工余剧人协会启

（转自钟敬之等：《延安文艺丛书·第16卷·文艺史料卷》第530、531页）

这封电报给曹禺惹来"通匪"的"麻烦"。据载：

电报一到。因为发报地名"延安"二字，可把这县城弄得不"安"起来，首先惊惶的当然是电报局，一面送电报给曹禺，一面去报告地方当局以及治安机关。事情办得倒也真迅速，电报送到曹禺手里不久，全身披挂的做公的也就到了曹禺家里，按照习惯，自然要搜查了，于是曹禺的房间，马上变成了一个垃圾堆，可惜得很，翻了半天，没有得到什么精彩的东西，只一本才油印的东西还勉强算"可疑品"，搜查的人就拿着这"可疑品"东看西看，久而久之，居然看出点苗头来了，油印本上有四个奇怪的字："第四堵墙"（这是戏剧上的术语，是指挂古幕的这一片空间而言）这可给抓住了，一声断喝："啥子叫第四堵墙？这是你们的什么暗语？说！"曹禺一听，啼笑皆非，说道："这个？请听听我们一年级的戏剧概论课就懂了。"

事情过后也就不得要领的了了。（《曹禺的"怪病""吞信"和"第四堵墙"》）

据曹禺回忆：

抗日时期，在四川的一个小县（即江安——编者注）里，我在教书，自以为是一个"不问政治"、"不惹是非"的人。忽然，一个夏天的下午，县里的宪兵队派人围住了我的家，拿着手枪进来搜查，把书籍杂物乱翻了一阵，就气势汹汹地把我所有的信件劫走了。说理、抗议全不起作用，大家望着那乌黑闪光的枪管发楞，气得说不出一句话来。以后，我的家便天天来一个三十岁上下、干瘦、穿着中山服的人，从早晨九点钟坐到下午，和我进行谈话，问东问西。亲戚朋友，中外古今，无所不问。而最后的话题总是落在：

"先生想必是熟悉社会主义的？——"

"不熟悉。"

"那么对共产主义，您想必是有研究的？"他的鱼眼睛望着我，等待我的

答复。

"没有。"

"那么，马克思的《资本论》，先生一定是赞过的？"

"没有。"

"哦，您没读过？"他沉吟起来了。吸着烟，无聊地啃着他那熏得焦黄的手指甲，慢吞吞地自语起来：

"我是读过的。"忽然，叹了一口气，不大满意地道，"可惜，可惜，我是很想领教的。"

几乎每次总是说到这里，他看见太阳偏了西，肚子也饿很了，就拿起那顶破毡帽，怏怏而别。但第二天便准来。我上课的时候，他在家坐候。这个小特务的神气颇似日本的"刑警"，其愚蠢也相似，大约是在日本留过学的。

我打听究竟为什么搜查我，这样缠着我，但没有结果。我走到哪里，总看见远远的、那个青年人的瘦猫一般的影子。劫去的信件也毫无送回的模样。后几天，我的几个学生莫明其妙地被捕了，带上了铁镣。我愤怒，但也着实警觉起来，我离开了那个小城。临行时，房东的儿子打听出消息，告诉我：这些宪兵、特务对我搜查、谈话和监视，原来是为了他们从邮局查获了我的一封贺电。《日出》在延安上演，得到观众的欢迎。演员们很高兴，就从延安给我拍来一封贺电。

这封我从未收到的贺电便成了我"通匪"的"罪证"。我获得国民党统治时期的"民主"和"自由"此为其一。（《从一件小事谈起》，《迎春集》第184、185 页）

是月　据《自贡市自流井区志》记载："蜀光中学师生公演曹禺名剧《雷雨》，将售票收入连同抗敌歌咏话剧团公演捐款，一并汇寄《新华日报》，转赠抗日前线将士。《新华日报》登报鸣谢。"（自贡市自流井区志编纂委员会：《自贡市自流井区志》第10 页）

3 月 20 日　北京《辅仁文苑》第 3 辑"戏剧特辑"刊署名阿茨《〈原野〉的故事和人物（剧评）》一文。全文从"一条路线的进展"、"《原野》的故事"、"人性争战的描写"、"谈谈爱情"、"两幕值得注意的戏"、"六个人物"等方面加以评述。作者说："很幸运的能读到曹禺所写的第三部作品《原野》，在我觉得实在是一件高兴得事。我想每一个注意到中国话剧的人，都很关心着新的而且有力的剧本产生。一九三五年的《雷雨》，一九三六年的《日出》都给剧坛上立下显灿的纪念碑。同样，在一九三七年里，《原野》也是很可注意的。"作者认为《原野》"是作者写的剧本里顶好一个"，"在没有读到他别的新作时，我是相信这个意见的。犹如相信《日出》比《雷雨》好，我更爱好着《原野》过于《日出》"。

3月30日　重庆《新华日报》刊国立戏剧学校劳军大公演广告:《蜕变》四月十五至十八在国泰演出。

3月31日　重庆《国民公报·星期增刊》全版编发《推荐:国立戏剧学校的〈岳飞〉·〈从军乐〉·〈蜕变〉》专页,文前刊姜公伟撰《我们的推荐》,文说:国立戏剧学校"现在来渝举行大规模的劳军公演,完全是以一种新的姿态与行都人们相见:第一导演,是两位研究导演艺术的专家——张骏祥先生和杨村彬先生;第二剧本,是曹禺先生继《原野》之后的第一部有力的抗战剧作;第三演员,是该校教职员与学生共同登台的新合作"。关于《蜕变》文章有曹禺《关于〈蜕变〉二字》、张世骦《介绍〈蜕变〉》二文。

是月　中国万岁剧团排演老舍、宋之的合编之四幕剧《国家至上》,曹禺曾往观看排演。据马宗融撰文:"那天到中国制片厂去参观《国家至上》的排演,偶然遇见万家宝(曹禺)先生,他看见马彦祥先生的热心导演,——不分昼夜地热心导演——又和我谈过一回这部戏剧的编写经过之后,也感到十分兴奋,当即决定采用左宝贵的故事,写出一部民族抗战剧。我们现在正替他搜觅材料,而万先生自己也开始参观清真寺、观察回教人生活等活动了。这部能振奋国人抗战精神的剧,想必不久就会与世相见吧。"(《对〈国家至上〉演出后的希望》,重庆《新蜀报》,1940年4月7日)

是月　《全民总动员》更名为《黑字二十八》,作为"国立戏剧学校战时戏剧丛书之四",由重庆正中书局印行(出版)。平装一册,一三八面,定价七角。署名:曹禺、宋之的编著。书前有余上沅《战时戏剧丛书发刊旨趣》、《序》、首演《职员表》、《演员表》及四幕"演出装置图"(陈永倞设计)。1942年再版,1945年11月在上海出"沪一版"。后收入《曹禺全集》第2卷。

关于改名,据原书《序》:

这个剧本是写成上演了。上演以后,我们发觉了其中有些地方,因为写作的匆忙,并不能如我们所拟想的那末(么)满人意。特别是在《全民总动员》这一点题工作上,还遗留着一些弱点。所以现在就以《黑字廿八》这一剧名,与诸君相见。而把《全民总动员》这个丰富的剧名,留给下一次的机会。

4月6日　回教文化研究会在"中国留法比瑞同学会"召开座谈会,曹禺与唐柯三、郭沫若、老舍,宋之的,马彦祥,阳翰笙,王静斋,王曾善,马宗融等30余人到会,会上通过宣言,讨论工作纲要。(《回教文化研究会成立宣言》,重庆《新蜀报》,1940年4月7日)

是日　中国旅行剧团演出《雷雨》。导演李景波。"特邀陆露明参加客串","王献斋、袁竹如客串"。演至12日,继演《新梅罗香》。(《雷雨》广告,上海《申报》,1940年

4 月 5—11 日）

是日　《燕京新闻》第 6 卷第 26 期刊消息："燕京剧社将于本季公演名剧《雷雨》，以志本报。近闻该团将于四月廿六日假贝公楼大礼堂作第一次公演。第二次则订于五月八日假北平协和礼堂举行。因此次公演目的系为年刊筹款，故票价稍高，第一次为四角，六角，一元，两元四种；第二次则或为两元三元两种。并闻下星期一起即将起始售票云。"

4 月 13 日　《燕京新闻》第 6 卷第 27 期刊消息《公演〈雷雨〉售票踊跃》："此次出演预售戏票之结果，甚为圆满。""截至今日，售票已达九成以上。""据闻该剧团此次出演，除由话剧家陈绵博士导演外，所有效果装置乃租用城内某布景商者。预料出演结果，当能令人满意云。"

4 月 15 日　重庆《中国回教救国协会会刊》①第 2 卷第 1 期"特载"《中国回教救国协会·回教文化研究会成立宣言》。"宣言"后"附会员名单"显示，曹禺（万家宝）与郭沫若、马彦祥、阳翰笙、章靳以、胡风、洪深、舒舍予等名列其中。

是日　重庆《新华日报》第 2 版刊消息《重庆艺术界活跃》："国立戏剧学校定于今晚起，换演曹禺新著《蜕变》。"

4 月 15—18 日　新作反映抗战生活的四幕话剧《蜕变》，由国立戏剧学校首演于国泰大戏院。从美国归来任教的张骏祥担任该剧导演兼布景设计。演员阵容：蔡松龄饰梁公仰，沈蔚德饰丁大夫，寇嘉弼饰况西堂，乔文彩饰马登科，方琯德饰丁昌，吕恩饰伪组织，张雁饰李铁川，耿震饰赫占奎，范启新饰陈秉忠。（《蜕变》秩序单；《蜕变》广告，重庆《新华日报》，1940 年 4 月 17、18 日）《蜕变》全文 17 万字，演出时间长达 6 小时，是当时话剧演出需时最长的剧本。据余上沅记述："十五日起至十八日上演曹禺先生新著四幕抗战问题剧《蜕变》，由张骏祥先生导演，二年级生主演。该剧系曹禺先生三年来第一部精心之作，对抗战时期行政问题有确切之指示与启发，并暗示新中国之诞生必须经过一从黑暗到光明之'蜕变'过程。所予观众印象至属深刻，群认为系抗战以来第一部有力杰作。"（《国立剧校旅渝劳军公演记》）

《蜕变》公演前遭遇非难，要过剧本关、演出关。当时，重庆市戏剧审查委员会对该剧提出四项修改意见：一，不准提"伪组织"。二，不准写成"省立医院"的事。三，丁大夫儿子不能唱《游击队员之歌》。四，剧中不准用红色兜肚。几经周旋，演出者答应提到"伪组织"处，改称"这个"，同时竖起小拇指以示为"小老婆"的意思，

---

①　1939 年 10 月在重庆创刊。半月刊。中国回教救国协会主办。至 1946 年 11 月迁南京，1948 年 10 月停刊。

把"省立医院"改为"受公家津贴私人开的医院。"

据胡绍轩撰文：1939 年"的秋冬之间，有一天教育部的政务次长顾毓琇去北碚视察工作，他当面通知我，叫我即日返回重庆，担任'重庆市戏剧审查委员会'的专门委员……我到职后第一个剧本就碰上了《蜕变》……我签署的意见是：'照原稿通过'。谁知那六个委员开会时，把我的意见否决了，认为我没有看出问题，他们要作者修改四处：一、不准提'伪组织'；二、不准写成'省立'医院，要改为'受公家津贴的私人开的医院'；三、不能让丁大夫的儿子丁昌伤愈重返前线时唱进步歌曲《游击队之歌》；四、剧中人物的一个小道具——'肚兜'不能用红色。……会后我悄悄地跑去'《蜕变》剧组'（国立剧专师生）在重庆的临时住处、一家小旅店……把正在用餐的曹禺请到大门边，向他通风报信，并建议他急速找人疏通。后来由剧专校长余上沅出面交涉、讲情，才只修改了两处。"（《现代文坛风云录》第 50、51 页）

据曹禺说："国民党审查剧本机构先是由顾毓琇先生来和我疏通意见，顾先生是学者，也是写剧本的。后来由文化特务头子潘公展亲自出马，请我、张骏祥、余上沅吃饭，提出四个问题，除了余上沅答应把省立医院改为私立医院，其他我应付过去了。"（《曹禺谈〈蜕变〉》）

4 月 16 日　重庆《国民公报》开始连载四幕剧《蜕变》一剧，剧前注："除特许外，严禁转载"字样。至 6 月 3 日载完。

是日　上海《青青电影》周刊第 5 年第 15 期刊《曹禺新作〈蜕变〉——亲自导演，将在渝作处女献演》。文说："《蜕变》可算是中国有话剧以来最长的剧本了，它虽保持着普通剧本的习惯，只有四幕，但所占的时间却特别长；几乎每幕都有一小时半至二小时半的戏可做，所以全剧演出时间，须占六小时之久，比普通剧本，几超过一倍，这在习惯上讲，似乎编得太长，占时太久，不合戏院和观众的环境，但因为出自曹禺的手笔，自当刮目相看了。闻该剧将在重庆国泰大戏院作处女演出，并由曹禺亲自导演云。"

4 月 17、18 日　重庆《新华日报》头版刊《蜕变》演出广告。告之：国立戏剧学校公演，四幕抗建长剧《蜕变》，曹禺先生酝酿三年，第一部抗战钜作；张骏祥先生初返国门，第一部精心演出；地点国泰大戏院；票价：普通一元、二元，对号三元、五元。

是月　延安《中国文化》[①]第 1 卷第 2 期刊载署名崇基（即艾思奇）的《〈日出〉在

---

① 1940 年 3 月在延安创刊。月刊。编辑、出版：中国文化社，发行：新华书店，地址：延安陕甘宁边区文化协会。关于该刊出版时日，在第 2 期（第 64 页）有个"编后记"，说是：本刊第一期原定二月十五日出版，但因为印刷所太忙，编辑、校样的工作全部告竣后，还延宕了一个多月才印出来。因此，三月号只得脱期，这一期就算是四月号的。以后当尽量做到按期出版。按：崇基即艾思奇，时任陕甘宁边区"文协"的负责人。

延安上演》一文。文说：

　　延安上演《日出》，是因为它是抗战以前的戏剧创作中最优秀的产品之一。我们说它优秀，首先是因为它包含着极多的宝贵的内容，它暴露着中国某些中上层社会的腐烂生活，揭示着资产阶级社会的互相吞并、互相残杀的罪恶的事实。我们不演《原野》，不演《雷雨》，而单演《日出》，就因为它比前面的戏包含着更多的现实的暴露，所以如果因为延安演了《日出》，就以为其他非抗战内容的戏也通通在可以上演之列，这完全是可笑的推测。

　　《日出》之所以是优秀的作品，还因为它有着相当生动而明快的形式，相当成功的舞台技巧。

　　《日出》的作者是我们的话剧界里最有才能的作者之一。我们希望抗战戏剧运动中间能产生出比《日出》更好的作品，我们更希望《日出》的作者能以他的优秀的技术为我们制作一些新的抗战剧本。《日出》在延安的上演，也不外是为着创造更好的戏剧作品而努力的一个阶段。

　　是月　《青年戏剧通讯》在重庆创刊，月刊，鲁觉吾主编，祝之一、洪天民、刘念渠、苏采编辑，重庆青年戏剧通讯发行。编委：老舍、洪深、姜公伟、曹禺、马彦祥、张骏祥、杨村彬、阎哲吾。（《中国新文学大系1937—1949 第二十集史料·索引》第 1521 页）

　　5 月 26 日　沪江剧社与海燕剧社在上海俄国艺术剧院联合公演《雷雨》，导演施雨。（《孤岛戏剧浪花报道》，《剧场艺术》第 2 卷第 6、7 期合刊，1940 年 7 月 10 日）

　　是月　一些在北京的"日本人创办了一份文学专业杂志《燕京文学》。该杂志的创刊人之一长野贤（1912—1948，又名野中修，笔名朝仓康）翻译了《原野》的序幕，刊于该杂志第 7 期（1940 年 5 月）。"（《曹禺作品在日本》，《曹禺研究》第 9 辑）

　　夏　邓译生①到江安探视正在剧专学习的妹妹邓宛生和表哥方琯德。由此结识曹禺，并最终走到一起。据吕恩回忆："方瑞是 1940 年夏天来到江安的。""方瑞叫邓译生。方瑞是方琯德的表姐，邓宛生是方琯德的表妹。方瑞住在方琯德的家里。那时方琯德的母亲伴着琯德到江安来读书，照应他。琯德就有家在江安，方家的前门正对着曹禺的后门。"（《苦闷的灵魂——曹禺访谈录》第 181 页）"方瑞很斯文，清秀，不声不响，典型的中国大家闺秀。懂得诗词，写得一手好字。知道他俩的关系不一般后，并不觉得他们不应该，反而认为曹禺终于找到了知心人，觉得他俩应该好，他俩才是天生的一对。"（同前第 182 页）

---

　　①　后改名方瑞。

据吴祖光回忆：

方瑞，这个人是不平凡的。她的叔叔、朋友，都是高级知识分子。他父亲是个医生。方瑞没上过大学，像杨振声、赵太侔这些教授，都建议她父亲不要送她上大学，就在家里读书，他们把她培养成为中国最后一名闺秀。她会画山水画，写一手好字，性格温婉文雅，长得娇，小美人，同她妹妹邓宛生判若两人。邓宛生长得又粗又胖，很活泼。《北京人》中的小猴就是按邓宛生写的。邓宛生把姐姐接到江安，就住在方琯德家里。那时我和他们住里外院，曹禺住在对面。曹禺很喜欢方瑞，一下子就看上了。（同前第207页）

夏—1941年12月 致信方瑞。信文片段如下①：

（一）

等待真是不堪设想地苦，不等待又不可能。一分一秒都像是很长，要多少根白头发才磨得去这么悠久的年月。……唉，不说令人气闷的事吧。今夜月色好，多少天我说一同步步月，总没有做到。有一天我们必每逢好月色相偕散步，补偿今日应该很容易而又很不容易做到的期望。我也想着有一天，我们在北海荷叶丛中遥望金鳌玉蛛桥上的灯火，或者在一间小咖啡店里我们静静听着音乐，喝着你爱的浓咖啡，或者在雨天里找一个小菜馆弄两三斤好黄酒，心领神会地品味一下。总之，只过去一段苦日子，各种可能的打击经过以后，我们要把我们的生活好好安排一下，把这段短短的生命充实丰满，使这一对魂灵都不必在天涯海角各自漂泊。忧患时，这一对灵魂能挡；快乐时这一对灵魂能尝。如你有一次说的，懂得享福也要懂得吃苦。最后，让我们在临死以前还能握着手微笑，没有一个感到一丝酸辛，没有一个觉得一丝幻灭。想想上帝造了我们的生命，叫我们活，真正地活着，而我们是真正地活过，幸福地活过。我们就没有糟蹋了我们的生命，我们就都是世上无可比拟的骄子。什么文章，画画，这怕还是身外事。能有成就更好，没有成就，我们已经做了一个真正有灵性的人该做的事，我们还乞求什么？需要什么？

你的根基是厚的，我一直相信你的力量只是潜伏着。我也相信你不肯使她长久蕴藉在心里，春天到了的时候，你的生命的力量会像山洪冲决了堤一般奔流出来。你是一棵大树的根芽，你生命内藏蓄着松柏的素质。冬天说你是一枝幽兰，那是你的现在。我望见你的将来。旁人会惊叹地喊出这样怯生生

---

① 信件由万方提供。这几封信均没有日期记载，根据内容推测，可能在1940年夏天到1941年12月之间。

的人会有这样倔、坚实的性格。然而这是你，这是我的译生，没有任何女子可以比得上的一枝弱茗。

今天我最大的快乐是看出来你决心要调理你的身体。我也答应你我将充实我的。将来是一条充满了奇花异草的幽径，但也是一段荆棘满目的长途。好的身体吃苦容易，享福时也领略得比常人多。请你须备着领略这高低不平的颠簸道，也尝一段长征后歇下脚那点踏实。我们不能在暖屋里过日子，偶尔也冒一冒令人气爽的风雨。我现在又不相信我们吃了千辛万苦后，我们不能相处多久的话。不，我不肯相信，我也不忍相信。我知道我能使你快乐，正如同你也知道你也会使我快乐。那么，肯奋斗，并且能奋斗出来的人哪能会早死？只这一点奋发的精力便使我们相倚一生。天也不会这样像"哀情小说"似的做得那样可笑的凄惨！我们活着，像一个有真性情的人那样地活着。……夜静更深了，远远蛙又在叫，月亮已略微偏了西，现在我希望你真是睡熟的。

（二）

我时常要想起你的面目，但是奇怪，总不特别地清晰。而你的性格，你的趣味，你的教养常是很生动地在脑内引起一段段的故事，使我感到温暖，感到一个温厚美丽的灵魂在宇宙中与我共存，因而才不若昔日那般地孤独。我知你的心灵还有无数的角落，我还未望见。虽我已隐隐中觉到那是无限的美丽的宝藏。在缄默的下面我揣测埋着了金窟，这发掘要时间，也要你给我机会，给我帮助。……信也罢，话也罢，你总该更使我知道你些。我有时望自己能渗进你的灵魂之内，我这般想更深地知道你！明白你！

……真的，我要学一个十六七岁孩子说的话，你不会笑话我吧。我明明晓得你明白，你不肯笑人，却我说过了，真担心你会忍不住笑我的呆气。人是这样地充满了矛盾，充满了聪明和愚蠢，充满了真挚和伪善，在尚能真挚的时候，就发发呆气吧。我真是拘束够了，压抑够了。我的人，让我今晚梦到你，梦到你在大笑，在第一次畅快地同我高谈阔论，比一个话匣子还能说，比百灵还响，这梦里是我在点头微笑，一声不哼，费了很大力气，我才肯低低叫一声你的名字，而你是无尽无休地像水似地说，说，说到天明，像只夜莺鸟儿似的。

再谈吧。明天我给你信的时候，我又不知说了些什么了。

这两本唐诗又伴陪着我到天明。

（三）

……好几次我要再看一看你，想和你一同望望月色，却念起那许多麻烦，反不如不去,我和大夫出去又喝了酒,今天一共饮三次,回到家里,孩子睡了觉,孩子的母亲出去打牌,我坐在书房里,坐听着初夏的虫鸣,望见窗外的半玄月,我真感谢天,我是活着,我也找着了和我同样活着的人。

……

我念起我过去的种种,我没有任何可以跟你面对面说话的资格。幸而我都对你说干净,你一件件地听过去,对我只是了解,同情,悲悯!我感到从来没从任何人得到的关切和谅解,你想我若何不感谢你!

……

想你待我的种种,我心里就难过非常,我不配,我真不配。我比你年纪大,我是大人,你是小孩。我为什么凭空搅扰你的安静?我愧恨起来,有时想立刻自己化为乌有,不过这是一时的感情,一会儿我想出你难道不该将来和我一同去寻觅快乐么?为什么不就是我?不就是我来同你走一条旁人不敢走的路呢。

慢慢走,稳稳走,勇敢地走,相信我,我的译生,尽管一时我会悲哀,苦恼,最终我们一定找到一个平和静穆的境界,我们二人从老远还没有认识的时候就梦想到的境界。

我们将来绝不使二人互相有一丝悔恨,而始终觉得值得,要想到在这一跳之前,日后可能的苦痛,这样才会有真幸福。译生,我始终认为你是个刚强的女子!你来帮助我,给我一只手,我们只要互相的了解,慰藉,我们就不怕别人的揶揄和其他的困难。

(四)

雨住了,田里的蛙声酣畅地唱着。这正是想念的好时光!"今夕复何夕,共此灯烛光!"这一盏孤灯照着我的影,静静的,只有笔尖划着纸的声音,远方才迷了路飞进我房里的雀儿都不知在什么角落里睡了。我一点不寂寞,我心里有你,有你常在陪伴着我。……小女儿,我感谢你啊!你给我多少希望!你给我活的勇气!人活着真的就是一次啊!为什么不认真地活下去呢?灯焰闪闪,隔壁有人在睡眠中含含糊糊地咳嗽,多少人都睡着了,也许这个世界上就我们俩个人在醒着,在互相思念着,天待我们还是宽厚的啊!

我又要想想工作了。你或者因为我在工作你也没舍得睡吧!快睡吧,思想不是电流,不然我要传给你听,叫你快睡的。我一点不累,我很快乐地工作着,为你,为我们的将来。我现在多写一部东西,将来我们就多一点精神上的思藉啊!想想,我的小女儿,日后我们要一同做多少事啊,要一同多多地尝尝人生的酸甜苦辣，活着不为着一点了解，一点真实的同情，还为什么呢？雨真下大了，屋檐流下一串串的水珠，雨落在地上已经像落在小池里，院子里恐怕成一片水塘了。你真睡着了么？你梦见了什么？我多么想念你啊！

……

（五）

……收到你三封信了，这两天无味的应酬太多，使人又累又苦。戏演得好，惨方很满意，文清演得最佳，几乎无懈可击，我第一次把我自己的戏连坐四小时看完。没有一个观众走。这是个大成功，我看戏时就想到你，但是我没有流眼泪，我高兴，你所改正的地方都在台上得着证明是好的。我们将来有的是戏可写，我告诉过骏祥你所改的地方，他也认为是好的。

6 月 1 日　《中国文艺》第 2 卷第 4 期刊署名秦伏塞、肖豪金的《〈雷雨〉的年龄问题》。作者就《雷雨》中周萍、蘩漪、侍萍的年龄进行了探讨。

7 月 1 日　《艺术与生活》第 2 卷第 12、13 期合刊载石挥的《〈日出批评特辑〉读后》。

7 月 10 日　独幕剧《正在想》在上海《剧场艺术》①第 2 卷第 6、7 期合刊上发表。剧尾，"注：（一）是剧是根据 Niggli② 的 The Red Velvet Goat 大意重写的。（二）剧末'舞唱'一节若无音乐与舞蹈专家来参与指点，最好删去。演到第一次幕落即可终结。（三）剧中乐谱系张定和先生作的。在此志谢。"

关于《正在想》这个剧本，据乌韦·克劳特文述："他把该剧的背景搬到了北京天桥，那里是各种艺人麇集的地方。他写这幕剧的目的是为了讽刺大汉奸汪精卫。'但是，人们大多把它当成一幕滑稽喜剧，'曹禺告诉我说，'了解它的真正面目的人很少。'"（《戏剧家曹禺》）

7 月 16 日　上海《绿旗月刊》③第 7、8、9、10 期合刊"剧讯"栏刊消息《曹禺赶写回族英雄"左宝贵"故事剧》："《日出》著者曹禺（万家宝），最近在渝埋头赶写一回教民族抗战剧，剧本是采取回族英雄'左宝贵'故事，曹氏为写此剧，曾亲自考察回族人民之生活，而中国回教救国协会也替曹氏搜集材料。"

7 月 30 日　上海《青青电影》第 5 年第 30 期刊消息："新华演员之爱好话剧者，

---

①　1938 年 11 月 20 日在上海创刊。月刊。编辑人、发行人胡松青（即李伯龙），光明书局总经售。至 1941 年 12 月停刊，计出版 3 卷 6 期。

②　即 Josephina Niggli，墨西哥作家约瑟菲纳·尼格里。

③　1939 年 10 月 16 日在上海创刊。发行兼编辑者：杨玉书。总发行所：绿旗月刊社。系介绍回族情况的刊物。

拟于卡尔登歇夏期中,假座两天,出演曹禺名作《雷雨》内定阵容为王献斋(周朴园)陆露明(周蘩漪)梅熹(周萍)顾也鲁(周冲)夏霞(鲁妈)袁美云(四凤)王引(鲁大海)姜明(鲁贵),如能实现,则定能号召大量观众。"

是月　在重庆北碚招生。据冬尼[1]回忆:"1940 年 7 月,江安国立剧专在重庆北碚设招考点,招生组仅万家宝(曹禺)先生一人。报名时,发给考生'考试手册'一本,上面除简介剧专校史外,并载有'台词朗诵'和'即兴表演'(即小品)的考试内容。……次日,万先生亲自逐一面试。我应试后第三天,到兼善公寓准备向万先生辞行,返家等候录取通知。不料侍应生告诉我,说万先生已回重庆,今天你们就可到重师看榜……我有幸被录取了……"(《国立剧专漫忆》)

8 月 1 日　上海《影迷画报》[2]第 15 期刊《上海剧艺社得曹禺新作〈正在想〉上演权》一文。文说:

> 曹禺每完成一剧本,对于上演转载权是绝对保留的,所以各方面要上演或刊转他的剧本,必须征得他本人的同意,记得上次《蜕变》杀青时,重庆昆明方面各剧团,都曾于事先得到他许可,才付诸公演的,至于该剧本的发表权却属诸香港越华报,是由越华出重价购得的。

> 本埠上海剧艺社,月前亦曾托重庆方面熟人,向曹氏索取《蜕变》剧本,并公演权,曹氏慨然将剧本邮寄该社,但事实上该剧剧情太长,预料需六小时方能演毕,对于这里上海方面的环境习惯,是不甚适宜的,所以该社虽取得上演权,却始终未付诸排演,现在据该社传出消息,曹禺新作《正在想》的上海公演权,也已为上海剧艺社取得,他们已预定于《上海屋檐下》公演后,就把这部轻松诙谐的喜剧,先《蜕变》而上演。

8 月 3 日　上海《申报》刊消息《〈正在想〉》:"曹禺……很久没有新作发表了。最近闻已完成了二部剧本:一为《蜕变》……另一为一独幕长剧,名《正在想》,已寄沪发表在最近出版之《剧场艺术》第六七期合刊上……该剧已定为上海剧艺社继《上海屋檐下》后之剧目,届时定能轰动全沪之话剧迷。"

8 月 6 日　是日起,上海剧艺社在"辣斐"首演曹禺的《正在想》。许晟(黄佐临)导演,李健吾饰马戏班主老窝瓜。演至 12 日,又加演至 19 日。(《正在想》广告,上海《申报》,1940 年 8 月 6—19 日;《李健吾》,《万象》十日刊第 5 期,1942 年 6 月 11 日)

---

[1]　系国立戏剧学校第六届生。
[2]　1940 年 3 月 1 日在上海创刊。始为半月刊(按月 1 日及 15 日出版),后改 10 日刊(按月 1 日 10 日及 20 日出版)。

8 月 10 日　西北青年救国联合会总剧团①在延安"为救济绥德等地灾胞,与青干校学生会联合义演"曹禺名剧《雷雨》。导演吴雪,演员阵容陈戈饰周朴园,雷平饰繁漪,吴雪饰周萍,田兰饰周冲,朱漪饰四凤,丁洪饰鲁贵,尹文媛饰鲁侍萍,鲁亚农饰鲁大海。(《雷平的话剧生涯》第 95、96 页) 此次演出"将所售票款除支出该日演出费外,所余之四百二十元零二角一分全部捐赈……它在延安连演七场,场场满座,观众达七千多人。"(《延安文艺丛书·第 16 卷·文艺史料卷》第 534、535 页)

据王维国撰文:"……青救总剧团终于将《雷雨》搬上了延安的舞台,从 8 月 1 日至 8 月 7 日连演一周,场场满座,'颇得延安一般人士的好评'。但剧组对所上演的剧目也小心翼翼地做了必要的解释,作者承认《雷雨》对中国大家庭黑暗的残酷和赤裸裸的暴露,使它'在大后方造成了上演的一个困难条件',而作者着重批评的是延安那种认为'《雷雨》与《日出》不能相比,''把《日出》与《雷雨》之间划开了相当的距离'的观点,认为两个剧作是作家同一时代的两个'姊妹作',取材虽不同,但都是对旧中国社会黑暗的深刻暴露,因而具有同等的艺术价值。"(《曹禺的剧作在解放区》)

是日　上海《申报》刊徐翊《曹禺的〈正在想〉》一文。

是日　上海《剧场新闻》②第 2 期刊消息《〈正在想〉排演花絮》。

8 月 16 日　是日起,中国旅行剧团在璇宫首演曹禺的《原野》。唐槐秋导演。演员阵容黄河饰仇虎,孙景璐饰金子,张雪梅饰焦母,吴景平饰焦大星,葛鑫饰白傻子。至此,曹禺戏剧"三部曲"——《雷雨》、《日出》、《原野》成为"中旅"的常演保留剧目。(《原野》广告,上海《申报》,1940 年 8 月 16—30 日;阿汉:《〈原野〉观后》,同前 21 日)

是日　上海《申报》刊署名邹啸《曹禺的〈正在想〉》一文。文及:"听说不久曹禺的《北京人》和《蜕变》两剧也将在辣斐剧场上演,我们等着瞧吧。"

8 月 19、20 日　连日重庆被轰炸,大火。20 日夜半,曹禺与顾毓琇冒火到中山公园访问被灾同胞。(《百龄自述》第 47 页)

8 月 21 日　上海《申报》刊署名阿汉《〈原野〉观感》一文。作者认为《原野》的成就"高过《雷雨》、《日出》"。

8 月 25 日　时任军委会政治部副部长周恩来由延安抵渝。(《周恩来由延抵渝》,

---

①　西北青年救国联合会总剧团(简称"西青救总团"),1940 年 4 月在延安成立。团长高沂,副团长吴雪,艺术指导金紫光。该团由从四川来延安的四川旅外剧队与延安的毛泽东青年干部学校艺术连合并组成。西北青年救国联合会,1937 年 4 月成立,包括陕甘宁边区青年会、陕西各地学生、妇女、农村的青年团体及军队中的青年组织。

②　1940 年 7 月 25 日在上海创刊(原版权页显示:民国廿九年七月一日出版,但又大字横印"七月廿五日",左则边印"本刊在申请登记中"。)半月刊。编辑兼发行者:剧场新闻社。

重庆《新华日报》,1940年8月27日)

8月27日 延安《新中华报》刊署名叶澜的剧评《关于〈雷雨〉的演出》。并加"编者按":"《雷雨》于本月上旬由青救总剧团演出,前后公演达一星期,场场满座,颇得延安一般人士的好评。本报现发表叶澜同志新写的关于此次演出之意见一文,纯系讨论性质,尚希各界人士特别是戏剧界的同志对此多发表意见,以期对此问题能得到确切之结论。"(《延安文艺运动纪盛》第202页) 文说:"青救总剧团这次上演《雷雨》,在个人努力与集体努力两方面都获得了相当大的成功。这次演出的阵容一般是整齐的,是令人满意的。"(《延安文艺丛书·第16卷·文艺史料卷》第535页)

8月29日 上海《申报》刊署名容尚《曹禺论我国话剧的出路》一文。文系摘录曹禺在1937年于中央大学的演讲。

秋 于四川江安开始三幕剧《北京人》的创作。据方琯德回忆:

> 大概是1940年的深秋,在四川江安靠近古旧城墙边上的一幢房子里,曹禺同志写作了《北京人》。那时候……他正热爱着契诃夫,感到时代的苦闷,也憧憬着时代的未来。但他的思想已经不仅仅是停滞在憧憬里,而且看到了和懂得了北方为着幸福生活斗争的人们。……我们整天生活在一起,他把《北京人》剧本,写好一段读一段给我们听。我记得江安的夜晚没有电灯,桌上点着一盏煤油灯,铺满了稿纸,窗外是梧桐秋雨。曹禺同志以最真挚的心情叙说着愫方的善良,他回忆着充满生命力的古代人类的斗争,对当时的现实的斗争充满了希望。(《看〈北京人〉忆旧感新》)

《北京人》中的人物,多来自曹禺身边。据张安国回忆:

> 《北京人》中的人物是有模特儿的,江安有个知名人物,叫赵子钊,在北京当过国会议员,抗战时回到江安。他的女婿周宝韩,是个留德的学生,什么本事也没有,好吃懒做,就住在老丈人家里。周宝韩的祖父是李鸿章手下的一员提督,太平天国时,在清朝军队里。周宝韩是个公子哥,他留学是学工程的,学的也不怎么样,连个职业也找不到。可是,他那种公子哥的脾气习性却依然保留着,后来,才通过同学关系在昆明空军军官学校当了一个总务处的小科员。他很像江泰……(《曹禺传》第262页)

据曹禺回忆:

> 愫方是《北京人》的主要人物……我是根据我死去的爱人方瑞来写愫方的。为什么起名叫愫方,"愫"是取了她母亲的名字"方素悌"中的"愫";方,是她母亲的姓,她母亲是方苞的后代。方瑞也出身于一个有名望的家庭里,她是安徽著名书法家邓石如先生的重孙女,能写一手好字,能画山水画,这都和她

的家教有关。她是很文静的,这点已融入愫方的性格之中。她不像愫方那样具有一种坚强的耐性,也没有愫方那么痛苦。但方瑞的个性,是我写愫方的依据,我是把我对她的感情、恩恋都写进了愫方的形象里,我是想着方瑞而写愫方的。我把她放到曾家那样一个环境来写,这样,愫方就既像方瑞又不像方瑞了。方瑞的家庭和愫方的家庭不完全相同。她的妹妹邓宛生和她性格不一样,是很开朗的活泼的,当时是一个很进步的学生,袁圆的性格也有她妹妹的影子。没有方瑞,是写不出来愫方的。(同前第 274 页)

另据曹禺回忆:"《北京人》中的曾皓这个人物,就有我父亲的影子⋯⋯但是我家和曾家不大一样,我的父亲和也和曾皓不一样。曾家⋯⋯这个家庭,我是有生活依据的。我认识这样一个家庭,它的老主人就颇有曾皓的遗老之风,原先在北平也是颇有名气的官宦人家,现在败下来了,手中还有点钱,便还摆着阔绰的架势,每天去中山公园吃茶聊天。他家少爷、姑娘不少,外表看上去,都是知书明礼的,一到夜晚,少爷们就把家里的东西偷出去卖。曾家的住宅,小花厅的格局,诸如装饰摆设,都和我认识的这一家有点关联"。(《曹禺谈〈北京人〉》)

9 月 3 日　上海《青青电影》周刊第 5 年第 35 期"短消息"刊:"张石川导演认为古装片行将过去,时装片已见曙光,张氏拟将曹禺名作《原野》搬上银幕,内定舒适饰仇虎,周曼华饰金子,尤光照饰焦大星,蒙纳饰焦母,陶由饰白傻子,上项阵容,去年曾以影联剧团名义在拉斐上演,成绩优越,尤以舒适周曼华更为出色,张氏前晚偕舒适周曼华及置景师陈明勋等前往璇宫参观该剧,此剧果尔搬上银幕,自将利用电影特长,俾能格外声色也。"

9 月 5 日　据《新民报》报道,教育部审定公布可供演出剧本 80 余种,其中多幕话剧有《凤凰城》、《一年间》、《以身作则》、《魔窟》、《蜕变》、《从军乐》等。(《重庆抗战剧坛纪事》第 54 页)

9 月 6 日　延安鲁迅艺术文学院为庆祝八路军百团出击的胜利,特举行晚会,公演话剧《日出》。(《延安文艺运动纪盛》第 203 页)据茅盾记述:"在'鲁艺',有不少在'外边'成名的导演和演员,但更多的是崭然新露头角的新人,他们的技术曾使那多见多闻的中国制片厂的头等艺人大为惊讶。当拍摄《塞上风云》外景的一行人,由蒙边回渝,经过延安的时候,却逢演出曹禺的《日出》,他们看了以后赞叹道:'想不到你们在这里演出这样的大戏,而且演得这样好!'"(《记"鲁迅艺术文学院"(上)》,《学习》半月刊 1941 年第 5 卷第 2 期。按:茅盾是 1940 年 5 月 24 日由新疆抵延安,在"鲁艺"住了四个月,于 10 月离开返回重庆。)

9 月中旬　晋察冀边区,西北战地服务团为中共北方分局第二次党代会演出

曹禺的《雷雨》。贾克导演,主要演员有李牧、徐捷、凌风、王犁等。(《曹禺的剧作在解放区》)

9月15日 延安《大众文艺》第1卷第6期刊署名默涵的《〈雷雨〉的演出》。作者认为,在延安演出《雷雨》是"有意义"的,这个戏"表现了中国社会的一角","对于帮助我们了解中国社会的现实情况,有很大的益处"。剧作家"向人们提出了他所憎的社会势力正在无可挽救地没落下去,而把他的希望寄托在他所爱的社会势力上"。

9月19日 陕北公学举行三周年纪念大会。到会有朱德、洛甫、吴玉章、高自立、肖劲光、周扬、蔡畅、冯文彬、傅连璋、孟达等。校长罗迈(李维汉)作报告。晚上在中央大礼堂由陕公文艺工作队(即西北文工团)献演剧作家曹禺抗战中第一部名作《蜕变》。(《延安文艺运动纪盛》第209页) 史行导演。(《延安文艺丛书·第16卷·文艺史料卷》第1073页)

9月30日 重庆《新华日报》第4版"国内外文坛"栏刊消息:"延安方面,近来演剧浪潮高涨,鲁艺上演《日出》后,青救剧团又上演了《雷雨》。最近陕北公学为纪念母校成立三周年起见,准备排演曹禺之新四幕剧《蜕变》。"

10月8、9日 联大话剧团假座昆明大逸乐戏院公演《雷雨》,"加演序幕和尾声(在国内还是第二次)……券资一部作联大迁川途中宣传费用,一部拨作救济空袭时被灾难民了。"(《昆明剧讯》,《剧场新闻》第6期,1940年11月10日) 据张定华回忆:"当时演出的《雷雨》,按照原剧本有序幕和尾声(后来的演出删去了),罗宏孝和安美生同学扮演医院中的修女,许令德扮演繁漪,汪雨演周朴园,劳元干演周萍,邹斯颐演周冲,孔令仁演四凤,高小文演鲁大海,刘育才演鲁贵,我演鲁妈。'戏剧研究社'的萧荻、冯家楷来协助我们做舞台工作……"(《昆明抗日救亡运动中的"联大剧团"》)

10月10日 民国国庆日。曹禺与剧专师生举行抗日游行。据张克仁回忆:"剧专在这个时机,举办了声势浩大的团结抗日的化装大游行,学校师生几乎全部出动,曹禺、杨村彬、吴祖光、刘厚生等不少老师走在队伍的前列,同学们把丑化了的小日本、汪精卫、李承晚、吴庭艳等卖国贼牵一串串游行,经过大街小巷像过街老鼠,人人喊打。"(《剧专十四年》编辑小组:《剧专十四年》第232页)

10月10—13、20、21日 昆明"第一剧歌队,西南,业余,青年四剧团为庆祝戏剧节及响应募集'剧人(号)'飞机",在昆明公演《蜕变》,"成绩甚佳"。(《昆明剧讯》,《剧场新闻》第6期,1940年11月10日)

10月16日 是日起,战干剧团于西安公演十五部大型话剧。其中有《李秀成之死》、《国家至上》、《蜕变》、《黑字二十八》、《虎穴》、《塞上风云》、《日出》。（《一九四〇年西安剧坛巡礼》，《黄河月刊》第 2 卷第 1 期，1941 年 3 月）

10 月 17 日 南开中学"成立三十六周纪念大庆日"，南友剧社于重庆本校公演《财狂》。于"十九日二次公演"，因"两次公演，大为成功，《财狂》之名，蜚声渝市，各方纷纷来函要求三次公演，于是二十六日晚又作荣誉公演。观众较前更多，礼堂之内，一再加座最后至无可再加"。（《南开校友》月刊第 6 卷第 1 期，1940 年 11 月 15 日）这次演出很不易，是"南友剧社经极大之计划，将剧本原词由津寄出"，才得以演出。演职员阵容：

原著：莫里哀；改译：张彭春、曹禺；导演：严仁颖；舞台总监：华静珊；监督：优乃如；前台主任：华骏明；布景监制：王寿萱；宣传：姜公伟、郑眠松；照料：张信鸿、郑新亭、王文田、方慕韩、丁辅仁、何纪常、郭荣生、上官苏亚；化妆：华静珊、缪兰心；灯光：武宝琦、周文帆；美术：巫敬桓、徐京；提示：宁克明、石坚白；票务：周生、钱品葳；干事：史学会、敖世璋、胡范志、渠荣久、张玉波、魏鸿恩、程君礼、杨日升。

演员：剧中人物（依登场先后次序）林梵籁由范迪锐饰演，韩绮丽由喻娴令饰演，韩可扬（绮丽之兄）由王恺华饰演，费升（韩宅之仆）由田鹏饰演，韩伯康（绮丽之父）由张国才饰演，施墨庵由栾圻饰演，付三奶奶由华静珊饰演，李贵（韩宅之仆）由胡允敬饰演，贾奎（韩宅之仆）由陈秉隆饰演，木兰由钱茀年饰演，陈南生由杜博民饰演，警长由孟宪麟饰演。（同前）

10 月 30 日 《小剧场》①在上海创刊。本期刊消息《俄剧团演曹禺〈雷雨〉》："曹禺的《雷雨》曾为中国剧坛打定了稳固的基础，它占有最大的时间与空间，剧团和观众。

"现在留沪的俄剧团也要公演《雷雨》了，他们是根据了姚克在《天下》发表的英文本改译为俄文，听说已经在排练中，演出方法与一般的略有不同，如第一幕装置或将安插一楼梯。该剧团为慎重起见，已约英译者姚克共同商量演出事宜。而定于下月十七日在法工部局大礼堂演出。"

是月 《蜕变》单行本作为"大时代文艺丛书"由商务印书馆出版。书末附有曹禺的《后记》，这篇文字后题为《关于〈蜕变〉二字》收于文化生活出版社版本。

是月 独幕剧《正在想》作为"文学小丛刊"第 2 集，由重庆文化生活出版社初版。1941 年 2 月再版。后 1950 年再版（七版）。正文剧名背页注有："本剧未经作

---

① 半月丛刊。编辑、发行者：海风出版社。

者许可不得排演"。

11月1日 《戏剧春秋》在桂林创刊①。本期"西南剧讯"刊消息:"国防艺术社乃广西成立较久之艺术团体,前万籁天,章泯二氏曾在此一度主持。闻近拟上演曹禺氏之《雷雨》。该剧内容已由焦菊隐氏改为与抗战有关,名为《新雷雨》,并由焦氏自任导演……"

11月初 巴金由昆明到达江安,在曹禺家住了六天,畅谈甚欢。据巴金文述:

> 最近在作者家里过了六天安静的日子,每夜在一间楼房里我们隔着一张写字台对面坐着,望着一盏清油灯的摇晃的微光,谈到九、十点钟。我们谈了许多事情,我们也从《雷雨》谈到《蜕变》,我想起了六年前在北平三座门大街十四号南屋中那间用蓝纸糊壁的阴暗小屋里,翻读《雷雨》原稿的情形。……《雷雨》这样地感动过我,《日出》和《原野》也是。现在读《蜕变》我也禁不住泪水浮出眼眶。但我可以说这泪水里已没有悲哀的成分了。这剧本抓住了我的灵魂。我是被感动,我惭愧,我感激,我看到大的希望,我得着大的勇气。(《蜕变·后记》。)

巴金在日后回忆这次见面,更是充满感情,他说:

> 1940年,我从上海到昆明,知道家宝的学校已经迁至江安,我可以去看他了。我在江安待了六天,住在家宝家的小楼里。那地方真清静,晚上7点后街上就一片黑暗。我常常和家宝一起聊天,我们隔了一张写字台对面坐着,谈了许多事情,交出了彼此的心。那时他处在创作旺盛时期,接连写出了《蜕变》、《北京人》,我们谈起正在上海上演的《家》(由吴天改编、上海剧艺社演出),他表示他也想改编。我鼓励他试一试。他有他的"家",他有他个人的情感,他完全可以写一部他的《家》。1942年,在泊在重庆附近的一条江轮上,家宝开始写他的《家》。整整一个夏天,他写出了他所有的爱和痛苦。那些充满激情的优美的台词,是从他心底深处流淌出来的,那里面有他的爱,有他的恨,有他的眼泪,有他的灵魂的呼号。他为自己的真实感情奋斗。我在桂林读完他的手稿,不能不赞叹他的才华,他是一位真正的艺术家!(《怀念曹禺》)

据曹禺回忆:

> 巴金到我家来了,把吴天改编的《家》带来了。我看过,觉得它太"忠实"于原著了。我和巴金是多年的老朋友了,我心想应该由我来改编,不能说是他请

---

① 月刊,主编、发行人田汉,编辑洪深、欧阳予倩、夏衍、杜宣、许之乔,出版者戏剧春秋社。桂林南方出版社经售,后由上海杂志公司、白虹书店经售。1942年5月20日出至第2卷第4期终刊。

我来改编,我也意识到这是朋友间油然而生的责任,我说我试试看,巴金是支持我的。他的小说《家》我早就读完,但我不懂得觉慧,巴金跟我谈了他写《家》的情形。谈了觉慧、觉新、觉民这些兄弟,还告诉我该怎么改。

巴金这次来江安,我们谈得太投机了。每天都谈得很晚很晚,虽然是冬天,小屋里只有清油灯的微光,但是每次想起来,总觉得那小屋里很暖很暖,也很光亮。(《曹禺传》第 293 页)

11 月 9 日　延安《新中华报》发表叶澜的剧评《略谈〈蜕变〉》:陕公文艺工作队(后称西北文工团)在延安首次上演的曹禺巨作《蜕变》,是一部产生于抗战烽火中的有力剧作。不但较之过去的《雷雨》、《日出》和《原野》有更大的现实意义,而且有重要的政治意义。它对腐朽社会的症结做到了无情暴露的地步,同时也注意去解决这些阴暗面。但全剧在描写《蜕变》过程时,强调了"好人主义"、"好政府主义",企图依靠单枪匹马的个别人物冲垮腐朽力量。其次在描写正面力量时,作品有些模糊与凌乱,一些理想人物缺少真实性。(《延安文艺运动纪盛》第 205、206 页)

11 月 10 日　上海《剧场新闻》第 6 期刊沈洁《俄罗斯小剧场定期献演〈雷雨〉》一文。文说:"俄罗斯小剧场成立至今将近十年……现在,他们预备作一次新的尝试——把曹禺先生的《雷雨》译成俄文来演出。该剧的导演是一位从事戏剧二十五年的普里裴特科娃女士……她在《雷雨》一剧中,不仅担任导演,还兼演周繁漪这个角色。"文中普里裴特科娃说,"我很喜欢这个剧本,我愿慎重地筹划这出戏的演出","我在读《雷雨》之前,我对于中国人,不过是浮面的了解。《雷雨》给了我新的启示,它启发我去发掘中国人复杂的性格,使我真正去理解中国人的思想和感情,学习许多以前我所不知道的东西。"剧本"为适合演出时间起见,序幕和尾声不得不被删去"。"原来定在十一月十七日演出,可是我们想慎重地来排演这出戏,以期收到较好的效果,所以改在十二月七日或八日了。"

11 月 23 日　国防艺术社在桂林公演《雷雨》,导演焦菊隐。在桂林公演后,即奉命到南宁为学生军成立两周年演出。1941 年 1 月 21 日起,复在桂林新华大戏院演出三场;2 月 5 日起又相继演五场;8 月 6 日赴柳州公演(《雷雨》和《魔窟》),返桂后,又于 4 月 15 日起,在启明戏院演出三场。在一个时期里,集中演出了近 20 场,在当时可说是"盛况空前"了。报纸发表了不少评论文章,焦菊隐也写了《关于〈雷雨〉》一文,对导演工作作了一次艺术总结。(广西社会科学院:《桂林文化城纪事》第 382 页)据龙贤关记述:"戏剧家焦菊隐先生担任国艺社的导演,是去年来桂后的事。当献礼潮波及戏剧界的时候,作为剧人先锋的国艺社是决定公演以应对。焦先生于是选了曹禺著《雷雨》四幕名剧,""改编后的《雷雨》,情节上和原本是有多少的变动。朴园已刻画成汉奸型,周萍却没有自杀,最后觉悟参加矿工游击队走上战斗之路。改编后内容较切合现实些,可是由于部分的修改,牵动了全局,究不及原本的那样一气呵成,所以后来终于决定照原本上演。"(《"国防艺术社"与〈雷雨〉》)

12月1日 《戏剧春秋》第1卷第2期"西北剧讯"栏刊消息:"陕北剧协成立之后,就排了曹禺的《日出》,演出这出戏的意义,主要的是提高当地演剧水准。同时《日出》内容,在今天演出,仍保有相当社会意义。其后,又接连演出《雷雨》,《蜕变》(皆曹禺作),《结婚》,《塞上风云》等。……'鲁艺'的话剧实验团,为每次公演的推动主力。"本期"西南剧讯"栏刊消息:闻国防艺术社"可于月初返桂。焦菊隐氏改编导演的《新雷雨》,或可于月中上演。"

12月15日 上海《青青电影》第5年第43期刊《岳老爷①新作——将导演〈大地恩仇记〉》:"国联公司摄制的《大地恩仇记》,是著名剧作家曹禺三部曲之一《原野》改编的,《原野》在舞台上,本已素负佳誉,其剧情之错综复杂,全剧情感因此十分紧张,尤其是场面的伟大,环顾国内精彩剧本,无一能出其右,在上海,已经有不少剧团搬演这部不朽的名作,但在银幕上,因为摄制方面比较复杂一点,直到最近,方见于事实了。""《大地恩仇记》的导演,本是王引担任的,而且角色亦分配定当,除袁美云金子外,王引更兼任仇虎,就是服装亦已试穿,不料消息传来,《大地恩仇记》的导演已改由岳枫负责了。"

12月16日 巴金为即将出版的《蜕变》作《后记》,他写道:"我摊开油印稿本在昆明西城角寄寓的电灯下一口气读完了《蜕变》,我忘记夜深,忘记眼痛,忘记疲倦,我心里充满了快乐,我眼前闪烁着光亮。作者的确给我们带来了希望。""现在我很高兴地把《蜕变》介绍给读者,让希望亮在每个人的面前。"

12月17日 上海俄侨组织的俄罗斯小剧场上演曹禺名剧《雷雨》,系由姚克的英译本转译成俄文,导演为普里斐特柯娃女士。据载:"上海俄罗斯小剧场是一个唯一的上海西人业余剧团,成立近十年,他们曾上演过曹禺原著,姚克翻译的《雷雨》,中国顾问是姚克,蓝兰。团长普里非(斐)特柯娃任导演,并饰繁漪,很成功,完全穿中国服装,上海中国剧人几全体往观,票价二,三,五,十元。布景,灯光,效果失败,导演手法最成功,第一,二,四幕之周朴园一家客厅,添一楼梯,地位极生动。"

---

① 即岳枫,导演,原名笪子春,笔名葛瑞芬。原籍江苏丹阳,生于上海。上海中国公学毕业。1931年后在大东等影片公司学习摄影、洗印、剪辑等,后任场记、编剧、副导演。1933年入艺华影业公司,独立执导影片《中国海的怒潮》、(逃亡)等,受到好评。1938年后相继在上海新华、华新任导演。1942年后在中联、华影执导《博爱》、《春江遗恨》、《生死劫》等多部影片。1947年后进国泰、中电二厂、大中华等影片公司执导《断肠天涯》、《三女性》等影片。1949年到香港,先后在长城影业公司、邵氏兄弟(香港)有限公司导演影片约80部。

《上海西侨上演〈雷雨〉》,《艺术与生活》第 20 期,1941 年 7 月 30 日)

12 月 20 日 《燕京文学》[①]第 1 卷第 3 期刊竺磊《谈曹禺的戏剧》一文。作者从曹禺的"前三部作品,《雷雨》,《日出》,《原野》,分开讨论一下。""再综合起来看看他的思想,技术和其他的发展过程。"作者认为:"曹禺在这三部戏里所表现的思想,几乎可以说是完全一致的。可是从这一致中,我们还可以寻出他的思想的发展过程来。""在《雷雨》里,他写出上帝(假若有这么一位上帝的话)的残酷;指示出人类不能拯救他们自己。在《日出》里,他写出社会的残酷;指示出在某种社会环境中,只有听其自然(这也许是不自觉的)的任其捉弄。到了《原野》,作者更进一步提出人类自己的残酷来。结果是:造成所有的悲剧的,还是人类自己。"技术上,作者认为"《原野》第一,《雷雨》第二,《日出》第三。""手法和音响的利用,曹禺更是非常巧妙,至少可以说是国内剧作家中最好的。"

是年 "新中国戏剧小丛书"之一种,《编剧术》在桂林出版,书中收入夏衍、田汉、曹禺、陈白尘、宋之的等人《编剧术》。

是年 天津职业话剧团与大亚话剧团合并,不定期进行营业公演。他们坚持以严肃态度演出"艺术剧",并致力于演出曹禺戏剧,曾轮换演出《雷雨》、《日出》、《原野》"三部曲"及曹禺改编的《正在想》和《财狂》。(《中国话剧史大事记》第 207 页)

是年 在昆明西南联大就读的原南开中学 1937 班同学,演出曹禺的《日出》,李太太(唐伟英饰)、翠喜(樊筠饰)、胡四(彭乃景饰)、黄省三(周鸿勋饰)、黑三(李文铨饰)、小东西(陶绝大饰)、陈白露(钱华年饰)、方达生(莫松森饰)、王福生(劳无干饰)、潘月亭(高小丈饰)、顾八奶奶(钱茂年饰)、张乔治(殷一明饰)、李石清(霍来刚饰)。(《三七班在昆明演〈日出〉》、《南开话剧部分演出剧目演职员一览》,《南开话剧运动史料(1923—1949)》第 123、124、270 页)

是年 与郑秀婚姻关系产生裂痕。据吴祖光回忆:"他们生活在一起格格不入……郑秀不喜欢看戏,处处讲清洁,曹禺不修边幅。"(《苦闷的灵魂——曹禺访谈录》第 206 页)"郑秀喜欢打牌,那时江安最时兴打牌,同当地的那些太太们打牌,曹禺家里总是在打牌,曹禺和郑秀的感情越来越不好了。"(同前第 207 页)

据郑秀回忆:"邓译生、邓宛生是姐妹俩,邓宛生懒散极了。她父亲是青岛一个学校的校医,邓译生跟母亲在江津。方琯德和邓宛生是表兄妹。方的母亲在江安,邓译生有肺病。那时我家有许多学生来,邓译生也来。我没想到她对曹禺表示好

---

① 1940 年 11 月 20 日在北京创刊。半月刊,每月 5 日、20 日出版。燕京大学燕京文学社编辑兼发行。自 1941 年 10 月第 3 卷第 1 期起改为月刊。

感。这个人很安静,很冷,后来她不来了。在我临产时发生这种事情,是很不愉快的。曹禺热起来叫人受不了,冷起来也叫人受不了。我喜欢打麻将应酬事。先是邓译生替他抄写稿子,我和邓译生闹了一次。有个杨嫂(方瑁德家的佣人),扮演了一个传递信件的角色。有一天,杨嫂来了,向曹禺使眼神,我看见了。杨嫂呆了一会儿,曹禺就外出了。我从后边尾随,曹禺没发现。他到一个茶馆里坐下,便看邓译生的信,我从后边把信夺了过去。是毛边纸写的,有一些留在曹禺手里,他便吃进肚里去了。我便掌握了他的秘密。""我开始没理睬他,谈了一次。他说,我对他不好;还说,堡垒是容易从内部攻破的。我还是把信还给他了。"(同前第 215、216 页)

关于曹禺"吞信事件",据载:"就在江安那座小城里。有一天,他太太忽然发现曹禺不见了,到学校里一找,也不见人,只听到说,曹禺接到一封信以后就出了学校了,太太灵机一动,觉得其中定有文章,于是上街去找去,好在江安城不大,花不了多少时间,就可以挺仔细的走个遍。冤家路窄,在一个小茶馆的角落里,这位剧作家正捧着一封信非常专心的在读。太太一见,气往上冲,气呼呼的冲了进去,曹禺猛抬头,可着了慌,情急智生猛一下把信纸塞到了嘴里,像抢着吞吃好吃的肉似地急急的嚼了几下,就咽到肚子里去了,太太直跺脚。听说这信是一个小姐写给他的。(《曹禺的"怪病""吞信"和"第四堵墙"》,《人物杂志》第 3 年第 7 期,1948 年 7 月 15 日)

据吴祖光回忆:"那确是一次哄动江安的事件。那时曹禺和邓译生(就是方瑞)有书信往来,当然背着郑秀。有一次,曹禺收到邓译生的信,便一个人躲到茶馆里去看。江安小茶馆不少,当他正坐在椅子上把信掏出来看时,突然,郑秀从背后来抢信,曹禺觉得不妙,便把信吞进口里去了。其实郑秀早就盯上他了。这件事,哄动了江安。他们为此大吵大闹,确实是闹到很严重的程度。"(《苦闷的灵魂——曹禺访谈录》第 208 页)

1941 年(民国三十年)　三十二岁

2 月 5 日,因生活窘迫,剧作家洪深及其全家服药自杀,后经抢救获救。

4 月 8 日,《华商报》在香港创刊①。

5 月,《解放日报》在延安创刊②。

6 月 22 日,德国法西斯进攻苏联,爆发苏德战争。

9 月 13 日,上海剧艺社导演黄佐临及部分骨干吴仞之、石挥、张伐、严俊、黄宗江、韩非、史原、英子、梅村等人脱离剧艺社,另行组建"上海职业剧团"。

是月下旬,青年艺术剧院在延安成立。院长为塞克,副院长为王真、吴雪,支部书记为高沂。

10 月中旬,重庆"雾季公演"开始。第一届"雾季公演"(1941 年 10 月至 1942 年 5 月)期间共演出多幕话剧 29 出、独幕剧 3 出,其中有《北京人》、《原野》、《日出》等。

11 月 16 日,"郭沫若 50 寿辰和创作生活 25 周年"庆祝茶会在中苏文协大楼举行,文化界、新闻界和文艺界人士几百人参加。延安、成都、桂林、昆明、香港等地也举行庆祝活动。

12 月 7 日,日本空军偷袭珍珠港。8 日,美国对日宣战,爆发太平洋战争。

1 月 1 日　延安各界热烈庆祝新年。是日起,西北青年救国总会剧团公演《雷雨》,曹禺编剧,吴雪导演,吴雪、陈戈、雷平、丁洪、朱漪、田蓝、尹文元等演出。(《延安文艺运动纪盛》第 225 页)

1 月 4 日　为庆祝新年,中共中央秘书处、八路军总政治部、边区政府,于延安中山食堂同科学界、文化界、艺术界专家百余人欢宴。朱德、林伯渠亲临讲话,对大家一年来的艰苦工作精神致慰问之意。聚餐后,观看《雷雨》演出。(同前第 226 页)

1 月 14 日　是日起,中旅在璇宫剧场上演《雷雨》。导演唐槐秋。(《雷雨》广告,

---

① 初称《华商报》晚刊,日报。社长范长江,督印人兼总经理邓文田,该报编辑部编辑。至 1941 年 12 月 12 日停刊。1946 年 1 月 4 日,《华商报》复刊。由邓文钊发行,刘思恭编辑。

② 前身为《新中华报》,改组为中国共产党中央委员会机关报。至 1947 年 3 月停刊。

《申报》,1941 年 1 月 14—21 日)

1 月 17 日 是日起,上海沪剧社在皇后剧院演出《雷雨》。导演梅熹,陆沉改编,陈明勋置景。王雅琴领衔主演。(《皇后剧院》广告,上海《申报》,1941 年 1 月 17—22 日)

1 月 21 日 国防艺术社在桂林新华戏院正式公演曹禺的《雷雨》。导演焦菊隐,王望饰周朴园,洪波饰鲁贵,郭眉眉与潘颜轮饰四凤,廖行健饰周萍,郑均饰周冲,张家仪饰繁漪,龙瑶芝饰鲁侍萍,何启明饰鲁大海。(《"国防艺术社"与〈雷雨〉》)演出大获成功。据焦菊隐撰文:"《雷雨》演过六场,自己发现了许多缺点,就暂时停下,预备稍微整理修正,在十天以外,再演一次。"(《关于〈雷雨〉》)

关于演出,据龙贤关记述:"《雷雨》在未出演前,由于导演与演员们不分昼夜的排演,由于街头海报的指引,由于原剧的盛名与文化新闻界的介绍,爱好话剧的人们早已引颈仰望。一月二十一日起在新华戏院出演,每晚观众如潮似的涌来。原定演五天,后来续演一天,要不是因为旧历新年院方不允续租的关系,大概续演一星期是仍可叫座的。分析一下六日来六千多观众的成份,以公务人员占多数,青年学生,从业青年次之家庭妇女也很多……这剧可说为各种阶层的人所欢迎。"《雷雨》上演之后,真是轰动桂林。"(《"国防艺术社"与〈雷雨〉》)

1 月 26 日 是日起,西安"战干剧团"举行第十次公演"万家宝先生的《雷雨》"。(《不是剧评——看过〈雷雨〉之后》)演员阵容:戴涯饰周萍,赵曼娜饰鲁妈,赵秀蓉饰四凤,李曦之饰鲁贵,黎黑饰周冲,王者饰鲁大海,丁尼饰周朴园。(《一九四〇年西安剧坛巡礼》)

是日 香港《大公报》刊友秋《评〈蜕变〉》一文。

1 月 26 日—3 月 2 日 自 26 日除夕起,中国旅行剧团在璇宫剧场举行"八周年纪念大公演"。"精选五大名剧"——《日出》(唐若青导演兼主演陈白露)、《李香君》、《新梅罗香》、《花木兰》和《雷雨》(唐槐秋导演),还有《葛嫩娘》。演至"三月二日"。(《雷雨》等广告,上海《申报》,1941 年 1 月 22 日—2 月 2 日)

1 月 27 日 是日起,上海一些"电影明星"在宁波同乡会串演《雷雨》。导演傅威廉。演员阵容:上官云珠饰四凤、周起饰鲁贵、梅熹饰鲁大海、陶由饰周冲、慕容婉儿饰繁漪、孙敏饰周萍、傅威廉饰周朴园、蒙纳饰鲁侍萍。座价:一元、二元、三元。演至 2 月 3 日。(《雷雨》广告,上海《申报》,1941 年 1 月 21—2 月 3 日)

1 月 29 日 春节,大年初三。抗敌剧社"为边区干部会议演出曹禺名剧《日出》"。导演汪洋。演员胡朋饰演陈白露,吴畏饰演方达生,刘佳饰演潘月亭,方壁饰演小东西,赵瑛饰顾八奶奶,胡可饰胡四,徐曙饰张乔治,刘肖芜饰演李石清,陈群饰李石清太太,歌焚饰翠喜,崔品之饰小顺子,杜烽饰演福升,郑红羽饰黑三。(《抗敌剧社实录》第 12 页)据刘肖芜回忆:"那是一九四一年春节的前一天",时任晋察冀司令员聂荣臻指示排演《日出》,他说"戏是黄敬同志点的,要《日出》","三天以后,我们看戏"。"首场演出是在北方分局驻地的村庄,离小北头一里地,村名我忘了。村边上搭起帐篷舞台。正是正月初三","一直演到天亮"。(《在边区演〈日出〉》)

是月　《曹禺戏剧集》之六,四幕剧《蜕变》由重庆文化生活出版社初版,8 月再版。后收入《曹禺全集》第 2 卷。书后附有曹禺《关于〈蜕变〉二字》、巴金《后记》二文。

是月　上海移风社排演曹禺的名剧《雷雨》,导演朱端钧,周信芳演周朴园。参加演出的还有高百岁、金素雯、胡梯维、桑弧等人。(《朱端钧艺术道路评述》,《中国话剧艺术家传》第 2 辑第 102 页)

是月　《剧艺:一九四一年》①刊《争强》,署名曹禺。该文系介绍话剧《争强》。文说:"综观全局,章法谨严极了,全篇对话尤写得经济,一句一字不是用来叙述剧情即对性格有所描摹。"

年初　贵阳新闻记者联谊会演出《雷雨》。据舒明文述:"这次演出由两个导演各领一组,演员排练和轮流上演,阵容均甚整齐。一组由沈莫哀导演,剧中角色和饰演演员。繁漪——蒋奕芳(中国银行剧团演员),周朴园——万流,周萍——沈莫英,四凤——翁培华,鲁贵——刘子东。另一组由汪季子任导演,剧中角色和饰演演员:繁漪——麦放明,周朴园——刘克,周萍——金罗伦,周冲——沈定等。""值得一提的是,话剧在当时一般只能上演 4 到 5 天,最多一周。而《雷雨》两个组却各上演了一周,场场爆满,欲罢不能,这是破纪录的。究其原因,除了剧作的情节跌宕,内涵深邃,发人深思外,更因为有这样两套阵容,不同导演的处理手法有别,不同演员又发挥各自擅长的表演技巧,引起观众的浓厚兴趣。报纸上连续发表评论,社会反映十分强烈,这对贵阳戏剧运动,无疑起到了很好的推动作用。本年,还曾演出《北京人》演员有沈定、朱之彦等。"(《贵阳抗敌话剧活动拾零》,《抗战时期西南的文化事业》第 307、308 页)

2 月 2 日　桂林《扫荡报》刊焦菊隐《关于〈雷雨〉》一文。焦先生认为:"这一出戏,从外形上讲,编剧技巧,全属于假古典主义,如恪守'三一律';采用古典悲剧的宿命主题(故事的巧合也脱源于此);模仿希腊剧台上不死人的习惯……至于全剧

---

①　上海剧艺社编。只出版一期。本期除曹禺文外,还刊有金陵《现阶段演剧运动的探讨——关于上海剧艺社》、于伶的《戏剧上海一九四〇》、巴金的《关于家》、顾仲彝的《一年来的编剧工作》、李健吾的《"撒谎世家"》、陈歌辛的《作曲的记忆》等文。

的描写方法及其内容,除了看出有不少莎士比亚的浪漫气息以外,易卜生、贝克和丹尼尔的写实色彩也极浓厚地笼罩着一切。个人从《雷雨》的内容里,发现它是属于自然主义,尤其是左拉创始的生物体系的自然主义的产品。"(转自《焦菊隐文集》第2卷第54页)

2月9日　上海《申报》第12版刊署名张裴宇《〈雷雨〉的年龄问题》一文。本版还刊消息《曹禺新作〈北京人〉脱稿寄沪》:"曹禺在上海时,曾经答应上海剧艺社编写一部剧本,该剧定名《北京人》,但是写了一幕后,却又搁笔,另外完成《蜕变》《正在想》二剧,除《正在想》已为上海剧艺社演出外,《蜕变》则因环境关系,无法公演。兹闻《北京人》剧已经完成,不日就可寄到上海,上海剧艺社当然立刻加以排练了。至于曹禺的又一作品《争强》,剧艺社已定《撒谎世界》后公演。"本版"艺坛散记"栏刊消息:"曹禺之《蜕变》,闻系写后方伤兵医院种种者,故'孤岛'时期之上海观众,恐将无缘在舞台上看到该剧。"

2月10日　上海《剧场新闻》第10、11、12期合刊载英梧《曹禺在古城——剧校回忆录》一文。该刊在"编辑室"栏介绍说:"《曹禺在古城》是篇内容笔调均甚优美的文章,可作读者咀嚼一番。发表《蜕变》故事,是想供给看不到剧本的人暂时望梅止渴。"的确,作者满怀深情讲述了曹禺在古城江安的生活、创作情况,以及他所了解的曹禺方方面面。后题《曹禺印象记——(本刊驻沪撰述石挥君特约稿原题〈曹禺在古城〉)》在10月20日、11月21日《艺术与生活》第22、23期分上、下部分连载。

本期还刊载了《戏剧故事(一):蜕变——曹禺先生最近杰作》(署名叶明朱)。在"剧场新闻"栏刊消息:"曹禺新著《蜕变》剧本有五本到沪,文化生活版,共四百页,此书在沪并不发售。"

2月16日　尚冠武、傅威廉、梅熹、袁美云、陆露明、白虹、韩兰根、章志直等人在"亚蒙"戏院演出《日出》。(《亚蒙·日出》广告,上海《申报》,1941年2月16日)

2月28日　西安《黄河月刊》①第2卷第1期刊穆文《不是剧评——看过〈雷雨〉之后》一文。作者谈了他对"战干剧团"演出《雷雨》的看法。谈到剧本,作者认为:"我承认《雷雨》是著者很见工(功)力的作品,我承认《雷雨》的问世,使得国内剧本创作的纪录前进了一步;但是,我更承认:《雷雨》并不是什么成功的作品。"

---

①　1940年2月30日在西安创刊。月刊。主编谢冰莹,出版、发行者西安新中国文化出版社。1943年8月第5卷第2期起由历厂樵主编。1944年出至第5卷3—4期合刊后停刊。1948年3月复刊,仍由谢冰莹主编。

是月　《满洲映画》①第 5 卷第 2 号 2 月号刊署名弓文才《戏剧在文学中的地位与文艺话剧团〈日出〉的公演》一文和《特别附录：曹禺作独幕剧》。（《中国现代文学期刊目录新编》第 1 214 页）

是月　西北戏剧学会在西安演出《蜕变》。演员阵容：李次玉饰秦院长，范里饰孔秋萍，董润华饰丁昌，赵曼娜饰丁大夫，王斑饰胡警官，陈萍饰李营长，王者饰马主任，张萍饰马小姐，乔秀兰饰夏小姐，丁尼饰况西堂，黄蓉饰况太太，丁文才饰陈忠，戴涯饰梁专员，李最饰老范，李曦饰梁老者，梁俊饰伤兵，梨黑饰小伤兵，郎定一饰魏竹芝。"连演二十天"。（《艺坛瞭望台·西安艺讯》，北京《艺术与生活》第 26、27 期合刊，1942 年 4 月 25 日）

3 月 5、6 日　上海一些电影明星以"艺星剧社"名义在宁波同乡会再演《雷雨》。演员阵容：上官云珠饰四凤，周起饰鲁贵，周邹饰鲁大海，陶由饰周冲，慕容婉儿饰繁漪，舒适饰周萍，龚稼农、傅威廉饰周朴园，蒙纳饰鲁侍萍，田振东饰仆人。（《雷雨》广告，上海《申报》，1941 年 3 月 5、6 日）

3 月 6 日　根据曹禺原著《原野》改编的电影《森林恩仇记》在上海沪光影院公映。导演岳枫。主演袁美云饰金子，王引饰仇虎，严斐饰焦大妈，王竹友饰焦大星，韩兰根饰白傻子，姜明饰常五，童毅饰虎妹，章志直饰焦阎王，姜修饰仇荣，洪警铃饰洪老。中国联合影业公司华成出品。演至 21 日。（《森林恩仇记》广告，上海《申报》，1941 年 3 月 4—21 日；《舞台剧〈森林恩仇记〉上银幕》，《国民杂志》第 2 卷第 4 期，1942 年 4 月 1 日）。

3 月初　中央青年剧社（简称"中青社"）成立两周年之际进行改组，熊佛西任社长，张骏祥任副社长（兼技术课长），特邀洪深、马彦祥、陈鲤庭、鲁觉吾、应云卫、曹禺、王瑞麟、老舍、周彦等著名戏剧家参加组成编导委员会。（《抗日战争时期的四川话剧运动》第 57 页）据张骏祥回忆："1941 年，我由熊佛老拉进张治中先生办的中央青年剧社。半年后佛老辞职，我也递了辞呈，未准。这时村彬由江安赶到重庆，带来曹禺口信，说一批学生集中不易，不可轻易散掉。"（《他走了，默默地走了——悼村彬》）

3 月 15 日　中华全国戏剧界抗敌协会第三届理事开票，选出郭沫若、茅盾、老舍、田汉等在渝理事二十五名，叶圣陶、曹禺、林语堂、邵力子四名各地理事，郑振铎、楼适夷二名上海理事，马宗融、沙汀、黄芝岗等十五名候补理事。（《文艺界抗敌协会第三届理事选出》，《新华日报》，1941 年 3 月 23 日）

---

①　1937 年在长春创刊。伪满洲时期刊物。至 1941 年 6 月第 5 卷第 6 号更名为《电影画报》。至 1944 年停刊。

3 月 17 日 欧阳予倩领导的广西艺术馆话剧团排演《蜕变》。(《桂林文化城记事》,《抗战文艺研究》1980 年第 2 辑)

3 月 22 日 天风剧社在上海璇宫剧场上演《雷雨》,导演傅威廉,主要演员上官云珠、王薇饰四凤,周起、怒涛饰鲁贵,梅熹、仇铨饰鲁大海,陶由、吴铭饰周冲,慕容婉儿饰繁漪,孙敏、周邹饰周萍,傅威廉、龚稼农饰周朴园,蒙纳、狄梵饰鲁侍萍。演出"每日两场","连日客满",演至 27 日。(《雷雨》广告,上海《申报》,1941 年 3 月 21—27 日)

3 月 30 日 上海《小剧场》(半月丛刊)第 6 期"书报评介"栏编发"关于《蜕变》"文章,包括曹禺《关于〈蜕变〉二字》、巴金《〈蜕变〉后记》以及署名铁流《〈蜕变〉读后感》三篇。

3 月 31 日 重庆《国民公报·星期增刊》刊曹禺《关于〈蜕变〉二字》、张世骦《介绍〈蜕变〉》二文。

是月下旬 鲁南根据地,八路军 115 师政治部所属战士剧社演出曹禺的《雷雨》,导演那沙,演员仇戴天饰周朴园,文铭饰繁漪,朱明饰鲁妈,高鹏饰鲁大海,王力饰鲁贵,高励饰四凤,那沙饰大少爷,夏桐饰二少爷。(《中国话剧运动五十年史料集》第 3 辑第 59、60 页)

春 西北战地服务团演出《雷雨》。据贾克回忆:"一九四一年春天,西战团从灵寿和平山的交界处两界峰村转移到平山县的赵家庄。这段时间内,西战团先后连续演出几出大戏:有反映边区人民斗争生活的《程贵之家》、《溺爱》、《天营镇》;有'五四'以来的优秀剧目《雷雨》、《李秀成之死》;还有改编托尔斯泰的《复活》。……对于演《雷雨》这样的大戏,竟是如此的热爱:记得在赵家庄彩排《雷雨》时,有许多老乡坐在台下,一直熬到天亮,第二天照样下地干活。在边区那样困难条件下,演出要发挥高度的创作性:舞台搭在河滩上,有时就利用土坡埋上几根杆子挂汽灯;大道具用的沙发是用驮架摆上五个背包,上面蒙上一块毡子;其他布景、道具的代用品就更多了。"(《一支活跃在敌人后方的戏剧尖兵》,《中国话剧运动五十年史料集》第 2 辑第 115 页)

4 月 7、8 日 上海《申报》刊东吴剧社即将上演《日出》广告。

4 月 9 日 据《常任侠日记选》:"上午,讲课一堂。下午读家宝作《原野》剧本,颇爱之。晚间读毕。"(《战云纪事》第 319 页)

4 月 10 日 上海东吴剧社在璇宫剧场公演《日出》。导演李萍倩,舞台监督傅威廉。演员阵容陆露明、梅熹、郑重、谭光友、丁芝、周起、顾也鲁、贺宾、屠光启、红薇、蒙纳、严化、慕容婉儿、奚蒙等。(《日出》广告,上海《申报》,1941 年 4 月 7—10 日)

4 月 12、13 日　国立戏剧学校举行"第四十一届公演",在江安县文庙本校剧场,演出曹禺、宋之的作《黑字二十八》,导演刘静沅,舞台设计陈永倞。(国立戏剧专科学校第 41 届公演宣传单)

4 月 15 日　国防艺术社在桂林公演《雷雨》。(《桂林文化城记事》,《抗战文艺研究》1980 年第 2 期)

4 月 16 日　据《常任侠日记选》:"上午讲课一堂,评曹禺的三个剧本,《雷雨》、《日出》与《原野》。"(《战云纪事》第 322 页)

4 月 17 日　上海《申报》刊天风剧社演出《日出》广告:预告"明日起献演"。18—21 连刊正式演出广告。

4 月 18 日　上海天风剧社在璇宫剧院公演《日出》。导演李萍倩。演员阵容端木兰心饰陈白露,梅熹、龚稼农饰方达生,孙敏、陈述饰乔治张,于一饰李石清,仇铨、孙茂云饰潘月亭,冷山、吕玉坤、袁池饰胡四,陈丽云、胡裴饰顾八奶奶,王即絮饰黄省三,冷静饰翠喜,贺宾、屈杰、程鹏饰黑三,王薇饰小东西,梅文饰李太太,谭光友、周邹饰福升,陶由、怒涛饰小顺子。连演 4 日。(《日出》广告,上海《申报》,1941 年 4 月 18 日)

4 月 24 日　上海《申报》刊上海剧艺社演出《争强》广告:"廿五日夜场隆重献演"。25 日未能如期上演,而是"继续公演"《家》(吴天版)。(《家》广告,上海《申报》,1941 年 4 月 25 日)

4 月 26 日　据《常任侠日记选》:"戏剧学会将入城演《日出》,推余为演出者。"(《战云纪事》第 323 页)

是月　与金韵之(即丹尼)合写的论文《我们底表演基本训练的方针和方法》,收入国立剧专《战时戏剧丛书》之七《表演艺术论文集》,由重庆正中书局出版。论文共分三部分:① 表演基本训练的方针;② 表演基本训练的标准;③ 国立戏剧学校表演基本训练的项目及教程。并"附录戏剧学校第五届学生所受之'一年教程'",其中"抽场排演"列有曹禺的《雷雨》、《日出》、《原野》,"演出过程研究"之一"独幕剧排演"列有曹禺《正在想》;"附声音训练实习教程"。(原书影印件)

是月　中英出版社出版张伯文编选的《英译中国三大名著》一书。内包括曹禺之四幕悲剧《雷雨》(姚莘农译,即姚克)、林语堂之独幕剧《子见南子》和田汉之《湖上的悲剧》三个剧本。

是月　抗敌剧社在河北平山陈家院村演出《雷雨》。导演汪洋。演员赵森林饰周朴园,歌焚饰繁漪,吴畏饰周萍,张友饰周冲,胡朋饰鲁妈,胡可饰鲁贵,林韦饰四凤,袁颖贺饰鲁大海。(《抗敌剧社实录》第 13、14 页)

是月 在中共山东分局倡导下,几百名戏剧工作者聚会于滨海区莒南县刘家和村举行八大剧团联合演出。这是山东根据地早期剧运的一次盛会。战士剧社演出了话剧《雷雨》。(《中国话剧史大事记》第 319 页)

5 月 4 日 冀中军区于三纵队成立三周年之际,在安平县米里村举行隆重纪念大会。会后火线剧社演出曹禺话剧《日出》,导演凌子风,演员阵容丁冬饰陈白露,王德厚饰方达生,刘燕瑾饰顾八奶奶,陈志坚饰胡四,郭筠饰李石清,管林饰李太太,李壬林饰福升,黄枫饰黄省三,陈静波饰黑三,宋秀珍饰小东西,李惠饰小顺子,张子舫饰翠喜,傅铎饰乞丐,李寿山饰潘经理。因敌情,演出不得不停掉。于次日在寺底村完成。(晋察冀文艺研究会冀中分会:《火线剧社在冀中》第 431—433 页)

5 月 9—14 日 晋察冀边区文艺界各协会召开民族形式问题座谈会。会议期间,抗敌剧社演出了曹禺的《雷雨》。主要演员有胡朋、林韦、赵森林、吴畏、歌焚、张友、胡可等。(《晋察冀革命戏剧运动史料》第 396 页)

5 月 10 日 是日起,上海"亚蒙"影戏院上映根据《原野》改编之《森林恩仇记》。映至 16 日。(《森林恩仇记》广告,上海《申报》,1941 年 5 月 10—16 日)

5 月 17 日 《青青电影日报》第 37 号刊《剧场新闻》:"艺林歌剧团,已订定于本月十八日(星期日)上午十时假座璇宫剧院作首次实验公演,金明编的《路》,亨邑导演,陈铨改编的《丈夫的遗书》,莫奇导演,曹禺先生的《日出》第三幕,就是小东西在黑三的妓院里的一幕,艺林把它单独演出了,改名《孤魂》,时一郎导演,并将曹禺先生剧本上的全部效果,搬上舞台,在上海戏剧界,尚系第一次的尝试。"

5 月 24 日 广西艺术馆戏剧部话剧团在"广西剧场"演出《日出》。导演黄若海。演出 7 场。(《略叙广西省立艺术馆》,《艺丛》第 1 卷第 2 期,1943 年 7 月)

是日 《广西日报》刊欧阳予倩《练习公演与〈日出〉》、汪巩《写在〈日出〉上演之前》二文。欧阳予倩说:

> 我们本年度正式公演的戏选定了三个:一个是曹禺先生写的《蜕变》,一个是我最近写的《忠王李秀成》,还有一个没十分决定,容稍缓发表。
>
> 《蜕变》和《李秀成》都是工程很大的戏。需要相当的时间来预备。练习公演,抽空进行。我们想从中国新作品当中选出几本,再介绍些欧美名著。因此决定把曹禺的作品作一次有系统的检讨,于是在《蜕变》之先,把《日出》上演一次。
>
> 依我个人看,《雷雨》、《日出》和《蜕变》是曹禺三部有力的作品;《原野》是三部当中的一首插曲。
>
> 从《日出》和《蜕变》两者看,作者思想的进展多少是衔接的。(表现的方法当然不同)这两部作品先后比并上演,无论在内容和技术方面都自有其意义。

尤其《日出》这个我选为练习公演的剧本，十分适当。上演以后，希望观众诸位和戏剧工作的同志们给我们不客气的批评。

汪巩说："我们第一次练习公演，经过了几次的讨论以后，才决定了曹禺先生战前的名作《日出》。这是因为《日出》除了可以作为技术上的锻炼外，针对了目前的现实，还有着它演出上的积极意义。"

5 月 26 日　桂林《大公报》刊欧阳予倩《上演〈日出〉的杂感》一文。文章借分析金八、潘月亭这两个人物，痛击官僚资产阶级和买办资产阶级依附帝国主义，不仅借国难以敛财，而且借国难扩充自己的政治势力的无耻行为。他说："如果想打倒金八，就一定会联想到打倒帝国主义。""我们看一看《日出》再检讨一下目前的社会，或者也不是毫无意义。"（《欧阳予倩与桂剧改革》第 421 页）

5 月 30 日　广西省立艺术馆为筹募"剧协"基金，加演《日出》。（桂林市文化研究中心、广西桂林图书馆：《桂林文化大事记（1937—1949）》第 165 页）

是 日　《广西日报》刊署名落生《论〈日出〉》一文。

6 月 9 日　《扫荡报》"电影与戏剧"版刊《中国万岁剧团第三次星期公演介绍》，其中有《正在想》演出人员信息。还刊文《第三次星期公演剧本之一：〈正在想〉（长独幕闹剧）》。"影剧界"栏刊消息："中国电影制片厂中国万岁剧团……第三次公演已决定于本月十四日起举行，剧本为吴天编剧之《走》，曹禺编剧之《正在想》。"

6 月 10 日　《扫荡报·星期版》刊王道《〈日出〉里的两个人》等文。

6 月 11 日　重庆《新华日报》第 2 版"文化简报"刊信息："西北战地服务团现正在边区工作，该团于二月间曾在各地上演《雷雨》，颇受欢迎，每次演出，多在露天，有时逢天落大雪，观众仍极踊跃。"

6 月 14 日　是日起，中国万岁剧团在抗建堂举行第三次星期公演，演出曹禺的《正在想》。导演陶金。演员阵容田烈饰老窝瓜，吴茵饰小窝瓜，王斑饰小秃子，王珏饰老盖儿，钱千里饰哈哈笑，章曼苹饰小红，陈璐饰领弟，井森饰李保长，沈慧饰李老太太，李言饰五姑奶奶，明格饰三丫头，吴家骧饰四和尚，秦怡饰丁老师，王豪饰歌舞团领班，吴瑞麟饰打洋鼓的，陈连义饰吹洋号的，陆寿浮饰小流氓，冉梦竹饰醉汉，杜雷、杨甦饰摔跤的，房勉饰乡下人，周影魂饰说大鼓的，杨盛柏、俞成书饰奇形怪状的人。（《中国万岁剧团第三次星期公演介绍》，《扫荡报》，1941 年 6 月 9 日）

是 日　重庆《新华日报》第 2 版刊中国万岁剧团"第三次星期公演"独幕剧《走》、《正在想》广告。

6 月 29 日　上海女中的女光剧团在璇宫剧场演出《雷雨》。（《上海话剧志》第 40 页）

是月 国立师范学院"星社"剧团演出《雷雨》。凌□飞饰周朴园,谭续娴饰蘩漪,金重饰鲁贵,周令木饰四凤,李杰饰周冲,蒋杨饰鲁妈,刘砥饰鲁大海。(《〈雷雨〉里的"风波"——国师星社公演〈雷雨〉的前后》,《学生之友》第3卷第6期,1941年12月1日)

7月10日 福建《现代青年》①第4卷第3期刊书评《〈蜕变〉》(署名隐秋)。作者写道:"记得在一九三九年时,就听到他正埋头写作,不久将有一部伟大的剧本,贡献给抗战,这剧本就是《蜕变》。""在这个剧本里,问题的提出与解答是正确的,全剧结构的紧凑,对白的流畅美好,人物的多样性,使得这剧本无论在内容的意识上或形式上都比《雷雨》《日出》更能夺占读者的心……《蜕变》却是在抗战进入更艰难的今天正确地指出新中国'可能'到临与'必然'到临的种种例证,在内容的意识上,它比《雷雨》《日出》更走前了一步的伟大的作品。"

是月 晋冀鲁豫根据地召开边区临时参议会,为参议会演出形成一次文艺会演,129师先锋剧团演出《雷雨》。(《中国话剧史大事记》第322页)

是月 重庆国泰与一八剧团联合公演曹禺《雷雨》,汪德民导演。(《剧专十四年》编辑小组:《剧专十四年》第453页)

8月1日 《青年戏剧通讯》月刊第14、15期合刊(136页)刊《北京人》公演广告。告之:"中央青年剧社本年度第一次大公演预告"、"曹禺第四部杰作"、"张骏祥导演"、《北京人》、"演员阵容:罗萍、耿震、张瑞芳、江村、沈扬"、"注意上演日期,注意上演地点"。本期"前后方点滴"刊消息:"孤岛剧运在蓬勃的开拓中,上海剧艺社继《正气歌》之后为曹禺改编的《镀金》,此剧乃由拉比须的《迷眼的沙子》第一幕改成,为一纯arce型的戏剧。""中央青年剧社预定雾季公演剧目,一为曹禺的《北京人》,一为剧校陶熊的《反间谍》。"

是日 八路军115师在山东滨海地区蛟龙湾师部驻地举行建军节体育运动大会,战士剧社演出《雷雨》。(《中国话剧史大事记》第322页)

8月24、25日 北京剧社在长安戏院演出《原野》,演出三场,成绩良好。导演陈绵,前台主任魏石凡,布景刘祎、韩奇、李铮白、溯秘,宣传韩炎,效果贾克、马保罗,会计田永出纳苏曼,化妆杜修、韩奇,服装王忠龙、杨潜,后台舞台监督刘祎,道具汪思泳、梅格、白原,提示陈澄、范映,舞台设计方原,司幕李铮白、陆熙、韩奇,前后台联络陆融。演员郭秉饰仇虎,章蒂饰焦大星,陆熙饰白傻子,李蕾饰焦大妈,钟萍饰花金子,苏曼常五。(《〈原野〉演出》,北京《艺术与生活》第21期,1941年9月20日)这次演出"有些地方被删去了","第末幕有几景没有演出,"若是"完全演出,一定可以

---

① 1939年11月10日在福建永安创刊。月刊。编辑、发行改进出版社。

更加有力"。(《看罢〈原野〉以后》,《国民杂志》第 1 卷第 10 期,1941 年 10 月)

8 月 26 日　北京《369 画报》第 10 卷第 17 期刊消息《北京剧社将再演〈日出〉》:"北京剧社于《原野》演出后,将重演《日出》,其陈白露一角,有约前某夫人客串之意,现正由该社社长魏石凡商洽中。"《前育英剧社毕业同学筹备公演〈原野〉》:"此次前育剧公演《原野》,为前该社在育英中学毕业同学,联合艺专女同学及其他学校剧团演出,演员多为去岁'育英剧社'公演《雷雨》者,并特请京市戏剧界名人,加以援助,最近业已排演,至于正式公演期,约在九月中。"

是月　延安青年艺术剧院演出《雷雨》。导演吴雪。演员陈戈饰周朴园、雷平饰繁漪、吴雪饰周萍、田蓝饰周冲、朱漪饰四凤、丁洪饰鲁贵、尹文媛饰鲁侍萍、鲁亚侬饰鲁大海。(文化部党史资料征集委员会等:《高原·演出·六年》第 243 页)

9 月 5 日　国民党中央宣传部关于暂行禁止《雷雨》上演事复函军委会政治部。全文如下:

国民党中央执行委员会宣传部公函　渝美宣字第 21573 号

按准贵部治智一字第二五九〇号公函:以据第四战区司令长官部政治部呈为《雷雨》一剧,系暴露大家庭罪恶,不特与抗战无关,而且在建立思想国防上诸多妨碍,拟请通令禁演,转嘱查核见复。等由。到部。当经饬据中央图书杂志审查委员会重加审查,并详具审查意见附呈前来。查该剧匪特思想上背乎时代精神,而情节上尤有碍于社会风化,此种悲剧,自非抗战时期所需要。除函中央图书杂志审查委员会不得准其再版,并分行暂禁上演外,相应抄附上项审查意见函复查照,转知为荷。此致

军事委员会政治部

抄附中央图书杂志审查委员会审查《雷雨》意见一份

部　长　王世杰

中华民国三十年九月五日

审查《雷雨》剧本意见

查该剧本剧意可以用下列四点表出(述)之:

(一)暴露礼教与门第观念影响下之大家庭的罪恶(周初恋侍萍,但因贫富阶级之限制,不能娶侍萍为妻,终于酿成兄妹相爱之乱伦罪恶)。

(二)富贵家庭中常因不自然之夫妇结合而使年青主妇缺乏生趣,由于性的不满而造成乱伦,陷入苦闷之境而不能自拔。

(三)暴露人性的爱(如侍萍之爱女周朴园之念旧与忏悔心里,周冲之纯洁,同情繁漪之爱欲与苦闷)。

（四）劳动者（如工人鲁大海）之仇视资产阶级以及对为富不仁者之痛恶（作者又以父子关系之巧合暴露劳资双方之观点）。

细阅全书……该书于二十四年十二月在上海出版，本年三月在重庆再版时作为原稿送审，本会以该书内容尚无违反审查标准之处，且依初版时间及作者（曹禺即万家宝）对本党较近之关系一点论似可从宽，业已准予给证付印。今奉令重付审查，理合将审查意见陈述如上。惟该项剧本内容就出版方面言，虽无大碍，而上演时如演员对剧认识不足，难免予观众以不良影响，且现值抗战时期，此项剧本之上演亦殊觉不合观众实际之需要，应否请中央宣传部令饬各地主管戏剧审查机关暂行禁止上演，尚祈核夺！

（军委会政治部档案，转自《中华民国史档案资料汇编》第5辑第2编文化（二）第27、28页）

9月6日　北京《369画报》第11卷第2期第22页刊《〈原野〉观后感》，对北京剧社8月24、25日的演出给以评价，文评说："依照现阶段话剧的水平来论，北剧这次的演出算是成功了。"

9月10日　上海《学与生月刊》①第2卷第5期"艺坛情报"刊消息："上海剧艺社下半年度预告之剧目有顾仲彝编译之《天外》……曹禺编剧《北京人》。""闻南洋剧社将排曹禺名剧《蜕变》，此剧前审查有问题，现该社已设法获得通过，将假座兰心大戏院演出，导演为贾济川。"

9月16日　北京《369画报》第11卷第5期刊消息《北京剧社将二次上演〈原野〉》："特讯：北京剧社自演出《原野》后，颇得好评。该社因上次公演，排演时间仓促，舞台装置各部均未能尽善。近拟根据各专家意见及上次演出之经验，对灯光布景等项极力加以改善后，于本月底作第二次演出，以符故都爱好话剧人士之热望。并闻该社对原有之灯光，布景，天幕等均已着手改置。预料北剧二次公演时，定有惊人之成绩。"

9月19日　上海《青青电影日报》第131号头版刊消息《〈雷雨〉〈日出〉之剧作者·曹禺将来沪任职暨大·袁骏（俊）亦来任"中职"团长》："写《雷雨》《日出》《原野》三部曲而赫赫有名的名剧作家曹禺，战后西上，继续执教于迁至北（方）的国立剧校，兹据记者探悉曹已接受本市国立暨南大学之（邀），下月初将启程来沪，除暨大授课外，将在上海职业剧团担任编导工作，同时写《少城故事》《边城故事》的袁骏亦将自川来沪，他将担任'上职'团长之职，同时后方将有若干剧人偕来云。"第2版

①　1939年在上海创刊。月刊。编辑学与生月刊编辑部，发行者学与生月刊社。

刊消息《上职定双十上演》："上海职业剧团决于国庆日起在卡尔登公演……据云：'……第二个节目则是曹禺战后四年来的力作《蜕变》，今后曹禺的新作，上演权都将归上海职业剧团了。'"

9 月 25、26 日 筱霖剧社在上海璇宫剧院公演曹禺名著《日出》，陈农导演，陆露明、蓝兰、王微、陈丽云等参加演出。（《各地剧讯》，重庆《新华日报》，1941 年 10 月 10 日）

9 月 30 日 上海《青青电影日报》第 142 号刊《"上职"双十节决演〈蜕变〉——黄佐临担任导演》："黄佐临等发起由周剑云主持之上海职业剧团，自获得曹禺作品在沪首演权后，《蜕变》即为预列节目之一，预定双十节在卡尔登首次演出者，一个为姚克继《清宫怨》后之续集，内容描写清末民初之革命事迹，以纪念双十节意义。因筹备不及，决演《蜕变》此戏，在内地已数度演出，极博观众赞美，惟出场人物较多，在导演上颇难处理，此次'上职'演出，即由黄佐临导演，演员石挥、胡导、韩非、严峻、英子等全体加入合作。按黄曾导演同一作风之《边城故事》，极成功也。"

是月 四幕剧《蜕变》剧本被列为文季社编"文季丛书"之五，由文化生活出版社在重庆出版。本年，《蜕变》出版另一版本：建艺话剧团排演本（具体日期不详）。

是月 太行山地区举行文艺会演，太行区各部队宣传队、地方和部队文工团都参加了演出。其中话剧有前方鲁迅艺术学校和几个文工团联合演出的《雷雨》、《日出》。（《中国话剧史大事记》第 323 页）

是月 延安青年艺术剧院正式成立，前身为西青救总剧团。由中央青委和中央文委共同组织一个理事会领导，青委副书记冯文彬任理事会主任，剧院院长塞克，副院长王正之、吴雪。《雷雨》作为建院剧目再次公演。（同前）据戴碧湘回忆："1941 年秋……中央决定将艺术部也就是青救剧团，改建为青年艺术剧院，由中央青委和中央文委共同组织一个理事会领导。理事会由 10 人组成……1941 年 12 月 4 日第二次理事会又决议聘请郭沫若、田汉、洪深、欧阳予倩、万籁天、夏衍、曹禺、阳翰笙为剧院名誉理事。任命塞克（即陈凝秋）为院长，王真、吴雪为副院长。"（《记延安青年艺术剧院》）

10 月 2 日 上海《青青电影日报》第 144 号刊《上职〈蜕变〉阵容定夺——佐临夫人饰演丁大夫》："上海职业剧团已决定以曹禺之《蜕变》作首次演出，全剧需要演员卅余人。海星社记者探悉重要阵容如次：胡导（秦仲宣）、梅村（小的儿）、严峻（马登科）、黄宗江（况西堂）、严斐（况太太）、韩非（孔秋萍）、丁芝（龚静仪）、英子（夏霁如）、石挥（梁公仰），而佐临导演之夫人金韵之，则饰女主角丁大夫，金女士在伦敦留学时专攻表演术，颇负声望于彼帮剧坛，众信《蜕变》中金女士当能发挥其精湛演技,该团于双十节正式演出之前夜,将行预演一次,招待新闻界文化参观,又悉负责人以《蜕变》二字,似不通俗或拟易以适当剧名云。"

10月4日 二女儿万昭①在江安出生。(万昭提供)据郑秀回忆:"1940至1941年,我到江安,万黛半岁左右。1941年有了万昭,万昭是在江安生的。在生万昭前,曹禺写了《蜕变》……万昭生后,写《北京人》,当时住在一个开明地主家里……"(《苦闷的灵魂——曹禺访谈录》第215页)

10月5、6日 上海职业剧团在《申报》刊预演广告:"国庆纪念首次公演,曹禺最新力作,戏名明日发表,卡尔登。"

10月6日 北京《369画报》第11卷第11期刊《"艺专"与"育英"同学公演〈原野〉〈雷雨〉》:"'艺专'与'育英'一部同学,为了开拓戏剧运动起见,特举办话剧公演,已决定将曹禺第三部作品《原野》,导演则请陈绵博士担任,于十月十三日及十五日正式公演。除《原野》外更决定演出《雷雨》云。"

10月7日 上海《青青电影日报》第149号刊《〈蜕变〉中的怪人物——韩非饰"屁" 丁芝扮"花瓶"》一文。

10月8日 上海《申报》刊上海职业剧团《蜕变》演出广告:"恭祝国庆郑重贡献,日夜两场,全国热烈争演,战后剧台丰碑。《蜕变》,曹禺编剧,佐临导演。堂堂阵容,盛大演出。"

10月9日 上海职业剧团原定"预演《蜕变》,因"剧场出租,未克如愿"。(《蜕变》广告,上海《申报》,1941年10月10日)同日,上海的南洋、中友二剧社却在兰心大戏院上演了《蜕变》。

是日 上海《申报》刊上海职业剧团在卡尔登演出《蜕变》广告。同时刊南洋、中友二剧社演出《蜕变》广告:"曹禺新著《蜕变》,南洋、中友二大剧社联合业余优秀演员假座兰心大戏院,全沪首次慈善献演。贾济川导演,日期:十月九日,十月十日。"

10月10日 上海职业剧团在卡尔登首演《蜕变》。导演黄佐临。演员阵容:胡导饰秦仲宜,梅郴饰小幼儿,严俊饰马登科,黄宗江饰况西堂,严斐饰况太太,韩非饰孔秋萍,杨芝蕙饰孔太太,姜声饰谢宗奋,丁芝饰龚静仪,杨英梧饰陈秉忠,葛香亭饰范兴奎,黎云饰韩妈,李云饰田奶妈,曹鸣饰河南伤兵,丹尼饰丁大夫,史原

① 万昭,1945年随母郑秀到南京、福州等地,就读小学。1950年随母到父亲住地北京。1953年小学毕业后,考入中央音乐学院附中,1959年入中央音乐学院音乐学系,1966年毕业。1973年分配到中国艺术研究院音乐研究所外国音乐研究室工作。1985年被评为副研究员,1994年晋升为研究员。(万昭提供)

饰丁昌,张伐饰胡医官,庄严饰陆藏,英子饰夏霁如,石挥饰梁公仰,方远饰小伤兵,逯旭饰徐护士,毕勋饰温宗让,梁蚨饰光行健,姚剑鸣饰李铁川,丁里饰李有才,李钧饰张营副,王骏饰护士甲,施剑虹饰护士乙。演出获大成功,演至 11 月 15 日,连演 37 天。11 月 16 日停演,系"《蜕变》因特殊原因,由工部局通知,暂时停演"。(卡尔登《蜕变》广告,上海《申报》,1941 年 10 月 8 日—11 月 16 日)

据有关报道:"上海职业剧团自成立以来,以拥有沪剧界名人甚多,故为世人所注意。打炮第一声为在双十节公演之《蜕变》。曹禺写这个剧的时候,是以留英导演黄佐临夫人,金韵之女士为对象,金女士也是留英专攻戏剧表演的,上海职业剧团就是由金女士来演,所以演出成绩惊人,造成上海话剧卖座的空前盛况,星期日加演早场,每日三场均告客满,成绩越来越盛。上海街头巷尾都可以听到人们在谈论《蜕变》,什么咖啡店中,饭馆中,公共汽车电车上都有人在谈论着《蜕变》,这是从来没有的现象。目前此剧已经演了一个月了,照现在情形看,或许要打破《家》的百余场的纪录。观众人山人海,日来已近四万人,可谓空前之盛况。"(《〈蜕变〉演出盛况》,北京《艺术与生活》第 24 期,1941 年 12 月 20 日)

另据报道:"在上海最近剧坛上有一件轰动的大事,就是曹禺的《蜕变》突遭公共租界当局下令停止上演,七千已定座之观众甚表婉(惋)惜,该社——上海职业剧团是上海之最优秀编剧,导演,演员集合地,《蜕变》一剧之演出,全沪为之震动,现在连演卅七天,近六十场,上座愈来愈盛……今突遭禁演,是场观众多持票不去,等候消息,但希望已无,该团已决定十八日上演《阿 Q 正传》,三日之损失约一万三千元,程砚秋预定之十五张票亦忍痛退去,深为惋惜,文化界多来电慰问。"(《〈蜕变〉遭禁演》,《369 画报》第 12 卷第 11 期,1941 年 12 月 6 日)

据柯灵、杨英梧回忆:"上职的演出地点在卡尔登(即今长江剧院)。第一次和观众相见的剧目是《蜕变》(曹禺编剧,佐临导演)……《蜕变》的演出,经过整整一个月连续满座以后,到 11 月 12 日孙中山先生诞辰这天,观众的爱国热情出现了新的高潮:当结尾剧中人丁大夫向抗日战士讲话时说到'中国,中国,你是应该强的'时候,池座里大声地喊出了爱国口号,一时整个剧场都沸腾起来。闭幕以后,观众还不断鼓掌,许久都不愿意离开剧场。这种情形,当然不能不引起租界当局的注意,到第二天,工部局就横暴地对《蜕变》发出了禁演令。"(《回忆"苦干"》,《中国话剧运动五十年史料集》第 2 辑第 350 页)

是日　上海《申报》刊上海职业剧团公演《蜕变》广告,内容包括《本团全体演员》名录、《〈蜕变〉演员阵容》、《启示》一则,并《预告》之后公演剧目《袁世凯》、《大地》、《西施》、《北京人》,以及本次演出信息。同刊南洋、中友演出《蜕变》广告。

是日　抗敌演剧一队在广西柳州演出《蜕变》。(《柳州的戏剧节》,《戏剧春秋》第 1 卷第 6 期,1942 年 4 月)

10 月 11 日　重庆《新华日报》刊第四届戏剧节联合大公演广告。其中显示:中央青年剧社演出《北京人》,编剧曹禺,导演张骏祥,上演时间本月二十四日至二十九日。

是日　延安《解放日报》3 版刊消息"曹禺名著《雷雨》被禁"。

是日　上海《申报》续刊上海职业剧团演出《蜕变》广告。

10 月 13 日　北京《369 画报》第 11 卷第 13 期编发《育英与艺专校友联合公演——〈原野〉与〈雷雨〉专页》,介绍要上演《原野》、《雷雨》的情况。刊《职员表》、《演员表》、陈绵《导演的话》、《我们的话》、《原野本事》几部分。演出地点:吉祥,时日:13、14、15 夜场。

10 月 13—31 日　上海《申报》连刊上海职业剧团演出《蜕变》广告。

10 月 13—15 日　北京《艺术与生活》社主办,"育英"与"艺专"校友联合演出《原野》与《雷雨》二剧。演职员阵容:导演陈绵博士,舞台监督阿伯先生,剧务杨铭,事务罗漂,灯光莫洛先生、杨铭,大道具赵洋、夏枫,小道具田剑欣、沈林株,效果景枫、景萍、凌辰、王颖、顾稼,提示洪岩、顾栗、黄穆,服装王法、俞臻、安栗,司幕秦朗,化妆顾稼,前台主任袁笑星,前台管理马永光、朱权荫、张景良、李万克、董培祥,装置北京剧社设计。演员阵容:《雷雨》,王法饰鲁贵,范映饰四凤,杨铭饰大海,田剑饰周冲,王铃饰蘩漪,赵样饰周萍,顾稼饰周朴园,林株饰侍萍,王颖饰仆甲,马英饰仆乙,杜光饰老仆;《原野》,顾稼饰仇虎,田剑饰白傻子,范映饰花金子,沈欣饰焦母,赵样饰大星,王法饰常五,马英饰阎罗王,马适饰焦阎王,杜光饰仇荣,夏枫饰牛头,顾栗饰马面,凌辰饰小鬼,洪岩饰仇姑娘,王颖饰判官。(《本刊主办〈原野〉与〈雷雨〉话剧演出》,《艺术与生活》第 22 期,1941 年 10 月 20 日)

10 月 15 日　上海《青青电影日报》第 156 号头版刊《剧艺社及上职两剧团都将演曹禺〈北京人〉——或将闹舞台双包案》:"曹禺《蜕变》外之又一新作《北京人》,剧本早已寄沪,上海剧艺社且已列为预告之一,而此番上海职业剧团成立,亦预告不久将行上演,但双方面似都不愿放弃此剧,或有酿成舞台双包案之危险,据剧艺社方面意见,《北京人》之上海首演权,早为该社获得,自应由该社排演,而据上职方面谈,曹禺剧本,在上海方面,都指明须请佐临导演,《北京人》当非例外,当时因佐临系剧艺社之一员,故《北京人》得列为该社预告,今即加入上职,《北京人》自将随之而由上职排演云。"第 3 版刊消息《陪都全国剧人联合会,警告上海职业剧团,破坏剧运擅演〈蜕变〉》:"上职此次所演的《蜕变》,业由中央通令禁演,上海是'天高皇帝远'的地方，'上职'现在竟不顾禁令而居然上演，不知何以自解。"

10 月 16 日　北京《369 画报》第 11 卷第 14 期刊消息："北剧二次公演《原野》，日期：十月廿六廿七，地点：长安大戏院。""这次所有的演员，大半都还是学生。"

10 月 17 日　南友剧社在重庆南开中学演出曹禺的《北京人》。参加演出有校友张国才、王恺华、杜博民、朱世楷、宁克明，南开老师华静珊、喻闲令，同学王世泽、常正文、鲁巧珍、杨友鸢等。（《抗战时期的南开话剧》，《南开话剧运动史料（1923—1949）》第 119 页）

10 月 18 日　《国立戏剧学校校友通讯月刊》第 3 卷第 1 期（校庆特刊）刊余上沅《本校改专以来》一文。文说："（本年）教员方面无多变动，惟话剧科主任因黄作霖（佐临）先生不能到校已改由焦菊隐先生担任，乐剧科主任改由应尚能先生担任，高职科主任改由刘静沅先生担任。"本期"校友消息"说："万家宝先生于本年六①月又得一千金。"

10 月 20 日　北京《艺术与生活》第 22 期"艺人印象"栏分上、下两部分开始连载英梧《曹禺印象记》一文，至（11 月 20 日）23 期载完。本期"艺坛瞭望台"栏刊消息《曹禺辞职——专心剧作》："吾国名剧作家曹禺氏现为专心创作剧本起见，已辞去国立戏剧专科学校教务主任之职，俾可安心写作，今后之新作，颇堪期待。闻剧校教务一职已由周或文继任云。"并刊《本刊主办〈原野〉与〈雷雨〉话剧演出》，介绍二剧演出情况。

是 日　上海《申报》刊《〈蜕变〉中的丁大夫》一文。

10 月 21 日　上海《青青电影日报》第 162 号刊《〈北京人〉一波未平，〈大地〉一波又起》："关于曹禺之《北京人》将闹双包案事件的，今悉此事已至尖锐化阶段，著剧艺社已在排练中矣，按消息灵通方面称：曹禺之《北京人》，确曾指定由剧艺社演，但黄佐临导演，此次佐临既脱离剧艺社，加入'上职'，以通知曹禺，《北京人》如何办理，曹禺则指定仍由佐临导演外，别无他议，因此佐临曾与剧艺社方面会商，愿在二面导演，而剧艺社坚持不允，并立即命吴天担任导演一职云，唯闻'上职'当局鉴于同为剧运努力，不愿与剧艺社打对台，愿放弃《北京人》云。"

10 月 22 日　香港《华商报》刊消息，旅港剧人"先后演出《雾重庆》与《希特勒的杰作》后"，正"筹备第三次公演，剧本已选定曹禺先生最近发表在港版大公报之三幕剧《北京人》，主角人选经已确定，现正积极排演中，预计下月上旬当可献演于爱好话剧人士之前"。

---

①　此处疑似误印，不是"六"而是"十"。

10 月 24 日　是日起,为第四届戏剧节,中央青年剧社在重庆抗建堂首演曹禺新作三幕剧《北京人》。导演张骏祥,舞台监督杨村彬,助理导演刘厚生,布景设计蒋廷藩、李恩杰,灯光设计程默,服装设计傅惠珍。演员阵容:沈扬饰曾皓,耿震饰江泰,张瑞芳饰愫方,江村饰曾文清,赵韫如饰曾思懿,傅惠珍饰陈奶妈,张正通饰曾霆,张家浩、刘厚生、李天济、陈思、李剑浩饰小商人,邓葳饰袁园、罗苹饰曾瑞贞。演至 29 日,连演六晚。(《中华全国戏剧界抗敌协会纪念中华民国第四届戏剧节联合大公演》广告,重庆《新华日报》,1941 年 10 月 11 日;《北京人》广告,重庆《新华日报》,1941 年 10 月 24、29 日;石曼:《重庆抗战剧坛纪事》第 75、76 页)

关于这次演出、排练,据张瑞芳回忆:"我是第一个演愫方的","《北京人》演了两轮,场场满座。"(《苦闷的灵魂——曹禺访谈录》第 262 页)"那时正是敌机大轰炸的日子,我们在清家巷的一个地主庄园的坟场开始了排练。这个坟场很宽大,四周有大栏杆,中间有一大块祭奠的空地,在空地搭个篷,成了排戏台。开始只排了两幕,(张家浩插话:这两幕是我从江安带出来的。)边来本子边排戏。导演是张骏祥。戏排了一个多月,张骏祥对曹禺的戏有研究,他认为曹禺的戏内在节奏强,不能温,太温了,不合适。因此,张骏祥排的戏节奏感很强,从不许演员破坏整体节奏。排戏中,李天济的音响效果做得非常顶真。为了模仿曾文清抽烟后跌跌撞撞摔倒在地的音响,李天济天天在台后摔跟头,给人十分自然逼真的感觉。排戏,人人都十分认真严格。有人看完演出,竟一夜难眠。"(同前第 264 页)

据张骏祥回忆:"曹禺听说我要离开'中青',回上海去投奔佐临和健吾。就托杨村彬同志赶到重庆,劝我说一批学生好不容易聚拢来,不要轻易散了,同时他还决定为我赶写好《北京人》的剧本……不久,曹禺果然把《北京人》写好送来,我们就在轰炸季节的重庆郊外认真排练了这部戏,秋天在重庆上演。"(《美好的回忆》)

是日　重庆《新华日报》刊《北京人》演出广告。其广告语写道:"具柴霍甫的作风,对古旧衰老的社会,唱出最后的挽歌,以写实主义手法,从行将毁灭的废墟,绘出新生的光明。(全剧)紧张、细腻、严肃、深刻。一九四一中国剧坛珍贵收获,中央青年剧社本年荣誉贡献。"

10 月 26、27 日　北京剧社在长安戏院再度公演《原野》,"金子一角因故"换人。(《北京剧社增设职业组》,《369 画报》第 11 卷第 12 期,1941 年 10 月 9 日)

10 月 29、31 日　重庆《新华日报》刊《北京人》演出广告。

10 月 30 日　重庆《新华日报》刊消息《〈北京人〉继续上演》:"中央青年剧社演出之《北京人》,连日观众拥挤,该社决自三十日起,仍在抗建堂继续上演。"

是日　《青青电影日报》第 171 号刊《丹尼病愈后——返舞台演丁大夫》:"上海

职业剧团之《蜕变》，自双十节起献演，已将三星期，卖座始终不衰，演员之精神亦愉兴奋，前丹尼因病告假后，丁大夫一角，改由严斐代演，成绩虽亦极佳，观众固盼望丹尼早日病愈后重行登台也，兹闻丹尼业已痊愈，昨日起又上台重演丁大夫一角……"

10 月 31 日　上海《青青电影日报》第 172 号刊消息《剧艺社放弃〈大地〉》："又据剧艺社全力以赴，而由吴江帆日夜积极排练中之曹禺新作《北京人》，演员有英茵，徐立，周起，章杰，（顾）也鲁，岱云，芜华，芷君，钱樱，吴漾，潘彝云兰，王琪，流含，刘群，穆宏等等二十人云。"

是月　山东纵队宣传大队一队来到胶东，演出话剧《雷雨》。（《中国话剧史大事记》第 325 页）

11 月 1—30 日　上海《申报》连刊《北京人》、《蜕变》、《原野》、《日出》广告。1日，刊上海剧艺社公演《北京人》广告："下期献演曹禺继《蜕变》最新作品《北京人》，吴江帆导演，献演十天，本月六日夜起开演。"中旅出演《原野》广告："中旅出演天宫剧场，日夜献演。"上海职业剧团演出《蜕变》广告："卡尔登今天日夜公演《蜕变》。明晨加演早场。"三个广告紧挨着。以及绿宝剧场即将上演《日出》广告。2 日开始，四个广告同刊，只是内容稍有变动。12 日起，《日出》广告撤，《北京人》、《原野》、《蜕变》续登。16 日起，"卡尔登"发《紧要启事》，告之《蜕变》停演。"辣斐"的《北京人》，"天宫"的《原野》广告续刊。18 日起，仅剩"辣斐"的《北京人》广告，20 日结束演出，告之"今起《杨娥传》"，27 日起"继续献演"《北京人》。26 日预告"明天日夜继续隆重献演"。27 日起演出广告照常。

是日　香港《华商报》刊消息，旅港剧人经选择，定优先公演曹禺新作《北京人》，"今晚是《北京人》第一天开始排演的日子"。

11 月 3 日　北京《369 画报》第 12 卷第 1 期"电影·话剧"版刊穆穆《评〈雷雨〉上演》、金争《艺生主办〈原野〉观后》二文。

11 月 5 日　上海《学习》①半月刊第 5 卷第 3 期刊应卫民《读了曹禺的〈蜕变〉》。作者认为《蜕变》与《雷雨》、《日出》、《原野》"三个剧本有着些差别"，"我们的作者"也随着时代"向前行进"，"曹禺先生就始终的紧抓住了时代所赋于的使命，——在各个不同的时代，不同的社会变迁下，暴露他不同的现象。"但是"感到可惜的，是剧作者没有，也不可能再写出医院以外的情形来"。

---

①　1939 年 9 月 16 日在上海创刊。纯研究性半月刊（每逢一日、十六日出版）。编辑人柳静，发行人王方舟，学习半月刊社出版。按：本期实际为 5 日出刊。

是日 上海《申报》刊消息:"昨据上海职业剧团主持人称:'《蜕变》连日卖座盛况空前,较前演时更佳,所以欲罢不能,原定之《阿 Q 正传》《袁世凯》两剧,也只得缓期公演了。'"

是日 上海绿宝剧场开始公演《日出》。导演姜明。演至 11 日。(《日出》广告,《申报》1941 年 11 月 5—11 日)

11 月 6 日 上海剧艺社在辣斐剧场上演《北京人》,编剧曹禺,导演吴江帆,英茵饰曾思懿,燕华饰张顺,戴耘饰陈奶妈,芝桂饰小柱儿,孙芷君、吴君饰曾文清,天然、潘彝饰曾霆,王祺饰愫芳,流金饰曾瑞珍,钱樱饰曾文彩,徐立饰江泰,章杰、刘群饰曾皓,周起、邦彦饰人类学者,穆宏饰北京人,云岚饰袁圆,费华、金戈、梁左饰要账的,少翔饰警察。演至 20 日,27 日起"日夜"续演,12 月 18 日"最后一场","明日起换演新戏暂停数天"。(《北京人》广告,上海《申报》,1941 年 11 月 4 日—12 月 18 日)不过,新戏并未上演,20 日,上海剧艺社宣告解散了。(《上海剧艺社遽告解散》,上海《申报》,1941 年 12 月 20 日) 这是该剧社在"孤岛"演出的最后一个剧目。

是日 上海《申报》刊《北京人》、《蜕变》、《原野》、《日出》广告,还刊文化生活出版社新书《北京人》广告,广告中预告"曹禺戏剧集""七.《家》(巴金原著)即出"。

11 月 7 日 上海《申报》刊黄英《〈北京人〉读后》一文。

11 月 8 日 延安青年艺术剧院"应边区银行之请"在边区礼堂再演《雷雨》。"这次重排,增加了序幕和尾声,演员仍旧,增加与改换的演员是:刘学明、王影饰修女甲、乙,吕雪熙饰姐姐,胡果刚饰老仆。(文化部党史资料征集委员会等:《高原·演出·六年》第 244 页;《介绍青年艺术剧院》,《解放日报》,1941 年 11 月 3 日) 据戴碧湘回忆:"《雷雨》演出日期是在 1941 年 11 月 8 日—20 日。这次演出有个新主意:加上序幕和尾声。新增加的演员有刘明学和王影,她们分别扮演修女甲乙,扮演姐弟的可能是吕雪熙和陈永昶,但记不清了。剧中仆人改由胡果刚扮演。一些剧团演《雷雨》都不演序幕和尾声,因为只演中间四幕时间已够长了,在延安的剧场条件下会更长。而这次演出每场最少也在五个小时以上,如果不顺利,还会更长。有次在党校小礼堂,演完竟要天亮了。"(《记延安青年艺术剧院》)

11 月 9 日 北京《369 画报》第 12 卷第 3 期"电影·话剧"版刊消息《曹禺与郑秀协议离婚》:"兹据沪上通信,曹禺自于民国二十五年与前清华大学毕业生郑秀女士在南京结婚后,感情极为融洽,最近竟因某种误会,以致双方协议离婚,曹禺受此打击,将于本年末赴沪,主持剧艺社分裂后之新剧艺社,并预定明春将亲自上演《雷雨》,饰剧中之周冲云。"

"据说:《雷雨》中的周冲,曹禺所写的就是他自己,所以历来各地出演《雷雨》

之周冲一角，演来曹禺都不很满意，所以这次曹禺的预演周冲的消息，或有可能。"
"又据说：《日出》中的陈白露，曹禺是以唐若青作为模特儿，所以历来各剧团饰陈白露角色的，只有唐若青扮演得逼真。"

11 月 13 日 上海《影迷周报》①第 4 期刊消息《〈北京人〉将搬上银幕》："曹禺最近之新作《北京人》，正在上海剧艺社公演中，该剧刻画大家庭崩溃之前夜，非常生动，因此导演岳枫，有意搬上银幕，并且已经将改编之工作完成十之八九，一星期后，即可继《小房子》后开拍，现在正在与曹禺之驻沪代理人索非商洽一切，昨据岳导演告记者：'我在改编时，着重曾家三代一节，因为舞台与电影不同，情节太复杂，反不易处理，记得从前沈西苓要想改编《日出》，也须备着重小东西的一节，就是这个意思。'""按岳导演先后曾经改编曹禺之《日出》，《原野》，此次《北京人》则属第三次矣。"

11 月 14 日 香港《华商报》刊消息，旅港剧人正在"加紧排演曹禺三幕名剧《北京人》"，"将来全剧之演出达四小时半之久"，演员阵容：舒强、蓝马、王苹、凌琯如、戴浩、金乃华、风子、周伟、虞静子、杨伟立、陈健、王静安、沙蒙、贺路等。

11 月 16 日 上海《学习》半月刊第 5 卷第 4 期"批评介绍"栏刊署名"干"的《〈北京人〉简评》。文系观《北京人》演出而作。作者认为，"作者有一种颇为奇怪的想头，对现实的鄙夷，却以原始的北京人作为一种理想，甚至为着追求光明而出走，也少不了那北京人的帮助。不仅使主体的积极性减到无以再减，使意识弄到模糊，而且是会引人到空想和虚无的境界的。显然，这乃是作者的世界观关系，我希望作者能在这方面努力。"

是日 "四一剧社""假北京东城青年会楼上一百号房间宣布成立"，到会"有陈绵，张鸣琦，朱肇洛，傅惜华，魏石凡等达数十人"。会上"特别组织了一个董事会"，并"在董事会的监督指导之下，积极筹备首次的演出，剧本选了《北京人》"。(《由"四一剧社"的成立·谈到今后话剧的推进问题》；谢人堡：《关于四一剧社》，《369 画报》第 12 卷第 7 卷，1941 年 11 月 23 日)

11 月 18 日 《国立戏剧学校校友通讯月刊》第 3 卷第 2 期出版。"校友消息"称："万家宝先生于上月八日得一女公子②，月底又赴渝观其继《蜕变》后之巨作《北京人》上演，可称'双喜临门'"。

11 月 20 日 北京《艺术与生活》第 23 期"艺坛瞭望台"刊署名老元《本刊主办

---

① 1941 年 10 月在上海创刊。周报(每逢星期四出版)。主干：张文杰，主编：姜星谷，总经售：五洲书报社、大同图书杂志公司。

② 即万昭。此日期比较靠谱，而万昭提供之日期应是户口本所填。

〈原野〉演出前前后后》一文,讲了 10 月"艺专"与"育英"联合演出《原野》情况。

11 月 21 日　香港《华商报》刊消息:"《北京人》不久将在中央戏院上演了",请大家关注"公演日期"。

11 月 23 日　香港《华商报》刊消息:"《北京人》的演出工作正在紧张热烈进行中。现一二三幕均已排演就绪",并提请"密切注意公演日期"。

11 月 24 日　旅港剧人在香港某书院试装排演了《北京人》的"一二三幕"。(《〈北京人〉昨晚慎重试装,二十九日公演》,香港《华商报》,1941 年 11 月 25 日)

11 月 26 日　北京《369 画报》第 12 卷第 8 期"电影・话剧"版刊文《曹禺新作〈蜕变〉已上演》,讲上海演出《蜕变》情况。

11 月 27 日　上海《影迷周报》第 6 期刊《岳枫放弃〈北京人〉》。消息说:"岳枫曾有改编《北京人》之计划,并曾商议进行方法,今闻该剧本改编后,与《家》,大同小异,因此暂时放弃,将来再谈云。"

11 月 27 日　旅港剧人在香港中央戏院彩排预演《北京人》,招待各界友人,听取意见。演出"情况极为热烈"。(《北京人彩排》,香港《华商报》,1941 年 11 月 27 日)

11 月 28 日　香港《华商报》第 4 版刊《曹禺新作〈北京人〉定明日隆重献演》一文。全文介绍了昨日彩排情况,《北京人》剧本本事,本次演出阵容及日期。本版还刊《北京人》上演广告。

11 月 29 日　是日起,旅港剧人以"旅港剧人协会"名义在香港中央戏院公演曹禺的《北京人》。系该团"继《雾重庆》与《希特勒的杰作》后第三次公演"。导演章泯,舞台监督司徒慧敏,舞台设计丁聪。演员阵容:陈健饰张顺,王萍饰曾思懿,周伟饰陈奶妈,林伟立饰小柱儿,蓝马饰曾文清,金乃华饰曾霆,王静安饰袁圆,凤子饰素芳,虞静子饰瑞贞,戴浩饰江泰,凌珀如饰曾文彩,舒强饰曾皓,贺路饰袁任敢,沙蒙饰"北京人"。演至 12 月 2 日共 4 天,每日两场,票价:日场分一元七角、一元、七角、五角、三角,夜场分二元八角、一元五角、一元、一元二角、七角、四角。演出前,戏票总是"即告售罄"。演时,戏院门前"被挤得水泄不通",其"热闹程度""为公演话剧所仅见"。(《曹禺新作〈北京人〉定明日隆重献演》、《北京人》广告,香港《华商报》,1941 年 11 月 28 日;《北京人今日献演》,29 日;《〈北京人〉公演特辑》,30 日;《〈北京人〉观众极拥挤》,12 月 2 日)

是日　香港《华商报》3 版"舞台与银幕"专栏刊发了黄舞莺《关于〈北京人〉》、易庸《蜕变中的〈北京人〉》、钢鸣《〈北京人〉上演小感》等人文章,并配发《北京人》剧照 3 幅。

11 月 30 日　香港《华商报》编发《〈北京人〉公演特辑》,有华嘉《谈〈北京人〉的人物》、周伟《〈北京人〉小谈》等文章,及晦晨诗作《题〈北京人〉》一首,并配发剧照 1

幅。头版刊《北京人》演出广告。

12 月 1 日　重庆《学生之友》①第 3 卷第 6 期"戏剧专辑"刊载署名醒民的《〈雷雨〉里的"风波"——国师星社公演〈雷雨〉的前后》。文中讲述了国立师范学院"星社"演出《雷雨》的全过程。

是日　上海《申报》续刊上海剧艺社《北京人》演出广告。3 日告之："演期日促,只余八天,欲看从速"。8 日告之："最后三天,决不展期","下期献演《雾重庆》"。停刊 4 日,自 15 日续刊,告之："每天日场献演","演期无多"。18 日告之："今日最后一场"。

12 月 3 日　《云南省政府公报》第 13 卷第 92 期刊《命令》：

准内政部咨为中央宣传部函查曹禺所著《雷雨》剧本殊不合抗战时期之需要暂禁上演等由一案令仰即便饬属遵照

云南省政府训令秘辑字第八〇八号

令民政厅

案准

内政部民国三十年九月二十二日渝警字第四〇八六号咨开

案准中央宣传部函查曹禺所著《雷雨》剧本,业经令据中央图书杂志审查委员会重行审查具报该项剧本殊不合抗战时期需要应转饬各地主管机关暂禁上演等情除分行外请查照饬知等由准此除分行外相应咨请查照饬遵为荷！

等由,准此,自应照办,除分令外,合行令仰该厅即便饬属遵照为要。

此令

主席　龙云

12 月 3 日　重庆《新华日报》刊柳亚子诗作《〈北京人〉礼赞》,系柳先生"读《北京人》剧本后所作"。诗中写道：

旧社会,已崩溃;新世界,要起来！只有你,伟大的北京人呀;承继着祖宗的光荣,还展开着时代的未来！

破碎的大家庭,已面对着不可避免的摧残！老耄的白发翁,还依恋着古旧的棺材！长舌的哲妇,自杀的懦夫,都表现着旧社会的不才！只有你,伟大的北京人呀！一分力,一分光,正胚胎着时代的未来！

多情的小姐,洗净她过去的悲哀！被压迫的小媳妇儿,冲破了礼教的范

---

①　1940 年 6 月 15 日在重庆创刊。编辑者：学生之友社,社长兼发行人：许心武,总经售：中国文化服务社。

围！跟着你，伟大的北京人呀！指点着光明的前路，好走向时代的未来！

是日 北京《369画报》第12卷第10期"电影·话剧"版刊《北京剧社在北京演曹禺新作〈北京人〉》一文。文说："北京剧社自演出《原野》后即积极加强内部组织，充实演员阵容。经一月之努力，此项工作大致均已就绪。现该社正准备排演曹禺新作《北京人》，现正从事于呈报剧本及设计舞台装置之工作，预计于新年前后即可将此剧搬上舞台。"

12月4日 延安青年艺术剧院召开第2次理事会。会上决议，增聘郭沫若、田汉、洪深、欧阳予倩、万籁天、夏衍、曹禺、阳翰笙为该院名誉理事。（《延安文艺运动纪盛》第298页）

12月6日 香港《大公报》载茅盾《读〈北京人〉》一文。他以为《北京人》"作者又回到从来一贯的作风。这是可喜的"。他还说，曾皓、曾文清、江泰等"这一群人物，写得非常出色，每人的思想意识情感，都刻写得非常细腻，非常鲜明。他们是有血有肉的人物，无疑问的，这是作者极大的成功"。"曾家一家人的无色彩的贫血的生活，就像一个槌子，将打击了观众的心灵，使他们战栗，当然亦将促起他们猛省，用更深刻的一点眼光看看他们周围的社会和人生。不，绝不能低估《北京人》的价值，低估它的社会意义。"大概，这是最早对《北京人》的评论了。

12月9日 香港《大公报》编发《〈北京人〉演出特辑》，报道《北京人》在港演出情况。

12月20日 北京《艺术与生活》第24期编发《〈蜕变〉演出专页》。刊有曹禺《关于〈蜕变〉二字》，巴金《关于〈蜕变〉》，《〈蜕变〉的故事》，《〈蜕变〉演出盛况》，《曹禺新作相继问世》，《石挥——演梁专员大博美评·誉为：中国剧坛老人典型》，《上海职业剧团公演〈蜕变〉演员表》等文。《曹禺新作相继问世》一文说："曹禺自发表三部曲《雷雨》、《日出》、《原野》以来，无疑已成中国最著名之戏剧家矣。继之而后，又写《正在想》、《蜕变》及改编巴金之《家》，已不下六七种。继《蜕变》而后又写《北京人》现已出版，平均八个月产生一新剧。以上各书，除《家》外，均已由上海文化生活出版社刊印发行，而《家》亦复预告出矣。"

本期"重庆艺讯"刊消息："国立戏剧专科学校，设立于距重庆约百里的上流江安县城中。校长余上沅氏，教师有曹禺，张骏祥等名家多人，不时举行实验公演。"

12月25日 福建《现代文艺》①第4卷第3期载谷虹的《曹禺的〈蜕变〉》一文，

---

① 1940年4月25日在福建创刊。改进出版社编辑兼发行，社长黎烈文，主编王西彦。1942年1月25日起，改为靳以主编，黎烈文任发行人。1942年12月25日至第6卷第3期终刊，计出版33期。16开。

文称"《蜕变》是曹禺创作路程上的一块新的纪程碑"。

12 月 28 日　浙赣铁路"浙赣剧团为招待"浙赣铁路工会"会员代表,特联合军委会政治部剧宣十队,战区特党部剧二团,浙江省第一巡回剧咏团","假玉山南丰会馆公演曹禺名剧《蜕变》"。(《公演〈蜕变〉招待代表》,《战时工人》第 3 卷第 1、2 期合刊,1942 年)

是月　《曹禺戏剧集》之四,《北京人》由重庆文化生活出版社初版。1943 年 8 月再版。1944 年列入巴金主编之"文学丛刊"第 7 集,由桂林开明书店初版。后收入《曹禺全集》第 2 卷。

是月　上海《乐观》①第 8 期刊周瘦鹃《看了〈蜕变〉》一文。文系观看上海职业剧团演出《蜕变》后所作。周先生说:"《蜕变》是一部有意义的戏剧,对于现时代是一服兴奋剂。看了《蜕变》能使悲观的人乐观起来。看了《蜕变》能使颓废的人振作起来。看了《蜕变》能使老年人自忘其老,而使少年人加强他的朝气。看了《蜕变》,能使已经变坏了的人,良心发现,想怎样革面洗心,重新做人。看了《蜕变》,能增进爱国和爱民族的心理,以及天伦之情。

"如今,《蜕变》是已被禁止开演了,也许最近期间在这所谓孤岛之上,再也没有重看一遍的机会;然而两个月来,梁专员和丁大夫的印象,已深深地刻在观众的心头眼底,永远不会磨灭,不会淡忘。"

是年　作《赠友人》,后发表于 1995 年 5 月 10 日《诗刊》第 5 期,收入《曹禺全集》第 6 卷。

是年　往来于江安、重庆等地,教学、写作、参与社会活动。

---

①　1941 年 5 月在上海创刊。月刊。周瘦鹃主编,上海乐观杂志社出版。1942 年 4 月停刊,计出版 12 期。1947 年 4 月在上海复刊,发行人林振浚,编辑人周瘦鹃,出版者银都广告社。停刊不详。

1942 年(民国三十一年)　三十三岁

2 月 16 日,"剧本出版及演出审查监督办法",由国民党第 5 届中央常务委员会第 195 次会议通过。办法规定:所有戏剧剧本之出版或演出审查,重庆市统归中央图书杂志审查委员会办理,各地方由地方图书杂志审查处办理,原有党部政府或宪警机关附设或合办之戏剧审查机构,一律取消。

3 月 23 日,中央社发布消息:中央图书杂志委员会审查剧本事宜,决定自 4 月 1 日起正式接办,送审剧本时,须将字迹清楚之剧本备具三份,在预定上演日期至少十日以前送审。

3 月 24 日,中华全国戏剧界抗敌协会会刊《戏剧新闻》。假《新蜀报》副刊版面与读者见面。姚蓬子、赵铭彝编辑。

5 月 16 日,中央图书审查委员会潘公展等,邀请各剧团负责人和主要演员在重庆冠生园餐厅举行茶话会。会上宣布:重庆市戏剧演出的剧本审查,以后改归中央图书审查委员会负责。

10 月 10 日,黄佐临主持的"苦干"剧团与上海艺术剧团合作,以"上艺"名义演出《大马戏团》。

10 月 17 日,中华剧艺社在重庆国泰大戏院公演夏衍新作五幕话剧《法西斯细菌》,洪深导演。

12 月 29 日,中国艺术剧社(简称"中术")在重庆恒社宣告成立。这是在中共南方局领导下继中华剧艺社之后组建的又一重要话剧团体。

12 月 31 日,中华剧艺社在重庆国泰戏院演出郭沫若新作四幕历史剧《孔雀胆》,导演应云卫。

1 月 5 日　北京《中国文艺》[①]第 5 卷第 5 期"批评与介绍"栏刊杨壁的《曹禺的中学时代》,并配有"曹禺(左)与本文作者在南开中学时"的照片 1 幅。作者系曹禺中学同班同学,其"凭着个人的回忆"写下这篇文字。文中回忆了曹禺中学时期的

---

① 　1939 年 9 月 1 日在北京创刊。月刊。每月 1 日出版。中国文艺社发行。

一些日常生活、学习、演剧情况,虽有地方不准,但其是目前发现的具有较多信息的一篇介绍曹禺中学情况的文字。

1 月 15 日　西北文工团在延安首演曹禺的《北京人》。张季纯导演。(《延安文艺丛书·第 16 卷·文艺史料卷》第 1076 页)

是日　延安《解放日报》刊消息:"西北文艺工作团将演曹禺之《北京人》。"

1 月 22 日　重庆《中央周刊》①第 4 卷第 24 期刊郑学稼《评〈北京人〉》一文。作者对《北京人》提出批评,认为该剧"是'在时代之前,又在时代之后'。如果,牠(它)出现于《少奶奶的扇子》时,是超越时代的;可惜牠(它)产生于恰在我们粉碎一世纪锁在肩上的锁链的今日!"

1 月 23 日　北京《369 画报》第 13 卷第 7 期"戏剧·活人大戏"版刊消息《中国联合影片公司出品〈森林恩仇记〉即将在京上映》,并配电影剧照 3 幅。

1 月 29 日　重庆《新华日报》"文化汇讯"栏刊消息:"曹禺之《北京人》,卅一日起由青年社在抗建堂再度演出。"

是日　重庆《中央周刊》第 4 卷第 25 期刊郑学稼《论曹禺剧中的人物》一文。作者从曹禺《雷雨》、《日出》和《北京人》三个剧本人物出发,认为,"在三种据本中,对于所谓'光明人物',几乎又是类似的。《雷雨》是鲁大海,他不知所终;《日出》是方达生,他下落不明;《北京人》是北京人,他只是一个暗影。除了鲁大海之外,方达生是糊涂的半自觉的,北京人是半神怪的。""我们可以说:在曹禺先生的剧本中,对于人物的描画是只有简单的与类似的轮廓,而且成功的少而失败的多。"

1 月 31 日　是日"抗建堂晚场起,中央青年剧社再度公演《北京人》",演至 2 月 6 日。(《北京人》广告,重庆《新华日报》,1942 年 1 月 31 日)其间,周恩来曾往观看。据张瑞芳回忆:"1942 年初,周副主席再看《北京人》,特意去后台观大家,他对曹禺说:'你还在向往原始共产主义吗?我们现在已经有了延安了。'"(《岁月有情——张瑞芳回忆录》第 154 页)

2 月 1 日　福建《改进》②第 5 卷第 12 期刊徐君藩《读〈蜕变〉》一文。文说:"曹禺戏剧集第五种〈蜕变〉(四幕剧),以簇新的主题,呈现在中国戏剧界。抗战以来,中国的剧作常被指为有'公式化'的倾向,似乎没有十足的爱国志士、汉奸、日军、间谍……便无戏可做。〈蜕变〉一出,打破了这种沉闷,给剧坛以新的气象。"

2 月 1—6 日　重庆《新华日报》连刊《北京人》演出广告。

---

① 1938 年 7 月 7 日在长沙创刊,周刊。编辑、发行中央周刊社。后移重庆出版。

② 1939 年 4 月在福建永安创刊。半月刊。主编:黎烈文,编辑委员:沈炼之、吴朗西、陈东帆。发行者:改进出版社。印刷者:福建省政府秘书处印刷所。1946 年 7 月停刊。

2月3日   是日起,国防艺术社在桂林新世界戏院公演《北京人》,导演熊佛西,演员张家仪饰愫方、罗亭饰江泰、龙瑶芝饰陈奶妈、舒仪饰曾文彩、郭眉眉饰袁园、叶仲寅饰曾思懿、潘砚之饰曾瑞贞、廖行健饰曾文清、孙炳光饰曾皓、程刚饰曾霆。另外,还从市里物色了一位身高二米一、体重136公斤的巨人廖高饰演剧中的"北京人",广为宣传,以为招徕。到2月8日止,日夜连演了八场。夏衍、洪深、田汉、蔡楚生、司徒慧敏等,应熊佛西之邀,联袂往观,颇加鼓励。报纸亦相继发表了王云波、谢康寿等人的评论,大加赞许。唯白夏在《谈〈北京人〉中的北京人》一文,对"北京人"在剧中的出现认为"是一个累赘,或者说是多余的"。理由是:"第一,他的出现,使剧情失去了调和;第二,曲解了旧社会崩溃和新社会将要到来的因果必然。最后,把观众带进神话的圈子里去……替《北京人》穿上了神秘的外衣。"这一批评,与剧社以那位"全国各地演北京人最魁伟之演员"为招徕有关。(广西社会科学院:《桂林文化城纪事》第385、386页)

2月5—13日   重庆《新华日报》连刊《原野》广告。

2月6日   重庆《新华日报》第4版发表署名茜萍的《关于〈北京人〉》一文,文说《北京人》可以"惊醒那些被旧社会的桎梏束缚得喘不过气来的人们,助之走向太阳,走向光明,走向新的生活。"这就回答了说《北京人》与抗战无关的批评。第3版刊消息《朝阳学生募滑翔机,明日起公演〈原野〉》:"朝阳学院组织之朝大剧社,为响应滑翔机运动,定明(七)日起在本市抗建堂演出曹禺名作四(三)幕剧《原野》一周,所有收入悉数捐购滑翔机。"

2月7—13日   重庆朝阳学院的朝大剧社,"为响应捐献滑翔机运动",在抗建堂上演曹禺的四幕剧《原野》。导演周彦,舞台监督苏恰,装置设计卢淦,灯光设计章超群,化装设计井淼。演员阵容:韩清,戈炎,邵琪,徐江,樊筠,宁坚。(《原野》广告,重庆《新华日报》,1942年2月5—13日)

2月13日   上海《国联影讯》周刊第1卷第20期第139页刊"天宫剧场"广告:中旅出演天宫剧场,曹禺名剧《日出》,唐槐秋导演主演,唐若青、孙景路破例纪念领衔主演!准旧正起日夜献演,五元二元电话送票,二时半七时两场,百演不厌百观不厌,最理想的伟大阵容。

2月15日   重庆朝阳学院的朝大剧社在抗建堂再演《原野》。(《原野》广告,重庆《新华日报》,1942年2月15日)

2月13—15日   国民政府军委会政治部抗敌演剧宣传第三队在温州永嘉县公共游艺场(南市大戏院)公演曹禺的《日出》,导演:鲍庚父;演员:郑思佐饰陈白露、林笛饰方达生、鲍庚父兼饰张乔治、曹潇萍饰王福升、何忆明饰小东西、苏禾饰潘月亭、鲍庚父兼饰黑三、濮阳春饰黄省三、何忆云饰顾八奶、张津饰李石清、东方明饰李太太、陶烈饰胡四、沈淑琛饰翠喜、姚守正饰小顺子、熊庆五饰哑巴、胡刚饰流氓甲、姚守正兼饰流氓乙。(《曹禺剧作在温州》)

2月26日　《半月文艺》第9期刊署名星原之(书评)《北京人》。文说:"这个剧本很值得看一看,作者在艺术上的成功处,我们应当向他学习,作者的艰苦的努力,也是不能抹杀的。"

2月28日　《教与学》第7卷第2期"文化消息"刊《〈雷雨〉剧本禁止上演》:"曹禺所著《雷雨》剧本因不合抗战需要,教育部函准中宣部特训令各教育厅转饬各学校暂停上演。兹探志令立于后:

'查曹禺所著《雷雨》剧本,业经饬据中央图书杂志审查委员会重行审查具报,以此项剧本殊不合抗战时期之需要,似应转饬各地主管戏剧机关暂禁上演等情到部,经核无疑,除分行各省市党部外,相应函达查禁转知为荷!'合行令仰转饬所属各学校机关遵照。"

本期并刊《剧本上演前必须送审》:"戏剧剧本之审查,近经中央常会决议,无论出版或上演,均须送经中央图书杂志审查委员会或各省市图书杂志审查处审定,兹闻中央图书杂志审查委员会业奉行政院令饬遵照,兹决定自四月一日起正式经办该项审查工作,不日自将颁布《送审须知》,俾各剧团剧院得以遵守。送审剧本,须将字迹清楚之剧本同查具备三份,并须于预定上演日期至少十日以前送会,以便审查云。"

春　浙西天目山的民族剧团,在朱陀岭顶上和天目山山麓首演曹禺的《原野》,前后共五次,观众达万人。有人说:"在这样一个高山上,一个物质条件缺乏的所在,竟演出了这样一个巨型的名剧,不能不被人疑为是一个奇迹","堪可惊动东南剧坛"。(《剧人在天目山——浙西通讯》,重庆《新华日报》,1942年4月30日)

3月1、2日　"四一剧社"在"北京饭店"举行第一次公演,演出曹禺的《北京人》。(《文艺春秋》,北京《艺术与生活》第26、27期合刊,1942年5月15日)"票价是三元,二元两种。一方面为了这次演剧的资本甚大,同时因为北京饭店那种地方的限制,不能不将票价定得比较高点如果稍有盈余,还可以为第二次的普遍演出做个基础。"(《由"四一剧社"的成立·谈到今后话剧的推进问题》)

3月18日　老同学靳以作《〈北京人〉——献给石,纪念我们二十年的友谊》,署名方序在25日《现代文艺》第4卷第6期发表。他这样说:"这是一本书,一出戏,那个叫做曹禺的人写的,在桂林和重庆的书店中都可以买得到。可是那个故事却存在我们广阔的人海里,那些人物却活生生地在我们身边,不信你看,这边那边,不是有那样忘记了生,只想着死的老头子,那样懒惰无用的中年人,那样泼辣恶毒的妇人,还有那可怜无告的老小姐么?这些人生下来就努力制造自己的悲剧,如今这悲剧是不断地在舞台上扮演,我们是观众,我们也是那吃力不讨好的演员。"(《新以散文小说集(上集)第 58 页》)

3 月 20—22 日 由隶属军委会政治部的朝鲜、台湾义勇队成员联合组成的"韩台剧团"在上饶首次演出《北京人》。(《韩台剧团在东战场》,重庆《新华日报》,1942 年 4 月 30 日)

是月底 西南旅行剧团"假国泰大戏院上演《北京人》,《日出》……等名戏"。(《文坛漫步》,重庆《新华日报》,1942 年 4 月 2 日)

4 月 1 日 北京《国民杂志》①第 2 卷第 4 期(第 16 期)"国民俱乐部"版"影事重重·名片介绍之二"刊文《舞台剧〈原野〉上银幕》,内容包括《职员表》、《演员表》、影片《梗概》并配剧照 1 幅。原著者曹禺,华成影业公司出品,华北电影公司发行。

4 月 2 日 据阳翰笙日记:"午后在中艺侧观《屈原》彩排。晚餐后约曹禺、(杨)村冰(彬)、(贺)孟斧在金门喝茶。""曹禺近颇忧愤,我对他很同情,很诚恳地劝他离开江安,来渝参加剧运,免得再有什么'怪汉'来扰得他心神不安。他说,他也有此打算。"(《阳翰笙日记选》第 35 页)

4 月 3—15 日 重庆留渝剧人"为响应中国航空协会募集巨人号飞机"在抗建堂上演曹禺的《日出》,导演苏怡,舞台监督周彦。布景设计卢景光,灯光设计章超群,服装设计全道利。演员阵容:章曼苹饰陈白露,赵韫如饰顾八奶奶,姜韵笙饰李太太,王斑饰方达生,井淼饰李石清,陶金饰潘月亭,王豪饰胡四,王珏饰黑三,严皇饰小东西,朱铭仙饰翠喜,潘直庵饰小顺子,谢添饰张乔治。共演出 13 场,观众 5 560 人。(《日出》广告,重庆《新华日报》,1942 年 4 月 3—15 日;《重庆抗战剧坛纪事》第 91 页)

4 月 3—17 日 郭沫若新作五幕历史剧《屈原》在重庆国泰大戏院首演。(《屈原》广告,重庆《新华日报》,1942 年 4 月 3—17 日)上演前,曹禺曾往观看排练。据曹禺回忆:"一九四二年左右,听说郭老要写《屈原》,我们的心都激动起来,热切地期待着这一声雷鸣!郭老用了十天工夫写出了剧本,很快就排出来。我去看过《屈原》的排练,演员们一个个都热血沸腾,连旁观者也是同样。"(《沉痛的追悼》)

4 月 7、8 日 "四一剧社"在北平中央电影院作二次公演,"第一日两场皆为

---

① 1941 年 1 月 1 日在北京创刊。编辑兼发行者:国民杂志社。

《北京人》，第二日日场《雷雨》，夜场仍为《北京人》，观者颇为拥挤，成绩也相当的美满"。（《四一剧社二次公演》，《国民杂志》第 2 卷第 5 期（第 17 期），1942 年 5 月 1 日）

4 月 27 日 延安《解放日报》发表江布撰写的《读曹禺的〈北京人〉》。作者认为："剧作者对于原始生活的想象和向往是超乎现实的。""剧本《北京人》中的'北京人'是作者把他当作一个光明憧憬来描写的对象；但是，显然，这描写并不现实。""从《雷雨》到《北京人》，作者的思路应该说是走向进步的，虽然存在于作品中的光明是如何有限，以及作者的情绪又如何不明显。"

4 月 29 日 延安《解放日报》载田方《走向农村——记西北文艺工作团》一文。文说，《北京人》的演出，在剧情与技巧上超过了《日出》和《雷雨》。西北文艺工作团经过三个多月的刻苦排练和各方人才的密切配合，使演出获得了成功。（《延安文艺运动纪盛》第 348、349 页）

是月 《满洲映画》（《电影画报》）第 6 卷第 4 号 4 月号刊李昕《曹禺在古城》一文。（《中国现代文学期刊目录新编》第 1 216 页）该文系全文转载英梧《曹禺在古城》一文，只是署名换了李昕。

5 月 1 日 延安《解放日报》在头版报眼位置刊载《北京人》演出广告。

是日 重庆《新华日报》"昆明小简"栏刊消息："剧作家曹禺，于日前由渝来昆，国防剧社定廿三日起公演《国家至上》，西南剧社等团体，亦筹备公演《北京人》。"

5 月 1—15 日 西北文艺工作团在延安边区参议会礼堂演出曹禺名剧《北京人》。张季纯导演，舞台设计石鲁，林丰、苏一平、朱丹、乌兰、闻捷、牧林、周冰、王贤民参加演出。（《延安十年戏剧图集（1937—1947）》第 43 页）此次排演"《北京人》，费时数月，所费万余元"，"一日为劳动节，特招待工人同志。四日招待文化界，五日适值成吉思汗春季大祭纪念日，特移成吉思汗纪念堂上演一晚。"（《延安动态》，重庆《新华日报》，1942 年 5 月 23 日、6 月 9 日）

5 月 4 日 福建永春县戏剧团体上演《蜕变》。（《文坛漫步》，重庆《新华日报》，1942 年 5 月 14 日）

是日起 韶关业余剧团在互励社公演《北京人》。（同前）

5 月 7 日 延安《解放日报》头版刊"重庆航讯"一则：《渝文艺界筹备公演〈屈原〉，郭沫若先生自饰主角》。消息报道说：此间文艺界拟于最近为山城脱险文化人募捐及纪念第二届诗人节，公演《屈原》，由在渝作家扮演，兹内定演员阵营列下：郭沫若（屈原）、马彦祥（宋玉）、老舍（子兰）、沈慧（南后）、于立群（婵娟）、孙伏园（子椒）、曹禺（靳尚）、张西曼（楚怀王）、邓初民（张仪）、臧远云（卫士）、罗荪（钓者）、王亚平（渔夫）、孙师毅（詹尹）、夏衍（更夫）、白薇（女官甲）、陆晶清（女官乙）、马宗融

（老者）、陈白尘、柳倩、梅林、常任侠、方殷（群众）、姚篷子、崔万秋、李嘉等（舞者）。由阳翰笙任导演，郑伯奇舞台监督，其他前后台人员及宣传均由文艺界人士担任。

这条消息很是轰动一时。后证实为"传言"。据夏衍致田汉信："讲到演戏，顺便告诉你一个笑话。这笑话大概已经传遍桂林了，由于《屈原》公演的成功，有几个戏迷在郭先生家里聊天，偶然高兴，戏拟了一个由文艺工作者来串演屈原的名单。后来不知给哪一位好事者拿去当作真的事而发表了，弄得大家啼笑皆非。"（《通讯》（郭沫若、洪深、夏衍、田汉、石炎），《戏剧春秋》第2卷第2期第60页，1942年7月25日）

5月8日　由香港脱险到达桂林的剧人，在大众戏院演出曹禺的《北京人》，由章泯导演，凤子、凌琯如、蓝马、王苹、舒强、沙蒙、戴浩、虞静子等参加演出。（《桂林琐事》，重庆《新华日报》，1942年5月13日）据有关记述："旅港剧人即于五月间举行救侨公演，演出曹禺名作《北京人》，由宋之的亲任导演，凤子及宋之的太太王萍等均参加演出。"（《一年来的桂林文化界》，《杂志》月刊5月号第76页，1943年5月10日）

5月9日　"四一剧社"在北平中央电影院作第三次公演，演出《雷雨》。（《国民杂志》第2卷第6期，1942年6月1日）"再演《雷雨》的原因，还是要实现我们'谋多次上演'信条和多有一次训练戏剧演员的机会。"（《由"四一剧社"的成立·谈到今后话剧的推进问题》）

是日　重庆《新华日报》头版刊"实验"影院上映《日出》电影广告。

5月15日　重庆《新华日报》"文坛漫步"栏刊消息：桂林"国防艺术剧社正加紧排演《原野》一剧，由黄若海导演，五月中旬，即可演出。金城话剧部，也正陆续排演……《原野》，《遥望》等剧。"

5月16日　留渝剧人筹组的新中国剧社，下午在中苏文协成立。余克稷任主席，选举周峰等9人为理事，白杨等3人为候补理事，曹禺等3人为监事，刘厚生等2人为候补监事。（《重庆抗战剧坛纪事》第96页）

5月21日　桂林国防艺术社在大众影院公演曹禺的《原野》，前后共演八场。由黄若海导演，郭眉眉饰演金子，罗亭饰演仇虎。（广西社会科学院：《桂林文化城纪事》第386页）

是日　《万象》十日刊[①]第3期刊载金川《中国话剧坛的星座——曹禺》一文。文章从曹禺中学时期"演《五奎桥》开始话剧生涯"[②]说起，谈到曹禺的成功，作者认为："（曹禺）是凭着自己的实际才能而为人称誉的。在他的三部曲里，我们可以发

---

①　1942年5月1日在上海创刊。十日刊（每逢1日·11日·21日出版）。主编陈蝶衣，发行人平襟亚，出版者万象书屋，发行者中央书店。至第9期停刊。

②　尚无曹禺演出《五奎桥》资料，此文说法有误。

现(出)他是一个(用)如何具有犀利眼光的旁观者。在他的戏里,他为我们刻画出大家庭之崩溃,社会之阴诈,他也为我们暗示出生活之意义,告诉我们这一代在这动荡潮流下的任务。"

5 月 23 日　贵州青年剧社在贵阳公演《北京人》。演出者王亚明。导演万流。演员阵容:朱光彦饰愫芳,万流饰曾皓,余则良饰曾霆,哈国珍饰曾文彩,王荔饰陈奶妈,汪季饰曾文清。参演的还有沈定、刘浪(即刘子东)、陈悦愉、白金清、周森冠、陆琪、杨珊、朱隆、王枫、周彤华、刘西林等。(《〈北京人〉我观》、《〈北京人〉演职员表》,《贵州日报》,1942 年 5 月 23 日)

5 月 24 日　重庆《新华日报》第 3 版刊消息《中电剧团筹演〈安魂曲〉——曹禺将饰主角》:"中央电影摄影场中电剧团,刻正筹演译剧《安魂曲》,是剧系焦菊隐译,描写乐圣莫扎尔特一生悲欢离合之故事。闻名剧作家曹禺,将自饰该剧中之主角莫扎尔特。"

5 月 25 日　《戏剧春秋》第 2 卷第 1 期刊茅盾《读〈北京人〉》一文。茅盾认为,《北京人》中"这一群人物,写得非常出色,每人的思想意识情感,都刻画得非常细腻。非常鲜明,他们是有血有肉的人物,无疑问的,这是作者极大的成功"。但曾家中"袁氏父女""这一对人物,倘在现实生活中出现时,将是一个'奇迹',而在剧本中,则是一个哑谜了"。曾家"养心斋以外的世界是怎样一个世界,是什么变化在进行着? 我们还不能得到一个清晰的印象"。剧本中"象征的'北京人'的身上,也似乎有些哑谜颇费猜详","对于比较落后的观众,则将产生违反了作者本意的感想。"

本期还刊胡风《关于〈北京人〉的速写》一文。文说:"平面地看,《北京人》是对于封建社会的挽歌和对于一种新的生活的向往。然而,在我们的感受上,作者的挽歌是唱得那么凄伤,那么沉痛,我们可以毫不踌躇地说,有些地方是达到了艺术的(我是在它原来的意义上写下这个形容词的)境界。但他在挽歌当中终于向往了的那'一种新的生活',却使我们感到飘忽、渺茫,好像是在痛苦底重压下面累透了的人底,一个仅仅为了安慰那痛苦的梦。所以,作者愈是把他底梦染上浓烈的色彩,我们就愈觉得那梦和现实远离,好像是两种不能粘在一起的东西,被勉强缚在一起了。"

5 月 28、29 日　重庆《新华日报》连载郭沫若《中国战时的文学与艺术——二十七日在中美文化协会演讲词》。谈到戏剧文学,郭沫若认为"老舍和宋之的合著的《国家至上》,曹禺的《北京人》,阳翰笙的《塞上风云》和《天国春秋》,夏衍的《一年间》是值得我们推荐的"作品。

是月　《中国公论》第 7 卷第 2 期刊《评〈北京人〉》(未署名)。文说:"早就有人批评曹禺君的作品的缺点,一是偶然性的'运用',因而有了二:宿命论的倾向(或者说是带有虚无主义的气息)。在《北京人》里,这样的弱点就更显著,'北京人'的出场,大有托古改制的意味,这不是一个具有进步意识的作家所应采用的手法,在我们赞叹作者对于堕落的北京人之讽刺的成功之余,不能不期待作者另外画出一个真的进步的北京人,或者这类的典型,在今日的社会里,是不会没有的吧!"

夏　离开国立戏剧学校,专心从事创作。经张骏祥介绍,来到重庆以东十多公里处,长江边上的一个小码头——唐家沱,住在一艘火轮里。大约住了三个月,度过了整整一个夏天,创作(改编)了四幕剧《家》。据曹禺回忆:

> 我记得是一九四二年,重庆的酷热如蒸的日子,我在重庆附近唐家沱的长江上,浮泊着的一支江轮里,俯扑在一张餐桌上,写着这个剧本。那是一个不大的江轮的餐厅,早晚都很清静,只有中午和黄昏时,一些轮船上的水手和我一同进餐。他们见我打着赤膊,背上流着一串一串的汗珠,还在昼夜不停地写。——一位中年人惊讶地说:"真是! 你们写戏的,原来也很辛苦啊!"……
>
> 在那轮船上,我大约住了三个月,度过整整一个夏天。在这期间,我每写完一段落,便把原稿寄给我所爱的朋友。我总要接到一封热情的鼓励我的信,同时也在原稿上稍稍改动一些或添补,或删去一些。在厚厚的复信里,还有一叠复写过的《家》的稿子。自从我写《北京人》,我的所有的文稿都是经过我所爱的朋友的手,或抄誊过,或改动过……(《为了不能忘却的纪念》)

据张瑞芳回忆:"……曹禺写《家》住在船上,船长姓薛,船停在唐家坨。岸上有一间空房,我和祖光、余克稷等人常在那儿聚会。""曹禺对我说:'我给你写个角色。'戏写完后,大家都报角色演,曹禺为此提出条件:不论哪个剧团演,瑞珏必须由瑞芳演。"(《苦闷的灵魂——曹禺访谈录》第265页)

关于《家》完稿后的情况,据乌韦·克劳特撰文:"《家》的剧本脱稿后,曹禺说他'心里有些忐忑不安,因为我在小说之外增添了一些东西。我加了几处内心独白,让每个人物能表达出他头脑中的想法。在中国话剧中还是破天荒第一次运用这种手法……当时我怕巴金会不高兴,可是他看了我的手稿后一个字也没改动。于是这个剧本就送去出版了'。"(《戏剧家曹禺》)

据曹禺回忆:"那一年,当我终于完成《家》这个剧本,我送给巴金同志看时,心里是很不安的。怕他不同意我的改编,尽管大致情节与人物都是根据原作,但总有些不同的地方。而我的老友巴金同志读完后,便欣然肯定。这使我终生不能忘怀……"(《为了不能忘却的纪念》)

6月5、6日　国立戏剧学校学生在江安本校举行毕业公演,演出曹禺的《北京

人》,演出者余上沅,导演洪深。(国立剧专本年度毕业公演戏单影印件)

6月6日　重庆《新华日报》"贵阳拾零"栏刊消息:"青年剧社,近筹备公演《北京人》。"

6月16日　是日起,为庆祝桂林中央军校分校成立18周年,国防艺术剧社演出《原野》和《求婚》。连演3日。(《桂林琐事》,重庆《新华日报》,1942年6月28日)《原野》一剧导演黄若海,参演演员有郭眉眉、黄若海、罗亭、尤梅等。(《一九四二年渝·桂·各战区剧运评述》,《文学创作》第1卷第6期,1943年4月)

6月22日　重庆《新华日报》编发"苏联反法西斯战争周年纪念"专版,刊曹禺与郭沫若、茅盾、田汉、欧阳予倩等92人联名签署的《中国文艺界为苏联抗战周年致斯大林先生及全体苏联战士书》。

6—10月　日本宝文馆《支那及支那语》4卷6—10期连载松冈弘译《正在想》(译注读本)。

7月4日　是日起,"四一剧社"在北京西单堂子胡同"西单商场仙宫电影院"举行"公演","预备了《日出》,《天罗地网》,《原野》,《香笺泪》,《雷雨》及《北京人》六个剧。后来因《香笺泪》一剧,当局未允演出,结果只剩了五个剧,排定每剧演六天"。"演员十九均为本刊公演《原野》之范映,顾嘉恩等人。"(《由"四一剧社"的成立·谈到今后话剧的推进问题》;《文艺春秋》,《369画报》第29期,1942年7月30日)

是日起　上海"大上海"影院上映电影《雷雨》。(《雷雨》广告,上海《申报》,1942年7月4日)

7月5日　是日起,上海影人于"新光"戏院再演《日出》。导演岳枫,演员袁美云、梅熹、白虹、夏霞、韩兰根、章志直、洪警铃等参加演出。(《日出》广告,同前4—20日)

7月9日　是日起,上海绿宝剧场上演《北京人》,以光华剧社名义演出。导演江沱,舞台监督吴景平。演员阵容孙景路(璐)饰曾思懿,梁左饰张顺,马笑侬饰陈奶妈,吴漾饰曾文清,金蕾饰小柱儿,李季饰曾霆,云岚饰袁圆,狄梵饰愫芳,蒋天流饰瑞珍,冷山饰江泰,李云饰文彩,仇铨饰曾皓,周邹饰袁任敢,徐泰饰北京人,雷鸣、张浩饰要账的,李杰饰警察。(《北京人》广告,上海《申报》,1942年7月6—20日)演至20日,接演《日出》,以新华剧团名义演出。导演黎次衡。演员孙景璐饰陈白露并翠喜。(《日出》广告,同前22—8月3日)

7月15日　重庆《新华日报》第2版"剧人在北碚"栏刊消息:"中央青年剧社……除了在本月初以渝演出原班人马在(北)碚演出曹禺的《北京人》,现在正由张骏祥排他自己改编的荷兰名剧《好望号》,准备开排的有曹禺改编巴金的《家》。"

7月16日　重庆《新华日报》"北泉杂语"栏刊消息：中国万岁剧团开始排演"曹禺之《蜕变》(史东山导演)"。

7月20日　《学习生活》①第3卷第2期刊署名伍辛的《〈大雷雨〉和〈北京人〉》。文说："《大雷雨》和《北京人》,时间地点是距离颇大的,然而却有着同样的主题——暴露封建社会的统治对于人性的摧残;也有着同样的题材的选择——在封建的家长权威下新的一代和老的一代不断演着的悲剧:或者是按照封建的生活样式忍受下去,那么就变成了将来的、比自己后一代的悲剧的制造者;或者是经不住心灵的袭击,那就成为现在的悲剧的牺牲者。也有着同样的社会意义——从家庭悲剧这一个环来表现整个封建社会腐烂的全链。"

7月下旬　在重庆北碚结识夏衍先生。据夏衍回忆:"当时在重庆……经陈白尘的介绍,我首先认识了吴祖光,这时,我还没有看过他的成名之作《风雪夜归人》,但他的剧本《文天祥》,我是看过的。第一次见面是在我去北碚之前,我们一见如故,他是生长在北京的南方人,熟悉老北京的许多奇闻轶事。又是一个讲故事的天才,他和我讲了不少曹禺在江津剧校时的故事,所以我就经他的介绍,在北碚认识了曹禺和张骏祥。我和他们两位都是初交,但我早就读过《雷雨》、《日出》,还特别喜欢《原野》,这三个剧本对我都有启发,特别是在刻划人物性格上……在一个盛暑的晚上,在北碚的一个露天茶座第一次会见的时候,一点不假,我是怀着向他们求教的心情的。但事情常常和主观臆想相反,他们温文平易,没有一点大作家、名导演的'架势',特别是曹禺,我的第一印象是过于拘谨……"(《懒寻旧梦录》第492、493页)

是月　《妇女月刊》②第2卷第2期"书评"栏刊署名雪林《评〈北京人〉》一文。作者认为:"就技巧说,本剧诚然有曹禺一贯的作风,热烈、紧张、深刻、细腻,处处震荡观众的心弦,抓紧观众的注意力。但结构还是同曹禺旧作《雷雨》、《日出》一般太嫌复杂,而且情节也太紧张了。"这部剧"不但技术没有进步,内容也没有什么进步"。剧中"北京人指的究竟是什么? 却颇不易确定,或者是指民族的活力青年的活力,或者竟如一般'前进份子'认为中国必须跟着他走而后才有出路的某种主义"。

8月1日　据叶圣陶记述:"余继续写字……条幅中之一张,系以余与雪舟名

---

①　1940年4月在重庆创刊。半月刊,至第1卷第4期起改为月刊。编辑赵冬垠、楚云,读书生活出版社发行。停刊不详。

②　1941年9月在重庆创刊。月刊。编辑人陆翰芩、林苑文,发行者妇女月刊社,总经售中国文化服务社。

义,赠予文化生活社成都办事处者,凑一绝句:'艺林声誉良非虚,英华谁不识潘屿。共指文化生活社,巴金著作曹禺书。"(《叶圣陶抗战时期文集》第 2 卷第 304 页)

8 月 2 日 据吴组缃记述:"我与舒(舍予)于内室中坐谈,舒谈万家宝与邓译生恋爱风潮,及张充和对卞之琳之态度与近日与邓之谣传。"(《吴组缃日记摘抄(1942 年 6 月——1946 年 5 月)》)

8 月 10 日 是日起,昆华中学校友会为募集前线将士医药,举行话剧公演,中国银行业业余剧社("怒潮剧社")与"山海云剧社"应邀在昆明"西南大戏院"演出《北京人》。(《昆明小简》,重庆《新华日报》,1942 年 8 月 11 日;《昆明的戏剧活动》,同前 9 月 30 日)

8 月 14 日 是日起,新华剧团在上海绿宝剧场上演《雷雨》。导演黎次衡。演员仇铨、李季、汪萍、周邹、狄梵、金蕾、唐琪等参加演出,演至 19 日。(《雷雨》广告,上海《申报》,1942 年 8 月 12—19 日)

8 月 18 日 《国立戏剧学校校友通讯月刊》第 3 卷第 9 期"校友消息"刊:"万家宝先生最近新著之《家》(由巴金之小说改编而成)约在本月底可脱稿,闻该剧将由中央青年剧社首先上演,导演为杨村彬先生。"

是月 贵州国风剧社上演《日出》。导演沈莫哀。演员阵容麦放明饰陈白露、沈定饰方达生,何适饰潘月亭,张文典饰张乔治,朱光彦饰顾八奶奶、翠喜二角,赵彤饰李石清,哈国珍饰李太太,曹藻饰胡四,翁培华饰小东西,王风饰小顺子,陆铮饰李福升。(《山城看〈日出〉》,《贵州日报》,1942 年 8 月 15 日)据舒明撰文,演员阵容是:何适饰潘月亭,麦放明饰陈白露,沈定饰张乔治,赵彤饰李石清,刘子东饰福升,王洪饰方达生,朱光彦饰顾八奶奶、翠喜二角,哈国珍饰李太太,华谷萍饰黄省三,曹藻饰胡四,翁培华饰小东西。(《贵阳抗敌话剧活动拾零》,《抗战时期西南的文化事业》第 309 页)

9 月 1 日 《文化先锋》①在重庆创刊。张道藩在创刊号上发表《我们所需要的文艺政策》一文。张道藩在"不表现不正确的意识"一段中,举新近问世的曹禺的《北京人》说,以原始北京人是人类的希望,是"不正确的"。

是日 《国民杂志》第 21 期(9 月号)刊张允中《由"四一剧社"的成立·谈到今后话剧的推进问题》一文。详细介绍了"四一剧社"成立后的情况。本期还刊署名蕾子的《天津剧坛史概》。文及:"南开学校以各学校均采其剧本,遂停止自编,经张

----

① 周刊。国民党中央文化运动委员会主办。编辑人李辰冬,发行人张道藩,发行所中央文化运动委员会文化先锋社。

蓬(彭)春之指导,每年专译西洋剧本上演一次,彼时易卜生之《傀儡家庭》《国民公敌》,果戈理之《巡按》,大为兴时。同时话剧本质亦已提高与改善,曹禺(万家宝)此时正在肄业,亦由张蓬(彭)春训练,以演技名,其对话剧之爱好与研究,亦于此时播下种子,而有今日之成就。"

9月15日 《新认识》①第6卷第1期刊周可琛《〈北京人〉与〈野玫瑰〉》一文。作者认为《北京人》"从整个剧的各方面看,仍不失为出自一个成熟作者之手的佳构"。"《北京人》与《野玫瑰》在教育部学术审议会同得第三等奖,曾引起一部分人的非议,我们平心而论,那些非议者固然也有一些理由,但事实上他们却是大半站在另一种立场而立论的,我们认为,这两个剧本各有其优点和缺点,我们不要把它看得过于单纯。"

9月22日 《文化先锋》第1卷第4期"书评"栏刊王平陵《〈蜕变〉读后感》一文。文中,王平陵讲了《蜕变》剧本出版的一个插曲。文说:"曹禺的第五篇戏曲集《蜕变》,本来是交给我编入商务出版的《大时代文艺丛书》的一种。当我拿到《蜕变》的台本,我为了不延误出版的时间,粗枝大叶地看一看,就马上转交商务在渝的分会,直接飞寄香港付印了。听说,在《蜕变》印成的单行本上,和作者的台本,有了相当的出入,但我至今还没有能看到商务印出的单行本。究竟是那(哪)些地方有了出入? 出入的程度是什么样? 作者如果因此而另找书店来发行,实在是一个小小的误会。"

9月28日 重庆《新华日报·新华副刊》刊《今年演些什么?》一文,介绍"本年度雾季各剧团"演出剧目:其中定演的有"中央青年剧社,《家》,导演杨村彬","中国万岁剧团,《蜕变》,作剧曹禺,导演史东山"。"已经决定而尚未开始筹备者,有中电的《安魂曲》(《莫扎而特》),中艺的《归去来兮》(老舍作)……等等。未决定剧团的剧本,拟有曹禺的《三人行》,宋之的《祖国的呼唤》……等等。"

是月 《半月文艺》第22、23期合刊载署名 S.M. 的《〈北京人〉一论》一文。作者认为,"生活在今天的曹禺却唱着古旧的挽歌,技巧那么优秀的剧作家却拥抱着非现实的枯朽了的东西!""主题是旧的,非现实的,浪漫主义的,乌托邦的"。

10月1日 重庆《新华日报》刊消息《戏剧节将届》:"据多方探悉,今年雾季上演剧目……第二个节目为曹禺之《蜕变》,中国万岁剧团演出,日期约在10月15日左右……。"

10月2日 重庆《新华日报》刊消息《中电剧团将往成都公演》。消息及:"原

---

① 1940年3月15日在重庆创刊。月刊。编辑、发行新认识月刊社。

拟由'中青'演出之《家》，闻原作者已将初演权让与'中电'。"

10 月 2、3 日　应邀到国立戏剧学校演讲。据载："本月二、三两日特请万家宝先生为话剧高职两科学生讲演，题为《静的戏剧》。据同学云：'听先生一席话，胜读十年书也。万先生闲时又参观剧团排演《妒误》，指正甚多。'"（《母校消息》，《国立戏剧学校校友通讯月刊》第 4 卷第 1 期，1942 年 10 月 18 日）

10 月 3 日　《话剧界》①第 8 期"传声筒"栏刊消息："巴金的长篇小说《家》，除吴天已改编为剧本外，现闻曹禺亦已将该小说改为四幕剧云。""闻曹禺将演焦菊隐译之《安魂曲》，该剧的剧情是叙述乐圣莫尔扎德的一生，曹禺自任主角，若成为事实，定能轰动一时，但最可惜的是咱们不能一观！"

10 月 10 日　重庆《新华日报》头版刊"中国万岁剧团雾季献演"广告，其中有《蜕变》一剧。

是日　《青年文艺》②在桂林创刊。本期刊胡风《论曹禺的〈北京人〉》一文。文说："作者创作时的心情是怎样的呢？我看，他所注目，所了解，所感动的是封建大家庭底那种腐败，崩溃，痛苦万状，走投无路而拼命挣扎，面子上堂皇但里面却包藏着种种罪恶的那一幅图画。"

是日　《话剧界》第 9 期刊署名王违《原野》一文。文评说："曹禺的《原野》，无论在剧本或舞台上，似都不及他的前二部作品《日出》《雷雨》那样受了注意，一向被大家默认屈居第三位。但若从纯文学的观点上言，它实在有着最高的评价，并不比前二者逊色的，但因此不易为一般观众所接受也是事实。"

10 月 11 日　重庆《新华日报》第 3 版"市闻一束"栏刊消息：中国制片厂之中万剧团节目已定者为《蜕变》等，排练成熟急待上演。

10 月 17 日　重庆《新华日报》"戏剧电影"栏刊消息："中华剧艺社今晚在国泰公演《法西斯细菌》……继中艺而上演者有中万之《蜕变》。据该团负责人告记者称：抗建堂正在加工赶修，望能于月底完工，则《蜕变》与陪都民众相见当不在远。"

10 月 21 日　重庆《新华日报》刊消息《"中制"近事》："史东山氏自抗战后尚未一任话剧导演，《蜕变》之上演即为其'老调重弹'，该剧现已完全排练纯熟，一俟抗建堂修理工竣，即行上演。"

是日起　抗敌演剧四五队在桂林"新华戏院演出三个大戏，即《人兽之间》（《自由万岁》改编），《蜕变》和《边城之家》"。（《榕城短简》，重庆《新华日报》，1942 年 11 月 3

---

①　1942 年 8 月 12 日在上海创刊。周刊（每逢星期三出版）。1943 年 3 月 1 日第 2 卷第 1 期起改为两周刊。编辑兼发行：话剧界出版社。

②　双月刊。主编人：葛琴，发行人：罗洛汀，发行者：白虹书店。

日)《蜕变》导演张客,演员有舒模、高恃、葛文华等。(《一九四二年渝·桂·各战区剧运评述》,《文学创作》第1卷第6期,1943年4月)

10月25日 重庆《新华日报》"戏剧电影"栏刊消息:"'中万'今年雾季上演程序,大致为十一月初上演《蜕变》……""《蜕变》已排演完竣,现已开始准备排练《虎符》。"

10月28日 重庆《新华日报》刊消息《中青剧社将上演短剧》,消息及:"该社与中国万岁剧团合作排演之《家》,由杨村彬氏导演,预计新年在抗建堂演出。"

是月 《学与思》在湖南蓝田创刊①。本期开始连载桂多生《〈曹禺戏剧集〉(〈雷雨〉〈日出〉〈原野〉〈蜕变〉〈北京人〉)论——从〈曹禺戏剧集〉看曹禺的思想》一文,至第2期载完。作者认为曹禺"是一个思想家,有着对于人生和宇宙的确信"。他"不是'自然主义者'"。

是月 受聘复旦大学外文系。据报道:"外文系新聘教授曹禺先生,已到校担任戏剧选读,英国文学史,一年英文三课程"。(《复旦点滴》,重庆《新华日报》,1942年11月2日;《北碚学府点滴》,同前,11月21日)在此,曹禺与叶圣陶多有交往,成为朋友。据曹禺回忆:

> 我……记得在重庆,1940年,我和叶老都在复旦大学教书。学校在北碚,我们住在外边,经常两个人碰到一起,在码头上等船,坐船去学校,这样,我们就有机会在一起闲谈。他确实有一种宽厚长者的风度,是非常容易接近的。他说,萧乾找他笔谈《日出》,就知道有个曹禺出来了,他还没有看过《雷雨》,也和《日出》一起读了。那时,他觉得我是一个带有诗人气质的人。叶老很有眼力,他非常看重那几句诗:'太阳升起来了,黑暗留在后面,但是太阳不是我们的,我们要睡了。'他说《日出》是首诗,而那几句诗,就是剧的诗心。当我告诉他《日出》的创作,最初就是从这几句诗发酵而演绎出来的。叶老笑起来,笑得很开心,似乎他早就看出来了,同他猜测的一样。
>
> 记得还有开明书店一位姓陆的,我们一起常到渝绍酒家喝'渝绍'酒,就是重庆出的绍兴酒。我能喝一斤,他们喝两三斤,真可谓海量……就这样,我和叶老成为好朋友。②(《苦闷的灵魂——曹禺访谈录》第95页)

11月15日 《青年文艺》第1卷第2期载荃麟《〈北京人〉与〈布雷曹夫〉》一文。文说:"我将这两个剧本来作比较的研究,并不是说借此来贬责《北京人》这剧本,

---

① 半月刊。学与思半月刊社编辑,湖南蓝田书报合作社发行。1944年2月停刊。后迁长沙出版复刊。
② 曹禺回忆的"1940年"可能有误。

《北京人》在中国文学界中无疑是个成功的剧本,它是有许多卓越的特点,至少不是一般公式主义的作品所期望其项背的。"

11 月 16 日　重庆《新华日报》"剧讯"栏刊消息:"抗建堂改筑即将完成,中国万岁剧团本年雾季第一个戏《蜕变》,大致已定十二月五日起公演。""怒吼剧社之《安魂曲》(莫扎而特),已于前日开排,导演张骏祥,演员张瑞芳等,剧作家曹禺饰剧中主角音乐家莫扎而特。"

11 月 24 日　重庆《新华日报》"剧讯"栏刊消息:"《安魂曲》正积极赶排中,主角曹禺奔赴渝碚间,颇形忙碌。明年新春可与陪都观众见面。""万岁剧团原定二十六日起公演《蜕变》以抗建堂尚未修竣,已决延期。"

11 月 25 日　《演剧生活》在重庆创刊①。本期刊署名宗明(即吴祖光)《鼠祟》一文,讲曹禺怕耗子的故事。文说:

> 曹禺最憎恶、最怕的是什么? 是耗子。我这么想。
>
> 在《北京人》里,他屡次提到耗子,自私,卑鄙,鬼祟,损人不利己,耗子原来是这么下作的东西;也就形成了《北京人》的那些不肖的子孙们的象征。
>
> 耗子给他这么大的刺激不是没有原因的。
>
> 前两年在一个小城里教书的时候,曹禺已在着手搜集他的历史剧《三人行》的材料,足足有了一厚本子。可是在有一天他偶尔打开抽屉来时,那本册子被耗子啃得粉碎了。只要我们懂得一个文人是怎样珍惜自己的心血,我们自然也会担负一半曹禺对耗子的怨恨罢?
>
> 又一回很冷的一天,早晨在路上碰到曹禺,便一同到学校去,他说胃病又犯了,犯得特别凶,右肩上时时发抖,这病象的确是不平常的。
>
> 下了课回到休息室……又抖起来了,他用手一按——"哎呀!"他脸都白了,大喊:"耗子!"
>
> 不用说我们有多么惊奇……耗子钻进棉袍去取暖,却不巧被曹禺穿在身上了。
>
> 耗子第一次不过"删"掉曹禺的文章,第二次却闹到身上来了。然而对北京人的成功,它们却作了功臣之一。

是日　贵阳国风剧社在"省党部预演"《原野》。导演沈莫哀。演员阵容:卡妮饰金子,罗俊友饰仇虎,麦放明饰焦大妈,赵彤饰焦大星,王洪饰白傻子,刘浪饰常五。(《〈原野〉的前奏》、天峙:《〈原野〉我观》、李德芳:《观〈原野〉演出》,《民报》,1942 年 11 月

---

① 编辑者新中国剧社出版委员会。至 1943 年 1 月停刊。

26 日;黑子:《看〈原野〉归来》,《贵州日报》,1942 年 11 月 28 日)

12 月 5 日　《新华日报》"剧讯"栏刊消息:"明年一月九号怒吼剧社将演出《安魂曲》(莫扎而特),曹禺亲任主角,张骏祥导演。"

12 月 13 日　文化生活出版社在《新华日报》刊《罗亭》《家》二书出版广告。

12 月 14 日　重庆《新华日报》"电影戏剧"栏刊消息:"史东山主导之话剧《蜕变》,自筹排及熟练为期已有半年。一俟抗建堂布置完竣,即将为中华妇女职业协进社募集事业费及为响应文化劳军募集现金捐款。""《蜕变》彩排时,该剧作者曹禺曾应'中万'之邀请,前往参观。曹氏观后甚表满意。"

12 月 15 日　重庆《新华日报》刊消息《〈蜕变〉定期公演》:"军委会政治部中国电影制片厂中国万岁剧团筹排之四幕剧《蜕变》,现因该厂抗建堂改建工程已完竣,已定本月二十一日公演,前三日系为中华妇女职业协进社募集事业费公演,自第四日起,为该厂响应文化劳军运动公演。该剧编著者为曹禺,导演为史东山,重要演员有舒绣文、孙坚白、陶金、江村等五十余人。"

12 月 17 日　重庆《新华日报》"市闻一束"栏刊消息:因抗建堂修理工程未竣,《蜕变》"改期于十二月二十一、二、三日每晚七时起,在抗建堂连演三晚。"

12 月 18 日　重庆《新华日报》"市闻一束"栏刊消息:《蜕变》"已定于本月二十一日起在抗建堂"上演,"特请胡蝶于每晚"开演前,"演唱名曲"。

是日　《国立戏剧学校校友通讯月刊》第 4 卷第 3 期刊"廖李登元先生戏剧奖学金捐款名单",其中"万家宝先生,捐七十元"。

12 月 20 日　重庆《新华日报》刊消息《世界名剧〈安魂曲〉明年元月初上演》:"重庆电力公司福利委员会,为职工子弟学校筹募基金,特请怒吼剧社公演三幕世界名剧《安魂曲》,该剧自开排迄今,将近两月,现正聘请专家积极排练音乐与舞蹈,所有服装道具系参照十八世纪奥国当时状况及剧中情境设计……闻该剧订于明年元月初旬在国泰大戏院演出。"

是日　据阳翰笙记述:"晚观《蜕变》预演、成绩甚佳。"(《阳翰笙日记选》第 104 页)

12 月 21 日　抗建堂改建竣工,中国万岁剧团上演曹禺的《蜕变》。导演史东山。舞台监督姚宗汉。演出者吴树勋。演员阵容:舒绣文饰丁大夫,陶金饰梁公仰,田琛饰秦仲宣,孙坚白饰况西堂,戴浩饰梁公祥、金淑芝饰龚小姐,江村饰孔秋萍,王戎饰谢宗奋,陈天国饰马登科,章曼苹饰伪组织,王斑饰王医官,杨薇饰陆葳,黄晨饰夏霏如,刘犁饰丁昌,田烈饰范兴奎,王豪饰男护士,钱千里饰陈秉忠。(《再出发的收获——〈蜕变〉演出观后感》)演出时间长达五小时,几无观众中途退场。(《漫谈〈蜕变〉的演出》)洪深、夏衍曾往观看。洪先生观后在重庆《新民晚报》发表批评、

"《蜕变》在我个人看来,是中国自有话剧以来,到今天为止最佳的演出,我说演出,不是说剧本,剧本有比《蜕变》好的,即在曹禺先生自己的作品中《北京人》是他的最优美的剧本。"(转自方蒙:《史东山的艺术生活》)夏衍认为:"《蜕变》的成功应该是一个有意义的教训,这证明了中万在北碚的几个月没有白费,这证明了他们现行的排演方案是一个可以使戏演得好的方法,这证明了'史坦尼斯拉夫斯基体系'既不必因为有'斯基'而害怕,也并不单单是一种好新奇而拿来炫人的装饰品。"(《观〈蜕变〉》,《夏衍杂文随笔集》第 268、271 页)

关于史东山排《蜕变》,据张瑞芳回忆:"史东山导演这出戏时在重庆,是 1941年或 1942 年,我记不太清了。史东山结合斯坦尼排这出戏。过去排戏都是拉大纲,演员自己体会,这次排了一个多月,边排边学斯坦尼。曹禺对此有些看法,他对我说:'看戏吧!不要太内心了,太温了。'那时,学斯坦尼,首先学的是'内心体验',要求演员'往内'。曹禺说:'别往内了,演戏吧!'"(《苦闷的灵魂——曹禺访谈录》第263 页)

据吕恩回忆:"1942 年夏季,各剧社为躲避'空袭'都纷纷下乡躲警报,(舒)绣文所属的'中万剧社'到了北碚澄家镇。由电影导演史东山第一次用斯坦尼斯拉夫斯基体系排演话剧《蜕变》,绣文演丁大夫,陶金演梁专员,章曼萍演伪组织,陈天国演马登科,都是大牌演员……"(《回首——我的艺术人生》130、131 页)

是日　在国民党中央文化运动委员会会址,中华全国戏剧界抗敌协会第三届理、监事改选公布结果,曹禺当选候补理事。(《全国戏剧抗敌协会第三届理监事改选竣事》,重庆《新华日报》,1942 年 12 月 26 日)

12 月 24 日　邓颖超、伍云甫前往抗建堂观看《蜕变》演出。(《重庆抗战剧坛纪事》第 109 页)

12 月 26 日　重庆《新华日报》刊"本报图书课经售"图书广告,其中有《家》《蜕变》二书。

12 月 28 日　重庆《新华日报》第 4 版"新华副刊"编发一组关于《蜕变》演出文章,刊署名郁冰的《漫谈〈蜕变〉的演出》、颜翰彤的《再出发的收获——〈蜕变〉演出观后感》、方玄和章明之的《我对〈蜕变〉的观感》以及《编者的话》。该版右下"有关剧运"栏刊消息:国泰"明年一月九号上演《安魂曲》"。

12 月 30 日　为庆祝洪深五十寿辰,重庆戏剧电影界在百龄餐厅举行祝寿茶会,曹禺与郭沫若、茅盾、老舍、夏衍、曹靖华、张俊(骏)祥、应云卫、郑伯奇、阳翰笙等三百多人参加,老舍主持茶会,郭沫若致祝词。(《陪都戏剧电影届庆祝洪深五十寿》,重庆《新华日报》,1942 年 12 月 31 日)

12月31日　重庆《新华日报》为"洪深先生五十寿"刊沈钧儒、郭沫若、茅盾、阳翰笙、夏衍、老舍、曹禺等人文章和贺辞。曹禺的献词是：能编、能导、能演，是剧坛的全能；敢说、敢写、敢做，是吾人的模范。

是月　《曹禺戏剧集》之五一《家》由重庆文化生活出版社初版。1947年9月再版。后收入《曹禺全集》第3卷。

是月　新中国剧社与抗敌九队在衡阳先后上演《蜕变》、《重庆二十四小时》、《钦差大臣》、《胜利进行曲》和《日出》等8个大戏。（《衡阳戏剧文化杂记》，重庆《新华日报》，1943年1月6日）

是年　应张骏祥的邀请，开始翻译莎士比亚名剧《柔密欧与幽丽叶》。据曹禺文述："《柔密欧与幽丽叶》这个译本大约是在一九四二年译的。那时在成都有一个职业剧团，准备演莎士比亚的《柔密欧与幽丽叶》，邀了张骏祥兄做导演。他觉得当时还没有适宜于上演的译本，约我重译一下。我就根据这个要求，大胆地翻译了，目的是为了便于上演，此外也是想试一试诗剧的翻译。但有些地方我插入了自己对人物、动作和情境的解释，当时的意思不过是为了便利演员去了解剧本，就不管自己对于莎士比亚懂得多少，贸然地添了一些'说明'。后来也就用这样的面貌印出来了，一直没有改动。"（《译者前记》，《柔密欧与幽丽叶》）

是年　到重庆后，时常生活拮据，便到巴金家"打牙祭"。曹禺曾回忆："巴金的爱人萧珊是一个很善良很贤慧的人，我是非常敬重这位大嫂的。在重庆时，我穷得不得了，有时一天就啃两个大烧饼，有时连烧饼也啃不上。在这种时候，我就跑到巴金家里，又吃又住。每次都是巴金的爱人来招待。那时，巴金家里每天都有客人，经常有一桌穷客人。其实他并不富裕，但人们去是要从他那里得到友情和温暖。我住在他家楼上，他和他爱人住在一间十平米的小房间里。有时，他手头宽裕时，就约我到宁波馆子去打牙祭，巴金对谁都那么好，他永远是我的大哥，我敬重的兄长；他对朋友永远是那么厚道、宽容、友爱！"（《曹禺传》第303页）

1943 年(民国三十二年)　三十四岁

2 月 4 日,中国万岁剧团在重庆抗建堂首演郭沫若新作五幕历史剧《虎符》,导演王瑞麟,江村饰信陵君、舒绣文饰如姬、石羽饰魏王。

2 月 25 日,中华剧艺社在重庆抗建堂公演吴祖光新作三幕五场话剧《风雪夜归人》。

3 月 27 日,文艺界抗敌协会,在文化会堂举行第五届年会。

4 月 1 日,中电剧团由成都返重庆,在国泰大戏院演出四幕话剧《金玉满堂》。

4 月 28 日,中央社讯,国民党中央图书杂志审查委员会,呈请行政院通令各剧团送审上演剧本时,照附剧作者同意之函件一案,行政院令准照办。但规定剧作者应将中央图审会审定之剧本,先向内政部依法为著作权之注册,才可取得法律的保障。这项命令,中央图审会 6 月 1 日起实施。

5 月,中央图书杂志审查委员会拟订《重庆市审查上演剧本补充办法》一种,通知各剧团切实遵办。

6 月 1 日,为保障剧作者权益,是日起,凡各剧团申请上演剧本,必须附有剧作者同意之函件。

10 月 21 日,国民党中宣部批准"剧本出版及演出审查监督办法"是"主管机关仍得商请党部派员协助,地方党部对当地政府原则上仍负监督之责"。

12 月,国民党"中央图书杂志审查委员会"训令"各省市图书杂志审查处及各驻省审查专员办事处",自 1944 年 1 月起,"应将辖区内所出版之戏剧方面图书(包括理论、技术、剧本),杂志报纸所刊剧人消息或论文,以及上演时之剧情说明书,演出广告等项,广为搜集,每月汇呈本会"。

1 月 1 日　重庆《新华日报》第 1 版刊登文化艺术出版社出版《家》、《蜕变》二剧本广告。

是日　北京《新民报》半月刊①第 5 卷第 1 期刊张允中《曹禺剧本在演出上之效

---

① 1939 年 6 月 1 日在北京创刊。半月刊。编辑者新民报半月刊编辑部,发行者新民报社事业局,发行处新民报社。

果》一文。文从"曹禺氏写作客观环境的优越"、"曹禺氏剧作有着纯练的舞台技巧"、"曹禺氏作品人物有着坚实个性的创造"、"《日出》里包涵了多样不同的泪水"、"《原野》中表现了极端的因果律"、"《北京人》是人类未来的希望"、"《正在想》是人生中的一幕小刺戟"、"译作三种为人忽视"几个方面谈曹禺作品。

1月1—3日　温州私立瓯海中学学生自治会游艺股发起组建瓯中剧团,得到了谷寅侯校长和部分教员的热情支持。是日剧团成立,为庆祝建校 18 周年暨剧团成立,在该校大礼堂上演曹禺的四幕话剧《北京人》。董辛名导演,舞台设计由美术教师、剧坛名将叶曼济先生担任。(《曹禺剧作在温州》)

1月5日　重庆《新华日报》刊消息《〈安魂曲〉——九日起在国泰上演》:"怒吼剧社之《安魂曲》,定九日晚起假国泰上演。其饰男主角者为剧作家曹禺氏。演员有张瑞芳、周峰、路曦、莫超、耿震、沈扬、赵蕴如、邓葳、吕恩等。剧中并有曹禺之小提琴独奏。十八世纪之古典舞蹈。'莫扎而特'名合唱曲之《泪光曲》演唱,均系用弦乐四重奏伴奏。"

1月6日　重庆《新华日报》刊文《衡阳戏剧文化杂记》,其中记述:"今年长期留衡之剧教一队将上演曹禺的《原野》……导演者为向培良,闻对原剧颇有改动,究竟改得如何,且听日后报告。"

1月8—23日　重庆《新华日报》第 1 版连续刊登《安魂曲》演出广告。8 日广告告之:明日起在国泰上演,重庆电力公司职工子弟学校为筹募基金敦请,怒吼剧社第五次公演,三幕世界名剧《安魂曲》——原名《莫扎而特》,中央青年剧社协助演出,编剧贝勒·巴拉兹,翻译焦菊隐,导演张骏祥,舞台监督余克稷、朱崇志,音乐顾问劳景贤。演员阵容(以出场先后为序)沈扬、张扬、邓葳、张瑞芳、曹禺、郁民、施超、唐鹤生、傅伦、赵蕴如、周峰、吕恩、路曦、耿震、冼群、贺守文、王大绪、曹雅谷,票价:荣誉券二百元一百元五十元、普通券三十元二十元十元,每晚八时半开演,准十二时晚场晨十点预售座券。

1月9日　晚八时半,怒吼剧社在重庆国泰大戏院首演三幕话剧《安魂曲》。演出者余克稷,剧本原著:匈牙利贝勒·巴拉兹,翻译焦菊隐,导演张骏祥,舞台监督余克稷,舞蹈指导戴爱莲,音乐指导朱崇智、劳景贤,舞台设计李恩杰,化妆辛汉文,宣传刘念渠。演员阵容:曹禺饰莫扎特(莫扎尔特)、沈扬饰莫扎特的父亲(毕奥波德·莫扎尔特)兼饰周瑟夫,赵韫如饰莫扎特姐姐(蓝莱儿·莫扎尔特),路曦饰莫扎特夫人(康丝坦司·魏勃),耿震饰剧场经理(席康纳德),张瑞芳饰阿露霞(爱洛霞·魏勃),邓葳①饰阿露霞的妈妈,吕恩饰女裁缝兼跳舞者,施超饰柯大主

---

①　即邓宛生。

教,冼群饰亚高伯爵。

关于《安魂曲》剧本、演出,据张骏祥回忆:"正好这时曹禺到了重庆,带来了焦菊隐同志新译好的贝拉·巴拉兹的写音乐家莫扎特生平的《安魂曲》。曹禺还愿意自己登台演莫扎特,这真是使我们喜出望外。当时,除了曹禺、张瑞芳、路曦三个主角人选之外,从演员到职工全是用的'中青'的班底,排戏也在'中青',但演出却打算用重庆电力公司的业余组织怒吼剧社的名义。这当然又触怒了三青团当局,几乎使戏演不成。后来还是由电力公司托人出面疏通,结果才用了'中青剧社辅助'的名义,由怒吼剧社演出。……曹禺演的莫扎特应该说是成功的,在排演时,每次演到最后莫扎特临终一场,我和在旁看排演的其他演员都多次流泪,但由于剧场条件,也由于剧情与当时观众的距离,效果不是那么完满。这当然使曹禺很失望,从此以后他就没有再登台演戏。"(《美好的回忆》)

据曹禺回忆:

《莫扎特》最早是从"苏联文学"的英文版转译的。我先译了一遍,后来交给焦菊隐,他又译了一次,演出时用的是焦菊隐的本子。我和张瑞芳同台演过《莫扎特》。焦菊隐还导演了《安魂曲》,这是写莫扎特的另外的一个剧本。(《苦闷的灵魂——曹禺访谈录》第 143 页)

演到莫扎特生命的最后一息,似乎连自己的生命和灵魂都来了一次升华。我喜欢这出戏,我喜欢莫扎特这个形象。写一个角色和演出一个角色都要用自己的心灵去创造。我演得不够理想,但我确是用我的全部心灵去拥抱这个角色。演过这出戏之后,我再也没有演戏了。(《曹禺传》第 314 页)

张瑞芳曾经这样回忆《安魂曲》的演出:

1942 年演《安魂曲》,是借一个业余团体的名义排演的。这是登记过的合法单位,有许多电影公司的职员来帮忙。曹禺原来住在江安,为演这出戏特地搬到重庆。当时金山想演莫扎特这个角色,但张骏祥请曹禺来演,路茜演女主角。曹禺的道白很精彩,在他同女主角的一段对白中,他的表演十分有感情。曹禺在排练中台词发挥得很好,只是上台后,因音量提高,稍嫌逊色。曹禺对外国人的生活习惯和性情心理体会很深,所以他演的莫扎特味道十足,连外国人看了也很满意。外国人只有一点不满意:"为什么要装这么大的鼻子?"

排《安魂曲》的演员队伍很整齐,耿震、刘厚生、赵韫茹都参加了演出。曹禺自己也会拉琴,马思聪在后台配音。

知识界特别欣赏《安魂曲》,20 天演出,场场满座。最后演出的前一天,陶行知看了这出戏,陶行知很感动,好几处都流了泪。陶行知有感于莫扎特的献身精神和悲惨身世,匆匆赶回他所在的"孩子剧团"①,连夜打钟,集合全剧团的人员来看戏。从"孩子剧团"所在的草街子到重庆有一百多里地,孩子们连夜赶来,坐在戏院楼上的台阶上看了这出戏。"陶行知夜半敲钟"和《安魂曲》一同为文艺界人士所传颂。曹禺扮演的莫扎特是成功的,虽然演的是外国人的生活,却在中国大地上引起了极大的共鸣。至今我还清楚地记得他当时念台词那种特别的风味——"早啊,早啊,早上好啊!"(《苦闷的灵魂——曹禺访谈录》第264、265页)

是日 重庆《新华日报》刊消息《雾季怒吼第一声〈安魂曲〉今夜上演》:"《安魂曲》(又名《莫扎而特》)定今日晚八时半假国泰戏院演出,怒吼剧社为此次公演所用之布景、服装、道具等费用共约三十万元左右……昨日下午二时《安魂曲》全体演员曾一度作演出前最后一次的整排。闻此次演出,因剧中有音乐及舞蹈的情节,得钢琴家范继森、小提琴名手黎国铨、朱崇志、陈健,舞蹈家戴爱莲,及音乐班一部分同学等的协助甚多。"

1月9—11日 国立戏剧学校教职员在江安文庙本校剧场公演曹禺的《日出》。导演余上沅,设计陈永倞,演员冀淑平饰陈白露、温锡莹饰方达生、焦菊隐饰张乔治、刘静沅饰王福生(升)、陈治策饰黄省三、张雁饰李石清、张逸清饰李太太、王家齐饰潘月亭、夏易初饰顾八奶奶、应尚能饰黑三、马彦祥饰胡四、王文琦饰小东西、林婧饰翠喜、张天僕饰小顺子、蔡骧饰卖报的、洪深饰打手。(国立戏剧专科学校《日出》演出说明书)"演期三天,共三场,票价最高者为五十元,共计售票收入一万四千元,除开支外,剩余之五千余元及上演税四百余元,已由全体教职员同意与曹禺先生之慨助,约推作在校同学伙食津贴。"(《〈日出〉在江安》,《国立戏剧学校校友通讯月刊》第4卷第4期,1943年2月18日)

1月11日 重庆《新华日报》第1版刊"出版消息"(出版单位广告),其中有文化生活出版社出版的《家》、《蜕变》二剧本。

1月11、15、18日 重庆《新华日报》为纪念发刊5周年,连续在11日、15日、18日刊发各界人士的祝词、贺诗和文章。15日《新华副刊》之《祝新华五周年》刊曹禺与张骏祥、刘念渠、吴祖光共同的贺词:

> 忽反顾而游目兮
>
> 将往观乎园方

---

① 当时陶行知先生所在育才学校只有"戏剧组",无"孩子剧团"之说,成立"实验剧团"是后事;时育才学校在重庆管家巷二十八号。张瑞芳回忆育才学校孩子看戏,及所在地点可能有误。

佩缤纷其繁饰兮

芳菲菲其弥章

民生各有所乐兮

余独好修以为常

1 月 14 日　重庆《新华日报》刊焦菊隐《〈安魂曲〉介绍》一文。文及："全剧是根据 H. Ilia 从德文译成的法文本重译的。为了演出方便，并且希望这个剧本能够在全国各地普遍的搬上舞台，特请骏祥家宝两兄，就排演的条件加以删改，于是，台词较以前流利得多了。但是原意并未因此而受丝毫影响。倘若全国剧团在排演的时候，感到极端方便的话，那全是张万两兄的贡献。"

1 月 16—18 日　重庆《新华日报》连载署名颜翰彤[①]的《唤醒人类为幸福搏斗——〈安魂曲〉书后》。文说："无论是原作，是翻译，是演出，《安魂曲》应该是唤醒人类为幸福而搏斗的有力的号角。"

1 月 17 日　重庆《新华日报》刊阿淑《妇女楷模——"丁大夫"》一文。

1 月 19 日　重庆《中央日报》刊卜少夫的《〈蜕变〉与〈安魂曲〉》。文说："《安魂曲》的演出，说明了当前的剧运，不仅是在普及，而且在深入"，"曹禺在这个戏里够努力的了，但成绩平平，他顾及这是个年青的脚（角）色，有时候他的嗓音成为一种奇异的尖锐，也许因为太吃重的原故；耿震的席康奈德，沈扬的周瑟夫，还有赵蕴如的女演员那几个动作，都在水准之上。在演技方面，整个说来是不应该不满意的。"

1 月 20 日　陶行知观《安魂曲》时"眼泪像泉水一样涌出来，随眼泪而来的是浑身发出尼加拉瀑布差可比喻的力量"。于次日致信育才学校"全体先生、同学、工友"，推荐这个戏，他说："你们，如果愿意，进城来看《安魂曲》吧！看这出戏可以抵得上新春之课，科学年之课，甚至于终身之课。……在这出戏里，我们重新发现自己，会看见自己的苦难，自己的快乐，自己的创造，自己的命运——我看了《安魂曲》而魂不安。"（《行知书信集》第 311、312 页）

1 月 21 日　重庆《新华日报》刊消息《〈蜕变〉获得奖励》："中央图书杂志审查委员会，鉴于曹禺所著《蜕变》剧本，为有益抗战不可多得之优良作品。故决定颁发荣誉奖状，及奖金一千元，并函请中宣部及教育部通令各剧团各学校，奖励上演。"

是日　据阳翰笙记述："到国泰看曹禺主演的《安魂曲》，印象尚佳，有些地方，也颇使我感动。"（《阳翰笙日记选》第 114 页）

---

①　即李健吾。

1月24日　重庆《新华日报》"新华副刊"刊署名陈辛慕①《评〈安魂曲〉演出》一文。作者对曹禺饰演的莫扎特给予了中肯的评价,他说:"透过装饰于身上的假发和服装,曹禺不仅表现了一个音乐家莫扎而特的形象,而且,表现了一个受难者的灵魂。莫扎而特的音乐是由他心底发出的声音,化成一个个的音符,组成了旋律,莫扎而特这一典型,恰是由曹禺心底处发出的情感,化成了一句句的语言,一个个的动作,组成了一个活生生的人物表现在舞台上的。这就是说,在莫扎而特这个人物中,他注入了自己的感受与体验,注入了自己的生命与灵魂,水乳交融地流泻着,迸发着。是这样的,他使这个人物有了深度。不过,当他不免有意无意的拖长了每一句话的最后三两个字,造成了他自己的语调的时候,招来了一些与其他演员不大协调之感,虽然他没有因此损失了语言本身所具有的力量。在最后两场中,他的语调也稍嫌沉重了一点……"

1月27日　重庆《新华日报》"新华副刊"刊章罂《演剧杂谈——〈安魂曲〉观感》一文,作者坦率地指出演出上的不足,一是戏与音乐脱节,演员不能把自己的感情融合在音乐里。二是演员表演方法不统一,曹禺和耿震"表演是比较夸张的",张瑞芳与沈扬则"更接近于现实"。三是个别演员的表演及导演的某些处理,"似还有欠妥当的地方"。

1月31日　重庆《新华日报》第1版刊《戏剧月报》创刊广告。告之:戏剧界的佳讯!《戏剧月报》创刊特大号出版。编辑委员:陈白尘、曹禺、陈鲤庭、张骏祥、凌鹤、贺孟斧、潘孑农、苏凡、赵铭彝。由五十年代出版社发行。

该刊至1943年5月止,共出1卷5期。在创刊号的"本报特刊稿件预告"中,有曹禺的三幕剧《三人行》,有田汉、熊佛西、洪深、夏衍、郭沫若、凌鹤、曹禺、陈白尘八人的《作剧经验谈》,但在以后各期中,却未见《三人行》刊出。(《戏剧月报》壹卷创刊特大号,1943年1月)

据介绍:《戏剧月报》的编辑委员共有九人,计郁文哉,陈白尘,陈鲤庭,凌鹤,曹禺,张骏祥,贺孟斧,赵铭彝,潘孑农,而以曹禺总其事,由五十年代出版社出版。十六开本大型,创刊特号一百二十页,约十五万字。封面是粉红黑色套成的,系万师承装帧,中间三分之一是一条长的,黑底白字《戏剧月报》,用汉文正楷,大方之至。底子是许多小长方块,约一英寸长,配成两个希腊式的人头——笑脸与哭脸,是粉红与白组成的阴阳图案,美观悦目。"(《曹禺主编之戏剧月报创刊号》,《风雨谈》第5期(9月号),1943年8月25日)

---

①　即刘念渠。

是月　《文艺新论》一书由莽原出版社出版。内收署名汇南《我所见到的〈北京人〉》一文。作者认为在写作技巧上,《北京人》是一个未可多得的作品,台词使人有一种美妙清新的感觉,充分使人认识剧作者在手法上所用到的功力。全剧人物的刻画,都同时可能发展到应该表现的顶点。"北京人"引我们去的,仍旧不是新的世界,新的社会,而是一个"乌托邦"。

是月　熊佛西应某团体之约,决定导演曹禺剧作《家》,为此访问巴金,与他商谈《家》在桂林演出之事。后因另一团体也排演此剧而作罢。(《现代戏剧家熊佛西》第206 页)

2 月 1 日　重庆《现代妇女》①第 1 卷第 2 期刊于菱卿《〈蜕变〉中的丁大夫》一文。文说:"《蜕变》的作者曹禺的意识中是否先深印了英国的耐丁格尔(今译南丁格尔)和中国的周蒋鉴的人格,而后才塑造出这位伤兵之母的丁大夫,在这里暂不必去追问。但在舞台面前的人们,看见舒绣文所扮演的这一种人格之后,他们所得的印象与感召比读耐丁格尔与周蒋鉴的传记更深刻、更亲切、更感动,却是事实;我们应当首先感谢剧作者和演员对中国妇女的贡献。"

2 月 13—15 日　永嘉县公共游艺场(南市大戏院),抗敌演剧宣传第三队演出曹禺的《日出》,导演:鲍庚父。(《曹禺剧作在温州》)

2 月 18 日　《国立戏剧学校校友通讯月刊》第 4 卷第 4 期刊(余)师龙《〈日出〉在江安》一文。据文述:"曹禺先生所著《日出》之上演,其与本校有关者前后凡四次,首次为民二六南京中正堂演出之本校第二届公演,由曹禺先生亲任导演,演员均为第一届同学。第二次为民二六夏第一届同学毕业后,由一部分毕业同学临时以联合剧社名义作旅行无锡公演,演员与学校公演时略有更动,地位则全部依照学校公演。仅由师龙略加整理而已。第三次为廿七年夏,第二届毕业同学假重庆国泰大戏院演出,而最近本校此次之演出,则为第四次。"

2 月 19 日　晚七时半,于重庆上清寺储汇大楼应邀为重庆银行界同仁进修服务社邮政储金汇业局支社讲演,讲题为《悲剧的精神》,会场"听众颇为拥挤","讲至八时半始毕"。(《曹禺先生讲:〈悲剧的精神〉》,《新华日报》第 3 版,1943 年 2 月 20 日) 讲演经李家安记录,发表于 4 月 15 日《储汇服务》第 25 期,后转载于《半月文萃》1943 年第 2 卷第 2 期。后收入《书报精华》1945 年第 8 期。

2 月 20 日　重庆《新华日报》第 3 版刊消息《名剧〈家〉——中国艺术剧社下次

---

①　1943 年 1 月在重庆创刊。主编:曹孟君,发行者:现代妇女社,经销处:国讯书店,分销处:全国各大书店。

公演节目》："宣传已久之曹禺新作《家》,以演员人选问题搁置已久,现据确悉,曹氏代理人已将该剧首次上演权交与中国艺术剧社,并即决定为'中艺'第二次公演剧目,导演内定章泯,该社为隆重演出计,除凤子、虞静子、蓝马等原班演员外,金山、张瑞芳、前上海剧艺社名演员夏霞、柏李、梅郎珂,及新由桂林来渝之舒强、沙蒙,迪化归来之叶露茜以及香港名影人蒋君超等,均将参加演出。"

是日 重庆《中国青年》月刊①第8卷第2期"剧评"栏刊署名敏求的《〈安魂曲〉观后感》。文说："演剧,我素少研究,但有深深的爱好,我常常被它感动,为它流泪,但从来没有像《安魂曲》使我感动得那么多,流泪那么频,让我用生涩的笔来流露我奔放的情感,而我所说的也仅此而已,对于技术上的种种,未敢妄赞一词。"

2月28日 下午,应邀在重庆文化会堂讲演。据报载："三民主义青年团重庆支部昨(二十八)下午一时于文化会堂举行青年讲座,由曹禺张骏祥两先生讲戏剧问题。张先生临时有事未到,仅由曹先生讲《我们的学习》(专指戏剧工作者),其大意为:戏剧工作者最紧要的便是接近实际,学习从平凡中找出道理。……要为真理所在而争,有所为,有所止。有'爱之甚于生者',有'恶之甚于死者'的极端的爱与恶是我们戏剧工作者必须有的态度。"(《曹禺讲戏剧问题:从平凡中学习,要为真理所在而争》,重庆《新华日报》第3版,1943年3月1日)

是月 《曹禺论》列为燕风文丛第2种,由燕风出版社初版,萧赛著。这是最早系统论述曹禺作品的专著。萧赛对曹禺的评价是："在中国近代戏剧历史上,曹禺是不可磨灭的一个作家,他有着优异的天才,他人又那么年轻,他的作品便拥有那么多的读众和观众,许多城市连年重演着他的剧本,市面上流行着的再版,到二十余版之多,许多演剧艺术家皆以演出他的剧本为光荣,因为他满足读众和观众的灵魂,使演剧艺术者各自得到创作的愉快。近代中国诸戏剧作家中,所写的剧本能渡过东洋,译为数种语文,出现在别国舞台上的,开先例者惟曹禺一人而已,民国二十五年时,由名演员凤子他们在日本东京演出《雷雨》、《日出》,深得当时戏剧界有权威的秋田雨雀和影山三郎等力誉,直到现在,曹禺早已是西欧和东方戏剧文化界所留意的人物,他的《日出》,得了大公报文艺奖金,《北京人》得了三十年度全国艺术奖金。当他的近作《北京人》问世,李长之在《论曹禺及其新作北京人》里云:'他像写过《穷人》之后的朵斯退益夫斯基(今译陀思妥耶夫斯基),(二十四岁)那样青年一样,不能不让我们说,这将是中国近代文学史上最煊赫的群中之一员。他是绝对有优异的天才的!'(见三十一年大公报战线)"继而萧赛说:"这些都是曹禺华丽光荣

---

① 1939年7月20日在重庆创刊。月刊。中国青年月刊社编辑发行。

的外衫,但配穿这华丽光荣外衫的,还是他本人的作品。""此外他同宋之的合作的
《黑字二十八》,同张彭春改译莫利哀的《悭吝人》为《财狂》(他自己边主演着这两个
戏),今冬他在陪都又改译拨拉希的《莫扎德》为《安魂曲》(还是他自己主演),但这
些均非曹禺的独创,故在《论曹禺》时,只用较少的篇幅提到,所遗憾者是山河阻隔,
未能拜读他的近作《家》(改编巴金小说),对《家》,在后面我只能作一种预测。"

是月　新四军六师十六旅文艺工作者在苏南溧水县演出曹禺的多幕剧《蜕
变》。王啸平、天然、田艺、司徒阳集体导演,演员沈西蒙饰梁公仰、鹿才饰丁大夫、
常竹铭饰夏霁如、李明饰伪组织、天然饰孔秋萍、任干饰马登科、陈伟明饰丁大夫之
子、朱礼娴饰孔秋萍之妻、刘子真饰况西堂、沈刻丁饰范兴奎。(《中国话剧史大事记》
第 336 页;沈刻丁、陈伟明:《新四军六师十六旅文艺工作琐记》,《中国人民解放军文艺史料选
编·解放战争时期·上》第 354 页)

3 月 1 日　重庆《新华日报》第 3 版刊消息《曹禺讲戏剧问题:从平凡中学习,
要为真理所在而争》。

是日　《万象》①第 2 年第 9 期"影剧月历"栏刊消息:"剧坛上将有两个大戏:
一系曹禺改编之《家》,由佐临导演,一系宋约编剧之《乱世佳人》,由吴仞之、佐临、
顾仲彝、费穆联合导演,前者在'金都',后者在'卡尔登',预料此两剧皆将轰动
一时。"

是日　《话剧界》第 2 年第 1 期"特约通讯"刊署名小芸《电影戏剧演出在西南》
一文。文及:"重庆方面在演《蜕变》,票价最低五十元,共演十五天。""曹禺的《家》
已完工,在十二月份由重庆文化生活出版社出版,每册售二十五元。"(按:该刊自
本期开始改为两周刊)

3 月 5 日　重庆《新华日报》刊消息《〈北京人〉中剧提前上演,〈家〉延长排演时
间》:"中国艺术剧社之三月份剧目,原为观众渴望已久之名剧《家》。兹闻该社为郑
重排练,以求演剧艺术之高度成就计,决延长其排演时间,将于《家》公演之前,先上
演《北京人》。"

3 月 7 日　重庆《新华日报》第 1 版刊《家》、《北京人》公演预告广告,告之:"中
国艺术剧社第二三次公演预告,《家》,四月二日起大公演,巴金原著,曹禺编剧,章
泯导演;曹禺新作,《北京人》,三月十日起演,章泯导演。地址:道门口银行界进修

---

①　1941 年 7 月 1 日在上海创刊。综合性文化月刊。陈蝶衣编辑,万象书屋出版,上海中央书店发行,
发行人平襟亚。从 1942 年 5 月 1 日第 2 年第 11 期起改署平襟亚编辑并发行。1943 年 7 月 1 日第 3 年第 1
期起改由柯灵编辑。1945 年 6 月 1 日出至第 4 年第 7 期停刊,共出 43 期。另有"号外"一期,无出版时间。

社[①]。”紧挨着的是二剧图书广告，内容：“文化生活出版社刊行两大剧作，家，巴金原著，曹禺改编，定价25元；曹禺著，北京人，定价28元。”第3版刊消息《名剧〈北京人〉十日公演筹募浙赈，新改剧本原班人马》：“（本报讯）中国艺术剧社之《北京人》系前在香港桂林演出之原班演员，如凤子、舒强、蓝马、王苹，虞静子、戴浩、沙蒙等。此次重演之台本经剧作者曹禺亲作重要之修改，演出当更可观。（中央社讯）宁波旅渝同乡会虞洽卿刘鸿声等，兹为筹募浙（江震）灾款，敦请中国艺术剧社公演《北京人》话剧，于本月十日起假道门口银行界进修服务社演出。”第4版刊署名胡志道的《读〈家〉后感》。文说：“为着要看将要在重庆上演的《家》，我特准备了一本曹禺先生改编的《家》来看。我不懂剧，而这剧本却深深地感动了我，使我想起了许多青年朋友现在感觉痛苦的‘家’的问题。”

3月9日 重庆《新华日报》第1版刊《北京人》演出广告，告之：“宁波同乡会筹募浙灾赈款敦请中国艺术剧社公演三幕话剧《北京人》。演出者赵志游、金山，编剧曹禺，导演章泯。主要演员：舒强、蓝马、王苹、凌倌（琯）如、戴浩、田稼、虞静子、凤子、谭云、沙蒙、谭怡冰。时间：3月10日起每日午后七时半。地点：道门口银行界同人进修社。券价：普通券二十元三十元四十元，荣誉券五十元二百元。”

3月10日 晚七时半，中国艺术剧社在银社上演经曹禺作了修改的《北京人》。

是日 重庆《新华日报》第1版刊《北京人》公演广告。3版“市闻一束”栏刊消息：“中国艺术剧社为宁波同乡会筹募浙灾赈款，公演曹禺著三幕剧《北京人》，该剧现已排练纯熟，定今日午后七时半起在银行界进修社上演。”

是日 《杂志》月刊3月号（第10卷第6期，复刊第8号）“文化报道”栏刊消息：“前轰动沪上的曹禺之《蜕变》，亦将摄制电影，内容稍变动，史东山担任导演。”

3月11日 重庆《新华日报》第3版“市闻一束”栏刊消息：“政治部张部长治中，以中万剧团演出《蜕变》话剧，成绩圆满，而于社会亦增莫大之抗建宣传效果，特颁发奖状，并赐‘力争上乘’立轴一幅。”

3月12—19、22—28日 重庆《新华日报》第1版连续刊登《北京人》演出广告。广告内容各有不同，14日刊：“今日加演日场”、“舞台监督丁聪”；15日刊：“今明两日停演，十七日起续演”；17日刊“今日起续演”系“为宁波同乡会筹募浙灾赈款”，并预告“下期公演《家》”；19日刊“廿一日星期加演日场”并预告“下期公演《家》”；22日刊“银行界进修社使用会场，今明两日停演，廿四日起续演”；24日刊“今天起

① 后常简称“银社”。

续演"；25 日刊"最后四天""下期公演《家》"；26 日刊"后天星期加演日场"；28 日刊"只有今天两场"。

3 月 15 日　重庆《风云》月刊①第 1 卷第 2 期发表爱金生(张炎德译)《一个外国人论中国戏剧》一文。爱金生系戏剧评论家、《纽约时报》驻中国特派员，曾入哈佛大学专攻戏剧文学、后任该报戏剧栏主编。爱金生认为在重庆搬上舞台的剧本"杰出者有曹禺的《蜕变》"，他说："这个剧本的第一幕极为动人，写作紧凑，表演生动，制作富想象力。第二幕也生动且有刺激性。但是该五幕剧中只有两幕可资一论，一个半钟头的表演中都是对话。第二幕以后是对美丽的褒扬，罪行的贬责，但为正义成仁的种种表现，显得太烦，而且有点机械了。这种结果不是戏剧表现出来的理想，只是剧本对观众影响的测量。"

是日　《话剧界》第 2 年第 2 期"边城剧讯"栏刊："曹禺、夏衍、陈白尘、张骏祥、潘子农、陈鲤庭、贺孟斧等合编《戏剧月报》一种，创刊号已齐稿，执笔者阵容整齐，均属剧坛知名人士。""最后要报告的是《安魂曲》已于一月底在重庆由怒吼剧社与中央青年剧社合作演出，张骏祥导演，演员有曹禺，施超，路曦，沈扬，张扬，邓葳，张瑞芳，赵蕴如等，票价为三十，二十，十元，荣誉券则为二百，一百，五十，三种；因为也是为了募款而演的。"

是日　《时与潮文艺》②在重庆创刊。本期"艺文情报"栏"国内之部"刊消息："万家宝(曹禺)已脱离国立剧专，现在北碚复旦大学任教，近并在渝任《安魂曲》主角，饰音乐家莫扎尔德(今译莫扎特)。"该栏"剧坛"消息："中央图书杂志审查委员会最近选定曹禺所著《蜕变》一剧，给奖一千元，并转请中宣部教育部转令所属普遍上演。""怒吼剧社之《安魂曲》在国泰公演十五场，国际友人观剧者颇多。据美国纽约泰晤士报特派记者 Brooks Atkinson 表示，这是他看到的几个戏中演出上最成功的一个。育才学校校长陶行知氏观剧后，即函北碚该校学生，全体百余人徒步来渝观剧。"

3 月 16 日　重庆《新华日报》第 3 版"剧坛新讯"栏刊消息："中国艺术剧社第三次公演，决定采用曹禺改编之剧本《家》后，该社现已开始进行排演，工作至为紧张。昨日原剧作者曹禺，并曾赴该社对全剧及个别角色，详为解说。"

3 月 20 日　为北碚社会服务处筹集事业基金，教育部实验剧队自是日起在北

---

①　1943 年 2 月 15 日在重庆创刊。月刊。风云社编辑、发行。

②　双月刊。时与潮社编辑、发行。9 月 15 日第 2 卷第 1 号起改为月刊。至 1946 年 5 月 15 日第 5 卷第 5 期终刊。

碚公演《蜕变》。(《北碚要闻》,重庆《新华日报》,1943 年 3 月 23 日)

3 月 24 日　阳翰笙"从白象街到银行服务社,时金山正在排《家》。"(《阳翰笙日记选》第 134 页)

3 月 26 日　晚,阳翰笙"陪侠公看'中术'的《北京人》,至一点半始散。"(同前第 135 页)

3 月 27 日　中华全国文艺界抗敌协会于下午二时假文化会堂举行成立五周年纪念会,到会员及来宾百余人,由邵力子、张道藩、舒舍予、郭沫若、茅盾、孙伏园等组织主席团,会上通过演剧募捐、严禁偷印、救济贫困作家、筹募文艺基金等要案多起,进行改选理事及监事,并修改会章,因选票未到齐,当场未能发表结果。(《文艺界抗敌协会昨开五届年会》,重庆《新华日报》,1943 年 3 月 28 日)

3 月 30 日　中华全国文艺界抗敌协会第五届理事会理事选举开票,曹禺当选为在渝理事之一。据载:"该会业于卅日开票,选出在渝理事老舍、茅盾、郭沫若、姚蓬子、张道藩、王平陵、邵力子、胡风、夏衍、孙伏园、宋之的、阳翰笙、徐霞村、姚雪垠、叶以群、曹禺、陈纪滢、冯乃超、马宗融、李辰冬、默林等二十一名;外埠理事巴金、张天翼、洪深、朱光潜、沙汀等五名;候补理事臧克家、戈宝权、孔罗荪、徐盈、陈白尘、黄芝冈(岗)、陆晶清、王亚平、黎烈文、曹聚仁、张骏祥、葛一虹等十二名。监事冯玉祥、叶楚伧、华林、郑伯奇、曹靖华、潘梓年、谢冰心、张西曼、顾一樵等九名;候补监事马彦祥、徐仲年、崔万秋、张恨水等四名。"(《文艺界抗敌协会五届理监事选出》,重庆《新华日报》,1943 年 4 月 3 日)

3 月 31 日　重庆《新华日报》刊消息《〈家〉四月八日起演》:"中国艺术剧社第二次公演《北京人》,已于前日圆满结束。第三次公演巴金原著曹禺编《家》,已定四月八日起上演。该剧由章泯导演,金山、张瑞芳等数十演员合力演出,现已排练纯熟。"

是月　《戏剧月报》第 1 卷第 3 期编发"保障上演税运动特辑"刊曹禺与欧阳予倩、郭沫若、夏衍、阳翰笙、熊佛西、田汉、洪深、老舍、吴祖光等 23 人联名的《我们的申诉——剧作者联谊会为保障剧作上演税宣言》。

本期刊刘念渠《生活是要自己征服的——曹禺的新剧作〈家〉书后》一文。作者给与《家》很高的评价,他说:"这是生命的呼喊,这是青春的召唤,这是向一切昏聩庸碌挑战的号角!牠(她)不仅给受难者以新鲜的希望,而且启迪着生活的道路。"

本期还刊李天济《论剧作〈家〉中的人物创造》一文。文说:"曹禺先生对于旧的东西之了解把握,远过于他对新的之理解研究。在旧制度的剥露表现上,他可以算是个伟大的现实主义者,可是越接近新的就越理想,对于新的人,新的事态之描绘创造。他没有能决定地走出浪漫主义的墓穴。"

4月1日 中华文艺界抗敌协会在重庆召开"五届首次理事会"。曹禺作为新当选理事应出席该会。(《文艺界抗敌协会五届理监事选出》,重庆《新华日报》,1943 年 4 月 3 日)

是日 桂林《文学创作》①第 1 卷第 6 期刊胡风《〈蜕变〉一解》。该文系胡风为剧宣四队演出《蜕变》而作。胡风评说:"在《蜕变》里面,作者曹禺正面地送出了肯定的人物。这并不是说他在别的作品里面没有送出肯定的人物,但只有在这里,他底肯定的人物才站在作品构成底中心里面,而更重要的是,只有《蜕变》里的肯定的人物,才正面地全面和现实的政治要求结合,或者说,向现实的政治要求突进。作者底艺术追求终于和人民底愿望所寄付的政治要求直接地相应,这就构成了这个剧本底感动力底最基本的要因。""我们有权利指出这个剧本底反现实主义的方向,但我们也尊重作者底竟至抛弃了现实主义的热情,以及由这热情诞生的创造的气魄。"

4月4日 为张伯苓 68 寿辰,南开校友于重庆沙坪坝南开学校"举行春宴并为校长祝寿",到校友 150 余人。有关报道虽未提及来宾名姓,曹禺当前往祝贺。(《张伯苓先生今日寿辰》,重庆《新华日报》,1943 年 4 月 5 日)

4月5日 重庆《新华日报》第 1 版刊《家》演出广告。告之:中国艺术剧社第二次公演,巴金原著,曹禺编剧,章泯导演;演员表(略);日期:四月八日起,地点:道门口银社;明日午前十时开始预售座票。

4月7、8日 重庆《新华日报》第 1 版再刊《家》演出广告。7 日告之:"《家》,明日献演","宁波同乡会筹赈浙灾敦请中国艺术剧社演出"。8 日告之:"今日献演"。

4月8日 晚七时,中国艺术剧社在银社首演四幕话剧《家》。演出者:赵志游、金山。舞台监督:司徒慧敏。舞台设计丁聪,灯光设计胡子,导演章泯。演员阵容:张瑞芳饰瑞珏,金山饰觉新,沙蒙饰高老太爷,奚蒙饰高克明,宗扬饰高克安,胡文之饰高克定,蓝马饰冯乐山,陈健饰觉民,舒强饰觉慧,曾天锡饰觉英,程代螂饰觉群,孙骏逸饰觉世,凌琯如饰梅小姐,王苹饰陈姨太,虞静子饰鸣凤,张云先饰钱太太,刘琦饰琴小姐,冷倩饰淑贞,柏李饰钱大姨妈,吕恩饰周氏,阳华饰四老爷,谢怡冰饰沈氏,黄宛苏饰婉儿,谭云饰刘四姐,林禽饰黄妈,曾昌饰袁成,云天饰苏福,贺路饰张二。(《家》演出广告,重庆《新华日报》,1943 年 4 月 5 日) 后期演出由上海

---

① 1942 年 9 月 15 日在桂林创刊。月刊。熊佛西主编,文学创作社出版,发行人:蒋本菁。1943 年 12 月 1 日第 2 卷第 5 期后一度休刊。1944 年 5 月 15 日续出第 3 卷第 1 期。至 6 月 15 日第 3 卷第 2 期停刊。

来的黄宗江饰觉新,新疆归来的叶露茜饰瑞珏。该剧演出盛况空前,连演近三个月。从4月8日到6月29日,先后上演了63场。(《家》广告,重庆《新华日报》,1943年4月5日—6月29日)创本年重庆市所演话剧场次最多者。

4月9日　重庆《新华日报》第3版"市闻一束"栏刊消息:"曹禺名剧《家》,上演成绩良好……颇得观众好评"。

4月9—30日　重庆《新华日报》第1版连续刊登《家》演出广告。内容有所不同。10日刊"明日星期(日)加演日场";11日停刊一次;14日刊"十五十六停演,十七日起续演";15日刊"十五十六休息两日","十七日起继续公演";17日刊"今日起续演";18日刊"今天日晚两场";19日刊"公演第十二场""今天演晚场";21日刊"第14场";23日刊"二十六日起至二十九日休息";25日停刊一次;26、27、28日连刊《中国艺术剧社启示》:"敝社自四月八日起在道门口银社公演曹禺先生编剧、章泯先生导演四幕剧《家》以来,荷蒙各界热烈推爱,每场均告客满,虽竭力设法提前四日售券,但以座位有限,致屡劳往返而仍未获观赏者极众,敝社同人深引为欠。兹为答谢观客盛意起见,决于二十六至二十九日休息四天后,自四月三十日起继续在原址公演照常预售座券,敬祈鉴谅并请注意敝社每日公演广告,是荷此启。"29日刊"明日起续演,《家》";30日刊"今日起续演"。

4月10日　上海《杂志》第11卷第1期(复刊第9号)"文化报道"栏刊消息:"重庆北碚之复旦大学现有学生一千二百余人,外国文学系聘曹禺为教授,选曹之课者甚多,闻其所任之课为《戏剧选读》、《英国文学史》等。"

4月11日　据阳翰笙记述:"午后一时到银行进修社看'中术'演出的《家》,看后觉得瑞芳的演技有长足的进步。在陪都的所谓'四大名旦'中,将来瑞芳的光芒有可能会赛过在她前面的几个大姐姐的。"(《阳翰笙日记选》第141页)

4月17日　下午六时,福建省地方行政干部训练团第十期学员在永安大戏院举行同乐会。"特请军事委员会,第三战区政治部工作团,表演《蜕变》。"演出"盛况空前热烈,夜阑方罢。""极博大众好评。"(《第十期学员举行第一次同乐会,特请政治部工作队表演〈蜕变〉》,《福建训练月刊》第1卷第5期,1943年5月)

4月19日　重庆《新华日报》第4版刊沈灵《〈家〉观后偶感》一文。文说:"经过曹禺先生的改编,《家》这剧本可以说已经成了一种新的创作。这里面注入了作者强烈的爱与憎,体现了作者在他的作品中一贯表现的那种深挚的感情。""我们从剧作〈家〉的作者到目前为止的全部作品中,都可以看到作者基于强烈的爱出发而给与强暴者以绝顶的憎恨,对弱小者予以衷心的爱护。"

4月21日　晚,中国万岁剧团应约在浮图关为三青团中央团部演出《蜕变》,

蒋介石亦出席观看。据报道:"(中央社讯)中国万岁剧团,应约于二十一日晚,在青年团中央团部公演话剧《蜕变》,中枢党政军首长与青年团第一届干事监察均被邀参观,蒋委员长亦莅临,对该剧演出颇为赞识,当演至第四幕末尾荣誉军人伤愈重上前线高呼'蒋委员长万岁'时,观众均肃立致敬,台上台下,打成一片,蒋委员长莞尔微笑,闭幕后,蒋委员长复对若干处剧情有所指示。该剧已先后获得国民党中宣部之奖金及奖状,该剧今后将在全国各地公演,藉广宣传。"(《蒋介石赞誉〈蜕变〉》,《新华日报》,1943 年 4 月 23 日)

据侯鸣皋回忆:"蒋、宋很少看话剧,很少涉足剧场,主要是出于安全原因。记得蒋介石在重庆浮图关中央训练团礼堂内,看过一次曹禺的《蜕变》,剧中丁大夫一角由白杨扮演。"(《蒋介石的内廷供奉机构——励志社内幕》,《蒋介石特勤总管回忆录》第 236 页)

是月　《北京人》日译本出版。译者服部隆造。据服部隆造回忆:"昭和十六年(1941 年)六月,我在新京(长春)的军官学校里当教师,住在满映附近,认识了大内隆雄。""这位大内氏对曹禺的作品评价也非常高。说他已经译完《日出》,并且就要出版了。我那时《日出》才译到第二场。听了这话,就着手翻译刚刚出版的《北京人》。译完后把译稿送到东京书店,这是昭和十七年(1942 年)的八月,第二年的四月就出版了。"(《曹禺随想》)

是月　晋察冀边区文化供应社出版曹禺的《雷雨》。(保定历史文化丛书编辑委员会:《保定抗战文化》第 102 页)

5 月 1 日　重庆《新华日报》刊报道《中国戏剧界电唁丹青科——〈戏剧月报〉将出纪念专辑》:"苏联人民艺术家丹青科[①]逝世,本市戏剧界极为悲悼,剧作者田汉、欧阳予倩、熊佛西、丁西林、陈白尘、宋之的、夏衍、吴祖光、曹禺、阳翰笙等,导演者应云卫、陈鲤庭、史东山……演员白杨、张瑞芳、舒绣文、叶露茜、金山……等,曾联名电唁,文曰……"

是日　上海《万岁》[②]第 2 卷第 1 期"戏剧与电影"栏刊署名文能《记曹禺》一文。文中对曹禺创作、演剧、作品等作了介绍。并透露,"最近,他又着手将巴金原著之《家》改编工竣,凭他以往的成绩和写作的技巧;自然会比吴天的作品更胜一筹的。现在这剧本已由重庆'文化生活出版社'发行单行本,同时原剧本已寄至沪上,准备大规模的演出。此外,他的《蜕变》一剧,亦将改编而搬上银幕,由史东山担任导

---

① 今译丹钦科。
② 1943 年 1 月 20 日在上海创刊。半月刊。编辑者危月燕,发行者万岁杂志社。自第 2 卷第 1 期改主办为陈西玄,编辑者为编辑委员会。

演云。"

5月2、3日 重庆《新华日报》第1版刊登《家》广告。2日告之："银行界同人进修社筹募福利基金敦请中国艺术剧社公演《家》","第22、23场,今天日晚两场";3日告之,"第24场,今天演晚场"。

5月2—4日 温州永嘉县立中学(现温州市第二中学前身)学生自治会组织的永中剧团,为纪念"五四"运动,于该校大礼堂举行首次公演曹禺名剧《雷雨》。导演:董辛名(系温籍著名戏剧家董每戡的胞弟)。国文教员潘希真老师(即今温籍台湾著名散文作家琦君)自告奋勇饰演蘩漪、校友刘光新饰周朴园、陈金良饰周萍、周寿椿饰周冲、周其名饰鲁贵、林翘翘饰鲁侍萍、李尧饰鲁大海、曾淑贞饰四凤,吕齐(即今北京人民艺术剧院著名话剧演员)、关介卿分别饰周宅仆人甲、乙。(《曹禺剧作在温州》)

5月3日 重庆《新华日报》第3版"剧讯一束"栏刊消息:"中华剧艺社俟《复活》演毕后即将与怒吼剧社合作,赴蓉联合公演,剧目有《家》,《原野》,《安魂曲》,《法西斯细菌》等。""中国艺术剧社之《家》,卖座鼎盛,已作长期公演准备。""名剧作家曹禺氏,近拟创作一历史剧《岳飞》,现正搜集材料中。"

5月5—23日 重庆《新华日报》第1版连续刊登《家》演出广告。为刺激观众,广告中加有宣传语。7日告之:"有家的要看,没有家的该看,不要家的不可不看,准备成家的非看不可,已经看过还得看,没有看过的赶快看","公演日期不多了!";8日告之"公演日期不多,万勿错过机会";10、11、12、14日连续刊"中国艺术剧社续演《家》启事":"本社自四月初上演曹禺先生编著、章泯先生导演名剧《家》以来,已达三十余场,承蒙各界赞许,每场均告客满,唯以坎座关系致屡劳往返尚未得观赏者极众,本社同人深引为欠。兹应各方要求,决自五月十五日起继续在原址公演。凡我爱好话剧同志切勿失此最后机会。是幸。"13、16日停刊一次;17日告之"已满三十五场,演期不多了";18日告之"只有最后七场,万勿错过机会";23日告之"最后一天","第41、42场","今天日晚两场",并《启事》:"本社此次公演,以场座限制致向隅观客尚多,将来如有机会当再续演。特此声明致歉。"

5月10日 重庆《新华日报》第3版"剧讯"栏刊消息《〈家〉——继续公演》:"中国艺术剧社自上月初上演曹禺名剧《家》以来,已达三十余场,每场均告客满,现该社特应各方要求,决自五月十五日起继续在原址公演。"第4版《新华副刊》刊《剧坛流水账》一文,该文总结了"自去年十月五日"至今整个"戏剧季"(雾季公演)重庆话剧舞台情况,截至"五月五日",曹禺的《蜕变》在抗建堂演出28场,《家》在银社演出26场(续演中),《北京人》在银社演出20场,《安魂曲》在国泰演出15场。

是日　上海《杂志》第 11 卷第 2 期(复刊第 10 号)"文化报道"栏刊消息:"于伶在重庆与金山王莹等组剧团,首次上演剧目系曹禺改编之《家》,由金山饰觉民(一说觉慧),王莹饰琴,并闻于伶金山雄心极厚……离沪之黄宗江,亦将参加该剧团,确否待证。"

5 月 15 日　重庆《中国学生》①第 2 卷第 2 期刊署名丹公《评〈北京人〉》一文。文说:"《北京人》一剧可以说有三个重心:第一,作者用具有朴实不伪本性的人类祖先,来和经过几千年来受环境的熏染而形成今日人们的变态性格相对照。第二,显示出这变态性格不仅把人类'要爱就爱,要恨就恨,要哭就哭,要喊就喊,不怕生,也不怕死'的至高本性变成了虚伪,欺诈,阴险,陷害,矛盾,而缔造了束缚人的文明,吃人的礼教,逼迫着无辜而又无力的可怜的人们走上死亡的道路。第三,指示出现社会中反封建势力的滋长,启发这般将要跨入死亡之门的羔羊们,不再要甘于无辜的灭亡,他们应该用他们最微小的力量来与这根深蒂固吞没过千万人的封建恶魔斗争而去夺回那人类纯真至高的本性。"

是日　《时与潮文艺》第 1 卷第 2 期"艺文情报"之"国内之部"消息:"靳以在福建主编之《现代文艺》因故停刊。现拟主编大型《文艺》月刊。每期字数在二十万以上。预告之内容有巴金之《火》,曹禺之《三人行》,及靳以之《前夕》(第三部)。""曹禺,徐讦,均在中央大学国文系兼课。"

5 月 19 日　重庆《新华日报》"剧讯"栏刊消息:"'中剧'之《家》,演至二十三日为止。六月份节目未定。"

5 月 21 日　重庆《国民公报·剧坛第 1 期》刊曹禺《悲剧的精神》一文,文尾注"本文经曹禺先生亲为校阅,并允在本刊发表。"(文系本年 2 月 19 日曹禺对银行界爱好戏剧者的讲稿)文中,曹禺提出"悲剧的精神是绝对积极的、热烈的、雄性的"的观点。

5 月 30 日　重庆《新华日报》第 3 版刊消息《〈家〉将续演——中剧重行排练》:"中国艺术剧社公演之《家》,应各界要求,即将续演。新近来渝之名演员叶露茜、黄宗江、白颂天、马中英等参加,重行排练,演来当更精彩。"

是月　重庆《妇女月刊》第 2 卷第 6 期"读书杂狙"栏刊陆一旭《评〈蜕变〉》一文。文说:"曹禺的《蜕变》,可以说是作者本身的蜕变……一部好的作品,不但是要暴露社会的罪恶,同时还需要建立新的社会范畴去指示人类,教育大众。曹禺在《蜕变》中做到这点,与其以往作品异趣,所以我说也是作者本身的蜕变。"

---

①　1942 年 11 月在重庆创刊。月刊。编辑、出版者国立中央大学研究部。

是月 重庆,夏坝复旦大学,曹禺介绍李霁野先生到复旦任教。(上海鲁迅博物馆:《李霁野纪念集》第362页)

是月 沙龙剧社在北京男三中校礼堂演出曹禺的《北京人》。演员:杨宝琮饰曾皓、王世杰饰曾文清、王克宜饰思懿、李曼宜饰愫芳、张洁璇饰文彩、濮思洵饰曾挺、徐绪瑛饰瑞贞、郑天健饰江泰、王润森饰袁任敢、史哕春饰袁圆、田从真饰陈奶妈、邓国封饰张顺、周培之和张潜生饰要账的、抬棺的杂役。此次只演了前两幕。第三幕遭到了封杀。(《笑忆青春》第92页)

夏 开始创作《三人行》。据曹禺回忆:"先说《三人行》。这出戏写岳飞抗金的爱国英姿,主要写高宗、岳飞、秦桧这三个人物,自然也是有所针对的。第一幕就写秦桧从金回来,当然秦桧从金回我没有历史可考,我是作为一种假定来写,不拘泥于史实。我是用诗来写的,写在一个账簿上,写了无数次。底稿我保留着,一幕戏啊!在'文革'中把它撕毁了。我先是在重庆写了一幕,全部都是诗,没有别的对话,吃力得不得了,真是太难了。我记得是刚把莎士比亚的《柔密欧和幽丽叶》翻译完,就想自己也写一部诗剧,这样,我试一试看。火热的天,搞得累死我了。我还记得是在复旦大学附近的一个小村子,在农家的小楼上,我租了一间房子……是马宗融帮我找的房子,马宗融这个人非常好,是巴金介绍来的,是一个法国留学生。当时,我自己背着米到乡下去,自己做饭,也很有意思……我构思、想了一年多,一个暑假写了一幕,大的骨架安排有了,用新诗写一部没有对话的诗体剧,如果写出来了,当然那是很新奇的;但是,最后还是流产了。"(《苦闷的灵魂——曹禺访谈录》第127页)

6月1日 上海《万象》第2年第12期刊消息:"华艺剧团自与艺光分手,退出兰心,招兵买马,大事扩充,一度传将出演巴黎,现悉已与新建之银光大戏院(按:现已改名为上海大戏院)签订合同,首次公演剧目,预定为《女人》,次之为'曹禺季',次第公演曹氏名著《雷雨》《日出》《原野》《北京人》《正在想》等剧。"

6月1—3日 温州私立瓯海中学学生自治会游艺股发起组建的瓯中剧团,在该校大礼堂首演曹禺的四幕话剧《北京人》。董辛名导演,舞台设计由美术教师、剧坛名将叶曼济先生担任。(《曹禺剧作在温州》)

6月3—29日 重庆《新华日报》第1版刊连续刊登《家》广告。3日告之:"积两月余演出经验,增添著名优秀演员","重新排练,精彩超前"!"公演四十二场场场客满,最后一次续演机会无多","卫成总部筹募卫成区军人子弟学校教育基金敦请中国艺术剧社第三次续演《家》","六月四日起"。6日告之:"昨天还是客满!幸勿坐失良机!""今日星期加演日场"。7日刊《启事》:"兹因银行界进修社使用会场,话剧《家》自六月七日至十一日暂停公演五天。十二日午后七时起,继续公演。并为预防购券拥挤起见,特定十一日午后三时开始售券。特此声明,敬祈注意。启事二:昨日因空袭致午场停演,一俟日期决定当即公告补演,务请该场观客妥存座券为要。"8—10 日停刊。11 日告之:"明日起续演"。12 日告之:"今日起续演"。13、14 日停刊。15 日告之:"集沪港渝各地艺坛之精英! 本年度话剧界惊人大贡献!""中国艺术剧社续演《家》"。"观客赞扬,常常客满,雾季告终,最后续演,第五十二场"。18 日告之:"最后四场绝不再续"。20 日告之:"最后一天,今天日晚两场"(第 57、58 场)。21—23 日停刊 3 次。24、25 日告之:"应各界要求定廿六日起续演四天","廿七日星期特加演日场"。26 日告之:"今天起续演四天"。27 日告之:"最后四场,今天日晚两场"(第 60、61 场)。28 日告之:"只有今明天,最后两场,绝不再续演"(第 62 场)。29 日告之:"最后一场"(第 63 场)。

6 月 4—29 日　为"卫成总部筹募卫成区人才子弟学校教育基金",中国艺术剧社第三次公演《家》。演出至 29 日,《家》剧演出终算落幕,共计演出 63 场。(《家》广告,《新华日报》第 1 版,1943 年 6 月 4—29 日) 演出颇获好评。有人认为:"(《家》)每一句台词都能拨动观众的心弦;每一个字在每一个观众的心弦上跳动着,使观众哭,使观众笑。对于人物心理的描写,以及整个的故事的展开,精密处是细腻幽深,粗放处则宽朗轻松。擒纵之间,能使观众看到剧作者高超的技术。我感到曹禺的《家》比巴金的《家》在戏剧性上更胜过了十倍。"(《重庆剧坛巡礼——略论两月来戏剧之演出》,《时与潮文艺》第 1 卷第 3 期,1943 年 7 月 15 日)

6 月 5、6 日　国立戏剧专科学校在江安本校举行"本年度毕业公演",演出《北京人》,导演洪深,舞台监督陈永倞。(《北京人》公演海报,现藏于国立剧专江安史料陈列馆) 洪深先生在排演之前,曾亲自前往重庆会见曹禺,商议《北京人》排演。

6 月 14 日　重庆《新华日报》刊梁华《观〈家〉后感》一文。

6 月 22 日　重庆《新华日报》第 2 版刊消息《〈蜕变〉暂时禁止上演》:"曹禺所作名作《蜕变》,前曾由政治部予以奖励,兹悉作者为求尽善尽美起见,正细加修改中,剧本审查机关表示该剧在未修正核定前,暂不准上演。"

6 月 29 日　赴西北考察。据载:"曹禺于六月二十九日乘机由渝赴兰州,将至敦煌一带考察,约四十天后回渝。"(《艺文情报》,《时与潮文艺》第 1 卷第 3 期,1943 年 7 月 15 日) 这次考察一是走访李白和杜甫的遗迹,准备创作历史剧《李白和杜甫》;二是体验生活。同行的有钱昌照、陶孟和等人。在兰州又遇见了美国进步人士谢维德先生。在玉门亲眼目睹了石油工人凄苦的生活状况,欣赏了张掖、酒泉、嘉峪关、祁连山的壮美。还去敦煌观看了古代壁画,其时张大千刚离开敦煌。据曹禺回忆:

我还有一次敦煌旅行，大概是 1943 年或者 1944 年的夏秋之间的事。是钱昌照的资源委员会邀请的，这次是和陶孟和一起去的。陶孟和是同张彭春同时代的人，都是严范孙办南开学堂时的学生。陶孟和是社会学家，他曾给我写过许多信，他用英文写信，可惜这些信都遗失了。我这个人不大愿意写信，一是因为我懒，一是因为我的字写得难看，总有一种自卑感。我们到达敦煌时，张大千刚刚离开敦煌，常书鸿还没有去。

我们在兰州停留期间，还遇到舒联莹，他的父亲和我的父亲很熟，他是旗人。舒联莹是学农业的，上过农业大学。还碰到美国人谢维丝小姐，她准备去延安，没有深谈……

在敦煌住了下来，看了敦煌壁画，都是搭资源委员会的车子，玉门我也去了。河沟里都泛出原油，那时玉门已经有些规模了。看到我们自己的石油十分自豪，很起劲。但是玉门的石油工人非常之苦，他们住在乱七八糟的窝棚里，技术工人稍好些，那些小工都是农民。张掖、酒泉、嘉峪关、玉门关，都走了，给我的印象是：西北很破败。祁连山的美景，我欣赏到了，没有枉跑一趟西北。一出兰州不到半天，就看到祁连山了，真是壮丽的河山，同江南两个味道。山上有树，只是绿色不多，其他颜色不少，像黄色、棕色、红色等；山顶有积雪，点缀着山峰，在阳光的映衬下，真是漂亮得很！而且颜色变化多极了，真可以说绚丽多彩。这里没有公路，司机就在没有公路的泥土路上行驶，一路颠颠簸簸，当然不很舒服。（《苦闷的灵魂——曹禺访谈录》101、102 页）

7 月 1 日　桂林《文学创作》第 2 卷第 3 期刊熊佛西《〈家〉在桂林的演出（补白）》一文。

7 月初　曹禺改编的《家》在桂林"由田汉和熊佛西等组织留桂剧人协会"演出，"导演熊佛西。因为一部分演员没有参加，这个戏的阵容也不免弱了一点。公演时，头上三天包给了一个募捐团体，共收入十八万元，后来每天不过七千元至万元而已。艺术上的成就，以桂东的水准来说，也不能完全使人首肯。"（《剧坛动态》，《戏剧时代》创刊号，1943 年 11 月 11 日。按：原文指"在八月初演出"，似有误）据熊佛西文述：

我排演《家》是一件偶然的事。

今年一月间闻某团体约我导演一个戏，一时找不出合适的剧本，恰巧在报上看到曹禺先生根据巴金先生的小说改编的剧本《家》，出版了，我便同一个朋友去访巴金，与他商谈《家》在桂林演出的事情。但次日某团体的主事人听说我要排《家》就向人表示他要导演这个戏。这消息传到我耳朵之后，我便放弃导演《家》的计划。且拟导演这个戏的人也是我的朋友，他"排"或我"排"都是一样……

　　但事隔半年,《家》还未见演出。直到五月十四日,钢鸣、孟超、湘军诸兄光临榴园,说他们和寿昌兄发起的剧社要演出《家》,约我任导演。……经再三考虑,我只好勉强承允了。

　　就是,在五月二十一那天晚上,我和演员们开始这件艰巨的工作。每晚七时至十时,风雨无困,我们摒除一切交际应酬的约会,准时到八桂街公所排练。……我们在排练上大约费了二百小时……这次的演出未能如愿地"磨光"。(《〈家〉在桂林的演出》)

　　7 月 3 日　重庆《新华日报》刊消息《中国艺术剧团·为慰劳鄂西将士·将再度演出〈家〉》:"中国艺术剧社演出曹禺改编的《家》,前后共达六十三场,该团现应沙坪坝各学校之约,定九日在中大大礼堂参加该(校)廿八周年演出,十一日起为慰劳鄂西将士公演五天,戏票已经开始预售。该团在沙坪坝演出后,便去北碚公演,同时排练新戏,雾季时再回重庆公演。"

　　7 月 6 日　重庆《新华日报》刊郁冰《觉新与觉慧之间——关于〈家〉的几点感想》一文。

　　7 月 10 日　《杂志》7 月号(第 11 卷第 4 期,复刊第 12 号)刊何方渊辑录的《演剧通讯》。关于曹禺的信息是,"重庆的《戏剧月报》已经出版,是内地纯戏剧大型刊物的翘楚(只有从前上海的《剧场艺术》可以比称),编辑委员是曹禺,张骏祥,夏衍,陈白尘,贺孟斧等数人。""第一期……预告中有大批剧作发表,曹禺的《三人行》(史剧)也在其内。""重庆剧坛年来崛起一新人张瑞芳……曹禺甚为赏识此人,《安魂曲》的主角便派他(她)做,而《家》的公演也以她做主角为条件,闻已在渝演出了。""《北京人》第二次在渝演出时,已大加修正,北京人不登场了,仅在窗格上映出一个影子,效果会更强,这与《日出》中的金人,《雷雨》中的雷雨同成了曹禺剧作中不出场的人物,却又同是剧本气氛的有力支持者。"

　　7 月 12 日　重庆《新华日报》"复旦二三事"栏刊消息:"曹禺先生离复旦飞西北后,所开课程暂由李霁野先生代。"

　　7 月 15 日　《时与潮文艺》第 1 卷第 3 期"艺文情报"之"国内之部"刊消息:"剧作家曹禺,洪深,田汉,欧阳予倩等近联名委托某律师登报依法保障应得权益。"

　　是月　战士剧社排演曹禺的《日出》。导演那沙,布加里饰陈白露,王力饰张乔治,左宗秀饰方达生,那沙饰潘经理,高鹏饰黑三,秉柯饰小东西,白鹰饰黄省三,高励饰李妻,郝义饰李石清,陈芗饰顾八奶奶,潘今喜饰胡四,王化南饰福生(升)。(《中国话剧运动五十年史料集》第 3 辑第 63 页) 于 8 月 1 日,在山东滨海军区万余军民

纪念建军 16 周年大会上,战士剧社(开始隶属滨海军区领导)演出。(《中国话剧史大事记》第 337 页)

8 月 9 日　重庆《新华日报》刊王念劬《也来谈谈〈家〉》一文。作者认为:"剧作者既然选定这样一个时代,他就应该把觉新的斗争当做全剧的主线,把觉新这人物当做全剧的主角。""我并不觉得这剧本'过时',只觉得作者没有把这'过时'的斗争写得强烈。"

8 月 10 日　《杂志》8 月号(第 11 卷第 5 期,复刊第 13 号)载王筠《曹禺的〈家〉及其演出》一文。文说:"去年,巴金正式请曹禺担任改编工作,以曹禺过去的写作经验,及与巴金关系之密切,当然非吴天可比。""此戏在西安与重庆曾两度演出,在西安为陕西青年剧社赈灾公演,戴涯导演,闻成绩尚好,惜独白部分念得太沉闷,致逊色不少。""重庆的演出成绩较好"。

8 月 11 日　为曹禺留学事,张伯苓致函陈立夫:

立夫部长先生勋鉴:

敬启者:苓学生万家宝(笔名曹禺)对于戏剧颇知努力研究,年来所写剧本,均属精心之作,想为先生所深知。近闻教部将选拔各项专门人材派遣国外,藉求深造。若万君者倘能予以出国之机会,将来返国后对于我国剧坛,定必大有贡献也。特函介绍,敬乞留意,予以存记,无任拜祷。专此,顺颂

公绥

张伯苓谨启

(1943 年)八月十一日

9 月陈立夫回函:

便函　　高字第 44772 号

中华民国三十二年九月十五日发

伯苓先生台鉴:

八月十一日惠示敬悉。查本部本年考选派留学生计划,经呈奉核定,并无文法商等科名额,万君所学,系为戏剧一科,无法予以派遣深造,至希察宥是荷。此复。并颂

台绥

陈立夫谨启

(《张伯苓与陈立夫关于曹禺留学的通信——新发现的关于曹禺留学的国民政府教育部档案》)

8 月 19 日　到达西安。据报道:"西安电:资源委员会副主委钱昌照、中央研究院社会科学研究所所长陶孟和、与名剧作家曹禺,于今日联袂由兰抵陕。"(《要闻

简报》,重庆《新华日报》,1943 年 8 月 19 日）

8 月 20 日　在西安出席文艺界在民众教育馆召开的茶会。据载："本市文化界,于上月二十日假民众教育馆开茶话会招待剧作家曹禺先生,到会者本市文化界数十人。由戴涯先生一一介绍,后由曹氏演讲,颇为一时之盛。"（《文化界短讯》,《西京日报》,1943 年 9 月 10 日）

在西安期间,曹禺除应对采访,还要参加诸多社交活动。据《西京日报》刊载的一篇访问记说:

> ……我们的谈话很自然的转到他的作品。他说正在写《三人行》,主角是宋高宗,秦桧与岳飞。这是他第一次试验写历史剧,想在剧中尝试利用无韵诗体。这一尝试在《李白与杜甫》一剧中,他更想大规模的发挥。他要从中国语言中寻求出音乐性,加以精妙的运用,希望不藉任何音乐(指乐器)而在舞台上收到音乐效果。
>
> ……
>
> 《北京人》里面如果北京人本人不出场,是不是收效更大点。记者提出这一问题,不禁联想到音乐境界中的暗示作用。
>
> "是的,我新近修改这一剧本时,已将北京人出场的几节删掉了。他不出场确比出场好。不过,就最近在重庆上演的情形说,北京人不出场,似乎还没有收到预期的效果。我们还得慢慢研究。"
>
> "曹先生将来是否是打算写诗剧?"
>
> "我极想尝试。这种尝试在每一个剧作者或许是免不了的。不过,诗剧很不容易写,必须有最丰富的人生体验,以及最伟大的想象力。我现在年纪还青,我要等年纪大一点,才敢尝试。"曹先生的口气极谦虚,他又说,写诗或诗剧,对于作家常是免不了的道路。严格说来,每一个作家都有写诗的可能。哈代以小说知名于世,晚年却改行写诗,并且留下了伟大诗剧《统治者》。在所有文学工具中,诗的隐蔽性最强,文艺者不得已时,非利用它不可。……（转自王筠辑录:《访曹禺及其他》）

据李蕤文述:"在西安的几天中,达官贵人,绅士淑女,都以认识曹禺为荣,有的请他讲演,有的请他到临潼洗澡,真把他看成了'万家宝'。但这些只能增添一个艺术家的内心寂寞。最使他兴奋的,是西安儿童保育院那些孩子们对他的欢迎会,在那次欢迎会中,他表示只有他们才是未来希望的寄托者,他向他们祝福,并且说要向他们学习。""他离开西安的时候,有许多人给他送行。儿童保育院的孩子们,也去给他献花,他对那些坐汽车赶去的贵宾几乎没有什么招呼,只有对那些孩子们却

再三再四抚慰,直到上车时还依依不舍。"(《曹禺印象记》)

8月30日 重庆《新华日报》"成都近闻"栏刊消息:"中华剧艺社……继《孔雀胆》之后,将上演巴金原作曹禺改编的《家》,现正加紧赶排中。"

是月 日本。剧本《北京人》由服部隆造翻译,青年书房(东京昭光社)出版。

是月 桂林《半月文萃》①第2卷第2期原文转载曹禺《悲剧的精神——在重庆储汇局同人进修服务社讲》一文,署名曹禺讲,李家安笔记。

是月 陕北中学生集训队艺委会演出《北京人》。(《剧坛动态》,《戏剧时代》第1卷第3期,1944年2月15日)

秋 温州中学演出曹禺的《蜕变》。据陈冰原记述:"1943年秋天,曹禺的《蜕变》在董辛名、徐贤任导演下,和广大市民群众见面了。女主角叶韵玫,扮演剧中的丁大夫,参加演出的还有唐达聪、黄文节、陈炳源、杨溶东等。樊承谋、杨善囚、林炳权、钱旺珍、胡显钦等分别负责演出的各项工作。这是名剧作家曹禺的剧作在温州的第一次公演,轰动遐迩,影响很大。以后兄弟学校剧团和其他演剧组织,在它的带动下,纷纷演出曹禺的其他名作如《雷雨》、《日出》等。"(温州中学校庆筹委会:《温中百年》第123页)

秋 应中央大学中文系邀请,开设戏剧概论课,讲课"极富戏剧性",听讲的学生很多。据载:"三十二年秋,曹禺应中大中文系之聘,授戏剧概论,初上课时,学生听其名,便往系办公室,欲一先观其风采,则久候不见至;坐教室者方静候,一人衣旧蓝布长衫,步履,短小精致,状一如大学生,徐步至讲坛,曼声问曰:'此课为戏剧概论否?'曰:'然。'即自学生课桌取其预备之书籍,徐徐开讲,学生始惊其即曹禺先生也。

"曹禺西文极精淳(纯),随讲随译,多所取舍。如叙剧中某人,状其声音形态,惟妙惟肖,极富戏剧性,盖曹固一名作家而兼擅剧焉,良有以也。"(《文人讲演画像》)

9月3日 重庆《新华日报》第2版"西北杂讯"栏刊消息:"名剧作家曹禺由兰抵此,为时虽甚暂,但仍饱受欢迎及优遇。胡(宗南)副长官设宴,文化界开茶会,在青年会公开演讲,并游骊山,洗温泉……"

9月初 由西北返回重庆。(《艺文情报》,《时与潮文艺》第2卷第1期,1943年9月15日)

---

① 1942年5月5日在桂林创刊。编辑半月文萃社。1944年6月停刊。1946年1月1日复刊,3月15日终刊。

9 月 7 日　下午 3 时,由洪深、孟君谋、马彦祥、潘子农等发起的庆贺应云卫四十岁生日纪念茶会于重庆中央青年剧社举行,"方由西北旅行归来"的"曹禺也赶来"参加。(《戏剧界盛会——祝应云卫四十生辰》,《新华日报》第 3 版,1943 年 9 月 8 日)

是日　中国艺术学院在上海兰心大戏院演出《雷雨》,由芳信、穆尼,周起联合导演。(《雷雨》广告,上海《申报》,1943 年 9 月 7 日)

9 月 12 日　重庆《新华日报》"剧讯"栏刊消息:"中青剧社定下月初开始公演《北京人》、《清宫外史》和《黄金万两》三剧。"

9 月 15 日　《时与潮文艺》第 2 卷第 1 期"艺文情报"刊消息:"曹禺改编之《家》蓉市初演权为中艺所获,导演贺孟斧,耿震饰觉新,白杨饰瑞珏,八月下旬开排,九月下旬起演。并闻或将在渝复演。""曹禺剧作《三人行》系以南宋张邦昌秦桧刘豫三汉奸为题材。"

是日　《审查通讯》①第 56、57 期合刊载《中央图书杂志审查委员会取缔剧本一览表(根据本会卅一年四月至卅二年八月经审者列表)》。计有 116 部剧本。其中第 107 号显示:

编号　剧本名称　著译者
107　原　野　曹禺

后《附须修改后方准上演剧本(根据本会卅一年四月至卅二年八月经审者列表)》。计有 7 部剧本。其中第 2 号显示:

编号　剧本名称　著译者
2　日　出　曹禺

本期第 12 页刊《剧本审查结果一览表(卅二年八月份)》。其中"三　准予刊载者"显示:

类别　剧本名称　著译者　送审者　审查意见　删改情形　处置办法
话剧　镀　金　曹禺改编　中央青年剧社　内容平妥　准予刊载

其中"七　奖励上演列为本会审定标准本者"显示:

话剧　蜕　变　曹禺　同上　意识甚佳　略有删改　照删改后准予
　　　　　　　　　　　　　　　　　　　　　　　　　　　　再版

9 月 16 日　中央图书杂志审查委员会发出"中审发剧字第三○○九号公函",原文如下:

---

①　1941 年 3 月在重庆创刊。月刊。国民党中央图书杂志审查委员会编。系"会内刊物,对外秘密"。

查本会前以曹禺著《蜕变》剧本内容略有欠妥,曾饬作者自行修改呈核,并分令各省市图书杂志审查处在该剧未修正以前,暂时不准上演各在案,兹经作者将文化生活出版社三十一年九月重版渝一版返照指示修改藏事,经核内容平妥,列为本会审定标准本,以后各剧团上演该剧,务须依照审定标准本上演,除分别函令外,用特抄送《蜕变》剧本删改表一份,即希查照转饬所属剧队知照为荷。等由,并附送《蜕变》剧本审查删改表一份过部,除函复并分令外,合行检发《蜕变》剧本审查删改表一份,令仰遵照并转饬所属一体遵照。

此令,附抄发《蜕变》剧本审查删改表一份。①

此公函经教育部"案准"以"教育部社字第四九五四三号训令"转发各省。据本年《广西省政府公报》第1840号刊载:

不另行文三十二年十一月教肆字第四四二四号巧代电转发曹禺著《蜕变》剧本审查删改表一份:广西省图书杂志审查厅、各区行政督察专员兼保安司令公署、各县市政府、省立艺术馆、桂林南宁各图书馆、各中等以上学校均览:据本府教育厅案呈教育部十月社字第四九五四三号训令,开案准中央图书杂志审查委员会本年九月十六日中审发剧字第三〇〇九号公函开:"(略)"案合将原表随电抄发仰各知照广西省政府巧电肆印。

计抄发《蜕变》剧本审查删改表一份

《蜕变》审查删改表
曹禺著　　文化生活出版社三十一年九月重版(渝一版)

项	幕	页	行	原　　　文	改　　　文
1	1	29	10	你骂我卖屁股	改为:你骂我那种难听的话
2	1	29	10—11	我要当人说你是个卖屁股的	改为:我要当人也用那难听的话骂你
3	2	107	5	你一直是我唯一的——(略停慈恺地)好朋友	改为:你真是我唯一的亲骨肉
4	2	107	8	这个老朋友为你担心	改为:这个母亲为你担心
5	2	107	10	我们是不是好朋友	改为:你是不是妈的好孩子吗
6	2	109	13	我们两个不是顶好的(略停)——好朋友吗	改为:我不是你的好孩子吗

---

① 广西省转抄训令本无标点,参照江西省抄发添加。

项	幕	页	行	原　　文	改　　文
7	2	112	12	我的——小先生	改为：我的好孩子
8	2	146	7	政府派我彻底整理这个医院改归	中央派我彻底整理这个医院改署军政部
9	2	147	7	这怎是中国的新官吏	改为：这怎是三民主义的新官吏
10	3	150	7	贴着墙有一条长凳	改为：后面另行在右墙正中悬挂色彩鲜明的党国旗
11	3	165	10	他现在升了队长	改为：他现在在中央部队升了队长
12	3	189	7	立起来也谈了一刻	改为：立起来也忍了一刻很亲热地
13	3	189	12—13	以后对话中…… ……梁家祥不在家里……	起止删去
14	3	190	4	你为什么不在家里……	改为：很诚恳地你为什么不在家里
15	3	190	11	没想到反应这么冷淡	改为：删去
16	3	191	6—7	梁(故为说来)哦…… ……写得清清楚楚的……	起止删去
17	3	191	8	(坐在灯旁翻那衣服的领子找)	删去
18	3	191—192	4—11	梁(不动声色)一生有钱…… ……祥(毫无办法)	起止删去
19	3	192	6	(依然又翻他的衣服)	删去
20	3	192	10	(仍一本正经地低头慢慢的寻找)	删去
21	3	192	12—13	(又不觉抬头笑了一下)…… ……还算当学徒的时候	起止删去
22	3	192	14	又低下头找	删去
23	3	193	6	摇摇头	改为：摇摇头但态度仍非常诚恳
24	3	193	9—10	(望见他了无愧色)…… ……不觉怒气冲天	起止删去
25	3	193—194	4—15	梁(猛抽一下)……可舒服？祥	起止删去

项	幕	页	行	原　　　文	改　　　文
26	3	193	9	（很平淡地）	删去
27	3	194	17	梁若无事然愉快地穿好他的军服	"若无事然"四字删去
28	3	194	12	梁朱强林	改为：梁（欲阻留已来不及）朱强林
29	3	195	2	十分幽默	删去
30	3	199	11	他告诉我们要："存心时时可死行事步步求生。"	改为：他告诉我们要："在国民政府三民主义的革命精神领导之下我们应该永远奉公守法"
31	4	284	11	小肚兜	改为：国旗
32	4	284	12—15	给我戴…… ……小大夫戴的	起止删去
33	4	285	9	不住挥扬那小红兜肚	改为：不住挥扬那一面小小的青天白日在制成党徽洋窗外面行列进行中国旗招展士兵们一排排的刺刀尖迎着阳光闪耀向前迈进。

　　该训令江西省于 1944 年 1 月 10 日由省政府主席曹浩林,教育厅厅长程时烟具名以"抄发蜕变剧本审查删改表令仰遵照"小字"江西省政府训令教四字第一〇八四一号,令各县县长(不另行文),教育厅案呈,以奉"签发,教育部训令基本一样,个别处,字、标点不同,大约是译电所致。(《江西省政府公报》1944 年第 1296 号)

　　9 月 28 日　上海《太平洋周报》①第 82 期刊署名史蒂华《〈北京人〉——巴黎南国剧社演出》一文。作者认为:"由于《雷雨》《日出》《原野》三个剧本,曹禺的剧本一向被目为戏剧性非常浓厚的,然而在《北京人》中,我们已约略地可以看出他自己在尽量摆脱了。《北京人》的节奏是尽量减少戏剧的节奏的,有人说曹禺写《北京人》是受契诃夫的影响颇深的。的确,这从《北京人》完全是人生的节奏一点可以看出。而正是这一点,对于现时的一般剧作者是有着很宝贵的启示的。"

　　是月　抗敌演剧二队在兴集演出曹禺的《家》。(《剧坛动态》,《戏剧时代》第 1 卷第 3 期,1944 年 2 月 15 日)

----

①　1942 年 1 月 1 日在上海创刊。周报(每星期六出版)。编辑者方昌浩,发行者陆静。

10 月 1 日　上海《万象》十月戏剧专号（第 3 年第 4 期）刊署名"成己"《未付邮——致曹禺书》，信中回忆了作者与曹禺的交往、友情。文配曹禺送作者剧照一幅（图片说明：曹禺演《财狂》时所摄，时在一九三四年）及曹禺手书：

成己：你见过这一张么？这也是演财狂时照的。

家宝

本期还刊有袁俊（张骏祥）《家》一文。文系读曹禺改编《家》剧本而作。文说："读完曹禺先生的改编剧本《家》，越发加强我对于文学制作的认识。"

本期还刊署名蓉《曹禺得奖》一小文，文说：

名剧作家曹禺在中央大学和复旦大学任教，新作《三人行》已脱稿，为一历史剧。主角是宋高宗，岳飞和秦桧。在曹氏创作中，历史剧当以此为嚆矢。该剧今年雾季在重庆演出。

闻不久以前蒋氏曾亲往中训团看《蜕变》，对作者曹禺大为激赏，赠予三千金，以为嘉奖。此外蒋氏并曾往观《清宫外史》，颇加重视，曾特别优待全体演员聚餐。对推进剧运和戏剧人才的培植等指示颇多。

又曹禺改编的《家》，在渝公演数月，卖座始终不衰。该剧的舞台监督是应云卫，导演是章泯，演员如金山、张瑞芳、蓝马等，都是一时上选。后来金山赴蓉，继金山演觉新一角的，是新由上海抵渝的演员黄宗江。

10 月 2 日　重庆《新华日报》第 3 版"剧坛"栏刊消息："东吴沪江两校同学，将在十月底联合上演寇嘉弼所作《还乡记》四幕剧……聘曹禺为演出顾问……闻张骏祥将于本月十二日去蓉导演《罗密欧与朱丽叶》。'中艺'定十一月中回渝公演曹禺的《三人行》，这剧曹氏正在赶写。"

是日　昆明山海云剧社演出曹禺改编的《家》。范启新导演，演员有徐韦、张轩子、柳凝、樊鸽、陈逸、李辛、邹小玲、胡蕊等。（《抗战时期昆明救亡戏剧运动》）

10 月初　重庆后方勤务部政治部的勤政剧团，为募集荣誉军人子弟学校基金，上演曹禺的《家》，导演姚亚影。（《剧坛动态》，《戏剧时代》第 1 卷第 2 期，1944 年 1 月 1 日）

10 月 7 日　是晚，中华剧艺社假国民戏院彩排《家》，现场"挤得水泄不通"。（《成都简讯》，重庆《新华日报》，1943 年 10 月 16 日）

10 月 8 日　中华剧艺社在成都国民大戏院（今解放军影剧院）正式上演曹禺的《家》，导演贺孟斧，白杨饰瑞珏，耿震饰觉新，李恩琪饰梅表姐，阳华饰高老太爷，丁然饰觉慧，张鸿眉饰鸣凤。在《家》的故事发生地演出该剧，观众备感亲切，连演数十场，轰动蓉城。（《我演梅表姐——并纪念贺孟斧先生》，《重庆文化史料》第 21—24 页）

据黄玄文述:"中艺的《孔雀胆》从一开始就很受成都观众欢迎。……《孔雀胆》一上,曹禺改编的《家》就积极准备了。这个戏,还有一种吴天改编本,五月中曾由风云剧社演出过,只有几晚就中断了。校友剧团初来时,也预告要排这个戏,据说,原作者(巴金)和改编者终于把成都首演权给了中艺,导演贺孟斧,设计(包括布景,服装和道具)方菁。预定十月八日演出。"(《锦城之夏——成都剧坛纪事》)

10 月 10 日 《上海影坛》在上海创刊①。本期"剧坛简讯"刊消息:"张园的'艺钟剧团'第一炮演……第二部田振东、孙敏联合导演的《雷雨》,被禁停演。""《北京人》上演,索非少不得又以代理人资格出现,谈判圆满解决,提百分之四十上演税。"

10 月 15 日 《时与潮文艺》第 2 卷第 2 期"艺文情报"栏刊消息:"东吴沪江两大学同学,近排《还乡记》(四幕,寇嘉弼著),特邀焦菊隐导演,曹禺为演出顾问,十一月一日起在银社公演。""文风书局之《戏剧时代》月刊,由洪深、马彦祥、吴祖光、焦菊隐、刘念渠编辑,创刊号定十一月十一日出版,内有张骏祥、鲁觉吾、夏衍、潘子农、陈鲤庭、洪深、曹禺诸氏作品。""成都神鹰剧团决演莎士比亚名剧《罗米欧与朱丽叶》,用曹禺译本(该本即将由本刊连载)特请张骏祥导演,李恩杰设计,金焰饰罗米欧,白杨饰朱丽叶,陶金,章曼苹等均担任重要角色。预定十一月下旬在蓉演出,十二月下旬来渝公演,或将再往昆明一行。"

10 月 18 日 《国立戏剧学校校友通讯月刊》第 5 卷第 1 期刊"校友消息":"万家宝先生最近又将有新作问世,剧名《三人行》,预计年底前可脱稿,闻已允应云卫先生之请,交中华剧艺社演出云。《三人行》后尚有《天桥》一稿,据万先生讲,目前尚未着笔云。"

10 月 21 日 重庆《新华日报》第 3 版刊消息《〈蜕变〉修正后已获准许上演》:"曹禺名著《蜕变》,前因内容须待修改,曾由主管机关通令暂时停演,现作者已细加修正,内容较前更为精彩。听说国民党中央图书杂志审查委员会已将该剧本列入审定标准本,奖励各剧团上演。"第 4 版"剧坛零讯"栏刊消息:"成都神鹰剧社将演莎翁名剧《罗密欧与朱丽叶》,聘张骏祥导演,白杨金焰主演。"

10 月 24 日 重庆《新华日报》"成都近闻"栏刊消息:"《家》的卖座很好,星期日加演日场,八时起卖票,但清晨六时,国民戏院门口就已拥挤不通。疏散区观众看晚场的,都事先准备火把,以备回家之用。"

10 月 28 日 重庆《新华日报》第 3 版"复旦琐记"刊消息:"本期叫座最多的教授,计有方令孺先生的国文,万家宝先生的英文……以及洪深先生的文学批评

---

① 月刊。编辑、发行者上海影业出版公司。

等课。"

是月　上海《女声》①第 2 卷第 6 期"戏评"栏刊麦耶《〈北京人〉与〈京华尘梦〉》一文。文说:"曹禺在《北京人》中所表现的生活,他是多么熟悉,对于人物性格又把握得多么深刻!""我以为《北京人》在曹禺创作生活中,是一个甚为重要的一个过程。很明显地,我们可以看出,曹禺写《北京人》是受契诃夫影响很深的。在《北京人》以前,曹禺的一些剧作中,尤其是《雷雨》、《日出》、《原野》,戏剧的气氛非常浓厚,节奏完全是戏剧的节奏,因此,有人觉得太缺少现实性了。在《北京人》里,曹禺自己也已感到这一点,他尽量减少这种戏剧的成分,学习契诃夫式人生的节奏,虽然场子不觉乱一点,但依然还是成功的。最明显地显出曹禺受契诃夫影响的,是《北京人》的末二幕。"

11 月 1 日　重庆《新华日报》第 1 版刊《还乡记》广告:东吴大学、沪江大学法商学院联合在银社公演四幕话剧《还乡记》,剧作者寇嘉弼,导演焦菊隐,舞台监督卢业高,演出顾问曹禺。

11 月 9 日　中央图书杂志审查委员会致函教育部,将编就的准演话剧剧目一览表计 70 种送上,请教育部在国父诞辰日(即孙中山诞辰 11 月 12 日)公布。70 种准演剧本,有郭沫若的《南冠草》,夏衍的《法西斯细菌》、《一年间》,阳翰笙的《两面人》,于伶的《长夜行》、《杏花春雨江南》,曹禺的《蜕变》、《北京人》、《家》等,也有陈铨的《野玫瑰》、《金指环》。(《重庆抗战剧坛纪事》第 137 页)

11 月 10 日　《杂志》11 月号(第 12 卷第 2 期,复刊第 16 号)载王筠辑录的《访曹禺及其他》。文说:"从改编《家》后,曹先生又跨入了一个新的境界,那便是想在剧本中放进音乐的成分去,《家》的第一幕中的诗韵独白就是一个新的尝试。在《李白与杜甫》和《三人行》二剧中,将更有新的发展,或者说不定从今以后,有诗剧的形式出现。"文中还摘录曹禺在西安时,《西京日报》发表的一段访问记(见是年 8 月 20 日条)。本期第 188 页"文化报道"栏刊消息:"内地戏剧空气特盛,故中大师范学院国文系亦趋时,开'戏剧讲座'一门,课程聘请曹禺担任,选者甚多。"

11 月 11 日　大型戏剧刊物《戏剧时代》②在重庆创刊。本期刊曹禺独幕剧本《镀金》,剧尾注有:"本剧据法国腊皮虚著三幕剧《迷眼的沙子》改编"字样。剧本后收入《曹禺全集》第 3 卷。

---

①　1932 年 10 月 1 日在上海创刊。女声社出版。1942 年改版,编辑者左俊芝,发行者女声社。

②　月刊。由中央青年剧社编辑,洪深、吴祖光、马彦祥、焦菊隐、刘念渠任编辑委员,文风书局出版发行,共出版 6 期,1944 年 10 月 10 日终刊。

11 月 14 日　重庆《新华日报》第 3 版"成都简闻"栏刊消息:"《铸情》(即罗密欧与朱丽叶)经改为《柔密欧与幽丽叶》,演员业经派定,柔密欧(金焰),幽丽叶(白杨),爱嘉露(周峰)……并决定二日开排。""北碚近讯"栏刊消息:"曹禺先生心脏病复发,现正在休养中。"

11 月 15 日　《时与潮文艺》第 2 卷第 3 期"艺文情报"栏刊消息:"剧作家曹禺将出国赴美,准备观光考察美国戏剧情况,约年底可以成行。最近曾译莎翁名剧《柔密欧与幽丽叶》,即在成都公演之用。""曹禺赶译之《柔密欧与幽丽叶》已全部完成,寄蓉排演。演出此剧之神鹰剧团正忙于准备一切,导演张骏祥与全体演员均颇费心血。演员金焰,陶金新学剑术,颇有可观。十二月初在蓉公演后即来渝。"

是日　《审查通讯》第 58、59 期合刊载《准演话剧剧目一览表》,计 70 种,其中曹禺作品有《蜕变》、《黑字二十八》(与宋之的合著)、《北京人》和《家》。

是日　上海《春秋》①第 1 年第 4 期"文化报道"刊消息:"靳以在福建……负责编纂《文艺丛刊》……执笔者有曹禺,巴金等,销路颇广。""曹禺新作《三人行》不拟继续编成,而将用小说体裁发表。又:曹禺之新剧作为《天桥》,系根据一马戏团为背景之西洋剧本改编。"本期"影剧消息"刊消息:"前上海剧艺社负责人赵志游西来后,除从事救济事业外,且拉拢名导演章泯、司徒慧敏,及名演员金山等,组织中国艺术剧社,并在渝重演巴金原著,曹禺改编之《家》,该剧由章泯导演,司徒慧敏任舞台监督,观众甚拥挤,连演一月余之久,王莹亦为该社所罗致。"

11 月 25 日　晚八时,同茂剧社在上海金都大戏院首演曹禺改编的《家》。导演朱野逸(即朱端钧)。演员李萱、端木兰心、顾逸倩、英郁、沙莉、戴耘、柯刚、冯喆、卫禹平、丁力等参演。(《简讯》《家》广告,上海《申报》,1943 年 11 月 25 日) 其中沙莉饰鸣凤,丁力饰冯乐山,卫禹平饰觉慧,戴耘饰陈姨太,姜雨饰钱姨妈,冯喆饰觉新。(《评曹禺的〈家〉演出》)

11 月 30 日　苏联呼声电台邀请同茂演剧社演员演播该社正在金都大戏院演出曹禺改编的四幕话剧《家》。(《上海话剧志》第 42 页)

是日　《东方杂志》第 39 卷第 18 号刊署名田禽的《中国剧作家概论》。作者论及曹禺说:

> 曹禺——曹禺(即万家宝笔名)是中国最优秀的剧作家,作者的写作态度,是非常认真的,可惜他是一位难产的作家。只以他的处女作《雷雨》来说吧,据说他写了四年功夫,为其如此,所以他在产量上并不怎么多。

---

①　1943 年 8 月 15 日在上海创刊。月刊。编辑者陈蝶衣,出版者春秋杂志社。

曹禺是以他的三部曲——《雷雨》,《日出》,《原野》——闻名于战前剧坛的。作者的写作技巧是细腻的,细腻的有时会叫观众不耐烦,有时也近于卖弄……

曹禺是一位极其用功的剧作家,他的外国语亦颇有根底,因而他读的外国剧本也特别多,于是不知不觉中受到外国作品的感染,也许这是我的主观见解,我以为作者受易卜生的作品的影响最大。……

有些地方,我觉得他有点儿像萧伯纳,就是说,作者在写景或舞台指示方面,真是不厌其详。

从曹禺的作品认识曹禺的思想,他似乎仍带有浓重的宿命论的观念,只是他以新的解释予以粉饰罢了。……

另外,我觉得从曹禺的作品中不易看出光明的指路……倒是《蜕变》里还多少显示了作者比较进步的思想。然而,无论如何他是一位最有前途的剧作家。这,我想没有人会否认的。

冬　某夜,蔡骧从重庆某剧场后台陪曹禺回家。当时他正热心于契诃夫,写了个带"契诃夫味儿"的剧本给曹禺看,曹禺劝他不要学契诃夫,因为中国人看戏的习惯是有头有尾。并认为莎士比亚比契诃夫更容易被中国观众所接受。(《〈北京人〉导演杂记》)

12 月 5 日　重庆《新华日报》第 3 版刊消息《〈北京人〉等三剧本获得奖金》:"国民党中央文化运动委员会,为奖励剧作家,前曾请中央图书杂志审查委员会推荐卅一年度发表的名剧作品十种,现经各评选委员票选结果,计当选的有王平陵的《维他命》、曹禺的《北京人》、陈白尘的《大地回春》等三剧本,该会各给与奖金国币三千元。"

12 月 10 日　《杂志》12 月号(第 12 卷第 3 期,复刊第 17 号)刊署名麦耶《是月也》(影剧月评):"在这一月内,剧坛的流言与传说非常多,便是:曹禺的《蜕变》与《家》,吴祖光的《文天祥》与《风雪夜归人》。结果只有《家》与《文天祥》有上演的可能。《蜕变》与《风雪夜归人》,不是因为导演人才不够,便是因为戏太'闷',恐怕不易为上海观众所接受而作罢。"

本期"杂志信箱"答读者"上海戚叔光先生":"曹禺改编之《家》,上海无售处,本刊八月号刊有《曹禺的家及其演出》一文,有详细介绍,可参阅。曹禺之《家》现在'金都'上演中。"

12 月 15 日　《新认识》月刊第 8 卷第 4 期署名应鲁《曹禺的〈家〉与吴天的〈家〉》一文。作者认为,吴天的版本是"忠实地拓印了一个新的版本,而曹禺先生"

的版本是"产生了一个创作与改编兼半的风格"。

是日 《时与潮文艺》第 2 卷第 4 期"艺文情报"栏刊消息:"曹禺已赶写《桥》,约一月底可以完成,此剧即在本刊连载。""曹禺新剧本《桥》系写过渡时期之工业建设,即可脱稿。此为曹氏夏天赴大西北旅行之收获。"

12 月 16 日 上海《天下》①第 4 期"半月剧坛"栏刊署名诸葛蓉《谈曹禺的〈家〉》一文。文说:"这次'同茂'为挽救历来营业的颓局,不惜工本,在'金都'大胆的把它三度演出,纯是卖了'曹禺'两个字,而追下去看《家》的,亦无非是看在曹禺的面上。""看完了戏,又觉得曹禺的改编,似乎依赖原作的地方尚多。……在编,导,演三者之中,比较起来,最成功的还是编剧,尤其是曹禺不拘泥于原作的表面故事,只抓住它的精神,而展开的自己的创作才能的发挥。"

12 月 21 日 重庆《新华日报》第 3 版"蓉城的剧讯"栏刊消息:"《铸情》一剧,阵容极为整齐,该剧由曹禺精心编译,佳妙自不待言,张骏祥使劲导演,也恰到好处……"

12 月 22 日 据《戏剧时代》载:

三十三年二月十五日是第六届中华全国戏剧节。重庆为大后方抗战戏剧运动的中心据点。中华全国戏剧界抗敌协会总会,决定积极筹备,以纪念这一个自己的节日。

剧协第二次理监事联席会通过了筹备会名单和各项原则。十二月二十二日下午二时假中央文化运动委员会文化会堂举行第一次筹备会议,出席者:张道藩,宋之的,金山,马彦祥……夏衍等。由张道藩主席。决议事项如下:

一、本会定名为中华民国第六届戏剧节演出委员会。

二、筹备会各部门负责人人选,当经推定:主任委员——张道藩……杂剧组——富少舫。本届演出之话剧剧本,由于伶,夏衍,陈白尘,鲁觉吾,洪深,阳翰笙,沈浮,曹禺,潘子农,宋之的十人集体创作,导演史东山,舞台监督司徒慧敏。财务委员会由罗学濂,马彦祥,夏云瑚,吴树勋等组织之,以罗学濂为主任委员。

三、大会及纪念会办法,由筹备会秘书处负责筹备。

四、公演名义定为(一)为纪念三十三年度戏剧节;(二)为筹募戏剧界贫病同人救济金。……(《重庆筹备纪念第六届戏剧节》,《戏剧时代》(中华民国卅三年戏剧节纪念特辑)第 1 卷第 2 期,1944 年 1 月 1 日)

---

① 1943 年 11 月在上海创刊。半月刊。顾问:赵君豪,社长:李贤影,主编:叶劲风,编辑:孙恩霖,发行人:蒋槐青,出版者:天下出版社印行,印刷者:国光印书局,总经售:商社书报发行所。

是月　据《戏剧时代》刊："宣传已久的另一个大戏，是航委会的神鹰剧团的《柔密欧与幽丽叶》(莎士比亚名剧之一)已开排，剧本为曹禺新译，导演张骏祥，布景设计李恩杰，预定十二月中上演。"(《剧坛动态》,《戏剧时代》第 1 卷第 2 期,1944 年 1 月 1 日)然而，由于种种刁难，该剧未能在本月上演。

是年　为创作《桥》,曾往重庆一家钢铁厂体验生活。据曹禺回忆："《桥》也是调查过，重庆有私人钢厂，一年偶尔出一次钢，有贝斯炉。我是经过钱昌照的介绍去调查的，大约在那里呆了两个礼拜。这部戏，也是有所指的，主要指向是二先生指孔祥熙。在抗战中，四大家族是发了国难财的，孔祥熙是被大后方的人恨透了的人物。这出戏写官僚资本家和民族资本家的斗争。二先生的势力大得很，官僚资本把民族资本吃掉了。沈承灿是一个很好的人，他最后被人害死。我是想写一个同工人接近的工程师，一个新的知识分子。写这部戏，我已经受到毛泽东《讲话》的影响了。《讲话》是 1942 年发表的，很快传到重庆，那时不那么懂。我对工人也不了解，我是第一次到工厂。但是，我到工厂确实搜集到不少材料，可惜的是戏没有搞完……"(《苦闷的灵魂——曹禺访谈录》第 126 页)

据蒋敦撰述："天才是九九分血汗和一分的灵感，曹禺先生对于搜集材料的认真，工作的勤毅，与创作态度的严肃，真使人感觉到一个剧作家的成功决不是偶然的。他在胜利前写《桥》的时候，因为这个剧本是以国防工业的钢铁厂为背景，在搜集材料的时候，差不多天天在重庆附近的钢铁厂中与工程师工人在一块混，他自己书桌上也摆满了炼钢的专门书籍，猛然一看，你一定会认为他是一位炼钢专家，而他炼出的精钢却是他的剧本《桥》!"(《曹禺——中国第一流剧作家》)

是年　天津著名文明戏演员陶露萍与霍克家，追随进步潮流，合作成立露克话剧社，走现代话剧的道路，并邀请天津话剧界知名人士李保罗、唐皓华参与剧社活动，陆续上演曹禺的《雷雨》、《日出》和根据莫里哀喜剧改编的《老财迷》。(《中国话剧史大事记》第 222 页)

是年　广东"义擎天剧团"在广州湾(今湛江市)演出粤剧《雷雨》。文武生白玉堂饰周萍，小生吕玉郎饰周冲，武生梁国风饰周朴园，丑生欧阳俭饰鲁贵，正印花旦何芙莲饰四凤，还有繁漪一角应该由第二花旦小飞红饰演，但她认为繁漪是个反派，宁愿演戏份较少，扮相苍老的鲁侍萍，繁漪一角就落在第三花旦红线女身上了。(《红线女创作·生活》第 135、208 页)

1944 年(民国三十三年)　三十五岁

2 月 15 日,西南第一届戏剧展览会(简称"西南剧展")开幕。同日,第六届戏剧节纪念大会由中华全国戏剧界抗敌协会主办,在重庆文化会堂举行。

3 月 10 日,郭沫若完成著名的历史论文《甲申三百年祭》,重庆《新华日报》于19—22 日连载。4 月 18 日,《解放日报》全文转载。

7 月,重庆第三届"雾季公演"结束,其间演出 23 台剧目。

1 月 1 日　南京《新学生》[①](新年特大号)第 4 卷第 1 期"朗诵文选"栏刊曹禺《家(叙景)》。文系曹禺《家》剧本第一幕第一景。

是日　《太平月刊》[②]第 3 卷第 1 期刊署名史蒂华《曹禺〈家〉的演出》一文。作者认为:"曹禺的《家》剧本的结构似乎有些松懈,至少,是通过了同茂(剧场)的演出,使人有了这一个印象。""《家》剧本的最大的成功是人物而不是戏。也就是说曹禺已摆脱了过去技巧至上的浓郁的戏剧性,而全神贯注到人物性格的刻画上来。因此,他改编《家》不必顾虑到原著与戏剧的结构,只是把原著当作素材,写出了这第二部的如契诃夫般的人生的戏。"

1 月 3 日　是日起,国民政府航空委员会政治部所属神鹰剧团在成都国民大戏院公演莎士比亚名剧《柔密欧与幽丽叶》,演出时用名《铸情》。曹禺翻译,张骏祥导演,金焰饰柔密欧,白杨饰幽丽叶,陶金饰穆克修,章曼苹饰奶妈,其他演员有沈扬、丁然等。演出很成功。有人认为,"《铸情》台词,多铿锵有韵、布景也富丽堂皇。简直是诗的语言,诗的场面,诗的故事。"(《剧坛点滴》,重庆《新华日报》第 3 版,1944 年 1 月 16 日;《成都的文化动态》,同前 20 日)据张骏祥回忆:"在成都,有人为了使金焰同志出来演戏,想借用神鹰剧团名义,由金焰和白杨主演《柔密欧与幽丽叶》,约我导演。我当即赶回重庆,请曹禺重译莎翁这个名剧。他又一口允诺,并在一个多月的

---

①　1942 年 6 月在南京创刊。月刊。系汪伪政府江苏省教育厅编审室发行。编辑人王予。1944 年 2 月出至第 4 卷第 2 期(总第 19 期)终刊。

②　1942 年 8 月在上海创刊。月刊。系汪伪时期创办的综合性画报。

时间里就译了出来。该戏 1943 年初在成都上演。本来说好还要到重庆、昆明上演的，可是后来主办的人把由郁风同志辛辛苦苦弄出来的全部服装卖掉了，除成都外没有能再演，以致曹禺连他的译作的演出也没有看到。"（《美好的回忆》。按：张骏祥先生回忆上演时间有误）

1 月 6 日　据阳翰笙记述："午后在中苏文协开剧本集体创作会议。全剧（指《胜利进行曲》——原书注）五幕纲要已成，大家决定：第一幕由曹禺、沈浮负责，由沈执笔；第二幕由之的、白尘负责，由白尘执笔；第三幕由子农和我负责，由我执笔；第四幕由夏衍、于伶负责，由于伶执笔；第五幕由觉悟（鲁觉吾）、洪深负责，由洪深执笔。"（《阳翰笙日记选》第 230 页）

1 月 6—8 日　省立温州中学温中剧团，在该校大礼堂公演曹禺四幕话剧《蜕变》，由董辛名、徐贤任导演。（《曹禺剧作在温州》）

1 月 10 日　《杂志》月刊 1 月号（第 12 卷第 4 期，复刊第 18 号）刊麦耶的《岁尾影剧评》一文。作者认为，"曹禺改编的《家》的剧本""与吴天的剧本比较起来，曹禺的是沉闷得多"。"曹禺过去受人欢迎，就是因为它的《雷雨》，《日出》，《原野》有浓厚的戏剧性的缘故。在《北京人》以后，他的写剧方式完全改变了，他感到愈是像'戏'，距离人生愈远，因此为了尽量的表现人生原来面目，他学习了契诃夫的写作方法，《北京人》是如此，《家》也是如此。"

是日　《上海影坛》第 1 卷第 4 期刊署名修常《评：曹禺的〈家〉演出·朱端钧导演，金都同茂演出》。作者从"原作及演出脚本"、"导演的工作"和"演员和演技"三个方面给与评述："所谓原作，并非指巴金的小说，而是指曹禺的剧本。对于曹禺的改编工作，本也应该顺便作一批评，但这不是三言二语便可以说完……这要说的是演出脚本与原作不同的地方。这些不同——增或删——是有讨论的必要的。剧本有增删的地方最可见导演的见解和他的功过。"

1 月 16 日　重庆《新华日报》第 3 版"艺文剧讯"栏刊消息："将在戏剧节演出的十位剧作家集体创作，现正由执笔人分头赶写，全剧共分五幕，第一幕由沈浮、曹禺合写，执笔人沈浮，第二幕由陈白尘、宋之的合写，执笔人陈白尘，第三幕由阳翰笙、潘子农合写，执笔人阳翰笙，第四幕由于伶、夏衍合写，由于伶执笔，第五幕由洪深、鲁觉吾合写，执笔人洪深。剧情是描写抗战后戏剧工作者在前方、后方及'孤岛'工作的情形。"

1 月 18 日　中国旅行剧团返沪后举行盛大公演。在丽华剧场公演《枇杷门巷》后，是日起继演《雷雨》。演员阵容：汤琦饰鲁贵，唐若英、林纳饰四凤，陈玉麟饰鲁大海，王凯饰鲁冲，夏多文饰周繁漪，邵华饰周萍，唐槐秋饰周朴园，唐若青饰鲁侍萍，常明、陈苍柏饰仆人。演至 23 日（除夕日）。（《雷雨》广告，上海《申报》，1944 年

1月13—23日）25日起，每天同时在三个剧场公演，于华美剧场演出《日出》，导演唐槐秋，演员阵容唐若青饰陈白露，孙道临饰方达生，陈述饰张乔治，汤琦饰福升，仇铨饰潘月亭，廖凡饰黑三、常明、苏平饰流氓，郭岚饰黄省三，吴纯真饰顾八奶奶，龚家宝饰李石清，郭平饰胡四，夏多文饰李太太，林纳饰翠喜，文江饰小顺子，林芳、郑萍、王雪娜、周正行饰妓女。演至2月6日。于绿宝剧场演出《花蝴蝶》，导演唐槐秋。于丽华剧场《阳关三叠》，导演唐槐秋。（《日出》等广告，上海《申报》，1944年1月24日—2月6日）

1月20日　重庆《新华日报》第3版"成都的文化动态"栏刊消息："目前成都的话剧，也受到像重庆一样的不景气。……就以现在正在上演的罗密欧与朱丽叶（即《铸情》，莎士比亚名作）来说。据说成本花了将近一百五十万（幸亏神鹰剧团是官方——航委会政治部办的），估计一下收入，很少能有'利益'。演技方面，成都各报还不见有批评，不知道为什么。"

1月24日　农历元旦（初一）起，上海华艺剧团在上海大戏院公演《陈白露》（古巴编导）、《正在想》（曹禺编剧，佐临导演）二剧。演员有莫愁、丹尼、司徒燕生、石挥、孙景路（璐）、史原、林彬、陈平、莉莉、杨英梧等人参演。演至2月24日。（《陈白露》《正在想》广告，上海《申报》，1944年1月24日—2月24日）

1月27日　重庆《新华日报》第3版"成都近闻"栏刊消息："最近将演出的《北京人》，由冼群导演，孙坚白饰'曾老太爷'。"

是月　《天下文章》第2卷第1期（戏剧电影专号）刊方滨《论〈家〉的演技》一文。文说："中国艺术剧社演出的《家》（曹禺编剧，章泯导演），从本年四月到六月，先后连续上演了六十几场。这个惊人的数字纪录，在一般观众的心目中，无疑地将是重庆抗战剧运第六年的演出高潮中最辉煌的一个节目了。"作者认为："在剧作者曹禺笔下的'新'人物，或是在剧中较有'希望'的人物，总是或多或少地带着缺陷的。在《家》这部戏里，擎起反叛大旗的觉慧，也不曾例外。"

2月1日　下午，为今年戏剧节中华全国戏剧界抗敌协会"招待新闻记者，当晚举行聚餐"。众多剧人参加，曹禺作为戏剧节剧本创作者之一员，当参加这一剧人盛会。（《陪都庆祝戏剧节志盛》，《社会教育辅导》第2期，1944年4月1日）

是日　《万象》第3年第8期刊鲍霭如的《曹禺论》。作者给与曹禺极高的评价。文说：

　　论曹禺，又比论其他作家来得更困难。他是剧作家，不但有作品流传，更有无数的看官从舞台上欣赏他的戏剧。更有一点和一般剧作家不同的地方，他最享盛名的三部曲，《雷雨》、《日出》、《原野》，都已先后摄成影片，广大的电影观众为这位文坛灿灿彗星的光芒耀眩也对他狂热起来了。……

　　从《雷雨》到《日出》,作者非常勤勉地把现实的尖锐的矛盾概括到他的艺术劳作里去。在《原野》里显然地它更进了一步发掘着我们传统的精神,赤裸了那隐蔽在现实深处的灵魂,而构成了一种民族的出色的形式。作者这样向多方面的创造的新形式和不断发展新的表现方法,不单是完成着整个伟大时代的不朽反映,而且作者把自己和群像的精神,风习密接起来。无疑地曹禺就是在这一基础上建立他的形式,同时,也把曹禺这二个字和他的劳积非常荣耀的进入了历史的道路!

　　2 月 12 日　重庆《新华日报》第 3 版刊消息《今年的戏剧节》:"剧协筹备盛大戏剧节,节目大致已定。除十四日晚全体聚餐,广播外,十五日上午举行纪念会,下午'国民月会'招待戏剧界,并有川剧、平剧、汉剧、杂耍等节目。十六日起,举行学术演讲,连续四日,演讲者有郭沫若、洪深、焦菊隐、曹禺等四人。"

　　2 月 14 日　下午六时,重庆戏剧节人士在"文化会堂"聚餐,曹禺与洪深、陈白尘、阳翰笙、黄芝岗、白杨、张骏祥、马彦祥、沙漠、蒋天流等二百多人参加。(《全国的剧人今天庆祝戏剧节,昨晚在文化会堂聚餐热闹非常》,重庆《新华日报》,1944 年 2 月 15 日)

　　2 月 15 日　中华全国戏剧界抗敌协会召开戏剧节纪念大会,曹禺与会。据记述:"(略)……十五日上午九时,在中央文化运动委员会的文化会堂,举行纪念仪式。中央宣传部长梁寒操,教育部次长顾毓琇,中央青年团宣传处长郑彦芬都到了。剧作家方面,洪深,马彦祥,郭沫若,曹禺,宋之的,于伶,赵清阁,夏衍,阳翰笙等。导演方面,有史东山,吴永刚,张骏祥等。演员有金山,蒋天流,叶露茜,周伯勋等。还有各戏圆的班主,剧社的社长,地方剧的演员,唱大鼓的富贵花,说相声的山药蛋,变把戏的马守义都来了。""那天教育部正式发表卅二年度优良剧本四种。第一种是赵清阁老舍合著之《桃李春风》。第二种是曹禺的《蜕变》。第三种是于伶的《杏花春雨江南》。第四种是沈浮的《金玉满堂》。于是刚散会,那几位受奖者就遭了包围。阳翰笙首先发动,金山也不甘落后。前呼后拥,把第一名赵清阁架走了。曹禺一看形势不对,忙从后门溜之乎也。洪深马彦祥还在台上料理,一听消息,连忙下来追赶,正遇着舒绣文从中央电台代表戏剧界向全国广播了回来,肚子饿着,一个劲儿忙着找马彦祥要两碗素桃面吃。""下午二时,陪都文化界在文化会堂举行国民月会,同时庆祝戏剧节……"(《陪都庆祝戏剧节志盛》,《社会教育辅导》第 2 期,1944 年 4 月 1 日)

　　是 日　重庆《新华日报》第 3 版刊消息《四个剧本得到奖励》:"教育部将在戏剧节宣布第一次应予奖励的优良剧本。据悉:经该部优良剧本审查委员会选出之四种优良剧本,都给与奖状。关于奖金的发给,经投票决定如下:《桃李春风》,老舍、赵清阁共合著,共获二万元。《蜕变》,曹禺著,获一万五千元。《杏花春雨江南》,于伶著。《金玉满堂》,沈浮著,各奖一万元。此外,《桃李春风》的导演吴永刚,《蜕变》和《杏花春雨江南》的导演史东山,《金玉满堂》的导演潘子农各奖五千元。演出《桃李春风》和《金玉满堂》的中电剧团,演出《蜕变》的中国万岁剧团和演出《杏花春雨江南》的中国艺术剧社都各奖给锦旗。"

是日 《戏剧时代》第1卷第3期"剧坛动态"栏刊消息:"曹禺本年度新作为《桥》,以抗战时期大后方的工业建设为题材,即可脱稿。这是他西北旅行的收获之一。""新年期间,迁各学校演剧颇盛。中央政治学校演《桃李春风》,国立音乐院演《北京人》,江苏医学院演《金风剪玉衣》。""在三台的东北大学学生们这学期组织了一个戏剧研究会,寒假中公演《北京人》,导演是在该校任教的董每戡。"

是日 广西艺术馆新厦在桂林落成。西南第一届戏剧展览会(简称"西南剧展")在艺术馆举行开幕典礼。展期至5月19日结束。其间有18个话剧团体共演出话剧22个,其中广西大学青年剧社演出了《日出》、剧宣四队演出了《家》、剧宣四队和七战区艺宣大队分别演出了《蜕变》。(《西南剧展开幕》,重庆《新华日报》,1944年2月25日;《西南剧展开幕前后》,同前3月2日;《西南剧展的尾声》,同前5月27日)

是日 改译剧本《柔密欧与幽丽叶(舞台本)》(第一、第二幕)开始在《文学修养》第2卷第3期发表,至第4期(6月20日,第三、第四、第五幕)载完。

2月16—18日 为纪念戏剧节,中华全国戏剧界抗敌协会在重庆文化会堂举办学术讲演活动。排定曹禺在17日下午演讲,曹禺演讲题目是"临时公布"的。(《为纪念戏剧节剧协学术演讲——昨天是洪深和马彦祥,今天是曹禺和焦菊隐》,重庆《新华日报》,1944年2月17日)

2月27、28日 中国艺术剧社在重庆银社演出三部喜剧《处女的心》。第一部:《窈窕淑女》系根据苏联雅鲁纳尔的《处女的心》改编,黄宗江导演。第二部:《君子好逑》系东方晦之根据俄国契诃夫的《求婚》改编,郑君里导演。第三部:《鸾凤和鸣》系曹禺根据法国腊皮虚(La Biche)的《迷眼的沙子》改编,原名《镀金》,洪伟导演。参加演出的演员有叶露茜、白颂天、王苹、蒋天流、黄宗江、宗扬、黄宛苏、谭云等。(《处女的心》广告,重庆《新华日报》,1944年2月26—28日)

关于中国艺术剧社将《镀金》改名为《鸾凤和鸣》一事。据3月4日阳翰笙记述:"骏祥来访。他说他同小羊都想看看《槿》剧。我便将《槿》剧改正本交给他,他同我谈及'中术'近来的作风的时候说:家宝(即曹禺)因'中术'将他的《镀金》改名《鸾凤和鸣》,事前并未得他同意,他颇表不满,甚至说,这与从前大世界(上海一演出场所)演他的《雷雨》时改名为《父子同妻》的恶劣作风没有什么差别!我听了这话心里非常难过。于是我对骏祥表示,我一定将家宝的不满转知'中术'友人,要他们设法将名字改回来,同时也请骏祥对家宝解释解释。"3 月 5 日,阳翰笙又记述:"夏(衍)、于、宋三兄请我和彦祥晚餐。我便把家宝不满'中术'之所为的事告诉了他们。夏表示日内决找人去与家宝说明此事,同时十二号重演此剧时当设法将名改回来。"(《阳翰笙日记选》第 247、248 页)

是日　《燕京新闻》第 4 版"剧坛琐纪"刊消息:"燕大诚正学会为募集基金,特请该校热心戏剧同学多人公演《日出》,由黄如文导演。现已开排,拟于三月初正式演出。"

春　为庆祝鲁南军区、冀鲁豫军区的合编和中共平原分局的成立,战友剧社与冀南军区平原剧社联合演出曹禺名剧《雷雨》,黄野、冯祖华、孙健民联合执导,军区政治部副主任朱光也参加导演,演员胡流饰周朴园,白雪饰繁漪,方勇饰鲁侍萍,许汗青饰周萍,杜炳如、张明饰周冲,张茜饰四凤,汪德荣饰鲁贵,马其恒饰鲁大海。
(《冀鲁豫军区战友剧社简史》、《冀鲁豫文学史料》)

3 月 7 日　桂林《力报》①刊徐慧《从〈日出〉看曹禺》一文。文系作者观看广西大学青年剧社演出的一篇评论。作者认为:"从《日出》的内容推测,作者是一个不能忘怀于现实,而执拗地企图在现实之上用自己的力量来追求真理和至美的人。""曹禺是一个彻头彻尾的人道主义者,在他一连串的光辉的剧作里,特别在《日出》,他的人道主义的精神显得更触目,更明朗,更感人,他的对艺术的忠贞和对人类的热爱的心,使我们觉得更沉实,更珍贵。"

3 月 10 日　《杂志》3 月号(第 12 卷第 6 期,复刊第 20 号)刊署名洛川《这一月的戏》一文。文及:"《正在想》,不用说是曹禺讽刺现社会某种情形而写的闹剧名作,有人说原意是讽嘲'参政会'的噪杂的情形,但最大的讽刺,怕是讪笑那种不彻底的改良主义的没落吧! 这是一出好戏,因为充满了轻松的笑料,有许多人物又是在我们现实社会中可以寻见的典型,不过他把这些人物更强调一下而已。曹禺对于戏剧的结构与技巧是非常注意的,他的剧中,许多地方,特别注意舞台上所能造成的气氛,所以效果总是好的。……石挥,孙景璐,史原,丹尼等人却实在做到了夸张得恰当的分寸。其他各演员也都传达了原作的精神,所以上演的结果使人感到很满意,如果由另一批人来演,也许有失败的可能。"

本期"文化报道"栏刊消息:"金焰,白杨,章曼萍,陶金,耿震都在成都演《罗密欧与朱丽叶》,张骏祥导演,改编本传出自曹禺手笔。""据云:曹禺《北京人》中一角

---

①　创刊于 1940 年 3 月,总经理张雅琴,经理高士林,总编辑先后为欧阳敏讷、冯英子。最初出版于湖南长沙,后被停。迁往桂林另办《力报》桂林版。

色愫芳,实系作者自己爱人的影子,曹禺至今未婚①,与该女大有关系。"

3月20日 教育部发布社字第(一四〇三九)号训令:案准中央图书杂志审查委员会二月八日义发剧字第四八八号函送该会审定之奖励剧目表,准演剧目表,及取缔剧目表各一份到部,合行印发上项表各一份,令仰遵照,并转饬所属学校及民众教育馆一体遵照为要!此令。

中央图书杂志审查委员会给奖剧本共 11 种,曹禺的《蜕变》为其一;准演话剧剧目共计 70 种,《蜕变》、《黑字二十八》、《北京人》、《家》、《安魂曲》在列;《原野》被列取缔剧目表;《日出》被列须修改后方准上演剧本之一。(转自《江西省政府公报》第1310 号,1944 年 5 月 31 日印发;《教育公报》1944 年第 16 卷第 3 期)

是月 改译剧本《柔密欧与幽丽叶》由重庆文化生活出版社出版。书前附《前言》,文说:"应当说,我不推荐这个戏!我觉得它并不能代表莎士比亚。我一直认为,莎士比亚的艺术高峰,是他的'四大悲剧'(《哈姆莱特》《李尔王》《麦克白》《奥瑟罗》)和《雅典的泰门》。那才是壮丽、深邃而浩瀚的。在这些剧中,莎士比亚道出了他对人生及社会现实的深刻认识及控诉。对于邪恶的势力,冷酷的人情,万能的金钱,他的厌恶,是不可遏止的,通过艺术形象而震撼人的灵魂。然而,与此同时,道德、理想的美好也还是在他笔下的人物身上闪着光辉。"

4月3—7日 永嘉县海鸥剧团(成立于 1943 年 1 月 24 日),为庆祝本届戏剧节并提倡话剧运动举行联合公演四幕话剧《家》。演出地点:五马街打铁巷水木石公所(今建设小学原址)。导演:董辛名。主要演员有谢文秋饰梅小姐(钱梅芬)、张古怀饰钱太太(太姨妈)、赵珏身饰高克明(三老爷)、孟庆钧饰高老太爷、叶曼济饰高克安(三老爷)、刘光新饰高克定(五老爷)、朱昭东饰觉新(大少爷)、周申生饰觉民(二少爷)、陈钱江饰觉慧(三少爷)、孙雪兰饰瑞珏(大少奶)、郭文美饰淑贞(四小姐)、谷玉叶饰琴小姐(张蕴华)、叶冼桐饰陈姨太、曾淑贞饰鸣凤、郭文蓓饰婉儿、周兆槐饰老更夫,严筱雄、陈炳新分饰冯乐山。张二(钱太太的佃户)、袁成(男仆)、苏福(男仆)等饰演者不详。(《曹禺剧作在温州》)

4月10日 上海《杂志》第 13 卷第 1 期(复刊第 21 号)"文化报道"栏刊消息:"成都演出莎士比亚名剧《铸情》,改名《柔密欧与幽丽叶》,由金焰白杨分任主角,陶金所演一角演得甚好。"

4月15日 《时与潮文艺》第 3 卷第 2 期"艺文情报"栏刊消息:"曹禺正赶写《桥》,俟审查通过,即在本刊开始连载。"

---

① 此处有误。

4 月 16 日　下午 2 时,于重庆文化会堂,出席中华全国文艺界抗敌协会成立六周年纪念会。据载:"中华文艺界抗敌协会于昨日下午二时,在文运会开成立六周年纪念大会,到邵力子、张道藩、老舍、潘公展、茅盾、胡风、曹禺、夏衍、张骏祥、阳翰笙、黄芝冈(岗)、马宗融、张恨水、杨刚、赵清阁等一百五十余人,由邵力子主席,老舍报告会务。略述了'文协'年来以每月二千元的经费,处置全国会务的拮据情形。……经会员提案,六时起会员聚餐会,至八点半始散。"(《"文协"成立六周年,昨天开纪念会》,重庆《新华日报》,1944 年 4 月 17 日)

4 月 17 日　下午,重庆文艺界人士在重庆百龄餐厅举行"老舍创作生活二十年纪念"茶会。(《老舍创作二十年文艺界热烈祝贺》,《新华日报》,1944 年 4 月 18 日)曹禺前往参加。据吴组缃记述:"四月间老舍创作二十周年,郭沫若请吃饭,席间曹禺说多年不写太可惜,又说生活苦些不要紧,苦不死人的云云。"(《吴组缃日记摘抄(1942 年 6 月——1946 年 5 月)》)

4 月 23 日　北平男四中欢送毕业班,沙龙剧社在该校礼堂演出《雷雨》。周培之饰周朴园,张洁琳饰繁漪,齐建嗣饰周萍,张潜生饰周冲,徐绪瑛饰四凤,邓国封饰鲁贵,田从真饰鲁妈,王润森饰鲁大海。之后,1945 年 10 月,沙龙剧社在辅仁大学礼堂再演《雷雨》。(《笑忆青春》第 93、94 页)

5 月 3 日　下午,重庆文化界人士在百龄餐厅举行茶会,商讨关于言论出版自由等问题,"到会有孙伏园,张申府,曹禺,潘子农,吴藻溪、张静庐、马彦祥、沈志远等五十多人……一致同意取消审查制度;杂志先行出版,再行登记;各地军政当局不得禁扣各种书刊及干涉出演戏剧,取消过去对若干剧本的禁令,以前被扣原稿应予发还等意见。当场推定沈志远等六人负责,整理各组意见,并起草重庆文化界对民主文化意见发表告全国同胞书及致国民党十二中全会要求取消新闻图书杂志戏剧演出审查制度函,向当局和社会发出呼吁。"(《文化界昨天开茶会,要求言论出版自由》,重庆《新华日报》,1944 年 5 月 4 日)

5 月 15 日　《时与潮文艺》第 3 卷第 3 期"艺文情报·国内之部"栏刊消息:"曹禺的《桥》还在写作中。《柔密欧与幽丽叶》开始在《文学修养》上发表,单行本亦已由文化生活出版社出版。"

5 月 21 日　文化生活出版社在重庆《新华日报》刊出版广告,其中有曹禺译《柔密欧与幽丽叶》一书。

是月　上海《文潮》①第 3 期刊消息:"三十一年度剧本正式评定给奖者,计有曹

---

①　1944 年 1 月 1 日在上海创刊。月刊。社长郑兆年,总编辑马博良。编辑兼发行者文潮社。

禺之《北京人》,陈白尘之《大地回春》,王平陵之《唯他命》三种,各得奖金千元。""曹禺新剧本《桥》已脱稿,此为其去年夏赴大西北旅行之收获。"

是月 与洪深、孙伏园、韩侍桁、范寿康、郭沫若、茅盾、姚蓬子、吴藻溪、黄芝冈(岗)、张骏祥、老舍、潘子农、马彦祥、夏衍、吴祖光、胡风等78人联名签署《重庆文化界对言论出版自由意见书》和《重庆文化界为言论出版自由呈中国国民党十二中全会请愿书》,一致要求"取消图书杂志及戏剧演出审查制度","不得禁止发行","不得禁扣书刊","不得借故吊销登记证","保障言论出版自由"等。(《两份为自由而斗争的史料》)

6月2日 据阳翰笙记述:"张光请我和老沈、骏祥、家宝午餐,并商谈筹组'中胜'(即中国胜利剧团。该剧团演出时的演员都是从其他剧团临时借调而来,张此时想筹组一个使演职员都固定并独立存在的中国胜利剧团。但终未能实现。——原书注)事。我们的意见都一样:如果戏院无把握,两百万基金成问题,还是别要组织为妙,免得将来像'中艺'、'中术'样,大家弄得焦头烂额,狼狈不堪。"(《阳翰笙日记选》第273页)

是日 北平燕京大学学生自治会为欢送本届毕业同学,"特请该校海燕剧团公演曹禺名剧《北京人》"。演出者唐振常,导演张英,梁世燕饰曾皓,唐振常饰曾文清,李墨珏饰曾思懿,毛希敬饰曾文彩,朱晋增饰江泰,卓顽麟饰曾霆,陶慧华饰曾瑞贞,孙亦椒饰愫芳,金建申饰陈奶妈,秦国星饰张顺,王世桢饰袁任敢,陈其慧饰袁园,赵廼昌饰小桂儿。演出时,"剧中之'北京人',决根据作者修正意见不出场"。(《欢送毕业同学,燕大演〈北京人〉》,《燕京新闻》第10卷第27期,1944年5月20日)

6月11日 桂林《力报》刊署名秋鹗《两个〈蜕变〉在剧展——由剧本到演出》。作者说:"从《蜕变》故事的处理,可以看到了作者对抗战的前途,赋予着极大的期待与希望。""《蜕变》的成功,是它能创造出中国很难找到的而且是很迫切需要的人物——梁专员和丁大夫,同时也深刻地雕绘出中国比比皆是的腐朽官僚的典型——秦仲宣和马登科。"

6月17日 "文协"于重庆文化会堂举办文艺欣赏晚会。会上,曹禺谈创作经验,史东山讲导演经验,白杨、舒绣文等朗诵诗歌。(《中华全国抗敌协会大事记》,《抗战文艺研究》1982年第3辑)据阳翰笙记述:"十七日午后访余兄。晚参加文协晚会。晚会节目有曹禺创作经验谈,绣文朗诵《海燕》,小羊、曹禺朗诵《罗密欧与朱丽叶》中之一段,老潘说笑话,王君表演'谐剧'。节目均甚精彩,特别是'谐剧'中的《化缘》和《卖膏药》两小节目,真令我笑倒!"(《阳翰笙日记选》第277页)

是月 《春秋》第1年第10期刊消息:"《家》在渝上演之日,曹禺、巴金合得上演税七万余元,为剧作界上演税一次收入之最高纪录。"

7月2、3日 天津话剧协会联合正在上演之七大剧团在中国大戏院演出《日出》,以为集筹基金之资。演员阵容如下:白珊饰陈白露,严化饰方达生,毛燕华饰张乔治,周匋(楚)饰王福升,徐莘园饰潘月亭,赵爱苹饰顾八奶奶,傅威廉饰李石清,吕露玲饰李太太,顾也鲁饰黄省三,贺宾饰黑三,李季饰胡四,林默予饰小东西,陈丽云饰翠喜,小蘑菇饰小顺子,陈重、陶由饰流氓,荷花女饰卖唱者。(《七大剧团通力合作——〈日出〉角色预介》,《天津游艺画刊》第9卷第1期,1944年7月1日)

7月11日 重庆《新华日报》第3版"剧讯拾零"栏刊消息:"曹禺加入中电剧团任编导委员。"

7月21日 《文化先锋》第3卷第24期"书报评介"栏刊李辰冬《(二)柔密欧与幽丽叶》一文。作者认为:"莎翁这部《柔密欧与幽丽叶》的中文译本中,以曹禺先生的译文为最佳。"其理由是:"第一:因曹禺先生是剧作家,以剧作家而译剧本,戏剧艺术的奥妙与技巧可以领会,并可以传递出来,自较一般文人的译文要高一筹,话剧可分文人剧与戏剧家剧。""第二:曹禺先生的英文欣赏力,亦可胜任翻译莎翁的作品。""第三:他是第一个用韵文来译莎翁的韵文原作。他这种韵文当然没有严格的规律,然使读者一点不感干涩,且神气活现,这也是他成功的一点。"

是月 国民党修正公布了"中央图书杂志审查委员会条例",规定在该委员会下专设一"中央戏剧电影审查所"。(国民党"中央图书杂志审查委员会组织条例"十九条于1944年7月1日修正公布,其第五条即规定"中央图书杂志审查委员会设戏剧电影审查所,其组织规程,由行政院定之"。)

8月18日,"图书杂志审查委员会"颁发了"修正图书杂志剧本送审须知",规定"电影剧本暨出版之戏剧剧本,均应送审原稿";"经审查机关指示删改后再送复核之原稿,送审人于遵照删改后,必须再行送审,并应另填申请表,注明遵删情形"。("修正图书杂志剧本送审须知",对"送审范围"、"原稿送审手续"、"印就书刊送审手续',及"著作人及发行人必须注意"等事项,规定了极为繁复苛刻的条例。)

9月5日,国民党"行政院"又公布了"中央图书杂志审查委员会戏剧电影审议委员会组织规程"八条及"电影片送审须知"十五条,国民党"中央图书杂志审查委员会戏剧电影审议委员会组织规程"共八条,其第二条规定的该会"任务"是:(一)"关于戏剧电影审检法令之建议事宜";(二)"关于策进各地戏剧电影事业之设计事宜";(三)"关于奖励优良戏剧电影之审查事宜";(四)"关于全国戏剧电影界趋向之检讨事宜"。可见,这个"委员会"的设立,目的是加强对戏剧电影的控制和迫害。

差不多同时,"中央图书杂志审查委员会"又公布了"修正图书杂志送审须知"以及"战时出版品审查办法及禁载标准"、"战时书刊审查规则"、"战时出版品禁载标准解释事项"等;而"行政院"准其核准的"修正战时书刊审查规则施行细则"三十三条中,对于戏剧的审查和演出,更规定了异常苛繁的手续,例如,除在"细则"第十六条规定"各剧团应将预备上演之剧本连同剧情说明于上演前十五日送审"外,第二十条又规定了"核准上演之剧本,在正式上演前三日必须试演,由审查机关会同当地社会或教育行政机关派员携带业经审定之剧本莅场核对,如表演不合时,仍应遵照指示修改后方可上演。上演期间审查机关得随时施行复核,其检查事宜,由当地主管机关执行之,如未遵指示修改或轶出原审定范围以外者,得随时撤销其准演证。"(见国民党行政院 1944 年 8 月 30 日指令)(转自程季华:《中国电影发展史》第 2 卷第 127、128 页)

8 月 15 日 《时与潮文艺》第 3 卷第 6 期刊消息:"中电一部分演员参加了影片《建国之路》于七月底赴贵阳外,剧团方面仍紧张工作,由张骏祥担任社长,耿震,沈扬,刘厚生,李恩杰,史林,胡子等均加入工作。曹禺亦被该场聘为编导委员。"

9 月 1 日 是日起,根据曹禺《北京人》改编的电影《京华旧梦》在上海"大光明""沪光"影院上映。王引导演,罗兰饰曾思懿、徐立饰曾皓、周起饰袁任敢、龚秋霞饰愫芳、陈娟娟饰谢瑞珍、陈琦饰曾文彩、袁灵云饰袁园、周文彬饰曾文清、姜修饰姜泰、田太萱饰陈奶妈、许可饰曾霆、叶小珠饰小柱儿、高茫生饰北京人、洪警铃饰张顺。(《京华旧梦》广告,上海《申报》,1944 年 9 月 1 日;《〈北京人〉上银幕!改名为〈京华旧梦〉》,北京《中华周报》第 1 卷第 2 期,1944 年 10 月 1 日)

是日起 中旅在"绿宝剧场"演出《原野》。演员裘萍饰金子,张雄饰仇虎,汤琦、尚华饰白傻子,吴景平饰焦大星,谭蓉饰焦大妈,常明饰常五,刘清权饰无常。(《原野》广告,上海《申报》,1944 年 9 月 1—19 日)

9 月 10 日 上海《杂志》第 13 卷第 6 期"文化报道"栏刊消息:"焦菊隐译《安魂曲》后,经曹禺等合力,在桂林演出,极卖座,近来翻译创作均多,红极一时。"

9—12 月 《抗战文艺》第 9 卷第 3·4 期(总第 64·5 号)、第 9 卷第 5·6 期(总第 66·7 号),连载吕荧《曹禺的道路》。全文共分 4 部分。第一部分"思路的轨迹",作者将《雷雨》《日出》《原野》《北京人》《蜕变》《家》6 部剧作排列在一起,试图画出曹禺创作道路的投影、曲折和方向。作者认为,《雷雨》是一个"自然中人的悲剧",《日出》是社会学的产物,《原野》是观念论的产物。而《北京人》是剧作家向现实踏入较深一步的表现,是向诗追求更大胆的一步。第二部分"社会的悲剧与喜剧",着重评论了《日出》《北京人》《家》和《蜕变》,认为从《北京人》起,剧作家开始绘写生的悲剧和喜剧;特别指出《蜕变》是以喜剧的方法创作出来的"肯定性的剧本"。第三部分"结构·人物·场面·动作·语言",着重分析了曹禺戏剧在戏剧结构、人物形象、戏剧场面、戏剧动作及语言等方面的特点和成就。第四部分"剧与诗",着重论述了曹禺剧作的诗性特征。作者认为,真正的剧,伟大的剧,同时也是诗;从《雷雨》到《原野》,曹禺"仿佛一个充溢着夏之郁热的诗人,是浪漫的,是热情的",而《北京人》之后,曹禺渐渐"如一个怀有秋之肃静的画家,是写实的,是冷静的"。

9—10 月　常与巴金见面。据(1944 年 12 月 14 日)巴金给沈从文信中记述:"前两个月我和家宝(曹禺)常见面,我们谈起你,觉得在朋友中待人最好、最热心帮忙人的只有你,至少你是第一个。"(《中国现代文学馆馆藏珍品大系(信函卷)》第 1 辑第 26 页)

10 月 1 日　北平《中华周报》①第 1 卷第 2 期刊文《〈北京人〉上银幕! 改名为〈京华旧梦〉》。文说:"曹禺的舞台名著《雷雨》《日出》《原野》相继搬上银幕后,紧接着这部轰动一时的舞台剧《北京人》又被电影圈里的人重视起来。""《北京人》的搬上银幕是由王引编导的,改名为《京华旧梦》,角色都是些过去曾在舞台上活跃过的艺人,如罗兰,徐立,周起,陈琦,周文彬,龚秋霞等人。""不过以过去的《原野》(改名《森林恩仇记》)来看,是整个的失败了,在改编方面,演员方面,都是极坏,不但是毁坏了原来剧本,并且有着欺骗观众的嫌疑。""现在这部影片已经完成,不过尚需相当时日才能运到华北公映,至于它的成败,在未看到本片以前,我们不敢来批评,看这里的演员阵容,也许让我们感到它不是一部太让人失望的作品……"

10 月 10 日　《文艺春秋丛刊之一·两年》在上海创刊②。本期"文艺春秋"栏刊消息:"洪深在渝复旦大学任外国文学系主任,剧作家曹禺等亦执教复旦。"

10 月 11 日　《戏剧时代》第 1 卷第 6 期"剧坛动态"栏刊消息:"教育部三十二年度学术作品奖励业已公布。其中有关戏剧者,仅洪深教授之论文《戏的念词与诗的朗诵》一种,计得奖金八千元。此项奖金,曹禺、陈铨各曾以所著剧本获选一次,但去年度并无剧本送请选奖。"

10 月 15 日　《时与潮文艺》第 4 卷第 2 期"艺文情报"栏刊消息:"曹禺新作《桥》尚未完成。"

10 月 16、17 日　上海剧界同人在兰心戏院为"追悼仇铨先生纪念公演"《日出》。由费穆、佐临、吴仞之、朱端钧联合导演。第一幕导演费穆,唐若青饰陈白露,

① 1944 年 9 月在北平创刊。每逢星期日出版。编辑发行:中华周报社。
② 永祥印书馆主办,初为综合性文化不定期刊,名《文艺春秋丛刊》。1945 年 12 月 15 日,改为月刊,名为《文艺春秋》。1949 年 4 月 15 日终刊。

黄河饰方达生,舒适饰潘月亭,丁力饰福升,陈述饰张乔治,童毅饰小东西,田振东饰黑三,梅熹等饰流氓。第二幕导演佐临,黄宗英饰陈白露,姜明饰福生,张伐饰方达生,韩非饰张乔治,洪宏、李德伦等饰打桩者。第三幕导演吴仞之,孙景路饰翠喜,史原饰小顺子、石挥饰福生、王薇饰小东西、吕玉堃饰胡四、廖凡饰黑三、冷山饰方达生,金音等饰妓女。第四幕导演朱端钧,丹尼饰陈白露,徐立饰方达生、谭光友饰福生、白沉饰张乔治,白穆饰李石清、马笑侬饰李太太、胡小峰饰胡四、林榛饰顾八奶奶,唐槐秋饰潘月亭,谭光友饰福生。(《日出》广告,上海《申报》,1944 年 10 月 13、15日) 这次演出由于参加人员很多,除以上角色外,其他女演员均由吴仞之处理为妓女,在“唱花名”时出场走一圈。其他男演员则由佐临处理为打夯工人,在全剧结尾过场,排出声势雄壮的“夯歌”。“明星大会串——四演《日出》”的消息传出,一时轰动申城,连演五场,场场爆满,取得募捐和艺术的双丰收。(《追悼仇铨先生在沪艺人纪念公演〈日出〉》,《青青》复刊第 3 期,1944 年 11 月 1 日)

10 月 28 日 《剧艺》第 2 年第 9、10 号头版眉头处刊广告:金蚁剧艺社主办,金蚁影剧研究班,排演名剧《原野》招考演员。并刊报道《义演〈日出〉盛况空前》,报道了上海剧人为仇铨义演《日出》的盛况。

11 月 10 日 《青年文艺》新 1 卷第 4 期刊载杨晦的《曹禺论》。文说:“曹禺先生是中国近年来戏剧界中最值得注意的一位作家。他近十年,从《雷雨》,《日出》,到最近的《家》,已经出版了六部作品,另外还有一部独幕剧集,大概还没有印出。这是很可观的一种成就。我们对于这样一位忠于艺术,也有了极大贡献的作家,自然要感到无限的尊敬。然而,也正因为这是一位很难得的中国作家,有许多地方不能不令人感到一种惋惜,这一方面是社会环境的影响,一方面也由于他对生活和对艺术的思想与态度,造成了他个人的限制。所以,我觉得,对于曹禺先生的剧作,作一次善意的诚恳批评,未尝不是一件有意义的工作。”杨晦认为从《雷雨》、《日出》到《原野》,曹禺创作“由《雷雨》那样充满神秘命运观念的家庭悲剧,这中间自然含有大部分社会问题的,一进而为《日出》那样在黑暗势力铁掌下的社会悲剧,为《原野》那样农民向土豪地主复仇的悲剧,本来是一个极大的进步。可惜的是,在《日出》里已经向社会问题方面发展去的道路,却走进《原野》的黑林子里迷失了方向,由社会问题转为心里问题,良心问题等的精神枷锁”。他认为曹禺的艺术水准相当高,那是“他就有意要跟近代欧美资本主义的作家相抗衡”。对于“有人批评曹禺,说他的意识不正确,思想有问题,这未尝不对”。为什么呢?杨晦认为,“也是由他对艺术的见解所致。他是认为艺术就是艺术,与思想不相干,或者就不算不相干,而作者的思想也不至于妨碍他的艺术创造。”“曹禺的所谓思想,是艺术家的思想,并不是思想家的思想。"杨晦认为:"《日出》,在曹禺的剧作中,是最富于现实性,最接近真实的一部。""《日出》在曹禺的剧本里,总是一种突出,是一种值得赞美的成绩。可惜,他不能百尺竿头更进一步,却一下坠入《原野》的迷离境界。"

11月15日　《时与潮文艺》第4卷第3期"艺文情报"栏刊消息:"曹禺任教中央大学国文系。"

12月11—15日　中国旅行剧团建团十一周年之际,在上海兰心大戏院举行"中旅团友纪念母团联合演出",集体导演重排《雷雨》。演员阵容:唐槐秋饰周朴园,唐若青饰鲁侍萍,罗兰饰繁漪,孙景路(璐)饰四凤,石挥饰鲁贵,黄河饰周萍,白穆饰鲁大海,陈静波饰周冲。(《雷雨》广告,上海《申报》,1944年12月7日)　这次演出体现了"中旅"的舞台艺术风格和艺术水平,被认为是"中旅"演剧的绝唱。此后,"中旅"离开了它的诞生地上海,进入它的历史尾声。

12月15日　《时与潮文艺》第4卷第4期"艺文情报"栏刊消息:"曹禺的《桥》可于年内脱稿,'中电'现正在休息,将待此剧为本年第三个节目。"

是年底　抗敌演剧四队到贵州。在抗战胜利前后,该队上演于贵阳的第一出话剧是曹禺编写的《蜕变》,李超任导演,并在剧中饰演小丁,葛文骅饰丁大夫,副队长舒模饰况西堂,蒋超饰梁专员,农中华饰马秘书;还有演员程成、杨凝、史莽、徐光珍、海风、凌雪凡、顾敏书等参加了演出。(《贵阳抗敌话剧活动拾零》,《抗战时期西南的文化事业》第315、316页)

是年　胡子婴创作小说《滩》。创作过程中曾得到曹禺的帮助。据胡子婴回忆:"抗日战争后期,我在重庆写小说《滩》,到现在已快四十年了。"那时"由于我同曹禺同志的寓所相邻近,我们经常见面,在一起吃夜宵、担担面的时候,就谈论文艺创作的问题。我曾问曹禺同志:'你的剧本中的对话怎么能写得这样精辟、紧扣?'他告诉我,他是从古典文学名著中学习的,特别是莎士比亚的剧本,总是反复阅读,把精辟的字句摘录下来。他举出一些动人的句子,就写在餐桌上放的擦碗纸上,给我示范。他开了一批名著书单,教导我先读那本,后读那本,并扼要地介绍每本书的特点,阅读时要注意什么。他的谆谆教导,海人不倦的精神,是我衷心感激,始终难忘的。我写出《滩》的第一稿,除向茅盾同志求教外,也送请曹禺同志指点。茅盾同志直截了当地说:'这不是小说,而是政治论文,要重新再写。'但曹禺同志为照顾我的情绪,安慰我说:'第一次写小说,这已很不错了,我给你介绍出版。'对他的心意,我是非常感激的",之后"在改写过程中,曹禺同志也给与了许多指导"。(《〈滩〉的始末——〈滩〉后记》)

1945年(民国三十四年)　三十六岁

2月22日,全国文化界进步人士在《新华日报》、《新蜀报》发表《文化界对时局进言》,要求召开紧急会议,组成战时全国民主政府,结束独裁统治,实行团结抗日。

3月30日,国民政府下令解散"文化工作委员会",引起社会强烈反对。

6月24日,庆祝茅盾五十寿辰大会,在重庆西南实业大厦举行。到会文化界及其他各界名流七八百人。

8月15日,日本裕仁天皇广播"停战诏书",宣布无条件投降。9月2日,日本天皇和政府代表以及日军大本营代表在投降书上签字。9月9日上午9时正,日本向中国投降签字仪式在南京中山路黄浦路的"中国陆军总司令部"大礼堂(原中央陆军军官学校大礼堂)举行。后,该日定为"抗战胜利日"。

8月28日,毛泽东偕同周恩来、王若飞等由延安飞抵重庆。开始"重庆和谈"。于10月10日签订了《政府与中共代表会谈纪要》(即《双十协定》)。

10月10日,中华全国文艺界抗敌协会改名为"中华全国文艺界协会",简称仍为"文协"。后主办的刊物《抗战文艺》改为《中国作家》,总会由重庆迁往上海。

11月,上海市立实验戏剧学校成立。顾仲彝任校长,吴仞之任教务长,熊佛西任研究班主任,黄佐临任话剧科主任,张骏祥任电影课主任,李健吾任实验剧场主任。

1月7日　民主同盟举行茶会欢迎"桂柳来渝文化工作者"。会上决定"文化界过去在争取民主上实在努力不够……现在要提出自己对目前时局的意见……当场推定七人负责起草意见书,征求大家同意后向社会公布"。(《文化界将提出:对目前时局的意见》,重庆《新华日报》,1945年1月10日)

是日　更换老板(协兴公司接掌)的"艺光剧团"在天津国民戏院上演曹禺名剧《雷雨》,特邀陈绵由北平来津执导,演员阵容:颜碧君饰繁漪、时今饰鲁贵、黄芳饰鲁侍萍、葛香亭饰鲁大海、赵静饰四凤、张瞳饰周萍、高燕饰周冲、童年饰周朴园。此次排演《雷雨》与众不同之处是"加序幕尾声,在津尚系首次",引起广大观众和舆论界的兴趣。(《艺光之前前后后》,《立言画刊》第329期,1945年1月30日)

1 月 11 日 重庆《新华日报》创刊 7 周年纪念日，当晚在报社举行秧歌晚会，演出了秧歌剧《一朵红花》、《兄妹开荒》、《牛永贵负伤》。重庆戏剧界人士阳翰笙、曹禺、黄芝岗、金山、张瑞芳、白杨、路曦等人均前往观看。（《重庆抗战剧坛纪事》第 166 页）据周而复回忆："1945 年 1 月 11 日是《新华日报》创刊七周年，偏僻的化龙桥顿时热闹异常。各界著名人士如沈钧儒、史良、郭沫若、沙千里、邓初民、老舍、曹禺等，都纷纷前来祝贺。会场就设在进大门不远的篮球场上，社长潘梓年、总经理熊瑾玎和报社与杂志编辑人员热情招待贺客。……报社事先做了准备，延安的歌声在虎头岩下飘荡；秧歌剧《牛永贵受伤》和《一朵红花》在篮球场上演出。"（《往事回首录（上部）》第 186、187 页）

2 月 13 日 中国旅行剧团的唐槐秋、苏之卉、谭汶、林子丹等 10 人，1 月间离上海到苏州参加陶陶大戏院的班子，组织排演《雷雨》、《日出》，春节期间举行公演。为时不久又离苏州到南京，与傅威廉合作演出。（《中国话剧史大事记》第 230 页）

2 月 15 日 戏剧节开幕日。中华全国戏剧界抗敌协会在国民党文化运动委员会举行纪念大会，到"剧作者，演员，导演，舞台工作者……等四百余人"。（《昨日戏剧节，剧协举行纪念》，重庆《新华日报》，1945 年 2 月 16 日）

是日 北京《青少年》①第 6 卷第 4 期"影与剧"栏刊署名叶凌的《曹禺的〈蜕变〉》。文说："《蜕变》是曹禺在三部曲以后继《正在想》与《北京人》的第三部作品，作风完全倾向于写实主义。"

2 月 22 日 由郭沫若执笔起草，曹禺与郭沫若、老舍、吴祖光等重庆文化界 372 人联名签署的《文化界对时局进言》在《新华日报》、《新蜀报》发表。4 月 6 日延安《解放日报》题为《重庆文化界发表对时局进言》予以转载。"进言"要求召开临时紧急会议，商讨战时政治纲领，组织战时全国一致政府，结束独裁统治，实行民主，团结抗日。

3 月 10 日 上海《杂志》第 14 卷第 6 期（复刊第 26 号）"文化报道"栏刊消息："曹禺译莎翁名著《柔密欧与幽丽叶》，由渝文化生活出版社出版。'柔密欧'，'幽丽叶'两个译名甚新颖。"

是月 北平海天剧社公演曹禺的《北京人》。据周楚回忆："1945 年 3 月，由一位姓杨的先生出资，组织了一个海天剧社，在北京长安大戏院公演话剧《北京人》，史宽来邀我和林默予参加演出，由我当导演兼演员，林默予演袁园。因为曹禺的三

---

① 1943 年 10 月 25 日在北京创刊。半月刊。中华民国新民青少年团统监部文化处编印，青少年半月刊社编辑。

部话剧名著中《雷雨》、《日出》都在北京上演过,只有《北京人》没在北京上演过,所以,公演一开始,观众就爆满;再加上当时日本人在战场上节节失利,北京人已暗自准备迎接抗战的胜利,借看《北京人》之机,抒发一下争取自由摆脱桎梏的胸臆。

"《北京人》在北京首次公演,轰动了整个北京,也引起了日本宪兵队的注意。就在我们公演到第五天,伪警察局奉日本宪兵队的命令,对我们下了禁演令。"(《灯花漫忆:周楚、林默予回忆录》第 63 页)

4 月 15 日 凯歌剧社在重庆中兴餐厅召开成立大会。推选王权笙、梁寒操、洪深、余上沅等为名誉理事,曹禺等为监事。(重庆市文化局:《重庆文化艺术志》第 320 页)

4 月 28—30 日 上海电影界为"救济影业贫苦同人",假座大华戏院举行义演,剧目为《日出》。李萍倩、徐欣夫导演,顾兰君、黄河、严俊、乔奇、周起、徐立、孙景路(璐)等主演。(《日出》广告,上海《申报》,1945 年 4 月 25—27 日)同期,上海皇后大戏院上演《北京人》。魏于潜导演,孙景路(璐)、徐立、苏丹、梅熹、马笑侬、江由、冷山等主演。(《北京人》广告,上海《申报》,1945 年 4 月 28—30 日)

5 月 4 日 "文协"在重庆文化会堂举行成立 7 周年纪念会和第一届文艺节庆祝会,曹禺与郭沫若、茅盾、老舍等百余人到会。据《新华日报》载:"昨日下午一时半,文协纪念七周年及第一届文艺节,在文化会堂开会,到会邵力子、郭沫若、茅盾、老舍、张恨水、孙伏园等百余人。……讨论提案,有与世界作家加强联系以及请切实保障人权,保障作家身体自由写作自由的提案,都一致鼓掌通过。选举后散会,接着聚餐。"(《昨天第一届文艺节,文协开七周年年会》,重庆《新华日报》,1945 年 5 月 5 日)

5 月 7 日 被选为中华全国戏剧界抗敌协会第七届理事。据《新华日报》载:"中华全国文艺界抗敌协会总会,在五四文艺节举行第七届年会改选理监事,七日开票结果,邵力子、郭沫若、老舍、茅盾、孙伏园、胡风、巴金、夏衍、姚蓬子、冯乃超、曹禺、阳翰笙、默林、洪深、叶以群、马宗融、冯雪峰、靳以、曹靖华、艾芜、王平陵等二十一人当选为在渝理事;朱光潜、沙汀为各地(无分会地点者)理事;张天翼、宋之的、徐盈、吴组缃等十三人为候补理事;叶楚伧、冯玉祥、张道藩、柳亚子、潘梓年、张恨水、华林、谢冰心、黄芝冈(岗)等九人为监事;陈望道、史东山、聂绀弩、张西曼等四人为候补监事。"(《全国文艺界抗敌协会年会结束改选理监事》,重庆《新华日报》,1945 年 5 月 14 日)

5 月 12 日 上午八时半,中华全国戏剧界抗敌协会为导演贺孟斧举行葬礼,曹禺与郭沫若、老舍、吴祖光、张骏祥、舒绣文、白杨、于伶等三百多人参加。(《凄风冷雨悼剧人——贺孟斧昨天安葬,"剧协"替他筹募子女教育基金》,重庆《新华日报》,1945 年

5 月 13 日)

6 月 10 日　上海《杂志》第 15 卷第 3 期(复刊第 29 号)"文化报道"栏刊消息："渝宣传部近颁布被查禁与修正之剧目,著名者如下:被查禁者:老舍之《残雾》,李健吾之《晚霞》,《信号》,《以身作则》,《委曲求全》等。曹禺之《原野》、《雷雨》,吴祖光之《风月夜归人》,袁俊之《小城故事》。此外尚有夏衍,欧阳予倩,田汉,洪深,许幸之,于伶,马彦祥等新作多种。被修正者:郭沫若之《屈原》,曹禺之《日出》,沈西苓之《重庆二十四小时》,林青之《小主人》等。"

6 月 12 日　重庆《新华日报》"剧讯一束"栏刊消息:"曹禺的《桥》可于七月初脱稿,闻先在昆明上演而后重庆。"

7 月 15 日　为了给中华职业教育社募集资金,新中国剧社在昆明昆华女中礼堂演出曹禺名作《蜕变》,严恭导演。(《历年大事记略》,《桂林文史资料》第 18 辑第 306、307 页) 据田汉文述:新中国剧社"七月初上演《蜕变》《金玉满堂》于昆华女中,这是为孙启孟先生主持的昆明职业教育社募集基金","而这第一炮的成绩也算不错。接着改借云南省党部演出《家》,为长城中学募款"。(《新中国剧社的苦斗与西南剧运(下)》)

8 月 20 日　西安《书报精华》①第 8 期转载曹禺《悲剧的精神》一文。

8 月 26 日　重庆《新华日报》第 3 版"文化近讯"刊消息:曹禺的《桥》十月内可完成。

9 月 22 日　下午,毛泽东在周恩来的陪同下,接见重庆作家、导演和戏剧人士,曹禺坐在紧靠毛泽东的右手边,这是周恩来的有意安排……他侧过身来亲切地对曹禺说:"你就是曹禺呀！很年轻嘛！"……毛泽东又十分幽默地补上一句:"足下春秋鼎盛,好自为之。"(《曹禺评传》第 239、240 页) 据《毛泽东年谱》:"上午,邀请青年党领导人蒋匀田来桂园,双方就政治主张、斗争方式、国内形势等问题进行讨论。随后,会见在重庆的作家和戏剧界人士。"(中共中央文献研究室:《毛泽东年谱 1893—1949(下卷)》第 29 页) 据曹禺回忆:"我第一次见到毛主席是在一九四五年。""我们来到毛主席当时所在的上清寺的一座二层楼房。一路在街上看到许多便衣特务,在门内又看到楼的四周站满了持枪的国民党宪兵。""那天,我是最幸福的人——坐在毛主席的身边。毛主席的精神好极了,爽朗的笑着,和我们一一握手。……毛主席对我说,你正年轻,要好好工作,好好为人民服务。……毛主席还请我们到延安去,他说,你们可以到那里去看看,就是吃的差一点,吃小米饭,没有白面,要受点苦。"

---

①　1945 年 1 月 12 日在西安创刊,月刊,主编夏等全,发行书报精华社。

（《永远铭记毛主席的教导》）

9月26日　茅盾剧本处女作五幕话剧《清明前后》，由中国艺术剧社在青年馆隆重上演。（《"清明前后"昨晚起上演》，重庆《新华日报》，1945年9月27日）曹禺前往观看，并跑到后台和演员们拥抱着说："话剧主要有'话'，这是中国舞台上第一个有'话'的剧本。"（《重庆抗战剧坛纪事》第186页）

10月18日　新中国剧社在昆明上演曹禺剧作《家》，特邀章泯导演。（《历年大事记略》，《桂林文史资料》第18辑第307页）

10月21日　下午七时，中华全国文艺界抗敌协会在重庆张家花园举行会员联欢晚会，到郭沫若、叶圣陶、巴金等五六十人，济济一堂。"作为文协之友的周恩来同志，也被邀请讲话，他在老舍先生指定的题目下讲延安文协分会活动情形：……第三个时期，一方面因为经过了一个思想解放运动，其次是生产运动……思想解放以后，许多作家过去对于城市生活人物比较有把握去表现，憎爱也极分明。所以对旧社会的认识很深，产生了许多优秀的作品，如曹禺先生的《日出》、《北京人》这样的作品。"[1]（《文协昨开联谊晚会》，重庆《新华日报》，1945年10月22日）

是月　浙江边疆工作队在温州演出了《恨》（即曹禺四幕话剧《原野》的易名）、《雷雨》和《桃李春风》（老舍、赵清阁）等五个多幕剧。在温州历时三个月，其间还到瑞安、平阳演出过。

《原野》上演之前还颇费了一番周折，据当事人姚易非回忆，为力避国民党当局对进步剧作的禁演，被迫将《原野》改名为《恨》，将剧作者易名为万家宝（曹禺的原名）后才得以上演。"《恨》剧是在温州府城隍新建的建军堂里演出的，演出中途突然停电，只好改用煤气灯照明，中间停了一个多小时，然而观众始终不散，直到午夜一点多钟方才落下大幕。这次演出轰动了温州城，取得了很大的成功。我们这才意识到成功的基础在于剧本。于是我们想再排曹禺的《雷雨》，得到温州朋友的热烈赞同。邀请董辛名担任导演。"（《温州进步戏剧史料集》下册，《浙江青年边疆工作队始末》）《恨》剧的导演姚易非，兼饰焦大星；高天行饰仇虎；沙帆饰白傻子；陈文楚饰金子；高如霞饰焦母；李德润饰常五。（《曹禺剧作在温州》）

11月10日　《月刊》在上海创刊[2]。本期刊载包可华《看了〈蜕变〉》一文。文说："《蜕变》是在抗战期间写成的，在苦斗中，在一切环境都非常不如意的场合，戏剧界能有曹禺的《蜕变》这样的剧本，自然是非常难能可贵的。""'苦干'所演的只有

---

① 报道未提及曹禺参加，但曹禺作为该会理事是可能参加的。
② 月刊。编辑人：沈子复、翁逸之，发行人：马桂权，出版者：权威出版社，代表人：黄致榴，印刷者：国光印书局，总经售：五洲书报社。

三幕,曹禺的原剧本却有四幕。他们把第三幕删去了,而其余的第一第二第四三幕也不是绝对完全的。”“从前,在读《雷雨》,《日出》等曹禺所写的剧本时,看到作者对于演出者任意斩截他的作品而发的牢骚时,我是非常同情于原作者的。我认为演出者是应该尽量对原作者尽忠的,所以《雷雨》之不演头尾,《日出》之不演妓院,我都反对。自然,在原则上‘苦干’之《蜕变》,以删去第三幕的形态来献与观众,仍是我所不赞成,但是有时候,看到戏剧工作者各方面所遭遇的困难时,不免也感觉到:‘能够看到第三幕的《蜕变》,也许已经是很幸运的了’。”

对于曹禺剧本中塑造的梁专员这个人物,包可华认为:“看了曹禺的整部《蜕变》,我简直怀疑曹禺的梁专员是否有这样的典型。曹禺的梁专员,在现实社会里面,我们不曾看见过。在沦陷区自然不必说,在大后方,我们也见不到。”“也许是曹禺的希望太迫切,他日夜希望着一个梁专员的出现,好像有了梁专员,什么都就有办法了。所以我敢说梁专员不过是曹禺所创造出来的人物,或者是他所憧憬着的人物。”“在《蜕变》的剧本里面,我们所看到的梁专员,犹如一个仙人,说得洋化一些,犹如一个天使。好像天上飞下来的神一样。他是有力的。然而《蜕变》的唯一缺点,就是没有明示他的力是从何而来,因此,令人有这样的感觉,好像有一个非常好的神在他背后,他的力似乎是神力,这样,也就容易令人怀疑,以为这种出乎意外的人物的出现,实在是不可能。”“如果我们太夸奖了梁专员这样的人物,而并不说明白他的背后的力量是抗战时期的人民大众,我认为是非常不够的。”

11 月 11 日　北平《新中华周报》①第 1 卷第 9 期刊消息《影剧人合作〈日出〉》:“目前在北平的几个上演与休演的几个海上影剧人团体⋯⋯集所有在平的一流影剧人来合演一次《日出》⋯⋯自今日(十一日)起在中央上戏,阵容是相当的强⋯⋯计,唐若青之陈白露,慕容婉儿之翠喜,蒙纳之顾八奶奶,吕玉堃的胡四,舒适之潘经理,徐立之张乔治,车□之黄省三,李景波之李石清⋯⋯”

11 月 19—21 日　浙江边疆工作队假座原温州大戏院(三宫殿巷)演出《雷雨》。导演董辛名(特邀),姚易非饰周朴园、叶冼桐饰繁漪、邱文煜饰周萍、李德润饰周冲、沙帆饰鲁贵、高如霞饰鲁侍萍、高天行饰鲁大海、陈文楚饰四凤。(《曹禺剧作在温州》)

11 月 25 日　延安韬奋书店和边区新华书店是日起组成联合门市部,在延安新市场口营业,同时刊登新书广告,其中有曹禺的《家》。(《延安文艺运动纪盛》第642 页)

---

① 1945 年 9 月 16 日在北平创刊。周报。编辑者:新中华周报社。

12月1—9日　上海《申报》连刊苦干剧团在辣斐演出《蜕变》广告。1日广告称《蜕变》上演"已满141场",9日称"最后一天","已演152场"。

12月14—23日　新组建的祖国剧团在北平中央大戏院(现在的北京音乐厅)公演曹禺的《蜕变》,导演徐舟,演员有陈平饰梁专员、孙道临、丁曼云、蓝天野、石玉萍、白薇、于是之、郭枫、杨宝琮、苏民、张潜生等。(《名剧介绍》,《生活》第9期,1945年12月20日;刘乃崇:《笑忆青春》第388页)演了十余场,不赚钱落个热闹。(《我和祖国剧团》)

12月16日　上海《联合画报》①第157、158期合刊"电影与戏剧"栏刊唐绍华《曹禺简论》一文。唐绍华说:"万家宝(曹禺)先生所发表的剧本并不多,但每本都会轰动过一时。"对曹禺的作品,他认为:"《雷雨》剧本的本身,论编剧艺术是有相当的成功,但其意识则颇有问题。""他的第二本力作是《日出》,以上海型都市黑暗面为背景的,作者的原意或在揭发并攻击当日上海罪恶的一面,同时同情在资本家剥削下讨饭吃的弱者。编剧的技巧是成功的不过因为第三幕所插的妓院情节,一般人都认为与全剧情节无多关系⋯⋯《日出》比《雷雨》更有社会意义,但最后的结尾和暗示却很勉强。""曹禺的第三部作品是《原野》,后来有演出者改为了所谓《森林恩仇记》,内容偏重于人性的描写,刻画的很为深刻,但写得太阴森了一点,所以便被一般人所淡视了。""《蜕变》的内容,实在是切合时代的需要,它给与时代的影响,实在不失为一贴苦口良药,同时使我对于将来,怀着无穷的希望。这个剧本也是曹禺对于抗战宣传有关的唯一的作品,所以很被人们重视。它曾在陪都三度公演,内容也曾经原作者三度修改,终于得到了中央图书杂志审查委员会的奖金。"《北京人》,"这剧本给与我们是消极的一串黑影,他写出老一辈人物尚未死亡的时节,新生的一代却已不知所终了。而万先生实在忽视了今日的时代意义。如果《北京人》剧本早在二十年前发表,将会与易卜生《娜拉》同样的不朽,但现在却不同了,万先生笔下所抨击的对象早已幻灭——被自然所淘汰了,即或偶然存在着,也并不能在今日社会中占据如此的地位。⋯⋯所以笔者对于这个剧本的主题是不能同意的,但从艺术的立场而论,这实在也是一本不可多得的优良创作。""有人说他很受了易卜生的影响,但笔者却以为他和帝俄时代的果戈理很相似。"

12月20日　《浙瓯日报》副刊"展望"新125号刊易非的《〈恨〉——介绍一个将在建军戏院上演的剧本》。12月30日《浙瓯日报》"展望"新130期再刊易非的《我

---

　　①　1942年9月25日在重庆创刊。半月刊。社长温福立(美),主编舒宗侨。1943年1月1日,由第8期起改为周刊。1945年10月19日,在重庆出至第154期暂停刊。是年11月20日,在上海复刊。出版:联合画报社,发行人兼主编:舒宗侨。

是怎么导演〈恨〉的》和署名非是《观〈恨〉前后》等文。(《曹禺剧作在温州》)

是年底　周恩来非常关心曹禺的情况。据吴祖光回忆:"周总理对曹禺是格外关心的,有一件事我记得很清楚。日本投降之后,要在上海创办《新民晚报》,约我去编副刊,立即要去上海,由报馆给我买好了去上海的飞机票,是 1946 年元旦这一天的票。临行前夕,我去看望周总理,到了曾家岩五十号,我向警卫人员说明来意,警卫说周总理正在开会,这样,我就不敢再打扰他了。但很快警卫人员又赶上来,说周总理让我回去见他。他同我谈了两个小时,我记得很清楚。他几乎用了一半时间询问曹禺的情况,问他的写作情况,家庭问题,婚姻问题,问得相当详细。从这件事可看出周总理对曹禺的爱护和关心。"(《曹禺传》第 305 页)

1946 年(民国三十五年) 三十七岁

1 月 26 日,中华全国文艺作家协会在重庆文化会堂举行成立大会。

1 月 27 日,周恩来同陆定一飞返延安。29 日,再返重庆。

4 月 9 日,南开大学改为国立,仍由张伯苓任校长。

6 月 26 日,国民党当局发起对中原解放区的进攻,由此爆发全国内战。

7 月 11、15 日,昆明,爱国人士李公朴、闻一多被特务刺杀身亡。25 日,陶行知因病在上海逝世,终年 54 岁。

10 月 27 日,教育家陶行知追悼会在震旦大学举行。

11 月 2 日,人从众文化公司举行发起人会,推定潘公展为董事长,万枚子为总经理,定卅六年元旦出版《人人周刊》及《众生相周刊》。

11 月 15 日,南开大学校长张伯苓离美返国,于 12 月 18 日抵沪。

1 月 7 日 参加国共和谈的中共代表团在重庆胜利大厦举行新年鸡尾酒会,招待政府各部院会长官、各国驻渝使馆、各党派、各界人士和中外记者,曹禺与茅盾、曹靖华、马彦祥、胡风、沈浮、洪深、宋之的、宋云彬、阳翰笙、胡子婴等文化界人士参加。(《中共代表团招待中外各界,昨日举行鸡尾酒会》,重庆《新华日报》,1946 年 1 月 8 日)

1 月 10—31 日 国民党召开政治协商会议。其间,社会各界一致要求停止内战,政治民主,对政协会议提出了意见。曹禺与洪深、马彦祥、阳翰笙、潘子农、宋之的等戏剧电影界五十余人联名签署意见书,他们"提出六点消极的要求,五点积极的建议"。六点要求是:要求"解除对话剧、电影、旧剧、新剧的一切审查制度"、"要求政府保障戏剧电影业的营业自由"、"要求除戏院应纳之捐税及印花按商业规定占百分之四十外,豁免娱乐捐及一切苛杂"、"要求公布戏剧电影界汉奸名单! 要求焚毁一切敌伪电影!"、"'要求将所收的敌伪戏剧电影产业,分配给在抗战中受损害的以及有功的戏剧电影团体',并要求彻查'中央电影服务处',并且解散这假官营私的组织!"、"因为他们'有家难归',政府当局对于戏剧电影界人士之返京复员毫无帮助,而且还有戏剧界黑名单,奔赴京沪平津,所以'要求政府帮助复员'"。(《政治协商会议开幕》，重庆《新华日报》，1946 年 1 月 10 日；《文艺界致书政协会议要求废止文化统制政策》，同前 20 日；《政协会议圆满闭幕》，同前 2 月 1 日）

1 月 10 日　国民党中央社发布消息："美国国务院决定聘请曹禺、老舍二氏赴美讲学，闻二氏已接受邀请，将于最近期内出国。"12 日《新华日报》题《曹禺和老舍应邀赴美讲学》，14 日延安《解放日报》也转载了这条消息。

此次赴美系由费正清促成。据报道："费正清是美国哈佛大学的中国系主任，熟谙中国文学，能读能写，而且能用中国话演讲。对于中国现代史有深湛的研究。抗战以前，曾在燕京大学教过书。由于他的努力，老舍、曹禺、叶浅予、周扬、欧阳山尊等，相继应美国国务院的聘请赴美讲学。"（《上海文化集锦》，《上海文化》第 7 期，1946年 8 月 1 日）

接到赴美邀请后，曹禺曾去请教茅盾。据曹禺回忆："我 1936 年可能同茅盾见过面，茅盾是了不起的人。抗战爆发后，大约是 1938 年，茅盾给我来信，让我写稿子，他当时正在主编《文艺阵地》。因为当时很乱，始终没有回信，甚为遗憾。1946年去美国之前，我当时有个想法，到美国该说些什么，我心里没有底，就给八路军办事处打电话，找吴玉章，说不在，又找董必武，也不在。不知什么原因，我是想问问到美国该怎样说话。他们不在，我就找了茅盾。我记得茅盾留我吃饭，一桌很丰盛的菜，是孔德沚亲自下厨做的。茅盾讲了很多，我记得很少，但有两条却记得很清楚，一条是，他说，'有什么就说什么'，就是要实事求是；另一条就是要讲文学是有社会意义的，不只是娱乐的。这两条我记得很清楚的。"（《苦闷的灵魂——曹禺访谈录》第 92 页）

1 月 16 日　《上海图画新闻》[①]第 7 期刊"《蜕变》——名剧介绍"。计两个版面，配有演出照片 9 幅，每图配有文字说明。介绍说："（曹禺）又说：'这本戏固然谈的是行政问题，但剧的关键还在我们民族在这非常时候中一种蜕旧变新的气象'。故事是叙述（第一幕）后方一私人医院，接受公家津贴以救治伤兵，但办理不善；（第二幕）经视察专员梁公仰苾院，力加整顿，对女医师丁大夫尽力挽留；（第三幕）丁大夫为献身祖国而受伤之独子施行手术，使脱离险境。因此'新陈代谢，一切都起了蜕变的作用，生气蓬勃，孕育在新气象中'而闭幕，演出者苦干戏剧修养学馆，地点拉斐大戏院。导演佐临，演员有石挥丹尼等。"

1 月 20 日　重庆《新华日报》刊报道《文艺界致书政协会议要求废止文化统制政策》，包括《文艺界》、《戏剧界》等意见书。1 月 31 日，延安《解放日报》第 4 版题

---

①　1945 年 9 月在上海创刊。半月刊。编辑张沅吉，特约摄影康祖艺、康正平、秦泰来、焦超、袁勃、郁熊卿。出版及发行：上海图画新闻社。印刷者：中国科学公司。经售处：文汇书报社、国际书报社。

《重庆文化界各部门对政协会的希望和意见》转载了各界意见书。

是日 "中华全国文艺界协会"在重庆张家花园为老舍曹禺"举行欢送酒会。到会者有茅盾、巴金、阳翰笙、王平陵、潘梓年、黄芝岗、张西曼、胡风、冯乃超、杨晦等五十余人"。会上,"曹禺先生说到美国去后应努力使美国人更多了解中国,最后他认真的说:我们写我们应该写的,反对那种先有为了外国人看再去写作的态度"。"胡风先生则从文艺的创作态度上说明老舍先生的《骆驼祥子》在美国已经译出,曹禺先生的《雷雨》在美国也有人预备翻译。"(《欢送老舍曹禺去美——文艺协会昨晚举行酒会》,重庆《新华日报》,1946 年 1 月 21 日)

这个欢送会,香港《愿望》杂志也有报道。会上,曹禺谈了几个问题。报道说:

曹禺先生对于出国讲学的问题,以为接到通知太匆促了,他自己对于材料方面没有准备得很好,他一再谦逊的说,'一条哈巴狗,你让它到世界各地去游历,回来之后,不是还是一条哈巴狗吗?'这笑话事实上并不是他们自己的讽刺,而是描绘出了以往许多留游什么的哈巴狗呢。

关于中国今后戏剧发展的前途,曹禺先生觉得在剧本内容,应配合目前建国的需要,诸如农业建设,工业建设和电气化等,都是应该强调提出的,此外在这些作品中,应该特别说出中国人民的吃苦耐劳的种种美德,更深刻地表现出来,因为这是建国工作所最需要的精神,形式方面,他觉得应该利用一切民间戏的形式,大家不必仅仅注意都市舞台,戏剧的发展成就太广泛了。谈到抗战期间中国戏剧的成就,只简单的用一句话说明:'一切都赶不上演员的成就。'

谈到中国剧本翻译到美国上演的问题,曹禺先生的意见是,如果那个人想到他的作品是写给美国人看的,那就是迎合别人的口味,而会委屈了自己的特性,中国剧本翻译到美国上演,也许得不到观众的欢迎,那不一定是中国剧本的失败。

曹禺先生谈美国的剧作家在中国最熟悉的是奥尼尔,但最近看不到他的作品,新近的作家有威廉姆·萨洛阳,他正在美国戏剧创造新形式,他独步古今,诩为美国的莎士比亚。

其中又及:"曹禺先生临行前是预定将他的新作《桥》完成,给戏剧朋友作为临别的纪念品。"(《老舍曹禺出国漫话》)

1 月 23 日 由《新华日报》主办的"延安生活艺术展览"在"重庆中苏文化协会举行预展,招待文化新闻界"。曹禺与马寅初、阳翰笙、胡风、杨晦等 300 余人前往参观,看到边区的成绩,他"称之为'赤手空拳的中国老百姓逐渐显出自己的伟大力量'"。(《延安生活艺术品今起在中苏文协展览,昨日预展获得来宾一致好评》,重庆《新华日报》,1946 年 1 月 24 日)

1月25日—2月9日 新中国剧社①在重庆"江苏同乡会"公演《雷雨》。演出者茅芦,导演魏鹤龄,舞台监督王钰。演员阵容:张鸿眉、井淼、毕联禄、高弟安、金淑芝、袁容、丁然、魏鹤龄、张立德、丁世杰等。(《雷雨》广告,重庆《新华日报》,1946年1月25日,2月9、13日)

1月27日 据吴组缃记述:"谭雪纯来……谈曹禺及徐讦于中大教戏剧小说,均讲不出什么,三五次后同学都大不上课,这本是难教的课。"(《吴组缃日记摘抄(1942年6月——1946年5月)》)

是日 重庆《新华日报》"市闻一束"栏刊消息:"国立艺专青年剧社艺专剧社,订于春节假沙坪青年馆联合公演曹禺名著《日出》。"

是月 在乡间埋头写《桥》。据黎舫文述:"我们向来是不大在各种场合中见到曹禺先生的。他一直蛰居在乡间,埋头写作他的剧本《桥》。他的许多朋友都不知道他在什么地方。唯有巴金先生和他的关系最密切,巴金是给曹禺先生转达一切消息的一个人。"(《"文协"欢送老舍曹禺出国——中国民间文化人第一次出国》)

2月5日 美国国务院正式宣布邀请老舍与曹禺赴美的消息。据《新华日报》转发"合众社"报道载:"[华盛顿五日电]美国国务院宣布:中国两驰名作家已应国务院之请,来美一年。《骆驼祥子》作者老舍将于初春来美,继续研究写作。万家宝(即曹禺)将于三月来美,他除考察美国戏剧及电影事业外,将在美讲学。"(《美国国务院正式宣布老舍曹禺即先后去美》,重庆《新华日报》,1946年2月7日) 延安《解放日报》在15日题为《美国务院宣布曹禺老舍将赴美》转发"美新闻处华盛顿八日讯":"美国务院宣布中国著名剧本作家万家宝(曹禺)及作家舒舍予(老舍),已接受该院之聘请,来美视察,将于初春抵此,逗留一年。"

2月6日 香港《愿望》②第4期刊《老舍曹禺出国漫话》(署名灵刚,寄自重庆)。文系"文协总会在重庆张家花园总会处"欢送会的记录。有关老舍、曹禺情况,文说:"他们启行的时间就在本月初,先到上海再转乘飞机出国。曹禺先生的太太到了南京,老舍先生的太太还在北碚国立编译馆工作,将来会随同编译馆复员的。""曹禺先生临行前是预定将他的新作《桥》完成,给戏剧朋友作为临别的纪念品。"

2月8日 国民党三民主义青年团和军委会政治部在"纯阳洞中电制片厂大礼堂"举办联欢晚会,曹禺与周恩来、冯玉祥、邵力子、郭沫若、老舍、谢冰心等200

---

① 1942年由周峰等人在重庆成立的话剧团体,登记在案,以后戏剧界人士乃有借该剧社名义演出者。
② 1946年1月16日在香港创刊。周刊(每逢星期三出版)。胡守愚主编,陈建功社长。

余人出席,并观看了剧专在抗建堂公演的话剧《红尘白璧》。会上张治中讲话,言及:"参加今天晚会的嘉宾中,我们特别要提到舒舍予(老舍)和万家宝(曹禺)两先生,因为他们已接受美国国务院的聘约,行将出国讲学。舒先生在小说和一般文艺方面的成就,万先生在戏剧方面的成就,无疑地将是中国文艺界乃至世界文艺界的光辉。这次舒万两先生出国讲学,我们相信他们两位必能为沟通中美文化而有重大的贡献。我们谨藉今天的晚会,欢送这两位文化使节,并祝他们一路平安。"(《庆贺政治协商会议成功,张部长昨举行联欢晚会》,重庆《新华日报》,1946 年 2 月 9 日;《渝文化界春节联欢,张治中昨招待协商会代表》,上海《申报》,1946 年 2 月 9 日)

2 月中旬 由渝抵上海,住黄佐临家。据敬康撰述:"曹禺抵沪后,就住在佐临先生的家内。一个是剧作家,一个是名导演,加上四面围着的全是艺人儿,正是如鱼得水得其所哉。曹禺的身材矮矮,体格瘦瘦,却产生出伟大的名作,怎不令人失之子羽。他能说一口流利的英文,并且他能编制剧本,能做演员,到美国正可发展他的天才。"(《与老舍先生抵足一月记》)

2 月 12 日 是日起,北京剧社"入长安"演出"《雷雨》《日出》《原野》","演期共为两周"。(《北京剧社入长安演〈雷雨〉》,《一四七画报》第 1 卷第 11 期,1946 年 2 月 14 日)有说,该社于 23 日在北平建国东堂公演曹禺的《雷雨》,导演刘祎,演员宋雪如、吴嘉、任永康、张绍载。(《笑忆青春》第 388 页)

2 月 12—19 日 北京剧社在北平建国东堂公演曹禺的《日出》,导演刘祎,演员任永康、刘秉璋等。(同前)

2 月 13 日 上海《七日谈》[①]第 9 期刊消息《曹禺来沪:深居简出·埋头写作》:"中国大编剧家曹禺,本拟由渝去美,旋以新作《桥》大半完成,临时改变方针,先到上海,俟闭门赶写使《桥》一剧脱稿后,再行出洋,故已于日前秘密来沪,事先绝未泄露消息,沪上友好皆不知其已离渝,不料在江湾机场遇一稔友,而次日即因之有消息漏出,惟曹仍坚不以住址告人,近日闭门不出,埋头写作,至今未尝有一次访友或赴宴,许多人虽知曹已在沪,而难获一唔也。"

2 月 15 日 重庆《新华日报》刊《上海各界黄炎培等六十人电慰较场口受伤诸先生》。电文具名者有曹禺、李健吾、魏金枝、张骏祥、吴天等戏剧界人士。

2 月 17 日 北平《147 画报》[②]第 1 卷第 12 期刊消息《童芷苓新噱头! 话剧〈正在想〉搬在戏迷小姐中》:"童芷苓这次在天津北洋长期露演……在临别纪

---

① 1945 年 12 月 19 日在上海创刊。周刊(每逢星期三出版)。
② 1946 年 1 月 11 日在北平创刊。三日刊。编辑、发行一四七画报社。

念戏中,特别加新噱头,把话剧之《正在想》搬到旧剧之舞台上去会串于戏迷传中……"

2 月 18 日　下午 4 时,中华全国文艺界协会上海分会在金城银行七楼餐厅举行集会,欢送老舍、曹禺赴美讲学,并欢迎从重庆、厦门等地来沪的会员,老舍与曹禺、郑振铎、叶圣陶、戈宝权、宋之的、吴祖光、许广平以及美国新闻处主任费正清等百余人出席。(《上海文艺界聚会欢送老舍曹禺赴美》,《解放日报》第 4 版,1946 年 4 月 2 日)会上曹禺致词:"想不到新老朋友在这儿见面,真是愉快。八年来的心情是没有法子讲的。朋友们都在追寻唯一的真理,我们知道这真理目前是什么,大家为此感到的不愉快,真是如鱼饮水,冷暖自知。我们所受的折磨、痛苦和物质上的灾难是值得骄傲的。我们心中的火不曾息,一天一天地热起来。写文章的人许多年来用各种方法替老百姓说话,使得高高在上的人知道他们的痛苦。谁能够替老百姓作事,谁就能在新中国组织里存在。现在离目标还远,必须从各方面去努力。目前各地的老百姓离文艺运动还很远,生活都维持不了,更谈不上文化。我们要使得老百姓生活安定,要他们懂得他们的责任很大,他们是将来新组织中的主人。以后我如再写作品,与其谈太大的问题,不如谈谈与老百姓接近的具体问题。这一次我们到美国去,老舍说是向美国作家学习。自然我们从美国得到一些东西。另外我们还有一个使命,就是如何把现代变化中的中国告诉美国民众。老舍的《骆驼祥子》英译本封面拉车的人还有一根猪尾巴,可见美国人对中国还认识得不够。中美两个民族,一个过去历史慢,一个快,方向却已决定,就是民主的真理。我国新文艺运动时间不长,像挤牛乳一样,总还挤出一点来。像茅盾的《子夜》、老舍的《骆驼祥子》,不敢太自夸,即使放在外国第一流作家同列,也不觉得惭愧的。我们要让美国人知道我国人民的生活,怎样选择真能代表中国的作品。外国人读中国作品不大方便,我们该自己选择,介绍出去,这是值得做的一件事。"(《记一个作家集会》)

据赵家璧回忆:"我当时所住愚园路寓所,也曾设宴饯行,出席作陪者有叶圣陶、郑振铎、许广平、章靳以、巴金、赵清阁、凤子等。虽然都是三十年代曾一起活跃于上海的老朋友,但抗战八年,部分在内地,部分在孤岛,久别重逢,大家都有许多话要说,而两位主客,更是即将远渡重洋,去美国讲学,互相举杯,频频祝酒。"(《老舍和我》)

2 月 20 日　《中原·文艺杂志·希望·文哨联合特刊》①第 1 卷第 3 期就 2 月

---

①　1946 年 1 月在重庆创刊。文艺半月刊,中原社、文艺杂志社、希望社、文哨社编辑兼发行,三联书店重庆分店总经销。同年 6 月 25 日出至第 1 卷第 6 期终刊,共出版 6 期。

10日重庆"较场口事件"①刊各界慰问信、慰问电。曹禺与郑振铎、许广平、叶圣陶、黄炎培等具名致电"民主同盟转李公朴、郭沫若、陈培志、李永思、冉瑞武、顾佐衡、施复亮、章乃器诸先生,及被殴各报记者先生及被殴与会诸公",表示"诸先生为国家殴伤,凡我国民无不钦敬,除另电国民政府外,特电奉闻,敬致慰问。"

2月21日　午后3时,至梅龙镇酒家参加吴祖光的婚礼。据载:"吴祖光是重庆三大'神童'之一……他的爱人是上海剧艺社社员吕恩……在二十一日那天假梅龙镇酒家正式'补了'婚礼。""第一个节目是请老舍讲话……接下来是叶圣陶曹禺两位的讲话,叶圣陶不能说国语,这即使有不少好句子,也很难使人'叫彩'。曹禺便不同了,他刚开口不满几句话,大家已笑得捧腹,他说:'新郎新娘都很好,一个能文,一个……'寥寥数字,大家一听便知能文是指吴祖光,下面虽不曾说出,当然是'能武'二字,而指的一定是吕恩小姐了。……他接着说:'下一代的小戏剧家很有希望,能文不算,还能武,武不是挺要紧吗?'于是大家笑了又笑,笑声却比曹禺说的话来得多,这真是演说中的杰作。""婚礼在几位先生演说之中完成……胜利以来,这也可算是一个'胜会'!"(《吴祖光婚礼席上·曹禺妙语如珠》,《七日谈》第11期,1946年2月27日)

2月22日　上海戏剧电影协会在"美华"酒家举行欢送会,欢送曹禺和老舍。张道藩、顾仲彝、黄佐临、周信芳、梅兰芳、韩非、李健吾、赵景深等出席。会上,"老舍、曹禺、张道藩,都有过演说,"曹禺"要求在座的同人供给他演剧照片",因"老舍曹禺太忙,到四时三刻时,就要走了"。(《欢送,欢送,再欢送!老舍曹禺又来了》)据赵景深文述:"后来在文艺欣赏会,上海戏剧电影协会的欢送会,文艺复兴社的宴会上又见过曹禺几次。曹禺在前两个会都有演说,都曾提到话剧里应该有话,都曾引到南宋的滑稽戏。他所说的,与王国维《宋元戏曲史》引明田汝成《西湖游览志馀》卷二十二相同:'绍兴间内宴。有优人作善天文者,云世间贵官人必应星象,我悉能窥之。法当用浑仪设玉衡,若对其人窥之,则见星而不见其人。玉衡不能卒办,用铜钱一文亦可。乃令窥光尧云:'帝星也。'秦师垣,曰:'相星也。'韩蕲王,曰:'将星也。'张循王,曰:'不见其星。'众皆骇,复令窥之,曰:'中不见星,只见张郡王在钱眼内坐。'殿上大笑,俊最多资,故讥之。'曹禺再加上说明,说张俊的钱很多,一罐罐都

---

①　据《重庆较场口事件》介绍:"重庆文化界、工业界、农业界二十余团体主持之庆祝政治协商会成立大会,于二月十日晨九时在较场口广场举行,与会者七千余人,会议推李德全、李公朴、章乃器、施复亮、郭沫若等为主席团,并推章乃器为主席。不意会议开始后,有一自称为市农会代表之周野朴在布置好的特务怪声叫喊下,爬上主席台,强行充当主席,李公朴等当予阻止,其时,台下之特务们即蜂拥上台,挥动棍棒,投掷石子,一时秩序大乱,结果台凳桌椅被毁为碎片,六十余人受伤,其中有李公朴、郭沫若、施复亮,李郭头部受伤,施之腿部受伤,施经抬赴市民医院治疗。"(摘自《人民时代》,1946年第5期)

藏在后园里;他称钱为'没奈何',因为他不知道怎样用。"(《记曹禺》)

2 月 24 日 出席开明书店在杏花楼为其与老舍举行的饯行宴会。据《叶圣陶日记》记述:"至蓬子之作家书屋,文协上海分会于此开理监事会……五时散会。至杏花楼,我店作东,为老舍、曹禺作饯,并宴夏衍、祖光等文艺作家。饮甚欢。"(《在上海的三年(一)》)

2 月 26 日 天津《大公报》第 1 张第 4 版刊郭士浩节选《〈雷雨〉〈日出〉〈原野〉三剧中曹禺的宇宙观——法司铎 Jean Monsterleet 原著》。是年《书报精华》第 15 期(1946 年 3 月 20 日)"作家研究"栏原题为转载该文。文中,作者分"自然与原始的天性"、"罪的世界"、"家庭和社会的不谐"、"结论"四个部分论述了曹禺的宇宙观,其结论是"在《日出》的结尾,作者用批评方达生批评了自己,也批评了一切书呆子性格,空抱着一腔热情和理想,而实际无补于事的好心人。""做群众的领导者,就想做灵魂的指导者,他自己应该先稳固地站在真理上面。曹禺承认他自己没有发现真理,也没有发现道路。他像在他的时代他的国度里许多读书人一样,哲学的思想还很茫然,宗教的信念仍在怀疑。""巴金要请我们对梦的仁爱献身;曹禺指示给我们原始的人类,把黄金的时代放在遥远的过去。我们不能在想象的过去或是梦幻的将来找到我们的理想。我们只有穿过基督神圣的生命,在帮助人们去获得光明来满足我们自己。"

2 月 27 日 成都《新新新闻》刊消息一则《老舍曹禺赴美讲学》:"作家老舍,曹禺赴美讲学离沪,已定三月一日,据两氏语记者,此去将有计划的把我国文化界在战争中艰苦卓绝之精神,及各种活动与成就,向美国友人报道。曹禺向各方面征求戏剧界在战时所作之照片及文献带往美国,如有此类材料者可在周内送交海格路四五二号张骏祥转。渠等先往华盛顿后,曹禺将在好莱坞小住,老舍则将至各大学区,二氏均将于在美期间,搜集写作材料,但尚无具体计划。又,上海戏剧电影协会昨日假美华酒家欢送二氏。"(转自《电影与播音》第 5 卷第 2 期,1946 年 2 月)

是日 据《叶圣陶日记》记述:"文协明日开文艺欣赏会,有老舍、曹禺之演讲。报纸刊出消息,我店代售座券百张,几小时即售完。上海青年视此等事为新鲜,故然。据云其他代售处亦售罄矣。"(《在上海的三年(一)》)

2 月 28 日 下午 2 时,出席中华全国文艺界协会上海分会在辣斐戏院举行的第二次文艺欣赏会。叶圣陶担任主席并致词,老舍、曹禺、胡风等先后作了讲演,苦干剧团演出了曹禺的独幕剧《正在想》,由渝来沪的白杨、赵丹、舒绣文、张瑞芳等表演了朗诵、歌唱等节目。(《文艺欣赏会讯》,上海《文汇报》,1946 年 2 月 27 日) 据《海晶》周报载:会上"中电剧团歌唱队,登台唱了两支歌,唱好后,大家都鼓掌不停,因此又来了一个'陕西民谣'。唱到后段,领导者竟帮腔起来。因为曹禺与老舍近日即要赴美讲学去了,故歌词完全以他们两人为主题,其中数句为'曹禺先生是才子呀!老舍先生状元郎。虽然比不上梅兰芳呀!也与胡蝶差不多,最后一句正在想呀!回来不要带个洋婆娘。'唱罢全场大笑,曹禺与老舍被大吃豆腐。连说'缺德'。……"(《文化人圈·文艺欣赏会花花絮絮》,《海晶》周报第3期,1946年3月7日)另据《叶圣陶日记》记述:"午刻,至吕宋路洪长兴,文协与苦干剧团作东,宴请今日参加文艺欣赏会之诸人。此店为羊肉馆,年来甚有名,牛排与涮羊肉鲜嫩可口。食毕,偕胡风(前日方到)、葛一虹至辣斐戏院,听众几已满座。二时开会,余致开会辞,老舍、曹禺、胡风各为演说,又有朗诵歌唱,而殿之以苦干剧团之《正在想》。此剧为曹禺所改译也。"(《在上海的三年(一)》)

是日 上海《文汇报》第3版"出版界"栏刊消息:"郑振铎李健吾主编,上海出版公司发行之《文艺复兴》第二期,已于今日出版,内容丰富,为抗战以来所罕见,本期刊有钱钟书,李广田之长篇小说,靳以,师陀,许杰等之短篇小说,许景宋,吴祖光等之散文,精彩绝伦。又闻曹禺巨著《桥》,业已完成,亦将于《文艺复兴》第三期开始连载。"

是月 《雷雨》韩文译本由宣文社出版单行本。金光洲译。

3月1日 上海《联合画报》第165、166期合刊(第16页)刊图片新闻:"上海文艺界假青年会欢送由渝来沪赴美讲学之名作家老舍曹禺二氏,(下图)坐于美国友人右首者为曹禺,左者为老舍氏。(美新闻处摄)"

3月2日 剧专校友方守谦、罗明、蔡极等在四马路(今福州路)杏花楼为曹禺饯行,张骏祥、白杨作陪。宴毕,合影留念。(《剧专校友公宴曹禺》,《中央日报》,1946年3月4日)

是日 上海《大光明》周报第2期刊《曹禺大谈戏剧》。文说:"老舍和曹禺就要离上海到美国去。""访老舍后,又同时访问了曹禺,和他谈了两个问题,一个是中国剧本翻译到美国去上演的问题,一个是中国戏剧界的前途如何发展问题?""据曹禺表示:中国剧本翻译到美国去上演,不一定要迎合别人的胃口,而委屈了自己的特性。即令不受欢迎,这也非中国剧本的失败。关于后一问题,他认为今后中国剧本的内容,主要的应该配合建国的需要。诸如农业繁荣,工业化等都是应该宣传的,比如YVA就是一个很好的主题。他说美国并不是为戏剧而戏剧,如天主教,美以美会,甚至犹太人,都利用戏剧为宣传工具。至于形式方面,他觉得应该利用一切民间剧的形式,大家不必仅仅注意都市舞台。"

本期还刊文《记曹禺一件小事》:"曹禺先生是一位非常聪明而且非常风趣的

人,他在工作的时候,是非常的严肃,可是休闲的时候,却也非常有风趣,记得在二十五年的时候,他在国立剧专教书时,我们正上着他的课,那时候我们都非常的年轻,非常的顽皮,对于功课一向是马马虎虎敷衍了之,他当时看着我们这种求学的态度是非常的危险,所以有一次在课堂上警告着我们,他大声地嚷着:'你们知道吗!你们已经有一只脚插进棺材了'!我们听了一句警告,所以对于他的功课都特别的用功,一直到毕业的时候,已经隔了一年了,他在我们毕业大典时,他走上主席台,笑着对我们说:'在一年前我不是说你们已经有一只脚插进棺材了吗?现在我声明收回,因为你们插进棺材那只脚,已经抽出来了'!我们都非常的感谢他,并且佩服他的记忆力!"

3 月 5 日　下午,与老舍同乘美军运输舰"史格脱将军号"离沪赴美。据《新华日报》转载国民党中央社电:[上海五日电]美巨轮史葛将军号,五日午离沪驶美,约本月下旬可抵美。该轮共载运美军一千六百五十人,美侨二百余人。作家老舍曹禺亦乘该轮赴美讲学。"(《老舍曹禺昨离沪赴美》,重庆《新华日报》,1946 年 3 月 6 日)有说是 4 日走的,据敬康撰述:"老舍曹禺来沪后,到处奔走,打听赴美的船期;但是美国人方面除了替他们打了不少的针外,一直没有知会何时可以动身。他俩的手臂所打的针,竟像蜂窝一般,什么牛痘针,防疫针,防脑膜炎针,一切都应有尽有,可是船期却一误再误。……最有趣是老舍先生给《上海文化》题字,他是乘四日的美国运输船史格脱将军号走的,(报上说他早晨走,其实是下午二时才开船的。)而在他给《上海文化》的题字上却写了三月五日,不是滑稽的事吗?……"(《与老舍先生抵足一月记》)另据赵辐如回忆:"1946 年 3 月 4 日,黄浦江畔,我乘史格脱将军号启程,开往西雅图,这是我生平第一次离开祖国。""有趣的是,直到起锚之后很久,我才知道曹禺和老舍先生竟然也在船上。""开头几天,风浪非常大,曹禺和老舍两个人都躺下不起来,晕船晕得很厉害,怎么说他们也是很少坐海船,而且要走这么久。""船走走停停,经过 16 天的航行后,我们从西雅图港上岸。曹禺和老舍直接到好莱坞去了,他们的讲学是从西岸开始。"(《梦飞江海》第 68 页)

3 月 5—20 日　赴美船上。据老舍撰述:"以为船上生活,一定富于美国式之趣味,结果则大失所望。该船系美军运输舰,沿途不停,径向新大陆奔驶。所可欣赏者唯船舱外之一片汪洋而已。每届餐时;齐集食堂中,由主持者配给军粮。男客食毕,然后女客,所食亦系军粮,晚上所睡者为吊铺。衣服须自洗。"(《驶向新大陆的途中》)有关情况,有报道说:"老舍曹禺这回是乘轮船到美国去的,这轮船是运送美兵回国,老舍曹禺则和了随军记者在一起,本来美国务院方面,是预备以飞机迎接他们的,可是老舍曹禺以乘飞机对于身体方面有吃不消之感,所以改乘了船,并且同舱有几个同志——美国的随军记者。""在舱中极受到美当局的优待,特地在舱位上,布置了写字台供老舍曹禺写作,而每日吃的都是丰美的大菜,营养丰富,这是中国作家从来没有受过的优待。""而同船的,都知道有这两位伟大的作家在,所以老舍曹禺先后被邀演讲……曹禺则说的是'中国近代话剧',分二次讲完,极为精彩,并且出示舞台图照数种,使得一些美国知识分子五体投地了。""而船上时常出现舞会,邀请曹禺老舍跳舞的很多,曹禺兴到为之,拥跳温柔的美国少女了,而老舍则说'敬谢不敏'了。"(《美国船上皆大欢喜! 曹禺老舍旅途中的生活》,上海《吉普》周报第 1 年第 19 期,1946 年 3 月 25 日)

3 月 7 日　上海《海晶》①第 3 期刊署名小牧《文化人圈·文艺欣赏会花花絮絮》一文。讲 2 月 28 日"文协"举办的"文艺欣赏会"上几个段子。

3 月 10、11 日　重庆《新华日报》刊《原野》《日出》广告,告之:"《原野》即将在抗建堂演出"、《日出》即将在"江苏同乡会"演出。

3 月 12 日　是日起,戏剧工作社在抗建堂演出《原野》,导演汤晓丹,舞台监督陈天国,演员黄若海饰仇虎,钱千里饰白傻子,陈天国饰焦大星,刘琦饰金子,李健饰焦大妈,吕军饰常五。(《原野》广告,重庆《新华日报》,1946 年 3 月 12 日;《重庆抗战剧坛》第 158 页)

3 月 13 日　重庆《新华日报》刊署名海洋的报道《欢送老舍曹禺赴美——上海文艺界的第一声春讯》。

3 月 15 日　是日起,中国边疆剧社在江苏同乡会公演《日出》。演出者徐思波,导演王为一。参与演员有欧阳红樱、高第安、丁然、夏天、张鸿眉、阳华、丁世杰、唐鹤生、许肯、韩昌侠、井淼、毕联录、苏茵、罗苹、陈忆、曹淑惠、申江、严杰。(《日出》广告,重庆《新华日报》,1946 年 3 月 12 日—4 月 4 日)

3 月 20 日　与老舍抵西雅图。据报道:(联合社西雅图廿一日电)运输舰"司各脱将军"号,已于今日抵此,除载来战时新娘十五人,太平洋区士兵二万九千名外……并有名作家"老舍"及剧作家"曹禺"。(《何柱国行抵美,老舍曹禺同轮》,上海《申报》,1946 年 3 月 23 日)

据老舍自述:"弟与曹禺兄从三月廿日抵西雅图,至今未得闲散,故尚未执笔略述游美见闻,如离沪时诸友所嘱望者,甚歉!"(《纽约书简(老舍先生告剧界诸友)》)据曹禺回忆:"去美国时,先从西雅图下,那时没有飞机,坐的是美国军舰,走了两个多

---

①　1946 年 2 月 21 日在上海创刊。周刊(每逢星期四出版)。大同出版公司出版。至 1947 年 12 月停刊。

星期,军舰的名字忘了。"(《苦闷的灵魂——曹禺访谈录》第 149 页)

其间,在芝加哥停留四日。据老舍文述:"与曹禺在芝加哥停留 4 天。"(《旅美观感》)

是日　《上海文化》①第 3 期刊署名敬康《与老舍先生抵足一月记》,介绍了老舍和曹禺在沪的情况。文配老舍、曹禺为该刊的题辞。曹禺题:文化的先锋。为上海文化服务社敬书。

本期"上海文化"栏刊消息:"曹禺老舍赴美讲学,以一年为期,酬金每人美金十五万元,另供膳宿。""曹禺在沪时寓名导演佐临家。"

是日　《书报精华》第 15 期刊曹禺《写作材料的囤积》一文。该文系《编剧术》之一部分。是年《文选》创刊号也收入该文。

3 月 23 日　是日起,中华剧艺社在重庆青年馆公演《雷雨》。演出者应云卫,导演刘沧浪,舞台监督李天济。演员刘曦、郭玲、余凌云、李纬、张逸生、苏绘、黄瑾、李影、澎湃、陈戈从。(《雷雨》广告,重庆《新华日报》,1946 年 3 月 23 日)

是日　上海《大光明》周报第 4 期刊消息《曹禺新作完成》:"曹禺的《三人行》已经决定不写了。《桥》是写了大部分,而现在曹禺却出国了,从'中电'传出的消息是曹禺答应在去美的运输舰上完成这一部剧本,首先获得上演权的是'中电',剧本由曹禺在兵舰上杀青后寄来。"

3 月 25 日　上海《吉普》周报第 1 年第 19 期署名摩天客《美国船上皆大欢喜!曹禺老舍旅途中的生活》一文。

3 月 27 日　上海《七日谈》第 15 期刊《曹禺嚎啕大哭》。讲曹禺赴美前夕,"进大光明戏院,看了《保卫莱茵河》一片,该片在重庆映过,曹禺因事不及去看,不意该片因感动力甚强,竟使曹禺此番在上海看后,当场在戏院内失声大哭。"文后"又讯:曹禺之最新剧作,名《桥》,只完成一幕,为李健吾购去,曹因出国需款,李健吾捷足先登,预付了他三十万元作为取得《桥》版权之交换条件云。"

3 月 29 日　与老舍抵华盛顿。据曹禺回忆:"到美国后,我们受到美国国务院和各方人士的热情接待。在华盛顿,我们曾被安排住在'来世礼'宾馆(Leslie House)下榻。这个宾馆是专门接待国家贵宾的,丘吉尔住在甲宾馆,我们住在乙宾馆。我和老舍各住一室,外交部有人来招待我们。""此时,我们了解到,美国国务院专门请各国的知名人士来美国,希望他们长久地在那里工作,通过这些人来宣传

---

① 1945 年 12 月 10 日在上海创刊。月刊。编辑人王谦叶,发行人王彦存,经理人庄大容,出版者上海文化服务社。后组成编行委员会,成员有王彦存、王谦叶、刘惠成、庄大容。至第 8 期,编行者为上海文化月刊社。

美国的生活方式。"（《老舍在美国——曹禺访问记》）其间，与老舍参加在华盛顿大学召开的一次美国作家大会。据曹禺说："记得他们讨论'如何写文章投编辑所好'、'作家如何找一个好的代理人（为作家推销作品、保护作家权益的人），等问题。"（同前）

同期，美国国务院为老舍、曹禺访美设宴洗尘。（《记老舍与曹禺》）

4月1日 在《文艺复兴》①第1卷第3期发表多幕剧《桥》第1幕。后于第4期发表第2幕第1景，第5期发表第2幕第2景，"已刊出两期，续稿未到，郑振铎连连航函去美催索"（《上海文化》，《上海文化》第7期，1946年8月1日），终未得。这部未完成的剧作，是第一次把钢厂搬到舞台。剧本后收入《曹禺全集》第3卷。

关于《桥》，曹禺说："桥，是一种象征。我的意图是：要达到彼岸的幸福世界，就需修一座桥。人们不得不站在水中修桥，甚至变成桥的一部分，让别人踏着他们走向彼岸。"全剧的斗争，"表现在民族资本家同官僚资本家之间，我使观众能一目了然地看出剧中的官僚资本家的形象是按照蒋介石的连襟、国民党财阀孔祥熙塑造的。"（《戏剧家曹禺》）

关于《桥》的创作，据张骏祥回忆："曹禺在重庆生活困难，就进了中电，也没搞什么事，光拿薪金，挂个名而已。写了《桥》，只写了一幕。""为什么写《桥》，钱昌照和曹禺很熟，同我也很熟。钱昌照在资源委员会，就介绍曹禺到钢厂去调查，这样写出了《桥》。后来他们兴趣不合，就同钱昌照破裂了。正式破裂是在上海，钱昌照办了一个杂志《新路》，有萧乾，他要把'第三种人'搞到一起，请所谓'第三种人'签字。钱昌照说是曹禺自己签的字，曹禺说是钱昌照代他签的，弄不清楚。这大概也是破裂的原因。""写《桥》写不下去，可能同钱昌照破裂有些关系，钱昌照希望他写。当时婚姻问题也闹得很狼狈。"（《苦闷的灵魂——曹禺访谈录》第240、241页）

4月1—6日 北平燕京大学燕剧社演出曹禺《家》。（《笑忆青春》第389页）

4月4日 国风剧社在北平长安大戏院演出曹禺的《日出》。导演李景波，演员陆丽珠、林默予、吴漾、李景波、徐风、周㝄（楚）、于是之、王来、文清、韩炎、蒙纳。（《古城的三剧团》，北平《一四七画报》第3卷第6期，1946年4月17日；刘乃崇：《笑忆青春》第389页）

4月6日 上海《大光明》周报第6期刊《曹禺男扮女装特备棉裤一条》："曹禺在南开中学读书的时候，还是用万家宝这个名字的。那时他已开始爱好话剧了，而引起他对话剧爱好的动机的，是因为那时南开剧团是张校长的弟弟张彭春领导，把

---

① 1946年1月10日创刊于上海。月刊。郑振铎、李健吾编辑，文艺复兴社发行，发行人初为钱家圭，后改为刘哲民，上海出版公司总经售。1947年11月1日停刊，共出版20期。

演剧正式列为课外活动,鼓励学生参加演剧,这一种正当活动,而张彭春对于戏剧本是内行,所以对学生们有正确的指导,而引起他们的兴趣。""那时风气未开,很少男女合演。曹禺长得矮小,所以常常担任女主角,在易卜生《娜拉》剧中,他就演过娜拉。而曹禺为常常演女主角,特地自备一条棉裤,这条棉裤很别致,前面棉花很薄,而在臀部则塞得很厚,于是外面穿上旗袍,便显出一个丰满的臀部,左右扭动,活像一个少妇了。"

4 月 7 日　天津《大公报》第一张第 4 版"文艺"(新 14 期)刊李长之《送老舍和曹禺》一文。文说:"在喊'文章下乡'的同时,有人喊出了'文章出国',现在不唯文章出国,而且文章的主人也被请到外国了,这是叫人多么高兴的事!""要感谢曹禺和老舍! 老舍是中国现在最受欢迎的小说家之一,曹禺是中国现在最受爱戴的剧作家之一。""曹禺好像不曾企图过写作剧本以外的东西,虽然剧本中常有好的说明如小说,剧本的后记也宛然是上等的散文。然而无论如何,他也将以剧本的专业来永远与国人相见的吧。""有一次,曹禺对我讲,他说他宁愿意和大社会接触,而不愿意拘束在学校里,那是在一个大学当局正和他接洽任教的时候。""曹禺每写一个剧本,准备的工作往往很大。他要写的《李白与杜甫》,就曾各处找书来读,因为没准备好而没动笔。他为了写《桥》他到过西北去旅行,但因为写得不如意,这稿就一直没完工。"

比较曹禺和老舍,作者说:"曹禺却又有一点为老舍所不及处,这就是曹禺有一种邻于神秘主义的理想主义。《日出》已有这个倾向,但不如《原野》之显著,到了《北京人》而最露骨。他热情,他向往,他有所憧憬,虽然所憧憬的不一定十分明确。于是就表现而为似乎神秘主义的理想主义了。""就写作的进展论,曹禺的路线是在往理想的高处走,老舍的路线却是往社会的大圈子之广处求,曹禺或者更不顾忌地追求他的理想吧,老舍或者更斩荆棘辟草莱似地锻炼他的写实的大骨干。方向虽不必齐,但时时在进步着则一。"

4 月 10 日　上海《万花筒》①第 2 期第 5 版刊《曹禺出身封建大家庭》(文尾署名幽客)。文说:"曹禺出身在封建大家庭,所以它(他)有着《雷雨》的阴郁,而它的正义感及其灼热,对新的时代竭诚盼望,于是它有着《日出》的明朗。""曹禺最近已不复扮作女性,原因为(一) 写作甚忙,(二) 年龄渐增,(三) 怕被冠上梅兰芳式的'雄妇人'头衔。""曹禺此次到美国去,宣传中国抗战时的文化情形,和介绍中国民间真实的意见。"

---

①　1946 年 4 月 3 日在上海创刊。周报(每逢星期三出版)。万花筒周报社出版。

4月14—20日 东北文艺工作第一团在大连举行第二次公演,演出曹禺名剧《日出》。导演沙漠。演员于蓝饰陈白露,林农饰潘经理,张平饰李石清,颜一烟饰顾八奶奶,王大化饰胡四,欧阳儒秋饰翠喜,张守维饰黄省三,杜粹远饰小东西,李牧饰王福升,何文今饰黑三。演出"十场,观众三万五千至三万七千人"。(《大连艺术界大事记》《东北文工团在连工作简单报导》《大连文化艺术史料》第1辑) 有评说,这次演出"震惊了大连所有地方话剧团体,打破了他们一切高傲的态度,散漫作风,惊醒了他们的发财兜风的美梦"。(《大连戏剧一年》《大连青年》第3号,1947年2月1日)

关于排演,据葛玉广回忆:"一九四六年三月,东北文工团受东北局指示奔赴大连。""市委书记韩光同志……希望文工团能把曹禺先生的话剧《日出》搬上舞台","《日出》是曹禺先生的名著,是一出对导、表演要求都很高的剧目。团长沙蒙早在上海就曾导演过《雷雨》《日出》等许多名剧,他和大家一起研究剧本,分析角色,认真排戏,经过二十几天的排练,终于把《日出》搬上了大连舞台。"(《东北文工团在大连》《大连文化艺术史料》第1辑)

4月17日 北平《147画报》刊未署名小文《张伯苓的得意门生曹禺当外国讲师》。

4月18日 上海《海晶》周报第9期第5版"文化人圈"栏刊消息:"老舍,曹禺已安抵美国,现住于华盛顿大学,讲学也已开始。老舍讲《中国文学史》,曹禺讲《中国戏剧史》,锋头甚健,生活亦甚舒适。"

4月20日 上海《海涛》第9期刊消息《茅盾洪深亦将赴美——继曹禺老舍之后出国》:"曹禺与老舍现已抵美国,在各处讲学,颇受美国人士所欢迎,他们的思想和言论,都很精辟,使美国人对于中国学术是增加了认识与了解。""而消息传来名作家茅盾与名教授洪深也将赴美了,这真是学术界的喜讯。"

4月21日 上海《海天》①第2期刊文《曹禺喜欢演女角》(署名因士):"曹禺是张伯苓的高足。因为他在南开大学读过书,张每次提到曹禺时就总说'家宝在南开,在南开的时候如(是)爱演戏的。''家宝在南开……如何,何……'其实这位天才戏剧家,后来是转到清华文学系毕业,他和张骏祥是同学。他在清华也是'宝贝'之一。每次演剧时,总派他演女角。而他竟也喜欢扮女人。清华大学三十周年纪念时,曹便主演《女店主》,居然身材窈窕,表情细腻,口齿清楚,一举手,一投足,台下观众都为这个假女人所感动吸引。当时壁报和校刊上曾大捧特捧了一场,曹如果想起当年旧事,一定会大笑一场,如问张骏祥,也一定会感到过去学生时代,宛如一

---

① 1946年4月14日在上海创刊。周刊(每逢星期日出版),至1947年3月停刊。

梦吧。"

4 月 23 日　上海《大光明》周报第 8 期刊《石挥等演〈雷雨〉》："重庆有所谓'游击演出'，上海有所谓'秋风演出'，名词各别，意义相同。都是指一些乌合之众的临时团体，以淘金为目的的一次演出。动机既如此，自然难免粗制滥造，所以在重庆，'游击演出'虽盛行，却遭受到文化界一致的无情攻击。"文称："上海最近将有一次'秋风演出'，是由号称'八大头牌'的石挥、韩非、碧云、路珊等演员所组成，剧目是极有叫座能力而最近始解禁的《雷雨》，淘金的目的是可以达到的，可是我们希望'八大头牌'要爱惜自己的艺术生命，演出的意义，必须不仅止于'秋风'。"

据"海公"撰文：

> 卅五年春，记者与石挥、张伐、韩非、白穆诸子成立中国演剧社，第一只（部）戏是《雷雨》，这是记者热烈崇敬曹禺剧作所促使而提议的，当时的阵容是：四凤（沙莉）、鲁贵（石挥）、繁漪（碧云）、周冲（韩非）、周萍（张伐）、周朴园（乔奇）、大海（白穆）、鲁妈（路珊）。
>
> 剧本的成功加上阵容的齐全，计划演出五个日场，第一场售八成半，余四场统告客满。
>
> 张骏祥来谈，拿出曹禺的委托书，以代理人资格收取上演税，那时曹禺应美国务院之聘，正在彼邦讲学。
>
> 又半年，曹禺返国，"中电"秘书张家浩持来曹禺致记者函一件，因张骏祥拍戏公忙，希望记者与张家浩担任曹禺的代理人，是为记者与曹禺交谊之始。
>
> （《曹禺这个人》，《电影周报》1948 年第 3 期）

是日起　为纪念贺孟斧逝世一周年，中华剧艺社在江苏同乡会公演《北京人》。演出者应云卫，原导演贺孟斧（已故），导演中华艺委会，舞台监督李天济。演至 5 月 5 日。（《北京人》广告，重庆《新华日报》，1946 年 4 月 23 日—5 月 5 日）

4 月 24—28 日　大连华荧剧团在福兴大戏院演出曹禺名剧《雷雨》，导演韩旭。（《大连艺术界大事记》，《大连文化艺术史料》第 1 辑）

4 月 28 日　广州《文化周报》①第 15 期刊坎宁作黄沙译《论曹禺老舍访美》一文，文尾说明该文"译自一九四六年四月十三日密勒氏评论报"。作者从曹禺老舍应邀访美说起，谈了中美"文化关系的加强"、"中国人心目中的美国"、"谁应该责备"、"统制的抗议"、"今后的展望"等问题。

---

① 1945 年 9 月 1 日在广州创刊。周刊。系中华文化学院新闻学系实验报。社长吴康，主编人新闻学系，发行人中华文化学院。

4月30日 《雷雨》由金光洲泽成朝鲜文,由汉城宣文社出版。

4月底 与老舍到达纽约,"观剧并作演讲"。(《记老舍与曹禺》)据《老舍年谱》:"(4月)与曹禺抵达纽约,在宾夕凡尼亚车站受到乔志高(即高克毅)等人的迎接。先被安排在史丹霍酒店下榻,一星期后自己又移居到塔夫脱大饭店。"(《老舍年谱》第515页)据曹禺回忆:"我们开始住十五元一间的房子,叫人家捉了大头。后来,我们的钱不够用了,就住一元钱一间的房子,甚至躲起来不见客了。""星期六,我们买回一瓶酒,两杯下肚,俩人就唱了起来,老舍擅长京剧老旦、须生。""平素在外辛苦忙碌一天,晚上归来,为可以用中国话畅谈而高兴,我们常常痛骂美国社会生活中我们看不惯的那些虚伪与残酷的事情。"(《老舍在美国——曹禺访问记》)

"本时期,由美国国务院驻纽约的人员官式招待,也有《大公报》特派员及其他中国朋友陪同。"(《老舍年谱》第515页)经王莹的引荐、安排,与老舍见到了德国著名戏剧家布莱希特。据曹禺回忆:"我们由中国电影演员王莹的引荐与德国著名戏剧家布莱希特结识。那是在纽约,布莱希特正在写《伽利略传》,老舍和我去拜会他,我们谈得特别高兴。布莱希特爱中国情深,是很少见的,他很向往到中国来。这位德国戏剧家的夫人隆重地以酒、茶来招待我们。"(《老舍在美国——曹禺访问记》)"他对人和蔼可亲,热爱中国。他请我和老舍到他家喝茶,我们用英语交谈。布莱希特是个大人物,但他并不摆架子。他很富于同情心,待人随和。我问他:'你为什么不到中国去?'他回答说:'我打算去,但现在还不是时候。'"(《戏剧家曹禺》)并与赛珍珠会谈。据《老舍年谱》:"同期,会见旅居美国的中国电影演员王莹,并在王莹的安排下与曹禺同美国女作家赛珍珠座谈了两次,交流了中美两国文艺创作的情况和经验。赛珍珠还两次设家宴招待老舍和曹禺,由王莹作陪。"(《老舍年谱》第516页)

其间,在美国的一次茶会上,曹禺与林语堂就《吾土与吾民》一题发生争执。曹禺坚持认为:"文学作品就应该具有社会意义,否则就毫无价值。"(《戏剧家曹禺》)

其间,观剧。据老舍致吴祖光信述:"弟与曹禺兄……由西雅图,到华盛顿,再到纽约,一路走马观花,已共看了两次舞剧,三次广播剧,两次音乐剧和八次话剧,曹禺兄看得更是多一些。"(《纽约书简(老舍先生告剧界诸友)》)

据曹禺回忆:"一九四六年,我在纽约曾看过当时老维克的名演员劳伦斯·奥利维主演的莎士比亚的《亨利第四》,演出非常精彩,受到纽约观众的盛大欢迎与赞扬。"(《有朋自远方来》)并在百老汇看了奥尼尔的《送冰的人》的演出,因奥尼尔在病中,曹禺没能去访问他。(《由美归国的曹禺先生》)

其间,在美讲学。据《上海文化》载:"老舍曹禺抵美后,业已开始讲学。老舍讲题为《中国文学之历史与现状》,曹禺为《中国戏剧之历史与现状》。听讲者甚众。

两氏于讲学之余,努力考察彼帮风土人情,尤注意于战后复员情况,俾作为著述之资料。"(《国际文化》,《上海文化》第 4 期,1946 年 5 月 1 日)

5 月 1 日　《新民晚报》在上海创刊,经理邓季惺,总主笔赵超构。特约吴稚辉、柳亚子、曹禺等 35 人为长期撰稿人。

是日　上海《新天地》①第 5 期第 8 版刊《大红肚兜与"伪组织"——曹禺"作孽"创始了戏剧检查》(署名方莞)。文讲曹禺《蜕变》出炉上演遭审查的故事。说是《蜕变》"完稿后,大家便兴高采烈的忙上演了,突然官家横加摧残,禁止上演",后"想到了一个方法,便是把《蜕变》预演一次,请主管宣传和管制文化的官儿老爷们来欣赏一下","于是在预演的那一天,官儿们,老爷们都来了",演出结束后,老爷们"良久良久的窃窃私语。最后算是批准了,上演是可以的但是有两点需要删改:第一:比喻那姨太太的'伪组织'不能用"。"第二是士兵感谢丁大夫,而献上一个大红肚兜的礼品一节不能用,那明白的说,是好像有渲染红色之嫌。""酬天谢地,《蜕变》总算是公开的演出了,但从此创始了戏剧检查的制度。"

5 月初　应"东西协会"之邀,与老舍在纽约市政厅演讲。(《在美国的中国文化人》,北平《青年文化》第 2 卷第 1 期,1946 年 10 月 1 日)

5 月 11 日—6 月 2 日　云南省教育厅剧教队在昆明演出曹禺的《雷雨》。导演王旦东,演出者是钟耀群、马金良、吴南山、李文伟、许竹君、洪宗发、赵步颜等。马睿评价说:"这次演出无论从演员阵容还是导演和舞美设计方面,在云南的话剧史上都可以说是首屈一指的。因此,连续演出五六十场,观众场场爆满,至今,文艺界同僚们回忆起那空前绝后的场面,无不声声叫绝。"(《云南现代话剧运动史论稿》第 147 页)

5 月 16 日　重庆《新华日报》刊消息:"剧宣四队将于本月廿三日起上演曹禺剧作《蜕变》。"

5 月 17 日　上海《飘》②第 8 期刊消息《老舍曹禺讲学代价:美方年致十五万供膳宿》:"老舍曹禺二人已经联袂赴美讲学去了。最近,老舍有信致上海的老朋友,曾提及他与曹禺二人在美国讲学的代价,是每年致送酬劳美金十五万元外,并且由美方供给膳宿。"

5 月 20—22 日　重庆《新华日报》连刊剧宣四队即将公演《蜕变》广告,告之:"五月廿三日起"在"抗建堂"上演。

---

①　1946 年 4 月 3 日在上海创刊。周报(每星期三出版)。新天地社编辑,联合杂志公司发行。

②　1946 年 3 月 22 日在上海创刊。周刊(每逢星期五出版)。发行人刘戎波。终刊不详。

5月22日　《新闻周报》^①在上海创刊。本期版刊文《曹禺是张伯苓的高足!》。文及:"据张伯苓说,他平生只有两个得意门生曹禺便是其中之一。"

5月23日　是日起,军委会政治部剧宣四队在重庆抗建堂演出曹禺之名剧《蜕变》,张客导演,舞台监督海风,舞台设计李庶民,剧务葛文华,宣传委员黄鉴、田颂、何北、冯法祀、石岩,演出者兼前台主任魏曼青。蒋超、葛文华、李超、舒模、刘双楫、农中南、张骏声、石岩、赵光佩等参加演出。(《蜕变》广告,重庆《新华日报》,1946年5月23日—6月9日)演至6月9日,"《蜕变》此次演出,对原剧本有好多新的修改及导演上很多精彩的处理,观众连日极踊跃,场场客满。""沙汀、章靳以、何其芳看了……对剧本的删改及每个演员的严肃演出,非常赞赏。"(《文化短波》,同前28、29日)

5月25日　拓荒剧社在北平长安大戏院演出曹禺的《原野》,导演陈方千。7月18日,北农话剧团在建国东堂演出《原野》,导演顾嘉恩,演员顾嘉恩、贾大林、黄悌。(《笑忆青春》第390页)

5月28日　《大光明》周报第13期刊文《曹禺的〈桥〉装置不易》:"曹禺的近著《桥》,已经在陆续发表了,当曹禺在重庆动笔写《桥》的时候,曾带同他的得意门生李恩杰到重庆附近的炼钢厂去参观过,曹禺带李恩杰同行的意义是备咨询而来决定他对于这个戏的舞台设计的。当时李恩杰表示炼钢这样伟大的生产场面,可以负责搬上舞台,所以曹禺也便在剧本中这样写出了。可是这样伟大的场面,在国内将来有几个剧团可能遵从设计去完成便成了问题。尤其难的是灯光,把一块铁炼成钢的过程中,光的变幻不知有多少种,没有参观过炼钢的固难于想象,而参观过炼钢的则将束手而不知所措。"

5月30日　是日起,国立剧专高级职业话剧科在重庆北碚举行第四届毕业公演,剧目为曹禺的《家》。演出者余上沅,导演郭蓝田,舞台设计陈永倞。该班毕业同学贺超影饰鸣凤,王泽资(大虎)饰觉慧,田恺饰觉民,刘川饰克定,田广才饰觉新。(国立剧专高级职业话剧科第四届毕业公演手册)

5月31日　重庆《新华日报》刊叶逸民《谈〈蜕变〉》一文。该文对剧宣四队演出的《蜕变》给与了肯定。

是日　上海《周播》第12期"撷精录"栏刊《美人欢迎老舍曹禺,大师之女如斯'如斯'》一文。

---

① 周刊。编辑:李崇年,发行:大同出版公司。

6 月 1 日　《中国文学》在北平创刊①。从本期开始连载剧本《桥》,至第 1 卷第 3 期载完,剧本未有"第几幕、第几景"字样,只有"《桥》(剧本连载)",第 3 期剧尾注"待续"字样,但之后未再续上。此版本可能是未经曹禺同意而刊的"盗版"。

是日　《宇宙》②第 5 期刊赵景深《记曹禺》一文。文章从曹禺第一个剧本《雷雨》说起,说到他与曹禺的结识。文说:"曹禺很沉静不大说话,说起话来声音很小而且文雅,并且态度谦和。他是我们天津南开的同学,如穆木天、董秋斯、靳以、陈西禾、张采真等都是南开出来的。""对于他的戏剧,我最喜欢《蜕变》。"

是日　《上海文化》第 5 期刊消息:"曹禺名作《雷雨》,经被改变为川剧,在成都演出。改编本计分上下两部二十余场,剧名及人物等仍照原来剧本。"

6 月 7 日　阳翰笙当晚"赴抗建堂看四队所演的《蜕变》。看后异常满意,因为四队这次的演出,已将曹禺原作中的缺点全部改正了。四队朋友们的集体创造的精神,确实值得称佩。"(《阳翰笙日记选》第 461 页)

6 月 8 日　《蜕变》问世以来,一直是个有争议的剧本。是日《新华日报》就剧宣四队修改演出的《蜕变》刊发署名逸民《谈〈蜕变〉的演出》一文。文说:"在这次剧本的删改中,我们很可看到四队删改这剧本痛苦的痕迹。比如梁专员,他虽然被改成一个具有民主作风,愿意听取大家意见,鼓励人(们)揭发贪污及腐败现象,但是,对于专员,仍然总觉得他是'官',只不过是一个难得的官。……至于丁大夫从她在全剧中整个思想的发展,在第四幕对荣誉大队的要求和平民主的讲演,这中间没有必然发展的联系性的存在的,这个讲演,只是为了想使丁大夫与今天的现实相结合而实际上却对丁大夫成了一个补贴上去的东西……"

翌日,《新华日报》发表署名力扬的《我对〈蜕变〉的意见》一文,文说:梁专员这样人物也可能在大后方存在过,但那是特殊的事实,而不是一般的现实。曹禺之错,错在他没有清楚当时政治的现实,他把他底过好的理想,寄托在不可能的形势之中,因此,他的理想成为幻想。力扬就四队的演出本说,删改很多,收效是有的,"但基本上曹禺的错误,却是无法改正过来。如有那样的可能,就必须重写这剧本了。"

6 月 9 日　与老舍在纽约参加张伯苓七十寿辰庆祝活动,并与老舍联名写了一首长篇贺诗《张伯苓先生七十大庆》,诗文题《张伯苓先生七十大庆》发表于 8 月

---

① 月刊。编辑、发行中国文学社。
② 1945 年 11 月 10 日在上海创刊。月刊。编辑人徐慧棠、沈毓刚,发行人冯葆善,发行所环球书报社。

《伉俪月刊》①第 1 年第 3 期。

关于祝寿,据消息称:"六月九日,为南开大学校长张伯苓七十寿辰,纽约南大校友七十余人举行庆祝会,张氏发表演说……"(《国际文化》,《上海文化》第 6 期,1946 年 7 月 1 日)

6 月 11 日　《上海特写》②第 4 期刊消息《八块头牌〈雷雨〉再度出笼》。说是"今年剧坛上生意最好的戏首推石挥韩非等演出的《雷雨》",八块头牌"最近期中还预备再演一次","下个月八九日,《雷雨》就可以再度与观众见面了。"

6 月 14、15 日　国立剧专在重庆北碚儿童福利所举行第 84 届毕业公演,演出剧目为曹禺的《蜕变》。演出者余上沅,导演蔡松龄,设计陈永倞。(《蜕变》秩序单)

6 月 17 日　《上海文化》月刊举办"战时战后文艺检讨座谈会"。出席者:郭沫若、郑振铎、夏衍、李健吾、赵景深、萧乾、江禄煜、郭天闻、孙德镇。郭沫若最先发言,夏衍次之。夏衍说:"抗战以来,文艺界的活动大概可分成二个阶段:第一阶段,自八一三抗战初起至武汉撤退为止……文艺工作者对国家前途,都充满着很大的希望。试以曹禺为例,他在抗战前完成的作品,如雷雨、日出、原野等,均不涉及政治问题;但在抗战初期,他写成了《蜕变》,观该剧内容,即可见其对国家前途充满希望。"(《战时战后文艺检讨座谈会》,《上海文化》第 6 期,1946 年 7 月 1 日)

6 月 20 日　《今日电影》刊消息《曹禺与老舍捐资建剧场》:"曹禺,老舍,赴美讲学,每年薪俸为三十余万美金,近闻二氏,拟将薪俸之半,寄回祖国,修建剧院,则今后剧运之困难,可获解决。"

6 月 29 日　上海《申报》刊《日出》公演广告。告之:"辣斐后夜八时隆重献演"。

是月　与老舍于"六月中曾在芝加哥稍作勾留,以后就去科洛拉多州的丹佛尔大学参与小剧场节目社会研究会议"。(《记老舍与曹禺》)

是月　与老舍在美国加州伯克利大学讲学,并与牛满江、陈世骧及夫人、汉斯等合影。(《曹禺》画册第 43 页)

是月　《文化建设论丛》第 1 辑刊曹禺《戏剧与青年教育》一文。文说:"我们现在的戏剧为话剧,所谓话剧,重要的当然是剧中有话说,如果没有说话,那就不成其为话剧,所以求话剧对于青年教育有好的影响。一定要好的对话。"

---

① 1946 年 6 月在上海创刊。月刊。顾问编辑严讷厂、俞庆棠,编辑吴好好,发行人郭芝萍。发行所伉俪月刊社。

② 1946 年 5 月 21 日在上海创刊。周报(每逢星期二出版)。大同出版公司发行。

是月　《雷雨》越文版出版,邓台梅[①]译,河内大众印刷馆。

7 月 1 日　在纽约市政厅的讲演《现代中国戏剧》在美国《国家建设杂志》发表。

7 月 2 日　是日起,生活剧团在上海辣斐剧场上演《日出》。集体导演,演出者何文祥。演员阵容欧阳莎菲饰陈白露,徐立饰方达生,陈述、苏明、于飞饰张乔治,周起、徐莘圆饰潘月亭,严俊,汪漪饰小东西,仓□秋饰顾八奶奶,郭平饰胡四,崔超明饰黑三,屠光启饰李石清,杨柳饰李太太,杨志卿饰黄省三,路珊翠喜,陶由饰小顺子。纪念"七七"停演一天,演至 29 日又"续演三场",至 31 日演毕。(《日出》广告,上海《申报》,1946 年 6 月 29 日—7 月 31 日)关于这次演出,有媒体报说,系屠光启"约了一些新旧影剧人"合演的,"在未公演之前,因为原著者及驻沪代理人之坚决反对,曾一度发生搁浅,后来经屠光启再三奔走托人说项,一切条件都可答应,戏才算演出"。(《欧阳莎菲特肉诱惑屠光启在沪演〈日出〉打秋风》广告,北平《一四七画报》第 5 卷第 5 期,1946 年 8 月 4 日)

7 月 7 日　剧作者联谊会召开紧急会议,讨论屠光启擅自演出《日出》一事。据报道:"屠光启未征得剧作者曹禺之同意,而在辣斐演出《日出》,张骏祥曾以代权人资格请端木恺律师登启事于《大公报》,声明要屠光启负责妨碍权益的法律责任。剧作者联谊会七月七日召开紧急会议,讨论屠光启不顾剧作者上演权演出《日出》事。到各剧作家有吴祖光、李健吾、张骏祥、史东山、凤子、于伶、李之华等。"(《上海文化》,《上海文化》第 7 期,1946 年 8 月 1 日)

此事另有小报载:"屠光启的《日出》,因为张骏祥指出几个明星不能演戏而起了纠纷。于是张骏祥请了端木恺律师,屠光启请了马君硕律师,准备打官司,大家法庭相见。""据屠光启的律师马君硕说:官司可以稳赢的。因为,张骏祥是曹禺代理人,他既然提出了要抽百分之七的编剧税,当然已经允许剧本上演。而不论如何,他是没有权力来顾问演员阵容的,而妨碍演出。""同时张骏祥要控告屠光启附逆,屠已将吴绍澍批准之证明十二导演为地下工作的文件,摄成的照片,如果张以此起诉,将反告张诬告罪,而要求赔偿费(律师公费及广告费)七十万元。"(《屠光启吃瘪张骏祥》,《星光》新 2 号,1946 年 7 月 20 日)

---

①　邓台梅(1902—1984)是越南当代著名的文学家、文艺评论家、翻译家和汉学家。他编著的有关中国作家作品的著作主要有《鲁迅——文艺身世》(1944 年)、《中国现代文学中的杂文》(1944)、《中国现代文学简史》(1958)等;他译介的中国文学作品有《阿 Q 正传》、《孔乙己》、《祝福》、《雷雨》、《日出》、《阿诗玛》等。从 1943 年开始,邓台梅把《雷雨》翻译成越南语,这个译本在越南《Thanhnghi》杂志上从 77 期到 99 期(1943—1944)连载。到 1945 年邓台梅已经把其整理好并出版成书(河内大众印刷馆,1946 年 6 月第 1 版)。(转自胡如奎:《曹禺在越南》)

7月9日　　上海《申报》刊登兰心戏院公演《雷雨》广告。告之："后天八时献演。"

7月11—25日　　上海八大明星在兰心大戏院演出《雷雨》。导演唐槐秋。石挥饰鲁贵，沈敏饰四凤，白穆饰鲁大海，韩非饰周冲，罗兰饰繁漪，张伐饰周萍，唐槐秋饰周朴园，沈浩饰鲁妈。(《雷雨》广告，上海《申报》，1946年7月9—15日)连演15天，21场。这次演出"生意依旧好得热昏"。据小报载，说是"中旅"在"上海已无地盘"，唐槐秋"晚境殊为可怜"。石挥与在上海的田汉、洪深等"会晤"，"乃有发起为'中旅'义演之举"，"预备演的仍是《雷雨》""'中旅'的成名作"。邀唐槐秋出演周朴园，"并担任导演之职"。据说"参加演出的演员，均是'中旅'的旧部。内定石挥演鲁贵，蓝马演周朴园，白杨演四凤，赵丹演周萍，赵慧深演繁漪，舒绣文演鲁妈，陶金演鲁大海。阵容极为坚强，完全头牌会串。而导演或许将由洪深及田汉两人合作担任"。(《白杨·石挥·赵丹·蓝马义演〈雷雨〉——救济唐老头子》，《星光》新1号，1946年7月13日；《十五天〈雷雨〉每人三百万》，《海涛》周报第20期，1946年7月18日)

本时期　　沈阳亦在演出《雷雨》。据报载，演出是"打着上海中华旅行剧团大招牌，是由几个落伍明星徐风、蒙纳、李景波等担任主持的"。演出阵容，徐风饰周朴园，蒙纳饰鲁妈，李景波饰鲁贵，沙娜饰四凤，董梅饰繁漪，高强饰周萍，李兰饰周冲，陈岳男饰鲁大海。(《徐风蒙纳沈阳演〈雷雨〉》，《星光》新4号，1946年8月3日)

7月13日　　《星光》新1号在上海创刊。本期刊消息《〈日出〉赚钱屠光启严俊闹意见》。说是"《日出》在拉斐上演以来，生意极盛，每场客满，大约可卖一百五十余万"，作为"老板"的屠光启，分配"不分高下"，还"对大家叹苦经"，"卖一百二十五万才够本"。演员有意见，"能否继续演出，尚不得而知了"。为解决"纠纷"，屠光启只好"拉出了徐欣夫，向大家打招呼，招待茶点，报告收入账目和开支"。(《解决〈日出〉纠纷屠光启请客》，《星光》新2号，1946年7月20日)

7月18日　　上海《海涛》第20期刊消息《北平伶人演话剧——〈日出〉不见陈白露》："北平朋友来信，谈到故都近来游艺界不景气之结果，乃创出新花样，来个'伶人与电台歌手联合大反串'反串的是话剧《日出》，《日出》是曹禺的成功作，他们也照着曹禺剧本演，但是却把他割了头，截了脚，单留'红烧中段'，专演《日出》第三幕，似乎有点胡闹，谁知连演三场，居然场场客满，可见噱头在北平也照样吃得开。这个大反串的角色是坤伶翔云燕的翠喜，乾旦陈永玲的方达生，相声大王侯宝林的福升，女伶周素英的小东西，滑稽相声家高德明的小顺子，伶人阎世善的胡四，火燧倒是火燧，外加一般平常看惯这些人旧剧和聆惯他们播音的人，都想看看反串话剧到底怎样？以及一部分话剧迷好奇心的驱使，所以他们在'长安'，'中和'的先后演出,收获都甚可观,只是挨的骂也不轻,小报上攻击这种割裂剧本的做法说,'《日出》专演第三幕是铁公鸡专唱三本的故智',话剧人也说'《日出》不要陈白露真是闻所未闻,此风一开,将使曹禺剧本断章取义,体无完肤,结果将成话剧之劫了'。我想目下屠光启在拉斐上演《日出》,张骏祥已为剧本问题和他捣蛋,像北平伶人这样割裂剧本,不知张先生是否将以曹禺代理人资格提出抗议也?"

7 月 21 日 中华文协总会在上海举行"李公朴、闻一多追悼会",曹禺与张骏祥、白杨联名撰写挽联:

　　挽李公朴闻一多

　　　　七月十一,七月十五,国人谁不感耻辱,民主必争,民主必存,先生你大可放心。

（转自景常春:《近现代名人对联辑注》第 605 页）

关于这次会议,据文述:"为了李公朴、闻一多两先生的被暗杀,中华文艺协会总会,特于七月二十一日开了一个临时大会,到会的有郭沫若、茅盾、叶圣陶……徐迟、郭绍虞等先生及各报记者五十余人。"会上,"茅盾先生说:'……各地分会都可进行宣传工作,开追悼会。还请在美国的老舍、曹禺两先生对这暗杀案公开的演讲,使美国人知道。'冯雪峰先生也表示暗杀的武器是来自美国,必须请老舍、曹禺在美国进行宣传。白薇并建议委托在美国的杨刚来做更广泛的宣传"。(《中华文协总会为李闻血案召开大会》,《李公朴纪念文集》第 93 页)

7 月 23 日 《上海特写》第 8 期刊张古愚《请少胡调〈雷雨〉是上选剧本吗?》一文。作者看过《雷雨》剧本后,认为这部作品有错,而且是"错处谁都不能否认的"。理由是剧中人物年龄有错,他的说法是:"假说侍萍第一年养周萍,第二年生鲁贵,生鲁贵那年,她因周朴园娶蘩漪而被逐,三十年后,周萍该三十一岁,鲁贵该三十岁,蘩漪在生周冲后即和周萍通奸,周冲追求四凤假说是十六岁的话,那么周萍与其晚娘蘩漪,发生暧昧,当已阅十五六年,故事上周冲追求四凤之时,蘩漪年纪是三十多岁,嫁了周朴园三十年,她还只有三十多岁吗? 大概是年纪活到狗身上去了。"

7 月 28 日 宁波《时事公报》第 3 版刊专载《访美文人志:老舍与曹禺》。8 月 1 日《上海文化》题《记老舍与曹禺》刊发。

是月 韩国乐浪剧会在汉城(今首尔)演出曹禺的《雷雨》。李署乡导演,主要演员有:黄澈、文贞福、俞庆爱、金东园等。观众有大约有 7 万 5 千名左右。(《曹禺剧作在韩国》)

8 月 1 日 《上海文化》第 7 期刊署名"资料室"的《记老舍与曹禺》,介绍了二位作家的生平及在美的一些情况。本期"中国文化"栏刊消息:"《日出》在天津,专门演出第三幕;而且男女反串。据说唐若青演胡四,黑三反串小东西,大茶壶演翠喜。——战前'中旅'演出《日出》时,抽去第三幕,曹禺认为挖了他底心。今日复听了此种消息,不知又如何?""金山在长春拟上演曹禺之《蜕变》,苦于人才难得,正多方设法'邀角'中。导演由金山自任,并可能由彼自己扮演梁专员一角。"本期"国际文化"栏刊消息:"曹禺之《北京人》最近期内将在美国西部某城演出,曹禺将亲往参加指导。"

是日 上海《申报》刊登辣斐剧场公演《雷雨》广告。

8月2—4日 上海辣斐剧场演出《雷雨》。系无演出团体、无名演员的临时演出。(《雷雨》广告,上海《申报》,1946 年 8 月 2—4 日)

8月4日 上海《国际新闻画报》第 50 期刊方守谦《美国人眼中之老舍与曹禺》一文,随文配曹禺出国前与蔡极(国立剧专第一届毕业生,时任东南日报采访部主任)、罗明(时任《中央日报》副刊编辑)、方守谦(前演剧第三队队长)合影一幅。

8月5日 成都《时代电影》①新第 1 卷第 18 期刊消息《〈原野〉上演沙利文》:"中国胜利剧社之《原野》一剧,决定八月三日公演。由吴景平导演,吴氏夫人裘萍小姐新自沪返蓉亦参加该剧演出担任金子一角,焦大星则由吴氏自任,张立德饰常五,郑庆榕饰仇虎,莫光饰白傻子,焦大妈由洪纬担任……"

8月15日 成都《时代电影》新第 1 卷第 19 期刊报道《我国第一部五彩片将在美国拍制》,文后署"本刊顾问曹禺自美寄"。文说:

孙瑜到美国去已经好久,去的目的是采办一切关于摄制影片的机械,他的后台支援者是郑应时,郑应时在抗战八年中经商得法,发了财,电影是他老本行,也还有兴趣干,而且预备拍五彩片,恰巧孙瑜准备出国,赴美考察电影事业,郑应时于是授权于孙瑜,托他采办一切机械。

和孙瑜同行有女演员黎莉莉,摄影师王士珍,当然他还带了一笔数目不小的款子去。

孙瑜到了美国,到了好莱坞以后,打了一个电报给郑应时,提出一个意见:索性在好莱坞拍一部五彩片他日和机械一同带回中国,这样,也可以借此机会在好莱坞实习一下。

这计划在郑应时当然是绝对赞成。

于是,孙瑜在好莱坞导演五彩片的工作便开始了! 剧本自己编写,女主角

---

① 1945 年 12 月在成都创刊。半月刊。主编:范畋,发行人:万绍烈。时代电影社出版。曾作为《成都周刊》副刊发行。

有现成的黎莉莉,其他演员在好莱坞找,自然,中国留美影星陆锡麒是会出力帮忙的。

摄影由王士珍担任,而黄宗霑在好莱坞,可以请益。

这一部片子,资本额是八万美金,郑应时负责三分之一,其余三分之二有资本家投资。

8 月 27 日　《温州日报》副刊"笔阵"专辟《雷雨》公演特刊,刊发文章《〈雷雨〉——一个将搬上永嘉舞台的剧本》(鹿君)、《有望于星火剧团同志们》(木胥)、《谈永嘉剧运》(浩茹)、《夏季多雷》(欲南)、《星火剧团来温演出的意义》(海薇)。(《曹禺剧作在温州》)

8 月 28—30 日　乐清星火剧团由团长周起敏率团到温州,并和当地部分知名演员鲁林杰(现著名作家林斤澜)谷玉叶夫妇、刘光新、朱昭东、陈文楚等,在三宫殿巷原温州大戏院联合演出《雷雨》。导演董辛名(特邀)。刘光新饰周朴园、陈文楚饰蘩漪、林斤澜饰周萍、刘余松饰周冲、周其名饰鲁贵、陈朱廉饰鲁侍萍、朱昭东饰鲁大海、谷玉叶饰四凤、赵宏村饰周宅仆人。(同前)

8 月 29 日—9 月 11 日　顾兰君、顾也鲁、严俊、杨志卿等在苏州金星剧场联合演出"曹禺之《雷雨》",演员阵容严俊饰鲁贵,文琪饰四凤,张翯饰鲁大海,静波饰周冲,梅邨饰繁漪,顾也鲁饰周萍,杨志卿饰周朴园,顾兰君饰鲁侍萍,吴迥饰仆人甲,吕钧饰仆人乙。这次演出"成绩非常良好",成功是"因为戏是'名剧'兼之阵容又如此坚硬之故"。还有舒适客串《雷雨》中周朴园"故事。(《苏州最近影剧消息》,《戏报》第 27 期,1946 年 8 月 29 日;《金星〈雷雨〉演出成功!!》,《戏报》第 28 期,1946 年 9 月 6 日)

是月　《文艺时代》第 1 卷第 3 期(8 月号)"文艺界杂录"刊消息《老舍曹禺欢送会》。

9 月 1 日　《上海文化》第 8 期"上海文化"栏刊消息:大公报驻美特派员杨刚女士近函上海友人:"老舍曹禺二位尚在云游之中,老舍拿到了几万元美金的版税,又编了戏要上演。九月或十月要到纽约来写一剧叫洋人翻译演出。听说还要到英国去,目前即将去加拿大。曹则似很牢骚,说此地绝无灵感之可言。……"

9 月 21 日　由"中电剧团"及"苦干剧团"新组之"观众演出公司","于九月廿一日起第一炮演出《清宫外史》"。该演出公司系"经张骏祥、李健吾、黄佐临、曹禺等合资另行组织",基本演员由"中电""苦干"中遴选。(《上海文化》,《上海文化》第 9 期,1946 年 10 月 1 日)据张家浩回忆:"中电剧团,解放后(抗战胜利)同苦干剧团合并,组成了上海观众演出公司,是地下党搞的,黄佐临、刘厚生都在这里,万先生是理事,还有张骏祥、孙浩然。组织公司时,他们都拿出钱来,大概每人 100 元,作演出费。成立后,演出了《北京人》,由刘厚生同志导演。我是万先生的代理人,我的助手是陈忠豪,他是小报记者,万先生自己不管。我们演万先生的戏,不要拿演出税,随便演,不用付他费用,这是对我们的支持。那么多人,没有万先生他们,大家就要失业了。张骏祥又排了《女人与和平》……总之,万先生对他的学生很支持。"

(《苦闷的灵魂——曹禺访谈录》第230页)

9月28日 重庆文艺界为响应"美军退出中国"运动举行座谈会,到会聂绀弩、李文钊、沈起予、艾芜……吴似鹏、吴视等人,会议"最后全体决议发表四个文件:(一)否决安理会代表同意美军驻华的意见书;(二)给美国人民公开信;(三)给美国作家公开信;(四)给全国人民公开信。"(《全国人民拿出力量来制止美国干涉我内政,渝文艺界响应"退出中国"运动》,重庆《新华日报》,1946年9月30日) 关于会议最后"决议",据《人民日报》刊:"渝市文艺界沈起予、力扬、艾芜等五十余人,于上月廿九日集会,响应'美军退出中国'运动。……最后由力扬总结大家意见:一、公开宣言否认安理会中国代表的意见是代表中国人民的意见,中国人民一致要求美军退出中国;二、致书美国作家及旅美文协会员曹禺、老舍,表达中国作家的意见;三、劝告电影院不放美国片,推广抵制美货运动;四、加强各报副刊内容,从文艺上反映人民要求美军退出中国的意见。"(《重庆文艺界,要求驱逐美军出中国》,《人民日报》,1946年10月20日)

9月29日 重庆《时代》①第16期"文化圈"刊消息:老舍曹禺在美,常到各处观光,月前曾同赴好莱坞,参观了这"世界银都"。

是月 华迎春、金云霞在北京广德楼演出根据曹禺同名话剧改编的评剧《雷雨》。(《民国戏曲史年谱1912—1949》第279页)

10月1日 《上海文化》第9期"中国文化"栏刊消息:"老舍于到美后,即周游各地考察讲学,据其最近函沪友,已应加拿大方面之约,前去考察讲学,曹禺则仍滞美。"

是日 《文潮月刊》第1卷第6期《文坛一月讯》刊消息:"曹禺及老舍致函其国内友人称:曹禺年内回国。老舍尚欲赴英伦。"

是日 北平《青年文化》②第2卷第1期刊署名"社"的《在美国的中国文化人》,讲在美的老舍、曹禺、林语堂、张伯苓、张平群等人的情况。文说:"几个月来,纽约华人中的新闻人物是老舍及曹禺,这两位作家应美国国务院文化关系处之邀,来美

---

① 1946年4月在重庆创刊。周刊。编辑兼发行者:时代周刊社。
② 1945年10月1日在北平创刊。半月刊。编辑者:青年文化杂志社。印刷兼发行者:青年文化杂志社。

视察,先在华盛顿报到,然后到纽约。纽约是美国的文化城,是出版业的中心,如今来了两位中国作家,自然会引起文化界的注意。"

10 月 5 日　上海《海燕》①第 4 期第 9 版刊文《曹禺身上一只老虫》(署名雯茜),讲曹禺"怕鼠"的故事。

10 月 12 日　上海《文饭》第 27 期刊消息《老舍曹禺在美国苦闷》(署名"公"):"老舍曹禺赴美讲学,已将半年,顷据曹禺来信致上海友人,说在美心情至为苦闷,亟思返国,一时又不易成行,并道及老舍,称渠尚能逆来顺受。细味其语大堪玩味。二人既系受聘而去,度必受盛大欢迎,何事苦闷若斯,竟欲早作归计? 何事而须逆来顺受? 生而不幸为今日之中国人,余为两氏悲。"

是月　《中学生》杂志增刊《战争与和平》由开明书店初版。内刊茅盾《抗战文艺运动概略》一文。对于当时国民党当局查禁进步书籍,他谈到:"《蜕变》之被查禁,就充分说明了检查的标准是什么。《蜕变》是颂扬好人的。它颂扬了一位'富贵不能淫,威武不能屈'的医生,也颂扬了一位实事求是,真能埋头苦干的专员。《蜕变》也抨击坏人。它所抨击的坏人甚至还不是官吏。但是它经过检察官的删节以后演不了几场终于又被暗地禁止了。为什么? 据说是因为那位专员叫人想到了在敌后坚持抗战的英雄。然而《蜕变》还是沾了出世较早(一九三九年)的便宜。其时检查制度虽已建立,检察官的"经验"则尚未丰富——就是也还不像后来那样神经过敏。一九四○年后,像《蜕变》那样现实性的作品根本就少有出世的可能。"(转自茅盾:《茅盾文艺杂论集(下集)》第 1186、1187 页)

11 月 1 日　《上海文化》第 10 期"中国文化"栏刊消息:"宁波现有剧团警钟、艺术、群岛、孤星、春风等。艺术曾演夏衍的《芳草天涯》,群岛曾演曹禺的《蜕变》与《雷雨》,春风曾演陈白尘的《升官图》。"本期"国际文化"栏刊消息:"曹禺老舍游好莱坞时,华纳公司特为之摄新闻短片一张,现该片在全美各影院放映中。"

11 月 3、4 日　上海《申报》刊登辣斐剧场星期剧团演出《北京人》广告。

11 月 4—6 日　为筹募基金,台北市外勤记者联谊会在台北中山堂演出曹禺名著《雷雨》。导演蔡获。后应邀于是月 25—28 日到台中演出。(《上海文化》第 11 期第 9 页,1946 年 12 月 1 日;徐亚湘:《进步文艺的示范:战后初期曹禺剧作台湾演出史探析》)

11 月 10 日　国立四川大学"校庆暨迎新游艺会"演出话剧《北京人》,导演萧锡荃。(《〈北京人〉观后记》,《川大校刊》第 15 卷第 7 期,1946 年)

11 月 10—20 日　演剧二队、天鸥剧团联合在北京建国东堂公演《北京人》,导

---

① 　1946 年 9 月 30 日在上海创刊。周刊(每逢星期五出版)。建华文化图书公司发行。

演马彦祥。(《笑忆青春》第 391 页)

11 月 15、16 日　上海美艺实验剧团在兰心大戏院演出《原野》。导演仲夏。(《美艺上演〈原野〉》,《上海特写》第 24 期,1946 年 11 月 16 日)

11 月 20 日　上海《申报》刊登上海美艺实验剧团公演《原野》广告及"启事"。"启事"称:"本团十五十六日于兰心大戏院公演《原野》,承各界人士踊跃光临本团不胜荣幸,只因场期有限,座位不敷,以致多数观众均未向隅,本团深引为憾,惟避免拥挤起见,特再假座鑫记大舞台继续献演。凡持有十五十六两日票券者请予以保留,廿二廿三两日下午二时仍照常通用。敬希。各界注意。"

11 月 22、23 日　越南兰花话剧团假座河内市立大戏院公演《雷雨》。"均是每场客满,极得越南观众赞扬。"(《越南点滴》,重庆《新华日报》,1946 年 12 月 5 日)

11 月 26 日　《中外春秋》①新第 9 期刊《叶浅予夫妇在美比曹禺老舍有办法》。说是叶浅予夫妇到美后"很受欢迎",尤其是戴爱莲的"西藏古舞",美国人"瞧见了很是喜欢"。因而,曹禺老舍"不及他们夫妇","因为他们比文学家有办法,将来返国,行囊中贮的都是美钞。"

12 月 1 日　上海《秋海棠》②第 20 期刊消息《范雪君③编〈雷雨〉》。说:"范雪君日来正在埋首改编《雷雨》为弹词,脱稿日期已不远,此后也拟改编《王昭君》,《日出》和《原野》,她是今日弹词界的革命者,将为弹词另辟一条新生的路径。"

是日　《上海文化》第 11 期"国际文化"载:"曹禺曾一度赴好莱坞参观,现仍回至纽约百老汇。"

是日　《家庭》第 13 卷第 4 期刊署名"清和"《访美文人:老舍与曹禺》一文。该文与《时事公报》所载同。

12 月 5 日　天津《大公报》刊《琐记曹禺》。文中辑录了曹禺的几件轶事,诸如"老鼠"、"洗澡"等故事。

12 月 9 日　上海《文汇报》副刊"浮世绘"刊消息《曹禺返国有期,老舍否认原子谈话》。文说:"曹禺老舍去美国讲学,将近一年,报间偶记彼等行踪,皆略而不详。……至于曹禺,到美之后,时有信札寄国内友好如佐临张骏祥等,据闻在美生活,不甚惬意,遇上问及中国政治问题,尤为奇窘,最近决定将于年内取道返国。"

12 月 22 日　上海《秋海棠》第 23 期刊署名李苓的《曹禺二三事》。一事为,曹

---

①　1946 年 8 月 23 日在上海复刊。周报(每逢星期五出版)。生生出版公司发行。
②　1946 年 5 月 5 日在上海创刊。周报(每逢星期日出版)。
③　范雪君系红遍江南的"弹词皇后"。

禺"左耳后侧,比别人多生了一个小肉球",被称为"曹禺灵感的源泉"。"每当文思欠畅或是碰到什么伤脑筋而不易解决的问题时",就用手"捏住了那个小肉球,两眼出神地向斜上方凝视,只要轻轻地几下捏过,马上什么问题都解决了"。二事为,曹禺"对读书有特殊的癖爱"。"有时,连走在大路上,也会捧着书本边走边读",看到"最精彩的地方",还会"站在大路中间停住了",引起路人"围观",待发觉被围,便"微笑着走了开去"。三事为,曹禺在生活中"迷糊"。在剧校时,一个冬日,上"编剧课","很不舒服",无法继续授课,后知,棉袍内藏"鼠",全是老鼠惹的祸。四事为,曹禺会友,返家时,朋友命"仆人"陪同,到家后,曹禺给仆人赏钱,便"在口袋里掏出来了一张票子","递给了那仆人",次日,"曹禺发现身上丢了一张账单,到处乱找,急得要命。但不久,他又恍然大悟,原来昨天晚上"将账单"误为钞票而赏给那仆人了"。

是年   在美国期间到各地讲学、参观。据蠡芳撰述:"他曾经在耶鲁大学、哥伦比亚大学、支(芝)加哥大学、华盛顿大学、天主教大学、克伦多大学等,讲述过关于中国近代演剧运动的情形,凡是比较有名望的学校,他都去演讲过,并在纽约市政厅等,作公开演讲,和一般美国人取得的非常密切的接触。""演剧的中心在百老汇,电影中心在好莱坞,所以他在那里留下来的时间也最为长久,不但看了许多戏,许多电影,并且还参观了他们的拍戏与排戏,常常逗留在摄影场与剧场里面。""他也曾经与当代著名的作家如柏吐尔德鲍尔克特、马克斯威尔安德生、守望莱茵河的作者丽琳海尔曼、新任《剧场艺术》的主编罗斯芒德吉尔德,及赛珍珠……等相见,并且他们谈得很多,自然的结成了密切的友谊……在演员方面,他和海伦海斯、卡塞珍考耐尔、雷蒙玛赛、蓓蒂黛维丝、考尔门、约翰迦菲尔等都相见过,他们并且为他举行了私人的酒会,兴高采烈地欢迎我们的戏剧使者。英格丽·褒曼,是我们大家都喜欢的演员,曹禺先生见过她,并且看了她演出的《贞德》,她的演技,使他不绝的赞赏。自然,我们不能忘了,还有一位著名剧作家是曹禺先生所最佩服的,那就是奥尼尔,可惜奥尼尔因为正在病中,使他不能去亲自访问;只是他看见了奥尼尔的新作《送冰的人》在百老汇的演出,使他稍微补足了这方面的缺憾……"(《由美归国的曹禺先生》)

其间,加拿大政府曾邀请老舍和曹禺去加拿大参观游览了一个月。据曹禺说:"我们到加拿大,受到了欢迎,加拿大报纸载文介绍和欢迎我们。"(《老舍在美国——曹禺访问记》)

其间,与老舍到新墨西哥州。据曹禺说:"我们曾到过美国西南部分毗邻墨西哥的地方——新墨西哥,这里居住着印地安人。这里是专为土著人圈设的'保留地'。呈现在我们面前的是一片荒凉、凄惨景象,当时正是赤日炎炎,而周围却看不到一点绿色。我和老舍下了汽车,围拢来一大群土著人的红孩子,他们举着自制的土陶器向我们兜售、叫卖。我们看了心里很难受。在美国贫富悬殊太大了。这一幕情景我们长久不能忘怀。老舍和我常谈起美国的起源,说它有进步的一面,同时有掠夺,有残酷的压榨。我们不仅看到新墨西哥的'保留地'杂拢在一起的被奴役的印地安人,有色人种,而且在美国各地都有民族歧视。在华盛顿,有一家大饭店,门口写着'禁止黑人进餐'的牌子,那次是我们请黑人作家吃便饭,我们不能进去,老舍和我非常愤慨。"(同前)

年底,美国的种族歧视使曹禺感到反感和厌恶,他和老舍也遭到某种程度的歧视。"我对美国那种资本主义民主文明感到不是那么回事情,那种社会制度是没有前途的,对国民党驻美大使,还有领事馆那些官僚作风讨厌之极。闻一多先生之死,更使我内心痛苦。"由于思乡,他常听莫扎特和巴赫的唱片,或者坐在酒吧间里喝酒。终于,他编造了母亲染疾的借口,离开了美国。(《戏剧家曹禺》)

是年 在国立剧专任教的吴仞之应约到南京中国万岁剧团排练《蜕变》,向培良企图把《蜕变》改成"勘乱戏",提出梁专员应穿戴国民党军服。这样,剧中发生的战争就可被解释为"剿共"。吴仞之推托曹禺原作不便更改把他挡了回去。(《导演艺术家吴仞之评传》、《中国话剧艺术家传》第4辑)

是年 在上海结识黄裳先生。据黄裳回忆:"记得是一九四六年在霞飞坊巴金家里我第一次看见曹禺。他是我爱重的剧作家和前辈。他在南开中学搞演剧活动还在我走进这个学校的六七年以前。一九四六年他好像正在导演他自己写的电影《艳阳天》,剧本同时也在文化生活出版社出版。我得到了一册签名本,顺便又请他写字。这就是写在诗笺上的'海内存知己,天涯若比邻。'两句诗。我不知道他为什么写下了这两句,也许是他在哪个剧本前面时'献辞'吧,但确也能形象地写出了他的为人。他似乎是可以随时和随便谁都立即成为极熟的朋友那样天真的人。这当然只是我从表面取得的认识。可以作为例证的是有一次在上海大光明电影院门口的经验。那是一部有名的美国西部片的首映日。片名被译成了《三叉口》。散场后在影院门口的人潮中碰到了。我问他片子怎么样?他说好,很好,同时还作出了好像只有一个中学生才能做出来的表情动作。这使我很吃惊并留下了至今不能忘记的印象。我想,曹禺真是混身充满着青春活力的人啊!

"当时我们没有什么私人的来往,也不怎么清楚他的生活情况。只从朋友们的谈话里听说他作电影导演并不如意。我想这是很自然的。一个大剧作家为什么要去当导演呢?有时偶然在咖啡馆中相遇,也只是遥遥地招呼一下。有两次我看见他陪了一位女性同坐。那是只有在北京的来今雨轩和天津的起士林座上才能见到的一位女性①。这使我一下子就想起了《北京人》。"（《珠还记幸》第221—223页）

是年　广东潮安县救济院排演曹禺的《雷雨》。潮安县立一中校庆时，在潮城光华戏院公演《北京人》，导演程祥，布景绘制郑茂熙，师生参加演出。该校曾上演程祥执导的《日出》。（《广东话剧运动史料集》第3集第126页）

---

①　来今雨轩，坐落在中山公园内东侧。始建于1915年，是北京的一处著名老茶馆，迄今已有90余年的历史。五四运动前后，新文化新思潮猛烈冲击着旧北京，思想解放带来了政治空气变化，来今雨轩成为当时进步人士品茗畅谈的理想场所。解放以后，来今雨轩进行了扩建，经营面积增大，成为游人喜爱的小憩场所，同时另辟有海内外旅游者使用的餐厅。来今雨轩的旧匾系民国时期总统徐世昌所书，现仍悬挂在店堂的二门上，大门上高悬的新匾为赵朴初所题。

起士林（西餐厅），位于天津和平区小白楼界地，浙江路与开封道交会口北侧（原英租界）。占地1.78亩，建筑面积6 173平方米。1901年建（也有说是1908年），因由德国人阿尔伯特·起士林开办故名。原址在解放北路彰德道口东侧，1942年迁今址。1948年改称维格多利。1949年复原名，后多次易名，1974年改起士林西餐大饭店。这是德式西餐在中国开办的第一家西餐店。后在北戴河、上海亦开店。

由上可见，这两个去处，非平民所至之处。黄裳先生所见"一位女性"，应指时与曹禺同居的方瑞。曹禺写《北京人》时期，确与方瑞有关。《北京人》中的愫芳，有着方瑞的影子。

又，二位见面时间应是曹禺赴美前。曹禺导演《艳阳天》是1948年，这里黄裳先生回忆似有误。

1947年(民国三十六年)　三十八岁

2月27日,国民政府先后通知中共驻上海、南京、重庆等地谈判联络代表全部撤离,宣布国共谈判完全破裂。28日,周恩来致函蒋介石,指出蒋介石要负责国共谈判破裂的责任。

4月16日,国民政府将"中电"①改组为中央电影企业股份有限公司,登记招股,成立董事会。董事会设在原中华影片公司管理处(今上海戏剧学院),董事长张道藩,总经理罗学濂。总管理处设在原中华影片公司发行处(上海江西中路汉弥尔登大厦)。

5月20日,南京、上海、苏州、杭州、天津、北平等地学生举行"反饥饿、反内战、反迫害"的群众游行,国民党当局采取暴力镇压。"五·二〇运动"的发展,以学生为中心形成了人民革命的第二条战线。

1月1日　《文潮月刊》第2卷第3期(新年号)"文坛一月讯"刊消息:"剧作家曹禺前应美国国务院之聘,赴美讲学,现已于纽约启程返国,预计本月当可抵沪,在沪友好闻讯,正筹备欢迎。"

是日起　蜜蜂剧团在天津南市"燕乐"公演曹禺的《日出》。演员有马时今,张瞳,江帆,东方吟虹等,并"特约周刍(楚)和林默予参加客串"。(《一九四七年的天津剧坛》,《综艺》第1卷第1期,1948年1月1日)

1月1—3日　文化交流剧社在台湾省立师范学院大礼堂演出《日出》。(《进步文艺的示范:战后初期曹禺剧作台湾演出史探析》)

1月15日　《上海文化》第12期"中国文化"栏刊消息:"上海话剧界不景气,剧宣二队在北平则破走运,马彦祥导演之《北京人》,竟因卖座太盛而于报端刊出如下广告:'看过的人务请不要再看。'以便留出余座供给向隅者。"本期"国际文化"栏刊

---

① "中电"原称中央电影摄影场,是国民党"中央宣传委员会"的一个官方电影机构。1932年5月,"中央宣传委员会""文艺科"下设"电影股",除审查电影剧本和影片、调查影片公司及影院外,也拍新闻片。1933年10月,扩大"电影股",并划归"中央宣传委员会"直接领导,在南京正式成立中央电影摄影场,后来简称"中电"。

消息:"曹禺之《雷雨》,由金光州译成韩文,曾在朝鲜汉城上演七十场,成绩颇佳。《原野》亦已译成韩文,即将上演。"

1 月 22 日　是日起,新中国剧社第三次公演四幕社会悲剧《日出》。(《本省文化消息(三)》,《台湾文化》第 2 卷第 2 期,1947 年 2 月 5 日) 演出地点:台北市中山堂,导演:欧阳予倩,演员:苏茵饰陈白露,费克饰方达生,席以文饰张乔治,赵一诚饰福升,吴梅饰小东西,高博饰潘月亭,许秉铎饰黄省三,李苓华饰顾八奶奶。票价为 20元、40 元、60 元、100 元四种。(《进步文艺的示范:战后初期曹禺剧作台湾演出史探析》)

1 月 26 日　《新上海》①第 52 期刊署名菲菲《老舍曹禺扬威美国》一文。文说:

老舍的《四世同堂》百万字的长篇小说,曹禺的《雷雨》,《原野》,《日出》等剧本,现在都由中美文化协会的工作人员日夜翻译,据说今年春天可以出版。先驱论坛报曾著文赞扬老舍和曹禺是中国最优秀的作家,和卖弄噱头骗钱的浅薄作者不可同日而语,这话是在骂林语堂,林语堂听了当然大不开心。

好莱坞的负责人也到旅馆里去拜访过老舍和曹禺,他要求老舍和曹禺每人为好莱坞剧坛写一个剧本,悲喜剧悉听尊便,每一个剧本的代价是美金三万元,他还特别声明过去林语堂替好莱坞编剧本的最高代价是美金一万五千元,现在他愿出加倍的价钱来请他们写剧本,这件事使林语堂大塌其台,因为他在美国的地位,已完全给老舍和曹禺打倒。

唯其如此,在任何欢迎或招待老舍曹禺的宴会上,林语堂始终不来参加,因为美国人已经毫不客气的戳穿他的噱头,再跑来参加,自己也觉得有些不好意思。

1 月 30、31 日　重庆《新华日报》刊登《家》公演广告,预告:"剧宣十一队,二月一日,隆重献演,地址:抗建堂。"

1 月 31 日　北平《文华》②第 5 期刊署"资料室"的《中国近代文学家轶事》数则,其中曹禺轶事讲:一是洗澡故事,二是"有一次他对江安西街作豆腐的老妪发生兴趣,连去看她推磨三天,并且给了她很多钱"。

是月　由美国访问归来,抵上海。病,住院。暂居黄佐临家,并应允熊佛西,到新成立的上海市立戏剧学校任教。据曹禺回忆:"我是 1947 年 1 月从美国回来的。"(《苦闷的灵魂——曹禺访谈录》第 130 页) 据陈霞飞撰文:"曹禺回国快三个星期了,除了几个接近他的戏剧界朋友外,还没有人看到他,因为他一回国就病在医院

---

① 1945 年 12 月 23 日在上海创刊。周报(每逢星期日出版)。
② 1946 年 10 月 15 日在北平创刊。半月刊。编辑者:文华半月刊社,发行人:罗文干。

里,近前才听到他现在住的地方——佐临先生的家里。"(《美国的戏剧——曹禺归来一夕谈》)

另据当时报道:"……最近又有曹禺返国业经证实之消息,彼曾二次出现于观众演出公司前后台之庆功宴中,现居于左(佐)临家,以旅途劳顿尚在养息中。新任市立剧校校长熊佛西氏闻其返沪,即急聘其来剧校任教授职,曹禺婉辞不获,结果终于应允。"(《世界》月刊第1卷第7期,1947年3月1日)

2月1日 是日起,重庆警备司令部配属剧宣十一队在抗建堂隆重献演曹禺的《家》。导演唐祈。演员阵容丁耿、文茜、白熹、沙漠、李恩琪、况馀焦、孟健、周哲伦、胡风蓉、陈莉、陈小典、陈铮、陈明璧、殷野、袁时、冯维均、张焕秀、荣力、熊俊英、郑榕、诸葛明、邓毕玲、乐语、刘浪、刘瑸、刘孟馀、钟静、罗扬。(《家》广告,重庆《新华日报》,1947年2月1—3日)

是日 《文潮月刊》第2卷第4期刊消息:"曹禺上月抵沪之消息发出后,沪上友好均极注意,唯彼所搭乘之轮船,仅有其名而不见其人,迄今兼旬,仍未露面。究在何处? 成为哑谜。但已由可靠方面证实其却返沪多日。"

是日 《上海特写》第30期刊消息《范雪君开唱〈日出〉费了一年心血自编成功》。说上海弹词演员范雪君"来春决以自编新书档贡献爱好听书者,关于她自编的这新书,是为大众尽知,妇孺皆晓的,并享名于话剧坛,曾经搬上银幕的《日出》"。为何要编这档书,"据说:这档书的动机,是在一年半前,她看了话剧里这几位主角,如陈白露,顾八奶奶,张乔治,小东西等这类人物,触动了她的思想,……就在今春着手起编,终算有志者事竟成,费时半载,始告杀青,并经半载的苦念实习,现已全部训练纯熟,将于农历新正露白开唱呢。"

2月4日 上海《大公报》"影剧哨"栏刊消息:"曹禺返国业经证实,现居佐临家,以旅途劳顿正在养息中。新任市立剧校校长熊佛西闻其归来,即聘其去剧校任教,曹禺婉辞不获,结果终于应允,对于剧校同学,此实一无上佳音,盖曹禺教课之佳,早为人所称道也,至所开课目尚未确定。"

据介绍:"抗战胜利,随着教育复员的巨潮,在剧界同人的鼓吹与协助下,于是产生了'上海市立实验戏剧学校'①。

"剧校的校址,在四川北路横滨桥北,因为这是一个从前的日本第一国民小学,所以里面的设备,相当精致考究,有游泳池,运动场,实验小剧场等,确是一个从事戏剧研究的好地方。

---

① 该校成立于1945年12月1日,今上海戏剧学院之前身。

"至于教授,除原有的如熊佛西(校长),吴天(教务主任)顾仲彝(研究班主任前校长),洪深(电影科主任),黄佐临(话剧科主任),李健吾,赵景深,安娥,严工上,吕祖鸿,桥本(日人)诸先生外,本学期又新聘了邱尔(训导主任),潘子农,洪谟,凤子,叶子及曹禺(万家宝)先生等,阵容之强,举国无比。"(《上海市立实验戏剧学校》,《读书通讯》半月刊第 134 期,1947 年 6 月 10 日)

2 月 5 日　大华公司蒋伯英①设宴为曹禺洗尘。据陈霞飞撰文:"昨天晚上,大中华公司蒋伯英先生为曹禺洗尘,开门处,曹禺飘然进来,满不是我想象中穿着崭新西装样子,还是前年冬天在重庆看见过的棉袍,套着一件布罩袍,袖子脏了一点,'还是老样子!'我惊异的想着。"席间,曹禺谈了美国百老汇的戏剧情况。(《美国的戏剧——曹禺归来一夕谈》)

是日　南京《大地》②第 43 期刊署名村夫《闲话曹禺》、署名文茫的《老舍曹禺在美国》二文。

2 月 7 日　《海燕》第 2 年第 1 期刊消息《曹禺回国了》:"曹禺已因期满悄然无声的返国矣。"

2 月 15 日　重庆《新华日报》刊署名小亚《〈家〉的人物处理问题》一文。作者认为,《家》中人物处理上,"对觉新用了过多的爱,对觉慧则又嫌过少,以致真正新生的代表者,反而成了一幕缠绵悱恻的恋爱悲剧中的插曲而已"。

2 月 23 日　上海《大公晚报》刊陈霞飞《美国的戏剧——曹禺归来一夕谈》一文。文说:"谈到美国的剧坛,他看到的是歌舞剧的流行,例如《奥克拉马》,《巡游世界》,《克劳馥》等戏,其次是喜剧和地方戏,或嬉笑怒骂的戏。严肃的并不是没有,观众也非常欢迎。""谈起好莱坞的老板们对于中国的电影市场口味,真是大得很,华纳公司老板曾向曹禺请教,美国片子在华究竟应该推销,……假如国内时局稳定,他们还打算到各县镇自己开院子。曹禺的答复是:美国片子给中国人观众的是:美国人不是绑票就是抢人再是整天没事做,专门谈恋爱,事实这并不能代表美国人的全部生活,希望他们能够在今后的片子中纠正这种作风。"

2 月 26 日　上海《申报》刊报道《考察美国文化曹禺抒述所见——对美电影颇有好评》:"中国名剧作家万家宝(曹禺)氏……现已返国。渠对于百老汇及好莱坞,均有好评,谓美国各剧场现多排演硬性剧本,此事已使百老汇及好莱坞极度商业化之说不攻自破。一般人士对于百老汇之音乐之认识,亦多失实。万氏在好莱坞,觉

---

①　蒋伯英,时香港大中华影业公司创办人,编剧、电影事业家。笔名朱血花。浙江宁波人。
②　1946 年 4 月 14 日在南京创刊。周报(每逢星期日出版)。

察到美电影剧作家及制片家,均富有进取精神及远大之眼光。万氏曾在好莱坞电影剧作家协会谈论中国作家之问题,深感彼均乐与渠交换意见。渠为徇电影剧作家协会之请,曾就中国作家问题撰述专文,以供该会刊印。在渠留美之十个月内,教氏参观各大学之戏剧与文学部,并在各大学讲学,包括华盛顿大学、华盛顿天主教大学,芝加哥大学,加利福尼亚大学,科罗拉多大学,及耶鲁大学。渠并参观耶鲁大学之中文研究院。在纽约时渠应赛珍珠女士之邀请,在市政厅讲学,并经由国务院之国际广播部,向欧洲广播中国戏院之情形,并向中国广播渠对于美国戏院之印象。渠又出席纽约市全国戏院会议。万氏徇丹佛大学之邀,参加科罗拉多埃斯资公园之全国人道会议,旋又出席在该处举行之联合国文教机构及原子能会议。科罗拉多大学戏剧部献演万君之剧本之一《北京人》。万氏并出席在华盛顿西雅图举行之太平洋西北作家会议。并应加拿大政府之邀,在加拿大勾留一月。万氏于去年十二月底返华,现正从事于翻译欧琴·奥尼尔之剧本《冰人来临》①一书。"

是月 何其芳致信"××兄"。该信系何其芳"读了《虹》上面的《家》的座谈会记录,晚上刚好又去看了《家》的演出",才"有此零碎意见想和朋友们商讨,就忍不住来写这封信"。何先生认为这个戏演出"有些闷气","我现在实在不喜欢这种闷气"。在"青年人们的奋斗方面写得太少了,时代的影响也几乎看不见,又怎么能鼓舞起一种对于光明的渴求和一种必胜的信心呵!"并认为:"曹禺先生的改编,……却似乎和巴金先生的小说有些不同了。重心不在新生的一代的奋斗,反抗,而偏到恋爱婚姻的不幸上去了。"继而又说:"据我所知,虽说曹禺先生的戏剧已经达到了很高的艺术水平,已经获得了很多的观众和读者,然而他是并不满足于他自己的成就的。我们的历史奔驰得很快。曹禺先生也越过了他自己过去的作品。当我过去读到对他的作品的过苛批评时,我是为他辩护的。"(《关于"家"》,《关于现实主义》302—309页)

3月1日 《水准》在上海创刊②。本期《第二期起要目预告》:"剧本:佐临《还魂记》,曹禺《送冰的人》(O'Neille)……"

是日 上海《申报》"艺文坛"栏刊消息:"托尔斯泰名著《复活》(高植译)及曹禺剧本《家》,售缺已数月,现已由文化生活出版社再版出书。"

3月2日 上海《申报》刊消息《中等教育研究会今日请曹禺演讲》:"本市中等教育研究会,今日下午一时,假座山东同乡会,召开会员联欢会,讨论修改会章改选

---

① 即《送冰的人》。
② 文艺周刊,每逢星期六出版。编辑者张骏祥、于在春。发行者水准社。

理监事,并请戏剧家曹禺演讲《戏剧和教育》,最后尚有余兴节目,欢迎中学教师参加云。"

3月8日　上海《水准》第2期刊登《送冰的人》广告:"本刊第三期起连载,美国O'Neille 近著,曹禺新译《送冰的人(The Ice-man Cometh)》(三幕剧)。"

是日　上海《申报》"艺文坛"栏刊消息:"莎翁名剧《柔密欧与幽丽叶》,为名剧作家曹禺氏翻译,售缺已数月,现已由文化生活出版社第三版出书。"

3月9日　应熊佛西之邀参加上海市立实验戏剧学校文艺晚会,并演讲,谈美国剧坛,曹禺主要讲了:"美国戏剧完全商业化……美国有许多进步作家,进步剧本也有上演的机会,一般演出都在水准以上,那些花钱的大老板,不大理会戏的内容"、"美国戏剧真正可以卖钱的地方并不多,主要的依靠'大众剧场',它拥有一百万会员,略如中国平剧的票房;它供给导演、供给院子、供给演员,不但培养了人民观剧的兴趣,而且训练了不少新的人才出来,成为美国剧坛的重要支柱"、"美国职业写剧人,有两种态度:一种是消极的不看好莱坞戏剧,他们自认目前在好莱坞工作,不过为了'淘金',等到袋里装满了,再写'他们想写的东西';一种是积极的民众教育者,他们无情的暴露、正确的启示,可以奥达次为代表"、"不论美国作家有些个意识不正确,但是他们技巧之好,和观察力之透彻,非中国剧作家所可企及"、"美国正在推行一种'保留制剧院',力纠一个戏通演几年之失——它使得新进的人无法上进,使得职业剧人成为一种商品;这个戏院制度树立后,可以尽挑一些好的戏来演,去年这些剧院曾上演过莎士比亚的、萧翁的、柴霍夫的、易卜生的、巴雷的戏"五点。(《美国现代剧坛——记万家宝的讲演》)

3月13日　下午,上海文化界、戏剧界、新闻界千余人在上海宁波同乡会为田汉五十(虚岁)寿辰集会祝贺。郭沫若、沈钧儒、梅兰芳、周信芳、曹禺、柳亚子等出席。据载:"〔本报讯〕上海文化戏剧界,为庆祝田汉五十寿辰及创作三十周年,昨日下午在宁波同乡会中正堂,举行盛大纪念会。来宾中包括文化界知名之士,大学教授,剧作者,文学家,女明星,男演员,记者,伶界名角等千余人。大会系由与寿翁齐名之洪深主持,复旦大学中文学主任陈子展系田汉小学同学,被邀报告寿翁生平历史。继即由范雪君弹唱祝寿词,继由郭沫若,谢仁钊,梅兰芳,周信芳,潘公展等相继致词,叶圣陶并赋七绝两首,熊佛西、梁一鸣、李竹安等亦代表话剧界,伶界,游艺界,江淮界致祝词。""昨日大会中,集上海戏剧界艺人于一堂。诸如滑稽,江淮戏,常锡戏,扬州戏均一一上演。记者并发现新从美国回来之曹禺,在窗口与友闲谈。""最后两个节目,为朗诵寿翁剧作《苏州夜话》和《暴风雨中的七个新女性》。胜会七时始散。"(《名流艺人聚一堂百戏杂陈寿田汉》,上海《申报》,1947年3月14日)

3月14日 据叶圣陶日记:"竟日写复信。傍晚,至杏花楼,与诸友为万家宝接风。家宝谈美国作家对文协之观感。诸人因谈到我们与国外联络不够,外国均不知有文协之一团体,亦不知我国作家写作如何,宗旨如何。多数主设法联络。九时散。"(《在上海的三年》)

3月15日 上海《文艺春秋副刊》①第1卷第3期刊署名蠡芳的《由美归国的曹禺先生》一文,文分"他是悄悄的回来的"、"他是我们的戏剧使者"、"他对美国影剧的观感"三部分。文说:"曹禺先生回来时,悄悄的无声无息,这是他的性格,他最不喜欢铺张,他愿意在及自然的情形下面和他的朋友们和熟人们相会,所以第一次,是在观众演出公司同人的聚会里,他和大家握手,互相问好。于是大家你一句我一句的谈起了他到美国讲学的情形和这十个月来的他的生活。""他到美国去,是被国务院请去讲学的,他自己的目的有二:一是希望能得到一笔捐款来为我们没有经济基础的剧场打打气……第二是要把我们近代的戏剧运动,介绍给美国的人民,这一点,他是成功了的,我们所走的一段路程,很令一部分美国人惊奇。""对于新大陆的演剧情形的了解,他是有一个深刻的印象的"。"他说:虽然美国政府允许人民自由发表意见,但是当报纸完全操纵在许多托辣(拉)斯手里的时候,究竟用什么去发表意见,这意见又有谁能够听到呢? 在这种情形之下,美国的电影艺术是被窒息了,他们没有新鲜的空气呼吸。同时,在很多剧作家的思想里,受了他们生活的影响,都有一种很有趣的看法,认为首先得使自己的经济生活有了基础,然后再来讲究构思艺术的创作,所以进好莱坞和写音乐喜剧只是暂时的。他们和我们作家的感情是不同的,我们作家的理想,不但要时刻贬斥这种个人主义的影响;而且热烈的要求自己能以人民的痛苦为痛苦,说得过激一点,我们的作家是以痛苦为骄傲的。"

是日 上海《水准》第3期《编后》语及:"预告的正在陆续编排,仅只《送冰的人》因为译者的极度审慎,定稿还稍稍有待。②"

是日 《书报精华》第27期刊"文人逸话"一则《万家宝并不像宝》:"曹禺有一次,谈到替剧中人名问题,他说:'名字一定要和剧中人性格吻合。譬如我叫万家宝,这是我祖母起的名字,才适合我的身份,事实上,我那像个'宝'呢?'"

3月18日 上海《申报》第9版刊乐梅岑《美国现代剧坛——记万家宝的讲演》

---

① 《文艺春秋副刊》系随《文艺春秋》同期发行之刊物,"定价每册一千五百元。"而据谢其章先生说:"《文艺春秋副刊》是随着《文艺春秋》附送的,36开的小册子,很薄,只有32面。可惜副刊只出了三期,自1947年1月至3月,没能坚持下去。"(自《创刊号风景》第50页)

② 不知何故,最终曹禺的《送冰的人》也未发表。

一文。文系报道曹禺 9 日参加市立剧校文艺晚会情况。第 5 版刊消息《清华旅沪校友将开联欢大会》:"〔本报讯〕清华同学会定本月十九日(星期三)下午四时至七时,在本市九江路四十五号花旗大楼一一二号会所,举行春季全体校友联欢大会,欢迎西南联大在沪校友,并请曹禺白杨等参加余兴。闻梅贻琦校长顷已抵京,届时将由京来沪参加。"

3 月 19 日　《新上海》第 59 期刊消息《筱丹桂徐玉兰搬演绍兴〈雷雨〉》。报道说筱丹桂、徐玉兰①预备将曹禺的《雷雨》搬上舞台,"我们大家拭目以待,来看看绍兴《雷雨》的成绩"。

3 月 22 日　被选为"国际联系委员会委员"。据载:"上海全国文艺协会总会,曾于三月廿二日召开理事会,决议成立一国际联系委员会,推曹禺、萧乾、杨刚、马宗融、李健吾、戈宝权、胡风七人为委员;并通告各分会,凡有关对外工作,统由总会负责办理。会刊《中国作家》,推叶圣陶、靳以、适夷三人为编委,由叶圣陶任主编。"(《文化消息:全国文协加强国际联系》,《人民日报》,1947 年 5 月 13 日)

3 月 29 日　上海《申报》"简讯"栏刊消息:"本市小教联进会主办之星期讲座,定三十日上午九时半,假林森东路四明公所公济小学举行,请名戏剧家曹禺主讲。"

4 月 7、8、10、11 日　"新建剧社假座辣斐"剧场公演《原野》。导演石挥。演员阵容程之、崔超明、苏芸、于飞、蓝青、高笑鹏、金刚。(《原野》广告,上海《申报》,1947 年 4 月 6—11 日)

4 月 8 日　上海《中外春秋》第 23 期刊未署名报道《访问:曹禺——他说:美国人只知中国有平剧》。文系"记者捉牢了个可以遇见(曹禺)他的机会,作了一次访问",记下的"一些零碎的印象",内容并无太多新东西。

5 月 5 日　《人人周报》在上海创刊②。本期刊陈寿③《曹禺的家世》一文,该文是较详细讲述曹禺家世之第一篇文章,极具史料价值。为说明该文真实性,该刊特作编者按,按曰:"陈寿君是本报一位采访记者。他为曹禺家世找出这样的材料,令人感动。编者本人就是文中所述云苏公的嫡孙。闻先父寿梅公及家人谈及宗石大哥却只与我家来往,呼先父为桂叔。陈君此文自有相当真实,但恐难免遗漏。本人生于北平,未回潜邑,也不能有所补充。希望读者继续供给可采的事实。如

---

①　筱丹桂、徐玉兰:时越剧名伶。
②　周刊(每逢星期一出版)。主编万梅子,人从众文化股份有限公司发行。仅出版 12 期便停刊。
③　即万德涵,湖北潜江人。原名万斑(一作班),别号梅子、枚子、双呆(槑,古呆字)。笔名特罕子、大海、陈寿、陈出。1927 年北京大学教育系毕业。先后在北平、天津、上海、汉口、重庆各报任编辑、总编、主任。1927 年参加国民党。1947 年 12 月在上海《大公报》刊布启事,宣布脱离国民党。1951 年后历任民革委员、国务院参事、全国文史资料编辑。1983 年任民革中央委员会顾问,出版有《暮云录》、《新华吟》、《时代儿女》等。

能引起'吾家曹禺'的兴味,写一篇自传或幼年回忆一类的文字,那就不胜盼祷之至了!"

5月15日　《幸福·世界》第8期①"作家印象"栏目刊彭行才《记曹禺》一文,文系彭行才将其所知曹禺"写作和工作"点滴,告之读者。文说:"他写作的态度非常慎重,没有经过相当时间的孕育,对人物的观察;主题的选择,剧本大纲的拟写,甚至现实生活的体验;若不认真的选择,删改,构思,是不肯轻易动笔的。""他排戏的认真,不亚于写作。"

是日　上海《中外春秋》第28期第3版刊《沉默中的曹禺正在赶写名剧中!》。报道说:"曹禺回国后,先翻译奥尼尔之《冰人来临》,未出国前之新剧作《桥》亦来不及接着写。现在连《冰人来临》,也无暇翻译,近日正赶写另一新作,剧名尚保守秘密中。""前几天曹禺游兴大发,同了柯灵、唐弢等人到联华摄影场去参观拍电影,与郑君里、黄佐临等导演谈笑甚欢。""曹禺在美参观好莱坞各影片公司,设备讲究之极,与我国之简陋设备真天地之别,但曹禺表示以如此设备拍出现在成绩之影片,真是国人之智慧与精神之胜利。""曹禺在美曾遇黄宗霑,黄宗霑言心念祖国,欲返国一行,训练一些新人才。"

5月26日　上海《人人周报》第1年第4期刊万戒甫《出世丧母的曹禺》一文,该文系万戒甫先生对《曹禺的家世》一文的更正。正如该刊编者所述:"本报创刊号所载陈寿君之《曹禺的家世》一文,编者唯恐遗误,曾附言希望读者供给可采的事实。兹奉家族叔戒甫先生(大排行居八,堂叔祖德如公之幼子,德如公系伯曾祖时醇公所出,时醇公系曹禺高祖珏田公的三弟,与先曾祖九华老人为同胞,即陈寿君文中所述廷琇公之子)来书,更正一点,谓曹禺生母产后即病故,并对族兄宗石晚年及曹禺幼年的遭遇有所补充……"

5月27日　在《中央周刊》第9卷第23期发表《今日的美国影剧》一文。本期版权页"本期作者介绍"显示:曹禺,国立复旦大学教授,名剧作家。文前说:"这是曹禺先生最近自美国访问归来,应中央大学之邀所作演讲,对美国的影剧艺术及其趋向,观察颇为深刻。特将演讲词略为整理,以飨读者。"文说:"参观了美国的戏剧与电影,再回过来看看我们自己,论技术,我们当然远不如人家,但是我们对于戏剧的观念是不错的,我们一向守着'文以载道'的原则,知道说话要对观众负责。当戏剧运动开始,我们介绍《黑奴吁天录》和《茶花女》到中国来,自始便当作问题剧看,至今我们还觉得这条路子没有走错。商业化的恶劣倾向已经侵入了我们的舞

---

①　本期目录页显示出版时间是:卅六年五月一日。而版权页显示是:三十六年五月十五日。

台,戏剧正面临严重的危机,但戏剧工作者的生活艰苦,仍然咬牙坚持,并没有人因而改行,这实在是可以告慰的。"

5月28日　与田汉、郭沫若、茅盾、叶圣陶、郑振铎、洪深、柳亚子、许广平、巴金等98人联名发表《上海文艺界对当前学潮之呼吁》。载上海《时代日报》。(《田汉年谱》第401页)

5月30日　是日起,国防部特勤处所属演剧四队在武汉文化会堂公演曹禺的《日出》。导演张客。(《〈日出〉演出特刊》,武汉版《大刚报》,1947年5月30日)

是日　武汉《大刚报》编发《〈日出〉演出特刊》,刊署名"模"《演出前言》、王时颖《寄给〈日出〉的观众》、张客《对友深夜谈〈日出〉》三文。

夏　经黄佐临介绍,加入上海文华影业公司①任编导。据黄佐临回忆:"他到文华公司是我邀请他来的。1947年他从美国回来,住在我的家里,也没有什么收入。我就请他来文华。他总得给文华做些事情,就写了《艳阳天》,这也难为他了。"(《苦闷的灵魂——曹禺访谈录》第235页)

据曹禺回忆:"1947年我从美国回来,生活困难,就去了电影公司当编剧导演。吴性栽本是个德国买办,搞漆料的,他搞起一个文华电影公司,我在那里拍了《艳阳天》,是佐临介绍我到文华电影公司的。"(同前第129页)

据桑弧回忆:"我和陆洁、黄佐临、柯灵、曹禺、叶明等同志于一九四六年九月参加吴性栽先生独资创办的文化影片公司。"②(《追怀朱石麟先生》)

夏　开始创作电影《艳阳天》。

6月1日　武汉《大刚报》刊彭石《让我们来看太阳——为四队演出〈日出〉作》一文。

6月2日　武汉《大刚报》刊宋牧之《风雨话〈日出〉》一文。

6月2—4日　温州私立瓯海中学瓯中剧团,为庆祝校庆并筹募剧团基金,特在该校大礼堂举行公演《日出》。导演:董辛名并客串饰演张乔治一角,演出深受好评。茹果饰陈白露,文琴饰方达生、未央(即导演董辛名)兼饰张乔治、阿虚饰王福升、沈艳芳饰小东西、孟象饰潘月亭、冒昧饰黄省三、艾艾饰李石清、莱黎饰李太太、怡心饰翠喜、蘸心饰胡四。(《曹禺剧作在温州》)

6月4日　《新上海》第71期刊《曹禺幽默嘲贪污》(署名太公)。文说:"新自美

---

① 1946年8月底,文华影业公司在上海挂牌,创办人吴性栽。1947年2月开始制片。编、导、演以在上海的苦干剧团为基础,编导有黄佐临、柯灵,演员有丹尼、张伐、史原、韩非、莫愁等。陆洁任厂长,艺术创作由左临和桑弧负责。

② 1946年曹禺尚未回国,桑弧先生回忆曹禺加入"文华"的时间似有误,或其他原因所致。

回国的戏剧家曹禺,到沪之后,倍形忙碌,东也请他演讲,西也请他茶会,他每到一处,总是谈笑风生,说得一座倾听。他对于国内的贪污不绝发生,他说这是中国古已有之的,不过于今为烈吧了。""曹禺对人表示,他现在准备材料,写成一篇关于贪污的戏,如《升官图》《裙带风》那样闹剧的性质,以减轻市民生活艰辛下的一重高压,不过,这样具有现实性的剧本,在演出时一定要遭到阻力,所以,他虽然有这个意思,但是还没有决定动笔与否。"

6月6日 武汉《大刚报》刊署名"T. P"的《曹禺与老鼠》。

6月6、7日 省立温州中学温中剧团在该校大礼堂举行欢送应届毕业同学暨级际独幕剧演出比赛晚会。其中,曹禺翻译改编的《镀金》一剧的参赛演出获得好评。《曹禺剧作在温州》)

6月8日 武汉《大刚报》刊署名光照《〈日出〉里面的两种人》、方人也《长夜漫漫何时旦——四队〈日出〉观后杂感》二文。

6月10日 《读书通讯》半月刊第134期刊署名仲飞《上海市立实验戏剧学校》一文,文中介绍该校:"本学期又新聘了邱玺(训导主任),潘子农,洪谟,凤子,叶子及曹禺(万家宝)先生等,阵容之强,举国无比。"

6月11、12日 上海复光剧社在辣斐剧场上演《原野》。《原野》广告,上海《申报》,1947年6月11、12日)

6月12日 下午七时,广州大学学生自治会在该校大礼堂举行欢送毕业生大会,会后"由该会广大剧团公演曹禺名著四幕话剧《雷雨》"。《本校学生自治会热烈欢送毕业生晚上公演〈雷雨〉四幕名剧》,《广州大学校刊》第24、25期合刊,1947年6月15日)该剧由黄加洋导演,区震坤饰周朴园,陈顺意饰蘩漪,崔耀璜饰周萍,黄石初饰周冲,戴明珰饰鲁妈,马民聪饰鲁贵,冯昭仪饰四凤,张群萱饰鲁大海。《广大剧团续排〈雷雨〉定期公开献演》,《广州大学校刊》第20期,1947年4月1日)

6月14—29日 上海观众戏剧演出公司在辣斐剧场上演曹禺名剧《北京人》,刘厚生导演,叶子、耿震、沈扬、张雁、傅惠珍、莫愁、许肯、林榛、史林、小兰、阳华、黎频等参加演出。连演至29日,"不得已"停演。据其29日广告,系"场租期满最后一天",及该公司启:"本公司成立以来……辣斐场子将为地主收回。《北京人》演至今日为止不得已将与观众暂别,待另觅新阵地再卷土重来,特此公告。"《北京人》广告,上海《申报》,1947年6月11—29日)

是月 大陆剧团在天津演出曹禺的《雷雨》、《日出》。"《日出》的演员较为整齐,林默予饰陈白露及翠喜,周刍饰王福升,童采饰潘月亭,凌云饰李石清。"《一九四七年的天津剧坛》,《综艺》第1卷第1期,1948年1月1日)

7 月 1 日 《世界》①月刊第 1 卷第 11 期"一月人物"栏载蒋敦《曹禺——中国第一流剧作家》,文中就曹禺创作提出新视点,他说:"他一方面由现实中发挥他的材料,但构成他创作思维主线的,还有赖于人类文化的总积累——书籍!他是一个剧作者,他的外国文特别好,从古希腊的悲剧,古典派的浪漫派的作品到自然主义现实主义的剧本,他都博览过,所以他的剧作中多少都受着外国名剧的影响,如《雷雨》部分的是受着易卜生《群鬼》的影响,《原野》部分受《奥利尔》《琼斯王》的影响,《蜕变》受电影剧本《白衣护士》的影响,《正在想》部分受理格烈(The Red Veluet Gant)的影响,但受影响决不是生硬的因袭,而是说明了无论那一种文艺创作都是源远流长的,像金字塔一样,要有深厚广大的基础,才能有惊人的高度,曹禺的博览群书与对各阶级层生活的观察便构成了他创作的深厚的基础,才有他今日的最高的成就!""他每一个剧本都是他心血的结晶,而且他是有名的难产作家,但是他一部作品出现,就成了中国剧运上的里程碑,我们希望他这次由美国带回更多的收获,再为吾国文艺界戏剧界写出一部辉煌的杰作为世界文化的宝库中增一颗珍珠!"

7 月 15 日 《书报精华》第 31 期"作家杂烩"栏刊文《曹禺不爱洗澡》。讲曹禺洗澡故事,言及,"在后方时,他爱上了一位古典美人邓小姐,但他和他太太,已经有几个小孩子了,一直到现在,他大约还很痛苦。"

7 月 21—23 日 是日起,上海 8 大明星以"骆驼剧社"名义在兰心大戏院公演《雷雨》。演员姜明、顾也鲁、严化、童毅、傅威廉、杨薇、欧阳红樱、廖凡等参加演出。(《雷雨》广告,上海《申报》,1947 年 7 月 20—23 日)

7 月 21 日 是日起,上海"九星大戏院"也演出《雷雨》。梅熹导演。陈丽云、欧阳恩、白峰、朱红、白渡、羽化等参加演出。演至 27 日结束。(《雷雨》广告,上海《申报》,1947 年 7 月 21—27 日)

7 月 23 日 文华影片公司为《假凤虚凰》纠纷事件②,特"招待新闻界,报告经过情形,席间并由罗学濂,曹禺,欧阳予倩发表意见数点"。曹禺说:"我认为最应该抗议的,应该是那个混账的经理。其实最善良的,正是那个三号理发师。最后,他

---

① 1946 年 11 月 1 日在上海创刊,时为半月刊。至第 1 卷第 6 期(1947 年 2 月 1 日)起改为月刊。1949 年 5 月 1 日出版至第 3 卷第 11 期终刊。

② 文华影片公司于 11 日在大光明戏院试映《假凤虚凰》,受到理发业工会会员及同业公会会员 800 余人的包围,引发事端。源系该片内容涉及沪上理发师且剧情"有损"理发师形象,遂引起理发业会员不满,要求修改影片并一向向社会局要求制止该片上演;新闻界一些不明真相者也发表不实之词,导致"事件"发生。文华公司除刊登"紧要启事",召开新闻界发布会,对影片内容予以澄清,并非"讽刺"理发师。后又经社会局调解,经有关当局会商、重新审定,要求文华公司删改影片,才得以解决。

不但是最善良的，而且亦是最勇敢的。""在意义上看：全片充满了轻松的感觉，结尾的处理，尤其觉得可爱，在不喊口号的方式下，却用了觉悟的方式，一脚把坏蛋踢了开去。"(《文华招待新闻界影剧名流发表意见》，上海《申报》，1947 年 7 月 24 日) 另有文及:"假凤虚凰"事件发生，文华公司柬邀全沪报馆记者及各电影公司负责人举行检讨会于外滩华懋饭店八楼，第二个起来发言者为曹禺，他以苍劲的声带为《假凤虚凰》辩护。(《曹禺这个人》，上海《电影周报》第 3 期，1948 年 7 月 31 日)

7 月 31 日 《图书展望》复刊第 4 期"文化简讯"栏刊消息:"中华文协选出九届理监事:中华全国文艺协会前改选九届理监事，于昨日在该会会所开票，结果:邵力子、冯玉祥、茅盾、郭沫若、老舍、叶圣陶、胡风、郑振铎、许广平、洪深、田汉、巴金、冯雪峰、梅林、曹禺、叶以群、阳翰笙、靳以、曹靖华、楼适夷、姚篷子、马宗融、陈白尘等二十三人当选理事。于右任、马叙伦、柳亚子、熊佛西、欧阳予倩、赵景深、周建人、张西曼、陈望道等九人为监事。该会正筹开九届首次理事会，商讨执行大会交下各项会议案。"

8 月 1 日 上海《时与文》①第 21 期刊《曹禺的"追"》(文尾署名小林)。文说:"曹禺应某电影公司之请，为编导电影两部。约期已迫，而电影故事犹未能得，至为焦急，大约非'追'不可。其剧作《桥》迄未完成，恐将终成不可完成之作。该剧写抗战时内地一钢铁厂的故事，紧张动人。时代'跃进'至速;目前大家所注意者，除'迎宾'与'作战'之外，岂更有些微之'建设'雅兴。剧作者'追'不上'时代'，可为叹息。"

8 月 2 日 是日起，上海"八块头牌"童毅、姜明、顾也鲁、杨薇、严化、傅威廉、杨志卿、蓝青由"兰心"移师"中央大戏院"再演《雷雨》。演至 13 日。(《雷雨》广告，上海《申报》，1947 年 8 月 1—12 日)

8 月 11—16 日 应救济总署之约，同张骏祥、《新民报》记者韩鸣"于十一日随行总豫分署马署长杰，赴黄泛区视察"。(《曹禺张骏祥在汴应邀作学术演讲》，上海《申报》，1947 年 8 月 17 日)"此次行总专机在河南西华，扶沟，周家口，太康一带泛区上空低飞视察，""名剧作家曹禺、张骏祥两氏亦在机中，对泛区耕作之奇迹，极感兴趣，两氏已留住河南未归，准备在泛区作长途旅行，作进一步视察。"(《黄泛区气象一新》，上海《申报》，1947 年 8 月 13 日) 其间曾到河南尉氏县，目睹了尉氏县长(共产党)同美国救济分署署长辩论，揭露美国把粮食送给蒋介石打内战之情景。留下了深刻印象。据曹禺回忆:

---

① 1947 年 3 月 14 日在上海创刊。周刊。发行人:程博洪，编辑者:时与文周刊社编辑部。

　　我们先到开封，吃过黄河鲤鱼，然后到尉氏县。是在一个庙里同解放区的官员见面的，一个很年轻的负责人，可能是共产党的尉氏县县长，他带着一个警卫员，身上还有一杆枪。他和马署长是截然不同的两种打扮，地道的农民打扮。他往那儿一站，一身正气，口齿流利，谈吐自如。他谈到美国的救济物资不给解放区，还谈到美国的其他许多情况，对美国的情况清楚得很。这使我和张骏祥都很吃惊，想不到这么一个土里土气的干部，谈吐如此不俗。那个县长很厉害，和马署长辩论起来，指名道姓说，姓马的你怎么怎么的，把姓马的驳得瞠目结舌，一塌糊涂。马署长是国民党的官，带着兵，看着挺有气派，但实际办起事来，就显得稀松了。他可能事先和八路军商量好了，他也不想找什么麻烦，接触完，一走了事。他似乎还带我们去了开封？记得开封还有一个公园。这件事，文化大革命中叫我交代，我真交代不出来什么，但是我对这个县长却印象很深很深，这是我第一次接触共产党的基层干部，哪里像国民党宣传的那样，我记得我还对一些朋友谈起这件事。（《苦闷的灵魂——曹禺访谈录》第 129、130 页）

据张骏祥回忆：

　　所谓解放区之行，实际上是救济总署的署长蒋廷黼，他原是清华大学文学院院长，通过《新民报》的记者韩鸣找到我、曹禺，还有茅盾去视察花园口。说是有一架飞机到花园口，到黄泛区。茅盾没有去，我、韩鸣和曹禺去了。河南分署署长是马骥，马骥这个人不坏。我们冒充记者，视察采访。当时有美国人，我们假装不懂英文，免得同美国人接触。蒋廷黼找我们这些笔杆子，是希望吹捧他们救济署。我们拿定主意，只看不说话。……

　　一次到尉氏，听说一个解放区的县长刚刚走，我们就提出要访问中共县长。县长来了，我们旁听，县长和美国人争论起来。这个美国人就谴责解放区人民拿了救济总署的粮食，县长就驳斥他，指出他们把粮食拿给蒋介石打内战，为蒋介石运兵，帮助国民党，驳得这个美国人哑口无言。这个县长很能讲，据说他是个小学教员。（同前第 241、242 页）

他们"于十四日返汴"，应汴文化界邀请，"于十六日作公开学术演讲。"（《曹禺张骏祥在汴应邀作学术演讲》，《申报》1947 年 8 月 17 日）另据载："署长陪同总署向处长，名剧作家曹禺，名导演张骏祥及名记者韩鸣等，前往泛区视察，业于八月十四日返署。兹据曹张韩三氏谈称：此行为时虽仅三日，然曾遍历各工作据点扶沟、西华、鄢陵、练寺及红花集等地，对于泛区各工作单位人员忠勇服务之精神，实深佩慰，盖以泛区当前处境之困难，难胞之众多及业务之庞大复杂，而能以仅有之人力物力，对于难胞衣食住行及医药教育多方面，处处设法顾到，甚至不惜牺牲一切以赴之，确属难能可贵云。又开封文艺界戏剧界及新闻界感认曹张两位先生来汴,机会不易,故联合约请二氏于十六日上午九时,假中正路中段新声大戏院,举行公开学术演讲,听众达千余人,极一时之盛。"(《马署长与向处长等一行返汴,曹禺张骏祥韩鸣谈参观泛区观感》,《河南善救分署周报》第85、86期合刊,1947年9月1日)

8月15日　天津《星期五画报》①第3期刊署名万乘《曹禺的新剧本〈艳阳天〉女主角将物色李丽华?》一文。文说:"曹禺现在也适合潮流,由剧从影了。目前剧本上演为艰,曹禺写作又慢,年出一部,如等上演税,犹不够他香烟钱。现在加入文华公司,月入五六百万,一年也只要拍一二部片子,生活乃大为安定。""曹禺平日生活并不豪华……曹禺因为先天关系,走路容易跌跤……因此乃斥资千万元新买进落霞安菲尔牌子一匹半机器脚踏车一辆,往来用以代步。……""曹禺为'文华'写女伶生活的剧本叫《艳阳天》,据说仍拟请李丽华合作,曹禺的剧本自然情节很好。导演手法如何,还有半年也可以'公诸同好'了。"

8月23日　是日起,上海影剧人合作在中央大戏院公演《日出》。集体导演。演出阵容唐若青、严化、毛燕华、邵华、姜明、童毅、徐莘园、廖凡、顾也鲁、蓝青、杨志卿、郭平、杨薇、赵恕等参加演出。(《日出》广告,上海《申报》,1947年8月21—31日)

8月29日　上海《大公报》刊载唐弢《〈原野〉重演》一文。文说:"几年以来,大江南北,多少剧团演过《原野》,多少人读过《原野》。此次东南剧艺社又选中它,正因为《原野》是百看不厌的剧作;要我凑热闹胡诌几句,也因为《原野》里有汲不尽的材料。这个剧本里有'戏',群众看来过瘾,这个剧本里有生活,左顾右盼,仿佛就在身边,让人看起来恐惧和欢喜。"

是日—9月12日　东南剧艺社在兰心大戏院演出《原野》。胡导导演,演员阵容罗兰饰金子,徐立饰仇虎,乔奇、于飞饰焦大星,沈浩饰焦大妈,史原饰白傻子,夏芒饰常五。(《原野》广告,上海《申报》,1947年8月28日—9月12日;《罗兰重登舞台,原野定期上演》,《新光》革新第10期,1947年8月28日)

9月1—24日　由"台湾文化协会主办"的实验小剧团于台湾省台北市中山堂演出《原野》,演出分国语、台语二组演出。导演:陈大禹。后于是年12月14日在台北市新世界戏院再次演出。(《进步文艺的示范:战后初期曹禺剧作台湾演出史探析》)

9月5日　上海《青青电影》第15年第6期刊消息《〈大马戏团〉开拍无期曹禺忙于〈艳阳天〉工作》:"文华公司筹备已久的《大马戏团》……或许将拖后开拍了。""那只有请曹禺提先开拍《艳阳天》了。曹禺这个剧本,已经杀青,日来正在研究摄

①　1947年8月1日在天津创刊。周刊(每逢星期五出版)。发行人曹天培。编辑、发行星期五画报社。

制计划中,这是他第一次担任电影编导……曹禺为了别苗头,自然得拿出全付精神来拍摄此片了。"《艳阳天》是以一女伶为中心,与舞台剧《艳阳天》根本无关。女主角是李丽华,男的是石挥……曹禺为了此片将提前开拍,所以日来忙于研究工作。"

9 月 17 日　上海《中外春秋》第 41 期第 6 版刊《曹禺靠〈雷雨〉要抽上演税》。报道说:"胜利后,曹禺去美国,剧本演出事宜由张骏祥为代理人,去年度石挥等演《雷雨》及屠光启等演《日出》,均经张骏祥接洽同意演出。""最近张骏祥为'中电'编导事忙,曹禺改请陈忠豪,张家浩为代理人,聘书内容为:'兹请陈忠豪,张家浩二位先生为抽著剧本演出事宜之代理人,嗣后各剧团演出抽著剧本在未得陈张二君同意之前,不得上演。'""陈忠豪张家浩均供职海格路'中电'总管理处,希望各剧团搬演曹禺剧作之前,先去接洽。""一般流动剧团颇多未将上演税列入预算,囊括剧作人之利益为私有。最近上演《雷雨》者甚多,曹禺聘请新的代理人,当然是希望能算这笔'倒账'也。"

9 月 20 日　上海《新光》革新 12 期刊署名心声《曹禺早年擅扮女性》一文。

是月　据载:"影剧编导曹禺袁俊(即张骏祥)二氏自黄泛区视察归来后。即继续努力于编导工作。曹禺正进行《艳阳天》电影剧本之赶写,将于十一月中继佐临导柯灵编之《大马戏团》后拍摄,唯以主题,内容关系令名,取舍甚难,故速度甚慢。"(《九月艺文坛》,《世界》月刊第 2 卷第 3 期,1947 年 10 月 1 日)

10 月 1 日　《世界》月刊第 2 卷第 3 期"九月艺文坛"栏刊消息:"曹禺所作之剧本,红遍大江南北,久演不衰,虽屡次翻演仍然拥有观众,由此可见其写剧之不苟与功力之深。近日沪上剧坛因新剧作缺少。于是一般剧团又都转念头到曹禺的剧本上来,在最近这短短二个月之间《北京人》,《雷雨》《日出》《原野》,连续演之不已。"

11 月 7 日　与文华影片公司同人赴无锡游玩。同游者有石挥、周璇、童芷苓、曹慧麟、韦伟、黎明晖、唐大郎、龚之方、沙莉、丁聪、吴性栽父子、张伐、洪谟、楼子春、陈忠豪、佐临、柯灵、洪深、周翼华等。(《星光灿烂·大批艺人秋季旅行到无锡》,上海《电影画报》第 2 卷第 1 期,1947 年 12 月 20 日)

11 月 14 日　云南正风剧社演出曹禺的《雷雨》。杨震导演,由江风、李迦庠、岳痕、周宇萍、周偶、许竹君、刘侍萍、赵晔、杨其铸出演。(《云南现代话剧运动史论稿》第 160 页)

11 月 23 日—12 月 21 日　上海实验剧社假座兰心大戏院公演曹禺的《雷雨》,唐槐秋导演,参加演员有石挥、章曼苹、陶金、史原、罗兰、张伐、李纬、陈天国、唐槐秋、唐若青等。演至 12 月 17 日。于 18 日起,为某月刊社义演,演至 21 日结束。(《雷雨》广告,上海《申报》,1947 年 11 月 21 日—12 月 21 日)

冬 "整整写了六个月"的电影剧本《艳阳天》完竣。不日即自任导演,由文华影片公司投入拍摄。(《曹禺这个人》,上海《电影周报》第3期,1948年7月31日)

12月5日 上海《青青电影》第15年第12期刊消息《曹禺初次做导演李丽华韩非演〈艳阳天〉》:"作剧家曹禺的《艳阳天》已于上星期开拍了,第一天拍的是外景,当日拍戏演员仅韩非及张雁二人……""曹禺原以该处颇为冷落,不料车辆非常繁多……曹禺第一次叫'开麦拉'声细如蚊,第二次乃改用挥手帕为记号了。"

12月14日 上海《影剧人》①新1卷第4号刊文《曹禺导演莫测高深·鬼踏三轮车?·〈艳阳天〉中李丽华表服帖》。讲曹禺初导《艳阳天》的段子:"曹禺初次任电影导演,当然要使出浑身解数,别一别苗头。第一个镜头就有点儿特别,拍的是一辆三轮车,空空的不见乘客和车夫,居然在马路上向前行驶,若将来在银幕上映出来,这第一个镜头,就给人一个奇怪的感觉,好像是个阴魂不散的三轮车夫鬼,在踏着三轮车,真是莫测高深!""女主角李丽华,对曹禺十分服帖,见了他恭而敬之,好像学生见了老师一般,明星派头完全给崇拜心理泯灭了。"

12月23日 文协总会举行理监事会,"商谈会务,到邵力子、叶圣陶、洪深、郑振铎、许广平、欧阳予倩、胡风、冯雪峰、巴金、曹禺、熊佛西、阳翰笙、篷子、默林、靳以、马叙伦、李健吾、陈望道、陈白尘、张俊祥、葛一虹、赵景深等廿余人,由邵力子主席,叶圣陶报告会务,中午由邵氏作东,假梅龙镇酒家餐叙,藉表慰念之意。"(《一月艺文坛》,《世界》月刊第2卷第8期,1948年2月1日)

12月26—31日 上海观众演出公司旅行剧团应台湾糖业公司邀请在台北市中山堂演出《雷雨》。导演:洗群,阳华饰鲁贵,洪纬饰四凤,田广才饰周冲,路曦、支溪泽饰繁漪,耿震饰周萍,张立德饰周朴园,崔小萍饰鲁侍萍,王杰饰鲁大海。次年1月2、3日再次演出。4月27、28日在台南麻豆电姬馆演出。5月2日在台南车路墘糖厂招待所礼堂演出,是月演于屏东。(《进步文艺的示范:战后初期曹禺剧作台湾演出史探析》)

是年 结识著名京剧演员李玉茹。据李玉茹回忆:

> 我们相识是在1947年。曹禺先生从美国讲学归来,在文华电影公司任职。吴性裁,是公司的老板。同时,他也是当时上海著名的天蟾舞台——大来公司的老板。……他很喜欢结交文艺界的朋友。李少春、叶盛章、叶盛兰、袁世海,我们这些人都在天蟾演出,我几乎每周都被吴性裁请到他的文艺沙龙

---

① 1942年4月17日在上海创刊。周刊。后停刊。1947年11月1日在上海复刊。周刊(每星期六出版)。鹦鹉出版公司出版。1948年停刊。

来。参加的文艺界人士多半是新文艺工作者，如金山、黄佐临、桑弧。曹禺先生也来，一起读剧本，谈京戏，谈电影，谈文学。使我长了不少知识。我和曹禺先生就是在这里认识的，后来，接触得多了起来。

那时，曹禺先生正在酝酿写剧本，是想写一个女演员的身世。他找我，就常到我家里来。曹禺先生住在南京路的花园坊，我家住在愚园路上，也在南京路，两家离得不远。那个时候，我的母亲是当家的，都是她说了算，她不同意我同曹禺往来。曹禺是一个知识分子，母亲希望我能嫁给一个有地位有钱的人。开始还可以在一起谈，但母亲很不高兴。于是就事先约好，曹禺先生就到楼下等我，我还要撒谎才能出来。

那时，曹禺先生有部机器脚踏车，能够带人。我就坐在后边，他带着我到兆丰公园去。他也怕人看见，上海小报的记者很讨厌。兆丰公园比较偏僻，人也很少。我们那时就无话不谈了。他很坦诚，我也很坦诚。他谈郑秀，谈方瑞，谈他的孩子。方瑞是很苦的。他和郑秀还没有离婚，同方瑞生活在一起，也是很怕被人知道。（《苦闷的灵魂——曹禺访谈录》第 279、280 页）

是年　与郑秀关系紧张，曾提出离婚。据郑秀回忆："1946 年他去美国……抗战胜利后，我回到南京，从审计部调到财政部，曹禺再没有给过生活费。……我在南京干了一年半，他没有寄过钱。他从美国写过一封信，要离婚，我没答应。1947 年曹禺从美国回来，在文华电影公司，他还管家，两个礼拜回南京一次，也有一次提出离婚。那时，我的二弟在上海制药厂，有一次，他找曹禺要票，曹禺不在，制片厂的张家浩知道他的地址是保密的，张家浩把地址告诉了我二弟。曹禺知道后吓坏了，便骑着摩托车找我二弟，就是这次他把手摔坏了。据说我父亲在上海《新闻报》登过一则启事，说：郑秀和曹禺是合法的婚姻，其他人都是非法的。"（同前第 216 页）

是年　参加了党领导下的一个读书小组。据方琯德回忆："1947 年，那时白色恐怖，我们成立了读书小组，曹禺也参加了，跑到上海育才中学去聚会。有时每周一次，有时每周两次，小组里还有任德耀，第三期的。我们一起学习艾思奇的《大众哲学》。但是，曹禺又参加第三种人的签名，这同钱昌照有关系，他和曹禺是前后同学，组织第三种势力，他和钱昌照关系很好。但是，后来两人的关系搞僵了。"（同前第 202 页）

据曹禺回忆："1947 年，我参加了一个读书小组。那是在上海，要到好远的一个地方，他们带着我去，读的就是《工资·价格·利润》这本书。我是抠不明白，希望刘厚生讲讲，好像他也不是很懂。他是地下党员，我早就疑心他是地下党员了。"（同前第 129 页）

是年　上海发生有人假冒曹禺行骗事件。据曹禺回忆：

　　1947年,在上海确实有一个人假冒我的名字去侮辱一个女工,并和她同居了。这个女人写了一封信,寄给了中央社上海分社,该社把信转送给我了。信上说"我"如何负心,欺骗了她,抛弃了她。我看了很生气,便决心把这件事查个水落石出。于是就找了我的学生李恩杰(已故),还找了另外一个学生,还有张家浩(在制片厂工作),去查问这个女子的下落。找到后,约她到南京路上的新雅酒家见面。我、李恩杰、张家浩,我们3个人去了新雅酒店等候。她来了,看了半天,她问:"曹禺怎么没有来?"我说:"我就是。"她说:"你们是坏人,你们骗我。"我说:"你碰到的那个曹禺才是坏人,我们保证我们都是好人,我们是要帮助你找到那个坏人。"为了这件事,那个女人还丢了工作。末了也没有找到那家伙。我怀疑是一个叫龚家宝的人干的。因为我记得在卡尔登剧场演出《日出》时,有人就和他讲,你写的这个剧本还不错,他就冒认了。此人那时就冒我的名字了,这次也可能是他,这个人是个流氓,但没有证据。后来也就不了了之。

　　这里,还要提到罗艺(此人又叫罗明),他在国民党中央社上海分社工作,因为那个冒名事,我找到罗明,请他帮忙,他竟说什么"偶尔做了也没啥了不起"。这个人也够糊涂的,好像是我真侮辱了那个女工似的,我很生气,我非搞下去不可。他还是帮了忙。当时上海小报较多,竟造谣,我对此十分厌恶。(同前第75页)

据张家浩回忆:

　　冒充万家宝的事,是剧专第一届学生罗明(鸣)传递消息的,他是《中央日报》副刊编辑,他发现这件事,告诉了万先生。那是在新雅酒家,在南京路上,我是一个证人,也出席了。万先生告诉那个女人,她受骗了。(同前第231页)

　　是年　应郑振铎邀请,去庙弄赴便宴。郑将去香港,设宴感谢为《文艺复兴》积极撰稿的各位朋友。出席便宴的还有茅盾、郭沫若、巴金、钱钟书、靳以、艾芜、杨绛、辛笛、唐弢、李健吾等。(《关于〈文艺复兴〉》)

1948年(民国三十七年) 三十九岁

　　9月12日至11月2日,辽沈战役胜利,东北全境解放。

　　1月1日　上海《机联会刊》①第217期刊署名计大为《十大名剧之五〈雷雨〉》一文。作者认为"中国的剧坛上""称得上是家喻户晓的"是《秋海棠》和《雷雨》二部。文及:"最近搅前进越剧的几位编剧大人们,也曾将《雷雨》改编而搬上越剧舞台,弹词皇后范雪君也将此剧改编为弹词,因而《雷雨》这部戏就更为吃香了。"

　　1月7日　是日起,中国万岁剧团在南京文化书院公演《蜕变》。(《艺人艺事》,《综艺》第1卷第2期,1948年1月16日)

　　1月10日　《电影界画报》在上海创刊②。本期刊署名丁芝的《曹禺的风趣生活》,讲曹禺"活捉耗子"、"洗澡出噱头"、"反串红杏出墙"、"自演北京人"四个故事。

　　1月18日　上海《大地》周报第93期刊柳小凤《以〈假凤虚凰〉起家的文华电影公司》一文。介绍说:"文华的基本演员如:石挥,张伐等都是一时之选,导演有佐临,曹禺,洪谟,桑弧等,也都有他们的声望与地位。……已开拍的有曹禺编导的《艳阳天》系李丽华主演。未拍的有洪谟的喜剧《好夫妻》(闻已易名《再生缘》)。和张爱玲的《金锁记》。根据出品来看,比国泰与大中华高得多了,文华是有前途的。"

　　1月20日　上海《群言》③复刊第10期"龙吟虎啸"栏刊名人轶事9则。其四是《曹禺失恋写〈雷雨〉》。文说:"曹禺是当代名剧作家,这是谁都知道的,由曹禺更使人连带想起他的成名《雷雨》,这是一部不朽的杰作,曹禺因此奠定了剧坛地位。可是,谁又想到,曹禺会成功这一部作品,还带有'罗曼蒂克'的成分。""曹禺追求郑秀之前,在清华同时热恋一位名导演的女儿,可是失败了,在懊丧之余,怀着惆怅的情绪,回到天津母亲的身旁,度着失恋后的乏味生活,他的情感没有地方发泄,就埋

---

　　①　1930年1月1日在上海创刊。半月刊。编辑者:上海机制国货工厂联合会,总编辑:天虚我生。出版者上海机制国货工厂联合会。停刊时间不详。1946年3月16日复刊。半月刊(每逢一日十六日出版)。主编李阿毛。

　　②　出版者:艺风图书公司,编辑者:电影界报社。

　　③　1946年1月在杭州创刊。出至第3期停刊。1946年12月在上海复刊,发行人夏功楷,主编郑余德,发行群言杂志社。至1949年3月,其间停刊、再刊,共出版34期。

首写成了《雷雨》两年后竟震动全国以及名闻全球,由成名再获得了郑秀女士,有人说,假使曹禺没有这次失恋,恐怕不会写出这部《雷雨》来的。"

是日 《上海生活画报》第 3 期刊署名恶文知《一波三折·李丽华主演〈艳阳天〉》,说是"曹禺的《艳阳天》写成时,李丽华还在香港,在事先,她仍向文华预约,这部片子无论如何要她来主演! 于是她赶回上海,等候开拍,谁知在前一天,曹禺偶然的去看了一部李丽华主演的《春残梦断》,认为小咪不是他理想的主角,一口回绝了公司当局"。文华老板不想得罪李丽华,"只能叫曹禺为卖座着想而打消原意,《艳阳天》乃才得顺利开拍。"

1 月 30 日—2 月 2 日 上海越剧名伶"假座明星大戏院"公演越剧《日出》。导演魏于潜。舞台装置仲美。(《日出》广告,上海《申报》,1948 年 1 月 25 日—2 月 1 日)

是月 上海观众(演出公司)剧团在台湾演出《雷雨》。(《文化动态》,《台湾文化》第 3 卷第 1 期,1948 年)

是月 演剧六队与四队一起由武汉到达长沙,联合创办联华剧院,轮流上演进步戏剧。六队上演的剧目有《夜店》、《牛郎织女》、《草莽英雄》、《清宫外史》(第一部)、《孔雀胆》、《金玉满堂》等;四队演出的剧目有《丽人行》、《家》、《日出》、《原野》、《大雷雨》等。(《中国话剧史大事记》第 259 页)

2 月 15 日 中华民国三十七年度(第五届)戏剧节庆祝大会和中华全国戏剧电影协会成立大会在南京文化剧院合并举行,出席大会的有地方和军队的话剧团、戏曲剧团、地方戏公会、电影制片厂等团体的代表四百余人。大会主席团主席为国民党中央宣传部、中央文化运动委员会负责人张道藩。大会讨论了协会的组织章程和各项提案,选举出本届理事和监事。理事有:张道藩、余上沅、梅兰芳、洪深、万家宝(曹禺)、孙瑜、田汉、熊佛西、罗静予、张骏祥、阎哲吾、向培良、黄佐临、王瑞麟、欧阳予倩、吴天保、王向辰、金山、戴涯、潘奎芳、孙明经、丁伯骝、方沛霖、蔡楚生、吴仞之、郭兰田、李健吾、冯玉瑞、谷剑尘、胡春冰、黄若海等二十余人。(《全国戏协成立选出理事监事》,上海《申报》,1948 年 2 月 16 日)

2 月 20 日 上海《青青电影》第 16 年第 5 期刊《电影故事〈艳阳天〉》。本期还刊《李丽华·曹禺·不欢》,说:"李丽华为了拍《艳阳天》,与导演曹禺不欢,一个是大明星,一个是大编剧初上摄影场,二虎相争,必有一伤……曹禺或许要败在李丽华的手里了。"

3 月 1 日 《世界月刊》第 2 卷第 9 期"二月艺文坛"栏刊消息:"名剧作家柯灵自《夜店》完成后即埋头写作一新电影剧本,名《春夏秋冬》,近已完竣,将归'文华'所有,交曹禺继《艳阳天》之后开拍……"

　　是日　天津《综艺》①第 1 卷第 5 期"艺人艺事"栏刊消息："上海正拍之新片有史东山之《新闻怨》、曹禺《艳阳天》、毛羽《马路英雄》、中电二场《上海奇谭》，文华并将继拍张爱玲《金锁记》，又石挥将于五月演《夜店》。"

　　3 月 5 日　上海"兰心戏院"临时演出《正在想》。导演黄佐临。演员石挥、史原、张伐、白穆、程之、崔超明等参加演出。（《正在想》广告，上海《申报》，1948 年 3 月 5—21 日）

　　3 月 10 日　据叶圣陶日记："竟日缮抄曹禺《蜕变》之第四幕，作为教材。七时举行读书会，谈余之《倪焕之》。"（《在上海的三年》）

　　3 月 11 日　据叶圣陶日记："仍缮抄曹禺之剧本。"（同前）

　　3 月 16 日　天津《综艺》第 1 卷第 6 期"艺人艺事"刊消息："名剧作家曹禺正在文华公司导演他的电影新作《艳阳天》，由石挥任主角，饰一律师，别名叫'阴魂不散'。"

　　3 月 25 日　上海《青青电影》第 16 年第 7 期刊消息《曹禺设计〈艳阳天〉广告》："无论什么事业，宣传是相当重要的……《艳阳天》是曹禺导演的新片，他在埋头摄影场工作之外，不愿放弃这一宣传方面的责任。他有一天约同《艳阳天》装置李恩杰，喝了九斤黄酒之后，大家研究画面问题，曹禺的意思五个主角人头分左右上角列开，韩非是个恐怖人物，应该画绿色的，下面一幅春景，特地拍了一张春游照片，红男绿女，三轮车飞，完全写实作品，居中《艳阳天》那三个飘带美术字，由丁熙（聪）执笔，这幅春游图，完全衬托出《艳阳天》的意境。"

　　4 月 1 日　天津《综艺》第 1 卷第 7 期"艺人艺事"栏刊消息："曹禺著《雷雨》将由秋田雨雀主持在东京最大戏院上演，按此为日本投降后第一次上演中国剧。"

　　是日　《世界》月刊第 2 卷第 10 期《三月艺文坛》刊消息："新中华演剧社今年第一次演出在兰心重演曹禺名作《原野》，为期十天，集体导演，由史原、白穆、张伐、刘琦、陈天国、沈浩、夏天分扮剧中角色，阵容可谓硬整。"

　　4 月 2 日　国际戏剧协会中国分会在南京召开成立会议。胡春冰、余上沅、李曼娟、凌琬瑰、周彦、丁伯骝、黄芝岗、谢寿康、张道藩等四十余人参加会议，讨论通过了分会简章，选举余上沅等七人为临时执行委员，阎哲吾为召集人。5 月 21 日，召开第三次临时执行委员会，正式选举出执行委员会委员 31 人：余上沅、熊佛西、阎哲吾、张骏祥、万家宝（曹禺）、田汉、欧阳予倩、张道藩、洪深、陈白尘、马彦祥、向培良、应云卫、史东山、罗静予、焦菊隐、夏衍、阳翰笙、吴仞之、杨村彬、王瑞麟、吴祖

---

　　①　1948 年 1 月 1 日在天津创刊，半月刊（每逢一日十六日出版），编辑出版：综合艺术杂志社。

光、郭蓝田、顾一樵、胡春冰、梅兰芳、赵元任、周彦、陈治策、沈浮、陈鲤庭。并选出余上沅、万家宝、张骏祥三人为出席 6 月国际剧协大会代表。国民政府教育部代表以外汇困难,只能补助一人出国部分经费,会议再决定只派一人(后定为余上沅)出席国际剧协大会。(《中国戏曲志》编辑委员会:《中国戏曲志·江苏卷》第 71 页)

4 月 3 日 上海《申报》"文化界小新闻"刊消息,《艳阳天》"近已摄制完竣,月内在沪放映"。

4 月 8 日 据"中华全国文艺协会总会"请柬:

兹定于本月十一日(星期日)下午准二时,在林森中路霞飞街 64 号举行理事会,商讨会务。届时尚行,拨冗出席,是为至荷。文协总会四月八日

(请柬上附名单)田汉、叶圣陶、郑振铎、许广平、阳翰笙、雪峰、胡风、巴金、靳以、曹禺、姚蓬子、默林、陈白尘。① (请柬影印件。原件现藏于天津戏剧博物馆)

4 月 10 日 上海《电影画报》第 2 卷第 3 期刊文《从路牌广告说到"文华"》。文称:"曹禺先生的《艳阳天,在四月份即可上映。"

是日 上海《青青电影》第 16 年第 8 期刊消息《文华新片介绍〈艳阳天〉》:"《艳阳天》是戏剧家曹禺导演电影的处女作,从舞台到摄影场他非常慎重,曹禺也要想像佐临那么一炮开它响。奠定他在电影圈中的地位呢!"

4 月 16 日 天津《综艺》第 1 卷第 8 期"电影"栏刊消息《〈新闻怨〉摄制完成,〈艳阳天〉初拍外景》:"《艳阳天》是文华公司的第六部作品,为曹禺的第一部编导作品,自一月中旬开拍后,至今已近三月,据闻此片大概再有半个月的功夫可以竣工,在这半月里先是把剩余的内景拍完,然后趁着春光明媚的时节到杭州拍外景,这在文华拍外景史上还是'处女页'哪!"

4 月 24、25 日 清华剧艺社在清华大礼堂公演《原野》。萧综(真名王松声)导演。(《〈原野〉海报》,《校友文稿资料选编》第 7 辑,清华大学出版社,2001 年 4 月) 据裴毓荪回忆:"修改后的《原野》,由王松声和张客同志导演,于 1948 年 4 月 24 至 25 日在清华大学礼堂演出,继之又在北大四院礼堂对外公演了两场。当时,由闻立鹤扮演仇虎,我饰金子,李咏饰焦大星,涂铁仙饰焦大妈,赵葆元饰白傻子,这次的演出受到了很好的效果。"(《曹禺、〈原野〉与我》)

4 月 28 日 上海《大公晚报》刊居垄《曹禺和他的〈艳阳天〉》一文。在谈到影片《艳阳天》的主题时,曹禺说:"中国人有一副对联,叫做'各人自扫门前雪,不管他家瓦上霜',横额:'莫管闲事'。这,我认为不对,我们必须辨明是非,必须恳切做

---

① 文字系在"中华全国文艺协会总会用笺"信封正面手写的。

事,不怕麻烦,不怕招冤。"

5 月 9—17 日　上海《申报》连续刊登《艳阳天》广告,告之"文华新片《艳阳天》"系"曹禺编导","李丽华、石挥、韩非、石羽、李健吾主演"。"曹禺先生制作,名满天下,而初登银幕,尤见光芒。我们深以此片的成功为荣,并且郑重献与全国观众"。加之引人注目的广告词,诸如:"大气磅礴,兴会淋漓";"写《雷雨》《日出》所未写,比《原野》《蜕变》更动人";"平生历尽坎坷路,惯打人间抱不平"。未告上演时间、地点。

5 月 14 日　由曹禺编导,文华影片公司出品之新片《艳阳天》在上海大光明影院试片,颇获好评。(《文化界小新闻》,上海《申报》,1948 年 5 月 15 日)郑振铎、叶圣陶前往观看。据郑振铎记述:"晴。晨,对付了印刷者后,即偕篯至大光明看曹禺之《艳阳天》。技术上极为进步。全剧紧张之至,为之感泣!惟恐曲高和寡耳。午,曹禺请我们在新雅午餐,到者皆熟人。酒喝得不少,皆有醉意。主人则已醉矣。三时许散。"(《郑振铎日记全编》第 367、368 页)

据叶圣陶记述:"十时半,偕调孚至大光明,观曹禺新片《艳阳天》之试映。此片编剧导演皆出其手,且为初次之作,而故事有血有肉,取景俱简要,故自不凡。宗旨则为好人应站出来管事,不应取消极旁观态度。然代表好人之阴律饰,其人殊不真实也。片中健吾饰一角,为奸雄之绅富,不恶。观毕,承邀宴于新雅。两席,全皆熟人。曹禺完成此作,至兴奋,饮酒甚多,颇有醉意。而坚欲请人评其缺失,不欲闻赞语,尤见其艺术良心。"(《在上海的三年(十)》)

5 月 15 日　因连日拍片劳累患病,好在无危险。据载:"《艳阳天》试映招待文化新闻界的次日,编导曹禺以四个月来之不断工作,又加以最近赶紧剪接,连夜未眠,致呕血数日,虽经照 X 光像确定肺部完好,可能系小血管破裂,或无危险,然文化界各好友已为之一惊,并为一般努力做导演者慨叹。"(《六月艺文坛》,《世界》月刊第 3 卷第 1 期,1948 年 7 月 1 日)

是日　《影剧画报》在南京创刊①。本期"电影故事"栏刊《〈艳阳天〉本事》,附《演员表》,并配剧照 1 幅。

5 月 18、19、20 日　上海《申报》刊登《艳阳天》上映广告,告之"卡尔登"、"黄金"、"皇后"、"金门"、"国际""五院不日同映"。19 日告之"后天起五院同映"。20 日告之"明天起五院同映"。

5 月 21 日　是日起,曹禺编导的《艳阳天》同时在上海卡尔登、黄金、皇后、金

---

①　半月刊。发行人陈振纲。编辑人影剧画报社。发行所德生出版公司。

门、国际 5 个戏院正式上映。这是曹禺从事电影创作的首次尝试。影片摄影许琦,摄影指导黄绍芬。演员阵容:李丽华饰(阴兆时侄女)阴董修,石挥饰阴兆时,石羽饰魏卓平,李健吾饰金焕吾,林榛饰阴太太,丁然饰周秉望,崔超明饰杨大,史恰恰饰翘翘,菲苹饰姚三错,仲英饰员外,张雁饰老熊,程之饰胡驼子,莫愁饰保姆,孙仪饰保姆,沈扬饰抬尸人,苗祝三饰审判长,赵钱孙饰木匠店学徒,田太宣饰老妇,于伶饰二房东,王龙基饰孤儿,于复瑛饰小眼睛,葛梅强饰小牛牛,朱云山饰保镖,卢荻饰木匠,富润生饰职员,唐于启饰三轮车夫。映至 26 日,该片"盛况突破纪录"。至 29 日,卡尔登撤映,其余 4 院同映。至 31 日,国际撤映,余黄金、皇后、金门 3 家同映。(《艳阳天》广告,上海《申报》,1948 年 5 月 21—31 日;《演员表》,南京《影剧画报》第 1 期,1948 年 5 月 15 日)

同期,《艳阳天》在南京、苏州、杭州、无锡等地戏院同时上映。这些戏院是:南京——新都大戏院;苏州——苏州大戏院、皇后大戏院;杭州——太平洋大戏院、西湖大戏院、大光明大戏院;无锡——大上海戏院;常州——大光明戏院;芜湖——中山堂戏院、国安大戏院。(转自胡叔和:《曹禺评传》第 265 页)

是日 上海《电影小说》[①]第 3 期刊载署名镜华根据曹禺同名电影改写的小说《艳阳天》。

是日 据叶圣陶日记:"覆校国文排样。作一短文,略谈《艳阳天》,曹禺所嘱也。"(《在上海的三年(十)》)

5 月 23 日 上海《青青电影》第 16 年第 13 期刊文《〈艳阳天〉两种不同的批评》,一种是"看后都觉为满意,无不祝贺曹禺先生初次编导电影的成功";一种是"有许多观众,对于寄予厚望的《艳阳天》感到无限的失望,认为与滑稽片相仿佛,徒然使人笑笑,以为这是一张水准以下的影片,是曹禺的盛名之累"。本期还刊《〈艳阳天〉开映前的小波折》,说的是,"《艳阳天》试演的前夕,文华宣传科突然接到三轮车公会的公函",称《艳阳天》内容有侮辱三轮车'先生'之处,经会员要求,请赐试片券二十张,俾明真相"。试映的时候,三轮车公会的会员怒气冲冲赶来,大有"兴师问罪"之势,而观之,"电影中的三轮车先生,是正义的一群",让"三轮车会员感到十分满意",喜洋洋归去。

5 月 25 日 上海《大公报》总编辑王芸生邀请在沪文艺界知名人士曹禺、史东山、张骏祥等与吴继岳会见。(图片文字,《中国建设》1982 年第 12 期第 26 页)据吴佟文

---

① 1948 年 4 月 21 日在上海创刊。半月刊。发行人影业出版社,编辑者陈立,发行所影业出版社。第 2 期起,发行人为卢莳白。

述："早在一九四八年，吴继岳曾作为一个泰华报纸的记者，随泰国华侨体育健儿回国参加当时在上海举行的全国运动会。上海《大公报》总编辑王芸生安排这位《大公报》在泰国的通讯员访问了正在上海的曹禺等我国戏剧、电影界的知名人士。事隔三十四年，他来到北京，提出要求再访曹禺。听到他的这个热诚的要求，我欣然地同曹禺进行联系，曹禺也立即同意了。""他们两人重逢时，吴继岳将刊有报道他当年访问曹禺文章的一本《海外五十年》送给曹禺留念。……"（《海外记者生涯五十年——记泰国华侨老报人吴继岳》）

5 月 26 日　上海《大公报》第一张（头版）编发一组《文化界推荐文华新片"艳阳天"》文章，用三分之一版面刊发叶圣陶、景宋①、郑振铎、熊佛西、陈望道、巴金、臧克家、唐弢、靳以、梅林、徐铸成等人的评述。

第二张（版）刊《艳阳天》广告：

　　卡尔登　黄金　皇后　金门　国际

　　连满一百场！盛况空前！今天五院时间·二时半·四时三刻·七时·九时十刻

　　上午预售　平生历尽坎坷路，惯打人间抱不平　本片带给你一阵辛酸和一腔悲愤

　　写《雷雨》《日出》所未写　比《原野》《蜕变》更动人

　　编导　曹禺（大号字）

　　李丽华·石挥·韩非·石羽·李健吾主演

5 月 27 日　上海《申报》"文化界小新闻"刊消息："国际戏剧协会代表大会，订于下月二十八日在捷京举行。我代表已推出余上沅、万家宝、张骏祥三氏出席，但教部因外汇困难，只愿担负一人出席旅费，故决由余氏一人出席代表。""国际戏剧协会中国分会已选出余上沅、熊佛西、阎哲吾、洪深、田汉、梅兰芳、曹禺等三十一人为执委，佐临、费穆、赵丹等为候补委员。"

5 月 28 日　上海《新民晚报》刊慕兰《评〈艳阳天〉的主题》一文。文章指出了影片的不足，认为："《艳阳天》的缺点，就在于没有正确的正视和执着现实，而从那里逃避开，使斗争归依于个人的激情行为，看重了为一定阶级作护符的'正统法律'。"

5 月 29 日　上海《大公报》刊消息《曹禺编导〈艳阳天〉》，报道"本外埠 16 家电影院同日开映"的消息。

_____

①　即许广平。

是月 电影剧本《艳阳天》列为巴金主编的"文学丛刊·第八集"之第15册由上海文化生活出版社出版。

曹禺曾送胡风先生一册。据姜德明文述:"胡风先生的藏书我也在旧书摊前淘得两本,一本是一九四八年五月上海文化生活出版社出版的曹禺电影剧本《艳阳天》,是'文学丛刊'中的一种。书上有曹禺的签名'胡风兄指正 家宝'。胡风先生的书何以能流到旧书市场上来,一想到他所经历的坎坷命运,也就不用多说了。"(《书边梦艺》第88页)

据魏绍昌回忆:"曹禺的剧本《雷雨》、《日出》、《原野》和《北京人》都收入'文学丛刊'。一九四六年二月曹禺(和老舍)去美国讲学,次年曹禺回来,便被佐临介绍到上海文华影片公司当电影编导,他编导的第一部影片(也是他唯一又编又导的一部)是《艳阳天》,电影文学剧本在'文学丛刊'第八集内出书,这一本又是丛刊唯一书外加护封的,护封上印着曹禺导演此片的一张照片,并有介绍剧情的文字。一九四八年夏曹禺来我家就带着这一本新书送给我的。第二年初他离开上海去香港前,把几集有硬纸板制成书套的'文学丛刊'送我,(当时出版社为了便利读者购买成套的丛刊,将出齐的各集化零为整地分集装进硬书套内发售),我因已重复,便转赠给李玉茹,那时我认识李玉茹也由于曹禺的介绍。万万想不到过了三十年之后,曹、李两人会成双配对,变成一家人了,那末曹当初送给我的几套'文学丛刊',由我转赠给李,也可以说我有'先见之明',早就'完璧归'曹''了。"(《东方夜谈》第14、15页)

6月1日 南京《影剧画报》第2期刊署名"阳间人笔录"《〈艳阳天〉座谈会》,出席者"有影评人,有记者,有编辑",但未有名姓,以"A、B、C"表示谈话人。有的认为:"这是国片中少有的收获","是通过艺术手腕,对现实一贯讽刺"的影片;有的认为:"曹禺有些地方故意晦涩,或者是卖弄才情","阴律师在曹禺写来是一个乐天派的正义感的人物,但作者总有些地方将他丑角化"。

6月5日 《文讯》第8卷第6期刊熊佛西《〈新闻怨〉〈艳阳天〉观感》一文。对《艳阳天》和曹禺给与高度评价。熊佛西先生说:"《艳阳天》是曹禺先生的影剧处女作。这位'处女'毕竟不凡,是那样的端庄朴素而有大家风度。""中国影片今后必然因《艳阳天》的成功而转入另外的一条路。""《艳阳天》是一部好片子。'阴律师'这个人物是可爱的,曹禺先生也毕竟是一位非凡的作家。"

是日 《嘉定导报》第6期《副刊》"随笔"刊书评《〈艳阳天〉》(署名邬朋)。作者认为,曹禺"这个故事,是沉痛的。但却是现实社会的影子,不是什么传奇"。"流氓是那么多,阴兆时只一个!"

6 月 12 日　香港《展望》周刊第 2 卷第 7 期"影剧展望"栏刊署名"沛雨"《艳阳天》一文，介绍影片《艳阳天》。

6 月 16 日　上海《求是月刊》①第 2 期"影评"刊署名观众《评〈艳阳天〉》一文。文章认为："《艳阳天》充满了缓和反抗情绪的旧毒药"，在"我国旧小说和旧剧里，几乎永远在张扬着一个真理，就是凡是恶霸，吃人的人，都是偷偷的吃，不要让大官知道，不要让皇帝知道，如果有大胆的人敢拦路喊冤或者到京城去告御状，喊冤是一定昭雪的。《艳阳天》依然遵守着这个古老的定律"，《艳阳天》的主题不外"这个世界是有是非的。可是是非不是轻易有的。人们不去争个是非，是非就没有了"，影片"技巧方面来看也是很有趣的"，"最后更为了增强剧情的紧张，特意模仿美国无聊电影的旧手法"。文章最后，作者呼吁："有名的以及无名的作家们起来用上心血写电影剧本，不要一个人连编带导，使自己看不见自己的黑点。"

是日　《综艺》第 1 卷第 12 期刊署名汪扬的《关于〈艳阳天〉》。文章认为："作者所着力唤召的，乃是一种精神，一种'争是非'的精神。所以剧中人物才被他提高超越在现实之上，几乎走进理想的境界。"在影坛"某些倾向不良的影片泛滥成灾的时候，《艳阳天》的出现，就其主题的积极，作风的严肃来说，多少还是件值得庆幸的事"。

7 月 10 日　长沙《新时代》②周刊第 4 期"影剧评介"刊署名紫荻《〈艳阳天〉》一文。作者认为："作者的才华，是令人心折的。简洁的手法，为善与恶划分了一条显明的界线，纯熟的技巧，使人和事紧紧地抓住了观众的心弦。噱头的卖弄，纵有时感到过火，但人物所表现的，却令人引为亲切。自然，《艳阳天》的成就，也许并不如作者的《蜕变》等话剧。但作为他的电影剧本，然却是一个不坏的起点。"

7 月 15 日　上海《人物杂志》③第 3 第 7 期刊佚名《曹禺的'怪病''吞信''第四堵墙'》。文讲曹禺棉袍藏鼠、江安吞信、江安接获延安电报而遭搜查的故事。

7 月 15 日　《新书月刊》在上海创刊④。本期"新书提要"栏介绍了《艳阳天》一书。

7 月 17 日　《电影周报》在上海创刊⑤。本期刊消息《曹禺返平》："文华公司的

①　1948 年 5 月 16 日在上海创刊。月刊。发行者求是出版社。
②　1948 年 6 月 19 日在长沙创刊。周刊（每逢星期六出版）。编辑新时代周刊社编辑部，发行人黄定戎，发行所新时代周刊社。
③　1946 年 8 月 10 日在上海创刊。月刊。编辑兼发行者：人物杂志社，沪版总经销处：文光书店。后发行人为张如愚，中国图书杂志公司总经售。
④　月刊。编辑者：中国文化服务社，发行人：刘百闵，发行所：中国文化服务社。
⑤　周报（每周六出版）。中国电影出版社出版。

制片政策,是重质不重量,以过去的出品,可以为证。现在他们有四位基本导演:佐临,桑弧,曹禺,洪谟。每年规定出片六部,每个导演平均担任一部半戏,一部戏以二个月为摄制时间,则每个导演的执行工作,只有三个月,再加三个月的准备工作,也是'哈夫哈夫'每年有半年可以休息。而且在休息期间,公司当局规定导演有自由选择修养的地点,全部旅费由公司担任,曹禺最近就有上北平去修养的准备。"

7月21日 上海《大公报》副刊《戏剧与电影周刊》第91期刊张衡模纪录的《〈万家灯火〉座谈(上)》。文刊:出席者(以签名先后为序)冯雪峰、章靳以、许之乔、潘子农、梅朵、梅林、杨晦、郑振铎、柳倩、曹禺、戈宝权、高集、臧克家、夏康农、赵清阁、杜守素、金山、周伯勋、黄佐临、安娥、田汉、于伶、史东山、阳翰笙、沈浮(这份记录,未经各发言人过目,倘有错误,统由记录者负责)。

在这个座谈会上,曹禺说:"从整个戏的编导上来说,是观察很深,非常人性,跟我们的人生经验相符合,有一点值得特别提出和供我们学习,就是这片子的表现主题的方法。我们认为的是非,就是良心,信仰,这也就在平常我们的心中慢慢地形成一定的固定的形式,而这怎样借重艺术形式可以弄得很好,这是个问题,我想,这要顾到三位朋友,第一个朋友,是老板,对老板要保证卖钱,第二个朋友是检查,要交待得过去。第三个朋友是观众,观众得欢迎才行,因此,一部电影的出产,的确不是一件容易的事。许多人批评为什么在电影上不把明白的道路指出来,明确地摊出来,我相信阳沈两先生很知道这些道理的。这片子通过了人情味和巧合性,这些都是观众喜欢的地方,我不是袒护这些方法,可是有许多人就提出'为什么这样结尾''为什么把这些人物放在一起'等问题来责备你。目前的社会须要改,须要变,须要大变动,从这一点上看这片子,我以为两位先生是够辛苦的了,我懂得他们。"

7月22日 电影演员张砺(原名张玉辉)和洗扬在上海青年馆举行婚礼,曹禺出席并与凤子主婚。(《电影演员收押——张砺重婚徒六月》,上海《申报》,1948年10月17日)

7月31日 上海《电影周报》第3期刊署名"海公"的《曹禺这个人》。该文回顾了作者与曹禺的交往及对曹禺的印象。文说:

曹禺这个人,一点不懂得仪表的修饰,一年中有二百四十天老是穿着一条洗旧了的黄卡其裤,难得结上领带,溽暑中遇见他,翻领衬衫,黄长裤,还有一顶旧呢帽,有谁相信这个美国农夫打扮的是位国际驰誉的名剧作者。脸上老挂着笑容,发老是不理,矮矮的身材,二个滚圆的眼镜框,一拨发毛落在额角上。推测他的年龄,大概是三十八九岁光景。

《艳阳天》电影剧本整整写了六个月,据文华摄影场全体工作人员的意见:从没有看到处理导演工作有如曹禺那样精细过,有几场戏试镜头多至四十余次;这种不厌求详的求全精神,别的导演是没有这般耐心的。

下个月他预备到北平去休息一时,实在是写剧本去的。第二个电影剧本是《春夏秋冬》,由他自己导演,他因为太重视导演工作的缘故,他说凭他的精力,一生只能导演十个戏,他对于自己的看法跟观众的推重有着颇远的距离。……

是月　上海出版了文艺论丛社编辑发行的小型刊物,仅有二十几页,即以不定期的丛刊《文艺论丛之一》的形式问世,名为《评〈艳阳天〉兼论作家的委屈》,实为批判曹禺自编自导的电影《艳阳天》专号。刊物共收三篇文章,计《论〈艳阳天〉所表现的思想意识》(叶夫)、《评〈艳阳天〉兼论作家的委屈》(丁果)、《评〈艳阳天〉作者的精神生活》(海尼)。

是月　据报道:"澎湖业余剧团自从演出《雷雨》及《醉生梦死》二剧后,引起当地戏剧爱好者的莫大兴趣与期望,现该团又开始排演《日出》准备上演。"(《台岛剧讯》,《剧影春秋》第 1 卷第 1 期,1948 年 8 月 11 日)

8 月 3 日　致信吴组缃先生。信说:

你的小说,不成问题,将是我们大家的宝藏。我们日后会由你的小说里看出我们今日怎样生活的。你一定要继续写小说。目前我请你写电影剧本只是为眼前救急——却也说不定,一次两次试验中,可能你发现出你另有一面更可施展的才能。不管若何解释吧,写影剧确可试一次。前几天提起限两月半交"货",不是笑话。自今日始,十月十五你肯寄给我一部影戏本子么?

我等你写一个故事来。我一生不被人催不写一字,受逼次数太多,今日也来逼逼朋友,尝尝逼人怎样的威风。(《曹禺致吴组缃的三封信》)

8 月 7 日　是日起,青年军 31 军新青年剧团在台湾省高雄大舞台演出《雷雨》。导演:东山。于 9 月 3 日在台中戏院再次演出。(《进步文艺的示范:战后初期曹禺剧作台湾演出史探析》)

8 月 11 日　《剧影春秋》在南京创刊①。这期创刊特大号上,载三篇关于曹禺《艳阳天》的评论,一是署名青苗的《曹禺的彷徨》;二是亦五的《我看〈艳阳天〉》;三是司马梵霖的《给〈艳阳天〉作者的一封公开信》。

青苗认为:"在曹禺所有的戏里,我觉《艳阳天》的主题的把握最模糊,而且最值得商讨的。如果允许我们说得夸大一点,那么在《艳阳天》中,我们不仅看到了曹禺对丑恶的现实的轰击和对于一个善良的理想的努力追求,而且更看见了他在这苦

---

①　月刊。主编魏照风、沙坪。出版者:剧影春秋社。

苦追求中所表现的彷徨和迷乱,我们绝不是浅薄的革命论者,打着教条主义和公式主义的旗帜来评论曹禺的作品,要他走同样的道路,或要求他更其深入的发掘现实。比如,对那色彩浓厚的神秘主义的《原野》,我们可以予以喝彩和赞誉,因为这是一件成就很高的艺术品,但是对于《艳阳天》,在喝彩和赞誉之外,我们还得痛切地加以探讨,因为《艳阳天》好像易卜生的戏一样,它是企图来解决一个社会问题的。"

亦五借朋友之口,表达对《艳阳天》的不满,一是"以曹禺之智,难道连现在的法律是为什么人的利益所订的都不知道吗?即知道而让阴魂不散去向法院申诉,而且一再强调现行法律之尊严!是欺骗!是歪曲!"二是"觉得阴魂不散这个人物士大夫气太浓。从外型到内心,无一处不显出他是个旧型的知识分子。不爱修饰,抽烟,打牌,弄渔鼓,轻视女人,痛恶恶势力而又不信任群众力量,缺乏理智的思考,打抱不平只是为了精神上'痛快!痛快?'等等。"但他又认为"我喜欢《艳阳天》的地方,是曹禺创造了个完全中国型的人物,在国产片中像这种'纯国货'的人物,实在太少见。他有缺点;那是我们都有过缺点,你看一看过了四十的中年人,念过几本旧书的知识分子,那一个身上没阴兆时的影子?曹禺捉住了这个人物的几个特点,凑成了这样一个人物。从艺术观点说来,他是成功的。若从主题来看,作者的本意是很好的,他要打破中国人'各人自扫门前雪,休管他人瓦上霜。'的自私观念。……曹禺笔下是个可怜的好人,而不是个有认识有毅力的社会改革家。把这一点分清了,我们对阴兆时就有可以原谅的地方了。"

司马梵霖在公开信中写道:

我觉得您的作品大部分是属于过去的东西,只有一小部分执着在今天,至于通向未来的简直可以说完全没有。所以您的作品最缺少理想和乐观气息,是一种令人沮丧的东西。

我要在看过《艳阳天》以后才给您写这封信,是因为它使我对您抱着很大的不安。在从前您还只是常向空处走,而在《艳阳天》里您却简直是向后转了。在从前您的幻觉还是伸向旧秩序以外的,这,至少还可以让人看到您对旧秩序的不满,还有这样一点健康的气息。而在《艳阳天》里竟连这一点都被斩断,居然缩回头来在这窒闷的旧秩序里找寻幻影了。是怎么回事呢?先生!是您对旧秩序以外的东西厌倦了呢?是您觉得太远不可及高不可攀因而只好放弃呢?还是你一旦觉悟对旧秩序忏悔(我不说投降吧)了呢?

几十年残酷的战斗,人民早已被自己的血洗亮了眼睛,早已看清楚自己的道路了。艺术家无视这种事实是可悲的。《艳阳天》我有一个感觉:在一群眼睛睁得透亮的人面前,先生掩起双目来捉迷藏,像煞有介事地嬉笑怒骂了一遍。这是怎样的一种情形呀！

有人说从《艳阳天》看先生的创作力似已在衰退中。我不喜欢这样的说法，觉得有些玄学意味。我想一切由于生活态度，是的，生活态度！

8 月 14 日　上海《电影周报》第 5 期刊消息《一连串的"文华新片"》："文华公司今年下半年度新片相继开摄，已决定程序如下：石挥导演《母亲》，桑弧导演《哀乐中年》，佐临导演《表》，曹禺导演《春夏秋冬》。"

8 月 21 日　《华文国际》①第 2 卷第 6 号"文化短讯"栏刊消息："曹禺的《雷雨》最近于东京公演，这是战后中国戏剧第一次得在日本公演。"

是月　开明新编高级国文读本（第一册），吕叔湘、朱自清、叶圣陶编，由开明书店初版。书中收入曹禺《蜕变》剧本。

9 月 1 日　《文潮月刊》第 5 卷第 5 期《文坛一月讯》刊消息："曹禺在香港，正写《春夏秋冬》电影剧本。"

是日　《世界》月刊第 3 卷第 3 期《八月艺文坛》栏刊消息："曹禺继《艳阳天》后，已决定再写第二个电影剧本，闻定名为《春夏秋冬》。"

9 月 28 日　致信吴组缃，就吴先生的电影剧本提出意见。信说：

《绿野人家》故事，我读后，又找了几个影业的朋友们仔细读了一过。……我想我一个人的批评不足，我对电影艺术的了解不够深，对于一个剧本的胚胎——故事是否有可以充份（分）发展为电影的可能，这一层我还把握不住。多几个内行来研究，推敲，会更使我们明瞭这个故事在电影上的性质为何，——那就是说，它的电影性大不大。再，我也想立刻知道就你现在所能写的电影故事，它能否"推销"到"电影市场"上去。我有些性急，急于见功，急想明白你的故事能否应实际的需要。因为电影是供给大量的观众的艺术品，如果这一层你根本没有，写得再好也没有用，那就是，电影界的演出者不会要，即便是因为写得细腻深刻取用一个剧本，这剧本摄制出来也不为大量观众所喜悦，接受，就等于是失败的。

我找了两个老板……他们虽没有具体说出买了这个剧本，我确实感到这个剧本（如若写出来的话）的出路已没有问题。

我没有具体和他们谈"买卖"的问题，因为这还不成其为一个剧本。……在我还未十分明了你在电影上的才能之前，我还是以为你写电影剧本是手段，不是目的。（《曹禺致吴组缃的三封信》）

---

① 1948 年 1 月 1 日在日本创刊。旬刊。

是日,又致信吴组缃一通。信说:

又久不通信,非常惦念你的近况,尤其念着你的写作近(进)展。《绿野人家》已写了多少?我和许多朋友们谈及此事,大家都希望你脱离教书生涯,专心写作。一些与你不相识的朋友也时常问询你这个剧本,可以何日脱稿。

《绿野人家》我已与文华公司谈定。他们十分盼望你能长期供给剧本。……你如同意,我们最好在你写成一半时见面,你来我去都可,不过最好你能来沪一谈,你见见这些优秀的电影的从业者,和他们谈谈。电影厂拍制情形似乎也参观几日才好。

组缃,万万不可泄气,无论如何在教书当中拿出大部工夫写了它。……我们已过人生之半,还有几年能写呢?多想想看,这一层请你也告诉我。(同前)

10月2日 《电影周报》第12期刊消息《曹禺赴平》:“曹禺先生完成《艳阳天》后,正在收集材料,作下一个戏之准备。现在,文华公司摄片程序已决桑弧继石挥之后,佐临继桑弧之后,曹禺继佐临之后,照此安排,曹禺上场工作之期,当在明年初春,按曹禺之一贯工作态度,对此期限,已感到相当迫促,故已定日内迁居北平,俾能安心写作,刻下文华公司正为他登记购买飞机票之中云。”

10月9日 《电影周报》第13期刊消息《文华导演旅行忙》:“文华公司现在正开摄石挥初次导演的《母亲》……曹禺将赴北平,他打算在北平写述他的新作。洪谟刚从北平回来,也已在准备他的新作了。”

10月21日 香港达德学院①“举行‘鲁迅逝世十二周年纪念大会’”。“会上,胡绳教授作题为‘鲁迅先生为什么是中国知识分子改造的示范’的讲话,臧克家、曹禺也讲了话。方荣朗诵纪念鲁迅先生的长诗,马思聪演奏小提琴,梁枫表演从鲁迅先生小说《离婚》改编的化妆说书等节目,博得了与会者热烈掌声。袁水拍、萧乾、郑振铎、张瑞芳、陶金等也参加了大会。”(《达德学院纪事》,《达德学院建校五十周年纪念文集》第17页) 其间,曹禺与郑振铎、钟敬文、周钢鸣、张瑞芳、郑小箴在达德学院门口合影。②(《香港达德学院建校50周年纪念》第23页)

10月30日 上海《万象》周刊③第1卷第4期刊署名苏岚编撰《名人秘闻》,其

---

① 1946年10月10日,达德学院在香港成立。

② 在《达德岁月——香港达德学院纪念集》第36页对该幅照片的说明是:曹禺、郑小箴、张瑞芳参加1947年除夕迎新大会和周钢鸣、钟敬文教授合影于学院门口。有人说:“曹禺曾于1947年访美归来时路过香港,但仅逗留了几天,印象不深,只对香港居民都将洗涤过的衣服晒在阳台或窗外的情景记忆犹新。”(《中国名人在香港》第243页)

③ 1943年6月在重庆创刊。周刊。万象周刊社出版。1948年10月9日在上海再刊。周刊(逢星期六出版)。发行人:陈时前。编辑者:黄堃、朱稼轩、汪波、余阳中。出版者:万象周刊社。

中有曹禺一故事:"名剧作家曹禺与张骏祥同为清华同学,早岁张得清华官费留美,而曹落选,颇为懊丧前主任张彭春为之惋惜,民二十三年春,张偕颜惠庆,梅兰芳同行赴美,电曹同往观摹彼国艺术,并汇洋伍佰元,然曹忽罹重疾,终未成行,俟病愈时,已金尽,而张亦归国矣。"

12 月 2、3 日　台湾省立台北女子师范学校在台北市中山堂演出《北京人》。导演:金姬镏(上海观众演出公司旅行剧团留台演员)。(《进步文艺的示范:战后初期曹禺剧作台湾演出史探析》)

12 月 11 日　上海《电影周报》第 22 期刊文《文华导演精于摄影》。文说:"文华导演中,差不多都精于摄影。佐临备有最新式'康坦克斯'一具……曹禺和桑弧都各有一架'来丁那'。原因是他们在导演一部戏下来,有一个很长的休息时间,在酝酿下一部新戏的时候,往往以旅行摄影来构思新的故事。""曹禺拍照的历史极短,最初因忙于导演《艳阳天》,无暇研究。待《艳阳天》结束,却不马上实习,光从理论着手,借了许多摄影原理书本来研究。现在用功之中,成绩极好,第一卷的'灯下人像',灯光和构图大胆之至,内行个个称赞,确非凡品。"

12 月 16、17 日　缅甸国立华侨中学旅缅同学会之侨声歌剧团在仰光河滨街国泰大戏院公演《雷雨》,陈兆福饰周朴园,伍月凤饰周繁漪,蔡俊饰周萍,林芳萱饰周冲,林宝泉饰鲁贵,陈娴秀饰鲁侍萍,苏福成饰鲁大海,陈玉莲饰鲁四凤。(国立华侨中学旅缅同学会主办:《雷雨》公演专刊)

12 月 19 日　上海市立实验戏剧学校为纪念建校三周年演出曹禺的《北京人》。(《〈北京人〉观后》,《影剧天地》第 1 卷第 4 期,1948 年 12 月 25 日)

是年　郑秀离开上海往福州。据郑秀回忆:"1948 年底我调到福州,曹禺在上海,送我上轮船。"(《苦闷的灵魂——曹禺访谈录》第 216 页)据李玉茹回忆:"郑秀,1948 年带着孩子到福建去,不好买票,还是我托人才买到的。"(同前第 281 页)

是年　上海市立实验戏剧学校主办之《剧讯丛刊》创刊。本期"校友近况"栏刊消息:"本校教授曹禺,佐临,袁俊(张骏祥)诸先生现均从事电影导演工作,所导作品誉满影界,备受文化人士之赞赏,目前三位教授正在埋首新作品之制作,闻曹禺为《春夏秋冬》,佐临先生为《表》,袁俊先生为《火葬》。"本期"实验小剧场公演预告":每逢四、五、六、日演出。其中剧目有曹禺编剧,吕复导演的《北京人》,曹禺编剧,邱玺导演的《蜕变》。

是年　全国解放就在眼前。与方瑞一起,两人偷偷收听解放区的广播。据曹禺回忆:"我喜爱听人民的广播,应该说从一九四八年我住在上海的时候起。……人们每天等候着人民解放军渡过长江的消息。但是扭开了收音机,播送出的不是蒋匪的永不变样的无耻的谎言,就是一些令人作呕的小市民层流行的歌曲。只有到了深夜,我们已经可以察觉隔壁那些神秘的邻居不会再偷听的时候,我们才爬起来,扭开收音机,把指针扭到那熟悉的位置上,我们就听见一种低低的,但是亲切诚恳的声音,清朗有力地报告着:‘邯郸人民广播电台’……"(《大家的好朋友,好先生》)

据张家浩回忆:"我是可以去台湾的,在上海解放前夕,是万先生劝我留下来,安下心留下来,还给我描绘了解放后的美好图景。使我安心留下来,决心不走了。中电剧团是喊我走的。万先生在解放前,据我所知是读过毛主席著作的,那是冒风险的。我记得,夜深人静,就在万先生家里听解放区的广播,很振奋。我就在中电宿舍传播这些消息,都是在万先生家里听中共中央广播的。"(《苦闷的灵魂——曹禺访谈录》第 230 页)

是年 据魏绍昌回忆:"1948 年腊月的某一天,我来到上海南京西路花园公寓的曹禺家里,见到他刚刚看毕《哀乐中年》①的打印本,那时曹禺在文华公司任编导,这本子是公司送来征求他意见的。他对此十分欣赏,高兴得当着我的面就打电话给桑弧,向他表示祝贺。""《晚钟》和《哀乐中年》两书均于 1949 年 2 月出版。""《哀乐中年》出版时,曹禺已离沪飞港了。不过他是知道我经手介绍此书出版的,还说我做了一件好事。"(《戏文锣鼓》第 232、233 页)

是年 曹禺曾到一个戏剧界老朋友的家里谈了整整一个夜晚。据孙浩然回忆:"1948 年他去解放区前夕找我,我们谈了好久。他谈得很严肃。他说,他经过多年的探索,逐渐明确了一条道路,那就是共产党才真正是为人民的,他要走这样一条为人民的道路。他说:‘我要走了!’希望我留下来,等待全国解放的到来。他谈得很深,也很严肃,他同地下党的关系,主要是由金山来负责联系的,他去香港的票,也是金山为他搞到的。"(《曹禺传》第 357 页)

---

① 电影剧本。由文华影片公司出品,桑弧导演,石挥、朱嘉琛(黄宗江前妻)、沈扬、李浣青、韩非主演。

1949 年(中华人民共和国) 四十岁

1 月 10 日,淮海战役胜利结束。1 月 15 日,天津解放。31 日,平津战役胜利结束,北平和平解放。

4 月 16 日,中华全国青年代表大会筹备委员会在北平成立。

4 月 23 日,人民解放军占领南京。

5 月 4—11 日,中华全国青年第一次代表大会在北平召开,会议决定成立中华全国民主青年联合会总会(后改称中华全国青年联合会)。

5 月 27 日,上海解放。

6 月 16 日,中国民主同盟机关报《光明日报》在北平创刊①。

7 月 2 日,中华全国文学艺术工作者第一次代表大会在北京开幕。24 日,中华全国戏剧工作者协会在北京举行成立大会,选举田汉任主席,张庚、于伶任副主席。

9 月 25 日,《文艺报》在北京创刊②。

9 月 21 日,中国人民政治协商会议第一届全体会议在北平召开,大会通过了《共同纲领》。

10 月 1 日,中华人民共和国成立,北平改名为北京定为首都。从此,我国进入了社会主义时期。

10 月 21 日,中华人民共和国中央人民政府政务院成立。

1 月 11 日　曹禺编导之《艳阳天》在香港"利舞台"试映,"招待文化艺术界,到场者颇众",评者认为"技巧堪赞美,主题有商榷"。(《〈艳阳天〉技巧堪赞美,主题有商榷》,香港《华商报》,1949 年 1 月 12 日)

1 月 13 日　香港《华商报》刊登《艳阳天》广告,告之:"明天献映。"

1 月 14 日　曹禺编导之《艳阳天》在香港"利舞台"隆重献映。映至 17 日。(《艳阳天》广告,香港《华商报》,1949 年 1 月 14—17 日)

---

①　章伯钧任社长,胡愈之任总编辑,林仲易任总经理。章伯钧、胡愈之、刘王立明、林仲易、萨空了为社务委员。

②　半月刊。

1月19日 香港《华商报》"茶亭"副刊刊署名梓甫、潇然、逸君、蔚夫、达之、逯君、慕云(即夏衍等)《惑与不惑——评〈艳阳天〉》一文。文说:

> 曹禺在"惑"。或者说,曹禺至今还未到达"不惑"的境地。这表现在他的主观愿望与客观事物发展规律的矛盾上。从梁专员到北京人,到阴魂不散和法庭,我们眼看着作者一次再次地移植这些奇葩异卉,又一次再次地看着这些花卉不崇朝便被摧折和腐蚀。尽管像勤奋的园丁那样,他诅咒过荆棘,斥责过毒虫,但并未损荆棘毒虫于毫末,因为他们明白这园丁还没有发现如何把它们从根铲除和捕杀的方法。而从这一次再次的徒劳中间,我们又看出作者在一步步退却。从现实中稀有而当可有的好官,退到了拜物观念的北京人,再退到理想的法庭。客观事物在飞跃发展,作者的主观观念却在背道而驰,这是深可惋惜的。……

> 作者是向以布局严谨见长的,但在《艳阳天》里,我们却觉得故事组织的松弛。比如阴董修出门三个月,这对于故事的发展,似乎没有显著的必要。作为斗争对象的大汉奸金焕吾,也只著了浮光掠影的几笔。

> 就导演艺术上讲,对于一个初试其锋的工作者,我们已看出了他的匠心和才能。例如阴兆时痛论是非一场,以及无米为炊一场,导演为了强调,为了避免单调,处理上是颇费匠心的。但另一面,也有由于技巧的不够熟练,没能把戏的情绪价值发挥到极致的。例如阴草修诉说孤儿苦况,直至翘颠跌倒地上的一场,以及阴兆时被段回家,独坐敲渔鼓的一场戏。

> 过去和现在,作者曾获得了众多观众的爱好。但未来那即将到来的时日,那全新的时代,在前面招手,我们深深地希望作者跃进,到达不惑的境界。

1月20—22日 为罹难的电影导演方沛霖遗属筹募教育费,旅港的影剧界人士在香港中央戏院"盛大公演"曹禺的《日出》,执行导演欧阳予倩,舞台监督李萍倩,导演团卜万苍、朱石麟、吴祖光、张骏祥、程步高、顾仲彝。演员阵容:舒绣文饰陈白露,冯喆饰方达生,刘琼饰张乔治,姜明饰福升,王丹凤饰小东西,陶金饰潘月亭,舒适饰黑三,孙芷君饰黄省三,蒙纳饰顾八奶奶,徐立饰李石清,洪波饰胡四,杨薇饰李太太,孙景路饰翠喜,王斑饰小顺子,白杨、吕恩、李丽华、王薇、郑玉如、王熙春、陈琦饰妓女,高占非、顾而已、严化、尤光照饰流氓。(《一流剧人义演——筹方沛霖遗属教育费,一连四天将轰动全港》,香港《华商报》,1949年1月12日;《义演戏今晚开始马思聪再度演奏》,香港《华商报》,1949年1月19日;《日出》广告,香港《华商报》,1949年1月20、21、22日;)

1月22日 香港《华商报》"文化艺术"栏刊消息《万家宝闭门读书》:"曹禺(万家宝)自编导《艳阳天》后,因此片引起各方批评甚多,现在沪发奋闭门读书,以冀希搞通思想。"

1 月 23—28 日　香港八达剧团在八达礼堂(八达学校)演出曹禺的《雷雨》,演出者叶健泉,导演朱瑞棠。(香港朱瑞棠先生提供)

1 月 27 日　据叶圣陶日记:"昨得洗公信,知铎兄将以明日动身来此,与家宝同行。"①又据叶圣陶先生 2 月 9 日记:"据荃麟言,铎兄将于明日登轮来港,打消初意之说非确。余闻之欣然。"(《旅途日记五种》第 131 页)

是月　《剧讯丛刊》第 2 卷第 2 期"剧人风貌"栏刊《曹禺》(署名之言)。文说:"曹禺先生,是我国许多剧作家中最受普遍欢迎的一个,十余年来,他为我们写了七个剧本,这些剧本一直为读者,观众所喜爱着,不断地再版,不断地上演,造成戏剧史上光辉的记录。他没有给我们写出更多的剧本,除了他的译作《柔密欧与幽丽叶》以外;他的每个戏的创作过程是很长的,他从来不轻易动笔,这一点是可见出他的严肃与认真,所以他所写出的每一个戏,论质论量都是那末丰厚,那末沉重,一字一句都是他呕心沥血的成果。""他不但是位剧作家,还是成功的演员和导演","他没有写过戏剧理论的书籍,即是关于戏剧方面的短文也很少见到,但他却是位修养很深的理论家,学者"。"他很少谈起自己的剧作,偶尔谈到也总是说它们不像东西。""他的自尊心是很强的,因此养成他对人对事的慎重与谨严,近年来他没有作品问世,这在他是最痛苦的,人们对他的期望很高,他不能轻易的写,时代急剧的向前进展,作家们的思想生活也在跟着'蜕变',他的《艳阳天》问世之后,由于各方面的反应,使他更深地了解了这个时代,了解今后的他应该写出些什么? 然而这不是简单的事,所以他沉默了。""在不久的未来,我们会看到曹禺先生兴奋地站起来,踏进人民的行列,歌唱出新中国的春天!"

2 月 1 日　《世界》月刊第 3 卷第 8 期版权页显示:曹禺与巴金、田汉、李健吾等 61 人为该刊执笔者。

2 月 9 日　与张瑞芳同机离开上海抵香港。据载:"名剧作家万家宝(曹禺)偕名女演员张瑞芳,于昨日上午由沪联袂飞港,他们受到在港文化界朋友热烈的欢迎。""他们到港后,由漫画家小丁暂充向导,到处串门子,由文联社出发,先拜访史东山,然后又转到于伶家中,在他新搬入的住所底小客厅,一时就汇集了十余个戏剧界的朋友……""从于伶家出来,他们打算去访问吴祖光,张骏祥……"(《曹禺、张瑞芳到香港访故旧》)

据张瑞芳回忆:"一九四九年一月三十一日,北平和平解放了……有一天,曹禺

---

①　文中"铎兄"系指郑振铎。其时,曹禺和郑振铎并未同行。叶圣陶所得消息可能是误传。

同志跑来悄悄地对我说,他已经得到邀请,要他到北平开政治协商会议,我为他高兴得从病床上跳起来。……一九四九年二月八日,我和曹禺同乘飞机飞到香港。叶以群同志笑吟吟地到机场来接。……到香港之后,曹禺第三天就去了北平,我则于一九四九年三月和阳翰笙、于伶、柏李、特伟、廖瑞群、丁聪、秦威、陆志庠等同志同船去北平。"(《我的影剧生活回顾》,《影星独白》第218页)

据曹禺回忆:"我到解放区的前前后后,有两个人知道,一是曹未风,一是金山,可以问问他们,金山还是了解的。我和张瑞芳一道走的。我和叶圣陶曾经听过他们介绍解放区的一些情况,现在记不清在什么地方了。""到解放区前,我们在郑振铎那里大吃饱餐,还有靳以。不是一块走的,都是地下党安排的,否则,一是票买不到,二是过不了那一关。金山有个哥哥,是社会局的局长,也在帮忙。"(《苦闷的灵魂——曹禺访谈录》第137页)

2月10日 香港《华商报》刊署名本报记者如茹采写《曹禺、张瑞芳到香港访故旧》。文说:"万先生说这次来港是旅行,看看,找些材料。他问到那家书店理论书籍去最多,大约我们很快可以看得到他会出现在那些书店里的!""关于她们俩来港后工作的具体计划,万先生约好记者等他们住定后慢慢地谈,现在他们还不清楚晚上宿在哪里呢?"

2月11日 香港《华商报》刊登"胜利"影院上映《艳阳天》广告,告之:"明天五场映"。

2月12日 曹禺编导的《艳阳天》在香港"胜利"影院上映。连映5天。(《艳阳天》广告,香港《华商报》,1949年2月12—15日)

2月15日 中午12时半至四时,留港剧人包括电影、话剧、粤剧、平剧等四百余人在香港石塘咀金陵酒家四楼举行盛大的茶会,庆祝戏剧节。"欧阳予倩、蔡楚生、阳翰笙、史东山、夏衍、曹禺、章泯、苏怡、洪遒、张骏祥、马师曾等十余人在掌声中被选为主席团登台。"会上曹禺发表热情洋溢的讲话,他说:"摸索一条道路,而尤其是摸索一条正确的道路是不容易的。"(《春到人间金陵盛会——全港剧人昨天庆祝戏剧节,互相策免为新中国而工作》,香港《大公报》,1949年2月16日;《纪念会简讯》,香港《华商报》,1949年2月15日)"进步不是一天二天要求得到的,学习二字也不是说说那样简单,老百姓希望我们作他们的好学生,戏剧工作者要真正接近人民与他们的生活,把自己当作人民的一个才行。没有真实的热情,不能推动工作,没有真正的理性,也不能指导工作,所以,当前的戏剧工作者,必须真正接近人民,才能感受他们的一切,才能使自己的作品成为人民大众的东西。"(《'春到人间'戏剧节庆祝会盛况空前》,香港《华商报》,1949年2月16日)

当时还有一曹禺走错会场的趣事。说是："他不懂广东话，是初来香港，他闯进同楼办红喜事的厅子里，以为那是会场，结果被穿长衫的人请他出去，闹了一个笑话。"（《春到人间金陵盛会——全港剧人昨天庆祝戏剧节，互相策免为新中国而工作》，香港《大公报》，1949 年 2 月 16 日）

是日　香港《文汇报》第 8 版《戏剧节特辑》刊曹禺、吴祖光、于伶、阳翰笙等人文章，曹禺题为《为着人民的号召》。题为《人民在号召着我们》刊于是日香港《华商报》"茶亭"副刊。题为《人民在召唤着我们》刊于 12 月 31 日重庆《大公报》。后收入《曹禺全集》第 6 卷。

是日　香港《时代学生》①第 1 卷第 2 号刊《关于曹禺的戏剧》（署名善秉仁）。文章分"小传"、"作品的评价"、"曹禺剧作技术方面的疵病"和"曹禺剧作的道德价值如何"四个部分。文后附"编者按：曹禺先生最近已由沪抵港，继续从事电影编剧云。"

2 月 16 日　《星岛日报》刊《庆祝戏剧节——三百多个戏剧工作人员昨天举行盛大的联欢会》报导了昨日的"戏剧节联欢大会"。文中特加小标题："曹禺演讲很动人，像他的剧本对话"，讲述了曹禺出席这次联欢会的情况："曹禺先生也出场，他来到香港不久，昨天是在第一次公开发言，使许多受了他制作《雷雨》《日出》那种反抗精神影响的青年戏剧工作者，特别兴奋，曹禺的演讲，无论在声调和言辞方面，所表现的热情漂亮，正如他所写的那些剧本对白一样动人，他把他最近所想的问题告诉大家，说中国的戏剧工作者，今天要由一个已经腐化崩溃的社会环境中，迈进到一个光明灿烂以人民为主人的新时代中，去为人民服务。"

2 月 22 日　在香港达德学院"民主会堂"参加与师生的座谈会并发表演说。据叶圣陶记述："上午周钢鸣来，导我人至达德学院。一行有墨与铎兄父女及萧乾。车行一点钟，座颇不舒，弥觉吃力。十二时到达德。先我人而至者有曹禺、以群、适夷、马思聪、东山、张瑞芳等人。一时午餐。一时半开座谈会，全院学生二百余人俱入座。外有院中教师多人。其会场曰民主会堂，木屋五大间。余先演说，凡两点：一、文艺勿为社会科学之例证与文艺理论之演绎。二、文艺创作必注重语言文字。以次外来诸人均演说，以曹禺之言最为可听。马思聪拉小提琴一曲，大受欢迎。四时半散会，枯坐三小时，疲矣。"（《旅途日记五种》第 147、148 页）

2 月 24 日　据叶圣陶记述："午刻，柯灵作东，为我人饯行，假座于蒋君超之寓所。他客多电影界中人，凡两席。饮威士忌，余饮颇多，至于入醉。与家宝谈话，不

---

①　1949 年 1 月在香港创刊。月刊。新生出版社出版。主编：程野声，发行人：师仁杰。

记所言为何,总之衷有所感,至于流泪。"(《日记三抄》第 75 页)

2 月 26 日 登船北上前夕,为保持行动隐秘,曹禺等转移住处到大同旅馆。

《旅途日记五种》第 149 页)

2 月 27 日 作《短歌》。发表于 1949 年 3 月 6 日香港《华商报》。诗文如下:

我们向你来了,

为着你是光明,你是爱。

为着理性,我将不再迟缓,

我要认识什么叫做劳动,

谁是人民,

什么是你所喜欢的行为,

怎样把自己挣开,

才能走到你的身边来。

我知道你早晚会来的,

我信阳光射进了山,就会盖满

了海。

你会带着多少欢乐的呼声来,

你抹着大汗,顾不得脚下的伤痕,

为着你所心爱的来。

雷似的声音,你将排山倒海地来,

漫天遍地的,你冲破了云雾,

带着阳光向着我们来。

我知道,我知道,

我知道你就要这样兴奋地来!

人们要来迎接你,

熬过了多少年的黑夜,

真的望见了阳光,

有谁肯等待!

人们要涌上去迎接你。

像多少青年囚一样,

我也将诚实地操作,

在丰盛的年月中,

大家都是五谷下面

肥沃的土块。

所有的人都会向你来了，

为着辛苦的人们，

为着自由的中国，

为着你爱的，

也正是我们所爱。

一九四九，二，二十七

离港之夕。

是日晚　先乘电船驶向轮船，登轮后，曹禺与叶圣陶同舱，二人皆为管舱员。
《旅途日记五种》第 150 页)

2 月 28 日　中午轮船开行。据徐铸成回忆："28 日晨登轮。华中号吨位不大，约二千吨上下。见同船者除上述叶、郑、陈、宋、傅诸先生外，有柳亚子、马寅初、包达三、张纲伯、张志让、邓裕志、曹禺、沈体兰、刘尊棋、王芸生、赵超构及柳、叶两夫人并曹禺夫人方瑞，另有包小姐启亚、郑小姐小箴。连同接待人员共二十余人，见面均已易唐装，我及芸生、超构、尊棋等均扮为船员，叶先生等暂作记账员。叔通、寅初诸老，则为年迈之商人。""海行估计约有七八日。为减少旅途寂寞，由全衡女士发起，每隔一日晚餐后，即杯茶举行晚会，各显所能，举座轰然，极为热烈。"《徐铸成回忆录》177、178 页)

关于这次北上，据曹禺回忆："我是从上海飞香港，在香港通过地下党员的安排，我们坐了一条北欧的船回国。我们这批人里头有老一辈的叶圣陶、马寅初，不过十来个人，还有新闻界的赵超构。我们上船的那天晚上，换了六、七家旅馆，躲避国民党特务。我们都穿着唐装，英国海关问是谁，带路的地下党员就说都是做买卖的，塞了二百元港币给他，就'好、好、好'。坐了小船再换大船，在烟台下船，走了很长一段路才进了解放区。"《曹禺从〈雷雨〉谈到〈王昭君〉》)

3 月 1 日　据叶圣陶记述：晚饭后，于船上举行第一次晚会。包达(三)老谈蒋介石琐事。曹禺唱《李陵碑》《打渔杀家》，邓小姐唱《贵妃醉酒》等。《旅途日记五种》第 151、152 页)

3 月 3 日　据叶圣陶记述：在船上。十时开座谈会，题为"文化及一般社会如何推进新民主主义之实现"。(同前第 154 页)

3 月 4 日　据叶圣陶记述：在船上。十时开第二次座谈会。大家就新闻事业

· 437 ·

发挥甚多,约谈一个半小时。其间也谈及戏剧电影等。(同前第 155 页)

3 月 5 日 抵烟台。据叶圣陶记述:"闻舟人言,昨夜遇国民党军舰盘问,因而故为改道……午后船抵烟台。……傍码头已五时矣。""码头上已有军队及市府人员迎候……晤徐市长及贾参谋长。"因恐国民党飞机来袭,晚宿市郊一"西人别墅"。"余二人与家宝二人比屋……余人则分居正屋。"(同前第 157 页)

3 月 6 日 华东局秘书长郭子化、宣传部长匡亚明等,专程前来迎接,向大家介绍解放区的现状,以及战争胜利的进展形势。中午,赴聚餐处所的途中,遭遇空袭。晚六时,"至某戏院",参加"烟台市党政军民之欢迎会"。会上胜利剧团第二大队平剧部演出《四杰村》、《群英会》。(《旅途日记五种》第 158、159 页;《柳亚子年谱》第 140—146 页)

另据徐铸成回忆:"中共华东局秘书长郭子化及宣传部副部长匡亚明先生专程从青州赶来迎逆。正式欢宴,席设合记贸易公司,菜肴丰盛,佐以烟台美酒,宾主尽欢。""下午,赴市区巡礼。""晚,参加烟台党政军民'欢迎来烟台民主人士大会',宾主代表讲话外,演评剧,有《四杰村》、《群英会》等,演员年轻而极有功夫。"(《徐铸成回忆录》第 180 页)

3 月 7 日 一行乘车北上,直到晚上,车始停歇。其地曰三李庄,距莱阳城三十里。晚餐,系农村风味。翌日为三八妇女节,有欢迎晚会,观看当地演出的花鼓戏与评剧。晚住宿于农民家里。(《旅途日记五种》第 160 页;《柳亚子年谱》第 140—146 页) 另据徐铸成回忆:"7 日下午,全部移往莱阳西部农村(后改为莱西县),分居于贫雇农家中,为策防空安全也。"(《徐铸成回忆录》第 180 页)

3 月 8 日 参加"三八"妇女大会。与会妇女有二百余人。(《旅途日记五种》第 161 页) 另据徐铸成回忆:"8 日……下午参观乡妇女大会。晚,出席欢迎晚会,全是民间新创造改编之花鼓及新评剧,如《公平交易》、《努力生产、支援前线》(均评剧)。"(《徐铸成回忆录》第 181 页)

3 月 9 日 由三李庄出发,车行甚为簸。到潍县已是晚上。(《旅途日记五种》第 162 页) 另据徐铸成回忆:"9 日,由莱阳出发,傍午开车,晚抵潍坊市,当晚驻军报告潍坊解放经过。"(《徐铸成回忆录》第 181 页)

3 月 10 日 在潍坊市,应邀到电影院看苏联电影。然后,一批登城,参观解放军攻城之遗迹,一批参观图书馆。下午乘火车到青州市,党政军方面多人已在站迎候。所住招待所,原为教堂,一切保管甚好。(《旅途日记五种》第 162、163 页) 另据徐铸成回忆:"10 日,傍晚,改乘胶济铁路专车赴青州。""八时抵青州(益都)为华东局及华东军区所在地。"(《徐铸成回忆录》第 181 页)

3 月 10 日　是日起,清华业余剧团在兰心演出曹禺编剧之《北京人》。导演冼群。参加演出的演员有丁力、石羽、孙道临、田振东、李恩琪、秦怡、凌珺如、路曦、莫愁、张鸿眉等。(《北京人》广告,上海《申报》,1949 年 3 月 7—17 日)

3 月 11 日　与陈叔通、柳亚子、马寅初、包达三、张绚伯、郑振铎、叶圣陶、张志让、邓裕志等一行 20 余人,抵华东解放区。"中共中央华东局、山东分局、人民解放军华东军区、山东军区、山东省人民政府等联合设宴招待,当晚举行欢迎晚会。会上华东军区政治部主任舒同、山东军区司令员许世友先后代表致词表示欢迎和慰问。"(《柳亚子等抵华东解放区》,《人民日报》第 1 版,1949 年 3 月 16 日)据徐铸成回忆:"11 日,下午三时,参加华东局招待茶会,由宣传部长舒同主持。会后演平剧,计有《失空斩》、《御碑亭》、《芦花荡》等,皆旧戏也。"(《徐铸成回忆录》第 181 页)

3 月 12 日　与叶圣陶、徐铸成等参观军官教导团(被俘蒋军军官)。据叶圣陶记载:"饭后二时,乘车出发,至城北四十里外某庄,观军官教导团。……邀十余人与我人对坐谈话。其中最著名者为王耀武……以余观之,待遇被解放军官以最厚之友谊,此为最有效力之一点。""六时半返寓。晚饭后,听刘组织部长谈王耀武失守济南及被俘之经过。又谈其他二人之被俘经过,皆富于戏剧性。"(《旅途日记五种》第 167 页)另据徐铸成回忆:"12 日,参观解放军官团,实即俘虏团也。""团员为首者为前山东省主席王耀武(济南战役被俘),其次为廖耀湘、陈金城(潍坊被俘)、牟中珩(集团军司令)等。"(《徐铸成回忆录》第 181、182 页)

3 月 13 日　乘火车北上。据徐铸成回忆:"晚饭时,舒同、彭康、袁仲贤、刘兴一、许世友等出面为我等饯行。宴毕,即登胶济铁路专车西行。"(同前第 183 页)

3 月 14 日　据叶圣陶记述:清晨到达济南。市长姚仲明、市委书记刘元顺及各部人员在站迎候。早餐后,游大明湖,参观华东大学。下午乘火车,到达桑梓店。由此到至沧州四百余里,铁路尚未修复,乘汽车行进,一路甚为颠簸。(《旅途日记五种》第 169 页)

3 月 15 日　清晨到达德州,市长兼市委书记张持平亲自接待。(《柳亚子年谱》第 140—146 页)

3 月 16 日　夜八时半抵达沧州。天津开来专车迎接。(《旅途日记五种》第 171 页)

3 月 17 日　邓颖超、杨之华专程赶来迎接。晨五时许到天津。(同前)

3 月 18 日　上午十时半,与柳亚子、陈叔通、马寅初、张绚伯、包达三、叶圣陶、郑振铎、傅彬然、宋云彬、张志让、沈体兰、刘尊棋、赵超构、徐铸成、王芸生等乘专车抵达北平。北平市军管会主任叶剑英同志及在平民主人士沈钧儒、马叙伦、郭沫若等二十余人亲往东车站欢迎。(《新来解放区民主人士,柳亚子等昨抵平,叶剑英同志等亲往欢迎》,《人民日报》,1949年3月19日)

3月20日 全国文化团体及大学教授、作家、科学家、新闻记者在北京饭店,就响应召开拥护世界和平大会问题交换意见,曹禺与郭沫若、柳亚子、马叙伦、马寅初、茅盾、张奚若、许德珩、邓初民、郑振铎、叶圣陶、田汉、洪深、萧三、钱俊瑞、胡愈之、张志让、钱三强、丁瓒、袁翰青、卢于道、曹靖华、许广平、周扬、周建人、翦伯赞、侯外庐、吴晗、夏康农、宋云彬、傅彬然、沙可夫、艾青、叶浅予、沈志远、施复亮、千家驹、袁牧之、戈宝权、范长江等64人出席。会上发言十分热烈,一致决定发表宣言,响应保卫世界和平运动,反对侵略,将由中国科学者协会、中国学术工作者协会、中华全国文艺协会、华北文艺界协会、解放区新闻记者筹备会等单位推派代表,参加行将于4月在巴黎召开之世界拥护和平大会。(《在平文化学术界及平市职工,拥护召开世界和平大会,决定选派代表前往参加》,《人民日报》,1949年3月21日)

3月22日 中华全国文艺协会在北平的总会理监事郭沫若、马叙伦、柳亚子、田汉、茅盾、郑振铎、曹禺、叶圣陶、周建人、洪深、许广平、葛一虹、张西曼、戈宝权等19人开会议决,原在上海之文协总会,即日起移至北平办公,并会同华北文协筹备全国文学艺术工作者代表大会,以便产生新的全国性的文艺界组织。是日,中华全国文艺协会在北平的总会理监事与华北文协理事在北京饭店举行联席会议,决定召开中华全国文学艺术工作者代表大会,当场推选筹委会,当选筹委为:郭沫若、茅盾、田汉、洪深、郑振铎、叶圣陶、周扬、萧三、沙可夫、丁玲、曹靖华、曹禺、徐悲鸿、柳亚子、俞平伯、胡风、贺绿汀、程砚秋、李广田、叶浅予、赵树理、柯仲平、吕骥、古元、袁牧之、艾青、欧阳山、荒煤、李伯钊、马彦祥、宋之的、刘白羽、盛家伦等37人,并选出郭沫若为筹委会主任,茅盾、周扬为副主任。同时,推选出郭沫若、郑振铎、田汉、洪深、曹禺、萧三、曹靖华、赵树理、古元、徐悲鸿、戴爱莲、程砚秋等12人出国参加下月20日在巴黎召开的世界和平大会。(《重建全国文艺组织,将召开全国文艺界代表大会,推选郭沫若等为筹备委员》,《人民日报》,1949年3月25日)据叶圣陶记述:"晚饭后,文协理监事与华北文协理事开联席会议,决定筹备中华全国文学艺术工作者代表大会。推出筹备委员多人。又推出出席世界和平大会文艺方面之代表,计十二人,沫若、振铎、田汉、洪深、家宝等俱在内。九时半散。"(《旅途日记五种》第175页)

3月24日 出席中华全国文学艺术工作者代表大会筹委会第一次会议。"关于代表大会代表产生问题,会上决定华北、东北、西北、华东、中原五大解放区文协理事及中华全国文协总会及各分会理监事为代表大会当然代表,此外由筹委会酌情邀请若干文艺界人士参加代表大会。"(《重建全国文艺组织,将召开全国文艺界代表大会,推选郭沫若等为筹备委员》,《人民日报》,1949 年 3 月 25 日）　据《大会筹备经过》:"筹备委员会于三月二十四日举行第一次会议,正式宣布成立。筹备委员为郭沫若、茅盾、周扬……曹禺、何其芳等四十二人。"(中华全国文学艺术工作者代表大会宣传处:《中华全国文学艺术工作者代表大会纪念文集》第 125 页)

　　是日　出席巴黎世界拥护和平大会的各团体代表钱俊瑞、丁玲、郭沫若、郑振铎、田汉、洪深、曹禺、萧三、马寅初、翦伯赞、许广平、张奚若、吴耀宗等 27 人。"晚七时在北京饭店集会,正式成立世界拥护和平大会中国代表团,选出郭沫若为代表团团长,刘宁一、马寅初为副团长,钱俊瑞为秘书长。并决定于日内出国,在四月二十日以前赶到巴黎。"(《出席巴黎和平大会,中国代表团已正式组成,郭沫若任团长日内出国》,《人民日报》,1949 年 3 月 27 日)

　　3 月 29 日　启程出国,赴巴黎参加世界和平大会。4 月 8 日,法国当局"突然发表'一般性的限制令',只'许每个国家有八个代表到达巴黎'"。"除依照其所谓'一般性的限制令'只允八个中国代表入境之外,还指示其驻捷京总领事馆提出附带特别条件,要求中国代表团具备正式函件,向法国外交部说明为什么不在北平或天津法国领事馆办理这八位代表的入境签证的原因,并且要求用电报向平津法领事馆补办手续。换句话就是说,法国反动政府希望拿这八个代表入境签证的许可,做一笔买卖,换取中国人民对于法帝国主义在华原有地位的事实承认。"(《出席巴黎——布拉格世界拥护和平大会中国代表团报告书》,《人民日报》,1949 年 6 月 4 日)

　　4 月 1 日　到达哈尔滨。(《丁玲全集》第 11 卷第 374 页)

　　4 月 2 日　在赴莫斯科的火车上。(同前)

　　4 月 3 日　在火车上等候消息,下午赤塔派人来,并招待晚餐观看电影。(《丁玲全集》第 11 卷第 375 页)

　　4 月 6 日　抵达伊尔库茨克。(同前)

　　4 月 8 日　中国文化界发表宣言,响应召开世界拥护和平大会。曹禺与田汉、马彦祥、焦菊隐等签名。宣言说:我们很兴奋读接了二月二十四日世界文化工作者保卫和平大会国际联络委员会、国际妇女联合会、和著名的文化、科学、艺术工作者联合发表的宣言,提议在本年四月召开世界拥护和平大会,我们对于这一建议,站在文化工作的岗位上,愿表示彻底的支持。我们决计派遣我们的代表参加大会,借以表达我们全中国人民的意志,贡献我们的经验和力量,坚决地迎接战争挑拨者的挑战。(《中国文化界发表宣言,响应召开世界拥护和平大会》,《人民日报》第 3 版,1949 年 4 月 9 日)

4月9日　北平文化界 329 人联名发表宣言,声讨南京国民党反动卖国政府盗运文物的罪行,具名有曹禺、田汉、郭沫若等。(《北平文化界发表宣言,声讨南京反动政府盗运文物》,《人民日报》第 3 版,1949 年 4 月 11 日)

4月10日　南京《新闻杂志》(复刊)①第 3 卷第 1 期刊《银幕上的"三毛"——这是曹禺发掘的第一个天才儿童》(署名田休)。该文讲了电影《三毛流浪记》中的小演员"三毛"王蓓蓓的家事以及被曹禺发现"第一次上银幕"再到被选参演《三毛流浪记》的经过。

曹禺发现"三毛"的经过是:王蓓蓓的家,就在昆仑摄影场对面,"三毛"常常到厂里去看拍电影,觉得很有味。那时候,恰巧曹禺在导演《艳阳天》,要找一个小明星"小牛牛","三毛"运气好,就被曹禺赏识了,其实,"三毛"是有演戏天才的,曹禺要他试了一个镜头,立刻满意起来,连声说:"好,好,我发现了一个天才儿童,嗨,可惜发现得太迟了,否则,我真要替他写一个剧本,让他当主角!"于是,"三毛"第一次走上银幕,曹禺特地为他在《艳阳天》里加写上孤儿小牛牛被马弼卿打耳光的一个镜头,"三毛"做了小明星,演得很好。这以后,他又在《新闻怨》《母亲》和《关不住的春光》里演了戏。昆仑要把《三毛流浪记》拍成电影,张乐平同意了,但到处找"三毛",却总是找不到一个适当的小明星,后来,他们想起来王蓓蓓,这正是一个最好的"三毛"了,蓓蓓很高兴做"三毛",他自己说:"我本来就是三毛嘿。"

4月15日　桂林《文艺生活》②海外版第 13 期封面图片为:曹禺(左)马思聪(中)张瑞芳(右)在香港的合影。

4月16日　中华全国青年代表大会筹备委员会在东长安街中国解放区青年联合会会址,召开成立大会。会前,曹禺被文化界被推选为中华全国青年代表大会筹备委员。(《全国青年代表大会筹委会已正式成立,廖承志等分任正副主任》,《人民日报》,1949 年 4 月 17 日)

4月16、17日　火车进入捷克,中国和平代表团到达却卜车站。转乘捷克斯洛伐克派来的专车,受到捷克政府和群众的热烈欢迎。17 日,抵布拉格。(《丁玲全集》第 5 卷第 426、427、428 页)

4月18日　参观作家堡。(同前第 429 页)

---

①　1945 年 12 月 1 日在重庆创刊。社长:林真,主编:迈之。1948 年 3 月 29 日在南京复刊(新第 1 期)。半月刊。社长:林真,主编:朱迈之,发行人:冯爱群,经理:孙先松。1949 年 2 月,第 2 卷第 7 期起改为周刊。

②　1941 年 9 月 15 日在桂林创刊。编辑人司马文森,发行人陆平之,发行者文献出版社(桂林府前街十四号),经售处全国各大书店。后停刊。1946 年 1 月 1 日出版光复版第一号,编辑人司马文森、陈残云,发行人陆平之,发行所文艺生活社(桂林、香港两处),总经售兄弟图书公司。

4 月 19 日　法国政府拒绝给中国和平代表团护照,拒绝给其他国家代表护照,将近有两百个代表不能进入巴黎。中国代表团发表声明,严厉谴责法国政府"这种敌视中国人民的行为",同时保证"中国代表团愿意在任何时间,任何地方,联合全世界爱好和平的人民——其中当然包括具有民主与革命的光荣传统的法国人民——共同奋斗,消除新战争的危机,争取持久的和平。"（《出席巴黎——布拉格世界拥护和平大会中国代表团报告书》,《人民日报》第 1 版,1949 年 6 月 4 日）

4 月 20 日　世界和平拥护者大会开幕。中国和平代表团和其他国家受阻代表一起,在捷克首都布拉格国民议会会场,与巴黎和平大会同时举行了会议。（同前）据何德理回忆:"1949 年 4 月,我们几个刚刚毕业的汉语翻译接受了接待新中国文化代表团的任务。因当时新中国还没成立,欧洲人对中国的情况很陌生,尽管我们这些研习汉语的人已具备了一定的中国文史知识,但缺少对新中国国情的细致了解。当听说代表团成员都是中国文化艺术界的名家精英,大家是既激动又紧张。我们早早地来到边境车站等候,当见到郭沫若、田汉、曹禺、徐悲鸿、郑振铎、丁玲、艾青、翦伯赞等人走下火车时,大家兴奋得语不成句。是大师们和蔼谦逊的举止、热情幽默的谈吐使我们摆脱了不安和拘束,气氛逐渐活跃起来。"（《永远的怀念——忆捷克著名汉学家何德理先生》,《人民日报》海外版,2001 年 1 月 10 日）

4 月 21 日　据丁玲记述:"二十一日休会。上午与曹禺定唱片翻译,午后去广播电台听录音,下午参加茶会,在郊外,一小山上,隔水望见对面之山,窗外柳丝与白杨交辉。"（《丁玲全集》第 11 卷第 376 页）

4 月 22 日　继续开会。（同前第 377 页）

4 月 22 日—5 月 11 日　云南省教育厅剧教队公演曹禺名剧《北京人》。由陈豫源导演,李文伟、马少逵、季懿、何学渊、刘琦、钟耀群、钟耀美、李迦庠、马金良、车鸿章、陈雄等出演。（《云南现代话剧运动史论稿》第 148 页）

4 月 23 日　南京解放。当南京解放的消息传到巴黎和布拉格大会会场的时候,"全场欢呼,争向中国代表团致贺,鼓掌,拥抱,接吻,有许多国家的代表甚至兴奋感激得双泪交流。当天晚上,六七百个捷克青年群集中国代表团所住的旅馆门前,高呼'毛泽东万岁','民主中国万岁',历时三四十分钟之久。"（《出席巴黎——布拉格世界拥护和平大会中国代表团报告书》,《人民日报》,1949 年 6 月 4 日）据丁玲文述:"晚间的晚会上,楼上许多人也向我们掷下一束束的鲜花。演员们也把他们得到的花远远地掷给我们。这天晚上,中国代表团也上台表演了合唱。我们里面有老人,也有青年。戴爱莲上台了,古元也上台了;曹禺作指挥,戈宝权报告节目。"（《丁玲全

集》第 5 卷第 433 页）

是日 国民党京沪杭警备总司令部文教委员会致函上海各广播电台,对近期播放的《日出》《雷雨》《原野》予以指责,并下令须"审查核定之后始准播送"。（《上海话剧志》第 49 页）

4 月 25 日 布拉格,世界拥护和平大会闭幕。

4 月 28 日 随和平代表团离开捷克赴莫斯科。

5 月 1 日 在莫斯科参加苏联"五一"庆祝会。之后,赴苏联列宁格勒等地参观。（《丁玲评传》第 288、289 页）

5 月 4—10 日 中华全国青年第一次代表大会在北平召开。会上宣告成立"中华全国民主青年联合总会"（简称全国青联）。大会选出全国委员会委员廖承志、冯文彬、蒋南翔、钱三强、吴晗、沙千里、谢邦定、艾思奇、肖华等 87 名,候补委员曹禺、龚彭、梅益等 22 名。（《全国青代会定今日开幕》,《人民日报》,1949 年 5 月 4 日;《全国青代会第七日选出全国青联委员通过会章宣言和提案》,同前 5 月 11 日;《全国民主青联委员名单》,同前 5 月 13 日）

5 月 9 日 郑振铎、田汉、洪深、曹禺、曹靖华、萧三、丁玲等在出席世界和平大会返国途经莫斯科时,专访了苏联作家协会,协会重要人物向委员们解答了有关苏联作家协会活动之各项问题。（《全国第一次文代会与新中国文学体制的建构》第 234 页）

5 月 14 日 随代表团回到哈尔滨。（《丁玲全集》第 11 卷第 379 页）据郑振铎记述:"八时,到哈尔滨站,迎接的人甚多,由田汉及陈家康讲演。十时许,到马迭尔旅馆,与曹禺同住 122 号。"（《出席和平大会日记》,《郑振铎日记全编》第 393—395 页）

5 月 18 日 到沈阳。（同前）

5 月 20 日 据郑振铎记述:下午"三时,下楼,参加文化座谈会。讲话者有许德珩、翦伯赞、侯外庐、我、田汉、卢于道、曹禺、斐文中、宦乡及钱三强十人。散会时已七时半了。晚宴由东北局宣传部及东北政务委员会教育部请。"（同前）

5 月 22 日 据郑振铎记述:"我毫无准备地被派到鲁迅文艺学院报告。""九时半,到鲁艺美术部。""十时,开讲,颇无条理,只介绍了苏联建设的情形。继为曹禺、悲鸿的说话。"（同前）

5 月 24 日 离开沈阳,抵锦州。据郑振铎记述:"今晨离开沈阳了!""八时,开车。""四时许,到锦州,欢迎的人极多。有群众大会,由伯赞、广平及曹禺讲话。后来,沫若还是讲了。七时许,上车,即开。"（同前）

5 月 25 日 回到北平。据曹禺说:"我到了北平十一天,就参加和平代表团,去了两个月,匆匆忙忙在苏联捷克转了一趟,回到北平是五月廿五日,正是上海解

放的那一天"。（《小市民观众问题》）

是日　据阿英记述："五时半，和平代表回，在天安门开会。未去，至八时许，始回旅馆。连访振铎、洪深、曹禺诸同志，谈至十一时。"（《第一次文代会日记》）

5 月 26 日　《人民日报》刊《代表团员畅谈观感》。曹禺说："在这次大会上中、苏两国代表团是最受注意和欢迎的，中国代表团沿路受到象家里人一样亲切的欢迎。这次我们行程两月，最大的感想就是觉得要加强学习，尤其是向苏联学习。"

是日　据胡风记述："李亚群来，陪他去访问了许广平和曹禺。"（《胡风全集——日记》第 10 卷第 70 页）

5 月 30 日　《文艺报》邀集出席世界和平大会归国的文艺方面的代表，及一部分新由香港来北平的文艺工作者，就筹建新文协问题，举行第二次座谈会。曹禺与符罗飞、张瑞芳、叶子、白杨、蒋牧良、赵讽、虞静子、张文元、许广平、徐悲鸿、郑振铎、罗静予、戴爱莲、田汉、吕荧、骆宾基、舒绣文、蒋天佐、戈宝权、葛一虹、洪深、凤子、杨云慧、马思聪、严辰等出席。会议主席茅盾，唐因和杨犁记录。会上，曹禺说：

> 在今后的文协中是否可以依不同的业务各自成立单独的组织？文协负有统一领导的责任，而各专门的组织可以更好地推进自己的业务。
>
> 关于文协的任务，我们要贯彻文艺政策，在文协中，就要研究如何贯彻文艺政策，怎样在文艺运动上具体发挥，所以应该有一个机构，称为"文艺政策指导委员会"，一方面进行研究，一方面配合政府执行政策。将来一定会有生产计划，我们应该配合这一重点，号召文艺工作者去推动工作，这是在理论上的号召与领导，另一方面是具体地指导文艺作家怎样与实际结合。为了使文艺政策能彻底实行，应该有这样一个机构。

这次座谈会记录题《关于新文协的诸问题——文艺报主办第二次座谈会纪录》，在《文艺报》第 6 期发表，7 月 11 日香港《华商报》刊载。

是日　据阿英记述："夜，与金山、曹禺、张瑞芳诸同志，谈工厂工作问题，至十二时半止。"（《第一次文代会日记》）

6 月 1 日　端阳佳节，下午一时，全国文代大会筹委会在北京饭店欢迎刚从西北、华东解放区及港沪等地来平参加大会的代表，同时欢迎出席此次世界拥护和平大会返国的文艺界代表。曹禺与郭沫若、茅盾、郑振铎、周扬、田汉、洪深、沙可夫、程砚秋、徐悲鸿、罗静予、戴爱莲、蔡楚生、张骏祥、胡风、顾仲彝、钟敬文、杨晦、曹靖华、戈宝权、黄乐（药）眠、赖少其、柯仲平、马健翎、周文、陈播等百余人出席。首由茅盾报告筹委会工作情况，继由田汉报告出席和大的观感，他对于苏联艺术的伟大成就备致赞扬。（《全国文代大会筹委会端阳欢迎各地代表》，《人民日报》，1949 年 6 月 2 日）

6月2日　与田汉、洪深、叶圣陶等联名电贺中国人民解放军第三野战军解放上海大捷。电文说:"中国人民解放军第三野战军陈毅、饶漱石、粟裕、谭震林诸将军并请转贵军全体指战员,上海在全中国和世界人民的渴望与焦念中沐见光明,获得了解放。……"(《在平民主人士电贺解放上海》,《人民日报》,1949年6月3日)

6月9日　致信作霖(即黄佐临)、培林(即桑弧)。信文刊于8月《文华影讯》(上海文华公司),题为《小市民观众问题》刊于9月11日《影剧新地》第3期"予友人书"栏。后收入《曹禺全集》第6卷。

6月10日　据阿英记述:"晚,将寝,为振铎约去看明棉纸本花间集……旋曹禺夫妇来,共谈至十二时,始归寝。"(《第一次文代会日记》)

6月30日　出席第一届中华全国文学艺术工作者代表大会预备会。会上,曹禺被推为南方代表第一团代表,大会主席团成员,大会提案整理委员会委员。(《全国文代大会今开幕,筹备会选郭沫若等九十九人为主席团》,《人民日报》,1949年7月2日)

是月　根据周恩来意见,致信在美国的老舍,请他回国。据胡絜青回忆:"1949年6月开第一次文代会时,总理面对解放前和国统区两股文艺大军在北京会合的大好形势,提出'现在就差老舍了,请他快回来吧'。根据他的意见,由郭沫若、茅盾、周扬、丁玲、阳翰笙、曹禺、田汉、冯雪峰等30多人签名写了一封邀请信,经过秘密渠道传递到了远在纽约的舍予手中。他终于在当年11月底回到了祖国,掀开了他新生活的一页。"(《巨人的风格》)

据曹禺回忆:"一九四九年解放时,老舍正在国外。记得周总理曾对我指示说,给老舍写一封信,让他回来吧,回来写作。我遵照周总理的指示,给老舍同志写了信,他一得知周总理叫他回国,就立刻启程,很快地回到了祖国的首都北京。"(《重看〈龙须沟〉》)

据赵韫如回忆:"老舍比我早一年回国,我从他那里得知:有一次阳翰笙和曹禺都在总理家,谈话中提到王莹在美国想回来,可是回不来。总理就问:'美国还有谁在?'阳翰老说:'还有蕴如和冰心,都想回来。'总理说:'那就叫她们快回来吧!'得到这句话之后,阳翰老就让曹禺写信给老舍,让老舍转告我尽可能学校一毕业就回去。"(《梦飞江海》第84页)

7月1日　大会全体代表参加北平市"七一"纪念大会。(中华全国文学艺术工作者代表大会宣传处:《中华全国文学艺术工作者代表大会纪念文集》第129页)

7月2日　中华全国文学艺术工作者代表大会在京开幕。曹禺作为主席团成员出席。(《全国文代大会今开幕,筹备会选郭沫若等九十九人为主席团》,《人民日报》,1949年7月2日)

是日　在《人民日报》发表《我对于大会的一点意见》。收入《中华全国文学艺术工作者代表大会纪念文集》。后收入《曹禺全集》第 5 卷。该文系曹禺在这次大会上的发言。发言说："我们是在毛泽东思想领导与新民主主义旗帜之下团结起来的。这是我们的原则。""今后的文艺批评与文艺活动必须根据这个原则发展。我们要努力学习毛泽东思想，研究、认识新民主主义与今后文艺路线的关系。从思想上改造自己，根据原则发挥文艺的力量，为工农兵服务，为新中国文化建设服务，这是我们每个人应该解答的课题。"

7 月 7 日　下午，全体代表冒雨参加"七七"纪念大会。（中华全国文学艺术工作者代表大会宣传处：《中华全国文学艺术工作者代表大会纪念文集》132 页）

7 月 8 日　出席南方第一团小组会，并出席主席团第二次会议，商讨组织文艺各部门协会的方案。据《大会纪要》："各代表团分别举行小组会，讨论大会报告，同时主席团召开第二次全体会议，由茅盾任主席。除对大会报告交换意见外，主席团经讨论后决定：按不同业务分文学、戏剧、美术、电影、音乐、舞蹈、旧剧、曲艺等七个小组，指定各组召集人，负责召集会议，商讨组织文艺各部门协会的方案。"（同前第 132、133 页）

7 月 11 日　大会继续自由发言。曹禺与陈学昭、杨晦、钟敬文、马思聪、时乐蒙、王地子、连阔如等出席，并第一个发言，"他希望文艺工作者注意四点：第一是不要死不动的态度，什么也不敢作。第二对空泛的热情要警惕。第三要找到进步基础一步步去写作。第四要发展革命的文艺，不但要写当前迫切需要的短小作品，同时要注意反映有历史性的全面的革命过程。"（《钱俊瑞报告苏联文艺界，反对"世界主义"的斗争》，《人民日报》，1949 年 7 月 12 日）

7 月 14 日　据《大会纪要》："阳翰笙主席。下午 5 时，中共中央华北局、华北人民政府、华北军区、中共北平市委会、北平市人民政府、北平军管会、民盟北平市支部、国民党革命委员会北平市分会筹备会、农工民主党北平市整委会等单位，假御河桥二号，举行鸡尾酒会，宴请文代会全体代表。"（中华全国文学艺术工作者代表大会宣传处：《中华全国文学艺术工作者代表大会纪念文集》135、136 页）

7 月 16 日　下午，中苏友好协会发起人大会在北平中南海怀仁堂隆重举行。会议于通过筹委会简章及选出宋庆龄、刘少奇、周恩来、郭沫若等 81 人为筹备委员会委员后，宣告中苏友好协会筹备委员会成立。为了工作的便利，大会根据简章的规定，通过在筹委会下设干事会，曹禺与钱俊瑞、萧三、宦乡、沈志远、赖亚力、廖承志、王昆仑、阎宝航、许广平、辛志超、王之相、丁瓒、陆璀、曹靖华、陈家康、张仲实、樊弘等 18 人被推为干事会成员，会议并通过向苏联斯大林大元帅和毛泽东主席的致敬电。(《中苏友好协会筹委会成立》《中苏友好协会筹委会名单》《中苏友好协会发起人名单》,《人民日报》,1949 年 7 月 17 日)

7 月 17 日 中华全国文学艺术工作者代表大会"通过全国文联全国委员会委员候选人名单,继即进行票选。"曹禺与郭沫若、丁玲、茅盾、周扬、沙可夫、古元、赵树理、梅兰芳、袁牧之、贺绿汀、田汉、夏衍、萧三、欧阳予倩等 87 人当选全国委员会委员。(中华全国文学艺术工作者代表大会宣传处:《中华全国文学艺术工作者代表大会纪念文集》第 136 页;《全国文联委员会委员名单》,《人民日报》,1949 年 7 月 20 日)

7 月 19 日 中华全国文学艺术工作者代表大会举行闭幕式。会上宣布文联全国委员会当选委员名单。总主席郭沫若做结束报告。全国文联正式成立。(《文代会胜利闭幕,全国文联宣告成立》,《人民日报》,1949 年 7 月 20 日)据曹禺回忆:"可以说,我是生平第一次,大概也是与会代表第一次在中国国土上参加这样的伟大的文艺盛会,是一种从来没有的大团结,是一次令人终生难忘的聚会。对我的一生来说,当时我感到是一个新的开端,那种感情是难以描写的。我还没有经历过像共产党这样重视和关心文艺工作,给文艺工作者以如此崇高的地位和荣誉。那时,可是千头万绪,百废待兴,百事待举啊! 新中国还未成立,党就先把全国文艺工作者请到北平聚会。"(《曹禺传》第 363 页)

7 月 23 日 中华全国文学工作者协会在中法大学大礼堂举行成立大会。会上,曹禺与丁玲、曹靖华、冯雪峰、周扬、夏衍、叶圣陶、田间、沙可夫、周文、茅盾等 69 人被选为中华全国文学工作者协会全国委员。(《全国文协昨日成立》,《人民日报》,1949 年 7 月 24 日;《全国文协成立大会闭幕,选出委员丁玲等六十九人,电毛主席朱总司令致敬》,《人民日报》,1949 年 7 月 25 日)

是日 下午 3 时,中华全国文学艺术界联合会全国委员会在北京饭店召开第一次会议。出席委员 64 人,茅盾主席。推选正副主席、常务委员及各部负责人。并通过我国文学、音乐、舞蹈、美术、戏剧、电影等协会及戏剧改革协会与曲艺改进会等为全国文联的会员。曹禺与郭沫若、茅盾、周扬、丁玲、郑振铎、萧三、沙可夫、夏衍、田汉、柯仲平、赵树理、欧阳予倩、马思聪、张致祥、袁牧之、徐悲鸿、阳翰笙、李伯钊、刘芝明、洪深等 21 人被选为全国文联常务委员,并与丁玲、何其芳为文联编辑部负责人。(《文联全国委员会首次会议选出常委,郭沫若茅盾周扬任正副主席通过八个协会为文联会员》,《人民日报》,1949 年 7 月 24 日)编辑部部长丁玲,副部长曹禺、何其芳。(大公报社人民手册编辑委员会:《1953 人民手册》第 258 页)

7 月 24 日 上午,中华全国戏剧工作者协会举行成立大会。到会代表 185 人。会上,曹禺与阿英、塞克、光未然、陈白尘、欧阳予倩、顾仲彝、舒强、阳翰笙、崔嵬、周信芳等 88 人被选为全国委员会委员。(《全国剧协成立,选出全国委员八十八名,华大文艺学院向大会献旗》,《人民日报》,1949 年 7 月 25 日)

7 月 26 日　中华全国电影艺术工作者协会在北京饭店举行成立大会。会上,讨论通过全国影协章程,选出影协全国委员和讨论提案。曹禺与阳翰笙、袁牧之、陈波儿、沈浮、吴印咸、蔡楚生、史东山、夏衍、王滨、汪洋、黄佐临、孙瑜、陈白尘、于伶、张骏祥、郑君里、沙蒙、赵丹、成荫、陈鲤庭、田汉、应云卫、王震之、洪深、欧阳予倩、钟敬之、柯灵、白杨、王为一、徐韬等 41 人被选为全国委员会委员。(《全国影协成立,电毛主席朱总司令及解放军致敬》,《当选委员名单》,《人民日报》,1949 年 7 月 27 日)

7 月 27 日　下午 3 时,中华全国戏剧工作者协会在北京饭店召开全体委员会,出席委员 50 余人。会上,曹禺与田汉、张庚、于伶、宋之的、马健翎、阿英、梅兰芳、陈白尘、曹禺、王地子、阿甲、夏衍、洪深、周信芳、光未然、塞克、欧阳予倩、马彦祥、丁里、熊佛西、李伯钊、章泯、张骏祥、程砚秋、崔嵬等 25 人当选常务委员,并推选田汉为常委会主席,张庚、于伶为副主席。最后一致通过上海戏剧电影协会为全国剧协分会的请求。(《全国剧协选出常委,田汉张庚于伶分任正副主席》,《人民日报》,1949 年 7 月 28 日)

7 月 28 日　上午九时,中国戏曲改进会发起人大会在北京饭店举行,曹禺与欧阳予倩、田汉、夏衍、梅兰芳、阿英、马少波、焦菊隐、茅盾、马彦祥等百余发起人出席。(《改进中国戏曲,中国戏曲改进会发起人集会》,《人民日报》,1949 年 7 月 29 日)

8 月 3 日　被委任为中苏友好协会筹委会干事会服务部副主任。据《人民日报》载:"中苏友好协会筹委会干事会为了筹备正式成立中苏友好协会,并开始进行苏联建国经验之介绍及其他有关增进中苏两国人民友谊的工作,决定暂设以下各种机构……五、服务部:掌理组织展览会、晚会、演放电影,管理俱乐部、阅览室,办俄文夜校,代订苏联书报杂志等工作,以阎宝航为主任,曹禺、李德全为副主任。……"(《中苏友好协会筹委会干事会机构人选确定》,《人民日报》,1949 年 8 月 3 日)

8 月 16 日　致信巴金。信说:

回沪后一定十分忙碌,文化生活社的事情不知安排得如何了? 新政协闻可能九月初旬开,你务必来平,怎样忙也来一次。如不为这件事,我也早返沪了。蕴珍和小妹都好吧? 译生也惦记不已。

有一件事请转告家璧。

昨日见着钱俊瑞,上次在莫斯科由郭沫若茅盾诸公签名寄老舍的信是寄往巴黎孟邻野君转,孟君并不识老舍,他也托人转。寄给谁钱俊瑞不得而知。于是这封信转来转去还是莫名其妙,弄到哪里去了。不过信是发了的,请老舍速回国的意思也是普遍的。所以请家璧速函舍予先生请他回一封信吧。

你来前,告我一声。我好接你。

问方叙(原注:方叙即靳以)好。

家宝　八月十六日(《曹禺巴金书简》)

9月1日　下午四时,郑振铎伉俪挈其儿女并偕曹禺、方瑞到叶圣陶家拜访,并晚餐。时宋云彬①在叶家作客。(《红尘冷眼》第157页)

9月10日　到北京饭店访郑振铎,后胡风到,闲谈。(《胡风全集——日记》第10卷第104页)

9月11日　上海《影剧新地》②第3期"予友人书"栏刊曹禺《小市民观众问题》一文,文后加有"编者按":"这是一封曹禺先生寄给作霖(佐临)培林(桑弧)两位的信。现在佐临先生已经出席文代归来,并且将他的新作《表》都摄完了。信中所提的柯灵(高季琳)先生目前正在上海。桑弧先生则在集合文华编导同人进行反映六大任务的集体创作中。信中提出的小市民观众问题,值得我们研究。"

9月14日　据徐铸成记述:"下午,赴北京饭店开座谈会,谈共同纲领……会后,在振铎兄房内座谈多时,后又晤曹禺夫妇,都是今春同船由港到京之好友。"(《徐铸成回忆录》第195页)

9月21—30日　与廖承志、吴晗、钱三强、高棠、何礼、董昕、何其芳、龚澎(女)、梅益、杨文、范小凤(女)等作为"中华全国民主青年联合总会"代表出席中国人民政治协商会议第一届全体会议。(《中国人民政治协商会议第一届全体会议代表名单》,《人民日报》,1949年9月22日)会后曹禺负责政协对外文化交流工作。

其间,参加开国大典的筹备工作。据曹禺回忆:"(第一届政协)我参加了。这个名单是毛主席周总理提的,也许周总理提的较多。""(当时)作招待。外交部以外的与外国人民之间的来往,基本上是我来管,像中苏友好协会。那时苏联还没变修正主义,我接待过苏联作家法捷耶夫带领的一个文化代表团,还有许多零七八碎的事儿。那时候政协里边搞外事活动的人比较少,因此我就成为外事活动的专家。那时候没工夫写东西,因为外事任务很急迫。"(《曹禺从〈雷雨〉谈到〈王昭君〉》)

9月30日　来华出席中国中苏友好协会成立大会及世界拥护和平大会中国

---

① 宋云彬,文学史家,教授。1949年春到北京,任华北人民政府教育部教科书编审委员会编辑。1952年任浙江省人民政府委员,省文联主席,省文史馆馆长等职。1958年后,任中华书局编辑至今。

② 1949年8月16日在上海创刊。周刊。编辑者:影剧新地社编辑部,编辑委员:毛羽、沈浮、吴茵、吴琛、李瑞来、金焰、陈鲤庭、郑君里、鲁思,发行者:李桢葆,总经销:中国图书杂志公司。

分会成立大会的苏联文化工作者代表团,抵达天津。受到天津人民的欢迎。晚间9 时,天津市政府宴请苏联代表团,席上曹禺代表世界和平大会中国分会筹委会与中苏友好协会总会筹委会热烈欢迎苏联代表团,并提议为全世界进步人类的领袖斯大林大元帅干杯。苏联代表团代表西蒙诺夫继起致词,并提议:"为中国人民领袖毛泽东干杯!"宴会至夜 11 时始散。(《苏文化工作者代表团抵津,津市各界代表千五百人到站欢迎》,《人民日报》,1949 年 10 月 1 日)

10 月 1 日　参加中华人民共和国开国大典。据曹禺回忆:"我能在一九四九年十月一日的开国大典上,在天安门城楼又一次幸福地见到我们的伟大领袖毛主席。""那时我站在离毛主席几步远的地方,亲眼见到,亲耳听到毛主席庄严地向全国、全世界宣告:'中华人民共和国诞生了,中国人民从此站起来了。'"(《永远铭记毛主席的教导》)

10 月 2 日　中国保卫世界和平大会在北京成立。曹禺与沈雁冰、周扬、田汉、洪深、郑振铎、夏衍、梅兰芳、马思聪、丁玲等 105 人被推选为中国保卫世界和平大会主席团成员。(《维护世界持久和平全国各界代表千余人集会首都保卫世界和平大会揭幕》,《宋庆龄郭沫若林伯渠等,百零五人为大会主席团》,《人民日报》,1949 年 10 月 3 日)

10 月 3 日　中国保卫世界和平大会选出全国委员会,通过大会宣言,选举了委员会委员。曹禺与郭沫若、田汉、洪深、丁玲、白杨、阳翰笙、袁牧之、陶孟和、张奚若、叶圣陶等 140 人当选。(《中国保卫世界和平大会成立,全国委员会正式选出》,《中国保卫世界和平大会,全国委员会委员名单》,《人民日报》,1949 年 10 月 4 日)

10 月 5 日　下午,中苏友好协会总会在首都中南海怀仁堂举行成立大会。出席这个大会的有朱德、刘少奇、宋庆龄、董必武、郭沫若等一千三百余人,宋庆龄致开幕词。大会选举刘少奇为会长,宋庆龄、吴玉章、沈钧儒、李济深、郭沫若、张澜、黄炎培七人为副会长,曹禺与田汉、丁西林、夏衍、茅盾、陈波儿、洪深、欧阳予倩、丁玲等 197 人为理事。(《中苏友好协会总会成立大会》,《中苏友好协会总会正副会长、理事名单》,《人民日报》,1949 年 10 月 6 日)后根据会章指定总干事、副总干事、干事。曹禺与李伯钊、金山、丁西林、光未然等 50 人为干事会干事。(《中苏友协总会干事会名单确定》,《人民日报》1949 年 11 月 11 日)干事会设秘书处、组织部、研究出版部、服务部、联络部、图书资料室 6 个部门,曹禺为服务部主任。(《中苏友协组织建立,总会干事会确定机构分工》,《人民日报》,1949 年 11 月 14 日)

10 月 8 日　中苏友好协会总会、中国保卫世界和平大会全国委员会在北京中山公园音乐堂举行盛大晚会,邀请苏联艺术演出队和华北军区军乐队、华大文工团等演出。(《苏艺术演出队昨晚再次表演》,《人民日报》,1949 年 10 月 9 日)据殷振家文述,

1949 年 10 月,苏联艺术家在中山公园音乐堂演出时,曹禺出任舞台监督。(《绛帐春风化春雨——记著名戏剧家曹禺(万家宝)》)

10 月 9 日　晚六时,中国人民革命军事委员会卫生部,设宴慰劳由热河归来之苏联红十字半月协会防疫第一分队。宴后并由贺诚部长亲自作陪,赴中山公园音乐堂参加苏联艺术演出队与中国民主青年代表团文工团之演出晚会。会上,中苏友好协会总会曹禺,将苏方在东北的防疫工作情形简要向全场观众作介绍并致谢意。(《苏联关切我国人民健康,协助扑灭东北鼠疫,苏防疫队自热河抵京,军委卫生部设宴慰劳　苏防疫队辛勤协助,五个月捕鼠七百万》,《人民日报》,1949 年 10 月 11 日)

10 月 13 日　下午六时半,中国文联为了筹备纪念中华人民共和国诞生后第一个鲁迅先生的忌日,在全国文联会址邀请全国总工会、全国民主妇联、全国青联及北京市委等单位共同商讨纪念事宜。曹禺与郭沫若、茅盾、周扬、丁玲、田汉、郑振铎、赵树理、沙可夫、徐悲鸿、冯雪峰、许广平、阳翰笙、艾青、黄药眠、胡风及各单位代表共 20 余人参加。会上决定由全国文联邀请各有关单位联合发起成立鲁迅先生逝世十三周年纪念筹备会。并初步讨论了纪念节目,除将在首都举行盛大纪念会外,至各学校各工厂之纪念活动,则由各单位自己分别计划组织。(《全国文联邀全总等团体,筹备纪念鲁迅》,《人民日报》,1949 年 10 月 14 日)

是日　《人民日报》第 4 版刊《京市讲演会介绍》:"由基督教青年会主办,地点在东单米市大街青年会体育馆。每星期三、六下午七时举行。对象是中学生、职业青年、工商界人士及市民。……讲演的内容,根据当前的形势和青年要求,邀请专家决定专题,讲后听众可用文字提问题请讲演人当场回答。从四月六日开始请沈钧儒讲'人民的和平',到十月八日已共举行了四十二次。讲演内容除了新民主主义的政治、经济、文化各种政策之外,……还请人民政协代表赵朴初讲'新时代的佛教'以及郭沫若、郑振铎、曹禺、茅盾的苏联介绍。"

10 月 23 日　苏联文化艺术科学工作者代表团于访问沪宁等地后返抵北京。曹禺与刘宁一、沈雁冰、廖承志、周扬、李德全、丁玲、许广平、钱俊瑞、王炳南、阎宝航、钱三强、丁瓒、沈志远、张仲实、樊弘、袁牧之、欧阳予倩、阳翰笙等百余人前往车站热烈欢迎。(《苏联文化代表团返京,刘宁一等赴车站欢迎》,《人民日报》,1949 年 10 月 24 日)

10 月 25 日　《人民文学》在北京创刊,首任主编茅盾,在封面和目录页后的首张内页上,刊登了毛泽东的坐姿照片,照片背面又是毛泽东专为《人民文学》创刊所写的题词手迹"希望有更多好作品出世"。刊名题字则是经毛泽东提议由郭沫若(全国文联主席)手书。

10 月 26 日　下午 6 时，参加苏联十月革命 32 周年纪念典礼的中国代表团离京赴苏联，成员包括曹禺（代表团副秘书长）与丁玲（团长）、吴晗（副团长）、沙可夫（秘书长）、许广平、丁燮林（西林）、白杨等 15 人。代表团准备在苏联逗留一月，除参加十月革命纪念盛典外，并将分别进行参观。其中妇女代表并准备出席国际民主妇联理事会。（《参加十月革命庆典，我代表团专车赴苏》，《人民日报》，1949 年 10 月 27 日）这个代表团系"应苏联职工会总会和对外文化联络协会之邀，派了一个代表团，专程前往莫斯科参加庆祝典礼。"（《访苏印象》）

据吴晗文述："这次我们出国，走得很匆忙。十月二十三日晚才接到苏联职工会和对外文化联络协会通知，邀请中国职工和文化界代表团去参加十月革命三十二周年纪念典礼。我们在十月二十六日下午六时就动身了。从北京乘火车到满洲里，在满洲里换乘苏联派来迎接我们的专车，经过赤塔到伊尔库斯（茨）克。从伊尔库斯克到莫斯科是坐的飞机，原来两天可飞完的路程，因为天气不好，苏联招待我们又特别关切，不愿意让飞机冒不良气候飞行，所以飞了四天。中途在克拉斯那亚、俄姆斯克、斯维尔德洛夫斯克都住了一晚。飞机在斯维尔德洛夫斯克停留的时候，市长和军事长官特地陪了我们参观了城市，还看了话剧。去的时候走了十天，回来走了十一天，在莫斯科停留了十八天。"（《访苏印象》）

10 月 27 日　曹禺一行抵沈阳。"沈阳文化界代表齐至车站欢迎。"（《丁玲等过沈出国》，《人民日报》，1949 年 10 月 28 日）

11 月 2 日　《人民日报》第 5 版刊《国立戏剧学院通告》：

> 本院奉命成立。予倩等已到职视事。自十一月一日起在棉花胡同十二号开始办公。除函告有关部门外特此通告。
>
> 　　　　院长　欧阳予倩
>
> 　　　　副院长　曹禺　张庚
>
> 　　　　教育长　光未然
>
> 　　　　电话　院部（四）一六六二　总务科（四）二七八八

11 月 5 日　访苏代表团抵莫斯科，入住在"红场附近"。（《游苏联印象》）据载："中国参加十月革命节三十二周年纪念典礼的代表团，在团长丁玲的率领下，于五日到达莫斯科。在佛努科伏机场欢迎代表团的有：全苏联工会中央理事会书记库兹涅佐夫、全苏联对外文化协会委员会委员卡利什扬及全苏联对外文化协会与全苏联工会中央理事会的工作人员。"（《参加十月革命节典礼中国代表团抵莫斯科》，《人民日报》，1949 年 11 月 7 日）

11 月 7 日　参加苏联十月革命三十二周年纪念典礼。"在红场大会上，我们看到苏联国防武装的检阅,和苏联广大民众的游行。"(《我的几点印象》) 据马思聪撰文:"这一天,站在红场的我们,中华人民共和国的代表,感到多么骄傲与光荣! 因为我们是一个伟大国家的人民! 许多苏联人跟我们交换徽章,甚至以劳动英雄的勋章来交换我们那刻着天安门的中华人民共和国纪念徽章。"(《游苏联印象》)

11 月 9 日 苏联对外文化协会主席琴尼索夫举行招待会,曹禺与丁玲、吴晗、沙可夫、白杨等中国代表团团员出席。(《苏联对外文化协会招待我国代表团》,《人民日报》,1949 年 11 月 12 日)

11 月 10 日 参加苏联十月革命 32 周年庆典的中国代表团在莫斯科全苏对外文化协会举行记者招待会,"报告中华人民共和国的生活情形"并"表示了中国人民对苏联人民的友好的感情"。(《我代表团招待记者》,《人民日报》,1949 年 11 月 12 日)

11 月 13 日 上午九时,中苏友好协会总会召集第一次干事会会议,由总干事钱俊瑞主持,讨论干事会的组织与分工。经决议设以下各机构……四、服务部:以曹禺为主任,潘德枫、金山为副主任……。(《中苏友协组织建立,总会干事会确定机构分工》,《人民日报》,1949 年 11 月 14 日)

11 月 14 日 苏联对外文化协会音乐处盛会招待中国代表团,曹禺与丁玲、吴晗、沙可夫、白杨等中国代表团团员出席。(《苏对外文协音乐处招待我访苏代表团》,《人民日报》,1949 年 11 月 17 日)

11 月 19 日 苏联对外文化关系协会在莫斯科举行历史与电影艺术部的盛会,会上苏联剧院与电影院的代表们会见了正在访问莫斯科的中国文化艺术工作者。中国作家曹禺和女演员白杨介绍了中国的进步作家和艺术工作者如何积极参加中国人民的解放斗争并建立新的生活,以及中国人民政府和共产党对文化与艺术发展给与的注意;认为中国人民的胜利已揭开了中国人民戏剧文化历史的新页。曹禺谈到新中国城乡业余艺术活动的发展,现已有两百多万人参加了各种业余艺术团体。会后,中国来宾把高尔基的《夜店》、《柴霍甫选集》、斯丹尼斯拉夫斯基的《演员自我修养》、丹钦科的《回忆录》等中文译本赠给苏联高尔基艺术剧院,作为中国国立戏剧学院的赠礼。(《苏对外文化协会举行盛会,苏联剧院电影院代表会见我国文艺工作者》,《人民日报》,1949 年 11 月 23 日)

11 月 20 日 参观莫斯科地下电车(地铁)。据吴晗文述:"莫斯科的地下电车有三条干线,全长四十九公里。我们是十一月二十日去参观的。"(《访苏印象》)

11 月 22 日 苏联作家协会设宴招待参加十月革命 32 周年庆典的中国代表团,曹禺与丁玲、赵树理、丁西林等出席。(《苏联作家协会欢宴我代表团》,《人民日报》,1949 年 11 月 25 日)

11 月 23 日　曹禺一行离开莫斯科返国。在苏期间，"他们熟识了许多科学、文化及教育机关的生活，会见了许多苏联最杰出的科学、艺术、文化及文学工作者，访问了许多企业并在苏联首都游览观光。"（《参加十月革命节典礼后留苏两周，我代表团离苏京返国》，《人民日报》，1949 年 11 月 26 日）

是月　下旬唐槐秋集合一批话剧工作者，以"中国旅行剧团"名义在北京长安戏院演出曹禺的《日出》。唐槐秋亲自出任导演，并饰潘月亭，演员阵容白珊饰陈白露、红樱饰翠喜、安舟饰李石清、红怡饰李太太、沈凌饰胡四、王平饰福升、吕冰饰小东西、常青饰方达生、苏之卉饰顾八奶奶。"演了几场以后，北京市文艺处派人联系，希望配合对刚刚翻身的妓女们的教育，能为她们演个专场。槐秋先生非常重视，立即召集全团布置动员，还特别重排了描写妓院生活的第三幕。演职人员也很高兴能有这样一次机会，纷纷表示愿意义务演出，连饭费补助也不要。"（《为姐妹们演〈日出〉》）

12 月 4 日　由苏联返京。（《中苏友好》1949 年第 1 卷第 3 期第 24 页）访苏期间。据吴晗撰述："十八天的时间在莫斯科过着非常紧张的生活。……平均每天要参观两个地方，夜里再看戏。""在莫斯科举行了一次记者招待会，参加的有真理报、塔斯社、少共真理报等十五个单位的新闻记者数十人。""我们参观了十几个博物馆，像历史博物馆、红军博物馆、工业博物馆、建设博物馆、劳动保护博物馆、列宁博物馆、斯大林礼品博物馆、莫斯科市建设博物馆、美术博物馆、克里姆林宫博物馆、星象馆等。"（《访苏印象》）

据马思聪撰述："莫斯科的公共场所，都是值得留恋的地方：华丽的地底电车站，博物馆，美术馆，天文馆，戏院剧场等，尤其是那豪华的歌剧院，这是一个永远满座的场所，每天演两个歌剧或舞剧。柴可夫斯基的舞剧《天鹅湖》，和格里埃的《青铜骑士》都在这里看到。"（《游苏联印象》）

12 月 8 日　晚七时，中苏友好协会总会干事会欢宴前往苏京参加苏联十月社会主义革命三十二周年纪念盛典归来的我国代表团。代表团团长丁玲，副团长许之桢、吴晗，秘书长沙可夫，副秘书长曹禺，团员丁燮林、李凤莲、许广平、赵树理等均参加。（《中苏友协欢宴从苏京归来的我国代表团》，《人民日报》，1949 年 12 月 9 日）

12 月 9 日　中苏友好协会总会为庆祝斯大林 70 寿辰，特召开干事会。（《中苏友协总会展开筹备活动迎接斯大林七十寿辰》，《人民日报》，1949 年 12 月 10 日）曹禺作为干事应参加会议。

12 月 16 日　政务院举行第十一次政务会议通过各项任命名单。曹禺被任命为中央戏剧学院副院长。据报载：

中央戏剧学院

院　长　欧阳予倩　现任中华全国文学艺术界联合会全国委员会委员。

副院长　曹　禺　现任中华全国文学艺术界联合会全国委员会委员。

张　庚　现任中华全国文学艺术界联合会全国委员会委员。

(《政务院第十一次政务会议通过的各项任命名单》《人民日报》,1949 年 12 月 18 日)

12 月 20 日　中苏友好协会总会为庆祝斯大林 70 寿辰特举行盛大酒会。(《中苏友好协会总会昨晚举行盛大酒会》,《人民日报》,1949 年 12 月 21 日) 曹禺作为干事应参加。

12 月 31 日　与方瑞到竺可桢家拜访。(《竺可桢全集》第 11 卷第 601 页)

是日　在重庆《大公报》发表《人民在召唤着我们》一文。

是月　访苏归来,前往丰盛胡同 10 号老舍家拜访,两人亲切交谈并共进午餐。据齐锡宝回忆:"一次是曹禺先生刚随赴苏代表团参观考察后回北京不久,没有事先联系跑来看他。进门不一会儿,就该吃午饭了。老舍先生放下工作,招呼大家一起到东厢房的餐厅里。只见餐桌上摆满了各种蘸饺子吃的佐料和剥好了的蒜瓣儿。还没有入座,曹禺就问饺子是什么馅儿的,一听是三鲜馅儿的,他乐不可支,指手画脚地对我说:'咳,这可是赶上了,他家的三鲜馅饺子堪称一绝。注意,吃起来可得一口一个。'老舍先生马上接口说:'是不是一绝还不敢说,吃起来得一口一个那是不假,饺子讲究的是要包得个儿一般大小,能一口一个才不会把馅儿里的汤汁流出来。'"(《回忆老舍先生奉命写〈人同此心〉的前前后后》)

是年　老舍返回北京后,曹禺曾暂住老舍先生家。据曹禺回忆:"他回到北平,知道房子不好找,他邀我住他家的一个小跨院儿,这样可以朝夕见面。"(《我很想念老舍先生》)

1950 年 四十一岁

1 月 1 日,北京人民艺术剧院在北京举行成立典礼。李伯钊任团长。史称"老人艺"。

2 月 15 日,中苏友好同盟互助条约签订。

4 月 1 日,《人民戏剧》①创刊。

6 月 25 日,朝鲜战争爆发。27 日,美国派出海、空军干涉朝鲜内政,扩大朝鲜战争,严重威胁我国安全。10 月,我国作出"抗美援朝"的决策,组成中国人民志愿军赴朝作战。

9 月 10 日,《北京文艺》②在北京创刊。

12 月 10 日,捷克斯洛伐克文化代表团普实克博士一行四人抵京访问。

1 月 1 日　与老舍到朱启平③家吃中饭。据老舍记述:"午前,到铁狮子胡同访曹禺。然后,两人一起到后海北河沿 24 号朱启平家去吃中午饭。"(《一九五〇年日记》,《老舍全集》第 19 卷第 5 页)

1 月 4 日　下午二时,全国文联为了庆祝一九五〇年新年,并欢迎新近归国的作家老舍,在北京饭店举行联欢茶会,曹禺与茅盾、周扬、老舍、田汉、洪深、赵树理、冯乃超、叶圣陶、欧阳予倩、艾青、连阔如等七十余人出席。茅盾简短致词后,老舍报告归国感想。在联欢中,曹禺清唱京剧。会后,集体观影。(《全国文联新年联欢,并欢迎作家老舍归国》,《人民日报》,1950 年 1 月 5 日)据李伯钊记述:"下午二时,文艺界在

---

① 戏剧综合刊物。月刊。田汉主编。中华全国戏剧工作者协会出版,上海中华书局印行。1951 年改由人民文学出版社出版。至 1952 年 1 月出至 20 期停刊。1976 年 3 月复刊,为双月刊,至第 3 期改为月刊。1980 年 1 月改由中国戏剧出版社出版。1983 年 1 月起改名为《戏剧报》。

② 文艺月刊。北京市文学艺术工作者联合会编辑。主编老舍,副主编王亚平。至 1951 年 12 月 20 日,暂时休刊。1955 年 5 月 20 日复刊。

③ 朱启平(1915—1993),原名朱祥麟,祖籍浙江盐,1915 年 11 月 25 日生于上海,1933 年毕业于南京金陵中学,考入北平燕京大学医学预科。先后在《新蜀报》和《国民公报》工作两年。1940 年秋加入重庆《大公报》。1945 年 9 月 2 日,在东京湾美国战舰"密苏里"号上举行了日本签字投降仪式,朱启平是在场目睹这一历史性时刻的三名中国记者之一。1950 年派往朝鲜前线,采访停战谈判,两年后回国,任香港《大公报》驻北京记者。1978 年,朱启平调到香港《大公报》任编辑部副主任。

北京饭店团拜,欢迎老舍先生。老舍即席唱太平歌词,(欧阳)予倩、田汉、曹禺唱京戏。欧阳予倩的嗓子像十六七岁的姑娘。六时在文教局吃饭。"(《李伯钊文集》第320页)

1月5日 据老舍记述:"家宝来信,答以愿多写作,不愿有何名义。"(《一九五〇年日记》,《老舍全集》第19卷第6页)

1月8日 据老舍记述:"午家宝请饭。"(同前第7页)

1月14日 据老舍记述:"午后(赵)韫如来,并约家宝吃饭,饭后到华北大学看戏,并无戏。"(同前第8页)

1月20日 午后七时许,来北京参加中央内务部会议的各省民政厅长为了解北京市妇女生产教养院工作情况,到教养院参观,并参加该院举行的座谈会。中央及市级很多机关也都派人参加。曹禺与欧阳予倩、张庚等参加并"向学员讲话,庆贺他们的新生,鼓励大家努力学习,好好改造自己,重新作新人"。最后由各所学员演出自编的话剧《苦尽甜来》及数来宝《月儿照正南》、拉洋片《姐姐妹妹站起来》等。(《各省民政厅厅长,参观妇女教养院》,《人民日报》,1950年1月22日)

1月26日 北京市春节文艺工作委员会开会布置春节文艺活动工作。最后会议决定由李伯钊、周巍峙、曹禺、王亚平、马少波等13人成立评奖委员会,推选李伯钊为主任委员,曹禺、王亚平任副主任委员。(《京市具体布置春节文艺活动》,《人民日报》,1950年1月27日)

是月 《日出》由文化生活出版社重版。(新华书店总店:《全国总书目(1949—1954)》第377页)

年初 郑秀由福州调至北京。与曹禺关系"破裂"。据郑秀回忆:"我1950年初调到北京,我去找妇联,找了孙大姐。她叫我不要着急。这时,他就喝酒,我很痛苦,他不回家。他到中央戏剧学院当副院长。那时说服我离婚,我不肯。"(《苦闷的灵魂——曹禺访谈录》第216页)

寒假 寒假期间参加土改。据载:"首都北京大学、清华大学、燕京大学、中央美术学院、中央戏剧学院等院校的学生和教授八百人,在寒假期间下乡参加了京市郊区的土地改革工作,现已先后返校,并分别作了工作和思想的总结。清华大学文法学院教授冯友兰、吴泽霖、雷海宗,北京大学教授汪暄,中央美术学院院长徐悲鸿,教授李桦、叶浅予、常任侠,中央戏剧学院院长欧阳予倩、副院长曹禺等都参加了这次土地改革工作。"(《首都大学师生八百人,寒假参加郊区土改,思想认识显著提高》,《人民日报》,1950年4月2日)

2月15日 出席中苏友好协会总会第四次干事会。据载:"中苏友好协会总会于今晨听到中苏友好同盟互助条约签订的广播消息后,当即召开第四次干事会,讨论展开宣传庆祝活动事项。出席者李德全、王昆仑、阎宝航、沈志远、萧三、洪深、宦乡、张仲实、曹禺、樊弘、丁秀、吴清友、傅学文、翁独健、钱三强、丁玷、金山等三十余人，由钱俊瑞主席。"（《中苏友协总会干事会讨论决定开展庆祝中苏新约活动》，《人民日报》，1950 年 2 月 16 日）

2 月 17 日　据老舍记述："晚到家宝处，烫手。"（《一九五〇年日记》，《老舍全集》第 19 卷第 17 页）

2 月 20 日　据老舍记述："午到宝宅吃饭。"（同前第 18 页）

春　自学俄语数月，靠着词典，开始阅读契诃夫、托尔斯泰、高尔基等俄国作家的俄文原著。据颜振奋文述："从一九五〇年起，曹禺同志自学俄文，他只听两个月的俄语广播，以后就坚持自学。现在他已能依靠字典勉强读契诃夫的原著了。他有一套莫斯科艺术剧院演出的《三姊妹》的读词唱片。"（《曹禺创作生活片断》）

3 月 5 日　据老舍记述："午后家宝来，同饭。"（《一九五〇年日记》，《老舍全集》第 19 卷第 20 页）

3 月 8 日　中国保卫世界和平大会委员会举行会议，会上通过该会的机构设立及各组工作委员会人选，曹禺与李德全、钱三强、曹靖华、戴爱莲、黄新民、陆璀、萧三、陈家康、吴青、唐亮等为联络组成员。（《中国保卫世界和平大会委员会各组工作人选名单》，《人民日报》，1950 年 3 月 9 日）

3 月 21 日　致信巴金。后收入《生命的开花——巴金研究集刊卷一》一书。信说：

健吾来信，告知你病了，已经割治，不知最近病况若何，我们非常惦念。大约不十分重，这类病很多人有，只在老年人痛苦些。你的身体素来结实，经了割治，多养息几天，不立刻工作，一定很快恢复健康。能提笔，写几个字给我。不然，请蕴珍告诉我们你的近状。

前两天，翰笙谈起你没能来参加文教会，因为太忙，言外之意还是希望你能来开会。就来一次北京吧！我想，你病愈后，再遇开会，无妨来一趟，住在我家里，开销自然不大。文教会虽然没有经常事要办，主持人总是盼望你能到场的。

我每天是开会忙，还没有工夫写戏。我连续收到你主编的译作丛书，不知销路如何。听说最近文艺书不易卖，老舍先生的版税简直没有多少，他大感困难。你现在生活如何，版税情形还好吧？

关于你，我只偶然在《小说》上看见你开座谈会时的几句话，报上偶尔报道你在华东区文教会上的职务，其余便不知了。有工夫，我们真该写写信了！

（《曹禺巴金书简》）

是月　《雷雨》由文化生活出版社重版。（新华书店总店：《全国总书目（1949—

1954)》第 377 页）

4 月 2 日　中央戏剧学院举行成立典礼。"该院自去年十月间即开始筹建,以原华北大学第三部为基础与东北鲁迅艺术学院戏剧组、南京剧专合并组成。由欧阳予倩任院长,曹禺、张庚任副院长,光未然为教育长。设有普通科(今春已招生),本科(暑期后开系),研究部,与歌剧、话剧、舞蹈三个团。"(《中央戏剧、美术学院举行成立典礼》,《人民日报》,1950 年 4 月 2 日)

4 月 3 日　北京人民艺术剧院请客,曹禺与李伯钊、丁玲、周扬、艾青、老舍、田汉、阳翰笙、程砚秋、金山、吴雪、廖承志、欧阳予倩、张庚、凤子、徐悲鸿、寒水、周立波、独健、乐光等参加。(《李伯钊文集》第 350 页)

4 月 19 日　石家庄市文工团自 18 日起在北京演出四幕话剧《不是蝉》。次日,曹禺与欧阳予倩、张庚等观看并"认为除剧本本身需要加以简练外,对剧作者的才能与故事的结构均有好评"。(《工人创作喜剧〈不是蝉〉在京演出获各方好评》,《人民日报》1950 年 4 月 27 日) 据魏连珍文述:"在北京演出的第二天晚上,啊呀,我实在觉得光荣得很,做梦我也想不到认识了我国名作家欧阳予倩先生和曹禺先生。他们和我握手,亲切地和我坐在一起谈话,我真高兴极了。他们一边看《不是蝉》的上演,一边夸奖我,我心里直乱跳,脑袋好像大了些。我感谢这二位老前辈对我的亲切爱护。"(《〈不是蝉〉在首都演出的感想》)

4 月 20 日　中国保卫世界和平大会(简称"和大")委员会举行世界拥护和平大会一周年纪念会,同时举行委员会第二次会议。曹禺与沈钧儒、谭平山、徐特立、马叙伦、竺可桢、周扬、千家驹、阎宝航、陈其瑗、钱三强、许广平、田汉、徐悲鸿、丁瓒、翦伯赞、马思聪、胡愈之、沙可夫、艾青、范长江、张仲实等和大委员到会。"到会者首先在和大常委会关于要求无条件禁止原子武器,并宣布第一个使用原子武器的国家为战犯的呼吁书上签名。"(《我国和大纪念世界和大周年》,《人民日报》,1950 年 4 月 22 日)

4 月 23 日　到老舍家中探望。(《一九五〇年日记》,《老舍全集》,第 19 卷第 27 页)

4 月 24 日　到老舍家中就餐。(同前)

是月　《正在想》由文化生活出版社重版。(新华书店总店:《全国总书目 1949—1954》第 377 页)

5 月 7 日　文化部召开座谈会,讨论对影片《内蒙春光》①的处理意见。周恩来到会讲话,并提出成立电影指导委员会的建议。(《当代中国电影纪事(选载)》,《当代电

---

①　编剧王震之,导演干学伟,东北电影制片厂出品。中国电影有史以来第一部反映少数民族的影片。4 月 23 日在北京大华影院试映,产生反响。20 日起中央电影局遂召开了 3 个座谈会,加以讨论。

影》1986 年第 4 期）出席会议的有茅盾、周扬、欧阳予倩、曹禺、李伯钊、夏衍、老舍、赵树理、邓拓、袁牧之、蔡楚生、史东山、陈波儿、田方等和《内蒙春光》的全体编导、部分演员以及上海电影制片厂、北京电影制片厂、东北电影制片厂负责人等。该片后经修改，改名《内蒙人民的胜利》，于 1951 年正式上演。（《中华人民共和国史编年 1950年卷》第 339 页）据少舟文及："长春电影制片厂 1950 年初摄制完成，原名《内蒙春光》。已经在京津上映后，周总理发现该片存在政策性问题，便立即责成文化部邀请统战部、民委有关单位负责人及郭沫若、陆定一、茅盾、周扬、阳翰笙、田汉、曹禺、老舍、丁玲、夏衍、邓拓等人士到一起开座谈会，共同会诊该片存在的问题。周总理亲自到会讲话。"（《闪烁多民族生活光彩的新中国银幕》）

5 月 23 日　据老舍记述："李德全同女儿来，鹿钟麟来，曹禺来，留饭，陈默生送酒来。"（《一九五〇年日记》，《老舍全集》第 19 卷第 31 页）

5 月 24 日　中国剧协召开戏剧创作、批评座谈会，田汉、曹禺等 32 人出席。曹禺在发言中首先赞扬了以《白毛女》为代表的优秀剧作及其成就；其次讲了一些普遍存在的问题提请大家注意：第一，生活内容跟不上思想，作品思想性很浓，但缺乏艺术性。第二，艺术追不上生活，不适应新的生活内容的需要，易脱离生活。第三，应该把生活与技巧结合起来，这个关键还在于深入生活。（《文艺报》第 2 卷第 10号，1950 年 8 月 10 日）

5 月 26 日　《文艺报》编辑部邀请在京文化界思想界人士胡愈之……田汉、曹禺、张庚、王朝闻等座谈，就加强刊物的政治性、思想性、战斗性问题征求意见，并听取了宝贵批评。（《六十年文艺大事记(1919—1979)》第 127 页）

5 月 28 日—6 月 2 日　北京市第一次文学工作者代表大会在北京召开。28日，大会在北京劳动人民文化宫开幕。（《京市文艺工作者代表大会昨揭幕》，《人民日报》，1950 年 5 月 29 日）曹禺出席开幕式。[1]（《北京人民艺术剧院大事记》）

5 月 30 日　据蔡楚生记述："下午二时，在文化部参加讨论《太平天国》之会，应邀到会者有范文澜老先生，及胡绳、荣孟源、曹禺等，……经讨论戏分为两部分，前者主要为反封建，后者主要为反帝。会至六时余结束。"（《蔡楚生文集·第 3 卷·日记卷》第 360 页）

6 月 8 日　国际和平奖金、斯大林和平奖金中国作品征集评选委员会筹备委员会召开会议。中国保卫世界和平大会委员会、中苏友好协会总会、中华全国文学

---

[1]　据记载，本届会上选举理事 45 人，常务理事 25 人，推举老舍为主席，梅兰芳、李伯钊、赵树理为副主席，王亚平为秘书长。曹禺未获理事、常务理事名。（《社会主义时期中共北京党史纪事(第一辑)》，人民出版社，1994 年 7 月）

艺术界联合会、中华全国第一次自然科学工作者代表大会筹备委员会等四单位二十余人到会。(《国际和平奖金、斯大林和平奖金中国作品征集评选委员会组成》,《人民日报》,1950 年 6 月 14 日) 据蔡楚生记述:"下午二时,代表牧之赴东华门南夹道 63 号戏曲改进局,开田汉先生所召集之'世界和平奖金'及'斯大林奖金'之应征筹委会,到会有吴玉章、洪深、周扬、邵力子、李德全、丁玲、袁翰青、曹禺等近二十人。吴老主席,即席推田汉先生等五位为负责人,四时余即宣告散会。会后在楼上摄影。"(《蔡楚生文集·第 3 卷·日记卷》第 363 页)

是月 韩国中央国立剧团演出曹禺的《雷雨》。(《曹禺剧作在韩国》)

是月 文化部举行晚会欢送中央访问团文教工作者。"会上,沈雁冰部长,周扬、丁燮林副部长及中央戏剧学院副院长曹禺等对访问团一再勉励。"(《加强各族人民的友爱团结,中央西南访问团今天出发》,《人民日报》,1950 年 7 月 2 日) 据王连芳回忆:"首都中央机关对中央访问团即将访问西南各兄弟民族极为重视,全体团员于 6 月集中在国子监学习一个多月……在文化部举行的欢送晚会上,沈雁冰部长、周扬副部长及中央戏剧学院副院长曹禺等对访问团里的文化工作者以无限的热情一再给与勉励。"(《在中央访问团的日子》)

7 月 2 日 据老舍记述:"晚家宝请饭,有石挥。"(《一九五〇年日记》,《老舍全集》第 19 卷第 36 页)

7 月 9 日 据老舍记述:"晚曹禺来谈。"(同前第 37 页)

7 月 11 日 为提高国产影片的思想艺术水平,中央文化部特邀请各有关部门、各社会团体与影剧界专家,共同组成"中央人民政府文化部电影指导委员会"。曹禺与沈雁冰(茅盾)、周扬、丁燮林(丁西林)、沙可夫、袁牧之、蔡楚生、史东山、陈波儿、李立三、陆定一、钱俊瑞、廖承志、萧华、蒋南翔、徐冰、邓拓、刘格平、张致祥、沈兹九、丁玲、艾青、老舍、赵树理、阳翰笙、田汉、洪深、欧阳予倩、李伯钊、江青、周巍峙、王滨等 32 人为委员,主任委员为沈雁冰。(《提高国产影片的思想艺术水平,文化部成立电影指导委员会》,《人民日报》,1950 年 7 月 12 日)

是日 下午一时,中央人民政府文化部戏曲改进委员会假文化部戏曲改进局举行会议,讨论一年来戏曲节目审订工作。日前,文化部戏曲改进委员会组成,它是戏曲改进工作的最高顾问性质的机关。曹禺与田汉、欧阳予倩、洪深、杨绍萱、马彦祥、李伯钊、赵树理、阿英、翦伯赞等 43 人为委员,周扬为主任委员。(《文化部戏曲改进委员会组成,首次会议确定戏曲节目审定标准》,《人民日报》,1950 年 7 月 29 日)

7 月 15 日 《人民日报》刊消息《本周文艺讲座·曹禺讲〈谈学习写作〉》:"大众文艺创研会与青年服务部合办的星期文艺讲座本周聘请曹禺同志主讲,讲题:

《谈学习写作》。会后由蔡连贵、姚振忠先生表演西河大鼓《石不烂赶车》。地址在青年宫。时间星期日上午九时半。"

7 月 20 日　中央戏剧学院院长欧阳予倩,副院长曹禺、张庚,教育长光未然暨全体教职学员,写信给朝鲜文化艺术工作者,向朝鲜人民致敬。(《中央戏剧学院全体教职学员致函朝鲜文艺工作者向朝鲜人民表示敬意》,《人民日报》,1950 年 7 月 29 日)

7 月 25 日　中央人民政府文化部"召集北京、天津两地即将到工厂和农村中去体验和了解工农群众生活的作家、艺术家老舍、曹禺、赵树理、古元、鲁藜等十余人举行座谈会……到会的作家和艺术家们都对创作和文艺批评问题发表意见,并报告了自己的创作计划。这次下厂下乡的作家,曹禺将去琉璃河水泥厂,赵树理、古元、鲁藜也将到工厂去;胡丹沸、贾克、秦兆阳预备去冀中大清河北及其他老解放区搜集敌后斗争题材。老舍正在搜集建设新北京的材料,计划写一个话剧,剧名为《龙须沟的变迁》。"(《京津作家艺术家多人即将到工厂和农村去》,《人民日报》,1950 年 7 月 29 日)

是 日　晚八点,中央人民广播电台播发"中国人民反对美国侵略台湾朝鲜运动委员会主办节目",由曹禺讲《美帝的丧钟响了》。(《广播节目》,《人民日报》,1950 年 7 月 24 日)

8 月 1 日　在《人民戏剧》第 1 卷第 5 期发表《关于工厂戏剧辅导工作——给友人的信》。文经修改,更名为《漫谈下厂》收入散文集《迎春集》。后收入《曹禺全集》第 6 卷。

8 月 8 日　《人民日报》刊消息《文化部艺术局努力组织文艺出版工作,今年内将编刊七种文艺丛书》,其中第三种"新文学选集"列有《曹禺选集》。

10 月 8—11 日　中苏友好协会第一次全国工作者会议在京举行。出席会议的有总会在京理事、干事及各地总分会、分会及直属支会代表九十余人。(《中苏友好协会全国工作会议开幕》,《人民日报》1950 年 10 月 9 日)　曹禺与钱俊瑞、郭沫若等出席会议。(《中苏友好协会第一次全国工作会议》,上海《大公报》,1950 年 10 月 8 日)

10 月 25 日　在《文艺报》第 3 卷第 1 期发表《我对今后创作的初步认识》一文。后收入《曹禺论创作》,收入《曹禺全集》第 5 卷。

是 日　《人民日报》第 6 版"新书刊介绍"栏刊消息《〈文艺报〉三卷一期》:"《文艺报》休刊一月后,三卷一期已于十月二十五日出版。今后该刊将以文艺评论与文艺学习为主要内容。本期发表了纪念鲁迅逝世十四周年的文章三篇……曹禺的《我对今后创作的初步认识》和朱定、碧野的文章都对自己过去的作品作了初步检讨。"①

---

①　从《人民日报》报道来看,《文艺报》所刊是已经出版的,才给与报道。两者应是《文艺报》发表在前,《人民日报》报道在后。而《人民日报》《文艺报》同日出版,较为少见。

10 月 26 日　中国人民保卫世界和平大会全国委员会与参加中国人民反对美国侵略台湾朝鲜运动委员会的各人民团体代表及各民主党派代表在北京举行会议,会议决定将两委员会改组为"中国人民保卫世界和平反对美国侵略台湾朝鲜委员会"。会议通过全国委员会名单及负责人名单和出席第二届世界保卫和平大会的中国代表团名单。曹禺与田汉、丁玲等 158 人为全国委员会委员。(上海《大公报》,1950 年 10 月 26 日) 次日《人民日报》刊载了《中国人民保卫世界和平反对美国侵略委员会全国委员名单》。

10 月 28 日　任弼时同志治丧委员会成立。曹禺为委员之一。(《任弼时同志治丧委员会成立》,《人民日报》,1950 年 10 月 29 日)

11 月 1 日　在《时代》画报①(时值伟大十月社会主义革命三十三周年纪念)第 10 年第 21 期发表《向苏联艺术学习为保卫和平奋斗》一文。7 日《人民日报》也发表了该文。文说:"二十几年来……优秀的中国作家与艺术家们一直贯注着一种诚恳的学习愿望,学习苏联的先进文化经验,努力探索着一种适应于中国革命任务和中国群众需要的正确的创作方法。……新中国民族文艺……和十月革命以后苏联文化工作者的热忱帮助有极深厚而密切的关系。"

11 月 16 日　在京文学工作者举行抗美援朝座谈会,会后发表《在京文学工作者宣言》,强烈抗议美帝国主义侵占我国领土台湾、袭击我东北人民、侵略我邻邦朝鲜的强盗行径。曹禺与茅盾、丁玲、老舍等 145 人在宣言上签名。(《在京文学工作者宣言》,《文艺报》第 3 卷第 3 期,1950 年 11 月 25 日)

11 月 19 日　在《人民日报》发表长诗《前进,英雄的人民》。后收入《曹禺全集》第 6 卷。诗中对中国人民抗击美帝国主义抱着必胜的信心。

是月　《原野》《北京人》由文化生活出版社重版。(新华书店总店:《全国总书目 1949—1954》第 377 页)

12 月 10 日　北京文艺界和参加全国戏曲工作会议的代表在京举行庆祝平壤解放游行大会。曹禺与周扬、丁玲、周建人、田汉、阿英、欧阳予倩、沙可夫、黄药眠、李伯钊、袁牧之等三千多名文艺工作者参加。(《北京文艺界和全国戏曲工作的代表举行庆祝平壤解放游行大会》,《新华社新闻稿》,1950 年 12 月 11 日)

12 月 16 日　中华全国文学艺术界联合会举行座谈会,接待来访的捷克文化

---

　　①　1941 年 8 月 20 日在上海创刊。发行人:苏商时代杂志社。编辑人:匪开莫。总经售:苏商时代杂志社。1949 年 1 月 1 日出版第 9 年第 1 期,版权页显示:该刊"每星期六出版";编辑者:时代画报出版社;发行者:匪开莫;总经售:时代画报出版社。1950 年 1 月 1 日出至第 10 年第 1 期,版权页显示:该刊改为"每月 1 日·16 日出版";编辑人、发行人:姜椿芳;总经售:时代出版社。

代表团普实克、赫德利奇卡、斯坦姆贝格及赫德利奇柯娃一行四人,畅谈中捷文化交流问题。曹禺与茅盾、周扬、赵树理、徐悲鸿、沙可夫、黄药眠、李伯钊、艾青、田间、胡风、冯至、周立波、刘白羽、蔡若虹、华君武、戴爱莲、白薇、陈企霞、周巍峙等出席座谈会。(《全国文联举行座谈会欢迎捷克文化代表团》,《人民日报》,1950 年 12 月 18 日)

12 月 26 日　午后,《文艺报》编辑部召开京剧《将相和》座谈会,曹禺因事未能到会。(《论〈将相和〉》,《文艺报》第 3 卷第 7 期,1951 年 1 月 25 日)

是年　由组织安排居北京张自忠路 3 号①。这是曹禺在北京的第一处寓所,也是曹禺住得最长的一处寓所。院子很大,四周是一圈平房,中央有一座较讲究的西式平房,把大院分成东西两个院落。刚开始,曹禺住在中央平房中的两个房间里,后来搬入东边院落的北屋,包括三间住房、一间卫生间、一间东厢房的厨房。若干年后,大概由于曹禺没有写东西的地方,又分给他两间小房,每间约七八平方米,作为书房,一间写作,一间放书。

是年　随中央戏剧学院辅导工作的同志一同下工厂。据曹禺文述:"有一次我到工厂去,是一个私营的铁工厂,和一个三十多岁的车工聊起闲天来。他对我讲,有一天在工作的时候,一个邻居的孩子跑来找他,说他的妻子得了急病,要他赶紧回去。他请了假就跑,心里慌张而焦急,几乎辨不出路的方向,待他走进家门的时候,他看见他的妻子已经安静地睡着了,旁边坐着医生和护士,邻居们轻轻地谈着话。原来邻居们已经把病人安顿好了。"(《北京——昨日和今日》,《迎春集》第 8 页)

是年　参加在京剧专校友欢迎余上沅来京的聚会。据殷振家记述:"难忘的是一九五〇年七月左右,我们的余上沅老校长和余老师母也由南方辗转来北京,在京的校友们在北海公园五龙亭茶座欢迎余校长和师母。……万先生也匆匆赶来了!……万先生说:'您是我的老师,我也是您的学生,您和师母千辛万苦来到北京,我怎么能不来欢迎呢!'"(《绛帐春风化春雨——记著名戏剧家曹禺(万家宝)》)

是年　参加治淮工程②,并率领皖水文工团奔走在治淮工地。(《曹禺》画册第 49 页)

---

①　张自忠路,原名铁狮子胡同。抗战结束后,在冯玉祥将军倡议下,1947 年 3 月 13 日被命名为张自忠路。张自忠路 3 号曾有 3 座清代王府:东为和亲王府,中为贝勒斐苏府,西为和敬公主府。1924 年,被北洋段祺瑞改为执政府(办公地)。解放后,3 号院后划归中国人民大学。3 号院往西的 5 号院,现为"张自忠路 3 号,欧阳予倩故居"。

②　据 1951 年 2 月 1 日《人民日报》报道,治淮第一期(1950 年 11 月到 1951 年 1 月)工程基本结束。

1951 年　四十二岁

2 月 23 日,中国近代著名教育家张伯苓在天津逝世,享年 75 岁。

9 月 12 日,天津人民艺术剧院成立。其前身是创建于 1938 年抗日战争初期的华北群众剧社。建院后先后演出了曹禺的《家》《雷雨》《日出》《原野》等剧。

11 月 17 日,全国文联常务委员会举行扩大会议,决定先在北京文艺界组织整风学习。24 日,北京文艺界举行了整风学习动员大会。

1 月 10 日　在《北京文艺》第 1 卷第 5 期发表电影剧本《工人田小富》。这是曹禺建国后写的第一个剧本。曹禺以热烈、欢快而幽默的笔调,热情地歌颂了工人阶级。尽管对工人阶级,特别是对产业工人的生活还不熟悉,写得并不理想,剧作也未见上演;然而,却标志着曹禺在创作思想和题材上的转变,也是他用电影的形式反映工人阶级当家作主的新生活的唯一一部作品,是一次新的尝试。

2 月 23 日　晚十时,与田汉等人一起去北京车站欢送捷克斯洛伐克文化代表团离京返国。(《捷文化代表团昨日离京返国》,《人民日报》,1951 年 2 月 24 日)

2 月 26—28 日　北京市第三届第一次各界人民代表大会会议在中山公园中山堂召开。曹禺作为"专科以上学校教职员工学生代表"出席。(《北京市第三届第一次各界人民代表大会会议》、《北京市第三届各界人民代表会议全体代表名单》,《北京市人民代表大会文献资料汇编 1949—1993》第 112、144 页)

4 月　《家》《蜕变》由文化生活出版社重版。(新华书店总店:《全国总书目(1949—1954)》第 377 页)

6 月底　曹禺与郑秀办理离婚手续。郑秀当时表示:"过去,为了爱,我和曹禺结了婚。今天,也是为了爱,我同意和他离婚。"根据协议,两个女儿跟随郑秀,曹禺负担部分抚养费。离婚后,她孤身一人把两个女儿抚育成人,尽管历经磨难,仍对自己的爱情信守不渝,一直关心着曹禺,特别是他的创作状况。(《苦闷的灵魂——曹禺访谈录》第 216、217 页)

据万黛、万昭回忆:"1951 年,妈妈经历了一生中最痛苦的离婚过程,她在分手时说:'当初为了爱,我与曹禺结婚;现在也是为了爱,让曹禺更好地写作,创作出更多的作品,我同意离婚。'妈妈真心期望爸爸的艺术才华能够在以后的岁月里发光,所以时常惋惜地对我们说:'爸爸写戏是天才,应该能写出好东西,他真是太可惜了!'"(《痛惜与悲哀》)

据邹淑英回忆:"曹禺与郑秀恋爱时,两人常回天津来。头一次回来是夏天,还有一次是寒假,她比曹禺小两岁。当曹禺要与郑秀离婚时,干妈曾劝他不要那样做,但他还是离了。在离婚签字时,干妈曾去看望郑秀,并收她做干女儿。郑秀是很爱玩的,所以她与曹禺老是搞不到一块儿。"(《苦闷的灵魂——曹禺访谈录》273 页)

8 月　茅盾主编、新文学选集编委会编《新文学选集 2·曹禺选集》由开明书店出版。这是新中国成立后第一次出版曹禺剧作选。曹禺对收入其中的《雷雨》《日出》《北京人》三部作品均作了较大修改,尤以《雷雨》修改最多。该版本中,收曹禺之《自序》,后收入《曹禺全集》第 5 卷,《日出》未收入《跋》。

关于曹禺修改的《雷雨》剧本,曾有人统计说:"《雷雨》是五四以来最优秀的剧作之一,自发表以来,受到普遍的欢迎,曾印行过许多次。曹禺对剧本也曾进行过几次程度不同的修改。现在《雷雨》基本上有五种本子:一种是一九三四年发表在《文学季刊》第三期上的,这是最早的本子了;其次是一九三六年文化生活出版社的单行本,作了点小修改,这个本子解放前一直没再变动;第三种是一九五一年开明书店出版的《曹禺选集》,这一次改动很大,有几个人物面目大变,第四幕等于重写;第四种是一九五四年人民文学出版社的《曹禺剧本选》,又从开明版回到老本子,但作了些必要的修改,一九五七年中国戏剧出版社又根据这个本子出版单行本;一九五九年单行本印行第二版时,又作了不少修改,这就是现在通行的本子。"(《谈曹禺对〈雷雨〉的修改》)

10 月 5 日　晚七时,中苏友好协会总会在北京隆重举行第二届年会和第一次全国代表会议开幕典礼。该会在北京理事、干事参加会议。至 13 日闭幕。[1]（《中苏友协二届年会和第一次全国代表会议昨日隆重举行开幕典礼》,《人民日报》,1951 年 10 月 6 日）

10 月 25 日　下午,在安徽"五河县城关一个用芦席搭盖的会场内"作"参加土地改革的体会和收获"的报告。据徐则浩文述:"曹禺当时是北京大学中国文学系教授[2]。他是作为全国政协土改工作团团员来皖北的。……那天,他穿着一套褪了色的人民装和一双用麻线补过的黄皮鞋,脸上架着一副黑边眼镜,那么朴实!受

---

① 曹禺作为该会理事、干事,应是参加了会议。
② 曹禺并非北大教授,此说不知由何而来。

到了到会师生的热烈欢迎。我们能够在五河县土地改革的现场听这样的报告,其吸引力自不待言。"

"他说,参加与参观,不仅在时间上有区别,而且在性质上也有不同。在这以前,他曾参观过治淮工地,看到治淮的民工来自农村,他们的积极性很高,一天能抬土5吨到6吨,回到北京后想写一个治淮的剧本,但就是写不出来,主要是因为只是参观,时间短,走马看花,对农民的思想、生活不熟悉不了解。他说,这次参加土改,就带来了许多笔记本,记下了农民的对话,农民的语言。经过3个星期同农民的结合,才真正懂得了土地改革是一场有系统的、激烈的阶级斗争,才对农民群众的智慧、思想感情有所了解。"(《曹禺给我们作报告》)

是月 在安徽参加土地改革运动。据记述:"1951年10月,文学院113名师生赴安徽五河县参加土地改革运动。……同我们一起在五河搞土改的有上海复旦大学的部分师生,还有作家曹禺。"(杭州大学校史编辑委员会:《杭州大学校史(1897—1997)》第337页)据曹禺文述:"我到过淮河,参加过土地改革,在那短促的期间,我曾犯了些错误,靠了群众的帮助,得到了及时的纠正。"(《永远向前》)他在土改中收集了大量创作素材(《从〈雷雨〉到〈明朗的天〉》),但终未能写出作品。

11月1日 《进步青年》(原名《中学生》)第241期刊署名振甫的《曹禺先生怎样修改〈日出〉?——关于"主题"与"人物和情节"》一文。作者通过原版的《日出》与改版《日出》比对,从"主题"和"人物与情节"两个方面,阐述了曹禺对《日出》的修改。

11月24日 参加北京文艺界整风学习动员大会,并参加整风学习(《北京人民艺术剧院大事记》)。据载:"十一月二十四日北京文艺界举行了学习动员大会,到文艺工作者八百余人。在这个大会上,中共中央宣传部副部长胡乔木和中华全国文学艺术界联合会副主席周扬作了阐明此次文艺界学习运动的意义的报告。""大会所决定的学习方法是通过听报告和阅读文件,展开批评和自我批评,联系自己检查思想与作风,讨论改进工作的办法。"(《清除文艺工作中浓厚的小资产阶级倾向,北京文艺界开始整风学习》,《人民日报》,1951年12月1日)

12月5日 中华全国戏剧工作者协会召开常委扩大会议。讨论通过"一九五二年工作计划要点",确定"本会与中央文化部艺术事业管理局合编《剧本》月刊"。曹禺与老舍、宋之的、李之华、胡可、李超等人为《剧本》月刊话剧组编辑委员。刊物主编田汉,副主编曹禺、李伯钊、宋之的、光未然。以正副主编五人组成常务编委会,副主编光未然负责主持日常编辑工作。(《中华全国戏剧工作者协会一九五二年工作计划要点》,《人民戏剧》第3卷第8期,1951年12月10日)

12 月 26 日　与老舍、欧阳予倩、洪深等一百三十余人,出席中国人民保卫世界和平反对美国侵略委员会、中国科学院和中华全国文学艺术界联合会在北京举行的庆祝郭沫若荣获"加强国际和平"斯大林国际奖金庆祝会。(《热烈庆祝郭沫若先生荣获斯大林和平奖金》,《人民日报》,1951 年 12 月 27 日)

1952年 四十三岁

1月1日,在元旦团拜会上,毛泽东号召:"大张旗鼓地、雷厉风行地开展一个大规模的反对贪污、反对浪费、反对官僚主义的斗争。""三反"、"五反"运动在全国掀起高潮,并于年内基本结束。

是月,"三反"运动开始。文艺整风运动暂时停止。

1月3日,《剧本》月刊在北京创刊。

7月26日,中央文化部发出召开"第一届全国戏曲观摩演出大会"的通知。

是月,北京文艺界整风学习运动基本结束。

10月6日—11月14日,第一届全国戏曲观摩演出大会在京举行。

1月5日 《人民日报》刊欧阳予倩《用批评和自我批评的方法开展思想改造运动,学习增加了我的勇气和信心——在中央戏剧学院文艺整风学习大会上的报告》。文及:"中央戏剧学院开办之初……决定由光未然同志去领导舞蹈团,曹禺同志领导话剧团,张庚同志领导歌剧团,作了这样一个大体的分工。""创作方面脱了节,话剧团没有戏演,就把《俄罗斯问题》搬上了舞台。这次的演出也只能算是失败。""这个戏在话剧团开排以后,我听光未然同志说,他看过剧本。他说,政治性还是相当强,但每一幕的人物和故事却毫无联串,很难搞好,只希望洪深先生自己排,可以随排随改,可能有些补救。听洪深先生说,周扬同志也看过这个剧本,认为可排。戏排了一半,据说话剧团把剧本送给了张庚同志和曹禺同志,张庚同志没来得及看;曹禺同志看了,不甚满意,可也没说出所以然……"

1月7日 丁玲致信巴金。信及:"现在准备调集一批人去朝鲜、工厂。曹禺也尽力把他拖出行政的岗位,艾芜也是这样。"(《丁玲致巴金信(两封)》,《生命的开花》第189页)

年初 周恩来和曹禺谈话以后,曹禺很想写一个以知识分子思想改造为主题的剧本。不久,随北京市委工作组参加领导北京高校教师思想改造运动的工作,其中以在协和医学院的工作时间最长,为创作话剧《明朗的天》收集了大量素材。据《文艺报》记者文述:

曹禺同志曾经参加过治淮工程,参加过土改斗争,一直到一九五二年初在他和党的一位领导同志谈话以后,他才决定要写一个以知识分子思想改造为主题的剧本。这位领导同志认为这个主题很重要,很值得写,同时他也知道曹禺同志对知识分子的生活一向比较熟悉,写起来有驾轻就熟的方便。

在谈到这位同志的时候,曹禺同志抑制不住内心的兴奋和激动。他说:这位同志在我们党和国家机关内担负着重要的任务,工作繁忙,但显然可以看出,他在和曹禺同志谈话之前,对我们当前文艺创作情况和曹禺同志的创作都有过详尽的思考和研究,从和这位同志的谈话里,曹禺同志对中国知识分子的特点和发展道路有了更明确更深刻的认识和了解。曹禺同志列举了很多党的领导同志的名字,他们都曾就这个剧本的创作和他谈过话,给过他政治思想上和艺术表现上不少帮助,使他强烈地体会到我们党对人民文艺事业,对他个人的创作高度关怀和爱护。

这次谈话以后不久,曹禺同志便随着北京市委工作组去参加领导北京市高等学校教师思想改造运动的工作。他在协和医学院参加工作的时间最长,了解的情况也最多;同时他也决定了以协和医学院作为剧本的故事情节的背景。

……曹禺同志认为他在参加协和医学院这次教师思想改造运动中收获很大,他说他不仅更加详细地了解这个学校的一些情况,并对它们作了进一步的思考和分析,而且也间接帮助了他自己的思想改造。(《曹禺谈〈明朗的天〉的创作》,《文艺报》1955年第17期)

据蔚明文述:"早在一九五二年,曹禺就准备了《明朗的天》的创作。为着熟悉剧中人物的生活,他在伟大的'三反'运动中,整整三个月时间是在医院里度过的。他和医院里的专家、教授交上了朋友。三个月之内,他做的笔记有二十本以上。"(《从〈雷雨〉到〈明朗的天〉》)

2月27日　与丁玲启程赴莫斯科参加果戈理逝世一百周年纪念活动。(《丁玲、曹禺抵莫斯科参加果戈理逝世百年纪念会》,新华社电讯稿,1952年3月2日)当飞机在乌兰巴托停留时,适逢蒙古作家丹金色隆也赴苏参加纪念活动。他们进行了交谈并交换翻阅了果戈理著作译本。当到达莫斯科时,他们受到了苏联作家卡达耶夫的欢迎。据丁玲记述:"晨五时出发,七时起飞往莫斯科。""下午一点至乌兰巴托,为蒙古首都。""蒙古作家丹京司龙也搭同一飞机去参加果戈理的纪念会。""下午四时抵伊尔库次(茨)克,住机场旅社,这是第二次住这里。""拍电至莫斯科。但没有外汇。幸有同路之中国同志,外交部人员的款已汇到,借用300卢布,否则将甚为狼狈也。

一路上曹禺能用少许几个字的俄文，也解决了一些小问题。""晚上与曹谈天，想引起他对研究果戈理的兴趣，准备参加座谈。他走后我读有关果之著作。"（《日记·重访莫斯科》，《丁玲全集》第 11 卷第 382 页）

据曹禺文述：

从北京飞向莫斯科，中途歇下来第一站便是乌兰巴托——蒙古人民共和国的首都。一位蒙古面庞的乘客走进机场，他向我们微笑点头，要和我们谈话。我不会说蒙古话，他也不懂得中国话，我和这位热情的朋友也只好点首示意，感觉到一腔弟兄的感情没有法子表达出来。在他向朋友们告别以后走进机舱的时候，他笑嘻嘻地望了我们半天，忽然问：'果戈理？'我也忽然明白了：'果戈理！'我们二人之间顿时豁然贯通了。我们虽然没有讲一句话，却互相把各自带来的中文、蒙文的果戈理译本拿出来交换翻阅。他愉快地浏览着《死魂灵》译本的插图，也热情地给我讲果戈理的作品在蒙古是怎样被翻译的，我虽然不懂，但也听得出那些熟悉的人物的名字。他告诉我他是蒙古的作家，他叫丹金色隆，一路上我们就这样成了很好的朋友。（《参加果戈理纪念归来》）

2 月 28 日　据丁玲记述："今晚宿鄂木斯克，中途停机两次，一次是新西伯利亚，一次是什么地名，忘了。""晚上又与曹谈甚久。"（《日记·重访莫斯科》，《丁玲全集》第 11 卷，第 382 页）

2 月 29 日　与丁玲抵莫斯科。"苏联拥护和平委员会、苏联作家协会和苏联对外文化协会，都派代表到机场欢迎。"（《丁玲、曹禺抵莫斯科参加果戈理逝世百年纪念会》，《人民日报》，1952 年 3 月 3 日）据丁玲记述："途中又停了两次机，到莫斯科时才下午两点多，莫斯科较北京迟了五个钟头。""卡泰耶夫（苏联作家。著有《我是劳动人民的儿子》）到机场欢迎我们，戈宝权（时任我国驻苏使馆文化参赞）也来了，还有几个苏联对外友协的人与作家协会的一位女职员……""晚八点去柴可夫斯基音乐厅去看跳舞。"（《日记》，《丁玲全集》第 11 卷第 383 页）

据曹禺文述：

莫斯科对我们是极亲切的地方。一下飞机我们就看见一张熟悉的面孔，我们所敬爱的、中国人民最爱读他的作品的老作家卡达耶夫，抱着一束鲜花来欢迎我们。白雪还掩盖着莫斯科城外的田野，在汽车上卡达耶夫笑着说："春天到了，你来的正是美丽的时候。"他指着远处一片桦树林，在暮霭中泛成一片淡紫，他说："这是俄罗斯小说中常描写的风景，多么好的天气，美好的节日又来了……"（《参加果戈理纪念归来》）

3 月 1 日　据丁玲记述："上午去大使馆，洛浦同志谈了些关于国际主义的问

题。晚上看歌剧《铲形皇后》。"(《日记·重访莫斯科》,《丁玲全集》第 11 卷第 383、384 页)

3 月 2 日　据丁玲记述:"参加果戈理铜像揭幕典礼,见吉洪诺夫。发言讲话的有吉洪诺夫、李昂诺夫、哥涅楚克。晚看《泪泉》,好极了,很短,但诗的气氛很浓。"(同前第 384 页)

据曹禺文述:"到后的第三天,我们参加了果戈理铜像揭幕的典礼……各国作家到果戈理的墓园致敬,那里早已等待着许多酷爱果戈理作品的苏联人民。"(《参加果戈理纪念归来》)

3 月 3 日　据丁玲记述:"上午去果戈理坟山,坟山在一个修道院旁边。"(《日记·重访莫斯科》,《丁玲全集》第 11 卷第 384 页)

3 月 6 日　《人民日报》刊消息:中华全国文学艺术界联合会组织作家深入生活进行创作,第一批作家巴金、曹禺等将分赴朝鲜和工厂、农村。

3 月 25 日　之前,与丁玲在苏联格鲁吉亚访问。在"首都第比利斯参观了博物馆、少年先锋宫、第比利斯大学、萨姆哥里灌溉工程以及其他名胜古迹,并在格鲁吉亚作家协会和共和国的作家们会晤"。"还访问了斯大林的故乡哥里及其他和斯大林的生活和革命活动有关的胜地。他们已在二十五日前往苏虎姆继续访问。"(《我国作家丁玲和曹禺访问苏联格鲁吉亚共和国》,《人民日报》,1952 年 3 月 27 日)

据曹禺文述:"在梯比里斯城外的萨姆哥尔川地,原来是多年荒凉的战场,现在已经布满了绿色的水渠,美丽的水电站和一片片冒着炊烟的农庄。英雄的斯大林格勒已经扫尽法西斯匪徒们烧杀的痕迹,多么壮丽的广场、剧院、文化宫和林荫大道正像花朵似地建立起来。伏尔加河畔,红十月钢铁厂正以千吨万吨的产量,倾吐着为和平建设需要的钢锭。在春光明媚的苏米湖附近,集体农庄的茶树和葡萄已覆盖了那辽阔的田野。然而这些,从整个苏联的和平建设来看,还只是大海中的一点一滴,是我们所看到的微小的一部分。"(《参加果戈理纪念会归来》)

4 月 4 日　出席在莫斯科大戏院举行的果戈理逝世一百周年纪念大会。活动期间,观戏。据曹禺文述:"四月四日,在莫斯科大戏院举行了隆重的纪念大会。各国作家都有讲话,丁玲同志代表中国文艺界致词。① 在这段时期里,满街都贴着关于果戈理的演讲会、纪念会的招贴,各地车站的书铺都摆满了果戈理的作品,各公共场所都悬挂着这伟大文豪的作品的彩画。每一个大城市的主要戏院都上演着《巡按》《婚事》;在首都,莫斯科艺术剧院还演出《死魂灵》。大戏院的最优秀的艺术家们演唱着他的《索罗金镇的场集》。果戈理博物馆也在那几天里开幕,连邮票以

---

①　后收入《迎春集》时,此句改为:中国作家也致词了。

及火柴盒上都印着精美的果戈理的肖像和他所描写的哥萨克爱国英雄塔拉斯·布里巴。""我们看了普希金的《铲形皇后》、契诃夫的《三姊妹》、高尔基的《布雷乔夫》。……在小戏院看维希涅夫斯基的《难忘的一九一九》,观众几乎是以燃烧起来的热情来欢迎列宁和斯大林的出场。……有人说莎士比亚的第二故乡是苏联,莎士比亚的作品是经常在莫斯科的剧场里演出的。这次我们就看见他的《无事烦恼》受到观众们的热烈欢迎,以至于英国的雪尔顿的《造谣学校》、法国莫里哀的《伪君子》、博马舍的《费加罗的结婚》和意大利的剧作家哥尔登尼、西班牙剧作家洛布维加的剧本都在上演。使我们更为兴奋的是我国的《白毛女》将在五月演出;而《西厢记》(改名为《翻杯记》)的演出在反封建的意义和艺术的成就上都赢得莫斯科观众普遍的赞美。"(《参加果戈理纪念会归来》)

4月15日 中国人民保卫世界和平反对美国侵略委员会主席郭沫若、副主席陈叔通设宴欢送加拿大和平大会主席文幼章及其夫人,同时欢迎智利名画家何塞·万徒勒里及其夫人。曹禺与茅盾、李德全、廖承志、吴茂荪、丁瓒、龚澎、孟雨、唐明照、老舍、江丰、吴作人、李可染等作陪。(《文幼章夫妇离京返国》,《人民日报》,1952年4月17日)

4月25日 在《文艺报》第8号发表访苏归来所作《参加果戈理纪念会归来》。文经修改后收入《迎春集》,《曹禺全集》第6卷。

4—5月 在北京史家胡同56号东小院与焦菊隐、欧阳山尊、赵起扬一起,讨论如何在首都建立一个专演话剧的国家剧院。他们海阔天空,谈古论今,但却不离"主题";满怀激情,指点中外,又伴以冷静思索,有时一聊就是一天。曹禺顾不及回家,就在山尊家里便饭。(《北京人民艺术剧院大事记》)据赵起扬同志的回忆,话题是从怎么办专业话剧院谈起的。他说:"我们这几个人,过去都干过戏,可是,谁也没办过正规的专业剧院。现在,任务摆在面前,就不能不认真地想想究竟应该怎么办。围绕着这个题目,大家自然地联想到应该向莫斯科艺术剧院学习和借鉴。"(《理想与追求——从"四巨头畅谈"到"香山会议"》,《秋实春华集——北京人民艺术剧院建院三十五周年纪念文集》第7页)

5月1日 首都五十万人在天安门广场隆重举行庆祝"五一"国际劳动节游行大会。其中,"文艺工作者四千五百人的队伍由著名作家老舍、李伯钊、曹禺领队。文艺大队在行进中表演了各民族和各地的舞蹈。"(《隆重庆祝"五一"国际劳动节,首都五十万人民举行游行大会,毛泽东主席亲临检阅受到热烈欢呼》,《人民日报》,1952年5月3日)

5月2日 当晚中央人民政府文化部举行酒会,招待以宇吞帕为首的缅甸文化代表团。曹禺与周立波、老舍、赵树理、欧阳予倩、李伯钊、沙可夫、梅兰芳、吕骥、齐白石、许广平等文学艺术界人士出席。(《中央人民政府文化部,昨举行酒会招待缅甸文化代表团》,《人民日报》,1952年5月3日)

5月3日　上午,中华全国文学艺术界联合会举行茶话会,欢迎应邀参加我国纪念世界四大文化名人(阿维森纳、达·芬奇、雨果、果戈理)纪念大会和出席我国"五一"节观礼的各国文艺界来宾。"出席作陪的有:中华全国文学艺术界联合会副主席茅盾、周扬,常务委员沙可夫、赵树理、欧阳予倩、李伯钊、曹禺以及在京委员,和首都文艺界人士多人。"(《中华全国文学艺术界联合会,举行茶话会欢迎各国文艺界来宾》,《人民日报》,1952年5月4日)

5月4日　下午,中国人民保卫世界和平委员会、中华全国文学艺术界联合会、中苏友好协会总会、中华全国自然科学专门学会联合会、中华全国科学技术普及协会、中国红十字会总会、中华医学会总会在中南海怀仁堂举行世界四大文化名人阿维森纳诞生一千周年、达·芬奇诞生五百周年、雨果诞生一百五十周年、果戈理逝世一百周年纪念大会。中华全国文学艺术界联合会副主席周扬,常务委员丁玲、沙可夫、赵树理、欧阳予倩、李伯钊、洪深、曹禺等出席。"晚间,七大人民团体举行纪念晚会,由中国青年艺术剧院和北京人民艺术剧院联合演出果戈理的名剧本《巡按》,招待在京各国外宾。晚会上并朗诵了雨果的诗歌《皇袍》和《光明》等。"(《我保卫世界和平委员会等七团体隆重纪念四大文化名人》,《人民日报》,1952年5月5日)

5月5日　当晚,北京市人民政府市长彭真举行酒会,招待来中国参加"五一"节观礼和参观的外宾。"中华全国文学艺术界联合会常务委员郑振铎、沙可夫、李伯钊、曹禺等人"应邀作陪。"酒会在热烈友好的气氛中进行。会后由中央戏剧学院附属歌舞剧院演出歌剧《王贵与李香香》,招待全体外宾。"(《北京市人民政府彭真市长昨举行酒会招待来我国观礼和参观的外宾》,《人民日报》,1952年5月6日)

5月7日　当晚,中央人民政府文化部举行酒会,招待以潘迪特夫人为首的印度文化代表团。曹禺与沙可夫、周立波、老舍、赵树理、李伯钊、欧阳予倩、马彦祥、梅兰芳、史东山、蔡楚生、马思聪、齐白石、江丰等文学艺术界人士参加了招待会。(《中央人民政府文化部昨举行酒会,招待印度文化代表团》,《人民日报》,1952年5月8日)

5月11日　中缅友好协会在北京举行成立大会。"大会通过了会章,并选出会长郑振铎,副会长钱伟长,理事狄超白、金克木、绍宗汉、倪斐君、曹禺、陈忠经、陈应、黄操良、冯宾符、黄越千、张骏祥、叶丁易、翦伯赞、郑森禹和罗常培。"(《发展中缅友好关系、促进两国文化交流,中缅友好协会在北京正式成立,昨天召开庆祝中缅友好协会成立大会》,《人民日报》,1952年5月12日)

5月23日　中华全国文学艺术界联合会为纪念毛主席《在延安文艺座谈会上

的讲话》发表十周年,在北京举行文艺座谈会。曹禺与郭沫若、周扬、丁玲、冯雪峰、梅兰芳、欧阳予倩、赵树理、吕骥、周立波、史东山、江丰、陈沂、曹靖华、李伯钊等五十余人出席。(《纪念毛主席"在延安文艺座谈会上的讲话"发表十周年,全国文联昨天举行文艺座谈会,北京市文联和市人民政府文艺处联合举行庆祝会》,《人民日报》,1952 年 5 月 24 日)

5月24日 在《人民日报》发表《永远向前——一个改造中的文艺工作者的话》一文。是年《人民周刊》第 22 期转载该文。后收入《曹禺全集》第 5 卷。

夏 在史家胡同 56 号北京人民艺术剧院院长办公室,曹禺、焦菊隐、欧阳山尊、赵起扬四位剧院的当家人常聚在一起,商讨剧院的未来。曾就"如何办好北京人艺"连续谈了一个星期。有说"四十二小时谈话"。在这次谈话中,他们确定的原则是:"不管北京人艺建成一个什么样的专业话剧院,中国话剧的优良传统总不应该丢掉,不但如此,还应该发扬光大。"他们都有一个"大剧院"的理想,谈到莫斯科艺术剧院,一致认为:莫斯科艺术剧院是一个有理想、有追求,且在艺术上严格要求自己的剧院,是一个形成了自己独特风格和理论体系的剧院,值得自己学习、借鉴。他们提出:"借鉴、学习绝不是生搬硬套,绝不是依样画葫芦。""学习莫斯科艺术剧院,必须要有中国民族的特色和北京人艺自己的风格。"他们的理想和目标是:"要把北京人民艺术剧院办成像莫斯科艺术剧院那样具有世界第一流水平、而又有民族特色和自己风格的话剧院。"(《四十二小时谈话——我在北京人艺工作 25 年散记之一》)

6月8日 中华全国文学艺术界联合会举行《太阳照在桑干河上》作者丁玲,《暴风骤雨》作者周立波,《白毛女》作者贺敬之、丁毅荣获斯大林文艺奖金庆祝会。曹禺与郭沫若、周扬、沙可夫、欧阳予倩、田汉、老舍、叶圣陶、赵树理、梅兰芳、曹靖华、李伯钊、史东山、蔡楚生、郑振铎等一百余人出席。(《中华全国文学艺术界联合会举行庆祝会,庆贺丁玲周立波等荣获斯大林文艺奖金》,《人民日报》,1952 年 6 月 9 日)

6月12日 晚七时三十分,在北京史家胡同 56 号院内,北京人民艺术剧院建院大会召开。北京市副市长吴晗,市委宣传部部长廖沫沙,以及张庚、欧阳予倩、老舍、李伯钊等参加。会上,吴晗代表市政府宣布北京人民艺术剧院成立,同时宣布曹禺任北京人民艺术剧院院长,焦菊隐、欧阳山尊任副院长。(《中国共产党北京历史大事记(1949—1978)》第 29、30 页)

关于北京人艺的建立及曹禺担任院长一职,据廖沫沙文述:

为了重建'北京人艺',我不但同李伯钊、欧阳予倩反复争执过,而且到中宣部去找过胡乔木,周扬请示,最后才把曹禺调来当院长(曹当时是中央戏剧学院副院长),焦菊隐和欧阳予倩留下来当副院长,赵起扬当秘书长兼党委书记。另拨一个剧团来同原"北京人艺"留下的部分演员合并重建"北京人民艺术剧院"。

院长曹禺，那时是党外人士，是中外闻名的著名剧作家。他以后何时入党，我不知道，因为我在一九五三年就不再管文艺了。我把曹禺争取来当院长，市委是很满意的。随后就安排曹禺等参加"三反"、"五反"运动，把曹禺放到协和医院去收集资产阶级知识分子思想改造的材料。以后曹禺写了《明朗的天》这个剧本，一九五四年或五五年演出。以后曹禺还写了《胆剑篇》的戏，这个戏的编演过程都是一九五三年之后，具体情况我就不知道了。(《我在文艺工作中的错误》，《瓮中杂俎》第281、282页)

据周瑞祥、孙安堂文述："那时候，曹禺院长家住铁狮子胡同，他每天骑自行车到剧院上班。一天，他正骑车行进，忽然，一辆小卧车停在他身旁，他往车里一看，原来是彭真同志。""这次巧遇之后不久，市里给曹禺同志派来了小汽车。"(《我们的老市长》，《秋实春华集——北京人民艺术剧院建院三十五周年纪念文集》第38页)

是日　北京市人民政府(批复)任命文件下达到北京人艺。原文如下：

事由　准任命曹禺等十三员为北京人民艺术剧院院长等职。

主送机关　北京人民艺术剧院

发文　日期　一九五二年六月十二日

文号　(52)府人局字第89号

批示

一、一九五二年五月三十日报送你院组织系统表准如所拟办理。

二、准任命曹禺为北京人民艺术剧院院长、焦菊隐、欧阳山尊为副院长、赵起扬为秘书长……附发任命书十三件，备即转给。

三、关于颁发钤记及你院概算等项，另案办理。附送名学表件存。

(原文件现藏于北京人民艺术剧院)

6月16日　参加北京人艺文艺整风的动员会，并作报告。(《北京人民艺术剧院大事记》)

7月16、17日　参加北京人艺建院后第一次院务(扩大)会议。曹禺担任会议主席并讲话，指出文艺整风为下厂下乡打下了良好基础；在工厂农村中，要改造思想，掌握劳动人民的思想感情；要深入地认识生活；在艺术创作中，要掌握现实主义的创作方法。"必须明确，下厂下乡深入生活，进行思想改造的目的是为了产生好的作品。"会上，曹禺还宣布了院长准备会上确定的院务会议参加人员：副处长以上的领导干部、工会主席和有代表性的演员二人——叶子、于是之。(《北京人民艺术

剧院大事记》）

7月17日 据竺可桢记述："晚(陶)孟和来谈。又至杨克强处,谈半小时。我国与东德、捷克、波兰、罗马尼亚、保加利(亚)、匈牙利六国订立文化协定后,于本月内将派人赴东欧考察,内定丁罳甫为队长,外有老舍、曹禺、韦悫。"(《竺可桢全集》第12卷第658页)

7月18日 北京人艺召开全院大会。上午,院长曹禺作下半年工作计划报告。(《北京人民艺术剧院大事记》)

7月25日 《人民日报》组织的关于话剧剧本《控诉》①的讨论会在京召开。曹禺与丁玲、林默涵、陈沂、张庚、严文井、陈企霞、光未然、焦菊隐、钟惦棐、陈其通、凤子以及《光明日报》、《新民报》、《剧本月刊》等编辑部同志共十余人出席。(《评话剧〈控诉〉和由此引起的一些意见》)

是日 文化部召集北京、天津两地即将下乡下厂的作家曹禺、赵树理、秦兆阳等举行座谈会。(《新中国文学纪事和著作年表(一)》,《当代文学研究丛刊》(1),1980年12月)

7月27日 北京人艺下厂下乡建组,分为4个组,另有李醒等5人协助曹禺搜集创作材料(为创作《明朗的天》)。(《北京人民艺术剧院大事记》)

8月1日 文化部成立由马彦祥任秘书长,王亚平为副秘书长,田汉、沙可夫、老舍、梅兰芳、吴雪、张光年、罗合如、曹禺、李纶、张庚、欧阳予倩等18人组成的"第一届全国戏曲观摩演出大会筹备委员会"。(《"第一届全国戏曲观摩演出大会"全程描述》)

8月27日 三女儿万方于北京出生。

8月30、31日 在北京人艺主持召开下厂下乡的小组长联席会。会上,汇报情况、交流经验、总结收获。(《北京人民艺术剧院大事记》)

8月31日 当晚,中央人民政府人民革命军事委员会总政治部副主任萧华设宴欢迎罗马尼亚人民共和国部队歌舞团全体人员。曹禺与田汉、欧阳予倩、张庚、光未然、吴雪、欧阳山尊、陈其通、蓝马、曹卫民、高玉宝、祁建华、新凤霞、高元钧等首都文艺界人士应邀作陪。(《军委总政治部萧华副主任欢宴罗马尼亚部队歌舞团》,《人民日报》,1952年9月1日)

9月1日 北京市石景山剧场②举行落成开幕典礼。"参加开幕典礼的有各厂矿工业劳动模范、农业生产能手和各机关部队代表七百多人。中央人民政府文化

---

① 剧本《控诉》系宋之的编剧,刊于《剧本》1952年2、3月号及《解放军文艺》4月号。
② 系北京市人民政府在工矿区建立的第一个剧场。该剧场能容九百多观众,并有宽大整洁的休息室。

部周扬副部长莅会剪彩。""北京人民艺术剧院院长曹禺在会上讲话,他代表北京人民艺术剧院保证尽早拿好节目到石景山剧场演出。""会后由首都实验京剧团演出节目,招待与会代表。"(《首都工矿区第一个剧场石景山剧场开幕》,《人民日报》,1952 年 9 月 3 日)

是月　与老舍联名致信美国朋友。[①]　信说:

亲爱的朋友们:

　　我们俩是在 1946 年到过贵国的。光阴真过得快,一晃已经好几年了;新中国的成立也已有三年了。时间过得快,新中国的恢复与建设工作做得更快,我们真是走到时间前面去了。预料今年才能完成的,去年已经提前完成了;预料明年能完成的,今年已经完成了! 这可并不是什么奇迹,而是新中国的人民有了建设一个和平幸福的新国家的信心,一齐发挥了建设的能力与智慧。小国人民向来是最爱和平的;如今,他们得到机会,用创造自己的幸福生活,去实现爱护和平的理想;他们怎能不欢欣鼓舞地去从事建设工作呢?

　　三年来我们十分抱歉,没能常常写信问候你们。我们是真忙,不是忘了你们。我们忙着参加新文化建设的活动,忙着把我们所能了解到的新情况写出来。我们向来没有这么忙过,也向来没有写出过这么多的作品来。我们忙,可是忙得高兴,我们似乎已经忘了疲乏。我们不能不这么兴奋、快活,因为我们过去的年月都消磨在贫困、恐怖、战争与灾患里面。只有在最近的三年中,我们才见到了良好的社会秩序与幸福生活的开端。我们,在这种情形下,怎能不欢悦,不努力地工作呢?

　　……

　　我们还有千言万语,可惜时间不允许我们都一一地写出来。现在,亚洲及太平洋区域和平会议就要在北京开幕了,我愿乘此机会函候你们,并且诚恳地说出:中国人民热爱和平,全世界的人民也都渴望和平。那么,就教我们多写一些拥护世界和平的文艺作品,增强和平运动的力量,教地球上变为能够彼此和平相爱、分头创造自己的幸福生活的地方吧。

　　　敬祝
　　　健康快乐!

　　　　　　　　　　　　　　　　　曹禺
　　　　　　　　　　　　　　　　　老舍(Lou shaw)

(《老舍书信集》第 222 页)

---

① 原书注:此信系老舍的底稿,写于 1952 年 9 月。

10 月 1 日　中华人民共和国成立第三周年国庆节庆祝典礼在北京天安门广场隆重举行。曹禺与老舍、田汉等率文艺大队接受检阅。(《欢庆中华人民共和国第三届国庆节,首都昨日隆重举行庆祝典礼,毛主席朱总司令出席阅兵检阅群众游行队伍》,《人民日报》,1952 年 10 月 2 日)

10 月 2 日　亚洲及太平洋区域和平会议在北京隆重开幕。曹禺与华罗庚、梅兰芳、王芸生、马坚、刘良模、赵朴初、周培源、许广平、赵忠尧等为列席代表参加。(《参加和平会议的中国列席代表名单》,《人民日报》,1952 年 10 月 3 日)

10 月 6 日—11 月 14 日　中央文化部主办的"第一届全国戏曲观摩演出大会"在京举行。汇演期间成立了由沈雁冰任主任委员,周扬、丁西林、田汉、梅兰芳、欧阳予倩、沙可夫任副主任委员,各级文化行政主管与部门有关负责人、文艺界专家及具有代表性的演员共 52 人组成的评奖委员会,主持评奖工作。曹禺为评委会常务委员。(《"第一届全国戏曲观摩演出的话"全程描述》)

10 月 10 日　下午,出席亚洲及太平洋区域和平会议的智利、墨西哥和美国的代表,以及应邀参加会议的国际新闻工作者协会代表,和教育工作者工会国际总书记德拉努的代表乘飞机抵达北京。"前往机场欢迎的有中国人民保卫世界和平委员会委员蔡廷锴,出席和会议中国代表胡文耀,列席代表曹禺和赵忠尧,新华通讯社副总编辑黄操良等。"(《智利等国出席和平会议部分代表抵京》,《人民日报》,1952 年 10 月 11 日)

10 月 29—31 日　29 日,与阎宝航、刘贯一、宋之的等自北京到达满洲里。31 日上午,应中苏友好协会总会邀请前来我国参加"中苏友好月"活动的苏联艺术科学工作者代表团和苏军红旗歌舞团到达我国的边境城市满洲里,曹禺与阎宝航、刘贯一、宋之的等到场迎接。(《苏联艺术科学工作者代表团和苏军红旗歌舞团抵满洲里》,《人民日报》,1952 年 11 月 1 日)

11 月 4 日　下午,与艾青、洪深、戴爱莲、吴雪、袁水拍、瞿希贤等陪同苏联文化工作者代表团、苏联艺术工作团全体人员游览颐和园。(《苏联文化工作者代表团和苏联艺术代表团全体人员四日游览颐和园》,《新华社新闻稿》第 895—923 期,1952 年 11 月 5 日)

11 月 5 日　晚,中苏友好协会总会举行宴会,欢迎苏联文化工作者代表团、苏联艺术工作团和苏军红旗歌舞团。曹禺与李四光、陶孟和、竺可桢、吴有训、茅盾、周扬、萧三、艾青、周立波、老舍、梅兰芳、周信芳等首都文化界人士出席。(《中苏友协总会举行宴会,欢宴苏联文化工作者代表团、艺术工作团和苏军红旗歌舞团》,《人民日报》,1952 年 11 月 6 日)

11 月 7 日　晨二时,政务院周恩来总理举行酒会,庆祝十月社会主义革命胜利三十五周年,并欢迎苏联文化工作者代表团、苏联艺术工作团、苏军红旗歌舞团和苏联电影艺术工作者代表团。曹禺与陈伯达、茅盾、周扬、丁西林、艾青、蔡楚生、周立波、宋之的、梅兰芳、周信芳等文化界人士出席酒会。(《周总理举行酒会庆祝十月革命节,并欢迎苏联文化工作者代表团等全体人员》,《人民日报》,1952 年 11 月 8 日)

11 月 8 日　下午二时,中苏两国的文学艺术工作者举行盛大文艺座谈会。"参加座谈会的有苏联文化工作者代表团团长吉洪诺夫,团员查哈罗夫,苏联艺术工作团领导人楚拉基和团员米哈伊洛夫、盖达伊、哈利马·纳赛罗娃、塔马拉·哈侬、聂恰耶夫、裴布托夫、索科洛娃、波马兹科夫、柯岗、叶美里扬诺娃、奥布拉兹卓夫、梅特尼克、马克西莫娃、奥布拉兹卓娃等十七人;有茅盾、周扬、欧阳予倩、沙可夫、田汉、吕骥、艾青、赵沨、曹禺、阿英、曹靖华、戴爱莲、周信芳、老舍、张庚、高玉宝、马可、李焕之、盛家伦、舒模、袁雪芬、常香玉、郭兰英、瞿希贤、张云溪、王昆、蓝马等二百多人。""中苏两国的文艺工作者分为音乐、舞蹈、戏剧三个小组进行座谈。""座谈会继续了四小时,会上的热烈愉快的空气,具体地表现了中苏两国人民的伟大友谊。"(《中苏两国文艺工作者举行座谈会》,《人民日报》,1952 年 11 月 10 日)

11 月 10 日　晚,中央人民政府人民革命军事委员会总政治部举行酒会,欢迎苏联文化工作者代表团、苏联艺术工作团、苏军红旗歌舞团和苏联电影艺术工作者代表团。曹禺与萧三、欧阳予倩、老舍、戴爱莲、李兆炳、宋之的、虞棘、陈其通、陈播、田华等文化界人士出席。(《人民革命军事委员会总政治部举行酒会欢迎苏联友人》,《人民日报》,1952 年 11 月 11 日)

11 月 15 日　苏联文化工作者代表团、苏联艺术工作团、苏军红旗歌舞团和苏联电影艺术工作者代表团分批启程,赴全国各地参加"中苏友好月"活动。曹禺与丁西林、萧三、周立波、田汉、洪深等到机场和车站为之送行。(《苏联文化工作者代表团等离北京,分别赴全国各地参加"中苏友好月"活动》,《人民日报》,1952 年 11 月 16 日)

11 月 30 日　与欧阳山尊、赵起扬赴琉璃河水泥厂,听焦菊隐先生所写的剧本提纲。对提纲基本肯定,后两幕尚需作重点修改。(《北京人民艺术剧院大事记》)

12 月 2 日　晚,苏联文化工作者代表团团长吉洪诺夫、团员别洛沙普柯、格鲁森科、查哈罗夫、叶菲莫夫,苏联艺术工作团团员米哈伊洛夫、盖达伊、聂恰耶夫、乌兰诺娃、康德拉托夫、柯岗、梅特尼克等 12 人,从上月 15 日离开北京,分别访问了武汉、长沙、广州、杭州、兰州、西安、成都、重庆、上海、南京等城市以后,乘京沪铁路专车返抵北京。曹禺与沙可夫、田汉、欧阳予倩、郑振铎、洪深、曹靖华、周巍峙、艾青、王亚平、丁瓒等数十人到车站欢迎。(《吉洪诺夫和米哈伊洛夫等返抵北京》,《人民日报》,1952 年 12 月 3 日)

12 月 3 日 晚,苏联艺术工作团一行 14 人在分别访问了西北、西南、中南、华东等地区的各大城市后,乘京沪铁路火车返抵北京。曹禺与沙可夫、郑振铎、萨空了、史东山、马彦祥等到车站欢迎。(《楚拉基、纳赛罗娃等访问各地后返京》,《人民日报》,1952 年 12 月 4 日)

12 月 4 日 晨,与范文澜、沙可夫、田汉、欧阳予倩、郑振铎、洪深、曹靖华、周建人、王亚平、艾青、陈荒煤等一百多人往机场,为苏联文化工作者代表团团长吉洪诺夫,团员别洛沙普柯、格鲁森科、查哈罗夫、叶菲莫夫等五人送行。(《苏联文化工作者代表团离京返国》,《人民日报》,1952 年 12 月 5 日)

12 月 6 日 晨,苏联艺术工作团一行六人乘飞机离北京回苏联。苏联艺术工作团一行 14 人乘飞机离北京赴长沙等地作访问演出。曹禺与钱俊瑞、田汉、欧阳予倩、艾青、马彦祥、周巍峙、马可、叶浅予、郭兰英、王昆等数十人到机场欢送。(《苏联艺术工作团团员六人离北京返苏联》,《人民日报》,1952 年 12 月 7 日)

12 月 9 日 东北人民艺术剧院两周来在京公演苏联名剧《曙光照耀着莫斯科》,反响很大。当日下午,中华全国戏剧工作者协会、北京市文学艺术工作者联合会、北京市人民艺术剧院、北京市文化事业管理处举行联欢会,欢迎东北人民艺术剧院的同志们,会上并座谈了有关戏剧创作和演出的问题。该剧导演严正及主要演员均到会。曹禺与老舍、洪深、阳翰笙、张庚、钟惦棐、孙维世、欧阳山尊、吴祖光等人出席并发言。"曹禺认为这个戏的演出说明了东北戏剧运动方向的正确。他说这个戏丰满地写出了生活,一点也不单薄。我们写一个生产模范,往往首先想写他的窍门,这样就孤立地去写他的技术了。在演出中,有些地方是太长了一点,例如郊游一场就可以缩短……"(《北京文艺界座谈〈曙光照耀着莫斯科〉》,《人民日报》,1952 年 12 月 13 日)

12 月 10 日 晨,与周巍峙、丁里、郭兰英等二十多人到机场欢送苏联艺术工作团团员、著名女歌唱家盖达伊。(《盖达伊离京返苏联》,《人民日报》,1952 年 12 月 11 日)

12 月 18 日 苏联艺术工作团团员奥布拉兹卓夫和首都戏剧界人士田汉、欧阳予倩、张庚、曹禺、李伯钊、吴雪等座谈中国戏剧问题。田汉、欧阳予倩等介绍了中国戏剧的各种剧种和它的演变和发展。奥布拉兹卓夫畅谈了他在各地观看中国地方戏以后的观感。(《楚拉基费道罗夫和我文艺工作者交流经验》,《人民日报》,1952 年 12 月 20 日)

是日 晚,北京市市长彭真举行盛大宴会,欢送行将离京的苏联艺术工作团一部分团员和苏联电影艺术工作者代表团全体团员。曹禺与周扬、阳翰笙、田汉、郑振铎、熊复、张仲实、李伯钊、吴雪、王阑西、蔡楚生、史东山、田方、汪洋、罗光达、李兆炳等北京各界人士出席。(《彭真市长昨晚举行盛大宴会,欢送苏联艺术工作团部分团员和苏联电影艺术工作者代表团全体团员》,《人民日报》,1952 年 12 月 19 日)

12 月 19 日　晚,苏联电影艺术工作者代表团和影片输出公司驻华总代表处联合举行宴会,招待首都各界人士。曹禺与阳翰笙、冯雪峰、欧阳予倩、舒舍予(老舍)、沙可夫、蔡楚生、史东山、郑振铎、李伯钊、光未然、张庚、田方、司徒慧敏、成荫、王震之、徐肖冰、罗光达、蓝马等电影、戏剧、文学界人士应邀出席。(《苏联电影艺术工作者代表团和影片输出公司驻华总代表处,联合举行宴会招待首都各界人士,周恩来总理及首都各界代表应邀出席宴会》,《人民日报》,1952 年 12 月 20 日)

12 月 23 日　下午,与李炜、蓝马、田华等六十余人到车站,欢迎访问内地返京的苏军红旗歌舞团成员。(《苏军红旗歌舞团返京》,《人民日报》,1952 年 12 月 24 日)

12 月 26 日　晚,北京市市长彭真举行盛大酒会,欢送行将离京的苏军红旗歌舞团全体团员。副市长吴晗代表彭真市长主持酒会。曹禺与田汉、郑振铎、周巍峙、李伯钊、程砚秋、赵沨、宋之的、李伟、陈其通、蓝马等文化艺术界人士应邀出席。(《北京市人民政府彭真市长,举行酒会欢送苏军红旗歌舞团》,《人民日报》,1952 年 12 月 27 日)

12 月 29 日　曹禺、焦菊隐、赵起扬在北京人艺召集四小戏(即《夫妻之间》《麦收之前》《喜事》和《赵小兰》)全体人员开会,肯定了下厂下乡演出的成绩。(《北京人民艺术剧院大事记》)

是年　红线女与香港"中联"电影公司的电影演员演出曹禺的话剧《雷雨》。李日清饰鲁侍萍,黄曼梨饰繁漪,卢敦饰周朴园,张瑛饰周萍,秦剑饰周冲,吴回饰鲁贵,谢益之饰鲁大海,由秦剑、吴回担任导演。(《红线女创作·生活》第 134 页)

1953 年　四十四岁

2月13日,北京各界举行庆祝《中苏友好同盟互助条约》签订三周年大会。

3月5日,斯大林逝世。

5月,中国人民解放军总政治部话剧团成立。

6月,中华全国青年第二次代表大会在北京召开。"中华全国民主青年联合总会"改名为"中华全国民主青年联合会"。

是月,《人民中国》在北京创刊。①

7月25日—8月31日,东北地区第一届戏剧、音乐、舞蹈观摩演出大会在沈阳举行。

8月7日,中华全国戏剧工作者协会、北京市中苏友好协会、苏联对外文化协会在北京联合举行戏剧家斯坦尼斯拉夫斯基逝世15周年纪念会,首都戏剧界、文化界200余人出席。

9月4日,文化部电影局上海电影演员剧团成立。21日,北京电影演员剧团成立。

9月23日至10月6日,中国文学艺术工作者第二次代表大会召开,将中华全国文学艺术界联合会更名为中国文学艺术界联合会。

10月,中央戏剧学院改为五年制,成为一所专门培养话剧人才的学院。

1月2日　在北京人艺院部会议室主持院务会议。(《北京人民艺术剧院大事记》)

是日　据孙安堂回忆:"1954年1月2日早晨②,周扬同志打电话把北京人艺院长曹禺同志叫去。中午,曹禺同志回来说,周总理在中南海接见他,要为北京人艺建一座剧场,让我们立即打一个报告,总理要亲自批示。"(《北京人艺的演出基地首都剧场》,《文史资料选编第40辑》第226页)

1月5日　晚,出席北京人艺全院会议,作关于年终总结的动员报告。(《北京人

---

① 用日文出版,月刊。中央人民政府新闻总署国际新闻局主办。现由文化部外文出版发行事业局承办。

② 根据原文所述,时间应是1953年1月2日,此处可能是印刷错误。

民艺术剧院大事记》)

1月13日　与焦菊隐、欧阳山尊联名写信给吴晗(时任北京市副市长),申请将大华电影院拨给北京人艺使用。(同前)

1月19日　《人民日报》刊消息:东北人民艺术剧院为参加首都"中苏友好月"活动来京公演苏联名剧《曙光照耀着莫斯科》,获得了极大的成功。这一公演从1952年11月26日开始,到1953年1月17日结束,演出将近六十场,观众达五万多人。这个戏里所表现的苏联人民的共产主义道德,和共产主义劳动与人民幸福生活的密切关系,引起了首都千千万万观众很大的兴趣。

中华全国戏剧工作者协会、北京市人民政府文化事业管理处、北京市文学艺术工作者联合会曾联合举行座谈会讨论这个戏的创作和演出。曹禺说:看了这个戏,更感觉到全面而深入地了解生活的重要。

2月5日　老舍在家中向曹禺等部分演员念重新改写过的剧本《两面虎》尾声。(《老舍年谱》第700页)

2月11日　主持北京人艺院务会议。讨论决定建立"北京人民艺术剧院剧场建设委员会",曹禺出任委员会主任委员。此次会议还着重讨论了资料建设问题。一致认为资料工作是剧院艺术建设的一项重要内容。必须设专人认真收集整理和保管。曹禺院长和其他领导同志都强调指出:"资料是大家劳动成果,它不仅是人民艺术剧院的财富,而且是国家的财富。一定要把它收集整理起来。"曹禺院长具体指示,演员的日记、体验生活、创造角色的记录、导演的讲话提示等等,都要收集起来;在设专职人员之前,艺术处的领导先负责收集整理起来;《龙须沟》的资料整理出来以后,要交焦先生审阅修改。(《北京人民艺术剧院大事记》)

2月12日　上午,出席北京人艺全院会,报告院务会议决议。(同前)

2月16日　农历正月初三下午,周恩来约曹禺、焦菊隐、欧阳山尊和老舍到他办公室,详谈了对焦菊隐写的剧本提纲、老舍的剧本《春华秋实》初稿的意见。同时,还谈了建剧场之事。周恩来同意为剧院建造专用剧场,并指示,剧场的容量可以考虑从原设想的900人扩大到1 200人。这样需增加多大经费,要重新估算。周恩来也同意欧阳山尊等提出的向民主德国订购剧场的灯光设备、音响设备的意见,他让曹禺等回去研究估算后,一并写报告给他审批。(《中央和北京市领导关怀"人艺"建设》,《社会主义时期中共北京党史纪事(第一辑)》第412页;《北京人民艺术剧院大事记》)

关于北京人艺申建剧场。据记述:"北京人民艺术剧院建院之初,没有自己的专用剧场。为发展新中国的话剧事业,建设剧场艺术,剧院领导曹禺、焦菊隐、欧阳山尊,于1953年1月13日联名给北京市副市长、市文化教育委员会主任吴晗写了一份报告,申请拨给北京人艺一座专用剧场。""2月16日下午,周总理邀曹禺、焦菊隐、欧阳山尊和老舍先生到他那里,谈起建造剧场之事时,要剧院领导考虑是否能将容量扩到1 200人;这样需增加多少建筑费;同时表示可以向德意志民主共和国订购全套的舞台灯光器材,作为新建剧场之用,并要他们一并重新估算之后再写报告给他批。""2月24日,曹禺、焦菊隐、欧阳山尊再次报告周总理:向民主德国订购灯光器材约需20亿元,同时申请剧场所需的通风设备亦向民主德国订货。25日,周总理批示'交齐商办'(齐即齐燕铭),并要秘书韦明通知欧阳山尊去找齐燕铭商谈。""当时,齐燕铭曾建议,北京人艺与全国政协合作,在西城赵登禹路合建一座剧场。两家共同管理使用,既用于政协开会,又用于人艺演出。市委书记彭真了解到此事后,认为这对剧院极不方便。亲自给齐打了电话,仍主张在东城造一所由北京人民艺术剧院单独管理专作演剧用的剧场。3月初,中共北京市委书记彭真约曹禺、欧阳山尊,设计院朱兆雪工程师,建筑公司的沈勃副经理,一起到他那里商谈建剧场之事。他指定朱兆雪工程师帮助设计,沈勃副经理协同办理建筑手续及准备工料,要求赶快进行。一周以后,市政府秘书长薛子正又召集了有市民政局、房管局、都市建设委员会、建筑公司等有关单位负责人参加的讨论剧场建筑的专题会议。决定生产教养院于6月底以前迁出,抓紧设计,争取尽早开工。张友渔、吴晗两位副市长也在市政府联合办公会、市文教委员会联合办公会上,多次听取了剧场筹建情况的汇报、进行督促检查。""随着设计工作的逐步完成,对建筑费用的估算也逐项落实,总体估算约405亿元;订货费用约170亿元,均大大超过原先的初步估算……"(《首都剧场的建造》,《社会主义时期中共北京党史纪事(第二辑)》)

2月17日　晚,中国人民抗美援朝总会举行晚宴,欢迎朝鲜民主主义人民共和国铁道艺术团全体人员。曹禺与老舍、艾青、赵沨、徐肖冰等文化艺术界人士应邀出席。(《中国人民抗美援朝总会欢宴朝鲜铁道艺术团》,《人民日报》,1953年2月18日)

2月24日　与焦菊隐、欧阳山尊就北京人艺扩大事宜给周恩来报告。(《北京人民艺术剧院大事记》)

3月6日　下午,收到斯大林去世消息。曹禺等率全院同志到苏联大使馆吊唁。(《北京人民艺术剧院大事记》)

3月15日　为纪念斯大林逝世,《文艺报》第5号刊《痛悼我们的导师——伟大的斯大林同志》专题,编发茅盾、叶圣陶、欧阳予倩、曹禺等人的悼念文字。曹禺的悼文题为《永远存在的力量——为苏联〈真理报〉作》。后收入《曹禺全集》第6卷。

3月24日　中华全国文学工作者协会全国委员会常务委员会在北京召开第六次扩大会议,通过了"关于改组全国文协和加强领导文学创作的工作方案",并决议成立创作委员会负责领导全国文学创作。会议上选出丁玲、老舍、冯雪峰、曹禺、张天翼、邵荃麟、沙汀、陈荒煤、袁水拍、陈白尘、严文井等 11 人为创作委员会委员，并推定邵荃麟为主任，沙汀为副主任。（《全国文协常务委员会举行扩大会议，通过改组文协和加强领导文学创作的方案》，《人民日报》，1953 年 3 月 30 日）

3 月 26 日　上午，在北京人艺（史家胡同 56 号院内）参加欢送赴朝慰问团的十位同志，彭真送绍兴老酒一瓶，曹禺代彭真向十位同志敬酒壮行。（《北京人民艺术剧院大事记》）

4 月 7 日　往北京京郊西苑机场，为老舍等送行。老舍此行系赴捷克斯洛伐克参加一个戏剧节。据骆文回忆：“一九五三年三月下旬，对外文委洪深同志请老舍先生出访，参加捷克斯洛伐克的戏剧收获节，我随行。……四月七日到京郊西苑机场赶飞机。曹禺提来一篓国光苹果为我们送行，他特别叮嘱老舍别把腿走累了。飞机小，在蒙古东戈壁、中戈壁都有些颠簸，总算没有什么大问题到了伊尔库茨克。”（《阳坡上的大树——和老舍先生相处的日子》）

4 月 13 日　出席北京市人民政府 1953 年第 16 周联合办公会。（《北京人民艺术剧院大事记》）

4 月 16 日　应邀前来我国访问的蒙古人民共和国艺术团到达北京。曹禺与丁西林、赵沨、赖亚力、洪深、陈其通、王朝闻、金紫光等到车站欢迎。（《蒙古人民共和国艺术团到达北京》，《人民日报》，1953 年 4 月 17 日）

4 月 21 日　下午，应中国人民外交学会邀请前来我国参观的芬兰文化代表团乘飞机抵达北京。曹禺与张奚若、陈翰笙、钱端升、周扬、沙可夫、许广平、荣高棠、于蓝等到机场欢迎。（《应邀前来我国参观的芬兰文化代表团到京》，《人民日报》，1953 年 4 月 22 日）

4 月 22 日　下午七时，中国人民外交学会会长张奚若在北京设宴欢迎芬兰文化代表团到京团员。曹禺与于蓝、草明、赵沨、张梦庚等首都文学艺术界人士出席作陪。（《中国人民外交学会会长张奚若，设宴欢迎芬兰文化代表团到京团员》，《人民日报》，1953 年 4 月 23 日）

4 月 23—25 日　主持北京人艺院务会议。在讨论培养问题时曹禺提出，北京人艺的精神之一，就是使导演与演员同步提高。要多给导演、演员实践机会，让演员多与观众见面，从而得到锻炼。要重点培养基础较好的老演员，树立起一个标杆，同时带动青年演员的培养。（《北京人民艺术剧院大事记》）

4 月 23—26 日　《北京人》在纽约演出。据夏志清回忆：“一九五三年四月二十日，我无意在当天《纽约时报》上看到一条十行的小消息，谓曹禺《北京人》将于四月廿三至廿六日在纽约市西城五十四街一二一号的 Studio Theatre 演出,剧本译者即是劳伦斯,导演则为 Peter Kerr Buchan。"(《曹禺访哥大纪实》)

4月27日 晚,中国人民外交学会会长张奚若设宴欢迎瑞典文化代表团。曹禺与周鲠生、陈翰笙、钱端升、吴茂荪、沙可夫、廖梦醒、方石珊、孙晓村、沈其益、朱兆雪等人出席宴会作陪。(《我人民外交学会设宴欢迎瑞典文化代表团》,《人民日报》,1953年4月28日)

4月29日 上午,在北京人艺全院大会上作1952年年度总结。下午,报告院务会议决议。在总结报告中,曹禺谈到,"自建院以来十个月里,我们做了许多事情,但我们剧院还是一个'幼稚园时期的小孩子',离上轨道还远得很。现在我们在各方面都还不是很健全的,我们不同于丹钦科和斯坦尼,没有一定的体系,没有一定的章法。我们剧院要站得住,就应该有良好的表演艺术传统。《龙须沟》可以说是焦先生初步把我们引导到现实主义道路上,是有功绩的。但他的主要的理论和方法,还没有为我们全体的演员导演所运用。这是应该解决的问题。"他号召全院同志"为一个共同的目标而奋斗——就是为建立中国的剧场艺术,为实行工农兵文艺方针而努力"。要多"生产"(指艺术创作),在"生产"中逐步建设我们中国的剧场艺术。(《北京人民艺术剧院大事记》)

是日 晚,北京市市长彭真设宴招待应邀前来我国访问的蒙古人民共和国艺术团全体人员。曹禺与沙可夫、田汉、赵树理、欧阳山尊、焦菊隐等北京市文学、艺术界著名人士出席作陪。(《北京市彭真市长,设宴招待蒙古艺术团》,《人民日报》,1953年4月30日)

是月 《雷雨》日文版由日本未来社出版,影山三郎翻译。

5月14日 下午,北京市市长彭真设宴欢迎波兰人民共和国玛佐夫舍歌舞团的全体人员。曹禺与田汉、洪深、王朝闻、马彦祥、徐悲鸿等文学艺术界著名人士出席,并致词。(《北京市彭真市长欢宴玛佐夫舍歌舞团》,《人民日报》,1953年5月16日)

是月 香港"影人剧团"在九龙的新舞台用国语演出《雷雨》,李湄饰四凤,王元龙饰周朴园,王莱饰繁漪,黄河饰周萍,洪波饰鲁贵,吴家骧饰周冲,石磊饰鲁大海,林静饰鲁妈。(《〈雷雨〉在香港》、《曹禺〈王昭君〉及其他》第69页) 同期,香港"星联剧团"也在娱乐戏院用粤语演出《雷雨》,红线女饰四凤,卢敦饰周朴园,黄曼梨饰繁漪,张瑛饰周萍,吴回饰鲁贵,秦剑饰周冲,谢益之饰鲁大海,李月清饰鲁妈。(同前)

据卢敦回忆:

在好些年的话剧演出中,我演《雷雨》的次数最多,也拍成电影,都是用粤语,老实说演出的水平都很粗劣,比较稍为满意的是一九五四年在香港一连十场演出《雷雨》,那时候,红线女小姐在广东粤剧和电影上,可以说是大红大紫了,她对艺术是具有野心的,她要尝试演出一次话剧,要演《雷雨》,她演四凤……我仍演周朴园,由于有红线女的号召,卖座甚佳,场场"爆棚",过去我们搞话剧都是要贴本的,而这次居然可以分到工资呢,不过,演出的水平,马马虎虎。(《欢迎"人艺"来港演出——怀念曹禺先生》第 10 页)

6 月 5 日　下午七时,中华全国文学艺术界联合会主席郭沫若在北京举行酒会欢迎芬兰文化代表团。曹禺与田汉、欧阳予倩、郑振铎、徐悲鸿、蔡楚生、史东山、赵树理、沙可夫、冯至、赵沨、白杨、戴爱莲等文学、艺术界代表出席酒会作陪。(《全国文联主席郭沫若欢宴芬兰文化代表团,芬兰文化代表团在北京举行记者招待会》,《人民日报》,1953 年 6 月 6 日)

6 月 6 日　晨,芬兰文化代表团乘飞机离北京返国。曹禺与张奚若、陈翰笙、钱端升、吴茂荪、洪深、许广平、廖梦醒、荣高棠、冀朝鼎、张梦庚等到机场欢送。(《芬兰文化代表团离北京返国》,《人民日报》,1953 年 6 月 7 日)

7 月 18 日　参加北京人艺院务扩大会议。(《北京人民艺术剧院大事记》)

7 月 20 日　晚,应中国人民保卫世界和平委员会的邀请,印度艺术代表团一行 29 人从广州乘火车抵达北京。曹禺与郑振铎、洪深、赵沨、蔡楚生、马可、金紫光等文学艺术界人士到车站欢迎。(《印度艺术代表团昨天到达北京》,《人民日报》,1953 年 7 月 21 日)

7 月 21 日　晚,中国人民保卫世界和平委员会在北京和平宾馆举行宴会,欢迎印度艺术代表团全体人员。曹禺与茅盾、刘芝明、叶圣陶、老舍、郑振铎、蔡楚生、赵沨、江丰、袁水拍、马可、吴雪、白杨、古元等文学艺术界人士出席作陪。(《我保卫和平委员会欢宴印度艺术代表团》,《人民日报》,1953 年 7 月 22 日)

7 月 25 日　中华全国文学艺术界联合会在北京国际俱乐部举行招待会,欢迎印度艺术代表团。曹禺与郑振铎、洪深、周立波、艾青、吕骥、赵沨、马可、江丰、张庚、李伯钊、史东山、蔡楚生、谢冰心、查阜西、田雨、新凤霞等文学艺术界人士出席作陪。(《我全国文联招待印度艺术代表团》,《人民日报》,1953 年 7 月 26 日)

8 月 5 日　晚,北京人艺举行欢迎赴朝慰问演出的同志胜利归来联欢会。曹禺代表全院表示欢迎和慰问。(《北京人民艺术剧院大事记》)

8 月 11 日　上午十时,作为人民团体负责人及代表到北京站欢迎由朝鲜前线胜利归国的中国人民志愿军司令员彭德怀,并参加由中国人民政治协商会议全国委员会、中国人民抗美援朝总会、北京市抗美援朝分会联合在车站举行的"欢迎中国人民志愿军彭德怀司令员胜利归国大会"。(《彭德怀将军胜利归国,首都举行盛大欢

迎会》,《人民日报》,1953 年 8 月 12 日)

9 月初 参加中央戏剧学院开学典礼并讲话。(《曹禺》画册第 51 页)

9 月 17 日 晚,中国人民外交学会会长张奚若在北京设宴欢迎法中友好协会代表团全体团员。曹禺与周鲠生、陈翰笙、胡愈之、钱端升、吴茂荪、朱学范、沙可夫、邹得心、王揖、曲踦武、萧三、华罗庚、梁思成、裴文中、方石珊等出席作陪。(《中国人民外交学会招待法中友协代表团》,《人民日报》,1953 年 9 月 18 日)

9 月 23 日 上午九时,中国文学艺术工作者第二次代表大会在中南海怀仁堂开幕,曹禺与郭沫若、茅盾、周扬、夏衍、老舍、田汉、阳翰笙等为大会主席团成员。(《全国文艺界代表大会开幕》,《人民日报》,1953 年 9 月 24 日;《中国文学艺术工作者第二次代表大会主席团名单》,《人民日报》,1953 年 9 月 26 日) 曹禺作为"全国文联"北京代表出席会议。(《中国文学艺术工作者第二次代表大会出、列席代表名单》,《中国文学艺术工作者第二次代表大会资料》,1953 年)

9 月 25 日 作为主席团成员出席中国文学工作者第二次代表大会开幕式。(《中国文学工作者第二次代表大会主席团名单》,《人民日报》,1953 年 9 月 26 日)

9 月 27 日 晚,中国人民保卫世界和平委员会、中华全国文学艺术界联合会、中华全国文学工作者协会、中华全国自然科学专门学会联合会、中华全国科学技术普及协会五个团体在怀仁堂联合举行盛大的纪念世界四位文化名人的活动,即中国爱国诗人屈原逝世二千二百三十周年、波兰天文学家尼古劳斯·哥白尼逝世四百一十周年、法国作家弗朗索瓦·拉伯雷逝世四百周年、古巴作家和民族独立运动领袖何塞·马蒂诞生一百周年纪念大会。曹禺与陈叔通、司徒美堂、邵力子、罗隆基、萧三、刘贯一、周扬、夏衍、田汉、邵荃麟、侯德榜、叶企孙、钱三强、华罗庚、钱伟长、丁西林、茅以升等人出席。(《我保卫世界和平委员会等五团体举行盛会,纪念四位世界文化名人》,《人民日报》,1953 年 9 月 28 日)

9 月 27 日—10 月 4 日 中华全国戏剧工作者协会全国委员会扩大会议在京举行。据载:"中华全国戏剧工作者协会全国委员会扩大会议是在九月二十七日到十月四日举行的……会议在四日通过了将中华全国戏剧工作者协会改组为中国戏剧家协会的决定,并通过了新的协会章程。会上推选出田汉等四十六人组成协会的常务理事会。"(《中国文学工作者第二次代表大会结束,文学艺术各个协会都通过改组》,《新华社新闻稿》第 1230 期,1953 年 10 月 6 日)

9 月 30 日、10 月 3 日 出席中华全国戏剧工作者协会全国委员会扩大会议并发言。据报道:"九月三十日和十月三日举行了大会,先后有老舍、叶圣陶、郑振铎、周立波、张天翼、曹靖华、柯仲平、冯至、何其芳、胡风、黄药眠、曹禺、丁玲、陈荒煤、萧三、章靳以等分别就文学创作、古典文学、通俗文学、儿童读物、外国文学介绍等问题在会上作了专题发言。"(《中国文学艺术各协会分别举行会议,决以发展创作为中心任务,并分别通过改组的决议选出新的领导机构》,《人民日报》,1953 年 10 月 6 日)

10 月 1 日　参加国庆典礼。据载:"中国文学工作者第二次代表大会和戏剧、音乐、美术、舞蹈、曲艺等各协会分别召开的会议,到十月五日都已先后结束。""出席上述这些会议的文学艺术各部门的代表,在十月一日都曾应邀参加中华人民共和国成立第四周年国庆节庆祝典礼观礼。"(《中国文学艺术各协会分别举行会议,决以发展创作为中心任务,并分别通过改组的决议选出新的领导机构》,《人民日报》,1953 年 10 月 6 日)

10 月 4 日　中国文学工作者第二次代表大会续会,曹禺当选为中国作家协会理事(《中国作家协会理事会理事名单》,《人民日报》,1953 年 10 月 8 日)和中国作家协会创作委员会委员。(大公报社人民手册编辑委员会:《1955 人民手册》第 390 页)

是日　中华全国戏剧工作者协会全国委员会扩大会议结束,曹禺被推选为理事会理事。(《中国戏剧家协会理事会理事、常务理事会理事、正副主席名单》,《中国文学艺术工作者第二次代表大会资料》,1953 年)

10 月 5 日　上午,出席中国文学艺术工作者第二次代表大会并发言。曹禺就发展戏剧的创作和表演艺术发表意见,认为演员们应努力提高自己的思想修养和表演技巧。曹禺在他的发言中特别强调了发展话剧的重要性。(《中国文学艺术工作者代表大会复会,听取关于国家工业建设和农村工作的报告,文学艺术各个协会的代表和外宾在大会上发言》,《人民日报》,1953 年 10 月 6 日)

是日　晚,中国人民外交学会会长张奚若在北京和平宾馆设宴欢送即将返国的法中友好协会代表团。曹禺作为文化、科学、教育界代表出席作陪。(《中国人民外交学会欢送法中友协代表团》,《人民日报》,1953 年 10 月 6 日)

10 月 6 日　中国文学艺术工作者第二次代表大会闭幕。会上,曹禺当选为中华全国文学艺术界联合会第二届全国委员会委员。(《全国文艺界代表大会闭幕》,《中国文学艺术界联合会第二届全国委员会委员名单》,《人民日报》,1953 年 10 月 8 日)

10 月 9 日、11 月 14 日　中国戏剧家协会在北京召开第一次和第二次常务理事会议,会上讨论了一九五三年第四季度工作要点,一九五四年工作计划要点,《剧本》月刊改进计划,《戏剧报》创刊计划。确定了各工作部门负责人,并通过了决议。确定《剧本》月刊社社长为田汉,主编为张光年,编辑委员为田汉、曹禺、宋之的、陈白尘、贺敬之、阮章竞、李之华、胡可、赵寻、张光年,编辑主任为李诃,副主任为张真。(《中国戏剧家协会常务理事会通过几项重要决议》,《剧本》1953 年 12 月号)

10月9日 晚,郭沫若在北京设宴招待德意志民主共和国科学文化考察团、波兰文化代表团、捷克斯洛伐克文化代表团、罗马尼亚文化代表团。曹禺与沈雁冰、张奚若、丁西林、叶圣陶、陈克寒、萨空了、陶孟和、竺可桢、吴有训、夏衍、萧三、沙可夫、柯仲平、邵荃麟、刘白羽、郑振铎、陈白尘、华君武、钱三强等出席作陪。(《郭沫若副总理举行宴会,招待德、波、捷、罗文化代表团》,《人民日报》,1953年10月10日)

10月19日 鲁迅先生逝世十七周年,曹禺与丁玲、柯仲平、萧三、阳翰笙、郑振铎、孙伏园、曹靖华、周立波、沙可夫、李伯钊等首都文学艺术界人士前往北京宫门口西三条鲁迅故居致敬。(《首都文艺界人士和各界人民谒鲁迅故居》,《人民日报》,1953年10月20日)

10月29日 北京人艺剧场建设中,费用超预算,与焦菊隐、欧阳山尊写报告给习仲勋、邓小平和周恩来,申请追加预算。(《北京人民艺术剧院大事记》)

是日 晚,主持北京人艺干部座谈会,研究如何贯彻全国第二次文代会精神等事宜。(同前)

10月31日 下午,应邀来我国访问的保加利亚文化代表团一行六人,乘飞机到达北京。曹禺与丁西林、丁玲、钱三强、邹荻帆等前往机场欢迎。(《保加利亚文化代表团昨天到达北京》,《人民日报》,1953年11月1日)

11月2—4日 与焦菊隐、欧阳山尊等陪同习仲勋等审看《龙须沟》彩排并座谈。(《北京人民艺术剧院大事记》)

11月7日 在《人民文学》11月号发表《要深入生活》一文。该文系曹禺在中国文学艺术工作者第二次代表大会上的发言,后加副题"在中国文学艺术工作者第二次代表大会上的发言",收入《迎春集》、《曹禺论创作》、《曹禺全集》第5卷。

11月27日 根据全国第二次文代会关于上演"五四"以来优秀剧目的号召,北京人艺党组会经反复研究,倾向于先上演《雷雨》,决定与曹禺商量,尊重其本人的意见。(《北京人民艺术剧院大事记》)

12月8日 北京人艺召开党组、支委联席会。欧阳山尊主持。研究1954年的剧目安排。欧阳山尊代表党组提出:第二次全国文代会号召上演"五四"以来的优秀剧目,全国剧协也提出首都要带头。经党组研究后认为,剧院应当首先演出曹禺的作品。也征求了光未然和廖沫沙的意见,他们都同意。经与曹禺商量,希望先上《雷雨》。据此,联席会决定明年先排演《雷雨》。此外,还决定了《红旗》和《人往高处走》两个中型戏。(《北京人民艺术剧院大事记》)

12月31日 上午,北京人艺召开全院会。欧阳山尊做1954年工作计划报告。"在报告1954年排演计划时,还着重讲了为什么要排演《雷雨》的问题。""演出'五四'以来的剧目,地方剧团是看北京,我们要带头走。所以明年我们要演'五四'以来的作品。曹禺是我们的院长,我们应该先演他的作品。经过研究,决定先演《雷雨》。""接着谈到,选择《雷雨》,经过了些'波折',开始没把它列入考虑之内。后来批判了'要选一个与今天的现实相结合的剧本'等看法。明确了演出古典作品,应当是看到它的社会时代背景,看它的时代的真实。对《雷雨》,开始认为它有宿命论。经过深入分析,就看出这是社会制度使人这样的……对周朴园,批判了他又有些同情他。今天看来它是有教育意义的。对于艺术作品,不能用简单粗暴的态度。我们当时是这样考虑的。""原来还曾经提出,剧中鲁大海代表工人阶级是否太幼稚了? 彭真同志说,剧本很现实,那个时期是立三路线的时期,党还很幼稚,是个'二杆子'时代。《日出》里的打夯,在后台嘿嗬……也很现实,当时党还没有登上政治舞台。"(同前)

是年　《雷雨》第三次在韩国演出。据韩相德文述:"(《雷雨》)第三次是 1953年由新协剧团(新剧协议会)在避难地大丘、釜山等地演出的。收复汉城之后,在汉城再次演出,给因战争荒芜了的观众的心,带来了无限的欣慰和喜悦。这次演出也受到了热烈欢迎,于是,剧团决定加演。但这时,韩国的有关当局才知道曹禺是一位持不同的意识形态的中共作家,因此禁止演出。从此以后,曹禺的作品成为政治的牺牲物,被禁止在韩国演出。"(《曹禺剧作在韩国》)

1954 年　四十五岁

1月20日,《戏剧报》在北京创刊。

1月,中苏友好协会第一次全国宣传工作会议在北京召开。

3月24—30日,第四次全国文化工作会议在北京召开。

5月,《剧本》月刊1953年独幕剧评奖揭晓。

6月14日,中央人民政府委员会第三十次会议讨论通过了《中华人民共和国宪法草案》。两天后,《人民日报》全文刊登宪法草案并发表社论,号召全国人民讨论宪法草案。

7月,京、沪两地举行纪念活动,纪念世界文化名人、俄罗斯作家契诃夫逝世50周年。

8月15日,辽宁人民艺术剧院成立。它的前身是东北人民艺术剧院(以下简称东北人艺),该院下属话剧团、音乐舞蹈团、歌舞团、少儿剧团等,是当时东北地区规模最大的综合剧院,也是建国后较早成立的大型综合剧院。

8月31日—9月21日,华东行政区话剧观摩演出大会在上海举行。

9月15—28日,中华人民共和国第一届全国人民代表大会第一次会议在北京举行,通过了《中华人民共和国宪法》。

10月5日,中国文学艺术界联合会第二届全国委员会第二次会议在北京召开。

10月8日,中国戏剧家协会举行第三次常务理事会,出席会议的常务理事共30多人。

11月15日,中国文联、中国作协、中国剧协、对外文协等单位联合举行大会,纪念世界文化名人、希腊喜剧家阿里斯托芬诞生2 400周年。

12月21—25日,政协第二届全国委员会第一次会议在北京举行,通过了《中国人民政治协商会议章程》。

1月10日　晚,北京市市长彭真设宴欢送德意志民主共和国国家人民艺术歌舞团。曹禺与田汉、吕骥、戴爱莲、胡蛮、王亚平、郝寿臣等文学艺术界人士出席作

陪。(《彭真市长设宴欢送民主德国艺术歌舞团》,《人民日报》,1954 年 1 月 11 日)

2 月 1 日　北京人艺《非这样生活不可》第三次彩排。曹禺与欧阳山尊陪同原民主德国大使馆人员及苏联专家列斯里观看。(《北京人民艺术剧院大事记》)

是月　中央戏剧学院导演训练班招生,曹禺和苏联专家一道主考。(《六十年师生情》,《倾听雷雨——曹禺纪念集》第 127 页) 据载:"投考导演干部训练班的戏剧工作者,有各大行政区、北京、天津、上海三市和中央人民政府人民革命军事委员会总政治部文化部和中央人民政府文化部直属各剧院、学院选拔的优秀导演和具有导演才能的演员六十三人。由苏联戏剧专家列斯里和我国著名戏剧家、作家欧阳予倩、沙可夫、曹禺、孙维世、孙家琇等人组成的考试委员会,对投考者分别进行了政治、表演、导演和文学修养等科的试验。经过严格考试,录取正式生二十三人,试读生二人……此外,还有各地戏剧团体保送的十五名戏剧工作者到班旁听学习。"(《中央戏剧学院开办的导演干部训练班开学》,《新华社新闻稿》第 1395 期,1954 年 3 月 22 日)

3 月 14 日　下午 5 时,与郭沫若、陈叔通、彭真、刘宁一、洪深等到车站迎接朝鲜人民访华代表团和随代表团同行的艺术团一行。(《朝鲜人民访华代表团到京,首都车站上举行了盛大欢迎会》,《人民日报》,1954 年 3 月 15 日)

3 月 20 日　中央戏剧学院开办的导演干部训练班正式开学。"导演干部训练班由中国青年艺术剧院副院长孙维世任主任。我国著名戏剧家、作家欧阳予倩、沙可夫、曹禺、张庚、孙家琇等将到班授课。在莫斯科国立戏剧学院长期任教、从事艺术生活三十多年的苏联戏剧专家列斯里,也将把他多年积累的知识和经验教给这些学员们。"(《中央戏剧学院开办的导演干部训练班开学》,《新华社新闻稿》第 1395 期,1954 年 3 月 22 日)

是日　下午,在北京人艺主持茶话会,欢送欧阳山尊、耿震、田冲到中央戏剧学院导演训练班学习。(《北京人民艺术剧院大事记》)

是日　下午,朝鲜人民访华代表团部分团员和首都文学艺术界人士举行文艺座谈会,曹禺与阳翰笙、萧三、刘白羽、周立波、冯雪峰、谢冰心、叶圣陶、艾青、魏巍、洪深、蔡楚生、史东山、光未然、马彦祥、陈其通、吴雪、石联星、于蓝、吕骥、时乐蒙、瞿希贤、江丰、刘开渠、蔡若虹、古元、徐燕荪、周巍峙、戴爱莲、吴晓邦、张云溪、王亚平等人参加。(《中朝两国文艺工作者举行座谈会和报告会》,《人民日报》,1954 年 3 月 21 日)

4 月 5 日　《人民日报》刊消息《全国各地话剧演出将日趋活跃》,消息称"北京人民艺术剧院将演出曹禺的《雷雨》"。

4 月 7 日　《新华社新闻稿》第 1411 期刊消息《中国作家协会北京图书馆决定陆续联合主办文艺讲演会》:"中国作家协会和北京图书馆决定今年陆续联合主办

文艺讲演会……首次演讲会已在四月四日举行,由斯大林奖金获得者周立波主讲《谈三国演义》……演讲会以后将分别由吴组缃、邵荃麟、陈白尘、曹禺等主讲我国古典文学名著《儒林外史》、《红楼梦》、李白的诗和现代作家的创作经验,以及世界名著文学家莎士比亚、契诃夫、高尔基的作品。"

4月8日 创作的剧本《明朗的天》完成第一幕初稿。(《北京人民艺术剧院大事记》)

是月底 老舍由朝鲜返回北京,曹禺到北京站迎接。(《北京人民艺术剧院大事记》)据葛翠琳回忆:"老舍从朝鲜前线回到北京,我通知了各方面领导,其实这样大的新闻性事件各有关部门不会不知道。结果去北京站接老舍先生的人,只有曹禺先生、凤子、人艺一位专演儿童的女演员,市文联只有副秘书长王松声和我,还有师母胡絜青。"(《魂系何处——老舍的悲剧》,《玫瑰的风骨》第30页)

5月3日 中国人民对外文化协会在北京召开成立大会①。会上,曹禺被选为首届理事。(《中国人民对外文化协会在京成立》,《新华社新闻稿》第1437期,1954年5月4日;《中国人民对外文化协会理事、常务理事名单》,《人民日报》,1954年5月5日)

5月9日 上午,与朱德、邓小平、郭沫若、徐冰、洪深夫妇、沈雁冰夫妇、老舍夫妇、欧阳山尊夫妇、田方夫妇、黄苗子夫妇、吴祖光夫妇等数十人,在中央机关管理局局长余心清陪同下,游览十三陵,11时半野餐,至下午2时半散去。(《洪深年谱长编》第416页)

5月10日 《明朗的天》全部脱稿。(《北京人民艺术剧院大事记》)

5月15日 《明朗的天》剧组建组。(同前)

5月21日 是日起,中国文学艺术界联合会开始举办"中国近代史讲座",帮助首都的文学艺术界人士系统地学习我国从鸦片战争到"五四"运动时期的历史。曹禺与老舍、洪深、赵树理、谢冰心、陆柱国、马少波、贺敬之、陈白尘、于蓝、张云溪、刘开渠、华君武、彦涵、赵沨、周巍峙、连阔如、王亚平、陈锦清等文学、戏剧、美术、音乐、舞蹈、曲艺界人士报名参加听讲。(《中国文联举办"中国近代史讲座"》,《人民日报》,1954年5月27日)

6月1日 为即将再版的译作《柔密欧与幽丽叶》作《译者前记》。文说:"我不是一个莎士比亚的研究者,我仅能从上演的角度考虑问题,同时也有一个希望,就是使我们的读者更容易地接近莎士比亚。因此在各种莎士比亚的译本中,认为也可以有这样一类的译本,如果译本中那些添进去的'说明'可以帮助人来了解莎士

---

① 1966年4月改名为中国人民对外文化友好协会,1969年5月改为中国人民对外友好协会。

比亚,而不是曲解他。但是这个方法好不好呢?那就需要读者和莎士比亚的专家们共同研究了。"(《柔密欧与幽丽叶》第 1 页)

6 月 3 日　中华全国总工会和中国作家协会联合召开在京作家及文艺工作者座谈会,讨论文艺创作如何表现国家工业建设和文艺工作者到工厂体验生活等问题。曹禺与周扬、丁玲、老舍、周立波、刘白羽、白朗、田间、艾芜、李季、沙汀、阮章竞、林默涵、陈荒煤、张天翼、赵树理、严文井、谢冰心、蔡楚生、史东山、孙维世、赵沨、周巍峙、吴作人、古元、华君武等人参加。(《全国总工会和作家协会联合召开座谈会,讨论文艺创作如何表现国家工业建设问题》,《人民日报》,1954 年 6 月 9 日)

6 月 5 日　《明朗的天》由导演焦菊隐公布角色分派名单。(《北京人民艺术剧院大事记》)

6 月 12 日　北京人艺庆祝建院 2 周年大会,曹禺、焦菊隐、赵起扬相继讲话。据北京人艺记载:

> 曹禺在讲话中首先肯定了建院两年来所取得的成绩:演出了《春华秋实》《龙须沟》《非这样生活不可》《雷雨》等多幕剧和十多个独幕剧。对这些演出,各方面领导、广大观众、国内国际的朋友都给了肯定。他说,上海来的朋友曾对他讲:"你们的戏是朴实的,是出于生活的。"他指出,这是文艺整风,下厂下乡,政治学习,改造思想,向生活学习所取得的成果。
>
> 接着,他大力肯定了组织工作者和行政工作的成绩。他说:"一个戏从开始,经过排练到完成,都是组织工作者在进行着组织工作、思想工作,行政工作者在做着各方面的保证。"
>
> 曹禺提出:我们要经过努力,逐步积累保留剧目,"一个名副其实的剧院应该有自己的一批保留剧目";要逐步实现总导演制,"总导演是全院艺术创造的总负责人";要争取在五年内培养出一批有独立工作能力的导演,一批名副其实的演员,要使一批舞台工作人员成为真正的艺术工作者。他要求行政干部要熟悉业务,懂得艺术,懂得如何为艺术创作服务,行政人员是管理人员,所以要随时"下车间",要在五年内建立起科学的管理制度。(同前)

6 月 14 日　《明朗的天》剧组今起到协和医院体验生活。(同前)

6 月 21 日　上午十时半至下午四时,《雷雨》在北京剧场化妆连排,请中宣部领导审查。(同前)

6 月 16—25 日　北京市各区第一届第一次人民代表大会会议召开。会上选出北京市人民代表大会代表五百五十四名,另有十名代表由驻京部队中选出。据载:"当选的五百五十四名代表中,有工人、农民、政府机关、人民团体和各民主党派北京市组织的负责人,有大学教授、中小学教职员、医药卫生工作者、工程师、文学艺术工作者、新闻工作者、私营工商业者、少数民族、宗教界等各阶层的代表人物……作家舒舍予(老舍)、著名京剧演员梅兰芳、剧作家曹禺……当选的市人民代表大会代表应邀到各区和区人民代表见了面,领取了北京市选举委员会所发的当选证书。"(《北京市各区普遍召开第一届第一次人民代表大会会议》、《北京市各区人民代表大会会议以充分民主精神选举了市人民代表大会代表》,《新华社新闻稿》第 1490 期,1954 年 6 月 26 日)

6 月 27 日 《光明日报》刊消息《北京人民艺术剧院本月底公演〈雷雨〉》,预告北京人艺即将演出《雷雨》,并预告北京人艺十月间公演曹禺的新作《明朗的天》。

6 月 29 日 晚,北京人艺《雷雨》彩排,请中央和市领导审查。(《北京人民艺术剧院大事记》)

6 月 30 日 晚,北京人民艺术剧院在京上演曹禺名剧《雷雨》,并首次冠以"五四以来优秀剧目"的称谓。导演夏淳,舞美设计陈永祥、宋垠、关哉生、郑榕、刁光覃饰周朴园,狄辛、吕恩饰繁漪,朱琳、赵韫如饰侍萍,胡宗温、陈国荣饰四凤,苏民、于是之饰周萍,董行佶、杜澄夫饰周冲,沈默、童超饰鲁贵,李翔、吕齐饰鲁大海。(《北京人民艺术剧院(1952—2002)》画册)

据载:"我国'五四'以来优秀剧目之一《雷雨》,自六月三十日起由北京人民艺术剧院在北京剧场演出。这次演出引起首都文艺界的重视。""曹禺的名著《雷雨》,通过两个家庭里发生的故事深刻地抨击了'五四'前后旧中国封建制度的黑暗和资产阶级的罪恶本质,也反映出当时正在成长壮大的我国无产阶级已经拿起矛头对准了斗争对象展开战斗。观众能够在演出中重新认识旧社会的冷酷、残忍和腐朽的精神生活,更显得生活在新社会的幸福,鼓舞人们更勇敢地向旧社会的残余思想进行斗争,建设社会主义社会。""参加此剧演出的演员和导演,从今年二月间就着手进行排演的准备工作。他们访问了经历过'五四'时代的人和接近剧中人物的家庭,并阅读'五四'前后的小说,熟悉当时的社会情景和剧中人物的思想性格。这次演出用的剧本经剧作者曹禺作了部分修改,使演出更加紧凑精练。"(《首都公演话剧〈雷雨〉》,《人民日报》,1954 年 7 月 3 日)

是月 《曹禺剧本选》由人民文学出版社出版。其中收入《雷雨》《日出》《北京人》。该版本中,附曹禺的《前言》,后收入《曹禺全集》第 5 卷。《前言》说:"两年前,我曾将《雷雨》《日出》《北京人》这三本比较为观众所知道的剧本,修改了一下出版。在这个集子里,仍然选了这三本戏。不过这一次,除了一些文字的整理之外,没有什么大的改动。现在看,还是保持原来的面貌好一些。因此,就在此地提一提。如果日后还有人上演这几个戏,我希望采用这个本子。"

7月4日　《北京日报》刊刘念渠《谈话剧〈雷雨〉》。

7月7日　在《人民文学》7月号发表《用文艺宣传的实际行动,来拥护宪法草案的公布》一文。后收入《曹禺全集》第6卷。

7月10日　《光明日报》刊邱扬《旧中国资产阶级人物的面影——试谈〈雷雨〉中周朴园和周萍两个人物的描绘》。

7月14日　全国政协和政务院机关事务管理局包场看《雷雨》。(《北京人民艺术剧院大事记》)

7月15日　晚,中国人民保卫世界和平委员会、中国人民对外文化协会、中苏友好协会总会、中国作家协会和中国戏剧家协会等团体联合举办的世界文化名人安东·帕夫洛维奇·契诃夫逝世五十周年纪念大会在北京青年宫隆重举行。曹禺作为中国作家协会理事出席,并在主席台就座。"纪念会上,并由中国的艺术家们演出了契诃夫的独幕剧《求婚》和朗诵了契诃夫的短篇小说。"(《我保卫世界和平委员会等团体举办纪念会,纪念契诃夫逝世五十周年》,《人民日报》,1954年7月16日)

7月16日　下午,中国作家协会和中国戏剧家协会联合举行契诃夫剧作座谈会。曹禺与田汉、洪深、陈白尘、曹靖华、焦菊隐等60多人参加。会上,"曹禺就中国剧作家如何学习契诃夫问题作了发言。他说,在契诃夫作品中有一种热爱人民、热爱生活、热爱劳动的热力;我们要学习他对美、丑、真、假有爱恶之心和鉴别能力。"(《中国作家协会和中国戏剧家协会联合举行契诃夫剧作座谈会》,《人民日报》,1954年7月18日)

7月17日　《人民日报》第3版刊消息《国立北京图书馆收藏作家、学者的著作手稿》:"著名作家、学者的手稿是祖国珍贵的文化财富,并具有很大的学术价值。国立北京图书馆在作家、学者和出版机构以及已故作家学者家属等的热情协助下,半年来已收藏的名人手稿有原始稿本、校样本、改订本等数百种。在内容上,以文学创作为多,并有关于古典文学、史学、自然科学、数学、工程和社会科学等各类手稿。""现在该馆收藏的原始稿本,有鲁迅、闻一多、梁启超、朱自清、郭沫若的《南冠草》、茅盾、丁玲、周立波、巴金、老舍等作家的作品手稿,其中有曹禺的《北京人》。"

是日　《光明日报》刊署名元欣的《再看〈雷雨〉演出以后》。

7月18日　《北京日报》刊胡宗温《谈四凤》、朱琳《我所爱的鲁侍萍》、于是之《关于周萍》、朱琳《"雷雨"演员的话》及吕恩《从繁漪的遭遇谈起》等文章。

7月21日　下午,北京人艺新排《明朗的天》第一和第二幕化妆连排。(《北京人民艺术剧院大事记》)

7月22日 日内瓦会议关于恢复印度支那和平达成协议的消息传遍北京,各界人士谈论着这个令人兴奋的消息。"著名剧作家曹禺说:我是一个戏剧工作者,我们深知只有在和平民主的环境中才能发展人民的戏剧艺术。所以,我们不但希望中国没有战争,同时也希望亚洲、全世界每一个角落都没有战争。他并且为中国代表团在这次重要的国际会议上所获得的光辉成就,感到光荣和骄傲。"(《北京、上海、南京和广州等城市人民,欢呼印度支那和平问题达成协议》,《人民日报》,1954年7月24日)

7月30日 《文艺报》第14期总题为《拥护中华人民共和国宪法草案》刊陆侃如、黄药眠、曹禺、袁雪芬等人文章,曹禺题为《我们欢呼迎接宪法草案》。文说:"我们是新中国的文艺工作者,我们不只要认真学习宪法草案,有责任广泛地进行宣传,而且还要忠实地履行公民的神圣的义务;我们要以具体的行动,创作出各色各样的好作品,使宪法的基本精神成为人民生活中不可分开的部分,使这部人民的宪法成为中国人民家喻户晓的文献,成为推动我们幸福生活的巨大力量和永远照耀着我们前进的明灯。"

是日 为庆祝"八一"建军节,北京市文教局文化处组织了《雷雨》包场招待军委领导和部分驻京部队指战员。演出结束后,军委赠花篮表示感谢和慰问。(《北京人民艺术剧院大事记》)

7月31日 致信北京人艺《雷雨》剧组全体。信说:"感谢你们亲自给我送来这篮艳丽的花。这样的荣誉来自军委的首长们,无疑问的是由于你们辛勤的劳动和艺术创造的成功。"(信函影印件,原件藏于北京人民艺术剧院) 据记述:"《雷雨》剧组全体演职员派代表(李乃忱)将军委赠的花篮送给作者曹禺,并写了热情的慰问信。曹禺于当天给剧组复信,感谢剧组全体同志通过辛勤劳动创造了成功的演出,更感谢大家把来自军委首长的荣誉让给他。表示演出的成功使他更增加了为大家写戏的信心。"(《北京人民艺术剧院大事记》)

8月1日 与郭沫若、茅盾、周扬等人联名致电祝贺美国共产党全国委员会总书记丹尼斯五十岁生日。(《我国文艺工作者三十三人致电丹尼斯同志》,《人民日报》,1954年8月8日)

8月7日 下午,应中央人民政府文化部邀请来华访问演出的印度尼西亚艺术团一行六十人,乘火车到达北京。曹禺与丁西林、洪深、何英、王书庄、马彦祥、任虹、李超、阿英、周巍峙、梁寒光、郁风、马少波、孙慎、陈白尘、华君武、谢冰心等人到车站欢迎。(《应邀来我国访问演出的印尼艺术团到北京》,《人民日报》,1954年8月8日)

8月8日 晚,文化部设宴欢迎印度尼西亚艺术团。曹禺与欧阳予倩、江丰、陈白尘、陈荒煤、赵沨、华君武、谢冰心、阿英、马彦祥、马少波、仲伟、郭兰英等戏剧、音乐、文学、电影、美术界著名人士出席宴会。(《我中央文化部设宴欢迎印度尼西亚艺术团》,《人民日报》,1954 年 8 月 9 日)

8 月 10 日　北京市选举委员会公布市人民代表大会代表名单,曹禺位列其中。

8 月 12 日　据北京人艺记述:"全国剧协就《雷雨》演出举行座谈会。孙维世主持,我院欧阳山尊、夏淳、凤子、柏森等同志参加,吴祖光、田蓝、宋琦、葛一虹、梅朵、李龙牧、李诃等出席。"(《北京人民艺术剧院大事记》)　据吴祖光记述:"晨写《野猪林》稿二千五百字,午后到剧协参加《雷雨》座谈会,有维世、山尊、凤子、一虹等参加,梅朵大云无状,颇为讨厌。"(《吴祖光日记(1954—1957)》第 70 页)

8 月 14 日　中国人民外交学会会长张奚若举行酒会,招待应邀前来我国访问的英国工党代表团。曹禺与田汉、欧阳予倩等人出席作陪。(《中国人民外交学会会长张奚若设宴招待英国工党代表团》,《人民日报》,1954 年 8 月 15 日)

8 月 16 日　中午,中央人民政府政务院总理周恩来举行盛大宴会,招待参加世界民主青年联盟理事会北京会议的各国代表。曹禺与张奚若、马寅初、刘格平、周扬、丁西林、郑振铎、舒舍予等文学艺术界人士出席作陪。(《周总理设宴招待各国青年代表》,《人民日报》,1954 年 8 月 17 日)

8 月 17—23 日　作为人民代表出席北京市第一届人民代表大会第一次会议。22 日,毛泽东、刘少奇、周恩来会见了出席北京市第一届第一次代表大会全体代表。(《北京市人民代表大会开幕》,《人民日报》,1954 年 8 月 18 日;《新华社新闻稿》第 1544、1548、1549 期,1954 年 8 月 18、22、23 日;《北京人民艺术剧院大事记》)

会议前夕曹禺曾接受新华社记者采访,"他告诉记者说,我要履行我当选为代表时的诺言,努力进行创作,使首都人民获得更多的精神食粮。"(《北京市许多人民代表正以各种新的劳动成果迎接市人民代表大会会议的召开》,《新华社新闻稿》第 1540 期,1954 年 8 月 15 日)

8 月 19 日　晚,印度尼西亚艺术团在首都青年宫举行隆重的开幕演出。曹禺与欧阳予倩、沙可夫、赵树理、马彦祥、陈白尘、江丰、刘开渠、赵沨、吴作人、李凌、戴爱莲、张庚、蒋天佐、王冶秋、马少波、吴晓邦、吴雪、蔡若虹、任虹、罗合如、陈锦清等在京文化艺术界著名人士出席。(《印度尼西亚艺术团在北京举行开幕演出》,《人民日报》,1954 年 8 月 20 日)

8 月 20 日　《戏剧报》8 月号刊安冈的长篇剧评《谈〈雷雨〉的新演出》。作者认为:"今天我们演出《雷雨》,应该赋予它一种新的生命,新的精神,也就是说要对这部作品进行一番'再解释'的工作。""最近,北京人民艺术剧院在首都演出的《雷雨》

是认真严肃的。可以看出：这次演出作了再解释的尝试，并获得了一定的成就。这次演出基本上扫除了过去舞台上因袭演法的痕迹，没有把这个戏演成单纯的'情节戏'，没有过多的'戏剧性'的卖弄，而是基本上遵循着从生活出发的原则，努力追求生活真实的。"

8月25日 晚，北京市长彭真在北京中山堂举行酒会，欢送即将离京去上海等地访问的英国工党代表团。曹禺与郑振铎、赵沨、谢冰心、华君武、刘开渠、马彦祥、戴爱莲、李少春、叶盛兰、杜近芳、侯宝林、连阔如、谭富英、张君秋等文艺界人士出席。(《北京市彭真市长举行酒会，欢送英国工党代表团去上海访问，政务院总理周恩来等出席酒会》，《人民日报》，1954年8月26日)

8月26日 上午，英国工党代表团乘机离京，前往上海等地访问。曹禺与廖承志、罗隆基、许德珩、刘宁一、李德全、楚图南、傅连暲、于北辰、冀朝鼎等到机场送行。(《英国工党代表团离北京到达上海访问》，《人民日报》，1954年8月27日)

8月29日 为加强作家和工人读者的联系，更多地听取工人对文学创作的意见，从而提高文学创作，更好地满足工人读者对文学作品的需要，中国作家协会创作委员会召开工人座谈会。曹禺与沙汀、周立波、臧克家、艾芜、严文井、康濯、杨朔、马烽等参加座谈。(《中国作家协会创作委员会召开工人座谈会，听取工人对文学创作的意见》，《人民日报》，1954年9月5日)

8月30日 中国剧协舞台美术研究组成立会议召开。会上宣告舞台美术研究组正式成立，并报告研究组1954年的工作计划。最后，到会的舞台美术家们就北京人民艺术剧院最近演出的《雷雨》的舞台美术工作进行了讨论。(《国内剧坛·中国剧协舞台美术研究组成》，《戏剧报》1954年第9期)

是月 湖北省召开第一届人民代表大会第一次会议，审查并通过了政府工作报告，讨论了中华人民共和国宪法草案，审查和处理了各界人民和代表的提案，最后选举了出席全国人民代表大会会议的代表。曹禺为出席全国人民代表大会代表之一。(《湖南广东广西湖北辽宁长春鞍山等省市，分别召开人民代表大会会议，选出出席全国人民代表大会会议的代表》，《人民日报》，1954年8月17日)

是月 译作《柔密欧与幽丽叶》由人民文学出版社出版，书前收入《译者前记》。该书至1958年印刷四次。《译者前记》后收入《曹禺全集》第7卷。

秋 与夫人到周恩来家作客。据吴祖光回忆："一九五四年秋，一天，我和凤霞应邀到周总理家里作客。被邀请的还有老舍先生和夫人胡絜青、曹禺同志和夫人邓泽(译)生。总理和邓大姐高兴地接待我们，请我们吃螃蟹。"(《周公遗爱程派千秋——追记拍摄电影〈荒山泪〉》) 另据胡絜青说："一九五四年，总理在中南海家里设宴,邀请三对文艺界朋友,有曹禺夫妇、吴祖光夫妇、舍予和我。谈的主要是文艺出新问题和写新戏的事。"(《老舍年谱》第 741 页)

9 月 1 日　据北京人艺记述:"《雷雨》今晚政务院包场。首轮演出至今,共 60 场。"(《北京人民艺术剧院大事记》)

9 月 3 日　中央选举委员会举行第五次会议。邓小平作关于中华人民共和国第一届全国人民代表大会代表选举工作完成的报告。会上通过了中央选举委员会关于中华人民共和国第一届全国人民代表大会代表名单的公告,审查和追认了代表当选证书的格式。(《中央选举委员会举行第五次会议》,《人民日报》,1954 年 9 月 4 日)曹禺为湖北省 33 代表之一。(《中华人民共和国第一届全国人民代表大会代表名单》,《人民日报》,1954 年 9 月 4 日)

是日　晚,中央人民政府文化部和人民革命军事委员会总政治部联合在和平宾馆举行盛大宴会,招待来我国访问的保加利亚人民军迪亚科·迪亚科夫中将和保加利亚人民军歌舞团全体人员。曹禺与老舍、沙可夫、江丰、赵沨、丁毅、宋之的、陈其通、戴爱莲、陈播、虞棘、李少春、吴雪等首都文艺界人士应邀出席。(《中央文化部和军委总政治部举行宴会,招待保加利亚人民军迪亚科夫中将和歌舞团》,《人民日报》,1954 年 9 月 4 日)

9 月 5 日　保加利亚人民军歌舞团在京举行开幕演出,曹禺与周巍峙、赵沨、陈荒煤、刘开渠、宋之的、陈其通、马可、欧阳山尊、戴爱莲、吴晓邦等出席。(《保加利亚人民军歌舞团在京举行开幕演出》,《人民日报》,1954 年 9 月 6 日)

9 月 7 日　四幕剧《明朗的天》文学本在《人民文学》9 月号发表,至 10 月号载完(同时在是年《剧本》9 月、10 月号连载)。这是建国后曹禺写的第一个剧本。全剧后附曹禺"附言":"《明朗的天》前两幕发表之后,我把全剧又读了一遍,觉得第四幕缺点最多,也太长,非大大删改不可。修改以后,改进还是不大,不过原来的两场戏成为一场戏了。但时间与上期分幕表上写的有了出入,因此把新的分幕表在这里刊登一下。"也就是,9 月号刊的"分幕"是"四幕八场",而 10 月号载完,却成了"四幕七场"。

关于创作《明朗的天》。据蔚明撰述:"经过一年的构思,一九五四年四月初到七月中旬,是《明朗的天》的创作阶段。在这三个半月时间内,每天上午九时到夜晚十一时,几乎毫不间断地进行劳作。有时,星期天也不休息。他的秘书吴世良是他的合作者(曹禺口述腹稿,他担任记录)。根据这位年轻的同志的体会,作者在口述时往往激动得很,他完全沉浸在剧中人物的情感中。北京人民艺术剧院早就决定上演《明朗的天》,因此,一面写一面排。曹禺写好一幕戏,就送给医院的负责同志

和那里的朋友看,念给演员听。同志们提的意见,他都能虚心的接纳。"(《从〈雷雨〉到〈明朗的天〉——访剧作家曹禺》)

据曹禺回忆:"我写《明朗的天》时觉得很难写,我在协和搜集了不少素材,但是怎样提炼这一大堆材料,很吃力。你要知道,当时我也是要思想改造的,我也是个'未改造好的知识分子'喽。那么,我写别的知识分子怎么改造好了,实在是捉摸不透彻。有人说凌士湘、尤晓峰的思想转变都没有写好,写得不深刻。你想,连我自己都没有体验过这样一个思想转变的过程,要想写得很深刻,那怎么能行呢!那时,协和医院揭发出很多令人触目惊心的事实,有一个叫雷曼的,他是脑炎科的,这个美国学者,曾经在69个中国人身上实验他的抽风药,我看了一个电影短片,记录着两个被注射过抽风药的人,在床上剧烈抽风的惨状。据目击者说,抽风的人痛苦得把床上的铁条都弄弯了,汗水渗透被子,一拧就拧出水来。另外,还曾用装满虱子的小匣子绑在病人的手臂上作回归热和伤寒病的试验,还把梅毒螺旋体接种在病人身上。这些事实,我当时是十分气愤的,觉得帝国主义不把中国人当人。那时,正在抗美援朝,美帝国主义在朝鲜战场上搞细菌战,所以说,《明朗的天》侧重了抗美援朝和反细菌战。这点,至今我认为仍然是对的,我创作的激情也在这方面。那么,对江道宗那种人的揭露批判,也是势所必然的。可以说,我在《明朗的天》里写的都还是有真实依据的。但是,从今天看来,也不全面,协和医院里的专家还是为中国的医学事业做过贡献的,那时,就把握不准。尽管当时我很吃力,但仍然是很想去适应社会主义现实主义创作方法,是硬着头皮去写的,但现在看来,是相当被动的,我那时也说不清楚是怎样一种味道。总之,是没有琢磨出道道来,对这个戏还没有都琢磨很透彻。"(《曹禺传》第378、379页)

9月10日 晚,李健吾约巴金与黄佐临来家里用饭,并邀请在京的曹禺作陪。(《李健吾传》第292页)

9月10—12日 参加华东区话剧观摩演出的江苏省话剧团在上海艺术剧场演出曹禺的《家》,共演出4场。(华东区话剧观摩演出大会:《华东区话剧观摩演出纪念刊》第201页)导演周特生、余凌云,舞美设计盛鼎、潘杰、雪红,哈国珍饰梅表姐,杜小珠饰瑞珏,邹济潮饰高克安,傅威廉饰高老太爷,靳作新饰冯乐山,吴绳武饰高克明,田野饰鸣凤,李培健饰高觉民,陈健饰琴小姐,张辉饰觉慧,张沂饰高觉新。(《纪念江苏人民艺术剧院四十周年(1953—1993)》画册)终获本届大会"演出奖"。(《华东区话剧观摩演出大会胜利结束》,《解放日报》,1954年9月23日)

这次演出和原剧本是有些微小的出入,据高文晋文述:"江苏省话剧团已经征得曹禺先生的同意,作了一些删节(如删掉觉新、瑞珏二幕中对话的某些部分及二

幕一场更夫的某些对话,完全删掉四幕中张二这个人物等)"。(《谈谈〈家〉的上演》)

据导演周特生撰文:"就我个人的看法和考虑今天观众的实际要求,在导演时我更注意了小说的精神。故而,在华东会演之后,我就强调了剧本中的觉慧线索。为了揭示在鸣凤死后觉慧性格上的变化和成长,我在二幕三场中加了他和觉民的一场戏。为了使全剧落幕不至于过分沉闷,而给与一缕希冀,我改写了结尾。企图使观众把希望寄托于觉慧以及与觉慧一同战斗的人们!""可是这样做了之后,是否有损于曹禺同志剧本的精神呢?""如果曹禺同志的这个《家》,基本精神在于激起人们的悲悯与憎恨之情,那我的这个修改,就违背了作家的意图了。假如是这样,我得向曹禺同志深致歉意。"(《关于〈家〉的剧本修改》)

9 月 15—28 日　中华人民共和国第一届全国人民代表大会第一次会议在中南海怀仁堂隆重召开,曹禺作为湖北省代表参加会议。

开幕之前,接受《人民日报》记者采访,对五年来戏剧工作上的成绩和当前几个主要问题发表了意见。据子冈采写:"曹禺为了写《明朗的天》,曾再三地到医院去体验生活。他说:'一个好画家写生,必须善于从人物事物各个角度去描画,只知一面是不够的,写剧本也是如此。写戏的人有责任把事物看得深刻一些,全面一些,写得精炼一些,尖锐一些。因此,除了尽量理解人的生活和人的内心活动以外,还需要有独立的思考能力,真能把马克思列宁主义运用到创作里。这个道理我懂,但我还做不到,所以这个戏没有写好。我现在正继续修改。'曹禺一再提起在他的创作过程里,他亲身体会到的党对文艺事业的无限关怀。任何地方的门对他都是开着的,使他有充分的机会接触各种各样的人物和思想。在他的创作遇到困难的时候,总是党的有力的手支持了他,使他才写完了这个戏。"(《戏剧家们对戏剧工作的意见》,《人民日报》,1954 年 10 月 11 日)

9 月 17 日　上海《文汇报》"文化走廊"栏刊文《曹禺的新作:〈明朗的天〉》。介绍说:"在这个剧本里,曹禺同志以强烈的愤怒情绪揭露了美帝国主义者利用科学屠杀人民的卑劣罪行,同时也充满了热情来描写我国某些知识分子在中国共产党正确的领导和热心帮助之下,如何改造思想,逐渐放下旧思想的桎梏,而开始走向崭新的、为人民服务的光辉道路。"

9 月 20 日　《戏剧报》9 月号总题为《我当选为全国人民代表大会代表的感想》刊曹禺与史东山、白杨、李伯钊、胡可、郭兰英、常香玉、程砚秋、老舍、欧阳予倩、蔡楚生等人文章。曹禺题为《坚决实现人民的意志》。后收入《曹禺全集》第 6 卷。

9 月 25 日　是日起,参加华东区话剧观摩演出的江苏省话剧团在上海群众剧场正式公演《家》。(《〈考验〉〈种橘的人们〉〈家〉将分别在上海艺术剧场、解放剧场、群众剧场

公演》,《新民晚报》,1954 年 9 月 19 日)

9 月 28 日 在《北京日报》发表散文《北京——昨日和今天》。10 月《人民中国》①第 19、20 期合刊也发表该文。收入《我热爱新北京》《迎春集》,后收入《曹禺全集》第 6 卷。

9 月 30 日 由曹禺为团长的中国文艺代表团抵达蒙古首都乌兰巴托②。代表团在机场受到热烈欢迎,并由"蒙中友好旬"筹备委员会主任沙拉普致欢迎词。曹禺致答词,表示感谢。(《我国文艺代表团抵蒙古》,《新华社新闻稿》第 1588 期,1954 年 10 月 3 日)

是日 下午八时,蒙古人民为庆祝中华人民共和国成立五周年和"蒙中友好旬"开始,在蒙古国首都乌兰巴托市举行庆祝大会。曹禺和代表团成员应邀参加,并讲话。(《乌兰巴托举行盛大集会,庆祝我国国庆和"蒙中友好旬"开幕》,《人民日报》,1954 年 10 月 2 日)

10 月 1 日 晚,我国驻蒙古人民共和国大使何英举行招待会,庆祝中华人民共和国建国五周年。在访的曹禺及代表团部分团员出席。(《我驻越、蒙等国使节举行招待会,庆祝中华人民共和国建国五周年》,《人民日报》,1954 年 10 月 4 日)

10 月 2 日 蒙古人民共和国政府举办的中国电影展览在乌兰巴托市开幕。曹禺作为文艺代表团团长出席,并在会上致词。会后放映我国影片《鞍钢在建设中》。(《祝贺中华人民共和国成立五周年》,《人民日报》,1954 年 10 月 5 日)

10 月 4 日 蒙古人民共和国总理泽登巴尔在乌兰巴托接见来访的我国文艺代表团团长曹禺和团员马彦祥、卢耀武,作了一小时的亲切谈话。(《蒙总理泽登巴尔接见我国文艺代表团团长曹禺等》,《新华社新闻稿》第 1591 期,1954 年 10 月 6 日)

10 月 6 日 晚,蒙古人民共和国总理泽登巴尔设宴招待中国文艺代表团和杂技团人员。宴后举行舞会。(《泽登巴尔总理设宴招待我文艺代表团和杂技团人员》,《新华社新闻稿》第 1593 期,1954 年 10 月 8 日)

10 月 9 日 晚,中华人民共和国驻蒙古人民共和国大使何英为庆祝"蒙中友好旬"并中国文艺代表团和杂技团到蒙古访问,举行招待会。曹禺和文艺代表团、杂技团全体团员应邀出席。(《我驻蒙大使举行招待会庆祝"蒙中友好旬"》,《人民日报》,1954 年 10 月 14 日)

---

① 1950 年 1 月 1 日在北京创刊,英文半月刊,总编辑乔冠华,出版者为外文出版社。同年 11 月 1 日增出俄文版。1953 年 4 月 1 日创办日文版。1954 年第 7 期增出中文版,当时"中文版不公开发行,只送给本刊的撰稿人及有关方面的同志参考"。1957 年底英文版停刊。1958 年创办印尼版和法文版。

② 系根据中蒙一九五四年文化合作执行计划到蒙古参加蒙古人民共和国举行的"蒙中友好旬"并进行友好访问。

10 月 12 日　上午十时,中国文艺代表团乘机离开乌兰巴托返国。蒙古方面举行欢送仪式,曹禺致答词。当日,返抵北京。(《我国文艺代表团离乌兰巴托返国》《出席"蒙中友好旬"的我国文艺代表团返京》,《新华社新闻稿》第 1598 期,1954 年 10 月 13 日)

10 月 24 日　据记述:"《法兰西晚报》记者西共萨克、英国《新闻记事报》记者马仁来访曹禺院长。重点访谈话剧创作和培养青年作家等问题。"(《北京人民艺术剧院大事记》)

10 月 25 日　北京市文学艺术工作者第二次代表大会在北京中山公园中山堂开幕。曹禺致开幕词,并被选为大会主席团成员。(《北京市文艺工作者代表大会开幕》《大会主席团名单》,《北京日报》,1954 年 10 月 26 日)

10 月 28 日　北京市文学艺术工作者第二次代表大会闭幕,曹禺与老舍、赵树理、端木蕻良、侯宝林、尚小云等 45 人被选为理事。(《北京市文艺工作者代表大会闭幕》《北京市文学艺术工作者联合会理事会理事名单》,《北京日报》,1954 年 10 月 29 日)

是月　据《中央人民广播电台对国外广播部内部资料汇编》:"国际广播编辑部 1954 年 10 月份报道计划(草案):应听众要求摘播曹禺所写的文章《北京——昨日和今天》。"

11 月 3 日　北京市文学艺术工作者联合会理事会举行第一次会议。会上,曹禺当选为常务理事,老舍当选为主席,曹禺、张季纯当选为副主席,王亚平、田家为秘书长。(《市文联理事会召开第一次会议》,《北京日报》,1954 年 11 月 5 日)

11 月 15 日　晚,世界文化名人、古希腊伟大喜剧家阿里斯托芬诞生二千四百周年纪念会在北京隆重举行。曹禺与茅盾、罗隆基、楚图南、丁西林、洪深、郑振铎、阳翰笙、冯雪峰、邵荃麟、田汉、罗念生等参加。(《北京纪念阿里斯托芬诞生二千四百周年》,《人民日报》,1954 年 11 月 16 日)

11 月 21 日　晚,北京人艺《明朗的天》化妆连排。(《北京人民艺术剧院大事记》)

11 月 23 日　据北京人艺记述:"焦菊隐先生谈《明朗的天》剧本修改及加工排练日程。根据各方面意见,决定取消'C、C 戴'等三个人物,二幕一场作较大修改,其他场次有小改,预定十二月上旬末演出。"(同前)

12 月 12 日　北京人艺《明朗的天》彩排,本院人员及家属看戏。(《北京人民艺术剧院大事记》)

12 月 12—30 日　北京人民艺术剧院在京首演曹禺新作四幕七场话剧《明朗的天》。导演焦菊隐,副导演梅阡,舞美设计辛纯、宋垠、韩希愈,主要演员有:刁光覃饰凌士湘、张福骅饰江道宗、叶子饰宋洁仙、赵韫如饰刘玛丽、童超饰何昌荃、吕恩饰徐慕美、马群饰董观山、董行佶饰尤晓峰、英若诚饰陈洪友、秦在平饰袁仁辉、狄辛饰凌木兰、朱旭饰孙荣、郑榕饰赵树德、梁菁饰赵王氏、周正饰赵铁生等。(《北京人民艺术剧院(1952—2002)》画册) 共演出 19 场。(《北京人民艺术剧院大事记》)

12 月 13 日 北京人艺演出《明朗的天》,招待市级机关干部,请市委市政府领导审查。散场后进行座谈,对剧本及演出均予肯定。(同前)

12 月 14 日 北京人艺演出《明朗的天》,"胡乔木、田汉、钱俊瑞、苏井观、贺诚等领导同志审查,散场后谈了意见,对剧本及演出均肯定。"(同前)

12 月 15、16、17 日 连续三天,招待北京市建筑工人演出《明朗的天》。(同前)

12 月 17 日 据新华社消息:"北京人民艺术剧院十八日起在北京上演曹禺的新作《明朗的天》四幕话剧。""这个剧本是曹禺解放后写的第一部剧本。"(《北京上演话剧〈明朗的天〉》,《新华社新闻稿》第 1664 期,1954 年 12 月 18 日)

12 月 28、29 日 中苏友好协会第二次全国代表会在北京举行。(《中苏友好协会举行第二次全国代表会》,《新华社新闻稿》第 1675 期,1954 年 12 月 29 日) 曹禺作为中国文联代表入选中苏友协全国代表,出席会议。(《中苏友好协会第二次全国代表会在京举行》,《中苏友好协会第二次全国代表会各党派、群众团体和各单位代表名单》,《人民日报》,1954 年 12 月 29 日) 本次会议,曹禺未被选为理事。(《第二届会长、副会长、理事会、秘书长及理事名单》,《1956 人民手册》第 145 页)

12 月 31 日 下午,参加北京人艺全院大会,宣布前苏联专家库里涅夫来剧院教学的决定。(《北京人民艺术剧院大事记》)

是月 继母薛咏南因患子宫颈癌在天津去世,终年 63 岁。曹禺与方瑞一同赴津参加继母的葬礼。(万世雄 1984 年 4 月 18 日致田本相信) 曹禺对他的继母一直怀着一种深挚的感激之情。据曹禺回忆:

> ……我的继母待我很不错,我非常想念她。她死的时候,天津已经解放了,她的坟在天津。我天津有个嫂子,她姓刘,我的嫂子现在还活着,可以问问她。

> 我母亲死了,还留下一些股票,嫂嫂要了;我要了《湖北先正遗书》。"先正"就是前代的贤人,都是湖北人,文学家、哲学家、作家、诗人都有,我记得收入这个"遗书"的有《离骚》,有杜甫,杜甫的诗全有,凡是湖北的名人的著作都搜集起来了。这部书有一二百本,是一个湖北人出钱编的这套丛书。这个人很有钱,他还曾经捐赠南开大学一座楼。印得不好,我觉得版本没啥了不起,毕竟是父亲的遗物,我母亲给我留下了,我就要了它。

> 最可惜的是,我父亲有一本名为《杂货铺》的集子,有十几本,那可以说是我父亲的精神寄托,也可以说是我家非常珍贵的遗产,却没能保留下来。我父

亲是 56 岁死的,这本《杂货铺》是父亲起的名字,收集了他的诗、挽联、对联。他的诗词写得很好。……《杂货铺》里有他的东西,也有别人的,但绝大部分是他的作品。……《杂货铺》里也有周七爷的文字。可惜,怎么找,也找不到了。我大学毕业时已经知道它的价值了,再找也还是没有找到。从这本《杂货铺》里可以看到我父亲的另一面——幽默感,也可以了解到他的思想。(《苦闷的灵魂——曹禺访谈录》第 119 页)

据邹淑英回忆:"1955 年[①],干妈死后,曹禺曾回家找《雷雨》的原稿。这些稿子,干妈是懂的,都是精心保存的;但他嫂子(刘氏)就不懂了,给烧了一些。曹禺知道了,当时气得差点跳起来。但已经烧掉了,还有什么办法?"(同前第 273 页)

是年　某日,和于是之等人在北京一个小茶馆讨论创作问题。据于是之回忆:"在东风市场(当时叫东安市场)的一个角落,还有一家五七张桌子的小茶馆。……有一天,曹禺同志突然带我们到那里去谈《雷雨》的创作过程。他的去,我想一是为图清静,可以不受干扰;而更重要的是出于一颗大作家惯于关注各种生活的心。那天他谈得自在,兴致也浓,对我们以后排《雷雨》启发极大。……""那一天,曹禺同志对《雷雨》的精辟讲解,许多我至今不忘"。(《演员于是之》第 124 页)

是年　香港长城影业公司摄制电影《日出》。编导胡小峰、苏诚寿,主演夏梦、傅奇、李次玉、乔庄、冯琳。(《香港百年光影》第 105 页)

---

① 此处,邹回忆的年代可能有误。

1 月 20 日，中共中央宣传部向党中央提出了关于开展批判胡风思想的报告。

5 月 13 日、24 日、6 月 10 日，《人民日报》分三批刊登了"关于胡风反革命集团的材料"，随后，又将这些材料汇编成册。毛泽东写了序言和二十多条按语，并在按语中断言胡风等人是"一个暗藏在革命阵营的反革命派别，一个地下的独立王国"，"这个反革命派别和地下王国，是以推翻中华人民共和国和恢复帝国主义国民党的统治为任务的"。对胡风的思想批判演变成了政治上、组织上的"肃清胡风反革命集团"运动，从而造成了一桩错案。党的十一届三中全会以后，党中央对这桩错案进行了彻底的纠正。

9 月 30 日，中国作家协会党组向中央宣传部并中央呈上了《中国作家协会党组关于丁玲、陈企霞等进行反党小集团活动及对他们处理意见的报告》。中宣部在审议了这份报告后转呈中央。12 月 15 日，中央向"上海局、各省、市委、自治区党委、中央各部、委，国家机关各党组；各人民团体党组；中国人民解放军总政治部"批发了这个报告。至此，"丁玲、陈企霞反党小集团"定案。

是年，在话剧界掀起学习斯坦尼斯拉夫斯基演剧体系的热潮中，有关论著陆续出版。斯氏的《演员自我修养》第一部新译本和《演员创造角色》年内由电影艺术编译社出版。《斯坦尼斯拉夫斯基的导演课程》一书，也在《戏剧报》连载。

1 月 3 日　中央戏剧学院表演干部训练班正式成立。投考训练班的有中央直属及各省、部队所属院团的演员，其中有于蓝、田华、赵韫如等。担任主要课程的教授是苏联专家，此外，担任该班课程教授的，还有我国著名的作家、戏剧家欧阳予倩、曹禺、沙可夫、戈宝权、张庚、李伯钊、孙维世、李健吾、孙家琇、周贻白等。（《表演干部训练班在京成立》，《戏剧报》1955 年第 1 期）

1 月 5 日　苏联专家库里涅夫到北京人艺与曹禺、焦菊隐商谈教学事宜。（《北京人民艺术剧院大事记》）

1 月 6 日　《北京日报》刊文《介绍话剧〈明朗的天〉》（署名凝壹）、《科学和政治——〈明朗的天〉观后笔记谈》（署名绍君）。

1月8日　《光明日报》刊邱扬《〈明朗的天〉中的三个人物》。

1月11日　上海《文汇报》发表蔚明《从〈雷雨〉到〈明朗的天〉——访剧作家曹禺》一文。文中，曹禺说："作为一个作家，十二年之内没有写出一部作品，是一件说不过去的事情；写不出东西，是很痛苦的事，好像一个平时爱说话的人，被剪掉了舌头，老觉得闷着。要不是解放了，我的写作生命也许就这么完了。""作为一个文字劳动者，我恢复了中断十二年的写作生活，对我个人是一件大事。这好比一个长年卧病在床的孩子，现在能够下床，迈开小半步。因此，我还处处需要扶持。虽然说，我现在只能迈开小半步，但也感到满心欢喜。""过去的十二年之内我怀疑自己不能再写出东西，甚至想到改行，可是现在，我敢于这样说，以后我能继续写出作品！"

1月16日　《沈阳日报》刊《介绍四幕话剧〈日出〉》。

1月23日　农历春节的除夕。晚，与焦菊隐、欧阳山尊陪同周恩来、刘少奇等观看北京人艺演出的《明朗的天》。演出结束后，周恩来在北京剧场休息室与曹禺及全体演职员进行了一次长时间的促膝畅谈。(《北京人民艺术剧院大事记》)据曹禺回忆："一九五五年春节前夕，周总理在他日理万机之余，来看我写的关于知识分子思想改造的剧本《明朗的天》的演出。散场后，时间已经不早了，周总理同所有的演员、导演和工作人员在一起座谈。那时，正是毛主席发表《关于〈红楼梦〉研究问题的信》，号召大家批判资产阶级知识分子毒害青年的错误思想。北京人民艺术剧院的群众把这个批判运动搞得热火朝天。敬爱的周总理当着大家的面对我说：'曹禺，你想一想，你脑子里有没有资产阶级思想？我看是有的。你应该带头检查一下（当时，我是北京人民艺术剧院院长），你做个检查，通知我，我来听。'当时我觉得非常光荣，又有点害怕。我怕我讲不好。那时我不懂得什么'自我批评'，怕说不好，会惹周总理生气。后来，我硬着头皮讲了。我自己觉得这个检查很不像样，群众也不会满意。检查之前，就没有通知周总理。我是想，周总理日日夜夜忙于中国革命、世界革命的大事，这点小事不要麻烦他了。现在回想起来，真是后悔莫及。我太好面子，终于没得到敬爱的周总理的进一步的教诲！假如那时我告诉了他，他来听过后，也许会批评我一通，但那对我是多大的教育，又是多大的幸福呀！这是我终身引以为憾的事。"(《不容抹煞的十七年》)

1月27日　《北京日报》发表中国协和医学院教授张锡均《从凌士湘想起的——〈明朗的天〉观后笔谈》一文，张教授说："《明朗的天》是一个有教育意义的话剧，我看过后，深深地体会到党对于知识分子的关怀与帮助。"

1月28日　上午，北京人艺召开全院大会，曹禺"向全院传达周恩来在除夕的讲话"。(《北京人民艺术剧院大事记》)

2月3日 《剧本》2月号刊《一九五四年本刊刊载的剧本在各地上演简况》："《明朗的天》(曹禺作,载九、十月号)由北京人民艺术剧院自一九五四年十二月十八日起在京公演,现仍在演出中,预计将演出七十五场。"

2月5日 下午,北京人艺召开全院会议,曹禺"向全院报告下阶段学习进程及学习目的"。(《北京人民艺术剧院大事记》)

2月7—11日 北京市第一届人民代表大会第二次会议召开。会上曹禺当选人民委员会委员。(《北京市召开人民代表大会第二次会议,选出北京市人民委员会组成人员》,《人民日报》,1955年2月13日)

2月8日 北京人艺开始复排《雷雨》。(《北京人民艺术剧院大事记》)

2月9日 致信北京人艺《明朗的天》全体演职员。原文如下:

《明朗的天》全体演职员同志们:

《明朗的天》演到今天,已经是第五十七场了。在这段工作时间中,由于全体同志们严肃、认真、不辞劳苦的努力工作,才保证了演出质量,在舞台工作方面,由于舞台工作同志们努力钻研,克服各种困难和与演员同志们的密切合作,才使换景的时间一天天缩短,最近并显著的减少了事故。不少同志在遵守后台制度、遵守时间、注意节约、关心同志健康上,也有很好的表现。由于你们这些努力,使这次演出得到了观众的肯定和好评。这是值得向你们祝贺的。

现在,由于下一个戏一时还接不上来,《明朗的天》还需要演到月底。在这种情况下,希望同志们在舞台监督的领导下,巩固既有成绩,进一步克服各方面的困难,愈加发扬同志间的团结互助,友爱合作,继续保证演出质量,防止舞台事故的发生。在后台制度上希望更能发挥自觉遵守的精神,保证秩序。这些我深信同志们一定能做到。你们一定会胜利地完成这期演出任务的。

最后,我代表全院同志们向你们致以深切的慰问。此致

敬礼

曹禺

一九五五年二月九日

(原信藏于北京人民艺术剧院)

2月12日 上午,出席中国人民政治协商会议全国委员会常务委员和中国人民保卫世界和平委员会常务委员联席扩大会议。会议一致通过了"关于发动反对使用原子武器签名运动的决议",制定了开展签名运动的计划,正式成立了中国人民反对使用原子武器签名运动委员会,推选郭沫若为委员会主席,彭真、陈叔通、甘

泗淇为副主席,廖承志、刘宁一等七人为正副秘书长,曹禺与田汉、老舍、阳翰笙等六十五人为委员。(《中国人民政治协商会议全国委员会常务委员、中国人民保卫世界和平委员会常务委员联席会议通过决议:发动反对使用原子武器的签名运动》,《人民日报》,1955 年 2 月 13 日)

2 月 19 日　是日起,上海电影演员剧团公演曹禺的《雷雨》。(《新华社新闻稿》,1955 年 2 月 21 日)导演赵丹,崔超明、舒适饰周朴园,蒋天流、路明饰侍萍,王丹凤、朱莎饰四凤,张铮、莫愁饰繁漪,金川、凌之浩饰周萍,杨蔚如、冯笑饰周冲,夏天、李季饰鲁贵,奇梦石、曾昌饰鲁大海。(《中国话剧史大事记》第 397 页)

2 月 19 日—3 月 17 日　日本作家德永直和文艺批评家岩上顺一在中国访问。访问期间,曾与曹禺、郭沫若、茅盾、老舍等会面,交谈了中日两国的文学运动情况。(《日本作家德永直文艺批评家岩上顺一在北京访问后去广州》,《人民日报》,1955 年 3 月 18 日)

2 月 21 日　在《人民日报》发表《胡风先生在说谎》一文。收入《胡风文艺思想批判论文汇集》第四集。后题为《胡风在说谎》收入《迎春集》。

2 月 22 日　《人民日报》总题为《坚决反对使用原子武器》刊曹禺、李凤恩文章。曹禺文章题为《我签了名》(署名北京市文学艺术工作者联合会副主席、北京人民艺术剧院院长曹禺)。后经修改题为《我们签了名》,收入《迎春集》,后收入《曹禺全集》第 6 卷。

2 月 23 日　著名电影导演史东山在北京逝世。"史东山逝世后,已由沈雁冰、周扬、张苏、阳翰笙、钱俊瑞、丁西林、夏衍、陈克寒、张致祥、田汉、洪深、欧阳予倩、曹禺、吕骥、袁牧之、叶浅予、宋之的、王阑西、陈荒煤、于伶、蔡楚生、章泯、田方、司徒慧敏、徐肖冰、高戈、沙蒙、林杉、王震之、袁文殊、吕班、罗静予、罗光达、黎莉莉、姚向黎等人组成治丧委员会,并择期举行公祭。"(《著名电影导演史东山逝世》,《人民日报》,1955 年 2 月 25 日)

3 月 2 日　在北京人艺院内"接待苏联剧作家考涅楚克及其夫人来访并座谈。"①(《北京人民艺术剧院大事记》)

3 月 3 日　《剧本》3 月号刊(张)光年的《曹禺的创作生活的新进展——评话剧〈明朗的天〉》。文评说:"《明朗的天》的确带来了曹禺的创作生活中的异乎寻常的新东西,标志着他的创作生活中的有着重要意义的新进展。"

3 月 7 日　苏联剧作家考涅楚克和华西列夫斯卡娅到访中国作家协会,曹禺与茅盾、老舍、刘白羽、周立波、田汉、曹靖华等与之晤谈达两小时。(《苏联剧作家考

---

①　据载,考涅楚克夫妇是 3 月 4 日抵京。二人到访北京人艺的时间可能是 12 日。

涅楚克访问完毕回国》,《剧本》6月号,1955年6月3日)

3月8日 上午,北京人艺学术委员会听取曹禺院长的检查报告和焦副院长关于"改进工作方案起草结果"的报告,下午讨论。(《北京人民艺术剧院大事记》)

是日 《青年报》刊潘培元《从〈雷雨〉看到剥削阶级的丑恶》一文。

3月9日 据记述,曹禺院长报告周总理,一是汇报"批判《红楼梦》研究"的学习进展情况:院领导检查工作即将结束;已制定了改进工作方案。包括积极培养青年演员、增加演出场次、提高艺术质量,向企业化发展等。二是遵照总理要求,对首都剧场的情况进行了了解认为仍可以演话剧,请求总理帮助解决将首都剧场交回我院的问题。(《北京人民艺术剧院大事记》)

是日 上海《新民报晚刊》刊署名中原《看〈雷雨〉——谈"上影"演员剧团的演出》一文。第3版刊《雷雨》演出广告:

演出单位:上海市人民沪剧团。

演员:周朴园由解洪元扮演,周繁漪由丁是娥扮演,周萍由李廷康扮演,周冲由李仁忠扮演,鲁侍萍由石筱英扮演,鲁贵由俞麟童扮演,四凤由筱爱琴扮演,鲁大海由顾智春扮演。

演出时间:日二时,夜七时(全部满座)。

演出地点:新光剧场。

是日 《戏剧报》3月号封面刊北京人民艺术剧院演出《明朗的天》中的一场面。"剧照"栏刊《明朗的天》(第28页)剧照三幅。

3月10日 上午,在北京人艺向全院作检查报告和各项改进方案的报告。(《北京人民艺术剧院大事记》)

3月17日 在北京人艺陪同考涅楚克夫妇观看《雷雨》演出。演出结束后到后台与导演演员会见并座谈。(同前)

3月20日 陪同苏联专家列斯里夫夫妇观看《雷雨》并座谈。《雷雨》第二轮演出至今日结束,共演出十八场。(同前)

3月24日 北京人艺"接到日本友人黎波来函,谈到日本的'一桥剧团''新协剧团'都在排练曹禺的新作《明朗的天》,将分别于6月、7月公演。近闻该剧演出本有较大修改,急盼寄给演出本,以便按新本排演"。(同前)

3月30日 据北京人艺记述:"根据曹禺院长指示。给日本朋友黎波寄去《明朗的天》修改本和剧组照18幅。"(同前)

是月 梅兰芳、周信芳舞台生活50周年纪念会筹备委员会成立,曹禺与田汉、欧阳予倩、阳翰笙、洪深、老舍等14人为委员。(《梅兰芳、周信芳舞台生活50周年纪

念》，《戏剧报》1955 年 4 月号）

4 月 6 日　上海《新民报晚刊》刊署名毛羽《谈〈雷雨〉及其演出》一文。文说：
"《雷雨》是五四以来优秀剧目之一，它不仅在抗战前后演出时受欢迎，起作用，
在今天演出也还是被人喜爱。""上影剧团这次演出《雷雨》有着较大成就，他们
澄清了过去许多对《雷雨》错误的看法和处理，而在很多地方给了它新的、应有的、
分析，给了许多人物以新的、应有的面貌。"第 3 版续刊上海人民沪剧团《雷雨》演
出广告。

4 月 11 日　据北京人艺记述："曹禺院长报告张友渔副市长，汇报周总理于春
节除夕询问首都剧场归属问题的谈话及剧院于 3 月 9 日给周总理的汇报。就钱俊
瑞副部长来函提出剧院的意见，在首都剧场的问题未解决之前，同意对北京剧场进
行扩建修整。"《北京人民艺术剧院大事记》）

是 日　下午，首都文化界在天桥剧场隆重举行梅兰芳、周信芳舞台生活五十年
纪念会。曹禺与沈雁冰、周扬、钱俊瑞、夏衍、田汉、欧阳予倩、老舍、阳翰笙、洪深、
程砚秋、萧长华、马彦祥、张庚等组成主席团，并在主席台就座。参加纪念会的有首
都的文学、戏剧、电影、美术、音乐、舞蹈等界人士一千四百多人。《首都举行梅兰芳、
周信芳舞台生活五十年纪念会》，《新华社新闻稿》第 1776 期，1955 年 4 月 12 日）

是年 5 月 9 日《戏剧报》5 月号题《记梅兰芳、周信芳舞台生活五十周年纪念》详
细报道了这次纪念大会。

4 月 13 日　晚，中苏友好协会和中国作家协会联合举行纪念会，纪念苏联著
名诗人马雅可夫斯基逝世二十五周年，曹禺与艾青、杨朔、曹靖华、李季、老舍、周立
波、陈白尘、高士其等三百多人出席。《纪念马雅可夫斯基逝世 25 周年》，《文艺报》1955
年第 8 号）

4 月 25 日　《北京日报》刊署名凝壹《周朴园真爱鲁侍萍吗?》

5 月 9 日　下午，北京人民艺术剧院院体委和共青团联合组织修建球场义务
劳动，曹禺参加破土仪式并讲话。《北京人民艺术剧院大事记》）

5 月 12 日　上午，在北京人艺出席《海滨激战》剧组体验生活座谈会并讲话，
肯定了大家的收获和成绩，对剧组的排练、学习提出了要求。（同前）

5 月 13 日　作《胡风是走的哪一条路?》。在 30 日《文艺报》第 9、10 号合刊发
表。收入《胡风文艺思想批判论文汇集》第六集。

5 月 18 日　《人民日报》第 2 版题为《提高警惕，揭露胡风》，并配发编者按，刊
发欧阳予倩、曹禺、吴组缃、吴祖光等人文章。曹禺题为《谁是胡风的"敌、友、我"》。
该文收入《迎春集》。

5月19日　下午,参加北京人艺全院会,作改进工作方案的报告。(《北京人民艺术剧院大事记》)

是日　上海《新民报晚刊》刊陈丁沙《〈雷雨〉为什么一直受到欢迎——"五四"以来优秀剧目学习札记》。

5月20日　《人民日报》载吕荧《评〈明朗的天〉》一文。文说:"曹禺同志的新作《明朗的天》的演出,得到了令人注意的成功。"

5月22日　据北京人艺记述:"晚,《雷雨》到中南海怀仁堂演出,刘少奇等中央领导同志观看。少奇同志称赞'深刻、深刻、很深刻!'"(《北京人民艺术剧院大事记》)

5月25日　中国文学艺术界联合会主席团、中国作家协会主席团举行联席扩大会议,讨论胡风集团反革命活动问题。会上一致通过决议:开除胡风的中国作家协会会籍,撤销胡风所担任的中国文联全国委员会委员、中国作家协会理事会理事、《人民文学》编辑委员等职务;建议有关机关撤销胡风的全国人民代表大会代表的职务,对胡风的反革命罪行进行必要的处理。曹禺与郭沫若、周扬、阳翰笙、欧阳予倩、夏衍、郑振铎、冯雪峰、老舍、田汉、洪深、江丰、吕骥、马思聪、戴爱莲等出席,并与欧阳予倩、叶圣陶、梅兰芳、李伯钊、吕骥、刘开渠、夏衍、李希凡、陈沂、吴组缃、孟亚、冯雪峰、张天翼、鲍昌、陈荒煤、吴伯箫、袁文殊、方纪、艾青、冯至、吴雪、阳翰笙、田汉、洪深、陈其通等 26 人发言。"发言者从各方面揭露了胡风反动集团一贯反党、反人民、反革命的罪恶行为,指出胡风集团的分子伪装革命……一致要求将胡风从革命队伍中清除出去,并对其反革命阴谋活动加以必要的制裁。"(《中国文联主席团和作家协会主席团联席扩大会议决议,开除胡风会籍并撤销他在文艺界一切职务》,《人民日报》,1955 年 5 月 26 日)

是日　《北京日报》头版题《本市各界一致声讨胡风反党集团并要求撤销胡风所担任的一切职务》刊一组文章。第一篇是老舍、张季纯、曹禺联名撰写的对"批判胡风"的表态文章。文说:

连日来,各报刊对胡风的反革命活动的揭发,引起了整个北京文学艺术界对这些败类行为的惊惕和愤怒!五月二十四日《人民日报》所揭载的《关于胡风反党集团的第二批材料》,使我们更深刻地认清了胡风的反革命罪行。胡风隐身在革命阵营,行似特务匪徒,时时伺机活动,驱使他的党徒向中国共产党、向革命进行猖狂进攻。当进攻遭受打击,就又有组织地采取退却策略,以期"在忍受中求得重生"。胡风的反革命面貌和手段,是何等的阴险和令人不能容忍!我们要求依法取消他的第一届全国人民代表大会代表资格,开除他的中国作家协会会籍,撤销他所担任的一切职务! 我们要求大张旗鼓地把斗争进行到底,彻底搞清胡风的政治背景!

北京市文学艺术工作者联合会主席　老　舍

副主席　张季纯

曹　禺

是日　《大众日报》刊李景春《看〈雷雨〉以后》一文。

5 月 27 日　下午,参加北京人艺"声讨胡风"报告会并讲话。(《北京人民艺术剧院大事记》)

是日　下午,北京市文学艺术工作者联合会举行理事扩大会议,讨论"胡风问题",曹禺与钟敬文、臧克家、胡蛮、欧阳山尊、吴晓铃、田耕、李学鳌、叶子、端木蕻良、夏淳、连阔如等 135 名理事、会员出席了会议。老舍主持会议。(《拥护中国文联、作家协会主席团联席会议决议》,《北京日报》,1955 年 5 月 29 日)

是日　《北京日报》第 2 版刊叶圣陶、梅兰芳、冯至、李希凡、鲍昌《在中国文学艺术界联合会中国作家协会主席团联席扩大会议上的发言》和曹禺、闻家驷、张季纯等批胡风文章,曹禺文题为《胡风,你的主子是谁?》。次日《人民日报》转载该文。收入《对胡风反革命集体罪行的揭露》及《迎春集》。

5 月 30 日　《文艺报》第 9、10 号合刊编发一组批判胡风文章。其中曹禺文章题为《胡风是走的哪一条路?》

夏　在青岛,住临淮关路二号,位于风景优美的"八大关"小区之内,与第二、第三海水浴场都很近,还专程看了东海饭店。(《青岛八大关》第 83 页)

6 月 7 日　作为全国人民代表大会代表到中国人民大学视察。后于 7 月 15 日在《文艺报》上以《社会主义建设者的摇篮》为题,专文论述该校培养工农学生问题。(《中国人民大学大事年表(初稿)1937—1985》)

6 月 9 日　《青岛日报》刊雷凡《谈〈雷雨〉的社会意义》一文。

6 月 10 日　下午,参加北京人艺"反胡风运动"全院动员大会并讲话。(《北京人民艺术剧院大事记》)

6 月 15 日　《文艺报》第 11 号总题为《坚决彻底粉碎胡风反革命集团》刊茅盾、曹禺、周立波、艾青、张天翼、白朗、王朝闻、常青、张庚、臧克家、李季、罗烽、马少波、杨朔、舒群、马加、赵成章等人批判胡风文章(在文联、作协扩大会议上的发言)。曹禺文题为《凡是敌人最害怕的,我们就要做!》。

6 月 29 日　晚,印度文化代表团团长钱达和夫人举行盛大招待会。曹禺与丁西林、钱俊瑞等出席,并代表文艺界向印度艺术家敬酒。(《印度文化代表团举行盛大招

待会》,《人民日报》,1955 年 6 月 30 日)

7 月 3 日　在《人民日报》发表散文《朽木生出了绿芽——我所看见的清河农场》(署名全国人民代表大会代表曹禺)。该文收入《迎春集》,《北京在前进——北京通讯、特写选集(1949—1958)》,后收入《曹禺全集》第 6 卷。

7 月 5—30 日　第一届全国人民代表大会第二次会议在北京举行。5 日,大会开幕。27 日,曹禺出席会议并发言。(《中华人民共和国第一届全国人民代表大会第二次会议文件合订本》(一)、(二)、(三),1955 年 8 月)

7 月 6 日　晚,在北京人民剧场观看蒙古人民革命军歌舞团演出。(《蒙古人民革命军歌舞团举行首次表演会》,《新华社新闻稿》第 1861 期,1955 年 7 月 7 日)

7 月 10 日　在《人民日报》发表散文《和平和快乐的散播者——关于蒙古人民革命军歌舞团的演出》(署名中央戏剧学院副院长、北京市文学艺术工作者联合会副主席曹禺)。是年《新华月报》第 9 期转载该文。

7 月 15 日　在《文艺报》第 13 号发表散文《社会主义建设者的摇篮——我所见的中国人民大学》(署名全国人民代表大会代表曹禺)。该文系曹禺作为人民代表视察中国人民大学后而作。收入《迎春集》,《北京在前进——北京通讯、特写选集(1949—1958)》,后收入《曹禺全集》第 6 卷。

7 月 27 日　出席第一届全国人民代表大会第二次会议并在会上发言。(《全国人民代表大会代表继续发言》,《人民日报》,1955 年 7 月 28 日) 曹禺发言全文题《曹禺代表的发言》首先刊于次日《新华社新闻稿》第 1882 期,再刊次日《北京日报》;29 日《人民日报》(第 2 版)题为《在第一届全国人民代表大会第二次会议上的发言(之一)》给与转载;题为《极其巨大的胜利》刊于 8 月 9 日《戏剧报》第 8 期。

8 月 10 日　上午,参加北京人艺"肃反运动"动员全院大会。(《北京人民艺术剧院大事记》)

8 月 29 日　洪深患肺癌经医治无效,在京逝世。当日,洪深同志治丧委员会成立,曹禺为该委员会委员。(《对外文化联络局局长洪深逝世》,《人民日报》,1955 年 8 月 30 日)

是月　《文艺报》记者三访曹禺,曹禺谈他的新作《明朗的天》。谈话题为《曹禺谈〈明朗的天〉的创作》,载 9 月 15 日《文艺报》第 17 号。

9 月 6 日　下午,应中国人民对外文化协会邀请来我国访问的法国著名作家让·保罗·萨特和西蒙娜·德·波伏娃女士到达北京。曹禺与杨朔、艾芜、任望等到机场欢迎。(《法国著名作家萨特等到京》,《人民日报》,1955 年 9 月 7 日)

让·保罗·萨特和西蒙娜·德·波伏娃女士在京期间,曹禺与其他中国作家一起,会见了法国作家让·保罗·萨特。据孙琪璋文述:"九月初抵京的法国著名作家让·保罗·萨特和老舍、曹禺、周立波、艾青、陈学昭、艾芜、杨朔等进行交谈,萨特对中国剧种的多样性和表现方法的新奇很感兴趣。"(《友谊的访问》)

9 月 15 日　《文艺报》第 17 号刊署名本刊记者的《曹禺谈〈明朗的天〉的创作》。该文后收入《论戏剧》,《曹禺全集》第 7 卷。

9 月 19 日　北京市第一届人民代表大会第三次会议在中山公园的中山堂开幕,出席的代表共 480 人。21 日闭幕。(《北京市第一届人民代表大会第三次会议开幕》、《北京市第一届人民代表大会第三次会议闭幕》,《新华社新闻稿》第 1936、1938 期,1955 年 9 月 20、22 日)

9 月 30 日　下午,应中国人民对外文化协会邀请来华访问演出的日本歌舞伎剧团一行 57 人乘飞机到达北京。曹禺与阳翰笙、田汉、梅兰芳、戴爱莲、袁世海、叶盛章、罗合如,以及北京的青年文艺工作者三百多人到机场欢迎。(《日本歌舞伎剧团到达北京》,《人民日报》,1955 年 10 月 1 日)

10 月 1 日　国庆日。四女儿万欢出生。

是　日　在《广播爱好者》第 4 期发表散文《大家的好朋友,好先生》。后经修改题为《美妙的声音》收入《迎春集》,再收入《曹禺全集》第 6 卷。

10 月 2 日　下午,中国人民对外文化协会举行宴会,欢迎日本歌舞伎剧团。曹禺与田汉、欧阳予倩、梅兰芳、舒舍予、陈白尘、赵树理、谢冰心、戴爱莲、孟波,以及著名的戏曲演员、青年文艺工作者等一百多人出席。(《中国人民对外文协欢宴日本歌舞伎剧团》,《人民日报》,1955 年 10 月 3 日)

10 月 5 日　中国戏剧家协会举行座谈会,欢迎来访的苏联作家协会理事会书记处第一书记苏尔科夫,请他谈谈对中国戏剧的印象。曹禺与张光年、陈其通、胡可、赵寻、王震之、张水华、蓝马等参加。(《苏尔科夫同志谈他在中国观剧的感想》,《戏剧报》1955 年 11 月号)

是　日　晚,日本歌舞伎剧团在北京政协大礼堂举行访问中国的首次演出。在演出前举行了开幕式,曹禺与郭沫若、沈雁冰、夏衍、陈克寒、廖承志、田汉、欧阳予倩、梅兰芳、谢冰心,以及文艺工作者一千七百多人出席开幕式并观看表演。(《日本歌舞伎剧团举行首次演出》,《人民日报》,1955 年 10 月 6 日)

10 月 14 日　晚,日本歌舞伎剧团乘专车离京去上海访问演出。曹禺与阳翰笙、田汉、赵树理等六十多人到车站欢送。(《毛泽东主席接见久原房之助,并且看了日本歌舞伎剧团的表演》,《人民日报》,1955 年 10 月 15 日)

10 月 20 日　在《北京文艺》10 月号发表《必须认真考虑创作问题》一文。后收入《迎春集》、《曹禺论创作》、《曹禺全集》第 5 卷。

是月 为国庆作《在幸福的祖国的天空下》一文。发表于《迎春集》。后收入《曹禺全集》第 6 卷。

11 月 26 日 晚,中国作家协会和中国新民主主义青年团中央委员会联合举办少年儿童文学晚会。曹禺与老舍、刘白羽、马烽、沙鸥、金近等参加,并观看孩子们的演出。(《少年儿童同作家们联欢》,《人民日报》,1955 年 11 月 29 日;《少年儿童文学晚会》,《北京日报》,1955 年 11 月 29 日)

11 月 27 日 上海人民艺术剧院在上海艺术剧场公演曹禺的《明朗的天》。导演杨村彬,舞台设计孙浩然,演员有乔奇、高重实、章曼苹等。(《上海话剧志》第 52 页)

11 月 30 日 《新民报晚刊》刊《介绍话剧〈明朗的天〉》(署名陈建)。

12 月 9 日 在《戏剧报》12 月号发表《〈明朗的天〉在日本演出的祝词》。后收入《论戏剧》、《曹禺论创作》、《曹禺全集》第 5 卷。

12 月 11 日 《解放日报》刊朱端钧《评〈明朗的天〉的演出》一文。

12 月 12 日 北京人艺召开院党委会,讨论曹禺等入党问题。(《北京人民艺术剧院大事记》)

12 月 20 日 《解放日报》刊霍銮锵《热爱生活,保卫人民的健康——话剧〈明朗的天〉观后》一文。

是月 日本新协剧团在东京演出曹禺的《明朗的天》。

是年 福建省话剧院演出曹禺的《家》。导演王昆生,舞美设计潘子光、江立方、刘子崇,演员叶洪威、张惠珍、应嘉祥、刘学权、陈玫、周鸣、徐盈秋、王海林、陈泗、任小莲、程亚文。(《福建省话剧院四十周年(1952—1992)》纪念画册)

是年 福建省话剧院演出曹禺的《明朗的天》。导演王昆生,舞美设计潘子光、江立方、刘子崇,演员徐盈秋、江立方、王海林、戎德克、王敏。(同前)

是年 温州市越剧团上演《雷雨》(根据上海沪剧团由宗华改编本移植)。导演张明。演员阵容:邢爱芳饰繁漪;周鹏奎饰周朴园;黄湘娟饰侍萍;王湘芝饰周萍;李香琴饰鲁贵;王凤鸣饰周冲;史玉珍饰鲁大海;史玉英饰四凤。(《曹禺剧作在温州》)

是年 辽宁人民艺术剧院首演曹禺的《日出》。导演:万籁天。副导演:王大明、王文清。舞美设计:杜桓、潘崮、严肃。演员:白玲、红怡、王大明、徐文会、赵光运、王文清、刘吟枫、苏欣、虹岚、李默然、赫海泉、魏华门、王秋颖、陈颖、吴尔杨、杜征、张然、金迪、白之光、刘莹、白曼、王守全、海娜、李梅、赵玉珍。(《中国话剧艺术的一颗明珠——辽宁人民艺术剧院 40 年》)

1956年 四十七岁

1月14日,中共中央召开关于知识分子问题的会议,周恩来作报告,提出要更充分地动员和发挥知识分子的力量,为社会主义建设服务。

3月6日,中国作家协会第二次理事会会议(扩大)根据理事会主席团的提议,决定在中国作家协会理事会主席团下设立书记处。书记处是一个集体的工作机构。它的任务是负责处理作家协会的日常工作。书记处由书记9至11人组成,书记由作家协会理事会主席团从理事中选出。

4月10—17日,文化部在京召开全国话剧工作会议。

4月17日,剧作家宋之的在京因病逝世。

4月,中国作家协会、中国美术家协会作出决议撤销丁玲、冯雪峰、江丰副主席职务。

6月1日,中国儿童剧院在京宣告成立。

7月,为纪念世界文化名人爱尔兰剧作家萧伯纳诞生一百周年、挪威剧作家易卜生逝世五十周年,京沪两地先后举行纪念会。

1月10日 北京人艺开始按照修改本排练《明朗的天》,准备参加全国话剧观摩演出。(《北京人民艺术剧院大事记》)

是日 《新民报晚刊》刊欧冠云《看话剧〈雷雨〉的演出》一文。

2月22日 在《旅行家》第2期发表散文《半日的"旅行"》。先后收入《迎春集》、《北京在前进》、《(1949—1959)建国十年文学创作选·散文特写》、《散文特写选》、《曹禺全集》第6卷。

2月27日—3月6日 中国作协第二次理事会(扩大)会议在京举行,曹禺作为理事与会。27日,大会开幕,周扬作报告,在报告中盛赞"作家茅盾、老舍、巴金、曹禺、赵树理都是当代语言艺术的大师"。(《作家协会第二次理事会扩大会议开幕》,《人民日报》,1956年2月28日)3月3日上午,曹禺与李准、袁水拍在大会上发言。(《中国作家协会第二次理事会会议(扩大)纪要》,《中国作家协会第二次理事会会议(扩大)报告、发言集》)曹禺的发言旨在反对文学作品的公式化、概念化。他说:"在公式化的作品下边,经常掩盖着思想水平的低下和实际生活的缺乏。公式化的作品既然是不真实的,一个老老实实、勤勤恳恳的作家就不应该犯这个毛病。"(《作家协会理事会会议进行大会发言》,《人民日报》,1956 年 3 月 6 日) 曹禺发言题为《在中国作家协会第二次理事会会议(扩大)上的发言(摘要)》刊于 3 月 25 日《人民日报》,题为《在中国作家协会第二次理事会会议(扩大)上的发言》刊于 3 月 25 日《文艺报》第 5、6 号合刊,题《在中国作家协会第二次理事会会议(扩大)上几位剧作家的发言——曹禺的发言》刊于 4 月 3 日《剧本》4 月号。后题为《曹禺的发言》收入《中国作家协会第二次理事会会议(扩大)报告、发言集》、《论戏剧》,题为《为了写作的真实》收入《曹禺论创作》,题为《文学艺术的高潮就要到来》收入《曹禺全集》第 5 卷。

2 月 29 日　北京人艺《明朗的天》彩排。(《北京人艺大事记》)

是月　由中国作家协会编辑,人民文学出版社出版的《独幕剧选(1954—1955)》在新华书店发行。该书由曹禺编选,并附曹禺与陈白尘、赵寻、贺敬之联名的序言。序言中,肯定了这些独幕剧在反映革命斗争、批评落后现象上取得的成就,同时指出了公式化、概念化的严重问题。他们认为:"公式化、概念化决不能认为是由于初学写作者的写作能力不成熟所引起的一个'合理的'现象。不少剧作家的作品中都存在这种现象。这一方面是因为作者生活贫乏和思想贫乏所致,同时,也因为一些作者忽视艺术的特性,对艺术和政策的关系了解不正确所致。"

是月　为迎接全国青年文学创作者会议作《不断努力,写更好的作品》一文。在 3 月 8 日《文艺学习》第 3 期发表。后收入《迎春集》、《曹禺戏剧集·论戏剧》、《曹禺论创作》、《曹禺全集》第 5 卷。

3 月 1 日—4 月 20 日　文化部在北京举办第一届全国话剧观摩会演大会,有来自全国各地的 44 个单位的 2 000 余人参加大会,共演出 32 个多幕剧和 18 个独幕剧,是话剧界的大会师与大检阅。

会演期间,在史家胡同寓所,接待天津人民艺术剧院赵大民和沙惟,就"《雷雨》的社会背景与天津的周家有什么关系?""剧中人物特别是周朴园现在应该怎样把握"两个问题作了回答:"《雷雨》是我在脑子里孕育了好几年才写的,戏里的故事和人物,都是我经常见到的亲友和他们生活中发生的事。有人说《雷雨》故事是影射周学熙家,那是无稽之谈,没有的事。如果是那样,我就不会叫剧中人姓周了。周家是个大家庭,和我家有来往,但与剧中的故事毫不相干,只不过是借用了他家在英租界一幢很古老的房子的形象罢了。"谈到鲁贵,他说:"这种人在天津在北京都有,我写得更贴近天津的生活。在天津老龙头车站一带,住着一些很贫困的人,他们是生活在社会底层的劳动人民。因为在大户人家当差,又沾染了很多坏习气,很会计算,察言观色,看主人眼色行事,所谓势利小人。但这种人最后的命运大都很悲惨,所以我希望演员不要把这个人物演成小丑和无赖。"谈到周朴园,他说:"演这个人物要注意把握分寸。他有暴戾,也有温情,不要一上来就把他演成两面派,伪君子,或者像封建暴君那样的人物。那样一来戏就不好发展了。比如他对鲁侍萍的怀念,不全是装出来做给别人看的,他对她很可能有过真感情,也许是他这一生唯一爱过的女人。所以演三十年后重逢一段戏,两人都要有感情色彩,不能一见面就剑拔弩张。至于以后周朴园给鲁侍萍开支票把他们打发走,这里当然暴露了他的阶级局限,但仔细推敲,在那个时代,也只有给她一些钱才能改变鲁侍萍悲惨的处境。"(《与曹禺先生两次接触》,《曹禺与天津》第 172—174 页)

3 月 1—6 日,18—20 日,26—28 日　北京人艺《明朗的天》会前演出十二场。(《北京人民艺术剧院大事记》)

3 月 1 日　第一届全国话剧观摩演出会在北京开幕,文化部部长沈雁冰致开幕词,曹禺与田汉、欧阳予倩、老舍、程砚秋、张庚、宋之的、马彦祥、焦菊隐、孙维世、蓝马、布赫(蒙古族)、图那恩克斯(维吾尔族)等文艺界人士出席开幕式。(《第一届全国话剧观摩演出会开幕》,《人民日报》,1956 年 3 月 2 日)

3 月 3 日　上午,出席中国作家协会第二次理事会(扩大)会议,与李准、袁水拍在大会上发言(《中国作家协会第二次理事会会议(扩大)报告、发言集》第 429 页)。据郭小川记述:"上午乘车到会场,由曹禺、李准、袁水拍发言,然后陈毅副总理做了两小时的报告。"(《郭小川全集(日记 1944—1956)》第 8 卷第 398 页)

是 日　晚,中国作家协会、青年团北京市委员会、北京市文艺工作者联合会联合举办文学晚会。曹禺、老舍等出席并登台朗诵文艺作品。"在演出休息时间,周恩来总理和陈毅副总理同参加作家协会第二次理事会(扩大)会议的理事和作家们亲切地谈了话。"(《中国作家协会等单位联合举办文学晚会》,《人民日报》,1956 年 3 月 5 日)

3 月 6 日　上午,第一届全国话剧观摩会演大会召集在京剧作家和青年剧作者的座谈会。出席这次座谈会的有来京参加观摩演出的各地剧作家和青年剧作者,在京作家曹禺、张光年、宋之的、陈其通、胡可、刘芝明等出席会议。会上,新老作家就有关创作问题交换意见。"剧作家曹禺很兴奋地谈到,这是新老同行们第一次大聚会,希望大家从此以后加强联系与合作,为表现我们的伟大时代,写出更多更好的剧本来。"(《新老作家亲切的聚会》,《剧本》4 月号,1956 年 4 月 3 日)

3 月 8 日　在《文艺学习》①第 3 期发表《不断努力,写更好的作品》一文。

---

①　1954 年 6 月在北京创刊。月刊。主编韦君宜。中国青年出版社出版。至 1957 年 12 月停刊。

3月15—30日　全国青年文学创作者会议在北京召开。会议期间,曹禺与刘白羽、艾芜等同青年作者举行了座谈会,会上,他谈了自己的创作经验和青年作者的创作问题,并担任会议戏剧组辅导老师。据载:"从 19 日到 24 日,出席全国青年文学创作者会议的青年文学创作者和老作家们分组讨论了文艺创作问题。""二十多名老作家参加了讨论,并且担任了辅导工作。他们介绍了自己从事文学创作的经验,分析和评论了青年作者的作品。……刘白羽、曹禺、艾芜等还抽暇同青年作者举行了座谈。"(《全国青年文学创作者会议进行分组讨论》,《新华社新闻稿》第 2119 期,1956 年 3 月 25 日)

3月20日　据郭小川记述:"曹禺约去看《小市民》,真好! 饭也没吃,一直看到十一时多。"(《郭小川全集(日记 1944—1956)》第 8 卷第 406 页)

3月21日　《雷雨》作为全国话剧观摩演出活动展览演出剧目公演。(《北京人民艺术剧院大事记》)

3月30日　1954—1955 年独幕剧得奖剧本授奖大会在北京举行,曹禺与夏衍、阳翰笙、田汉、老舍、陈白尘等老剧作家出席会议并讲话。会上,曹禺说,"从独幕剧开始写作是条好的路子,它可锻炼我们集中、精炼的能力。"因此,他希望大家更好地来掌握这一武器,要更多地练习,勤学苦练,熟了就好了。(《鼓励、期望与祝福——记本刊独幕剧得奖剧本授奖大会》,《剧本》5月号,1956 年 5 月 3 日)

3月31日　周恩来向参加全国青年文学创作者会议和第一届全国话剧观摩演出会全体代表作关于培养和扩大文艺界新生力量的报告。(《周总理向青年文学创作者等作报告》,《人民日报》,1956 年 4 月 1 日)

是日　《光明日报》刊刘念渠的《〈明朗的天〉第三次修改本读后》。文说:"这个剧本,在参加第一届全国话剧观摩演出会之前,原作者曹禺又再度做了重大修改,这是值得引起我们重视的。""第三次修改本比演出本简短了,作者改动了结构,减削了一些情节,由原来的四幕七场(发表本是四幕八场)改为三幕六场,删去了夏鹤飞、戴美珍、陈亮、赵凤英和别的几个人物,使容丽章退到了次要的地位上,适当地增强了凌木兰和何昌荃的作用,着重地表现了江道宗和袁仁辉等等,使这一作品更为精练和完美了。""剧作家曹禺的创作态度一向是严肃的。《明朗的天》最初的发表本,也足以证明这一点,……可以肯定地说,第三次修改本的《明朗的天》的成就不但超过了演出本,也超过他自己过去的几部作品,同时向我们的作家,特别是某些不大肯在成品上多多加工的作家,提供了怎样再三修改自己作品的范例。我们完全相信,第三次修改本一定会带给广大的观众以更多的启示和更大的喜悦。"

是日　北京人艺为(剧本授奖)大会演出《明朗的天》。(《北京人民艺术剧院大事记》)

4 月 3 日　《剧本》4 月号全文刊发《在中国作家协会第二次理事会会议(扩大)上几位剧作家的发言——曹禺的发言》。

4 月 5 日　第一届全国话剧观摩演出会闭幕式在北京举行。会上宣布了评奖结果。(《第一届全国话剧观摩演出会闭幕》,《人民日报》,1956 年 4 月 6 日)　曹禺《明朗的天》获剧本、导演、演出、舞美、制作管理、舞台创造发明一等奖。(《第一届全国话剧观摩演出获奖者名单》,《新华社新闻稿》第 2138 期,1956 年 4 月 13 日;《全国话剧会演的一等演出奖、导演奖和演员奖获得者名单》,《人民日报》,1956 年 4 月 14 日)

4 月 9—17 日　出席话剧会演剧本创作座谈会。据载:"第一届全国话剧会演结束之后,大会为了更进一步研究话剧剧本创作中的问题,召集参加话剧会演的留京剧作者举行了话剧会演剧本创作座谈会。座谈会从 4 月 9 日开始,采取大会发言、小组讨论的形式。……在小组座谈会上,剧作家曹禺、老舍、陈白尘等同志都前往参加,并对目前剧本创作的问题、戏剧语言的问题、喜剧创作等问题作了发言。小组座谈在 4 月 15 日结束,16、17 日进入大会讨论与总结。"(《话剧会演大会举行会演剧本创作座谈会》,《剧本》5 月号,1956 年 5 月 3 日)

4 月 14 日　清华大学群众文化协会和文学社邀请老舍、曹禺、袁水拍、赵树理、秦兆阳、马铁丁、李季等来校联欢座谈。(清华大学校史研究室:《清华大学九十年》第 205 页)

4 月 15 日　下午,为《俄文友好报》创刊一周年,中苏友好协会和《俄文友好报》社举行招待会。曹禺与吴玉章、钱俊瑞、李海秋、熊复、老舍等一百多人出席招待会。(《〈俄文友好报〉创刊一周年》,《人民日报》,1956 年 4 月 16 日)

4 月 17 日　著名作家、剧作家宋之的在北京逝世。当日成立"宋之的同志治丧委员会",成员有曹禺、茅盾、周扬、夏衍、田汉、欧阳予倩、阳翰笙等 24 人。追悼会于 19 日举行。(《剧作家宋之的在北京病逝》、《讣告》,《人民日报》,1956 年 4 月 18 日)

4 月 18、19 日　出席中国戏剧家协会在北京举行的常务理事会第四次(扩大)会议。(《常务理事会第四次(扩大)会议出席人名单》,《中国戏剧家协会常务理事会第四次(扩大)会议文件汇编》)　为了加强协会领导力量,会上成立了中国戏剧家协会理事会主席团,并且设立了工作委员会、戏剧创作委员会和戏剧艺术委员会。(《中国戏剧家协会加强领导力量》,《人民日报》,1956 年 4 月 21 日)　经剧协理事会主席团批准,曹禺与田汉、李纶、李之华、安娥、任桂林、胡可、夏衍、马少波、陈白尘、陈其通、张庚、张真、张光年、傅铎、贾克、阳翰笙、贺敬之、赵寻、刘芝明、苏一萍等二十一人被聘为戏剧创作委员会委员,陈白尘为主任委员,赵寻、贾克、张真为副主任委员。(《中国戏剧家协会成立戏剧创作委员会和演剧艺术委员会》,《戏剧报》1956 年 6 月号)

4月20日 《北京文艺》4月号刊刘念渠《走上了新的知识分子的道路——曹禺的〈明朗的天〉读后》。

4月23—27日 全国文化先进工作者会议在京举行。曹禺与老舍、焦菊隐、张骏祥、郝寿臣、周传英、白驹荣、李少春……耿介等戏剧工作者参加。(《全国文化先进工作者会议在京举行 戏剧界五十多人参加》,《戏剧报》1956年5月号)

据载:"二百十五名包括八个民族的文化艺术界的先进人物正准备出席全国先进生产者代表会议。""在这些先进工作者中,有作家老舍、曹禺,电影导演张骏祥、话剧导演焦菊隐以及歌唱家,国画家,连环画家,乐队指挥,电影、话剧和歌舞演员、电影摄影师、舞台设计等。先进工作者中还包括十八个剧种的戏曲演员、戏曲音乐工作者以及杂技、木偶戏、曲艺演员们。"(《二百多名文艺工作者将出席全国先进生产者代表会议》,《新华社新闻稿》第2154期第5页,1956年4月29日)"作家老舍、曹禺和话剧导演焦菊隐,最近几天一面准备出席这次会议,一面又忙碌地访问各个战线上的先进人物,准备把他们的先进事迹写出来。"(《来到了亲爱的北京》,《人民日报》,1956年4月30日)

4月23日 上午,全国文化先进工作者会议在北京开幕。(《全国文化先进工作者会议开幕》,《人民日报》,1956年4月24日)

4月24日 下午,毛泽东、刘少奇、周恩来、朱德等会见参加全国文化先进工作者的全体代表,并合影留念。(《中央领导同志接见一批先进生产者》,《人民日报》,1956年4月25日)

4月28日—5月1日 《雷雨》由印度尼西亚万隆健华学习社在华侨中学礼堂演出。导演黄盛达。郭浩如饰鲁贵,林萄华饰繁漪,钟寿荣、琴心饰四凤,杨景才饰周萍,林其恩、陈浩镜饰周冲,关芳岚饰鲁妈,钟子萍饰周朴园,林秉材饰鲁大海。(印尼华侨健华学习社:《〈雷雨〉演出特刊》)

4月30日—5月10日 全国先进生产者代表会议在北京举行。曹禺与老舍、焦菊隐、张骏祥、郝寿臣、周传英、白驹荣、李少春等戏剧界代表出席会议。(《全国文化先进工作者会议在京举行 戏剧界五十多人参加》,《戏剧报》1956年5月号)

5月10日 《北京日报》刊徐琮《从〈雷雨〉到〈明朗的天〉——记曹禺和他的写作》。文说:"从最近《明朗的天》的演出,我们又一次看到了剧作家曹禺的写作才华",创作中,"剧作者曾经一度身陷浩如烟海的材料之中,痛感难以自拔。经过党的负责同志的启示和帮助,作者抛弃了描写端正医疗作风等等比较次要的问题,而选取了描写知识分子思想改造的重大主题,深刻地揭露了资产阶级思想的危害性。""从创作生活的实践中,曹禺也迫切地感觉深入生活的必要,他希望能经常地投入群众的火热的斗争中去。目前,他正计划从事以肃清胡风反革命集团为主题的剧本创作,他说:'我要不断地学习,不断地深入生活,不断地从事写作,我今年才四十六岁,在我的生命停息以前,完全有可能写出不少剧本来,反映我们伟大的时代、伟大的祖国和伟大的人民。'"

夏　辽宁人民艺术剧院进京巡回演出,轮演了三台大戏《前进再前进》、《日出》和《在那一边》。演员魏华门、王秋颖、李默然、白居、赵尚英、白玲等参加演出。在京公演近三个月,受到广泛欢迎,并与首都话剧团体进行了艺术交流。(《中国话剧史大事记》第407页)

夏　出席中央戏剧学院戏剧文学系(53班)毕业典礼。(《曹禺》画册第56页)

6月9日　据竺可桢记述:"晚和允敏(至)首都剧场看曹禺所编的话剧《日出》,系辽宁人民艺术剧院演出,主角为白玲起陈白露,陈怡起方达生。七点半起,至十一点多始散。戏系描写解放前在某大城邑一时髦女子的生活史,虽经其友方达生的劝阻,但因不惯于有纪律纯朴生活,不肯回头,卒致死事。其中陈白露做得商(好),起茶房福升的王秋颖不坏。"(《竺可桢全集·第14卷》第352页)

6月15日　曹禺与刘白羽、赵树理、臧克家、严文井、陈白尘等人在中国作家协会同应邀来华访问并参加世界文化名人迦利陀娑、海涅、陀思妥耶夫斯基纪念大会的苏联三位作家索布柯、凯特琳斯卡娅、穆卡诺夫举行座谈。(《赵树理年谱》第132页)

6月15—30日　中华人民共和国第一届全国人民代表大会第三次会议在北京举行。曹禺作为代表出席会议。(《第一届全国人民代表大会第三次会议开幕》,《人民日报》,1956年6月16日;《全国人民代表大会会议闭幕》,《人民日报》,1956年7月1日)

6月18日　上午,中国戏剧家协会在北京召集戏剧界人士开会纪念高尔基逝世二十周年。曹禺出席并主持会议。田汉在会上介绍了高尔基的戏剧作品。(《首都戏剧界纪念高尔基逝世二十周年》,《新华社新闻稿》第2204期,1956年6月19日)

7月2日　上海《文汇报》刊刘西渭《方达生》一文。

7月3日　下午,参加北京人艺全院大会并作报告。曹禺"首先介绍了刚刚结束的全国人大会议的情况,并着重介绍了郭沫若同志报告的科学院制定十二年规划的情况,他们提出,十二年后我国的科学技术要达到国际最先进的水平。科学院的同志们都把参加制定规划视为荣幸,对前途充满了信心,他号召全院同志向科学院的同志学习,积极参加我院规划的研究制定。他指出,我们是北京的艺术剧院,因之我们的责任就更重一些,我们要为中国的话剧事业作出贡献,一定要培养出国际水平的艺术家来。谈到建立剧院的风格,他强调:一个没有性格的剧院,群众一定不会喜欢。毛主席提出'百花齐放,百家争鸣',我们剧院也算一枚'花',一个'家',我们必须在社会主义的道路上,树立我们剧院这一派。这一'派'是要靠导演、演员、舞美及全院各个方面的具体行动来创造的。在十二年里一定要做到这一点"。(《北京人民艺术剧院大事记》)

7月6日 为中国青年艺术剧院《家》剧组作报告。(《北京人民艺术剧院艺术档案资料》)

7月7日 曹禺、焦菊隐分别亲笔给周恩来写报告,再次恳请要回首都剧场(之前,剧场被文化部收回)。(《北京人民艺术剧院大事记》)

7月9日 北京人艺召开院党支部大会,讨论通过曹禺入党问题。(同前)

7月19日 傍晚,北京文艺界人士四千多人在中山公园音乐堂集会,欢迎尼泊尔访华文化代表团。曹禺出席并主持大会,北京市副市长吴晗致欢迎词。(《北京文艺界集会欢迎尼泊尔文化代表团》,《人民日报》,1956年7月20日)

7月21日 据新华社北京电:"著名剧作家曹禺最近在北京加入了中国共产党。""46岁的曹禺,是全国人民代表大会代表,现任北京人民艺术剧院院长和中央戏剧学院副院长。曹禺从事话剧艺术事业已有二十多年。他所写的优秀的剧本有《雷雨》、《日出》、《北京人》和《明朗的天》等。"(《剧作家曹禺入党》,《新华社新闻稿》第2237期,1956年7月22日)

7月24日 曹禺和杨朔从北京乘飞机前往印度,参加在新德里召开的亚洲作家会议筹备会议。(《作家曹禺、杨朔赴印度参加亚洲作家会议筹备会议》,《新华社新闻稿》第2240期,1956年7月25日) 26日,《人民日报》第5版也刊发了该消息。

在印度期间,曹禺"遇见许多印度知名作家和活动家",随"中国代表团搭火车到印度各地访问",参观"斋浦尔'淡红色的城'","宏伟、壮丽的'阿旃陀'"和"明净、瑰丽、诗一般的'泰吉陵'",以及"巴克拉—南迦尔的灌溉系统、马德拉斯附近的火车车厢工厂和其他巨大的建设。"(《难忘的印度》)

7月28日 亚洲作家会议筹备委员会会议在印度新德里开幕。印度、中国(曹禺和杨朔参加)、缅甸、朝鲜、越南和尼泊尔的著名作家与会。29日结束。会议决定12月在新德里举行亚洲作家会议。(《亚洲作家会议筹委会决定今年在印举行亚洲作家会议》,《人民日报》,1956年8月1日)

7月30日 下午,印度总理尼赫鲁接见参加亚洲作家会议筹备委员会会议代表。晚,印度总统普拉沙德接见到新德里参加亚洲作家会议筹备委员会会议的缅甸、中国、朝鲜、尼泊尔和越南的代表,中国代表为曹禺和杨朔。(《印度总统和总理分别接见筹委会代表》,《人民日报》,1956年8月1日)

是月　中央戏剧学院表演干部训练班上演《柔密欧与幽丽叶》。采用曹禺译本。表演教师：(苏)鲍·格·库里涅夫；舞台美术设计：(苏)亚·维·雷科夫；导演：丹尼；主演：嵇启明、田华。(《莎士比亚辞典》第 423 页)

是月　收老舍贺信，祝贺曹禺加入中国共产党。据曹禺回忆："我入党，收到第一封贺信，是老舍寄来的。"(《老舍在美国——曹禺访问记》)

8 月 1 日　据新华社北京电："应日本方面邀请参加 8 月 6 日到 11 日在东京和长崎举行的第二届禁止原子弹和氢弹世界大会的中国代表团人员，已经在 7 月 28 日和 31 日先后由北京动身去日本。""代表团团长是许广平(中华全国民主妇女联合会副主席、中国亚洲团结委员会委员、中国全国人民代表大会常务委员会委员)。团员：王芸生(大公报社社长、中国新闻工作者联谊会副会长、中国亚洲团结委员会委员、中国全国人民代表大会代表)、曹禺(剧作家、中国人民保卫世界和平委员会委员、中国全国人民代表大会代表)、康永和(中国第一机械工会全国委员会主席、中国全国人民代表大会代表)。"(《参加第二届禁止原子弹和氢弹世界大会的中国代表团去日本》，《新华社新闻稿》第 2248 期，1956 年 8 月 2 日)

曹禺未随许广平等赴日，其时还在印度。关于这次访问日本的时间，据曹禺文述："我到日本，是在八月里一个极热的夏天的下午。""第二次到日本是一九五六年。我四十六岁。在羽田机场一下飞机，就看见一团团花束和充满友情的花束一般的脸。我遇见了千田是也、杉村春子、泷泽修、木下顺二、山本安英，结识了许许多多话剧界的朋友。"(《美好的感情》)

另据曹禺文述："去年，为了开世界禁止原子弹氢弹大会，在高热的夏天里，我从新德里飞到东京。在灯火辉煌的东京才知道东京的大会已经开过了。搭上火车，赶到长崎。到长崎的时候，正是夜间十时半。夜晚的空气燥热而窒闷，无论走到哪里，我仿佛总是置身在火炉旁边。"(《原子弹下的日本妇女》)

据饭冢容文述："曹禺先生第二次到日本是 1956 年。……8 月 9 日到 9 月 13 日，这次在日本逗留的时间比较长。"(《曹禺先生与日本》)

8 月 12 日　上午，曹禺和王芸生应邀出席长崎市文化团体的文化恳谈会。"曹禺在文化恳谈会上就中国戏剧界的情况做了介绍。"(《王芸生和曹禺等同长崎文化界举行座谈》，《人民日报》，1956 年 8 月 13 日)

据曹禺文述："我在长崎和当地的一些诗人、小说家、剧作家、戏剧工作者等开了一个座谈会。那天有一位来自广岛的文艺界人士，和我谈起今天日本人民对中国的感情。他叙述到过去日本军国主义对中国的种种残害，他说，这些事情只有等到美帝国主义扔下原子弹以后，我们看见自己周围家破人亡，血肉纷飞的情景的时

候,我们才意识到过去日本军国主义者对中国人民所犯下的罪恶是多么深。"(《不能磨灭的印象》)

8月15日 下午,曹禺参加大阪戏剧界举行的中国戏剧问题的座谈会。会后随中国代表团出席日中友好协会大阪分会、日本国际贸易促进协会关西总局、日本恢复日中日苏邦交国民会议关西分会、日中文化交流协会关西总局和关西华侨商会议联合举行的欢迎宴会。(《我国代表同日本各界座谈》,《人民日报》,1956年8月17日)

8月21日 在东京出席新协剧团举办的座谈会。据饭冢容文述:"那天到会的,除了村山知义、原泉、冈田丰等新协剧团的成员以外,还有著名的文学家中野重治、留日朝鲜作家金达寿、戏剧评论家茨木宪、朝日新闻记者(中国文学研究家)冈崎俊夫等人。"(《曹禺先生与日本》)

8月24日 下午,曹禺和许广平参加东京大学中国文学研究室和日本"东方学会"联合举行的文艺座谈会,会上他们对日本研究中国文学、戏剧的专家们所提出的许多问题一一作了详细的答复。(《我国代表同日本文化界举行座谈会》,《人民日报》,1956年8月27日)

是日 到日本剧作家久保荣家中(东京)拜访,与之畅谈并用午餐,并合影留念。(《与曹禺先生的短暂相会》,[日]《民艺之友》第214期)还当场题字"文字因缘骨肉深"留作纪念。(日中演剧交流·话剧人社主办:《'97日中演剧人报告书》第9页)会见不久,久保荣于《朝日新闻》发表了与曹禺会见的散文,曹禺也写了一篇访日观感登在《朝日新闻》。

据饭冢容文述:"有一天,他专程访问了日本著名剧作家久保荣先生。久保荣先生先谈了一些他看过的京剧的感受(当时,梅兰芳刚来日本演出《贵妃醉酒》等戏)。曹禺先生也谈了一些在北京看过的日本歌舞伎的印象。然后,他们就民族传统与现实主义的问题互相交换了意见。久保荣先生向曹禺先生介绍了一下日本话剧发展的过程。那天久保荣先生由于身体状况欠佳,所以他是在家里接待的曹禺先生。尽管如此,三个小时的会谈非常活跃。"(《曹禺先生与日本》)

8月25日 上午,曹禺和许广平、王芸生应邀出席横滨华侨团体联合举行的欢迎宴会,并参观横滨华侨妇女会会馆和横滨中华学校。(《日本各界联合举行游园会招待中国代表团》,《新华社新闻稿》第2273期,1956年8月27日)

是日 日本各界在东京联合举行游园会,招待中国代表团全体人员。(同前)

8月26日 下午,中国代表团全体人员出席东京华侨总会主办的座谈会和欢迎宴会。"代表团团员王芸生和曹禺在座谈会上分别详细说明了中国政府的和平

政策、文艺政策和有关解放台湾的问题。"(《东京华侨总会欢宴我国代表团》,《人民日报》,1956 年 8 月 27 日)

8 月 31 日　在东京应影山三郎要求,为之题字:"我很荣幸。"(《〈雷雨〉的翻译》)

是月　访日期间,往九州岛参观。据曹禺文述:"美军在日本的军事基地达到六百多个。这些军事基地的土地上浸透了数不清的日本人民的血泪,没有一个基地的建立不是充满了人间罕有的残暴和老百姓愤怒的抵抗的故事。我听见冲绳岛的农民代表的愤怒的控诉,他的脸上流着纵横的热泪。他提起去年美军在伊江岛的强行占地,千万个当地岛上的农民向全副武装的美兵哀求:'拿去我们的土地就活不下去了! 请你们别收去吧!'敌人的枪弹个个上了膛,在敌人轻蔑的眼睛前面,这不是一群养老育幼、种植着谷实来换取生活的农民,而是一群凄惨无告、可以随便凌辱的低等动物。"(《征服不了的》)

是月　据曹禺文述:"今年八月,我在东京的时候,看见了十二万个在美军机构里工作的日本工人举行着示威性的罢工。"(《征服不了的》)

是月　在东京特意访问了秋田雨雀先生。据曹禺文述:"这一次使我倍感幸运的是,我访问了已近八十岁的秋田雨雀先生。在阳光下,他的孙女扶着他出来见我,老人家还为我写了字。……一九三五年,正是秋田雨雀先生和郭沫若先生一起为我的《雷雨》日译本写的序,我终于能够当面向他表达我深情的感激了。"(《美好的感情》)

是月　在东京赤坂普林斯旅馆,接待日文本《雷雨》的译者影山三郎,并与之合影留念。(《〈雷雨〉的翻译》)

9 月 4 日　与许广平、王芸生、康永和等回到北京。(《许广平等回到北京》,《人民日报》,1956 年 9 月 6 日)在日本期间,他们参加了第二届禁止原子弹和氢弹世界大会在东京和长崎举行的会议以及其他地方举行的禁止原子弹氢弹集会,并且向日本人民和原子武器受害者转达了中国人民的友谊和慰问,捐赠了慰问金人民币五万元。代表团还和日本各界人士进行了友好而广泛的接触。(同前)

离日前。据曹禺文述:

想到中国来的日本朋友太多了。我们临行的时候,就有十二个市长来见我们,希望我们转达他们想到中国来观光的心愿。我们上飞机的前夕,几个"刑事"(即日本的警察)也和我们谈起观光的事情,他们说:"各种代表团都看过北京,我们觉得我们也应该观光一下。"

上飞机以前,正落着大雨,又有两个头发斑白的日本老人坐了一夜的火车,赶到我们住的旅舍来见我们。见到之后,才知道他们也是从中国释放归国的战犯。……他们不知不觉地谈起他们自己的生活:"很困难哪!工作是不容易找的。我们都在亲戚朋友家暂时寄宿着,但是恐怕也住不久了。"(《不能磨灭的印象》)

9月15日 参加北京人艺党组扩大会议。(《北京人民艺术剧院大事记》)

9月18日 作散文《我们撒下了和平的种籽》。收入《迎春集》。后收入《曹禺全集》第6卷。

9月21日 是日起,上海人民艺术剧院在上海艺术剧场公演曹禺的《日出》。导演应云卫,舞台设计张鹤龄,演员有严丽秋、章非、乔奇、诸葛明、周铮、沈伦、叶萌、严翔、丹尼等。(《上海话剧志》第53页)关于演出人员,另有说,导演应云卫,舞美设计张鹤龄,主要演员白杨、章非、陈述、夏天、王丹凤、费霞南、蒋超、何适、马骥、诸葛明、叶萌、严翔、王频、张雁、黄温如、孙景璐、李守荣等。10月,该剧作为上海国庆十周年展览演出剧目上演。(《江苏戏剧》1983年第8期)

9月27日 晚,应中国人民对外文化协会邀请来中国访问的日本文化人士访华团一行22人,乘火车到达北京。曹禺与阳翰笙、田汉、欧阳予倩、吴作人、吕骥、吴晓邦等文化界人士到场欢迎。(《日本文化人士访华团到北京》,《人民日报》,1956年9月28日)

9月28日 晚,中国人民对外文化协会举行宴会,欢迎日本文化人士访华团全体人员。曹禺与田汉、欧阳予倩、赵树理、艾青、康濯、吴作人、华君武等文艺界人士出席作陪。(《对外文协欢宴日本文化人士访华团》,《人民日报》,1956年9月29日)

9月29日 下午,应北京市市长彭真邀请前来我国参加国庆节观礼和参观访问的日本六大都、府、县、市访华代表团一行23人,乘飞机到达北京。北京市副市长王昆仑,中国人民政治协商会议北京市委员会副主席凌其峻,北京市文联副主席曹禺,北京市各局、处长和北京市各人民团体负责人到机场欢迎。(《日本六大都、府、县、市访华代表团到京》,《人民日报》,1956年9月30日第3版)

是月 为抗议美军在日本的暴行,作《征服不了的——记日本之行》一文,在11月20日《人民日报》发表。后题为《征服不了的》收入《迎春集》、后收入《曹禺全集》第6卷。

是月 作散文《难忘的印度》,在1957年9月20日《人民日报》发表。收入《迎春集》、《中国和亚非各国人民的友谊》。后收入《曹禺全集》第6卷。

是月 在家中接受《剧本》月刊记者的采访,采访题为《曹禺同志漫谈〈家〉的改编》,载《剧本》第12号。后收入《曹禺全集》第7卷。

是月 中国青年艺术剧院在京上演曹禺名剧《家》。胡辛安导演,舞台设计张正宇,主要演员有王春元、雷平、路曦、严忠颖、白峰溪、梅熹、郭平、邵华等。演出突现了时代气息和地方色彩,特别为首都青年观众欢迎。曹禺曾为剧组作有关《家》的阐述。(《青艺》1998 年第 1 期。按:该刊系中国青年艺术剧院院刊)

是月　浙江话剧团在杭州演出曹禺的《雷雨》。导演邱星海,副导演邓文辛,舞美设计周渭康。(浙江话剧团:《飞鸿踏雪五十年(1949—1999)》纪念画册)

10 月 5 日　(正式)参加北京人艺党组会。(《北京人民艺术剧院大事记》)

10 月 6 日　参加北京人艺院务扩大会议。会上,曹禺宣布了院领导分工,曹禺负责文学组。(同前)

是日　日本商品展览会在北京苏联展览馆开幕。曹禺、欧阳予倩和北京各人民团体的负责人出席开幕典礼。(《日本商品展览会在北京开幕》,《人民日报》,1956 年 10 月 7 日)

10 月 8 日　老舍先生带着一部尚未定名的新作读给曹禺、焦菊隐、欧阳山尊、赵起扬、刁光覃、夏淳等人听。这个剧本的主线写秦氏一家人的命运,从"戊戌变法"开始,一直写到解放后的第一次普选。其中第一幕第二场的戏是发生在一家茶馆里。曹禺等人听后,一致认为其中茶馆一场写得十分精彩,气魄很大,人物众多,且个个栩栩如生。二十几分钟的戏,生活气息浓郁,情节动人,色彩斑斓,是大手笔的写法。大家建议老舍先生以这场茶馆的戏为主,发展成一部多幕剧,这部戏的名字可以就叫《茶馆》。老舍先生采纳了这个意见,并说:"仨月后,我交剧本。"(《北京人民艺术剧院大事记》)

关于曹禺和《茶馆》。据于是之先生回忆:

> 我知道老舍先生写出了《茶馆》,是在 1956 年秋。……
>
> 这以前,老舍先生写成一部《秦氏三兄弟》的话剧,四幕六场,人物众多。……初稿完成,先生就来到剧院读给曹禺、焦菊隐、欧阳山尊、赵起扬、刁光覃、夏淳等听。其中,第一幕第二场,写了一个"北京裕泰大茶馆"(与现在演的仿佛)。
>
> 曹禺等听了剧本后,一致认为第一幕第二场茶馆里的戏非常生动精彩,此外几幕较弱。后经研究,认为可以以第一幕第二场为基础发展成一个戏,因为通过茶馆这样一个地方,是能够反映整个社会的变迁的。于是,由曹禺、焦菊隐、赵起扬带着这个想法到老舍先生家中去商量。老舍先生听后立刻说:"好,这个意见好!""我三个月后给你们交剧本!"老舍先生说到做到,三个月后果然完成这部传世之作,定名《茶馆》。
>
> 你不能不钦佩他的这种精神:从善如流。一部《秦氏三兄弟》说扔就扔。

他对曹禺是佩服的,他几次跟我说:"写戏那得看曹禺啊……"曹禺这个意见也确实提得好,使老舍先生的长项完全发挥出来了。曹禺至今赞叹《茶馆》第一幕,说:"那是经典啊。"(《演员于是之》第147、148页)

《茶馆》这个剧本是老舍先生给北京人艺写的,大家喜欢,曹禺院长则狂喜,他说:"我记得读到《茶馆》的第一幕时,我的心怦怦然,几乎跳出来。我处在一种狂喜之中,这正是我一旦读到了好作品的心情。我曾对老舍先生说:'这第一幕是古今中外剧作中罕见的第一幕。'如此众多的人物,活灵活现,勾画出了戊戌政变后的整个中国的形象。这四十来分钟的戏,也可以敷衍成几十万字的文章,而老舍先生举重若轻,毫不费力地把泰山般重的时代变化托到观众面前,这真是大师的手笔。以后的每一幕,也都画出了时代的风貌。"

"古今中外剧作中罕见的第一幕"——曹禺同志说出这个话,是有根据的。

(同前第271页)

后《茶馆》演出获得巨大成功,曹禺在1980年3月写下这样的话:

《茶馆》与它的演出,是中国话剧史上的瑰宝。令人痛惜的是,当我们今天再次把这瑰宝奉献给人民时,老舍先生和焦菊隐先生已经离开我们了。

我想,他们的生命的一部分已融于《茶馆》之中,将永远伴随我们更加深沉、更加坚定、更加刻苦地去进行现实主义的创作。(《〈茶馆〉的舞台艺术·序》)

10月9日 在北京人艺,观看焦菊隐导演的《虎符》一至四幕连排。在观后的座谈会上,曹禺说:"感觉是戏,调子舒坦,很有可为。最重要的是试验接受民族传统,这是一条新路子。这种做法是现实主义精神与民族传统相融合。没有不调合的感觉。应有勇气做拓荒者,大量地试,大胆地试。然后删减。"(《北京人民艺术剧院大事记》)

10月19日 首都各界人民同来自十八个国家的国际友人一起在政协礼堂举行盛大集会,隆重纪念伟大的文学家、思想家和革命家鲁迅先生逝世二十周年。(《首都隆重举行鲁迅逝世二十周年纪念大会》,《人民日报》,1956年10月20日)曹禺与丁西林、王芸生、叶圣陶、田汉、邓颖超、老舍、刘白羽、齐白石、孙伏园、江丰、吕骥、萧三、李四光、李济深、李德全、李霁野、李桦、沈钧儒、何其芳、何香凝、阳翰笙、吴玉章、吴作人、吴组缃、邵力子、竺可桢、周建人、周扬、周信芳、林枫、罗隆基、陈半丁、陈叔通、欧阳予倩等八十五人为纪念大会主席团成员。(《鲁迅逝世二十周年纪念大会主席团名单》,《人民日报》,1956年10月20日)

10月21日 晚,郭沫若、茅盾、周扬在和平宾馆设宴欢迎应邀参加鲁迅先生逝世二十周年纪念大会的各国作家。曹禺与吴玉章、郑振铎、叶圣陶、老舍、夏衍、萧三、阳翰笙、王任叔、刘白羽、冯至、艾青、吴组缃、艾芜、臧克家、吴作人、刘开渠、谢冰心、黄佐临、白杨等北京文艺界人士出席作陪。(《郭沫若、茅盾、周扬欢宴应邀参加鲁迅纪念大会的各国作家》,《人民日报》,1956 年 10 月 22 日)

10 月 24 日　意大利作家玛拉巴德到访北京人艺,与曹禺及《雷雨》导演、演员座谈。(《北京人民艺术剧院大事记》)

10 月 25 日　上午,北京人艺在首都剧场彩排《日出》。(同前)

10 月 30 日　参加北京人艺院党组扩大会议。(同前)

是月　为外文出版社《雷雨》英译本作序,题《〈雷雨〉英译本序》收入《迎春集》。后收入《论戏剧》、《曹禺论创作》、《曹禺文集》第 1 卷、《曹禺全集》第 5 卷。

是月　作散文《汗和眼泪》。在 12 月 8 日《人民文学》12 月号发表。收入《散文小品选 1956》、《迎春集》、《曹禺全集》第 6 卷。

是月　修改后的话剧剧本《明朗的天》(三幕六场)由人民文学出版社出版平、精装两种单行本。1958 年 9 月再版,另有 1959 年 9 月重印本。

是月　参加鲁迅逝世二十周年纪念会的筹备和外宾接待工作,十分繁忙。据记述:"曹禺忙于外宾接待工作,特别是鲁迅逝世二十周年纪念会前后,他更忙了。据统计,他一个星期只有四个半天才较空闲,是他的写作时间,在他的脑子里孕育已久的一个剧本——反映私营工商业社会主义改造的——至今还没有动笔,其中的一些材料还要下去生活,再作补充,他苦于没有时间。他说他已经很久很久没有下去生活了。除了接待外宾工作外,他还担任北京人民艺术剧院和中央戏剧学院的领导工作,因而他把全国人民代表大会代表的视察工作也推迟了。尽管是忙,尽管每星期只有四个半天的写作时间,尽管这些时间是零敲碎打的,不能进行较大规模的创作,但他还是写出了几篇散文,并没有因忙放弃写作,他说:'一个作家抛开了笔,是痛苦的,无论如何,总要写一些……'"(《文艺家们在生活和劳动中》,《文艺报》第 24 号,1956 年 12 月 30 日)

11 月 1 日　北京人民艺术剧院在京公演曹禺名剧《日出》。导演欧阳山尊,副导演柏森,舞美设计韩西宇、纪繁、鄢修民,杨薇、狄辛饰陈白露,周正、贾赞耀饰方达生,方琯德饰潘月亭,童超饰王福生,叶子饰翠喜,董行佶饰胡四,吴淑昆、金雅琴饰顾八奶奶,苏民、张福骈饰张乔治,平原、李翔饰黑三,沈默、赵恕饰黄省三,肖榴、刘华饰小东西,童弟、蓝荫海饰小顺子。(《北京人民艺术剧院(1952—2002)》画册)

是日　《北京日报》第 3 版刊署名段婴《〈日出〉二十年》一文。文前附言:《日出》第一次演出的导演是欧阳予倩,这一次北京人民艺术剧院演出《日出》的导演是欧阳山尊,父子两代艺术家,在二十年间先后导演一出名剧,这也是一段艺林佳话。"全文简单回顾了《日出》从发表到今日近二十年来的几次演出情况、导演和演员,并介绍了这次北京人艺的演员角色。本版广告栏刊北京人民艺术剧院《日出》演出广告。

11月5日 出席首都剧场开幕一周年纪念会,并讲话。(《北京人民艺术剧院大事记》)

11月7日 在《人民日报》发表《全人类的节日》一文。该文系为庆祝苏联十月革命三十九周年而作。

11月14日 在北京人艺接待日本"伙伴剧团"导演中村俊一先生,并观看《日出》。(《北京人民艺术剧院大事记》)

上半月 准备出访苏联的靳以在离京前与曹禺亲切会面、交谈。(《曲终人未散·靳以》第49页)

11月18日 在《人民日报》发表《埃及,我们定要支援你!》一文。收入《迎春集》。后收入《曹禺全集》第6卷。

11月20日 在《人民日报》发表《征服不了的——记日本之行》一文。

12月3日 在《剧本》12月号发表《埃及,你一定胜利!》一文。本期还刊署名"记者"《曹禺同志漫谈〈家〉的改编》一文,后收入《论戏剧》、《曹禺全集》第7卷。

12月5日 在上海《文汇报》发表《致一个日本姑娘的信》。收入《迎春集》,后收入《曹禺全集》第6卷。

12月7日 在北京《大公报》发表访日见闻《难忘的印象》,后题为《不能磨灭的印象》收入《迎春集》,题为《难忘的印象》收入《中国和亚非各国人民的友谊》。题为《不能磨灭的印象》收入《曹禺全集》第6卷。

12月8日 在《人民日报》发表《陋规》一文。文说:

> 古人有一句话:"积习难改"。这指的是多年传下来的陋规和恶习往往是不容易变更的。在新社会里,这句话已经不很适用了。眼前我所想到的,是今天很多剧团拒绝给与剧作者上演报酬的问题。
>
> 今天的剧院剧团负责人不给剧作者上演报酬,也许是由于疏忽,也许是因为他们认为剧团是国家办的,应该涓滴归公,剧作家个人的报酬问题也应该服从于人民整体的利益。自然,也可能有其他的想法。但无论如何,他们忘记了一点,那就是:剧作家和他们一样,是劳动者。由于他们拒绝给与剧作家上演报酬,剧作家们受到不少的痛苦和烦恼。突出的例子是,有些有成就、有前途的剧作家放弃了话剧写作,有的改写小说,有的去当编辑去了。但这不能怪他们,因为人的劳动必须要有一定的生活资料才能维持得下去的。

打破这样的陋规,让中国出现职业的剧作家吧！这对戏剧创作的繁荣会有好处的。

是日　在《人民文学》12 月号发表《汗和眼泪》一文。

是日　据新华社北京 8 日电:

文化部根据第一届全国话剧观摩演出会评奖委员会评定的结果,并征求了各文化主管部门和有关的话剧院或话剧团的意见,决定对参加第一届全国话剧观摩演出会的下列剧本给与奖励,并发给剧作者以奖状和奖金。

多幕剧

一等奖(三个)

《万水千山》　　　陈其通作

《战斗里成长》　　胡可改作

《明朗的天》　　　曹禺作……(《文化部奖励第一届全国话剧观摩演出会部分剧本》,《新华社新闻稿》第 2376 期,1956 年 12 月 9 日)

12 月 9 日　据郑振铎记述:"中午,在金仲华家午餐。在座者有(周)而复、同生、(萨)空了、曹禺及志超等。二时,散。五时,偕曹禺、(周)而复而〔至〕来青阁①买些书。六时许,同到桂沧凌家晚餐。"(《郑振铎日记全编》第 476 页)

12 月 12 日　据郑振铎记述:"十一时,偕(萨)空了、曹禺,到美社上海办事处,看珂罗版印刷事。……十二时,到红房子,周而复请客也。同座者为(萨)空了、曹禺、(丁)西林、方行等,主客共六人。"(同前第 477 页)

12 月 22 日　据新华社 22 日讯:"中国作家协会主席团在最近举行的一次会议上改选了书记处。新的书记处由茅盾任第一书记。老舍、邵荃麟、刘白羽、曹禺、臧克家、吴组缃、章靳以、张光年、陈白尘和严文井任书记。"(《中国作家协会改选书记处》,《新华社新闻稿》第 2390 期,1956 年 12 月 23 日)

---

①　来青阁书庄,民国时期上海小有名气的一家经营旧书的书庄。1913 年在苏州成立,创办人杨寿祺(也有说创办于清光绪年间,店主杨云溪)。1913 年在上海福州路青莲阁茶楼下设立分店,后迁至汉口路 706 号。1956 年公私合营,来青阁书庄并入上海古籍书店,并专事古旧书的收购。在沪文化名人常往淘书,郑振铎是其常客。

1957 年　四十八岁

1 月 25 日,《诗刊》在北京创刊①。

3 月 6—13 日,中共中央召开全国宣传工作会议。

4 月 14 日,《文艺报》改版为周刊,出版第 1 号。

4 月 16 日,中国电影工作者联谊会成立。

4 月 27 日,中共中央发出《关于整风运动的指示》,全党的整风运动随即展开。

6 月 8 日,中共中央发出《关于组织力量准备反击右派分子进攻的指示》。此后,在全国范围内展开了一场大规模的反右派斗争。这场斗争被严重地扩大化,造成诸多不幸后果。

7 月 24 日,《收获》在上海创刊②。

1 月 1 日　浙江话剧团在杭州演出曹禺的《日出》。导演邱星海,副导演杨明,舞美设计李庶民。(浙江话剧团:《飞鸿踏雪五十年(1949—1999)》纪念画册)

1 月 4 日　致信巴金。信说:

> 到了北京,正下大雪。这两天处理一些事情,大约十天后可以返沪。我求你办一件事。新华书店唱片部(南京路,电话九八九〇六)现卖捷克手提快慢两用的电唱机,售价三百五十元,需作家协会出信证明,得公安局准许,即可买。此事我曾托孔罗荪兄代办,他说,可交作协秘书去买。此种唱机曾在京卖过,一两天内被人抢购一空。因此,请告知孔兄可否立刻代为购置。价款,是否请你仍代付给他。我回沪后,可一并归还。感谢。

信中附言:

> 行前译生寄一封信,信中有汇票四百元。曾托老朱连我的印件,一同交给你。如已到,请托九姐代取出,即以此款购买唱机。谢谢九姐。信留在上海,候我回来看吧。(《曹禺巴金书简》)

---

① 月刊。主编:臧克家。编辑者:诗刊社。出版者:人民文学出版社。发行者:北京邮局。

② 大型文学期刊,双月刊。主编巴金、靳以。1960 年一度停刊,1964 年复刊。1966 年 5 月再遭停刊。1979 年 1 月再次复刊,主编巴金。

1 月 5 日　参加北京人艺党组扩大会议。(《北京人民艺术剧院大事记》)

是日　《人民日报》第 4 版刊图片报道:"全国人民代表大会代表、著名戏剧家曹禺最近在上海视察里弄居住情况。这是曹禺在和里弄居民、上海市五好积极分子顾君珠交谈。"

1 月 23 日　天津《新晚报》刊该报记者夏华《阳光照耀着〈日出〉诞生的地方》一文。该文对《日出》中的情景和人物作了一些研究,从"惠中饭店与陈白露"、"王福升实有其人"、"找到了'小东西'"、"富贵胡同——新华里"几方面来证实"话剧《日出》所描写的廿年前天津的生活情景和人物的遭遇是真实的"。

是日　《天津日报》刊赵彤《愉快地和过去诀别——〈日出〉乱弹》。

是月　《山东大学学报》(中国语言文学版)第 1 期刊张伯海等《试论曹禺的〈雷雨〉和〈日出〉》。

年初　应人民文学出版社之约,对《原野》、《蜕变》、《家》三剧进行修改,拟将此三剧收入《曹禺剧本选》第二集。但终未能出。

2 月 8 日　据郑振铎记述:晚"六时半,到国际俱乐部晚餐,应曹禺约也。酒喝得不少。归时,已醉,倒头即睡"。(《郑振铎日记全编》第 490 页)

2 月 10 日　据《郑振铎志》:"中午,赴颐和园听鹂馆午宴,应郭沫若之邀。庆祝话剧《虎符》彩排成功。同席者有曹禺、习仲勋等及《虎符》全体演员。"(《郑振铎志》第 27 页)据郑振铎记述:"十一时半,偕篯、贝到颐和园听鹂馆,应郭沫若约午餐也。到者都为《虎符》的演员。"(《郑振铎日记全编》第 490 页)

2 月 15 日　郭沫若请中国科学院及世界和平大会的同志观看《虎符》,曹禺等陪同。(《北京人民艺术剧院大事记》)

2 月 21 日　《解放日报》第 2 版刊该报记者毛秀宝、高肖笑采写《话剧〈家〉公演之前》一文。文章从"前夜""作最后一次排演"讲起,介绍了《家》的排演情况。"这个戏,从去年十二月底起到现在,已经作了无数次的排练。""这个戏今天就要正式和观众见面了。"

2 月 23 日　晚,与郭沫若、焦菊隐陪同周扬观看《虎符》。(《北京人民艺术剧院大事记》)

2 月 24 日　《光明日报》刊消息《广播剧团排练〈北京人〉》:"广播剧团是中央人民广播电台的一个专业表演团体。……目前该团正在加紧排练我国'五四'以来的优秀剧目——曹禺的名著《北京人》,将于 3 月中旬在北京公演。之后,将赴其他地区巡回演出。"

"在排练《北京人》期间,剧作者曹禺亲临观看了连排并且提出很多宝贵的意见,给与导演和演员很多新的启示。"

2月27日 《戏剧论丛》第1辑刊欧阳山尊《〈日出〉的导演分析》。文说:"《日出》非但反映了当时的历史真实,非但具有着强烈的现实主义;而且它也具有着高度的艺术价值。作者曹禺是一个非常懂得剧场与舞台的人,他是一个为着演出,为着观众写戏的作家,他认为他的戏是为着普通观众而写的,只有他们才是剧场的生命。"

春 据康濯回忆:"大概是一九五七年春天贯彻'双百'方针的时候,清华大学学生请了一批作家去参加联欢晚会。只记得我和老赵(树理)去了,还有曹禺同志。"(《写在〈赵树理文集续编〉前面》,《回忆赵树理》第236页)

3月1日 《戏剧报》第5期刊陈恭敏《什么是陈白露悲剧的实质》一文。

3月6—13日 中共中央召开全国宣传工作会议。参加会议的有"党外科学、教育、文学、艺术、新闻、出版等文化人士约160人(占全体参加人数的五分之一)。"(《中共中央关于传达全国宣传工作会议的指示》,《八一杂志》第116期,1957年5月18日)

据黎之文述:"会议开始听了毛泽东在十一次最高国务会议上的报告录音。三月六日开始分组讨论。我与文学方面的代表联系。文学组由邵荃麟负责。在小组会上发言的有茅盾、巴金、曹禺、夏衍、老舍、冯雪峰、赵树理、张光年、章靳以、钟敬文、冯至……姚文元等(这是当时我随手记下的,可能漏掉不少人的名字)。""会议气氛热烈、发言踊跃。发言者都是著名人物,他们的发言有一定代表性,我随笔记了一些(大会派有正式记录)。""曹禺说:陈沂①等人的心情是可以理解的。他们有些害怕。是不是大家都不承认社会主义现实主义,不是的。这个创作方法并不是解放后才提出的,它有很深远的传统。不能急着要产生什么大作品,'双百'提出不到一年,要出大作品,太急了。这要有长远的计划,长期的努力。"(《回忆与思考——从"知识分子会议"到"宣传工作会议"(1956年1月—1957年3月)》)

3月12日 《读书》第3期"作家活动"栏刊消息《曹禺创作关于工商业改造的剧本》:"曹禺在上海搜集创作资料,准备写一个以私营工商业改造为题材的剧本。最近他以全国人民代表的身份在上海视察,大大帮助了他的创作材料的充实。"

3月15—24日 中央人民广播电台广播剧团在京上演曹禺名剧《北京人》。蔡骧担任执行导演,演员王显饰曾文清,李晓兰饰愫芳,梅邮饰曾思懿,梅承藻饰曾皓,纪维时饰江泰,孙佩珍饰曾文彩。(《北京人》(图片报道),《戏剧报》1957年7月号) 据新华社报道:"中央人民广播电台广播剧团从15日到24日在北京举行公演。演出

---

① 时任中国人民解放军总政治部文化部部长。

的剧目是曹禺的《北京人》。24 日晚上,曹禺到剧场看了演出,他赞许这个剧团的表演艺术和严肃的工作态度。"(《中央人民广播电台广播剧团在北京公演〈北京人〉》,《新华社新闻稿》第 2480 期,1957 年 3 月 26 日)

另据记述:(三月)《北京人》由新组建的广播电视实验剧团在北京儿童艺术剧院演出。这是建国以来第一次演出此剧。导演蔡骧,愫方由李晓兰扮演,曾皓由梅承藻扮演,江泰由纪维时扮演。周恩来同志来看演出,因接待外宾来得较晚。他请剧组把《天塌了》这场戏再重演一次。总理看完后问,台词中'把好的送给别人,坏的留给自己'这句话,是不是新加的?导演说,原来就有。总理说,那就好。又说作者对那个时代的人,理解很深。总理还谈到封建制度的罪恶,说公演这出戏,有教育意义。(《缅怀周总理,重演〈北京人〉》,中央广播电视剧团 1979 年 11 月演出说明书)

3 月 17 日   《北京日报》第 3 版刊署名陈重《从播音室到舞台——广播剧团公演〈北京人〉》一文。全文介绍了从广播剧到舞台剧的排演情况,以及广播剧团排演《北京人》的情况。该版广告栏还刊《北京人》演出广告:

演出单位:中央人民广播电台广播剧团首次公演;剧目:"五四"以来优秀剧目之一《北京人》;作剧:曹禺;执行导演:蔡骧;演出时间地点:今晚 7:15 在解放军总后勤部院内礼堂演出(全部客满),22、23、24(日)在国家计委礼堂演出。

3 月中旬   接待《文艺报》记者张葆莘来访,同他谈了自己的创作经历。访问记由张葆莘写成《曹禺同志谈剧作》,载 4 月 21 日《文艺报》第 2 号。

是月   上海电影演员剧团在上海再次演出《家》。赵丹导演,演员王丹凤饰鸣凤,冯笑饰觉慧,孙道临饰觉新,王琪饰觉民,王褆饰琴小姐。(《家》(图片报道)《戏剧报》,1957 年 7 月号) 在该剧处理上,赵丹说:"我的处理毋宁说更多的是根据曹禺的《家》创作。虽然我曾希望在曹禺的剧作里加强巴金的小说中热情磅礴激流一般的对旧社会的控诉,并且企图通过人物性格来反映这个大家庭内部的形形色色,把它和当时的社会现实联系起来,可是由于剧作的情景和风格所局限,就有一定的困难。"(《写在〈家〉的演出之前》)

是月   江苏人民艺术剧院演出曹禺的《日出》。导演傅威廉,副导演李培健,舞美设计盛鼎。演员杜小珠饰陈白露,李培健饰方达生,傅威廉饰潘月亭,邹济潮饰李石清,魏刚丹饰胡四,陈健饰小东西,靳作新饰黑三,宋艺饰小顺子,韩鸣英饰王福生,江燕饰翠喜。(《纪念江苏人民艺术剧院四十周年(1953—1993)画册》)

4 月 11 日   《人民日报》刊消息《北京电影演员剧团开展业务,许多新老演员将登上银幕》:"据北京电影演员剧团的负责人说,这个剧团的演员今年将参加拍摄八部影片和四个以上的舞台剧。今年将登上银幕的不仅有观众熟悉的演员,有的是近年来未拍过片子的著名电影演员,而且也有第一次在摄影机前表演的青年演员。""这个剧团的九十多个电影演员(包括在北京电影学院学习的二十多个演员)中,有六十多人今年除了在北京、天津演出《家》、《日出》等舞台剧以外,还分别被北京、上海、长春的电影制片单位邀请参加拍摄新影片。""许多青年演员也踏进了艺术园地。在《家》里扮演'梅表姐'的林东升,相当好地刻划了'梅表姐'遭受封建社会摧残的内心世界,曹禺看了她的表演后曾连声称赞。现在她已被长春电影制片厂的一位导演邀请第一次参加拍摄影片。"

4月21日 《文艺报》第2号发表张葆莘题为《曹禺同志谈创作》的访问记。后收入《曹禺戏剧集·论戏剧》、《曹禺全集》第7卷。

是日 据新华社21日讯:"近来,北京的文坛日趋活跃,频频传出作家、诗人们着手或准备创作的信息。""曹禺为写一部描写中国民族资产阶级发展、改造的剧本,准备再度去上海熟悉资本家的生活。"(《老作家们开始了新的创作活动》,《新华社新闻稿》第2507期,1957年4月22日)

4月23日 《人民日报》刊冯亦代剧评《〈北京人〉的演出》。文说:"曹禺先生写的剧本中,我最喜欢《北京人》。不仅由于剧本中的诗的语言和诗的情调,而且由于剧作者的写作技巧在这个剧本里已经到达圆熟的峰巅;但主要吸引我的,却是剧作者透过剧情,对于生活所表达的强烈鲜明的爱憎。""这次演出,剧作者对于原作曾加修整。《北京人》的不出场,使故事免于过重的传奇气氛,显示了生活的真实,而一些对话的删节(特别是第一幕的收尾),也使剧情格外紧凑简洁。""这出戏是中央人民广播电台广播剧团的初次公演,但从他们演出的认真严肃态度说来,我们是可以寄予更多的期望的。"

4月29日 《解放日报》总题《希望百花之一的话剧更加繁荣》刊黄佐临、曹禺、李健吾、熊佛西、张伐、吴仞之、丹尼等人谈上海话剧的意见,并配作者小照一幅。

曹禺谈话经整理题为《花种需要沃土阳光》发表。他说:"(上海)话剧演员是有的,而且有些还是很好的,后备力量也有。问题也不光在于建造一个剧院,而是在于领导对话剧事业的重视与否。当然,口头上总是重视的,然而实际办法少。这并不是说领导对话剧不扶持,而是扶持得不够。""对于百花之一的话剧来说,剧本是花的种子,撒在石头上是活不了的。然而据我所知,现在剧作家靠写剧本维持不了生活,剧本也就得不到一块可以活的园地。现在担心的是,能写话剧的人,慢慢地都不写了,或者写得不多了,尤其是青年一代。""我们大多数的作品,远不能说是完美的，而是常常一个作品中有好的部分，也有渣，甚至渣很多。当好的与渣的部分还分不大清楚时，我们最好不要因为我们认为是渣的部分而否定全部作品……勉强地改，不但渣子改不去，好的也会改成渣子。""只要作者站在人民的立场上讲话，即使作品有些小错误，也应该发表或上演。这样，好的东西就能'放'出来了，不好的东西，观众自然会不要。"

是日　《文汇报》刊该报驻京记者姚芳藻的报道《作家曹禺老舍臧克家漫谈"齐放"与"争鸣"》，刊登曹禺、老舍、臧克家三人接受采访时的发言。

曹禺说："毒草好比白头发，掺杂在黑头发（鲜花）里面，为了要去掉白头发，用剪刀去剪，就会把黑头发也一起剪掉。剪得厉害一点，甚至会变成一个光头。白头发固然没有了，而黑头发也没有了，这是得不偿失的事情。何况某些毒草初生的时候，往往类似鲜花，而某些鲜花初生的时候，也有人把它看成毒草一样地可畏。在某些情况下，是'毒'是'花'，也需要一段时间才分辨得出来。"曹禺说："我总认为人民有辨别的能力，毒草可能一时冒出来，但早晚会被淘汰的。在解放前那种恶劣环境里，进步的东西也一直最受欢迎。如果进步文艺界里，出现一些毒草，也会很快被铲除掉。"

在这几年的创作生活中，曹禺说，他深深的（地）为"实际怎么样、感觉怎么样和应该怎么样"这一个问题所苦恼着。"假如三者是统一的，写作就会十分顺利，可是事情往往不是这样，三者常常发生矛盾。"曹禺以《明朗的天》为例，向我解释着。他熟悉知识分子，本来可以把剧中某些人物的灵魂挖掘得更深一点，揭露得更多一点，可是，这会不会与"应该怎么样"相违背呢？党对知识分子的政策是团结改造，过分的揭露，会不会引起这样的非难："我们社会里不会有这样的事？"曹禺选择了"丝毫不错"的"应该怎么样"的道路，而把矛盾冲淡了，把剧中人的棱角磨光了，把"戏"的成分减少了。

是月　在上海。据颜振奋文述："今年四月中，曹禺同志到上海视察，我和他一起到上海，作为一个热爱他作品的读者，有机会在短短的时间中听到他的许多教海，真是感到十分幸运。""曹禺同志旅途中带了一本俄文本的契诃夫。在上海视察期间，只要空闲下来，总是仔细地读契诃夫的剧本。有一天早晨，他正在窗口读《三姊妹》，他说这个剧本写得多么好，人物的感情写得很深刻，应该一次又一次地读。他说，读剧本不是匆匆忙忙看一次就算了，应该反复地读，将自己最喜欢的段落背诵下来，甚至高声朗读，这样就能够潜移默化，真正吸收这个作家的长处。曹禺很喜欢读俄文，读契诃夫剧本，他说这也可以帮他学习俄文。""曹禺同志很喜欢地方戏，有一次，我和他一起去听陈伯华演出的汉剧《二度梅》，他说，中国戏曲的编剧特点是值得我们学习的。""曹禺同志正构思一个新的剧本。……在他视察上海工商业社会主义改造的情况时,访问了许多工商业者,也认识了一些朋友。显然有多少人多少事使他激动。他的新作的背景,不是一九三四年他初次见到的上海,而是今天的新上海。剧本的主人公不再是被太阳遗留在后面的人们,而是在太阳下欢呼的人们。"

是月 据载:"在四月份的剧坛上,'五四'以来的优秀剧目,不仅夏衍的《上海屋檐下》受到了应得的重视,由青艺和中央戏剧学院分头公演。曹禺的五个名剧也都得以不断地和观众见面:青艺和北京电影演员剧团先后演出了《家》,人艺和北京市实验话剧团先后上演《雷雨》,人艺和演员剧团分头演出《日出》,中央人民广播电台广播剧团和人艺都排演了《北京人》,市实验话剧团公演了《原野》,给与了观众多方面的思想启发和艺术情趣,尤其是青艺演出的《上海屋檐下》、《家》和人艺演出的《雷雨》等,都受到观众的热烈欢迎。"(《曹禺五个名剧和观众见面》,《文艺报》第6号,1957年5月12日)"目前全国许多地方都在演出曹禺、夏衍的剧本,仅北京一地,我们就看到了三个《日出》、两个《家》、两个《雷雨》的演出。"(《北京话剧界讲话了》,《文艺报》第6号,1957年5月12日)

5月5日 《中国青年报》刊梁明《看广播剧团演出〈北京人〉》一文。

是月 上海戏剧学院1957届学生在该院实验剧场毕业公演《家》,导演田恺。

夏 到小汤山疗养。据管易文同志回忆:"1956年,我被任命为国务院参事,齐燕铭同志当时直接领导参事室工作。……在与民主人士共事方面,燕铭同志以他的谦逊、坦诚、礼貌和尊重,赢得了朋友和同志们对他的亲近和信赖,真正做到了推心置腹、肝胆相照。……1957年夏安排沈钧儒、胡愈之、曹禺等几位著名人士到京郊小汤山疗养,由我陪同。……尽管燕铭同志工作很忙,还几次抽时间赶来看望……。"(《我的父亲齐燕铭》第110页)

6月9日 《文艺报》第10期刊姚莹澄采写的《〈北京人〉演出漫谈录》。该文系5月15日在"全国文联大楼三楼"凤子、冯亦代、孙维世、侯金镜、钟惦棐、蔡骧、纪维时、梅村等人座谈广播剧团演出《北京人》的记录。

冯亦代认为,"这个戏,照我看整个戏的节奏还掌握得不算很好。……曹禺这个戏,不只是想暴露旧的,也要表现新的。""我就喜欢他这出戏,我认为这是他的技巧到达巅峰的作品。像首诗,不,就是一首诗。"

孙维世认为这个戏"很好"。"在曹禺的剧作里我最喜欢这个戏,比《雷雨》、《日出》更喜欢。生活,在这个戏里是慢慢流出来的;观众进入戏里还可以跟着作者慢慢地想。读剧本时候,我曾经担心,曹禺对这种家庭的同情是否太多些,看演出证明不是这样。"

凤子认为,"曹禺从《雷雨》到《北京人》,在创作上跨进了一大步;《雷雨》接受外国的影响较多,《北京人》是中国的自己的东西。"

6 月 14 日　北京人艺新排《北京人》彩排。(《北京人民艺术剧院大事记》)

6 月 15 日　北京人民艺术剧院在北京首都剧场公演曹禺的《北京人》。导演田冲,舞美设计王文冲、方堃林。演员阵容:蓝天野饰曾文清,舒绣文饰愫芳,叶子饰曾思懿,董行佶饰曾皓。(《北京人民艺术剧院(1952—2002)》画册)

6 月 19 日　据郑振铎记述:"(下午)五时许,到北海公园的仿膳喝茶,有曹禺、(刘)白羽、李颉(劼)人、巴金、沙汀、艾芜、萧乾、(陈)白尘诸人。即在那里晚餐,喝了些酒。"(《郑振铎日记全编》第 530 页)

6 月 22 日　《人民日报》刊文尾署名"九一"的《一出诗意浓郁的喜剧》。文说:

曹禺诗意浓郁的《北京人》,北京人民艺术剧院继广播剧团演出之后,已经正式公演。两个单位虽演出同一个剧本,但经过不同的导演的处理和不同的演员的表演,却都各具有特色。这样的演出,于演出者本身相互是有很大帮助和鼓舞的,对广大观众来说,在艺术欣赏上更是一个极大的、愉快的享受。

剧作者说,"《北京人》很可能是喜剧,不是悲剧,里面有些人物也是喜剧的,应当叫观众老笑。"从剧场演出观众的反映看来,的确是这样的。但《北京人》绝非我们习已见惯的通俗喜剧。它很少有夸张、虚构,而是生活真实与艺术真实高度结合、诗意浓郁的正剧中的一出别具风格的喜剧。

6 月 26 日—7 月 15 日　第一届全国人民代表大会第四次会议在北京举行。曹禺作为湖北省代表出席会议。(《全国人民代表大会会议今日开幕》,1957 年 6 月 26 日;《全国人民代表大会第四次会议胜利闭幕》,《人民日报》,1957 年 7 月 16 日)

6 月 28 日　出席全国人民代表大会第四次会议,并在小组会上发言。曹禺说,我们应该好好教育青年一代。今天青年的生活和解放前比真是天上地下,但是他们没有吃过苦,不懂得今天的光明日子是哪里来的。他说,有的青年竟然直截了当地找他问"怎样可以成名",这种青年,是不是可以算是"革命后的少爷"!有了这种思想,一不如意就会感觉不满,正好,右派言论就有了市场。(《人民代表集中批判右派分子,揭露野心家们企图夺取对知识分子的领导权》,《人民日报》,1957 年 6 月 29 日)

是月　修订本《雷雨》由中国戏剧出版社出版,新华书店发行。书中收入曹禺于 1936 年 1 月为文化生活出版社出版的《雷雨》写的《序》。1959 年 9 月发行第 2 版。

7月1日 沈阳《处女地》①7月号刊署名思基《谈曹禺的〈雷雨〉和〈日出〉》一文。作者认为曹禺"那种宿命论观点和神秘主义情绪","是他在学校生活(清华)中所受欧洲资产阶级作家创作思想影响的反映。这大大损害了曹禺创作的思想性和现实性"。《雷雨》人物的悲剧是"如实地描写了""历史的真实","这就是它的现实主义的成就,不管作者当时自己怎样认识这悲剧的产生和憧憬的是什么。""《日出》是曹禺对于客观社会有了进一步的认识,抛弃了《雷雨》中某些宿命论观点,而开始有意识地抨击资本主义制度的作品。"《雷雨》和《日出》"两个剧本的情节——结构的方法是不同的。《雷雨》受莎士比亚、莫里哀、易卜生(特别是他的《群鬼》)等人的影响较大","后者,则受着契诃夫剧的影响(特别是《三姊妹》),""但是,这两种不同的结构方法,并没有破坏曹禺的戏剧艺术风格的统一"。

7月3日 《剧本》7月号刊颜振奋采写的《曹禺创作生活片段》。后收入《曹禺全集》第7卷。

7月5日 据郑振铎记述:"(下午)七时许,刘白羽、曹禺、李颉(劼)人、沙汀、艾芜、巴金、陈白尘等陆续来,在此晚餐。谈笑甚欢。近十时,散。"(《郑振铎日记全编》第534页)

7月13日 据郑振铎记述:"下午三时,到怀仁堂,参加人代会。……六时许,散。偕李劼人到鸿宾楼,曹禺宴客也。到者有金仲华、夏衍、胡子婴、荣毅仁及其弟、刘靖基、巴金、劼人等。九时半,散。"(同前第535、536页)

7月24日 新中国第一本大型文学刊物《收获》在上海创刊,主编巴金、靳以,曹禺与巴金、冰心、刘白羽、艾青、陈白尘、周而复、罗荪、柯灵、郑振铎、峻青、菡子和靳以组成编辑委员会。

7月27日 苏联塔什干高尔基剧院上演曹禺的话剧《雷雨》。这是这个话剧首次在苏联上演。(《曹禺的话剧〈雷雨〉首次在苏上演》,《新华社新闻稿》第2604期,1957年7月29日)

是月 三幕剧《明朗的天》由中国戏剧出版社出版单行本。

是月 作《吴祖光向我们摸出刀来了》一文,收入《迎春集》。

8月1日 出席中国作协党组扩大会议第九次会议并发言。发言经整理,取题为《我们愤怒》刊《文艺报》第20期。收入《为保卫社会主义文艺路线而斗争》、《迎春集》。据郭小川记述:"七时起,八时与默涵一起坐车到大楼。""开始碰头,研

---

① 1957年1月1日,《文学月刊》改名《处女地》在沈阳创刊,月刊。编辑者:处女地文学月刊社。主编:文菲。出版者:辽宁人民出版社。发行者:辽宁省邮电管理局。

究下午的会。为了让曹禺第一个发言,特地由我去曹禺处,与他共同搞了一个发言提纲。""下午,曹禺第一个发言,很精彩。"《郭小川全集(日记 1957—1958)》第 9 卷第 150 页。按:据郭小川记述,八月这一月,开丁陈反党集团的斗争会。)

是日　据郑振铎记述:"(晚)六时半,到北京饭店中七楼,参加彭真市长欢迎缅甸议会代表团的宴会。……吴晗、曹禺参加。近九时,散。"《郑振铎日记全编》第 540 页)

8 月 2 日　中国戏剧家协会和中国电影工作者联谊会联合召开座谈会,继续揭发和批判剧作家、电影导演吴祖光的右派言行。曹禺与欧阳予倩、阳翰笙、陈白尘、陈其通等出席,并"以具体的论证严厉驳斥了吴祖光对党的文艺事业、组织制度、党的知识分子政策和肃反运动所进行的污蔑"。(《戏剧界不要右派作家、电影界不要右派导演吴祖光》,《人民日报》,1957 年 8 月 4 日)

8 月 3 日　在《剧本》8 月号发表《你为什么这样?——质问吴祖光》一文。改题为《质问吴祖光》收入《迎春集》。

8 月 4 日　《文艺报》第 18 期载颜振奋《田汉、曹禺驳斥吴祖光右派言论——介绍〈剧本〉月刊 8 月号三篇文章》。对田汉《读吴祖光谈后台》、曹禺《你为什么这样?》、严青《吴祖光站在什么立场谈后台》三文给与介绍。

8 月 7 日　《人民日报》刊文《文艺界反右斗争的重大进展攻破丁玲陈企霞反党集团》,文及:"文艺界正在进行一场反对丁玲、陈企霞等人的反党活动、维护社会主义文艺事业和维护文艺界的团结的斗争。""在会上先后发言的有刘白羽、林默涵、张天翼、沙汀、艾芜、方纪、曹禺、田间、郭小川、魏巍(代表出席会议的十七位部队作家)、康濯、邢野、严辰、逯斐等四十七人。"

8 月 8 日　继续参加作协党组会议,并发言。(《郭小川全集(日记 1957—1958)》第 9 卷第 154 页)

是日　访日见闻《原子弹下的日本妇女》在《北京日报》发表。收入《迎春集》,后收入《曹禺全集》第 6 卷。

8 月 10 日　晚,接郭小川电话,后"到笑雨①处漫谈了一会。"《郭小川全集(日记 1957—1958)》第 154 页)

8 月 13 日　在《北京日报》发表《"夜叉"和"人"——斥右派分子吴祖光》一文。

8 月 14、15、23 日　文化部、中国剧协联合召开首都话剧界座谈会。田汉、吴

---

①　即陈笑雨,江苏靖江人。中共党员。大学毕业。1938 年就读于延安陕北公立学校,后历任新华社编辑、记者、主任、分社社长,中宣部出版处副处长,《文艺报》副主编、《新观察》主编、《人民日报》编委、文艺部主任。20 世纪 30 年代开始发表作品。1956 年加入中国作家协会。著有《思想杂谈》、《思想杂谈》(集外集)、《马铁丁杂文集》(4 卷,合作)、《思想杂谈选集》、《杂文杂诗集》、《说东道西集》、《张弛集》、《革命风格集》等。

雪主持会议。会上，"欧阳山尊、李伯钊、陈其通、孙维世、黎莉莉、曹禺、舒绣文、阳翰笙等同志都发了言。他们严正地告诫右派分子：要把党领导下的戏剧事业拖回资本主义的道路是不能成功的。大家以大量事实揭露了戴涯、文燕的右派分子面目，并驳斥了他们的虚伪与狡辩。""曹禺同志在会上说，反右派斗争不是一件小事，这件事不但要认真、严肃，而且不能温情。他说：当年唐僧到西天取经，路遇八十一妖怪，孙悟空总是一眼看穿，而唐僧总不许孙悟空动手打，否则要念'金（紧）箍咒'，可是一阵怪风就把唐僧吹走了。妖怪要吃唐僧肉，害得孙悟空花了更大的力气，甚至还要到某山去搬仙请佛才能把唐僧救出。唐僧的错误就是温情主义。曹禺同志并指出，如果我们再温情，将要对不起人民。"（《戴涯称霸戏剧界的"美梦"破灭了》）

8月15日 出席中国作家协会斗争萧乾大会。据新华社16日讯："《文艺报》副总编辑、中国作家协会民盟支部副主任委员萧乾的反党反社会主义面目，在中国作家协会昨天召开的有二百五十多人参加的大会上被进一步揭露出来。""陈白尘、陈笑雨、臧克家、杨志一、楼适夷、梅韬、曹禺等人相继在会上发言。"（《作家协会批判右派分子，透视萧乾洋奴政客的原形》，《人民日报》，1957年8月17日）

是日 在《人民日报》发表《灵魂的蛀虫》一文。收入《战鼓集》、《为保卫社会主义文艺路线而斗争》、《迎春集》。文说："我们绝不能允许这样一个反党集团在文艺界兴风作浪，也绝不允许有第二个丁玲、陈企霞出现。我们现在争的不是一件小事情，而是究竟要不要党的领导，要不要社会主义文艺路线，要不要团结的问题。"

8月18日 《文艺报》第20期刊发《保卫党，保卫社会主义文学！粉碎丁玲、陈企霞反党集团——作家、艺术家在中国作家协会的中共党组扩大会议上的发言》，曹禺发言题为《我们愤怒》。

8月19日 出席中国作家协会斗争萧乾大会。（《剥去了"革命世故"的伪装以后》）

8月23日 在《人民日报》发表《斥洋奴政客萧乾》一文。收入《迎春集》。

8月24日 继续参加作协斗争会，并发言。据郭小川记述："最后是曹禺发言，批评了艾青的错误，艾青也猛力鼓掌。"（《郭小川全集（日记1957—1958）》第9卷第164页）

9月9日 在《中国青年报》发表杂文《人与人——昨天和今天》。收入《人性、党性、个性》、《迎春集》。

是日 《人民日报》（第3版）刊消息：今年是中国话剧运动五十年纪念，为了继承和发扬它的战斗传统，中国戏剧出版社将陆续出版"五四"以来我国作家们写下的许多在舞台上久经考验的优秀剧本。现已出版的有《上海屋檐下》（夏衍作）、

《雷雨》(曹禺作)、《屈原》(郭沫若作)、《升官图》(陈白尘作)、《雾重庆》(宋之的作)、《夜上海》(于伶作)等。即将出版的有《桃花扇》(欧阳予倩作)、《名优之死》(田汉作)、《日出》(曹禺作)、《碧血花》(阿英作)、《虎符》(郭沫若作)等。

9 月 20 日　在《人民日报》发表散文《难忘的印度》。收入《中国和亚非各国人民的友谊》《迎春集》,后收入《曹禺全集》第 6 卷。该文记述曹禺 1956 年访问印度的情形。

是日　在《北京文艺》9 月号发表《从一只凶恶的"苍蝇"谈起》一文。收入《迎春集》。

9 月 27 日　与郭沫若、茅盾、周扬、巴金、老舍、邵荃麟、萧三、田汉、梅兰芳、袁牧之、蔡楚生、吕骥、叶浅予、吴作人、蔡若虹、吴晓邦等 133 人联名发表声明,抗议联合国在美国操纵下把所谓"匈牙利问题"列入联合国大会议程的非法行为。声明说:"9 月 5 日匈牙利一百二十七位作家对于联合国把所谓'匈牙利问题'列入联合国大会议程所发表的抗议,义正词严。我们——中国的作家和艺术家们一致坚决地支持匈牙利作家们这一正义的行动。"(《不准联合国干涉匈牙利内政,我国作家艺术家联名声援匈牙利同行》,《人民日报》,1957 年 9 月 28 日) 10 月 6 日《文艺报》第 26 号也刊载了该声明。

是月　四幕剧《日出》(五四以来话剧剧本选)由中国戏剧出版社出版,新华书店发行。其中收入曹禺于 1936 年为文化生活出版社出版的《日出》所写的《跋》。

是月　北京文艺丛书之《我热爱新北京》一书由北京出版社出版。选录老舍、冰心、曹禺等十几位作家的散文。收入曹禺《北京——昨日和今天》一文。

10 月 8 日　在《人民日报》发表《巴豆、砒霜、鹤顶红——斥右派分子孙家琇》一文。收入《迎春集》。

是日　在《人民文学》10 月号发表《从一件小事谈起——驳斥右派分子污蔑今天戏剧事业的谬论》一文。文后注:"该文选自中国青年出版社即将出版的《青年共产主义者》丛刊第一集《民主与人生》,现征得作者和出版者同意,在本刊发表。"

10 月 18、19、21 日　北京人艺在首都剧场召开党组扩大会议,曹禺等参加对焦菊隐"保护性"批判教育。(《北京人民艺术剧院大事记》)

11 月 11 日　在《文艺报》第 31 期("伟大的十月社会主义革命四十周年纪念专号〈二〉")发表《十月革命与"带枪的人"》一文。文系为庆祝苏联十月革命四十周年纪念而作。收入《迎春集》。后收入《曹禺戏剧集·论戏剧》《曹禺论创作》《曹禺全集》第 5 卷。

11 月 14 日　12 个社会主义国家共产党和工人党代表会议在苏联克里姆林宫

乔治大厅开幕;16 日,64 国共产党和工人党代表会议开幕,并于 19 日通过《和平宣言》,曹禺为之作《和平的力量是不可抗拒的》一文。

11 月 22 日　出席中国剧协为即将下厂下乡的作家举行的欢送会。(《戏剧报》1957 年第 22 期)

是月　新文艺出版社编辑出版的《为保卫社会主义文艺路线而斗争》(上下)一书上市。全书收入郭沫若、老舍、靳以、茅盾……数十篇文章,其中收入曹禺《我们愤怒》、《灵魂的蛀虫》二文。

冬　去汤山农业生产合作社深入生活。在这里,他结识了饲养员王德禄、张兰英、合作社负责人郝春和等一批农村朋友。看到他们大战三九,开沟挖渠,感到春天已越过了节气,提早到来了。据曹禺文述:

> 两月前,一个大雪纷飞之夜,我在汤山农业合作社一个小队部里明亮的油灯下,便分明看见春天的足迹……
>
> 大家从一见亮就兴高采烈地在"西湖坑"里挖肥、抬肥,把一车一车黑金似的肥泥运到麦种正在冬眠的地里。现在夜间九点钟了……讨论起挖掘农业生产的潜力,提高亩产量指标的时候,大家你一言我一语,纷纷谈出种植经验,找窍门,争取高额丰产。老头儿和年轻人都竖起大拇指,"四百斤! 四百五十斤! 五百斤!"一个数字、一个数字地争论着,最后大家热烈保证,说:"跨黄河,没问题! 我们还要过长江,自带路费,不要政府多为我们用一个钱!"(《我们的春天》)

另据曹禺文述:"作家们下去参加劳动,与群众在一起,是一件极好的事。我们参加过一段极短时期的劳动,在严寒的冬天,和农民一起挑粪,送肥,开荒,挖渠,浇小麦。"(《如鱼得水,飞跃在"大跃进"的海洋里》)

12 月 4 日　在《文艺报》第 35 期发表《和平的力量是不可抗拒的》一文。收入《迎春集》。后收入《曹禺全集》第 6 卷。

12 月 15 日　《文汇报》刊杜宣《忆〈雷雨〉首次上演——抗战前留日学生演剧活动回忆之一》。

12 月 25 日　《北京日报》第 3 版"文化窗"栏刊消息《〈雷雨〉将在苏联剧院上演》:"最近《雷雨》在苏联颇为走红。从十一月份起,苏联已有九个剧院和中国戏剧家协会、北京人民艺术剧院及剧作者曹禺联系,要求供给有关《雷雨》的各种资料,准备演出这个戏。其中有俄罗斯共和国卡罗斯州话剧院、伯力高尔基剧院、赤塔市剧院和海参崴、喀山等地的剧院,赤塔市剧院本月里就已公演《雷雨》。"北京人艺现已将有关资料"分寄给他们了"。

12 月 29 日　《文汇报》刊演员乔奇的《演张乔治有感——写在〈日出〉上演的

前夕》。

是月　《战鼓集》由北京出版社编辑、出版。书前出版说明:"这是一本政论小品选集,文章都选自一九五七年六至九月的《人民日报》;个别篇章发表在这前后。少数文章在选集时曾稍作修改,并更换了署名。封面由郭沫若同志题字。全书收入茅盾、许广平、老舍、巴金、夏衍、曹禺等人五十余篇文章。"书中收入曹禺《灵魂的蛀虫》一文。

是月　首都艺术界整风办公室编印《剧协、影协联合批判吴祖光右派集团辩论会上的部分发言》(内部材料)。收入钱俊瑞、田汉、夏衍、老舍、欧阳予倩、蔡楚生、陈白尘、曹禺等文章,收入曹禺《"夜叉"与"人"》《吴祖光向我们摸出刀来了》二文。

是月　辽宁人民艺术剧院首演曹禺的《雷雨》。导演:肖汀;舞美设计:潘崮;演员:海娜、张然、李荣春、孙人乐、白玲、王守全、赫海泉、刘素红。

是年　琼剧《张文秀》赴京演出。曹禺为之题词:"为琼剧艺术勇攀高峰。"(《此乡多宝玉》第 277 页)

是年　陪同苏联专家古里耶夫观看中戏导演系师资进修班(56 班)演出《伪君子》,演出结束后上台与演员合影。

是年　香港拍摄粤语版电影《雷雨》。华侨影业公司[①]出品,导演吴回,卢敦饰周朴园,黄曼梨饰繁漪,白燕饰鲁妈,李小龙饰周冲,张瑛饰周萍。

---

① 1956 年 8 月在香港成立,领导人张瑛,资金来自何贤。

1958 年　四十九岁

　　1 月 25 日,北京人民艺术剧院在京上演《战斗的星期天》《高等垃圾》《黄谭探监》《哎呀呀,美国小月亮》等四个独幕剧,前三个是反映反右派斗争的,后一个是讽刺美帝国主义的。31 日,《戏剧报》为之举行座谈会。

　　2 月 1—11 日,中华人民共和国第一届全国人民代表大会第五次会议在北京举行。

　　3 月 7 日,中国作家协会以"作家们！跃进,大跃进！"为题向全国作家发出了一封号召信,要求大家眼观六路,耳听八方,双管齐下,快马加鞭,多写,快写,写得好,写得生动精炼。

　　3 月 10 日,中国作家协会召开文学评论工作大跃进座谈会。

　　3 月 15 日,《北京晚报》在北京创刊。

　　5 月 5 日—23 日,中国共产党第八次全国代表大会第二次会议在北京举行,之后,在全国各条战线上掀起"大跃进"的高潮。

　　6 月 1 日,《红旗》杂志在北京创刊。

　　6 月 9 日,《人民日报》发表社论《文化革命开始了》。

　　8 月 17—30 日,中共中央政治局在北戴河举行扩大会议,之后,在全国很快形成了全民炼钢和人民公社化运动的高潮,以高指标、瞎指挥、浮夸风和"共产风"为标志的"左"倾错误严重泛滥。

　　10 月 18 日,郑振铎等因飞机失事壮烈殉职。

　　1 月 19 日　《光明日报》刊消息《〈雷雨〉在苏联演出受到欢迎》。消息说:"莫斯科西南的俄罗斯古城卡卢加的剧院,最近演出了曹禺的剧本《雷雨》,受到当地市民热烈的欢迎。""这个剧本获得了舆论界很高的评价。当地的《旗帜报》写道:'我们观众热烈欢迎这出鲜明和充满热情的戏剧。'卡卢加的市民对中国人民的艺术早就发生很大的兴趣。"

　　是月　英译本《雷雨》由北京外文出版社出版,王佐良、巴恩斯译。收录曹禺于 1956 年 10 月为这个译本写的《序》,后收入《曹禺全集》第 5 卷。

2 月 1 日　沈阳《处女地》2 月号刊署名甘竞、徐刚《也谈曹禺的〈雷雨〉和〈日出〉》。文前附"编者按"："本刊去年七月号发表思基同志的《谈曹禺的〈雷雨〉和〈日出〉》后，曾收到几篇对该文所提到的曹禺创作中的宿命论观点作了不同分析的文章。这是一个有关作家的世界观与创作方法的问题，我们准备展开讨论。"该文认为："曹禺的世界观和创作方法并不是没有缺陷的，但这个缺点不是什么唯心主义立场、宿命论观点和神秘主义情绪。从他的全部作品的总的倾向来看，一方面他很早就形成了以民主进步倾向为特征的世界观、唯物主义的世界观。在这个世界观的基础上，取得了现实主义的重大成就。另一方面，由于脱离实际的政治斗争……使他在创作上不能达到高度的历史真实性，不能有力地表现出现实生活中革命情势和广阔的社会背景。"

2 月 5 日　在《人民日报》发表散文《我们的春天》。收入《迎春曲》、《迎春集》、《山东省初级中学课本语文第 3 册》（初级中学课本语文第 3 册补充参考资料）、《散文特写选(1958)》。后收入《曹禺全集》第 6 卷。

2 月 6 日　出席第一届全国人民代表大会第五次会议小组讨论会并发言。据新华社 6 日讯："在社会主义建设大跃进中，还必须一鼓作气同时来一个思想大跃进。这是全国人民代表大会代表在这几天来的小组讨论和同记者的接触中强调指出的一个头等重要的问题。代表们今天上午继续分组举行会议。他们指出，整风和反右派斗争带来了生产建设的大跃进，使人们的思想和精神面貌大改观；但是，政治是统帅，是灵魂，为了适应建设大跃进的新形势，必须进一步加强共产党的领导，加强政治思想工作，加强思想的改造，使人们来一个思想大跃进。""许多知识分子出身的代表，强调地谈到今后加强思想改造做到又红又专的重要意义。……湖北省代表、作家曹禺最近刚到农村中同农民们共同生活、共同劳动了一段时间，他在谈到自己这一段生活的体会时说，他在农村里每天都充满了快乐，在那里，他发现农民们决不是坐着等待社会主义幸福生活的来临，而是以全家大小、夜以继日的艰苦劳动来争取它。他认为文艺工作者下放农村厂矿是'如鱼得水'，而漂浮在上面等于'枯水之鱼'。曹禺还谈到，在大批干部没有下放农村之前，有些农民曾经这样说，那些有知识的城里人，对国家对农村都大有用处，他们从来没有干过重活，刚来时要先给些轻活干，让他们慢慢锻炼，不要累垮他们的身体。曹禺感慨地说，这些话表达了农民对知识分子的关怀，面对着这样可爱、可亲、可敬的劳动人民，我们知识分子没有任何理由不下决心改造自己，全心全意地向他们学习，为他们服务。"（《政治思想工作是一切工作的统帅，建设大跃进必须思想大跃进，人民代表在小组和大会讨论中谈论精神世界的改造》，《人民日报》，1958 年 2 月 7 日）

2月11日　在第一届全国人民代表大会第五次会议休息时与老舍交谈并合影。(《老舍画传》)

2月12日　据郑振铎记述:"(下午)五时半,偕森老、斐云、默存回寓,即在寓晚餐。同座者尚有(何)其芳夫妇、仲超、巴金、曹禺诸人。九时半,客去。"(《郑振铎日记全编》第602页)

2月13—16日　中华全国文学艺术界联合会及各协会、各研究会分别召开会议,讨论进一步发展文艺创作以适应全国生产大跃进形势的有关问题,曹禺与田汉、阳翰笙、欧阳予倩、老舍、周扬、蔡楚生、赵树理、吕骥、贺绿汀、吴作人、戴爱莲等出席。"戏剧家田汉、阳翰笙、欧阳予倩、曹禺和电影导演蔡楚生都在会上谈到戏剧和电影剧本的创作潜力还可以更多地发掘。他们说,现实生活中新事、新人层出不穷。在这个大时代里,文艺创作者一方面应该有较长期的计划,孕育较大的作品,一方面也应该多写一些短小精悍的作品,及时地把时代的面貌反映出来。"(《中国文联及各协会、各研究会讨论发展文艺创作适应全国生产大跃进》,《人民日报》,1958年2月19日)

2月25日　《光明日报》刊消息《曹禺的剧本〈雷雨〉在奥勒尔上演》。消息说:"俄罗斯联邦奥勒尔城话剧院最近上演了曹禺的剧本《雷雨》。参加演出的都是这个剧院的优秀演员,导演由尼古拉·捷彼尔担任。捷彼尔给这部剧本以高度评价。他说:'曹禺的剧本具有目的明确的思想性、真实的戏剧观、有意义而复杂是情节以及人物的鲜明形象。我们力图在演出中表现出本世纪二十年代中国的压迫者和被压迫者之间的对抗性,并且力图在剧中表现出我们对普通人的同情。'"

2月27日　在《人民日报》发表《推荐"时事"戏》一文。文系为北京人民艺术剧院演出的四个时事讽刺喜剧而作。收入《迎春集》。文说:"北京人民艺术剧院上演了四出反右的时事讽刺喜剧。""说这四个戏写得好,当然不仅是指作者们运用了这样适时的题材。大家说,这些剧本和演出的形式都生动、新颖,能吸引人。每一个短剧都是一幅色彩鲜明、节奏明快的活生生的图面。它们有一个共同点,都燃烧着炽烈的政治情感,爱群众之所爱,恨群众之所恨。从人民的眼里,分清爱憎,因此博得这样多群众的欢喜。""推荐这四个戏,因为它们是嘹亮的号角,告诉我们艺术应该紧密地结合政治。""我赞同这四个短戏的广告上提出时事讽刺喜剧的字样。'时事'二字,开门见山,说出戏剧写时事,是合情合理,有根有据的。"

3月2日　《文汇报》刊署名(苏联)斯·鲍利苏娃《〈雷雨〉在苏联的舞台上》一文。文说:"话剧《雷雨》在苏联乌兹别克首都塔什干的高尔基话剧院连演五十场客满。这个戏是根据中国剧作家曹禺的《雷雨》改编的。导演亚历山大·金兹布尔格。"文后注:"莫斯科特稿,吴埼节译"。

3月3—5日 文化部、中国戏剧家协会、中国音乐家协会和北京市文联联合召开"戏剧、音乐创作座谈会",曹禺与钱俊瑞、田汉、欧阳予倩、老舍、夏衍、阳翰笙等出席并讲话。"在欧阳予倩、阳翰笙和曹禺的发言里,都一致呼吁多写'时事戏'。曹禺说,在题材上有好多可写,最好莫过于现实题材。在全民大跃进中,好人好事、新人新事天天出现,对这类题材,应抓紧写,要迅速及时,它能真正直接服务于政治;不然,时间性一失,就失去了光彩。他说,大家的干劲使他激动,跃跃欲试,他一定要尽快写,赶上去。"(《创作热情似春潮澎湃——记首都戏剧、音乐创作座谈会》,《戏剧报》,1958年第5期) 在为期三天的会议上,各个团体和许多作家纷纷提出了"跃进"的创作计划,曹禺"以十分慎重的态度计划今年至少写出一两个剧本"。曹禺讲话经整理以《让我们的事业飞跃前进》为题,发表在《剧本》4月号上。

3月6日 《人民日报》邀请在京的一部分文学艺术工作领导人、作家和艺术家,举行关于文艺创作大跃进问题的座谈会,曹禺与老舍、夏衍、郑振铎、邵荃麟、林默涵、严文井、臧克家、冯至、艾芜、王阑西、田汉、陈白尘、孙维世、于非暗、叶浅予、华君武等出席,并发言。(《愿百路文艺大军纵横驰骋创造出无愧于时代的作品》,《人民日报》,1958年3月10日)

3月7日 中国作家协会书记处举行扩大会,讨论文学工作大跃进问题,提出《文学工作大跃进三十二条》(草案),准备交给作家、评论家、翻译家、文学编辑讨论。会上通过给全国作家的一封信,号召作家鼓足干劲,创作更多更好的作品,使文学更好地为社会主义建设、为工农兵服务。还讨论了加强刊物和出版工作问题。曹禺与夏衍、老舍、邵荃麟、臧克家、张天翼、王任叔、陈白尘、严文井等出席会议。(《作家要及时歌颂全民大跃进》,《光明日报》,1958年3月8日)

3月8日 为响应中国作家协会"作家们!跃进,大跃进!"的号召,北京的小说家、诗人和剧作家举行座谈会,会上,作家们纷纷提出个人创作跃进计划。曹禺与老舍、冰心、赵树理、严文井、张恨水、沈从文、陈白尘等百余人出席。(《首都作家争先大跃进》,《北京日报》,1958年3月9日)

3月8、9日 《雷雨》(《台风》)①在苏联莫斯科中央运输剧院上演。总导演弗拉基米尔·戈里德费里德,导演阿·柯索夫。顾问周顺元、列夫·埃德林,导演助理邓止怡。阿列克赛·克拉斯诺波里斯基扮演周朴园,奥里格·康兹涅措娃扮演繁漪,里基雅·甘涅西娜扮演鲁妈,拉里西·库尔丘莫娃饰四凤。[苏联]波里斯·

---

① 《雷雨》俄文版译名为《台风》。

沃尔金:《〈雷雨〉在莫斯科演出》)曹禺得知莫斯科上演《雷雨》后,特致函该剧院,信及:"先进的苏联剧院又一次上演中国的剧本,我很激动。我们看到中苏人民持久的兄弟般的友谊在这里得到了具体的表现。祝你们的工作获得成就。"北京人艺也致电该剧院:"我们深信,在你们的舞台上演出《雷雨》将大大地增强中苏人民的兄弟友谊的巩固,将促进我们两国之间和剧院之间的文化交流。"(同前)

3月10日 苏联《雷雨》导演阿·柯索夫致信曹禺。在信中,柯索夫就"我认为,剧本充满了社会性的内容,因此大海的行动线就反映出一切革命的、进步的事物,它起而代替着正在瓦解、正在毁灭的周朴园的家庭";"我认为,剧本包括从1919年到1930年这一历史时期,也就是政治上反动的时期,是对贫困阶级猖獗地剥削和压迫的时期";"我以为,《雷雨》这一个剧名,把正在来临的革命风暴从直接的概念扩大成为现实的感觉。这场风暴将要摧毁当时业已形成的社会关系,而周朴园的家庭的瓦解和毁灭,便是中国剥削阶级不可避免的毁灭";"我试图这样来说明剧本的思想:在资本主义社会里,社会不平等的现象产生了人类关系的悲剧,并且成为青年一代在道德上走上绝路,以致遭到毁灭的原因。我认为,这样的说明就扩大了剧中事件的意义";"根据人物形象的心理发展线索来看,我不太明白,周朴园使自己妻子和全家隔绝,并且向别人宣扬她精神上失常的动机何在。是不是因为他猜到了周萍和繁漪的关系,想以此来防止可能发生的丑事?"五个问题请曹禺"发表意见"。

不久曹禺复信,除表示感谢、祝贺外,并就柯索夫来函提出的问题给与答复。答说:

> 我同意您前四个问题的答案。关于这个戏的含义,这个戏发生的年代,以及鲁大海代表的时代精神,我以为您的解释都是对的。
>
> 只有第五个问题,我略有不同的看法:
>
> 周朴园是由封建家族(大地主)的子弟转化为成功的资本家的。他非常自信,觉得自己十分"正直",他们的社会也认为他是"仁厚"、"正直"的榜样。他根本不可能猜想他的长子与其后妻有暧昧关系。因为,他那样相信自己的道德和尊严。表面上看他的家庭尽管像死水一样,但在他心目中这滩死水决不会腐臭。他以为别的资本家家庭会有这样的事,他的家庭不会发生这样的事。他从没这样想过,他并没有故意"孤立"他的妻子,但他自从把这位聪明、美丽却有些"叛逆性"的小姐(繁漪)娶过来的时候,就发现他这个妻子不是他所企望的那样百依百顺的旧式花瓶。他失望了,对她冷淡起来。繁漪总是有形无形地和他的思想、习惯与为人的方法有抵触的。这是"五四"以及所谓"解放"

的资产阶级的女性,任性,傲慢,完全活在爱的情感当中。而这个"爱",是在比她岁数大得很多的周朴园的身上得不到的。蘩漪不大和一般当时的阔太太小姐们来往,是一个"孤芳自赏"的女人。这一点也是周朴园认为乖张的。周朴园并不是故意使周围的人觉得她"不正常"或者"疯狂"。而他确实从心里觉得她是如此。周朴园是一个当时社会上所谓最正直的上层人物,而他自己一点也不知道他内心中是这样可怕的、伪善的。

二人通信题为《关于〈雷雨〉在苏联上演的通信》发表于 9 月 20 日《戏剧报》第 9 期。曹禺信收入《论戏剧》、《曹禺论创作》及《曹禺全集》第 5 卷。

3 月 14 日　致信越南作家邓台梅①。信说:"收到您的信,因为一直有病复信很迟,至祈原谅。""非常高兴《雷雨》和《日出》这两本很不成熟的东西,能够由您翻译成越文。您的劳作具体地表现了中越两国人民的深远友谊,我个人感到十分光荣。"(《曹禺在越南——以〈雷雨〉为中心的考察》)

3 月 15 日　《人民日报》第 6 版刊图片新闻《苏联舞台上的〈雷雨〉》:"我国著名剧作家曹禺的名剧《雷雨》已经搬上了苏联舞台。海参崴的高尔基剧院、奥勒尔的屠格涅夫剧院和莫斯科的中央运输剧院都先后上演了这个剧。莫斯科的普希金剧院也正在排演,不久就可以同观众见面。上图是莫斯科中央运输剧院演出时的剧照。"

3 月 19 日　在《人民日报》发表《如鱼得水,飞跃在"大跃进"的海洋里》一文。后题为《飞跃在大跃进的海洋里》收入《迎春集》,《曹禺全集》第 6 卷。

3 月 22 日　《雷雨》在苏联莫斯科普希金剧院上演,导演波得罗夫。(《光明日报》,1958 年 3 月 24 日)

是月　《语言文学》第 3 期刊徐聪彝《曹禺的〈我们的春天〉》一文。

4 月 1 日　沈阳《处女地》4 月号刊署名"建领、君圭"《对〈雷雨〉讨论中的几点意见》一文。文就(2 月号)甘竟、徐刚的观点提出了他们的意见。作者认为:《雷雨》是一部优秀的现实主义的作品,但是里面又的确存在着宿命论观点和神秘主义色彩。"这个结论是"从读了作品以后得出来的"。

是日　天津《新港》②4 月号刊徐水易的书评《略谈曹禺的〈雷雨〉》。

4 月 3 日　在《剧本》4 月号发表《让我们的事业飞跃前进》。后收入《曹禺全

---

① 人民文学出版社于 1954 年 6 月在北京发行新版《曹禺剧本选》,书中包括修改过的《雷雨》、《日出》、《北京人》三个剧本。1958 年邓台梅根据此版本翻译新版《雷雨》。为此,邓台梅写信给曹禺,曹禺复信。

② 1956 年 7 月在天津创刊。文学月刊。编辑者:新港编辑委员会。出版者:天津人民出版社。发行处:天津市报刊推广局。

集》第 5 卷。

4 月 8 日　《人民文学》4 月号总题为《希望有更多好作品出世》刊茅盾、叶圣陶、冰心、李六如、曹禺、冯至、臧克家、张恨水、艾芜、吴组缃、陈其通、胡可等人文章,曹禺题为《大跃进! 为实现文学 32 条而斗争!》。文说:"文学工作大跃进 32条,是响亮有力的号角,是争取社会主义文学大丰收的战斗纲领,是我们每个人必须采取的行动路线。""我们要充分发挥这个战斗纲领的革命干劲,我们要订下挖掘一切潜力的创作规划,并且坚决实现它。""文学大丰收可以在三五年内争取到来,我们一定要做到。"

4 月 12 日　中国评剧院在北京演出《家》。改编:安西、高琛;导演:李肖、张玮;音乐:贺飞;美术:许多;演员:小白玉霜饰瑞珏,席宝昆饰觉新,喜彩莲饰陈姨太,杨素娟饰钱梅芬,于萍饰鸣凤,马泰饰觉慧。(《中国评剧院·纪念中国评剧院建院四十周年》画册)"中国评剧院演出的《家》是以觉新和梅表妹'痛别'开头的,剧情基本上按照曹禺的话剧剧本的脉络发展下去,但有些情节要比话剧详尽,评剧中,运用了戏曲形式的长处,把许多独白变成了唱词,词儿十分优美,又加上根据剧情创作的音乐,深深地打动了观众的心弦。"(《北京中国评剧院公演〈家〉》,《光明日报》,1958 年4 月 19 日)

4 月 26 日　在《文艺报》第 8 期发表《斥叛徒法斯特①》一文。收入《斥叛徒法斯特》一书。曹禺认为法斯特叛党并非坏事,因为"法斯特不是他自封的那样一个'神明',共产主义运动并不因他的背叛就停止了波澜壮阔的发展";"是个脓疮就该挖掉。隐藏在革命队伍中的敌人,就不如放在光天化日下让大家瞧瞧。法斯特暴露他的真面目,对我们有很大的好处";"法斯特的叛党,告诉我们,修正主义和资产阶级个人主义,是共产党员最大的敌人";"法斯特的叛党行为,使知识分子认识了无产阶级革命是唯一的一条正确光明的大道;参加革命就必须丢下一切非无产阶级的包袱,努力地进行思想改造。这难道不是一件好事?"

是月　散文选《迎春曲》由人民日报出版社出版。收入郭沫若、巴金、老舍、柯仲平、艾芜、许广平、曹禺、赵树理等 23 位作家的散文,收入曹禺《我们的春天》一文。

5 月 1 日　《雷雨》在塔吉克拉胡季剧院首次上演。塔吉克诗人杰霍季翻译,导演萨伊达赫密多夫。"这个剧的演员基本上都是由剧院的青年演员担任。苏联

---

①　霍华德·法斯特,美国作家,1942 年加入美国共产党,他的作品《公民潘恩》、《自由之路》、《克拉克顿》、《斯巴达克斯》、《萨柯与樊塞蒂的受难》等曾被译为中文。1957 年 1 月在《纽约时报》发表脱党声明,之后,又在《主流》杂志发表《我的决定》一文,攻击苏联共产党和美国共产党。

人民演员法兹洛娃成功地创造了美丽的少女四凤这一动人的形象,塔吉克共和国人民演员图伊巴叶娃担任四凤的母亲鲁侍萍这一角色。这个剧受到塔吉克观众的热烈欢迎。"(《塔吉克上演〈雷雨〉》,《光明日报》,1958 年 5 月 12 日)

5 月 15 日　老舍致信何寿生。信及:"作家们(包括我在内)、戏剧界、电影界……对您提的意见早有了准备,正在进行创作,庆祝建国十周年(原注:1958 年何寿生正在清华大学读书,写信建议老舍为北京人民艺术剧院的演员们再写一出北京味十足的戏以庆祝建国十周年。)政府并未倡议,因十周年还不算太长,不便大张旗鼓地宣传。我们筹备是我们自己的一点意见。"另及:"曹禺同志生病,已入院多时,尊意不便转达,因他应静养。"(《老舍书信集》第 258 页)

夏　因病在颐和园休养。陈毅副总理曾亲去探望,并同他谈心。据曹禺回忆:"一九五八年我因身体不适,在颐和园的一个角落养病。忽然,有一天,陈毅同志找我来了。他兴致勃勃,精神爽朗。当时,我十分高兴,也很激动。陈毅同志对我认真地说:'你不要以为我是到这里来玩的,我是特地来找你的。'他谈到当时轰轰烈烈的大跃进运动,人民群众热火朝天的干劲,劝我不能总住在这里养病,应当走出去,去写那些干革命的人! 临走时,他还一再说:'你要写东西啊!'陈毅同志走了,他的一席话,永远留在我的心上。他对革命文艺事业的关怀,是我永远不能忘怀的。"(《不容抹煞的十七年》)

6 月 1 日　《日出》在匈牙利首都布达佩斯的裴多菲剧院首演。获得匈牙利观众的热烈欢迎。剧中陈白露一角,由名演员戈尔登·珠卓饰演。其他角色也由知名演员饰演,索莫几瓦利·鲁道夫饰方达生,玛蒂萨波饰潘月亭,奥卡尔迪·加伯尔饰黄省三,拜斯代来伊·帕尔饰王福升。(《〈日出〉在匈牙利上演》,《戏剧报》1959 年 4 月号)

是日　沈阳《处女地》6 月号刊刘正强《曹禺的世界观和创作——兼评〈也谈曹禺的《雷雨》和《日出》〉》。作者认为:"要了解作家的世界观与创作方法,不仅应该根据他的思想观点而且要根据他的创作实践,和他所刻画的艺术形象各方面去剖析,任何简单化的对待都是不恰当的。"

6 月 20 日　《读书》第 12 期"作家小词典"栏刊对曹禺的介绍:

曹禺,剧作家,湖北潜江人,生于 1910 年。现任戏剧家协会常务理事,作家协会书记处书记,北京市文联副主席。

解放前他一直从事教书和写作。1933 年开始写第一部作品《雷雨》,以后陆续写了《日出》《原野》《蜕变》《北京人》和《家》,都是从 1936 年到 1943 年间在文化生活出版社出版的。他的剧本大部分是暴露抨击旧社会的黑暗制度与剥削阶级的形形色色的人物和现象,相对地也反映了在那个黑暗社会里的一些被蹂躏的人们所遭受的苦难。剧中他所憎恨的人,也正是绝大多数观众所痛恨的,因此演出时曾得到广大群众的喜爱和欢迎,起过一些积极作用。其中《雷雨》和《日出》是较为观众所熟悉的。

解放以后,他写了关于旧知识分子在党的领导下如何自我改造,迈上为人民服务的道路的剧本《明朗的天》,曾得全国第一届话剧观摩演出会剧本奖一等奖,此外他还翻译了莎士比亚的《柔密欧与幽丽叶》,由作家出版社出版(现已转给人民文学出版社出版了)。几年来他还写了一些杂文,这些文章部分是热情地歌颂当前伟大的社会主义建投和政治运动的,同时也深恶痛绝地打击了反动的渣滓,还有一些是文艺杂感和游记。这些短文收集在北京出版社即将出版的《迎春集》里。

他在解放前写的剧本,解放后再版的有《雷雨》(中国戏剧出版社)、《家》(新文艺出版社),人民文学出版社还出版了《曹禺剧本选》,包括他《雷雨》《日出》《北京人》三个剧本。

他的作品被译为外文的有《雷雨》《明朗的天》(朝鲜文),《雷雨》《日出》《蜕变》(日文);最近外文出版社又出版了王佐良、王恩斯译的《雷雨》(英文),还将出版《日出》的英译本。

7月3日　上午,各人民团体和各民主党派负责人举行联席会议,经过讨论并决定调整中国人民保卫世界和平委员会的组织机构,扩充中国亚非团结委员会的成员。"会上还讨论了关于支持7月16日在斯德哥尔摩举行的'裁军和国际合作大会',并决定派遣一个代表团参加大会。"会议通过"中国人民保卫世界和平委员会主席、副主席及常务委员名单",曹禺与崔月犁、楚图南、廖承志、蔡廷锴、冀朝鼎等49人为常务委员,并通过"中国人民保卫世界和平委员会全国委员名单(共计一百三十三人)",曹禺与谢冰心等人为全国委员。(《各人民团体和各民主党派负责人举行联席会议,决定调整保卫和平委员会机构,扩充中国亚非团结委员会的成员》,《人民日报》,1958年7月4日)

7月24日　在《人民日报》发表《六亿人民警告你》一文。后收入《高举红旗反侵略》一书,《曹禺全集》第6卷。

7月30日　在《中国青年报》发表《不退出,就消灭他!》一文。后收入《曹禺全集》第6卷。

8月2日　据郑振铎记述:"夜,七时,周而复偕曹禺夫妇来,同到前门外鸿宾楼晚餐。(萨)空了、小箴、(阳)翰笙、夏衍及(张)致祥等陆续来。九时半,散,冒雨

而归。"(《郑振铎日记全编》第 630 页)

8 月 15 日　曹禺与茅盾、老舍、赵树理、周立波、谢冰心、田汉、欧阳予倩、梅兰芳、阳翰笙分别致电日本"松川事件"对策协议会会长、日本著名作家广津和郎，以及"松川事件"的被告杉浦三郎等，表示支持他们为反对日本法院的非法裁判而进行的正义斗争。(《我人民团体和文化界人士声援"松川事件"无辜被告》，《人民日报》，1958 年 8 月 17 日)

是月　《高举红旗反侵略——反对美英侵略阿拉伯诗文画集》第 4 集由作家出版社出版。收入曹禺、郑振铎、郭小川、杨朔、冰心等人诗文、画作四十篇，收入曹禺《六亿人民警告你》一文。

是月　法文版《雷雨》由北京外文出版社出版，陈绵译。1980 年重印，为第 3 版。

是月　出席中央戏剧学院表演干部训练班毕业典礼。学员毕业演出剧目有曹禺翻译的《柔密欧与幽丽叶》，田华、赵凡、陈铮、嵇启明等参演。

9 月 2 日　上午，与欧阳山尊、赵起扬等到北京大兴区了解群众文化工作开展情况。(《北京人民艺术剧院大事记》)

9 月 6 日　下午，出席第十五次最高国务会议。据载："毛泽东主席召集的第十五次最高国务会议 6 日下午继续举行。会上，中共中央副主席、国务院总理周恩来对于台湾海峡地区的当前形势和中华人民共和国政府'关于台湾海峡地区局势的声明'作了说明。会议就这个问题交换了意见之后，一致同意周恩来总理授权发表的声明。会议号召全国各界人民一致动员起来，为坚决反对美帝国主义在台湾海峡地区的军事挑衅和战争威胁而斗争。""今天新到会的，有中共中央委员、公安部部长罗瑞卿，中国国民党革命委员会中央委员会副主席、华侨事务委员会主任何香凝，国防委员会副主席、水利电力部部长傅作义，中国民主建国会中央委员会副主任委员、全国人民代表大会常务委员会委员施复亮，中国民主促进会中央委员会副主席车向忱，中国作家协会理事会理事曹禺。"(《最高国务会议讨论当前局势》，《人民日报》，1958 年 9 月 7 日)

9 月 8 日　在《人民日报》发表《侵略者，小心你的脑袋！》一文。收入《怒火万丈(解放台湾诗文画集)》。后收入《曹禺全集》第 6 卷。

9 月 9 日　与欧阳山尊、赵起扬等到北京大兴区继续了解群众文化工作开展情况。(《北京人民艺术剧院大事记》)

9 月 23 日　与田汉、吴作人、蒋和森、李可染等一行赴河北省安国县参观。晚，听取该县情况汇报。(《田汉年谱》第 494 页)

9月30日 上午九时,出席在北京体育馆举行的中阿(尔巴尼亚)、中保(加利亚)、中匈(牙利)、中越(南)、中德(意志民主共和国)、中朝(鲜)、中蒙(古)、中波(兰)、中罗(马尼亚)、中捷(克斯洛伐克)十个友好协会成立大会。(《十个友好协会在京成立》,《人民日报》,1958年10月1日) 曹禺为中蒙友好协会副会长。[①](《中国同十个社会主义国家友协会长、副会长名单》,《人民日报》,1958年10月1日)

是月 自编散文集《迎春集》由北京出版社出版。1959年4月第2版。此集共收曹禺1950年至1958年3月所作散文38篇,并附《后记》:"我要说出一个中国人,在今天春光满眼的生活里,油然而生的思想和感情。""在这个集子里,有些篇是围绕着祖国的春天这个题目写的。但也有几篇,却写了一些那样令人憎恶、愤怒的人物,他们终于走上了没落的道路。旧事物的毁灭,使我更相信祖国的未来。我心里洋溢着自由光明的时代的欢喜。""因此,就把这个集子名为《迎春集》。"

是月 《怒火万丈(解放台湾诗文画集)》由作家出版社出版。收入曹禺、郭沫若、田汉、叶圣陶等人诗文、画作25余篇,收入曹禺《侵略者,小心你的脑袋!》一文。

10月1日 在《北京日报》发表散文《祖国在飞奔》,文系迎接国庆而作。文说:"今天——举国欢腾的十月一日,每个人都望见了贯串一九五八年的一条鲜明的红线,那是:全国大跃进,大丰收,一切都是不断革命、激奋人心的现象。个个人都欢天喜地,意气风发,大家一条心,创造着历史上空前的大变革。"

10月3日 《剧本》10月号总题为《美国强盗从台湾滚出去》,刊田汉、老舍、曹禺等文章,曹禺文题为《把侵略者埋葬在我们的领海里》,后收入《曹禺全集》第6卷。

10月8、9日 《人民日报》刊消息《亚非作家站在民族独立斗争前列,塔什干会议上洋溢各国作家爱国主义热情》:"9日上午和8日下午,亚非作家会议继续举行全体会议,讨论第一项议程。代表们在发言中谈到亚非各国人民的友谊和文化交流,谈到亚非各国文学在反殖民主义斗争中的作用。""为亚非作家会议举行的戏剧周9日继续在塔什干六家剧院和音乐院中进行。高尔基剧院上演了中国剧作家曹禺的《雷雨》。这个戏剧周节目单中包括了亚非国家四十五个优秀剧本。"

10月11日 在《文艺报》第19期发表《必须减低稿酬和上演报酬》。文说:"作家的稿酬应当大大减低,已成了从事创作的人们的普遍要求。作家应该是一个普通劳动者,他的生活与待遇和劳动人民的生活水平,不该有悬殊。""体力劳动与脑

---

① 后会长改为范长江,副会长增加毛齐华和曹荻秋。(转自大公报社人民手册编辑委员会:《1961人民手册》)

力劳动的差异,今后将被逐渐地消灭。……我想,剧本的上演报酬制度也应该重新考虑,或者根本取消,或者减低到原定上演报酬的三分之一。"

10 月 22 日　参加作协组织的炼钢劳动。据《人民日报》载:"22 日,在北京东城区的一个普通的庭院里,从午夜到黄昏,都有一群群人在欢笑地劳动着。这是首都的诗人、作家、外国文学研究者、文学编辑工作者、文学团体工作人员们在参加中国作家协会所组织的炼钢生产。他们中间有邵荃麟、刘白羽、周立波、张天翼、曹禺、艾芜、张光年、侯金镜、严文井、臧克家、陈白尘、陈伯吹、楼适夷、金人、汝龙等人,还有《文艺报》、《人民文学》、《诗刊》、《译文》、《新观察》和作家出版社的许多编辑工作者。他们从 22 日零时到下午七时,已在这个院子里用坩埚、低温炉炒钢、反射炉炒钢等三种办法炼出了一千零五十六斤钢。其中一炉用坩埚炼出的高碳钢是由邵荃麟、刘白羽等炼出来的。

"中国作家协会为了响应党中央的全民炼钢的号召,更好地在劳动中锻炼、改造自己,从本月 10 日就开始组织文学工作者炼钢。……最近几天,他们要争取每天保持产钢千斤,还准备搞转炉炼钢。"(《作家炼钢》,《人民日报》,1958 年 10 月 24 日)

10 月 31 日　下午三时,曹禺与茅盾、邵荃麟、戈宝权、赵树理、张天翼、陈白尘、臧克家、艾芜、叶君健、严文井、郭小川等以及中国作家协会工作人员在炼钢工地紧张劳动。当时,参加亚非作家会议后,应邀来我国访问的印度尼西亚、缅甸、泰国、非洲塞内加尔等国的作家来到现场参观,并和曹禺等中国作家一起参加炼钢劳动。(《一炉象征亚非团结的钢,外国作家和我国作家一起炼钢》,《人民日报》,1958 年 11 月 2 日)

据宗璞记述:"张天翼和曹禺一直身体不算太好,也起劲地炒着钢,并且根据钢水的火候,有时大炒有时小炒,恰到好处。"(《钢炉烧尽冬天雪,催促时光早到春》)

是月　《语文学习》第 10 期刊梁伯行《〈我们的春天〉的思想内容和艺术特点》,对曹禺这篇散文给与评论。

是月　与田汉、老舍等特地赴河北安国县伍仁村拜谒关汉卿墓地。(《关汉卿故乡——河北安国伍仁村访问记》)

是月　某晚,在北京中央戏剧学院实验剧场,和夫人观看上海大公滑稽剧团演出《苏州两公差》。(《绛帐春风化春雨——记著名戏剧家曹禺(万家宝)》)

11 月 3 日　与田汉、夏衍、老舍、阳翰笙、陈白尘联名在《剧本》11 月号发表《我们热烈拥护降低稿酬》。文说:"最近,上海、北京一些报刊和出版社倡议实行降低稿酬标准一半左右的办法。我们热烈拥护降低稿酬,并以行动来支持这个倡议。""稿酬制度,应该说,它是资产阶级法权观念的残余。……稿酬制度应该来个大的改革。目前先走第一步是合适的,希望待条件成熟后,完全取消稿酬。"

11月6日 欧阳山尊、赵起扬、田冲、夏淳到颐和园同曹禺商谈演出外国剧目问题。[①](《北京人民艺术剧院大事记》)

11月20日 上午,在国务院廖承志办公室,与欧阳山尊、赵起扬、夏淳参加为郭沫若创作保卫世界和平的剧本举行的座谈会。(同前)

11月21日 上午,再赴郭沫若住处讨论剧本创作问题。(同前)据曹禺文述:"我曾和北京人艺的同志们到他家里去,请他为我们写剧本,每次他都慨然应允。有一次我们准备排他过去写的剧本,他听到后,不大赞同。他爽快地说:'我给你们写一个吧。'有时他留我们在他家中吃饭,往往餐中就想出了题目。《武则天》《蔡文姬》都是应我们的请求写的。他把剧本交给我们时,他说,剧本交到你们手中,你们就可以改动。而我们有时为着方便演出少许地动了一下时,他总是欣然同意。郭老为人之平和谦逊,使我们感动,也教育我们。"(《沉痛的追悼》)

11月27日 上午,与赵起扬、夏淳、刁光覃等邀请志愿军王平政委、总政梁必业部长等同志座谈,谈郭沫若创作剧本问题,并请他们提供素材和建议。中午至萃华楼便饭。(《北京人民艺术剧院大事记》)

11月28日 晚,与赵起扬、周瑞祥等在北京市委下放干部办公室请教市委组织部同志,就创作下放干部题材剧本提出意见。(同前)

12月1日 下午,参加北京人艺创作会议,并就创作方法讲话。(《北京人民艺术剧院大事记》)

12月2日 上午,与周瑞祥访问人民大学党委副书记刘寿朋,收集有关下放干部的材料。(同前)

12月2—6日 湖北省第二届人民代表大会第一次会议举行。会上,曹禺被选为第二届全国人民代表大会的代表。(《湖北省举行人代大会,选出省长和出席全国人代大会代表》,《人民日报》,1958年12月11日;《湖北省第二届人民代表大会第一次会议汇刊》)

12月4日 晚,与赵起扬、夏淳、舒绣文等邀请志愿军政治部、文工团同志座谈郭沫若剧本创作问题。(《北京人民艺术剧院大事记》)

12月8日 在《人民文学》12月号发表《伟大的文献——阅读〈毛泽东同志论帝国主义和一切反动派都是纸老虎〉》一文。后收入《曹禺全集》第6卷。

12月10日 上午,与赵起扬、舒绣文等到郭沫若处谈剧本创作,郭沫若根据各方面的意见,经慎重考虑,拟改变原来的创作计划。(《北京人民艺术剧院大事记》)

---

① 曹禺当时在颐和园休养。

12 月 18 日　下午,与赵起扬带北京人艺创作组代表到北京市文化局参加创作经验交流会。(同前)

12 月 23 日　在《人民日报》发表《创造更完美的现代题材的戏曲剧目——看陕西省戏曲赴京演出团的演出》一文。收入《陕西戏曲在北京演出评论集》、《陕甘宁边区民众剧团艺术纪实》。该文就如何进一步提高现代题材的戏曲剧目,如何更好地继承和发扬我国戏曲艺术的优秀传统作了阐述。曹禺认为:"提高表现现代生活的戏曲的艺术质量,要靠编剧者,但更要靠导演和演员。现实生活的动作当然是表演的基础,但似乎还要多多领会传统的表演艺术的客观规律,学习如何恰当但又充分地提炼、集中、夸张,更艺术地表现今天的生活现实。我们需要破除迷信,解放思想,大胆而又细心地来创造在艺术质量上也赶上古典剧目的表现现代生活的戏曲剧目。"

12 月 29 日　下午,参加北京人艺党组扩大会。(《北京人民艺术剧院大事记》)

是年　大女儿万黛就学北京医学院,曹禺应邀参加该学院的文艺会演,观演后,先生"感到一股青春的气息迎面扑来,充满生气"。(《怀念爸爸曹禺》,《曹禺研究论集——纪念曹禺逝世周年学术研讨会论文集》第 27 页)

是年　李赫特尔访问我国北京、天津等地。(《李赫特尔其人其事》,《钢琴艺术》2001 年第 1 期)曹禺携女儿观看演出。据万昭回忆,"苏联大钢琴家李赫特尔来华演出,票价很贵,爸爸毫不吝惜地买了票带我们去听。平时不修边幅的他,居然穿上西装,仿佛去参加盛典,他以这种方式表达了对音乐艺术和音乐家的敬意。"(《怀念爸爸曹禺》,《曹禺研究论集——纪念曹禺逝世周年学术研讨会论文集》)

是年　山西省话剧院演出曹禺的《日出》。李世玲饰演陈白露,张登乔饰演顾八奶奶,张子亭饰演胡四,康淑文饰演翠喜,杨幸瑗饰演小东西,野冰饰演潘经理,周西梦饰演方达生。(山西省话剧院:《半个世纪的五彩路(1942—1995)》画册)

是年　《雷雨》越文第二版由河内文化出版社出版,邓台梅翻译。《日出》越文版由河内文化出版社出版,邓台梅翻译。《明朗的天》越文版由河内文艺出版社出版,编辑部翻译。《胆剑篇》越文版由河内文艺出版社出版,梅天、武氏芝、胡浪翻译。

1959 年　五十岁

7月2日至8月16日，中共中央在庐山先后举行政治局扩大会议和八届八中全会，开展了对"彭德怀、黄克诚、张闻天、周小舟反党集团"的错误批判，通过了《为保卫党的总路线、反对右倾机会主义而斗争》的决议。此后在全国掀起了"反右倾"运动。

11月7日，靳以在上海逝世。

12月8日，中共中央宣传部召开全国文化工作会议，错误地提出开展批判修正主义、批判资产阶级文艺的运动。

1月7日　下午，参加北京人艺院党组会。（《北京人民艺术剧院大事记》）

2月9日　晚，中国人民保卫世界和平委员会副主席廖承志设宴欢迎日本禁止原子弹和氢弹协议会理事长、"加强国际和平"列宁国际奖金获得者安井郁。曹禺与李德全、史良、蔡廷锴、田汉、王芸生、谢冰心、康永和、孟用潜等各界人士出席，在京的日本和平人士西园寺公一和朝鲜和平人士黄凤九也参加了宴会。（《廖承志设宴招待安井郁》，《人民日报》，1959年2月10日）

2月28日　田汉邀请首都老剧人举行座谈，讨论话剧的提高与发展问题。"曹禺同志因病未能参加，但他写了书面发言。""曹禺同志在书面发言中，着重谈到创作技巧问题。他说，作家一方面要深入生活，一方面还要善于想象。""曹禺同志认为，还需要从观众中去学习技巧。""一切文学艺术都是相通的，要扩大眼界，丰富我们的思想。看戏、读书，切忌'浅尝辄止'。"（《使话剧艺术无愧于伟大时代——首都剧人座谈话剧的提高发展问题》，《光明日报》，1959年3月14日）

据《郭沫若年谱》："（二月）二十八日，与欧阳予倩、夏衍、阳翰笙等出席田汉召集的戏剧座谈会，讨论话剧发展问题。"（《郭沫若年谱·下卷》第260页）

但据《戏剧报》载，田汉为召集人的戏剧座谈会是于3月18日、24日、28日在中国戏剧家协会举行，出席者与《光明日报》报道大致相同，《戏剧报》总题《戏剧座谈会讨论话剧发展》在《戏剧报》第5—7期①连续刊登了与会者的发言，每期文前刊

① 《戏剧报》本年是半月刊，三期刊期分别是3月17日、4月1日和4月16日。

有会议召集人、出席人、日期及地点①。曹禺的书面发言题《切忌"浅尝辄止"》刊于（3 月 17 日）第 5 期，后收入《论戏剧》，《曹禺论创作》，《曹禺全集》第 5 卷。

春　曾到无锡参观，并观看锡剧《珍珠塔》。据梅兰珍回忆："1959 年春天，钱俊瑞和曹禺同志先后来到无锡，他们看了我们的《孟丽君》和《珍珠塔》，认为这两出戏不错，于是向陆定一汇报，决定调京演出。"（《谪仙心曲——一代锡剧表演艺术家梅兰珍先生忆往事》）

3 月 1 日　郭沫若就剧本《蔡文姬》修改之处致信曹禺、焦菊隐。（《郭沫若研究》第 2 辑，1986 年 3 月）

3 月 8 日　"三八"妇女节，与老舍等陪同周恩来、邓颖超、李先念观看北京人民艺术剧院演出的《女店员》。演出结束后，与演员合影。（《新文学史料》1979 年第 3 期照片说明;《人民日报》第 5 版图片说明，1978 年 11 月 26 日）

3 月 12 日　《人民日报》刊载《中华人民共和国第二届全国人民代表大会代表名单》。曹禺为湖北省全国人民代表。

3 月 17 日　郭沫若就剧本《蔡文姬》修改之处致信曹禺、焦菊隐。信说："《蔡文姬》中'杨训'一角请改名为'周近'。凡说白中提到'杨司马'的地方均请改为'周近司马'。"（《郭沫若研究》第 2 辑，1986 年 3 月）

是月　《陕西戏曲在北京演出评论集》由东风文艺出版社出版，田汉、马少波等著。其中收录了 1958 年陕西戏曲赴京演出团在北京演出的古典戏《三滴血》《游西湖》以及现代戏《梁秋燕》《金琬钗》等的评论文章八篇，作者有曹禺、梅兰芳、马少波、欧阳予倩、田汉和屠岸等，曹禺一文为《创造更完美的现代题材剧目》。

4 月 2 日　《人民日报》报道《提高思想质量和艺术质量，让话剧武器更加锋利，首都话剧界讨论提高和发展话剧艺术问题》："中国戏剧家协会最近在北京连续举行了三次话剧艺术座谈会，热烈讨论了提高和发展话剧艺术的问题。参加座谈会的有剧作家、导演、演员、舞台工作者七十多人。""曹禺说，脱离了人民群众的思想感情，技巧便是'把戏'，剧作家要从观众的哭、笑和掌声中去研究什么叫'紧凑'、'简洁'、'洗练'，什么叫'震撼人心'"。

4 月 18—28 日　中华人民共和国第二届全国人民代表大会第一次会议在北京召开。曹禺作为湖北省 48 名代表之一出席会议。（《全国人民代表大会二届首次会议开幕》，《人民日报》，1959 年 4 月 19 日;《全国人代会二届首次会议胜利闭幕》，《人民日报》，

---

①　所刊会议日期，显示为"日期：三月二十八日"，这里疑似印刷错误。再，3 月 17 日出版之《戏剧报》不可能刊登 3 月 28 日的事，只能是"二月二十八日"。田汉召集的 3 次讨论会应是在 2 月 28 日、3 月 24 日、28 日。

1959 年 4 月 29 日;《中华人民共和国第二届全国人民代表大会代表名单》,《人民日报》,1959 年
3 月 12 日)

4 月 18 日　罗马尼亚克鲁日国家剧院首演曹禺的《雷雨》。导演格·弗洛里
昂。(《〈雷雨〉在罗马尼亚首次演出》,《曹禺研究资料汇编》第 41 页)

4 月 21 日　上午,到钱俊瑞处听取对《蔡文姬》的意见。随后到周扬处听周
扬、林默涵、范文澜等意见,周扬传达周恩来意见:这个戏要演出,但要改一改。
(《北京人民艺术剧院大事记》)

4 月 25 日　罗马尼亚《论坛报》发表亚·格普拉里乌的剧评《雷雨》。文说:
"曹禺的戏剧创作从实质上讲是高尔基型的。第一个社会主义现实主义的伟大作
家的影响在中国剧作家所处理的题材中可以感觉出来……曹禺的戏剧创作对中国
舞台来说是个交叉点,它包含着从中国的旧戏剧到它的现代阶段的过渡过程中的
根本时刻。……"(《〈雷雨〉在罗马尼亚首次演出》,《曹禺研究资料汇编》第 42 页)

4 月 27 日　上午,在北京工人俱乐部会场,出席第二届全国人民代表大会第
一次会议的大会讨论,并作书面发言。(《人大代表和政协委员继续谴责印度扩张主义分
子》,《人民日报》,1959 年 4 月 28 日;《四月二十七日上午工人俱乐部会场发言顺序名单》,《中华
人民共和国第二届全国人民代表大会第一次会议文件合订本第三册》,1959 年 4 月)曹禺发言
题为《提高戏剧艺术的质量——曹禺代表的发言》刊于 5 月 3 日《人民日报》。

4 月 30 日　下午,周扬召集曹禺、田汉、阳翰笙、焦菊隐、刁光覃等谈《蔡文姬》
的剧本修改问题。(《北京人民艺术剧院大事记》)据张我威文述:"4 月底,郭老因为出
国,就把进一步修改剧本的事宜委托给阳翰笙、田汉、曹禺、焦菊隐。事后,郭老热
情地给这四位同志写信道:'您们改的剧本,我仔细斟酌了几遍,认为改得很好。我
很感谢您们……凡所删改,除极少处无关宏旨的地方,我都尽量采纳了。只是在笔
调上略略修改了一些,以求全剧笔调和风格的统一。'"(《剧院的良师益友》,《秋实春华
集》第 61 页)

是月　四幕剧《家》由上海文艺出版社出版。新华书店上海发行所总经销。

5 月 2 日　下午,参加北京人艺党组会。会中,接待"来院送剧本"的郭沫若,
郭沫若同时带来他给"(阳)翰笙、寿昌(田汉)、曹禺、(焦)菊隐各位同志并转周扬同
志"的信函。郭沫若走后,曹禺在党组会上读了郭沫若的信。会后,即往周扬处送
郭沫若修改后的剧本以及郭沫若的信。晚,北京人艺在政治学院演出《女店员》,曹
禺与老舍陪同周恩来、李先念、邓颖超观看。(《北京人民艺术剧院大事记》)

是日　郭沫若再次致信曹禺、焦菊隐,谈《蔡文姬》的修改。(《郭沫若研究》第 2
辑,1986 年 3 月)

5 月 2、3 日　中国文学艺术界联合会召开第二届全国委员会扩大会议。曹禺与茅盾、周扬、钱俊瑞、夏衍、柯仲平、老舍、田汉、欧阳予倩、梅兰芳、阳翰笙、蔡楚生、吕骥、巴金、许广平、吴作人、邵荃麟、郑伯奇、李劼人、周信芳、熊佛西、贺绿汀、刘开渠、叶浅予、蔡若虹、赵树理、陶纯、吴晓邦、方令孺、李霁野、徐嘉瑞、石少华、袁雪芬、张瑞芳、陈书舫、红线女、侯宝林等二百余人出席。在会上广泛交谈了关于发展文学艺术创作和贯彻执行"百花齐放、百家争鸣"的方针问题,并讨论决定于1959 年 12 月召开第三次中国文学艺术工作者代表大会。(《文联召开全国委员会扩大会议,讨论贯彻文艺方针问题》,《人民日报》,1959 年 5 月 5 日)

5 月 3 日　上午,与欧阳山尊就《蔡文姬》的修改一事向周恩来汇报。(《北京人民艺术剧院大事记》)

是日　参加在中南海紫光阁召开的座谈会,这次座谈会是周恩来同志邀请人大代表、政协委员中的部分文艺界代表和委员,以及在京的部分文艺工作者举行的。周恩来同志在会上作了《关于文化艺术工作两条腿走路的问题》的报告。(同前)

是日　《人民日报》刊《提高戏剧艺术的质量——曹禺代表的发言》。该文是曹禺在第二届全国人民代表大会上的发言。收入 6 月 10 日《新华半月刊》第 11 号。后收入《曹禺全集》第 5 卷。

是日　郭沫若再次致信曹禺、焦菊隐,谈《蔡文姬》的几处修改。(《致周扬、阳翰笙、田汉、曹禺、焦菊隐等(九函)》,《郭沫若研究》第 2 辑)

5 月 8 日　晚,北京人艺《蔡文姬》彩排,曹禺等陪同周恩来、陈毅等审看,演出结束后,曹禺转达周恩来意见。(《北京人民艺术剧院大事记》)

5 月 16 日　上午,应苏联作家协会邀请前往莫斯科出席第三次全苏作家代表大会的中国作家代表团团长茅盾,团员老舍、于黑丁乘飞机去莫斯科。曹禺与邵荃麟、严文井等到机场送行。(《应邀出席苏联作家代表大会,我作家代表团抵莫斯科》,《人民日报》,1959 年 5 月 17 日)

是月　《文学书籍评论丛刊》第 5 期刊《漫话曹禺的剧作》(署名朱青)。版权页"本期评介书籍"包括《曹禺剧作选》。

是月　《雷雨》、《日出》收入由中国戏剧家协会选编的"五四以来话剧剧本选"丛书,由中国戏剧出版社出版。

6 月 8 日　到文联礼堂观看锡剧《珍珠塔》,并给与好评。据《中国戏曲志·江苏卷》:"6 月初至 7 月 2 日,文化部调无锡市锡剧团赴京汇报演出。8 日,在中华全国文联礼堂首场演出《珍珠塔》,中共中央宣传部副部长胡乔木、周扬,文化部副部长钱俊瑞、陈克寒,以及茅盾、张庚、欧阳予倩、曹禺、阳翰笙、周巍峙等观看演出。19日,在国务院小礼堂演出,刘少奇、周恩来、朱德等党和国家领导人及程潜、史良等观看了演出。后,又在公安部、文化部、中共中央党校礼堂各演一场。"(《中国戏曲志·江苏卷》第86页)

另据报道:"'百花争艳'的北京艺坛上,又添喜讯。无锡市锡剧院,给观众带来了具有南方民间风味的精彩锡剧剧目。从13日起,首次公演了优秀的传统剧目《珍珠塔》,从16日起,又公演了《孟丽君》。""剧作家欧阳予倩、曹禺等看了这出戏以后,都一致给与好评。"(《做功细致逼真,唱腔婉转动人,锡剧〈珍珠塔〉在京打响第一炮》,《人民日报》,1959年6月17日)

6月13日 《人民日报》刊报道《勤学苦练 精益求精:北京文艺工作者大力提高作品的思想性和艺术性》,文内加小标题《突出了鲁大海的反抗性 曹禺再次修改〈雷雨〉》、《矛盾更集中,剧情更连贯 〈赤壁之战〉重新改编》、《鞭挞了封建社会黑暗势力 〈大雷雨〉将搬上舞台》、《为了更多本领 杜近芳谙文习武》报道了北京文艺工作者"勤学苦练,精益求精","千方百计地提高作品的思想性和艺术性"的情况。"曹禺再次修改《雷雨》"的情况是:

剧作家曹禺最近修改了《雷雨》。这个剧本是作者在1933年写成的。是我国话剧史上优秀剧目之一。剧本通过对一个资产阶级罪恶大家庭的揭露,无情地讽刺、抨击了旧中国的家庭和社会。

长时期以来,曹禺总感到原作中对煤矿罢工领导人鲁大海的处理是一个"疙瘩"。鲁大海的思想不够鲜明,性格不够统一。这次修改中,作者着重刻划了鲁大海同周家之间的阶级矛盾,而把鲁大海同周萍、周冲和四凤之间的个人纠葛摆在次要的地位,从而就突出了鲁大海的反抗性,加强了戏剧主题。曹禺说,这回算是把"疙瘩"去掉了。

作者在《雷雨》第三幕增添了几句简练、有力的对白。鲁大海为了解除鲁妈怕他到矿上"闹事"的顾虑,对鲁妈说:"我们要闹出个名堂来。不要看他们这么霸道,周家这种人的江山是坐不稳的。"鲁妈说:"孩子,你老实点吧,妈的命够苦了!"大海却说:"妈,你别这样劝我了,我们不能认命……"寥寥几笔,鲁大海同资产阶级势不两立的态度就更加明朗化了。

原作最后一幕中,周萍和四凤的恋爱关系揭开,大海曾经因同情他妹妹四凤的处境而同意周萍把四凤带走。这样处理,同大海一贯对周家疾恶如仇的阶级感情是不相符的。曹禺把这个情节改成大海让鲁妈先把四凤带回家去,然后用仇恨的眼光瞪着周萍,咬牙切齿地说:"我们是人,不是畜生……"此外,作者还删掉了周萍向大海坦白他同后母繁漪的不正当男女关系等不大符合剧情发展逻辑的情节。曹禺以前曾经修改过《雷雨》。他对记者说，这次修改是否得当，还有待艺术实践的考验和观众的评价。

6 月 22 日　《文汇报》刊蔡平、高文海《孙景璐谈翠喜》一文。

7 月 6 日　上午，北京人艺召开全体党员会，选举党委会，曹禺当选党委委员。（《北京人民艺术剧院大事记》）

7 月 10 日　晚，首都各界人民隆重集会，坚决支持蒙古人民共和国参加联合国的合理要求，热烈祝贺蒙古人民革命胜利 38 周年。曹禺与老舍、包尔汉、张致祥、楚图南、王光英、朱子奇、刘清扬、王炯等出席。（《热烈祝贺蒙古人民革命胜利三十八周年》，《人民日报》，1959 年 7 月 11 日）

7 月 20 日　下午，参加北京人艺党委会，讨论演员训练班的教学计划和老演员研究班问题、分队问题等，关于老演员研究班，曹禺提出这个研究班的目的除了总结经验、提高水平、克服缺点之外，还应该研究出北京人艺的特点来。（《北京人民艺术剧院大事记》）

8 月 2 日　和郭小川等游颐和园，并横渡昆明湖。据郭小川记述："星期日。六时多起，七时半吃早饭，昨天晚上租好了船，早八时就上了船，从十七孔桥划出。""我去接小林、梅梅和世蓉，他们去曹禺处。接到孩子后，我们也去石坊找到曹禺。""我和曹禺横渡昆明湖。这时才十点。……"（《郭小川全集·日记（1959—1976）》第 10 卷）

8 月 19 日　修改后的《雷雨》由上海人民艺术剧院二团在长江剧场演出。导演吴仞之，舞台设计朱士场、庄则忠，演员有刘谟琮、诸葛明、李守荣、程素琴、王频等。（《上海话剧志》第 55 页）

9 月 18 日　上午，《雷雨》（被列入艺本年国庆献礼重点剧目）在北京人艺彩排。（《北京人民艺术剧院大事记》）

9 月 25 日　上海《文汇报》刊署名"大椿"《难忘的悲剧形象——从一点来谈白杨同志表演的陈白露》一文。

9 月 28 日　《人民日报》刊消息《波人民热烈展开庆祝活动》："从波兰各地继续传来各界人民热烈展开各种活动，庆祝中华人民共和国建国十周年的消息。……华沙古典剧院正在排练中国作家曹禺的名剧《雷雨》，准备在 10 月间演出，这将是波兰剧院演出的第一个中国戏剧。"

9 月 29 日　上海《文汇报》刊署名"戈今著文、张楚良绘画"的《〈日出〉欣赏》。

是月　北京出版社编辑的《北京在前进——北京通讯、特写选集（1949—1958

年)》一书出版。收入曹禺《朽木生出了绿芽》《社会主义建设者的摇篮》《北京——昨日和今天》《半日的"旅行"》四篇散文。

10月2日 下午,北京人艺召开党委会,决定事项之一是,赵起扬赴青岛看望曹禺,并与曹禺研究修改《星火燎原》剧本之事。(《北京人民艺术剧院大事记》)

10月12日 《读书》第19期"世界书讯"栏刊消息《苏联艺术出版社出版我国戏剧作品》:

> 苏联艺术出版社在把我国现代戏剧作品介绍给苏联读者方面做了很多工作。它在今年以前就已经陆续翻译出版了郭沫若的《屈原》,老舍的《龙须沟》和《方珍珠》,陈其通的《万水千山》,曹禺的《雷雨》(1956年出版——编者注),胡可的《战斗里成长》,朱素臣的《十五贯》,以及《梁山伯与祝英台》。
>
> 今年,艺术出版社翻译出版的有:刘川的《青春之歌》;田汉的历史剧《关汉卿》;曹禺的剧作选(两卷集),这个集子收入的剧作,除了早就为苏联广大读者熟知的《雷雨》外,还包括《日出》、《北京人》和《明朗的天》。两卷集前面有Б·彼得罗夫写的专论曹禺的创作的前言和曹禺自己为两卷集写的序。

10月13日 上海《解放日报》刊陈恭敏《喜看〈日出〉换新装》一文。

10月17日 中国戏剧家协会上海分会举行《日出》座谈会,着重讨论了该剧的导演处理。据载:"上海剧协在十月中旬至十一月下旬之间,召开一系列的专题座谈会。""第一次座谈会于十月十七日举行。话剧界编剧、导演和演员二十余人出席。会上着重讨论了《日出》的导演处理问题。瞿白音、黄佐临、吕复、江俊、钱英郁、陈恭敏、李大椿等同志的发言,着重围绕陈白露的悲剧性格问题展开了讨论……"(《剧协组织话剧专题座谈会》,《上海戏剧》1959年第2期)

10月28日 致信王仲晨①。信说:

> 月来连读您的信,因为一直在头昏目眩,提笔又头痛,就延至今日才作复。最近,失眠好多了,精神也好了一些,感谢你的信,你的信都给了我很大的安慰。
>
> 大致安心养病,才能有效。现在每日在海滩晒太阳,打太极拳,站桩,晚间

---

① 王仲晨,原名王树基,上海人,中共党员。1935年起历任上海、昆明、重庆排字工人,桂林西南印刷厂工务主任,《广西日报》副刊编辑,上海新知书店、大连三联书店干部,1949年后历任北京三联书店及中国图书发行公司总管理处、国际书店总店行政处办公室主任,人民文学出版社现代文学编辑部鲁迅著作编辑室主任,编审。曾获首届韬奋出版奖及新闻出版署授予的优秀编辑奖。1939年开始发表作品。1979年加入中国作家协会。著有小说《海年先生》,散文《寻觅》《保人》《怀念雪峰同志》《鲁迅著作出版工作的十年》等,参与主持《青春之歌》《茅盾文集》《巴金文集》《巴金全集》《瞿秋白文集》《鲁迅全集》《茅盾全集》《巴金散文全集》等图书编辑出版工作。

读毛主席的选集,精神好多了,也能睡、能吃了。我无论做甚么都过分紧张,因此好终日疲乏、烦躁不安,这一点我才知道要克服。我的病与自己的政治修养太欠缺有关。你若有功夫,给我多提些意见。

整风学习中,你一定帮忙。几年来,我拖拖拉拉地病,都未能参加学习,只有赶紧养好病,安心养病,不久回到工作中补课。

青岛风景优美,气候温和,现在十月末梢头了,海滩还有人游泳。我住一小楼上,对面便是大海,晴天丽日,浪涛夹着海风,迎面而来,爽朗极了。但是非常想北京,想首都的建设,首都的人。首都一切是可爱的,离开北京才更体会在北京的幸福。

我的选集如已出版,望寄二三本来,准备送人。书价请由稿酬扣。(《王仰晨编辑人生》第435、436页)

10月31日　晚,波兰古典剧院上演曹禺的话剧《雷雨》。"这是波兰剧院演出的第一个中国剧目。波兰文化艺术部副部长扎奥尔斯基、波兰统一工人党中央书记处书记阿尔布列赫特、波兰文艺界代表、各国驻波兰外交代表和中国驻波兰大使王炳南等观看了这次演出。"(《波兰上演我国话剧〈雷雨〉》,《人民日报》,1959年11月2日)

是月　据鲍利斯·沃尔金文述:"在中华人民共和国建国十周年的节日里,莫斯科普希金话剧院举行了曹禺的《雷雨》的第四十二场演出。这个戏是由苏联最老的导演大师之一尼·华·彼得罗夫导演的,他深刻地剖露了这部家喻户晓的中国近代剧中人物的心理状态。……""在剧院海报上最常见到的是曹禺的名剧,它有时被译成了各种不同的、但彼此接近的名称,如《雷雨》《暴风雨》《台风》①……。这个剧本给中国的戏剧作品带来了广大的声誉,光是俄罗斯苏维埃联邦社会主义共和国就有六十五家剧院把它列为保留剧目。"([苏联]鲍利斯·沃尔金:《中国戏剧作品在苏联舞台上——为〈戏剧报〉而作》)

是月　《明朗的天》由人民文学出版社出版单行本。

11月5日　郭沫若致信曹禺、焦菊隐、欧阳山尊、赵起扬。信说:"多谢您们亲切的来信,《蔡文姬》今晚已演到第一百场,我也同样感受到高度的愉快。""这样的成绩是您们和全体演员同志、全院工作同志,在党的总路线光辉照耀之下,鼓足干劲、力争上游的结果,我应该向您们致衷心的祝贺。由于同志们的努力使我也分享到荣幸,我应该向您们致衷心的感谢。"(《致周扬、阳翰笙、田汉、曹禺、焦菊隐等(九函)》,

---

①　奥斯特洛夫斯基的名剧《大雷雨》的俄文原名就是《雷雨》,为了有所区别,所以苏联上演曹禺的《雷雨》时需要稍稍改换一下名称。(原文注)

《郭沫若研究》第 2 辑)

11 月 12 日 晚,为纪念十月革命 42 周年,中苏友好协会总会、中国文学艺术界联合会和中国戏剧家协会联合举行晚会,由哈尔滨话剧院演出苏联话剧《乐观的悲剧》招待在北京的苏联友人。曹禺与邵力子、李烛尘、陈叔通、史良、胡韦德、戈宝权、老舍、萧三、邵荃麟、曹禺、舒绣文等出席观看。(《中苏友协等举行晚会,招待在京苏联友人》,《人民日报》,1959 年 11 月 13 日)

11 月 18 日 中国戏剧家协会上海分会举行《雷雨》座谈会。会上对周朴园、鲁贵、周萍等人物性格及导演处理展开了讨论。出席座谈的有吕复、吴仞之、蒋超、姚时晓、钱英郁、屠光棋、廖震龙、孟毓华、王思宗等。(《上海话剧志》第 56 页)

11 月 22 日 晚,北京人艺与中央广播剧团联合在首都剧场举办晚会,欢迎哈尔滨话剧院、河北省话剧团、抚顺市话剧团、甘肃省话剧团,曹禺参加并致欢迎词。(《北京人民艺术剧院大事记》)

11 月 25 日 首都文学界集会,追悼中国作家协会书记处书记章靳以。曹禺与郭沫若、茅盾、老舍、邵荃麟、夏衍、阳翰笙、叶圣陶、周而复、陈白尘等一百余人到会。茅盾在会上致悼词,陈白尘介绍了靳以为革命文学事业奋斗近三十年的事迹。追悼会在靳以生前友好多人致词后结束。(《首都文学界追悼章靳以》,《人民日报》,1959 年 11 月 26 日)

11 月底—12 月初 苏联莫斯科举行布略特文艺旬。其间,演出《雷雨》。([苏联]鲍利斯·沃尔金:《中国戏剧作品在苏联舞台上——为〈戏剧报〉而作》)

是月 《新观察》编辑部编选的《1958 散文特写选》由作家出版社出版。收入曹禺《我们的春天》一文。

12 月 15 日 《戏剧报》第 23 期刊覃柯《漫谈〈日出〉的新演出》一文。

是月 "文学小丛书"之《日出》由人民文学出版社出版,新华书店发行。书中《前言》对该版本作了说明:"最近作者对全书作了许多重要修改,因而使之益臻完善。这次我们根据修订重排,列为'文学小丛书'之一。"

是月 湖北省歌剧团进京演出大型歌剧《洪湖赤卫队》。曹禺与梅兰芳、盖叫天、欧阳予倩等先后观看演出。(《武汉通览》第 1024 页)

是月 《建国十年文学创作选 1949—1959》由中国青年出版社出版,新华书店北京发行所发行。收入曹禺《半日的"旅行"》一文。

是年 《雷雨》匈牙利译本出版,米白翻译,附有后记,由欧罗巴出版社出版。

1960 年　　五十一岁

2 月 9 日,中国对外文协、中国文联、中国作协、中国剧协等单位在京举行纪念会,纪念世界文化名人、俄罗斯作家契诃夫诞辰 100 周年。

2 月 20 日—3 月 2 日,中华人民共和国文化部举行全国话剧观摩演出。

3 月 5—8 日,文化部在京举行话剧工作座谈会。

4 月 8 日,《北京戏剧》①在北京创刊。

6 月 21—27 日,以全国规模展开"反对美帝侵略、坚决解放台湾、保卫世界和平宣传周"。

9 月 16 日,日本话剧团一行 71 人(团长村山知义,副团长千田是也、山本安英、杉村春子)访问我国。

11 月 19 日,中国戏剧家协会邀请首都历史学家和戏剧家举行座谈会,就历史真实与艺术真实,如何正确表现历史人物等问题进行讨论。

1 月 1 日　参加北京人艺元旦联欢会,周恩来同志参加并与曹禺及剧院的孩子们合影。(《北京人民艺术剧院大事记》)

1 月 15 日　《上海戏剧》第 1 期刊廖震龙《评〈雷雨〉新的处理——看上海人民艺术剧院演出后》。

2 月 3 日　北京电影学院剧场,演员系 56 班举行毕业考试,演出话剧《雷雨》。导演、指导教师:张昕、海音、张岱宗;演员:马精武、王炳彧、李苒苒、郭致霞、钱学格、胡乐佩、钱国民等及班内学生。曹禺观看演出。(院志编辑委员会:《北京电影学院志(1950—1995)》第 24、238 页)

2 月 8 日　下午,苏联俄罗斯戏剧家协会副主席什维多夫和苏联国立鲁纳恰尔斯基戏剧学院教授马尔柯夫博士乘飞机到达北京。曹禺与欧阳予倩、欧阳山尊等到机场欢迎。(《两位苏联戏剧家到京》,《人民日报》,1960 年 2 月 9 日)

---

① 月刊。北京市文学艺术工作者联合会、北京戏剧编委会编。北京出版社出版。至 1960 年 7 月停刊,计出 4 期。

2月16日 《人民日报》刊消息《苏联各地举行盛大集会,庆祝中苏友好同盟条约签订十周年》:"近几天来,苏联各地都在举行盛大集会,庆祝中苏友好同盟互助条约签订十周年。""爱沙尼亚共和国文化部副部长乌斯曼在塔林举行的晚会上作了'关于爱沙尼亚各阶层人民和中国人民之间的联系日益加强'的报告。晚会的参加者还观看了中国剧作家曹禺的话剧《雷雨》。"

是月 "文学小丛书"之《柔密欧与幽丽叶》由人民文学出版社出版,新华书店北京发行所发行。1979年1月再版,书中附有曹禺的《前言》。

3月16日 中国拉丁美洲友好协会在北京成立。会上,曹禺被推选为理事。（《发展友好关系,促进文化交流,中国拉丁美洲友好协会成立》,《人民日报》,1960年3月17日）

4月2日 据《周恩来年谱》:"约周扬、田汉、曹禺、钱俊瑞等谈话剧《文成公主》和《柯山红日》问题。"（中共中央文献研究室:《周恩来年谱1949—1976（中）》第301页）

4月22日 下午,北京人艺召开党委会,决定派于是之协助曹禺创作《王昭君》。（《北京人民艺术剧院大事记》）

4月24日 据竺可桢记述:"晚至友谊电影院,看上海分院小松树业余艺术团演出曹禺编的《日出》,演陈白露者演得出色⋯⋯。"（《竺可桢全集·第15卷》第645页）

6月8日 下午,首都各界人民一千五百多人举行盛大集会,欢迎日本文学家代表团。曹禺与张奚若、李德全、蔡廷锴、丁西林、阳翰笙、老舍、邵荃麟、欧阳予倩、梅兰芳、吕骥、马思聪、严文井、谢冰心、李伯钊、周而复、杨朔、叶浅予等出席大会。（《首都盛会欢迎日本文学家代表团》,《人民日报》,1960年6月9日）

6月18日 首都文艺界举行反对美帝侵略,坚决解放台湾,保卫世界和平座谈会。文艺、戏剧界很多著名人士在会上发言或作书面发言,一致谴责"瘟神"艾森豪威尔到台湾和其他远东国家的强盗旅行,认为这是对中国人民和亚洲人民的挑衅,坚决表示要用文艺武器狠狠打击美帝国主义。曹禺与周立波、瞿希贤、马思聪、吴作人、许广平、蔡若虹、刘开渠、赵树理、胡果刚、张水华、王朝闻、戴爱莲、章烙等共七十多人出席座谈会。（《首都文艺界愤怒谴责美帝侵略阴谋》,《戏剧报》第12期,1960年6月30日）

是月下旬 巴金致信彼得罗夫。信及:"曹禺的生日我也不知道,下月在京见到他时,当问他一声。"（《巴金全集·第24卷》第193页）

7月11日 上午,蒙古人民共和国工艺品展览会在北京开幕。这是北京庆祝蒙古人民革命胜利39周年活动的一部分。曹禺与丁西林、毛齐华以及首都美术界著名人士两百多人参加开幕式。（《蒙古工艺品展览会在京开幕》,《人民日报》,1960年7月12日）

7 月 22 日　《人民日报》刊消息《思想觉悟迅速提高,优秀作品大量涌现,文艺工作者深入群众一箭双雕》:"在毛主席文艺思想指导下,我国的优秀作家们,坚定地沿着为工农兵服务的方向前进。""几年来,许多作家在火热的生活和斗争中,锻炼改造成为无产阶级的文艺战士,著名的老作家郭沫若、曹禺、艾芜等都已成为光荣的共产党员。又红又专的新生力量也大量涌现,不断壮大着我国无产阶级的文艺队伍。"

7 月 22 日—8 月 13 日　中国文学艺术工作者第三次代表大会在北京召开。曹禺作为大会主席团成员出席大会。(《第三次文代大会开幕》、《第三次文代大会胜利闭幕》,《戏剧报》第 14、15 期合刊,1960 年 8 月 15 日;《全国文艺工作者代表大会主席团名单》,《人民日报》,1960 年 7 月 23 日)

是日　晚,北京人艺召开党委扩大会,确定曹禺创作《卧薪尝胆》(暂定名),《王昭君》创作暂停。(《北京人民艺术剧院大事记》)

7 月 23 日　下午,毛泽东、刘少奇、朱德、邓小平、彭真、陆定一等在北京中南海接见出席中国文学艺术工作者第三次代表大会全体代表。曹禺作为代表参加。(《毛主席接见全国文代大会代表》,《北京日报》,1960 年 7 月 24 日)

7 月 25 日　晚,在北京人艺参加剧本《乘风破浪》提纲讨论。(《北京人民艺术剧院大事记》)

7 月 29 日　下午,在北京人艺与焦菊隐、赵起扬、于是之等讨论曹禺创作的《卧薪尝胆》剧本提纲。(同前)

7 月 30 日—8 月 4 日　中国戏剧家协会第二次会员代表大会在京举行。曹禺出席会议。(《中国戏剧家协会举行第二次会员代表大会》,《戏剧报》14、15 期合刊,1960 年 8 月 15 日)

是月　《日出》英译本由外文出版社出版,译者巴恩斯。

8 月 4 日　中国戏剧家协会第二次会员代表大会举行闭幕式。会上通过《中国戏剧家协会章程》,并选出田汉、欧阳予倩、梅兰芳、曹禺、于伶、夏衍等 219 人为理事会理事。(《中国戏剧家协会举行第二次会员代表大会》,《戏剧报》第 14、15 期合刊,1960 年 8 月 15 日)

8 月 6 日　北京人艺党委决定派梅阡、于是之协助曹禺创作《卧薪尝胆》。(《北京人民艺术剧院大事记》)据梅阡回忆:

> 他写《胆剑篇》,我是打下手的。1961 年三年困难时期,中央同志谈过,这个时期,应倡导卧薪尝胆的精神。于是各地都写这个题材,有四五十部剧本出来,目的是激励大家奋发图强,战胜困难。北京人艺也接受这样的创作任务,

时间紧,领导上希望快点搞出来。北京市委要曹禺写这个本子,他拉着我们。一般老作家写东西,比较注重细节,他让我和于是之帮忙找材料。虽然摆了我们的名字,但还是曹禺的创作,我们只是挂个名字。(《苦闷的灵魂——曹禺访谈录》第 256 页)

据于是之回忆:"与曹禺同志一块儿写戏(即《胆剑篇》),曹禺同志反复提出的问题是:'这段戏的思想是什么?''这个戏能否使观众看了以后,激发起斗志,从心里喊出一声,非苦干不可!'后来他又说到,作家不怕有败笔,重要的在于要有高的艺术境界、追求;怕的是自以为得意之笔,可人家却感到不堪入目。"(《演员于是之》第 207、208 页)

曹禺在创作《胆剑篇》时,无论故事、结构、语言,很是下功夫的。据于是之回忆①:

> 曹禺同志曾经为《胆剑篇》想过一个很好的结尾,是一个安静的结尾。越军占领吴宫,外面下着大雪,一个老的吴宫宫娥,就在夫差的办公室里,抚摸着一个苦胆。勾践问她为什么,她回答说:"这是夫差常常尝的!"夫差也跟勾践一样尝胆,一边尝着胆一边问自己:"你是否忘了那场败仗了?"这个情节是历史上没有记载的。吴国吃过越国的败仗,也不忘记耻辱。老宫娥和勾践的一番对话,曹禺想到这样的一个结尾。可是,我就泼了冷水,我想勾践就是中国,夫差就是苏联,我们怎么能让他也尝胆呢?"春秋无义战",我跟院领导一汇报,众人均曰不可。我们这些人只是反苏,而曹禺想的是如何深化主题,深化戏剧的意境。他的看法比我们深,比我们独到。现在看来,那时曹禺的才华没有流尽。我是幼稚病,曹禺是深刻的。
>
> 他很讲究结构。他说:"写戏跟写小说不一样,这是针线活。""该叫谁上谁就上。"夫差在吴国养马,我们写了几遍提纲,曹禺再拿一个提纲,曹禺说应该让无霸上(这场戏上),曹禺提出来,我们不能不同意,无霸怎么能到吴宫来了?曹禺说:"怎么上你们别管。"无霸只一句话:"只要有黄色花的地方都能进来!"这样写,无霸的性格有了,结构也有了。
>
> 写文种下场,曹禺给了勾践这样一句台词:"这样的贤才,也很难驾驭。"以此说明文种的才能,也写出勾践为王的复杂的心理。显然,曹禺对吴越春秋的看法比我们要深刻很多。他的设计情节结构和塑造性格是密不可分的,他说:"一个看人物,一个看结构,一个看语言。"他对奥尼尔的戏剧结构也好,契诃夫

---

① 系于是之于 1985 年 10 月在南开大学举行的曹禺研讨会上的发言,田本相记录、整理。

戏剧结构也好,都反复地钻研过。但是,这一切,是为了写性格。

曹禺同志的语言,同他比较起来,我是个小学生,我是幼儿园。曹禺非常严谨。住在西山,他起得早,带着笔记本,写他的词。他的语言,每一词的轻重,他都有一种感觉。他细心地推敲每一个字,体味台词的韵律感。同一句话,怎样用了才最有味道。他会唱京剧,《雷雨》的台词是可以按京剧拍板来说的。

在一起创作《胆剑篇》,常常受到他的批评:"普通,普通!""现成,现成!"这是他批评我们的话。他读的剧本太多了,我们读的那些剧本,他看不下去。清华大学图书馆的英文剧本,每一个剧本都少不了这样两个人看,一个是万家宝,一个是张骏祥。读得多,不要浅尝辄止,应当提倡"眼高手低",眼不高更写不出好东西了。尽管他吸收别人的,但他能生出新的东西来。(《苦闷的灵魂——曹禺访谈录》第259—261页)

8 月 9 日　在中国作家协会第三次理事会(扩大)会议上选举产生的理事会主席团召开会议,会上讨论通过从理事中遴选书记处第一书记、书记的名单,组成新的书记处。曹禺与茅盾、刘白羽、老舍等 13 人当选为中国作家协会书记处书记。(《中国作家协会主席团、书记处书记名单》,《文艺报》第 15、16 期,1960 年 8 月 26 日)

是日　新选出的中国戏剧家协会第二届理事会举行第一次会议。会上选出中国戏剧家协会主席、副主席和常务理事,曹禺被选为剧协副主席、常务理事。(《中国戏剧家协会举行第二次会员代表大会》、《中国戏剧家协会第二届理事会理事、常务理事、主席、副主席、书记处书记名单》,《戏剧报》第 14、15 期合刊,1960 年 8 月 15 日)

8 月 11 日　晚,对外文化联络委员会、文化部、中蒙友好协会在前门饭店举行宴会,欢迎蒙古人民共和国科布多省音乐话剧院艺术团。曹禺作为中蒙友协副会长与马彦祥、赵沨、陈亚丁、王元方、李超等出席。(《蒙音乐话剧院艺术团到京,对外文委、文化部和中蒙友协设宴招待》,《人民日报》,1960 年 8 月 12 日)

8 月 13 日　下午,中国文学艺术工作者第三次代表大会在人民大会堂举行闭幕式。本次会上,选出了中国文学艺术界联合会第三届全国委员会委员,并由全国委员会推选出主席、副主席。曹禺当选中国文联第三届全国委员会委员。(《全国文学艺术工作者代表大会胜利闭幕》、《中国文学艺术界联合会新选出的领导机构》,《人民日报》,1960 年 8 月 14 日)

8 月 17 日　晚,北京人艺党委和艺委会座谈曹禺的《卧薪尝胆》提纲。(《北京人民艺术剧院大事记》)

8 月 18 日　晨,与梅阡、于是之赴北戴河写剧本。(同前)

8 月 26 日 巴金致信彼得罗夫。信及:"我在文代会以后来北戴河休养。我的妻子带着两个孩子来了。曹禺同志也到这里来写一个历史剧。我们两家住在一个大院子里,前天曹禺谈到您,说您前不久有信给他。因此我想起给您写这封信。您上次问起曹禺的生日。他的生日是旧历八月二十一日,离现在还有四十几天。"
(《巴金全集》第 24 卷第 195 页)

是月 《明朗的天》英译本由外文出版社出版,译者张培基。

9 月 曾就《卧薪尝胆》一剧的若干史料问题请教于沈从文。沈从文于 16 日写长信一封,详细地叙说了战国时期吴越社会各方面的状况。(《北京人民艺术剧院艺术档案资料》)

是月 《曹禺研究资料汇编》由山东师院中文系汇编印行。这是第一个曹禺研究资料结集。"本书所选资料,包括:曹禺生活、思想、创作道路及重要作品的分析研究,并附作家著译年表于后。"

10 月 2 日 巴金致信彼得罗夫。信及:"曹禺的生日我已查出,是一九一〇年九月二十四日(他现在写的是越王勾践卧薪尝胆的故事,不是李白的事迹)。"(《巴金全集》第 24 卷第 196 页)

10 月 4 日 晚,北京人艺召开院长会议,确定《卧薪尝胆》由一队排演。(《北京人民艺术剧院大事记》)

10 月 8 日 下午四时,周恩来在中山公园接见正在我国访问的九个国家的外宾。曹禺与张奚若、沈雁冰、章汉夫、楚图南、张致祥、屈武、罗俊、胡愈之、阳翰笙、吴冷西、老舍、周而复、陈其通、马少波,以及首都著名的电影和话剧演员出席作陪。
(《周恩来总理接见九个国家的外宾》,《人民日报》,1960 年 10 月 9 日)

是日 晚,中国拉丁美洲友好协会副会长周而复举行宴会,欢送海地文化友好代表团,委内瑞拉委中友好协会执行委员会委员、参议员阿古斯多·列昂和夫人,以及委内瑞拉文化代表团团员、胸腔外科专家马努埃尔·阿德里安萨。曹禺和贾芝等人出席。(《中国拉丁美洲友好协会设宴,欢送海地文化代表团等外宾》,《人民日报》,1960 年 10 月 9 日)

10 月 9 日 上午,日本话剧团结束在北京的访问演出乘火车离开北京前往武汉访问。曹禺作为中国剧协副主席与阳翰笙、夏衍、田汉、欧阳予倩、梅兰芳、许广平、吕骥、李伯钊、陈其通、周而复等,以及数百名群众到北京车站欢送。(《日本话剧团离开北京前往武汉》,《人民日报》,1960 年 10 月 11 日)

10 月 14 日 下午,北京人艺召开党委、艺委会,讨论《卧薪尝胆》初稿,提出修改意见。(《北京人民艺术剧院大事记》)

10 月 20 日　晚,与焦菊隐、欧阳山尊、赵起扬、夏淳等座谈《卧薪尝胆》剧本。(同前)

10 月 24 日　晚,中国戏剧家协会举行酒会,欢送日本前进座观摩代表团返国。曹禺与田汉、马少波、阿甲、李之华、史若虚、马连良等中国戏剧界著名人士出席酒会。(《中国戏剧家协会举行酒会,欢送日本前进座观摩代表团》,《人民日报》,1960 年 10 月 25 日)

11 月 16 日　上午,对外文化联络委员会和中国蒙古友好协会举办的"蒙古人民共和国国民教育图片展览会"在中山公园开幕。曹禺作为中蒙友协副会长与屈武、毛齐华、林砺儒等出席开幕式。(《蒙古国民教育图片展览会在京开幕》,《人民日报》,1960 年 11 月 17 日)

11 月 25 日　《文学评论》第 5 期刊陈瘦竹、沈蔚德《论〈雷雨〉和〈日出〉的结构艺术》一文。文说:"从结构上说,他的剧作组织严密,场面灵活,头绪纷繁,互相穿插,前后呼应,自成对照,因而动作鲜明,气氛紧张,随处引人入胜,给人强烈印象。曹禺善于继承古典剧作家的艺术经验,并且努力发展这种经验。"

是 年　香港凤凰影业公司摄制影片《雷雨》①。导演、改编:朱石麟。摄影:温贵。演员:鲍方饰周朴园、裘萍饰繁漪、高远饰周萍、江汉饰周冲、龚秋霞饰鲁妈、姜明饰鲁贵、石慧饰四凤、张铮饰大海。(《简明曹禺词典》第 337 页)

---

①　有资料显示,该片是 1961 年拍摄。可能该片跨年度摄制,于 1961 年完成。

1961 年　五十二岁

1月，吴晗新编历史剧《海瑞罢官》在《北京文艺》发表。

6月1—28日，中宣部召开全国文艺工作座谈会，讨论《关于当前文学艺术工作的意见（草案）》（即《文艺十条》的初稿）。《文艺十条》经修改后，1962年4月由中宣部正式定名为《文艺八条》，下发全国贯彻执行。

8月8日，京剧表演艺术家梅兰芳逝世。

9月25日，京沪隆重纪念鲁迅诞辰八十周年。

1月1日　北京人艺举行新年联欢会。会上，曹禺和周恩来、王震及人艺演员们齐唱《南泥湾》。（《北京人民艺术剧院大事记》）

1月4日　下午，与北京人艺的夏淳、苏民研究《乘风破浪》剧本。（同前）

是日　晚，中国人民保卫世界和平委员会副主席廖承志、刘宁一，设宴招待正在我国访问的日本禁止原子弹氢弹协议会理事长安井郁先生。曹禺与包尔汉、李德全、李颉伯、张志让、许广平、吴晗、王芸生、谢冰心、区棠亮、吴茂荪、赵安博等出席宴会。（《廖承志刘宁一宴请安井郁》，《人民日报》，1961年1月5日）

1月5日　晚，日本禁止原子弹氢弹协议会理事长安井郁在北京饭店举行酒会，向首都各界人士告别。曹禺与李四光、李德全、楚图南、李颉伯、阳翰笙、丁西林、张志让、张友渔、邵力子、许广平、吴晗、梅兰芳、王芸生、谢冰心、倪斐君、区棠亮、吴茂荪、赵安博等出席酒会。（《安井郁举行告别酒会》，《人民日报》，1961年1月6日）

1月25日　晚，中国拉丁美洲友好协会副会长周而复设宴欢迎哥斯达黎加文化友好代表团成员罗培尔托·卡马却·加斯蒂约、赫安斯·萨摩拉·贡萨莱斯、米盖尔·安赫尔·莫里约。出席作陪的有中国拉丁美洲友好协会理事曹禺等人。（《周而复举行招待会，欢迎哥斯达黎加文化代表团》，《人民日报》，1961年1月29日）

1月26日　下午，北京人艺院党委、艺委会及部分演员听曹禺、梅阡、于是之写的《卧薪尝胆》初稿，并座谈。（《北京人民艺术剧院大事记》）

1月31日　上午，到林默涵处，谈兰光工作调动问题。（同前）

是月　苏联艺术出版社出版《曹禺戏剧集》，计两卷。其中有他建国前的三部剧作《雷雨》《日出》《北京人》和建国后创作的一部剧作《明朗的天》。第1卷收《雷雨》和《日出》两剧,并附曹禺《作者的话》;第2卷收《北京人》和《明朗的天》两剧。苏联《文学报》在报道此事时说:"他在剧本中对旧中国的现实作出了判决。"

2月14日　除夕(农历),晚八时,北京人艺三楼宴会厅举行迎春晚会。曹禺陪同周恩来、陈毅、邓颖超和大家共度除夕。(《北京人民艺术剧院大事记》;《曹禺》画册第61页)

2月28日　接沈从文信。信中对《卧薪尝胆》一剧提出了修改意见。(《北京人民艺术剧院艺术档案资料》)

是月　春节前夕,国务院副总理兼中共内蒙古自治区党委第一书记乌兰夫,邀请曹禺等到内蒙古参观访问。据周而复回忆:"应中共内蒙古自治区党委第一书记乌兰夫同志的邀请,一九六一年春节前夕,习仲勋夫妇、曹禺夫妇、我和余心清等到内蒙古首府呼和浩特欢度春节。"(《周而复散文集》第2卷,第318页)"访问王昭君墓第三天早晨,我和曹禺等同志真的到草原去了。汽车出了呼和浩特,很快就进入了大青山。""一过了大青山,出现在我们眼前的是无涯际浩浩荡荡的大草原",经过武川,到了达茂联合旗乌兰图格人民公社,访问了第二生产大队蒙古族乌力吉景成老汉,"我们到他家的那天,正好是阳历正月初三",畅谈他一生的艰苦曲折的经历。(《周而复文集》第1卷第109页)

春　去北京市怀柔县一渡河大队体验生活。据曹禺文述:"一九六一年,那正是在我们连续受三年严重的自然灾害的困难日子里,我到一渡河,党和群众正以冲天的干劲向困难作斗争,我看到解放前扛了三十多年活的老贫农王振友同志,他和我谈了一夜,最后,他说:'不能忘记党! 不能忘记阶级! 不能忘记革命!'这句话刻在我的心里,永不能忘记。"(《革命风雷》)

3月10日　出席在北京饭店举行的《卧薪尝胆》座谈会。历史学家齐燕铭、翦伯赞、侯外庐、范文澜、吴晗等人出席会议。会上,曹禺发言谈了创作感受,他认为西施这个角色很难写,很容易写成"曲线救国",写成"美人计"。(《北京人民艺术剧院艺术档案资料》)

是日　接齐燕铭信,信中谈了对《卧薪尝胆》一剧的意见。(同前)

是日　晚,首都文化界在民族文化宫礼堂举行纪念会,纪念世界文化名人塔拉斯·谢甫琴柯逝世一百周年。曹禺与茅盾、张致祥、丁西林、阳翰笙、老舍、刘白羽、曹靖华、严文井等文化界著名人士出席大会。(《首都文化界一千五百余人集会,纪念世界文化名人谢普琴科》,《人民日报》,1961年3月11日)

3月11日　晚,捷克斯洛伐克的士瓦连城首次演出中国著名话剧《雷雨》。由斯洛伐克的耶·格·塔约夫斯基剧院的话剧团演出。在演出前,演员们经过了两个月的紧张排练,还阅读了介绍中国的书籍,观看了电影,听取了到过中国的斯洛伐克作家的报告。(《捷上演我话剧〈雷雨〉》,《人民日报》,1961年3月14日)

3月12日　接陈白尘关于《卧薪尝胆》一剧的信,信中还转达了邵荃麟对此剧的意见。(《北京人民艺术剧院艺术档案资料》)

3月13日　中国作家协会召开《卧薪尝胆》座谈会,林默涵、刘白羽、张光年、袁水拍、张天翼、严文井、巴金、沙汀、郭小川等人出席。会上,曹禺介绍了历史学家们对该剧的意见。袁水拍提出可否将剧名改一下,在"胆"字上下功夫。后来,根据这一意见,将此剧改名为《胆剑篇》。

是日　下午,北京人民艺术剧院召开院长会议(扩大),苏民、方琯德、田冲、韩晓峰、白仲华参加。会上决定事项:① 安排4月份的演出;② 研究保留剧目问题。根据欧阳山尊提出的方案,经过分析,确定了可保留的剧目25个,其中有曹禺的《雷雨》《日出》《北京人》。(《北京人民艺术剧院大事记》)

3月25日　上午,与焦菊隐、欧阳山尊、赵起扬等到郭沫若家中,商谈《武则天》的排练问题。(同前)

3月27日　下午,北京人艺召开院长会议,决定《吴越春秋》(即曹禺创作的《卧薪尝胆》)自4月15日起开排。(同前)

4月20日　北京人民艺术剧院邀请吴晗来剧院作有关《吴越春秋》的历史时代背景的报告。报告共分六个部分:① 时代背景;② 战争性质;③ 历史和历史剧的关系;④ 吴越之战;⑤ 剧中人物性格问题;⑥ 历史剧的教育意义。(《北京人民艺术剧院艺术档案资料》)

是月　沈从文为《胆剑篇》一剧所用器物、道具作了实物参考目录,并注明藏所。(同前)

5月29日　北京人艺全院总动员到大兴县生产基地参加劳动——清理渔塘和开荒地。曹禺与赵起扬、夏淳均参加。(《北京人民艺术剧院大事记》) 劳动期间,与同志们合影。(《曹禺》画册第59页)

5月31日　晚,蒙古人民共和国驻中国大使沙拉布在大使馆举行电影招待会,庆祝中蒙友好互助条约签订一周年。曹禺作为中蒙友协副会长与张奚若、耿飚、丁西林、屈武、李强、毛齐华等出席。(《蒙驻华大使举行电影招待会》,《人民日报》,1961年6月1日)

是月　《曹禺选集》修订本由人民文学出版社出版。该版收入《雷雨》《日出》《北京人》三个剧本。1978年4月再版,书后附曹禺《后记》。

是月　《曹禺剧本选》由香港建文书局出版。收入《雷雨》《日出》《北京人》三个剧本。

6月1日　在《人民日报》发表儿童诗《谁活在我们心当中——"六一"儿童节，小学生方子、元元、乃华朗诵的一首诗》。后收入《曹禺全集》第6卷。

6月3日　北京人民艺术剧院《吴越春秋》（即《胆剑篇》）第一次全剧连排，院党委、艺委初次审查。（《北京人民艺术剧院大事记》）

6月6日　晚，周恩来、邓颖超到北京人艺（首都剧场）观看《雷雨》。因有要事，未看完。（同前）

6月8日　晚，周恩来再到北京人艺观看《雷雨》。演出结束后，周恩来与曹禺及导演夏淳、主演朱琳、胡宗温、郑榕、狄辛、于是之、董行佶、李翔、沈默座谈。（同前）座谈时，周恩来说："这次的演出是因为赶任务而影响了戏的质量了吧？一贪图快，就往往不容易把人物刻划得深刻。""今天看戏的观众里，以青年观众居多，每当他们看到鲁贵的戏时总是笑。看《雷雨》这个戏，观众的反应只停留在哈哈一笑上是不够的。""《雷雨》是一出好戏，你们在演员的基本训练上又有一定基础，若改变长期突击赶任务的状态，定会把戏的质量提高一步。"（《观话剧〈雷雨〉后的意见（一九六一年六月九日）》，《周恩来文化文选》第203页。按：原编者题注：这是观看人民艺术剧院演出的话剧《雷雨》后，同夏衍和《雷雨》的作者曹禺、导演夏淳及该剧的主要演员的谈话节录）

6月9日　下午，曹禺、夏淳向北京人艺艺委会和未参加艺委会的主要艺术干部传达周总理看《雷雨》后的讲话。"曹禺说：这两天，来了好多位领导观看《雷雨》。尤其是周总理，对我们特别关心，来看了两次。第一次和邓大姐一起来，第三幕看了一半，因有要事，先走了。当时他就讲，我们的演员对台词还是不太注意。他说可能是剧场不好。昨天又来从头至尾看了一遍。原来坐在第4排，后来又坐到第13排，说听到的比较清楚了，但还有问题。后来他把夏衍同志也找来了。总理还说，你们应当像曲艺、评弹演员那样，吐字清楚。""曹禺还谈到，周总理对话剧工作这样重视，对我们这样关心，使大家感动至极。总理看戏看得那么仔细，连台词的调子不对、演员处理台词的态度都注意到了，还指出有一句台词无论如何不应该删掉。这么仔细，这样一丝不苟，古往今来是少有的。他还说，总理在休息时告诉他：'我是爱你们心切，所以要求苛一些。'总理是这样爱护我们，谈意见生怕伤害我们。我们应该怎样对待？我们要面对现实，一是要做勇敢的人——勇于'闻过'；一是要加强我们的政治责任感。"（《北京人民艺术剧院大事记》）

6月10日　中国剧协艺委会召开话剧《黑奴恨》座谈会。曹禺与阳翰笙、金山、陈默、凤子、舒强等出席，田汉主持会议。会上，曹禺说："看了这个戏，给自己印象最深、感受最深的是我们的老前辈、老同志欧阳老在剧本中所表露的如此蓬蓬勃勃的生命力和旺盛的政治热情。老树开红花,老院长的精神使人感佩。""整个演出都很好,但末了这一场戏,不像是欧阳老写的,可能是大家提了意见加上去的。""欧阳老一次又一次地修改这个剧本,我觉得这样改是可以的。""我有一点意见,就是觉得戏里鞭子抽来抽去的场面用得太多了,奴隶主的凶残本质已经揭露了,就不必过多地来鞭子抽打的场面,这里有一个美感问题。"(《对种族歧视的控诉——中国剧协艺委会座谈〈黑奴恨〉》,《戏剧报》第11、12期合刊,1961年6月30日)

6月15日 上午,日本作家访华团一行12人乘火车到达北京。曹禺与阳翰笙、老舍、刘白羽、周而复、谢冰心、严文井、杨朔、林林等到车站欢迎。(《日本作家访华团抵京》,《人民日报》,1961年6月16日)

6月17日 中午,中国人民对外文化协会和中国作家协会举行宴会,欢迎日本作家访华团。曹禺与廖承志、阳翰笙、夏衍、老舍、田汉、许广平、梅兰芳、朱光、刘白羽、萧三、周而复、谢冰心、严文井、杨朔、林林、李季等人出席。(《热烈欢迎日本作家访华团》,《人民日报》,1961年6月18日)

6月19日 中宣部召开各省市宣传部长文化局长会议,周恩来作重要讲话。曹禺、赵起扬参加会议。(《北京人艺贯彻中央文艺条例》,《社会主义时期中共北京党史纪事》第5辑第88页)

6月20日 日本作家访华团的全体成员在北京同中国著名作家亲切会面,畅叙中日两国人民的友谊和文艺创作经验。曹禺与老舍、田汉、崔嵬等出席,并和日本剧作家诸井条次合影留念。(《中日作家亲切会见,畅叙友谊和文艺创作经验》,《人民日报》,1961年6月21日)

6月27日 下午,出席北京人艺党委会,并传达周恩来在中宣部召开的各省市宣传部长文化局长会议上的讲话。(《北京人民艺术剧院大事记》)

6月30日 晚,到人民大会堂参加中共中央庆祝建党四十周年大会。(同前)

7月2日 上午,日本作家访华团乘飞机离开北京,前往上海等地参观访问。曹禺与丁西林、老舍、刘白羽、田汉、杨朔、谢冰心、楼适夷等前往机场欢送。(《日本作家访华团离京去沪访问》,《人民日报》,1961年7月3日)

7月7日 下午,应中蒙友协邀请来我国参加"中蒙友好旬"各项庆祝活动的蒙中友好协会代表团乘飞机到达北京。曹禺作为中蒙友协副会长与宋养初、屈武、曹克强、周立波、吴全衡、马彦祥、司徒惠敏、吕宁、胡济邦等到机场欢迎。(《蒙中友好协会代表团到京》,《人民日报》,1961年7月8日)

7月8日 上午,北京人艺新戏《胆剑篇》(即《卧薪尝胆》)连排。(《北京人民艺术

剧院大事记》》

是日　首都戏剧界人士同应邀来我国访问的苏联文化部戏剧艺术委员会主席查列夫和艺术学副博士罗斯托茨基举行座谈会。座谈会由田汉主持。曹禺与梅兰芳、陈其通、焦菊隐等戏剧界人士四十多人参加。会后，田汉宴请苏联客人。(《中苏戏剧家在北京举行座谈会》,《人民日报》,1961 年 7 月 10 日)

是日　下午,为庆祝蒙古人民革命胜利四十周年,由文化部、对外文化联络委员会和中蒙友好协会联合举办的蒙古人民共和国电影周在首都剧场举行开幕式。曹禺作为中蒙友协副会长与沈雁冰、屈武、韩念龙、司徒慧敏、李牧等出席。开幕式后,放映蒙古故事片《给我一匹马》。(《庆祝蒙古人民革命胜利四十周年,北京举行蒙古电影周开幕式》,《人民日报》,1961 年 7 月 9 日)

是日　下午,习仲勋接见应邀前来我国参加"中蒙友好旬"活动的蒙中友协代表团团长奥特根巴雅尔、蒙古电影工作者代表团团长鲁·吉纳、蒙古新闻工作者代表团团长官布·扎布苏仁扎布,以及三个代表团的全体成员。曹禺作为中蒙友协会副会长与沈雁冰、屈武、韩念龙等出席作陪。(《习仲勋副总理接见蒙古贵宾》,《人民日报》,1961 年 7 月 9 日)

是日　晚,中国蒙古友好协会举行招待会,庆祝蒙古人民革命胜利四十周年,并欢迎前来参加"中蒙友好旬"活动的蒙古贵宾。曹禺作为中蒙友协副会长出席并讲话,"他热烈祝贺蒙古人民的伟大节日,欢呼蒙古人民四十年来在各方面取得了伟大的成就。曹禺说,中蒙两国在国际斗争和社会主义建设中,相互支持,亲密合作。我们祝蒙古人民从胜利走向胜利,祝中蒙两国人民的友谊不断发展。他还提议为社会主义阵营的伟大团结干杯。"(《庆祝蒙古人民革命胜利四十周年》,《人民日报》,1961 年 7 月 9 日)

7 月 9 日　下午,周恩来接见应邀来我国参加"中蒙友好旬"活动的蒙中友协代表团、蒙古电影工作者代表团、蒙古新闻工作者代表团成员,并同他们进行亲切友好的谈话。曹禺与陈毅、习仲勋、郭沫若、陈叔通、沈雁冰、姬鹏飞、屈武等出席作陪。(《周总理接见蒙古贵宾》,《人民日报》,1961 年 7 月 10 日)

是日　晚,首都各界人民举行盛大集会,庆祝蒙古人民革命胜利四十周年。"中共中央副主席、国务院总理周恩来,中共中央政治局委员、国务院副总理陈毅,国务院副总理习仲勋,全国人民代表大会常务委员会副委员长郭沫若、陈叔通出席了庆祝大会。""奥特根巴雅尔团长讲话以后,他代表蒙中友协向中蒙友协赠旗,中蒙友协副会长曹禺受旗以后,同奥特根巴雅尔热烈握手,这时人们再一次热烈鼓掌。"(《首都盛会庆祝蒙古革命胜利四十周年》,《人民日报》,1961 年 7 月 10 日)

7 月 11 日　上午,蒙古人民共和国图片展览会在故宫文华殿开幕。曹禺作为中蒙友协副会长出席并主持开幕式。(《蒙古图片展览会在京开幕》,《人民日报》,1961 年 7 月 12 日)

是日　晚,蒙古人民共和国驻中国大使沙拉布举行盛大招待会,庆祝蒙古人民革命胜利四十周年。曹禺作为中蒙友协副会长出席。(《蒙古大使举行盛大招待会》,《人民日报》,1961 年 7 月 12 日)

7 月 12 日　下午,应中蒙友协邀请来我国参加"中蒙友好旬"各项庆祝活动的蒙中友协代表团,乘飞机离开北京去上海访问。蒙古电影工作者代表团也同机去上海。曹禺作为中蒙友协副会长到机场送行。(《蒙中友协代表团离京去上海》,《人民日报》,1961 年 7 月 13 日)

是日　与梅阡、于是之合作的五幕历史剧《卧薪尝胆》定名为《胆剑篇》,在《人民文学》1961 年第 7、8 月号合刊发表。该剧本由曹禺执笔完成。

剧本发表后,获得好评。茅盾给与较高的评价,他说:"这个作品,在所有的以卧薪尝胆为题材的剧本中,不但最后出,而且也是唯一的话剧。作为最后的一部,它总结了它以前的一些剧本的编写经验而提高了一步。""剧本的文学语言是十分出色的。它是散文,然而声调铿锵。剧中人物的对白,没有夹杂着我们的新词汇,没有我们的'干部腔';它很注意不让时代错误的典故、成语滑了出来。特别是写环境,写人物的派头,颇有历史的气氛。""总而言之,《胆剑篇》的真人假事、假人假事,——即凡虚构部分,不论是吴国的内部矛盾,越国的人民力量的代表人物,越国的保守分子,或是越国人民埋头苦干,勾践的与民共甘苦等等,都写得颇有分寸,没有以今变古的毛病。"(《关于历史和历史剧——从〈卧薪尝胆〉的许多不同剧本说起》,《文学评论》第 6 期,1961 年 12 月 14 日)

7 月 16 日　下午,乌兰夫率领的中国共产党和中国政府代表团应邀参加蒙古人民革命党第十四次代表大会和蒙古人民革命胜利四十周年庆典后,乘火车回到北京。曹禺作为中蒙友好协会副会长与其他党政人员到车站迎接。(《参加蒙古党代表大会和革命胜利四十周年庆典后,我党政代表团回到北京》,《人民日报》,1961 年 7 月 17 日)

7 月 17 日—8 月 1 日　中宣部、文化部和北京市委文化部在北京新侨饭店联合召开在京文艺工作者座谈会(文艺界称"新侨会议")。"北京人艺的曹禺、赵起扬、焦菊隐、欧阳山尊、舒绣文……胡宗温等出席了新侨会议。"(《北京人艺贯彻中央文艺条例》,《社会主义时期中共北京党史纪事》第 5 辑第 88 页)

7 月 17 日　由张致祥率领的中蒙友好协会代表团应邀参加蒙古人民革命四十周年庆祝活动后,乘火车回到北京。曹禺作为中蒙友好协会副会长与楚图南、丁

西林、屈武、罗俊等到车站迎接。(《中蒙友协代表团访蒙归来》，《人民日报》，1961 年 7 月
18 日)

7 月 19 日　《光明日报》刊消息《曹禺新作〈胆剑篇〉将上演》："剧作家曹禺最
近完成了五幕话剧《胆剑篇》的创作(曹禺、梅阡、于是之集体讨论，曹禺执笔)。""这
个剧现在正由北京人民艺术剧院排演，不久将在北京演出。"文配照片三幅，其中一
幅为"剧作家曹禺正在创作《胆剑篇》"。

7 月 21 日　晚，中蒙友协举行宴会，欢送蒙中友好协会代表团。曹禺与屈武、
宋裕和、陈少敏、周秋野、周立波等出席作陪。(《中蒙友协举行宴会欢送蒙中友协代表
团》，《人民日报》，1961 年 7 月 22 日)

7 月 22 日　上午，蒙中友好协会代表团乘飞机离开北京回国。曹禺与张致
祥、屈武、宋裕和、周秋野等到机场欢送。(《蒙中友好协会代表团回国》，《人民日报》，1961
年 7 月 23 日)

7 月 29 日　应内蒙古自治区主席乌兰夫邀请，曹禺与老舍、叶圣陶、梁思成、
吴组缃、端木蕻良等作家艺术家前往内蒙古参观访问。据载："根据中共中央统战
部李维汉部长的倡议和乌兰夫同志的邀请，今年七月间，中央民族事务委员会、文
化部会同民族历史研究工作指导委员会、民族文化工作指导委员会和全国文联，分
别组织了史学家访问团和作家、艺术家访问团到内蒙古自治区参观访问。史学家
访问团由民族历史研究工作指导委员会副主任翦伯赞、中央民族事务委员会副主
任薛向晨率领，参加的成员有史学家范文澜、吕振羽、刘大年等十人。作家、艺术家
访问团先后由文化部副部长徐平羽和教育部副部长叶圣陶率领，参加的成员有作
家老舍、曹禺、吴组缃、端木蕻良，画家林风眠、谢稚柳，音乐家吕骥，摄影家郑景康，
建筑学家梁思成等二十多人。这两个访问团在内蒙古自治区，历经呼伦贝尔、哲理
木、昭乌达三个盟和呼和浩特、包头两市，参观了工业、农业、牧业、林业和渔猎业的
生产，访问了科学文化教育事业，游览了名胜古迹，并与内蒙古的历史、文化、教育、
艺术等各界人士进行了广泛的接触，受到了当地党政机关和人民群众的热烈欢迎
和接待。……这两个访问团先后在九月中旬和下旬结束了访问，返回北京，历时近
二月，行程万里。""史学家、作家、艺术家们在这次参观访问中，考古观今，采风问
俗，丰富了生活知识，扩大了视野，搜集了许多珍贵的史料和创作素材，同时展开了
一系列学术活动，如举行报告会、座谈会、展览会等，对推进历史研究工作、繁荣文
艺创作和加强文化交流，起了促进作用。"(《史学家、作家和艺术家在内蒙古自治区参观访
问》，《民族团结》第 10、11 月号合刊，1961 年 11 月 6 日)

据叶圣陶记述："车于八点五分开。车中颇不寂寞。……读曹禺新作《胆剑

篇》,匆匆完毕,晚食时与曹禺谈余之所见。此剧写越王卧薪尝胆故事,分五幕,余觉诸幕不集中,似未能凝集而表现一个总的精神。此剧对话颇有译古语为今语之处,一个角色说话,杂出此类语句与纯粹之现代语,似不调和。余谓曹禺前作《雷雨》《日出》,皆以对话见长,有若干段令人百读不厌,而此作中无之。余又举出有关古代文物之数点,谓可商之于博物院,期其无背于历史。尚有语言方面之小疵,缓日再与商谈云。(《旅途日记五种》第223页)

7月31日 途经大兴安岭。抵达海拉尔。叶圣陶"为曹禺说其剧作中语言方面之疏漏。彼一一记之。组缃、老舍听余所说,时表同意"。(同前第226页)

8月1日 晚间,在海拉尔职工俱乐部观看"此间歌舞团"演出。(《旅途日记五种》第229、230页)

8月2日 据叶圣陶记述:"晨八点出发,往观牧区。地点为海拉尔北一百五十里之陈巴尔虎旗,简称陈旗,所访者为白音哈达牧业公社之夏季牧场。""观马群。社员表演套马之技。""复观表演骑劣马。"后"入包进食,吃羊肉"。"食罢,复出至包外。同人有试骑者。""曹禺试骑最久。旋皆席地而坐,观牧民舞蹈歌唱,复为摔跤之戏。""将四点,辞别东道主而登车。""晚餐尝大鲫鱼,系特往数十里外捕得者、鱼长尺许大而甚嫩。"(同前)

8月3日 与呼市文艺工作者六七十人座谈,彼方以青年男女为多。曹禺等均有所陈说。(同前第231页)

是日 《中国青年报》刊署名"晓林"《〈胆剑篇〉》一文。

8月4日 据叶圣陶记述:"九点,往参观奶品厂。""午后一点,刘保华书记为我人作饯,又是丰盛之宴饮。三点过,往车站","车以四点三刻开"。"到达满洲里,则已过九点半。又是党政方面多人相迎。"(《旅途日记五种》第232页)

8月5日 晚,观河北梆子《渔家乐》。(同前第232—234页)

8月6日 据叶圣陶记述:"(下午)三点,与昨所观剧团之领导与演员座谈。谈昨夕之《刺梁》。丰羽与曹禺所谈最有意义。"(同前第234、235页)

8月7日 到牙克石。晚,看京剧《杨排风》《古城会》《别姬》。(同前第235—237页)

8月8日 著名京剧表演艺术家梅兰芳因病逝世。梅兰芳治丧委员会组成,曹禺为委员之一。(《梅兰芳逝世》,《人民日报》,1961年8月9日)

8月9日 晨抵甘河林业局,"九点半登小火车……十二点半抵库中……与当地之党政人员共进野餐,食品与用具皆自甘河带来。""餐毕。二工人为我人表演锯木。……据云我人所在之地为原始林,未经采伐。余与曹禺有同感,希望得见粗株密立遮天蔽日之景,而不知落叶松并不甚粗,故林虽密而仍敞亮也。""三点,复登小火车。……六点半返抵甘河,晚食于林业局,尝中午所获之乌鸡。八点半返火车宿。"(《旅途日记五种》第 239 页)

8 月 11 日　离队赴呼和浩特。据叶圣陶记述:"曹禺先于前日赴海拉尔,候飞机往呼和浩特,盖应乌兰夫副总理之电邀,据闻系商量编话剧叙王昭君事。"(同前第 244 页)

在内蒙古期间,曹禺收集了一些故事和传说准备创作《王昭君》。访问中,他还兴致勃勃地与蒙古族儿童摔跤,并学习骑马。他们的访问,被拍成新闻纪录片。田汉观片,赋诗一首赠曹禺。据曹禺文述:"一九六一年我为写《王昭君》到内蒙古去,搜集材料。他①见到新闻影片中我在草原上骑马的镜头,便十分赞许。有一天下午,他忽然来到我家,送给我他在宣纸上写好的一首七绝,题目叫《青冢》②:

> 一鞭大漠马如飞,
>
> 青冢黄沙带笔归。
>
> 为教全华团结好,
>
> 再抛心力写明妃。

"他说了一句'给你!'便笑呵呵地飘然归去。这首诗我当时就装裱起来,挂在墙上,以激励自己把《王昭君》写出来。"(《戏剧工作者的良师益友——怀念田汉同志》)

8 月 12 日　北京、上海工人和我国文艺界听到日本人民关于"松川事件"的斗争取得胜利的消息后,纷纷举行座谈会、发表谈话,打电报给日本有关单位,向日本工人和人民表示热烈祝贺。曹禺与阳翰笙、田汉、欧阳予倩、周信芳等文艺界人士,致电日本"松川事件"对策协议会,对日本人民所取得的这一胜利表示祝贺。(《日本民主力量是镇压不了的,北京上海工人祝贺"松川事件"斗争胜利》,《人民日报》,1961 年 8 月 12 日)

8 月 15 日　上午,《胆剑篇》彩排,北京人艺党委和艺委会审查。(《北京人民艺术剧院大事记》)

8 月 16 日　下午,北京人艺艺委会讨论《胆剑篇》。对剧本、导表演和舞美都提出了不少意见。(同前)

是日　《中国青年》第 16 期刊吴晗《略谈〈胆剑篇〉》一文。吴晗认为:"《胆剑篇》是一出写得十分成功的历史剧。剧作者曹禺等同志根据春秋时代越王勾践卧

---

① 此指田汉先生。
② 据《田汉诗选·赠曹禺》诗末注:"明妃即王昭君,晋朝因避晋武帝司马昭的名讳,史家改称王昭君为明妃。曹禺同志为写《王昭君》到内蒙古搜集材料归来。"时间是 1961 年 9 月。(《田汉诗选》,第 222 页)

薪尝胆、发奋图强终于战胜强大的吴国侵略的史实……如果说,卧薪尝胆这个流传已久的故事,已经对我们有所借鉴的话,那么,话剧《胆剑篇》所给我们的启发就更为丰富,它的艺术感染力量更为强烈。"

8月17日 下午,北京人艺召开全体业务人员会。焦菊隐报告赴沪演出、下阶段工作安排等。其中讲到,《胆剑篇》彩排审查后,经艺委会讨论,认为质量尚差,提出的问题较多。院长决定不按原定日程8月25日上演;为保证质量,推迟到9月底演出。(《北京人民艺术剧院大事记》)

8月18日 上午,北京人艺全体演员座谈对《胆剑篇》的意见。(同前)

9月1日 中国戏剧教育家沙可夫在青岛病逝。2日,组成治丧委员会,曹禺为委员会委员之一。(《中国戏剧教育家沙可夫同志病逝》,《人民日报》,1961年9月4日)

9月6日 《人民日报》刊李希凡《〈胆剑篇〉和历史剧——漫谈〈胆剑篇〉的艺术处理和形象创造》一文。李希凡说:"我觉得这是当前历史剧创作的一部好的作品,它有助于历史剧问题的讨论。"

9月10日 《剧本》9月号刊消息《首都剧院(团)新排剧目简讯》:"据悉:北京人民艺术剧院正全力以赴排练曹禺新作《胆剑篇》,导演焦菊隐、梅阡试图在创作中摸索、体现曹禺的风格。"

9月13日 《光明日报》刊署名"万青"《构思、集中和提炼》、屈文泽《〈胆剑篇〉的结构艺术》二文。

9月14日 《光明日报》刊署名税海清《一场值得称道的戏中戏〈胆剑篇〉》、王新《谈〈胆剑篇〉中古典语言的运用》二文。

9月上旬 民族文化工作指导委员会邀请最近由内蒙古自治区参观访问回来的作家、艺术家和教授曹禺等人举行座谈会,听取他们参观访问的观感。(《内蒙古新闻集(1961)》)

9月17日 《内蒙古日报》刊老舍寄赠曹禺《诗二首》。诗文如下:

诗 二 首

老 舍

一九六一年九月,瞻访汉明妃墓。墓之真伪,向多论辩,而青山黑水,秋柳依旧,似觉昭君正宜长眠于此。以往文人,吟咏青冢,每多悲怨,或未尽解和亲真义。墓前数碑,则一致歌颂昭君,较为得体。友人曹禺拟草《王昭君》剧本,亦以明和亲睦邻,导致和平之义,因成小诗二韵寄赠,希剧作早日脱稿也。

一

诗人新谱汉宫秋,

马上琵琶泪不流。

壮志和亲青冢在，

二千年事说从头。

二

青山黑水豁胸襟，

不作凄凉出塞吟。

妙笔今传千古愿，

长城南北一条心。

9月25日　晚,首都文学艺术界和其他各界一千四百多人在政协礼堂集会,隆重纪念鲁迅八十诞辰。纪念大会由郭沫若主持。(《首都隆重纪念鲁迅八十诞辰》,《人民日报》,1961年9月26日)曹禺作为主席团成员出席大会。(《鲁迅先生诞生八十周年纪念大会主席团名单》,《人民日报》,1961年9月27日)

是日　下午,中国人民对外文化协会和中国教育工会全国委员会举行酒会,欢迎日本民间教育家代表团。曹禺和翦伯赞、华罗庚等人出席。(《对外文协和中国教育工会全国委员会欢迎日本民间教育家代表团》,《人民日报》,1961年9月27日)

9月28日　下午,中国人民对外文化协会举行酒会,欢迎来访的比利时伊丽莎白王太后,曹禺作为中国戏剧家协会副主席出席。(《对外文协举行酒会欢迎比利时王太后》,《人民日报》,1961年9月29日)

是日　《人民日报》刊消息《北京上海天津戏剧、曲艺等团体,排练精彩节目,迎接国庆演出》:“北京人民艺术剧院正在彩排五幕历史话剧《胆剑篇》。演员们在苦心塑造剧中角色的同时,还对台词、形体动作等基本功夫和剧本特定需要的剑术等进行了勤学苦练。导演借鉴国画传统手法,在剧中试用了一种既写意又写实的新风格。”

9月30日　在《戏剧报》第17、18期合刊发表杂文《谈读书》。《剧本》第12期转载该文。后收入《论戏剧》《曹禺论创作》及《曹禺全集》第5卷。

9月—10月　多家主流媒体发表对《胆剑篇》的评价。如李希凡于9月6日《人民日报》发表《〈胆剑篇〉和历史剧——漫谈〈胆剑篇〉的艺术处理和形象创造》一文;《光明日报》曾以《笔谈〈胆剑篇〉》专栏的形式在9月13、14日刊载了屈文泽的《〈胆剑篇〉的结构艺术》、万青的《构思、集中和提炼》、王新的《谈〈胆剑篇〉中古典语言的运用》、税海涛的《一场值得称道的戏中戏》等四篇文章;9月8日《天津日报》发表古岗的《读〈胆剑篇〉谈“苦成”》;《北京晚报》发表了林涵表的《〈胆剑篇〉里的越王勾践》(10月4日)和《从西施到西村施姑娘》(10月12日)、李大千的《独白与对白的艺术——记话剧〈胆剑篇〉演员对台词的处理》(10月10日);北京市文联于10月11日邀请戏剧界人士对《胆剑篇》的创作和演出举行座谈会,10月14日的《北京晚报》并作了报道。

评介说,"这些文章和座谈会的报道,一致认为这个戏写得很有特色,为创作类似的历史题材提供了许多好的经验。它尊重历史事实,但又不拘泥于历史事实。李希凡认为,《胆剑篇》是当前历史剧创作的一部好作品,它忠于这个历史事件的本质真实,却又不能说是这个历史事件、历史人物的翻版,而是艺术上的新创造。《胆剑篇》的成功,首先在于它是戏,而不是历史的图解。""精辟、个性化并富有音乐性的语言,是《胆剑篇》的另一个特点。""话剧《胆剑篇》有虚、有实、虚实结合的手法,也是特色之一。在布景运用上也有独到之处,有气氛、有时代感而且很新颖。""人们对《胆剑篇》中人物和情节的处理,也提出一些意见。"(《文艺界对〈胆剑篇〉的评价》,《文汇报》,1961年10月28日)

10月3日　　北京人民艺术剧院在北京首都剧场首演多幕话剧《胆剑篇》,曹禺(执笔)、梅阡、于是之编剧,焦菊隐、梅阡导演,舞美设计王文冲、辛纯、韩西宇、霍焰、宋垠,刁光覃饰越王勾践,童超饰吴王夫差,董行佶饰伯嚭,郑榕饰伍子胥,马群饰苦成老人,狄辛饰西施。(《北京人民艺术剧院(1952—2002)》画册)该剧取春秋时代越王勾践卧薪尝胆的历史故事,歌颂了不畏强霸、奋发图强的精神。在当时我国面临苏修压力和经济困难之际,此剧具有振奋民族精神的时代意义。

10月4日　　上海《文汇报》刊李大千《勾践、西施及其他——〈胆剑篇〉排演侧记》一文。

是日　　《北京晚报》刊林涵表《〈胆剑篇〉里的越王勾践》一文。

10月5日　　《人民日报》刊张执一诗作《北行偶作》,包括《与曹禺同志登北岳》,诗云:

劝君莫道路行难,塞北登临第一山;

万里晴空堪放眼,春风早渡雁门关!

10月8日　　《北京晚报》刊沈之华《吴王夫差用过的宝剑》一文。

10月10日　　《剧本》10月号刊颜振奋《谈〈胆剑篇〉的艺术成就》一文。文说:"直到目前为止,它是许许多多描写春秋时代越王勾践发奋图强、兴国报仇的历史剧中最好的一个。"本期还刊邹荻帆《读〈胆剑篇〉有感》一文。

10月11日　　北京市文学艺术工作者联合会召开话剧《胆剑篇》座谈会。曹禺与焦菊隐、欧阳山尊等出席。会上一致认为《胆剑篇》的剧本和演出都有特色,为历史剧创作提供了许多有益的经验。它既尊重历史事实,又对历史事实有所突破,在情节和人物的处理上有新的创造。发言还对剧本和演出提出了一些富有启发性的意见。(《北京戏剧界座谈〈胆剑篇〉》,《戏剧报》1961 年第 19、20 期合刊)"曹禺参加《胆剑篇》的座谈会后就曾表示,他第一次学习写历史剧,也是第一次得到这么多良师益友的帮助。"(《北京文艺界畅谈文艺创作》,《人民日报》,1962 年 1 月 3 日)　座谈会纪要以《〈胆剑篇〉座谈会纪要》为题刊《北京文艺》11 月号。

10 月 12 日　《北京晚报》刊林涵表《从西施到西村施姑娘》一文。

10 月 14 日　《文学评论》第 5 期刊茅盾《关于历史与历史剧》一文,至第 6 期载完。

是日　《中国青年报》刊沈仁康《〈胆剑篇〉》一文。

10 月 16 日　晨,北京人民艺术剧院赴上海演出的全体演员出发,共 83 人,曹禺与赵起扬、欧阳山尊、于是之、周瑞祥等到车站送行。(《北京人民艺术剧院大事记》)

是日　下午,全国妇联主席蔡畅举行酒会,欢送即将离开北京回国的比利时伊丽莎白王太后和玛丽·若泽公主等比利时贵宾。曹禺与郭沫若、吴作人、马思聪、乐松生等应邀出席。(《全国妇联主席蔡畅举行酒会,欢送比利时伊丽莎白王太后》,《人民日报》,1961 年 10 月 17 日)

10 月 18 日　《中国青年报》刊康戈《"一时强弱在于力,千古胜负在于理"——漫谈评话剧〈胆剑篇〉》一文。

10 月 21 日　新华社 21 日讯:"话剧《胆剑篇》最近由北京人民艺术剧院演出后,受到观众和文艺工作者的重视。北京戏剧界人士讨论了这个剧的编剧、导演和表演等方面的经验,也提出了一些改进的建议。""北京报刊上的有关文章中,和在北京市文联最近举行的座谈会上,一些戏剧家和剧作者、导演等认为,曹禺等在处理这个人们所熟知的题材时,体现了'千古胜负在于理'、'国不分强弱,有义才能立'的历史经验。大家还指出,剧作者通过细致的人物刻划、生动的情节和精炼的语言,较好地塑造了越王勾践、吴王夫差、越民苦成以及范蠡等舞台艺术形象。……中国作家协会、北京历史学家协会为这个剧本的创作先后举办过座谈会。著名的历史学家和作家曾提供过不少有益的意见。"(《北京戏剧界人士讨论〈胆剑篇〉编剧导演和表演经验》,《光明日报》,1961 年 10 月 22 日)

10 月 22 日　下午,中日人民文化交流共同声明在北京签字。中国人民对外文化协会会长楚图南和日中文化交流协会理事长中岛健藏,分别代表双方在共同声明上签字。曹禺与郭沫若、廖承志、茅盾、李德全、张致祥、丁西林、周而复、赵朴初、吕骥、邓岗、严文井、石少华、叶浅予、崔嵬等人参加签字仪式。(《中日人民文化交流共同声明》,《人民日报》,1961 年 10 月 23 日)

是日 晚,中国人民对外文化协会举行酒会,欢送日中文化交流协会理事长中岛健藏。曹禺与郭沫若、廖承志、茅盾、李德全、张致祥、丁西林、周而复、赵朴初、吕骥、严文井等出席。(《中日人民战斗友谊必将巩固发展》,《人民日报》,1961 年 10 月 23 日)

10 月 28 日 下午,为纪念我国当代卓越的戏曲艺术家梅兰芳而举办的"梅兰芳舞台艺术电影周"在北京首都剧场隆重揭幕。文化部部长沈雁冰致开幕词。曹禺与周巍峙、陈荒煤、马彦祥、老舍、陈其通、萧长华、姜妙香、马连良、徐兰沅、李超等文化艺术界著名人士参加开幕式。会后放映影片《游园惊梦》。(《"梅兰芳舞台艺术电影周"在京揭幕》,《人民日报》,1961 年 10 月 29 日)

11 月 1 日 在《草原》11 月号发表《杂谈文艺工作》一文。12 月 21 日《文艺报》第 12 期摘编部分内容题《雪浪花》刊载。后收入《曹禺全集》第 5 卷。

11 月 2 日 《天津日报》刊张伟《勾践形象的塑造——〈胆剑篇〉读后》一文。

11 月 4 日 《陕西日报》刊肖云儒《初谈〈胆剑篇〉——观后走访记》一文。

11 月 6 日 与田汉、周信芳等联名致函古巴戏剧家,支持该国人民的反美斗争。信说:"古巴人民的斗争不是孤立的。请您们相信,不管有什么惊涛骇浪和暴风骤雨,我们永远和您们在一起。社会主义的古巴将永远屹立在西半球,成为拉丁美洲以及一切坚决反对美帝国主义、高举革命旗帜的人民的光辉榜样!"(《我国戏剧家致函古巴戏剧家》,《戏剧报》1961 年第 11 期)

11 月 12 日 《黑龙江日报》刊喻更生《善听与不善听——读话剧〈胆剑篇〉有感》一文。

11 月 19 日 《新民晚报》第 2 版刊消息《"勤艺"演〈雷雨〉》:"勤艺沪剧团最近以青年演员为主演出《雷雨》,显示了青年演员在平时勤学苦练的成绩。如扮演四凤的赵慧芳和扮演鲁妈的宋幼琴,表演都比较出色。"本版还刊《雷雨》广告:"《雷雨》,勤艺沪剧团演于中央戏院,今明夜 7:15,青年演出。"

11 月 26 日 中国戏剧家协会副主席曹禺设宴招待来访的捷克斯洛伐克戏剧家米罗什·亨施特和爱米尔·柯奇什,为他们送行。(《捷两位戏剧家回国》,《人民日报》,1961 年 11 月 29 日)

11 月 30 日 由堀田善卫率领的日本文学家代表团一行五人,乘火车离开北京去洛阳、西安等地参观访问。曹禺与廖承志、朱光、老舍、谢冰心、严文井、萧三、杨朔、王晓云、韩北屏等到车站送行。(《日本文学家代表团去洛阳等地访问》,《人民日报》,1961 年 12 月 1 日)

是日 《戏剧报》第 21、22 期合刊刊刘有宽《漫谈〈胆剑篇〉》一文。

12 月 7 日 上海《文汇报》刊邱扬《弦外音响——〈胆剑篇〉学习札记》一文。

12 月 9 日　晚,北京人艺在上海人民大舞台公演《胆剑篇》。(《北京人民艺术剧院大事记》)据载:"各地许多著名剧团相继来到上海演出,使上海冬季的剧坛格外活跃。北京人民艺术剧院……目前又上演曹禺等人的新作历史剧《胆剑篇》。这些演出受到上海观众热烈欢迎,四十多天来,各剧场盛况始终不衰。"(《兄弟剧团互学共进》,《人民日报》,1961 年 12 月 15 日)

是 日　《人民日报》刊凤子《〈胆剑篇〉演出浅谈》一文。文说:"舞台艺术的再创造,首在如何理解和体现作者的创作意图,也包括如何理解和体现作者的风格。曹禺早期的几个成功作品,如果说在创作手法上更多是现实主义的,那么,《胆剑篇》多少不同于过去的话,是具有更多的浪漫主义的成分。如果说写得实是曹禺的创作特点,那么,《胆剑篇》却是有虚有实,虚实结合的。在虚实结合这个问题上,就给导演、演员带来了创作上的无尽的想象和一定的困惑。人们说,以绘画来比拟曹禺的创作风格,曹禺的作品近似工笔画,从结构到人物都是精雕细琢的,如果这个评语能够成立,那么《胆剑篇》的笔姿应该说更多是写意的了。"

12 月 10 日　《新民晚报》刊署名"中原"《话说〈胆剑篇〉》一文。

12 月 11 日　晚,首都文化艺术界一千四百多人在首都剧场隆重集会,纪念著名京剧表演艺术家周信芳演剧生活六十年。纪念会是由文化部和中国戏剧家协会联合举办的。曹禺与沈雁冰、夏衍、林默涵、徐平羽、萧长华、阳翰笙、老舍、马彦祥、赵鼎新、李纶、张庚、晏甬、陈其通、吕复、张梦庚、高百岁、张东川等参加。(《庆祝周信芳演剧生活六十年》,《人民日报》,1961 年 12 月 12 日)

12 月 13 日　上海市剧协和历史家协会举办《胆剑篇》座谈会。(《北京人民艺术剧院大事记》)是日,上海《新民晚报》题《京沪戏剧界和史学界今晨座谈〈胆剑篇〉,一致称赞北京人艺演出成功》报道了这个座谈会。

12 月 14 日　《解放日报》刊署名"寒英"《自强不息——话剧〈胆剑篇〉中三个细节的启示》一文。

12 月 31 日　晚,北京人民艺术剧院在首都剧场三楼大厅举行新年联欢会。(《首都除夕联欢》,《人民日报》,1962 年 1 月 1 日)

是 年　缅甸著名作家、翻译家妙丹丁访华,会见了中国著名文学家郭沫若、茅盾、巴金、曹禺等。(《中外文化交流史(上卷)》第 426 页)

1962 年　五十三岁

　　1 月 11 日至 2 月 7 日,中共中央在北京举行扩大工作会议(即"七千人大会"),会议主要目的是总结正反两方面的经验,贯彻"八字方针"进行调整。

　　3 月 10 日,中国剧协创办《外国戏剧资料》①。

　　3 月 27 日至 4 月 16 日,第二届全国人民代表大会第三次会议在北京举行,周恩来在报告中对"大跃进"以来政府工作中的缺点和错误作了检查。

　　5 月 12 日,秋田雨雀在东京逝世,享年七十九岁。

　　9 月,《光明日报》编辑部邀请部分作家和戏剧评论家田汉、李超、张庚、郭汉城、范钧宏等就历史剧创作和评论问题展开座谈会。

　　9 月 24 日至 27 日,中共八届十中全会在北京举行,此前先在北戴河召开了中央工作会议。毛泽东在会上作了重要讲话,强调"阶级斗争必须年年讲、月月讲、天天讲",批判了"单干风"、"翻案风"。这一讲话标志着"左"倾错误的严重发展。

　　1 月 3 日　《人民日报》刊报道《北京文艺界畅谈文艺创作》:"北京市文联近半年来,结合创作实践中一些带普遍性的问题,组织各种形式的学术座谈会,对活跃学术争鸣空气和繁荣创作起了积极的推动作用。""剧作家曹禺参加《胆剑篇》的座谈会后就曾表示,他第一次学习写历史剧,也是第一次得到这么多良师益友的帮助。"

　　1 月 10 日　《文汇报》第 3 版以《话剧语言问题》为题整版刊登田汉、曹禺、陈白尘、陈其通、张庚、老舍、李健吾等人谈话剧语言的文章,曹禺文题为《多读书,读透书》。后原题收入《曹禺论创作》、《曹禺全集》第 5 卷。关于这个专版文字,据《文汇报史略》介绍:"'北办'②还经常召开座谈会。话剧语言问题,向来被认为是话剧创作中的一个重要环节。'北办'记者得知中国剧协主席田汉,著名剧作家、剧评家曹

　　────────────────

　　①　中国戏剧家协会研究室主办,不定期刊。刊物以介绍外国戏剧活动为主。至 1966 年编印了 17 期。"文革"中被迫停刊。1979 年复刊。1980 年,改名《外国戏剧》后公开发行,季刊。葛一虹、汤弗之、苏红等先后任主编。1988 年停刊。

　　②　即《文汇报》北京办事处。

禺、老舍等,都主张通过探索这一问题,来促进话剧创作质量的提高。在报社领导的支持下,'北办'就以编辑部的名义和中国戏剧家协会在首都联合举行'话剧语言座谈会',就戏剧语言对创作质量的重要性等问题广泛交换意见。座谈会由田汉主持,应邀出席的有老舍、丁西林、曹禺、陈其通、陈白尘、张光年、张庚、李伯钊、李健吾、李超、李之华、贺敬之、乔羽、凤子等著名的剧作家和剧评家。座谈会后,报纸即在一版头条刊出'本报北京专讯'《著名剧作家剧评家谈话剧语言艺术》,并以第三版整版篇幅刊登所有发言记录摘要。"(《文汇报史略 1949.6—1966.5》第 269 页)

是日　《安徽日报》刊署名"艺平"《吴越群象——谈话剧〈胆剑篇〉的表演》一文。

1 月 11 日　《文艺报》第 1 期题《笔谈〈胆剑篇〉》,刊何其芳《〈胆剑篇〉印象》、张庚《〈胆剑篇〉随想》、张光年《〈胆剑篇〉的思想性》等文章。

何其芳认为:"《胆剑篇》是富有戏剧性的。""《胆剑篇》的许多人物都是写得有性格的。""写戏是一个困难的工作。写历史剧,写越王勾践故事这样一个材料不多而且又有许多人已经写过的历史剧,是一个更加困难的工作。写得像《胆剑篇》这样,实在已是难能可贵了。"

张庚说:"曹禺同志以前没有写过历史剧,《胆剑篇》是他的新尝试。在这里我们看到他许多新的成就。比方他做到了尽量忠于史实;选用材料也十分严格,虽有虚构,但主要的都有历史根据的,就像黑肩所唱的一首短歌也都是从诗经上选来的。……首先是创造了新的舞台语言。"

张光年认为:"《胆剑篇》的可贵之处,正是通过历史真实的艺术描写,表现了尖锐的、重大的政治主题,从而为历史剧的创作提供了新的经验。"

1 月 15 日　《江海学刊》1 月号刊陈瘦竹、沈蔚德《论戏剧冲突和性格——重读〈曹禺剧本选〉》。

1 月 16 日　上午,中国人民保卫世界和平委员会集会,各界人士纷纷谴责美国肯尼迪政府迫害美国共产党的暴行。曹禺与刘宁一、许德珩、许广平、张奚若等参加并发言,他说,"美国是'富人的天堂',穷人的地狱',尽管肯尼迪用各种谎言粉饰自己,但是毒蛇的牙流不出蜜,只能流出毒水。'我杀你,不许你说话',这就是肯尼迪式的民主。他说,乌云可以暂时蔽日,但是太阳决不会永远被乌云遮盖。真理在人民这一边,革命和进步的力量一定会胜利。"(《我国著名和平人士集会支持美共正义斗争》,《人民日报》,1962 年 1 月 17 日)

1 月 17 日　下午,北京市各界人民举行集会,同声谴责美国肯尼迪政府的反共暴行,坚决支持美共反迫害的正义斗争。曹禺作为北京市文联副主席参加,并讲话。他"在讲话中揭露了美国的所谓'民主制度'的实质,谴责肯尼迪政府越来越猖狂地摧残进步的文学艺术事业,对外实行文化侵略,腐蚀各国人民的斗争意志"。他说:"曾经产生过惠特曼、马克·吐温、德莱塞的美国,今天充满了腐朽堕落的美国生活方式的各种肮脏东西,进步作家艺术家受到了残酷的迫害。"他还说:"历史的车轮是反动派阻挡不了的。前不久,美国著名的黑人学者威廉·杜波伊斯老人在美国统治集团疯狂迫害美国共产党的时候,毅然加入了美国共产党,这个事实多么有力地印证了中国的一句古话:'得道者多助。'"(《北京市、河北省和天津市各界人民集会,同声谴责肯尼迪政府反共暴行》,《人民日报》,1962 年 1 月 18 日)

1 月 18 日 《戏剧报》第 1 期刊张光年《〈胆剑篇〉枝谈》一文。文及:"我同曹禺同志谈起他的剧本。我说:'真亏你想得出来! 你把姑苏的试剑石搬到会稽的大禹庙前了。'""他说:'真有这样一个试剑石吗? 我没有看到过。我只觉得在当时的情况下,夫差一肚子火要发泄,他必定会一剑砍在崖石上。'"张光年认为:"一部《胆剑篇》,就是这样在'胆'字上做文章的。文章做得有虚有实,有擒有纵。它多方面地突出了胆的美德,也多方面地突出了剧本的思想。"

本期还刊图片报道《剧作家曹禺和蒙族儿童"摔跤"》。

是日 《内蒙古日报》刊石万英《话剧演出及其他——漫谈〈胆剑篇〉》一文。

1 月 26 日 中国作家协会书记处和亚非作家会议中国联络委员会召开联席会议,组成 16 人的中国作家代表团,准备出席第二届亚非作家会议。曹禺与老舍、严文井、张光年、陈白尘、谢冰心、赵树理等出席。(《参加第二届亚非作家会议,中国作家代表团组成》,《人民日报》,1962 年 1 月 27 日)

是月 浙江话剧团在杭州演出曹禺的《胆剑篇》。导演程维嘉、骆可,舞美设计谢宇。(《飞鸿踏雪五十年(1949—1999)》纪念画册)

2 月 3 日 农历腊月二十九日,晚,北京人艺在首都剧场三楼宴会厅举行迎春晚会。周恩来、邓颖超、习仲勋、乌兰夫、李先念、陈毅、罗瑞卿等党政领导前来参加。曹禺等接待,并与王震、欧阳山尊、朱琳、王志鸿等合唱《南泥湾大生产》为大家伴舞。至凌晨一时结束。(《北京人民艺术剧院大事记》)

2 月 14 日 《文学评论》第 1 期刊钱谷融《〈雷雨〉人物谈》一文。本文重点分析了《雷雨》中的两个主要人物周朴园和蘩漪的性格,以及塑造人物性格的艺术方法。

2 月 17 日 出席在中南海紫光阁举行的在京话剧、歌剧、儿童剧作家座谈会。周恩来在会上作《对在京的话剧、歌剧、儿童剧作家的讲话》,周恩来指出:"新的迷信把我们的思想束缚起来了,于是作家们不敢写了,帽子很多,写得很少,但求无过,不求有功。曹禺同志是有勇气的作家,是有自信心的作家,大家很尊重他,但他写《胆剑篇》也很苦恼。他入了党,应该更大胆,但反而更胆小了。谦虚是好事,但胆子变小了不好。入了党应该对他有好处,要求严格一些,但写作上好像反而有了束缚。把一个具体作家作为例子来讲一下有好处。所以举曹禺同志为例,因为他是党员,又因为他是我的老同学,老朋友,对他要求严格一些,说重了他不会怪我。过去和曹禺同志在重庆谈问题的时候,他拘束少,现在好像拘束多了,生怕这个错,那个错,没有主见,没有把握。这样就写不出好东西来。……《明朗的天》好像还活泼些。有人说它不深刻,但这是解放后不久写的……我看过几次,每次都受感动。《胆剑篇》有它的好处,主要方面是成功的,但我没有那样受感动。作者好像受了某种束缚,是新的迷信所造成的。""曹禺同志的《雷雨》写于'九一八'之后。那个时代是国民党统治初期,是'五四'前后的历史背景,已经没有辫子了。……这样的戏,现在站得住,将来也站得住。""'九一八'之后有一部分朦胧追求进步的作家,像曹禺,作品可以保留。""时代精神要广义地来理解,问题在于作品站得住站不住。曹禺同志的三部曲,表现了那个时代的生活侧面,表现了作家当时的思想。两部站得住,但《原野》就比较差。我是喜欢他作品的一个,推荐他作品的一个。"(《对在京的话剧、歌剧、儿童剧作家的讲话》,《周恩来论文艺》第 106—114 页)

2 月 22 日　上午,北京人艺全院听曹禺传达周恩来、陈毅在紫光阁创作会议上的讲话。(《北京人民艺术剧院大事记》)

是日　赴广州参加全国话剧、歌剧、儿童剧创作座谈会。(同前)

2 月 26 日　《人民日报》刊消息《日本出版〈中国现代文学选集〉》:"日本人民热爱中国文学艺术,为了适应这种要求,东京'平凡社'开始出版一套《中国现代文学选集》。"其中有"《老舍、曹禺集》(老舍的《离婚》,曹禺的《日出》)"。

是月　《东海》第 2 期刊署名"一农"《〈胆剑篇〉的任务塑造及其思想性》一文。

春　参加彭真同志主持的北京市委调查组,到怀柔县一渡河大队调查。据金凤①回忆:"一九六二年春天,我随北京市委工作组到北京郊区怀柔县一渡河大队调查。……有一次,在怀柔县委食堂吃饭时,我看到了彭真同志。……同桌还有我的老上级邓拓同志,赵鹏飞同志和北京日报社社长范瑾同志,另外,彭真同志的夫人张洁清同志,在一渡河调查的曹禺同志也在座。"(《历史的瞬间——一个新闻记者的回忆》第 127 页)

据王婕文述:"1962 年春,我有机会和曹禺在北京郊区一个村里一起待了几个月,对他有了进一步的接触和了解。""我参加了彭真同志主持的北京市委调查组,

① 时为《人民日报》记者。

到怀柔县一渡河大队调查。组长是北京市副市长赵鹏飞,组员有北京市妇联主席,还有曹禺和几名市委机关工作人员。""曹禺刚来时,村里照顾他,让他一天吃一斤烙饼,收他一斤面票和二两油票。当时面票每人每月只有五斤,油半斤,曹禺吃了两天,吃不消了,他交不出那么多面票和油票,加上他看到北京市副市长赵鹏飞也和大家一样吃这种代食品窝窝头,他不允许自己特殊化,坚决谢绝大队对他的照顾,和我们一样,每天吃两个玉米窝窝头加拌大葱,这都够难为他的了。"(《寂寞让我如此快乐》第 171 页)

3 月 2—26 日　文化部、中国剧协在广州召开全国话剧、歌剧、儿童剧创作座谈会(即"广州会议")。曹禺与田汉、老舍、阳翰笙、熊佛西、陈白尘、李伯钊、李健吾、塞克、黄佐临、焦菊隐、金山、张庚、胡可、贺敬之等一百六十多位剧作家、导演、戏剧理论家和戏剧工作者参加。周恩来、陈毅专程赴会并作重要讲话。"剧作家们在大会、小组会的发言中,热烈讨论了促进戏剧创作的进一步百花齐放,表现人民的新时代和鼓励题材风格的多样化问题,戏剧冲突和表现人民内部矛盾问题,生活真实与艺术真实问题,歌剧和儿童剧的艺术特点问题,话剧、歌剧的民族化、群众化问题,以及戏剧语言、戏剧结构等艺术技巧问题。对于剧作家如何进一步深入生活、提高思想、加强艺术修养等问题,也进行了讨论。""阳翰笙、老舍、金山、焦菊隐、黄佐临、李健吾、张庚、曹禺、陈白尘、贺敬之、石凌鹤、胡可、黄悌、田汉、周桓、刘川、李之华、徐平羽等,先后在大会上就以上这些问题发表了意见。"(《全国著名剧作家、导演、戏剧理论家等聚会广州,进一步推动戏剧创作百花齐放,交流话剧新歌剧儿童剧创作经验和探讨当前戏剧创作中的重大问题》,《人民日报》,1962 年 3 月 31 日;《全国话剧歌剧作家谈创作问题》,《光明日报》,1962 年 3 月 31 日)曹禺发言经整理,以《漫谈剧作》为题发表在《戏剧报》1962 年第 6 期。

会议期间,与会的老作家和青年作家进行了交谈。谈到剧本创作,曹禺说:"我个人的体会是,大凡中心思想早知道的,门就开得小一点,进来的东西就不多。任何一个材料,本身都含有特定的思想,当这种思想还没有找出来时,不要随意乱套,而是先把它写出来,然后多加推敲,揣摩的多了,中心思想自然会出来,许多材料也就串起来了。"这次老作家与青年作家的谈话,摘要发表于 4 月 13 日《光明日报》。

会议期间,曾往观看粤剧。据曾炜文述:"那天晚上,我们去广东迎宾馆小礼堂,看马师曾演的粤剧《天问》,罗品超、红线女合演的《花园对枪》。小礼堂仅二三百座位,前面放置一排大沙发,其余都是小沙发。我们集体进场。不久,周总理和邓颖超同志同时进场……跟这个握手,同那个招呼,谈笑风生,十分亲切。田汉、曹禺等老同志请总理入座,总理见前面一排大沙发,连忙请那些老前辈上座,说:'今天是招待你们的,你们是老师……'边说边把田汉、曹禺、阳翰笙等一批老同志,一个个请到大沙发就座。直到前排坐满了,才在我们附近找个空位坐下;又和左、右、前、后的同志亲切交谈,问这问那,不时发出爽朗的笑声。"(《让座和霸座》)

会议结束后,与老舍等去各地参观。据老舍文述:"二月里,我到广州去参加戏剧创作会议。……会议闭幕后,游兴犹浓,乃同阳翰笙、曹禺诸友,经惠阳、海丰、普宁、海门等处,到汕头小住,并到澄海、潮安参观。再由潮汕去福建,游览了漳州、厦门、泉州与福州,然后从上海回北京。"(《南游杂感》,《老舍全集》第 15 卷第 159 页)

3 月 2 日   出席文化部、中国剧协在广州举行的全国话剧、歌剧、儿童剧创作座谈会。据竺可桢记述:"下午两点半听周总理报告,到周总理和邓颖超夫妇、陈(毅)副总理、薄(一波)副总理、沈衡老(沈钧儒)以及作家协会沈雁冰、老舍、曹禺等……周总理谈知识分子问题。"(《竺可桢日记 4(1957—1965)》第 596 页)

3 月 4 日   《光明日报》刊消息《中央广播电视剧团再度公演〈北京人〉》:"中央广播电视剧团 3 日将在青年艺术剧场公演曹禺名剧《北京人》。""在整理排练过程中,曾得到剧作者曹禺的关怀和支持,他对剧本又作了一些修改。导演、演员、美工等对戏的理解和处理上也较过去有所提高。作曲家葛光锐还重写了该剧的全部配乐曲谱,增强了戏的气氛。""这次参加《北京人》演出的主要演员有梅邨、纪维时、李晓兰、王显、王昌明、胡家森、殷亮、王燕熙等,导演是蔡骧、梅邨。"

3 月 5 日   《光明日报》刊李罡《读〈胆剑篇〉想到的几个问题》一文。

3 月 6 日   陈毅在广州出席全国话剧、歌剧、儿童剧创作座谈会并讲话,他说:"我们一些作家,郭老、沈雁冰同志、田汉同志、老舍同志、阳翰笙同志、曹禺同志、熊佛西同志……,这是我们国家之宝,我们任何人都应该加以尊敬,怎么随便就讲我要'领导'你? 这太狂妄了。"

3 月 19 日   据老舍记述:

上午发言:

曹禺:很乐观。领导真知道我们。知音难。知长亦知短,真知音。为领导使我们明白如何领导,党的原意。少数坏的,给了沉痛教训。希望他们领导,但作了坏事,把事看轻了。下决心想想谁错了! 下决心学习如何领导! 而不是放松领导! 创作是艰苦的。大家是自己人。

创作的道路是自己创的,主要靠自己。要实事求是。知则知,不知为不知。装懂很窄,真知道再写,真有所感,才能写好。理、情、景,理胜于情,写不好。情胜于理,易泛滥。好东西,理与情交融,适当地结合,包括技术问题。理与情之根是事,知道的不够。完全掌握了资料,才行。基础不固,理与情亦难对。真知则气壮，摇摆则无自信。真知则会接受意见。人物拉一车仍能写。不勇敢因是非没看清。不因别人歌颂而亦歌颂，真知才歌颂之。多情善感一点——对好人与坏事，还要冷眼旁观。……相信我们会成功，诚重劳轻，数深愿达。（《一九六二年日记》，《老舍全集》第19卷第139页）

3月25日 与田汉、阳翰笙、老舍、张庚、李健吾、陈白尘、凤子等参观广州市郊燕塘农场和华南植物园。"还游览了著名的风景胜地白云山、西峡山、鼎湖山和从化温泉等地。""酷爱美术作品的老舍、徐平羽、曹禺和张庚等还特地到广州美术馆，观看了那里的藏画，他们对广东历代画家的艺术成就表示赞誉。此外，他们还观赏了绚丽多彩的石湾陶瓷艺术品和广西古代的仿石湾陶瓷艺术品等，对这些艺术品的颜色、造型给与很高的评价。""老剧作家们热情地参加了广州市戏剧界的学术研究活动。"（《全国著名剧作家聚会羊城》，《羊城晚报》，1962年3月28日）

3月28日 上午，与田汉、阳翰笙、老舍、李健吾、张庚等在广州文艺俱乐部同广州市戏剧界人士聚会漫谈。"曹禺在发言中，对广东地方语言演出的《全家福》大加赞赏。他说，由此看出，方言话剧有广阔的发展前途。而方言话剧演得好，也会提高以普通话演出的话剧的水平。"（《名家谈戏，议论风生——田汉等今晨和本市戏剧界座谈》，《羊城晚报》，1962年3月28日）据乔毅文述："3月28日曹禺在广州市召开的戏剧座谈会上对《全家福》的演出大加赞扬，他说：'由此看出，方言话剧有广阔的发展前途，而方言话剧演得好，也会提高以普通话演出的话剧水平。'他又说：'《全家福》《红缨枪》都演得不错，用广州话演话剧（指《全家福》）非常有意思，我从来没有见过台上台下这么打成一片，剧本好，导、表演好固然没有问题，但方言这么厉害，的确是个武器，大可发展……我主张用方言写，而且就写现代题材，这样更能对人民起直接教育作用。有人认为方言剧仿佛低一格，这个观念是错误的。有思想，有生活，再加上这么好的语言武器，一定无往而不胜。'"（《广东话剧团粤语队演出大事记（1958—1983）》，《广东话剧运动史料集》第3集第88页）

3月31日 《人民日报》题为《全国著名剧作家、导演、戏剧理论家等聚会广州，进一步推动戏剧创作百花齐放交流，交流话剧新歌剧儿童剧创作经验和探讨当前戏剧创作中的重大问题，周恩来总理陈毅副总理专程赴会作了重要讲话》对"广州会议"作了报道。

是日 《中国青年报》刊何其芳等《对〈胆剑篇〉的一些议论》。

是月 与老舍、阳翰笙、张庚到福州、泉州等地观看高甲戏《连升三级》、闽剧《贻顺哥烛蒂》、莆仙戏《春草闯堂》等剧目的演出。（《福建省志·文化艺术志》）据《陈仁鉴评传》："一九六二年春天，鲤声剧团带了《嵩口司》《王怀女归宋》《春草闯堂》三台戏到福州市演出,""鲤声剧团在福州演出刚回仙游没多久,我国戏剧界的老前辈老舍、曹禺、张庚、阳翰笙、李健吾等从广州经厦门、泉州到福州看戏,鲤声剧团又到福州给他们演出《春草闯堂》,并在福州西湖宾馆会见了陈仁鉴等。会见中曹禺先生很有兴致地问道,第三场春草开始不肯走,心里怕,后来怎么又高高兴兴地催着胡知府要回去呢?……"(《陈仁鉴评传》第 324 页)

4 月 4 日　《包头日报》刊赵昌等《一时强弱在于力,千古胜负在于理——话剧〈胆剑篇〉观后》一文。

4 月 5 日　应汕头地委邀请,到汕头参观游览,并出席潮剧座谈会并发言。据后来记述:"1962 年 4 月,我国著名作家、戏剧家老舍、曹禺、阳翰笙、张庚,以及当时任文化部副部长的徐平羽、辽宁省委书记周恒、上海文化局副局长吕复等,在广州参加全国话剧歌剧创作会议后,应汕头地委邀请,到汕头参观游览。观看潮剧,是专家们这次汕头之行的主要内容。他们在普宁流沙、澄海、汕头等地,观看了潮剧院一团、青年剧团、艺香剧团和汕头戏曲学校演出的十二个长短剧目。他们之中,有首次看到潮剧的,也有看过潮剧多次演出的老观众。4 月 5 日,专家们出席由地委书记邹瑜主持的,有中南局副秘书长吴南生、广东省委文教部长杜埃和汕头文艺界知名人士参加的座谈会。这是一次热心潮剧的党政领导人、戏剧专家、潮剧工作者欢聚一堂的盛会。曹禺是到汕头后才第一次看到潮剧的。他十分激动地说:'看了潮剧之后,就有个感觉,为什么那么多的华侨爱好潮剧呢?原因就在于潮剧的地方色彩非常浓厚,看了使人念念不忘。这是个了不起的剧种,它了不起的地方,就是不懂潮州话的人,没有看过潮剧的人,比如我看后就感到很合胃口,就被吸引住了。'"(《潮剧闻见录》第 457 页)

4 月 7 日　据老舍撰:"一九六二年四月七日,同平羽、翰笙、周桓、曹禺、张庚、健吾、吕复、方瑞诸同志参观郑成功纪念馆。"(《鼓浪屿诗词选》第 60 页)

4 月 11 日　与老舍参观福州脱胎漆厂、福州工艺美术研究室。午后,看杜鹃花展览。(《老舍、曹禺榕城观花赏艺记》,《中国新闻》第 2963 期,1962 年 5 月 2 日)

4 月 12 日　上午,在福州游鼓山。据杨尼文述:"山坡上,杜鹃遍处,曹禺六岁多的小女儿欢子,连忙采了一把献给伯伯老舍。"(同前)

4 月 13 日　《光明日报》第 2 版刊张绰、张卉中采写的《老作家谈剧作》,全文分"老舍谈少数民族剧作"、"曹禺说'要真知道!'"、"胡可谈深入生活"三部分,文前说:"在广州举行的全国话剧、歌剧、儿童剧创作座谈会期间,几位老剧作家和青年剧作家座谈了有关剧本创作问题,这里摘记了老作家们的谈话片段。"谈及创作,曹禺说:"我们进行创作,应该等真知道后再写。什么是真知道呢?就是你所要写的人物,摆在这里他会说这样的话,摆在那里,他又会说那样的话,而他没有说出来的话,你都知道。"

4月18日 《戏剧报》刊龚义江《化无形为有形——盖老与田冲谈勾践表演片断》一文。本期还刊安达市话剧团演出的五幕历史剧《胆剑篇》剧照,郑仕摄。

5月20日 重庆市话剧团在重庆公演曹禺的《胆剑篇》。导演赵锵,田广才饰勾践,刘曦饰苦成老人,徐立起饰文种,陈丽娟饰勾践夫人,王建武饰鸟雍,李璧君饰黑肩妻。(《重庆市话剧团在1962》,《重庆文化史料》1999年第3期)

5月23、24、25日 中国戏剧家协会连续举行话剧、歌剧、戏曲工作者座谈会,纪念毛泽东同志《在延安文艺座谈会上的讲话》发表二十周年。曹禺与郭沫若、齐燕铭、夏衍、林默涵、老舍、李伯钊、陈其通等参加话剧界座谈会,并主持会议。(《纪念〈在延安文艺座谈会上的讲话〉发表二十周年——首都戏剧界举行座谈会》,《剧本》6月号,1962年6月10日)会上讨论了这篇讲话对我国革命文艺运动和革命戏剧运动的巨大影响,并探讨了当前话剧创作和话剧运动中的一些问题。(《纪念〈在延安文艺座谈会上的讲话〉发表二十周年——首都戏剧界举行座谈会》,《戏剧报》第5期,1962年5月18日)

5—6月 江西省赣剧院在北京演出了青阳腔《西厢记》,弋阳腔《西域行》,以及传统折子戏《张三借靴》《思凡》《幽闺拜月》《挡马》等剧目,引起了首都文艺界人士和观众的注意和兴趣。曹禺与茅盾、邵荃麟、周立波、严文井、阮章竞、李超、伊兵、晏甬等作家、戏剧家、文艺评论家,分别出席了作协和剧协举行的座谈会。(《赣剧院载誉赴沪》,《人民日报》,1962年6月14日)

6月18日 在《戏剧报》第6期发表《漫谈剧作》一文,文后说明:"本文是作者根据在全国话剧、歌剧创作座谈会上的发言改写的。"后题为《学〈讲话〉谈剧作》收入《延安城头望柳青——毛泽东同志〈在延安文艺座谈会上的讲话〉学习文集》。原题收入《曹禺论创作》,《曹禺全集》第5卷。

7月1日 中国人民保卫世界和平委员会、中华全国总工会、全国妇女联合会、全国青年联合会、全国学生联合会、中国亚非团结委员会、中国文学艺术界联合会、中国作家协会、中国人民对外文化协会、中国科学技术协会、中华全国新闻工作者协会等人民团体的负责人举行会议,讨论并通过出席即将在莫斯科召开的争取普遍裁军与和平世界大会中国代表团名单。会议由郭沫若主持。曹禺与刘宁一、陈叔通、蔡廷锴、茅盾、史良、李德全、楚图南、丁西林、夏衍、许广平、金仲华、吴晗、邵力子、老舍、周培源、田汉、陈宇、钱李仁、李炳泉、胡启立等参加。(《出席争取普遍裁军与和平世界大会,我国代表团组成》,《人民日报》,1962年7月2日)

7月4日 上午,北京人艺在首都剧场三楼宴会厅举行建院十周年庆祝大会。

曹禺、焦菊隐相继讲话。同时举行大班学员的结业仪式。学员代表讲话。表演了小节目，最后全院合影，结业学员合影。会上，曹禺说：

今天我们怀着兴奋的心情，在这里庆祝我们建院十周年。

大家记得，十年前，我们聚集在一个不大的院落里，开了我们的建院大会。会上，一些领导同志讲了话，表示了对我们的期待。我们就是按照他们的指示，迈开了我们的第一步的，自那以后，在工作中，我们愈来愈多地得到从周总理起的各级领导的关怀和文艺界的热心指导，以及社会上的相当广泛的支持。回顾十年，我们是不是可以说，我们是努力按照党和人民的意志工作的呢？我想是可以这样说的。我们的剧院是沿着党所规定的道路向前发展的。

十年来，我们上演了许多不同风格的优秀剧目，从政治上、道德上、艺术上给观众以教育和积极的影响。在这里，应该特别感谢一直为我们剧院写作的作家，他们不是我们剧院的干部，却是我们的亲人，他们为我们剧院担负了一项十分艰难的工作。

十年来，我们尝试了许多不同风格的演出，其中有不少的尝试已经在文艺界和观众中留下了广泛的影响，获得了他们的鼓励与称誉。这些尝试，将在我们剧院的历史上留下光荣的记载。

十年来，我们培养了不少的人才。我们现在几乎已经是一个"五世同堂"的剧院了。在我们的干部中间，有的是从"五四"起即开始了自己的戏剧活动的；……在社会主义革命和建设时期，我们培养了不少的干部和学员。他们是我们的新生力量，在他们中间，有些已经成为我们工作中的骨干，开始受到观众的喜爱。

我们的一批学员在今天举行毕业仪式，这是剧院的一件喜事。你们是新的一代。祖国伟大的社会主义事业期待着你们，我们的社会主义戏剧事业期待着你们，剧院期待着你们！为此，你们应当继续学习，勤勤恳恳地学习。

十年来，我们得到了各方面观众的支持，我们的观众面是相当广泛。……这些成绩的取得，首先应该归功于党。我们共同感受到，没有党的正确领导，个人的才能与智慧是得不到充分发挥的。这是我们一切经验中最核心的一条。这些成绩的取得，还是全院同志团结努力的结果。我们的艺术干部、技术干部、行政干部、前台的干部和全体公勤人员，和谐地为了一个目标，共同工作着。剧院的一切成绩，都是和每一位同志的勤恳劳动分不开的。我代表剧院的领导，衷心地感谢你们！

剧院的导演们、演员们、设计们、大家朝夕相处，不知疲倦地探索钻研。你们的成就,已经赢得了观众的肯定与赞扬。在这里,我们应当特别提到焦菊隐同志。他的辛勤劳动,他的许多创造性的工作,对剧院、艺术的发展,对剧院风格的建立,都起了极其重要的作用,影响将是深远的,他的许多成就,对国家话剧艺术的建设,做出了很大的贡献。

像人的一生一样,十岁,还不过是童年。艺术的道路应是无涯的。倘若说,我们这头一个小小的十年还过得不错的话,那么,这点成绩和收获,只能作为鼓励我们继续前进的力量,没有任何理由,使我们变得骄傲起来。"骄傲使人落后",这是一个极不留情的真理,我们一定要谦虚谨慎地学习和工作,鼓足更大的干劲,在执行党的路线政策上,力争上游;在克服困难,完成国家任务上,力争上游;在提高艺术质量上,力争上游;在同心同德团结一致上,力争上游!(《北京人民艺术剧院大事记》)

7月16日 在《红旗》杂志第14期发表《语言学习杂感》一文。收入《论戏剧》和《曹禺论创作》,后收入《曹禺全集》第5卷。

7月20日 谢觉哉作《看〈胆剑篇〉话剧》诗一首:"忍辱含羞《胆剑篇》,二千年矣事犹鲜。夺牛换得农民怨,尝胆君王自种田。①"(《谢觉哉诗选》第170页)

7月21日 与田汉、老舍、刘白羽、陈白尘、陈荒煤、严文井、夏衍、袁文殊、黄钢、谢冰心、杨朔等十二人联名发表声明,表示全力支持正在蓬勃开展的越南人民的反美爱国斗争。(《我国著名作家田汉等联名发表声明,全力支持越南人民反美爱国斗争》,《人民日报》,1962年7月22日)

8月7日 晚,中国人民保卫世界和平委员会主席郭沫若举行宴会,招待正在中国访问的拉丁美洲国家的朋友们。曹禺与陈叔通、包尔汉、刘长胜、张友渔、南汉宸、沈兹九等人出席作陪。(《郭沫若设宴招待拉丁美洲朋友》,《人民日报》,1962年8月9日)

8月8日 下午,首都戏剧界九十多人在文联礼堂举行座谈会,纪念梅兰芳逝世一周年。曹禺与田汉、欧阳予倩、周信芳等献花圈。(《纪念梅兰芳同志逝世一周年》,《人民日报》,1962年8月9日)

8月12日 与田汉、欧阳予倩、周信芳联名电贺西安易俗社成立五十周年。电文如下:

西安易俗社:

半世纪以来,你社经历无数艰险,为秦腔改革坚持战斗,取得很大成就和

---

① 作者自注:此剧现在看还有意义,即耕畜重要,与民同劳动重要、上下一体团结重要。

丰富经验,极值得全国戏剧界学习。《戏剧报》九月号也将组文纪念。汉因事暂难离京,特驰电致贺,希望同志们继续努力,为建设社会主义民族新戏曲而奋斗!

> 田汉　欧阳予倩　周信芳　曹禺
> 1962 年 8 月 12 日
> (《西安易俗社七十周年资料汇编(1912—1982)》第 19 页)

8 月 13 日　西安市文艺界一千多人集会庆祝易俗社成立五十周年。曹禺与田汉、欧阳予倩、周信芳、马连良、常香玉等发贺电表示祝贺。(《庆祝易俗社成立五十周年》,《人民日报》,1962 年 8 月 15 日)

是月　在北戴河,创作《王昭君》。据郭沫若文述:"刚才曹禺同志提到我最近创作的电影文学剧本《郑成功》,我在这里声明一下:我写电影剧本是头一次。今年(1962)……八月间在北戴河,曹禺同志也在那里写《王昭君》,还有金山同志。我不懂电影的写法,这个蛋实在生不下来。但曹禺、金山等同志都鼓励我,叫我先不要管电影形式,写出来再说。还有当时在北戴河的贺总、廖承志同志以及刘宁一同志也都鼓励我写,我就硬着头皮写起来了。"(《学习,再学习——与青年剧作者的一次谈话》,《剧本》1 月号,1963 年 1 月 20 日)

9 月 6 日　北京人艺《蜕变》剧组建组。(《北京人民艺术剧院大事记》)

9 月 19 日　《成都晚报》刊藩一心《〈胆剑篇〉排演日记片段》一文。

9 月 21 日　欧阳予倩因病逝世。欧阳予倩同志治丧委员会组成,并定于 9 月 24 日上午十时在首都剧场举行公祭。曹禺为治丧委员会委员之一。(《我国著名艺术家、戏剧教育家欧阳予倩同志逝世》,《人民日报》,1962 年 9 月 22 日)

9 月 22 日　北京人艺《蜕变》剧组听曹禺报告。(《北京人民艺术剧院大事记》)

9 月 23 日　应蒙中友好协会邀请,前往蒙古参加蒙中友好句活动的中蒙友好协会代表团,乘火车离开北京前往乌兰巴托。曹禺以中蒙友好协会副会长身份与屈武、吕文远等到车站欢送。(《中蒙友好协会代表团去乌兰巴托》,《人民日报》,1962 年 9 月 24 日)

9 月 24 日　上午,首都文艺界在首都剧场举行追悼会,公祭著名艺术家、戏剧教育家欧阳予倩。曹禺与陈叔通、廖承志、傅钟、张治中、胡愈之、邵力子、刘鲤风、萨空了等参加。(《首都各界公祭欧阳予倩同志》,《人民日报》,1962 年 9 月 25 日)

9 月 29 日　《成都晚报》刊唐正序《简评话剧〈胆剑篇〉》一文。

9 月 30 日　在北京人艺听《蜕变》对词。(《北京人民艺术剧院大事记》)

10 月 6 日　《成都晚报》刊陈富年《向传统艺术学习——看话剧〈胆剑篇〉表演

上的一些成果》一文。

10月8日 晚,北京人艺召开院长会议,决定《蜕变》明年春节前公演。(《北京人民艺术剧院大事记》)

10月13日 上午,曹禺、夏淳邀请小说《红岩》的作者罗广斌、杨益言在北京人艺座谈改编《红岩》剧本和演出意见。(同前)

10月14日 《四川日报》刊李士文、艾湫《胆剑传豪情——看四川人民艺术剧院演出〈胆剑篇〉》一文。

10月20日 由对外文协副会长朱光率领的中国戏剧代表团一行五人,离开北京前往日本进行友好访问。曹禺以剧协副主席身份与楚图南、丁西林、周而复、林林等到机场送行。(《我国戏剧代表团赴日》,《人民日报》,1962年10月22日)

10月25日 中国戏剧家协会召开座谈会,座谈空政文工团话剧团演出的以空军生活为题材的话剧《年轻的鹰》,曹禺以剧协副主席身份出席并主持会议。(《〈年轻的鹰〉演出受到戏剧界赞扬》,《戏剧报》1962年第11期)

10月31日 晚,北京人艺召开党委会,研究剧院工作,其中一项是:关于《蜕变》,有人提出这个戏是"为国民党宣传"。需认真讨论一番,看能否作修改,拟请欧阳山尊、刁光覃、梅阡、于是之等先看剧本然后座谈,提出具体意见。(《北京人民艺术剧院大事记》)

是月 由曹禺执笔的五幕历史剧《胆剑篇》由中国戏剧出版社出版单行本,新华书店发行。

是月 广东话剧团普通话队公演曹禺的《日出》。导演:王守一。舞台设计:韩肇祥。演员:黎萱、宋蓝波、高纮、沙基、刘亚青、陈家青、高雪君、张家齐、利永锡、汪静、于志、潘予、谭仪元、饶鸿仪、吴婷婷等。(《广东话剧团普通话队演出大事记(1958—1983)》,《广东话剧运动史料集》第3集第76页)

11月5日 上午九时,参加北京人艺全院支援古巴的游行,到天安门广场演出活报剧。古巴朋友看了演出,热情欢呼致谢并会见曹禺及主要演员。下午一时半,再出发至古巴大使馆游行声援。并递交了由曹禺、焦菊隐、欧阳山尊、赵起扬、夏淳署名的致卡斯特罗总理的声援信。(《北京人民艺术剧院大事记》) 据载:"在古巴驻中国大使馆附近的街道上,今天仍然是人流如潮,摩肩接踵。许多科学界、文化界、医学界的著名人物,都到这里表示他们全力支持古巴兄弟的斗争。文艺界著名人士老舍、曹禺、姜妙香、徐兰沅、侯喜瑞、马连良、张君秋、溥雪斋、惠孝同,都参加了首都文艺工作者的游行队伍,他们并且联名写信给古巴驻中国大使馆,向英雄的古巴人民和他们的伟大领袖卡斯特罗总理致以最崇高的敬意。"(《全国各大城市举行

更大规模示威声援古巴兄弟》,《人民日报》,1962 年 11 月 6 日）

11 月 6 日　与田汉、周信芳联名致函古巴戏剧家协会,表示坚决支持古巴人民反对美国侵略者的正义斗争。信文如下:

古巴驻华大使馆转

亲爱的古巴戏剧家同志们:

我们读了您们革命领袖菲德尔·卡斯特罗总理 10 月 28 日的声明和 11 月 1 日的电视演说,万分激动。我们对于美帝国主义无耻的海盗行为和企图蹂躏古巴的神圣主权,表示最大的愤慨。我们对于古巴人民坚定的斗争意志和英雄气概表示崇高的敬意,对于古巴人民的伟大领袖菲德尔·卡斯特罗表示崇高的敬意。

古巴人民的斗争不是孤立的。请您们相信,不管有什么惊涛骇浪和暴风骤雨,我们永远和您们在一起。社会主义的古巴将永远屹立在西半球,成为拉丁美洲以及一切坚决反对美帝国主义、高举革命旗帜的人民的光辉榜样!

现在,我们的首都北京正响彻"要古巴,不要美国佬!"的战斗的呼声,我们大小城市的街头也正扮演着描写古巴人民英雄形象的戏剧。同志们,我们的斗争是血肉相关的,请接受我们兄弟的支援!

田　汉　周信芳　曹　禺

1962 年 11 月 6 日　于北京

（《我国戏剧家致函古巴戏剧家,支持古巴人民反对美国侵略的正义斗争》,《戏剧报》第 11 期,1962 年 11 月 18 日）

11 月 7 日　晚,北京人艺召开干部会议,讨论《蜕变》修改问题。会上认为:剧本的后两幕问题较大,主要问题是脱离了现实基础,人物和事件是作者理想的产物,反映了作者美好的愿望,但缺乏现实依据。特别是梁专员这个人物,身份不明,性格也就显得模糊等。随后,大家提出了几种修改方案。决定由曹禺同志对剧本作较大的修改,排练暂停。（《北京人民艺术剧院大事记》）

11 月 12 日　下午,北京人艺召开院长会议,讨论 1963 年生产计划,决定之一是:明确《蜕变》停排,曹禺考虑作较大修改。（同前）

11 月 13 日　巴金收到曹禺寄赠《胆剑篇》。（《巴金日记》第 4 页）

11 月 15 日—1963 年 1 月 19 日　中国戏剧家协会在北京举办第一期话剧作者学习、创作研究会。会议共分三个阶段,第一阶段是文艺思想和文艺政策的学习,第二阶段是学习古典名剧,第三阶段是对反映现代题材剧本创作问题的研究讨论。其间,曹禺与老舍、夏衍、田汉等到会讲话或讲课。（《中国剧协举办第一期话剧作者学习、创作研究会》,《戏剧报》,1963年第2期）曹禺的部分讲稿,后经整理题为《读剧一得——和青年剧作者的一次谈话》,收入《论剧作》《论戏剧》《曹禺论创作》及《曹禺全集》第5卷。

11月20日　《剧本》第10、11月号合刊刊范钧宏《虚实照映——浅谈〈胆剑篇〉第二幕》一文。

11月28日　中国戏剧家协会举行座谈会,欢迎阿尔巴尼亚戏剧家苏里曼·比塔尔卡。曹禺作为剧协副主席出席并主持座谈会。"他代表中国戏剧家热烈地欢迎苏·比塔尔卡同志访问中国……曹禺同志说,'苏·比塔尔卡同志的《渔人之家》在我国的演出,受到观众热情的欢迎,让我们从这个戏里了解了阿尔巴尼亚人民的生活和斗争的情况,而且从中受到了深刻的教育。'""曹禺同志认为中国的戏剧创作也同样存在这种情况。现实斗争生活非常丰富,工农业战线有许多先进人物,亟需剧作家去反映。虽然也出现了一些优秀的剧本和有才能的剧作家,但目前的剧本创作仍赶不上生活的要求,戏剧家们也正在努力赶上时代。""曹禺同志表示,中阿两国为捍卫马克思列宁主义和无产阶级国际主义结成的友谊,是任何力量也阻挡不了的。曹禺同志说,'中国的话剧历史也很短,需要向各方面学习,更需要向阿尔巴尼亚戏剧家学习。今天,在阿尔巴尼亚独立五十周年和解放十八周年的美好节日里,中阿两国戏剧家的团聚,是很有意义的。'曹禺同志代表中国戏剧家向苏·比塔尔卡同志表示热烈的祝贺,并通过他把中国戏剧家的敬意带给阿尔巴尼亚的全体戏剧家。"（《欢迎你,阿尔巴尼亚的戏剧使节》,《戏剧报》1962年第12期,）

是月　与老舍、阳翰笙等观看福建省话剧院演出《东征》,并上台与演职员合影。（《福建省话剧院四十周年1952—1992》纪念画册第51页）

12月24日　晚,对外文化联络委员会举行宴会,欢迎朝鲜文化艺术代表团。曹禺与欧阳山尊、徐光霄等文艺界人士出席,并在宴会上讲话和祝酒。（《我对外文委欢宴朝鲜文艺代表团》,《人民日报》,1962年12月25日）

12月28日　中国戏剧家协会在政协礼堂举行北京老剧作家与各地来京学习的青年剧作者新年联欢会。曹禺以剧协副主席身份与郭沫若、老舍、丁西林等出席,并主持联欢会。"他首先表达了到会的青年剧作者的要求:请郭老向大家讲话。他说,郭老是我们当代最年长的剧作家,我们这一代是读了他的作品得到启发,开始写剧本的。我们是郭老的学生。……"（《愉快的谈心——北京老剧作家与部分青年剧作者新年联欢会侧记》）

是日　晚,周恩来总理接见朝鲜文化艺术代表团,并同他们进行亲切友好的谈话。曹禺以北京人民艺术剧院院长身份与章汉夫、张致祥、徐光霄等出席作陪。

(《周总理接见朝文化艺术代表团》,《人民日报》,1962 年 12 月 29 日)

12 月 30 日　《人民日报》刊消息《北京上海天津广州人民迎接新的一年》:"上海几十家剧场、书场、文化宫、俱乐部将在新年上演各种精彩节目。上海电影演员剧团演员王丹凤、舒适、上官云珠等排练了曹禺的名剧《雷雨》,将在元旦晚上开始公演。"

是年　山西省话剧院演出曹禺的《雷雨》。李世玲饰演蘩漪,王夫丁饰演周朴园,黄欣娟饰演四凤,任道饰演周萍。(山西省话剧院:《半个世纪的五彩路(1942—1995)》画册)

是年　天津人民艺术剧院首演曹禺的《日出》,导演沙惟,设计闻一方。

1963 年 五十四岁

5月31日，阿根廷剧作家奥古斯丁·库塞尼及夫人到达北京。

11月25日，苏联戏剧家弗·尼·普罗科菲耶夫抵京。

12月12日，毛泽东在中宣部的内部刊物上作了对文艺问题的批示，说："问题不少，人数很多，社会主义改造在许多部门中，至今收效甚微，许多部门至今还是'死人'统治着，许多共产党人热心提倡封建主义和资本主义的艺术，却不热心提倡社会主义的艺术，岂非咄咄怪事。"这一批示给文艺界很大压力，文联各协会被迫开始整风。

12月，《红旗》杂志第12期刊发社论《文化战线上的一个大革命》。社论说，京剧改革是一件大事情，它不仅是一个文化革命，而且是一个社会革命。

1月5日 下午，北京人艺召开院务会、艺委会联席会议。会上，欧阳山尊转达周恩来不同意修改《蜕变》的意见。他说：总理的意见不是随便提出的，我们应该严肃对待。他还向曹禺转达了总理的意见，请曹禺定夺。（《北京人民艺术剧院大事记》）

1月6日 下午，赵起扬邀集欧阳山尊、夏淳、黄钢、苏民、于是之在北京人艺研究下阶段工作。会上，赵起扬谈到，市委宣传部长李琪在听了曹禺院长关于建立农村队的汇报后，认为这个做法很好，表示大力支持。（同前）

1月9日 下午，北京人艺召开党委会，研究关于反修正主义学习的日程安排，交流当前院内各方面互作进展情况。关于艺委会办的《论坛》报改为季刊的问题，年前院务会议原则通过后，向焦先生提出了报告。焦先生看后提出五点意见：① 不应当叫"学术"季刊；② 必须由曹禺院长领导；③ 刊物的目的、方针、水平、计划要明确具体；④ 编委会如何组成？ ⑤ 必须要掌握够出三期的稿件才能出第一期。党委会认为焦先生的意见很好很重要。故决定目前先不出刊物，再作慎重研究。《论坛》报继续出刊。（同前）

1月15日 根据北京市文联1月7日来函，北京人艺几位院长经反复协商并经党委审定，提出了北京人艺参加北京市文学艺术工作者第三次代表大会的代表

名单,有曹禺、焦菊隐、赵起扬、叶子、刁光覃,曹禺根据规定为当选代表(时任市文联理事)。(同前)

1月25—28日　春节期间,与赵起扬、焦菊隐、夏淳等议论剧院的发展问题,一致认为,提高艺术质量仍然是要进一步大力解决的重大课题。从提高质量谈到培养演员。曹禺强调北京人艺确实应当有几个红得发紫的演员。(同前)

1月30日　中共北京市委和北京市人民委员会在人民大会堂举行拥军优属联欢晚会。"曹禺带着他的孩子们和一批五好战士促膝谈心,来自福建的五好战士向他叙述了前线的战斗生活,他让他的孩子唱了一曲歌,表示他们全家的敬意。"(《首都举行盛大拥军优属联欢晚会》,《人民日报》,1963 年 1 月 31 日)他还"特意要求单独同几位战士见面,促膝谈心。他询问战士们的平凡事迹,他请福建前线来的战士讲他们是如何在前线生活和战斗的。他表示一定在今后的创作中把可爱的战士形象写进去。……曹禺同志还让他的孩子为解放军叔叔唱了一支歌,表示他全家的敬意,给在场的人留下了深深的记忆。"(《曹禺和子弟兵在一起》,《历史的瞬间·孟昭瑞摄影作品选》第 81 页。)

是月　春节前,刘少奇在中南海怀仁堂与曹禺、李伯钊、黄佐临谈话剧工作。(《北京人民艺术剧院大事记》)

2月22日　上午,北京市文学艺术工作者第三次代表大会在民族文化宫礼堂开幕,来自北京市文学、戏剧、电影、美术、音乐、舞蹈、曲艺、杂技、民间文学等方面的专业和业余文艺工作者以及特邀代表六百多人出席开幕式。(《市文艺工作者第三次代表大会开幕》,《北京日报》,1963 年 2 月 23 日)

2月27日　北京市文学艺术工作者第三次代表大会闭幕,曹禺出席并致闭幕词。并与老舍、吴组缃、焦菊隐等 111 人当选第三届理事会理事。(《北京市第三次代会胜利闭幕》,《北京日报》,1963 年 3 月 1 日)

2月28日　北京市文学艺术工作者联合会第三届理事会举行第一次会议。会上,选举曹禺为北京市文联副主席。会议还决定成立中国戏剧家协会北京分会筹委会,曹禺被推选为筹委会主席。(《北京市第三次文代会胜利闭幕》,《北京日报》,1963 年 3 月 1 日;《北京文艺》1963 年第 3 期;《剧讯》,《戏剧报》1963 年第 3 期)

是日　在总政文工团排演场观看南京军区前线话剧团演出《霓虹灯下的哨兵》,演出后参加周恩来组织的座谈会。据张泽易回忆:"二月二十八日,总理第三次观看演出。这一场的观众,多半是首都文艺界的人士。演出还未结束就通知我们,要我们在演出结束后到休息室去。原来总理约请了文艺界领导同志和几位戏剧家召开一个座谈会。他们是:周扬、林默涵、徐平羽、周巍峙、田汉、曹禺、马彦祥、张颖、夏淳……总政的刘志坚副主任也参加了。""总理亲自主持座谈会。""总理请曹禺同志发言。""曹禺说:'很好,别的意见还没有。'总理说:'啊! 你'正在想'。'""总理的话,引起一阵笑声。因为曹禺同志在抗日战争时写过一个剧本,剧名就叫《正在想》。"(《在周总理家作客》)

3月23日 《成都晚报》刊署名"佳木"《〈胆剑篇〉里的勾践——四川人民艺术剧院演出》一文。

4月1日 马连良收徒仪式在京举行,申凤梅①拜京剧"活诸葛"马连良为师。曹禺与田汉、崔嵬、赵丹、谭富英、张君秋、裘盛荣、袁世海、汪洋、陈怀皑等参加。

(河南省地方史志办公室:《河南通鉴(下册)》第1118页)

4月14日 据巴金记述:"下午六点零四分到达北京车站(晚点十几分)②,家宝、沙汀、罗荪、阿英等在月台上。家宝约我和沙汀到康乐吃饭(罗荪另有他约)。我们便从车站直接到椿树胡同,饭后又去家宝家,听《王昭君》第一幕的录音,虽是初稿,我觉得还不错,多少保存了一些他的'特色',能打动人心。……我还在家宝处见到秋田雨雀为他题的字,仿佛见到老人亲切的笑容。十点左右家宝送我去民族饭店,罗荪、沙汀同行。译生带着方方和欢欢把我送到大门外,不断地在车窗外挥手。罗荪、沙汀在我房里坐到十点三刻,又由家宝送回新侨饭店。"(《巴金日记》第47页)

4月15日 据巴金记述:"六点一刻家宝坐车来接我到四川饭店。他和老舍、翰笙、孙维世、李健吾在那里请客,一共两桌,熟人很多,九姑③、佐临、吴强、罗荪都在,畅谈甚快。九点后坐家宝车回旅馆,在门口和健吾分别。"(同前第48页)

4月18日 约巴金去北海仿膳就餐。(同前第48、49页)

4月20日 曹禺和周而复做东在曲园宴请巴金,在座的还有罗荪、九姑、沙汀、华嘉、唐弢、方纪、杨朔、林默涵、张执一等,饭后同去"二七剧场"观《叶》剧(《叶尔绍天兄弟》)。(同前第49页)

4月21日 据巴金记述:"十一点到(沈)从文家……从文夫妇对我还是像从前那样地亲切。十二点告辞出来,健吾把我送到唐弢家。……唐弢和家宝夫妇在客厅里等我,谈起来才知道中午吃饭地点改在四川饭店。我们坐家宝车到四川饭

---

① 时为河南省商丘越调剧团的名演员。
② 巴金此行系参加中国文联主席团会议。
③ 即方令孺。据梁实秋说:"方令孺的侄儿玮德(二十七岁就死了)和陈梦家都称她为'九姑'。也因为排行第九,大家也都跟着叫她'九姑',这是官称,无关辈数。我们也喊她九姑,连方字也省了。"(梁实秋:《雅舍忆旧》第245页)

店,唐弢夫人、罗荪父子、九姑和周而复都早到了。菜点甚佳。"(同前)

4 月 25 日   据巴金记述:"发言结束后从文约我和健吾去四川饭店吃晚饭。饭后又和从文到影协看参考电影《伊凡童年》和《一年中的九天》。家宝来找我,在场内谈了一阵。放映完毕,家宝送从文回家,我坐文联车回到旅馆,已十一点一刻。"(同前第 51 页)

是日   《郑州大学学报(人文科学)》第 1 期刊廖立《谈曹禺对〈雷雨〉的修改》一文。作者通过对《雷雨》自 1933 年《文学季刊》版、1936 年文化生活出版社版、1951 年开明书店版、1954 年人民文学出版社版、1957 年中国戏剧出版社版五个版本,直到 1959 年"现在通行的本子"比较发现,从 1936 年版到 1959 年版每次都有改动,他认为:"从《雷雨》的几次修改中,可以看出曹禺创作态度的严肃和对完美的艺术的追求,也可以看出他在几个时期中创作思想的变化。对照几种不同的本子,还可了解到作者对剧本的修改中有着成功的经验,也有着失败的教训。""在现有的《雷雨》的五种本子中,一九五九年的戏剧二版是适合演出的,也是较为完整的本子。至于研究文学史,当然应以解放前的老本子为根据。作家思想上的缺点和剧本的缺点,毕竟是一种历史现象,研究文学史的人要解释这种现象,揭示出它的原因来。当然,在作研究工作时,对照几种不同的本子,也是有必要的。"

4 月 26 日   据巴金记述:"六点半前散会。回旅馆吃晚饭。树基来。曹葆华来。家宝来。树基先走。家宝和葆华谈到十一点三刻。"(《巴金日记》第 51 页)

4 月 28 日   据巴金记述:"周而复来,六点半他约我和翰笙、罗荪父子去四川饭店吃晚饭,在座还有家宝、杜宣。八点回旅馆,和而复、家宝在罗荪房内谈了将近两小时,沙汀也来坐了好一会。"(同前第 52 页)

4 月 29 日   据巴金记述:"(晚)翰笙来。骏祥来,家宝夫妇带小孩来。十点三刻后九姑和我送家宝夫妇下楼,坐他的车到天安门一带看看节日的装饰。孩子们连赞:'金银世界,美得很。'"(同前)

4 月 30 日   据巴金记述:"上午六点五十乘大轿车去车站。家宝、白尘、张僖、适夷、树基、方殷、张雷来送行。"(《巴金日记》第 53 页)

6 月 3 日   以中国剧协副主席身份在北京会见阿根廷剧作家奥古斯丁·库塞尼和夫人,剧协张颖、胡可、张真等在座。"最后,曹禺代表中国剧作家和中国戏剧工作者向阿根廷以及拉丁美洲的正在进行英勇斗争的进步戏剧家们,致以亲切的问候和敬意。"(《阿根廷剧作家奥古斯丁·库塞尼和夫人访华》,《戏剧报》1963 年第 6 期)

6 月 4 日   巴金即将赴越南访问,由杭州抵北京。据巴金记述:"五点四十五分到达北京……九点前同沙汀坐作协车去铁狮子胡同访家宝,先和方瑞谈了一会,才看见家宝带着两个女儿同来。我们又到他的书房里去闲谈，谈到十点半我仍坐沙汀车回旅馆。"（《巴金日记》第 63、64 页）在京期间，曹禺和巴金多次见面。

6 月 5 日 据巴金记述："家宝来约沙汀和我去文联大楼文艺俱乐部吃面点。以后他们又陪我到百货大楼去买箱子。"（同前第 64 页）

6 月 6 日 据巴金记述："上午看材料。十二点后家宝来约我去文艺俱乐部吃面。两点回华侨大厦午睡。"（同前）

6 月 7 日 据巴金记述："上午看材料。十二点家宝来，我约他到北海仿膳去吃肉末烧饼。两点回旅馆午睡。……晚饭后再去外文书店买书。八点前唐弢来，九点一刻家宝全家来。十点送他们一块儿出去。"（同前）

6 月 8 日 据巴金记述："（晚）八点家宝、（韩）北屏同来，过了二十分钟，（严）文井来，家宝先走，文井、北屏同我和束为又谈了一阵……"（《巴金日记》第 65 页）

6 月 9 日 据巴金记述："（下午）五点半家宝来，同去东总布胡同约白羽、沙汀到四川饭店吃饭，四个人谈得很痛快。九点先送白羽、沙汀回家。白羽给了我两包止泻的药。家宝送我到华侨大厦门口，再三叮嘱要注意身体。"（同前）

6 月 13 日 中国人民对外文化协会打电报给日中文化交流协会和日本市川猿之助①治丧委员会，对市川猿之助不幸病逝表示哀悼。曹禺与田汉、阳翰笙、李少春、袁世海、杜近芳等文艺界人士也打电报吊唁市川猿之助的逝世。（《日本著名演员市川猿之助逝世》，《人民日报》，1963 年 6 月 14 日）

6 月 14 日 《文学评论》第 3 期刊王正《从巴金的〈家〉到曹禺的〈家〉》。文评说："曹禺的《家》，是根据巴金的同名小说改编的戏剧作品。同时，它又具有独立的生命。在艺术上，二者可以媲美。从改编的角度说，至今它仍然是话剧舞台上一个成功的范例。""在剧本《家》里，曹禺不仅去掉了小说中的某些东西，而且还改变了它的某些东西，发展了它的某些东西。""这一切，都是为了更有力地突出原著的精神，加强主题思想的艺术表现力。"

6 月 15 日 晚，中国人民保卫世界和平委员会举行酒会，招待以黑田秀俊为首的日本和平委员会代表团。曹禺与刘宁一、楚图南、李德全、丁西林、蔡廷锴、冀朝鼎、胡愈之、许广平、周培源、张友渔、夏衍、老舍、王芸生、乐松生、赵朴初、王照华等出席酒会。（《和大酒会招待日本和平委员会代表团》，《人民日报》，1963 年 6 月 16 日）

6 月 30 日 在《人民日报》发表《革命的脊梁骨》一文。文说："中国文学艺术

---

① 6 月 12 日，日本古典戏剧著名演员市川猿之助因患心脏病在东京逝世，享年 75 岁。市川在日本歌舞伎界居首要地位，为日本俳优（演员）协会理事长，市川猿之助剧团负责人。他曾经在 1955 年率领剧团访问中国，并在中国演出。

界联合会第三届全国委员会最近开了第二次扩大会议。这次会议开得好,说出了许久以来大家心里要说的话,进一步明确了斗争的方向。党向我们指出一条无产阶级的光明正确的革命文艺道路。与会的每一个人都振奋无比,热烈、坚决地响应党的号召:要加强革命文艺战线,反对现代修正主义。"

是日　晚,中国作家协会主席茅盾设宴欢迎以著名剧作家木下顺二为首的日本作家代表团。曹禺与廖承志、夏衍、老舍、邵荃麟、赵树理、谢冰心、艾芜、严文井、陈白尘、杨朔、林林等出席作陪。(《茅盾欢宴日本作家代表团》,《人民日报》,1963 年 7 月 2 日)

是月　《中山大学学报》第 1、2 期合刊载金钦俊《〈雷雨〉的人物和思想》一文。

7 月 1 日　晚,阿尔巴尼亚首都地拉那人民剧院首次演出中国话剧《雷雨》。阿尔巴尼亚著名导演阿哥里导演,扮演鲁妈和周朴园的演员都是阿尔巴尼亚的功勋演员,他俩的精彩表演受到观众们的热烈赞赏。(《地拉那首次上演〈雷雨〉》,《戏剧报》7 月号,1963 年 7 月 20 日;《地拉那首次上演〈雷雨〉》,《人民日报》,1963 年 7 月 5 日)

7 月 4 日　晚,中国作家协会副主席邵荃麟举行宴会欢送阿尔巴尼亚作家拉齐·帕拉希米。参加宴会的有曹禺、赵树理、王朝闻等。(《欢送阿作家拉齐·帕拉希米》,《人民日报》,1963 年 7 月 5 日)

7 月 10 日　下午,"蒙古人民共和国工业和建筑图片展览"在中山公园水榭开幕,曹禺作为中蒙友好协会副会长出席开幕式,并观看展览。(《蒙古工业和建筑图片展览在京开幕》,《人民日报》,1963 年 7 月 11 日)

是日　晚,中国人民对外文化协会会长楚图南和中国作家协会主席茅盾举行酒会,欢送由著名作家木下顺二率领的日本作家代表团。曹禺与郭沫若、廖承志、夏衍、阳翰笙、张致祥、老舍、邵荃麟、谢冰心、赵树理、严文井、陈白尘等出席。(《楚图南茅盾为日本作家代表团饯行》,《人民日报》,1963 年 7 月 11 日)

7 月 17 日　巴金访问越南回京。据巴金记述:"洗脸后打电话给家宝。十二点半家宝来约我和束为同去四川饭店吃午饭。"(《巴金日记》第 82、83 页)

7 月 18 日　据巴金记述:"四点五十分文井和胡彩乘作协车来接我和束为去四川饭店,向茅公、荃麟、北屏、家宝、老舍(后来)、张僖、林瓯纲介绍了访越情况,并由作协招待晚餐。从四川饭店出来,家宝送我们回'新侨',他还在我们这里谈了好一阵,过了九点三刻才下楼上车。"(同前)

7 月 20 日　据巴金记述:"七点起。七点三刻家宝来电话,约我同去参观曹雪芹展览会。……九点,家宝来……我们坐家宝车去太和殿,由王昆仑接待。王炳南、朱其文、郝德青、徐以新四位大使已先到。十一点半我和家宝先走,去老舍家,

坐了一会,家宝约他们夫妇到翠华楼吃中饭。"(《巴金日记》第84页)

是日 下午,与夏衍、老舍等到北京车站,欢迎赴香港、澳门演出的北京京剧团全体人员归来。(《北京京剧团赴港澳演出后回北京》,《人民日报》,1963年7月21日)

7月21日 据巴金记述:"家宝、译生带着两个孩子来了,约我去政协礼堂餐厅吃午饭。我们十一点动身,我在那里吃了一碗汤面和一两凉面,十二点家宝送我回新侨。午睡到两点。……九点前家宝来,坐到十点。送他下楼,站在大门口看他上车,仍有惜别之意。"(《巴金日记》第84页)

7月23日 巴金在上海收到《倾吐不尽的感情》精装本五十册,是日寄赠曹禺一册。(同前第85页)

7月25日 下午,中共中央书记处书记、中共中央华北局第一书记李雪峰同志应中国作家协会的约请,会见北京地区和河北省的已经深入农村或即将深入农村生活的作家,并作关于当前华北地区农村形势的报告。曹禺与赵树理、田间、周立波、艾芜、李满天、王林、叶君健、李季、吴伯箫、石方禹、邹荻帆、骆宾基、林斤澜、林默涵、老舍、邵荃麟、严文井、蔡若虹、周巍峙、陶钝、徐光霄、赵鼎新、韦君宜等七十多人参加。(《李雪峰会见北京河北深入农村的作家》,《人民日报》,1963年7月28日)

7月26日 与赵树理、田间、周立波、艾芜、李满天、王林、叶君健、李季、吴伯箫、石方禹、邹荻帆、骆宾基、林斤澜、林默涵、老舍、邵荃麟、严文井、蔡若虹、周巍峙、陶钝、徐光霄、赵鼎新、韦君宜等分组讨论李雪峰的报告并座谈。(同前)

是月 《合肥师范学院学报》(季刊)第2期刊沈明德《曹禺剧作人物札记》。

是月 参加中央戏剧学院表演班毕业典礼并讲话。曹禺对同学们说,毕业出去到了剧团,要准备踏踏实实跑五年龙套,把心气养正,才会有未来的发展,同学们好自为之。(《感念——为曹禺老院长离世十年》)

8月 与老舍同去北戴河消夏。据屠岸文述:

1963年,医生为我做了切除病肺的手术。这年8月,组织上安排我到北戴河疗养两周,而我的隔壁邻居就是曹禺。

曹禺为人和蔼亲切,没有一丁点儿大作家的架子。因为我听说他正在写以王昭君为题材的剧本,便试探性地向他提及此事。他微笑而不言,似说"无可奉告",但也不否认。我就识趣而不再问。……

在北戴河,我有机会坐在面朝大海的招待所走廊里的椅子上,与曹禺相对闲谈。一次,我对他说,我演过《雷雨》里的周冲。他说周冲在《雷雨》里不是主要角色,但演他很难演好。在一次谈到写剧本如何塑造人物形象时,曹禺说,写戏必须要能抓住那"玩意儿",抓不住"玩意儿",什么都白搭。我说:"您写出过那么些杰出的剧本,塑造过那么多活生生的人物,您该是个抓'玩意儿'的能手! 您说的'玩意儿',该是情节的精彩处或语言的闪光点,是可以突出人物形象的'招儿',对不对?"曹禺说对,但"招儿"不是孤立的。我说:"凭您的经验,现在抓'玩意儿'该是不成问题的。"曹禺说:"难哪! 现在真难哪!"他长长地叹了一口气,不再说什么。

对曹禺慨叹写戏难,我当时并不太理解。只觉得曹禺不熟悉工农兵,要写工农兵,当然难。但如果是写历史人物,又有何难?《胆剑篇》不是还挺好吗?直到"文革"结束后,我才逐渐有一点明白:在一定的政治氛围中他为什么写不出东西来。(《回忆田汉与曹禺》)

其间,老舍作七律一首相赠:

赠 曹 禺

推窗默对秦皇岛,碧海青天白浪花。

潮去潮来人不老,昂首阔步作诗家。

(《诗刊》1963 年 11 月号)

是月   河北省文学艺术界联合会和河北省文化局在秦皇岛联合召开戏剧创作座谈会,曹禺与阳翰笙、老舍、何其芳、戈宝全、李准等出席。(《河北文学·戏剧增刊》,1963 年第 1 号)

会议期间,应郭沫若邀请观看豫剧《虎符》。据文述:"1963 年夏,我们赴秦皇岛为在那里召开的河北省戏剧创作座谈会演出,郭老邀请曹禺、老舍和阳翰笙先生,在秦皇岛劳动人民文化宫观看由郭老参与改编的豫剧《虎符》,我们又见到了曹禺大师。几位大师看戏非常认真,对我们演出的豫剧《虎符》在改编中存在的问题提出了许多宝贵意见。"(《曹禺大师与东风剧团》,《周总理和娃娃剧团》第 119 页)

"1963 年 8 月,我们在北戴河执行暑期演出任务期间,根据省里安排,赴秦皇岛为河北省戏剧创作座谈会演出。……会议开得很成功。老舍、曹禺、阳翰笙先生及众多专家学者,都应邀到会作了有关创作思想、创作理论、创作技巧等方面的报告,并结合我省作者创作的剧本进行了具体研究与辅导。"

"有一次,剧团为会议演出豫剧《虎符》。演出前,正在北戴河休息的郭沫若同志闻讯打来电话,表示晚上要亲赴秦皇岛,同老舍及曹禺、阳翰笙等同志一起观看此剧。……演出结束,老舍、曹禺、阳翰笙等走上舞台,同演员亲切握手,祝贺演出成功。"(《老舍和东风剧团》,《周总理和娃娃剧团》第 127、128 页)

9 月 26 日   晚,中国人民保卫世界和平委员会为美国黑人领袖罗伯特·威廉和夫人梅贝尔举行欢迎宴会。曹禺与张奚若、茅盾、南汉宸、吴德峰、朱学范、胡愈之、许广平、吴晗、谢鹤筹、薛子正、陈其瑗、茅以升、张铁生、区棠亮、郑为之、王传斌、潘丽华等各人民团体和有关方面的负责人出席。（《和大设宴欢迎罗伯特·威廉夫妇》，《人民日报》，1963 年 9 月 27 日）

9 月—12 月初　中国戏剧家协会在北京举办第二期剧作者创作学习研究会。"剧作者们在三个多月的学习中得到文化部和剧协负责同志和在京剧作家夏衍、陈荒煤、田汉、阳翰笙、曹禺、李健吾等的关怀和具体帮助。剧作者感到无论在思想上和业务上都有了一定的提高，对修改剧本和今后的创作有不少帮助和启发。在学习结束时参加学习的剧作者修改加工出来一批新剧本。"（《第二期剧作者创作学习研究会结束》，《剧本》1963 年 12 月号）

10 月 3 日　是日起，日本稻之会话剧团公演由导演关口润重排的《雷雨》。这次的演出着重表现中国资产阶级家庭的苦闷和矛盾，以及在恋爱、结婚、家族制度上的阶级对立。（《日本上演我国戏剧》，《戏剧报》1963 年 11 月号）

10 月 11 日　中共北京市委召开剧本创作座谈会。曹禺与吴晗、张梦庚、老舍、焦菊隐等 17 人参加，并发言。（《当代北京大事记（1949—1989）》第 203 页）

10 月 12 日　在北京香山饭店参加北京人艺领导及部分艺术干部座谈会，研究制定北京人艺五年发展计划。会上，曹禺说：

我一直没做什么工作，但戏总是看的。十年来作为一个观众，我有一个印象：剧院的演出是有进步的。历史剧，我们是独树一帜，在民族化上是成功的，翻译剧本的介绍，做得是很踏实的。导演、演员、舞台美术都有进步，比焦先生晚一辈的同志也比十年前进步很大。演员出了一批，中年的出来了。对十年来的进步必须充分估计。

反过来看，领导、群众对我们的要求很高。我觉得有这么几个问题：

一个是培养问题，我觉得还大有挖掘的可能。培养包括作家、导演、演员、设计。我觉得对演员的培养下了功夫，也看出很大很大的成绩。但中国的话剧演员应在我们院里露出苗头。从老一辈的看，还没有露出特别大的光彩，中年的也有进步，中年演员主要是提高修养的问题。最重要的是青年，要费大力气抓青年的一代。好的演员在二十多岁就冒头了。我们要加一把劲，硬是要从二十几岁的人里出人才！这里，一是真心"挑"的问题，一是真心"刷"的问题，一是如何大用青年的问题。青年人要大用，才能看出他成不成。老习就是二十多岁演主角，挑班了。重点是培养青年。这才有盼头。

女演员太不灵了！不解决不行了！要下决心想办法。这是有公论的，这是中国话剧的一个特有的现象。能不能在五年之内，出来一两个有光彩的女演员？要想个措施来保证。

导演,我作为一个观众看,比以前是好得多了。焦先生帮我们开出了一条大道! 焦先生的这条路,是一朵大花! 导演都得是大花! 要走自己的路,但要借鉴他的经验。对焦先生,领导上是很英明的,给与他条件,允许他试验,对他的试验是支持帮助的。我想每个导演能不能比较具体地搞出个东西来(注:指导演个人的规划)?

舞台美术很有进步。我感到也有个培养下一代的问题。我老觉得我们的外景就是不及别人,是设计问题,还是制作问题? 为什么不及别人?

我们剧院像个庙,挺大的庙,只许人家来取经,就是不派个"和尚"出去。所以我担心时间长了这庙会倒。

对舞台工作的感觉是,常常出岔子。我觉得百分之百不该出,出一次我脸红半天,应该千分之千地不出岔子。

剧本方面,首先是我不努力,尤其是现代题材写得少。剧院总是希望我写出些东西来。我对剧本方面有几点意见:一个也是培养问题。要长期打算,不求他一下子出东西,但也不能让他老不动笔。我的感觉是如何大家一起帮助青年作家的问题。挑人要挑得严,进来以后就要好好培养他。

关于剧本的第二点,就十年来看戏的经验,在创作上要依靠专业剧作家,不要太强调演员搞创作。

我对这个剧院爱得厉害! 但是看戏时,对演员的表演总觉得不过瘾!

我感觉我们剧院有一种骄傲自满的空气,这庙太大,菩萨多,要知道自己的缺点,要追求最高境界。现在给别人"经"太容易了。求"经"的愿望不强烈。这个问题,老同志要带头解决。

(《理想与追求——从"四巨头畅谈"到"香山会议"》,《秋实春华集》第11—14页)

10 月 14 日　中国戏剧家协会北京分会筹备委员会召开话剧《年青一代》座谈会,一致盛赞这个话剧有着深刻的现实性和广泛的教育意义。曹禺作为剧协北京分会筹委会主席出席,并主持会议。(《首都各界座谈〈年青一代〉》,《人民日报》,1963 年 10 月 17 日)

10 月 18 日　晚,中国人大副委员长林枫接见蒙古国家交响乐团团长达什敦道克、副团长策伦道尔吉、总指挥那木斯莱扎布和主要演员,曹禺与曹瑛、陈荒煤、周而复等有关部门负责人在座。(《林枫接见蒙古交响乐团团长和主要演员,蒙古交响乐团在京举行首次演出》,《人民日报》,1963 年 10 月 19 日)

是 日　晚,蒙古国家交响乐团在民族文化宫举行首次演出。曹禺与周而复、赵

汎、王元方、黎国荃、李焕之等观看演出。（同前）

是月 与河北话剧院院长鲁速到文安县水灾区慰问体验生活。（《廊坊市志》第38、39页）

是月 连环画《胆剑篇》由人民美术出版社出版。邱扬改编，程十发绘图。

11月7日 晚，苏联驻中国大使契尔年科在大使馆举行招待会，庆祝十月革命四十六周年。首都各界人士应邀参加。（《苏大使举行庆祝十月革命节招待会》，《人民日报》，1963年10月19日）曹禺与欧阳山尊参加。（《北京人民艺术剧院大事记》）

11月11日 晚，北京人艺召开党委会，赵起扬传达了北京市委工作会议上谈到的关于文艺戏剧工作的情况："……昨天开完了会，彭真同志把曹禺同志找去了，要他停下《王昭君》，告诉他说：以后谁要给你历史剧的任务，你就告诉他市委的决定要你90%写现代剧。接着给了他写抗洪斗争的任务。晚上就给他写好了介绍信，介绍给河北省委林铁同志。这需要组织人力帮助他，今天下午，李琪同志到我们那个小组去，问曹禺同志怎么样，我说曹禺很紧张。李琪问我们有没有人帮着他搞，还问到煤矿的剧本怎么样。又谈到《箭杆河边》这个戏。谈报刊上不敢发表这个剧本。有人讲，要是北京人艺演了这个戏，就会发表了，李琪说'好哇！北京人艺演吧'，于是就交给我们了，还要求派名演员来演。"会上，还决定组织力量协助曹禺同志收集有关抗洪斗争的材料。（《北京人民艺术剧院大事记》）

11月16—30日 中华人民共和国第二届全国人民代表大会第四次会议在北京举行。曹禺作为湖北省代表出席会议。（《全国人民代表大会二届四次会议开幕》，《人民日报》，1963年11月18日；《第二届全国人民代表大会第四次会议胜利闭幕》，《人民日报》，1963年12月4日；《中华人民共和国第二届全国人民代表大会代表名单》，《中华人民共和国第二届全国人民代表大会第四次会议文件合订本》第1册、第2册）据北京人艺记述："是日起，参加全国人大二届四次会议。"（《北京人民艺术剧院大事记》）

11月20日 晚，北京人艺召开院长会议，研究剧本创作。决定派蓝天野、于民协助曹禺创作抗洪斗争的剧本。（同前）

11月26日 会见并宴请苏联戏剧家弗拉基米尔·尼古拉耶维奇·普罗科菲耶夫。（《苏联戏剧家弗·尼·普罗科菲耶夫访华》，《戏剧报》1963年12月号）

11月27日 晚，彭真和夫人到首都剧场观看北京人艺演出《李国瑞》。演出休息时和结束后，彭真对剧院的工作和这个戏谈了重要意见。关于剧院的工作，彭真同志曾说："我和曹禺同志谈过，你这个'工厂'是个'现代化工厂'，就是缺乏'原料'。这是因为熟了，开玩笑说的。我告诉他，河北那么大的洪水，战胜洪水是发挥了群众的力量的，可以写上。"（《北京人民艺术剧院大事记》）

是月　接董必武同志赠诗：

读《胆剑篇》五律一首

辉煌《胆剑篇》，剧表越名贤。

苦成劳塑造，勾践任流传。

智勇西施具，筹谋范蠡先。

铁犁初引用，生聚计周全。

（田本相访问曹禺记录）

12 月 6 日　晚，与夏淳陪同乌兰夫等观看北京人艺演出《李国瑞》。（《北京人民艺术剧院大事记》）

12 月 13 日　与蓝天野、于民赴天津搞创作。（同前）

12 月 21 日　下午，参加北京人艺全体党员会，当选新一届党委委员。（同前）

12 月 31 日　与蓝天野、于民由天津返回北京。（同前）

是年　马来西亚"吉隆坡戏剧研究会"演出曹禺的《雷雨》，周立良导演。（《中国话剧史》（上册）第 199 页）

是年　《北京人》越文版由文学出版社出版，阮金坦翻译，邓台梅检阅。

1964年　五十五岁

2月,华东话剧会演优秀剧目《龙江颂》《激流勇进》进京公演,受到好评。

3月上旬,华东话剧会演部分优秀剧目《丰收之后》《一家人》等进京演出。

6月,北京市文化局、文联机关以及所属33个单位开展"思想革命运动",要求建立一个革命化、战斗化的社会主义文艺队伍。

7月1日,《人民日报》转载《红旗》社论《文化战线上的一个大革命》。是月起,文艺界掀起一场大批判浪潮,一大批小说、电影、戏剧、美术、音乐作品被否定。

9月24日,著名的日本松山芭蕾舞团,由团长清水正夫和副团长、日本著名芭蕾舞演员松山树子率领到达北京。

12月4日,根据中波文化合作协定一九六四年执行计划,波兰戏剧家佐泽斯瓦夫·斯科弗朗斯基、耶日·拉科维茨基,乘飞机到达北京。18日返国。

1月21日　在《人民日报》发表诗作《拉紧绞索》。后收入《曹禺全集》第6卷。

2月13日　春节。上午,在首都剧场三楼宴会厅参加北京人艺团拜会并致祝词。(《北京人民艺术剧院大事记》)

2月20日　在《戏剧报》第2期发表剧评《赞〈激流勇进〉》。后收入《曹禺全集》第5卷。

2月22、25日　中国戏剧家协会和中国戏剧家协会北京分会筹委会联合邀请首都文艺界、戏剧界人士举行座谈,就福建省话剧团演出的话剧《龙江颂》、上海人民艺术剧院一团演出的话剧《激流勇进》展开讨论。曹禺与夏衍、阳翰笙、陈其通等参加。(《参加华东话剧观摩演出的部分剧团来京公演》,《人民日报》,1964年2月9日;《首都戏剧界赞扬〈龙江颂〉和〈激流勇进〉的演出》,《戏剧报》1964年2月号)

春　据曹禺撰文:"今年春天,我从河北省宝坻县向南走,沿着去年的抗洪区,一直进了太行山。""我见到了不少热爱集体、奋不顾身的英雄人物。""我在河北的一个生产大队遇见一个下乡知识青年。""我在他身上看见一种蓬蓬勃勃的革命精神,那便是一种高度的革命自觉性。""在冀南农村,我见到一个衡水姑娘。""这是一个有社会主义精神,敢想敢干的姑娘。""从这个姑娘,我看见了什么呢? 我又看见

火焰一般的高度自觉的革命精神。"(《文化大革命万岁》)

3 月 4 日　在北京青年艺术剧场观看上海人艺二团演出《一家人》，并上台祝贺演出成功。(《上海话剧志》第 60 页)

3 月 4—15 日　为了培养业余戏剧创作队伍，中国剧协北京分会筹委会举办第一期"业余剧作者学习会"。北京市文联主席老舍、副主席兼剧协北京分会筹委会主席曹禺同志，到会与大家见面，作亲切的谈话，解答了有关创作上存在的问题。并勉励他们，要不断学习毛主席的著作，加强政治思想锻炼，在搞好本岗位工作的前提下，利用业余时间，创作出具有革命性、战斗性、群众性的短小精悍的反映我们伟大时代的剧本来。(《剧协北京分会筹委会举办"业余剧作者学习会"》，《北京文艺》，1964 年 4 月号)

3 月 13 日　中国剧协、剧协北京分会筹委会联合邀请首都文艺界、戏剧界人士于文化部会议室举行话剧《一家人》座谈会，曹禺出席并主持会议。与会者认为"《一家人》的主题思想丰富，意义深远……演出风格明朗清新，富有喜剧色彩"。(《首都戏剧界盛赞〈丰收之后〉和〈一家人〉的演出》，《戏剧报》1964 年 3 月号)

3 月 17 日　陕西汉中歌剧团在北京演出歌剧《红梅岭》。曹禺与田汉、吕骥、马可等文艺界人士观看演出。(《陕西省志·文化艺术志》第 72 页)

3 月 20 日　在《剧本》3 月号发表剧评《两出好话剧——推荐〈龙江颂〉和〈激流勇进〉》。后收入《曹禺论创作》、《曹禺全集》第 5 卷。

3 月 31 日　下午，文化部在首都剧场隆重举行 1963 年以来优秀话剧创作及演出授奖大会。曹禺与夏衍、林默涵、田汉、邵荃麟、夏征农、李琪、李伯钊、萨空了、袁水拍、周巍峙等有关方面负责人和文艺界著名人士出席。有 21 个多幕剧和独幕剧的 39 位作者、编剧和二十个演出单位，在会上分别获得了创作奖和演出奖。(《高举毛泽东文艺思想红旗深入生活反映时代精神，一批优秀话剧作者和演出单位获奖》，《人民日报》，1964 年 4 月 1 日；《文化部举行一九六三年以来优秀话剧授奖大会》，《戏剧报》1964 年 4 月号)

是日　晚，周恩来、陈毅接见获得 1963 年以来优秀话剧创作奖和演出奖的作者、编剧和演出团体代表，曹禺与茅盾、夏衍、林默涵、老舍等在座。(《周总理、陈副总理接见优秀话剧获奖者》，《人民日报》，1964 年 4 月 1 日)

4 月 1 日　在《北京日报》发表《迎接百花齐放的季节》一文，该文系为祝贺1963 年以来优秀话剧授奖大会的召开而作。后收入《曹禺全集》第 5 卷。

4 月 3、7 日　中国戏剧家协会与中国戏剧家协会北京分会筹委会联合邀请首都文艺界、戏剧界人士举行儿童剧《小足球队员》和独幕剧《柜台》《第一与第二》《母子会》等剧座谈会。曹禺与田汉、老舍、李健吾、欧阳山尊、凤子等出席座谈会,三个独幕剧座谈会由田汉主持,儿童剧座谈会由老舍主持。(《首都戏剧界赞扬〈小足球队〉和〈第一与第二〉等演出》,《戏剧报》,1964 年 4 月号)

4 月 10 日　晚,与欧阳山尊等往人民大会堂小礼堂观摩上海人艺一团演出《乌云难遮日》。(《北京人民艺术剧院大事记》)

4 月 27 日　下午,与于民前往天津,继续进行抗洪剧本创作。(同前)

4 月 30 日　陪同周扬参观天津三条石历史博物馆。(《曹禺来到三条石博物馆》,《曹禺与天津》第 195 页)

5 月 7 日　与于民"到天津市郊区军粮城苗街三队,访问著名的下乡知识青年赵耘同志"。"晚上,参加赵耘召开的党支部会,听他们传达文件。然后,又去参观民兵的娱乐活动。""赵云同志把曹禺同志当作尊贵的客人,吃住都安排在他家。""次日上午,同赵耘先到另一块稻芽田进行了参观,回来,接着访问了几个老农。"(《躬行——记曹禺同志河北下乡》)

5 月 11 日　与于民等"离开天津,乘汽车到静海县"。"到了静海,首先听县委的负责同志介绍六三年抗洪的情况。"之后,又"乘车到大城县,晚上即听县委介绍情况"。还与大城中学师生座谈。(同前)

5 月 15 日　与于民"离开大城,由静海转乘火车奔衡水"。(同前)

5 月 19 日　到衡水"五公公社","访问久慕大名的全国著名劳动模范耿长锁同志"。(同前)

5 月 20 日　与于民"离开衡水来到石家庄"。其间,"又是白天看稿,晚上看戏,临走前开了一个座谈会。曹禺同志针对这里的情况,谈了许多精辟的见解"。(同前)

5 月 24 日　抵达邯郸。据刘志轩文述:"据李庆番同志的日记记载,他陪同曹禺大师于 1969 年 5 月 24 日到达邯郸。当晚看了专区平调落子剧团演出的《刘三姐》。"(《与曹禺先生的一次难忘会见》)

5 月 25 日　据刘志轩文述:"次日去涉县小固墙村采访。这个村子在 1963 年抗洪斗争中有很突出的动人事迹。在村子里住了两天,返回邯郸,找来了我们创作的现代戏《红桥凯歌》剧本。曹禺大师细心地看了一遍。"(《与曹禺先生的一次难忘会见》)但据李庆番撰文,系"二十七日便来到涉县西戍区龙虎公社"。"次日上午,曹禺同志来到要访问的古墙大队。"(《躬行——记曹禺同志河北下乡》)

5 月 29 日　据刘志轩文述:"5 月 29 日晚上,观看了邯郸平调落子剧团演出的《红桥凯歌》。次日上午,曹禺、于民和李庆番三人从邯郸市招待所的后门步行到丛台公园,席地坐在柳荫下面,由李庆番同志重读《红桥凯歌》剧本。读后,三个人进行了认真的讨论。"(《与曹禺先生的一次难忘会见》)

5 月 30 日　北京人艺赵起扬赴邯郸与曹禺研究剧本创作问题。(《北京人民艺术剧院大事记》)

是月　北京市委第一书记彭真同志把曹禺介绍给河北省委第一书记林铁同志,要他去了解 1963 年河北省抗洪斗争生活,写河北省人民的抗洪斗争。他和于民、《河北文学》的刘俊鹏,还有李庆番等一起到天津、静海、衡水等重灾区,还到了邯郸、邢台等地,在乡下跑了一个多月。在下乡中,他对自己要求是很严格的,和农民同吃同住。他去访问下乡知识青年赵耘,就住在赵耘家里。

6 月 1 日　出席《红桥凯歌》的座谈会并发言。(《与曹禺先生的一次难忘会见》)

6 月 2 日　据李庆番文述,当天"上午来到邢台,下午即听《河北日报》驻邢台记者组的盖祝国、徐林、刘金宝同志介绍抗洪情况"。晚上观看"乱弹的《浪里苦斗》。戏一结束,随即在剧场开了一个连观众也参加的座谈会"。曹禺"希望他们再接再厉,把戏搞得好上加好"。(《躬行——记曹禺同志河北下乡》)

6 月 5 日　与于民由河北省邢台回到北京人艺。(《北京人民艺术剧院大事记》)

6 月 5 日—7 月 31 日　全国京剧现代戏观摩演出大会在北京举行。大会期间,首都文艺界著名作家、艺术家、评论家田汉、曹禺、老舍、陈其通、王朝闻、焦菊隐、李健吾等二十余人在座谈会上热烈赞扬京剧现代戏观摩演出的革命意义和重大成就,认为它必将对戏剧和文艺工作的各个方面起推动作用。(《毛泽东思想的光辉胜利,社会主义新京剧宣告诞生——记一九六四年京剧现代戏观摩演出大会》,《戏剧报》1964年7月号)

6 月 14 日　在《文学评论》第 3 期发表剧评《话剧的新收获——〈千万不要忘记〉观后感》。后收入《曹禺全集》第 5 卷。

暑期　接待来玩的巴金女儿小林。其间,结识晚辈李致。据李致文述:"第一次见到曹禺,在 1964 年暑期。当时我在共青团中央工作。曹禺是巴金的挚友。巴金的女儿小林来北京,住在曹禺家。曹禺带她来看我,并邀一起出去玩。小林是我的堂妹,她叫曹禺为万叔叔,我理所当然也这样叫。以后我曾到铁狮子胡同看望过万叔叔,但待我到辽宁省参加'四清'归来不久,就爆发了'文化大革命'。只在一个偶然的机会听说'中国的莎士比亚'在剧院看大门。"(《何日再倾积愫——怀念曹禺叔叔》)

7 月 15 日　在《人民日报》发表《一场文化大革命》一文。文说:"一场惊天动地的革命正在我们眼前进行着。那就是,京剧演革命现代戏。这是一次社会主义文化大革命。""这次观摩演出的成功是巨大的。它是社会主义文化大革命的开场锣。"

7月22日 据巴金记述:"家宝来信。"(《巴金日记》第202页)

7月24日 据巴金记述:"寄家宝信。"(同前第203页)

7月31日 下午,1964年京剧现代戏观摩演出大会在北京闭幕。曹禺与老舍、吕骥、蔡楚生等文艺界人士出席,并"代表首都文艺界在会上讲话,热烈地祝贺京剧现代戏观摩演出大会的重大胜利"。(《京剧现代戏观摩演出大会在京闭幕》,《人民日报》,1964年8月1日)"他说:'这次演出十分成功地树立了工农兵的英雄形象,这些有共产主义风格的正面人物是生气勃勃的,激动人心的,有血有肉的。他们有力地反映出革命的社会主义的新时代、新思想。这是一件了不起的大事,是我们学习的好榜样。'他表示,一定要和京剧工作者一道,提高自己的阶级觉悟,下决心与工农兵结合,密切地结合,长期地结合;下决心深入工农兵的生活,长期地深入工农兵的生活。他接着说:'我们前进的道路上一定会有困难,一定会有风浪,但是不管有多么大的风浪,我们是顶得住的。风浪会把我们锻炼得更坚强,更坚决地要为工农兵服务。'"(《毛泽东思想的光辉胜利,社会主义新京剧宣告诞生——记一九六四年京剧现代戏观摩演出大会》,《戏剧报》1964年7月号)

8月3日 晚,北京人艺召开党委会。根据市委宣传部通知,决定曹禺、赵起扬、欧阳山尊、田冲、刁光覃、苏民、童超、周瑞祥等八人从5日起参加文化工作会议。(《北京人民艺术剧院大事记》)

8月4日 据巴金记述:"打电话给家宝,告以小林到京日期。"(《巴金日记》第206页)

8月5日 是日起,到北京国际饭店参加北京市委宣传部召开的文化工作会议。(《北京人民艺术剧院大事记》)

8月7日 北京五十万人走上街头举行示威游行,抗议美帝国主义侵略越南。首都文艺工作者纷纷参加游行。(《首都五十万人示威声援越南反对美帝侵略》,《人民日报》,1964年8月8日)"中国戏剧家协会副主席曹禺参加了文艺界的示威游行队伍……当游行队伍来到越南驻中国大使馆门前时,他代表中国戏剧工作者向越南使馆人员表示声援越南人民的正义斗争。"(《反对美帝国主义侵略支持越南人民正义斗争》,《戏剧报》1964年第8期)

是日 据巴金记述:"八点半前家宝来电话,说小林已在他的家里。"(《巴金日记》第207页)

8月26日 据巴金记述:"七点早饭。七点三刻到北京,家宝夫妇、张僖和其他两位作协同志来接,即乘作协车到华侨大厦,住六一七、六一八两房。洗澡。十点后家宝带方方来约我们去北海划船,十二点后到他家吃中饭。两点后返华侨大厦。三点白羽来谈了三刻多钟。不久家宝来,约我们去游陶然亭公园,还参观了附近的游泳池。在公园内食堂部吃了晚饭。家宝带小棠去另一游泳池,并送我们到顾均正家。"(同前,第 215 页)

8 月 27 日 据巴金记述:"(上午)十点后家宝来陪我们去协和医院看陈同生,不到探病时间,护士不让进房,只好留下字条,去家宝家休息。在家宝家坐不到多久,同生来电话……六点后家宝来,接我和萧珊同去四川饭店,白羽、汪琦请我们在那里吃晚饭。"(同前)

8 月 28 日 中国戏剧家协会召开话剧《瘦马记》①座谈会,曹禺出席并主持会议。会上,一致认为河南省话剧团演出的《瘦马记》是一出富有时代精神的好戏。(《首都戏剧界赞扬话剧〈瘦马记〉》,《戏剧报》1964 年第 8 期;《话剧〈瘦马记〉塑造了当代新农民的形象》,《人民日报》,1964 年 8 月 31 日)

是日 据巴金记述:"十一点半到楼下大同餐厅吃中饭。……不久家宝夫妇和孩子也来了。一点半作协车来,树基、李致、家宝夫妇和作协周真勋各位送我上车,并替我搬行李,盛意可感。"(《巴金日记》第 216 页)

9 月 1 日 据巴金记述:"汇还借家宝款五十元。寄家宝信。"(《巴金日记》第 217 页)

9 月 2 日 北京市第五届人民代表大会第一次会议预备会议召开,会上通过北京市第五届人民代表大会代表名单,曹禺为西城区人民代表。(《北京市人民代表大会文献资料汇编(1949—1993)》第 527—529 页)

9 月 3—12 日 北京市第五届人民代表大会第一次会议在人民大会堂举行。(同前)曹禺与焦菊隐、叶子、朱琳参加会议。(《北京人民艺术剧院大事记》)

9 月 8—14 日 湖北省第三届人民代表大会第一次会议在武昌举行。会上,曹禺当选为第三届全国人民代表大会代表。(《湖北三届人代大会举行首次会议》,《人民日报》,1964 年 9 月 16 日)

9 月 30 日 上午,与焦菊隐观看《矿山(兄弟)》戏连排。下午,谈意见。(《北京人民艺术剧院大事记》)

10 月 1 日 为迎接国庆十五周年,在《北京日报》发表《更高地举起文化革命的红旗》一文。文说:"轰轰烈烈的文化革命正在进行;祖国的文艺工作者正在自觉

---

① 刘沙、马开方根据李准的电影文学剧本《龙马精神》改编。

地革命。我们要艰苦奋斗,定将文化革命进行到底!"

是日 在《红旗》第 19 期发表《革命风雷》一文。文说:"十五年来,勤劳勇敢的中国人民,在伟大的中国共产党和毛泽东同志的领导下,掀起一个又一个轰轰烈烈的革命运动,建立起一个崭新面貌的国家。""文艺战线上也是如此。今年夏天,在北京举行革命的京剧现代戏观摩演出,正是一场文化战线上的大革命。""现在,革命的风雷已经响彻五湖四海;今后,在全世界的每一个角落,都必将响彻革命的风雷!"

10 月 5 日 中午,与欧阳山尊、赵起扬、刁光覃,以及《结婚之前》剧组导演、演员到东来顺与作者骆宾基便宴。(《北京人民艺术剧院大事记》)

10 月 8 日 下午,在首都剧场观摩日本松山芭蕾舞团彩排《祇园祭》。晚,曹禺等到江西餐厅参加全国剧协举行的欢迎杉村春子宴会。(同前)

是日 晚,中国人民对外文化协会和日中文化交流协会,在北京签署一项关于中日两国人民之间文化交流的共同声明。曹禺与郭沫若、廖承志、刘宁一、胡愈之、许广平、刘白羽、赵朴初、周而复、吕骥、刘开渠、谢冰心、梅益、石少华、罗俊、李梦华、严文井、司徒慧敏、赵安博、林林、王晓云、萧向前等各有关方面负责人和各界著名人士参加签字仪式。(《中日文化交流有助于加强亚非团结》,《人民日报》,1964 年 10 月 9 日)

10 月 11 日 下午,中日友好协会会长廖承志和中国人民对外文化协会会长楚图南举行酒会,欢送日中文化交流协会理事长中岛健藏和夫人。曹禺与刘芝明、刘白羽、赵朴初、罗俊、周而复等有关方面负责人和各界知名人士出席酒会作陪。(《中岛健藏和夫人等回国,行前廖承志等饯别日本客人》,《人民日报》,1964 年 10 月 13 日)

10 月 12 日 日中文化交流协会理事长中岛健藏和夫人、事务局局长白土吾夫,乘飞机离京经广州回国。曹禺与廖承志和夫人、楚图南、罗俊、赵朴初、周而复、刘白羽等到机场欢送。(同前)

10 月 17 日 在《人民日报》发表《文化大革命万岁》一文。文说:

全国的文学艺术工作者,热烈响应党的号召,正在一批一批地上山、下乡,进工厂,到连队。有的准备住上一年半载,有的三年五年,有的便是安家落户。戏剧和艺术团体也纷纷下去。留下来的文艺工作者,除了有任务、一时下不去的,也都有了下去的准备。下去的目的是什么呢?就是要切切实实解决一个为工农兵服务、为社会主义服务的问题。

这是中国文学艺术界的一件有历史意义的大事,是文化战线上一场大革命。……

是月　收到巴金寄赠的《贤良桥畔》精（装）一册。（《巴金日记》第 229 页）

是月　大公报社人民手册编辑委员会编辑之《1964 人民手册》出版。据其记载，曹禺担任职务有：中国文学艺术界联合会第三届全国委员，中国作家协会书记处书记，中国戏剧家协会副主席、常务理事会理事，中国人民保卫世界和平委员会常务理事，中国蒙古友好协会副会长。

11 月 6 日　中国戏剧家协会邀请部分文艺工作者举行话剧《珠江风雷》座谈会。曹禺作为剧协副主席出席并主持会议。会上，"大家赞扬这个戏富有生活气息，使人确信'这就是珠江三角洲农村的生活'，演出真实、质朴、感人。而这是由于广东话剧团农村演出队深入生活、投入农村火热斗争中的结果，是值得学习的。"（《粤语话剧〈珠江风雷〉受到观众赞扬——中国戏剧家协会举行座谈会》，《北京日报》，1964 年11 月 8 日）

是日　致电苏联舞美专家雷柯夫、导演专家彼得罗夫，祝贺十月革命 47 周年。（《北京人民艺术剧院大事记》）

11 月 7 日　下午，北京人艺召开党委扩大会，研究参加华北会演的准备工作。会上，曹禺对《矿山兄弟》剧本、主要男女角色的表演以及布景，都提出了明确中肯的意见。（同前）

11 月 26 日　下午，全国少数民族群众业余艺术观摩演出大会在民族文化宫隆重开幕①。曹禺与郭沫若、沈雁冰、周扬、林默涵、胡愈之、萨空了、许广平、刘白羽、老舍、刘芝明、周巍峙等出席。（《全国少数民族群众业余艺术观摩演出会开幕》，《人民日报》，1964 年 11 月 27 日）

12 月 6 日　晚，全国剧协由曹禺出面宴请来访的波兰戏剧家。（《北京人民艺术剧院大事记》）

12 月 13 日　《人民日报》刊《中华人民共和国第三届全国人民代表大会代表名单》，曹禺为湖北省代表之一。

12 月 19 日　到前门饭店，看望前来参加三届人大第一次会议的巴金。（《巴金日记》第 251 页）

12 月 21 日—1965 年 1 月 4 日　中华人民共和国第三届全国人民代表大会第一次会议在北京举行。曹禺作为湖北省代表出席会议。（《全国人大三届首次会议隆重开幕》，《人民日报》，1964 年 12 月 22 日；《全国人民代表大会三届首次会议闭幕》，《人民日报》，1965 年 1 月 5 日）

---

①　这次演出会历时 33 天，于 12 月 29 日闭幕。有 700 多位代表和观摩人员参加，来自 18 个省、自治区，代表 50 个少数民族。演出了 200 多个音乐、舞蹈、曲艺、戏剧节目。

12 月 22 日　据巴金记述:"十一点半前家宝和九姑同来。十二点和他们一起到楼下餐厅吃中饭。"(《巴金日记》第 252 页)

12 月 27 日　据巴金记述:"十点后到北京饭店六楼找沙汀,家宝已先到,谈了一会……然后回到六楼,和沙汀、家宝同去和平餐厅吃饭,家宝做东,饭后同到家宝家,见到方瑞和孩子们,谈了一会,坐家宝车到王府井大街外文书店和东安市场内中原书店买了十多本书,坐三轮车回前门饭店。"(同前第 254 页)

12 月 29 日　下午,全国少数民族群众业余艺术观摩演出大会在北京民族文化宫举行闭幕式。曹禺与林默涵、李琦、谢扶民、萨空了、许广平、杨海波、李琪、老舍、刘芝明、谢鹤筹、丹彤、胡果刚、周巍峙、孙慎等出席。(《少数民族业余艺术观摩演出会胜利闭幕》,《人民日报》,1964 年 12 月 30 日)

12 月 31 日　上午,往前门饭店看望跌伤的巴金,后往人大会堂参加会议。(《巴金日记》第 255 页)

是日　晚,往(中国人民解放军)总政(治部)排演场,出席拥军优属、拥政爱民新年联欢会。(《北京人民艺术剧院大事记》)

是年　到河北省大城县小张庄体验生活。(《廊坊市志》第 40 页)